國家出版基金項目

教育部哲學社會科學研究重大課題攻關項目

「十一五」國家重點圖書出版規劃項目·重大工程出版規劃

國家社會科學基金重大項目

北京大學「九八五工程」重點項目

儒藏

儒藏

精華編二七〇册上

集部

精華編

北京大學《儒藏》編纂與研究中心

《儒藏》精華編第二七〇册

首席總編纂　季羨林

項目首席專家　湯一介

總　編　纂　湯一介　龐　樸　孫欽善　安平秋（按年齡排序）

本册主編　趙伯雄

《儒藏》精華編凡例

一、中國傳統文化以儒家思想爲中心。《儒藏》爲儒家經典和反映儒家思想、體現儒家經世做人原則的典籍的叢編。收書時限自先秦至清代結束。

二、《儒藏》精華編爲《儒藏》的一部分，選收《儒藏》中的精要書籍。

三、《儒藏》精華編所收書籍，包括傳世文獻和出土文獻。傳世文獻按《四庫全書總目》經史子集四部分類法分類，大類、小類基本參照《中國叢書綜録》和《中國古籍善本書目》，於個別處略作調整。凡單書已收入入選的個人叢書或全集者，僅存目録，並注明互見。出土文獻單列爲一個部類，原件以古文字書寫者一律收其釋文文本。韓國、日本、越南儒學者用漢文寫作的儒學著作，編爲海外文獻部類。

四、所收書籍的篇目卷次，一仍底本原貌，不選編，不改編，保持原書的完整性和獨立性。

五、對入選書籍進行簡要校勘。以對校爲主，確定内容完足、精確率高的版本爲底本，精選有校勘價值的版本爲校本。出校堅持少而精，以校正誤爲主，酌校異同。校記力求規範、精煉。

六、根據現行標點符號用法，結合古籍標點通例，進行規範化標點。專名號除書名號用角號（《》）外，其他一律省略。

七、對較長的篇章，根據文字内容，適當劃分段落。正文原已分段者，不作改動。千字以内的短文一般不分段。

八、各書卷端由整理者撰寫《校點説明》，簡要介紹作者生平、該書成書背景、主要内容及影響，以及整理時所確定的底本、校本（舉全稱後括注簡稱）及其他有關情況。重複出現的作者，其生平事蹟按出現順序前詳後略。

九、本書用繁體漢字豎排，小注一律排爲單行。

《儒藏》精華編第二七〇册

集部

《儒藏》精華編第二七〇册

集部

上册

亭林詩文集

〔清〕顧炎武　撰
劉永翔
唐　玲　校點

目録

亭林文集卷之六……一〇七

蔣山傭殘稿卷二……一七五

亭林詩集卷之四……三四一

亭林詩集卷之五……三七三

校點説明

顧炎武(一六一三—一六八二),崑山人。本名絳,字忠清。清兵入關,破南京,始更名炎武,字寧人。曾因避讎,變姓名爲蔣山傭。學者稱爲亭林先生。

亭林在明爲諸生。入清,遵母命拒不出仕。奔走南北,志在復明,雖賫志没地,而所提出的「保天下者,匹夫之賤,與有責焉耳矣」(《日知録·正始》)的思想卻鼓舞了後世的無數愛國志士。亭林雖席不暇暖,而平生著述卻極爲宏富,著有《日知録》《音學五書》《天下郡國利病書》《肇域志》等二十餘種,被推爲清代漢學的開山之祖。

亭林尊重朱子,認爲他「不徒羽翼聖功,亦乃發揮王道,啓百世之先覺,集諸儒之大成」(《文集》卷五《華陰縣朱子祠堂上梁文》),並捐資助修建祠堂(《文集》卷四《與李中孚書》)。他提倡經世致用,反對甚囂塵上的陽明之學。《日知録》中曾將王陽明與王弼、何晏相提並論,指其罪「深於桀紂」(卷十八《朱子晚年定論》)。他還曾編有《下學指南》一書,上溯王學之源,「取《慈谿黄氏日鈔》所摘謝氏、張氏、陸氏之言,以别其源流,而衷諸朱子之説」,申言「有能繇朱子之言,以達夫聖人下學之旨,則此一編者,其碩果之猶存也」(《文集》卷六《下學指南序》),希望後人能如孟子所倡距楊墨般起來抵制當時的空疏之習,可見其對王學及其末流的深惡痛絶。

亭林詩文生前並未付梓,身後方由其弟子潘耒整理刊佈。迫於嚴酷的政治環境,雕版時裁去了一些篇目,删卻了許多忌諱。而且隨着思想控制的日益苛嚴,違礙字句剜之又剜,刷印愈晚,留下的空白愈多,令人想見當時「避席畏聞文字獄」、人人自危的狀況。如今各大圖書館所藏顧集大多是這種「遍體鱗傷」的本子。

所幸潘耒的原刻本神物護持，至今尚存天壤，藏於湖北省圖書館，爲《續修四庫全書》所收，使我們得以看到初刻的原貌，而最值得慶幸的是潘耒手抄的《亭林詩稿》也有人不顧安危世代秘藏，最終得見天日，光緒間由幽光閣排印問世。文集則有鈔本《蔣山傭殘稿》存世，大致保存了亭林撰寫時的原貌，可惜留下的都是一些簡牘。

亭林以氣節與學問名世，而他的文筆也受到人們的稱讚，而且愈到後來評價愈高。

先談其詩，亭林沾溉於後七子者甚深，這一點包世臣、朱庭珍都頗爲知味，相繼拈出（《藝舟雙楫》卷一《讀亭林遺書》、《筱園詩話》卷二）。大約崑山地近松江，不能不受雲間派的影響。亭林《濟南》詩有云：「絶代詩題傳子美，近朝文士數于鱗。」可見其瓣香所在。由於亭林是一代鴻儒，人們很容易視其詩爲學人之詩（孫寶瑄《忘山廬日記》光緒三十三年九月十八日），亭林作詩喜歡自注更加深了人們的這一印象，此舉還曾招來毛奇齡的嘲諷（袁枚《小倉山房尺牘》卷五《與楊蘭坡明府》）。其實，晚明人受王學影響，廢書不讀，枵腹論文，亭林自注實是不得已而爲之。其友人朱彝尊對亭林詩的評價似不甚高，云：「詩無長語，事必精當，詞必古雅。杼山長老所云『清景當中，天地秋色』，庶幾似之。」（《靜志居詩話》卷二十二）李光地還嫌亭林專挑大題目寫，說：「顧寧人讀得書多，古文與詩都可觀，但詩落筆便要不朽，不爲《詩經》，亦爲詩史，這個見解存在胸中，亦是病。」（《榕村語録續集》卷十九）自沈德潛以後，對亭林詩的評價日漸日高，沈云：「詞必己出，事必精當。風霜之氣，松柏之質，兩者兼有。就詩品論，亦不肯作第二流人。」（《明詩別裁》卷十一）才女汪端更是對亭林傾倒備至，說：「其詩憑弔滄桑，語多激楚，茹芝採蕨之志，《黍離》、《麥秀》之悲，淵深樸茂，直合靖節、浣花爲一手，豈宋《谷音》、《月泉》諸人所能伯仲哉！」（《明三十家詩選》卷七下）周濟直推亭林爲

「少陵後一人」(楊鍾羲《雪橋詩話》卷十)，馮志沂則論定：「若繼體《風》《騷》，扶持名教，言當時不容已之言，作後世不可少之作，當以顧亭林先生爲第一。」(路岯《顧亭林詩箋注序》)這當是乾隆朝貶斥貳臣、提倡氣節所起的效果。到了晚清、民國，黄節、吴芳吉等愛國詩人都酷愛亭林詩(吴宓《空軒詩話》)，自是由於目擊國家命運，與亭林思想發生强烈共鳴的緣故。

至於亭林之文，戴震曾作過比較：「做文章極難，如閻百詩極能考核，而不善做文章；顧寧人、汪鈍翁文章較好。」(段玉裁《戴東原先生年譜》)包世臣則進而推究其文字淵源，説：「亭林之文宗考亭以躋南豐，以其立志遠而讀書多、更事數，時時有獨到語，爲曾、朱兩家所未及。」(《藝舟雙楫》卷一《論文》一《讀亭林遺書》)所論不中不遠。的確，曾鞏、朱子的文風適於説理，最宜於學人，亭林遵此蹊徑爲文是自然而然的。

這次整理，文集由《亭林文集》六卷、《亭林餘集》一卷、《蔣山傭殘稿》三卷、《熹廟諒陰記事》一卷、《亭林佚文輯》五部分組成；詩集由《亭林詩集》五卷、《亭林先生佚詩》一卷、《亭林集外詩補》三部分組成。其中，《亭林文集》《亭林詩集》取《續修四庫全書》影印清吴江潘氏遂初堂原刻《亭林遺書》本爲底本，而此本《文集》卷六的《讀隋書》，實係馬端臨《文獻通考》之文，爲潘耒所誤收，後悟其非，易以《顧與治詩序》與《方月斯詩草序》，《四部叢刊》本即如此，兹從之。《亭林餘集》所據爲《四部叢刊》影印誦芬樓刊本，《蔣山傭殘稿》與《熹廟諒陰記事》所據爲日本所藏尚志堂鈔本，《佚詩》底本取自光緒年間朱記榮所刊《亭林遺書》。《蔣山傭殘稿》有數篇亦見於《文集》，文字略有異同，皆一仍其舊，以保存亭林撰寫原貌，重出者於《文集》中出注標明。《熹廟諒陰記事》中因字形相近産生的抄寫錯誤，徑改不出校；所避「弘」、「玄」等字則一律回改。《詩集》、《佚詩》以幽光閣鉛排本《戴子高所藏足本亭林詩稿》對校，《佚詩》中挖缺皆據之補足。幽光閣本雖收詩較多，足以涵蓋刻本的《詩集》和《佚詩》兩部分，但卻將亭林自注悉數删去，無以體現「辛苦亭林自作箋」的特色，故未採作底本。校勘時還採用了《四部叢刊》本所附的孫毓修校文（據鈔本《蔣山傭詩集》所校，簡稱「孫校」）和《古學彙刊二集》所收的荀羕校文（據原鈔本《亭林詩集》所校，簡稱「荀校」），荀羕是孫詒讓的化名，《惜硯樓叢刊》所收的《顧亭林詩校記》即以真名實姓行世。至於輯佚部分，則吸收了華忱之先生點校的《顧亭林詩文集》（中華書局一九八三年版）的成果，而有所增補訂正。

由於時間倉促，水準有限，「坳堂納芥猶堪詡，難負亭林萬斛船」，錯謬之處自忖必多，良深歉疚，尚期讀者不吝匡正。

校點者　劉永翔　唐　玲

亭林文集卷之一

北嶽辨

古之帝王，其立五嶽之祭，不必皆於山之巔；其祭四瀆，不必皆於其水之源也。東嶽泰山於博，中嶽泰室於嵩高，南嶽灊山於灊，西嶽華山於華陰，北嶽恒山於上曲陽，皆於其山下之邑。然四嶽不疑而北嶽疑之者，恒山之綿亘幾三百里，而曲陽之邑於平地，其去山趾又一百四十里，此馬文升所以有改祀之請也。河之入中國也，自積石，而祠之臨晉；江出於岷山，而祠之江都；濟出於王屋，而祠之臨邑。先王制禮，因地之宜而弗變也。考之《虞書》：「十有一月朔，巡狩至於北嶽。」《周禮》：「并州，其山鎮曰恒。」《爾雅》：「恒山爲北嶽。」注並指爲上曲陽。三代以上，雖無其迹，而《史記》云：「常山王有罪遷，天子封其弟於真定，以續先王祀，而以常山爲郡。然後五嶽皆在天子之邦。」《漢書》云：「常山之祠於上曲陽。」應劭《風俗通》云：「廟在中山上曲陽縣。」《後漢書》：「章帝元和三年春二月戊辰，幸中山。遣使者祠北嶽於上曲陽。」《郡國志》：「中山國上曲陽，故屬常山。恒山在西北。」則其來舊矣。《水經注》乃謂此爲恒山下廟，漢末喪亂，山道不通，而祭之於此。則不知班氏已先言之，乃孝宣之詔太常，非漢末也。《魏書》：「明元帝泰常四年秋八月辛未，東巡，遣使祭恒嶽。太武帝太延元年冬十一月丙子，幸鄴。十二月癸卯，遣使者以太牢祀北嶽太平真君。四年春正月庚午，至中山。二月丙子，車駕至於恒山之陽，詔有司刊石勒銘。十一年冬十一月南征，逕恒山，祀以太牢。文成帝和平元年春正月，幸中山，過恒嶽，禮其神而反。明年，南巡，過石門，遣使者用玉璧牲牢禮恒嶽。」夫魏都平城，在恒山之北，而必南祭於曲陽，遵古先之命祀而不變者，猶之周都豐鎬，漢都長安，而東祭於華山，仍謂之西嶽也。故吴寬以爲帝王之都邑無常，而五嶽有定。歷代之制，改都而不改嶽。太史公所謂「秦稱帝，都咸陽，而五嶽四瀆皆并在東方」者也。《隋書》：「大業四年秋八月辛酉，帝親祠恒嶽。」《唐書》：「定州曲陽縣，元和十五年，更恒嶽曰鎮嶽，有嶽祠。」又言：「張嘉貞爲定州刺史，於恒嶽廟中立頌。」予嘗親至其廟，則嘉貞碑故在。又有唐鄭子春、韋虚心、李荃、劉端碑文凡四，范希朝、李克用題名各一，而碑陰及兩旁刻大曆、貞元、元和、長慶、寶曆、太和、開成、會昌、大中、天祐年號某月某日祭，初獻、亞獻、終獻某官姓名，凡百數十行。宋初，廟爲契丹所焚。淳化二年重建。而唐之碑刻未嘗毁。至宋之醮文碑記，尤多不勝録也。自唐以上，徵於史者如彼；自唐以下，得於碑者如此。於是知北嶽之祭於上曲陽也，自古然矣。古之帝王望於山川，不登其巔也，望而祭之，故五嶽之祠皆在山下，而肆覲諸侯，考正風俗，是亦必於大山之陽平易廣衍之地，而不在險遠曠絶之區也明甚。且一歲之中，巡狩四嶽，南至湘中，北至代北，其勢有所不能，故《爾雅》諸書並以霍山爲南嶽，而漢人亦祭於灊。禹會諸侯於塗山，塗山，近灊之地也。《水經注》曰：「上曲陽故城，本嶽牧朝宿之邑也。古者天子巡狩常山，歲十一月至於北嶽，侯伯皆有湯沐邑以自齋潔。周衰，巡狩禮廢，邑郭仍存。秦以立縣，縣在山曲之陽，是曰曲陽。有下，故此爲上矣。」而文升乃謂宋失雲中，始祭恒山於此，豈不謬哉！五鎮惟醫無閭最遠，自唐於柳城郡東置祠遥禮，而宋則附祭於北嶽之祠。然則宋人之遥祭者，北鎮也，非北嶽也。世之儒者，唐宋之事且不能知也，而况與言三代之初乎！先是，倪岳爲禮部尚書，已不從文升議，而萬曆中沈鯉駁大同撫臣胡來貢之請，又申言之。皆據經史之文而未至其地。予故先至曲陽，後登渾源，而書所見以告後之人，無惑乎俗書之所傳焉。

馬文升疏曰：「《虞書》：『肇十有二州。』蓋每州表山之高大者以爲鎮，而恒山爲北嶽，在今大同府渾源州。歷秦、漢、隋、唐，俱於山所致祭。五代河北失據，宋承石晉割賂之後，以白溝爲界，遂祭恒山於真定府曲陽縣，文之曰地有飛來石，不經甚矣。然宋都汴，而真定爲其北邊，是亦不得已權宜之道也。迨我太祖高皇帝建都金陵，視真定爲遠，因循未曾釐正。文皇帝遷都北平，真定反在都南。當時禮官不能建明，尚循舊陋，禮官罪也。夫《周禮》曰恒山爲并州鎮，在正北。《一統志》曰：『恒山在渾源州南二十里。』又渾源廟址猶存，故老傳説，的的不虛，乞行禮部再加詳考，如臣言是，行令山西并大同巡撫官員斟酌工費，於渾源州恒山廟舊址增修如制，以祀北嶽，撰文勒石，昭示將來。」渾源之説始於此。自成化以前，初無此語。端肅似未曾見十七史者，道聽塗説，一至於此！渾源之廟並無古迹，不知作於何時。如泰山、華山之上，亦各有宫，而大廟俱在其下。特曲陽相距稍遠，而今制又分直隸、山西二轄，人遂因此疑之。疏中所云故老傳説，正足見其不出於史書，而得諸野人之口。後人知其不通，乃更爲之説云：「舜北狩，大雪，止於曲陽，有石飛來，因而望祀。」不知此誰見之而誰傳之，蓋又文升之蛇足也。

革除辨

革除之説，何自而起乎？成祖以建文四年六月己巳即皇帝位。夫前代之君若此者，皆即其年改元矣。不急於改元者，本朝之家法也；不容仍稱建文四年者，歷代易君之常例也。故七月壬午朔詔文一款：「一，今年仍以洪武三十五年爲紀，其改明年爲永樂元年。」並未嘗有「革除」字樣。即云「革除」，亦革除七月以後之建文，未嘗併六月以前及元、二、三年之建文而革除之也。故建文有四年而不終，洪武有三十五年而無三十二、三十三、三十四年。夫實録之載此明矣。自六月己巳以前書四年，庚午以後特書洪武三十五年，此當時據實而書者也。第儒臣淺陋，不能上窺聖心，而嫌於載建文之號於成祖之録，於是創一無號之元年以書之史，使後之讀者彷徨焉不得其解，而革除之説自此起矣。夫建文無實録，因成祖之事不容闕此四年，故有元年以下之紀。使成祖果革建文爲洪武，則於建文之元當書洪武三十二年矣；又使不紀洪武而但革建文，亦當如《太祖實録》之例，書己卯矣。今則元年、二年、三年、四年書於成祖之録者犁然也。是以知其不革也。既不革矣，乃不冠建文之號於元年之上，而但一見於洪武三十一年之中，若有所辟而不敢正書，此史臣之失，而其他奏疏文移中所云洪武三十二、三十三、三十四年者，則皆臣下奉行之過也。且實録中每書必稱「建文君」，成祖即位後，與世子書亦稱「建文君」，而後之人至目爲「革除君」。夫建文不革於成祖，而革於傳聞；不革於詔書，而革於臣下奉行者之文，是不可以無辯。或曰：洪武有三十五年矣，無三十二、三十三、三十四年，可乎？ 考之於古，後漢高祖之即位也，仍稱天福十二年，其前則出帝之開運三年。故天福有十二年，而無九、十、十一年，是則成祖之仍稱洪武，豈不闇合者哉！

原姓

男子稱氏，女子稱姓，氏一再傳而可變，姓千萬年而不變。最貴者國君，國君無氏，不稱氏稱國。踐土之盟，其載書曰：晉重、魯申、衛武、蔡甲午、鄭捷、齊潘、宋王臣、莒期。荀偃之稱齊環，衛太子之稱鄭勝、晉午是也。次則公子，公子無氏，不稱氏稱公子。公子彄、公子益師是也。最下者庶人，庶人無氏，不稱氏稱名。然則氏之所由興，其在於卿大夫乎？故曰諸侯之子爲公子，公子之子爲公孫，公孫之子以王父字若謚、若邑、若官爲氏。氏焉者，類族也，貴貴也。考之於傳，二百五十五年之間，有男子而稱姓者乎？無有也。女子則稱姓。古者男女異長，在室也稱姓，冠之以序，叔隗、季隗之類是也。已嫁也，於國君則稱姓，冠之以國，江羋、息嬀之類是也；於大夫則稱姓，冠以大夫之氏，趙姬、盧蒲姜之類是也。在彼國之人稱之，或冠以所自出之國若氏，驪姬、梁嬴之於晉，顔懿姬、鬷聲姬之於齊是也。既卒也，稱姓，冠之以謚，成風、敬嬴之類是也。亦有無謚而仍其在室之稱，仲子、少姜之類是也。范氏之先，自虞以上爲陶唐氏，在夏爲御龍氏，在商爲豕韋氏，在周爲唐杜氏。士會之帑處秦者爲劉氏，夫概王奔楚爲堂谿氏，伍員屬其子於齊爲王孫氏，智果別族於太史爲輔氏。故曰：氏可變也。孟孫氏，小宗之別爲子服氏，爲南宮氏；叔孫氏，小宗之別爲叔仲氏。季孫氏之支子曰季公鳥、季公亥、季寤，稱季不稱孫，故曰貴貴也。魯昭公娶於吳，爲同姓，謂之吳孟子。崔武子欲娶棠姜，東郭偃曰：「男女辨姓，今君出自丁，臣出自桓，不可。」夫崔之與東郭氏異，昭公之與夷昧代遠，然同姓百世而昏姻不通者，周道也。故曰：姓不變也。是故氏焉者，所以爲男別也；姓焉者，所以爲女坊也。自秦以後之人，以氏爲姓，以姓稱男，而周制亡，而族類亂。作《原姓》。

郡縣論一

知封建之所以變而爲郡縣，則知郡縣之敝而將復變。然則將復變而爲封建乎？曰：不能。有聖人起，寓封建之意於郡縣之中，而天下治矣。蓋自漢以下之人，莫不謂秦以孤立而亡。不知秦之亡，不封建亡，封建亦亡；而封建之廢，固自周衰之日，而不自於秦也。封建之廢，非一日之故也。雖聖人起，亦將變而爲郡縣。方今郡縣之敝已極，而無聖人出焉，尚一一仍其故事，此民生之所以日貧，中國之所以日弱，而益趨於亂也。何則？封建之失，其專在下；郡縣之失，其專在上。古之聖人，以公心待天下之人，胙之土而分之國；今之君人者，盡四海之内爲我郡縣，猶不足也，人人而疑之，事事而制之。科條文簿日多於一日，而又設之監司，設之督撫，以爲如此，守令不得以殘害其民矣。不知有司之官，凜凜焉救過之不給，以得代爲幸，而無肯爲其民興一日之利者，民烏得而不窮，國烏得而不弱！率此不變，雖千百年，而吾知其與亂同事，日甚一日者矣。然則尊令長之秩，而予之以生財治人之權，罷監司之任，設世官之獎，行辟屬之法，所謂寓封建之意於郡縣之中，而二千年以來之敝可以復振。後之君苟欲厚民生、强國勢，則必用吾言矣。

郡縣論二

其説曰：改知縣爲五品官，正其名曰縣令。任是職者，必用千里以内習其風土之人。其初曰試令，三年，稱職，爲真；又三年，稱職，封父母；又三年，稱職，璽書勞問；又三年，稱職，進階益禄，任之終身。其老疾乞休者，舉子若弟代；不舉子若弟，舉他人者聽；既代去，處其縣爲祭酒，禄之終身。所舉之人復爲試令。三年稱職爲真，如上法。每三四縣若五六縣爲郡，郡設一太守，太守三年一代。詔遣御史巡方，一年一代。其督撫司道悉罷。令以下設一丞，吏部選授。丞任九年以上，得補令。丞以下曰簿、曰尉、曰博士、曰驛丞、曰司倉、曰游徼、曰嗇夫之屬，備設之，毋裁。其人聽令自擇，報名於吏部；簿以下得用本邑人爲之。令有得罪於民者，小則流，大則殺；其稱職者，既家於縣，則除其本籍。夫使天下之爲縣令者不得遷，又不得歸，其身與縣終，而子孫世世處焉。不職者流，貪以敗官者殺。夫居則爲縣宰，去則爲流人，賞則爲世官，罰則爲斬絞，豈有不勉而爲良吏者哉！

郡縣論三

何謂稱職？曰：土地闢，田野治，樹木蕃，溝洫修，城郭固，倉廩實，學校興，盜賊屏，戎器完，而其大者則人民樂業而已。夫養民者，如人家之畜五牸然：司馬牛者一人，司芻豆者復一人，又使紀綱之僕監之，升斗之計必聞之於其主人，而馬牛之瘠也日甚。吾則不然：擇一圉人之勤幹者，委之以馬牛，給之以牧地，使其所出常浮於所養，而視其肥息者賞之，否則撻之。然則其爲主人者，必烏氏也，必橋姚也。故天下之患，一圉人之足辦。而爲是紛紛者也，不信其圉人，而用其監僕，甚者并監僕又不信焉，而主人之耳目亂矣。於是愛馬牛之心，常不勝其吝芻粟之計，而畜産耗矣。故馬以一圉人而肥，民以一令而樂。

郡縣論四

或曰：無監司，令不已重乎？子弟代，無乃專乎？千里以內之人，不私其親故乎？夫吏職之所以多爲親故撓者，以其遠也。使並處一城之內，則雖欲撓之，而有不可者。自漢以來，守鄉郡者多矣。曲阜之令，鮮以貪酷敗者，非孔氏之子獨賢，其勢然也。若以子弟得代而慮其專，蕞爾之縣，其能稱兵以叛乎？上有太守，不能舉旁縣之兵以討之乎？太守欲反，其五六縣者肯舍其可傳子弟之官而從亂乎？不見播州之楊，傳八百年，而以叛受戮乎？若曰無監司不可爲治，南畿十四府四州何以自達於六部乎？且今之州縣，官無定守，民無定奉，是以常有盜賊戎翟之禍，至一州則一州破，至一縣則一縣殘。不此之圖，而慮令長之擅，此之謂不知類也。

郡縣論五

天下之人各懷其家，各私其子，其常情也。爲天子、爲百姓之心，必不如其自爲，此在三代以上已然矣。聖人者因而用之，用天下之私以成一人之公，而天下治。夫使縣令得私其百里之地，則縣之人民皆其子姓，縣之土地皆其田疇，縣之城郭皆其藩垣，縣之倉廩皆其囷窌。爲子姓，則必愛之而勿傷；爲田疇，則必治之而勿棄；爲藩垣、囷窌，則必繕之而勿損。自令言之，私也；自天子言之，所求乎治天下者如是焉止矣。一旦有不虞之變，必不如劉淵、石勒、王仙芝、黄巢之輩，横行千里，如入無人之境也。於是有效死勿去之守，於是有合從締交之拒，非爲天子也，爲其私也。爲其私，所以爲天子也。故天下之私，天子之公也。公則説，信則人任焉。此三代之治可以庶幾，而況乎漢唐之盛，不難致也。

郡縣論六

今天下之患，莫大乎貧。用吾之説，則五年而小康，十年而大富。且以馬言之：天下驛遞往來，以及州縣上計京師、白事司府、迎候上官、遞送文書，及庶人在官所用之馬，一歲無慮百萬匹，其行無慮萬萬里。今則十減六七，而西北之馬贏不可勝用矣。

以文册言之：一事必報數衙門，往復駁勘必數次，以及迎候、生辰、拜賀之用，其紙料之費率諸民者，歲不下巨萬。今則十減七八，而東南之竹箭不可勝用矣。他物之稱是者不可悉數。且使爲令者得以省耕斂、教樹畜，而田功之獲、果蓏之收、六畜之孳、材木之茂，五年之中必當倍益。從是而山澤之利亦可開也。夫採礦之役，自元以前，歲以爲常，先朝所以閉之而不發者，以其召亂也。譬之有窖金焉，發於五達之衢，則市人聚而争之；發於堂室之内，則唯主人有之，門外者不得而争也。今有礦焉，天子開之，是發金於五達之衢也；縣令開之，是發金於堂室之内也。利盡山澤，而不取諸民。故曰：此富國之筴也。

郡縣論七

法之敝也，莫甚乎以東州之餉而給西邊之兵，以南郡之糧而濟北方之驛。今則一切歸於其縣，量其衝僻，衡其繁簡，使一縣之用常寬然有餘。又留一縣之官之禄，亦必使之溢於常數，而其餘者然後定爲解京之類。其先必則壤定賦，取田之上中下，列爲三等或五等，其所入悉委縣令收之。其解京曰貢、曰賦，其非時之辦，則於額賦支銷，若盡一縣之入用之而猶不足，然後以他縣之賦益之，名爲「協濟」。此則天子之財，不可以爲常額，然而行此十年，必無盡一縣之入用之而猶不足者也。

郡縣論八

善乎葉正則之言曰：「今天下官無封建而吏有封建。」州縣之敝，吏胥窟穴其中，父以是傳之子，兄以是傳之弟。而其尤桀黠者，則進而爲院司之書吏，以掣州縣之權，上之人明知其爲天下之大害而不能去也。使官皆千里以内之人，習其民事，而又終其身任之，則上下辨而民志定矣，文法除而吏事簡矣。官之力足以御吏而有餘，吏無所以把持其官而自循其法。昔人所謂養百萬虎狼於民間者，將一旦而盡去，治天下之愉快，孰過於此？

郡縣論九

取士之制，其薦之也，略用古人鄉舉里選之意；其試之也，略用唐人身言書判之法。縣舉賢能之士，間歲一人試於部。上者爲郎，無定員，郎之高第得出而補令。次者爲丞，於其近郡用之。又次者歸其本縣，署爲簿尉之屬。而學校之設，聽令與其邑之士自聘之，謂之師，不謂之官，不隸名於吏部。而在京，則公卿以上倣漢人三府辟召之法，參而用之。夫天下之士，有道德而不願仕者，則爲人師；有學術才能而思自見於世者，其縣令得而舉之，三府得而辟之，其亦可以無失士矣。或曰：間歲一人，功名之路無乃狹乎？化天下之士，使之不競於功名，王治之大者也。且顔淵不仕，閔子辭官，漆雕未能，曾晳異撰，亦何必於功名哉！

錢糧論上

自禹、湯之世，不能無凶年，而民至於無糧賣子。夫凶年而賣其妻子者，禹、湯之世所不能無也；豐年而賣其妻子者，唐宋之季所未嘗有也。往在山東，見登、萊並海之人多言穀賤，處山僻不得銀以輸官。今來關中，自鄠以西至於岐下，則歲甚登，穀甚多，而民且相率賣其妻子。至徵糧之日，則村民畢出，謂之「人市」。問其長吏，則曰，一縣之鬻於軍營而請印者，歲近千人，其逃亡或自盡者，又不知凡幾也。何以故？ 則有穀而無銀也，所獲非所輸也，所求非所出也。夫銀，非從天降也，丱人則既停矣，《周禮・地官・司徒》：丱人。丱，古「礦」字。 海舶則既撤矣，中國之銀在民間者已日消日耗，而況山僻之邦，商賈之所絕迹，雖盡鞭撻之力以求之，亦安所得哉！ 故穀日賤而民日窮，民日窮而賦日詘。逋欠則年多一年，人丁則歲減一歲，率此而不變，將不知其所終矣。且銀何自始哉？ 古之爲富者，菽粟而已。爲其交易也，不得已而以錢權之。然自三代以至於唐，所取於民者粟帛而已。自楊炎兩稅之法行，始改而徵錢，而未有銀也。《漢志》言秦幣二等，而銀錫之屬施於器飾，不爲幣。自梁時始有交、廣以金銀爲貨之説。宋仁宗景祐二年，始詔諸路歲輸緡錢，福建、二廣易以銀，江東以帛。所以取之福建、二廣者，以坑冶多而海舶利也。至金章宗始鑄銀，名之曰「承安寶貨」，公私同見錢用。哀宗正大間，民但以銀市易，而不用鑄。至於今日，上下通行，而忘其所自。然而考之《元史》，歲課之數，爲銀至少。然則國賦之用銀，蓋不過二三百年間爾。今之言賦，必曰錢糧。夫錢，錢也；糧，糧也。亦惡有所謂銀哉！且天地之間，銀不益增，而賦則加倍，此必不供之數也。昔者唐穆宗時，物輕錢重，用户部尚書楊於陵之議，令兩税等錢皆易以布帛絲纊，而民便之。《舊唐書·穆宗紀》：元和十五年八月辛未，兵部尚書楊於陵總百寮錢貨輕重之議，取天下兩税榷酒鹽利等，悉以布帛任土所産物充税，並不徵見錢，則物漸重，錢漸輕，農人見免賤賣匹段。請中書門下、御史臺諸司官長重議施行。從之。吴徐知誥從宋齊丘之言，以爲錢非耕桑所得，使民輸錢，是教之棄本逐末也。於是諸税悉收穀帛紬絹。是則昔人之論取民者，且以錢爲難得也，以民之求錢爲不務本也，而況於銀乎？先王之制賦，必取其地之所有。今若於通都大邑行商麕集之地，雖盡徵之以銀，而民不告病；至於遐陬僻壤，舟車不至之處，即以什之三徵之，而猶不可得。以此必不可得者病民，而卒至於病國，則曷若度土地之宜，權歲入之數，酌轉般之法，而通融乎其間，凡州縣之不通商者，令盡納本色，不得已，以其什之三徵錢。錢自下而上，則濫惡無所容而錢價貴，是一舉而兩利焉。無蠲賦之虧，而有活民之實；無督責之難，而有完逋之漸。今日之計，莫便乎此。夫樹穀而徵銀，是畜羊而求馬也；倚銀而富國，是恃酒而充飢也。以此自愚，而其敝至於國與民交盡，是其計出唐宋之季諸臣之下也。

錢糧論下

嗚呼！自古以來，有國者之取於民爲已悉矣，然不聞有火耗之説。火耗之所由名，其起於徵銀之代乎？此所謂正賦十而餘賦三者與？此所謂國中飽而姦吏富者與？此國家之所峻防，而汙官猾胥之所世守以爲子孫之寶者與？此窮民之根，匱財之源，啓盜之門，而庸愞在位之人所目覩而不救者與？原夫耗之所生，以一州縣之賦繁矣，户户而收之，銖銖而納之，不可以瑣細而上諸司府，是不得不資於火。有火則必有耗，所謂耗者，特百之一二而已。有賤丈夫焉，以爲額外之徵，不免干於吏議，擇人而食，未足厭其貪惏。於是藉火耗之名，爲巧取之術，蓋不知起於何年，而此法相傳，官重一官，代增一代，以至於今。於是官取其贏十二三，而民以十三輸國之十；里胥之輩又取其贏十一二，而民以十五輸國之十。其取則薄於兩而厚於銖；凡徵收之數，兩者，必其地多而豪有力可以持吾之短長者也；銖者，必其窮下户也，雖多取之，不敢言也。於是兩之加焉十一二，而銖之加焉十五六矣。薄於正賦而厚於雜賦：正賦，耳目之所先也；雜賦，其所後也。於是正賦之加焉十二三，而雜賦之加焉或至於十七八矣。解之藩司，謂之羨餘；貢諸節使，謂之常例。責之以不得不爲，護之以不可破，而生民之困，未有甚於此時者矣。愚嘗久於山東，山東之民，無不疾首蹙額而訴火耗之爲虐者，獨德州則不然。問其故，則曰：州之賦二萬九千，二爲銀，八爲錢也。錢則無火耗之加，故民力紓於他邑也。非德州之官皆賢，里胥皆善人也，勢使之然也。又聞之長老言：近代之貪吏，倍甚於唐宋之時。所以然者，錢重而難運，銀輕而易齎。難運，則少取之而以爲多；易齎，則多取之而猶以爲少。非唐宋之吏多廉，今之吏貪也，勢使之然也。然則銀之通，錢之滯；吏之寶，民之賊也。在有明之初，嘗禁民不得行使金銀，犯者准奸惡論。夫用金銀，何奸之有？而重爲之禁者，蓋逆知其弊之必至於此也。當時市肆所用，皆唐宋之錢，而制錢則偶一鑄造，以助其不足耳。今也泉貨弱而害金興，市道窮而僞物作。國幣奪於上，民力單於下，使陸贄、白居易、李翺之流而生今日，其咨嗟太息，必有甚於唐之中葉者矣。陸贄《上均節財賦六事》，其二言：凡國之賦税，必量人之力，任土之宜，故所入者，惟布、麻、繒、纊與百穀而已。先王懼物之貴賤失平，而人之交易難準，又定泉布之法，以節輕重之宜。斂散弛張，必由於是。蓋御財之大柄，爲國之利權，守之在官，不以任下。然則穀帛者，人之所爲也；錢貨者，官之所爲也。是以國朝著令，租出穀，庸出絹，調出繒、纊、布，曷嘗有以錢爲賦者哉？今之兩税，獨異舊章，但估資産爲差，使以錢穀定税。唯計求得之利宜，靡論供辦之難易。所徵非所業，所業非所徵，遂或增價以買其所無，減價以賣其所有，一增一減，耗損已多。李翺集有《疏改税法》一篇，言：錢者，官司所鑄；粟帛者，農之所出。今乃使農人賤賣粟帛，易錢入官，是豈非顛倒而取其無者耶？由是豪家大商皆多積錢以逐輕重，故農人日困，末業日增，請一切不督見錢，皆納布帛。白居易集有《贈友》詩云：私家無錢鑪，平地無銅山。胡爲秋夏税，歲歲輸銅錢？錢力日以重，農力日以殫。賤糶粟與麥，賤貿絲與綿。歲暮衣食盡，焉得無飢寒？吾聞國之初，有制垂不刊。庸必算丁口，租必計桑田。不求土所無，不强人所難。量入以爲出，上足下亦安。兵興一變法，兵息遂不還。使我農桑人，顦顇畎畝間。誰能革此弊，待君秉利權。復彼租庸法，令如貞觀年。

曰：子以火耗爲病於民也，使改而徵粟米，其無淋尖踢斛，巧取於民之術乎？

曰：吾未見罷任之倉官、寧家之斗級負米而行者也，必鬻銀而後去。有兩車行於道，前爲錢，後爲銀，則大盜之所睨，常在其後車焉。然則豈獨今之貪吏倍甚於唐宋之時，河朔之間所名爲「響馬」者，亦當倍甚於唐宋之時矣。

生員論上

國家之所以設生員者，何哉？蓋以收天下之才俊子弟，養之於庠序之中，使之成德達材，明先王之道，通當世之務，出爲公卿大夫，與天子分猷共治者也。今則不然，合天下之生員，縣以三百計，不下五十萬人，而所以教之者，僅場屋之文。然求其成文者，數十人不得一；通經知古今、可爲天子用者，數千人不得一也。而嚚訟逋頑，以病有司者，比比而是。上之人以是益厭之，而其待之也日益輕，爲之條約也日益苛，然以此益厭益輕益苛之生員，而下之人猶日夜奔走之如鶩，竭其力而後止者，何也？一得爲此，則免於編氓之役，不受侵於里胥，齒於衣冠，得以禮見官長，而無笞捶之辱。故今之願爲生員者，非必其慕功名也，保身家而已。以十分之七計，而保身家之生員，殆有三十五萬人。此與設科之初意悖，而非國家之益也。人之情，孰不爲其身家者？故日夜求之，或至行關節、觸法抵罪而不止者，其勢然也。今之生員，以關節得者十且七八矣，而又有武生、奉祀生之屬，無不以錢鬻之。夫關節，朝廷之所必誅，而身家之情，先王所弗能禁，故以今日之法，雖堯舜復生，能去在朝之四凶，而不能息天下之關節也。然則如之何？請一切罷之，而別爲其制。必選夫五經兼通者而後充之，又課之以二十一史與當世之務而後升之。仍分爲秀才、明經二科，而養之於學者，不得過二十人之數，無則闕之。爲之師者，州縣以禮聘焉，勿令部選。如此而國有實用之人，邑有通經之士，其人材必盛於今日也。然則一鄉之中，其粗能自立之家，必有十焉，一縣之中，必有百焉，皆不得生員以芘其家，而同於編氓，以受里胥之凌暴，官長之笞捶，豈王者保息斯人之意乎？則有秦漢賜爵之法，其初以賞軍功，而其後或以恩賜，或以勞賜，或普賜，或特賜，而高帝之詔有曰：「今吾於爵，非輕也。其令吏善遇高爵，稱吾意。」至惠帝之世，而民得買爵。夫使爵之重，得與有司爲禮，而復其户勿事，則人將趨之。開彼則可以塞此，即入粟拜爵，其名尚公，非若鬻諸生以亂學校者之爲害也。夫立功名與保身家，二塗也；收俊乂與恤平人，二術也，並行而不相悖也，一之則敝矣。夫人主與此不通今古之五十萬人共此天下，其芘身家而免笞捶者且三十五萬焉，而欲求公卿大夫之材於其中，以立國而治民，是緣木而求魚也。以守則必危，以戰則必敗矣。

生員論中

廢天下之生員，而官府之政清；廢天下之生員，而百姓之困蘇；廢天下之生員，而門户之習除；廢天下之生員，而用世之材出。今天下之出入公門，以撓官府之政者，生員也；倚勢以武斷於鄉里者，生員也；與胥史爲緣，甚有身自爲胥史者，生員也；官府一拂其意，則群起而閧者，生員也；把持官府之陰事，而與之爲市者，生員也。前者譟，後者和；前者奔，後者隨。上之人欲治之而不可治也，欲鋤之而不可鋤也。小有所加，則曰：是殺士也，坑儒也。

百年以來，以此爲大患，而一二識治體能言之士，又皆身出於生員而不敢顯言，其弊故不能曠然一舉而除之也。故曰：廢天下之生員，而官府之政清也。天下之病民者有三：曰鄉宦，曰生員，曰吏胥。是三者，法皆得以復其户而無雜泛之差，於是雜泛之差乃盡歸於小民。今之大縣至有生員千人以上者，比比也。且如一縣之地有十萬頃，而生員之地五萬，則民以五萬而當十萬之差矣；一縣之地有十萬頃，而生員之地九萬，則民以一萬而當十萬之差矣。民地愈少，則詭寄愈多；詭寄愈多，則民地愈少，而生員愈重。富者行關節以求爲生員，而貧者相率而逃且死。故生員之於其邑人，無秋毫之益，而有丘山之累。然而一切考試科舉之費，猶皆派取之民，故病民之尤者，生員也。故曰：廢天下之生員，而百姓之困蘇也。天下之患，莫大乎聚五方不相識之人而教之使爲朋黨。生員之在天下，近或數百千里，遠或萬里，語言不同，姓名不通，而一登科第，則有所謂主考官者，謂之座師；有所謂同考官者，謂之房師；同榜之士，謂之同年；同年之子，謂之年姪；座師、房師之子，謂之世兄；座師、房師之謂我，謂之門生；而門生之所取中者，謂之門孫；門孫之謂其師之師，謂之太老師。朋比膠固，牢不可解。書牘交於道路，請託徧於官曹。其小者足以蠹政害民，而其大者至於立黨傾軋，取人主太阿之柄而顛倒之，皆此之繇也。故曰：廢天下之生員，而門户之習除也。國家之所以取生員而考之以經義、論、策、表、判者，欲其明六經之旨，通當世之務也。今以書坊所刻之義，謂之時文，舍聖人之經典、先儒之注疏與前代之史不讀，而讀其所謂時文。時文之出，每科一變，五尺童子能誦數十篇而小變其文，即可以取功名，而鈍者至白首而不得遇。老成之士，既以有用之歲月銷磨於場屋之中；而少年捷得之者，又易視天下國家之事，以爲人生之所以爲功名者，惟此而已。故敗壞天下之人材，而至於士不成士，官不成官，兵不成兵，將不成將，夫然後寇賊姦宄得而乘之，敵國外侮得而勝之。苟以時文之功，用之於經史及當世之務，則必有聰明俊傑、通達治體之士起於其間矣。故曰：廢天下之生員，而用世之材出也。

生員論下

問曰：廢天下之生員，則何以取士？

曰：吾所謂廢生員者，非廢生員也，廢今日之生員也。請用辟舉之法，而並存生儒之制。天下之人，無問其生員與否，皆得舉而薦之於朝廷，則我之所收者既已博矣，而其廩之學者爲之限額，略倣唐人郡縣之等：小郡十人，等而上之，大郡四十人而止；小縣三人，等而上之，大縣二十人而止。約其户口之多寡、人材之高下而差次之，有闕則補，而罷歲貢舉人之二法。其爲諸生者，選其通雋，皆得就試於禮部；而成進士者，不過授以簿尉親民之職，而無使之驟進，以平其貪躁之情。其設之教官，必聘其鄉之賢者以爲師，而無隸於仕籍；罷提學之官，而領其事於郡守。此諸生之中，有薦舉而入仕者，有考試而成進士者，亦或有不率而至於斥退者，有不幸而死，及衰病不能肄業，願給衣巾以老者。闕至於二人、三人，然後合其屬之童生，取其通經能文者以補之。

然則天下之爲生員者少矣，少則人重之，而其人亦知自重。爲之師者不煩於教，而向所謂聚徒合黨以横行於國中者，將不禁而自止。若夫温故知新，中年考較，以蘄至於成材，則當參酌乎古今之法，而兹不具論也。或曰：天下之才，日生而無窮也，使之皆壅於童生，則奈何？吾固曰：天下之人，無問其生員與否，皆得舉而薦之於朝廷，則取士之方，不恃諸生之一途而已也。夫取士以佐人主理國家，而僅出於一塗，未有不弊者也。

亭林文集卷之一終

亭林文集卷之二

音學五書序

《記》曰：「聲成文謂之音。」夫有文斯有音，比音而爲詩，詩成然後被之樂，此皆出於天，而非人之所能爲也。三代之時，其文皆本於六書，其人皆出於族黨庠序，其性皆馴化於中和，而發之爲音，無不協於正。然而《周禮》大行人之職：「九歲屬瞽史，諭書名，聽聲音。」所以一道德而同風俗者，又不敢略也。是以《詩》三百五篇，上自《商頌》，下逮陳靈，以十五國之遠、千數百年之久，而其音未嘗有異。帝舜之歌，皋陶之賡，箕子之陳，文王、周公之繫，無弗同者。故三百五篇，古人之音書也。魏晉以下，去古日遠，詞賦日繁，而後名之曰「韻」。至宋周顒、梁沈約，而四聲之譜作。然自秦漢之文，其音已漸戾於古，至東京益甚。而休文作譜，乃不能上據《雅》、《南》，旁摭《騷》、子，以成不刊之典，而僅按班張以下諸人之賦、曹劉以下諸人之詩所用之音，撰爲定本，於是今音行而古音亡，爲音學之一變。下及唐代，❶以詩賦取士，其韻一以陸法言《切韻》爲準，雖有獨用、同用之注，而其分部未嘗改也。至宋景祐之際，微有更易。❷理宗末年，平水劉淵始併二百六韻爲一百七。元黃公紹作《韻會》因之，以迄於今。

❶「代」，清康熙符山堂刻《音學五書》作「時」。
❷「易」，《音學五書》作「定」。

於是宋韻行而唐韻亡，爲音學之再變。世日遠而傳日訛，此道之亡蓋二千有餘歲矣。炎武潛心有年，既得《廣韻》之書，乃始發悟於中，而旁通其說。於是據唐人以正宋人之失，據古經以正沈氏、唐人之失，而三代以上之音，部分秩如，至賾而不可亂。乃列古今音之變，而究其所以不同，爲《音論》三卷；❶考正三代以上之音，注三百五篇，爲《詩本音》十卷；注《易》，爲《易音》三卷；辨沈氏部分之誤，❷而一一以古音定之，爲《唐韻正》二十卷；綜古音爲十部，爲《古音表》二卷。自是而六經之文乃可讀，其他諸子之書，離合有之，而不甚遠也。天之未喪斯文，必有聖人復起，舉今日之音而還之淳古者。子曰：「吾自衛反魯，然後樂正，《雅》、《頌》各得其所。」實有望於後之作者焉。❸

音學五書後序

余纂輯此書三十餘年，❹所過山川亭鄣，無日不以自隨，凡五易稾而手書者三矣。然久客荒壤，於古人之書多所未見，日西方莫，遂以付之梓人，故已登版而刊改者猶至數四，又得張君弨爲之考《說文》，采《玉篇》，倣《字樣》，❺酌時宜而手書之；二子叶增、叶箕分書小字；鳩工淮上，不遠數千里，累書往復，必歸於是，而其工費則又

❶「三」，原作「二」，據《音學五書》改。
❷「部分」，《音學五書》作「分部」。
❸「焉」下，《音學五書》有「東吴顧炎武序」六字。
❹「余纂輯此書三十餘年」，《音學五書》作「予纂輯此書幾三十年」。
❺「采玉篇倣字樣」，《音學五書》作「參群書增辯正」。

取諸鬻産之直，而秋毫不借於人，❶其著書之難而成之之不易如此。然此書爲三百篇而作也，先之以《音論》，何也？曰：審音學之原流也。《易》文不具，何也？曰：不皆音也。《唐韻正》之考音詳矣，而不附於經，何也？曰：文繁也。已正其音而猶遵元第，何也？曰：述也。《古音表》之别爲書，何也？曰：自作也。蓋嘗四顧躊躇，❷幾欲分之，幾欲合之，久之然後臚而爲五矣。嗚呼！許叔重《説文》始一終亥，而更之以韻，使古人條貫不可復見；陸德明《經典釋文》割裂删削，附注於九經之下，而其元本遂亡。成之難而毁之甚易，又今日之通患也。孟子曰：「流水之爲物也，不盈科不行。」《記》曰：「不陵節而施之謂孫。」若乃觀其會通，究其條理，而無輕變改其書，❸則在乎後之君子。李君因篤每與余言《詩》，有獨得者，今頗取之，❹而以答書附之於末。❺上章涒灘寎月之望炎武又書。❻

初刻日知録自序

炎武所著《日知録》，因友人多欲鈔寫，患不能給，遂於上章閹茂之歲刻此八卷。歷今六七年，老而益進，始悔向日學之不博，見之不卓，其中疏漏往往而有，而其書已行於世，不可掩。漸次增改，得二十餘卷，欲更刻之，而猶未敢自以爲定，故先以

❶「而其工費」至「不借於人」，《音學五書》無此十九字。
❷「躊躇」，《音學五書》作「峙躕」。
❸「而」，《音學五書》無此字。
❹「取」，《音學五書》作「采」。
❺「而」、「之」，《音學五書》無此二字。
❻「上章涒灘寎月之望」，《音學五書》無此八字。

舊本質之同志。蓋天下之理無窮，而君子之志於道也，不成章不達，故昔日之得不足以爲矜，後日之成不容以自限。若其所欲明學術、正人心、撥亂世以興太平之事，則有不盡於是刻者，須絶筆之後，藏之名山，以待撫世宰物者之求。其無以是刻之陋而棄之，則幸甚。

左傳杜解補正序

《北史》言周樂遜著《春秋序義》，通賈、服説，發杜氏違。今杜氏單行，而賈、服之書不傳矣。吴之先達邵氏寶有《左觿》百五十餘條，又陸氏粲有《左傳附注》，傅氏遜本之爲《辨誤》一書，今多取之，參以鄙見，名曰《補正》，凡三卷。若經文大義，《左氏》不能盡得，而《公》、《穀》得之；《公》、《穀》不能盡得，而啖、趙及宋儒得之者，則别記之於書，而此不具也。❶

營平二州史事序

昔神廟之初，邊陲無事，大帥得以治兵之暇留意圖籍，而福之士人郭君造卿在戚大將軍幕府，網羅天下書志略備，又身自行歷薊北諸邊營壘，又遣卒至塞外窮濡源，視舊大寧遺址，還報與書不合，則再遺覆按，必得實乃止，作《燕史》數百卷。蓋十年而成，則大將軍已不及見。又以其餘日作《永平志》百三十卷，文雖晦澁，而一方之故頗稱明悉。其後七十年而炎武得遊於斯，則

❶「也」下，遂初堂刻《亭林遺書》本《左傳杜解補正》有「東吴顧炎武」五字。

當屠殺圈占之後，人民稀少，物力衰耗，俗與時移，不見文字禮儀之教，求郭君之志且不可得，而其地之官長暨士大夫來言曰：「府志藁已具矣，願爲成之。」嗟乎！ 無郭君之學，而又不逢其時，以三千里外之人，而論此邦士林之品第，又欲取成於數月之内，而不問其書之可傳與否，是非僕所能。獨恨《燕史》之書不存，而重違主人之請，於是取二十一史、《通鑑》諸書，自燕、秦以來此邦之大事，迄元至正年而止，纂爲六卷，命曰《營平二州史事》，以質諸其邦之士大夫。世之人能讀全史者罕矣，宋宣和與金結盟，徒以不考營、平、灤三州之舊，至於争地構兵，以此三州之故而亡其天下，豈非後代之龜鑑哉！ 異日有能修志者，古事備矣，續今可也。或曰：及營，何也？ 曰：中國之棄營久矣，夫營，吾州也，其事與平相出入焉，焉得不紀！ 若夫合幽并營，以正古帝王之疆域，必有聖人作焉，余以此書俟之。

金石文字記序

余自少時即好訪求古人金石之文，而猶不甚解。及讀歐陽公《集古録》，乃知其事多與史書相証明，可以闡幽表微，補闕正誤，不但詞翰之工而已。比二十年間，周遊天下，所至名山、巨鎮、祠廟、伽藍之跡，無不尋求，登危峰，探窈壑，捫落石，履荒榛，伐頹垣，畚朽壤，其可讀者，必手自鈔録，得一文爲前人所未見者，輒喜而不寐。一二先達之士知余好古，出其所蓄，以至蘭臺之墜文，天禄之逸字，旁搜博討，夜以繼日，遂乃抉剔史傳，發揮經典，頗有歐陽、趙氏二録之所未具者，積爲一帙，序之以貽後人。夫《祈招》之詩，誦於右尹，孔悝之鼎，傳之《戴記》，皆尼父所未收，六經之闕事，莫不增高五嶽，助廣百川。今此區區，亦同斯指。恨生晚不逢，名門舊家大半凋落，又以布衣之賤，出無僕馬，往往懷毫舐墨，躑躅於山林猿鳥之間，而田父傖丁，鮮能識字，其或褊於聞見，窘於日力，而山高水深，爲登涉之所不及者；即所至之地，亦豈無挂漏？又望後人之同此好者繼我而録之也。❶

鈔書自序

炎武之先家海上，世爲儒。自先高祖爲給事中，當正德之末，其時天下惟王府官司及建寧書坊乃有刻板，其流布於人間者不過四書、五經、《通鑑》、《性理》諸書。他書即有刻者，非好古之家不蓄，而寒家已有書六七千卷。嘉靖間，家道中落，而其書尚無恙。先曾祖繼起爲行人，使嶺表，而倭闌入江東，郡邑所藏之書與其室廬俱焚，無孑遺焉。洎萬曆初，而先曾祖歷官至兵部侍郎，中間莅方鎮三四，清介之操，雖一錢不以取諸官，而性獨嗜書，往往出俸購之，及晚年而所得之書過於其舊，然絶無國初以前之板。而先曾祖每言：「余所蓄書，求有其字而已，牙籤錦軸之工，非所好也。」其書後析而爲四。炎武嗣祖太學公爲侍郎公仲子，又益好讀書，增而多之，以至炎武，復有五六千卷。自罹變故，轉徙無常，而散亡者

❶「也」下，清吴江潘氏遂初堂刻《亭林遺書》本《金石文字記》有「東吴顧炎武序」六字。

什之六七，其失多出於意外。二十年來，贏縢擔囊，以遊四方，又多別有所得，合諸先世所傳，尚不下二三千卷。其書以選擇之善，較之舊日雖少其半，猶爲過之，而漢、唐碑亦得八九十通，又鈔寫之本別貯二簏，❶稱爲多且博矣。自少爲帖括之學者二十年，已而學爲詩古文，以其間纂記故事，年至四十，斐然欲有所作；又十餘年，讀書日以益多，而後悔其嚮者立言之非也。自炎武之先人，皆通經學古，亦往往爲詩文。本生祖贊善公文集至數百篇，而未有著書以傳於世者。昔時嘗以問諸先祖，先祖曰：「著書不如鈔書。凡今人之學，必不及古人也；今人所見之書之博，必不及古人也。小子勉之，惟讀書而已。」先祖書法蓋逼唐人，性豪邁不群，然自言少時日課鈔古書數紙，今散亡之餘，猶數十帙，他學士家所未有也。自炎武十一歲，即授之以温公《資治通鑑》，曰：「世人多習《綱目》，余所不取。凡作書者，莫病乎其以前人之書改竄而爲自作也。班孟堅之改《史記》，必不如《史記》也；宋景文之改《舊唐書》，必不如《舊唐書》也；朱子之改《通鑑》，必不如《通鑑》也。至於今代，而著書之人幾滿天下，則有盜前人之書而爲自作者矣。故得明人書百卷，不若得宋人書一卷也。」炎武之遊四方十有八年，未嘗干人，有賢主人以書相示者則留，或手鈔，或募人鈔之。子不云乎：「多見而識之，知之次也。」今年至都下，從孫思仁先生得《春秋纂例》、《春秋權衡》、《漢上易傳》等書，清苑陳祺公資以薪米紙筆，寫之以歸。愚嘗有所議於《左氏》，及讀

❶「簏」，原作「麓」，據文意改。

《權衡》，則已先言之矣。念先祖之見背已二十有七年，而言猶在耳，乃泫然書之，以貽諸同學李天生。天生今通經之士，其學蓋自爲人而進乎爲己者也。

西安府儒學碑目序

西安府儒學，先師廟之後，爲亭者五，環之以廊，而列古今碑版於中，俗謂之「碑洞」。自嘉靖末地震，而記志有名之碑多毁裂不存，其見在者猶足以甲天下。余遊覽之下，因得考而序之。昔之觀文字、模金石者，必其好古而博物者也；今之君子，有世代之不知、六書之不辨，而旁搜古人之蹟，疊而束之，以飼蠹鼠者。使郡邑有司煩於應命，而工墨之費計無所出，不得不取諸民，其爲害已不細矣。或碑在國門之外，去邑數十武，而隸卒一出，村之蔬米、舍之雞豚，不足以供其飽，而父老子弟相率蹙頞，以有碑爲苦。又或在深山窮谷，而政令之無時，暑雨寒冰，奔馳僵仆，則工人隸卒亦無不以有碑爲苦者，而民又不待言。於是乘時之隙，掊而毁之，以除其禍。余行天下，所聞所見如此者多矣，無若醴泉之最著者。縣凡再徙，而唐之昭陵去今縣五十里，當時陪葬諸王、公主、功臣之盛，墓碑之多，見於崇禎十一年之志，其存者猶二十餘通，而余親至其所，止見衛景武公一碑，已剗其姓名。土人云，他碑皆不存，存者皆磨去其字矣。夫石何與於民，而民亦何讎於石？所以然者，豈非今之浮慕古文之君子階之禍哉！若夫碑洞之立，凡遠郊之石，並舁而致之其中，既便於觀者之留連，而工人麕集其下，日得數十錢以給衣食，是則害不勝利。今日之事，苟害不勝利，即君子有取焉，予故詳列之以告真能好古者。若郊外及下邑之碑，予既不能徧尋，而恐録之以貽害，故弗具。且告後之有司：欲全境内之碑者，莫若徙諸邑中。而有識之君子，慎無以好古之虚名，至於病民而殘石也。

儀禮鄭注句讀序

《記》曰：「優優大哉！禮儀三百，威儀三千。」禮者，本於人心之節文，以爲自治治人之具，是以孔子之聖，猶問禮於老聃，而其與弟子答問之言，雖節目之微無不備悉。語其子伯魚曰：「不學禮，無以立。」《鄉黨》一篇，皆動容周旋中禮之效。然則周公之所以爲治、孔子之所以爲教，舍禮其何以焉？劉康公有言：「民受天地之中以生，所謂命也。是以有動作禮義威儀之則，以定命也。」三代之禮，其存於後世而無疵者，獨有《儀禮》一經。漢鄭康成爲之注，魏晉已下至唐宋，通經之士無不講求於此。自熙寧中，王安石變亂舊制，始罷《儀禮》不立學官，而此經遂廢，此新法之爲經害者一也。南渡已後，二陸起於金谿，其説以德性爲宗，學者便其簡易，群然趨之，而於制度文爲一切鄙爲末事。賴有朱子正言力辨，欲修三禮之書，而卒不能勝夫空虚妙悟之學，此新説之爲經害者二也。沿至於今，有坐皐比，稱講師，門徒數百，自擬濂洛而終身未讀此經一徧者。若天下之書皆出於國子監所頒，以爲定本，而此經誤文最多，或至脱一簡一句，非唐石本之尚存於關中，則後儒無由以得之矣。濟陽張爾岐稷若篤志好學，不應科名，録《儀禮》鄭氏注，而采賈氏、陳氏、吴氏之説，略以己意斷之，名曰《儀禮鄭注句讀》。又參定監本脱誤凡二百餘字，并考《石經》之誤五十餘字，作《正誤》二篇，附於其後，藏諸家塾。時方多故，無能板行之者。後之君子，因句讀以辨其文，因文以識其義，因其義以通制作之原，則夫子所謂以承天之道而治人之情者，可以追三代之英，而辛有之歎不發於伊川矣。如稷若者，其不爲後世太平之先倡乎？若乃據《石經》刊監本，復立之學官，以習士子，而姑勸之以禄利，使毋失其傳，此又有天下者之責也。

廣宋遺民録序

子曰：「有朋自遠方來，不亦樂乎？」古之人學焉而有所得，未嘗不求同志之人，而況當滄海横流、風雨如晦之日乎？於此之時，其隨世以就功名者固不足道，而亦豈無一二少知自好之士，然且改行於中道，而失身於暮年，於是士之求其友也益難。而或一方不可得，則求之數千里之外；今人不可得，則慨想於千載以上之人；苟有一言一行之有合於吾者，從而追慕之，思爲之傳其姓氏而筆之書。嗚呼，其心良亦苦矣！吴江朱君明德，與僕同郡人，相去不過百餘里，而未嘗一面。今朱君之年六十有二矣，而僕又過之五齡，一在寒江荒草之濱，一在絶障重關之外，而皆患乎無朋。朱君乃采輯舊聞，得程克勤所爲《宋遺民録》而廣之，至四百餘人。以書來問序於余，殆所謂一方不得其人，而求之數千里之外者也。其於宋之遺民，有一言一行，或其姓氏之留於一二名人之集者，盡舉而筆之書，所謂今人不可得，而慨想於千載以上之人者也。余既尠聞，且耄矣，不能爲之訂正，然而竊有疑焉：自生民以來，所尊莫如孔子，而《論語》、《禮記》皆出於孔氏之傳，然而互鄉之童子，不保其往也；伯高之赴，所知而已；孟懿子、葉公之徒，問答而已；食於少施氏而飽，取其一節而已。今諸繫姓氏於一二名人之集者，豈無一日之交而不終其節者乎？或邂逅相遇而道不同者乎？固未必其人之皆可述也。然而朱君猶且眷眷於諸人，而并號之爲遺民，夫亦以求友之難而託思於此歟？莊生有言：「子不聞越之流人乎？去國數日，見其所知而喜；去國旬月，見所嘗見於國中者喜；及期年也，見似人者而喜矣。」余嘗遊覽於山之東西、河之南北二十餘年，而其人益以不似。及問之大江以南，昔時所稱魁梧丈夫者，亦且改形換骨，學爲不似之人。而朱君乃爲此書以存人類於天下，若朱君者，將不得爲遺民矣乎？因書以答之。吾老矣，將以訓後之人，冀人道之猶未絶也。

朱子斗詩序

國家之所以常治而不亂者，人材也。人材之出於天下者，固將愛之重之，夫苟人材之出於其宗，則尤愛之而尤重之。以文王之明德作人，而其用之也，常先同姓而後庶姓。周公爲太宰，康叔爲司寇，聃季爲司空；成王顧命，而六卿之長，五爲同姓。周公、祭公、毛伯、凡伯之屬，每見於《春秋》，而與周相終始。漢、唐而下，以同宗而爲丞相、筦中書者不可勝數。然則自古以來，待宗人之失，未有如有明者也。庸疏而舍戚，内羈而外親，既不得筮仕爲吏，而復限之於國城之中，若無罪而拘之者。故其不肖者怙侈放辟，以爲民害，而其賢者亦僅僅守己潔行，學爲詞賦，以自附於文苑之徒。於是舉天子之宗，無一人焉任國家之事，以生草澤之心，而召蠻裔之侮，寧以其四海之大、宗祧之重畀之非族者而不恤。嗚呼，此亦後世有天下者之大監也已！余聞萬曆以來，宗室中之文人莫盛於秦，秦之宗有七子，而子斗最少。及崇禎之末，六子皆先逝，而子斗獨年至八十，後先帝十一年乃卒。故其爲詩多離亂之作，有閔周哀郢之意而不敢深言。余又聞其人孝弟忠信，而又明於當世之故，蓋宗之賢者也。子斗名誼泋，永興王府奉國中尉。當天啓時，開科舉之途，而子斗久以詩文爲關中士人領袖，其次子存柘彥衡乃得爲諸生，中副榜。賊陷西安，存柘義不屈，投井死。長子存杠伯常扶其父逃之村墅，得免。子斗没後八年而余至關中，訪七子之後，其六子皆衰落不振，而伯常年已六十有二。獨其家遺書尚存，而爲人亦温恭慤慎，以求全於世，惟恐人目之爲故王孫者，反不若庶姓之人，猶得盱衡扼腕，言天下之事於朋友之前而無所忌。雖時勢則然，亦繇國家向日裁抑太過，無有彊宗大豪如南陽諸劉，得以撓新莽之威而保先人之祚者也。余悲夫以子斗之賢，使其立朝，必能爲天子正紀綱、補闕失；其在封疆，必能秉一節、遏寇虣；乃終老不用，歷變故以卒，而僅以其詩著，故序而傳之。七子者，惟燿伯明、惟炫叔融、懷坔士簡、懷玨長生、懷齄季鳳、誼漸伯聞與子斗爲七，皆號能詩。而又有誼眔明遠、存榟春夫二中尉者，賊至時同不屈死。明遠中崇禎九年舉人，此皆秦宗之有學行者。子斗詩中往往及之，故並舉而列之於篇。嗚呼，孰謂宗室無人材也哉！

程正夫詩序

嘗讀《商頌》之《那》曰：「自古在昔，先民有作。」而夫子之稱《詩》亦曰：「昔吾有先正，其言明且清。」是以古人之立言也，必稱諸祖考而本諸先正、先民；在朝則稱於朝，高宗之言「先正保衡」是也；與人交則稱於友，叔孫豹之言「先大夫臧文仲」是也。降及末世，人心之不同既已大拂於古，而反諱其行事，《召旻》之詩曰：「維今之人，不尚有舊。」而周公之戒後王也，亦曰：「乃逸乃諺，既誕，則曰：昔之人無聞知。」余自少時侍於先王父，其終日言而無擇者，大率皆祖考之世德，鄉先生之行事；既得見於先王父之友，則其言亦然；既又得見於異邦之名公耆碩，則其言亦復然。距今三十餘年，而邈焉不可作矣。貪欲以爲能，捷徑以爲巧，苟同以爲賢，而罔念夫昔之人者，天下皆是也。余至德州，工部正夫程君出其所作，於其州之自國初以來士大夫二十一人，合爲一章而序之，曰《先賢詩》；於其高祖以下四公，各爲一章而序之，曰《程氏先賢詩》。是諸君子者，行誼不同，而無不明於出處取與之分，有古賢人之遺焉。工部之爲是作也，其亦所謂「景行行止」者乎？昔趙文子觀乎九原而願隨武子之爲人，孟僖子述正考父之鼎銘以卜其後之將有達者。故子孫不忘其祖父，孝也；後人不忘其先民，忠也；忠且孝，所以善俗而率民也。是鄉大夫之職也。然則工部之爲此也，殆古人之義而亦其先大夫之遺訓也夫！

萊州任氏族譜序

予讀《唐書》韋雲起之疏曰：「山東人自作門户，更相談薦，附下罔上。」袁術之荅張沛曰：「山東人但求禄利，見危授命，則曠代無人。」竊怪其當日之風即已異於漢時，而歷數近世人材，如琅邪、北海、東萊，皆漢以來大儒所生之地，今且千有餘年，而無一學者見稱於時，何古今之殊絶也？至其官於此者，則無不變色咋舌，稱以爲難治之國，謂其齊民之俗有三：一曰逋税，二曰刼殺，三曰訐奏。而余往來山東者十餘年，則見夫巨室之日以微，而世族之日以散，貨賄之日以乏，科名之日以衰，而人心之日以澆且僞，盜誣其主人，而奴訐其長，日趨於禍敗，而莫知其所終。乃余頃至東萊，主趙氏、任氏，入其門，而堂軒几榻無改於其舊；與之言，而出於經術節義者，無變其初心；問其恒産，而亦皆支撑以不至於頹落。余於是欣然有見故人之樂，而歎夫士之能自樹立者，固不爲習俗之所移。任君唐臣因出其家譜一編，屬余爲之序。其文自尊祖睦族以至於急賦税、均力役，諄諄言之，豈不超出於山東之敝俗者乎？子不云乎：「得見有恒者，斯可矣。」恒者久也，天下之久而不變者，莫若君臣父子，故爲之賦税以輸之，力役以奉之，此田宅之所以可久也；非其有不取，非其力不食，此貨財之所以可久也；爲下不亂，在醜不争，不叛親，不侮賢，此鄰里宗族之所以可久也。夫然，故名節以之而立，學問以之而成，忠義之人、經術之士出乎其中矣。不明乎此，於是乎飲食之事也而至於訟，訟不已而至於師，小而舞文，大而弄兵，豈非今日山東之大戒？而若任君者，爲之深憂過計，而欲倡其教於一族之人，即亦不敢諱其從前之失，而爲之丁寧以著於譜。昔召穆公思周德之不類，故糾合宗族於成周而作詩曰：「凡今之人，莫如兄弟。」任君其師此意矣。余行天下，見好逋者必貧，好訟者必負，少陵長，小加大，則不旋踵而禍隨之，故推任君之意以告山東之人，使有警焉，或可以止横流而息燎原也。

吕氏千字文序

《吕氏千字文》者，待詔餘姚吕君裁之之所作也。蓋小學之書，自古有之。李斯以下，號爲三蒼，而《急就篇》最行於世。自南北朝以前，初學之童子無不習之。而《千字文》則起於齊梁之世，今所傳「天地玄黄」者，又梁武帝命其臣周興嗣取王羲之之遺字次韻成之，不獨以文傳，而又以其巧傳。後之讀者苦三蒼之難，而便《千文》之易，於是至今爲小學家恒用之書。而崇禎之元，有仁和卓人月者，取而更次之，以紀先帝初元之政，一時咸稱其巧。吕君以爲事止於一年，未備也，於是再取而更次之，而明代二百七十年之事乃略具。若夫錯綜古人之文如己出焉，不亦進而愈巧者乎？蓋吾讀史遊《急就篇》，博之於名物制度，浩賾而不可窮，而其末歸於「漢地廣大，萬方來朝，中國安寧，百姓承德」。而吕君此文，其首曰：「大明洪武，受命配天。」其末曰：「臣吕章成，頓首敬書。」則猶史遊之意也。史遊在元帝時爲黄門令，日侍禁中，當漢室之無事；而吕君身爲宰輔之後，丁板蕩之秋，遯跡山林，而想一王之盛，《匪風》之懷，《下泉》之歎，有類於詩人，而過於齊梁文士之流者也。不然，崔浩之書，改漢彊而爲代彊者，今豈無其人乎？而吕君棄之不顧，曰：「吾將退而訓於蒙士焉。」其風節又豈在兩龔下哉！夫小學，固六經之先也，使人讀之而知尊君親上之義，則必自其爲童子始，故余於是書也樂得而序之。

勞山圖志序

勞山，在今即墨縣東南海上，距城四五十里，或八九十里。有大勞、小勞，其峰數十，總名曰勞。志言秦始皇登勞盛山望蓬萊，因謂此山一名勞盛，而不得其所以立名之義。案《南史》，明僧紹隱於長廣郡之嶗山，則字或從山。又《漢書》「成山」作「盛山」，在今文登縣東北，則勞、盛自是兩山，古人立言尚簡。齊之東偏，三面環海，其斗入海處，南勞而北盛，則盡乎齊東境矣。其山高大深阻，旁薄二三百里，以其僻在海隅，故人跡罕至。凡人之情，以罕爲貴，則從而夸之，以爲神仙之宅、靈異之府。其説云：吴王夫差登此山，得《靈寶度人經》。考之《春秋傳》，吴王伐齊，僅至艾陵，而徐承率舟師自海道入齊，爲齊人所敗而去。則夫差未嘗至此，而於越入吴之日，不知度人之經將焉用之？余遊其地，觀老君、黄石、王喬諸蹟，類皆後人之所託名，而耐凍白牡丹花在南方亦是尋嘗之物。惟山深多生藥草，而地煖能發南花，自漢以來，脩真守静之流，多依於此。此則其可信者。乃自田齊之末，有神仙之論，而秦皇、漢武謂真有此人在窮山巨海之中，於是八神之祠徧於海上，萬乘之駕常在東萊，而勞山之名由此起矣。夫勞山皆亂石巉巖，下臨大海，偪仄難度，其險處土人猶罕至焉。秦皇登之，是必萬人除道，百官扈從，千人擁輓而後上也。五穀不生，環山以外，土皆疎脊，海濱斥鹵，僅有魚蛤，亦須其時。秦皇登之，必一郡供張，數縣儲偫，四民廢業，千里驛騷而後上也。於是齊人苦之，而名曰勞山也，其以是夫？古之聖王，勞民而民忘之，秦皇一出游，而勞之名傳之千萬年，然而致此則有由矣。《漢志》言，齊俗夸詐，自太公、管仲之餘，其言霸術，已無遺策，而一二智慧之士，倡爲迂怪之談，以聳動天下之聽，彼其意不過欲時君擁篲、辯士詘服，以爲名高而已，豈知其患之至於此也！故御史黄君居此山之下，作《勞山志》未成，其長君朗生修而成之，屬余爲序。黄君在先朝抗疏言事，有古人節概，其言蓋非夸者。余獨考勞山之故而推其立名之旨，俾後之人有以鑒焉。

亭林文集卷之二終

亭林文集卷之三

與友人論學書

比往來南北，頗承友朋推一日之長，問道於盲。竊歎夫百餘年以來之爲學者，往往言心言性，而茫乎不得其解也。命與仁，夫子之所罕言也；性與天道，子貢之所未得聞也。性命之理，著之《易傳》，未嘗數以語人。其答問士也，則曰「行己有恥」；其爲學，則曰「好古敏求」；其與門弟子言，舉堯舜相傳所謂危微精一之説一切不道，而但曰「允執其中，四海困窮，天禄永終」。嗚呼，聖人之所以爲學者，何其平易而可循也！故曰「下學而上達」。顔子之幾乎聖也，猶曰「博我以文」。其告哀公也，明善之功，先之以博學。自曾子而下，篤實無若子夏，而其言仁也，則曰「博學而篤志，切問而近思」。今之君子則不然，聚賓客門人之學者數十百人，「譬諸草木，區以别矣」，而一皆與之言心言性，舍多學而識以求一貫之方，置四海之困窮不言，而終日講危微精一之説，是必其道之高於夫子，而其門弟子之賢於子貢，祧東魯而直接二帝之心傳者也。我弗敢知也。《孟子》一書，言心言性亦諄諄矣，乃至萬章、公孫丑、陳代、陳臻、周霄、彭更之所問，與孟子之所答者，常在乎出處、去就、辭受、取與之間。以伊尹之元聖，堯舜其君其民之盛德大功，而其本乃在乎千駟一介之不視不取。伯夷、伊尹之不同於孔子也，而其同者，則以「行一不義，殺一不幸，而得天下，不爲」。是故性也，命也，天也，夫子之所罕言，而今之君子之所恒言也；出處、去就、辭受、取與之辨，孔子、孟子之所恒言，而今之君子所罕言也。謂忠與清之未至於仁，而不知不忠與清而可以言仁者，未之有也；謂不忮不求之不足以盡道，而不知終身於忮且求而可以言道者，未之有也。我弗敢知也。愚所謂聖人之道者如之何？曰「博學於文」，曰「行己有恥」。自一身以至於天下國家，皆學之事也；自子臣弟友以至出入、往來、辭受、取與之間，皆有恥之事也。恥之於人大矣！不恥惡衣惡食，而恥匹夫匹婦之不被其澤，故曰：「萬物皆備於我矣，反身而誠。」嗚呼！士而不先言恥，則爲無本之人；非好古而多聞，則爲空虛之學。以無本之人而講空虛之學，吾見其日從事於聖人而去之彌遠也。雖然，非愚之所敢言也，且以區區之見，私諸同志而求起予。

與友人論易書

承示圖書、象數、卜筮、卦變四考，爲之歎服。僕嘗讀劉歆《移太常博士書》所謂「輔弱扶微」、「兼包大小之義」，而譏時人之「保殘守缺」、「雷同相從」以爲師説，未嘗不三復於其言也。昔者漢之五經博士，各以家法教授：《易》有施、孟、梁丘、京氏，《尚書》歐陽、大小夏侯，《詩》齊、魯、韓、毛，《禮》大小戴，《春秋》嚴、顔。不專於一家之學。晉宋已下，乃有博學之士會稡貫通。至唐時，立九經於學官，孔穎達、賈公彦爲之正義，即今所云疏者是也。排斥衆説，以申一家之論，而通經之路狹矣。

及有明洪武三年、十七年之科舉條格，《易》主程朱傳義，《書》主蔡氏傳，《詩》主朱子《集傳》，俱兼用古注疏。《春秋》主左氏、公羊、穀梁、胡氏、張洽傳，《禮記》主古注疏，猶不限於一家。至永樂中，纂輯《大全》，并《本義》於程傳，去《春秋》之張傳及四經之古注疏，前人小注之文稍異於大注者不録，欲道術之歸於一，使博士弟子無不以《大全》爲業，而通經之路愈狹矣。注疏刻於萬曆中年，但頒行天下，藏之學官，未嘗立法以勸人之誦習也。試問百年以來，其能通十三經注疏者幾人哉？以一家之學、有限之書，人間之所共有者，而猶苦其難讀也，況進而求之儒者之林、群書之府乎？然聖人之道，不以是而中絶也，故曰：「仁者見之謂之仁，知者見之謂之知。」昔之説《易》者，無慮數千百家，如僕之孤陋，而所見及寫録唐宋人之書亦有十數家，有明之人之書不與焉。然未見有過於程傳者。且夫《易》之爲書，廣大悉備，一爻之中，具有天下古今之大，而注解之文豈能該盡？若大著所謂此爻爲天子，此爻爲諸侯，此爻爲相，此爻爲師，蓋本之崔憬解《繫辭》二與四、三與五同功異位之説。然此特識其大者而已，其實人人可用，故曰：「君子所居而安者，《易》之序也；所樂而玩者，爻之辭也。」故夫子之傳《易》也，於「見龍在田」，而本之以學問寬仁之功；於「鳴鶴在陰」，而擬之以言行樞機之發。此爻辭之所未及，而夫子言之。然天下之理實未有外於此者。「素以爲絢」，禮後之意也；「高山景行」，好仁之情也；「諸姑伯姊」，尊親之序也。夫子之説《詩》，猶夫子之傳《易》也。後人之説《易》

也，必以一人一事當之，此自傳注之例宜然，學者舉一隅而以三隅反可爾。且以九四「或躍」之爻論之，舜禹之登庸，伊尹之五就，周公之居攝，孔子之歷聘，皆可以當之，而湯武特其一義，又不可連比四五之爻爲一時之事，而謂有「飛龍在天」之君，必無「湯武革命」之臣也。將欲廣之，適以狹之，此舉業以來之通弊也。是故盡天下之書皆可以注《易》，而盡天下注《易》之書不能以盡《易》，此聖人所以立象以盡意，而夫子作大象，多於卦爻之辭之外，別起一義以示學者，使之觸類而通，此即舉隅之説也。天下之變無窮，舉而措之天下之民者亦無窮，若但解其文義而已，韋編何待於三絶哉！「子所雅言，《詩》、《書》、執禮。」《詩》、《書》、執禮之文，無一而非《易》也。下而至於《春秋》二百四十二年之行事，秦漢以下史書百代存亡之迹，有一不該於《易》者乎？故曰：「《易》有聖人之道四焉：以言者尚其辭，以動者尚其變，以制器者尚其象，以卜筮者尚其占。」愚嘗勸人以學《易》之方，必先之以《詩》、《書》、執禮，而《易》之爲用存乎其中，然後觀其象而玩其辭，則道不虛行，而聖人之意可識矣。不審高明以爲然否？

與友人論易書二

《小過》之五，其辭曰「公」，公亦君也。《歸妹》之五，辭曰「其君」，帝女之貴，以娣視之，則亦君也。若曰必天子而後謂之君，此後人之見耳。三代以上，分土而治，尊卑之埶無大相遠，天子諸侯並稱曰后。《書》曰：「三后成功。」先儒以爲象稱先王者，惟施於天子；稱后者，兼諸侯。然則后與君、公一例也。今謂凡五必爲王者，而《小過》之五爲群陰脅制，乃貶其號曰公。然則《益》之三、四，其辭何以不曰「告王」而曰「告公」乎？豈周公繫爻之前，先有一五爲天子之定例乎？物之不齊，物之情也。六十四卦豈得一一齊同？《易》不可爲典要，唯變所適。執事徒見夫五之爲人君也，而不知《剥》、《明夷》、《旅》之五不得爲人君也；徒見夫《比》、《家人》、《涣》之五之言王也，而不知《離》之上九、《升》之六四特言王用而非五也，《隨》之上六、《益》之六二兼言王用而非五也。《記》曰：「夫言豈一端而已，夫各有所當也。」必欲執一説以概全經，所謂「固哉高叟之爲《詩》」，而咸丘蒙疑瞽瞍之非臣者與之同失矣。

與友人論父在爲母齊衰期書

承教以處今之時，但當著書，不必講學。此去名務實之論，良獲我心。惟所辨父在爲母服一事，則終不敢舍二《禮》之明文，而從後王之臆制；狥野人之恩，而忘嚴父之義也。夫爲父斬衰三年，爲母斬衰三年，此從子制之也。父在，爲母齊衰期，此從夫制之也。《儀禮·喪服傳》曰：「何以期也？屈也。至尊在，不敢伸其私尊也。」《問喪》篇曰：「父在，不敢杖，尊者在故也。」《喪服四制》曰：「資於事父以事母而愛同。天無二日，土無二王，國無二君，家無二尊，以一治之也。故父在，爲母齊衰期者，見無二尊也。」所謂三綱者，夫爲妻綱，父爲子綱。夫爲妻之服除，則子爲母之服亦除，此嚴父而不敢自專之義也。奈何忘其父爲一家制禮之主，而論異同、較厚薄於其子哉！伯魚之母死，期而猶哭，夫子聞之，曰：「誰與哭者？」門人曰：「鯉也。」夫子曰：「嘻，其甚也！」伯魚聞之，遂除之。伯魚之母，孔子之妻也。孔子爲妻之服既除，則伯魚不敢爲其母之私恩而服過期之服，所謂先王制禮，不敢過也。《喪服》子夏傳曰：「禽獸知母而不知父。野人曰：父母何算焉？都邑之士則知尊禰矣。」《喪服小記》曰：「祖父卒，而後爲祖母後者三年。」是則父在而不得伸其三年者，厭於父也；祖父在而不得伸其三年者，厭於祖父也。服之者，仁也；不得伸者，義也。品節斯，斯之謂禮。雖然，傳曰：「父必三年然後娶，達子之志也。」然則十五月而禫之外，爲之子者，豈忍遂食稻衣錦而居於内乎？志之爲言，即心喪之謂。以父之尊厭之，而又以父之三年不娶者達之，聖人所以處人父子之間者，仁之至、義之盡矣。自禮教不明，喪紀廢壞，而徒以衰麻之服爲喪，宜執事之疑而不敢安也。經傳言三年之喪，不謂之三年之服也。夫「三日不怠，三月不解，期悲哀，三年憂」者，此三年之喪也。「練而慨然，祥而廓然」者，此三年之喪也。「泣血三年，未嘗見齒」者，此三年之喪也。喪云喪云，衰麻云乎哉！且執事謂今之父在爲母者，果能服三年之服乎？卒哭之後，固有屈於父而易爲縞白淺淡之衣者矣。是則并其衰麻之服亦有所不盡行。然而二十七月之内，不聽樂，不昏嫁，不赴舉，不服官，則自周公以來固已如此矣。且夫《禮》有母爲長子三年之文，先儒以爲不得以父在屈至期，何也？從乎父也。父除，則雖子之爲母而不敢不除；父未除，則雖母之爲子而不敢除。故子有爲母期者，母有爲長子三年者。孟子曰：「禮之實，節文斯二者是也。」若但曰：父母之親同，其愛同，其服同，則孩提之童無不知之者矣，何待聖人爲之制哉？曾子問曰：「並有喪，如之何？何先何後？」孔子曰：「葬先輕而後重；其奠也，先重而後輕。」以父爲重，以母爲輕，苟非斯言之出於聖人，則亦將俗儒之所議矣。若夫上元、洪武改革之繇，盧履冰、元行冲、褚無量駁正之説，當亦執事舊聞，不煩更述，惟祈詳督。

與友人論服制書❶

增三年之喪爲三十六月，起於唐弘文館直學士王元感，已爲張柬之所駁，而今關中士大夫皆行之。《喪服小記》曰：「再期之喪，三年也。」《三年問》曰：「至親以期斷，然則何以三年也？曰：加隆焉爾也。焉使倍之，故再期也。」古人以再期爲三年，而於其中又有練祥之節，殺哀之序，變服之漸，以其更歷三歲而謂之三年，非先有三年之名，而後爲之制服也。今於禮之所繇生者既已昧之，抑吾聞之，君子之所貴乎喪者，以其内心者也。居處不安，然後爲之居倚廬以致其慕；食旨不甘，然後爲之疏食水飲以致其菲；去飾之甚，然後爲之袒括、衰麻、練葛之制以致其無文。今關中之士大夫，其服官赴舉猶夫人也，而獨以冠布之加數月者爲孝，吾不知其爲情乎？爲文

❶ 此篇《蔣山傭殘稿》（以下簡稱《殘稿》）卷一重出，題《與關中友人書》。

乎？先王之禮不可加也，從而加之，必其內心之不至也。其甚者，除服之日而有賀。夫人情之所賀者，其不必然者也。得子也，拜官也，登科也，成室也，不必然而然，斯可賀也。故曰：婚禮不賀，人之序也。以其爲人事之所必然，故不賀也。喪之有終，人事之必然者也，何賀之有？抑吾不知其賀者，將於除服之日乎？君子有終身之喪，忌日之謂也。是日也，以喪禮處之而不可以除。將以其明日乎？則又朝祥暮歌之類也。賀之爲言，稍知書者已所不道，而王元感之論則尚遵而行之。使有一人焉，如顏丁、子羔之行，其於送死之事無不盡也，而獨去其服於中月而禫之日，其得謂之不孝哉？雖然，吾見今之人略不以喪紀爲意，而此邦猶以相沿之舊不敢遽變，是風俗之厚也。若乃致其情而去其文，則君子爲教於鄉者之事也。

與友人論門人書

伏承來教，勤勤懇懇，閔其年之衰暮，而悼其學之無傳，其爲意甚盛，然欲使之效曩者二三先生招門徒、立名譽，以光顯於世，則私心有所不願也。若乃西漢之傳經，弟子常千餘人，而位高者至公卿，下者亦爲博士，以名其學，可不謂榮歟？而班史乃斷之曰：「蓋祿利之路然也。」故以夫子之門人且學干祿，子曰：「三年學，不至於穀，不易得也。」而況於今日乎？今之爲祿利者，其無藉於經術也審矣。窮年所習，不過應試之文，而問以本經，猶茫然不知爲何語。蓋舉唐以來帖括之淺而又廢之，其無意於學也，傳之非一世矣。矧納貲之例行，而目不識字者可爲郡邑博士，惟貧而不能徙業者，百人之中尚有一二讀書，而又皆躁競之徒，欲速成以名於世。語之以五經則不願學，語之以白沙、陽明之語録則欣然矣，以其襲而取之易也。其中小有才華者頗好爲詩，而今日之詩，亦可以不學而作。吾行天下，見詩與語録之刻，堆几積案，殆於瓦釜雷鳴，而叩以二《南》、《雅》、《頌》之義，不能説也。於此時而將行吾之道，其誰從之？「大匠不爲拙工改廢繩墨，羿不爲拙射變其彀率」，若狥衆人之好，而自貶其學，以來天下之人，而廣其名譽，則是枉道以從人，而我亦將有所不暇。惟是斯道之在天下，必有時而興，而君子之教人，有私淑艾者，雖去之百世而猶若同堂也。所著《日知録》三十餘卷，平生之志與業皆在其中，惟多寫數本以貽之同好，庶不爲惡其害己者之所去，而有王者起，得以酌取焉，其亦可以畢區區之願矣。夫道之污隆，各以其時，若爲己而不求名，則無不可以自勉。鄙哉硜硜，所以異於今之先生者如此，高明何以教之？

與友人辭祝書❶

昨見子德云，明府將以賤辰光臨賜祝。竊惟生日之禮，古人所無。《小弁》之逐子，始説「我辰」；《哀郢》之故臣，乃言「初度」。故唐文皇以劬勞之訓，垂泣以對群臣；而近時孫退谷、張篔山著論欲廢此禮。彼居常處順者猶且辭之，況鄙人生丁不造，情事異人，流離四方，偷存視息。若前史王華、

❶ 此篇《殘稿》卷二重出，題《與郭九芝辭祝》。

王肅、陸襄、虞荔、王慧龍之倫，便當終身布衣疏食，不聽音樂，不參喜事。即不能然，而又以此日接朋友之觴，炫世俗之目，豈不於我心有戚戚乎？知我者當閔其不幸而弔慰之，不當施之以非禮之禮，使之拂其心而夭其性也。用是直攄衷曲，布諸執事，惟祈鑒之。

病起與薊門當事書❶

天生豪傑，必有所任，如人主於其臣，授之官而與以職。今日者拯斯人於塗炭，爲萬世開太平，此吾輩之任也。仁以爲己任，死而後已，故一病垂危，神思不亂。使遂溘焉長逝，而於此任已不可謂無尺寸之功，今既得生，是天以爲稍能任事而不遽放歸者也，又敢怠於其職乎？今有一言而可以活千百萬人之命，而尤莫切於秦、隴者，苟能行之，則陰德萬萬於于公矣。請舉秦民之夏麥秋米及豆草一切徵其本色，貯之官倉，至來年青黃不接之時而賣之，則司農之金固在也，而民間省倍蓰之出。且一歲計之不足，十歲計之有餘，始行之於秦中，繼可推之天下。然謂秦人尤急者，何也？目見鳳翔之民舉債於權要，每銀一兩償米四石，此尚能支持歲月乎？捐不可得之虛計，猶將爲之，而況一轉移之間，無虧於國課乎？然恐不能行也。《易》曰：「牽羊悔亡，聞言不信。」至於勢窮理極，河決魚爛之後，雖欲徵其本色而有不可得者矣。救民水火，莫先於此。病中已筆之於書，而未告諸在位。比讀國史，正統中嘗遣右通政李

❶ 此篇《殘稿》卷一重出。

畛等官糴米得銀若干萬，則昔人有行之者矣。特建此説，以待高明者籌之。

與李湘北書❶

關中布衣李君因篤，頃承大疏薦揚，既徵好士之忱，尤羨拔尤之鑒。但此君母老且病，獨子無依，一奉鶴書，相看哽咽。雖趨朝之義已迫於戴星，而問寢之私倍懸於愛日。況年逾七十，久困扶牀，路隔三千，難通嚙指，一旦禱北辰而不驗，迴西景以無期，則缾罍之恥奚償，風木之悲何及？昔者令伯奏其愚誠，晉朝聽許；元直指其方寸，漢主遣行。求賢雖有國之經，教孝實人倫之本。是用遡風即路，瀝血叩閽。伏惟執事弘錫類之仁，憫向隅之泣，俯賜吹噓，仰徼俞允。俾得歸供菽水，入侍刀圭，則自此一日之斑衣，即終身之結草矣。若炎武者，黄冠蒯屨，久從方外之蹤，齒豁目盲，已在廢人之數。而以生平昆弟之交，理難坐視，輒敢通書輦下，布其區區。

答湯荊峴書❷

兩函併至，深感注存。足下有子産博物之能，子政多聞之敏，而下問及於愚耄，不知臣精銷亡，少時所聞，十不記其二三矣。聞之前輩老先生曰：《太祖實録》凡三修：一修於建文之時，則其書已焚，不存於世矣；再修於永樂之初，則昔時大梁宗正

❶ 此篇《殘稿》卷二重出，題《與李湘北學士書》。

❷ 此篇《殘稿》卷一重出，題《答湯荊峴》。「自萬曆以還」下，見《殘稿》卷三《復湯荊峴書》。

西亭曾有其書，而汴水滔天之後，遂不可問；今史宬所存，及士大夫家諱「實録」之名而改爲《聖政記》者，皆三修之本也。然而再修、三修所不同者，大抵爲靖難一事，如棄大寧而并建立之制，及一切邊事書之甚略是也。至於潁、宋二公，若果不以令終，則初修必已諱之矣。聞之先人曰：《實録》中附傳於卒之下者，正也；不係卒而別見者，變也。當日史臣之微意也。王元美先生作《信國公》詩曰：「所以恩澤終，潁宋乃反是。」蓋謂二公之不得其死，而不可謂之誅。且以漢事言之：武帝之於劉屈氂，謂之誅，可也；成帝之於翟方進，謂之誅，不可也。是史臣之所以微之也。今觀卒後恩典之有無隆殺，則舉一隅而三可反矣。至於即主位之月日，當如來諭，以《實録》爲正耳。自萬曆以還，是非之塗，樊然殽亂，姑以目所嘗見之書，其刻本則如《辛亥京察記事》、《遼事實録》、王在晉。《清流摘鏡》、王嶽。《傃菴野鈔》、《同時尚論録》、二書並蔡□□。❶《慤書》，蔣德璟。鈔本則如《酌中志》、劉若愚。《慟餘雜記》史惇。之類皆不可闕，而遽數之不能終也。蒐羅之博、裁斷之精，是在大君子而已。

與葉訒菴書❷

去冬韓元少書來，言曾欲與執事薦及鄙人，已而中止。頃聞史局中復有物色及之者，無論昏耄之資不能黽勉從事，而執事

❶「二書並蔡□□」，按《傳是樓書目》，二書並蔡士順所著。

❷ 此篇《殘稿》卷二重出，題《與同邑葉訒菴書》。

同里人也，一生懷抱，敢不直陳之左右：先妣未嫁過門，養姑抱嗣，爲吴中第一奇節，蒙朝廷旌表。國亡絶粒，以女子而蹈首陽之烈。臨終遺命，有「無仕異代」之言，載於誌狀。故人人可出，而炎武必不可出矣。《記》曰：「將貽父母令名，必果；將貽父母羞辱，必不果。」七十老翁何所求？正欠一死。若必相逼，則以身殉之矣。一死而先妣之大節愈彰於天下，使不類之子得附以成名，此亦人生難得之遭逢也。謹此奉聞。

與史館諸君書❶

視草北門，紬書東觀，一代文獻，屬之鉅公，幸甚幸甚。列女之傳，舊史不遺，伏念先妣王氏，未嫁守節，斷指療姑，立後訓子，及家世名諱並載張元長先生傳中。崇禎九年，巡按御史王公一鶚。具題，奉旨旌表。乙酉之夏，先妣時年六十，避兵於常熟縣之語濂涇，謂不孝曰：「我雖婦人，身受國恩，義不可辱。」及聞兩京皆破，絶粒不食，以七月三十日卒於寓室之内寢，遺命炎武讀書隱居，無仕二姓。迄今三十五年，每一念及，不知涕之沾襟也。當日間關戎馬，越大祥之後，乃得合葬於先考文學之兆。今將樹一石坊於墓上，藉旌門之典，爲表墓之榮。而適當修史之時，又得諸公以卓識宏才，膺筆削之任。共姬之葬，特志於《春秋》；漆室之言，獨傳於中壘。不無望於闡幽之筆也。炎武年近七旬，旦暮入地，自度無可以揚名顯親，敢瀝陳哀懇，冀採數語，存之簡編，則没世之榮施，即千載之風

❶ 此篇《殘稿》卷一重出，題《與館中諸公書》。

教矣。

與公肅甥書❶

修史之難，當局者自知之矣。求藏書於四方，意非不美，而西方州縣以此爲苦，憲檄一到，即報無書。所以然者，正緣借端派取解費，時事人情，大抵如此。竊意此番纂述，止可以邸報爲本，粗具草藁，以待後人，如劉昫之《舊唐書》可也。唐武宗以後無《實録》。憶昔時邸報，至崇禎十一年方有活板，自此以前，並是寫本。而中秘所收，乃出涿州之獻，豈無意爲增損者乎？訪問士大夫家，有當時舊鈔，以俸薪別購一部，擇其大關目處，略一對勘，便可知矣。吾自少時，先王父朝夕與一二執友談論，趨庭拱聽，頗識根源，但年老未免遺忘，而手澤亦多散軼，史藁之成，猶可辯其涇渭。今日作書，正是劉昫之比。而諸公多引洪武初修《元史》故事，不知諸史之中，《元史》最劣，以其旬月而就，故舛謬特多。如列傳八卷速不台，九卷雪不台，一人作兩傳；十八卷完者都，二十卷完者拔都，一人作兩傳。幾不知數馬足，何暇問其驪黄牝牡耶？然此漢人作蒙古人傳，今日漢人作漢人傳，定不至此。亦有如谷林蒼以張延登、張華東爲兩人者。惟是奏章是非同異之論，兩造並存，而自外所聞，別用傳疑之例，庶乎得之。此雖萬世公論，卻是家庭私語，不可告人，以滋好事之騰口也。

❶ 此篇《殘稿》卷一重出，爲《與公肅甥》第三書。

又❶

所謂大臣者，以道事君，不可則止。吾甥宜三復斯言，不貽譏於後世，則衰朽與有榮施矣。此中自京兆抵二崤皆得雨，隴西、上郡、平涼皆旱荒，恐爲大同之續。與其賑恤於已傷，孰若蠲除於未病。又有異者，身爲秦令，而隔河買臨晉之小兒，閹爲火者，以充僮豎，至割死一人，豈非自陝以西別一世界乎？誠欲正朝廷以正百官，當以激濁揚清爲第一義，而其本在於養廉。故先以俸禄一議附覽，然此今日所必不行，留以俟之可耳。説經之外，所論著大抵如此。世有孟子，或以之勸齊、梁，我則終於韞匵而已。

答原一公肅兩甥書❷

老年多暇，追憶曩遊，未登弱冠之年，即與斯文之會。隨厨、俊之後塵，步楊、班之逸躅。人推月旦，家擅雕龍。此一時也。已而山嶽崩頹，江湖沸渭。酸棗之陳詞慷慨，尚記臧洪；睢陽之斷指淋漓，最傷南八。重泉雖隔，方寸無睽。此又一時也。已而奴隸鴟張，親朋瀾倒。或有聞死灰之語，流涕而省韓安；覽窮鳥之文，撫心而明趙壹。終憑公論，得脱危機。此又一時也。凡此三者之人，騎箕化鶴，多不可追，哲嗣聞孫，往往而在。此即擔簦戴笠，陌路相

❶ 此篇《殘稿》卷一重出，爲《與公肅甥》第一書。

❷ 此篇《殘稿》卷三重出，題《與原一公肅兩甥》。

逢，猶且爲之敘殷勤、陳夙昔，班荆鄭國之野，貰酒黄公之壚。而況吾甥欲以郡中之園爲吾寓舍，尋往時之息壤，不乏同盟；坐今日之皐比，難辭後學。使鷄黍蔑具，乾餱以愆，既乖良友之情，彌失故人之望。且吾今居關、華，每年日用約費百金；若至吴門，便須五倍，吾甥能爲辦之否乎？又或謂廣厦之歡，可以大庇寒士；九里之潤，亦當施及吾儕。而曰吾爾皆同聲氣同患難之人，爾有鼎貴之甥，可無挹注之誼？因罥覔菟，見彈求鴞，有如退之詩所云「偶然題作木居士，便有無窮祈福人」者，吾甥復能副之否乎？雖復田文、無忌，不可論之當今；假使元美、天如，當必有以處此。而如其不然，則必以觖望之懷，更招多口之議。況山林晚暮，已成獨往之蹤；城市云爲，終是狗人之學。然則吾今日之不來，非惟自適，亦所以善爲吾甥地也。

與彦和甥書❶

萬曆以前八股之文，可傳於世者，不過二三百篇耳，其間却無一字無來處。偶爲門人講吴化《事君數》一節文中有「謇諤」二字。《楚辭・離騷》：「余固知謇謇之爲患兮，忍而不能舍也。」此「謇」字之所出也。《史記・商君傳》：「千人之諾諾，不如一士之諤諤。武王諤諤以昌，殷紂墨墨以亡。」此「諤」字之所出也。陸機《辨亡論》：「左丞相陸凱以謇諤盡規。」韓文公《鄆城聯句》：「九遷彌謇諤。」則古人已用之矣。今欲吾甥集門墻多士十數人，委之將先正文

❶ 此篇《殘稿》卷二重出，題《與彦和甥》。

字注解一二十篇來，以示北方學者。除事出四書不注外，其五經、子、史古文句法一一注之，如李善之注《文選》，方爲合式。此可以救近科杜撰不根之弊也。

與施愚山書❶

理學之傳，自是君家弓冶。然愚獨以爲理學之名，自宋人始有之。古之所謂理學，經學也，非數十年不能通也。故曰：「君子之於《春秋》，没身而已矣。」今之所謂理學，禪學也。不取之五經而但資之語録，校諸帖括之文而尤易也。又曰：《論語》，聖人之語録也。舍聖人之語録而從事於後儒，此之謂不知本矣。高明以爲然乎？近來刊落枝葉，不作詩文，敬拜佳篇，未得訓和。而《音學五書》之刻，其功在於注《毛詩》與《周易》，今但以爲詩家不朽之書，則末矣。刊改未定，作一書與力臣，先印《詩經》并《廣韻》奉送，有便人可往取之。

答汪苕文書❷

遠惠手書，獎挹過甚，殊增悚愧。至於憫禮教之廢壞，而望之斟酌今古以成一書，返百王之季俗，而躋之三代，此仁人君子之用心也。然斯事之難，朱子嘗欲爲之而未就矣，況又在四五百年之後乎？弟少習舉業，多用力於四經，而三禮未之考究。年過五十，乃知「不學禮，無以立」之旨，方欲討論，而多歷憂患，又迫衰晚，兼以北方難購

❶ 此篇《殘稿》卷二重出，題《與施遇山》。
❷ 此篇《殘稿》卷二重出，題《答汪苕文》。

書籍，遂於此經未有所得。而所見有濟陽張君稷若名爾岐者，作《儀禮鄭注句讀》一書，根本先儒，立言簡當，以其人不求聞達，故無當世之名，而其書實似可傳。使朱子見之，必不僅謝監嶽之稱許也。向見《五服異同》之書，已相歎服。竊意出處升沉，自有定見，如得殫數年之精力，以三禮爲經，而取古今之變附於其下爲之論斷，以待後王，以惠來學，豈非今日之大幸乎？弟方纂録《易解》，程、朱各自爲書，以正《大全》之謬。而桑榆之年，未卜能成與否，不敢虛期許之意，而仍以望之君子也。

答俞右吉書❶

所論《春秋》諸家及胡文定作傳之旨，極爲正當。在漢之時，三家之學各自爲師，而范甯注《穀梁》，獨不株守一家之說。至唐，啖、趙出而會通三傳，獨究遺經；至宋，孫、劉出而掊擊古人，幾無餘蘊。文定因之，以痛哭流涕之懷，發標新領異之論，其去游、夏之傳益以遠矣。今陸氏之《纂例》，劉氏之《權衡》、《意林》，並有其意，惟《尊王發微》未見。而後儒之辨《春秋》，其散見於志書、文集者，亦多鈔録，未得會稡成帙。若鄙著《日知録》、《春秋》一卷，且有一二百條，如「君氏卒」、「禘於太廟，用致夫人」，當從《左氏》；「夫人子氏薨」，當從《穀梁》；「仲嬰齊卒」，當從《公羊》；而「三國來媵」，則愚自爲之說，蓋見《碩人》詩云「東宮之妹」，《正義》以爲「明所生之貴」，而非敢創前人所未有也。因乏寫手，一時未得奉寄，

❶ 此篇《殘稿》卷一重出，題《答俞右吉》。

惟就來書所問二事，敬録以上，未知合否？祈爲正之。

與戴楓仲書❶

大難初平，宜反己自治，以爲善後之計。昔傅説之告高宗曰：「惟干戈省厥躬。」而夫子之繫《易》也，曰：「山上有水，蹇。君子以反身修德。」《孟子》曰：「行有不得者，皆反求諸己。」《左傳》載夫子之言曰：「臧武仲之智而不容於魯，有由也。作不順而施不恕也。」苟能省察此心，使克伐怨欲之情不萌於中，而順事恕施，以至於「在邦無怨，在家無怨」，則可以入聖人之道矣。以向者横逆之來，爲他山之石，是張子所謂「玉女於成」者也。至於臧否人物之論，甚足以招尤而損德。自顧其人，能如許子將，方可操汝南之月旦，然猶一郡而已，未敢及乎天下也。不務反己而好評人，此今之君子所以終身不可與適道，不爲吾友願之也。

與李星來書❷

今春薦剡，幾徧詞壇，雖龍性之難馴，亦魚潛之孔炤。乃申屠之跡，竟得超然；叔夜之書，安於不作。此則晚年福事。關中三友：山史辭病，不獲而行；天生母病，涕泣言别；中孚至以死自誓，而後得免。視老夫爲天際之冥鴻矣。此中山水絶佳，同志之侶，多欲相留避世。愚謂與漢羌烽

❶ 此篇《殘稿》卷一重出，題《與戴楓仲》。

❷ 此篇《殘稿》卷一重出，題《與李星來》。

火但隔一山，彼謂三十年來在在築堡，一縣之境，多至千餘，人自爲守，敵難徧攻，此他省之所無，即天下有變而秦獨完矣。未知然否？

答李紫瀾書❶

常歎有名不如無名，有位不如無位。前讀大教，謬相推許，而不知弟此來關右，不干當事，不立壇宇，不招門徒。西方之人或以爲迂，或以爲是。而同志之李君中孚，遂爲上官逼迫，舁至近郊，至卧操白刃，誓欲自裁。關中諸君有以巨遊故事言之當事，得爲謝病放歸。然後國家無殺士之名，草澤有容身之地，真所謂威武不屈。然而名之爲累，一至於斯，可以廢然返矣。或曰：「君子疾没世而名不稱」，何歟？曰：君子所求者，没世之名；今人所求者，當世之名。當世之名，没則已焉，其所求者，正君子之所疾也，而何俗士之難寤歟？城郭溝池以爲固，甲兵以爲防，米粟芻茭以爲守，三代以來，王者之所不廢。自宋太祖懲五季之亂，一舉而盡撤之，於是風塵乍起，而天下無完邑矣。我不能守，賊亦不能據，而椎埋攻剽之徒乃盡保於山中。於是四皓之商顔，劉、阮之天姥，凡昔日兵革之所不經、高真之所託跡者，無不爲戎藪盜區。故避世之難，未有甚於今日。推原其故，而藝祖、韓王有不得辭其咎者矣。讀書論世而不及此，豈得爲「開拓萬古之心胸」者乎？

❶ 此篇《殘稿》卷二重出，題《答李紫瀾》。

答曾庭聞書❶

南徐一別，二十六年。足下高論王霸，屈跡泥塗，讀嚴武、隗囂之句，未嘗不爲之三歎。弟白首窮經，使天假之年，不過一伏生而已，何敢望騏驥之後塵，而希千里之步？然以用世之才如君者，而猶淪落不偶，況硜鄙如弟，率彼曠野，死於道塗，固其宜也。奚足辱君子勤勤之問乎？宣尼有言：「自南宫敬叔之乘我車也，而道加行。」今之人情則異乎是。即有敬叔之車，而季、孟之流，不問杏壇之字。然一生所著之書，頗有足以啓後王而垂來學者：《日知録》三十卷，已行其八，而尚未愜意；《音學五書》四十卷，今方付之剞劂。其梨棗之工，悉出於先人之所遺、故國之餘澤，而未嘗取諸人也。「君子之道，或出或處」，君年未老，努力加餐。

復陳藹公書❷

山史西來，得接賜札，並讀《井記》，一門盡節，風教凛然，誠彤管之希聞，中壘所未記者矣。弟久客四方，年垂七十，形容枯槁，志業衰隤，方且逃名寂寞之鄉，混跡漁樵之侶，不敢效百泉、二曲爲講學授徒之事，亦烏有所謂門墻者乎？若乃過汝南而交孟博，至高密而訪康成，則當世之通人偉士，自結髮以來，奉爲師友者，蓋不乏人，而未敢存門户方隅之見也。《詩》曰：「風雨

❶ 此篇《殘稿》卷二重出。
❷ 此篇《殘稿》卷三重出，題《復陳藹公》。

如晦，鷄鳴不已。」又曰：「樂彼之園，爰有樹檀。其下維穀。他山之石，可以攻玉。」是則君子所以持己於末流，接人於廣坐者，必有不求異而亦不苟同者矣。辱承來教，實獲我心，率此報謝。

亭林文集卷之三終

亭林文集卷之四

答李子德書

三代六經之音，失其傳也久矣，其文之存於世者，多後人所不能通，以其不能通，而輒以今世之音改之，於是乎有改經之病。始自唐明皇改《尚書》，而後人往往效之，然猶曰「舊爲某，今改爲某」，則其本文猶在也。至於近日，鋟本盛行，而凡先秦以下之書，率臆徑改，不復言其舊爲某，則古人之音亡而文亦亡，此尤可歎者也。開元十三年敕曰：「朕聽政之暇，乙夜觀書，每讀《尚書·洪範》，至『無偏無頗，遵王之義』，三復茲句，常有所疑，據其下文，並皆協韻，惟『頗』一字實則不倫；又《周易·泰》卦中『无平不陂』《釋文》云：『陂字亦有頗音。』『陂』之與『頗』，訓詁無別，其《尚書·洪範》『無偏無頗』，字宜改爲『陂』。」蓋不知古人之讀「義」爲「我」，而「頗」之未嘗誤也。《易·象傳》：「鼎耳革，失其義也；覆公餗，信如何也。」《禮記·表記》：「仁者右也，道者左也；仁者人也，道者義也。」是「義」之讀爲「我」，而其見於他書者，遽數之不能終也。王應麟曰：「宣和六年詔，《洪範》復舊文爲『頗』。」然監本猶仍其故，而《史記·宋世家》之述此書，則曰「毋偏毋頗」，《呂氏春秋》之引此書，則曰「無偏無頗」，其本之傳於今者，則亦未嘗改也。《易·漸》上九：「鴻漸於陸，其羽可用爲儀。」范諤昌改「陸」爲「逵」，朱子謂以韻讀之良是，而不知古人讀「儀」爲「俄」，不與「逵」爲韻也。《小過》上六：「弗遇過之，飛鳥離之。」朱子存其二說，謂仍當作「弗過遇之」，而不知古讀「離」爲「羅」，正與「過」爲韻也。《雜卦傳》：「晉，晝也；明夷，誅也。」孫奕改「誅」爲「昧」，而不知古人讀「晝」爲「注」，正與「誅」爲韻也。《楚辭・天問》：「簡狄在臺嚳何宜？玄鳥致詒女何嘉？」後人改「嘉」爲「喜」，而不知古人讀「宜」爲牛何反，正與「嘉」爲韻也。《招魂》：「魂兮歸來，北方不可以止些。增冰峨峨，飛雪千里些。歸來歸來，不可以久些。」五臣《文選》本作「不可以久止」，而不知古人讀「久」爲「几」，正與「止」爲韻也。《老子》：「朝甚除，田甚蕪，倉甚虛。服文采，帶利劍，厭飲食，財貨有餘，是爲盜夸。」楊慎改爲「盜竽」，謂本之《韓非子》，而不知古人讀「夸」爲「刳」，正與「除」爲韻也。《淮南子・原道訓》：「以天爲蓋，以地爲輿。四時爲馬，陰陽爲騶。乘雲陵霄，與造化者俱。縱志舒節，以馳大區。」後人改「騶」爲「御」，（據吴才老《韻補》引此作「騶」。）而不知古人讀「騶」爲「邾」，正與「輿」爲韻也。《史記・龜策傳》：「雷電將之，風雨迎之，流水行之。侯王有德，乃得當之。」後人改「迎」爲「送」，而不知古人讀「迎」爲「昂」，正與「將」爲韻也。《太史公自序》：「有法無法，因時爲業；有度無度，因物與舍。」今《漢書・司馬遷傳》亦正作「舍」，而後人改爲「合」，不知古人讀「舍」爲「恕」，正與「度」爲韻也。《栢梁臺詩》上林令曰：「去狗逐兔張罝罘。」今本改爲「罘罝」，又改爲「罘罳」，而不知古人讀「罘」爲扶之反，正與「時」爲韻也。楊雄《後將軍趙充國頌》：「在漢中興，充國作武，赳赳桓桓，亦紹厥後。」五臣《文選》本改「後」爲「緒」，而不知古人讀「後」爲「户」，正與「武」爲韻也。繁欽《定情詩》：「何以結相於，金薄畫搔頭。」後人改「於」爲「投」，而不知古人讀「頭」爲「徒」，正與「於」爲韻也。陸雲《答兄平原》詩：「巍巍先基，重規累構。赫赫重光，遐風激騖。」今本改「騖」爲「鶩」，而不知古人讀「構」爲「故」，正與「騖」爲韻也。齊武帝《估客樂》：「昔經樊鄧役，阻潮梅根冶。深懷悵往事，意滿辭不敘。」今本改「冶」爲「渚」，不知《宋書・百官志》江南有梅根及冶塘二冶，而古人讀「冶」爲「墅」，正與「敘」爲韻也。《隋書》載梁沈約《歌赤帝辭》：「齊醍在堂，笙鏞在下。匪惟七百，無絶終古。」今本改「古」爲「始」，不知「長無絶兮終古」乃《九歌》之辭，而古人讀「下」爲「户」，正與「古」爲韻也。《詩》曰：「汎彼栢舟，在彼中河。髧彼兩髦，實惟我儀。之死矢靡他。」則古人讀「儀」爲「俄」之證也。《易・離》九三：「日昃之離，不鼓缶而歌，則大耋之嗟。」則古人讀「離」爲「羅」之證也。張衡《西京賦》：「徼道外周，千廬内附。衛尉八屯，巡夜警晝。」則古人讀「晝」爲「注」之證也。《詩》曰：「君子偕老，副笄六珈。委委佗佗，如山如河，象服是宜。子之不淑，云如之何。」則古人讀「宜」爲牛何反之證也。又曰：「何其久也，必有以也。」又曰：「吉甫燕喜，既多受祉。來歸自鎬，我行永久。」則古人讀「久」爲「几」之證也。左思《吴都賦》：「横塘查下，邑屋隆夸。長干延屬，飛甍舛互。」則古人讀「夸」爲「刳」之證也。《漢書・敘傳》：「舞陽鼓刀，滕公廄騶。潁陰商販，曲周庸夫。攀龍附鳳，並乘天衢。」則古人讀「騶」爲「邾」之證也。《莊子》：

「不將不迎，應而不藏，故能勝物而不傷。」又曰：「無有所將，無有所迎。」則古人讀「迎」爲「昂」之證也。《曲禮》：「將適舍，求無固。」《離騷》：「余固知謇謇之爲患兮，忍而不能舍也。指九天以爲正兮，夫惟靈修之故也。」則古人讀「舍」爲「恕」之證也。秦始皇《東觀刻石文》：「常職既定，後嗣循業，長承聖治。群臣嘉德，祗誦聖烈，請刻之罘。」則古人讀「罘」爲扶之反之證也。《詩》曰：「予曰有疏附，予曰有先後，予曰有奔走，予曰有禦侮。」則古人讀「後」爲「户」之證也。《史記・龜策傳》：「今寡人夢見一丈夫，延頸而長頭，衣玄繡之衣而乘輜車。」則古人讀「頭」爲「徒」之證也。《荀子》：「肉腐出蟲，魚枯生蠹。怠慢忘身，禍災乃作。彊自取柱，柔自取束。邪穢在身，怨之所構。」「作」、「束」並去聲，則古人讀「構」爲「故」之證也。馬融《廣成頌》：「然後緩節舒容，裴徊安步，降集波籞。川衡澤虞，矢魚陳罟。茲飛宿沙，田開古冶，翬終葵，揚關斧。刊重冰，撥蟄户。測潛鱗，踵介旅。」則古人讀「冶」爲「墅」之證也。《詩》曰：「於以奠之，宗室牖下。誰其尸之？有齊季女。」則古人讀「下」爲「户」之證也。凡若此者，遽數之不能終也。其爲古人之本音而非叶韻，則陳第已辨之矣。若夫近日之鋟本，又有甚焉。阮瑀《七哀》詩：「冥冥九泉室，漫漫長夜臺。身盡氣力索，精魂靡所能。」今本改「能」爲「迴」，不知《廣韻・十六咍》部元有「能」字。姚寬證之以《後漢書・黄琬傳》「欲得不能，光禄茂才」，以爲不必是鼈矣。張説《隴右節度大使郭知運神道碑銘》：「河曲迴兵，臨洮舊防。手握金節，魂沈玉帳。千里送喪，三軍悽愴。」

《唐文粹》本改「防」爲「址」，以叶上文「喜」、「祉」諸字，不知《廣韻・四十一漾》部元有「防」字，而「峻岨塍，埒長城。豁險吞，若巨防」已見於左思之《蜀都賦》矣。盧照鄰《奉使益州》詩：「峻岨埒長城，高標吞巨防。」正用《蜀都賦》語，今本盧詩改「防」爲「舫」。 李白《日夕山中有懷》詩：「久卧名山雲，遂爲名山客。山深雲更好，賞弄終日夕。月銜樓間峰，泉漱階下石。素心自此得，真趣非外借。」今本改「借」爲「惜」。杜甫《鄭典設自施州歸》詩同。 不知《廣韻・二十二昔》部元有「借」字，而「傷美物之遂化，怨浮齡之如借」已見於謝靈運之《山居賦》矣。凡若此者，亦遽數之不能終也。其詳並見《唐韻正》本字下。 嗟夫！學者讀聖人之經與古人之作而不能通其音，不知今人之音不同乎古也，而改古人之文以就之，可不謂之大惑乎！

昔者漢熹平四年，❶議郎蔡邕奏求正定五經文字，乃自書丹於碑，使工鐫刻，立於太學門外，後儒晚學咸取正焉。魏正始中，又立古文篆隸三字石經。自是以來，古文之經不絕於代，傳寫之不同於古者，猶有所疑而考焉。天寶初，詔集賢學士衛包改爲今文，而古文之傳遂泯。此經之一變也。漢人之於經，如先、後鄭之釋三禮，或改其音而未嘗變其字。「子貢問樂」一章，錯簡明白，而仍其本文，不敢移也，注之於下而已。所以然者，述古而不自專，古人之師傳固若是也。及朱子之正《大學》、《繫辭》，徑以其所自定者爲本文，而以錯簡之説注於其下，已大破拘攣之習。後人效之，《周禮》五官互相更易，彼此紛紜；《召南》、《小雅》且欲移其篇第。此經之又一變也。聞之先人，自嘉靖以前，書之録本雖

❶ 「熹」，原作「西」，據《音學五書》所附《答李子德書》改。

不精工，而其所不能通之處，注之曰疑；今之録本加精，而疑者不復注，且徑改之矣。以甚精之刻，而行其徑改之文，無怪乎舊本之日微，而新説之愈鑿也。故愚以爲讀九經自考文始，考文自知音始。以至諸子百家之書，亦莫不然。不揣寡昧，僭爲《唐韻正》一書。而於《詩》、《易》二經，各爲之音，曰《詩本音》，曰《易音》。以其經也，故列於《唐韻正》之前，而學者讀之，則必先《唐韻正》而次及《詩》、《易》二書。明乎其所以變，而後三百五篇與卦、爻、彖、象之文可讀也。其書之條理最爲精密，竊計後之人必有患其不便於尋討，而更竄併入之者，而不得不豫爲之説以告也。夫子有言：「齊一變至於魯，魯一變至於道。」今之《廣韻》，固宋時人所謂菟園之册，家傳而户習者也。自劉淵韻行，而此書幾於不存。今使學者睹是書，而曰：自齊梁以來，周顒、沈約諸人相傳之韻固如是也，則俗韻不攻而自絀。所謂「一變而至魯」也。又從是而進之五經三代之書，而知秦漢以下至於齊梁歷代遷流之失，而三百五篇之詩，可弦而歌之矣。所謂「一變而至道」也。故吾之書，一循《廣韻》之次第而不敢輒更，亦猶古人之意，且使下學者易得其門而入，非託之足下，其誰傳之？今鈔一帙附往，而考古之後，日知所無，不能無所增益，則此之書猶未得爲完本也。

答子德書❶

老弟雖上令伯之章，以我度之，未必見聽。昔朱子謂陸放翁能太高、跡太近，恐爲

❶ 此篇《殘稿》卷三重出，題《答李子德》。

有力者所牽挽，不得全其志節，正老弟今日之謂矣。但與時消息，自今以往，別有機權，公事之餘，尤望學《易》。吾弟行年四十九矣，何必待之明歲哉？更希餘光下被，俾暮年迂叟得自遂於天空海闊之間，尤爲知己之愛也。

答子德書❶

接讀來詩，彌增愧側。名言在茲，不啻口出，古人有之。然使足下蒙朋黨之譏，而老夫受虛名之禍，未必不由於此也。韓伯休不欲女子知名，足下乃欲播吾名於士大夫，其去昔賢之見何其遠乎？「人相忘於道術，魚相忘於江湖」，若每作一詩，輒相推重，是昔人標榜之習，而大雅君子所弗爲也。願老弟自今以往不復掛朽人於筆舌之間，則所以全之者大矣。

與潘次耕書

著述之家，最不利乎以未定之書傳之於人。昔伊川先生不出《易傳》，謂是身後之書。即如近日力臣札來，《五書》改正約有一二百處。《詩·祈父》「靡所厎止」，《小旻》「伊于胡厎」，誤作「底」，注云十一薺，而不知其爲五旨也。五經無「底」字，皆是「厎」字，惟《左傳·襄二十九年》「處而不底」，昭元年「勿使有所壅閉湫底以露其體」，乃音丁禮反耳。今《說文》本「厎」字有下一畫，誤也，字當從「氏」。《詩》「周道如砥」，《孟子》引之作「厎」，以「砥」、「厎」音同

❶ 此篇《殘稿》卷二重出，題《答李子德》。

而古亦可通也。今本誤爲「底」字。童而習之，并《詩》之「秖」字亦讀爲「邸」矣。《商頌·烈祖》詩上云「以假以享」，下云「來假來饗」，石經上作「享」，下作「饗」。歐陽氏曰：「上云『以享』者，謂諸侯皆來助享於神也；下云『來饗』者，謂神來至而歆饗也。」「享」、「饗」二義不同。享者，下享上也，《書》曰「享多儀」是也。饗者，上饗下也，《傳》曰「王饗醴」是也。故《周頌》「我將我享」作「享」，「既右饗之」作「饗」；《魯頌》「享以騂犧」作「享」，「是饗是宜」作「饗」。今《詩經》本周、商二《頌》上下皆作「享」，非矣。舉此二端，則此書雖刻成而未可刷印，恐有舛漏以貽後人之議。馬文淵有言：「良工不示人以璞。」今世之人速於成書，躁於求名，斯道也將亡矣。前介眉札來索此，原一亦索此書，并欲鈔《日知録》，我報以《詩》、《易》二書今夏可印，其全書再待一年，《日知録》再待十年，如不及年，此「年」字如「趙孟不復年」之「年」。則以臨終絶筆爲定，彼時自有受之者，而非可豫期也。《詩》云：「如切如磋，如琢如磨。」此之謂也。

答次耕書❶

來書「北山」「南史」一聯，語簡情至，讀而悲之。既已不可諫矣，處此之時，惟退惟拙，可以免患。吾行年已邁，閲世頗深，謹以此二字爲贈。子德書來云：「頃聞將特聘先生，外有兩人。」此語未審虛實？「君子之道，或出或處」，鄙人情事與他人不同。先妣以三吴奇節，蒙恩旌表，一聞國難，不

❶ 此篇《殘稿》卷三重出，題《答潘次耕》。

食而終。臨没丁寧，有無仕異朝之訓。辛亥之夏，孝感特柬相招，欲吾佐之修史，我答以果有此命，非死則逃。原一在坐與聞，都人士亦頗有傳之者。耿耿此心，終始不變，幸以此語白之知交。前札中勸我無入都門及定卜華下，甚感此意。迴環中腑，何日忘之！

與次耕書❶

於天空海闊之中，一旦爲畜樊之雉，才華累之也。雖然，無變而度，無易而慮，古人於遠别之時，而依風巢枝，勤勤致意，願子之勿忘也。自今以往，當思中材而涉末流之戒，處鈍守拙。孝標策事，無侈博聞；明遠爲文，常多累句。務令聲名漸減，物緣漸疎，庶幾免於今之世矣。若夫不登權門，不涉利路，是又不待老夫之灌灌也。

與次耕書❷

大家續孟堅之作，頗有同心；巨源告延祖之言，實爲邪説。展讀來札，爲之愴然。吾昔年所蓄史事之書，並爲令兄取去，令兄亡後，書既無存，吾亦不談此事。久客北方，後生晚輩益無曉習前朝之掌故者。令兄之亡十七年矣，❸以六十有七之人，而十七年不談舊事，十七年不見舊書，衰耄遺忘，少年所聞，十不記其一二。又當年牛

❶ 此篇《殘稿》卷三重出，題《與潘次耕》。

❷ 此篇《殘稿》卷三重出，題《與潘次耕札》。

❸ 「令」上，上海圖書館藏顧炎武手稿（以下簡稱「手稿」）有「念」字。此句下，手稿有「吾今年六十有七」七字。

李、洛蜀之事，❶殊難置喙。退而修經典之業，假年學《易》，庶無大過，不敢以草野之人追論朝廷之政也。❷然亦有一得之愚，欲告諸良友者：自庚申至戊辰邸報皆曾寓目，❸與後來刻本記載之書殊不相同。❹今之修史者，大段當以邸報爲主，兩造異同之論，一切存之，無輕删抹，而微其論斷之辭，以待後人之自定，斯得之矣。割補《兩朝從信録》尚在吾弟處，看完仍付來，此不過邸報之二三也。❺

與李中孚書❻

衰疾漸侵，行須扶杖，南歸尚未可期。久居秦晉，日用不過君平百錢，皆取辦囊槖，未嘗求人。過江而南，費須五倍，舟車所歷，來往六千，求人則喪己，不求則不達，以此徘徊未果。華令遲君謀爲朱子祠堂，卜於雲臺觀之右，捐俸百金，弟亦以四十金佐之。七月四日買地，十日開土，中秋後即百堵皆作。然堂廬門垣，備制而已，不欲再起書院。惟祠中用主像，遵足下前諭，主題曰「太師徽國文公朱子神位」，像合用林下冠服，敢祈足下考訂明確示之。太夫人祠已建立否？委作記文，豈敢固辭以自外於知己。顧念先妣以貞孝受旌，頃使舍姪於墓旁建一小祠，尚未得立，日夜痛心。若使不立母祠，而爲足下之母作祠文，是爲不敬

❶「洛」，手稿作「朔」。
❷「也」，手稿無此字。
❸「皆」上，手稿有「當年」二字。
❹「記」，手稿作「紀」。
❺「也」下，手稿有「此札可與錫鬯、公肅觀之。復籀書一札附往。炎武頓首次耕賢弟」二十五字。
❻此篇《殘稿》卷一重出，題《與李中孚》。

其親而敬他人矣，足下亦何取其人乎？貴地高人逸士甚不乏人，似不須弟；若謂非弟不可，則時乎有待。必鄙願已就，方可泚筆耳。

與李中孚書❶

先生已知盩厔之爲危地，而必爲是行，脱一旦有意外之警，居則不安，避則無地，有焚巢喪牛之凶，而無需沙出穴之利，先生將若之何？至云置死生於度外，鄙意未以爲然。天下之事，有殺身以成仁者，有可以死，可以無死，而死之不足以成我仁者。子曰：「吾未見蹈仁而死者也。」聖人何以能不蹈仁而死？時止則止，時行則行，而不膠於一。《孟子》曰：「大人者言不必信，行不必果。」於是有受免死之周，食嗟來之謝，而古人不以爲非也。使必斤斤焉避其小嫌，全其小節，他日事變之來，不能盡如吾料，苟執一不移，則爲苟息之忠、尾生之信。不然，或至并其斤斤者而失之，非所望於通人矣。承惓惓相愛之切，故復爲此忠告。別有札與憲尼，囑其懇留先生也。

答王山史書❷

仲復之言，自是尋常之見。雖然，何辱之有？《小星》、《江汜》，聖人列之《召南》，而紀叔姬筆於《春秋》矣。或謂古人媵者皆姪娣，與今人不同，誠然。然《記》曰：「父母有婢子，甚愛之，雖父母没，没身敬之不

❶ 此篇《殘稿》卷三重出，題《與李中孚》。
❷ 此篇《殘稿》卷一重出，題《答王山史》，且分爲二書。

衰。」夫愛且然，而況五十餘年之節行乎？使鄉黨之人謂諸母之爲尊公媵者，其位也；其取重於後人，而爲之受弔者，其德也。《易》曰：「利幽人之貞，未變常也。」諸母當之矣。君子以廣大之心而裁物制事，當不盡以仲復之言爲然。將葬，當以一牲告於尊公先生而請啓土。及墓，自西上，不敢當中道；既窆，再告而後反。其反也，虞於別室，設座不立主，期而焚之。先祖有二妾，炎武所逮事。其亡也，葬之域外。此固江南士大夫家之成例，而亦《周官·冢人》或前或後之遺法也。今諸母之喪，爲位受弔，加於常儀，以報其五十餘年之苦節足矣；若遂欲祔之同穴，進列於左右之次，竊以爲非宜。追惟生時「實命不同」、「莫敢當夕」之情，與夫今日「葬之以禮」、「沒身敬之不衰」之義，固不待宋仲幾、魯宗人釁夏之對也。謹復。

與王山史書❶

朱子祠堂之舉，適有機緣。今同令弟及諸君相視形勢，定於觀北三泉之右，擇平敞之地，二水合流之所，建立一堡，止用地四五畝，繚以周垣，引泉環之，并通流堂下。前爲石坊，列植松栢，内住居民三四家守之。雖所費不訾，但有百金即便興工，不患無助。春仲弟自來視工。望作一家報，凡擇地委人，一切託之令弟允塞，仍移書報弟，速爲措辦可也。

❶ 此篇《殘稿》卷三重出，爲《與王山史》第二書。

與王仲復書

華陰王君無異，有諸母張氏，年二十六，其君與小君相繼殁。無異以兄子爲後，方四齡，張氏獨守節以事太君二十五年，太君亡，又三十餘年，年八十一，及見無異之曾孫而終。無異感其節，將爲之發喪受弔，而疑所服。僕以免服告之。讀來教與無異書，未之許也。竊惟《禮》經之言免者不一，而詳其制有二焉。其重也，自斬至緦皆有免；其輕也，五世之親爲之袒免。夫五服之制，有冠有衰，免則無冠也。鄭氏曰：以布廣一寸，自項中而前，交於額上，卻繞紒，如著幓頭矣。是故有免而衰者，有免而袒者；在五服之内則免而衰，五服之外則免而袒。袒者，非肉袒也，無衰，故謂之袒也。《傳》言晉惠公獲於秦，穆姬「使以免服衰絰逆」，是免而衰者矣。史言漢高爲義帝發喪，「袒而大哭，兵皆縞素」，是無衰而袒者矣。今張氏之卒，無異將爲之表其節而報其恩，其可以無服乎哉？童汪踦幼而勿殤，縣賁父卑而有誄，國固有之，家亦宜然。請爲之免而布素，既葬而除，敢以質之君子。若曰「汏哉叔氏，專以禮許人」，則吾豈敢？

復張又南書❶

華下有晦翁舊事，歷五百餘年始得山史爲之表章，又十二年，而炎武重遊至此。及今不創，更待何人？今移買山之資，先

❶ 此篇《殘稿》卷二重出，題《復張廷尉書》。

作建祠之舉。若改歲之初，旌騶至止，當於華下奉迎。白石清泉，共談中愫，慰二載之闊悰，訂千秋之大業，幸甚幸甚！至鄙人僑居之計，且爲後圖，而其在此，亦非敢擁子厚之皐比，坐季長之絳帳。倘逖聽不察，以爲自立壇坫，欲以奔走天下之人，則東林覆轍，目所親見，有斷斷不爲者耳。

與三姪書❶

新正已移至華下，祠堂、書院之事，雖皆秦人爲之，然吾亦須自買堡中書室一所，水田四五十畝，爲饔飧之計。秦人慕經學，重處士，持清議，實與他省不同。黄精松花，山中所産，沙苑蒺藜，止隔一水，終日服餌，便可不肉不茗。然華陰綰轂關、河之口，雖足不出户，而能見天下之人，聞天下之事。一旦有警，入山守險，不過十里之遥；若志在四方，則一出關門，亦有建瓴之便。今年三月，乘道塗之無虞，及筋力之未倦，出崤、函，觀伊、雒，歷嵩、少，亦有一二好學之士聞風願交。但中土飢荒，不能久留，遂旋車而西矣。彼中經營方始，固不能久留於外也。

與李霖瞻書❷

猶子衍生前歲曾蒙青盼，今已隨其師至關中，稍知禮法，不好嬉戲，竟立以爲子。而崑山從弟子嚴連得二孫，又令荆妻抱其一，以爲殤兒之後。桑榆末景，或可回三舍

❶ 此篇《殘稿》卷三重出，題《與三姪》。
❷ 此篇《殘稿》卷一重出，爲《與李霖瞻》第二書。

之戈。此間風俗，大勝東方，雖未卜居，亦有安土之懷矣。

與王虹友書❶

流寓關、華，已及二載，幸得棲遲泉石，不與弓旌。而此中一二紳韋頗知重道。管幼安之客公孫，惟說六經之旨；樂正裘之友獻子，初無百乘之家。若使戎馬不生，弦歌無輟，即此可爲優遊卒歲之地矣。惟是筋力衰隤，山川緬邈。獲麟西野，粗成撥亂之書；化鶴東州，未卜歸來之日。言念邦族，憬然如何！

與周籀書書❷

昔年過訪尊公於江村寓舍中，其時以去國孤蹤，相逢話舊。遇聲子於鄭郊，久諳家世；和漸離於燕市，竊附風流。雹散蓬飄，忽焉二紀，東西南北，音信闕如。爲天涯獨往之人，類日暮倒行之客。乃者發函伸紙，如見故人；問道論文，益徵同志。信後生之可畏，知斯道之不亡。至於鄙俗學而求六經，舍春華而食秋實，則爲山覆簣，當加進往之功；祭海先河，尤務本原之學。老夫耄矣，何足咨詢？而況二十年前已悔久焚之作乎！重違來旨，輒布區區。

與人書一

人之爲學，不日進則日退。獨學無友，

❶ 此篇《殘稿》卷一重出，題《與王虹友》。

❷ 此篇《殘稿》卷二重出，題《答周籀書》。

則孤陋而難成。久處一方，則習染而不自覺。不幸而在窮僻之域，無車馬之資，猶當博學審問，古人與稽，以求其是非之所在，庶幾可得十之五六。若既不出户，又不讀書，則是面墻之士，雖子羔、原憲之賢，終無濟於天下。子曰：「十室之邑，必有忠信如丘者焉，不如丘之好學也。」夫以孔子之聖，猶須好學，今人可不勉乎？

與人書二

聖人所聞所見，無非《易》也。若曰埽除聞見，并心學《易》，是《易》在聞見之外也。六十四卦三百八十四爻，皆所以告人行事，所謂「擬之而後言，議之而後動」者也。若夫「墮枝體，黜聰明」，此莊周、列禦寇之説，《易》無是也。

與人書三

孔子之删述六經，即伊尹、太公救民於水火之心，而今之注蟲魚、命草木者，皆不足以語此也。故曰：「載之空言，不如見諸行事。」夫《春秋》之作，言焉而已，而謂之行事者，天下後世用以治人之書，將欲謂之空言而不可也。愚不揣，有見於此，故凡文之不關於六經之指、當世之務者，一切不爲。而既以明道救人，則於當今之所通患，而未嘗專指其人者，亦遂不敢以辟也。

與人書四

《詩》三百篇，即古人之韻譜。經之與韻，本無二也。病在後之學者執韻而論經，其不能通，則改經而就韻。夫道若大路然，安用此多歧乎？休文之四聲，神珙之翻切，三代之所未有也。顔師古、章懷太子始有叶韻之説，而漢以前亦未之有也。乃援今而議古，焉得不圓鑿而方枘乎？且經學自有源流，自漢而六朝而唐而宋，必一一攷究，而後及於近儒之所著，然後可以知其異同離合之指。如論字者必本於《説文》，未有據隸楷而論古文者也。已僭成一書，今先刻《音論》附往。

與人書五

君子將立言以垂於後，則其與平時之接物者不同。孔子之於陽貨，蓋以大夫之禮待之，而其作《春秋》，則書曰「盜」。又嘗過楚，見昭王，當其問答，自必稱之爲「王」，而作《春秋》則書「楚子軫卒」，黜其王，削其葬。其從衆而稱之也，不以爲阿；其特書而黜之也，不以爲亢。此孔子所以爲聖之時也。孟子曰：「庸敬在兄，斯須之敬在鄉人。」今子欲以一日之周旋，而施諸久遠之文字，無乃不知《春秋》之義乎？

與人書六

生平所見之友，以窮以老而遂至於衰頹者，十居七八。赤豹，君子也，久居江東，得無有隕穫之歎乎？昔在澤州，得拙詩，深有所感，復書曰：「老則息矣，能無倦哉？」此言非也。夫子「歸與歸與」，未嘗一日忘天下也。故君子之學，死而後已。

與人書七

每接談論，不無感觸，夜來夢作一書與執事曰：「過蒲而稱子路，之平陸而責距心。」嗟乎！夢中之心，覺時之心也；匹夫之心，天下人之心也。今將暫别貴地，民生利病，望悉以見教。人雖微，言雖輕，或藉之而重。

與人書八

引古籌今，亦吾儒經世之用，然此等故事，不欲令在位之人知之。今日之事，興一利，便是添一害。如欲行沁水之轉般，則河南必擾；開膠萊之運道，則山東必亂矣。

與人書九

目擊世趨，方知治亂之關，必在人心風俗，而所以轉移人心、整頓風俗，則教化紀綱爲不可闕矣。百年必世養之而不足，一朝一夕敗之而有餘。

與人書十

嘗謂今人纂輯之書，正如今人之鑄錢。古人采銅於山，今人則買舊錢，名之曰廢銅，以充鑄而已。所鑄之錢，既已粗惡，而又將古人傳世之寶舂剉碎散，不存於後，豈不兩失之乎？承問《日知録》又成幾卷，蓋期之以廢銅，而某自别來一載，早夜誦讀，反復尋究，僅得十餘條，然庶幾采山之銅也。

與人書十一

頃過里第，見家道小康，諸郎成立，甚慰。然自此少遊之計多，而伏波之志減矣。況局守一城，無豪傑之士可與共論，如此則志不能帥氣，而衰鈍隨之。敢以一得之愚獻諸執事。某雖學問淺陋，而胸中磊磊，絶無閹然媚世之習，貴郡之人見之，得無適適然驚也？

與人書十二

吾輩學術，世人多所不達，一二稍知文字者則又自媿其不如。不達則疑，不如則忌，以故平日所作，不甚傳之人間。然老矣，終當删定一本，擇友人中可與者付之爾。

與人書十三

讀來論，爲之感歎。自北平、南昌二變以後，一代規模，於「宗子維城」四字，竟不復講。至崇禎之時，人心已去，雖使親王典兵，其能者不過如漢之陳王寵，下者則唐之覃王嗣周、延王戒丕而已。積輕之勢，固不能有所樹立，而變故萌生，難可意料，誰肯獨創非常，建房琯之策者哉？雖然，苻堅不過氐酋僞主，而其疏屬尚有苻登，誠得此論而用之，未必無一二才傑之士自茲而奮發也。

與人書十四

每接高談，無非方人之論。子曰：「三人行，必有我師焉。擇其善者而從之，其不善者而改之。」執事之意，其在於斯乎？然而子貢方人，子曰：「賜也賢乎哉！夫我則不暇。」是則聖門之所孳孳以求者，不徒在於知人也。《論語》二十篇，惟《公冶長》一篇多論古今人物，而終之曰：「已矣乎，吾未見能見其過而内自訟者也。」又曰：「十室之邑，必有忠信如丘者焉，不如丘之好學也。」是則論人物者，所以爲内自訟之地；而非好學之深，則不能見己之過；雖欲改不善以遷於善，而其道無從也。記此二章於末，其用意當亦有在，願與執事詳之。

與人書十五

古之疑衆者行僞而堅，今之疑衆者行僞而脆，其於利害得失之際且不能自持其是，而何以致人之信乎？故今日好名之人皆不足患，直以凡人視之可爾。

與人書十六

初爲此詩，不過具賓主一夕之談爾。後之作者，遞相祖襲，無乃失壽陵之本步乎？海内不乏能言之士，區區何足相師，惟自出己意，乃敢許爲知音者耳。

與人書十七

君詩之病在於有杜，君文之病在於有韓歐，有此蹊徑於胸中，便終身不脱「依傍」二字，斷不能登峰造極。

與人書十八

《宋史》言劉忠肅每戒子弟曰：「士當以器識爲先，一命爲文人，無足觀矣。」僕自一讀此言，便絶應酬文字，所以養其器識而不墮於文人也。懸牌在室，以拒來請，人所共見，足下尚不知邪？抑將謂隨俗爲之而無傷於器識邪？中孚爲其先妣求傳再三，終已辭之，蓋止爲一人一家之事，而無關於經術政理之大，則不作也。韓文公文起八代之衰，若但作《原道》、《原毁》、《争臣論》、《平淮西碑》、《張中丞傳後序》諸篇，而一切銘狀概爲謝絶，則誠近代之泰山北斗矣。今猶未敢許也。此非僕之言，當日劉叉已譏之。

與人書十九

彈琵琶侑酒，此倡女之所爲，其職則然也。苟欲請良家女子出而爲之，則艴然而怒矣。何以異於是？

與人書二十

某君欲自刻其文集以求名於世，此如人之失足而墜井也。若更爲之序，豈不猶之下石乎，惟其未墜之時，猶可及止；止之而不聽，彼且以入井爲安宅也。吾已矣夫！

與人書二十一

鄭康成以七十有四之年，爲袁本初强之到元城，卒於軍中。而曹孟德遂有「鄭康成行酒，伏地氣絶」之語，以爲本初罪狀。後之爲處士者，幸無若康成；其待處士者，幸無若本初。

與人書二十二

井叔於崇福宫故址建祠築垣，以祀宋提舉崇福宫十有四公，可謂合禮。韓公維、呂公誨、司馬公光、程公頤、顥、劉公安世、范公純仁、楊公時、李公綱、李公邴、朱公熹、倪公思、王公居安、崔公與之。今介石復建一堂於此祠之前，而遷二程、朱子之位於中，奉之以爲一院之主，其尊師重學之意非不甚至，但其中若韓公、呂公、司馬公、劉公，皆與二程同時，而官品多在二程之上，以朱子視之，則皆前輩也。楊龜山先生，又朱子師之師也。同一祠秩，非有所分别也，而儼然獨處於前堂，使諸公並世而生，必不安於其位也。夫鬼神之情，人之情也。子曰：「未能事人，焉能事鬼？」竊謂宜仍井叔之舊，而别建一祠以奉程、朱，庶乎得之。

與人書二十三

能文不爲文人，能講不爲講師。吾見近日之爲文人、爲講師者，其意皆欲以文名、以講名者也。子不云乎：「是聞也，非達也，默而識之。」愚雖不敏，請事斯語矣。

與人書二十四❶

頃者東方友人書來，謂弟盍亦聽人一薦，薦而不出，其名愈高。嗟乎！此所謂釣名者也。今夫婦人之失所天也，從一而終，之死靡慝，其心豈欲見知於人哉？然而義桓之里稱於國人，懷清之臺表於天子，何爲其莫之知也？若曰必待人之强委禽焉而力拒之，然後可以明節，則吾未之聞矣。

與人書二十五❷

君子之爲學，以明道也，以救世也。徒以詩文而已，所謂雕蟲篆刻，亦何益哉！某自五十以後，篤志經史，其於音學深有所得。今爲《五書》，以續《三百篇》以來久絶之傳，而别著《日知録》，上篇經術，中篇治道，下篇博聞，共三十餘卷。有王者起，將以見諸行事，以躋斯世於治古之隆，而未敢爲今人道也。向時所傳刻本，乃其緒餘耳。

亭林文集卷之四終

❶ 此篇《殘稿》卷一重出，題《與□□》。
❷ 此篇《殘稿》卷二重出，題《與□□□書》。

亭林文集卷之五

聖慈天慶宮記

泰山之西南麓有宋天書觀，大中祥符年間建，後廢爲碧霞元君之宮，前一殿奉元君。萬曆中，尊孝定皇太后爲九蓮菩薩，構一殿於元君之後奉之。崇禎中，尊孝純皇太后爲智上菩薩，復構一殿於後奉之。乃更名曰聖慈天慶宮，而按察使左佩玹爲之碑。宮成於十七年之三月，神京淪喪，即此月也。竊惟經傳之言曰：「爲之宗廟，以鬼享之。」又曰：「爲天子父，尊之至也。」孔子論政必也正名。昔自明太祖皇帝之有天下也，命嶽瀆神祇並革前代之封，正其稱號。而及其末世，至以天子之母、太后之尊若不足重，而必假西域胡神之號以爲崇，豈非所謂國將亡而聽於神者耶？然自國破以後，宗廟山陵之所在，樵夫牧豎且或過而慢焉，而此二殿獨以託於泰山之麓、元君之宮，焚香上謁者無敢不合掌跪拜，使正名之曰皇太后，固未必其能使天下之人虔恭敬畏之若此。是固大聖人之神道設教，使民由之而不知者乎？其與宋之託天書以夸契丹者相去遠矣。以其事爲國史之所不及載，故序而論之，俾後之人有以覽焉。

裴村記

嗚呼！自治道愈下而國無彊宗，無彊宗，是以無立國，無立國，是以內潰外畔，而卒至於亡。然則宗法之存，非所以扶人紀而張國勢者乎？余至聞喜縣之裴村，拜於晉公之祠。問其苗裔，尚一二百人，有釋耒而陪拜者。出至官道旁，讀唐時碑，載其譜牒世系；登隴而望，十里之内，丘墓相連，其名字官爵可攷者尚百數十人。蓋近古氏族之盛莫過於唐，而河中爲唐近畿地，其地重而族厚。若解之柳、聞喜之裴，皆歷任數百年，冠裳不絶。汾陰之薛，憑河自保於石虎、苻堅割據之際，而未嘗一仕其朝。猗氏之樊、王，舉義兵以抗高歡之衆。此非三代之法猶存而其人之賢者又率之以保家亢宗之道，胡以能久而不衰若是？自唐之亡，而譜牒與之俱盡。然而裴樞輩六七人猶爲全忠所忌，必待殺之白馬驛而後篡唐，氏族之有關於人國也如此。至於五代之季，天位幾如弈碁，而大族高門降爲皂隸。靖康之變，無一家能相統帥以自保者。夏縣之司馬氏舉宗南渡，而反其里者未百年也。嗚呼！此治道之所以日趨於下，而一旦有變，人主無可仗之大臣，國人無可依之巨室，相率奔竄，以求苟免，是非其必至之勢也與！是以唐之天子，貴士族而厚門蔭，蓋知封建之不可復，而寓其意於士大夫以自衛於一旦倉黄之際，固非後之人主所能知也。予嘗歷覽山東、河北，自兵興以來，州縣之能不至於殘破者，多得之豪家大姓之力，而不盡恃乎其長吏。及至河東，問賊李自成所以長驅而下三晉之故，慨焉傷之。或言曰：崇禎之末，輔臣李建泰者，曲沃人也。賊入西安，天子臨朝而歎，建泰對言：「臣郡當賊衝，臣請率宗人鄉里出財百萬，爲國家守河。」上大喜，命建泰督師，親餞之正陽門樓，舉累朝所傳之御器而酌之酒，因以賜之。未出京師，平陽、太原相繼陷，建泰不知所爲，師次真定，而賊已自居庸入矣。此其人材之凡劣，固又出於王鐸、張濬之下，二人皆唐末宰相，統師出討而敗績者。而上之人無權以與之，無法以聯之，非一朝一夕之故矣。乃欲其大臣者以區區宰輔之虚名而繫社稷安危之命，此必不可得之數也。《周官》：「太宰以九兩繫邦國之民，五曰宗，以族得民。」觀裴氏之與唐存亡，亦略可見矣。夫不能復封建之治，而欲藉士大夫之勢以立其國者，其在重氏族哉！其在重氏族哉！

齊四王冢記

自青州而西三十餘里，淄水之東，牛山之左，大道之南，穹然而高者，四大冢焉。酈道元《水經注》曰：「水南山下有四冢，方基圓墳，咸高七尺，東西直列，是田氏四王冢也。」余考田氏之稱王者五，而王建遷於共以死，所謂四王，則威、宣、湣、襄是矣。威、宣二王，當齊全盛之日，其厚葬固宜。獨是湣王殺死於莒，齊之七十餘城皆已爲燕，田氏之絶而無主者五年，而田單以一邑之兵，一戰破燕，收數千里之地，而迎王子於城陽之山中。其時君臣新立，人民新定，死者未弔，傷者未起，反故王之喪於莒而葬之，其制不少殺於威、宣二王之舊，吾是以知襄王之孝、田單之忠，而三代以下之爲人臣子者莫能及也。吾嘗考地理之志，有周厲王之墓，在霍州東北，王流於彘，卒且葬焉。宣王即位，而未之能復也。詩人志之曰：「韓侯取妻，汾王之甥。」厲王也，而謂之汾王，刺宣王也。故厲王稱汾，而湣王不稱莒也，是襄王之孝也。或曰：「厚葬非禮也，子奚取焉？」曰：此常論也。乃齊之二王既以爲故事矣，宋元公告其群臣，請無及先君，而仲幾不可，又況於處變之日乎？然則後之人君，不幸而遇國家之變，其如齊之襄王其如周之宣王，請擇於斯二君者。

五臺山記

五臺山在五臺縣東北一百二十里，西北距繁峙縣一百三十里。史炤《通鑑》注曰：「五臺山在代州五臺縣，山形五峙，相傳以爲文殊示現之地。」《華嚴經疏》云：「清涼山者，即代州雁門五臺山也。歲積堅冰，夏仍飛雪，曾無炎暑，故曰『清涼』；五峰聳出，頂無林木，有如壘土之臺，故曰『五臺』。」余考昔人之言五臺者過侈，有謂環基所至五百餘里，有謂四埵去中臺各一百二十里，東埵爲趙襄子所登，以臨代國；南埵爲帝堯遭洪水繫舟之處；北埵夏屋山，後魏孝文駐蹕之所；西埵天池，隋煬帝避暑之龍樓鳳閣者。皆太廣遠而失其實。惟今《山志》所言五臺者近是。北臺最高，後人名之叶斗峰，有龍湫，其東二十里爲華嚴嶺。又東二十里爲東臺，上可觀日出，其東爲龍泉關路。自北臺而南二十里爲中臺，其巔西北有太華泉。又西十五里爲西臺，其西疊嶂數十里，北有祕魔崖，東南有清涼嶺。惟南臺稍遠，去中臺可五十里。五峰周遭如城，其巔風甚烈，不可居。而佛寺之大者五六皆在谷中，其地寒，不生五穀，木有松無柏，亦有民人以樵採射獵爲業。在古建國時當爲林麓之地，中代以下，而吾人之逃於佛者居焉，於是山始名，而亦遂爲其教之所有。然余考之，五臺在漢爲慮虒縣，而山之名始見於齊。其佛寺之建，當在後魏之時，而彼教之人以爲攝摩騰自天竺來此，即居是山。不知漢孝明圖像之清涼臺在雒陽而不在此也。余又考之，《北齊書》但言突厥入境，代忻二牧馬數萬匹在五臺山北柏谷中避賊。《隋書》但言盧太翼逃於五臺山，地多藥物，與弟子數人廬於巖下，蕭然絶世，以爲神仙可致而已。至《唐書·王縉傳》，始言五臺山有金閣寺，鑄銅爲瓦，塗金於上，照耀山谷，費錢巨億萬。縉爲宰相，給中書符牒，令臺山僧數十人分行郡縣，聚徒講説，以求貨利，於是此山名聞外夷。至吐蕃遣使求五臺山圖，見於敬宗之紀，而《五代史》則書有胡僧遊五臺山，莊宗遣中使供頓，所至傾動城邑。又書五臺山僧繼顒爲劉承鈞鴻臚卿，能講《華嚴經》，四方供施，多積蓄以佐國用。五臺當契丹界上，繼顒常得其馬以獻，號「添都馬」。《元史》則書武宗至大二年二月癸亥，皇太后幸五臺山。三月己丑，令高麗王隨太后之五臺山。英宗至治二年五月甲申，車駕幸五臺山，庚寅，禜星於五臺山。夫以王縉之爲相，莊宗、武宗、英宗之爲君，其事亦可知矣。然此皆《山志》所不載，問之長老，亦無有知其跡者。此在三四百年之間，而不能記述已如是矣，而況於摩騰之始來，文殊之示現乎？其山中雨夜時吐光燄，《易》曰：「澤中有火，革。」深山巨壑無佛之處亦往往有之，不足辨。嗚呼！韓公《原道》之作，至於「人其人，火其書，廬其居」，而李文饒爲相，能使張仲武封刀付居庸關，而不敢納五臺之逃僧。蓋君子之行王道者，其功至於如此。而吾以爲當人心沈溺之久，雖聖人復生，而將有所不能驟革，則莫若擇夫荒險僻絶之地如五臺山者而處之，不與四民者混，猶愈於縱之出没於州里之中，兩敗而不可禁也。作《五臺山記》。

拽梯郎君祠記

忠臣義士，性也，非慕其名而爲之。名者，國家之所以報忠臣義士也。報之而不得其名，於是姑以其事名之，以爲後之忠臣義士者勸，而若人之心何慕焉，何恨焉？平原君朱建之子駡單于而死，而史不著其名；田横之二客自剄以從其主，而史并亡其姓。録其名者，而遺其晦者，非所以爲勸也。謂忠義而必名，名而後出於忠義，又非所以爲情也。余過昌黎，其東門有拽梯郎君祠，云：方東兵之入遵化，薄京師，下永平而攻昌黎也，俘掠人民以萬計，驅使之如牛馬。是時昌黎知縣左應選與其士民嬰城固守，而敵攻東門甚急。是人者爲敵舁雲梯至城下，登者數人，將上矣，乃拽而覆之，其帥磔諸城下。積六日不拔，引兵退，城得以全。事聞，天子立擢昌黎知縣爲山東按察司，僉事丞以下遷職有差。又四年，武陵楊公嗣昌以巡撫至，始具疏上請，邑之士大夫皆蒙褒敘，民兵死者三十六人立祠祀之。而楊公曰：「是拽梯者，雖不知何人，亦百夫之特。」乃請旨封爲拽梯郎君，爲之立祠。嗚呼！吾見今日亡城覆軍之下，其被俘者，雖以貴介之子、弦誦之士，且爲之刈薪芻、拾馬矢，不堪其苦而死於道路者何限也，而郎君獨以其事著。吾又聞奢寅之攻成都也，一銃手在賊梯上，得間向城中言曰：「我良民也，賊以鐵索繫我守梯，我仰天發銃，未嘗向官軍也。今夜賊飲必醉，可來救我。」官軍如其言，夜出斫營，火其梯，賊無得脱者，而銃手死矣。若然，忠臣義士豈非本於天性者乎？郎君之祠且二十餘年，而幸得無毁，不爲之記，無以傳後。張生莊臨，親其事者也，故以其言書之。

復菴記

舊中涓范君養民，以崇禎十七年夏自京師徒步入華山爲黄冠。數年，始克結廬於西峰之左，名曰復菴。華下之賢士大夫多與之遊，環山之人皆信而禮之。而范君固非方士者流也。幼而讀書，好《楚辭》，諸子及經史多所涉獵，爲東宮伴讀。方李自成之挾東宮二王以出也，范君知其必且西奔，於是棄其家走之關中，將盡厥職焉。乃東宮不知所之，而范君爲黄冠矣。太華之山，懸崖之巔，有松可蔭，有地可蔬，有泉可汲，不税於官，不隸於宮觀之籍。華下之人或助之材，以創是菴而居之。有屋三楹，東向以迎日出。余嘗一宿其菴，開户而望，大河之東，雷首之山蒼然突兀，伯夷、叔齊之所采薇而餓者，若揖讓乎其間，固范君之所慕而爲之者也。自是而東，則汾之一曲，綿上之山，出没於雲煙之表，如將見之。介子推之從晉公子，既反國而隱焉，又范君之所有志而不遂者也。又自是而東，太行、碣石之間，宮闕山陵之所在，去之茫茫，而極望之不可見矣。相與泫然，作此記，留之山中。後之君子登斯山者，無忘范君之志也。

貞烈堂記

古之人所以傳於其後者，不以其名，而以其實；不以其天，而以其人。以其名、以其天者，世人之所以爲榮；以其實、以其人者，君子之所脩而不敢怠也。晉生文煜，關中之通士也。名其堂曰貞烈，而請爲之記。其言曰：「余之祖妣，臨潼王府鎮國中尉懷墀女也，歸於晉，生余考及二姑。年十九，而余祖考亡，余考方四歲，守節不二，迄六十有八而終。崇禎末，巡按御史金公毓峒以事上聞，請行旌表，命未下而寇至，二姑死焉，故堂以『貞烈』名也。」余又讀朝邑李君楷所爲傳，則二姑者，一適西安右衛昭信校尉王弘祖，一適臨潼王府奉國中尉誼漨，並封安人。早寡，寇至之日，各自投於井。長姑之子寅，年十三，從焉。蓋三世而其節不隕，可無媿其名也已。史言郭昌娶真定恭王女，號郭主。主雖王家女，而好禮節儉，有母儀之德，生光武郭皇后。此特居室之常行爾，而當時稱之，史册載之。其後郭后雖出，而東海恭王猶得保其餘慶，以垂於後嗣。乃晉氏之先祖妣，其治家如郭主，加以《柏舟》之節，其女與外孫守死不辱，有卓絶之殊軌焉。屬當岸谷之變，門户衰微，無能光大其業，使聲聞烜赫，傳之彤管，而僅以一堂之名託之文字，以示子孫不忘，此又其遇之懸於天，「寔命不同」，而可爲悲悼者也。然君子之爲教於家，有百世之規，而不以一時之所遇爲興替。《易》不云乎：「家人，利女貞。」自今以往，晉氏之爲女者必貞，以宜其家；爲子者必孝於親，必忠於君，以顯於其國。則受介福於王母，以大其門者，不在其身，將在其子孫，而斯堂之名永世弗墜，必有繼中壘而修列女之傳者焉。余濡筆俟之矣。

楊氏祠堂記

天下之事，盛衰之形，衆寡之數，不可以一定，而君子則有以待之。所以撫盛而合衆者，中人以上之所能，若夫爲盛於衰，治衆於寡，孑然一身之日，而有萬人百世之規，非大心之君子莫克爲之矣。古之君子，慮先人之德久而弗昭，於是爲之祠堂以守之，其盛者及於始祖。古之君子慮宗人之涣而無統，於是歲合子姓於祠而教之孝，奠爵獻俎，畢而餕食，以教之禮。其子孫之衆，或至於數千百人，此祠堂之所由興，而祭法之所由傳也。常熟楊子常先生，通經之士。於先朝之末，由訓導除都昌知縣，未任，以疾歸，而遭國變，至於今，先生年七十有二矣。先有一子，年二十餘以卒，晚得一子，又殤，而其兄子亦中歲夭折。今其族孫之在者，不過二十餘人。其先世自關中來，祖父並爲農，風尚朴質。高祖以上，不能舉其諱字。自遷常熟以來，復無顯者，及先生始仕宦。今白首老矣，無親子孫。夫人之情，於身且若此，遑恤其後乎？而先生曰：「不然。吾父雖農，在里中頗能言民疾苦，以達於縣吏，而除其菑，當不至於無嗣。以五服之間，得一二十人，以合其歡，而教之以孝以禮，豈必其中無能學以大其宗者？以吾之年，雖老且獨，而幸有薄田之入，爲先祖父所遺，可以舉先人未行之事而傳之其後人。」於是即祖墓之旁建屋三楹爲祠堂，以奉其先人並諸父兄子姓之亡者。

其下爲田若干畝，以供歲時之祭。定其儀，秩其品，簡而文，約而不陋。曰：「及吾身存，與諸孫行禮其中，使諸孫之繼我如今日焉，先德其毋墜已。」又於其墓之旁植木開河通水，凡世俗所爲安死利生之法無不備，此非所謂衰而有盛之心、寡而能衆之事者乎？《易》曰：「可大則賢人之業。」《傳》曰：「人定能勝天。」吾以卜楊氏之昌於其後必也。承先生之命，而爲之記。

華陰王氏宗祠記

昔者孔子既没，弟子録其遺言以爲《論語》，而獨取有子、曾子之言次於卷首，何哉？夫子所以教人者，無非以立天下之人倫，而孝弟，人倫之本也，慎終追遠，孝弟之實也。甚哉，有子、曾子之言似夫子也！是故有人倫，然後有風俗；有風俗，然後有政事；有政事，然後有國家。先王之於民，其生也，爲之九族之紀、大宗小宗之屬以聯之；其死也，爲之疏衰之服、哭泣殯葬虞附之節以送之；其遠也，爲之廟室之制、禘嘗之禮、鼎俎籩豆之物以薦之。其施之朝廷，用之鄉黨，講之庠序，無非此之爲務也。故民德厚而禮俗成，上下安而暴慝不作。自三代以下，人主之於民，賦斂之而已爾，役使之而已爾，凡所以爲厚生正德之事，一切置之不理，而聽民之所自爲，於是乎教化之權常不在上而在下。兩漢以來，儒者之效亦可得而攷矣。自二戴之傳，二鄭之注，專門之學，以禮爲宗，歷三國、兩晉、南北、五季干戈分裂之際而未嘗絶也。至宋，程朱諸子卓然有見於遺經，而金元之代，有志者多求其説於南方以授學者。及乎有明之初，風俗淳厚，而愛親敬長之道達諸天下。其能以宗法訓其家人，而立廟以祀，或累世同居，稱之爲義門者，亦往往而有，十室之忠信，比肩而接踵。夫其處乎雜亂偏方閏位之日，而守之不變，孰勸帥之而然哉？國亂於上，而教明於下。《易》曰：「改邑不改井。」言經常之道，賴君子而存也。嗚呼！至於今日，而先王之所以爲教，賢者之所以爲俗，殆澌滅而無餘矣。列在搢紳，而家無主祏，非寒食野祭，則不復薦其先人。期功之慘，遂不制服，而父母之喪，多留任而不去。同姓通宗而不限於奴僕。女嫁死而無出，則責償其所遺之財。昏媾異類，而脇持其鄉里。利之所在，則不愛其親，而愛他人。於是機詐之變日深，而廉恥道盡，其不至於率獸食人而人相食者幾希矣。昔春秋之時，弑君三十六，亡國五十二，而秉禮之邦、守道之士，不絶於書，未若今之滔滔皆是也。此五帝三王之大去其天下，而乾坤或幾乎息之秋也，又何言政事哉！吾友華陰王君弘撰，鄰華先生之季子而爲徵華先生後者也。遊婺州二年而歸，乃作祠堂以奉其始祖，聚其子姓而告之以尊祖敬宗之道。其鄉之老者喟然言曰：不見此禮久矣，爲之兆也，其足以行乎？孟子有言：「惻隱之心，仁之端也。」夫躬行孝弟之道，以感發天下之人心，使之惕然有省，而觀今世之事若無以自容，然後積污之俗可得而新，先王之教可得而興也。王君勉之矣！

書孔廟兩廡位次考後

予居蘇之崑山。崇禎初，先師廟東西

兩廡壞，予時爲博士弟子，一日過之，見神位在瓦礫中，與同學二三生拾取，命工修完，奉之東齋，告於邑之長官。越二年始復其故。因考《史記》、《家語》及今代闕里之書，多有不同，以《大明會典》爲定。而友人歸生莊作《兩廡位次考》一通，受而藏之，幾五十年。來關中，得郃陽寗生浤丁《祭考義》，亦崇禎中作，大略相同。然兩廡位東西相對，以次列及門弟子畢，而後及左氏、公羊、穀梁三子暨漢以下諸儒，此舊制也。嘉靖九年，采諸臣之議，有黜者，有改祀者，於是東廡之弟子三十三，而西廡二十九。左丘明躋秦非之上，伏勝躋顏噲之上，孔安國躋穀梁赤之上。而自此以下，時代先後大率倒誤。當日東西之位仍如舊次，雖有闕者，而不復更移，蓋亦知二鄭、賈、服諸儒傳經之功不可没，而有待於異日之重議，此秉禮者之微意也。予恐後之人不知，而欲循時代以正東西之次，又悲夫亡友之遺墨猶存而不獲共論此也，乃書其末，以俟後人。歸生名莊，更名祚明，工草隸，爲東吳高士。

書廣韻後

余既表《廣韻》而重刻之，以見自宋以前所傳之韻如此，然惜其書之不完也。《路史》曰：「周有井伯，《廣韻》曰：子牙後。」今「井」下無此文。又曰：「《廣韻》云：漢有鄘城後。」❶今「鄘」字灰、等二韻兩收，而亦無此文。又引「鄘」下云：「鄉名，在右扶風。」而今灰韻注但「鄉名」二字。《困學記聞》

❶「後」，影印文淵閣《四庫全書》本《路史》作「侯」。

曰：「《廣韻》以賁爲姓，古有勇士賁育。」今「賁」下但「亦姓」二字。又曰：「《廣韻》云：《後蜀録》有法部尚書屯度。」又曰：「《廣韻》引《何氏姓苑》有『況姓，廬江人』。」今「屯」下、「況」下但「又姓」二字。《禮部韻略》引《廣韻》「佊」字注云：「《論語》：子西佊哉。」「軻」字注云：「孟子居貧轗軻，故名軻，字子居。」今並無此文。又注「鼷」字云：「漢光武得此鼠，竇攸識之。《廣韻》以爲終軍，誤。」今亦無「終軍」之文也。太原傅山曰：「宋姚寬《戰國策後序》引《廣韻》七事：晉有大夫芬質，芈干者著書顯名，安陵丑，雍門，中大夫藍諸，晉有亥唐，趙有大夫庫賈，齊威王時有左執法公旗蕃。」蓋注中凡言「又姓」者，必以其人實之，而今書皆無其文。又史炤《通鑑釋文》所引《廣韻》，其不載於今書者亦多也。十干皆引《爾雅》歲陽，而戊下不引著雍。又考之《玉海》，言《廣韻》凡二萬六千一百九十四言，注一十九萬一千六百九十二字。今僅二萬五千九百二言，注一十五萬三千四百二十一字。則注之删去者三萬八千二百七十一，而正文亦少二百九十二言矣。又《文獻通考》曰有陸法言、長孫訥言、孫愐三序，今止愐序。又言首載景德、祥符敕牒，今亦無之，則亦後人删去之矣。其幸而存者，天之未喪斯文也。嗚呼惜哉！

讀宋史陳遘

吾讀《宋史·忠義傳》，至於陳遘，史臣以其嬰城死節，而經制錢一事爲之減損其辭，但云天下至今有經總制錢名，而不言其害民之罪，又分其咎於翁彥國。愚以爲不然。《鶴林玉露》曰：「宣和中，大盜方臘擾浙東。王師討之，命陳亨伯宋人諱高宗嫌名，稱其字曰亨伯。以發運使經制東南七路財賦，因建議如賣酒、鬻糟、商税、牙税與頭子錢、樓店錢，皆少增其數，别曆收繫，謂之經制錢。其後盧宗原頗附益之，至翁彦國爲總制使，倣其法又收贏焉，謂之總制錢。靖康初，詔罷之。軍興，議者請再施行，色目寖廣，視宣和有加焉。以迄於今，爲州縣大患。初，亨伯之作俑也，其兄聞之，哭於家廟，謂剥民斂怨，禍必及子孫。其後葉正則作《外稿》，謂必盡去經、總錢，而天下乃可爲，治平乃可望也。」然則宋之所以亡，自經、總制錢，而此錢之興始於亨伯。雖其固守中山，一家十七人爲叛將所害，而不足以償其剥民之罪也。孔子述古書之文，凡紂之臣附上而讎斂者，雖飛廉之死不得與於三仁之列。若亨伯之爲此也，其初特一時權宜之計，而遺禍及於無窮。是上得罪於藝祖、太宗，下得罪於生民，而斷脰決腹，一瞑於中山，不過匹夫匹婦之爲諒而已，焉得齒於忠義哉！知此，然後天下之爲人臣者不敢懷利以事其君，而但以一死自託於忠臣之列矣。

汝州知州錢君行狀

崇禎十四年二月辛亥，賊陷汝州，知州錢君死之。君諱祚徵，字君遠，其先吴越王裔，居池之青陽，國初遷於萊，爲掖縣人。君七歲，出嗣其從叔父一夔爲之子，事其嗣大母杜氏如其父母。大母之黨有煩言，君言於大母，施予諸姻屬甚周，以是大母安之。中天啓元年舉人。大母終，哀毁如父喪。署恩縣教諭，三年，除汝州知州。汝爲流賊出入孔道，又有土賊，聚至萬人，依山爲巢，百姓苦之。君至，則簡鄉勇衙兵，得千餘人，佯爲城守計。忽夜半開門出，從間道踰山谷，步行抵其巢。賊方縱酒，不爲備，急擊，大破之。君策賊衆難盡誅，乃釋其俘招之，仍令民千家立一寨，有警相救。賊屢失利，其頭目魯加勒等遂詣州降。南召、登封諸賊聞之，亦來降。君簡其驍健，送軍門效用，餘給牛種遣之，汝人少休。君守汝三年，多善政。及是年正月，賊陷河南府，遂犯汝州。君斬麾下之言款賊者以狥，率兵嬰城固守。賊攻城，君中流矢，力疾乘城督戰。數日，二月庚戌，大風霾，賊以火箭射城上，城上發礮應之，風逆火反，樓堞盡焚，賊乘之入。君被執，大駡不屈，被擊仆地，加以炮烙，一宿死，年四十七。弟祉徵、從子青、僕十餘人皆死，無一還者。巡撫臣高名衡以聞，奉旨下部議卹，未覆。子大受，縣學生，痛父節未表於先朝，懼後世之没而無傳也，乃質言其事以告於余，而爲之狀。

吴同初行狀

自余所及見里中二三十年來號爲文人者，無不以浮名苟得爲務，而余與同邑歸生獨喜爲古文辭，砥行立節，落落不苟於世，人人以爲狂。已而又得吴生。吴生少余兩人七歲，以貧客嘉定，於書自《左氏》下至《南》《北史》無不纖悉强記。其所爲詩多怨聲，近《西州》、《子夜》諸歌曲。而炎武有叔蘭服，少兩人二歲，姊子徐履忱，少吴生九歲，五人各能飲三四斗。五月之朔，四人者持觴至余舍爲母壽，退而飲至夜半，抵掌而談，樂甚，旦日别去。余遂出赴楊公之辟，未旬日而北兵渡江，余從軍於蘇，歸而崑山起義兵，歸生與焉。尋亦竟得脱，而吴生死矣。余母亦不食卒。其九月，余始過吴生之居而問焉，則其母方煢煢獨坐，告余曰：「吴氏五世單傳，未亡人惟一子一女，女被俘，子死矣。有孫二歲，亦死矣。」余既痛吴生之交，又念四人者持觴以壽吾母，而吾今以衰絰見吴生之母於悲哀其子之時，於是不知涕淚之横集也。生名其沆，字同初，嘉定縣學生員。世本儒家，生尤夙惠，下筆數千言，試輒第一。風流自喜，其天性也。每言及君父之際，及交友然諾，則斷然不渝。北京之變，作大行皇帝、大行皇后二誄，見稱於時。與余三人，每一文出，更相寫録。北兵至後，遺余書及記事一篇，又從余叔處得詩二首，皆激烈悲切，有古人之遺風，然後知閨情諸作，其寄興之文，而生之可重者不在此也。生居崑山，當抗敵時，守城不出以死。死者四萬人，莫知屍處。以生平日憂國不忘君，義形於文若此，其死豈顧問哉！生事母孝，每夜歸，必爲母言所與往來者爲誰，某某最厚。死後，炎武嘗三過其居，無已，則遣僕夫視焉。母見之，未嘗不涕泣，又幾其子之不死而復還也。然生實死矣。生所爲文，最多在其婦翁處，不肯傳；傳其寫録在余兩人處者，凡二卷。

書吴潘二子事

先朝之史，皆天子之大臣與侍從之官承命爲之，而世莫得見。其藏書之所曰皇史宬。每一帝崩，修實録，則請前一朝之書出之，以相對勘，非是莫得見者。人間所傳止有《太祖實録》。國初人樸厚，不敢言朝廷事，而史學因以廢失。正德以後，始有纂爲一書附於野史者，大抵草澤之所聞，與事實絶遠，而反行於世，世之不見實録者從而信之。萬曆中，天子蕩然無諱，於是實録稍稍傳寫流布，至於光宗而十六朝之事具全。然其卷帙重大，非士大夫累數千金之家不能購，以是野史日盛，而謬悠之談徧於海内。蘇之吴江有吴炎、潘檉章二子，皆高才，當國變後，年皆二十以上，並棄其諸生，以詩文自豪。既而曰：「此不足傳也，當成一代史書以繼遷、固之後。」於是購得實録，復旁搜人家所藏文集、奏疏，懷紙吮筆，早夜矻矻，其所手書，盈牀滿篋，而其才足以發之。及數年而有聞，予乃亟與之交。二子皆居江村，潘稍近，每出入，未嘗不相過。又數年，潘子刻《國史考異》三卷，寄予於淮上，予服其精審。又一年，予往越州，兩過其廬。及余之昌平、山西，猶一再寄書來。會湖州莊氏難作，莊名廷鑨，目雙盲，不甚通曉古今。以史遷有「左丘失明，乃著《國語》」之説，奮欲著書。其居鄰故閣輔朱公國禎家，朱公嘗取國事及公卿誌狀疏草命胥鈔録，凡數十帙，未成書而卒，廷鑨得之，則招致賓客，日夜編輯爲《明書》，書冗雜，不足道也。廷鑨死，無子，家貲可萬金。其父胤城流涕曰：「吾三子皆已析産，獨仲子死無後，吾哀其志，當先刻其書，而後爲之置嗣。」遂梓行之。慕吴、潘盛名，引以爲重，列諸參閲姓名中。書凡百餘帙，頗有忌諱語，本前人詆斥之辭未經删削者。莊氏既巨富，浙人得其書，往往持而恐嚇之，得所欲以去。歸安令吴之榮者，以贓繫獄，遇赦得出。有吏教之買此書，恐嚇莊氏，莊氏欲應之，或曰：「踵此而來，盡子之財不足以給，不如以一訟絶之。」遂謝之榮。之榮告諸大吏，大吏右莊氏，不直之榮。之榮入京師，摘忌諱語密奏之，四大臣大怒，遣官至杭，執莊生之父及其兄廷鉞及弟姪等，并列名於書者十八人皆論死。其刻書鬻書，并知府、推官之不發覺者亦坐之。發廷鑨之墓，焚其骨，籍没其家産。所殺七十餘人，而吴、潘二子與其難。當鞫訊時，或有改辭以求脱者，吴子獨慷慨大罵，官不能堪，至拳踢仆地。潘子以有母故，不罵，亦不辨。其平居孝友篤厚，以古人自處，則兩人同也。予之適越過潘子時，余甥徐公肅新狀元及第，潘子規余慎無以甥貴稍貶其節，余謝不敢。二子少余十餘歲，而予視爲畏友，以此也。方莊生作書時，屬客延予一至其家，予薄其人不學，竟去，以是不列名，獲免於難。二子所著書若干卷，未脱藁，又假予所蓄書千餘卷，盡亡。予不忍二子之好學篤行而不傳於後也，故書之。且其人實史才，非莊生者流也。

歙王君墓誌銘

王君以崇禎十四年卒，後三年國變，王君之子璣流寓於吴，又一年而不孝始識王生，因以知王生之人與其世德之概。與王生交一年，而王生以狀請銘，不孝以母未葬，弗敢作也。又一年，卜葬，葬有日，而王生復來請銘，不孝不獲辭而銘之。君諱時沐，字惟新，其先歙之澤富人。在唐曰祕閣校正希羽，十七傳至名闕者，避元亂徙而東，爲龍溪始祖，又八傳至於君。君大父諱福鳳，始業行鹽，父諱正寵，承其業，以至於君。君以其故不克讀書，然君雖業鹽，而孝友，急公好施，有遠見，能自樹，乃過於世之君子。若所云事其慈母與父妾盡禮，而友愛弟時洸終其身，則其孝友也。祖墓之木爲不肖者伐，且鬻其旁地，君爲捐金贖之；澤富有宗祠，君重作之龍溪，其急大義也。叔正完客杭而病，曰「於我葬」；外舅卒，遺孤一人，曰「於我長」；其他卹人窮、振人困多類是，是其好施也。同事欲因君請院司據西龍爲鹽窩，君止之，無何，並抵罪，西龍商獨免，其有遠見也。好從士君子而恥謁貴人，邑有司欲賓之不就，其能自樹也。凡此皆余之所信於王生者也。君享年六十有七，娶朱氏，子四：長璣，杭州府錢塘縣學生員，次文秩，次文秋，次文杞。孫六，曾孫二。以卒之年十二月甲子，葬於其里象山之麓。蓋王氏中世爲商，而通經義思用之天下者，自璣始。自君之没而家益落，璣遂走京師，歷薊，抵寧遠，觀列邊之大勢。每以大計干當事者，不用，轉客東萊，而聞京師之變，哭先皇帝於萊山之陽。馳至南都，而公卿又無下士者，遂僦居於吳，著《信書》一編以示余，而爲之太息焉。此固宋之遺臣所隱晦而不敢筆之書者也。而王生之不撓於時若此，其抱濟物之才，而發憤於大義又若此，非世德之遺而能然乎？銘曰：

不知其人視其子，子爲信人爲節士。嗚呼君兮永宅此！

山陽王君墓誌銘

往余在吳中，常鬱鬱無所交。出門至於淮上，臨河不度，徬徨者久之，因與其地之賢人長者相結，而王君起田最與余善。自此一二年或三四年一過也。王君與余同年月生，而長余二十餘日，其行事雖不同，而意相得，凡余心之所存及其是非好惡，無不同者。雖不學古，而闇合於義，仁而愛人，樂善不倦，其天性然也。生八歲而孤，事母孝，事其兄恭，其居財也有讓。少爲帖括之學，及中年遂閉户不試。家頗饒，每受人之負，折券不較，以是其産稍落，而四方賓客至者未嘗不與之周旋。當余在太原，而余友潘力田死於杭，係累其妻子以北。少弟耒，年十八，孑身走燕都，介余一蒼頭以見王君。王君曰：「我固聞之。寧人嘗與我言，潘君力田，賢士也，不幸以非命終。而寧人之友之弟，則猶之吾弟也。」迎而舍之。比其歸也，則曰：「家破矣，可奈何？吾有女，年且笄，將壻子。」閒二年，耒遂就昏。王君與耒非素識也，特以寧人之友故，而余在遠，弗及爲之從臾也。每爲余言：「子行遊天下二十年，年漸衰，可已矣。幸過我卜築，一切居處器用能爲君辦之。」逡巡未果。而别君之日，持觴送我大河之北，留一宿，視余上馬，爲之出涕，若將不復見者。乃明年，余遂有山東之戹。而海岱以南地大震，君亦爲里中兒所齮齕，意不自得。又明年六月庚午，君卒。惟君生平，以朋友爲天倫，其待余如昆弟，而余以窮戹蹇連，無能申大義於詐愚凌弱之日者。以十九年之交，再三之約，而不獲與之分宅卜鄰，同晨共夕。其終也，又不獲視其含斂，而撫其遺孤。吁，可悲矣！君諱略，字起田，淮安山陽人，家清江浦之南，卒時年五十七。娶方氏，子一，寬。將以卒之某年某月某日葬於某地之先塋，而子壻耒以狀及寬書來，是不可以無銘。銘曰：

少而孝，長而恭。好禮而敦，樂善而從。爲義勇，而與人忠。胡天不弔，而降此鞠凶？士絶絃，人罷舂。以斯銘，告無窮。

富平李君墓誌銘

關中故多豪傑之士，其起家商賈爲權利者，大抵崇孝義、尚節概，有古君子之風。而士人獨循循守先儒之説不敢倍。嘉靖中，高陵、三原爲經生領袖，其後稍衰，而一二賢者猶能自持於新説横流之日。以余所聞，李君蓋可謂篤信好學而不更其守者邪！李氏之先，山西之洪洞人，元時遷美原。洪武初，縣廢，爲富平人。數傳至君之曾祖諱朝觀者，爲邊商，以任俠著關中，與里豪争渠田，爲齮齕以死。而君之祖諱希奎，走闕下上書，愬天子直其事，大猾以次就法。報父讐，名動天下，乃其家遂中落，至君之考諱效忠，中武舉，稍復振。君始以文補邑諸生，君少而剛方，績學不怠。當萬曆之末，士子好新説，以莊列百家之言竄入經義，甚者合佛老與吾儒爲一，自謂千載絶學。君乃獨好傳注，以程朱爲宗。既得事恭定馮先生，學益大進。君事親孝，其於諸父昆弟恭而有讓，待人以嚴，而引之於道。治家冠、婚、喪、祭，一如禮法，以是年雖少，鄉人重之如王彦方、黄叔度焉。崇禎七年四月壬午，以疾卒，年二十七。君卒之三月，而關中大亂。君之考武舉君，以哭子，繼君以没。而寇至里中，妣楊氏與族人登樓並焚死，李氏之門，合良賤死者八十有一人。嗚呼，憯矣！而孤子因篤方三歲，迪篤二歲，從其母田氏走之外家以免。其後因篤既長，乃折節讀書，已爲諸生，旋棄之。爲詩文有聞於時，而尤潛心於傳注之書，以力追先賢。蓋近年以來，關中士子爲《大全》、《蒙引》之學者，自君父子倡之。君没，越十有三年十月癸酉，因篤始葬君於韓家村東南之新阡。因篤既與崑山顧炎武爲友且數年，而曰：「吾先人之墓石未立，將屬之子。」炎武不敢辭，乃爲之撰次，其詳則因篤之狀存焉。君諱映林，字暉天。其没也，鄉人私謚曰貞孝先生。孫男三人：漢、渭、泗。銘曰：

李氏之先，以節俠聞。及至於君，乃纘斯文。刊落百氏，以入聖門。好義力行，鄉邦所尊。何不永年，遭室之焚。有封若堂，于韓之原。惟德繩繩，在其後昆。

謁欑宫文一

伏念臣草野微生，干戈餘息。行年五十，慨駒隙之難留；涉路三千，望龍髯而愈遠。兹當忌日，祗拜山陵。履雨露之方濡，實深哀痛；睠松楸之勿翦，猶藉神靈。敢陳于沼之毛，庶格在天之馭。臣某謹言。

謁欑宫文二

自違陵下，即度太行。遠歷關河，再更寒暑。兹以孟秋之望，重修拜奠之儀。身先旅雁，過絶塞而南飛；跡似流萍，隨百川而東下。感河山之如故，悲灌莽之方深。庶表忱思，伏祈昭鑒。

謁欑宮文三

臣炎武、臣因篤，江左豎儒，關中下士。相逢燕市，悲一劍之猶存；旅拜橋山，痛遺弓之不見。時當春暮，敬擷村蔬。聊攄草莽之心，式薦園陵之事。告四方之水旱，及此彌年；乘千載之風雲，未知何日。伏惟昭格，俯鑒丹誠。

謁欑宮文四

自違陵下，今又八年。濩落關河，差池烽火。想遺弓而在望，懷短策以靡前。每屆春秋，獨泣蒼梧之野；多更甲子，仍憐絳縣之人。朔氣初收，光風漸轉。敬羞蘊藻，重展松楸。雖鼎俎之久虛，幸罘罳之未壞。黃圖如故，乍驚失鹿之辰；白首無歸，終冀攀龍之日。仰憑明命，得遂深祈。

華陰縣朱子祠堂上梁文

蓋聞宣氣爲山，衆阜必宗乎喬嶽；明徵在聖，群言實總於真儒。自夫化缺三雍，風乖四始。兩漢而下，雖多保殘守缺之人；六經所傳，未有繼往開來之哲。惟絶學首明於伊雒，而微言大闡於考亭。不徒羽翼聖功，亦乃發揮王道。啓百世之先覺，集諸儒之大成。然而代運當屯，著占得遯。官方峻直，難久立於朝端；祠禄優遊，每自安於林下。睠此雲臺之側，實爲寄禄之邦。子静書中，羨希夷之舊隱；《啓蒙》序末，題真逸之新名。雖風聲遠隔於殊方，而道德實同乎一統。家傳户誦，久已無間寰區；

春祀秋嘗，獨此未瞻廟貌。於是邑之薦紳耆舊，以及學士青衿，無不博考遺編，深嗟闕典。睇琳宫之絢爛，悲木鐸之幽沉。爰有廷揆張君、山史王君蒐採於前，子德李君、適之宋君宣揚於後。而會炎武跋涉關河，留連原巘。發遐情於五嶽，尋墜緒於千年。即雲臺舊院之西，度香火專祠之地，重邀茂宰，華陰令遲維城。贊此良圖。萃人力以作新，捐緡錢而倡導。卜神涓吉，庀材效工。右帶流泉，來惠風之習習；前憑嶽麓，狀盛德之峩峩。將使俎豆增崇，章逢無絶。敬泚衰蕪之筆，式陳邪許之辭。

亭林文集卷之五終

亭林文集卷之六 補遺

軍制論 乙酉歲作。

法不變，不可以救今。已居不得不變之勢，而猶諱其變之實，而姑守其不變之名，必至于大弊。今日之軍制，可謂高皇帝之軍制乎？其名然，其實變矣。而上下相與守之，至于極而因循不改，是豈創制之意哉！高皇帝云：「吾養兵百萬，不費民間一粒。」自今言之，費乎，不費乎？百萬之兵安在乎？而猶以爲祖制則然，此所謂相蒙之説也。嘗考古《春秋》、《周禮》寓兵于農之説，未嘗不喟然太息，以爲判兵與農而二之者，三代以下之通弊；判軍與兵而又二之者，則自國朝始。夫一民也，而分之以爲農，又分之以爲兵，是一農而一兵也，弗堪；一兵也，而分之以爲軍，又分之以爲兵，是一農而二兵也，愈弗堪；一兵也，而分之以爲衛兵，又分之以爲民兵，又分之以爲募兵，是一農而三兵也，又益弗堪。不亟變，勢不至盡敺民爲兵不止，盡敺民爲兵，而國事將不忍言矣。二祖之制，京師設都督府五，衛七十二；畿甸設衛五十，各省設都指揮使司二十一，留守司二，衛百九十一，守禦屯田群牧千户所二百十有一；邊徼設宣慰安撫長官司九十五，番夷都司衛所百有七。以五千六百人爲衛，千一百二十人爲千户所，百十有二人爲百户所，給軍田，立屯堡，且耕且守。人受田五十畝，賦糧二十四石，半贍其人，半給官俸，及城操之軍有儌，朝發夕至。若是，天下何病乎有兵，而又烏乎復立兵？久安弛備，政圮伍虛。正統末，始令郡縣選民壯。弘治中，制里僉二名若四五名，有調發，官給行糧。正德中，計丁糧編機兵銀，人歲食至七兩有奇，悉賦之民。此謂之機快民壯。而兵一增，制一變。又久備益弛，盜發雍豫，蔓延數省。民兵不足用，募新兵倍其糈，以爲長征之軍，而兵再增，制再變。屯衛者曰：我烏知兵？轉漕耳，守禦非吾任也。故有機壯而屯衛爲無用之人。民壯曰：我烏知兵？給役耳，調發非吾任也。故有新募，而民壯爲無用之人。臣嘗合天下衛所計之，兵不下二百萬。國家有兵二百萬，可以無敵，而曾不得一人之用；二百萬人之田，不可謂不贍，而曾不得一升一合之用。故曰：高皇帝之法亡矣。然則將盡衛所之軍而兵之，官而將之乎？曰：不能。抑將盡衛所之軍而廢之，田而奪之乎？曰：不能。請于不變之中而寓變之之制，因已變之勢而復創造之規。舉尺籍而問之，無缺伍乎？缺者若干人，收其田，以新兵補之。大集伍而閲之，皆勝兵乎？不勝者免，收其田，以新兵補之。五年一閲，汰其羸，登其鋭，而不必世其人。若然，則不費公帑一文，而每衛可得若干人之用，推之天下，二百萬之兵可盡復也。矧今日駐蹕南中輓漕之卒，歲省數倍。以爲兵則强，以爲農則富，而不及時之宜一爲變通，俾此百十萬人襲兵之名、縻兵之食，而不能張弮注矢，爲國家毫毛之用，是國家長棄此百十萬人，並此百十萬人之田，而終世不復也。則物力烏得不詘，軍政烏得不竄，又何以兆謀敵愾，成克復之勳哉？

形勢論

昔之都于南者，吴、東晉、宋、齊、梁、陳、南唐、南宋凡八代。當吴之世，三方鼎峙，西以巴丘，北以皖城、濡須爲境。迨其亡也，則以長江之險先爲晉有。永嘉南渡，荆、豫、青、兖及徐之半入于劉、石；梁、益入於李雄，以合淝、淮陰、壽陽、泗口、角城爲重鎮。至苻、姚、慕容之亂，始得青、兖、梁、益，而宋因之。及元嘉北伐，碻磝喪師，佛狸之馬屯於瓜步，於是乎守江矣。拓跋奄有中原，齊、梁嗣主江左，淮南北並爲戰埸，太清内禍，承聖尋兵，齊略淮南，魏收蜀漢，而江陵淪陷。陳氏軼興，西不得蜀漢，北失淮淝，以長江爲境，于是乎守江矣。幅員日狹，國祚彌短，采石、京口，同時並濟，卒并於隋。南唐既失淮南，亦以江爲境，國遂不支。宋都臨安，與金人盟，中淮流爲界，西拒大散關。端平滅金蔡州，挑兵蒙古。寶祐失蜀，咸淳失襄樊。元兵南下，幼主銜璧，豈非大勢然耶？嘗歷考八代興亡之故，中天下而論之，竊以爲荆襄者，天下之吭，蜀者，天下之領，而兩淮、山東，其背也。蜀據天下之上流，昔之立國於南者，必先失蜀，而後危仆從之。蜀爲一國，而不合於中原，則猶可以安。孫吴之於漢，東晉之於李雄是也。蜀合於中原，而并天下之力，資上流之勢，以爲我敵則危。王濬自巴丘東下，劉整謀取蜀以規宋是也。故守先蜀。若輯蜀之人，因其富，出兵秦鳳涇隴之間，以撼天下不難。故戰先蜀。趙鼎言經營中原自關中始，經營關中自蜀始，幸蜀自荆襄始。陳亮言荆襄據江左上流，西接巴蜀，北控關洛，楚人用之虎視齊晉，與秦争帝。東晉以來，設重鎮以扼中原。孟珙言襄樊國之根本，百戰復之，當加經理。蓋宋人之論如此。及元取宋，果自襄陽、樊城以度鄂，故以天下之力圍二城者五年，及其渡江，不二年而取臨安矣。故無蜀猶可以國，東晉是也；無荆襄不可以國，楚去陳徙壽春是也。無淮南北，而以江爲守則亡，陳之禎明、南唐之保大是也。故厚荆襄急。古之善守者，所憑在險，而必使力有餘於險之外。守淮者，不於淮，于徐泗；守江者，不于江，于兩淮。此則我之戰守有餘地，而國勢可振。故阻兩淮急。或曰：高皇帝嘗以南取北矣，而何廑廑守之謂？愚曰：固也。夫取天下者，必居天下之上游，而後可以制人。英雄無用武之地，則事不集。且人知高皇帝之都金陵，而不知高皇帝之所以取天下，當江東未定，先以大兵克襄漢，平淮安，降徐宿，而後北略中原，此用兵先得地勢也。且楚之霸也在郯，漢高之起，自沛入秦，自南陽析酈；光武起自南陽；宋武滅南燕，自淮入泗，滅秦，自汴入河。此皆古來以南伐北之明證，有地利而後動者也。如愚之策，聯天下之半以爲一，用之若常山之蛇，則雖有苻秦百萬之師，完顔三十二軍之衆，不能闞我地；而蓄威固鋭，以伺敵人之暇，則功可成也。此戰守兼得之謀，而用兵之上術也。

田功論

天下之大富有二：上曰耕，次曰牧。國亦然。秦楊以田農而甲一州，烏氏、橋姚以畜牧而比封君，此以家富也。棄穎栗而部封，非子蕃息而秦胙，此以國富也。事有策之甚迂，爲之甚難，而卒可以并天下之國，臣天下之人者，莫耕若。嘗讀宋魏了翁疏，以爲古人守邊備塞，可以紓民力而老敵情，唯務農積穀爲要道。又言有屯田，有墾田，大兵之後，田多荒萊，諸路閒田當廣行招誘，令人開墾，因可復業，則耕穫之實效往往多於屯田。蓋並邊之地，久荒不耕則穀貴，貴則民散，散則兵弱；必地闢耕廣則穀賤，賤則人聚，聚則兵强。請無事屯田之虛名，而先計墾田之實利。募土豪之忠義者，官爲給助，隨便開墾，略計所耕，可數千頃，明年此時便收地利，可食賤粟。況耕田之甿，又皆可用之兵，萬一有警，家自爲守，人自爲戰，比于倉卒遣戍，亦萬不侔。無屯田之名，而有屯田之實；無養兵之費，而又可潛制驕悍之兵；不惟可以制虜，而又以防他盜之出入。不數年間，邊備隱然，以戰則勝，以守則固。愚以爲此正今日之急務。夫承平之世，田各有主，今之中土，瀰漫蒿萊。誠田主也，疾力耕；不者，籍而予新甿，不可使吾國有曠土。若是，人必服，一易；屢豐之日，視粟爲輕，今干戈相承，連年大饑，人多艱食，必勸於耕，二易；古之邊屯，多於沙磧，今則大河以南，厥土塗泥，水田揚州，陸田潁壽，修羊杜之遺跡，復上元之舊屯，三易；久荒之後，地力未洩，粟必倍收，四易。然而有三難：大農告絀，出數十萬金錢求利於四三年之後，一難；朝不能久任，人不甘獨勞，蘄以數年之力專任一人，二難；天有旱澇，歲有豐凶，若何承矩之初年種稻，霜早不成，幾於阻格，三難。愚請捐數十萬金錢予勸農之官，毋問其出入，而三年之後，以邊粟之盈虛貴賤爲殿最。此一人者，欲邊粟之盈，必疾耕，必通商，必還定安集。邊粟而盈，則物力豐，兵丁足，城圉堅，天子收不言利之利，而天下之大富積此矣。

錢法論

莫善於國朝之錢法，莫不善於國朝之行錢。考之史，景王鑄大錢，周錢蓋一變。漢承秦半兩，已爲莢錢，爲四銖，爲三銖，爲五銖，爲赤仄，爲三官。逮於靈、獻，爲四出，爲小錢。漢錢凡九變。唐鑄開通，已更鑄大錢，則有乾封、乾元、重稜。唐錢凡四變。宋倣開通舊式，西事起，鑄大錢。崇寧鑄當十，嘉定鑄當五，又雜用鐵錢、交子、會子，而法彌弊。宋錢亦三四變。每錢之變，貨物騰躍，輕重無常，而民苦之。國朝自洪武至正德十帝而僅四鑄，以後帝一鑄，至萬曆而制益精。錢式每百重十有三兩，輪郭周正，字文明潔，蓋倣古不愛銅惜工之意。而又三百年來無改變之令，市價有恒，錢文不亂，民稱便焉。此錢法之善也。然至於今，物日重，錢日輕，盜鑄雲起，而上所操以衡萬物之權至於不得用，何哉？蓋古之行錢者，不獨布之於下，而亦收之於上。漢律人出算百二十錢，是口賦之入以錢。《管子・鹽筴》：「萬陣之國，爲錢三千萬。」是鹽鐵之入以錢，商賈緡錢四千而一算，三老、北邊騎士軺車一算，商賈軺車二算，船五丈以上一算，是關市之入以錢。令民占賣酒租升四錢，是榷酤之入以錢。隆慮公主以錢千萬爲子贖死，是罰鍰之入以錢。晉氏南渡，凡田宅奴婢馬牛之券，每直一萬稅四百，是契稅之入以錢。張方平言：屋盧正税、茶鹽酒醋之課，率錢募役、青苗入息之法，以斂天下之錢。而上之賚予禄給，慮無不用錢。自上下，自下上，流而不窮者，錢之爲道也。今之錢則下而不上，僞錢之所以日售，而制錢日壅，未必不由此也。請略倣前代之制，凡州縣之存留支放，一切以錢代之。使天下非制錢不敢入於官，而錢重；錢重，而上之權重。賈山有言：「錢者，無用器也，而可以易富貴。富貴者，人主之操柄也。令民爲之，是與人主共操柄，不可長也。」故計本程息之利小，權歸於上之利大。今市肆之錢惡，而制錢亦與俱惡，以故市肆之錢賤，而制錢亦與俱賤。是上無權，以下爲權也。上亦何利之有？此無他，上不收錢，錢不重也。愚故曰：莫不善於今之行錢。是賈生所謂「退七福而行博禍」者也。

子胥鞭平王之尸辨

人之大倫曰君臣，曰父子，臣事君，猶子事父也。苟爲父報讐，則必甘心焉而後已。甘心焉而後已者，于凡人可也，于君則有不得以行之者矣。太史公言子胥鞭楚平王之尸，《春秋傳》不載，而予因以疑之。疑春秋以前無發冢戮尸之事，而子胥亦不得以行之平王也。鄭人爲君討賊，不過斲子家之棺而已。齊懿公掘邴歜之父而刖之，衛出公掘褚師定子之墓，焚之于平莊之上，傳皆書之以著其虐，是春秋以前無發冢戮尸之事也。平王固員之父讐，而亦員之君也。且淫刑之罪，孰與篡弑？一人之讐，孰與普天？報怨之師，孰與討賊？唐莊宗尚不加於朱温，而子胥以加之平王，吾又以知其無是事也。考古人之事，必于書之近古者。《穀梁傳》云：「吴入楚，撻平王之墓。」賈誼《新書》亦云：「《吕氏春秋》云：鞭荆平之墓三百。」《越絶書》云：「子胥操捶笞平王之墓。」《淮南子》云：「闔閭鞭荆平王之墓，舍昭王之宫。」而《季布傳》亦言此伍子胥所以鞭荆平王之墓也。蓋止于鞭墓，而傳者甚之，以爲鞭尸，使後代之人蔑棄人倫，讐對枯骨。趙襄子漆智伯之頭；王莽發定陶恭王母丁姬之冢；慕容儁投石虎尸于漳水；姚萇倮撻苻堅，薦之以棘；王頒發陳高祖陵，焚骨取灰，投水而飲之；楊璉真珈取宋諸帝之骸與牛馬同瘞，或快意於所仇，或肆威於亡國，未必非斯言啓之也。然則鞭墓可乎？亦曰員之所以爲員而已矣。

顧與治詩序

與治之先，自吴郡洪武中以貲徙都下，遂爲金陵人。從曾祖華玉先生，官至南京刑部尚書，以文章聞于代。至與治，亦號能詩。當崇禎之世，天下多故，陪京獨完，得以餘日賦詩飲酒，極意江山，流連卉木，騁筆墨之長，寫風騷之致。晚值喪亂，獨身無子，迫於賦役，困躓以終。今讀其詩，鬱紆悽惻，有郊、島之遺音焉。余兄事與治，曩北行時，謂與治曰：「兄平生作詩多散軼，今老矣，可無傳乎？」與治曰：「有一編在故人沈子遷所，其他藁雜舊笥中，病未理也。」余行三歲乃歸，次揚州，而與治卒。宣城施尚白欲集其詩刻之，未果。明年冬，余過六合，子遷出其一編，並所搜輯者，共二百六十首，余爲删其大半，授子遷刻之。嗚呼！士之生而失計，不能取舍，至有負郭數頃，不免饑寒以死，而猶幸有故人録其遺詩，以垂名異日，君子之所以貴乎取友也如是。與治名夢游，前貢士，其書法尤爲時所重云。

方月斯詩草序

與方子定交，自單閼之歲，今且六年。余客鍾山，而方子亦僑居雲間，不數數見。頃冬春之際，余以仇家之訟至雲間，逆旅中困不自聊，而方子時時相過慰藉，與余周旋兩月，因出其詩草示余。讀之，如聽河上之歌，令人感慨欷歔而不能止也。方子生於楚，長於吳，以絶群之姿，遭離困戹，發而爲言，磊塊歷落，自其所宜。余獨喜方子之詩，在楚，無楚人剽悍之氣；在吳，無吳人浮靡之風。不獨詩也，其人亦然。夫方子以妙年軼才，當天下有事之日，明習掌故，往往爲設方略，可見之行，豈獨區區稱能言之士哉！子曰：「誦《詩三百》，授之以政，不達；使於四方，不能專對，雖多，亦奚以爲？」若方子者，吾望其能從政，繼先公爲名臣矣。

天下郡國利病書序

崇禎己卯，秋闈被擯，退而讀書，感四國之多虞，恥經生之寡術，於是歷覽二十一史，以及天下郡縣志書，一代名公文集，及章奏文册之類，❶有得即録，共成四十餘帙。

❶「及」上，《四部叢刊三編》影印崑山圖書館藏稿本《天下郡國利病書》有「間」字。

一爲輿地之記，一爲利病之書，亂後多有散佚，❶亦或增補，而其書本不曾先定義例，又多往代之言，地勢民風，與今不盡合，年老善忘，不能一一刊正，姑以初藁存之篋中，以待後之君子斟酌去取云爾。❷

肇域志序

此書自崇禎己卯起，先取《一統志》，後取各省府州縣志，後取二十一史，參互書之。凡閲志書一千餘部，本行不盡，則注之旁，旁又不盡，則别爲一集，曰備録。年來餬口四方，未遑删訂以成一家之書，歎精力之已衰，懼韋編之莫就，庶後之人有同志者爲續而傳之，俾區區二十餘年之苦心不終泯没爾。❸

下學指南序

今之言學者必求諸語録，語録之書，始于二程，前此未有也。今之語録，幾于充棟矣，而淫于禪學者寔多。然其説蓋出于程門，故取《慈谿黄氏日鈔》所摘謝氏、張氏、陸氏之言以别其源流而衷諸朱子之説。夫學程子而涉于禪者，上蔡也，横浦則以禪而入于儒。象山則自立一説以排千五百年之學者，而其所謂收拾精神掃去階級，亦無非禪之宗旨矣。後之説者遞相演述，大抵不

❶「亂後」，《天下郡國利病書》作「比遭兵火」。

❷「云爾」下，《天下郡國利病書》有「壬寅七月望日亭林山人書」十一字。

❸「爾」下，雲南圖書館藏清抄本《肇域志》有「崑山顧炎武」五字。

出乎此，而其術愈深，其言愈巧，無復象山崖異之迹，而示人以易信。苟讀此編，則知其説固源于宋之三家也。嗚呼！在宋之時，一陰之姤也；其在于今，五陰之剥也。有能繇朱子之言以達夫聖人下學之旨，則此一編者，其碩果之猶存也。孟子曰：「能言距楊墨者，聖人之徒也。」得不有望于後之人也夫！

吴才老韻補正序

余爲《唐韻正》，已成書矣，念考古之功寔始於宋吴才老，而其所著《韻補》僅散見于後人之所引，而未得其全。頃過東萊任君唐臣，有此書，因從假讀之月餘，其中合者半，否者半，一一取而注之，名曰《韻補正》，以附《古音表》之後。如才老可謂信而好古者矣，後之人如陳季立、方子謙之書，不過襲其所引用別爲次第而已。今世甚行子謙之書，而不知其出于才老，可歎也。然才老多學而識矣，未能一以貫之，故一字而數叶，若是之紛紛也。夫以余之謭陋，而獨學無朋，使得如才老者與之講習，以明六經之音，復三代之舊，亦豈其難，而求之天下，卒未見其人，而余亦已老矣，又焉得不于才老之書而重爲之三歎也夫！❶

書故總督兵部尚書孫公清屯疏後

國家當危亂之日，未嘗無能任事之人，而嘗患于不用；用矣，患不專；用之專且效

❶「也夫」下，遂初堂刻《亭林遺書》本《韻補正》有「柔兆敦牂孟冬之二十日東吴顧炎武書」十六字。

矣，患于輕徙其官，使之有才不得遂其用，以至于敗，而國隨之。若總督兵部尚書孫公之事，可悲矣！方崇禎朝，流賊爲秦患且五六年，天子一旦用公巡撫陝西，于是兵且日增而餉絀。公以爲國家之所以足軍食者，屯田也。承平既久，而額設之田乃爲權豪有力者所據，以至隱占侵没，弊孔百出而軍食虧；軍食虧，而國家且不得一軍之用，是國家之患不在賊，而在隱占侵没之人也。于是下令清屯，健丁一授田百畝，免其租，課其餘地，分爲三等，徵糧濟餉。先行之于西安三衛，而軍果大譁，斬李進成等七人而後定。持之不變，期月之間，所清釐而歸之天子者，計兵得九千餘，餉銀一十四萬。天子爲降詔褒賞進秩，而關中之賊或斬或擒或撫，三年，關中幾無賊矣，而東邊告急，天子用武陵楊公之言，召公入援。遂用之督師薊州，又移之保定，而公請陛見，不許，因以病辭，且得罪下獄。及賊陷襄雒，復出公總督軍務，公至關中，而事已不可爲矣。使當日用他將統勤王之師，而自陝以西悉委之公，十年而奏其效，則他邊方雖潰敗，而公必能爲國家保有關中，以待天子；且使賊不得闚關中，必不敢長驅而向闕也。一詔移公，而國之存亡乃判于此。予讀公清屯疏及文移而深有感焉。公之子世瑞、世寧請爲公立傳，而功狀缺佚，不得其詳。故特舉其大者書之于此，以見公以一身而係天下之重。然則天下未嘗無人，而患于不用，又患于用之而徙。用徙之間，無幾何時，而大事已去，此忠臣義士所以追論而流涕者。嗚呼！先帝末年之事，可勝嘆哉！

廣師

茗文汪子刻集，有《與人論師道書》，謂：「當世未嘗無可師之人，其經學脩明者，吾得二人焉，曰顧子寧人、李子天生。其內行淳備者，吾得二人焉，曰魏子環極、梁子曰緝。」炎武自揣鄙劣，不足以當過情之譽，而同學之士有茗文所未知者，不可以遺也，輒就所見評之。夫學究天人，確乎不拔，吾不如王寅旭；讀書爲己，探賾洞微，吾不如楊雪臣；獨精三禮，卓然經師，吾不如張稷若；蕭然物外，自得天機，吾不如傅青主；堅苦力學，無師而成，吾不如李中孚；險阻備嘗，與時屈伸，吾不如路安卿；博聞强記，群書之府，吾不如吴任臣；文章爾雅，宅心和厚，吾不如朱錫鬯；好學不倦，篤于朋友，吾不如王山史；精心六書，信而好古，吾不如張力臣。至于達而在位，其可稱述者亦多有之，然非布衣之所得議也。

與盧某書

夙仰鴻名，未獲奉教，良深傾仰。茲有白者：閶門外義學一所，中奉先師孔子，旁以寒宗始祖黄門公配食。黄門，吴人，而此地爲其讀書處，是以歷代相承，未之有改。嘗爲利濟寺僧所奪，寒宗子姓訟而復之，史郡伯祁撫臺記文昭然可據，非若鄉賢祠之列置前獻可以遞增也。近日瞻拜間，忽添一盧尚書牌位，不勝疑訝，問之典守，則云有令姪欲爲奉祀生員，而借託於此者。夫尚書爲君家始祖，名德著聞，與我祖黄門豈有優劣？然考尚書當日固嘗從祀學宮，而嘉靖九年奉旨移祀其鄉矣。尚書之鄉爲涿郡涿縣，則今之涿州也；尚書之官爲九江、廬江二郡太守，則今之廬州、壽州也。漢史本傳，尚書當日足跡從未至吴，既非吴人，又非吴官，爲子孫者欲立家祠，自當別創一室，特奉一主，而偪處異姓之卑宫，援附無名之血食，於義何居？夫吴中顧陸、河北崔盧，並是名門，各從本望。天下之忠臣賢士多矣，國家之制，止于名宦鄉賢，是以《蘇州府志》載本郡氏族一卷，有顧無盧；載本郡祠廟一卷，有顧野王而無盧某。府志出自君家教諭所修，乃猶不敢私爲出入，豈非前哲之公心、史家之成法，固章章若此乎？夫國乘不書，碑文不紀，憲册不載，邦人不知，既非所以章先德而崇大典，又况几筵不設，爐供不具，而以尺許之木主側置先師之坐隅，於情爲不安，於理爲不順，寒宗子姓嘖有繁言。不佞謂范陽大族，豈無知禮達孝之士，用敢直陳於左右，伏祈主持改正，使兩先賢各致其尊崇而後裔得免于争訟，所全實多矣。臨楮顒切。

答友人論學書

《大學》言心不言性，《中庸》言性不言心。來教單提「心」字，而未竟其説，未敢漫爲許可，以墮于上蔡、横浦、象山三家之學。竊以爲聖人之道，下學上達之方，其行在孝弟忠信；其職在灑掃應對進退；其文在《詩》、《書》、三禮、《周易》、《春秋》；其用之身，在出處、辭受、取與；其施之天下，在政令、教化、刑法；其所著之書，皆以爲撥亂反正，移風易俗，以馴致乎治平之用，而無益者不談。一切詩、賦、銘、頌、贊、誄、序、記之文，皆謂之巧言而不以措筆。其于世儒盡性至命之説，必歸之有物有則、五行五事之常，而不入于空虛之論。僕之所以爲學者如此，以質諸大方之家，未免以爲淺近而不足觀。雖然，亦可以弗畔矣夫。楊子有云：「多聞則守之以約，多見則守之以卓。少聞則無約也，少見則無卓也。」此其語有所自來，不可以其出于子雲而廢之也。世之君子，若博學明善之難，而樂夫一超頓悟之易，滔滔者天下皆是也。無人而不論學矣，能弗畔于道者誰乎？相去千里，不得一面，敢率其胸懷，以報嘉訊。幸更有以教之。

與友人辭往教書❶

羈旅之人，疾病顛連，而託跡于所知，雖主人相愛，時有蔬菜之供，而饔飧一切自給，在我無怍，于彼爲厚，此人事之常也。若欲往三四十里之外而赴張兄之請，則事體迥然不同。必如執事所云，有實心向學之士，多則數人，少則三四人，立爲課程，兩日三日一會，質疑問難，冀得造就成材，以續斯文之統，即不能盡依白鹿之規，而其遺意須存一二，恐其未必辦此，則徒餔啜也，豈君子之所爲哉！一身去就，係四方觀瞻，不可不慎。廣文孫君與弟有舊，同張兄來此，劇論半日，當亦知弟爲硜硜踽踽之人矣。

規友人納妾書❷

董子曰：「君子甚愛氣而謹遊于房。

❶ 此篇《殘稿》卷一重出，爲《與熊耐荼》第二書。
❷ 此篇《殘稿》卷一重出，題《與王山史》。

是故新壯者十日而一遊于房，中年者倍新壯，始衰者倍中年，中衰者倍始衰，大衰者以月當新壯之日，而上與天地同節矣。」炎武年五十九，未有繼嗣，在太原遇傅青主，浼之診脉，云尚可得子，勸令置妾，遂于静樂買之。不一二年而衆疾交侵，始思董子之言，而瞿然自悔。立姪議定，即出而嫁之。嘗與張稷若言：「青主之爲人，大雅君子也。」稷若曰：「豈有勸六十老人娶妾，而可以爲君子者乎？」愚無以應也。又少時與楊子常先生最厚，自定夫亡後，子常年逾六十，素有目眚，買妾二人，三五年間目遂不能見物。得一子，已成童而夭亡，究同于伯道。此在無子之人猶當以爲戒，而況有子有孫，又有曾孫者乎？有曾孫而復買妾，以理言之，則當謂之不祥；以事言之，則朱子斗詩有所謂《好人歎》者，即西安府人，殷鑒不遠也。伏念足下之年五十九，同于弟；有目疾，同于子常；有曾孫，同于西安之好人。故舉此爲規，未知其有當否？

答徐甥公肅書

幼時侍先祖，自十三四歲讀完《資治通鑑》後，即示之以邸報，泰昌以來頗窺崖略。然憂患之餘，重以老耄，不談此事已三十年，都不記憶。而所藏史録奏狀一二千本，悉爲亡友借觀，中郎被收，琴書俱盡。承吾甥來札，惓惓勉以一代文獻，衰朽詎足副此？既叨下問，觀書柱史，無妨往還，正未知絳人甲子，郯子雲師，可備趙孟、叔孫之對否耳。夫史書之作，鑒往所以訓今。憶昔庚辰、辛巳之間，國步阽危，方州瓦解，而老成碩彦，品節矯然，下多折檻之陳，上有轉圜之聽。思賈誼之言，每聞于諭旨；烹弘羊之論，屢見于封章。遺風善政，迄今可想。而昊天不弔，大命忽焉，山嶽崩頹，江河日下，三風不儆，六逆彌臻。以今所覩，國維人表，視昔十不得一二，而民窮財盡，又倍蓰而無算矣。身當史局，因事納規，造鄰之謨，沃心之告，有急于編摩者，固不待汗簡奏功，然後爲千秋金鏡之獻也。關輔荒涼，非復十年以前風景，而雞肋蠶叢，尚煩戎略；飛芻輓粟，豈顧民生。至有六旬老婦，七歲孤兒，挈米八升，赴營千里。于是强者鹿鋌，弱者雉經。闔門而聚哭投河，併村而張旗抗令。此一方之隱憂，而廟堂之上或未之深悉也。吾以望七之齡，客居斯土，飲瀣餐霞，足怡貞性；登巖俯澗，將卜幽棲。恐鶴唳之重驚，即魚潛之非樂。是以忘其出位，貢此狂言。請賦《祈招》之詩，以代麥丘之祝。不忘百姓，敢自託于魯儒；維此哲人，庶興哀于周《雅》。當事君子，倘亦有聞而嘆息者乎？東土饑荒，頗傳行旅；江南水旱，亦察輿謠。涉青雲以遠遊，駕四牡而靡騁。所望隨時示以音問，不悉。

與楊雪臣

想年來素履康豫，盛德日新，而愚所深服先生者，在不刻文字，不與時名。至于朋友之中，觀其後嗣，象賢食舊，頗復難之。郎君博探文籍，而不赴科場，此又今日教子者所當取法也。人苟徧讀五經，略通史鑑，天下之事，自可洞然，患在爲聲利所迷而不悟耳。向者《日知録》之刻，謬承許可。比來學業稍進，亦多刊改，意在撥亂滌污，法古用夏。啓多聞于來學，待一治于後王。自信其書之必傳，而未敢以示人也。若《音學五書》，爲一生之獨得，亦足羽翼六經，非如近時拾瀋之語，而亦不肯供他人捉刀之用，已刻之淮上矣。平生志行，知己所詳，惟念昔歲孤生，漂摇風雨，今兹親串，崛起雲霄。思歸尼父之轅，恐近伯鸞之竈。且九州歷其七，五嶽登其四，未見君子猶吾大夫，道之難行，已可知矣。爾乃徘徊渭川，留連仙掌，將營一畝，以畢餘年。然而霧市雲巖，人煙斷絶；春畦秋圃，虎跡縱横。又不能不依城堡而架椽，向鄰翁而乞火，視古人之棲山飲谷者，何其不侔哉！世既滔滔，天仍夢夢，未知此生尚得相見否？輒因便羽，附布區區。

與戴耘野

一别廿載，每南望鄉關，屈指松陵數君子，何嘗不緬想林宗，長懷仲蔚，音儀雖闊，志嚮靡移。其如一雁難逢，雙魚莫寄，而故人良友，存亡出處之間，又不禁其感涕矣。遥審素履無恙，風節彌高，已成三輔之書，獨表千秋之躅。晨星碩果，非君而誰？弟生罹多難，淪落異邦，長爲率野之人，無復首丘之日。然而九州歷其七，五嶽登其四，今將卜居太華，以卒餘齡。百家之説，粗有闚于古人；一卷之文，思有裨于後代。此則區區自矢，而不敢惰偷者也。《關中》詩五首、寄次耕詩一首呈覽，可以徵出處大概。昔年有纂録《南都時事》一本，可付既足持來。尊著《流寇編年》、《殉國彙編》聞已脱藁，所恨道遠無從披讀。敬佇德音，以慰懸企。

與潘次耕

接手札，如見故人。追念痛酷，其何以堪？古人于患難之餘，而能奮然自立，以亢宗而傳世者，正自不少，足下勉旃毋怠！承諭負笈從遊，古人之盛節，僕何敢當？然中心惓惓，思共晨夕，亦不能一日忘也。而頻年足跡所至，無三月之淹。友人贈以二馬二騾，裝馱書卷，所雇從役，多有步行，一年之中，半宿旅店，此不足以累足下也。近則稍貸貲本，于鴈門之北、五臺之東，應募墾荒。同事者二十餘人，闢草萊，披荊棘，而立室廬于彼。然其地苦寒特甚，僕則遨遊四方，亦不能留住也。彼地有水而不能用，當事遣人到南方，求能造水車、水碾、水磨之人，與夫能出資以耕者。大抵北方開山之利過于墾荒，蓄牧之獲饒于耕耨，使我有澤中千牛羊，則江南不足懷也。《列子》「盜天」之説，謂取之造物而無爭于人。若今日之江南，錐刀之末，將盡爭之，雖微如蠛蠓，亦豈得容身于其間乎？文淵、子春並於邊地立業，足下倘有此意，則彼中亦足以豪，但恐性不能寒，及家中有累耳。徐介白久不通書，爲我以此字達之，知區區未死，宇内猶有一故人也。

答毛錦銜

異姓爲後，見于史者，魏陳矯，本劉氏子，出嗣舅氏。吴朱然，本姓施，以姊子爲朱後。惟此二人爲賢，而賈謐之後充，則有莒人滅鄫之議矣。惟《晉書》有一事與君家相類，云吴朝周逸博達古今，逸本左氏之子，爲周氏所養，周氏自有子，時人有譏逸者，逸敷陳古事，卒不復本姓，學者咸謂爲當。然亦未可引以爲據，以經典別無可証也。

與毛錦銜

比在關中，略倣横渠、藍田之意，以禮爲教。夫子嘗言：「博學于文，約之以禮。」而劉康公云：「民受天地之中以生，所謂命也。是以有動作禮義威儀之則，以定命也。」然則君子之爲學，將以修身，將以立命，舍禮其何由哉？ 吾之先元歎丞相在吴先主朝，以嚴見憚，先主每言：「顧公在坐，使人不樂。」吾見近來講學之師，專以聚徒立幟爲心，而其教不肅，故欲反其所爲。《衛詩》言武公之德曰「瑟兮僩兮」，雖不能至，然心嚮往之。倘有如阮籍之徒猖狂妄行而嫉禮法爲仇讎者，則亦任之而已。憶昔萬曆庚申，吾年八歲，今年元旦，作一對曰：「六十年前，二聖升遐之歲；三千里外，孤忠未死之人。」便中有字與吴門，可代爲録此與一二耆舊知心者觀之，知此迂拙之叟猶在人間耳。一詩并附。

亭林文集卷之六終

亭林餘集

廟號議

臣聞之《禮》曰：「祖有功而宗有德。」昔在商時，賢聖之君六七作而稱宗者三：太宗、中宗、高宗而已。漢室之興，文曰太宗，武曰世宗，宣曰中宗，惠、景、昭三帝皆不稱宗，是知帝以繫君人之統，宗以表前人之德，是以帝祧而宗不祧，此仁之至，義之盡也。本朝循唐宋之制，二祖以下列聖無不稱宗，若建文君及景皇帝皆履帝位而不終，故憲宗之追謚郕戾王也，曰恭仁康定景皇帝。夫稱帝以致其仁，不稱宗以致其義，萬世之下，無可復議者矣。惟建文君未追謚，二百年以來臣子之情有遺恫焉。而南渡之初，乃追上建文君謚曰嗣天章道誠懿淵恭覲文揚武克仁篤孝讓皇帝，廟號惠宗；追上景皇帝謚曰符天建道恭仁康定隆文布武顯德崇孝景皇帝，廟號代宗。夫代宗二字，惟唐有之。唐諱世，改世曰代，代宗即世宗也。本朝既有世宗，而復號代宗，可乎？惠宗二字，元人之所以號其末帝者也。加之建文君，似亦未協。臣請勅廷臣會議：景皇帝宜從成化之謚，建文君可別上尊謚，而皆不必稱宗。若以除去尊號爲嫌，則古之人有行之者矣。漢王莽上元帝廟號曰高宗，成帝廟號統宗，平帝廟號元宗，建武中皆去之。後漢和帝廟號穆宗，安帝廟號恭宗，順帝廟號敬宗，桓帝廟號威宗。初平元年，有司奏：「四帝無功德，不宜稱宗，請除尊號。」制曰：「可。」唐高宗太子弘追謚孝敬皇帝，廟號義宗。開元六年有司上言：「準禮不合稱宗。」於是停義宗之號，當時之人未有非之者也。又按《唐書》，德宗初立，禮儀使吏部尚書顔真卿上言：「上元中，政在宫壺，始增祖宗之謚。玄宗末，姦臣竊命，列聖之謚有加至十一字者。按周之文武，言文不稱武，言武不稱文，豈盛德所不優乎？蓋稱其至者故也。故謚多不爲褒，少不爲貶。今列聖謚號太廣，有踰古制，請自中宗以上皆從初謚：睿宗曰聖真皇帝，玄宗曰孝明皇帝，肅宗曰孝宣皇帝，以省文尚質，正名敦本。」上命百官集議，儒學之士皆從真卿議，獨兵部侍郎袁傪官以兵進奏言：「陵廟玉册木主皆已刊勒，不可輕改。」事遂寢。不知陵中玉册所刻，乃初謚也。史家之言亦以真卿爲是。

今若裁二帝之稱宗，以致嚴於二祖列宗，此則酌文質之中，而體親親之殺者也，亦何嫌乎？臣又按《大明會典》自注：引《會典》有闕。蓋自正統七年十月，太皇太后張氏崩，上尊謚曰誠孝恭肅明德宏仁順天啓聖太皇太后，後遂因之。此楊士奇、胡濙諸臣不學之故也。及《世宗實録》：成化二十三年，孝宗即位，追上母妃紀氏尊謚曰孝穆慈惠恭恪莊僖崇天承聖皇太后；弘治十七年，上聖慈仁壽太皇太后周氏尊謚曰孝肅貞順康懿光烈輔天成聖太皇太后；嘉靖二年，追上壽安皇太后邵氏尊謚曰孝惠康肅温仁懿順協天佑聖皇太后，七年復追稱太皇太后。十五年，上諭夏言以皇太后、太皇太后乃生時尊稱，似當更定。東閣集議上言：「孝肅太皇太后請止稱孝肅貞順康懿光烈輔天成聖皇后，不用睿字，孝穆皇太后止稱孝穆慈惠恭恪莊僖崇天承聖皇后，孝惠太皇太后止稱孝惠康肅溫仁懿順協天佑聖皇后，俱不用純字。則嫡庶之稱可別，夫婦之分無嫌，尊親之道兼盡。」上從之。此則皇太后、太皇太后之稱，第致尊於生事之時，而不加之升祔之後，可以垂法於後世矣。南渡之初，尊皇妣某氏曰孝誠端惠慈順貞穆皇太后，皇祖妣鄭氏曰孝甯溫穆莊惠慈懿憲天裕聖太皇太后，當日禮臣亦未稽之於《會典》也。臣考《唐書·后妃傳》，順宗莊憲皇后王氏崩，初稱謚曰莊憲皇太后，禮儀使鄭絪議：「秦、漢以來，天子之后稱皇后，母稱皇太后，祖母稱太皇太后，崩亦如之。加『太』者，所以別尊稱也。若謚册入陵，神主入廟，即當除去『太』字。開元六年，太常奏昭成皇太后謚號曰：『入廟稱后，義繫於夫；在朝稱太后，義繫於子。』此載諸史册，垂之不刊者也。」《宋史》禮院亦言：「太者生事之禮，不當施於宗廟。」而《通鑑》梁豫章王棟即位，追尊其祖母金華敬妃爲敬太皇太后。胡三省註亦以爲非。又考宋臣呂祖謙《讀詩記》曰：「摯仲氏任，繫其夫而言也；太任，繫其子而言也。」稽之故事，合之經義，太之一字實不可通，所當循嘉靖十五年之例，一體改正者也。臣又恭讀烈皇帝尊號有「揆文奮武」四字，按《書·禹貢》：「五百里綏服，三百里揆文教，二百里奮武衛。」孔安國傳曰：「揆，度也。度王者文教而行之，三百里皆同。」又曰：「文教外之二百里奮武衛，天子所以安。」蔡沈傳曰：「綏服内取王城千里，外取荒服千里，介於内外之間，故以内三百里揆文教，外二百里奮武衛。」文義甚明，用之尊謚，實所未安。臣聞當日南京新立，邦禮繁多，禮部尚書顧錫疇素不考古，一切謚號悉聽其門人謝復元撰定，以不學之宗伯，任委巷之小夫，逞其胸臆，目無旁人，以至謚册一頒，天下用爲譏笑。今當聖明御極之日，可不亟爲更定乎？《記》曰：「非天子不議禮。」孟子曰：「禮之實，節文斯二者是也。」定一代尊親之制，以告宗廟，以垂子孫，事如有待，臣不勝惓惓。謹議。

廟諱御名議

臣聞諱名之禮，始自周人。然《記》曰：「既卒哭，宰夫執木鐸以命於宫曰：舍故而諱新。」不於其生也。又曰：「二名不偏諱，《詩》、《書》不諱，廟中不諱，臨文不諱。」諱者所以爲恭，不諱者所以爲信，此聖人之法，傳之萬世而不易者也。自漢以下，人君之諱乃至不勝其繁，而本朝之制則有不然者。伏讀《大明會典》：凡進表箋及一應文字，遇有御名廟諱，合依古二名不偏諱，嫌名不諱，寫字之際，不必缺其點畫；惟二字相連，必須迴避。又《大明律》一款：「凡上書奏事誤犯御名及廟諱者，杖八十；餘文書誤犯者，笞四十；若爲名字觸犯者，杖一百；其所犯御名及廟諱聲音相似，字樣各别，及有二字止犯一字者，皆不坐罪。」此本朝之制所以遠軼漢唐而上同周禮者也。古之諱也以敬，今之諱也以文；以敬則少而不爲簡，以文則諱日多而敬日衰。故太祖高皇帝之制諱，稍闊略於其文，乃所以責臣子之敬也。崇禎以後，誠薄而文繁，於是有偏諱二名，假借别字。臣竊以祖制求之，其可議者有五：夫君前臣名，父前子名，天下之通義也。《春秋》書：「桓公六年，九月丁卯，子同生。」

同，莊公名也。不諱者，君前父前之義也。《書・顧命》：「逆元子釗於南門之内。」釗，康王名也。不諱者，君前父前之義也。國史爲一代之書，不載帝諱，何以傳信後世？臣請依歷朝實録之例，於列聖建立之初，大書曰立皇子某爲皇太子，曰立皇子某爲某王。並直書御名，不必減去點畫，以合君前父前之義。此後除郊廟祝文外，並不再見御名，以盡臣子諱君之禮，此所當議者一也。御名下一字，惟皇帝用之；上一字，則皇帝與諸王宗室之所同也。歷朝實録並不諱上一字，如漢王高煦之類並從直書，亦不減去點畫。今則以常爲嘗，由爲繇，將欲廣諱名之義，而不知擅改賜名，變亂玉牒，反爲臣子之大罪。再考廟諱上一字，如以太祖之諱而避之，則列聖之稱元年，其可改乎？如以仁宗之諱而避之，則廟號之稱高皇帝，其可改乎？又如孝潔肅皇后謚號有翊聖字，神宗之世何以不改乎？又考歷科試録命題，如憲宗朝成化七年山東鄉試「子貢曰見其禮而知其政」一節，十六年山西鄉試「孔子有見行可之仕」一節，武宗、世宗朝則正德二年河南鄉試「博厚所以載物也」二句，嘉靖七年福建鄉試、十七年會試並「博厚所以載物也」一節，十六年順天鄉試「天地之道博也厚也」一節，二十二年應天鄉試「今夫天」二段中有廣厚字，二十八年浙江鄉試「博厚配地」一節，三十一年四川鄉試「博厚所以載物也」二節，四十年順天鄉試「久則徵」四句中有二博厚字，熹宗朝則天啓元年四川鄉試「民可使由之」，皆不避御名上一字。又如憲宗成化十三年應天鄉試「孟子曰君子深造之以道」一章，武宗正德十一年福建、山西鄉試並「日月有明，容光必照焉」，皆不避御名下一字。請依祖制：《詩》、《書》、史傳之文凡二字不相連者，並許直書，自所作文避下字不避上字，此所當議者二也。天下衛、府、州、縣之名，同於廟諱者甚多。臣考英宗朝不改鎮海、鎮江、鎮沅、鎮遠衛府等名，憲宗朝不改深州、深澤等名，武宗朝不改日照縣。至萬曆三年始改鈞州爲禹州，崇禎某年改洛陽、洛南、洛平等縣俱作雒。一則别賜新名，一則古字通用，並爲合理。若聖安皇帝諱本從山，而松字自是韓憲王諱，乃一切改之，又不知古字有柗、穼可通，松江之本作淞，而並改嵩字，文疏義舛。臣考周厲王名胡，不改胡國，秦莊襄王名楚，改楚爲荆，豈周人之尊其君反不若秦人哉？本朝諱制闊略，正同周人，一洗嬴秦以來之陋。一切地名除禹州、雒陽、雒南、雒平外，合並仍舊，此所當議者三也。又人名犯廟諱者：方國珍犯仁祖廟諱，劉基犯宣宗廟諱，鄧鎮犯英宗廟諱，胡深、寇深犯憲宗廟諱，魏校犯熹宗廟諱，此類尚多，考之實録，並從直書。夫以臣子之名上同君父，雖一先一後，本自無妨；而大書屢書，恐亦未便。《記》曰：「與君之諱同，則稱字。」請依沈約《宋書》例，於本傳首曰：名某字某，名犯某宗廟諱，以字行。而傳中並稱其字。然臣又考《元史》修於洪武二年，中有《卜天璋傳》，竟直書不減點畫，此則聖祖之時已定不諱二名之義，此所當議者四也。康叔名封，衛之祖也，而其官有儀封人；太祖設官光禄寺，有珍羞署，不避仁祖廟諱；武宗之世不改照磨。崇禎中，始以官名之同於廟諱御名者，改作較字簡字，義既不協，音又各殊，若欲將此之文一一追改，實有未便。此所當議者五也。臣伏覩皇上中興，命儒臣纂修國史之日，竊謂宜申祖宗之典，頒畫一之規，以垂之萬世。又恐後之人臣守婦寺之忠，而不達敬君之義，是以據典詳陳。臣又嘗考《唐書》，高宗顯慶五年正月，詔曰：「孔宣設教，正名爲首，戴聖垂文，《詩》、《書》不諱。比見鈔寫古典，至於朕名，或缺其點畫，或隨便改换，恐六籍雅言，會意多爽；九流通義，指事全違。自今以後，繕寫舊典文書，並宜使成，不須缺畫改字。」而《宋史》言高宗時進士卷有犯御名者，帝曰：豈以朕名妨人進取邪？令寘本等。史家書之以爲美談。況今日聖明卓見，超出千古，必有一洗漢唐之陋，而爲萬世之法者矣。謹議。

書太虛山人象象譚後

臣炎武年六十七，尋閱故簏，得三十年前所録太虛山人《象象譚》一書。其中有曰親王朝覲，曰宗人仕格，曰王官，曰藩禄，曰嘉靖重修宗藩條例。其言皆本皇祖之心，而悲後世之敝。其引漢臣之言曰「有白頭老人教臣言」者，可謂發憤而深痛者矣。臣乃稽首流涕而爲之説曰：嗚呼！自天子而下，一等爲親王，又一等爲郡王，此皆天子之子若孫，不相懸也。其在於《詩》曰「本支百世」，故天子本也，親王枝也，宗室葉也，故福先上，禍先下。蕭衍之篡齊也，先殺諸王而後代其主；韓建、朱全忠之弱唐也，先戕十六宅而後弒昭宗。禍及親王，此及天子之漸也。先帝中年，德、魯二王戕於敵，福、唐、襄、鄭、崇五王戕於賊，汴水決而周宗魚，藩封之難無歲不告。先帝赫然震怒，而無所以禦之之計，不三四年京師淪覆，天子之禍與親王同一轍，豈不哀哉！昔太祖高皇帝時，二十四王並皆少壯，分封之國，往往連跨數十城，護衛軍至一二萬，而又有行邊之命，都司衛所並受節制。以故有北平之事，樂安、南昌緣之以起，異日大臣無不以削弱王府爲務。嗣位諸王又皆生深宫之中，長婦人之手，無不廣置田莊，放情酒色，而所在有司之兵又皆文具，及賊騎至城，而親王之勢與齊民無異。逆賊見藩封之大，所向輒陷，而國家無如之何也，則以爲天子之都，亦將如是而已，是以直犯京師而不之忌，豈非勢之相因者哉！《詩》曰：「宗子維城。無俾城壞，無獨斯畏。」嗚呼！先帝畏之矣。使是書之論得行於數十年之前，足以隆藩維而重國勢，當不至於今日。逮乎福京即位，而封唐、鄧諸王，然且無土無民，而當權臣跋扈之際，事已不可爲矣。臣故闡其義於睿著之末，以爲來者鑒。

三朝紀事闕文序

臣祖父某，蓋古所謂隱君子也。年五十一而始抱臣炎武爲孫。臣幼而多病，六歲，臣母於閨中授之《大學》，七歲就外傅，九歲讀《周易》。自臣母授臣《大學》之年，而東方兵起，白氣亘天。明年三月，覆軍殺將。及臣讀《周易》爲天啓之初元，而遼陽陷，奢崇明、安邦彦並反。其明年，廣甯陷，山東白蓮教妖民作亂。一日，臣祖指庭中草根謂臣曰：「爾他日得食此，幸矣！」遂命之讀古兵家孫子、吴子諸書，及《左傳》、《國語》、《戰國策》、《史記》。年十一，授以《資治通鑑》。已而三畔平，人心亦稍定。而臣祖故所與往來老人謂臣祖曰：「此兒頗慧，何不令習帖括，乃爲是闊遠者乎？」於是令習科舉文字，已遂得爲諸生，讀《詩》、《尚書》、《春秋》。而先帝即位，天下翕然，以爲中興更化之主，無復向時危迫之意。及臣益長，從四方之士徵逐爲名。臣祖年益老，更日以科名望臣。又當先帝頒《孝經》、《小學》鳌正文字之日，臣乃獨好五經及宋人性理書，而臣祖乃更誨之，以爲士當求實學，凡天文、地理、兵農、水土，及一代典章之故不可不熟究。而臣有妻，又有四方徵逐之事，不能日在膝下，臣祖亦不復朝夕課督如異時矣。臣祖生於饒州官舍，隨臣曾祖之官廣西、山東、南京，一切典故悉諳，而當日門户與攻門户之人，兩黨之魁皆與之游。臣祖年七十餘矣，足不出户，然猶日夜念廟堂不置。閲邸報，輒手録成帙。而草野之人獨無黨，所與游之兩黨者，非其中表則其故人，而初不以黨故相善。然因是兩喜兩怒之言，無一不入於耳，而具曉其中曲折，亦時時爲臣言一二。固問，則又曰：「汝習經生言，此非所急也。」臣祖老尚康强，而臣少年好游，往往從諸文士賦詩飲酒，不知古人愛日之義。而又果以爲書生無與國家之故，失請於趨庭之日，而臣祖棄臣以没。已而兩京淪覆，一身奔亡，比年以來，獨居無事，始出其篋中臣祖所手録，皆細字草書，一紙至二千餘字。而自萬曆四十八年七月，至崇禎七年九月共二十五帙，中間失天啓二年正月至五年六月，而其後則臣祖老不能書，略取邸報標識其要。然吴中報比之京師，僅得十五，亦無全抄；而臣祖所標識者，兵火之餘，又十失其一二。臣伏念國史未成，記注不存，爲海内臣子所痛心，而臣祖二十年抄録之勤，不忍令其漫滅，以負先人之志。於是旁搜斷爛之文，采而補之，書其大略，其不得者則闕之，名曰《三朝紀事闕文》。非敢比於成書，以備遺忘而已。世之君子尚憐其志而助之見聞，以卒先人之緒，其文武之道實賴之，而臣祖之遺書亦得以不朽矣。

中憲大夫山西按察司副使寇公墓誌銘

天啓六年，寇公爲蘇州知府，炎武年十四，以童子試見公，被一言之奬。於今五十有四年，而始得至同官拜公於墓下。其年二月某日，公之次子泰徵遷公之兆，改葬於縣東南之義興原，而屬余爲之銘。余蘇人也，公之遺事在於蘇，救一方之困，而定倉卒之變，爲余所目見者，不可以無述。往者熹廟之時，太監魏忠賢擅政。蘇松道參政朱童蒙者，以杖殺不辜爲蘇人所讎，具文稱病。巡撫周公起元疏劾，得旨：巡撫削職爲民，擢童蒙爲太僕寺少卿。俾之修怨於東林，而斥逐異己，此黨禍所由起也。乃公之守蘇也，未期月而遭水災，米斗至銀二錢四分。公乘舟出郊，勸民興工築圩，以食農民。復至閶門河干，立轉般客貨之法，以食市中游手之民。城中機户數千人，以年荒罷織，適宣大、延綏、甘肅遣官齎銀數萬互市緞匹，公又設法俵散督之織造，以食業機之民。塗無餓殍而人心帖然，則民固已誦公之德矣。奉旨徵漕，而大水之後，粒米無出，百姓囂然。巡撫既去，州縣官並以朝覲赴京。公行香至城隍廟，萬人群擁而呼。公問之曰：「爾何爲者？」皆跪告曰：「漕米無從得爾。」公曰：「奈京倉告匱，爾輩亦有曉事者，顧策將安出？」衆曰：「惟明公爲民請命！」公曰：「三百畝以上納米，三百畝以下折銀，可乎？」衆稽首曰：「敢不竭力以從。」公乃親巡屬縣，限以期會，而手自計之，尚虧額萬餘石。乃括任内贖鍰公費及移借帑金，招商給帖入楚買米，兑軍上船陸續至江。而巡漕御史受内指，以疏請折漕四分爲前撫罪，并欲陷公，駁稱米色不一，勒停江口。公親往争之曰：「罪在知府，何與軍民？且吴中無米，自楚買之，安得一色？愚不知太倉之米果皆一色乎？」御史辭屈。又廉知公清正，無可罪，乃許其過江。而民既誦公之德，且服公之才略矣。於是六年春，織造太監李實疏論前撫周公及周宗建、繆昌期、周順昌、高攀龍、李應昇、黄尊素六人，欺君蔑旨，結黨惑衆，阻撓上供。奉旨差錦衣校尉逮捕。順昌，吴縣人也，爲吏部文選司員外，素清介。士民皆憤懣不平。校尉之來，復多横索。三月辛酉，撫按等官至校尉所居西察院宣旨，有生員王節等數十人具呈率籲，百姓各執香隨之，至萬餘人。撫按二院不能禁。校尉稱旨驅之，衆曰：「爾奉魏忠賢之命，焉得稱旨？」直趨上堂擒校尉，群毆之，斃一人。撫按逃入溷廁，公挺身入，從容語曰：「今日周吏部赴京，未必便死。汝等作此舉動，反貽之害。不如各散歸家，本府與上臺計，具疏保救，庶或可全。」至日晡時，衆始退。公命醫療其傷者，以兵守之。而驛丞奔告：有校尉往浙江者，舟至胥門外，索供應，衆共擊之，火其舟。公亟出城慰諭，校尉匿舵尾下，幸不死，具衣冠送之出境。然蘇人之圍守校尉及周吏部者，街巷之閒，千百爲群，屯聚不解。而撫按亦以兵自衛。公知撫按素與織監善，説之令求解於忠賢。疏中委曲其事，而陰具舟於河。數日天雨，圍者少怠，公親往西察院謂校尉曰：「可去矣！」餽之贐并死者之槥，宵行送之出境。然後宣旨令周吏部就逮入京，而兵守空署如故。越一日，衆始知已行，而懼罪仍屯不解。公密詗得首事者顔佩韋等五人，以他事攝之下獄。乃榜曰：罪人已得，餘無所問。於是一麾而散。二院解嚴，各歸衙視事。而前疏亦下，責擒首惡而已。於是同二府推官審，擬斬二人戍三人。獄上，有旨：五人俱梟示。撫按命公監刑，五人稽首謝曰：「吾等激於公義，累明公矣！」遂慷慨就戮。先是，忠賢得織監密報，懼激吴民之變，徬徨累日。及撫按疏上，但謂從投李國柱踏傷偶死。閣臣亦言國體所係，不可播聞，遂依之。票旨得不深究，而緹騎自此亦不更出。然其所以周旋上下之閒，化大事爲小事者，公一人之力也。嚮非公平日之恩素結於民心，當此衆怒如水火之時，焉知不激之挺而走險，以成意外之患耶！然宵人皆以公爲前撫周公所厚，適旨下勘御史周宗建贓罪，公坐以曠官溺職，第追奪其俸。忠賢怒，持之不下，而於他疏批曰：「近日府官扶同，以俸作贓，明是侮朕。」公自度不免，會丁繼母憂，解官歸。不數月而忠賢敗，使再遲之期年，公之得罪亦未可測也。按狀：公諱慎，字永修，其先自山西之榆次徙中部，再徙同官。祖嘉諫，肅府審理。父遵孟，文縣教諭。公中萬曆四十四年進士，曆刑部浙江司工部營繕司主事員外，遷虞衡司郎中，遷蘇州知府。丁繼母及父憂，崇禎元年服闋，補廣平知府。在任三月，遷山西按察司副使，昌平兵備，奉勅監軍。以前任蘇州工部錢糧未完，降僉事，分巡冀甯，勦賊有功。敵入山西，陷崞縣，公守甯武，拒之甚力，頗有斬獲。遷山西布政使參議，分守朔州。以崇禎八年乞休，時年五十有八。而同官先爲賊所殘，公歸，乃卜居山寨。又八年，李自成陷長安，被執，幽於秦府。賊有知公清官，薄其追餉，放歸。優游林下，讀書自娱者二十七年。以四月八日無疾而逝，年九十有三。配習氏，惟孝克勤，能相夫子，以成厥家，封恭人。先公十年卒，年八十有二。子二人：瑞徵、泰徵。孫十二人，曾孫十人，玄孫十二人，公及見玄孫而没。惟公治劇定變，有叔敖、子産之風。若其七歲喪母，而哀毁如成人。迎父喪於文縣，冒干戈而以柩返。捐金以濟三黨之阨，賑里人之飢，其善行不能盡述。而余嘗至關中，一寓書於公。時公年垂九十，猶細書手答，至二百餘言，其恭也如是。銘曰：

廉而勁，才而正。一方之人知其愛利百姓。是以當事變之來，片言而定。宜其壽考且康，而子孫蕃盛。新卜斯原，既安既靚。是公之所以返於真，以復其性者耶？

文林郎貴州道監察御史王君墓誌銘

天下之變，莫甚乎君臣父子一旦相失而永訣終天，此人生之至痛，而古人臣之所遭未有以比也，況乎强敵壓境，而將帥内離，國步顛危，在不可知之日者乎？此王君之所爲於邑而終也。按狀：君之始祖彬，國初自襄陽宜城縣占籍廣平之曲周。傳至君之父諱憲祖，以三科武舉官欽依守備。君諱國翰，字翼之，自爲諸生即有四方之志。從其姊夫總漕都憲路公振飛至淮上，謁皇陵，閱高墻諸宗人，見唐王，心異之，因命君往來省視。及王即大位於福州，召路公自太湖赴行在，而君與其仲子涼武相從，閒道度嶺至天興，召對，賜銀幣，授中書舍人。君雖處閒職，而時在上前陳中外大計，其詳不得聞，大抵以去横賦、戢悍卒、固民心爲急。君以諸生得侍密勿，荷主知，論事無所避，上益喜。頃之，除貴州道監察御史。是時大帥芝龍已蓄異志，而舉朝無敢言者。嘗以科斂民閒銀米，君與之力争於上前，不少假。上目君謂侍臣曰：「此吾之李勉也。」車駕親征，命兼掌軍政司印。以子涼武爲金吾將軍，掌寶纛。贈父憲祖金吾將軍貴州道監察御史，母范氏一品夫人。駕至汀州，君奏：人情恇迫，傳敵騎已至近郊，上宜速發。與其子涼武待命行宫前。俄而追騎奄至門，中人與之相持。有張致遠者，自詭爲上，被執，上乃決行宫後垣出，去。方追騎之來，宫前擾亂。君顧不見其子，獨行至陌。人言車駕已西幸矣，君棄其僕馬，徒步奔從，及於韶州之仁化縣，則韓王也，而乘輿竟不知所之。時君之甥路太平奉命徵兵至樂昌，乃往依之。自念棄家從主四千里外，卒遭大變，不得爲羈紲之臣。其仲子又生離死别，每寤辟長歎，遂以得疾。閒關逆旅，明年二月丙戌，卒於全州。妻張氏，封孺人。子三人。君卒後二十五年，長子奮武迎櫬北歸。以九月辛卯葬於曲周之先塋，而涼武則死於軍中矣。季子繩武早亡。有孫五人。銘曰：

有龍蚴蟉，飛而復潛。一蛇從之，枯於嵁巖。狗國之危，奚怨奚嫌？維天不祐，良臣則殲！銘此幽忠，百世所瞻。

常熟陳君墓誌銘

崇禎十七年，余在吳門，聞京師之報，人心兇懼。余乃奉母避之常熟之語濂涇，依水爲固，與陳君鼎和隔垣而居。陳君視余年長以倍，於縣中耆舊名德，以及田賦水利一切民生利病無不通曉。乃未一歲而戎馬馳突，吳中諸縣並起義兵自守，與之抗衡。而余以母在，獨屏居水鄉不出。自六月至於閏月，無夜不與君露坐水邊樹下，仰視月食，遥聞火礮。從容謂余曰：「吾年六十有六矣，不幸遭此大變，不能效徐生絶脰之節，將從衆翦髮。念餘年無幾，當實之於棺，與我俱葬耳。」徐生者，名懌，君之同學，諸生，全髮自經者也。無何，城破，余母不食以終。余始出入戎行，猶從君寓居水濱。五年而君以疾捐館。二子相繼不禄，貧不克葬。余亦流轉外邦。又二十五年而其孫芳績以書來曰：將以十二月庚申，舉其兩世六喪葬於所居之西雙鳳鄉吳塘里，而乞一言以銘諸幽。按狀：君諱梅，字鼎和，别字明懷。其先宋季自衢州徙常熟。父諱應選，早世，君方八歲。母許氏，年二十有八，閉户辟纑，教之力學，以至成立，爲諸生。少以通經著聞，中年旁覽諸子及醫藥卜筮種樹之書，課其家人。耕舍旁地數十畝以餬其口，不嬰心於名利，未老而休。然里中凡有繇役爭訟之事，君未嘗不爲之調劑，或片言立解。當天啓之末，縣之豪宦縱其僕幹魚肉鄉民，而獨於君之居里無所及。至今民閒有不平之事，輒相嚮太息，以爲陳君在，當不令我至此也。君孝友睦婣，内行備至，與人和厚，能忍詢不争，題其居曰「守拙之門」。而謂芳績曰：「吾窮老無所恨，唯母節未旌，奄遭國變，以此爲終天之痛！」又曰：「士不幸而際此，當長爲農夫以没世。一經之外，或習醫卜，慎無仕宦。」嗟乎，可謂賢矣！余出游四方，嘗本其説以告今之人，謂生子不能讀書，甯爲商賈百工技藝食力之流，而不可求仕。猶之生女不得嫁名門舊族，甯爲賣菜傭婦，而不可爲目挑心招，不擇老少之倫。而「滔滔者天下皆是」，求一人焉如陳君與之論心述古而不可得。蓋三十年之閒而世道彌衰，人品彌下，使君而及見此，其將噭然而哭，如許子伯之悲世者矣！君年七十有一，配蘇氏，有婦德，能佐君周施，先君數月卒。子四，汝珣、汝瑜、汝琳先後並卒。有孫七人，而芳績居長，以訓蒙自給。銘曰：

以君之好施，而終窶且貧；以君之行仁，而二十餘年不克歸其窆。惟厥孫之窮約兮，猶足以無負於九原。我銘其幽，視後之人。

從叔父穆菴府君行狀

嗚呼！叔父之年五十有九，而實少炎武二歲，以其年之相近，故居止游習無不同也。自崇禎之中年，先王考壽七十餘無恙。而叔父既免喪，天下嗷嗷方用兵，而江東晏然無事。以是余與叔父洎同縣歸生，入則讀書作文，出則登山臨水，閒以觴詠，彌日竟夕。近屬之中，惟叔父最密。叔父亦豪宕喜交游，里中賓朋多會其宅。而又多材藝，好方書，能診視人病。與人和易可親，人無不愛且敬者。已而先王考捐館，余纍焉在疚，而閭侮日至，一切維持調解，惟叔父是賴。而叔父以不問生産之故，家亦稍稍落。南渡之元，相與赴南京，寓朝天宫，即先兵部侍郎公之祠而共拜焉，亦竟不能有以自樹。而戎馬内入，邑居殘破，昔日酌酒賦詩之地，俄爲芻牧之場矣。余既先奉母避之常熟之語濂涇，而叔父亦移縣之千墩浦上，居於墓左，相去八十餘里，時一挐舟相過，悲歌慷慨如前日也。叔父不多作詩而好吟詩，歸生與余無時不作詩，其往來又益密。如是者又十年，而叛奴事起，余幾不自脱，遂杖馬箠跳之山東、河北。而叔父獨居故里，常鬱鬱無聊，子姓不才，所遇多拂意者。叔父，弱人也，又孤立莫助，内憒憒而無所發。逋賦日積，久無以償，余既爲胥人所持，不敢遽歸，而叔父年老，望之彌切，貽書相責，以爲一别十有八年，爾其忘我乎？炎武奉書而泣，終不敢歸。而叔父竟以昭陽赤奮若之春二月甲寅棄我而逝。嗚呼痛哉！惟人生之聚散，家道之盛衰，與國運之存亡，有冥冥者主之矣。余又何言！乃揮涕而爲之狀。叔父諱蘭服，字國馨，别號穆菴，崇禎時爲太倉州學諸生。有子一人，名巖。

先妣王碩人行狀

嗚呼！自不孝炎武幼時，而吾母授以《小學》，讀至王蠋忠臣烈女之言，未嘗不三復也。《柏舟》之節紀於《詩》，首陽之仁載於傳，合是二者而爲一人，有諸乎？於古未之聞也，而吾母實蹈之。此不孝所以藁葬而不葬，將有待而後葬者也。忽焉二載，日月有時，念二年以來，諸父昆弟之死焉者，媚戚朋友之死焉者，長於我而死焉者，少於我而死焉者，不可勝數也。不孝而死，是終無葬日也，矧又獨子，此不孝所以跼蹐二年，而遂欲苟且以葬者也。古人有雨不克葬者，有日食而止柩就道右者，今之爲雨與日食也大矣。《春秋》嫁女不書葬，而特葬宋共姬，賢之也。吾母之賢如此，而不克特葬；又於不可以葬之時而苟且以葬，此不孝所以痛心擗踊，而亟欲請仁人義士之文以錫吾母於九泉者也。先妣姓王氏，遼東行太僕寺少卿諱宇之孫女，太學生諱述之女。年十七而吾父亡，歸於我。教諭沈君應奎爲之記。又一年，而先曾王母封淑人孫氏卒。又十年而先王父之猶子文學公生炎武，抱以爲嗣。縣人張君大復爲之傳。

其《記》曰：「貞孝王氏者，崑山儒生顧同吉未婚妻也。年將笄，嫁有日矣。父上舍述爲治裝，裝多從俗鮮華。氏私白其母曰：兒慕古少君、孟光之爲人，焉用此？父爲去華就質者十之五。已而顧生病，尋卒。氏不食數日，衣素告父母曰：兒願一奠顧郎，歸乃食。父母知不可奪，爲治奠挈氏往。氏拜顧生柩，嗚咽弗哭。奠已，入拜太姑淑人、姑李氏，請依居焉。謂父上舍曰：爲我謝母，兒不歸矣。父爲之斂容不能語。舅紹芾者名士，曉大義。泣謂氏曰：多新婦卒念存吾兒，然未講伉儷，安忍遂婦吾子？氏曰：聞之《禮》，信，婦德也。曩已請期，妾身爲顧氏人矣，去此安往？自是依太姑與姑，朝夕一室，送迎不踰閾。數歲不一歸省。父上舍病，亟待訣，且日一往哭，即夕反。」其《傳》曰：「貞孝自小嚴整如成人，父母愛之。而顧生故獨子，早有文。王與顧爲同年家，因許女與之。無何，生年十八夭。父母意甚徬徨，欲未令貞孝知，而貞孝已竊聞之。亟脱步摇，衣白布澣衣，色意大愴，婉婉至父母前，不言亦不啼，若促駕而行者。父母初甚難，而念女至性不可奪，使嫗告其翁姑。翁姑悲愴不勝，灑掃如迎婦禮，然不敢言去留也。貞孝既至，面生柩拜而不哭，斂容見翁姑，有終焉之色。而姑李氏故以德聞，拭淚謂貞孝曰：婦豈聖耶？奈何以吾兒累新婦！貞孝聞姑稱新婦，淚簌簌下，交於頤。早晚跪奠生柩前，閒視姑眠食，而自屏處一室，親戚遣嫗候視，輒謝之。有女冠持梵行甚嚴，請見貞孝，貞孝不與見曰：吾義不見門以外人。自是率婢子挫鍼操作以爲常，時遣訊父母安否而已。其他婉淑之行，世莫得聞。久之，翁詣金陵，而姑適病，且悴。貞孝左右服勤，湯糜茗盌視色以進。姑意大憐，而貞孝彌連晝夜不少怠。一日煮藥進姑，姑强視貞孝言曰：新婦何瘦之甚，盍少休乎？貞孝多爲好語慰藉，既進藥而病立閒。姑謂婢子曰：吾曩者憂獨子天且奪之，而與吾新婦，吾固當一子，不得兩耳。欹枕執貞孝手，而貞孝若不欲露其指者。偵之，則已斷一小指和藥煮之，姑之病所以立瘥者也。諸婢子亦莫得見，相傳語，驚且泣。貞孝止之曰：姑受命於天，宜老壽，而婢子何得妄言陰騭事耶？姑既病起，亦絶不言貞孝斷指事，獨姑之兄李箕者竊聞之云。貞孝既侍翁姑十二年，而翁姑始爲其子定嗣，貞孝撫之如己生。」此二先生之言云，而不孝不敢溢一辭者也。又二年，而知縣陳君祖苞拜其廬。又三年，先王母李氏卒，喪之如禮。又十六年，而巡按御史祁君彪佳表其門。又二年，母年五十有一，而巡按御史王君一鶚奏旌其門曰貞孝。下禮部，禮部尚書姜公逢元奏如章。八月辛巳，上，其甲申，制曰可。於是三吴之人，其耆舊隱德及能文奇偉之士，上與先王父交，下與炎武游者，莫不牽羊持酒，踵門稱賀，謂史策所紀，罕有此事。蓋其時炎武已齒文會，知名且十年矣。而先王父年七十有四，祖孫母子怡怡一門之内，徼天子之恩以爲榮也。而天下兵方起，而江東大饑。又五年，先王父卒。其冬，合葬先王父先王母於尚書浦之賜塋如禮，而家事日益落。又三年，而先皇帝升遐。又一年，而兵入南京。其時炎武奉母僑居常熟之語濂涇，介兩縣之閒。而七月乙卯，崑山陷。癸亥，常熟陷。吾母聞之，遂不食，絶粒者十有五日，至己卯晦而吾母卒。八月庚辰朔大斂，又明日而兵至矣。嗚呼痛哉！遺言曰：「我雖婦人，身受國恩，與國俱亡，義也。汝無爲異國臣子，無負世世國恩，無忘先祖遺訓，則吾可以瞑於地下。」嗚呼痛哉！初，吾母爲婦十有七年，家事並王母操之。吾母居别室中，晝則紡績，夜觀書至二更乃息。次日平明起，櫛縰問安以爲常。尤好觀《史記》、《通鑑》及本朝政紀諸書，而於劉文成、方忠烈、于忠肅諸人事，自炎武十數歲時即舉以教。及王母亡，董家事，大小皆有法。有使女曹氏相隨至老，亦終身不嫁。有奩田五十畝，歲所入，悉以散之三族，無私蓄。先妣生於萬曆十四年六月二十六日，卒於弘光元年七月三十日，享年六十。其年十二月丁酉，不孝炎武奉柩藁葬於先考之墓旁。嗚呼痛哉！王孫賈之立齊王子也，而其母安；王陵之事漢王也，而其母安；若不孝者，何以安吾母？而猶然有靦於斯人之中，將於天崩地坼之日，而卜葬橋山之未成，而馬鬣之先封也。此不孝所以痛心擗踊，而號諸當世之仁人義士者也！今將以□□三年十月丁亥，合葬於先考之兆，在先曾王考兵部右侍郎公賜塋之東六步五尺。伏念先妣之節之烈，可以不辱仁人義士之筆，而不孝又將以仁人義士之成其志而益自奮，以無忘屬纊之言，則仁人義士之銘之也，錫類之宏而作忠之至者也，不惟一人一家之褒已也。不孝顧炎武泣血謹狀。

與潘次耕札

接手書，具感急難之誠，尤欽好學之篤。顧惟鄙劣，不足以裨助高深，故從遊之示，未敢便諾。今以天下之大，而未有可與適道之人，如炎武者，使在宋、元之閒，蓋卑卑不足數，而當今之世，友今之人，則已似我者多，而過我者少。俗流失，世壞敗，而至於無人如此，則平生一得之愚，亦安得不欲傳之其人，而望後人之昌明其業者乎？凡今之所以爲學者，爲利而已，科舉是也。其進於此，而爲文辭著書一切可傳之事者，爲名而已，有明三百年之文人是也。君子之爲學也，非利己而已也，有明道淑人之心，有撥亂反正之事，知天下之勢之何以流極而至於此，則思起而有以救之。不敢上援孔、孟，且六代之末，猶有一文中子者，讀聖人之書，而惓惓以世之不治，民之無聊爲亟。沒身之後，唐太宗用其言以成貞觀之治，而房、杜諸公皆出於文中子之門。雖其學未粹於程、朱，要豈今人之可望哉。仰惟來旨，有不安於今人之爲學者，故先告之志以立其本。惟願刻意自厲，身處於宋元以上之人與爲師友，而無狗乎耳目之所濡染者焉，則可必其有成矣。

又

原一南歸，言欲延次耕同坐。在次耕今日食貧居約，而獲遊於貴要之門，常人之情鮮不願者。然而世風日下，人情日諂，而彼之官彌貴，客彌多，便佞者留，剛方者去，今且欲延一二學問之士以蓋其群醜，不知薰蕕不同器而藏也。吾以六十四之舅氏，主於其家，見彼蠅營蟻附之流，駭人耳目，至於徵色發聲而拒之，乃僅得自完而已。況次耕以少年而事公卿，以貧士而依廡下者乎？夫子言吾死之後，則商也日益，賜也日損。子貢之爲人，不過與不若己者游，夫子尚有此言，今次耕之往，將與豪奴狎客朝朝夕夕，不但不能讀書爲學，且必至於比匪之傷矣。孟子曰：「飢者甘食，渴者甘飲，是未得飲食之正也，飢渴害之也。」今以百金之修脯，而自儕於狎客豪奴，豈特飢渴之害而已乎？荀子曰：「白沙在泥，與之俱黑。」吾願次耕學子夏氏之戰勝而肥也，「吾駕不可迴」，當以靖節之詩爲子贈矣。

又

都中書至，言次耕奉母遠行，不知所往。中孚即作書相慶。緜山之谷，弗獲介推，汶上之疆，堪容閔子，知必有以處此也。朱子祠堂，山史但能割地耳，經營之事，吾將一身任之。春仲興工，自有助者，大以成大，小以成小。吾異日局面似能領袖一方，然而不坐講堂，不收門徒，悉反正德以來諸老先生之夙習，庶無遺議於後人。不知一二年閒，能策蹇而來，一悉情懷否？既足、衍生並好。寄去文集一本，僅十之三耳，然與向日抄本不同也。

又

昔有陳亮工者，與吾同居荒邨，堅守毛髮，曆四五年，莫不憐其志節。及玉峰坐館連年，遂忘其先人之訓，作書來薊，干祿之願，幾於熱中。今吾弟又往矣，此前人墜阬之處也！楊惲所云「足下離舊土，臨安定，而習俗之移人」者，其能自保乎？時歸溪上，宜常與令兄同志諸友往來講論，一暴之功，猶愈於十日之寒也。天生之學，乃是絕塵而奔，吾且瞠乎其後，不意晚季乃有斯人！今雖登名薦剡，料其不出山，更未可知耳。近讀其《解易》一卷，吾自手録之，學問亦日進。中孚雖從象山入手，而近頗博覽，與吾交，亦更親於昔。去秋已遣祁縣之妾，將書籍盡移之華下，今春并挈兩公及幼子往矣。頻陽令郭公既迎中孚而僑居其邑，今復遣人千里來迎，可稱重道之風。而天生遂欲爲我買田結婚之計，事雖未可必，然中心願之矣。但薦舉一事，得超然免於評論否？如其行取，必在元籍。今已作字令猶子具呈，以伯父行年七十，棄家入道爲詞。必不得已，遣一家人領批前來尋訪，道路申病，詳具三徐札中。然近來實病，似亦不能久於人世，所縈念者，先妣大節未曾建坊，存此一段於集中，以待河清之日，自有人爲之表章。姪洪慎報得一子，請名，今即作書與二弟，乞之爲孫，以守墳墓。至於著述詩文，天生與吾弟各留一本，不別與人以供其改竄也。

又

讀書不多，輕言著述，必誤後學。吾之跋《廣韻》是也。雖青主讀書四五十年，亦同此見。今廢之而別作一篇，並送覽以志吾過。平生所著，若此者往往多有，凡在徐處舊作，可一字不存。自量精力未衰，或未遽死，遲遲自有定本也。

與任鈞衡 大任

前於耘野處見尊著《易學綱領》一書，知兄潛心於《易》數十年，可謂勤矣。近世號爲通經者，大都皆口耳之學，無得於心，既無心得，尚安望其致用哉？《易》於天道之消息，人事之得失，切實示人，學者玩索其義，處世自有主張。兄至今日而能孑孑不隨流俗，竟作羲皇上人，知所得實深，視愚之尋索於音叶者淺甚。如有近作，望惠一二，以慰注懷。令曾祖湖邨先生高行，吴太僕既有阡表，亦不假愚言爲輕重。來春儻得南歸，以圖一晤，教我不逮，幸甚。

與陸桴亭札

廿年以來，東西南北，率彼曠野，未獲一覲清光。而昨歲於薊門得讀《思辨録》，乃知當吾世而有真儒如先生者，孟子所謂「窮則獨善其身，達則兼善天下」，具内聖外王之事者也。弟少年時，不過從諸文士之後，爲雕蟲篆刻之技。及乎年齒漸大，聞見益增，始知後海先河，爲山覆簣，而炳燭之光，桑榆之效，亦已晚矣。近刻《日知録》八卷，特付東堂郵呈，專祈指示。其有不合者，望一一爲之批駁，寄至都門，以便改正。《思辨録》刻全，仍乞見惠一部。燈下率爾，統惟鑒原。

蔣山傭殘稿卷一

答門人毛景岩 諱今鳳，貢監，長洲人。

所問汪承毛後，鈍翁之言亦頗合於理。但末段多受産一議，便似有爲而作，以豫箝毛氏之口，爲一篇之蛇足耳。令伯廣之之嗣於毛，有祖無禰，此乃前人之失；然而廣之終身不易姓者，自必有説。今爲子者，將改其已没之父使之姓汪，亦非理之所安。徵諸近代故事：魏恭簡公，崑之大儒也。其家一世姓魏，一世姓李，相爲昭穆，傳之二三百年，此必有不得已而爲之者矣。乃若海寧之陳，爲宋高太尉之後，登科者數世，皆以陳爲姓。及百史得罪，而彦升欲復姓高，則士論反以爲譏。蓋君子於名之不正，不可自我而作，苟其受之先人，沿之昔日，則亦「無改於父之道」而已。況毛之與汪，共出姬文，不得以莒、鄫非族爲比。

答張稷若書 諱爾岐，山東人。

別諭諄諄，深感厚意，然有所不得已者。弟章丘册地一十頃，就中原主謝世泰占産反多誣陷，足下謂此豈得已而爲之哉？久客歷下，杜門守歲，不免飢寒，亦復何樂於此？來教謂此庄必賣去方斷葛藤。今非無願買之人，而田虧糧羨至四五十畝，誰肯包賠？此必不成之事。萬一天下有此癡人，某亦決不肯糊塗相付，以彼人之欺我者而轉欺人也。若欲拱手讓之，以博高潔之名，則當萊人搆禍之日，便宜舍此而去，不應至今日而方始躊躇，退不成俗人，進不成高士也。孔子曰：「以直報怨，而不報無道，止於南方之强，非君子之中也。」使虞、芮之君一讓一不讓，而文王許之，是長亂而施奪也。無以聽諸侯之訟，而立萬民之帥矣。王符有云：「痛不着身，言忍之；錢不出家，言與之。」此天下之通弊，而山左之人，則更有異焉者。於外來之客，則望之爲伯夷，而獨許其鄉之人之爲盜跖。吾聞君子不黨，君子亦黨乎？凡□所以言此者，蓋爲一二輩悠悠之口，若足下之至誠相愛，則中心藏之矣。但得反我汶陽，亦自不爲已甚，一切蜚書嫚語，置之勿問，此於寬身之仁有餘矣。

與館中諸公書

視草北門，紬書東觀，一代文獻，屬之鉅公，幸甚幸甚。列女之傳，舊史不遺，伏念先妣王氏，未嫁守節，斷指療姑，後訓子，及家世名諱並載張元長先生傳中。崇禎九年巡按御史王公諱一鶚。具題，奉旨旌表。乙酉之夏，先妣時年六十，避兵於常熟縣之語濂涇。謂不孝□□曰：❶「我雖婦人，身受國恩，義不可辱。」及聞兩京皆破，絶粒不食，以七月三十日卒于寓室之內寢，遺命炎武讀書隱居，無仕二姓。迄今三十五年，每一念及，不知涕之霑襟也。當日闟戎馬，越大祥之後，乃得合葬於先考文學之兆。今

❶ □□，當是「炎武」二字。

將樹一石坊于墓上，藉旌門之典，爲表墓之榮。而適當修史之時，又得諸公以卓識宏才而膺筆削之任。共姬之葬，特志於《春秋》；漆室之言，獨傳於中壘。不無望於闡幽之筆也。今炎武年近七旬，旦暮入地，自度無可以揚名顯親，敢瀝誠哀懇，冀略採數語，存之簡編，則没世之榮施，即千秋之風教矣。張傳一通及先年□疏劄，並在總裁葉、張兩君函中，因乏膳手，不能徧呈，并祈鑒宥。

與朱長源 諱樹滋，陝西富平人。

《五服考異》一部計已送上矣。將卜居敷水、南山之麓□□□□□□□□《册府元龜》一書，自隋以前大抵皆史文，不及覆閱。唐及五代多採之《會要》。今新舊《唐書》、《五代史》之所無者，録出數百條，入《日知録》等書。其元帙舛謬，不敢擅改，並貼紅簽于上方。《舊唐書》誤字，則用硃筆改正，并補欠十六張，已成完書。至于所託十三經、廿一史一時未得贏餘，幸徐爲訪求，俟將來現買可也。

答人書

貴宗爲周康叔之後，今曾祖念劬先生分苻濟北，去後歌思循吏之聲，自足傳于百代。僕非敢靳一言，但一切贊美傳述之文，孔子謂之「方人」，謂之「務外」。恐得罪于聖門，有損於己而無益於人，故寧蹈方命之愆而不敢作也。今録與人書一通奉覽，惟諒之。

與李子德 諱因篤，官翰林，富平人。

愚以祁人一事留滯汾州，而家中忽報亡室之訃，病弟穉孫懸望殊切。幸既足與衍生相從在此，即命衍生設位成服，朝夕祭奠，於禮無闕。今將以明年四月一往吳下，春暮先至華陰，恐匆匆不能叩宅。然一至必當專信相聞，不知弟無他適否？可先寄一字山老處□之。汾州米價每石二兩八錢，大同至五兩外，人多相食。在此日用之費，三倍華下。至此間風景，大非昨年，今冬又值奇寒，終日煤炭中坐，甚悔此一來矣！

與公肅甥

所謂大臣者，以道事君，不可則止。吾甥宜三復斯言，不貽譏于後世，則衰朽亦與有榮施矣。此中自京兆抵二崤皆得雨，隴西、上郡、平涼皆旱荒，恐爲大同之續。與其賑恤於已傷，孰若蠲除於未病。又有異者，身爲秦令，而隔河買臨晉之小兒，閹爲火者，以充僮豎，或言曾割死一人，前聞駭不敢信，頃乃得實據，□有□□遺事奉覽，可想而知其人也。豈非自陝以西別一世界乎？誠欲正朝廷以正百官，當以激濁揚清爲第一義，而其本在於養廉。故先以俸祿一議附正，然此今日所必不行，留以俟之可耳。九經之外，所著大抵如此。世有孟子，或以之而勸齊、梁，我則終於韞匵而已。

又

邸報見二疏，深切時事。其捐納一疏，

似必准行，但恐行之而徒爲大吏添一鑛穴也。吾向在華山，有建朱夫子祠堂之議，今令遲君慨然爲之。轉求作記一通，輒已具稿，幸吾甥更爲删潤，發至曲沃。崇禎報有副本否？若來都門，可得借閲否？陳鼎和誌銘久成，有一二□時語，且不出也。

又

修史之難，當局者自知之矣。求藏書於四方，意非不美，而西方州縣以此爲苦，憲檄一到，即報無書。所以然者，正緣借端派取解費，時事人情，大抵如此，安望有澄清之日乎？竊意此番纂述，止可以邸報爲本，粗具草藁，以待後人，如劉昫之《舊唐書》可也。唐武宗以後無《實録》。憶昔時報，至崇禎十一年方有活板，自此以前，並是寫本。而中秘所收，乃出涿州之獻，豈無意爲增損者乎？訪問士大夫家，有當時舊抄，以俸薪私購一部，擇其中大關目處略一對勘，便可知矣。吾自少時，記得先王父朝夕與一二執友談論，趨庭耳聽，頗識根源，但年老未免遺忘，而手澤亦多散軼，史藁之成，猶可辯其涇渭。今日作書，正是劉昫之比。而諸公多引洪武初修《元史》故事，不知諸史之中，《元史》最劣，以其旬月而就，故舛謬特多。如《列傳》八卷速不台，九卷雪不台，一人作兩傳；十八卷完者都，二十卷完者拔都，一人作兩傳。幾不知數馬足，何暇問其驪黄牝牡耶？然此漢人作蒙古人傳，今日漢人作漢人傳，定不至此。亦有如谷林蒼以張延登、張華東爲兩人者。惟是奏章是非同異之論，兩造並存，而自外所聞，別用傳疑之例，庶乎得之。此雖萬世公事，卻是家庭私語，不可告人，以滋好事者之騰口也。

與李霖瞻 諱浹，官□□令，山東德州人。

去臘令弟老年翁都中郵到手札，甚感惓切，且知福履彌劭，欣慰欣慰。令弟既侍直鑾坡，執事便可優游林壑，亦人生難得之際會也。又承念及雨公及小兒，敬謝敬謝。雨公改字既足，今從弟問字，二年中便通三經。而小兒以既足爲師，名以衍生，亦頗謹飭。本經《毛詩》已完，令節讀五經，兼誦先輩八股文百篇，意不在覓舉也。趨庭變學，既已引置莊嶽之間；挾策讀書，亦多從遊舞雩之下。執事謂弟在山東，能有此景況否耶？然弟尚欲爲不滯一方之見，今年三月出關，爲嵩少之游，但不事干謁，行資蕭然，故未得東來一晤也。從弟子嚴今將六旬，連得二孫，今抱其一爲亡兒之嗣；而其父洪慎略有才幹，家亦小康。他日南北皆可遺種，而老身尚健，亦可往來。既荷注念之殷，不敢不覼縷以報也。□于不預薦牘，爲第一可喜事，則星翁已寄書稱慶，不煩再述矣。

又

西行以後，得令弟年翁書者四，得執事書僅一而已。引領東望，我勞如何！執事既有令弟日在鸞坡，而郎君終制，正值秋闈折桂之時，優游家園，無營無競，此天之所以篤厚於世德之君子也，羡之誦之。弟猶子衍生前歲曾蒙青眄，今已隨其師至關中，稍知禮法，不好嬉戲，竟立以爲子。而崑山從弟子嚴連得二孫，又令荆妻抱其一，以爲殤兒之後。桑榆末景，或可回三舍之戈。至此間風俗，大勝東方，雖未卜居，亦有安土之懷矣。詳在星翁書中，可互觀之。東西殊邈，未得專人馳候，往來估客亦復難得，好音仍付京師轉寄爲便。

與李星來諱源，官□□令，德州人。

嘉平接手札，并二詩及《論語義》，爲之歎服。然得無令時賢張目而視耶？弟與執事别後，有可喜者五事：關中士大夫相迎，而弟亦決意入關，一也；不掛名薦牘，二也；嗣子頗嘉，三也；遣妾，四也；江南又得孫，五也。詳在霖翁札中，可互觀之。今華山有過□近山一處寓□，皆友人所搆。弟尚未嘗經營，而又出爲伊澗、嵩山、少室、大隗之遊，今已至睢州矣。都中書至，云當俟薦局稍冷，□□來此，且三數親知俱未赴京，弟此行或即西旋而未東來也。□旅之□□編天下都是我去依人，而關中却是人來附我，□□□□或與或求，制府幣交欲屈之至省城而不得，司道至命駕山中親訪，然後答之。頃聞聘使將至，即飄然下吴，以示不可□樊之意。看此光景，異日似可徜徉自遂，惟俟小兒衍生姻事一定，即爲向平長往之計。

又

别後止得去秋一字，及託廣平路世兄專役東來，而僅台銜一帖見報，殊以不得書問爲悵。然知起居節適，南面百城，良朋滿座，留連風月，播爲詩章；而長君宦況清嘉，仲叔二君英飈繼起，季子亦誦詩舞勺時矣。秋闈折桂，旦夕俟之，苦此中不得山東録耳。今春薦剡，幾徧詞壇，雖龍性之難馴，亦魚潛之孔炤。乃申屠之跡，竟得超然；叔夜之書，安於不作。此則晚年福事。關中三友：山史辭病，不獲而行；天生母病，涕泣言别；中孚至以死自誓而後免。視老夫爲天際之冥鴻矣。此中山水絶佳，同志之侶，多欲相留避世。愚謂與漢羌烽火但隔一山，彼謂三十年來在在築堡，一縣之境，多至千餘，人自爲守，敵難偏攻，此他省之所無，即天下有變而秦獨完矣。未知然否？敝庄託魏令君料理，聞其已逐劉成志而换新管之人，未知近日光景如何？幸詳示之。仲老年翁想康健，弟年衰目病，不能作書，霖翁啓可互觀之。

與魏□□章丘令。

頃至關中，適以制府之招，前赴壠右，東來之期，尚未可卜。薄産在彼既承金諾，必蒙照拂。但劉成志係無賴棍徒，遲進亦不過一雇工之人，無異使羊將狼。恐此庄向日租銀每年一百六十兩，若安派庄頭辦課之外，尚可寬然有餘，此爲久策；若欲委之成志，亦須取一包管辦課甘結，此爲暫策。二者不行，異日必以賠糧見禍，執事一片盛心，不反墮小人之狡計乎？及今圖之，猶未爲晚，伏乞垂神。

又

自來關西，再更裘葛。想近祉□□，頌

聲洋溢，三年報最，政成民和，書名御屏，飛鳥京、雒，指日竢之。匪□佞佞。小庄向煩清思，惟恐所委皆非馴謹之輩，以致下病農夫，上悮國課。前者輦下書來，聞已换人管理，而未得其詳，便中懇賜一報音于韓元少處，俾□稍知彼中情事。今秋當自河東一赴都中，再容專候。

又

春杪一别，忽焉半載，每領大教，永懷不忘。□以九月二日入關，重登華嶽，且喜羽檄初停，四郊無警，而此中一二賢者，復有式廬擁篲之風。汧、渭之間，將恣游矚，未能即返，便羽託此奉候。章丘久無音問，便中幸囑之留神。

與李中孚 諱顒，博學宏詞，不出。陝西盩厔人。

前書欲寄李雪木而驪駒已駕，適遲令君來過，云當爲致之，竟得回音，亦不知踵門者何人也。足下近履彌勝，貴里自息兵之後，生聚稍得如前否？□衰疾漸侵，行須扶杖，南歸尚未可期。久居秦晉，日用不過君平百錢，皆取辦囊槖，未嘗求。過江而南，費須五倍，親朋乞假，復在其外。舟車所歷，來往六千，求人則喪己，不求則不達，以此徘徊未果。然而關中、河東毫無未了，時行則行，别無牽絓也。山史已於三月中南游蘇、杭，須明歲秋冬可回。乃華令遲君託人致意，謀爲朱子祠堂，卜于雲臺觀之右，捐俸百金，弟亦以鹺臺之贈四十金佐之。七月四日買地，十日開土，中秋後即百堵皆作。然堂廬門垣，備制而已，不欲再起書院。此時民風不美，若有餘房一二間，便爲堵博之場矣。惟祠中□用主像，遵足下前諭，主題曰「太師徽國文公朱子神位」，像合用林下冠服，敢祈足下考訂明確示之。太夫人祠已建立否？委作記文，□豈敢固辭，以自外於知己。顧念□之先妣以貞孝受旌，其事已表白于三吳，仰聞執事。頃俾舍姪于墓旁建一小祠，而爲不肖子孫百方阻撓。如蠻如髦，尚未得立，日夜痛心。向來白之足下，今承命諄切再三，遂不敢匿其情。若使不立母祠，而爲足下之母作祠文，是爲不敬其親而敬他人矣，足下之母亦何取其人乎？貴地高人逸士甚不乏人，似不須弟；若謂非弟不可，則時乎有待。敝縣二年無正官，得一中材，便可主其事。鄙願已就，方可爲人泚筆耳。□目下暫往河東，奉主有日，仍當至此。倘遇春融，當一覽杜曲、終南之勝，并叩精廬，足下其勿以闊別爲悲也。

答陳亮工諱芳績，常熟人。

音問久闊，正在佇懷，忽接來札，知近履平善，令祖尊君之喪，皆已終事，爲之慰忭無已。此宣尼所云「孝子之終」，而孟子以爲「可當大事」者也。□矢不爲人作文二十年矣，屬誌銘，獨以昔日逢亂之際，曾蒙令祖先生知己之愛，誼不敢辭，已具一藁，藏之篋中。而來教復託□轉求於當世之顯者，則又自忖揚子雲祿位容貌，不能動人，未足以耀九原而傳異日也。今再命之，其敢終祕而不出乎？可録葬年月日并新阡某地一一示之，但付達夫舍姪，必不浮沉。

褊性幽棲，遂來華下，三千里之程，或未能亟達耳。素車祖送，有關大禮，如何如何！馬表兄近況想佳，並煩致念。貴地惟予先曾有一字，如永明、虞廷、崑良諸君，並無恙否？便中反之。

與王山史諱弘撰，字無異，薦舉。陝西華陰人。

董子曰：「君子甚愛氣而謹游于房。是故新壯者十日而一游于房，中年者倍新壯，始衰者倍中年，中衰者倍始衰，大衰者以月當新壯之日，而上與天地同節矣。」□年五十三，遭西河之戚，未有繼嗣。及辛亥歲，年五十九，在太原遇傅青主，俾之診脉，云尚可得子，勸令置妾，遂于静樂買之。恃其筋力尚壯，亟于求子，不一二年而衆疾交侵，始思董子之言，而瞿然自悔。會江南有立姪衍生之議，即出而嫁之。嘗與張稷若言：「青主之爲人，大雅君子也。」稷若曰：「豈有勸六十老人娶妾，而可爲君子者乎？」僕無以答也。又少時與楊子常先生最厚，自定夫亡後，子常年逾六十，素有目眚，買妾二人，三五年間目遂不能見物。竟得一子，已成童而復夭亡，同於伯道矣。此在無子之人猶當以此爲戒，而況有子有孫，又有曾孫者乎？有曾孫而復買妾，以理言之，則當謂之不祥；以事言之，則朱子斗詩有所謂《好人歎》者，即西安府人，殷監不遠也。伏念足下之年五十九，同於弟；有目疾，同於子常；有曾孫，同於西安之「好人」。敢舉此爲規，未知其有當否？

與戴楓仲 諱廷栻，山西祁縣人。

大難初平，宜反己自治，以爲善後之計。昔傅説之告高宗曰：「惟干戈省厥躬。」而夫子之繫《易》也，曰：「山上有水，蹇。君子以反身修德。」《孟子》曰：「行有不得者，皆反求諸己。」《左傳》載夫子之言曰：「臧武仲之知而不容於魯，有由也。作不順而施不恕也。」苟能省察此心，使克伐怨欲之情不萌於中，而順事恕施，以至於「在邦無怨，在家無怨」，則可以入聖人之道矣。以向者横逆之來，爲他山之石，是張子所謂「玉女于成」者也。至於臧否人物之論，甚足以招尤而損德。自顧其人，能如許子將，方可操汝南之月旦，然猶一郡而已，未敢及乎天下也。不務反己而好評人，此今之君子所以終身不可與適道，不爲吾友願之也。臨别惓惓，進此藥石，惟原其戇直，幸甚。

與姪公成 名□琦，衍生胞兄，吴江人。

五月一日忽接尊公訃音，爲之驚悼！即於華陰寓中設一薄祭，率衍生拜奠。仍具菲儀一兩寄上，吾姪幸收而致之靈筵。衍生既爲人後，尊無二上。止服期年，其心喪仍二十七月而畢。專此附慰，并啓尊堂知之。衍生謹識：衍生本生父諱鼎文，字闇公。

與□□

自丁酉至今，二十五年不奉德音矣。每游歷山川鄣塞，恨不與知己同之。而遥想饒、歙之間，山高水駛，如在天涯。又前示寄書，當在蕪湖，録之簿册，被盜失去，遂不知道駕所駐，而問津桃源不可得矣。今秋都下人來，乃連接三書，備悉素履無恙，從遊河汾，多房、杜之流，則已不勝喜忭。而展讀大集，歷數今昔，垂念故人，而恐其異日詩文之不傳，又何其慇慇也！然弟二十年來，則有進於是者。君子之爲學，以明道也，以救世也。徒以詩文而已，所謂雕蟲篆刻，亦何益哉！自年五十以後，篤志經史，其於音學深有所得。今爲《五書》，以續《三百篇》以來久絶之傳，而別著《日知録》，上篇經術，中篇治道，下篇博聞，共三十餘卷。有王者起，將以見諸行事，以躋斯世於治古之隆，而未敢爲今人道也。所傳刻本，乃其緒餘耳。今在華下，初建朱子祠堂，以表當年答子静書中遺意。而此中荒凉特甚，僕亦欲一至江左省墓，并爲先妣建祠，不知行臺定在何所？老年未必入都，而音問不隔，冀得時惠數行于二舍甥彦處，便如承謦咳矣。近詩六首、書一通附正。

答王山史

仲復之言，自是尋常之見。雖然，何辱之有？《小星》、《江汜》，聖人列之《召南》，而紀叔姬筆於《春秋》矣，或謂古之媵者皆姪娣，與今人不同，誠然。然今人以此爲賤者，不過本其錙銖之身價而已，價與義有時而互爲輕重。《記》曰：「父母有婢子，甚愛之，雖父母没，殁身敬之不衰。」夫愛且然，而況於其五十餘年之節行乎？使鄉黨之人謂諸母之爲尊公媵者，其位也；其取重于後人，而爲之受弔者，其德也。《易》曰：

「利幽人之貞，未變常也。」諸母當之矣。君子以廣大之心而裁物制事，當不盡以仲復之言爲然。將葬，當以一牲告于尊公先生而請啓土。及墓，自西上，不敢當中道；既窆，再告而後反。其反也，虞於別室，設座不立主，期而焚之。

又

先祖有二妾，炎武所逮事，而亡葬之域外。此固江南士大夫家之成例，而亦《周官·冢人》或前或後之遺法也。今諸母之喪，爲位受弔，加于常儀，以報其五十餘年之苦節，使民德歸厚，敬服敬服。若遂欲祔之同穴，進列于左右之次，竊以爲非宜。追惟生時「寔命不同」、「莫敢當夕」之情，與夫今日「葬之以禮」、「没身敬之不衰」之義，固不待宋仲幾、魯宗人釁夏之對也。謹復。

又❶

四月自曲周遣人入都，言駕已西行數日，甚慰。自今以往，以著書傳後學，以勤儉率子弟，以禮法化鄉人，數年之後，叔度、彦方之名，翕然于關右，豈玉堂諸子之所敢望哉？弟今年涉伊闕，出轘轅，❷登嵩山，歷大騩，將有淮上之行，而資斧告匱，復抵西河暫憩，未獲昕夕一堂，良爲憮然！前寄次耕詩，及三月十九嵩山絶句，度已呈覽。子德有札來云：「聞將特聘先生，外有

❶ 此篇《蔣山傭殘稿》卷二重出，題《與王山史》，文字略有不同。

❷ 「轅」，原作重文號，據《殘稿》卷二《與王山史》改。

兩人。」弟遂作一書與葉訒庵，託爲沮止。今則纂修之事，屬之舍甥，似可免于物色。其書仍付既足録上，與關中同志觀之。既足英年好學，今在尊府，朝夕得領訓誨，弟嘗惓惓以究心經術、親近老成爲囑。小兒衍生雖極魯鈍，尚未有南方驕慢習氣，幸待之以嚴，勿作外人視也。

答湯荊峴 諱斌，睢州人，官江南巡撫。

兩函併至，深感注存。足下有子産博物之能，子政多聞之敏，而下問及於愚耄，不知臣精銷亡，少時所聞，十不記其二三矣。聞之前輩老先生曰：《太祖實録》凡三修：一修於建文之時，則其書已焚，不存於世矣；再修於永樂之初，則昔時大梁宗正西亭曾有其書，而汴水滔天之後，遂不可問；今史宬所存，及士大夫家諱「實録」之名而改爲《聖政記》者，皆三修之本也。然而再修三修所不同者，大抵爲靖難一事。如棄大寧而并建立之制，及一切邊事書之甚略是也。至於潁、宋二公，若果不以令終，則初修必已諱之矣。聞之先人曰：《實録》中附傳於卒之下者，正也；不繫卒而別見者，變也。當日史臣之微意也。王元美先生作《信國公》詩曰：「所以恩澤終，潁宋乃反是。」蓋謂二公之不得其死，而不可謂之誅。且以漢事言之：武帝之於劉屈氂，謂之誅，可也；成帝之於翟方進，謂之誅，不可也。是史臣之所以微之也。今觀卒後恩典之有無隆殺，則舉一隅而三可反矣。至於即主位之月日，當如來諭，以《實録》爲正。適有便人往睢，率此奉報并謝勤惓。

與關中友人書

增三年之喪爲三十六月，起於唐弘文館直學士王元感，已爲張柬之所駁，而今關中士大夫皆行之。《喪服小記》曰：「再期之喪，三年也。」《三年問》曰：「至親以期斷，然則何以三年也？曰：加隆焉爾也。焉使倍之，故再期也。」古人以再期爲三年，而於其中又有練祥之節，殺哀之序，變服之漸，以其更歷三歲而謂之三年，非先有三年之名，而後爲之制服也。今於禮之所繇生者既已昧之，抑吾聞之，君子之所貴乎喪者，以其内心者也。居處不安，然後爲之居倚廬以致其慕；食旨不甘，然後爲之疏食水飲以致其菲；去飾之甚，然後爲之袒括、衰麻、練葛之制以致其無文。今關中之士大夫，其服官赴舉猶夫人也，而獨以冠布之加數月者爲孝，吾不知其爲情乎？爲文乎？如以其文而已，則關中之士大夫平居無服之時，固許子之所謂奚冠而冠素者，而曾是以爲孝乎？先王之禮不可加也，從而加之，必其内心之不至也。其甚者，除服之日而有賀。夫人情之所賀者，其不必然者也。得子也，拜官也，登科也，成室也，不必然而然，斯可賀也。故曰：昏禮不賀，人之序也。以其爲人事之所必然，故不賀也。喪之有終，人事之必然者也，何賀之有？君子抑吾不知其賀者，將於除服之日乎？有終身之喪，忌日之謂也。是日也，以喪禮處之而不可以除。將以其明日乎？則又朝祥暮歌之類也。然賀之爲言，稍知書者已所不道，而王元感之論則尚遵而行之。使有一人焉，如顔丁、子羔之行，其於送死之事，無不盡也，而獨去其服於中月而禫之日，其得謂之不孝哉？ 雖然，吾見今之人略不以喪紀爲意，而此邦猶以相沿之舊不敢遽變，是風俗之厚也。 若乃致其情而去其文，則君子爲教於鄉者之事也。

與友人書

《日知録》初本乃辛亥年刻。 彼時讀書未多，見道未廣，其所刻者，較之於今，不過十分之二。 非敢沽名衒世，聊以塞同人之請，代抄録之煩而已。 至于三代之英，固聖人所有志；百姓之病，亦儒者所難忘。 竊欲待一治于後王，啓多聞於來學，而六藝之精微罔析，群言之浩博靡窮。《記》曰：「學然後知不足。」信哉斯言！ 今此舊編，有塵清覽。 知我者當爲攻瑕指失，俾得刊改以遺諸後人，而不但當爲稱譽之辭也。 若乃鄙俗學而求六經，舍春華而食秋實，爲山期于覆簣，祭海必於先河，則區區于同志有厚望焉。 而擿埴索塗之夫，不足爲壤流之一助矣。 率此布謝，并冀起予。

答原一甥 諱乾學。

募助一事，惟吾甥爲之。 吾別營一宅于山下堡内，不住祠中。 其築造典守，自有秦人，譬如禪師不管常住之事也，亦可知之。 章丘庄事託之魏令，且以幣往，復書一力照管，收租辦課矣。 但必得取庄頭攬狀付來爲憑，而索之至再，尚未寄至。 吾甥到京，幸爲我特作一書與之。 從提塘發去，而令元少便中取其報音可也。

答公肅甥諱元文。

札中所論，古人有云：「進亦憂，退亦憂。」然則何時而已乎？科場文字之謬，此特政之小者，且今日吏道雜而多端，其病又不僅在乎科場也。世有王景略者出焉，而又得如苻永固之主者任之，其庶幾乎！《日知録》二集想是八九年前之書，已不可用。今所著三四十卷，前十卷詮五經者，已録送原一，其四書尚未全，而以後所譚興革之故，須俟閲完《實録》，并崇禎邸報一看，然後古今之事，始大備而無憾也。熊明府心緒甚不佳，亦未必煩之也。一人自有一人之苦，《語》曰：「今之從政者殆而！」如我者却有病中之樂耳。大雲弟一字附致。

與弟大雲諱巖。

自弱冠以來，論文道古，昕夕相依者，惟叔父一人，竟作終天之别。每至清風朗月，思之黯然！前託原一甥致奠五金，想已到靈筵，而終以未得躬詣爲恨，不知今已卜葬否乎？吾雖飄零異地，而文章一道，頗爲當世所推。念叔父生平，吾集中不可無一篇文字，情至之言，又不在臚列也。作狀一通，曾于都門一示白公，爲之出涕。時方擾攘，未便録寄。今思吾年六十有八矣，餘日無多，豈可不一示吾弟，使焚之於叔父神主之前乎？故特送上。崑山吴同初名其沆，吾兩人好友也。有詩稿一册在叔父處，吾亦有之而不全。可借與汝嘉姪，將其中五言絶七言絶句抄來。叔母想康寧，并祈致問。僑卜華山，將與黄冠偕隱，良晤未期，臨書悵惘！

病起與薊門當事書

天生豪傑，必有所任，如人主之於其臣，授之官而與以職。今日者極斯人于塗炭，爲萬世開太平，此吾輩之任也。仁以爲己任，死而後已，故一病垂危，神思不亂。使遂溘焉長逝，而其於此任已不可謂無尺寸之功，今既得生，則是百姓保留而□璽書之勉勞者也，又可怠於其職乎？今有一言而可以活千百萬人之命，而尤莫切于秦、隴者，苟能行之，則陰德萬萬於于公矣。請舉秦民之夏麥秋米及豆草一切徵其本色，貯之官倉，至來年青黄不接之時而賣之，則司農之金固在也，而民間省倍蓰之出。且一歲計之不足，十歲計之有餘，始行之於秦中，繼可推之天下。然謂秦人尤急者，何也？目見鄠人倚籍旂勢，將銀放與鳳翔之民，一兩要麥三石，一兩要米四石，此尚能支持歲月否乎？捐不可得之虚計，猶將爲之，而況一轉移之間，無虧于國計乎？然此必不能行者也。《易》曰：「牽羊悔亡，聞言不信。」至於勢窮理極，河決魚爛之後，雖欲徵其本色而有不可得者矣。救民水火，莫先於此，使小民得以存其生，而事可次第舉也。病中思此，已筆之於書，而未告諸在位。及讀國史，有正統中，遣右通政李畛等官糴米得銀若干萬之書，則昔有行之者矣。特建此説，以待高明者籌之。

答遲屏萬 諱維城，華陰令。

弟至曲沃三日而大病，嘔泄幾危，幸遇

儒醫郭自狹，三五劑而起。今飲食已得如常，惟末疾未愈，艱于步履。寓郊外韓進士旬公書齋，熊明府來視者十次，尚未入城一拜，其衰憊可知。然老年臺注存之雅，與建祠大事，雖病中未嘗忘也。重承台札下頒，知不日告成。老年臺尊儒誨學之意，勤矣至矣！下令于流水之原，又可識蒞事之精敏矣。□今服豨薟丸，稍有效驗。而祁寒漸逼，未能出户。意欲求擇二月上丁後吉日送主，□必當勉力一來，不知可否？先此附報。

與熊耐茶 諱僎，曲沃令。

承鹺臺傾蓋之雅，惓惓甚篤。不謂下榻五日，而忽聞太夫人之訃，爲之愴然！但文結未到，交代之期或仍須秋杪也。□于四月十日仍返華下，茂林間館，起看仙掌，坐擁百城，足以忘暑。且俟七月中方過沃邑，一切謝私，統容面罄。中秋後擬都門一行，敝門人與小兒或可寄留花縣否？三峰之下，弟所願棲遲以卒歲者，而土瘠差煩，地衝民貧，非所以爲後人計；又恐如今春環縣鎮原之事，風鶴乍驚，關河難越，故東嚮而思託足耳。恃在知愛，輒敢覼縷，不悉。

又

弟已移至坡下韓公宣即旬公，諱宣，己未進士。齋中。蓋羈旅之人，疾病顛連，而託跡于所知，雖主人相愛，時有蔬菜之供，而饔飧一切自給，在我無怍，於彼爲厚，此人事之常也。若欲往三四十里之外，而赴張兄之請，則事體迥然不同。必如執事所云，有實心向學之士，多則數人，少則三四人，立爲程課，兩日三日一會，質疑問難，冀得造就成材，以續斯文之統，即不能盡依白鹿之規，而其遺意須存一二，恐其未必辨此，則徒餔啜也，豈君子之所爲哉？一身去就，係四方觀瞻，不可不慎。廣文孫君與弟有舊，同張兄來此，劇論半日，當亦知弟爲硜硜踽踽之人矣。

答再從兄書 諱維。

開械睹書，詞，姪洪徽之詞也；筆，兄之筆也。不答姪而答兄，從質也。乃報書曰：

孰使我六十年垂白之貞母，流離奔迸，幾不保其餘生者乎？孰使我一家三十餘口，風飛雹散，孑然一身，無所容趾者乎？孰使我遺貲數千金，盡供猱攫，四壁并非己有，一簪不得隨身，絶粒三春，寄湌他氏者乎？孰使我天性骨肉，並醻萋斐，克恭之弟，一旦而紾兄，聖善之母，一旦而遂子，讒人罔極，磨骨未休，怨不期深，傷心最痛者乎？孰使我諸父宗人，互築讐隙，四載訟庭，必假手剪屠而後快者乎？孰使我四世祖居，日謀侵占，竟歸異姓，謝公辭世，不保五畝之宅，欲求破屋數間而已亦不可得者乎？孰使我倍息而舉，半價而賣，轉盼蕭然，伍子吹篪，王孫乞食者乎？孰使我一廛不守，寸晦無遺，奪沁水之田，則矯烝嘗爲號；攘臨川之宅，則假廟宇爲辭，巧立奇名，併歸鯨咢者乎？孰使我旅人焚巢，舟中遇敵，共姬垂逮於宋火，子胥幾殞于蘆漪者乎？孰使我父母之國，邈若山河，凡我媚友，居停半宿，即同張儉之幸，接話一茶，便等陳容之僇，絶往來，廢賀弔，回首越吟，悽其淚下者乎？ 孰使我歲時蜡臘，伏地悲哀，家人相對，含酸飲泣，叫天而蒼蒼不聞，呼父而冥冥莫曉者乎？ 夫人生一世，所懷者六親也，所愛者身也，所戀者田宅貨財也，所與居者媚舊鄉曲也。 有一于此，必不忍出一旦忿悁之行，而決然與人爲難也。舉四者而無望焉，情知其必至於死亡，則將有激焉而不暇顧。 承來教諄諄，豈不知弟之與兄分屬同曾，恩叨再從，第念人之生也，有母而後有兄，母阽危且死，不得顧兄矣；有身而後有兄，身將死，不得顧兄矣！爲我也兄者，則必不爲主人也暴客；爲主人也暴客者，則不爲我也兄；人之暴客而我以爲兄，不得顧兄矣！ 今兄曰：主持有人，同謀有人，吾無與焉。 不思燎原之燄，始自何人？ 虎項金鈴，當問繫者。 況寶玉大弓，未歸魯庫；法書名畫，尚在桓玄。 苟曰事不繇身，何異盜鍾之惑？ 且貞母何辜，遂同抄没；即藐孤有罪，未至溘亡。 共有人心，得無哀痛！ 伏冀翻然易慮，「取之以天，還之以天」，郅惲諫王莽語。 俾老母得以麄糲終天年，而八口不至填溝壑，其何樂乎與同枝爲不戴之讐也！ 昔華元告楚，不隱國情，今計屈途窮，久生亦復何聊！ 而承命必索報音，敢不具布下忱，仰塵台聽，兄實圖之。

答俞右吉

接手書，知先生所以教誨學者之意甚篤，而衰鈍之資無以克副。 所論《春秋》諸家及胡文定作《傳》之旨，極爲正當。 在漢之時，三家之學各自爲師，而范甯註《穀梁》，獨不株守一家之説。至唐，啖、趙出而會通三傳，獨究遺經；至宋，孫、劉出而掊擊古人，幾無餘藴。文定因之，以痛哭流涕之懷，發標新領異之論，其去游、夏之《傳》益以遠矣。今陸氏之《纂例》，劉氏之《權衡》、《意林》，並有其書，惟《尊王發微》未見。而後儒之辯《春秋》，其散見于志書、文集者，亦多抄録，未得稡成帙。若鄙著《日知録》、《春秋》一卷，且有一二百條，如「君氏卒」，「禘于太廟，用致夫人」，當從《左氏》；「夫人子氏薨」，當從《穀梁》；「仲嬰齊卒」，當從《公羊》；而「三國來媵」，則愚自爲之説，蓋見《碩人》詩云「東宫之妹」，《正義》以爲「明所生之貴」，而非敢創前人所未有也。因乏寫手，一時未得奉寄，惟就來書所問二事，敬録以上，然亦未知合否？祈爲正之。至乃向日流傳友人處詩文，大半改削，不知先生於何見之？恐不足溷高明也。書筐留京邸未到，尚稽詶答，附録與敝人一詩博笑。此際郵筒以紙爲便，扇則難携也。率爾附復，曷勝馳企。

蔣山傭殘稿卷二

與次耕書 諱耒。

著述之家，最不利乎以未定之書傳之於人。昔伊川先生不出《易傳》，謂是身後之書。即如近日力臣札來，《五書》改正約有一二百處：《詩·祈父》「靡所厎止」，《小旻》「伊于胡厎」，誤作「底」，註云十一薺，而不知其爲五旨也。五經無底字，皆是「厎」字，惟《左傳·襄二十九年》「處而不底」，《昭元年》「勿使有所壅閉湫底以露其體」，乃音丁禮反耳。今《說文》本「厎」字有下一畫，誤也，字當從「氐」。《詩》「周道如砥」，《孟子》引之作「厎」，以「砥」、「厎」音同而古亦可通也。今本訛爲「底」字。童而習之，并《詩》之「砥」字亦讀爲「邸」矣。《商頌·烈祖》詩上云「以假以享」，下云「來假來饗」，石經上作「享」，下作「饗」。歐陽氏曰：「上云『以享』者，謂諸侯皆來助享於神也；下云『來饗』者，謂神來至而歆饗也。」「享」、「饗」二義不同。「享」者，下享上也，《書》曰「享多儀」是也。「饗」者，上饗下也，《傳》曰「王饗醴」是也。故《周頌》「我將我享」作「享」，「既右饗之」作「饗」；《魯頌》「享以騂犧」作「享」，「是饗是宜」作「饗」。今《詩經》本《周》、《商》二頌上下皆作「享」，非矣。舉此二端，則此書雖刻成而未可刷印，恐有舛漏以貽後人之議。□文淵有言：「良工不示人以璞。」今世之人速於成書，躁於求名，斯道也將亡矣。前介眉札來索此，原一亦索此書并欲抄《日知録》，我報以《詩》、《易》二書今夏可印，其全書再待一年，《日知録》再待十年。如不及年，此年字如「趙孟不復年」之年。則以臨終絶筆爲定，彼時自有受之者，而非可豫期也。《詩》云：「如切如磋，如琢如磨。」此之謂也。

答李紫瀾 諱濤。

春來兩接琅函，著作承明，紬書金匱，自不負平生所學。太夫人暨令兄先生想俱禔福。弟老矣，自舞象之年，即已觀史書，閱邸報，世間之事，何所不知。五十年來存亡得失之故，往來于胸中，每不能忘也。中遭憂患，不廢學業，稍有所窺。常歎有名不如無名，有位不如無位。前讀大教，謬相推許，而不知弟此來關右，不干當事，不立壇宇，不招門徒。西方之人或以爲迂，或以爲是。而同志之李君中孚，遂爲上官逼迫，舁至近郊，至卧操白刃，誓欲自裁。關中諸君有以巨游故事言之督撫，得爲謝病放歸。然後國家無殺士之名，草澤有容身之地，真所謂威武不屈。然而名之爲累，一至於斯，可以廢然返矣！或曰：「君子疾没世而名不稱」，何與？曰：君子所求者，没世之名；今人所求者，當世之名也。當世之名，没則已焉，其所求者，正君子之所疾也，而何俗士之難寤與？城郭溝池以爲固，甲兵以爲防，米粟芻茭以爲守，三代以來，王者之所不廢。自宋太祖懲五季之亂，一舉而盡撤之，於是風塵乍起，而天下無完邑矣。我不能守，賊亦不能據，而椎埋攻剽之徒乃盡保於山中。於是四皓之商顔，劉、阮之天姥，凡昔日兵革之所不經、高真之所託跡者，無不爲戎藪盜區。故避世之難，未有甚於今日。推原其故，而藝祖、韓王有不得辭其咎者矣。讀書論世而不及此，豈得爲「開拓萬古之心胸」者乎？介眉、允斌、度汪諸年翁並不能專啓，語次及之，爲粲然一笑。天生北上陳情，寄此數字，不悉。

答汪苕文 諱琬。

伏讀大集，謬荷推奬，自惟譾劣，非所克當。至與甫草衍生註：姓計氏。一書，深得聖人言學之指，而五服異同之録，當與天壤並存，斯道之傳，將賴之而不墜矣。弟久在山左，有濟陽張君稷若，淹通禮學，著《儀禮鄭註句讀》一書，立言皆有原本。近至關中，謂此地宋之横渠、藍田諸先生以禮爲教，今之講學者甚多，而平居雅言無及之者。值此人心陷溺之秋，苟不以禮，其何以撥亂而返之正乎？一時高談之士，或以鄙言爲膚淺，而盩厔李隱君中孚獨以爲然，請以質之君子。年垂七十，布衣蔬食之外，別無所求，流行坎止，安時處順，并以奉聞。偶有續《尚書》二條，并以就正，幸賜指教，不宣。

記與孝感熊先生語 諱賜履。

辛亥歲夏在都中，一日孝感熊先生招同舍甥原一飲，坐客惟余兩人。熊先生從容言：久在禁近，將有開府之推，意不願出，且議纂修明史，以遂長孺之志。而前朝故事，實未諳悉，欲薦余佐其撰述。余答以果有此舉，不爲介推之逃，則爲屈原之死矣。兩人皆愕然。余又曰：即老先生亦不當作此。數十年以來門户分争，玄黃交戰，嘖有煩言，至今未已。一入此局，即爲後世之人吹毛索垢，片言輕重，目爲某黨，不能脱然於評論之外矣。酒罷，原一以余言太過。又二年，余復入都，問原一：孝感修明史事何如？答云：熊老師自聞母舅之言，絶不提起此事矣。近有傳余此語者，或失其真，故聊筆之以視同志。

答王茂衍 諱孫蔚。

薄遊四方，聞老先生之高名，亦已久矣。顧以草野孤蹤，恐涉未同之嫌，未敢遽投漫刺，而中心嚮往，願歸依於有道者，不能忘也。乃荷千里賜書，勤勤懇懇，且爲之謀其旅瑣而助其躋陵，所謂情同金石，義薄雲天，非時流之可企矣。至乃多蒙獎借之言，或是謬採過情之譽，而自揣陋劣，何以克當？矧望七之年，衰頹已甚，有志三代之英，恨未登乎大道，不忘百姓之病，徒自託於空言。子德西來，側聆台指。或且停車渭曲，坐石磻溪，得隨巾拂之餘，上溯韋編之學，啓多聞于永世，待一治于天行，則耄齒增榮，暮途知勵矣。雖客西河，未晤郡守，台函相機投之，先此附謝，并候起居，不宣。

答周籀書 諱篆。

昔年過訪尊公于江村寓舍中，其時以去國孤蹤，相逢話舊。遇聲子于鄭郊，久諳家世；和漸離于燕市，竊附風流。雹散蓬飄，忽焉二紀，東西南北，音訊闕如。爲天涯獨往之人，類日暮倒行之客。乃者發函伸紙，如見故人；問道論文，益徵同志。信後生之可畏，知斯道之不亡。至於鄙俗學而求六經，舍春華而食秋實，則爲山覆簣，當加進往之功；祭海先河，尤務本原之學。老夫耄矣，何足咨詢？而況二十年前已悔久焚之作乎！重違來旨，輒布區區。二作《燕丹論》甚佳，草此附復。尊公先生并希致候，不盡。

與施遇山 諱閏章。

十月十九日之書沈閣渭南，至二月八日方得接讀。二十餘年之交，宛然如昨，素心高誼，不可於今日宦途中求之矣。道履無恙。令叔老先生年逾古稀，康寧好德萃于一門，此亦人生至樂，孟子所謂「王天下不與存」者。若使廁身館閣，將夸大隱之名；政恐回首田園，不免《小明》之悔。乃知半年京雒，緇塵染素，未必非天之所以悟賢達而增其德慧也。至於理學之傳，自是君家弓冶。然愚獨以爲理學之名，自宋人始有之。古之所謂理學，經學也，非數十年不能通也。故曰：「君子之於《春秋》，没身而已矣。」今之所謂理學，禪學也。不取之五經而但資之語録，挍諸帖括之文而尤易也。又曰：《論語》，聖人語録也。舍聖人之語録而從事于後儒，此之謂不知本矣。高明以爲然乎？近來刊落枝葉，不作詩文，敬拜佳篇，未得詶和。而《音學五書》之刻，其功在於註《毛詩》與《周易》，今但以爲詩家不朽之書，則末矣。刊改未定，作一書與力臣，先印《詩經》并《廣韻》奉送，有便人可往取之。但《詩經》中尚須改刻七紙，纔於正月發去，稍遲取之即全矣。《易音》亦可得，其《音論》、《唐韻正》、《古音表》三書再待一年以後竟。以尊札與力臣相通爲便。《北游詩》于舊篋中簡得一本，附上。弟已移寓華下，嗣音可寄華陰報房。大刻領教，附謝。令郎學業何如？并問，不悉。

與彥和甥 諱秉義。

萬曆以前八股之文可傳於世者，不過二三百篇耳，其間却無一字無來處。偶爲門人講吴化《事君數》一節，文中有「謇諤」字。《楚辭・離騷》：「余固知謇謇之爲患兮，忍而不能舍也。」此「謇」字之所出也。《史記・商君傳》：「千人之諾諾，不如一士之諤諤。武王諤諤以昌，殷紂墨墨以亡。」此「諤」字之所出也。陸機《辨亡論》：「左丞相陸凱以謇諤盡規。」韓文公《鄆城聯句》：「九遷彌謇諤。」則古人已用之矣。今欲吾甥集門墻多士十數人，委之將先正文字注解一二十篇來，以示北方學者。除事出四書不注外，其五經、子、史古文句法一一註之，如李善之注《文選》，方爲合式也。此可以救近科杜撰套語之弊。

答曾庭聞書

來書有「三徐鼎峙朝班，他人如弟者尚欲遠呼近籲，攀援以爲生，何難爲先生擇一地，斬之蓬蒿藜藋而家之乎」等語。

南徐一別，二十六年。足下高論王霸，屈跡泥塗，讀嚴武、隗囂之句，未嘗不爲之三歎。弟白首窮經，使天假之年，不過一伏生而已，何敢望驥騏之後塵，而希千里之步？然以用世之才如君者，而猶淪落不偶，況鄙哉硜硜如弟，率彼曠野，死于道塗，固其宜也。奚足辱君子勤勤之問乎？宜尼有言：「自南宮敬叔之乘我車也，而道加行。」今之人情則異乎是。即有敬叔之車，而季、孟之流，不問杏壇之字。若乃杜子美飄零秦蜀，而嗔王録事不寄草堂之資，風斯下矣。然而一生所著之書，頗有足以啓後王而垂來學者：《日知録》三十卷，已行其八，而尚未愜意；《音學五書》四十卷，今方付之剞劂。其梨枣之工，悉出於先人之所遺、故國之餘澤，而未嘗取諸人也。因知己之愛惓惓，且問及室家之事，遂復縷縷及此。「君子之道，或出或處」，君年未老，努加餐，臨書可勝翹注。

與陳介眉 諱錫嘏。

前有一函謝或問之惠，想徹覽矣。茲刻得《下學指南》全帙，《論古音書》一通，并天生十詩奉呈求正。頃者黄先生衍生注：梨洲。之季君主一百學。寓書于弟，欲爲其母夫人乞銘，讀其行狀，殊爲感惻！但黄先生見存，而友人特爲其夫人作誌，所據狀又出其子之詞，以此遲回，未便下筆，敢祈酌示。或黄先生自爲之，而友人别作哀誄之文，則兩得之矣。《音學五書》須弟親至淮上方得改定，今尚未成。其大指則具今書中，并聞。臨楮不盡瞻遡。

與王山史 諱弘撰。

四月杪自曲周遣人入都至貴寓，言駕已西行數日，甚慰。自今以往，以著書傳後學，以勤儉率子弟，以禮俗化鄉人，數年之後，叔度、彦方之名，翕然于關右，豈玉堂諸子之所敢望哉？弟今年涉伊闕，出轘轅，登嵩山，歷大騩，將有淮上之行，而資斧告匱，復抵西河暫憇，未獲昕夕一堂，奉教左右，良爲憮然！ 前寄次耕詩，有關中二臣語，及三月十九日《嵩山絶句》，度已呈覽。 頃子德有札來云：「聞將特聘先生，外有兩人。」弟遂作一書與葉訒庵，託爲沮止。 今則纂修之事，屬之舍甥，似可免于物色。 其書仍付既足録上，與關中同志觀之。 既足英年好學，今在尊府，朝夕得領訓誨，弟嘗惓惓以究心經術、親近老成爲囑。 小兒衍生雖極魯鈍，尚未有南方驕慢習氣，幸待之以嚴，勿作外人視也。 弟在此待祁縣之物，西來之期，未卜早晚。 六令弟並仲和不及另柬，統此不悉。

與李湘北學士書 衍生注：諱天馥。

謹啓： 關中布衣李君因篤，頃承大疏薦揚，既徵好士之忱，尤羨拔尤之鑒。 但此君母老且病，獨子無依，一奉鶴書，相看哽咽，雖趨朝之義已迫於戴星，而問寢之私倍懸於愛日。 況年逾七十，久困扶牀，路隔三千，難通嚙指，一旦禱北辰而不驗，迴西景以無期，則缾罍之恥奚償，風木之悲何及！ 昔者令伯奏其愚誠，晉朝聽許；元直指其方寸，漢主遣行。 求賢雖有國之經，教孝寔人倫之本。 是用遡風即路，瀝血叩閽。 伏惟老先生弘錫類之仁，憫向隅之泣，俯賜吹噓，仰徼俞允，俾得歸供菽水，入侍刀圭，則自此一日之斑衣，即終身之結草矣。 若炎武者，黄冠蒯屨，久從方外之蹤，齒豁目盲，已在廢人之數，而以生平昆弟之交，理難坐視，輒敢通書輦下，布其區區，伏惟矜詧。

與梁大司農書衍生注：諱清標，字玉立。

謹啓：關中布衣李君因篤，昔年嘗以片言爲介，上謁庭墀，得蒙一顧之知，遂預明揚之數。在於流俗豈非至榮？然而此君母老且病，云云。衍生注：下《與李學士書》同。

復張廷尉書衍生注：諱雲翼，字又南。

得拜瑶函，具承隆注。頃者雙龍出水，乍當乖别之時，以致三匝依枝，頓起南飛之念。既荷《白駒》之賦，遠道相詒，坎止流行，元無固必。況華下有晦翁舊事，歷五百餘年始得山史爲之表章，又十二年，而炎武重游至此。及今不創，更待何人？今移買山之資，先作建祠之舉。若改歲之初，旌騶至止，當于華下奉迎。白石清泉，共談中悰，慰二載之闊悰，訂千秋之大業，幸甚幸甚！至鄙人僑居之計，且爲後圖，而其在此，亦非敢擁子厚之臯比，坐季長之絳帳。倘逖聽不察，以爲自立壇坫，欲以奔走天下之人，則東林覆轍，目所親見，有斷斷不爲者耳！率此附候，并謝惓切，不宣。

與同邑葉訒庵書衍生注：諱方藹。

去冬韓元少書來，言曾欲與執事薦及鄙人，已而中止。道義之雅，莫逆於心，可以不謝。頃聞史局中復有物色及之者，無論昏耄之資不能黽勉從事，而執事同里人也，一生懷抱，敢不直陳之左右：先妣未嫁過門，養姑抱嗣，爲吴中第一奇節，蒙朝廷旌表。國亡絶粒，以女子而蹈首陽之烈。

臨終遺命，有「無仕異代」之言，載於誌狀。故人人可出，而炎武必不可出矣。《記》曰：「將貽父母令名，必果；將貽父母羞辱，必不果。」七十老翁何所求？正欠一死。若必相逼，則以身殉之矣。一死而先妣之大節愈彰於天下，使不類之子得附以成名，此亦人生難得之遭逢也。謹此奉聞。伏待台命。臨書哽切，同館同鄉諸公並乞示之。

答李子德 諱因篤。

接讀來詩，彌增媿側。名言在茲，不啻口出，古人有之。然使足下蒙朋黨之譏，而老夫受虛名之禍，未必不由於此也。韓伯休不欲女子知名，足下乃欲播吾名於今日之士大夫，其去昔賢之見何其遠乎？「人相忘于道術，魚相忘於江湖」，若每作一詩，輒相褒誦，是昔人標榜之習，而大雅君子所弗爲也。願老弟自今以往不復掛朽人於筆舌之間，則所以全之者大矣。先妣當年大節，炤耀三吴，讀行狀之文，有爲之下泣者，老弟亦已見之矣。他人可出而不孝必不可出，老弟其未之思耶？昔年對孝感之言，老弟嘗述以告關中之人矣，平生之言，豈今日而忘之邪？若果有此舉，老弟宜力爲我設沮止之策，并馳書見示，勿使一時倉卒，而訐出于無聊也。至於敝鄉之人有微詞不可者，此如張南溟之于馬右實，乃莫大之恩人，而老弟又斷斷與之争，豈非又一右實邪？關中人述周制府衍生注：字彝初。之言曰：「天生自欲赴召可爾，何又力勸中孚，至誅之以利害，殆是蘧伯玉恥獨爲君子之意。」竊謂足下身躡青雲，當爲保全故交之計，而必援之使同乎己，非敗其晚節，則必夭其天年矣。《易》曰：「君子之道，或出或處，二人同心，其利斷金。」吾於老弟乎望之！

附後：昨江南友人書來，謂同學二字起于周介生，相訂除之，并請裁奪。

與李紫瀾 諱濤。

弟以三月十日出關，歷崤、函，觀雒、汭，登太室，游大騩，域中五嶽得游其四，不惟遂名山之願，亦因有帥府欲相招致，及今未至，飄然去之。鴻鵠之飛，意南而至於南，意北而至於北，此亦中材而處末流之一術矣。轉歷梁、宋，北至廣平，距貴城三百餘里，僅走伻與令兄先生相聞。今復西游林慮，未卜所稅。昔者鄭康成以八十之年，赴袁本初之召，竟卒軍中者，名爲之累也。生平雖復鈍拙，自知身後必有微名，若更求名，必至損名。第五倫變姓名自稱王伯齊，往來河東，「陌上號爲道士，親友故人莫知其處」。心竊慕之，然亦未必不來都下也。便羽附候近祉，親知中有問及者，煩以此告之。敝門人潘次耕名耒，想得晤言，亦可一示也。

附後：二月間于天生處封上富平令君一字，已徹覽否？原書尚存弟處，以待後命。小兒衍生及塾師俱在華下，弟秋間即回。承不忘故人，頻寄書札，此後可付陝西提塘，封在西岳廟報内。

與王虹友

丙辰夏，于長安邸中相對一月，念之不忘。尊公近履想康彊倍昔。一代耆英，巋然猶在，百年就見，當有其時。而賢昆季萊衣董帷，備君子之「三樂」，此真今代之罕儔，士林之歎羨者矣！ 流寓關、華，已及二載，幸得棲遲泉石，不與弓旌。 而此中一二紳韋頗知重道。 管幼安之客公孫，唯説六經之旨；樂正裘之友獻子，初無百乘之家。 若使戎馬不生，弦歌無輟，即此可爲優游卒歲之地矣。 惟是筋力衰隤，山川緬邈。 獲麟西野，麄成撥亂之書；化鶴東州，未卜歸來之日。 言念邦族，憬然如何！ 伊人書來，附此奉候，二札可以互觀。 向録拙詩，勿付選家，頃已多復改削，另容請正。 今附近作二首，不悉。

與蘇易公

頃者避地秦中，幸輦上諸公憐其衰拙，詧其素心，得免弓旌之召。 而敝門人潘耒字次耕，謝病之後，遂奉母入山，不知所往。 干木踰垣之志，介推偕隱之風，昔聞晉國，今在吴門矣。 來札惓惓似以弟爲未忘情于利達者，此曾西之所不爲也，而爲我願之乎？ 關中惟中孚一人自痛孤貧闕養，誓終身不享富貴，再辭徵薦，竟得俞允。 偉元廢讀，長爲攀柏之人；綺里逃名，竟作采芝之客，可謂賢矣。 貴地獨彪翁引疾，足見高風。 即至春明，料必上陳情之表，凡在相知，不當爲之勸駕也。 關中有考亭書院之舉，弟以謭陋謬主其事。 然不坐講席，不收門徒，欲盡反正德以來諸老先生之夙習，未知如何？

與郭九芝辭祝 諱傳芳。

前承面諭，欲携樽相過，重違台命，請待新涼。 頃見子德則云，明府將以賤辰光臨賜祝。竊惟生日之禮，古人所無。《小弁》之逐子，始説「我辰」；《哀郢》之故臣，乃言「初度」。故唐文皇以劬勞之訓，垂泣以對群臣；而近時孫退谷、張篔山著論欲廢此禮。彼居常處順者猶且辭之，況鄙人生丁不造，情事異人，流離四方，偷存視息。若前史王華、王肅、陸襄、虞荔、王慧龍之倫，便當終身布衣蔬食，不聽音樂，不參喜事。即不能然，而又以此日接朋友之觴，炫世俗之目，豈不於我心有戚戚乎？知我者當閔其不幸而弔慰之，不當施之以非禮之禮，使之拂其心而夭其性也。用是直攄衷曲，布諸執事，惟祈鑒之。

與□□

造府多擾，謝謝。頃史局已疏薦七人，其欲出者五人，不出而姑爲此一薦者二人。前者東方友人書來，謂弟盍亦聽人一薦，薦而不出，其名愈高。嗟乎！此所謂釣名者也。今夫婦人之失所天也，從一而終，之死靡慝，其心豈欲見知於人哉？然而義桓之里稱于國人，懷清之臺表於天子，何爲其莫知子也？若曰必待人之强委禽焉而力拒之，然後可以明節，則吾未之聞矣。念知己中惟先生可與言此，聊布區區。

答汪苕文諱琬。

盥讀手書，獎挹過甚，殊增悚媿。至於憫禮教之廢壞，而望之斟酌今古以成一書，返百王之季俗，而躋之三代，此仁人君子之用心也。然斯事之難，朱子嘗欲爲之而未就矣，況又在四五百年之後乎？弟少習舉業，多用力于四經，而三禮未之考究。年過五十，乃知「不學禮，無以立」之旨。方欲討論，而多歷憂患，又迫衰晚，兼以北方難購書籍，遂於此經未有所得。而所見有濟陽張君稷若名爾岐者，作《儀禮鄭注句讀》一書，根本先儒，立言簡當，以其人不求聞達，故無當世之名，而其書實似可傳。使朱子見之，必不僅謝監嶽之稱許也。嚮者讀《五服異同》之書，已爲之歎服。竊意出處升沈，胸中自有定見，如得殫數年之精力，以三禮爲經，而取古今之變附于其下爲之論斷，以待後王，以惠來學，豈非今日之大幸乎？弟方纂録《易解》，程、朱各自爲書，以正《大全》之謬。而桑榆之年，未卜能成與否，不敢虛期許之意，而仍以望之君子也。答友論母服一書附覽，守其拙陋，與近儒之見頗有不同。伏惟教削，不宣。

與徐□□□衍生注：章丘令。代健庵。

山邦劇要，藉重鴻裁，朞月政成，飛鳧題柱，引領竢之矣。

答徐□□□

使至，知貴治西成得遂，四郊寧謐，爲之色喜！非德威孚格，何以致此？莊田瑣事，仰累清神，兼以完□種麥，一一爲之經理，心力交費，誼薄雲天矣！秋杪欲一過歷下，尚容面謝，餘悃詳之舍親札中。率尔附復，曷罄瞻馳。

與葉嵋初諱方恒。

同善之舉，勞民勸相之政寓乎其中。杜子美謂「安得結輩十數公，落落然參錯天下爲邦伯」。弟亦謂老年翁欲以一邑之化，推諸海寓，其用心遠矣。謹當奉揚仁風，播之四國。夏初可至歷下，憚暑未便山游，更以異日可耳。肅此附謝，不宣。

與□□□書

前歲在大名接到手札，無緣奉復，而弟旋有意外之事。釁起于章丘，禍成于即墨，遂以三千里外素不識面之人，而請旨逮問。當時移文崑山提顧寧人，業稱無憑查解，獨念事關公義，不宜避匿，又恐久而滋蔓，貽禍同人。故重趼赴濟，徑自投到，南冠就縶，區區自矢，不惜以一簣障江河，神之聽之，事果得白。證佐之人杜廷蛟既供從不相識，而《黃御史傳》中並無賤名；其別篇中有「晚與寧人游」一句，亦無顧姓。又審出此書即係去年斬犯沈天甫詐騙吳中翰名元萊，鹿友相公之子。之書，奉旨所云「海中帶來者」。原告當堂口稟，求不深究，不惟孱儒得全，而士林並受其福。此皆上臺淑問之明，衆君子孚號之助，故使乘墉自屈，見晛俄消，而弟鋭身一出，似亦可以慰知己之心，而增吾黨之氣者矣！然非老年臺鼎文著發蹤先示，豈能行霧無迷，履冰不陷，若此之多幸哉！

與□□□書

怨雙讐對，自古有之，至遷怒於一書之三百餘人，而幾起大獄，則非常情所料。區區自矢，不惜以一簣障江河，天牖其衷，事果得白。若乃鍾儀縶晉，鄒子囚梁，未識紫芝之容，靡通正平之刺，而獨蒙垂問，且賜公扶，豈不令黨人之版，慕義無窮，文苑之流，向風知感！頃蒙准保，始敢上書以候起居，而又有不許遠離之命，是以猶遲叩見，先獻近作以副盛心。至于上臺淑問之明，衆君子孚號之助，並足録之五中。而富平李天生因篤者，三千里赴友人之急，疾呼輦上，協計橐饘，馳至濟南，不見官長一人而去。此則季心、劇孟之所長，而乃出于康成、子慎之輩，又可使薄夫敦而懦夫立者也。敢因下交之□而并及之。

與□□□書

去秋舍甥人來，附一函上候戩穀，未知徹記室否？冬杪鍾山過濟，具言注存之切，感甚！南面百城，兼有林泉之勝，起八代之衰，而樹千秋之業，非明公其誰與歸！當不僅流連比興，傳播蓺林，爲斯文之盛事矣。祝祝。弟于正月四日入都，即墨一案至三月十六日始結。程邈囚雍，初有隸書之作；范滂歸汝，更來車兩之迎。至于輦上諸公，無不推懷君子，弘憫清流，但垂拚馬之慈，總藉登龍之誼。今者山左石田已託之舍甥，□便于新秋掛颿南下，小憇淮上，即去吴中，冀得觀柱下之藏書，聆杏壇之緒論。兹附《廣韻》一部，近詩二幅呈覽。

匆匆百不宣一。

與原一甥

令先君捐館葬虞，我既未得一至，而三年以來，亦未接諸甥音問，乃因急難之際得手書，知尊堂與吾甥縈念之切，兼損惠金。自念大禮尚闕，受之不當，而遠來又無可卻，聞戒之餽，當阨之與，慚媿而已！安以八月十三日到，九月二十日方得保出。書中云云，所見略同，已一一如示行之。天水亦甚悔此一節，對簿折辨，俱是皮毛之語，而此書之所從來，竟無着落，乃反以不刻揭之故，取怒於江夏，而多方下石。凡當日撫軍止批審後酌奪，臬司徑發府送羈，以至院示取保而不得保，已准保而不得出，皆江夏之爲也，可謂「中山狼」矣！此事上臺不肯擔當結案，今又題展限兩月。公肅之來，正當其時，若得言之撫軍，比宋澄嵐例摘釋，庶無牽絆，不然，此案扳蔓，非旦夕所能了也。天水本自無仇，釁起章丘謝生，千金被坑，償以庄田十頃，主唆出此一稟，遂占收其田。及萊兵既卻，而鄆田始歸。今已具稟撫院批行，軍廳正在提究，而此田姑借公肅之名管業，以爲轉售之地。此處取得本銀到手，方可南歸。至於山東人情，固已不啻蠻髦，南方親友，亦未見纓冠之救也。秋水寄札今九日始到。

與□□□書

秋杪一函并《赴東》詩，想已塵覽。弟以九月二十日保出，十一月十日再審。當事頗留心開豁，而章丘陷害之謀，亦已畢露，見批未審。此皆大君子孚號壯拯之功，惟世世矢之勿忘而已。結否尚未可定，駁允更不可定。馬角無期，貂裘久敝，惟長者垂憫孤根，錫之噓植，但得此中有可倚仗，不至爲土豪魚肉，即石田十頃徐圖轉售，尚得爲首丘之計。敢祈終始玉成，幸甚幸甚！書不盡言。

上國馨叔

二月十五日報國寺寓中見徐廉生兄，備知吾叔近履。其時姪已聞蜚語，即以次日出都，而五六日前于元放姪處先寄一函，遂不復更具啓。行至德州，始知有咨文至原籍逮証，身負微名，事關公義，無避匿之理。千里投到，不惜以一簣障江河，乃其中別有隱情，上下推諉，不能即審。鶉衣糲飯，飢餓福堂，然而公道在人，死生有命，吾叔暨諸親長不必過慮。惟趣公肅速發北轅，則不煩力而自解。其事之顛末另載一啓，在公肅封內，令其送諸甥姪處抄一二通上呈，并與元恭及相厚者觀之。匆匆作書，一切未悉，并希垂鑒。元恭亦不及作札。

答葉嵋初

纔入署中，未便出外，年兄至此而不得一晤，真交臂失之矣。山右諸公將爲弟築堂於西河，期以秋杪往蒞其事，以故亟來歷下。昨見續志簡明可觀，足徵政事文章大概。其如各屬至者未滿二十處，弟職在潤色，須諸公討論成稿之後，方得經目，此時不過借關防爲著書之便而已。然爲《音學五書》將成之際，早夜無一間晷。所著輿地之書，名曰《肇域記》，其山東一省，乘此之便，旬月可就也。紬葛之惠，敬佩雅愛，對使拜登，尚容面謝。貴治有舊家賣書者否？如有千百卷之書，可佐名山之藏者，則當携蹔以來矣。舍甥徵啓一通附覽。

答□□□書

出游一紀，一生氣骨幸未至潦倒隨人，而物情日澆，世路彌窄，追想與吾兄語濂讀書之時，真是武陵洞口，不可復尋矣！丁酉之秋，啓塗淮北，正值淫雨沂沭，下流並爲巨浸。跣行二百七十里，始得乾土，兩足爲腫。寄食三齊，明年客北平，又明年客上谷。一身孤行，並無僕從，窮邊二載，藜藿爲飧。庚子南涉江、淮，辛丑薄遊杭、越，乃得提挈書囊，賫從估客。壬寅以後，歷晉抵秦，於是有僕從三人，馬贏四匹。所至之地，雖不受餽，而薪米皆出主人。從此買妾生子，費用漸奢，北方生計未立，而南方又難兼顧。微本爲人所負，相知官長一時罷裁，奸人搆𠆸，幽囚異方，僕夫逃散，馬贏變賣，而日用兩餐無所取給。十年以來，窮通消息之運如此，又何以爲故人謀哉？

蔣山傭殘稿卷三

與湯聖弘 諱濩。

數年契闊，久無音書，殆不勝渭樹江雲之念。茲仲春八日，乃于渭南接到京邸寄來手札，知道履彌勝，進德修業，想當與日俱新。弟以望七衰齡，猶希炳燭，而況執事以有本之原泉，在方中之旭日，其事半而功倍，又可知矣。向有棲跡華山之願，因烽火乍傳，暫居汾曲。近者風鶴稍寧，而關中二三君子重理前說，將建考亭書院，以奉先儒，並爲老人著述之所。弟亦欲藉此以作菟裘，而北方藏書甚少，購買良難。比來閱覽漸多，頗知揀別，非復嚮時之雜採矣。今再附書目一紙，求爲尋覓。拙著《音統》已改名《音學五書》，以鬻産之資，付力臣兄刻之淮上，尚需改定，故未印出，先以序目請正。內《詩本音》已畢工，又有《下學指南》一帙，便中索之清江，即可得也。《日知録》續已改定爲三十卷，前本復有增損，且可勿刻。期于二載之內，南來一奉話言，或有便人至金陵，當令叩宅也。率尔不盡。子遷不及另啓。

復陳藹公

側聆鴻名，有年於茲矣，而未得一親道範，并亦未接書函，遡洄之思，正不能忘，而道阻且長，未免於詩人之歎也！山史西來，得拜賜札，並讀《井記》，一門盡節，風教凛然，誠彤管之希聞，中壘所未記者矣。弟久客四方，年垂七十，形容枯稿，志業衰隤，方且逃名寂寞之鄉，混跡漁樵之侶，不敢效百泉、二曲爲講學授徒之事，亦烏有所謂門墻者乎？若乃過汝南而交孟博，至高密而訪康成，則當世之通人偉士，自結髮以來，奉爲師友者，蓋不乏人，而未敢存門户方隅之見也。《詩》曰：「風雨如晦，雞鳴不已。」又曰：「樂彼之園，爰有樹檀。其下維穀。他山之石，可以攻玉。」是則君子所以持己於末流，接人於廣坐者，必有不求異而亦不苟同者矣。辱承來教，實獲我心，率此報謝。生無寸長，惟音韻一事似有所得，今附與天生一書呈正，不宣。

與蘇易公

接教以來，忽已半載，想道履彌勝。比者人情浮競，鮮能自堅，不但同志中人多赴金門之召，而敝門人亦遂不能守其初志。惟李中孚、應嗣寅、魏冰叔與彪翁，可爲今日之四皓矣。即青主中書一授，反覺多此一番辛苦也。都下書來，言史局方開，有議物色及弟者，弟述先妣遺命，以死拒之。或謂弟東西南北之人，不在元籍已久，自有介推、顔闔故事，何必求死？今者西河司馬之公子執門人禮事弟，迎入署中，而司馬已具文乞休。意欲來揚邑，愬台臺謀之彪翁，尋鄉村寺院，潛蹤一兩月，裹糧而至，不費主人，待舍甥入都，必有調停之法。彪翁既同雅操，必不見拒，又喜素非識面，亦未嘗信宿揚城，都人士之所不料也。便人寄此，并候起居。報音乞付汾州東關中書王宅。如薦剡得寢，弟便于七夕後回華山，一宿而行可也。率尔手疏，不必向外人言之，并祝。

答潘次耕

來書「北山」、「南史」一聯，語簡情至，讀而悲之。既已不可諫矣，處此之時，惟退惟拙，可以免患。吾行年已邁，閲世頗深，謹以此二字爲贈。子德書來云：「頃聞將特聘先生，外有兩人。」此語未審虚實？吾弟可爲詷之，速寄字來。關中人述周總督之言曰：「天生自欲赴召可耳，何又力勸中孚，至訹之以利害，而强之同出，殆是蘧伯玉耻獨爲君子之意。」《易》曰：「君子之道，或出或處，二人同心，其利斷金。」彼前與我書，有勿遽割席之語，若然，正當多方調護，使得遂其魚鳥之性耳，豈可逆慮我之有言，而迫以降志辱身哉！況鄙人情事與他人不同。先妣以三吴奇節，蒙恩旌表，一聞國難，不食而終。臨没丁寧，有無仕異朝之訓。辛亥之夏，孝感特柬相招，欲吾佐之修史，我答以果有此命，非死則逃。原一在坐與聞，都人士亦頗有傳之者。耿耿此心，終始不變，幸以此語白之知交。至于《當歸》一詩，已焚藁矣。《五月望黎城》一札想到，是月之末，遂至西河。不意司馬劉君到任甫一月，而已閉門乞休，可謂達者。其子進士君子端執弟子之禮，迎我入署，或當少留，以聽消息。吾弟有書但付提塘，封入汾府報内，并示現寓何所，以便直達。原一兄弟何時入京？亦可及之。前字中勸我無入都門及定卜華下，甚感此意。迴環中腑，何日忘之！彼地有舊臨淄楊君衍生註：名端本，字樹滋，号函東，華陰人。與我新交，似在李、王之上。但衍生質鈍，未知能讀書否？以此尚未結婚。既足亦欲執經北面，吾以西席在先，須俟行時方受此禮。今欲留之關内，而身一爲淮上之行，以竣《五書》之刻。然資斧缺乏，未卜早晚，統俟嗣音悉之。

復遲明府書

恭惟老年臺先生世德淵源，人倫斗極。談經虎觀，東京之士無雙；攬轡鶉郊，西土之人咸喜。惟兹華邑，正值衝塗。渭水春耕，但見哀鴻之羽；桃林夜雪，未逢歸馬之時。幸遇仁君，憫斯遺孑。燠休疾苦，起積困于期月之間；蠲省繁苛，出大力于艱難之際。真千載而一遘，慶萬井之更生者矣！某某昔以明經，曾叨薦剡。衍生注：明薦授兵部職方司，未仕。自從壯歲，便絶意于乘軒；況此暮年，益躭情于漱石。頃者徘徊嶽下，偶尔淹留，未審何緣得聞台聽？猥承垂問，感媿交并。然而混泥塗于甲子，空嗟絳縣之年；隨轍跡于東西，未息尼丘之駕。有懷就日，尚阻趨風。謹以所刻《日知録》、《下學指南》二書呈正，尚容叩謁，以盡仰止之私，不宣。

復周制府書 即周彝初。

恭惟台臺東國玗琪，中朝柱石。洗兵庸蜀，重開八陣之圖；陶世黄虞，佇正三台之座。而猶結情墳典，注意巖阿。雅歌投壺，祭潁陽之取人皆用經術；綸巾羽扇，諸葛公之爲將足見風流。蓋戡除雖藉乎干戈，而根本必先於禮樂。郤縠才優，允合三軍之帥；樂羊功奏，行焚一篋之書。未得登龍，俄承遺鯉，將下交乎白屋，復寵賁乎元纁。此真姬公吐握之風，當亦園、綺趨從之日。然而江湖下士，丘壑孤蹤。年七十而入秦，非干霸主；抱六經而歸魯，竊慕宣尼。加以筋力衰頹，應酬都廢。居子真之谷口，未入長安；隱弘景之茅山，不過白下。並古人已行之事，想大雅必諒其衷。但久企光塵，更叨知眷，寧忘仰止，實切朝宗。桃李無言，已在春風之下；蒹葭可望，儻從秋水之湄。伏冀鑒原，曷勝悚仄！書刻四種附呈台覽，不宣。

祝張廷尉書

恭惟台臺維嶽降神，自天申保。鴻勳爛若，已光太史之書；燕處超然，益重封人之祝。茲當初度，倍迓百祥。誦魯人黃髮之詩，「公徒三萬」；述莊子大椿之算，春秋八千。敬效葵芹，用禪山海，伏惟鑒茹，可任榮施！別有啓者：鄙人以頒白之年，采山而隱，卜于西嶽，宗祀考亭，前書已陳，無煩贅説。惟恐物情難一，多口易生，疑爲色取行違之人，謂是講學聚徒之輩，則朱子當年尚且蒙譏于僞學，而腐儒今日豈能徧信于同人？倘晤撫軍，乞陳硜鄙之素，幸甚幸甚！臨楮瞻切，不宣。

與施愚山

聞先生近日奉令叔老先生之諱。猶子之訓，諸父之名，傳之禮經，比於生我，而況先生事叔父如父，孝友之論，無間於鄉黨者乎？戴封、度尚並以從父憂去官，洪武二十三年始定爲不得奔喪之制。則先生之於今日，情雖過於古人，而勢有所不得爲者矣。頃者又聞修史之命，竊念列女之傳，舊史云云至「筆削之任」，同《館中諸公書》。

回憶昔時追陪歷下，興言及此，動容稱歎，咨嗟久之！耿耿此心，猶如一日。夫共姬之葬云云至末，同《館中諸公書》。

與潘次耕

於天空海闊之中，而一旦爲畜樊之雉，既已不可諫矣。雖然，無變而度，無易而慮，古人于遠別之時，而依風巢枝，勤勤致意，願子之勿忘也。昔日欲餬口四方，非衒其才華不可，今日當思中材而涉末流之戒，處鐔守拙。鮑照爲文，常多累句，務令聲名漸減，物緣漸疎，則不至爲龔生之夭天年矣。若夫不入權門，不居間公事，是又不待老夫之灌灌也。吾之行止，悉如前札所言。今已盡取安德書裝西入壺口。吾弟見人不妨説吾將至都下，蓋此時情事，不得不以逆旅爲家，而燕中亦逆旅之一，非有所干也。若塊處關中，必爲當局所招致而受其籠絡，又豈能全其志哉！今在晉中，固爲□，然□書思之，反是一途耳。

與李子德

鴻都待制，似不能辭，然陳情一表，迫切號呼，必不可已；即其不申，亦足以明夙心而謝浮議，老夫所惓惓者此也。今年爲嵩、雒之游，蓋亦梁伯鸞異州之意，語具別楮。目下將往西河，與祁人結此一局。老弟此時居高之呼，稍易爲力，而愚行李蕭然，何以爲計？分外之物，我必不取，惟求其固有者而已。東西二事，執事所悉也。

去秋老弟行後，潁陽便無主人。長源謂秦俗最薄，勸吾歸吳，至於再四。今雖暫移華下，其買田結婚權停。山史家計日落，恐不能爲吾主人。其他交與雖有二三搢紳，亦未知何如也。惟中孚送別，至呑聲下泣，頗見交情。開美亦親來華下省視。然吾在貴縣一載，酒肉之外，一無所收，去時惟受九芝十二金，爲雇車之費而已。同官畢竟冒雪一行，拜于墓下，以申知舊之誼。此皆老弟所欲知者，并聞。

與次耕

曲周接取中之報，頗爲惜之。吾弟今日迎養都門，既必不可，菽水之供，誰能代之？宜託一親人照管，無使有尸饔之歎。不記在太原時，相與讀寅旭書中語乎？又既在京邸，當尋一的信與嫂姪相聞，即延津在繫，亦須自往一看。此皆吾輩情事，亦清議所關，不可闕略也。至于來書所言，已□之爲偶然。寓席未煖，而即出爲大河南北之游，又所以示不滯一方之意，有進於所言者也。燕、青二詩已到。今又一律寄上，在子德函中。并附《嵩山》一絶。

與陳介眉

弟今年得一詣嵩山少室，天下五嶽已游其四，遂至河東，歲莫始還華下。天生西來，知地震之前，台旌已歸四明，弟有一書并《詩本音》一部留力臣處，想未徹覽也。旋接惠札，如承謦欬。當此世道横流之日，不有一二君子，何以挽頹風而存絶學？所示萬君《學禮質疑》二卷，疏壅釋滯，誠近代所未見，讀之神往，知浙東有人。然其一卷所論如秦時夏正繇不韋始，未敢遽信；至二卷宗法、昭穆諸論，真足羽翼經傳，垂之千古，已録入《五經緒論》中。更有續刻暨貴地學者近著，願悉以賜教。比因修史之舉，輦上諸公復有欲相薦引者，不知他人可出，而弟必不可出也。先妣王氏未嫁守節，云云至「涕之霑襟也」，與《館中諸公書》同。今秋始得拮据百金，付姪洪慎建一石坊于家前，曰：旌表某人妻某氏之墓。而適當史局將開，則列女之傳似宜甄録，用是具書于詞林相知者數君，而騶從已行，此書又未達也。年近七旬，旦莫入地，先慈遺訓，依然在耳。誓墓之情，知己可以諒之矣。黄先生弟前年曾通一書，未知得達否？承示庭誥葉安人誌銘，誦之既深景仰，復重感傷，此心此理，臣子所共。今附《關中》、《嵩下》詩，同志者可共觀之。并訊貞一兄近況。

復湯荆峴書

子德西歸，拜讀手札。復有一牘具陳先妣節烈，及前朝旌表之概，求入史傳，當已徹台覽矣。承問史事，弟年老遺忘，不敢臆對。但自萬曆以來，是非之塗，樊然殽亂，姑以目所嘗見之書，其刻本則如《辛亥京察記事》、《遼事實録》、王公在晉。《清流摘鏡》、王嶽。《傃庵野抄》、《同時尚論録》、二書並蔡某，忘其名。《慤書》，蔣公德璟。抄本則如《酌中志》、劉若愚，即汪鈍庵集中所謂遠志之苗。《幸存録》、夏君允彝。《慟餘雜記》史君惇。之類皆不可闕，而遽數之不能終也。蒐羅之博，裁斷之精，是在大君子而已。弟近二十年精力並用之音韻之學，今已刻之淮上，惟待自往與張君力臣面加訂改。今年至睢，值淮西飢荒，又乏資斧，不果前行，明春當再裹糧東去。適馬氏暫有所約，或于貴地暫有旬月之留，先此附聞。并有馬宅一字，煩爲寄往。率爾布候，不盡瞻馳。

留書與山史

弟以淮上刻書未竟，須與力臣面相考訂，而晉中亦不可不一往，故于明日東行，不能□先生歸里。此去計須半載，然聞中州、淮甸，在在饑荒，未卜前途何似？興盡而返，亦無容心也。考亭祠堂，原一字來言當事視爲迂闊之舉，當更作區畫，今候駕回與子德合力經營。劉太室父母來此者，再同之周覽形勢，亦以竹園爲定，但其費頗鉅耳。三徑雖荒，四松無恙，此歸須另作一番整頓。家計漸窘，世情日薄，而烏衣子弟，若復染尋常百姓之習，則從惡如崩，不可復振矣。恃在知己，敢以肝鬲之言，陳諸左右，不必向人道也。郎君輩甚相推敬，并謝惓惓。

與潘次耕札四

大家續孟堅之作，頗有同心；巨源告延祖之言，實爲邪說。展誦來札，爲之愴然。吾昔年所蓄史事之書，並爲令兄取去，令兄亡後，書既無存，吾亦不談此事。久客北方，後生晚輩益無曉習前朝之掌故者。令兄之亡十七年矣，吾今年六十有七，以六十有七之人，而十七年不談舊事，十七年不見舊書，衰耄遺忘，少年所聞，十不記其一二。又當年牛李、朔蜀之事，殊難置喙。退而修經典之業，假年學《易》，庶無大過，不敢以草野之人追論朝廷之政。往日對孝感之言，都人士所共聞也。然亦有一得之愚，欲告諸良友者：自庚申至戊辰邸報，皆曾寓目，與後來刻本記載之書殊不相同。今之修史者，大段當以邸報爲主，兩造異同之論，一切存之，無輕删抹，而微其論斷之辭，以待後人之自定，斯得之矣。割補《兩朝從信録》尚在吾弟處，看完仍付來，此不過邸報之二三也。此札可與錫鬯、公肅觀之。

答李子德

戴鳳回，接二札，甚慰。愚所寄曲周書尚未到，可遣人索之王中翰名鄖字文益處。老弟雖上令伯之章，以吾度之，未必見聽。昔朱子謂陸放翁能太高，跡太近，恐爲有力者所牽挽，不得全其志節，正老弟今日之謂矣。但與時消息，自今以往，别有機權，公事之餘，尤望學《易》。吾弟行年四十九矣，何必待之明歲哉？更希餘光下被，俾莫年迂叟得自遂於天空海闊之間，尤爲知己之愛。梨州、晚村，一代豪傑之胤，朽人不敢比也。自洺上至壺口，適别駕李君家有人北上，附此申候。既足與小兒衍生託允塞兄衍生注：名弘輝，王山史弟。炤管，今山史已歸，可無西顧之慮。目下將往汾陽，借王中翰郊園度暑，距祁不里，便于遣人往來。所論再入都門，因薦局未冷，稍欲自重。必不得已，乃爲此行，亦須借一名色，容俟續報。次耕叨陪同事，願加提挈。昨有札來問吾史事，語以昏耄善忘，一切不記。同榜之中相識幾半，其知契者，愚山、衍生注：施閏章。荆峴、湯斌。鈍庵、汪琬。竹垞、朱彝尊。志伊、吳任臣。阮懷、高詠。蓀友。嚴純蓀。以目病不能多作字，旅次又無人代筆，祈爲道念。

又

老弟宜將令伯《陳情表》並註中事實録出一通，携之笥中，在己不待書紳，示人可以開墻面也。以不預考爲上上，至囑至囑。此番入都，不妨拜客，既爲母陳情，則望門稽首，亦不爲屈，雖逢人便拜，豈有周顒、种放之嫌乎？梁公清標。有心人，若不得見，可上書深切懇之。外又託韓元少于館中諸公前贊成，亦可一拜。旁人佞諛之言，塞耳勿聽。凡見人但述危苦之情，勿露矜張之色，則向後聲名，高於徵書萬萬也。又同年二字，切不可説，説于布衣生監之前猶可；説于兩榜之前，此恨將不可解。此種風氣相傳百餘年矣，亦當知之。至都數日後，速發一字於提塘慰我。

略師古人贈言之意，書扇奉呈。頃與既足論及君家故事，有可以不死之巨游，而必無乞養不終之令伯。一入都門，情辭激切，如慈親之在塗炭，則君不能留，友不能勸矣。骨肉之愛，敢不盡言，亮之。

與李中孚

先生已知盩厔之爲危地，而必爲是行，脱一旦有意外之警，居則不安，避則無地，有焚巢喪牛之凶，而無需沙出穴之利，先生將若之何？至云置死生於度外，鄙意未以爲然。天下之事，有殺身以仁者，有可以死、可以無死，而死之不足以成吾仁者。子曰：「吾未見蹈仁而死者也。」聖人何以能不蹈仁而死？時止則止，時行則行，而不膠於一。《孟子》曰：「大人者言不必信，行不必果。」於是有受免死之周，食嗟來之謝，而古人不以爲非也。使必斤斤焉避其小嫌，全其小節，它日事變之來，不能盡如吾料，苟執一不移，則爲苟息之忠，尾生之信。不然，或至并其斤斤者而失之，非所望於通人矣。承惓惓相愛之切，故復爲此忠告，伏冀轉圜之，聽送役至華下。另當有札與憲尼社兄，囑其懇留先生也。不宣。

附：今日所冒者，小不廉之名；他日所免者，大不韙之事。

答劉太室

台惠下頒，弟已停炊待發，恐虛長者之意，謹此璧謝。且初冬即來，何必餞耶？

□文公祠堂肇舉，士大夫無不欣欣，而來教獨一字不及，豈逆料當事者之未必能成此願乎？弟暫住河東，以待竣事，一水之隔，可以朝中條而暮華山，若復不果成，則是陽託慕道之名，而陰行逐客之令，弟可浩然而南歸矣！札中遠引陶唐，近推河、汾，是何自待秦人之薄耶？率爾附復，不盡。

與原一公肅兩甥

老年多暇，追憶曩游，未登弱冠之年，即與斯文之會。隨厨、俊之後塵，步揚、班之逸躅，人推月旦，家擅雕龍。此一時也。已而山嶽崩頹，江湖沸渭。酸棗之陳詞忼慨，尚記臧洪；睢陽之斷指淋漓，最傷南八。重泉雖隔，方寸無睽，此又一時也。已而奴隸鴟張，親朋瀾倒。或有聞死灰之語，流涕而省韓安；覽窮鳥之文，撫心而明趙壹。終憑公論，得脱危機。此又一時也。凡此三者之人，騎箕化鶴，多不可追，哲嗣聞孫，往往而在。此即擔簦戴笠，陌路相逢，猶且爲之叙殷勤、陳宿昔，班荆鄭國之野，貰酒黄公之壚。而況吾甥欲以郡中之園爲吾寓舍，尋往時之息壤，不乏同盟，坐今日之皋比，難辭後學。使雞黍蔑具，乾餱以愆，既乖良有之情，彌失故人之望。且吾今居關、華，每年日用約費百金；若至吴門，便須五倍，而書記知客，亦須常設兩人，吾甥能爲辦之否乎？又或謂廣廈之歡，可以大庇寒士；九里之潤，亦當施及吾儕。而曰：吾爾皆同患難之人，爾有鼎貴之親甥，便是同人之極品。因罤字即「筌蹄」之蹄。覓菟，見彈求鴞，有如退之詩所云「偶然題作木居士，便有無窮祈福人」者，吾甥復能副之否乎？雖復田文、無忌，不可論之當今；假使元美、天如，當必有以處此。而如其不然，則必以觖望之懷，更招多口之議。況山林晚暮，已成獨往之蹤；城市云爲，終是傴人之學。然則吾今日之不來，非惟自適，亦所以善爲吾甥地也。幸爲熟籌，不憚再三往復。

附：作書未竟，念及定齋之子，亦吾甥也。古人舊館脱驂，一飯必報，矧親連肺附，少長周旋者乎？可撫愛及之，忽忘忽忘。

與三姪

新正已移至華下，祠堂、書院之事，雖皆秦人爲之，然吾亦須自買堡中書室一所。堡地甚貴，一間之地，價須六七金，又須買水田四五十畝爲饔飧之計。而山右行囊五百金寄戴楓仲者，爲其子竊去，納教諭之職。以此捉襟見肘，尚未有就。然秦人慕經學，重處士，持清議，實與他省不同。我在此，靖逆侯請至蘭州而未往，川督周請至西安而亦未往，華陰本邑令君遲維城。親來，我僅差人叩頭而已。此皆得之關中士大夫之指教。王、李赴京，復有劉、名澤溥，字太室。楊名端本。二紳爲之地主。黄精松花，山中所産，沙苑蒺藜，止隔一水，終日服餌，便可不肉不茗。然華陰綰轂關、河之口，雖足不出户，而能見天下之人，聞天下之事。一旦有警，入山守險，不過十里之遥；若志在四方，則一出關門，亦有建瓴之便。今年三月，乘道塗之無虞，及筋力之未倦，出崤、函，觀伊、雒，歷嵩、少，亦有一二好學之士聞風願交。但中土饑荒，不能久留，遂旋車而西矣。彼中經營方始，固不能久留于外也。淮上之行，且胥後令。關中惟涇陽、三原兩縣人□爲揚州人聲氣不同，故南貨如紙筆之類，多不可得耳。聊作此字與三姪共觀，亦可與徐氏三甥之書互看，語不重出也。寄二弟一詩并家報想已到，今有《嵩山》二作附書于左。

與原一公肅兩甥

久滯山右，因有裝囊爲人所竊，待其吐償，語具次耕札中。今在太原閻父母宅，燕、秦之途，相距正等，甚思一見吾甥，而冰雪將作，不能冒寒而至也。關中僑寓，局面甚小，永貞來此目見。幸子德歸里，相爲之情頗專，而彼中官長紳韎，並知下士，雖無叨冒，足遂優游，已定菟裘之卜矣。念暮年久客，家園之計亦不得不往一視。建坊築堂一札，煩付汝嘉者，計已悉之，八月二十日已賚銀南行矣。如得及旅力之未愆，幸關河之無阻，一瞻丘壠，並會親朋，亦足以畢老人之願。然屈指此行，吴門當住十日，崑山半月，千墩一月，各處墳墓皆當展敬；親友歷年存亡，皆當弔慰；淮、揚、白下以至嘉、湖數郡交好之士，皆當過詣其廬，此又得兩三月。淮上勘書出書，復得一兩月。而夏暑秋潦冬寒，並不利于行路，則必以春去而以春回，首尾一年，廢當何若？吾自甲寅以後，坐食六年，每年約一百二三十金。兼以刻書之役，千墩來物已盡用之。然北方往來，寄食於人，而自有馬贏，所需不過芻秣。南方則升米壺醪，皆須自買，一倍矣；僦騎買舟，二倍矣；窮親敝友九流三教之徒，無不望切周旋，而久在四方，則自遠之朋，不速之客，亦所不能絶，三倍矣。官長我所不干，甥姪之家饔飱自所不辭，資斧豈宜相累。然則費何從出？設若羽書狎至，一豎偶嬰，停閣一時，便有一時之費，又不止如前所計而已也。去年原一書來，我則不暇；今暇矣，何以爲謀？又謂能代出行途之費，若謂取諸宫中，恐非吾甥之所能辦；若欲我一見當事，必謗議喧騰，稚珪之《移文》，不旬日而至于几案矣。或者譏其棄室家，離鄉井，以爲矯枉不情；又或以子夏不歸東國，梁生不返西州，爲達人之高致，皆未辨乎人事者也。去年兩姪書來，望吾一至淮浦，彼來謁見，然亦須住淮兩三月，而故人已没，蕭寺荒凉，必往山陽、寶應，方可居停。而夏則苦蚊，秋則患水，常須遲至十月取道浦口，方得西行。其費不能減半，又不如差人取書來勘，每徧不過四五金之易爲力也。淮上猶難，而況吴會

且須後年耳。乎？幸吾甥爲吾熟籌之以報。來年不能，

與李子德

頻陽之來，恃老弟爲主人耳。老弟去，則自不能留，亦無爲王留行者矣。況地處僻遠，事事不便，今雖暫居華下，未爲卜築之計，且俟過江、淮，再與親知籌之。晉事久懸，必須拔去其根，而後浩然東邁耳。秋以爲期，晤言或可待也。令弟處尚少二十金，訂在麥秋。愚已于三月十日出關，先向陝、雒矣。既足與小兒寓山老齋中，駕果歸來，幸留書于此。如愚不即來，信使往還，便于傳送也。

與王山史

弟以十月七日自華下回頻陽，付仲和名宜輯，山史次子。一函，并疏廿紙，想已到。知卧疾京邸，甚善甚善。弟冬來讀《易》，手録蘇、楊二傳，待駕歸，得共山中之約，將《大全》謬併之本，重加釐正。程、朱各自爲書，附以諸家異同之説，此則必傳之書也。建祠之所，形家謂在二泉合流之中爲佳，今仲和力言欲用其竹園，乃在泉渠之北，亦無不可，須弟自往同允塞看定。此事規模亦不可太小，百堵皆興之後，自有助者。萬勿將刻疏送人募化，類僧道所爲，損吾輩體面。但一二百金之事，弟能任之，亦足以築周垣，立前堂矣。君子先行其言，而後從之，今人作事每每相反。《易》曰：「默而成之，

不言而信。」存乎德行，能無望之同志乎？若弟自欲垂後世之名，無藉于立此祠院；苟立之而有未盡善，以取議於人，則不如無立。今爲此者，但欲成吾友之願，且有宋、元以來相傳經典之書，不能無所寄託耳。二題録左，並乞採用，不盡。

附：四書「聖人之行不同也」四句。《易》象曰：「君子夬夬，終无咎也。」

又

朱子祠堂之舉，適有機緣。今仝令弟及諸君相視形勢，定于觀北三泉之右，擇平敞之地，二水合流之所，建立一堡，止用地四五畝，繚以周垣，引泉環之，并通流堂下。前爲石坊，列植松栢，内住居民三四家守之。雖所費不訾，但有百金即便興工，不患無助。春仲弟自來視工。望作一家報，凡擇地委人，一切託之令弟允塞，仍移書報弟，速爲措辦。

又

接來書及詩，并悉近況，甚慰。今有一詩奉和。《孟子》曰：「是求無益於得也。」況有損乎？願執事之益堅此志也。建祠之費，謀之江左，去人未來，弟今先出橐金，代爲創始；一二當事亦有樂助者，期以必待興工之日，廣衆之庭，方敢接受。興工者，聚資之策也，然而多口紛呶，有不欲弟與君共事者，又有貽詩沮止者，弟皆不聽。然弟將有江南之行，一去則瓦解矣，是以汲汲爲之。欲以秋丁安神，而築垣蓋堂，須百五十日，塑像裝飾須百五十日，爾時執事與天生定已旋里。著鞭雖在祖生之先，而成佛自居靈運之後也。來札云「不可小就」，甚合鄙意。若苟且草率，遠無以愜四方觀者之心，近無以弭同鄉議者之口，則不如勿爲。今將圖樣呈覽，但有二百金可以先成周垣及祠堂，其後次第爲之可耳。至弟一身且未欲卜居，祠中亦非可居也。擇地二處具別紙，待江左信至即興工。弟今來華下，欲待□又老過一晤。令姪北上先寄此。

答

尊指具達□遲公，維城字屏萬，時爲華陰令。想即日發銀矣。程丁庀務，多藉賢勞，弟惟進祝一語：無貽四方觀者譏議而已。規制一幅呈上，雖出鄙見，亦參中孚、天生、仲復諸君之論，幸詳閱之。如有不合者，亟爲教示，當聞義而徙，若作者不合此式，而或歸咎於弟，弟不任受矣。更有請者：官以主管雲臺入銜，書以雲臺真逸自號，若欲舍此而另求地，則適以犯衆口之雌黄，尤斷斷不可也。

與李子德

華陰王紫垣名斗機。來一書，富平趙兄名芑來一書，並達覽否？愚于十二月二十七日在華下會□又南，次日即至華州。而渭北草竊縱橫，竟不能去，在州別駕王君署中度歲。正月三日始至鏵朱，欲一至宅叩辭老伯母，會北山多虎，仲德力止毋行，乃紆道自耀州至同官，拜寇老師之墓。二月七日東裝雇車啓，行十日至山史宅中暫住。仲德尚欠百金，期此月之杪。知老弟垂念之切，故縷縷奉聞。知老弟爲我用情無不周至，然此中別無所入，如愚今日謹身節用，可謂至矣，而來此十月，費八九十金，不爲長策，何以善後？鄙意又不欲當人之惠，然則祁縣之物，豈能置之勿問？承教今春必完，今將親往以驗此言之信否。彼札云：「其中曲折，已面白之天翁先生矣。」愚謂此事老弟能管即管，不能管須亟推開，無徒與彼爲藉口躲閃之資也。至于山左之産，今日尚值千金，聞其地糧食甚貴，或亦可售之時。有同薦金君瑴，似名敬居者，與韓元老至親，曾在章丘縣幕中晤，間亦可一問，并代致鄙念。

人有從建陽來者，訪得縣東關有賣卜橋，橋邊有謝疊山先生祠。命工畫之爲圖，而倣西湖岳祠秦檜之意，添一木偶人，荷鐵枷跪于中庭，題曰枷號薦人殺人犯人一名魏天祐。❶

蔣山傭殘稿卷三終

❶ 此段文字爲殘篇，無標題。

熹廟諒陰記事

熹宗達天闡道敦孝篤友章文襄武靖穆莊勤悊皇帝，光宗皇帝長子。母曰孝和皇太后王氏。以萬曆三十三年十一月十四日生，四十八年八月，命擇日立東宮。欽天監以九月癸未上，許之。

九月乙亥朔，光宗崩。

英國公張惟賢、太子太保禮部尚書兼文淵閣大學士方從哲等率諸臣入乾清宫哭臨，畢，請見皇長子，良久乃出。群臣叩頭，畢，擁皇長子至文華殿行五拜三叩頭禮，呼萬歲，乃起。

時選侍李氏在乾清宫，皇長子尚居慈慶宫，勳戚、内閣、部院、大小九卿、科道等官並入内直宿扈從。

是日，賜勳臣英國公張惟賢銀一百兩、紵絲四表裏，疑不止英國公一人。閣臣方從哲銀一百兩、紵絲四表裏，劉一燝、韓爌各銀八十兩、紵絲四表裏，尚書周嘉謨、李汝華、孫如游、黄嘉善、黄克纘各銀五十兩、紵絲四表裏，不及都御史，抄失之也。考是張問達否。吏科都給事中范濟世、河南道御史顧慥各銀四十兩、紵絲二表裏，鴻臚寺寺丞李可灼銀五十兩、紵絲二表裏。

丁丑，成服。禮部請皇長子以庚辰登極，許之。

先是，光宗皇帝命册封李氏爲皇貴妃，以庚辰日上，會駕崩，令旨已允行矣，及擇登極日，復用庚辰，因啓二禮難於並舉，命更擇日册封。而選侍在先帝時怙寵，意群臣不欲封之也，因留乾清宫不去。

先一日，吏部尚書周嘉謨等公啓請奉梓宫於仁智殿，選侍移居後殿。御史左光斗又獨上言：「内廷之有乾清宫，猶外廷之有皇極殿也，惟皇上御天居之，惟皇后配天得並居之。其餘妃嬪，雖以次進御，遇有大故，即移别殿，歷代相傳，未之有改。今大行皇帝賓天，選侍李氏既非嫡母，又非生母，儼然居正位，而殿下乃居慈慶，不得守几筵、行大禮，典制攸乖，名分倒置，臣竊惑之。且聞李氏侍先皇無脱簪鷄鳴之德，待殿下又無撫摩鞠養之恩，此其人豈可以托聖躬者？在皇祖時，請名封而不許，即貴妃之命，亦在先皇彌留之時，其意可知。且封妃之命，行於先皇爲順，行於殿下，則尊卑之稱亦斷斷有不可者。及今不早決斷，將借撫養之名，行專制之寔，武后之禍，復見於今，臣誠有不忍言者矣。望殿下收回遺命，仍令守選侍之職。或念先皇遺愛，姑與以名稱，速移别殿。殿下仍回乾清宫守喪次而行大禮，則宫禁清、名位正，宗社之靈實式憑之矣。」疏未下。

初，光宗大漸，廷臣咸咎御藥房提督太監崔文昇用藥不效，及李可灼進丸，時上疾已不可爲矣，次日遂崩。外廷亦未有言者。而令旨賞大臣銀幣並及可灼，於是人情愈益不平。御史王安舜劾可灼關通内廷，有主持之者，令旨罰可灼俸一年。而御史鄭宗周劾文昇，言：「張差之變，操椎禁門，幾釀不測之禍。皇祖仁慈，未盡厥辜。故文昇今日尤而效之，其所由來漸矣。乞令三法司嚴鞫有無謀使逆情。」事下司禮監。

戊寅，有旨答諸大臣及光斗啓，令擇日移宫。

己卯，兵科給事中楊漣上言：「登極已定明日，選侍偪處正宫，目無幼主。又聞今典膳局太監李進忠、劉遜等擅開寶庫，盜取珍藏。宜以義斷，速令出宫。」諸言官環集閣中，與大臣争之。從哲等乃具揭言：「殿下明日禮成之後，即當居乾清宫。選侍必須先移出。聞大内仁壽殿規制宏敞，堪以久居。乞即傳示，早令搬移。臣等及百官謹於宫門立候批發。」漣等相率詣慈慶宫前候旨。司禮監太監王安者，事先帝東宫，素不快於選侍，爲漣等内應。啓上，得旨即日移仁壽殿。漣、光斗諸臣排闥而入，選侍與皇妹八公主倉皇走移去。下劉遜等獄。

庚辰，皇長子即皇帝位，以明年爲天啓元年，大赦天下。其萬曆四十六年加派地畝錢糧通免一年，遼東軍民先年逃入虜中，或近日被掠者，兵部行文捴督鎮巡等官多方招徠，有率衆來歸者，酌量賞録。

壬午，禮科左給事中李若珪請以今年八月朔先帝即位之日爲始，訖十二月，稱泰昌元年。其七月晦以前稱萬曆四十八年。下禮部會議，從之。

癸未，司禮監以崔文昇獄上，上責文昇用藥不效，降內宮監奉御。

甲申，上皇祖大行皇帝尊謚曰範天合道哲肅敦簡光文章武安仁止孝顯皇帝，廟號神宗。

工科給事中惠世揚劾從哲庇文昇，及受李進忠、劉遜盜藏美珠，主封貴妃，罪當誅。御史鄭宗周、刑科給事中魏應嘉連章劾之。從哲再疏自辨乞去，不許。

御史馮三元上言：「李可灼陷先帝於倉卒，中外人心所共憤痛。乃賓天未幾，旋蒙恩賞，臣愚不知此賞爲何名也，及御史王安舜言之，始令罰俸，臣愚又不知此罰爲何名也。一事而賞罰並行，何以爲準？」可灼不自安。丙戌，上疏引疾。有旨令養病去。故事：惟九卿得旨養病。可灼以小臣得此旨，於是朝論益譁然不可解矣。

是日，以整飭永平兵備山東按察司按察使袁應泰爲都察院右僉都御史，巡撫遼東。

丁亥，上皇祖妣孝端皇后尊謚曰孝端貞恪莊惠仁明媲天毓聖顯皇后，皇祖妣溫肅端靖純懿皇貴妃尊謚曰孝靖溫懿敬讓貞慈參天胤聖皇太后。

逮前遼東揔兵官李如栢、遼東河東揔兵官李如楨下獄。如栢自經死。

癸巳，南京太常寺少卿曹珍上言：「先

帝春秋鼎盛，即涉哀勞，何至一月之間，便爾殂落？道路沸傳，以爲姦黨邪謀，醫藥雜進。伏思二十年忠臣義士，受杖受謫，以爭册立者，正以先帝故耳。此屬久蓄異志，必有一逞，實不意倉猝之中竟售其計。陛下先帝愛子，亦未一問先帝垂没之事，以報地下之恨乎？」先是，言官論文昇者猶隱顯出入其詞，珍疏始斥言之，以爲大逆矣。

乙未，陝西撫臣李起元奏黄河水清三日。

戊戌，赤氣亘天。

自左光斗有收回封妃遺命之請，令旨下禮部再議。已而上即位，掌禮科給事中暴謙貞抄參寢其事。而諸内侍下獄者轉相攀引，連及二三大璫，以動摇貴妃鄭氏，并及選侍之父。從哲等請自科道所指數人外勿更收捕。未允。而中外流傳，有言選侍自經、八公主赴井者。

御史賈繼春上書閣臣，以爲：「自古未有新君即位之初，首勸主上以違忤先帝，逼逐庶母，表裹交搆，羅織不休如今日者。先帝命諸臣輔皇上爲堯舜，夫堯舜之道，孝弟而已矣。父有愛妾，其子終身敬之不忘。昔孝宗皇帝於萬貴妃也，人言嘖嘖，付之不聞。我大行皇帝之於鄭貴妃也，三十餘年天下所共側目之郄，而聖心曾無纖芥。祖宗家法，何不爲皇上一陳之乎？先帝彌留之日，親向諸臣言選侍曾產數胎，育有幼女。欷歔情事，草木傷感，而況臣子乎！受先帝恩禮不薄，而玉體未寒，遂不能保一愛姬乎？　願閣下委曲調護，令選侍得終天年，皇幼女不虞意外，則先帝含笑九原，而皇上垂芳萬載矣。」

左光斗亦上言：「當先帝上賓之後，人心危疑。臣隨公疏後有肅清宮禁一疏。其時但以安宗廟、定社稷爲念，不知其他。今選侍既已移宮，自當存大體、捐小過，若復株連蔓引，使宮闈不安，則於國體不便，亦大非臣等建言初心也。」

時内廷亦知不厭人意。辛丑，上諭内閣：「朕幼冲時，皇考選侍李氏恃寵屢行氣毆，聖母以致懷憤在心，成疾崩逝，使朕有冤難伸，惟抱終天之痛。前皇考病篤，閣部大臣俱進内問安，選侍威挾朕躬，使傳封皇后。復用手推朕，向大臣靦顔口傳。因避李氏毒惡，心不自安，暫居慈慶宮。李氏又差李進忠、劉遜等傳，每日章奏文書先奏我看畢，方與朕覽，仍待即日垂簾聽政處分。御史有言李氏他日必爲武氏之禍者。朕思祖宗家法甚嚴，從來有此規制否？朕今奉養李氏於噦鸞宮，月分例供給錢糧，俱仰遵皇考遺愛，無不體悉。外廷誤聽李黨喧謡，實未知朕心尊敬李氏之不敢忘也。其李進忠等皆係盜庫首犯，贓明證確，自干憲典，勿使渠魁賄囑當事，播弄脱罪。卿可傳示該部院遵行。」從哲等具揭封還。有旨：「李氏過惡多端，未及盡悉。朕意不伸，流言奚弭？　其即行發抄，使天下知之。」

從哲等上言：「選侍李氏，平日怙勢張威，得罪聖母。不惟聖心含冤抱痛，無以自伸；臣等聞之，亦不勝悲憤。但事涉宮闈，不宜宣洩。且皇上既仰體先帝遺愛，俸養不缺，尊敬有加，傳之外廷，誰不贊揚聖孝？似不宜又暴其過惡，以掩盛德而滋物議也。臣等愚見如此，故一時未敢抄發。茲復蒙皇上面諭切責，不勝悚懼，除奉旨傳示外廷并發抄外，願皇上始終以先帝遺愛曲賜保全，皇五子並三位公主時時顧念，務令得所，則孝慈兼盡，聖德彌光矣。」上曰：「覽卿等奏，具見忠愛。朕弟妹皆骨肉至情，豈不注念？皇考選侍李氏已移居噦鸞宮，撫養所生八妹；選侍李氏居勖勤宮，撫養皇五弟；選侍傅氏居昭儉宮，撫養所生朕六妹、七妹。俱有隨從宮眷，各衙門月分年例養贍錢糧俱從優厚，令各得所，昭朕仰遵皇考遺愛，篤念親親之意。特諭卿等知之。」

先是，兵科給事中姚宗文閱視遼東還，奏熊廷弼隱匿敗狀。廷弼疏辨乞去。御史馮三元劾廷弼辨言欺君，庸才誤國。下九卿、科道會議。廷弼請勘，御史張修德、刑科給事中魏應嘉復劾之。命廷弼解任回籍聽勘。

冬十月甲辰朔。乙巳，兵部尚書黃嘉善罷。

丙午，葬神宗顯皇帝、孝端顯皇后於定陵。

辛亥，以袁應泰爲兵部右侍郎兼都察院右僉都御史，經略遼東。

廷弼在遼東一年，自負其無大失事，連

疏與言官相訐，乞令馮三元、張修德、魏應嘉至遼行勘。從之。兵科給事中楊漣、御史吴應琦等奏，以爲自古無言事之人即勘所言之事者，必更紛囂，有傷政體。不聽。大學士方從哲等復言之，改遣兵科給事中朱童蒙往。攷日。

甲寅，命行人徵舊輔葉向高、朱國祥、史繼偕、沈潅、何宗彦入閣。

以整飭遼東兵備山東布政司參政薛國用爲都察院右僉都御史，巡撫遼東。

添設兵部侍郎二員。

己未，上皇考大行皇帝尊謚曰崇天契道英睿恭純憲文景武淵仁懿孝貞皇帝，廟號光宗。史録在己丑，乃九月十五日。

辛酉，中旨以禮部尚書孫如游兼東閣大學士，入閣辦事，以酬其山陵典禮之勞也。御史賈繼春等、吏科都給事中薛鳳翔等合疏争之。户科給事中王繼曾復言中旨不可頻出。不聽。

甲子，免雲南貢金二千兩。

丁卯，噦鸞宫災。上諭内閣：「皇五弟與諸公主居勖勤宫，相隔甚遠，已差人守護。噦鸞宫雖燬，選侍李氏暨皇八妹俱無恙。特諭卿等知之。」

南京御史傅宗皋上疏論崔文昇，因言：「先帝長君踐阼，鄭貴妃以皇祖嬪御留止宮中，不聞引避，疑有隱謀。請收侍御之人下獄窮治。」不許。

以總督宣府大同兵部右侍郎兼都察院右僉都御史崔景榮爲兵部尚書。

十一月甲戌朔。丙子，上皇妣元妃郭氏尊謚曰孝元昭懿哲惠章仁合天弼聖貞皇后，皇妣才人王氏尊謚曰孝和恭獻温穆徽慈諧天鞠聖皇太后。

自萬曆中年，上深居大内，不甚省覽文書，群臣章奏，往往不待旨即發抄。其所彈劾大僚，有不斥言職官姓名，而微辭曲指，欲人尋思而得之者。其意不必上覽也，使受劾者自悟以激發之。是時吏部尚書周嘉謨、户部尚書李汝華並以人言杜門。上曰：「近日大臣紛紛求去，屢旨慰留，通不遵承，成何政體？朕新政之始，方倚任老成，且卿等侍先帝凴几，言猶在耳，安可恝然？大臣愛君體國，豈當如是？尚書周嘉謨、李汝華可即出視事。言官論人，毋得任意訾毁，以後章奏宜明白簡易，據事直陳，無得過爲含糊，熒惑聽聞。」甲申，虜犯灰山，蒲和總兵官賀世賢拒却之。

辛卯，賜袁應泰尚方劍。

贈故輔臣王家屏太保，廕一子尚寶司司丞。

刑部以盜寶獄上，有旨：「劉遜、王永福、姚進忠、姜昇、鄭隱山等並斬，餘發充浄軍。」尚書黄克纘執奏。不聽。

是月，南京軍士挾賞鼓譟，焚科臣晏文輝公署。

十二月甲辰朔。丙午，遣司禮監太監盧受、王安，御用監太監王之元於京師順天等處，司禮監太監李實、内官監太監馬鑑於南京應天、鳳陽、淮安、徐州、河南等處選淑女。

工部請鑄「泰昌通寶」錢。從之。

自移宫之後，漣、光斗等自謂有功新主，已而流言籍籍，謂上以諒陰之初，不能容先帝一妾。諭旨既宣其中語，不無太甚，人益以爲疑。漣乃上疏自明，乞加恩李氏，并傳示中外，以定人心。上曰：「奏内登極移宫事情，不獨科臣所親見，亦大小文武臣工所共見者。覽奏甚愜朕心，便令昭示中外，以釋群疑。楊漣當日竭力憤争，志安社稷，忠直可嘉，所請加恩，已知。」越三日，遂諭百官：「近日謗言叢生，猜度益甚，必至以盜犯之訛傳爲異日之實録，如科臣楊漣所奏者。朕不得不申諭避宫始末以釋群疑。九月初一日，皇考賓天，文武大臣科道等官進宫哭臨，畢，請朝見朕。李選侍將朕阻於煖閣，卿等再四奏請，欲朝見朕，不可得。當時司禮監等官設法請朕出面見大臣，李選侍許而復悔。及朕出，又使李進忠請回，如此者再三，不放出煖閣。司禮監等官又奏大臣朝見畢即回，選侍方許朕出。朕至乾清宫丹陛上，大臣扈從前導。選侍又使李進忠等將朕衣扯住不放。若非司禮監奏請朕前進不可退，又不能出見大臣矣。

及至前宫門，選侍又差人數次要朕還宫，不令朕御文華殿。卿等親見當日事勢，安乎危乎？當避宫乎，不當避宫乎？前者刑部暨各衙門欲行庇護之私，因借安選侍爲題目，使是非混淆、官府不寧。輔臣義在體國，爲朕分憂，何不代朕傳諭片言，屏息紛擾，君臣大義何在？又是日朕自慈慶宫至乾清宫恭視皇考入斂，選侍又阻朕於煖閣，不放出入。司禮監王體乾等奏大臣在前宫門恭候，請早回，選侍不聽。王體乾等奏三四次，方許朕出煖閣。初二日，朕至乾清宫朝見選侍畢，恭送皇考梓宫於仁智殿。纔行禮畢，選侍差人傳諭朕，必欲再朝見選侍，方許回慈慶宫，扈從大臣、科道等官皆所親見。一朝不已，至於再朝，是威挾朕躬，欲垂簾聽政之意。朕蒙皇考派在選侍照看，朕不在彼宫居住，其飲膳衣服皆係皇祖、皇考所賜，與選侍無干，只每日往選侍宫中行一拜三叩頭禮。因不在彼宫中住，選侍之恨更深，其侮慢陵虐不堪，朕晝夜涕泣六七日。此内臣宫眷共見而不忍言者。皇考自知派與李選侍爲誤，每日自來勸朕，見朕涕泣不止，使各官勸解，朕惟每日往朝李選侍，以遵皇考之命，而不居其宫。此於親疎自有分别。選侍所行極毒極惡之事，朕曾密諭閣臣不令發抄。若避宫不早，則選侍爪牙成列，威福在手，朕亦無如之何矣。選侍因毆崩朕聖母，自知有罪，使宫眷王壽花等時來探聽，不許朕與聖母下先任者選侍即拏去重處。各官交一言。如有舊人來問朕安，交一言盡知。朕苦衷，外廷不能盡知。朕今奉養李選侍、皇八妹，飲食衣服各項錢糧俱從優厚，且安享無恙。各官何乃猜度過計，藉爲口實？如異日選侍患病而逝，將用人以抵命乎？將歸咎於朕乎？豈不聞聖母之崩由選侍之毆，各官奈何不爲聖母，只爲選侍？父母之讎不共戴天，朕不加選侍之封號，以慰聖母在天之靈；奉養選侍之優厚，以遵皇考之遺意。大小臣工何不深加體察，乃至私於李黨，責備朕躬？欲出一嚴旨切責，内臣執奏，以朕在冲齡，外廷疑爲中旨，喧論不休。且不深究。卿等可傳諭百官，其務和衷以供乃職，毋得背公植黨，自取罪愆。」太監王安等之筆也。

刑部尚書黄克纘上疏諫。上曰：「朕之傳諭，本不得已，卿非黨李氏之人，而違□偏執，不顧君父，亦多有之。其盡乃職，勿多言。」

御史王業浩上疏言：「聖諭傳宣，中間述選侍始末及移宮一事，其中語意不無可酌。伏祈更出明綸，與中外共曉。或暫收還前諭，召閣臣等商定而後播傳。夫選侍昔爲寵嬪，今則孑焉一婦人耳。當曦鸞之火而無虞，而皇上所以撫而周之者已極優厚，而舉朝尚有煩言。乃皇上之心亦甚覺有不安，而面諭批諭，一諭再諭者，何居？皇上之所獨知也。伏願皇上返思者一。先帝青宫毓德，仁孝夙聞。一月當陽，千古讓美。何至以一女子而移眷注之情？如諭中派與照管及毆崩等語，天下萬世不察，則先帝止慈御家之盛德豈無少損？且曉人何必至此？伏願皇上慎重者二。天祚聖母，起自艱難。純和懿德，度越后妃。篤生聖躬，位分素定，何至以房闈之細，橫來批頰之兇？在選侍，即死有餘辜，在聖母，則生豈妬寵？伏願皇上斟酌者三。父母之讐不共戴天，凡在臣子，咸切同仇之義，而聖諭至此，且曲處如此，則前此之肅清，既未得爲義之盡；今此之優厚，亦未得爲仁之至。皇上將何居焉？且外廷臣工比肩共事一主，討讐問逆已矣，而皇上亦且分目之曰安社稷、安選侍，則水火之形既判，玄黄之戰方興，讐不讐安不安之題目何時纔了？伏願皇上消弭者四。」奏入，不省。

方從哲以人言，累疏乞休。進中極殿大學士。就第，賜銀一百兩、綵緞四表裏、大紅紵絲坐蟒一襲，廕一子尚寶司司丞。

壬戌，御史焦源溥上言：「君臣、父子、夫婦，謂之三綱。光宗皇帝，神宗皇帝之元子也。爲元子者爲忠，則爲福藩者非忠。孝端、孝靖，神宗皇帝之后也，爲二后者爲忠，則爲李選侍者非忠。此今日君臣、父子、夫婦之定案也。當先帝御極之初，忽傳皇祖封后之命，及封宫不得，而冶容進矣。張差之棍不中，則投以麗色之劒；崔文昇之藥不速，復促以李可灼之丸。先帝欲諱言進御之事，遂甘蒙不白之冤。近見南寺臣「升遐未明」一疏，無不人人痛哭流涕，豈皇上獨不動念乎？故臣以爲鄭養性之都督，必不可不奪也，崔文昇必不可不磔也。人臣無將，將則必誅。爲司寇者，豈不聞此大義？而一疏再疏，極爲開釋。若以縱放大逆爲持法之平，是張差當廟食，龐保、劉成當追贈，而先帝宜有此一棍之擊、一劑之鴆矣。」蓋自神宗朝群臣請册立者多杖謫以去，天下側目貴妃久矣，諸人欲一旦而反之。屬天子幼冲，宫中多有嫌隙，將興大獄，以重外臣擁立之功。及源溥上疏，始以三事串合爲一，至發揚先帝燕私而有所不顧，於是三案之形成矣。上曰：「此往事，不必深論。」然以諸臣言之不已，降文昇浄軍，發往南京孝陵種菜。

兵科給事中楊漣先上疏自明，被旨褒嘉過當，人謂其結王安以取旨，如響答者。工科給事中孫國楨上疏言：「先帝賓天，不幸有此宫闈之變；人臣事主，不過存此忠藎之心。願皇上慎勿歸臣下以功。此之功，臣子不敢居之功也；尤願皇上慎勿疑外廷以黨，此黨之名，國家不可有之名也。居不可居之功，所繫猶小；建不可有之名，恐初緣於一事，後遂曲借之以張羅；明兆於一言，或即陰操之以爲阱。愛憎之變，翻覆因之，而禍且中於國矣。」璉亦内不自安，乞歸，疏再上，許之。

刑部尚書黄克纘疏辨，上切責之。

辛未，上諭百官：「朕自御極以來，祇遵皇考遺訓，夙夜靡寧。所賴内外臣工，協力同心，奉公守職；二三大僚，忠君體國，表率諸屬。輔臣如游，爲朕首簡，何乃以浮言求退，使朕不得任用一人？尚書嘉謨、克纘，一事小嫌，何難消釋？憤争求勝，封印杜門，連求去國。大臣爵位已極，一去何難？皇考顧命諸臣，望以佐朕新政，豈意兩朝覃賞之後，遂爲乞身自便之圖。忘國厚恩，藐朕幼冲，責以無人臣禮，亦復何辭？歲除在即，三臣宜速出視事，不得更有瀆陳。朕又覽科道各官章奏，持心公平者固多，意見偏私者不少。亦因大臣身家計重，可以浮言摇動，以致國是混淆，人心惶惑。朕奉祖宗法度，不能坐聽紛囂，以亂朝政。特兹再加申飭，以後大臣進退，取自上裁；小臣去留，悉聽部議。如有不奉明旨，擅自去職，及挾私逞意，顯肆擠排者，下廷議治罪。朕無戲言，毋貽後悔。」如《游九懇天恩允放疏》云：「科臣楊漣語臣曰：『漣移宫一節，有疑交通於内者。』更謂漣出吾師之門，疑特簡亦漣爲之地。」克纘以同鄉張維樞陪推一事，與嘉謨有言。次年二月，以年例出孫國楨爲僉事，王業浩亦以病乞歸。

昔年欲撰《兩朝紀事》，先成此卷，所本者先大父當時手録邸報。止紀大事，其遷除月日多有未詳。别購天啓以來人家所藏報本，歲月相續，幾於完備。尋爲友人潘檉章借去。炎武既客游，檉章遭禍以死，其報本亦遂失之。求諸四方，不可復得，後之傳者日遠日譌。炎武自度衰老，不能成是書。而此卷爲熹宗初政，三案之發端具焉，復不可泯，因録存之，名曰《熹廟諒陰記事》，始泰昌元年九月，終十二月。

亭林佚文輯

楊彝萬壽祺等爲顧寧人徵天下書籍啓書後

右十年前友人所贈。自此絶江踰淮，東躡勞山、不其，上岱嶽，瞻孔林，停車淄右。入京師，自漁陽、遼西出山海關，還至昌平，謁天壽十三陵，出居庸，至土木，凡五閲歲而南歸于吴。浮錢塘，登會稽，又出而北，度沂絶濟，入京師，遊盤山，歷白檀至古北口。折而南謁恒嶽，踰井陘，抵太原。往來曲折二三萬里，所覽書又得萬餘卷。爰成《肇域記》，而著述亦稍稍成帙。然尚多紕漏，無以副友人之望。又如麟士、年少、菡生、于一諸君相繼即世而不及見，念之尤爲慨然！玄默攝提格之陽月顧炎武識。

録自《亭林遺書》附録《同志贈言》

都督吴公死事略❶

黄浦之敗後十一年，傭以事至松江。吴公之從弟志葅爲其兄乞文於傭，傭讀其狀而太息久之。曰：嗟乎，黄浦之役豈非天哉！始北兵之下，自常州以南皆望風而降。公猶建牙海上，與采石黄蜚、京口鄭鴻逵、九江黄斌卿、定海王之仁、温州賀若堯、揚州高進忠，凡七總兵官合謀拒之。擊走叛將洪恩炳，進薄蘇州。不克，以舟師營於黄浦。北兵奄至，以輕舟截浦，縱火焚之。

❶「都」上，原有「蔣山傭」三字，今刪。

潮落風猛，公部下皆大舟，碇浦中，一時不得去，焚溺殆盡，水爲之不流。公與鎮南伯黄公皆被執。或言公進不能戰，又不蚤下海以殲其衆。或曰，是役也，歲月日時皆乙酉，蓋有天焉。夫公官吴淞，死封内，職也。安得以不下海訾之？所不克者，大勢已去，公固無如之何耳。天下勢而已矣。樂毅之下齊，旬月而七十餘城皆爲燕；田單復之，長驅而北，七十餘城皆復爲齊。非齊人之怯於前而勇於後也，勢也。夫以南京之潰，蘇州之降，松江之破，而廑廑數十百舟艤於城南十里之滸，其計誠左。要之死而後已，亦可以無譏矣。公之執也，與鎮南俱不屈。九月四日殺於南京之笪橋，時年四十有二。夫人范氏先自刎死。公諱志葵，字昇階，華亭璜溪人，案即今金山吕巷。以武科起家。宿松之役，與賊戰有功。撫臣張國維題授定波營把總，擢欽依標營守備。歷應天坐營遊擊將軍、京口參將。甲申，以左軍都督府都督僉事充總兵官，鎮守吴淞。是冬，晋都督同知。曾祖軫，勅贈承德郎。祖丕顯，隆慶元年舉人，湖廣承天府通判。父之灝，太學生。皆以公貴，三世俱贈榮禄大夫。子四人：長永思，後公九年被殺；次漢，早卒；次淳，次瑶，殤。福京追封公威鹵伯，謚桓愍。設壇致祭。與副總兵魯之璵、金山參將侯承祖、參將董明弼、都司丁有光、守備季寧、坐營遊擊吴之藩六人建祠滃州。贈范氏義烈夫人。吴之藩者，公部將。從吴淞力戰八日而潰。被執至南京，與公同日被殺。蘇州之役，丁有光從之璵巷戰而死。季寧身中四矢，猶手斬二級，没於陣。而是日死者有贊畫舉人傅凝之，諸生施聖烈，遊擊聶豹，蔚川兵營參將孔虎師，都司黃用倫，守備桐用、宗鐸、顧之蘭，把總陸進等三十餘人。而傭有再從兄子清晏以武進士爲寶山守備，亦從公死於黃浦。

録自《國粹學報》第六十九期

與歸莊手札

緝、合、葉、洽不知可通叶否？兄試爲攷之。《九歌》：「操吴戈兮被犀甲，車錯轂兮短兵接。」緝、洽爲韻。《九辯》：「願銜枚而無言兮，嘗被君之渥洽。太公九十乃顯庸兮，誠未遇其匹合。」合、洽爲韻。子美《八哀詩》葉、洽爲韻。左司《郡中對雨》詩緝、葉爲韻。據弟所見如此。弟絳頓首。

玄恭仁兄。

又

別兄歸至西齋，飲酒一壺，讀《離騷》一首，《九歌》六首，《九辯》四首，士衡《擬古》十二首，子美《同谷》七首，《洗兵馬》一首。壺中竭，又飲一壺。夜已二更，一醉遂不能起，日高三四丈猶睡也。月之二日將往千墩，面兄之期當在初七八。届期更以酒三爵榼一架奉訪于西郊，與兄考五經譜四聲可哉？弟絳頓首。

玄恭仁兄。

又

數日前有詩一章致兄，并借《易演義》，當已達覽矣。文藁二首呈正，乃近日之作，恐亦無當于大方之目耳。外有彊圉一封。

緦服弟絳頓首。

玄恭仁兄。

又

弟終日碌碌運甓，而兄終日酣飲甕中物，此殆天乎？弟詩不足觀，以比兄作，則瓴甂之于寶鼎矣。何足汙翣！敬完趙。吾輩不能多讀書，未宜輕作詩文，如盆盎中水，何裨於滄海之大，祇供人覆瓿而已。予將守口如瓶，不作雷鳴之瓦釜矣。弟絳頓首。

玄恭兄。

又

日來契闊，思君如三秋矣！欲與三哥一譚，未得。適有菊數本，可偕一至否？如可，當具日以請。辭曰：數日不見，如三秋兮。鞠有黃華，可以遊兮。彼姝者子，酌言酬兮。陳饋八簋，無我尤兮。弟絳啓。玄翁。

又

兄以戊寅之年，戊寅之日，行戊寅之會。以《史記》之戊寅，證《春秋》之戊寅，而不知其不合于《通鑑》之戊寅，則亦未攷于《爾雅》之戊寅故也。古來用干支名，悉從《爾雅》。弟絳頓首。

玄恭仁兄。正月二十二日。

帝顓頊，都石十一。其日癸卯，皐比丈夫，出旦之日。雱雱其迎，胡以寧。三鼉好其聲。闋者之扃招厥鼪。君乎牧乎代乎孰與之攖。展也思兄廲乎形。文一更，先民是程。戞戞乎其泓。博而密，覃而精。可以登明，可以永貞。惜哉，子之天才有瘳乎，闔事于文。姚姚乎晤歌，韡兮害其有平。樊宗師作之，慕容王之銘。

以上録自吴昌綬藏本

又

醉德無何，忽云改歲，兄今其脱然愈乎？弟則馬學上所云：「百憂熏心，三冬少暇。」往日之舉，犯而不校，逆獸已無所用其炰烋。今乃黑夜令人縱火，焚佃屋一所，弟既蕩無一椽，僕輩亦瞻烏靡集。夫行强雖武士之恒談，火攻則兵家之下策，況於臨池之畏，實爲扇燄之謀，包藏禍心，日甚一日。公宫之火，先告於寺人，陵門之戟，首誅乎元濟，燎原之惡已盈，自焚之禍行及。布諸左右，憑楮愴然！

玄恭仁兄足下。弟絳頓首。

録自張穆《亭林先生年譜》崇禎十七年

又

劉子端兄北來，所寄札已到。弟别有一書付小僕趙安送上者，内有宋人詩數首。又中秋在燕邸附馬殿聞兄處一書，計俱不浮沉。兩次惠詩文，並已盥手細讀。每得佳句，爲之徘徊擊節，而猶嫌其稍入宋調，不若《孝子傳》之真古文、真大家也。要之，此等製作，皆司馬子長所謂雕琢曼辭耳。以通經學古爲一身之資，以救時行道爲百世之俟，則弟所竊有願焉而未逮，而以期諸同學之友朋者也。丁未正月，策馬而南，至於淮浦。見起田兄，謂三四年前，令郎曾一到彼。至問何以不在，則不得其耗。兄字亦不明言，何以遂有竊獨之感耶？承諭三窟之計，向時曾有之。今老矣，時時念故鄉，繞樹三匝，未嘗不作南枝之戀也。人從吴會來者，言彼中人家，日就凋零，情况日就鍥薄。又見震澤風濤，魚鳥俱亂。而冥飛之羽，晏然不聞，暫且偷安異邦，陸沉都市，豈有文淵邊郡、子春無終之意哉！少俟倦還，即當卜鄰偕友，追年少之歡悰，樂丘園之肥遯。合并之期，可計日俟耳。在浦半月，今又北行，草此寄路大兄轉覓的人奉致。停驂匆遽，諸親知並不及作書。比刻先祖詩集已完，不便攜上，僅刻啟一通，附寄函中。好音見惠，仍付路大兄可也。率爾不盡。弟炎武頓首。

元恭四兄。正月二十七日。

録自柴德賡《史學叢考·跋顧亭林致歸元恭札墨迹》

與顔修來手札

仙舟一晤，良豁積懷。王程靡及，不獲攀留信宿，以罄願言，猶爲耿耿耳。所寄書板乞付去伻。《家訓》如命勘正，容於秋仲入都面奉。率此附候，不悉。弟名正具。冲。❶

又

弟向日録有《古今集論》五十卷，頃究李劉年翁延弟至署，删取其切於經學治術之要者，付諸梓人，名曰《近儒名論甲集》。因此淹留，尚有旬月。如貴地友人家有鄴

❶「弟名正具冲」，此五字原無，據上海圖書館藏《顔氏家藏尺牘》原件（以下簡稱「原件」）補。

架之藏，欲一就觀，且得以晤言講習，尤幸事也。日下欲借唐荆川《稗編》第一套鈔録幾首，未知可轉覓否？大小阮才名已達之當事，如便中至郡可投一刺，極相企慕也。新詩并乞惠示，以便奉揚休譽。燭下草此，附啓不盡。吉人、超宗兩社翁併希叱致。弟名正具。冲。❶

又

去秋得接光塵，恨首路匆匆，未獲信宿之留，以聆微言而商大業。至於四方同人遥相問訊，無不仰贊鴻才，以爲今代復有知十之姿，庶幾之品也。仲春偶過究署，未得親詣闕里，再侍雅談，專伻齎所刻《韻譜》呈正大方。至前日所留《詩本音》稿，係未改定之書。其中有舛誤者，姑寫二條附上，閱過粘卷内付還。它日當攜全書奉觀，更求指誨耳。率爾未盡。弟名正具。冲。❷

又

弟以今六月至雁門，時李君天生自關中來，言修來社翁在方伯署中，不多會客。初秋入都，而敝鄉沈繹老亦自關中來，交相推許。計太華、終南之勝，二崤、函谷之阻，周、秦、漢、唐之蹟，並已收而載之行笈矣。山史兄及楊、王兩敝門人並得一見否？石珎社翁想閉户著書，卧遊五嶽，胸中當別具一丘壑。而鴻文大製日新富有，則兩君固並驅中原矣。弟頃至岱下，俟主人之歸，即

❶「弟名正具冲」，此五字原無，據原件補。

❷「弟名正具冲」，此五字原無，據原件補。

過兖郡。先此奉候，并問秦中諸子消息。所留《詩本音》乞付下，已大加删改，將以新本就正也。諸容面悉，不既百一。弟名正具。冲。❶

又

老年臺既晉秩寅清，而令兄復駿蜚東國，凡在知己，莫不欣忭。弟以訟事未了，尚缺叩賀，兹有德州方山謝年兄入都，附此申候。方山爲内院清義公之冢嗣，翩翩文雅，更能熟於古今，少年中鮮其儔匹。屬以蔭職赴部，一切仰祈照拂。緣弟夏秋主於其家，昕夕對譚，心所歸依唯在門下。至於居官涉世之道，亦望時時提命。貴鄉才俊，可爲後勁，不俟弟言之畢也。冬杪圖晤，不悉中懷。弟名正具。冲。❷

又

在都時極荷惓惓之愛。今姜元衡扳及弟名，具題請旨，弟已赴濟南投到矣。先有一札致譚年翁，業詳此事始末。念知己聞之，必倍懸切，謹此布啓。前沈天甫所指造陳濟生逆書，有序有目，有詩有傳，原狀稱共三百一十六葉；今元衡所首之書，無序無目無詩，止傳一百餘葉，知部中原書已燬，删去天甫狀中已經摘出者，稱另是一書。據元衡南北通逆情由一揭，欲借此書另起一大獄，而羅書内有名之三百餘人於其中，以翻主僕名分之案，不知就此百餘葉

❶「弟名正具冲」，此五字原無，據原件補。

❷「弟名正具冲」，此五字原無，據原件補。

中篇篇有濟生名，則即此一書之明證也。奉旨爲沈天甫指造之書，即已故之陳濟生尚屬誣罔，而況餘人乎？弟敢不惜微軀，出而剖白此事，尤望大君子主持公論。此札仍乞傳與譚年翁一觀，并以告諸吴越之同聲氣者。《廣韻》留程宅候取，不盡。弟名另具。❶三月四日。

又

康熙七年二月十五日，在京師慈仁寺寓中，忽聞山東有案株連。即出都門，於三月二日抵濟南，始知爲不識面之人姜元衡所誣。姜元衡者，萊州即墨縣故兵部尚書黄公家僕黄寬之孫，黄瓚之子，本名黄元衡。中進士，官翰林。以養親回籍，揭告其主原任錦衣衛都指揮使黄培、見任浦江知縣黄坦、見任鳳陽府推官黄貞麟等一十四人逆詩一案。於五年六月，奉旨發督撫親審。事歷三載，初無干涉。忽於今正月三十日撫院審時稟稱：有《忠節録》即《啓禎集》一書，元衡口供：《啓禎集》二本皮面上有舊墨筆寫《忠節録》字様。陳濟生所作，係崑山顧寧人到黄家搜輯發刻者。咨行原籍逮證。據其所告，此書中有《黄御史宗昌，即坦之父。傳》一篇，有云：「家居二年握髪以終。」以爲坦父不曾剃頭之證。有《顧推官咸正傳》一篇，有云：「晚與寧人游。」有云：「有寧人所爲狀在。」以爲寧人搜輯此書之證。不知此傳何人授稿？何人親見？刻板見在何處？此書得之何方？而就此「握髪」一語，果足以證已故二十餘年黄御史之不剃頭否？

❶「弟名另具」，此四字原無，據原件補。

就此「與游」二語，果足以證寧人之即顧寧人，又即搜輯此書之人否？且讀邸報，此書已於六年二月曾經沈天甫出首矣。請略言之：昔敝郡有陳明卿先生諱仁錫。以壬戌探花官至國子祭酒，好刻古書，有《資治通鑑》、《大學衍義》等書一二十種行世。其子濟生亦好刻書。濟生已故，有光棍施明者從海外來，與沈天甫等合夥僞造此書，假已故陳濟生之名，而羅江南北之名士巨室於其中，以爲挾害之具。又僞造原任閣輔吴甡一序，以騙詐其子見任中書吴元萊。奉旨圈議。部議：「書内有名之人共七百名，内有寫序寫詩譏傷本朝之人五十餘名，合行查究。」奉旨：「沈天甫、夏麟奇、吕中、逃走之施明、未來之吴石林及代主控告之葉大等，合夥指造逆詩，肆行騙詐，雖稱逆詩從海内帶來，茫無憑據。又云編詩之陳濟生久經物故，而從海内帶詩之施明又經逃走。此等奸棍嚇詐平人，摇動良民，誣稱謀叛以行挾害，大干法紀。爾部即將沈天甫、夏麟奇、吕中、葉大俱行嚴審，擬罪具奏；逃走之施明、未來之吴石林俱着嚴行緝拿，獲日也着擬罪具奏。」刑部審得沈天甫等供稱：「騙詐吴中書銀二千兩未給，將此書出首，欲圖三品前程是實。」奉旨：將沈天甫、夏麟奇、吕中、葉大四人於閏四月二十二日押赴西市處斬。施明、吴石林緝拿未獲。今元衡所首之書一百二十餘葉，與沈天甫之三百一十六葉者雖删去頗多，而詩即《啓禎》之詩，傳即此詩之傳，編造之人即陳濟生，其爲一書，不問可知也。恭繹明旨不直曰編詩之陳濟生，而加以「又云」二字，「又云」者，據沈天甫之所云。是已故之濟生，聖明猶燭其誣罔，而元衡欲以此牽事外之人，而翻久定之案。其南北通逆一稾云：「據各刻本山左有丈石詩社，有大社，江南有吟社，有遺清等社，皆係故明廢臣與招群懷貳之輩南北通信。書中確載有隱叛與中興等情，或宦孽通奸，或匹夫起義，小則謗讟，大則悖逆。職係史臣，宜明目張膽秉筆誅逆，故敢昧死陳揭，逆刻種種，罪在不赦。北人之書削我廟號，仍存明號，且感憤乎鵾張，虎豹乎王侯。南人之書以我朝爲東國，爲虎穴；以僞王爲福京，爲行在。北人之書曰斬虜首，黄培刻《郭汾陽王考傳》中有「斬首四千級，捕虜五千人」，乃子儀敗安禄山兵紀功之語。擁胡姬，征鐵嶺，黄培詩有云：「怨女金閨裏，征夫鐵嶺頭。」殺金微；又有思漢威儀，紀漢春秋。南人之書有黄御史握髮一傳，又有起義，有舉事，有勸衡王倡義及迎魯王、浙東王上益王等事。又有吴人與魯藩舟中密語，又有平敵將軍，有縣高皇帝像慟哭及入閩入海等事。北人之書有《含章館詩集》、《友晉軒詩集》、《夕霏亭詩》、《郭汾陽王考傳》。南人之書有《啓禎集》即《忠節録》、《歲寒詩》、《東山詩史》倣文信國集子美句百八十章。其北人則黄培所刻《十二君》唱和序跋等人，其南人則《啓禎集》所載姓名籍貫，俱在刻本中，約三百餘人。」是元衡之意不但陷黄坦，陷顧寧人，而并欲陷此刻本有名之三百餘人也。不知元衡與已斬之沈天甫、逃走之施明何親何故？何以得此海内帶來之書？而前唱後和，如出一口。其與不識面之顧寧人、刻本有名之三百餘人何讎何隙？而必欲與黄氏之十二君者一網而盡殺之。推其本意，自知以奴告主之罪，律所不赦，欲别起一大獄以陷人，而爲自脱之計，遂蹈於明旨所謂「嚇詐平人，摇動良民，誣稱謀叛，以行挾害」者而不覺也。天道神明，不僭不濫。今於三月四日束身詣院投到，伏聽審鞫。至教唆陷害，别有其人，尚容續布，統惟詳察。江南布衣顧寧人頓首。

又

魯公書《家廟碑》、《多寶塔碑》、《争坐位帖》俱在西安府學，俗所謂碑洞者。其所書《郭敬之家廟碑》在布政司内，❶《奉使蔡州題字》并石刻像在同州，《臧懷恪碑》在三原縣。碑洞中《石經》及漢唐字但有錢即可買，不必用官府。惟各州縣古碑非官府不能致，然多是唐碑。惟郃陽漢《曹全碑》極佳，其他若麟遊之《九成宫碑》，長武之《虞恭公碑》俱佳。若多印得《曹》、《虞》二碑各一幅見惠最感。

又

申凫盟名涵光，永年人。太僕公之長子，今庶常隨叔之兄也。太僕公甲申殉國難。路安卿名澤濃，曲周人。故總漕皓月公之子。聞近日亦在府城住，如不遇，此書即留申宅。孫徵君名奇逢，字啓泰，容城人。今住輝縣。萬曆庚子舉人，今年八十三。河北學者之宗師也。王無異名弘撰，一字文修，號山史。華陰縣西岳廟南小堡内。故少司馬公之子，關中聲氣之領袖也。楊伯常名謙，故王孫也。住西安府南八里大塔堡内。大塔者，慈恩寺塔也。或駕在藩司署中，則求於到日即遣人致之。何虚

❶「内」，原無，據原件補。

子公祖，以臺中出爲關内道，銜籍俱列便覽，其衙門在布政司内。共書六封，各送《韻譜》一本，伯常則二本，故有七本。

以上録自《海山仙館叢書》本《顏氏家藏尺牘》卷一

又

弟於九月廿日保出，❶十一月十日一案之人俱已赴院畫供，想有題結之望。凡所以入險能出，困而不躓者，皆知己扶持之力。當世世尸祝，不敢以楮墨宣矣。前具近詩六章，曾徹覽否？屢有札與舟公託其致感，而未見一報，豈其移寓，或石頭之沈浮耶？今有一函祈致之。近況詳之函中，可共覽也。旅食無依，暫寄徐玉老署中，不謂有延安之陞，則此中別無主人矣。萬老先生書已投，似蒙注念。院批取保，一宿便發也。弟候命下結案，即詣都中叩謝，如尚遲，則俟舍甥北上時，代弟九頓台墀。今來者玉老之僕，屬其三日後走領回書。沍寒不莊，幸宥。長至日，弟名正具。冲。❷

又

弟今年寓跡半在歷下，半在章丘。而修志之局，郡邑之書頗備，弟得藉以自成其《山東肇域記》。若貴省之志，山川古跡稍爲刊改，其餘概未經目，雖抱素餐之譏，幸無芸人之病。然以視令叔先生，則真魯之兩生不敢望後塵矣。汶陽歸我，治之四年，

❶「廿」，原作「二十」，據原件改。

❷「長至日弟名正具冲」，此八字原無，據原件補。

始得皆爲良田。今將覓主售之，然後束書西行，爲入山讀書之計。所刻座右語一通并《音學五書》面葉呈教。近日又成《日知録》八卷，韋布之士，僅能立言，惟達而在上者爲之推廣其教，於人心世道，不無小補也。率此附候，不宣。弟名正具。❶

又

夏初匆匆出都，歉然之懷，難以筆道。想道履彌勝，大業日增。令叔先生今在都門，亦當聽鵲起之音，奏鹿鳴之什矣。弟久滯安德，仰藉洪芘，章丘一案已得小結。雖陷害之情未明，而霸占之律已正。轉蓬思息，倦羽思還，九仞之功非仗婁侯不能終此一簣，敢乞鼎致其詳，在札中未緘。以舟老正值文場，不敢瀆札，并乞於試畢日道意。小价王登往莊，故另遣潘一廉，❷其人謹愿，望賜回諭。詳文於二十日後到廳，更懇家報中速聞之，至禱至禱！弟名正具。慎。❸

又

昨出抵暮始歸，承駕左顧，失迓爲罪。《家訓》勘畢送上，並用硃筆，以便一覽即得，幸爲另鈔一本，仍乞原本見賜，感感！弟炎武頓首。

又

大作清勁，無一俗筆。《太華》、《伊闕》

❶ 「弟名正具」，此四字原無，據原件補。
❷ 「另」，原無，據原件補。
❸ 「弟名正具慎」，此五字原無，據原件補。

諸作爲集中第一,《思悲翁》、《戰城南》亦有白傅諷諭之遺意,大雅之音,將復起於今日矣。敬服敬服。元稿返上,略商數字,識以浮票,未知有當否? 諸容晤悉。 弟炎武頓首。

又

弟纔至城中,尚未拜客。老社翁須兩三日後以未申二時過我,則得晤矣。大才何藉弟筆? 想未見刻啓耳。附上一紙,不盡。弟炎武頓首。

又

弟爲一二相知所留,似須秋杪方可行。昨諭抄書者能爲弟覓二人否? 弟炎武頓首。

又

歲云莫矣,欲走齋中一晤,不知可得片刻之暇商訂風雅否? 此間殊覺總總。弟於二十七日移至舍姪寓中度節。《肇域記》想已閲畢,幸付下。此啓。弟炎武頓首。

又

弟以較讎之忙,不及親叩,專伻走送。别有一函,便中求投入理署。令叔先生並希叱致。知己之言不敢忘,惟努力讀書,以庶幾無負相期之意也。弟炎武頓首。

又

捧讀大章，清新婉逸，逼似唐人。所謂「不意永嘉之末，復聞正始之音」者矣。羨服羨服。舊刻二册乃五六年前作，中有誤韻，幸爲藏之。河北、關中書共六封馳上，姓氏居址別開一紙，煩照單分致。昨枉顧，以主人不在，率爾慢去，殊深不安。統俟文旌東返面頌，并求惠示西征大作耳。長路關山，濁涇清渭，千惟珍重。旦起作書數千字，恐使人來取，匆匆遂不能詳。弟炎武頓首。

又

《詩本音》二册送上。中有較正者，乃衛太史筆也。此書未定，不必鈔録，只將坊刻《詩經》一本圈注其不合及太瑣碎者，置之可也。更祈教正爲荷。底事一有信，即求示之。弟炎武頓首。

又

聞已具覆，幸詳示之。《詩本音》閱完，并求付下。弟炎武頓首。

又

舍甥久積傾慕，昨奉叩未晤。今擬於初四日扳駕一譚，俾弟亦得侍聆誨言，至感至感！弟在初旬内亦欲出都矣。弟炎武頓首。冲。❶

❶「冲」，原無，據原件補。

又

五日前曾走叩未晤。既台命諄諄，不敢固强。舍甥容另卜日奉候。但弟日下即擬出都，❶不得追陪一叙，奈何奈何！尚容趨别，未悉。弟炎武頓首。

又

前有一函，想已徹覽。弟不遵明哲之訓，果有此累。今江夏之驕吝足以致敗，而與之同事，奈何奈何！南冠而縶，竟不得出。一切詳之舟老書中，惟知己爲之壯拯。懸切懸切！餘語去价能道，不悉。弟名心肅。

又

前走叩，未得面。弟以十二三出都往德州，此刻擬一造别，並問貴鄉有旅伴可同行否？退谷先生常問起居，附及。弟炎武頓首。冲。❷

又

弟來此，區區之意尚未得少申爲歉。廿四日出都，前往歷下，如有札寄示，乞寫德州北李宅家報，付報房封遞，三四日可達。李老先生諱源，字星來，原任河津令，

❶「日」，原作「目」，據原件改。

❷「冲」，原無，據原件補。

與弟交頗密，即爲專人齎至省城也。事畢再容趨至九頓。小弟炎武頓首。❶ 報至德州先到蕭宅，次即傳至李宅。❷ 有二李，故稱北以別之。弟行速，未及再叩。又啓。❸

又

來諭惓惓，深感愛厚。所云屢有言相致者，止於舟札見之，它皆未到。即賦梅者止有一札，無兩札也。所云但當力辯有無，勿牽別事，敬如台旨。笥中之書，昨至德州簡點二日，悉取而焚之矣。并復。此中之事大抵上有求而下不應，弟遂無保出之法。黄氏絶不照管，債主斷絶，日用艱難。莊田之麥俱爲劉棍割去，每日以數文燒餅度活，何以能支？欲乞一問南夏諸公，若天生至晉，可爲弟作書促之入京，持輦上一二函至歷下，必當多有所濟，弟已別有字往關中矣。一切統希垂照，不宣。舟書可互觀之。弟名心勒。

又

五月十九日院審，先取有同案中年老者四五人保識黄御史曾已遵制剃頭口供，次辨《啓禎集》中有寧人字無顧姓，又不在黄御史一篇傳内，并審出釁起章丘地土情由。惟問姜要顧寧人輯書實證，無詞以對。又扳即墨老諸生杜述交爲證。此人從不識面，又展轉推出所從得書之人爲萊陽孫榮，

❶ 「小弟炎武頓首」，此句原在篇末，據原件移此。
❷ 「傳」，原作「轉」，據原件改。
❸ 「弟行速」至「又啓」，此九字原無，據原件補。

煢乃積年走空之人，今并行提去矣。雖未保出，而是非已定，此皆上臺秉公持正及大人君子孚號壯拯之力，惟有世世尸祝。兹因便羽，先此奉聞。弟名宥具。

以上録自《海山仙館叢書》本《顔氏家藏尺牘》卷二

與李良年武曾書

弟夏五出都，仲秋復入，年來蹤跡大抵在此。將讀退谷先生之藏書，如好音見惠，亦復易達。頃者《日知録》已刻成樣本，特寄上一部，天末萬山中冀覽此如覿面也。率爾不宣。

録自張穆《亭林先生年譜》康熙十一年

又答李武曾書

黔中數千里，所刻之書并十行之牘乃不久而達，又得手報至方山所，而寄我於樓煩、雁門之間。若頻陽至近，天生至密，而遠客三楚，此時猶未見弟之成書也，人事之不齊，有如此者，可爲喟然一嘆！此書中有二條，未得高明駁正，輒乃自行簡舉，容改後再呈。且續録又得六卷，未必來者之不勝於今日也。交城縣刻弟所正之《七經誤字》附上一紙。比客維揚，頗能攝疾。遠承注問，并謝。

同上康熙十二年

與潘次耕手札

昨退翁見召，午後趨往，而太史公已行，不得一晤，幸致意。明日有便酌，可於晡時過我，昏後遣騎送回。此啓。次耕賢弟。炎武頓首。

同上康熙十一年

與黃太冲書

辛丑之歲，一至武林，便思東渡娥江，謁先生之杖履，而逡巡未果。及至北方十有五載，流覽山川，周行邊塞，粗得古人之陳迹，而離群索居，幾同傖父，年逾六十，迄無所成，如何如何！伏念炎武自中年以前，不過從諸文士之後，注蟲魚，吟風月而已。積以歲月，窮探古今，然後知後海先河，爲山覆簣，而於聖賢六經之指、國家治亂之源、生民根本之計漸有所窺，未得就正有道。頃過薊門，見貴門人陳、萬兩君，具諗起居無恙。因出大著《待訪録》讀之再三，於是知天下之未嘗無人，百王之敝可以復起，而三代之盛可以徐還也。天下之事，有其識者未必遭其時，而當其時者或無其識。古之君子所以著書待後，有王者起，得而師之。然而《易》「窮則變，變則通，通則久」。聖人復起，不易吾言，可預信於今日也。炎武以管見爲《日知録》一書，竊自幸其中所論，同於先生者十之六七，但鄙著恒自改竄，未刻，其已刻八卷及《錢糧論》二篇，乃數年前筆也，先附呈大教。倘辱收諸同志之末，賜以抨彈，不厭往復，以開末學之愚，以貽後人，以幸萬世，曷勝禱切！

同上康熙十五年

與王弘撰七札

六月十四日，弟炎武頓首上山史仁兄先生。前馬夫回，得惠示諸刻，謝謝。即具一札寄省下傳報人，昨伻來，知尚未到，恐不的當。今專遣戴鳳走報，并呈胡、郭二書，及二李近況並具別紙。弟在此静穆自守，頗不見惡于人，而遠方無藉之徒，乃有騁面相求者，其不可者拒之，惟有守子夏氏之家法而已。近來學得宋廣平面孔，頗善絶物，見門外人可以此告之。次耕文承爲刻之，甚感。但弟今年生日效法中孚，盡拒觴祝之事，而又刻壽文，得無矛盾？然其意不在壽也。第一號學官誤作宫，先王誤作生，并乞改之。土膏作土爲是，檽星亦作零，未攷。《光録》領到，抄訖奉返。另單取夾板内書幾本，并求發趙子函、郭胤伯、方爾止詩來，不要全集，但取其詩。一看即返。匣袱三件先繳。仲和近況何如？張子經兄想在館，幸致念。仲復比有書否？率爾不盡。各書並寄送，惟天生尚留于此，俟其來。

録自順德胡祥麟藏本

其二

幸因積雨，得侍至誨，爲益孔多。嘉惠下頒，彌深踧踖。謹登尊酒，以醉德旨。午後仍當叩晤，以二篋爲約。泥濘不煩使者再來爲祝。弟炎武再頓首。

其三

頻傾北海之樽，復覩西山之祕，快何如

之！第未免過損清庖耳。蔣山圖一幅計或案頭所未備也，幸收藏之。邑志二本附繳。明早登山，不敢煩起居，得一銀鹿指引，足竟諸處。面頌未悉。弟炎武頓首。山史老社臺先生。

其四

孫老先生字送覽。此在欲爲竟日之譚，少遲至月初何如？廣平申鳧盟年翁在此，弟與之仰誦鴻名，極爲嚮往，亦候便中同一晤也。小弟炎武頓首。河濱書領到。

其五

昨偶出，失答台教爲罪。天生及周札俱領到，一至即致之。鷗菴先生行事不甚詳，胸中無可發揮處。如刻成，幸惠示，有可言即言之，不然，不敢犯所謂今之君子不學而好多言之戒也。弟明日擬于午後出門，如天晚，則俟後日。駕如無事，能再過爲半日譚乎？小弟炎武頓首。

其六

復煩使者攜餉入山，深荷垂注之切，謝謝。正欲走別，承命當于午刻趨至。《昌平記》希付原稿較對。弟自同州、富平至省，如有台札，並希今日見惠。昨爲湘濱作得記一篇，容請正。弟炎武頓首。

以上録自杭州金兆蕃藏本

其七

既足舍親並小兒，多承芘誨，非筆能謝。至於謬加獎借，益增悚媿。祁縣負恩之人，頗藉都中公論之力，已吐出六十金，期以今冬完付，不得不留此以待。今弟在太原府閻豐縣宅，望七之年，隆冬客次，殊以爲苦。然此事六七年前有一江西友人因推命言之，已豫定於天矣，復何尤哉！伯佐聞已回宅，匆匆附此，不及另札。

録自衛華《九歌堂藏珍——清代名家法書》

與李中孚手札

承教謂體用二字出於佛書，似不然。《易》曰：「陰陽合德而剛柔有體。」又曰：「顯諸仁，藏諸用。」此天地之體用也。《記》曰：「禮，時爲大，順次之，體次之。」又曰：「降興上下之神，而凝是精粗之體。」又曰：「無體之禮，上下和同。」有子曰：「禮之用，和爲貴。」此人事之體用也。經傳之文，言體言用者多矣，未有對舉爲言者爾。若佛書如《四十二章經》、《金光明經》，西域元來之書，亦何嘗有體用二字？晉、宋以下演之爲論，始有此字。彼之竊我，非我之藉彼也，豈得援儒而入於墨乎？如以爲考證未確，希再示之。

又

來示一通，讀之深爲佩服。體用二字既經傳之所有，用之何害？其他如「活潑潑地」、「鞭辟近裏」之類，則語不雅馴，後學必不可用。而《中庸》章句體用之云，則已見於喜怒哀樂一節，非始於費隱章也。至若所謂内典二字，不知何出？始見於《宋史・李沆傳》，疑唐末五代始有此語，豈可出於學士大夫之口？推其立言之旨，蓋將内釋而外吾儒，猶告子之外義也，猶東漢之人，以七緯爲内學，以六經爲外學也。莊子之書有所謂外物、外生、外天下者，即來教所謂馳心虚寂也。而君子合内外之道者，固將以彼爲内乎？

又

生平不讀佛書，如《金剛經解》之類，未曾見也。然體用二字並舉而言，不始於此。魏伯陽《參同契》首章云：「春夏據内體，秋冬當外用。」伯陽，東漢人也，在惠能之前。是則並舉體用始於伯陽，而惠能用之，朱子亦用之耳。朱子少時嘗注《參同契》，而剛柔爲表裏，亦見於《參同契》之首章，惟精粗字出《樂記》。此雖非要義，然不可以朱子爲用惠能之書也。至於明道存心經世宰物之論，及表章《崇正辨》、《困知記》二書，吾無間然。

以上録自《二曲集》卷十六《書》

又

先生龍德而隱，確乎不拔，真吾道所倚爲長城，同人所望爲山斗者也。今講學之士，其篤信而深造者惟先生。異日九疇之訪，丹書之授，必有可以贊後王而垂來學者。側聞卜築頻陽，管幼安復見於兹。弟將策蹇渭上，一叙闊悰也。

録自《關中李二曲先生歷年紀略》

自燕都覆智栗書❶

遠接手書，益深悲哽。賢姪今日惟有善事高堂，力學不倦，安分守拙，以爲保家之計，異日國人皆稱幸哉有子，即尊公爲不朽矣。誌銘誼不敢辭，草成另上。不佞以十一月廿六日入都，而次耕後此匝月始至。今將於長安圖一讀書之地，必不虛其千里相從之願也。南邁之期，尚未有定，如大葬有日，幸馳書見示。便羽草草，未悉。正月十六日，炎武頓首。智栗賢姪。

録自《國粹學報》第七期

與人札❷

十年闊別，夢想爲勞。老仁兄閉户著書，窮探今古，以視弟之久客邊塞，歌兕虎而畏風波者，敻若霄凡之隔矣。正在懷思，而次耕北來，傳有惠札，途中失之。僅得所注《杜集》一卷，讀其書，即不待尺素之殷勤，而已如見其人也。吾輩所恃，在自家本領足以垂之後代，不必傍人籬落，亦不屑與人争名。弟卅年來，❸並無一字流傳坊間，比乃刻《日知録》二本，雖未敢必其垂後，而

❶ 題下原注云：「此札據近人陳去病考訂，係與王起田之子王寬。」

❷ 據陳寅恪《柳如是别傳》第五章所考，此爲與朱鶴齡札。

❸ 「卅」，原作「三十」，據原件改。

近代二百年來未有此書，則確乎可信也。道遠未得寄呈。偶攷《杜詩》十餘條，附便先寄。太原旅次，炙凍筆此，奉候起居，不莊不備。弟名正具。

録自《國粹學報》第一期

書西嶽華山廟碑後

此爲漢延熹八年四月甲子前弘農太守汝南袁逢所立，會遷京兆尹，後太守安平孫璆嗣而成之者。碑舊在華陰縣西嶽廟中，嘉靖三十四年地震碑毁。華州郭胤伯有此拓本，文字完好，今藏華陰王山史家。其末曰：「京兆尹勑監都水掾霸陵杜遷市石，遣書佐新豐郭香察書。」東漢人二名者絶少，而「察書」乃對上「市石」之文，則香者其名，而特勘定此書者爾。漢碑未有列書人姓名者，胤伯以「香察」爲名，殆非也。勑者自上命下之辭，漢時人官長行之掾屬，祖父行之子孫，皆曰勑，亦作敕。考之前史陳咸傳，言「公移敕書」。而孫寶之告督郵，何並之遣武吏，俱載其文爲「敕曰」。他如韋賢、丙吉、趙廣漢、韓延壽、王尊、朱博、龔遂之傳，其言敕者，凡十數見。至南北朝以下，則此字惟朝廷專之，而臣下不敢用。故北齊樂陵王百年習書數敕字而遂以見殺，此非漢人所當忌也。歐陽公録《魯相韓勑修孔子廟器碑》，乃謂人臣不當名敕，而或以爲敕音賚，後人借爲勑字，於古未有，故名焉。此皆誤。《書》言：「勑我五典五惇哉。」又云：「勑天之命。」而《周禮·樂師》「詔來瞽皋舞」注云：「來，勑也。勑爾瞽，率爾衆工，奏爾悲誦，肅肅雍雍，毋怠毋凶。」鄭康成，漢人也，何嘗不訓勑爲敕哉。又如孝宣皇帝本號中宗，而此書爲仲宗，豈漢人固有此音，如中興讀爲仲興之比。而又曰「左尉唐佑」。《百官志》：「尉，大縣二人，小縣一人。」此言左尉，蓋縣大而設之兩尉，與史書合。又《郡國志》弘農郡下云：「華陰故屬京兆，建武十五年屬。」而此碑袁府君逢先爲弘農太守，後遷京兆尹，故所書丞尉，一爲河南京人，一爲河南密人，主者掾則華陰人。漢時丞尉及掾俱用本郡人，三輔郡得用他郡人。弘農在後漢爲三輔，故得用旁郡人爲丞尉，而京兆尹所遣掾佐，一爲霸陵人，一爲新豐人，則客也。故别書于下，而言京兆尹勑遣之，以著袁府君之已遷官而不忘敬於神也。使其在本郡之官與掾，則市石、察書有不必言者矣。又曰：「令朱頡，甘陵鄃人。」桓帝建和二年改清河國爲甘陵。而汝南、女陽，上汝從水，下女無水，則又古人之所謂互文者。子曰：「可與言而不與之言，失人。」因書之以遺山史，而又惜胤伯之不獲同時而論正也。東吴顧炎武書。

姚虞琴舊藏，《吴中文獻展覽會特刊》影印墨蹟

馮少墟先生像贊

儼乎其備，道之容也；淵乎其類，物之宗也。同志相從，惟鄒惟鍾。固來庭之儀鳳，而在田之群龍；百鍊之剛金，而歲寒之喬松。夫誰戹之？便飄然一世，而不見庸者耶？東吴後學顧炎武書。

王重九輯自清光緒三十四年六月《陝西教育雜志第二期

寄王仲復先生書

仰止高風，非一日矣。頃過砥齋，讀大著，深服先生潛心正學，根本六經，而下問虚懷，不遺凡鄙，豈非今日之古人哉！因有頻陽之約，信宿便行，未及摳衣上謁，翹首渭濱，實深溯洄之慕！茲以《下學指南》一册，《日知録》一部，中有舛漏，祈賜駁正。更期便道一望光塵。不盡。

王重九輯自王兆鰲《朝邑縣後志》卷八《藝文》

贈歸玄恭序

丁丑之歲，歸子以試黜于有司。伻來告予曰：「贈我以言乎？」屬予以冗，弗能也。明年，予來巴城，歸子語曰：「至彼所作文，願惠示。」居二日，有感而爲書以遺之曰：「夫人之所不可恃者有二，一曰美名也，一曰天資也。始吾見人之少也，其鄉之人稱之曰：某也才，科第不足言也。曰：某也好學，是能嗣前人之武者也。一二十年之後，猶困於場屋，其人之齒長矣，而鄉之人遂以老諸生待之，没世而無聞者比比然也。始吾見人之少也，過目成誦，同學之士咸以爲莫及也。一二十年之後，事物交乎前，思慮亂乎内，昏然不復能記，蓋將求如總角之年而有不可得者矣。今人之稟不及古初，五十始衰，過此，木斯拱矣。自其十五入大學以至于五十之年，其有用于世者僅三十餘年，而三十餘年之中，又必其方壯之年，神全而氣鋭，可以有志於學，苟於此而日知其所亡焉，過是以往，温故而知新，其可矣。《記》曰：『時過然後學，則勤苦而難成。』吾與子之生二十有六年矣。追念五六年來，陌塵滿衣，其得與子旬月偕也，蓋無何矣。而群居之日又不免於好行小慧之譏。日月其慆，伯玉之非，何待行年五十而始悟乎？歸子勉乎哉！韓子有言：『子厚斥不久，窮不極，其文學詞章必不能自力以致必傳於後，無疑也。』然則士患志不立耳，無以所遇爲念。」弟絳頓首上玄恭兄。

録自上海圖書館所藏《國朝名人手翰》

與李繩遠札

台駕何時可行？尚缺祖送，不知可更得一晤否？舍甥司成一書致金年翁者懇爲轉達，書中不過以弟在安德，屬其炤拂，然弟未必即過歷下也。知已先容，當佩之中心耳。行期幸示，以便走別。弟至端午前亦當東來，率此未一。弟炎武頓首。冲。

又

詰朝遵命不敢走送，宋本《廣韻》一部、《干禄字書》一册、先集一册、詩扇一握上呈覽政。諸未一。

斯翁老年臺。弟炎武頓首。

録自近人葛嗣浵《愛日吟盧書畫續録》卷三

趙士寬傳

崇禎七年正月十有二日，流賊陷潁州，分守潁州鳳陽通判趙公士寬死之。上恤死事者，以士寬與其妻女僕役慷慨赴義事尤奇，贈士寬光禄寺寺丞，妻霍氏安人，予特祠，春秋祀潁。潁居汝亳間，尚風節，至今人人道慕不衰，國史郡乘藉以生色，顧未有傳。公弟郡守士冕辱知游，授之簡，三載未報。歸舟發邗關艤，責前諾。主臣無地，敢以不文辭？

公字汝良，菉斐其別號，東萊人，侍御公印昌其父，督撫公燿其大父，太宰公煥其從大父也。門閥華盛，獨折節攻苦，恂恂比寒素。讀書論説，及古今節烈事，低徊下涕，恨不一見其人。先是，歲壬申，東兵圍萊，七月不下，公力居多。當城守時，介而巡警，拊人語曰：「諸君良苦，孤城必不陷。即陷，毋辱。有如不諱，吾必不生，手刃妻子，先諸君報吾先人地下耳。」斯言也，不萊而潁卒踐之，凡共事圍中者，感慨後死，謦欬如聞，追往欷歔，未嘗不流涕也。公官雖佐府，實專莅權與守等，然地多尊貴，或偃蹇要挾之。時大司馬張公鶴鳴里居，聞公且至，戒其邦人曰：「是有門風，以不畏彊禦聞者，毋忽。」相率而迎於郊。無何，有犯於庭，稱張求免，實惟仲子之孽。公痛鞭之，荷校於衢。仲怒甚，將發難，伯氏責焉，以告司馬，司馬皇恐謝罪。自是無敢迕公三尺，潁人以此事公若神，並賢司馬云。

當賊且近，公適往壽春，一日夜馳三百里歸潁城守。甫入而圍合，守具咄嗟皆辦。某貴樓踞城外，俯視城，檄撤弗應，公頓足曰：「是終敗乃公事！」相持三日，賊頓且去，某貴忽挈家出亡，城內大擾。賊諜知，奪樓置木步入堞內，守者不支。公知不可爲，具衣冠拜於城上。僕劉奉曰：「主死，何以處夫人與二女子？」公曰：「吾知彼心有以自處。」「兩小主若何？」曰：「爾惟力是視。」又曰：「門尚可出，主有高堂，未可以死。」公拔佩刀，厲聲斫之，曰：「爾亂吾方寸耶？」遂赴黑龍潭，不浮不仆，項頂漸没。潁役從者數十人。方公未瞑哺水，返顧曰：「若何爲者？亟去！」或從公命，其蹈深同没者凡十數人。僕王舟既脱於淵，徘徊不忍去。賊至，義激駡而就刃。夫人聞變，積薪周樓，顧長女淑曰：「爾年十六，不可以生。」先就帛。妹京七齡，歸從王母。京泣曰：「兒不去，顧從母死。」夫人已懸，抱足求繫，下與之帶，絶而復懸。火發樓下，頃刻同燼。賊至，亟索西府，聞已死，相顧歎曰：「惜也，是爲官廉。」戒毋犯若屬。二子猝與奉失，若有護者，投城不傷，不舟以渡，至劉伶口李生家止焉。李善事之，復求公尸及夫人母子遺骸含殮成禮。嗚乎！公之大節，刑于家人，感動厮役，若李生者亦可謂勇於爲義者矣。公死之年四十有三歲，膂力方剛，厥抱弗竟，傷哉！于是藐孤偕遁，長者十四，幼齡甫八，今皆以文學世其家。公家居及攝太和多可傳者，太和爭肖像以祠。里中事，人津津道之。余以公死在潁，但述潁與死潁事。夫人以下得附書。其他行可以概見，不具論。

野史氏曰：公即不死潁，其治潁亦可以傳。潁既陷，與公同烈者爲司馬公及其伯子，昔所稱知公者也。余居留都，見諸璫置酒逆賢祠下，邀致諸公，載胥屈膝。其不屈者惟張公一人，所稱光明俊偉，與公兩先公暉映後先者非耶？攜手九京，相視而笑，何其快也！孰不高語節義，當其可死，或坐失之。忠孝之事，其不易若此。公死不再計，以至女子小人皆無難者，豈講之平居者素，抑光岳正氣偶集於此？悲夫，彼身爲人臣，心知大義，而隱忍别圖，視王舟爲何如也！

錢祚徵傳

錢祚徵，字君遠，掖人。舉鄉薦，由恩縣博擢知汝州。汝爲流寇剽掠，孔道殘破之餘，人無固志。又有土賊數萬，依山爲巢，飄忽虜獲。祚徵甫莅任，糾鄉勇衙兵一千餘人分屯郭内，閉門示守。忽夜半開門，出間道，穿踰山谷，棄馬銜枚疾趨，越重險，徑搗賊巢。賊方縱酒博，驚起，未成列，大破之，俘斬四百餘，群賊皆奔。乃急練寨兵，令民千家築一寨，寨自爲守，賊至，鳴鉦互相救。頃之，百里皆集。守汝三年，賊數出侵掠，悉失利去。辛巳正月，河南府陷，闖賊勢大張，多下名城，旦夕且至。左右有言納款資犒者，皆立斬以狥。汝人争欲效死，各登城汛守。賊至，列數重環攻，飛矢中祚徵頸，旋傷臂，創甚，裹瘡力疾乘城，衆益感奮。賊飛雲架梯穿墉不暫休，皆隨方禦卻。然是時外無蚍蜉蟻子之援，而城中食將盡。二月四日，以萬人敵燒賊，會大風霾，風逆火返，藥局爇，樓櫓汛舖立焚，烟霧四塞，守者不辨咫尺。賊乘火登城，祚徵知勢不可爲，呼冠帶欲自殺。賊至被執，擁入賊營，以刃脅降之，啐賊渠大駡；擊之使跪，則仆地卧駡益厲；啗以生，則挺立大笑，復駡之。賊怒，叱引火煆鐵炙烙，肌體焦裂無完膚。垂死時，猶手動目張，駡不絶口。弟祉徵、姪青、僕十餘人皆死之。河南先後死事之慘，祚徵爲最。事聞，有旨議恤，當事者竟遲不覆，而汝人特廟祀之。

以上録自乾隆《掖縣志》卷七《藝文》

跋唐故滎陽鄭府君夫人博陵崔氏合祔墓誌銘

此即今世所傳崔鶯鶯者也。年七十六，有女一人，子六人，與鄭合葬。此銘出魏縣土中，足辨《會真記》之誣。而志墓之功於是爲不細矣。閼逢攝提格東吴顧炎武書付族子湄。

録自葉昌熾《緣督廬日記抄》卷五

亭林詩集卷之一

大行哀詩❶ 已下闕逢涒灘

神器無中墜，英明乃嗣興。紫蜺迎劍滅，丹日御輪升。景命殷王及，靈符代邸膺。天威寅降鑒，祖武肅丕承。采堊昭王儉，盤杅象帝兢。澤能回夏暍，心似涉春冰。世值頽風運，人多比德朋。求官逢碩鼠，馭將失饑鷹。細柳年年急，萑苻歲歲增。關門亡鐵牡，路寢泄金縢。霧起昭陽鏡，風摇甲觀燈。已占伊水竭，真遘杞天崩。道否窮仁聖，時危恨股肱。哀同望帝化，神想白雲乘。祕讖歸新野，群心望有仍。小臣王室淚，無路哭橋陵。

《太玄經》：紫蜺喬雲朋圍日。《墨子》：堯舜禹湯文武之事，書於竹帛，鏤之金石，琢之盤盂。《後漢書·崔駰傳》作「杅」。《漢書·五行志》：木沴金。成帝元延元年正月，長安章城門門牡自亡。函谷關次門牡亦自亡。師古曰：牡，所以下閉者也，以鐵爲之。庾信《哀江南賦·序》：袁安之每念王室，自然流涕。

感事

日角膺符早，天枝主鬯臨。安危宗社計，擁立大臣心。舊國仍三亳，多方有二斟。漢災當百六，人未息謳吟。

縞素稱先帝，春秋大復讎。告天傳玉册，哭廟見諸侯。詔令屯雷動，恩波解澤流。須知六軍出，一掃定神州。

❶「大行」下，幽光閣本有「皇帝」二字。

上宰承王命，專征指大江。出關收漢卒，分陝寄周邦。日氣生玄甲，雲祥下赤幢。登壇推大將，國士定無雙。

尚録文侯命，深虞雒邑東。千秋懸國恥，一旦表軍功。蹋鞠追名將，乘軒比上公。君王多倚託，先與賦彤弓。

蘇子瞻《書傳》曰：予讀《文侯之命》篇，知東周之不復興也。宗國傾覆，禍敗極矣。平王宜若衛文公、越勾踐然。今其書乃旋旋焉與平康之世無異。《春秋傳》曰厲王之禍，諸侯釋位以間王政，宣王有志而後效官，讀《文侯之命》，知平王之無志也。《史記・票騎傳》：其在塞外卒乏糧，或不能自振，而票騎尚穿域蹋鞠。《春秋傳》：衛甯武子來聘，公與之宴，爲賦《湛露》及《彤弓》，不辭，又不答賦。

清蹕郊宮寂，春遊苑籞荒。陵邊屯牧馬，❶闕下駐賢王。❷紫塞連玄菟，黄河界白羊。輿圖猶在眼，涕淚已霑裳。

《史記・劉敬傳》：白羊樓煩王去長安，近者七百里，輕騎一日一夕可以至。

自昔南朝地，常稱北府雄。六軍多壘日，萬國鼓鞞中。聽律音非吉，焚旗火乍紅。恐聞劉展亂，父老泣江東。六月壬午，督師標下兵與浙江兵鬨於鎮江西門外，焚民居數百家。《周禮》：大師執同律以聽軍聲而詔吉凶。《左傳・僖十五年》：火焚其旗。《通鑑・唐肅宗紀》：安史之亂，兵不及江淮；及劉展反，田神功討平之，其民始罹荼毒矣。

京口即事已下旃蒙作噩

白羽出揚州，黄旗下石頭。六雙歸雁落，千里射蛟浮。河上三軍合，神京一戰收。祖生多意氣，擊楫正中流。

❶「陵邊屯牧馬」，幽光閣本作「城中屠各虜」。
❷「駐」，幽光閣本作「左」。

大將臨江日，中原望捷時。❶兩河通詔旨，三輔急王師。轉戰收銅馬，還兵飲月支。從軍無限樂，早賦仲宣詩。

《宋史·李綱傳》：請於河北置招撫司，河東置經制司，擇有材略者爲之，使宣諭天子恩德，所以不忍棄兩河於敵國之意。《後漢書·光武紀》：擊銅馬於鄡，悉將降人分配諸將，衆遂數十萬。

京闕篇❷

王氣開江甸，❸山河拱舊京。❹德過瀍水卜，運屬阪泉征。赤縣疏封闊，❺黄圖映日明。❻秩猶分漢尹，烝尚薦周牲。闕道紆金輅，郊宫佇翠旌。山陵東掖近，府寺後湖清。國運方多難，天心會一更。神州疑逐鹿，率土駭犇鯨。號略旗初仆，函關鼓不鳴。遂令纏大角，無復埽欃槍。合殿焚丹户，金城落畫甍。銜哀遺梓椑，泣血貫宗祊。傾否時須聖，扶屯理必亨。望雲看五采，候緯得先贏。渡水收萍實，占龜兆大横。舊邦回帝省，耆俊式王楨。曆是周正月，田踰夏一成。雅應歌吉日，民喜復盤庚。毓德生維嶽，分猷降昴精。朝稱元老壯，國有丈人貞。❼密切營三輔，恢張頓八紘。塘周淮口柵，山繞石頭城。未蕩封豨梗，仍遺穴鼠爭。師從甘野誓，人雜渭濱耕。四冢懸蚩戮，千刀待莽烹。柳青依玉

❶「中原望捷時」，幽光閣本作「匈奴出塞時」。
❷「京闕」，幽光閣本作「帝京」。
❸「江甸」，幽光閣本作「洪武」。
❹「山河拱舊京」，幽光閣本作「江山拱大明」。
❺「疏封闊」，幽光閣本作「名三亳」。
❻「映日明」，幽光閣本作「號二京」。
❼「國有丈人貞」下，幽光閣本有小注：「兵部尚書兼武英殿大學士史可法。」

勒，花發韻金鉦。黄石傳三略，條侯總七營。虎頭雙劒白，猿臂一弓騂。會見妖氛浄，旋聞隴塞平。載橐歸武烈，伊淢築文聲。禮洽封山玉，音諧降鳳笙。配天歸舊物，復國紀鴻名。曉集僊庭鷺，春遷大谷鶯。尊師先太學，納誨必延英。側席推干鼎，回車載釣璜。在陰來鶴和，刻石起魚鏗。念昔掄科日，三陪薦士行。帝鄉秋惝怳，天闕歲峥嶸。賦客餘枚叟，文才後賈生。飲泉隨渴鹿，攀徑落危鼪。再見東都禮，尤深上國情。百僚方勸進，父老盡來迎。宿衛皆勳舊，干掫並禁兵。乾坤恩澤大，雷雨氣機盈。草緑西州晚，雲彤北闕晴。法宮瞻斗柄，別館望金莖。玉帛塗山會，車書雒邑程。海槎天上隔，陽卉日邊榮。對策年猶少，尊王志獨誠。小臣搖彩筆，幾欲擬張衡。

《史記·天官書》：大角者，天王帝廷。杜子美詩：大角纏兵氣。　顔延之《皇太子釋奠》詩：時屯必亨，運蒙則正。　《唐書》：隋大業十三年六月，鎮星贏而旅於參。參，唐星也。李淳風曰：鎮星主福，未當居而居，所宿國吉。　《書·文侯之命》：罔或耆壽，俊在厥服。　《史記·殷本紀》：帝盤庚之時，殷已都河北；盤庚渡河南，復居成湯之故居。　《建康志》：栅塘在秦淮上，通古運瀆。《實録》注：吴時夾淮立栅，號栅塘。　梁天監九年新作，緣淮塘北岸，起石頭，迄東冶；南岸起後渚籬門，迄三橋，作兩重栅，皆施行馬。　《皇覽》曰：蚩尤冢在東平郡壽張縣闞城中，高七丈，民常十月祀之，有赤氣出入如匹絳帛，民名爲蚩尤旗。肩髀冢在山陽郡鉅野縣重聚，大小與闞冢等。傳言黄帝與蚩尤戰於涿鹿之野，殺之，身體異處，故别葬之。　梁徐陵《在齊與楊僕射書》：四冢磔蚩尤，千刀剸王莽。　梁元帝《藩難未静述懷》詩：金鉦韻渚宮。　劉敬叔《異苑》曰：晉武帝時，吴郡臨平岸崩，出一石鼓，打之無聲，以問張華，華曰：可取蜀中桐材刻作魚形，扣之則鳴。於是如言，聲聞數十里。　班固《東都賦》：發鯨魚，鏗華鐘。 鮑照《舞鶴賦》：歲崢嶸而愁暮。

金陵雜詩

江月懸孤影，還窺李白樓。詩人長不作，千載尚風流。塢壁三山古，池臺六代幽。長安佳麗日，夢繞帝王州。

春雨收山半，江天出翠層。重聞百五日，遥祭十三陵。祝版書孫子，祠官走令丞。西京遺廟在，灑掃及冬烝。❶

天居宜壯麗，考室自宣王。地即周瀍右，規因漢未央。水衡存物力，司隸識朝章。父老多垂涕，還思祖德長。

正殿虛椒寢，蒼生望母儀。國風思窈窕，小雅夢熊羆。中使頻傳勅，臺臣早進規。願聞姜后戒，仍及會朝時。

《漢書・杜欽傳》：佩玉宴鳴，《關雎》歎之，知好色之伐性短年，天下將蒙化，陵夷而成俗也。故詠淑女，幾以配上。《列女傳・周宣姜后》：賢而有德，宣王嘗早卧而晏起，后夫人不出於房。姜后既出，乃脱簪珥待罪於永巷，使其傅母通言於王。王復姜后而勤於政事，早朝晏退，繼文武之迹，興周室之業。《詩》：會且歸矣，無庶予子憎。

記得尚書巷，先兵部侍郎府君官舍所在。于今六十年。功名存駕部，先公疏船甲事得請，爲南京百年之利。事載《船政新書》。俎豆託朝天。有祠在朝天宫。樹向烏衣直，門臨白水偏。侍郎遺石在，過此一悽然。

《古樂府・青溪小姑曲》：開門白水，側近橋梁。《唐書》：薛元超爲中書舍人、弘文館學士，兼修國史。中書省有一盤石，元超祖父道衡爲内史侍郎，嘗據而草制。元超每見此石，未嘗不泫然流涕。

❶ 「灑掃及冬烝」，幽光閣本作「天下想中興」。

千里

千里吴封大，三州震澤通。戈矛連海外，文檄動江東。王子新開邸，將軍舊總戎。登壇多忼慨，誰復似臧洪？

《後漢書・臧洪傳》：陳留太守張邈與諸牧守大會酸棗，設壇場，將盟，既而更相辭讓，莫敢先登，咸共推洪。洪乃攝衣升壇，操血而盟，辭氣忼慨，聞其言者無不激揚。

秋山

秋山復秋山，秋雨連山殷。昨日戰江口，今日戰山邊。已聞石甄潰，復見左拒殘。旌旗埋地中，梯衝舞城端。一朝長平敗，伏尸偏岡巒。北去三百舸，❶舸舸好紅顔。吴口擁橐駞，鳴笳入燕關。昔時鄢郢人，猶在城南間。

《漢書・李陵傳》：於是盡斬旌旗及珍寶埋地中。《晉書・慕容超載記》：使送吴口千人。《戰國策》：雍門司馬謂齊王曰：鄢郢之大夫不欲爲秦，而在城南下者以百數。

秋山復秋水，秋花紅未已。烈風吹山岡，燐火來城市。天狗下巫門，白虹屬軍壘。可憐壯哉縣，一旦生荆杞。歸元賢大夫，斷脰良家子。楚人固焚麇，庶幾歆舊祀。句踐棲山中，國人能致死。歎息思古人，存亡自今始。

《左傳・定五年》：吴師居麇，子期將焚之。子西曰：「父兄親暴骨焉，不能收，又焚之，不可。」子期曰：「國亡矣，死者若有知也，可以歆舊祀，豈憚焚之。」焚之而後戰。

❶「北去」，幽光閣本作「胡裝」。

表哀詩

晉孫綽作《表哀詩》，其序曰：余以薄祜，夙遭閔凶。天覆既淪，俯憑坤厚。豈悟一朝，復見孤棄。不勝哀號，作詩一首。敢冒諒闇之譏，以申罔極之痛。

黽勉三遷久，間關百戰深。生慚毛義檄，死痛子輿衾。荻字書猶記，斑衣舞尚尋。淒其天步蹙，荏苒歲華侵。密葉凋秋氣，貞柯落夜陰。國書公父訓，女史大家箴。未已還閭望，仍留恤緯心。霜催臨穴旐，風送隔鄰砧。白鶴非新表，青烏即舊林。欲求防墓處，戈甲滿江潯。

《列女傳》：王孫賈母言：女莫出而不還，則吾倚閭而望。女今事王，王出走，女不知其處，女尚何歸？

十二月十九日奉先妣藁葬

婁縣百里內，牧騎過如織。❶士人每夜行，冬深月初黑。扶柩已南來，幸至先人域。合葬亦其時，倉卒未可得。停車就道右，丘也聞日食。魂魄依祖考，即此幽宫側。三年卜天道，墓櫝茂以直。黽勉臣子心，有懷亦焉極。悲風下高原，父老爲哀惻。其旁可萬家，此意無人識。

《禮記·曾子問》：孔子曰：昔者吾從老聃助葬於巷黨，及堩，日有食之。老聃曰：「丘，止柩就道右，止哭以聽變。」既明反而后行。

❶「牧騎」，幽光閣本作「胡兵」。

延平使至❶已下柔兆閹茂

春風一夕動三山，使者持符出漢關。萬里干戈傳御札，十行書字識天顔。身留絶塞援枹伍，夢在行朝執戟班。一聽綸言同感激，收京遥待翠華還。❷

海上

日入空山海氣侵，秋光千里自登臨。十年天地干戈老，四海蒼生痛哭深。水湧神山來白鳥，❸雲浮仙闕見黄金。❹此中何處無人世，祇恐難酬烈士心。

滿地關河一望哀，徹天烽火照胥臺。名王白馬江東去，故國降旛海上來。秦望雲空陽鳥散，冶山天遠朔風迴。樓船見説軍容盛，❺左次猶虚授鉞才。❻《隋書·五行志》：梁大同中，童謡曰：「青絲白馬壽陽來。」其後侯景破丹陽，乘白馬，以青絲爲羈勒。

南營乍浦北南沙，❼終古提封屬漢家。萬里風煙通日本，一軍旗鼓向天涯。去夏誠國公劉孔昭自福山入海。樓船已奉征蠻勑，博望空乘汎海查。愁絶王師看不到，寒濤東起日西斜。

長看白日下蕪城，又見孤雲海上生。感慨河山追失計，艱難戎馬發深情。埋輪

❶「延平使至」，幽光閣本題作「李定自延平歸賫至御札」。
❷「遥」，幽光閣本作「恭」。
❸「鳥」，孫校作「鶴」。
❹「仙」，孫校作「真」。
❺「樓船見説軍容盛」，幽光閣本作「遥聞一下親征詔」。
❻「左次」，幽光閣本作「夢想」。
❼下「南」字，幽光閣本作「營」。

抝鏃周千畝，蔓草枯楊漢二京。今日大梁非舊國，夷門愁殺老侯嬴。

《楚辭·九歌》：埋兩輪兮縶四馬。《尉繚子》：抝矢折矛。

不去

不去圍城擁短轅，棲棲猶自向平原。此心未忍輕三晉，願見辛垣盡一言。

落日江津送伍員，秋風壠上別徐君。偶來圯下逢黃石，便到山中卧白雲。

欲投海島問田横，却恨三齊路不平。記作安平門下客，當時曾見火牛兵。

賦得老鶴萬里心用心字

何來千歲鶴，忽下九皋音。一自來凡境，推頹已至今。臨風時獨舞，警露亦長吟。乍識人民異，還悲歲月侵。早寒江上笛，秋急戍樓砧。木落依空沼，雲多失舊林。三株天外冷，甲子世間深。尚想蓬萊曉，終思弱水陰。神州迷再舉，碧落杳千尋。多少乘軒者，知同一寸心。

《埤雅》：鶴性警，至八月白露降，流於草木上，點滴有聲，因即高鳴相警。移徙所宿處，慮有變害也。《楚辭·惜誓》：黃鵠之一舉兮，知山川之紆曲。再舉兮，知天地之圜方。

贈顧推官咸正 已下疆圉大淵獻

上郡天北門，一垣接羌氐。當年關中陷，九野横虹霓。日光不到地，哭帝蒼山蹊。君持蘇生節，冒死決蒺藜。揮刀斬賊徒，一炬看燃臍。東虞勢薄天，❶少梁色悲

❶「虞」，幽光閣本作「胡」。

悽。遂從黄冠歸，間關策青驪。豈知杲卿血，已化哀鵑啼。弟錢塘知縣咸建。未敢痛家讐，所念除鰮鯢。有懷託桑榆，焉得巖下棲。便蹴劉司空，夜舞愁荒鷄。春水濕樓船，湖上聞鉦鼙。勾吴古下國，難與秦風齊。却望殽潼間，山高別馬嘶。天子哀忠臣，臨軒降紫泥。高景既分符，汾陰亦執珪。如君俊拔才，久宜侍金閨。會須洗中原，指顧安黔黎。

顏延之《和謝監靈運》詩：謁帝蒼山蹊。漢光武賜馮異詔曰：可謂失之東隅，收之桑榆。《漢書》：周苛死滎陽，乃拜其弟昌爲御史大夫，後以功封汾陰侯。苛子成以父死事封高景侯。

大漢行

大漢傳世十二葉，祚移王莽繇居攝。黎元愁苦盜賊生，次第諸劉興宛葉。一時併起實倉皇，國計人心多未協。新市將軍憚伯升，遂令三輔重焚劫。指揮百二歸蕭王，一統山河成帝業。吁嗟帝王不可圖，長安天子今東都。隗王白帝何爲乎？扶風馬生真丈夫。

《漢書·賈誼傳》：高皇帝與諸公併起。師古曰：併音步鼎反。

義士行

飲此一杯酒，浩然思古人。自來三晉多義士，程嬰公孫杵臼無其倫。下宫之難何倉卒，賓客衣冠非舊日。袴中孤兒未可知，十五年後當何時。有如不幸先朝露，此恨悠悠誰與訴？一心立趙事竟成，存亡死生非所顧。嗚呼！趙朔之客真奇特，人主之尊或不能得。獨有人兮長歎空山側。

秦皇行

秦肉六國啖神州，六國之士皆秦讎。劍一發，亡荆軻。筑再舉，誅漸離。博浪沙中中副車，倉海神人無奈何。自言王者定不死，豈知天意亡秦却在此。隕石化，山鬼言。天意茫茫安可論。扶蘇未出監上郡，始皇不死讎人刃。

《楊子法言》：始皇方斧，將相方刀，六國方木，將相方肉。

《漢書·張良傳》：東見倉海君。晉灼曰：海神也。

墟里

昔有周大夫，愀然過墟里。時序已三遷，沈憂念方始。乃知臣子心，無可別離此。自經板蕩餘，❶一再見桃李。春秋相代嬗，激疾不可止。慨焉歲月去，人事亦轉徙。古制存練祥，變哀固其理。送終有時既，長恨無窮已。豈有西向身，未昧王哀旨。眷言託風人，言盡愁不弭。

楊惲《報孫會宗書》：君父，至尊親也，送其終也，有時而既。

塞下曲

趙信城邊雪化塵，紇干山下雀呼春。即今三月鶯花滿，長作江南夢裏人。

《史記·衛將軍驃騎傳》：遂至寘顏山趙信城。《五代史·寇彥卿傳》：紇干山頭凍死雀，何不飛去生處樂？梁丘遲《與陳伯之書》：暮春三月，江南草長。雜花生樹，群鶯亂飛。

❶「自經板蕩餘」，幽光閣本作「自我陷絕域」。

一從都尉生降去，❶夜夜魂隨塞雁蘆。陛下寬仁多不殺，可能生入玉門無？

《史記》：柴將軍遺韓王信書曰：陛下寬仁，諸侯雖有畔亡，而復歸輒復故位號，不誅也。

海上行

大海天之東，其處有黄金之宫，上界帝子居其中。欲往從之，水波雷駭，幾望見之，以風爲解。徐福至彼，止王不來。至今海上人，時見城郭高崔嵬。黿鼉噴沫，聲如宫商。日月經之，以爲光明。或言有巨魚，身如十洲長，幾化爲龍不可當，一旦失水愁徬徨。北冥之鯤，有耶無耶？又言海中之棗大如瓜，棗不實，空開花，但見鯨魚出没鑿齒磨牙。昔時童男女，一去不回家。東浮大海難復難，不如歸去持魚竿。

《史記·大宛傳贊》：日月所相避，隱爲光明也。《晏子春秋》：景公問晏子曰：東海之中，有棗華而不實。

哭楊主事廷樞❷

吴下多經儒，楊君實宗匠。方其對策時，已負人倫望。未得侍承明，西京俄淪喪。五馬遂南來，汪黄位丞相。幾同陳東獄，幸遇明主放。牧馬飲江南，❸真龍起芒碭。首獻大横占，並奏北邊狀。❹手詔曰：朕甚感楊廷樞之占卦。是日天顔迴，喜氣浮綵仗。御筆授二官，天墨春俱盎。擢兵部主事兼監察御史。魚麗笠澤兵，烏合松陵將。滅跡遂躬耕，猶爲義聲

❶「生降去」，幽光閣本作「拜單于」。
❷「廷樞」，此二字原無，今據底本目録及幽光閣本補。
❸「牧馬」，幽光閣本作「佛狸」。
❹「北邊」，幽光閣本作「東胡」。

唱。松江再蹉跌，搜伏窮千嶂。竟入南冠囚，一死神慨伉。往秋夜中論，指事並吁悵。我慕凌御史，凌駉。倉卒當絶吭。齊蠋與楚龔，相期各風尚。君今果不食，天日情已諒。隕首蘆墟村，噴血胥門浪。唯有大節存，亦足酬帝貺。灑涕見羊曇。君甥衛向。停毫默悽愴。他日大鳥來，同會華陰葬。

推官二子執後欲爲之經營而未得也而二子死矣

生來一諾比黄金，那肯風塵負此心？
不是白登詩未解，菲才端自媿盧諶。

《晉書》：劉琨作詩贈别駕盧諶，引鴻門、白登之事，用以喻意。諶素無奇略，以常詞酬和，殊乖琨心。

蒼黄一夜出城門，白刃如霜日色昏。
欲告家中賣黄犢，松江江上去招魂。

《古樂府・平陵東》：歸告我家賣黄犢。

淄川行

張伯松，巧爲奏，大纛高牙擁前後。罷將印，歸里中，東國有兵鼓逢逢。鼓逢逢，旗獵獵，淄川城下圍三匝。圍三匝，開城門，取汝一頭謝元元。

《漢書・王莽傳》：張竦爲劉嘉作奏，請滅安衆侯崇，莽封嘉爲師禮侯，嘉子七人皆賜爵關内侯。又封竦爲淑德侯。長安爲之語曰：「欲求封，過張伯松；力戰鬭，不如巧爲奏。」

哭顧推官

推官吾父行，世遠亡譜系。及乎上郡還，始結同盟契。崎嶇鞭弭間，周旋僅一歲。痛自京師淪，王綱亦陵替。人懷分土心，欲論縱横勢。與君共三人，其一歸高士祚明。獨奉南陽帝。誓麾白羽扇，❶一掃天日翳。君才本恢弘，闊略人事細。一疏入人手，幾墮旃裘睨。❷乃有漢將隙，因掉三寸説。主帥非其人，大事復不濟。君來就茅屋，問我駕所税。幸有江上舟，請鼓鈴下枻。別去近一旬，君行尚留滯。二子各英姿，文才比蘭桂。身危更藏亡，并命一朝斃。巢卵理必連，事乃在眉眥。一身更前却，欲聽華亭唳。❸我時亦出亡，聞此輒投袂。扁舟來勸君，行矣不再計。驚弦鳥不飛，困網魚難逝。旦日追吏來，君遂見囚繫。檻車赴白門，忠孝辭色厲。竟作戎首論，卒踐捐生誓。倉皇石頭骨，未從九原瘞。父子兄弟間，五人死相繼。嗚呼三吴中，巍然一門第。尚有五歲孫，伏匿蒼山際。門人莫將燓，行客揮哀涕。群情佇收京，❹恩䘏延後世。歸喪琅邪冢，詔策中牢祭。後死媿子源，徘徊哭江裔。他日修史書，猶能著凡例。

《通鑑》：庾冰奔會稽，至浙江，蘇峻購之甚急。吴鈴下卒引冰入船，以籧篨覆之，吟嘯鼓枻，泝流而去。《後漢書·李固傳》：門生王成將燓乘江東下。《伏隆傳》：詔隆中弟咸收隆喪，太中大夫護送喪事，詔告琅邪作冢。

哭陳太僕子龍

陳君黽賈才，文采華王國。早讀兵家流，千古在胸臆。初仕越州理，一矢下山

❶「誓麾白羽扇」，幽光閣本作「談笑東胡空」。
❷「旃裘」，幽光閣本作「猾虜」。
❸「欲聽華亭唳」下，幽光閣本有小注：「時猶未知二子之死。」
❹「群情」，幽光閣本作「乘輿」。

賊。南渡侍省垣，上疏亦切直。告歸松江上，欻見牧馬逼。❶拜表至行朝，❷願請三吴敕。詔使護諸將，加以太僕職。遂與章邯書，資其反正力。幾事一不中，反覆天地黑。嗚呼君盛年，海内半相識。魏齊亡命時，信陵有難色。事急始見求，棲身各荆棘。君來别浦南，我去荒山北。柴門日夜扃，有婦當機織。未知客何人，倉卒具糲食。一宿遂登舟，徘徊玉山側。有翼不高飛，終爲罻羅得。恥爲南冠囚，❸竟從彭咸則。尚媿虞卿心，負此一悽惻。復多季布柔，晦迹能自匿。君出亡時，尚僕從三四人，服用如平日。酹酒作哀辭，悲來氣哽塞。《史記·季布傳》：諸公皆多季布能摧剛爲柔。

十月二十日奉先妣葬於先曾祖兵部侍郎公墓之左

先考葬祖墓左四十年，其左有池，形家或言兆有水，是歲將合葬我母，三族皆爲炎武難之。❹炎武念先妣之治命，不可以不合葬，而四十年之藏又不可以遷，萬一有水，又不可以徑情而遂葬，遲回者久之。及啓壙竟無水，訖事，無風雨。昔重光大荒落之歲，葬先王父，既祖奠，火作於門，里人救之，遂熄。念吾先人積德累仁，固不當有水

❶「牧」，幽光閣本作「胡」。
❷「行朝」，幽光閣本作「福京」。
❸「恥爲南冠囚」，幽光閣本作「恥污東夷刀」。
❹「炎武」，孫校作「山傭」。下同。

火之菑、陰陽之咎，而不孝一人所遇之不幸如此，天之不遂棄之而曲全之又如此，是可以忘先人之志哉！

王季之墓見水齧，宣尼封防遭甚雨。我今何幸獨不然，或者蒼天照愁苦。昔我先臣葬於此，神宗皇帝賜之墓一區。六十年間事反覆，到今陵谷青模糊。止存松楸八百樹，夜夜宿鳥還相呼。行人指點侍郎冢，戍卒不敢來樵蘇。乃知天朝恩寵大，易世猶與凡人殊。天道回旋改寒燠，公侯子孫久必復。歲月日時共五行，先公葬亦以歲丁亥、月辛亥、日丁亥、時辛亥。前岡後舍分昭穆。皇天下監臣子心，環三百里無相侵。先皇弓劍橋山岑，山多虎豹江水深。欲去復止長哀吟。

《國語》：越王命環會稽三百里以爲范蠡地，曰：「後世子孫有敢侵蠡之地者，使無終没於越國。皇天后土，四鄉地主正之。」

墓後結廬三楹作

偉元居城陽，簡之在丹徒。古人廬墓有至意，獨我未得心煩紆。東西南北亦人子，豈知天路還崎嶇。奮矛躍馬一到此，營地半畝先人隅。築室三楹户南向，前對日月開規模。舊栽松樹無觸鹿，惟有老栢銜悲枯。憶昔曾蒙至尊詔，共姜名字懸三吴。至今東平冢上木，枝枝西靡朝皇都。爾來天地春意絶，不見君父重嗚呼。一身去國無所泊，類此鴻雁三秋徂。陰風怒號白日孤，吁嗟此室千年俱。

《晉書》：殷仲堪爲桓玄所害，子簡之葬於丹徒，遂居墓側。後率私僮客隨義軍躡桓玄，玄死，簡之食其肉。

《魏書》：傅永嘗登北邙山，奮矟躍馬，回旋瞻望，有終焉之志。遂買左右地數頃，遺勅子叔偉曰：「此吾之永宅也。」《晉書》：許孜於墓所列植松栢，亘五六里。時有鹿犯其松栽，孜悲歎曰：「鹿獨不念我乎！」明日，忽見鹿爲猛獸所殺。《舊唐書·褚無量傳》：丁憂，廬於墓側，其所植松栢，有鹿犯之，無量泣而言曰：「山中衆草不少，何忍犯吾先塋樹哉！」因通夕守護。俄有群鹿馴狎不復侵害。《晉書》：王裒常至墓所攀栢悲號，涕淚著樹，樹爲之枯。

精衛

萬事有不平，爾何空自苦？長將一寸身，銜木到終古。我願平東海，身沈心不改。大海無平期，我心無絶時。嗚呼！君不見西山銜木衆鳥多，鵲來燕去自成窠。

吴興行贈歸高士祚明

北風十二月，遊子向吴興。榜人問何之，不言但沾膺。三年干戈暗鄉國，有兄不得歸塋域。高堂有母兒一人，負米百里傷哉貧。此來海虞兩月日，裁得白金可半鎰。歸來入門不暇餐，直走山下求兄棺。湖中雪滿七十峰，江山對君凝愁容。冬盡月向晦，慈親倚門待。果見兄骨歸，心悲又以喜。如君節行真古人，一門内外唯孤身。出營甘旨入奉母，崎嶇州里良苦辛。君向余太息，此事不足言。遥望天壽山，猶在浮雲間。長歎未及往，塵沙没中原。❶神州已陸沉，菽水難爲計。豈無季孫粟，義不當人惠。世無漢高帝，餓殺韓王孫。寧受少年侮，不感漂母恩。時人未識男兒面，如君安得長貧賤。讀書萬卷佐帝王，傳檄一紙定四方。拜掃十八陵，還歸奉高堂。窮冬積

❶「塵沙」，幽光閣本作「胡塵」。

陰天地閉，知君唯有袁安雪。

《世説》：王悦之少厲清操，爲吏部郎時，鄰省有會同者，遺之餅一甌，辭不受，曰：「所費誠復小小，然少來不欲當人之惠。」

賦得越鳥巢南枝用枝字 已下著雍困敦

微物生南國，深情繫一枝。寒風群拉沓，落日羽差池。繞樹飛初急，尋柯宿轉遲。懸冰驚趾滑，集霰怯巢危。路入關河夜，思縈嶺嶠時。山川知夙性，天地識恩私。向日心常在，隨陽願未虧。寄言幽谷友，勿負上林期。

賦得江介多悲風用風字

素節乘雲夢，清秋下渚宫。哀音生地籟，激楚入天風。落雁過山急，寒蟬抱樹空。傷心千里目，愁絶百年中。郢路元依北，江關久向東。有人宗國淚，何地灑孤忠？

《華陽國志》：巴楚相攻伐，故置江關、陽關。《後漢書・岑彭傳》：公孫述遣將乘枋箄下江關。

擬唐人五言八韻

申包胥乞師

辰尾垂天譎，亡人甚寇兵。舟師通大別，獵火照方城。九縣長蛇據，三關鑿齒横。君王親草莽，微命託宗祊。彳亍終南近，間關繞霤平。張旜非聘客，躡屩一書生。雀立庭柯瞑，猿啼夜柝驚。秦車今已出，誓死必存荆。

《漢書·王莽傳》：繞霤之固，南當荆楚。服虔曰：繞霤，隘險之道。師古曰：謂之繞霤者，言四面阸塞，其道屈曲，谿谷之水，回繞而霤也。其處即今之商州界七盤十二繞是也。《儀禮·聘禮》：及竟，張旜。《戰國策》：七日而薄秦王之朝，雀立不轉，晝吟宵哭。

高漸離擊筑

神州移水德，故鼎去山東。斷霓夫人劍，殘煙郭隗宮。身留烈士後，跡混市兒中。改服心彌苦，知音耳自通。沈淪餘技藝，忼慨本英雄。壯節悲遲晚，羈魂迫固窮。一吟遼海怨，再奏薊丘風。不復荆卿和，哀哉六國空！

班定遠投筆

少小平陵縣，蕭然一布衣。讀書傳父業，握管上皇畿。太乙藜初降，蘭臺露未晞。生涯憑筆札，甘旨爲慈闈。忽見天弧動，聊將電鋏揮。于闐迎轡靷，疏勒候旌旃。凍磧軍營轉，秋山捷奏飛。封侯來萬里，老見錦衣歸。

本傳：嘗爲官傭書，行詣相者，曰：「祭酒，布衣諸生耳，而當封侯萬里之外。」

諸葛丞相渡瀘

火山橫日幕，銅澗亘天徼。亂樹雲南國，交繩僰外橋。枕戈穿偪仄，帶甲上岧嶢。地汁生淫霧，流煙入斗杓。七擒依算略，一戰定蠻苗。信洽炎荒永，恩宣益部遥。深思危大業，隆眷切先朝。更有親賢表，宫廷告百僚。

《漢書·佞幸傳》註：師古曰：東北謂之塞，西南謂之徼。《五經通義》：陰亂則爲霧，從地汁也。《楚辭·大招》：霧雨霪霪，白皓膠只。

祖豫州聞雞

萬國秋聲静，三河夜色寒。星臨沙樹白，月下戍樓殘。擊柝行初轉，提戈夢未安。沈幾通物表，高響入雲端。豈足占時運，要須振羽翰。風塵懷撫劍，天地一征鞍。失旦何年補，先鳴意獨難。函關猶未出，千里路漫漫。

《吴志·周瑜傳》：使失旦之雞復得一鳴。《左傳·襄二十一年》：州綽曰：臣不敏，平陰之役，先二子鳴。

陶彭澤歸里

結駟非吾願，躬耕力尚堪。咄嗟聊綰綬，去矣便投簪。望積廬山雪，行深渡口嵐。芟松初作徑，蔭柳乍成菴。甕盎連朝濁，壺觴永日酣。秋籬尋菊蕊，春箔理桑蠶。舊德陳先祖，遺書付五男。因多文義友，相與卜村南。

常熟縣耿侯橘水利書

神廟之中年，天下方全盛。其時多賢侯，精心在農政。耿侯天才高，尤辨水土性。縣北枕大江，東下滄溟勁。水利久不修，累歲煩雩禜。疏鑿賴侯勤，指顧川原定。百室滿倉箱，❶子女時昏聘。洋洋河渠議，欲垂來者聽。三季饒凶荒，庶徵頻隔并。❷誰能念遺黎，百里嗟懸磬。況多鋒鏑驚，❸早夜常奔迸。上帝哀惸嫠，天行當反正。必有康食年，河雒待明聖。自非經界

❶「室」，孫校作「穀」。
❷「庶徵頻隔并」，原件作「每與師旅併」。
❸「況多鋒鏑驚」，幽光閣本作「況此胡寇深」，原件作「況此戎寇深」。

明，民業安得静？願作勸農官，巡行比陳靖。畎澮徧中原，粒食詒百姓。

《後漢書·陳忠傳》：天心未得，隔并屢臻。註：隔并，謂水旱不節也。《尚書》曰：一極備凶，一極無凶。并，音必性反。《郎顗傳》：歲無隔并，大平可待。《史記·蔡澤傳》：決裂阡陌，以静生民之業而一其志。《宋史·食貨志》：至道二年，太常博士直史館陳靖上言農田事，以靖爲京西勸農使，按行陳、許、蔡、潁、襄、鄧、唐、汝等州，勸民墾田。

偶來

偶來湖上已三秋，便可棲遲老一丘。赤米白鹽猶自足，青山緑野故無求。柴車向夕逢元亮，款段乘春遇少遊。鳥獸同群終不忍，轍環非是爲身謀。

《南齊書·周顒傳》：衛將軍王儉謂顒曰：「卿山中何所食？」顒曰：「赤米白鹽，緑葵紫蓼。」

浯溪碑歌❶

萬曆元年，先曾祖官廣西按察副使，道浯溪，❷得唐元次山《中興頌》石本以歸，爲顔魯公筆，字大徑六七寸。歷世三四，❸此碑獨傳之不肖。❹歲旃蒙作噩，❺命工裝潢爲册，❻工人不知碑自左方起，❼而以年月先之，遂倒盭

❶「浯溪碑歌」，孫校題作「大唐中興頌歌」。
❷「道浯溪」，孫校作「道經祁陽」。
❸「歷世三四」下，孫校有「家業已析，墓下之田且鬻之異姓，而」十四字。
❹「不肖」下，孫校有「山傭」二字。
❺「歲旃蒙作噩」下，孫校有「山傭之南京」五字。
❻「命工裝潢爲册」下，孫校有「信工人之能，遂以付之，乃」十字。
❼「工人」，孫校無此二字。

不可讀。❶ 方謀重裝，而兵亂工死，❷不復問者三年。碑固在舊識楊生所，❸一旦爲余重裝以來，❹則文從字順，煥然一新。有感於先公之舊物不在他人，而特屬之嗣人之稍知大義者，❺又經兵火而不失，且待時而乃成，夫物固有不偶然者也。爲之作歌。

昔在唐天寶，禄山反范陽。天子狩蜀都，賊兵入西京。❻ 肅宗起靈武，國勢重恢張。二載收長安，鑾輿迎上皇。小臣有元結，作詩頌大唐。欲令一代典，風烈追宣光。真卿作大字，筆法名天下。磨厓勒斯文，神理遺來者。書過泗亭碑，文匹淮夷雅。留此繫人心，枝撐正中夏。先公循良吏，海内推名德。驅馬復悠悠，分符指南極。遐眺道州祠，流覽浯溪側。如見古忠臣，精靈感行色。匪煩兼兩載，不用金玉裝。攜此一紙書，存之貯青箱。以示後世人，高山與景行。天運有平陂，名蹟更存亡。寶弓得堤下，大貝歸西房。舊物猶生憐，何況土與疆。却念蒸湘間，牧騎已如林。❼ 西南天地窄，零桂山水深。峋嶁大禹迹，萬木生秋陰。一峰號回雁，朔氣焉得侵。恐此浯厓文，苔蘚不可尋。藏之篋笥中，寶之過南金。此物何足貴，貴在臣子心。援筆爲長歌，以續中唐音。

《後漢書·吴祐傳》：此書若成，則載之兼兩。《穀梁傳·定九年》：得寶玉大弓，惡得之？得之堤下。

❶「遂倒鏊不可讀」下，孫校有「歸而尤之，則曰請」七字。
❷「而」上，孫校有「已」字。
❸「碑」上，孫校有「而」字。
❹「爲余」，孫校作「楊爲」。
❺「屬之」下，孫校有「其」字。
❻「賊」，幽光閣本作「胡」。
❼「牧」，幽光閣本作「胡」。

寄薛開封寀君與楊主事同隱鄧尉山併被獲或曰僧也免之遂歸常州❶

別君二載餘，無從問君處。蒼蒼大澤雲，漠漠西山路。神物定不辱，精英夜飛去。只有延陵心，尚挂姑蘇樹。他日過吳門，爲招烈士魂。燕丹賓客盡，獨有漸離存。

張協《七命》：或馳名傾秦，或夜飛去吳。李善註引《越絶書》：闔廬無道，湛盧之劒去之入楚。

將遠行作❷

去秋闚東溟，❸今冬浮五湖。長歎天地間，人區日榛蕪。出門多蛇虎，局促守一隅。夢想在中原，河山不崎嶇。朝馳瀍澗宅，夕宿殽函都。神明運四極，反以形骸拘。收身蓬艾中，所之若窮途。杖策當獨行，未敢憚羈孤。願登廣阿城，一覽輿地圖。回首八駿遥，悵然臨交衢。

《莊子》：夫三子者，猶存乎蓬艾之間。《後漢書・鄧禹傳》：從至廣阿，光武舍城樓上，披輿地圖，指示禹曰：「天下郡國如是，今始乃得其一。」

京口

異時京口國東門，地接留都左輔尊。囊括蘇松儲陸海，❹襟提閩浙壯屏藩。❺漕穿水道秦隋跡，壘壓江干晉宋屯。一上金

---

❶「山」下，幽光閣本有「中」字。

❷「將遠行作」，幽光閣本題作「將有遠行作」，孫校作「將遠行」，題下皆有四字小注「時猶全越」。

❸「東溟」，幽光閣本作「大海」，孫校同。

❹「儲陸海」，孫校作「千里郡」。

❺「閩浙壯屏」，孫校作「浙福二名」。

山覽形勝，南方亦是小中原。

東吴北翟戰争還，❶天府神州百二關。末代棄江因靖鹵，❷靖鹵伯鄭鴻逵。當年開土是中山。雲浮鸛鶴春空遠，水擁蛟龍夜月閒。相對新亭無限淚，幾時重得破愁顔？

石射堋山 已下屠維赤奮若

寒日欲墮石射堋，環湖歷歷來漁燈。山下蘄王宋時墓，屹然穹碑鎮山路。太白天弧見角芒，金山京口又沙塲。爾來牧騎方深入，❸帝在明州正待王。

《吴郡志》：靈巖山在城西三十里，一名石射堋山。

春半

春半雨不絶，北風吹荒山。江南花不開，白日愁生寒。登高望千里，苦霧何漫漫。洪州七月圍，糧盡力亦殫。營頭墮軍中，旗纛沈江干。漢道昔中微，白水應圖記。晚世得先主，亦作三分事。干戈方日尋，天時自當至。一身客荆州，毫不以措意。流離志不挫，終然正神器。一朝得孔明，可以託後嗣。撫掌長太息，且作南山歌。開篋出兵書，日夜窮揣摩。中原有大勢，攻戰不在多。願爲諸將言，不省其奈何？

《後漢書·天文志》：晝有雲氣如壞山墮軍上，軍人皆厭，所謂營頭之星也。占曰：營頭之所墮，其下覆軍，流血三十里。《三國志》註引《漢晉春秋》曰：曹公自柳城還，表謂備曰：「不用君言，故爲失此大會。」備曰：「今天下分裂，日尋干戈，事會之來，豈有終極乎？」

---

❶「吴」，幽光閣本作「胡」。

❷「因」，孫校作「嗟」。

❸「牧騎」，幽光閣本作「兀朮」，孫校同。

若能應之於後者，則此亦未足爲恨也。」《史記・留侯世家》：良爲他人言，皆不省。

懷人

秋風下南國，江上來飛鳶。江頭估客幾千輩，其中別有東吳船。吳兒解作吳中曲，扣舷一唱悲歌續。乍迴別鶴下重雲，一叫哀猿墜深木。曲中山水不分明，似是衡山與洞庭。日出長風送舟去，祇留江樹青冥冥。湘山削立天之角，五嶺盤紆同一握。嶔崟七十有二峰，紫蓋獨不朝衡嶽。萬里江天木葉稀，行人相見各沾衣。寄言此日南征雁，一到春來早北歸。

杜子美《望南嶽》詩：紫蓋獨不朝，争長嶫相望。蔡琰《胡笳十八拍》：雁南征兮欲寄邊聲，雁北歸兮爲得漢音。

賦得秋鷹

青骹初下赤霄空，千里江山一擊中。忽見晴皐鋪白草，頓令涼野動秋風。當時遂得荆文寵，佐運終成尚父功。試向平蕪看獵火，六雙還在上林東。

陳思王《孟冬篇》：獵以青骹，掩以修竿。

八尺

八尺孤帆一葉舟，相將風水到今秋。曾來白帝尋先主，復走江東問仲謀。海上魚龍應有恨，山中草木自生愁。憑君莫話興亡事，舊日長年已白頭。

桃花溪歌贈陳處士梅

陶君有五柳，更想桃花源。山迴路轉不知處，到今高士留空言。太丘之後多君子，門前正對桃花水。嘉蔬名木本先疇，海志山經成外史。曾作諸生三十年，老來自種溪前田。四百甲子顔猶少，有與疑年但一笑。有時提壺過比鄰，笑談爛熳皆天真。酒酣却説神光始，感慨汍瀾不可止。老人尚記爲兒時，煙火萬里連江畿。斗米三十穀如土，春花秋月同遊嬉。定陵龍馭歸蒼昊，國事人情亦草草。桑田滄海幾回更，只今尚有遺民老。語罷長謡更浮白，七十年來似疇昔。與君同是避秦人，不醉春光良可惜。春非我春，秋非我秋。惟有桃花年年開，溪水年年流。爲君酌酒長無愁。

《左傳・襄二十九年》：❶絳縣人或年長矣，無子，而往與於食。有與疑年。《史記・封禪書》：老人爲兒時，從其大父識其處。《詩》：勞人草草。《毛傳》：草草，勞心也。《郊祀歌・日出入篇》：故春非我春，夏非我夏，秋非我秋，冬非我冬。

瞿公子玄鑰將往桂林不得達而歸贈之以詩❷

不成南去又東還，行盡吴山與越山。萬里一身天地外，五年方寸虎豺間。匡門浪拍行人舸，桂嶺雲遮驛使關。我望長安猶不見，愁君何處訪慈顔。

亭林詩集卷之一終

❶「左傳襄二十九年」，按據《左傳》，當爲襄三十年。
❷「林」，幽光閣本作「京」。

亭林詩集卷之二

金壇縣南五里顧龍山上有高皇帝御題詞一闋❶ 已下上章攝提格

突兀孤亭上碧空，高皇於此下江東。即今御筆留題處，想見神州一望中。黄屋非心天下計，詞有「他日偷閒，花鳥娱情，山水相關」之句。青山如舊帝王宫。丹陽父老多遺恨，尚與兒童誦大風。

范曄《樂遊苑應詔詩》：黄屋非堯心。宋濂《大明日曆序》：元季驛騷，奮起於民間，以圖自全，初無黄屋左纛之念。

重至京口

雲陽至京口，水似巴川縈。逶迤見北山，乃是潤州城。城北江南舊軍壘，當年戍卒曾屯此。西上青天是帝京，天邊淚作長江水。江水遶城回，山雲傍驛開。遥看白羽扇，知是顧生來。

榜人曲

儂家住在江洲，兩槳如飛自谿。金兵一到北岸，踏車金山三周。

《宋史·虞允文傳》：臨江按試，命戰士踏車船中流上下，三周金山，回轉如飛。

---

❶「高皇帝」上，幽光閣本有「太祖」二字。

真州城子自堅，京口長江無恙。艤舟夜近江南，恐有南朝丞相。

文信國《指南録》：敵船滿江，百姓無一舟可問，與人爲謀，皆以無船，長嘆而止。余元慶遇其故舊爲敵管船，遂密叩之，許以承宣使銀千兩，其人曰：「吾爲宋朝救得一丞相回，建大功業，何以錢爲？但求批帖，爲他日趨承之證。」因授以批帖，仍強委之白金。義人哉！使吾無此一遭遇，已矣。

流轉❶

流轉吴會間，何地爲吾土？登高望九州，極目皆榛莽。❷寒潮盪落日，雜遝魚鰕舞。饑烏晚未棲，弦月陰猶吐。晨上北固樓，慨然涕如雨。稍稍去鬢毛，改容作商賈。却念五年來，守此良辛苦。畏途窮水陸，仇讐在門户。故鄉不可宿，飄然去其宇。往往歷關梁，❸又不避城府。丈夫志四方，一節亦奚取？毋爲小人資，委肉投餓虎。浩然思中原，誓言向江滸。功名會有時，杖策追光武。❹

秀州

秀州城下水，日夜生春雲。雲含秀州塔，鳥下吴江濆。我願乘此鳥，一見倉海君。異人不可遇，力士難再得。海內不乏賢，何以酬六國？將從馬伏波，田牧邊郡北。復念少遊言，憑高一悽惻。

❶「流轉」，幽光閣本題作「剪髮」，孫校同。
❷「極目皆榛莽」，幽光閣本作「憑陵盡戎虜」。
❸「關梁」，幽光閣本作「山澤」，孫校同。
❹「光武」，徐嘉《顧亭林先生詩箋注》本（以下簡稱《箋注》）云：「一作『明主』。」

恭謁孝陵 已下重光單閼

閏位窮元季，真符啓聖人。九州殊夏裔，萬古肇君臣。武德三王後，文思二帝鄰。卜年乘王氣，定鼎屬休辰。江水縈丹闕，鍾山擁紫宸。衣冠天象遠，法駕月遊新。正寢朝群后，空城走百神。九嵕超嵽嵲，原廟逼嶙峋。竇祚方中缺，炎精且下淪。郊坰來獵火，苑籞動車塵。繫馬神宫樹，樵蘇御道薪。巋然唯殿宇，一望獨荆榛。流落先朝士，間關絶域身。干戈逾六載，雨露接三春。患難形容改，艱危膽氣真。天顔杳靄接，地勢鬱紆親。尚想初陵制，仍詢徙邑民。因山皆土石，用器不金銀。時有倡開煤之説。紫氣浮天宇，蒼龍捧日輪。願言從鄧禹，修謁待西巡。

《漢書·王莽傳》：贊餘分閏位。班固《東都賦》：建武之年，天地革命，四海之内，更造夫婦，肇有父子，君臣初建，人倫實始。《史記·孝文紀》：治霸陵，皆以瓦器，不得以金銀銅錫爲飾。《太祖實録》：遺命喪葬儀物，一以儉素，不用金玉。《後漢書·鄧禹傳》：南至長安，率諸將齋戒，擇吉日修禮謁祠高廟，因循行園陵，爲置吏士奉守焉。

拜先曾王考木主於朝天宫後祠中

晉室丹楊尹，猶看古柳存。先公嘗爲應天府尹。山河今異域，瞻拜獨曾孫。雨静鍾山閉，雲深建業昏。自憐襤褸客，拭淚到都門。

《南史·劉瓛傳》：瓛六世祖恢，晉時爲丹楊尹。袁粲曾於後堂請瓛，指聽事前古柳樹謂瓛曰：「人言此是劉尹時樹，每想高風，今復見卿，清德可謂不衰矣。」瓛與張融、王思遠書，自謂貧困繿縷，衣裳容髮有足駭者。

贈萬舉人壽祺 徐州人。

白龍化爲魚，一入豫且網。愕眙不敢殺，縱之遂長往。萬子當代才，深情特高爽。時危見縶維，忠義性無枉。翻然一辭去，割髮變容像。卜築清江西，賦詩有遐想。楚州南北中，日夜馳輪鞅。何人詷北方，處士才無兩。回首見彭城，古是霸王壤。更有雲氣無？山川但坱莽。一來登金陵，九州大如掌。還車息淮東，浩歌閉書幌。尚念吴市卒，空中弔魍魎。❶南方不可託，吾亦久飄蕩。崎嶇千里間，曠然得心賞。會待淮水平，清秋發吴榜。

《西都賦》：猶愕眙而不能階。眙，丑吏反，驚貌。

《唐書》：權皐爲驛亭保以詷北方。《漢書·梅福傳》：變名姓爲吴市門卒。

淮東

淮東三連城，其北舊侯府。昔時王室壞，南京立新主。河上賊帥來，東南費撑拄。詔封四將軍，分割河淮土。侯時擁兵居，千里塹安堵。促觴進竽瑟，堂上坎坎鼓。美人拜帳中，請作便旋舞。❷爲歡尚未畢，羽檄來旁午。揚舲出廟灣，欲去天威怒。舉族竟生降，一旦爲俘虜。傳車詣幽燕，猶佩通侯組。長安九門中，出入黄金塢。故侯多嫌猜，黄金爲禍胎。白日不爾待，長夜來相催。徬徨闕門前，一時下霆雷。法吏逢上意，羅織及嬰孩。具獄阿房

❶「空」，幽光閣本作「山」。

❷「便」，幽光閣本作「胡」。

宮，腰斬咸陽市。踟躕念黄犬，太息諱諸子。父子一相哭，同日歸蒿里。有金高北邙，不得救身死。地下逢黄侯，舉手相揶揄：我爲天朝將，爾作燕山俘。俱推凶門轂，各剖河山符。嗟公何不死，死在淮東郛。❶一死留芳名，一死骨已枯。寄語後世人，觀此兩丈夫。

贈人

楊朱見路歧，泫然涕沾臆。路旁多行人，一南一以北。南北遂分手，去去焉所極？南指越裳山，北適氈裘國。同在天地間，合并安可得？此去道路長，哀哉各努力！❷

步上太行山，盤石鬱相抱。行人共太息，此是摧輈道。前路無康莊，回車苦不早。聞君將有適，念此令人老。山下有丈夫，窮年採芝草。❸不出巖谷間，長得顔色好。

同族兄存愉拜黄門公墓 已下玄黓執徐

公姓顧氏，諱野王，字希馮，以梁臨賀王記室參軍起兵討侯景。入陳，官至黄門侍郎。墓在今蘇州府吴縣横山東五里越來溪上。盧襄《石湖志》曰：墓上有一巨石横卧，可二丈許。

❶「我爲天朝將」至「死在淮東郛」，幽光閣本作「昔在天朝時，共剖河山符。何圖貳師貴，卒受匈奴屠」。

❷「努」，幽光閣本作「戮」。

❸「採」，光緒間朱記榮刊《亭林遺書》（以下簡稱「《遺書》本」）作「折」。

石上古松一株似蓋，❶湖上望見之，即知爲野王墳。今樹與石無恙。天啓中，有勢家欲奪其地而葬，窾已穿矣，族兄存愉發憤訟於官，得止。其勢家所築周垣及樹木皆歸顧氏。

古墓横山下，遺文郡志中。才名留史傳，譜系出先公。歲月千年邈，郊坰百戰空。立松標舊窾，偃石護幽宫。地自豪家奪，碑因貴客礱。賢兄能發憤，陳迹遂昭融。念昔遭離亂，於今事略同。登車悲出走，雪涕問臨戎。述記名山業，提戈國士風。荒祠亡血食，汗簡續孤忠。山勢仍吴鎮，溪流與越通。眷言懷往烈，感慨意無窮。

贈路舍人澤溥

秋雁違朔風，來集三江裔。未得遂安棲，徘徊望雲際。嗚呼先大夫，早識天子氣。謁帝三山宫，❷柄用恩禮備。汀江失警蹕，❸一死魂猶視。君從粤中來，千里方鼎沸。絶跡遠浮名，林皋託孤詣。東山峙大湖，昔日軍所次。奉母居其中，以待天下事。相逢金閶西，坐語一長喟。復叙國變初，山東並賊吏。長淮限南北，支撑賴文帥。擒魁獻行朝，逆黨皆戰悸。江外甫晏然，卒墮權臣忌。鑠金口未白，牧馬彎弓至。❹天子呼恩官，干戈對王使。詔書曰：朕有守困恩官路振飛。感激千載逢，一下君臣淚。嶺表多炎風，孤棺託蕭寺。怒聲瀧水急，遺策空山閟。君才賈董流，矧乃忠孝嗣。國

❶「株」，原作「枝」，據幽光閣本改。
❷「三山」，幽光閣本作「福州」。
❸「江」，幽光閣本作「州」。
❹「牧」，幽光閣本作「胡」。

步方艱危，❶簡在卿昆季。經營天造始，建立須大器。敢不竭微誠，用卒先臣志。明夷猶未融，善保艱貞利。

《左傳·昭五年》：明夷之謙，明而未融，其當旦乎？

清江浦

此地接邳徐，平江故蹟餘。開天成祖代，轉漕北京初。牐下三春盡，湖存數尺瀦。淮安城西有五牐，每歲糧船以春月北上，夏初閉牐，以防黄水灌入裏河。俟秋水退，九月開牐回空。牐内所瀦，皆高郵、寶應諸湖南來之水。舳艫通國命，倉廪峙軍儲。陵谷天行變，山川物態疎。❷黄流侵内地，清口失新渠。米麥江淮貴，金錢帑藏虚。蒼生稀土著，赤地少耰鋤。廟食思封券，河防重璽書。路旁看父老，指點問舟車。

丈夫

丈夫志四方，有事先懸弧。焉能釣三江，終年守菰蒲？如何駟隙間，流光日已徂。矯首望太行，努力驅鹽車。風吹河北雁，颯沓雲中呼。豈無懷土心，所羨千里途。

王家營

荒垧據淮津，彌望徧秋草。行人日夜馳，此是長安道。鷄鳴客車出，四野星光早。征馬乏青芻，山川色枯槁。燕中舊日

❶「國步方艱危」，幽光閣本作「恭惟上中興」，孫校同。

❷「疎」，幽光閣本作「殊」。

都，風景猶自好。衣殘苕上繒，米爛東吴稻。公卿不難致，所患無金寶。還顧旅舍中，空囊故相惱。回頭問行人，路十如何老？

《通鑑》：路巖佐崔鉉於淮南爲支使，鉉知其必貴，嘗曰：「路十終須作彼一官。」既而入爲監察御史，不出長安城，十年至宰相。其自監察入翰林日，鉉猶在淮南，聞之，曰：「路十今已入翰林，如何得老？」後皆如鉉言。

傳聞

傳聞西極馬，新已下湘東。五嶺遮天霧，三苗落木風。間關行幸日，瘴癘百蠻中。不有三王禮，誰收一戰功？

廿載河橋賊，❶於今伏斧碪。國威方一震，兵勢已遥臨。張楚三軍令，尊周四海心。書生籌往略，不覺淚痕深。

路舍人家見東武四先曆❷已下昭陽大荒落

夏后昔中微，國絶四十載。但有少康生，即是天心在。曆數歸君王，百揆領家宰。路公文貞公。識古今，危難心不怠。屬車乍蒙塵，七閩盡戎壘。粤西已踰年，❸其歲直丁亥。❹侵尋各自擁，❺迫蹙限厓海。

❶「河」，幽光閣本作「吴」。
❷「路舍人家見東武四先曆」，幽光閣本題作「隆武二年八月上出狩未知所之其先桂王即位於肇慶府改元永曆時太子太師禮部尚書武英殿大學士臣路振飛在厦門造隆武四年大統曆用文淵閣印頒行之九年正月臣顧炎武從振飛子中書舍人臣路澤溥見此有作」。
❸「踰年」，幽光閣本作「建元」。
❹「其」，幽光閣本作「來」。
❺「各自擁」，幽光閣本作「一年半」。

厦門絶島中，大澤一空礨。新曆尚未頒，國疑更誰待？遂命疇人流，三辰候光彩。印用文淵閣，丹泥勝珠琲。龍馭杳安之？台星隕衡鼐。猶看正朔存，未信江山改。在昔順水軍，光武戰幾殆。子顔獨奮然，終竟齊元凱。叔世乏純臣，公卿雜鄙猥。持此一册書，千秋戒僚采。

《莊子·秋水》篇：計四海之在天地間也，不似礨空之在大澤乎？　左思《吴都賦》：珠琲闌干。　《後漢書·光武紀》：光武北擊尤來、大槍、五幡於順水北，乘勝輕進，反爲所敗。軍中不見光武，或云已没，諸將不知所爲。吴漢曰：「卿曹努力！王兄子在南陽，何憂無主？」衆恐懼，數日乃定。　《吴漢傳》：吴漢，字子顔。

再謁孝陵

再陟神坰下，還經禁嶺隈。精靈終浩蕩，王氣自崔嵬。突兀明樓峙，呀庨御殿開。彤雲浮苑起，碧巘到宫迴。鼎叶周家卜，符占漢代災。蒼松長化石，黑土乍成灰。城闕春生草，江山夜起雷。興王龍虎地，命世鄂申才。瞻拜魂猶惕，低佪思轉哀。上陵餘舊曲，何日許追陪？

柳子厚《遊朝陽巖》詩：反宇臨呀庨。　唐人小説：馬湘至永康縣東天寶觀，有大枯松，湘曰：「此松後三十餘年即化爲石。」自後松果化爲石。

恭謁高皇帝御容於靈谷寺❶

肅步投禪寺，焚香展御容。人間垂法象，天宇出真龍。隆準符高帝，虬鬚軼太

❶「高皇帝」上，幽光閣本有「太祖」二字。「於」，孫校作「在」。

宗。❶掃除開八表，盪滌翦群兇。大化乘陶冶，元功賴發蹤。本支書胙德，臣辟記勳庸。遺像荒山守，塵函古刹供。神靈千載後，運會百年重。痛迫西周戚，愁深朔漠烽。❷萬方多蹙蹙，薄海日喁喁。臣籍東吴産，皇恩累葉封。天顔仍左顧，國難一趨從。飄泊心情苦，來瞻拜跪恭。異時司隸在，可許下臣逢。

贈朱監紀四輔 寶應人。

十載江南事已非，與君辛苦各生歸。愁看京口三軍潰，痛説揚州七日圍。碧血未消今戰壘，❸白頭相見舊征衣。東京朱祜年猶少，莫向尊前歎式微。

監紀示游粤詩

知君前自廣州來，瀧水孤雲萬壑哀。兩路攻虔皆不下，一軍守嶺竟空回。同時金李多驍將，遺事江山只戰臺。獨有臨風憔悴客，新詩吟罷更徘徊。

贈鄔處士繼思

市中問韓康，藥肆在何許？牀頭本草書，門外長桑侶。每吟詩一篇，泠然在雲天。笻穿北固雪，艇迷京口煙。六代江山

❶「鬚」，孫校作「髯」。
❷「漠」，幽光閣本作「虜」。
❸「今」，孫校作「新」。

好，愁來恣搜討。蘭蓀本獨芳，蘲桂從今老。去去復棲棲，河東王伯齊。年年尋杜甫，一過浣花溪。

《後漢書・第五倫傳》：客河東，變名姓，自稱王伯齊。載鹽往來太原、上黨，所過輒爲糞除而去，陌上號爲道士，親友故舊莫知其處。

昔　有

昔有楚項羽，宰割封侯王。徙帝都上游，殺之於南方。大權既分裂，海內爭雄彊。何況咫尺間，嬴秦尚未亡。時會互反覆，壯盛豈有常。感事再三歎，令我一徬徨。

魏政昔濁亂，兵甲興爾朱。唐臣多險浮，全忠肆誅屠。貪夫分自當，不用重哀吁。河陰與白馬，千載同一途。奈此國命何，大勢常與俱。天意未可窺，或爲真人驅。

楊明府永言雲南人。昔在崑山倡義不克爲僧於華亭及吴帥舉事去而之蘭谿今復來吴下感舊有贈❶

絶跡雲間日，分飛海上秋。超然危亂外，不與少年儔。閲歲空山久，尋禪古寺幽。干戈纏粵徼，妻子隔寧州。乍解桐江纜，仍回谷水舟。刀寒餘斗色，血碧帶江流。舊卒蒼頭散，新交白眼休。同年張翰在，張行人翂之。賓客顧榮留。海日初浮嶼，吴霜早覆洲。與君遵晦意，不負一匡謀。

❶「倡」，幽光閣本作「起」。孫校「今」下有「年」字，「舊」下無「有贈」二字，而有「悲歌不能已於言也」八字。

送歸高士之淮上

送君孤棹上長淮，千里談經意不乖。卜宅已安王考兆，攜書還就故人齋。簷前映雪吟偏苦，❶窗下聽鷄舞亦佳。此日邴原能斷酒，不煩良友數縈懷。

《三國志·邴原傳》注：原舊能飲酒，自遊學八九年，酒不向口。及臨別，師友以原不飲酒，會米肉送原。原曰：「本能飲酒，但以荒思廢業，故斷之耳。今當遠別，因見貺餞，可一飲燕。」於是共坐飲酒，終日不醉。

贈劉教諭永錫大名人。

棲遲十載五湖湄，久識元城劉器之。百口凋零餘僕從，一身辛苦別妻兒。心悲漳水春犁日，目斷長洲夕雁時。獨我周旋同宿昔，看君卧起節頻持。❷

郝將軍太極滇人也天啓中守霑益余於敘功疏識其姓名今爲醫客於吳之上津橋言及舊事感而有贈

曾提一旅制黔中，水藺諸酋指顧空。入楚廉頗猶未老，過秦扁鵲更能工。風高劍氣蛉川外，水沸茶聲鶴澗東。橋畔相逢不相識，漫將方技試英雄。

《隋書·史萬歲傳》：入自蜻蛉川。

---

❶「偏」，原作「徧」，據幽光閣本改。

❷「看君卧起節頻持」下，幽光閣本有小注：「劉君時未薙髮。」

孝陵圖有序。

重光單閼二月己巳，❶來謁孝陵。值大雨，稽首門外而去。又二載昭陽大荒落二月辛丑，再謁。十月戊子，又謁，乃得趨入殿門，徘徊瞻視，鞠躬而登殿上。中官奉帝后神牌二，其後蓋小屋數楹，皆黄瓦，非昔制矣。升甬道，恭視明樓寶城；出門，周覽故齋宫祠署遺址。牧騎充斥，❷不便攜筆硯，同行者故陵衛百户束帶玉稍爲指示，退而作圖。念山陵一代典故，以革除之事，實録、會典並無紀述；當先朝時，又爲禁地，非陵官不得入焉，其官於陵者，非中貴則武弁，又不能通諳國制，以故其傳鮮矣。今既不盡知，知亦不能盡圖，而其録於圖者且不盡有，恐天下之人同此心而不獲至者多也，故寫而傳之。❸

鍾山白草枯，冬月蒸宿霧。十里無立樠，岡阜但回互。寶城獨青青，日色上霜露。殿門達明樓，周遭尚完固。其外有穹碑，巍然當御路。文自成祖爲，千年繫明祚。侍衛八石人，祇肅候靈輅。下列石獸六，森然象鹵簿。自馬至獅子，兩兩相比附。中間特崒嵂，有二擎天柱。排立榛莽中，凡此皆尚具。又有神烈山，世宗所封樹。卧碑自崇禎，禁約煩聖諭。石大故不毁，文字猶可句。至於土木工，俱已亡其

❶「重光單閼二月己巳」上，孫校有「臣山傭於」四字。
❷「牧」，幽光閣本作「胡」。
❸「故寫而傳之」下，幽光閣本有「臣顧炎武稽首頓首謹書」十字。「顧炎武」，孫校作「山傭」。

素。東陵在殿左，先時懿文祔。云有殿二層，去門可百步。正殿門有五，天子升自阼。門内廡三十，左右以次布。門外設兩厨，右殿上所駐。祠署并宫監，羊房暨酒庫。以至各廨宇，並及諸宅務。東西二紅門，四十五巡鋪。一一費搜尋，涉目仍迷瞀。山後更蕭條，兵牧所屯聚。洞然見銘石，崩出常王墓。何代無厄菑，神聖莫能度。幸兹寢園存，皇天永呵護。奄人宿其中，無乃致褻汙。陵衛多官軍，殘毁法不捕。伐木復撤亭，上觸天地怒。雷震樵夫死，梁壓陵賊仆。乃信高廟靈，却立生畏怖。若夫本衛官，衣食久遺蠹。及今盡流冗，存兩千百户。下國有蟣臣，一年再奔赴。低佪持寸管，能作西京賦。尚慮耳目褊，流傳有錯誤。相逢虞子大，獨記陵木數。未得對東巡，空山論掌故。

《後漢書·光武紀》：流冗道路。　盧仝《月蝕》詩：地上蟣蝨臣仝，告訴帝天皇。　《後漢書·虞延傳》：光武東巡，路過小黄，高帝母昭靈后園陵在焉。時延爲部督郵，詔呼引見，問園陵之事。延進止從容，占拜可觀，其陵樹株蘖皆諳其數，俎豆犧牲，頗曉其禮，帝善之。《史記·司馬相如傳》：宜命掌故悉奏其義而覽焉。《漢書音義》曰：掌故，太師官屬，主故事者。

十廟

鷄鳴山下有帝王功臣十廟，❶後人但謂之十廟。

我來雞籠下，十廟何蒼涼。周垣半傾覆，棟宇皆頹荒。樹木已無有，寂寞餘山岡。功臣及卞劉，並作瓦礫場。衛國有遺主，尚寓五顯堂。武惠僅一間，廟貌猶未亡。蔣廟頗完具，欹側惟兩廊。帝王殿已

❶「雞」上，幽光閣本有「南京」二字。

撤，主在門中央。或聞道路言，欲改祀三皇。真武並祠山，香火仍相當。其南特焕然，漢末武安王。云是督府修，中絶以堵墻。陪京板蕩餘，❶百司已更張。神人悉異名，不改都城隍。❷朔望及雩祈，頓首誠恐惶。神奉太祖勅，得以威遐荒。❸留此金字題，昭示同三光。追惟定鼎初，❹遣祀明綸將。二百七十年，吉蠲存太常。三靈俄乏主，一代淪彝章。圜丘尚無依，百神焉得康？騎士處高廟，陵闕來牛羊。何當挽天河，❺滌去諸不祥。❻無文秩新邑，人鬼咸迪嘗。復見十廟中，冠佩齊趨蹌。此詩神聽之，終古其毋忘。

《漢書·王莽傳》：莽感高廟神靈，遣虎賁武士入高廟，拔劍四面提擊，斧壞户牖，桃湯赭鞭鞭灑屋壁，令輕車校尉居其中，又令北軍中壘居高寢。《書·洛誥》：咸秩無文。《漢書·郊祀歌》：登成甫田，百鬼迪嘗。

金山 已下闕逢敦牂

東風吹江水，一夕向西流。金山忽動摇，塔鈴語不休。水軍一十萬，❼虎嘯臨皇州。巨艦作大營，飛艣爲前茅。黄旗亘長江，戰鼓出中洲。舉火蒜山旁，鳴角東龍湫。故侯張子房，❽手運丈八矛。登高矚山

❶「陪京板蕩餘」，幽光閣本作「金陵自入胡」。
❷「不改都城隍」下，幽光閣本有「乃信夷奴心，亦知畏蓄殃」二句。
❸「得以威遐荒」，幽光閣本作「得治諸東羌」，孫校同。
❹「追惟定鼎初」，幽光閣本作「上天厭夷德，神祇顧馨香。上追洪武中」三句。
❺「何當挽天河」，幽光閣本作「何時洗妖氛」，孫校同。
❻「滌」，幽光閣本作「逐」，孫校同。
❼「水軍」，幽光閣本作「海師」。
❽「故侯張子房」下，幽光閣本有小注：「定西侯張名振。」

陵，賦詩令人愁。沈吟十年餘，不見旌旆浮。忽聞王旅來，先聲動燕幽。闔廬用子胥，鄢郢不足收。祖生奮擊楫，肯效南冠囚？❶願言告同袍，乘時莫淹留。

《晉書・佛圖澄傳》：段末波攻石勒，衆甚盛，勒懼，問澄，澄曰：「昨日寺鈴鳴，云明旦食時當禽段末波。」劉曜攻雒陽，勒將救之，以訪澄，澄曰：「相輪鈴音云：秀支替戾岡，僕谷劬秃當。」此言軍出捉得曜也。

僑居神烈山下

典得山南半畝居，偶因行藥到郊墟。依稀玉座浮雲裏，落莫金莖淡日初。塔葬屬支城外土，營屯塞馬殿中廬。猶餘伯玉當年事，每過陵宮一下車。

《列女傳》：衛靈公與夫人夜坐，聞車聲轔轔，至闕而止，過闕復有聲。公問夫人曰：「知此爲誰？」夫人曰：「此蘧伯玉也。其人不以闇昧廢禮，是以知之。」公使人視之，果伯玉也。

古隱士

幼安遭漢季，一身客遼東。世亂多傾危，築室深山中。自非學者流，名字罕得通。研心易六爻，不用希潛龍。根矩好清評，行止乃未同。

嘗聞龐德公，自守甘窮餓。旦率妻子耕，不知州牧過。關中傕汜攻，河上袁吕破。默默似無聞，但理芸鋤課。獨識諸葛君，一言定王佐。

❶「肯效南冠囚」上二句，幽光閣本作「況茲蠢逆胡，已是天亡秋」。

真州

擊楫來江外，揚帆上舊京。鼓聲殷地起，獵火照山明。楚尹頻奔命，宛渠尚守城。真州非赤壁，風便一臨兵。❶

太平

天門采石尚嶙峋，一代興亡此地親。雲擁白龍來戍壘，日隨青蓋落江津。常王戈甲先登陣，花將鬚眉罵賊身。猶是南京股肱郡，憑高懷往獨傷神。

《吴志·孫皓傳》注引干寶《晉紀》：庚子歲，青蓋當入雒陽。《太祖實録》：上渡江抵采石磯，常遇春舍舟奮戈先登，衆皆披靡，遂拔采石。陳友諒陷太平，守將樞密院判花雲大罵而死。

蟂磯

下接金山上小孤，一磯中立鎮蕪湖。千年形勢分南極，萬里梯航達帝都。嶺色遠浮黄屋纛，江風寒拂白頭烏。高皇事業山河在，留得奎章墨未枯。廟中有高皇帝御製詩金字牌一扇。

《三國典略》：侯景篡位，令飾朱雀門，其日有白頭烏萬許集於門樓，童謡曰：「白頭烏，拂朱雀，還與吴。」

江上

清霜覆蘆花，秋向江岸白。青山矗江

❶「風便一臨兵」下，幽光閣本有小注：「真州牐外焚船數百艘。」

天，飛鳥去無跡。行行獨愁思，今爲遠行客。晨樵水上峰，夜釣磯邊石。酌水復烹魚，可以供日夕。且此恣盤桓，安能守阡陌？

江風吹回波，垂鈎魚不上。歲旱耕山田，抱甕禾不長。閒來走磯下，輕舟駕兩槳。何處是新洲？日入秋砧響。聞有伐荻人，欣然願偕往。恐復非英流，空結千齡想。

《南史》：宋武帝嘗伐荻新洲。

久留燕子磯院中有感而作

寄食清江院，從秋又涉冬。水侵慈姥竹，風落孝陵松。野宿從晨釣，山居傍夕烽。相逢徐孺子，多謝郭林宗。

《輿地志》：慈姥山積石臨江，岸壁峻絶，出竹堪爲簫管。宋梅聖俞有《慈姥山石崖上竹鞭記》。《後漢書·徐穉傳》：謂茅容曰：「爲我謝郭林宗，大樹將顛，非一繩所維，何爲棲棲不遑寧處？」

范文正公祠

先朝亦復愁元昊，臣子何人似范公？已見干戈纏海内，尚留冠佩託江東。含霜晚穗遺田裏，噪日寒禽古廟中。吾欲與公籌大事，到今憂樂恐無窮。

錢生肅潤之父出示所輯方書❶

和扁日以遥，治術多瞀亂。方書浩無涯，其言比河漢。彭鏗有後賢，物理恣探

❶「錢生肅潤之父出示所輯方書」，孫校題作「錢翁□示所輯方書」，小注云：「肅潤之父。」

玩。恥爲俗人學，特發仁者歎。五勞與七傷，大抵同所患。循方以治之，於事亦得半。條列三十餘，有目皆可看。略知病所起，可以方理斷。哀哉末世醫，誤人已無算。頗似郭舍人，射覆徒夸誕。信口道熱寒，師心作湯散。未達敢嘗之，不死乃如綫。豈如讀古方，猶得依畔岸。在漢有孝文，仁心周里閈。下詔問淳于，一篇著醫案。如君静者流，嗣子況才彦。何時遇英明，大化同參贊。

元旦陵下作❶ 已下旃蒙協洽

十載逢元日，朝陵有一臣。山川通御氣，節物到王春。闕下樵蘇盡，江東戰伐新。相看園殿切，鵠立幾縈神。是日稱三始，何時見國初？風雲終日有，兵火十年餘。甲子軒庭曆，春秋孔壁書。幸來京兆里，得近帝王居。

《史記·天官書》：正旦欲終日有雲有風有日。

常熟歸生晟陳生芳績書來以詩答之

十載江村二子偕，相逢每詠步兵懷。猶看老驥心偏壯，豈惜飛龍羽乍乖。海上戈船連滬瀆，石頭烽火照秦淮。先朝舊事君休問，鼓角淒其滿御街。

《金陵志》：烽火樓在石頭城西南最高處，吴時舉烽火於此。

❶「元旦陵下作」，幽光閣本卷三自此首詩始。

贈路光禄太平❶

已下數首皆余蒙難之作。❷ 先是，有僕陸恩，服事余家三世矣，見門祚日微，叛而投里豪，余持之急，乃欲陷余重案。❸ 余聞，亟擒之，數其罪，沈諸水。其壻復投豪，訟之郡，❹行千金求殺余。❺ 余既待訊，法當囚繫，乃不之獄曹而執諸豪奴之家。同人不平，爲代愬之兵備使者，移獄松江府，以殺奴論。豪計不行，❻而余有戒心，❼乃浩然有山東之行矣。

弱冠追三古，中年賦二京。一門更喪亂，七尺尚峥嶸。江海存微息，山陵鑒本誠。落萁裁十畝，覆草只三楹。變故興奴隸，荓蜂出里閭。❽ 彌天成夏網，畫地類秦阬。獄卒逢田甲，刑官屬甯成。文深從鍛鍊，事急費經營。節俠多燕趙，交親即弟兄。周旋如一日，忼慨見平生。疾苦頻存問，阽危得拄撑。不侵貞士諾，逾篤故人情。木向猿聲老，江隨虎跡清。更承身世畫，不覺涕霑纓。

《吕氏春秋》：湯見祝網者置四面，其祝曰：「從天墜者、從地出者、從四方來者，皆罹吾網。」湯曰：「嘻，盡之矣。非桀，其孰爲此？」晉傅玄詩：夏桀爲無道，密網施山阿。

❶「贈」，孫校作「上」。

❷「數首」，幽光閣本無此二字，孫校同。

❸「陷余重案」，幽光閣本作「告余通閩中事」，孫校同。

❹「郡」，幽光閣本作「官」，孫校同。

❺「行千金」，幽光閣本作「以二千金賂府推官」，孫校同。

❻「豪計不行」下，幽光閣本有「遂遣刺客伺余」六字，孫校同。

❼「有戒心」，幽光閣本無此三字，孫校同。

❽「荓蜂」，幽光閣本作「奸豪」，孫校同。

詶王生仍

故國羈人怨誹深，感君來往數相尋。都將文字銷餘日，難把幽憂損壯心。演易已成殷牖賾，援琴猶學楚囚音。黧顏白髮非前似，只有新詩尚苦吟。

梁庾肩吾詩：殷牖爻雖賾。

永夜

永夜刀鳴動箭中，起看征雁各西東。山憐虎阜從波涌，路識閶門與帝通。待客荊卿愁日晚，艤舟漁父畏天風。當時多少金蘭友，此際心期未許同。

晉王珣《虎丘山銘》：虎丘山，先名海涌山。《孫權記》注曰：吴西郭門曰閶門，夫差作，以天門通閶闔，故名之。

詶陳生芳績❶

百里相思路阻紆，每承遺札訊何如。絶交已廣朱生論，發憤終成太史書。笠澤水清連底日，虞山葉落到根初。從今世事無煩問，但掩衡門學種蔬。

贈路舍人

自分寒灰即溺餘，非君那得更吹噓？窮交義重千金許，疾吏情深一上書。大麓陽飈回宿草，岷江春水下枯魚。丁寧未忍津頭别，此去防身計莫疎。

❶「詶陳生芳績」，孫校無「芳績」二字。

《漢書・路温舒傳》：疾吏之風，悲痛之辭。

贈錢行人邦寅 丹徒人。

李白真狂客，江淹本恨人。生涯從吏議，直道託群倫。之子才名重，相知管鮑親。起風還鷁羽，決海動龍鱗。孤憤心尤烈，窮愁氣未申。彫年黄浦雪，殘臘玉山春。貫日精誠久，回天事業新。南徐游歷地，儻有和歌辰。

江淹《恨賦》：僕本恨人。　鮑照《舞鶴賦》：急景彫年。

松江別張處士慤王處士煒暨諸友人 已下柔兆涒灘

十載違鄉縣，三年旅舊都。風期嘗磊落，節行特崎嶇。坐識人倫傑，行知國器殊。論兵卑起翦，❶畫計小陰符。世事陵夷極，生涯閲歷枯。人情來轥藉，鬼語得揶揄。郭解多從客，田儋自縛奴。事危先與手，法定必行誅。義洩神人憤，歡騰里閈呼。匣餘剸兕劍，橐解射狼弧。卦值明夷晦，時逢聽訟孚。邑豪方齮齕，獄吏實求須。裳帛經時裂，南冠累月拘。橐饘誰問遺，衣食但支吾。薄俗吴趨最，危巇蜀道俱。每煩疑載鬼，動是泣歧塗。畜是樊中雉，巢鄰幕上烏。霜因鄒衍下，日爲魯陽驅。抱直來東土，含愁到海隅。春生三泖壯，雪盡九峰紆。異郡情猶徹，同人道不孤。未窮憐舌在，垂死覺心蘇。大義摧牙角，深懷疐尾胡。奸雄頻斂手，國士一張鬚。知己憐三釁，名流重八厨。欲將方寸

❶「起翦」，孫校作「左氏」。

報，惟有漢東珠。

《史記·田儋傳》：田儋詳爲縛其奴，從少年之廷。《宋書·薛安都傳》：小子無宜適，卿往與手，甚快。《通鑑》：宇文化及揚言曰：「何用持此物出，亟還與手。」胡三省注：與手，魏齊間人率有是言，言與之毒手而殺之也。《左傳·昭公元年》：叔孫召使者裂裳帛而與之曰：「帶其褊矣。」

贈潘節士檉章

北京一崩淪，國史遂中絕。二十有四年，記注亦殘缺。中更支與賊，❶出入互轇轕。亡城與破軍，紛錯難具說。三案多是非，反覆同一轍。始終爲門户，竟與國俱滅。我欲問計吏，朝會非王都。我欲登蘭臺，祕書入東虞。❷文武道未亡，臣子不敢誣。竄身雲夢中，幸與國典俱。有志述三朝，并及海宇圖。一書未及成，觸此憂患途。同方有潘子，自小耽文史。犖然持巨筆，直遡明興始。謂惟司馬遷，作書有條理。自餘數十家，充棟徒爲爾。上下三百年，粲然得綱紀。索居患無朋，何意來金陵。家在鍾山旁，雲端接觚稜。親見高帝時，日月東方升。山川發秀麗，人物流名稱。到今王氣存，疑有龍虎興。把酒爲君道，千秋事難討。一代多文章，相隨没幽草。城無絃誦生，柱殞藏書老。同文化支字，❸刦火燒豐鎬。自非尼父生，六經亦焉保？夏亡傳《禹貢》，周衰垂六官。後王有所憑，蒼生蒙治安。皇祖昔賓天，天地千年寒。聞知有小臣，復見文物完。此人待聘

❶「支」，幽光閣本作「夷」。
❷「虞」，幽光閣本作「胡」。
❸「支」，幽光閣本作「夷」。

珍，此書藏名山。顧我雖逢掖，猶然抱遺冊。定哀三世間，所歷如旦夕。頗聞董生語，曾對西都客。期君共編摩，不墜文獻迹。便當挈殘書，過爾溪上宅。

《戰國策》：吴與楚戰于柏舉，三戰入郢，君王身出，大夫悉屬，百姓離散。蒙穀結鬭於宫唐之上，舍鬭奔郢，遂入大宫，負雞次之典以浮於江，逃於雲夢之中。昭王反郢，五官失法，百姓昏亂，蒙穀獻典，五官得法，而百姓大治，蒙穀之功與存國相若。

閏五月十日恭詣孝陵❶

忌日仍逢閏，星躔近一周。空山傳御幄，茀路想行騶。寢殿神衣出，祠官玉斚收。烝嘗憑絶隝，鞉磬託荒陬。薄海哀思結，遺臣涕淚稠。禮應求草野，心可對玄幽。寥落存王事，依稀奉月游。尚餘歌頌

在，長此侑春秋。

《國語》：道茀，不可行也。《漢書·孝平紀》：元始元年二月乙未，義陵寢神衣在柙中，丙申旦，衣在外牀上，寢令以急變聞，用太牢祠。《王莽傳》：地皇元年七月，杜陵便殿乘輿虎文衣廢藏在室匣中者出，自樹立外堂上，良久乃委地。更卒見者以聞，莽惡之。

王處士自松江來拜陵畢遂往蕪湖

宵來騎白馬，躡電向鍾山。忽遇窮途伴，相將一哭還。君來猶五月，不逐秦淮節。攜手宿荒郊，行吟對宫闕。此去到蕪湖，山光似舊無？若經巡幸地，爲我少踟躕。

❶「詣」，孫校作「謁」。

桃葉歌

桃葉歌，歌宛轉，舊日秦淮水清淺。此曲之興自早晚。青溪橋邊日欲斜，白土岡下驅虞車，❶越州女子顔如花，中官采取來天家，可憐馬上彈琵琶。三月桃花四月葉，已報北兵屯六合。宫車塞上行，❷塞馬江東獵。❸桃葉復桃根，殘英委白門。相逢冶城下，猶有六朝魂。

《隋書·五行志》：陳時江南盛歌王獻之《桃葉詞》，詞云：「桃葉復桃葉，渡江不用檝。但渡無所苦，我自迎接汝。」及隋晉王廣伐陳，置營桃葉山下。及韓擒虎渡江，大將任蠻奴至新林以導北軍，此其應也。《隋書·藝術傳》：樂人王令言妙達音律。大業末，煬帝將幸江都，令言之子嘗從於户外彈胡琵琶，作翻調《安公子曲》。令言時卧室中，聞之大驚，蹶然而起，曰：「變，變！」急呼其子曰：「此曲興自早晚？」

黄侍中祠在南京三山門外栅洪橋。

侍中名觀，洪武二十四年殿試第一。建文末，奉詔募兵安慶，聞南京不守，自沈於江。其妻翁氏及二女爲官所簿録，將給配象奴，亦赴水死。後人即其葬地爲侍中立祠。

侍中祠下水奔渾，❹有客悲歌叩郭門。古木夜交貞女冢，光風春返大夫魂。先朝侍從多忠節，當代科名一狀元。莫道河山今便改，國於天地鎮長存。

《左傳·昭公元年》：秦后子曰：「國於天地，有與

❶「虞」，幽光閣本作「胡」。
❷「宫車」，幽光閣本作「兩宫」，孫校同。
❸「塞馬」，幽光閣本作「日逐」，孫校同。
❹「奔渾」，孫校作「雲昏」。

立焉。」

王徵君潢具舟城西同楚二沙門小坐柵洪橋下

大江從西來，東抵長干岡。至今號柵洪，對城橫石梁。此橋蓋古時立柵處，本當名「柵江」，後訛爲「洪」耳，猶「射江」之爲「射洪」也。落日照金陵，火旻生秋涼。都城久塵坌，出郊且相羊。客有五六人，鼓枻歌滄浪。盤中設瓜果，几案羅酒漿。上坐老沙門，舊日名省郎。熊君開元。曾折帝廷檻，幾死丹陛旁。天子自明聖，畢竟誅安昌。南走侍密勿，一身再奔亡。復有一少者，沈毅尤非常。釋名髡殘。不肯道姓名，世莫知行藏。其餘數君子，鬚眉各軒昂。爲我操南音，未言神已傷。流賊自中州，楚實當其吭。出入十五郡，南國無安疆。血成江漢流，骨與灊廬望。赫怒我先帝，親遣元臣行。北落開和門，三台動光芒。一旦霣大命，藩后殘荆襄。遂令三楚間，哀哉久戰場。寧南佩侯印，忽焉竟披猖。寧南侯左良玉。稱兵據上流，❶以國資東陽。❷豈無材略士，忍死奔遐荒。落雁衡北回，窮烏樹南翔。可憐洞庭水，遺烈存中湘。何騰蛟追封中湘王。連營十三鎮，恣肆無朝綱。夜半相誅屠，三宮離武岡。黔中亦楚地，君長皆印章。國家有驅除，往往用土狼。積雨閉摩泥，毒流漲昆明。蠻陬地斗絶，極目天茫茫。頃者西方兵，連歲争辰陽。心悼黃屋遠，眼倦烽火忙。楚雖三户存，其人故倔彊。崎嶇二君

❶「流」，幽光閣本作「游」。
❷「東陽」，幽光閣本作「戎羌」。

子，志意不可量。鄖公抗忠貞，左徒吐潔芳。舉頭是青天，不見二曜光。❶何意多同心，合沓來諸方。僕本吳趨士，雅志陵秋霜。適來新亭宴，得共賓主觴。戮力事神州，❷斯言固難忘。我寧爲楚囚，流涕空霑裳。

《宋史・天文志》：北落師門一星，在羽林軍南。北者，宿在北方；落者，天軍之藩落也。師門，猶軍門。

攝山

徵君舊宅此山中，山館孱顔往蹟空。藥徑春添千嶂雨，松厓夜起六朝風。忘情魚鳥天機合，適意川巖物象同。一入籬門人世別，幾人能不拜蕭公？

《漢書・司馬相如傳》：放散畔岸，驤以孱顔。顔師古曰：孱顔，不齊也。《宮苑記》：舊京南北兩岸，籬門五十六所，蓋京邑之郊門也。江左初立，並用籬爲之，故曰籬門。《南齊書・王儉傳》：宋世外六門設竹籬，建元初有發白虎樽者，言：「白門三重門，竹籬穿不完。」上感其言，改立都墻。

賈倉部必選說易

昔年清望動公車，此日耆英有幾家？古注已聞傳孟喜，遺文仍許授侯芭。竹牀排硯頻添墨，石屋支鐺旋煮茶。更說都城防寇事，❸至今流涕賈長沙。

《漢書・儒林傳》：蜀人趙賓好小數書，後爲《易》，持論巧慧，《易》家不能難。云受孟喜，喜爲名之。

❶「二曜」，幽光閣本作「日月」。
❷「事」，幽光閣本作「復」。
❸「寇」，幽光閣本作「虜」。

旅　中

久客仍流轉，愁人獨遠征。釜遭行路奪，席與舍兒爭。混跡同傭販，甘心變姓名。寒依車下草，饑糝鑩中羹。浦雁先秋到，關雞候旦鳴。蹠穿山更險，船破浪猶橫。疾病年來有，衣裝日漸輕。榮枯心易感，得喪理難平。默坐悲先代，勞歌念一生。買臣將五十，何處謁承明？

詶王處士九日見懷之作

是日驚秋老，相望各一涯。離懷銷濁酒，愁眼見黃花。天地存肝膽，江山閱鬢華。多蒙千里訊，逐客已無家。

送張山人應鼎還江陰

舊京秋色轉霏微，目送毘陵一雁飛。笑我畏人能久客，嗟君懷土便思歸。風高海氣龍王廟，水落江聲燕子磯。卉布家鄉多已作，此行須換芰荷衣。

陳生芳績兩尊人先後即世適皆以三月十九日追痛之作詞旨哀惻依韻奉和

一生愁恨集今辰，❶尚有微軀繫五倫。淚盡宛詩言我日，悲深魯史筆王春。山頭馬鬣封孤子，天上龍髯從二親。留此一絲忠孝在，三綱終古不曾淪。

❶「集」，幽光閣本作「積」。

帝后登遐一忌辰，天雠國耻世無倫。那知考妣還同日，從此河山遂不春。弘演納肝猶報主，王裒泣血倍思親。人寰尚有遺民在，大節難隨九鼎淪。❶

《梁書·邵陵王綸傳》：大敵猶强，天雠未雪。

亭林詩集卷之二終

❶「大節難隨九鼎淪」上二句，幽光閣本作「人間若不生之子，五嶽崩頽九鼎淪」，孫校同。

亭林詩集卷之三

元日 已下彊圉作噩

晨興自江上，踰嶺走鍾山。肅然至殿門，雙扉護重關。初日照宫闕，隱映城郭間。空山寂無人，獨來拜榛菅。流轉雖不居，咫尺猶天顔。喜會牧馬收，❶岡巒乍清閒。歲序一更新，陽風動人寰。佇期龍虎氣，得與春光還。復想在宥初，蒼生願重攀。

杜子美詩：武德開元際，蒼生豈重攀？

萊州

海右稱名郡，齊東亦大都。❷山形當斗入，人質並魁梧。月主秦祠廢，沙壇漢蹟孤。已無巡狩蹕，尚有戍軍郛。滮海鹽千斛，栽岡棗萬株。鼉梁通日際，蜃市接神區。轉漕新河格，分營絶島迂。三方從廟算，二撫各兵符。天啓初議三方布置，始設登、萊巡撫。礮甲初傳造，戈鋋已擊屠。中丞愁餌賊，謝璉。太守痛捐軀。朱萬年。郊壘青燐出，城陴白骨枯。危情隨事往，深慮逐年徂。計士悲疵國，遺民想霸圖。登臨多感概，莫笑一窮儒。

❶ 「牧」，幽光閣本作「胡」。
❷ 「亦」，幽光閣本作「一」。

《史記・封禪書》：成山斗入海。又曰：八神，六曰月主，祀之萊山。又曰：天子乃禱萬里沙。應劭曰：萬里沙，神祠也，在東萊曲成。《書・大誥》：天降威，知我國有疵。

安平君祠 在即墨縣，今廢。

太息全齊霸業遺，如君真是一男兒。功成棧道迎王日，志決危城仗鍤時。饑烏尚銜庭下粒，老牛猶飲穴邊池。可憐王建降秦後，千古無人解出奇。

不其山 漢不其縣。❶ 有康成書院，今廢。

荒山書院有人耕，不記山名與縣名。爲問黃巾滿天下，可能容得鄭康成？

《後漢書・鄭玄傳》：自徐州還高密，道遇黃巾賊數萬人，見玄皆拜，相約不敢入縣境。

勞山歌

勞山拔地九千丈，崔嵬勢壓齊之東。下視大海出日月，上接元氣包鴻濛。幽巖秘洞難具狀，煙霧合沓來千峰。華樓獨收衆山景，一一環立生姿容。上有巨峰最崱屴，數載榛莽無人蹤。重厓複嶺行未極，澗竇窈窕來相通。天高日入不聞語，悄然衆籟如秋冬。奇花名藥絕凡境，世人不識疑天工。云是老子曾過此，後有濟北黃石公。至今號作神人宅，憑高結構留仙宮。吾聞東嶽泰山爲最大，虞帝柴望秦皇封。其東直走千餘里，山形不絕連虛空。自此一山

❶「漢不其縣」上，幽光閣本有「在即墨縣」四字。

奠海右，截然世界稱域中。以外島嶼不可計。紛紜出没多魚龍。八神祠宇在其内，往往碁置生金銅。古言齊國之富臨淄次即墨，何以滿目皆蒿蓬？捕魚山之旁，伐木山之中。猶見山樵與村童，春日會鼓聲逢逢。此山之高過岱宗，或者其讓雲雨功。宣氣生物理則同，旁薄萬古無終窮。何時結屋依長松，嘯歌山椒一老翁。

《説文》：山，宣也。宣氣散生萬物。

張饒州允掄山中彈琴

趙公化去時，一琴遺使君。五年作太守，却反東皐耘。有時意不愜，來躡勞山雲。臨風發宫商，二氣相絪緼。可憐成連意，空山無人聞。我欲從君棲，山厓與海濆。

淮北大雨

秋水横流下者巢，踰淮百里即荒郊。已知舉世皆行潦，且復因人賦苦匏。極浦雲垂翔濕雁，深山雷動起潛蛟。人生只是居家慣，江海曾如水一坳。

《國語》：匏苦，不材於人，共濟而已。

濟南

落日天邊見二峰，平臨湖上出芙蓉。西來水竇緣王屋，南去山根接岱宗。積氣蒼茫含斗宿，餘波瀺灂吐魚龍。還思北海亭中客，勝會良時不可逢。

水翳墻崩竹樹疎，廿年重説陷城初。❶荒涼王府餘山沼，寥落軍營識舊墟。百戰只今愁海岱，一麾猶足定青徐。經生老却成何事，坐擁三冬萬卷書。

賦得秋柳

昔日金枝間白花，只今摇落向天涯。條空不繫長征馬，葉少難藏覓宿鴉。老去桓公重出塞，罷官陶令乍歸家。先皇玉座靈和殿，淚灑西風夕日斜。《南史》：宋武帝植蜀柳數株於靈和殿前。唐李商隱詩：腸斷靈和殿，先皇玉座空。

詶徐處士元善昔年新城之陷其母死焉故有此作

桓臺風木正蕭辰，傾蓋知心誼獨親。季子已無觀樂地，偉元終是泣詩人。愁看落日燕山夜，畏見荒江郢樹春。來書勸爲昌平、承天之行。踏徧天涯更回轡，欲從吾友卜東鄰。《山東名勝志》：新城縣東有戲馬臺，相傳齊桓公歇馬於此。

登岱已下著雍閹茂

尼父道不行，喟然念泰山。❷空垂六經文，不覩西周年。七十二君代，乃有封禪壇。書傳多荒忽，誰能信其然。既嘗小天下，復觀遂古前。羲黄與堯舜，蕩滅同雲煙。社首卑附地，徂徠高摩天。下視大海

❶「廿年重説陷城初」下，幽光閣本有小注：「濟南以崇禎十二年元日陷。」

❷「泰」，幽光閣本作「東」。

旁，神州自相連。天地有變虧，何人得昇仙？遺弓名烏號，橋山葬衣冠。末世久澆訛，孰探幽明原？三萬六千年，山崩黄河乾。立石既已刓，封松既已殘。太陽不東昇，長夜何漫漫。哀哉一顔淵，獨立瞻昊門。疲精不肯休，計畫無崖垠。復有孟子輿，眷眷明堂言。庶幾大道還，民質如初元。上采黄金成，下塞宣房湍。何時一見之，太息徒潺湲。

《易》：山附于地。《史記·封禪書》：欒大言臣之師曰：黄金可成，而河決可塞，不死之藥可得，仙人可致也。

謁夫子廟

道統三王大，功超二帝優。斯文垂彖繫，吾志在春秋。車服先公制，威儀弟子修。宅聞絲竹響，壁有簡編留。俎豆傳千葉，章逢被九州。獨全兵火代，不藉廟堂謀。老檜當庭發，清洙繞墓流。一來瞻闕里，如得與從遊。

杜子美《宿鑿石浦》詩：斯文憂患餘，聖哲垂《彖》《繫》。

七十二弟子

亂國誰知爾，孤生且辟人。危情嘗過宋，困志亦從陳。籥舞虞庠夕，弦歌闕里春。門人惟季次，未肯作家臣。一時同人多入官長幕。

《史記·仲尼弟子傳》：公晳哀字季次。孔子曰：「天下無道，多爲家臣，仕於都，唯季次未嘗仕。」

謁周公廟

道化千年後，明禋一國中。禮猶先世

守，制比百王崇。配食唯元子，烝嘗徧列公。祠田還割魯，氏系獨傳東。有祭田碑，言周公之後東野氏，今爲東姓。舊史書茅闕，新詩采閟宮。巋然遺殿在，不與漢侯同。

謁孟子廟

古殿依郰邑，高山近孔林。游從齊魏老，功續禹周深。孝弟先王業，耕桑海內心。期應過七百，運豈厄當今。辯説千秋奉，精靈故國歆。四基岡上柏，凝望轉蕭森。

《大明一統志》：四基山在鄒縣東北三十里，山頂四石，狀類臺基，其西麓即孟子墓。

鄒平張公子萬斛園上小集各賦一物得桔橰

鑿木前人制，收泉易卦稱。天機無害道，人巧合成能。壤脉涓涓出，川流揖揖升。入晴常作雨，當暑欲生冰。❶ 菜甲青臾地，花容赤繞塍。彌令幽興劇，頓使化工增。坐愛平畦廣，行憐曲水澄。灌園今莫笑，此地近於陵。

《莊子》：鑿木爲機，後重前輕，挈水若抽，數如泆湯，其名爲橰。《易》：井收勿幕。又曰：震爲臾。

張隱君元明於園中寘一小石龕曰仙隱祠徵詩紀之

白日浮雲隔幾重，三山五嶽漫相逢。竭來未得從黃石，老至先思伴赤松。哲士有懷多述酒，英流無事且明農。❷ 猶憐末俗

❶「生」，幽光閣本作「成」。
❷「英流無事且明農」，孫校作「學人無事自明農」。

愚難寤，故作幽龕小座供。

百尺松陰十畝園，此中人物似桃源。衣冠俎豆猶三代，雞犬桑麻自一村。垣外白榆隨宿列，樹頭青鳥候風翻。坐來髣髴疑仙境，試問先生笑不言。

濟南

湖上荷花歲歲新，客中時序自傷神。名泉出地環巖郭，急雨連山浄火旻。絶代詩題傳子美，近朝文士數于鱗。愁來獨憶辛忠敏，老淚無端痛古人。

自笑

自笑今年未得歸，酒樽詩卷欲何依？呼僮向曉牽長轡，覓嫗先冬綻故衣。黄耳不來江表信，白頭終念故山薇。無因化作隨陽雁，一逐西風笠澤飛。

詶歸祚明戴笠王仍潘檉章四子韭溪草堂聯句見懷二十韻

異地逢冬節，同人會韭溪。蒼涼悲一別，廓落想孤棲。刻燭初分韻，抽毫亦共題。雪裝吴苑白，雲幕越山低。清醑傳杯緩，哀弦入坐淒。詞堪争日月，氣欲吐虹霓。寫恨工蘇李，攄幽劇吕嵇。風流知不墜，肝膽幸無暌。掛帙安牛角，擔囊逐馬蹄。飄飄過東楚，浩蕩適三齊。❶ 息足雩門下，停車汶水西。岱宗臨日觀，梁父躡雲梯。洞壑來仍異，關河去更迷。人看秋逝

❶「適」，孫校作「遍」。

雁，客喚早行雞。卧冷王章被，窮餘范叔綈。夢猶經冢宅，愁不到中闈。來詩有「親朋愁帶甲，家舍祝添丁」之句。問字誰供酒，繙書獨照藜。雅言開竹徑，佳訊發蘭畦。遺鯉情偏切，班荆意各悽。式微君莫賦，春雨正塗泥。

濰縣

人臣遇變時，亡或愈於死。夏祚方中微，靡奔一人爾。二斟有遺跡，當日兵所起。世人不達權，但拜孤山祀。孤山在昌樂縣東十里，有伯夷廟。

《左傳·昭二十年》：亡愈於死，先諸？

我行適東方，將尋孔北海。此地有遺風，其人已千載。英名動劉備，一爲却管亥。後此復何人，崎嶇但荒壘。

衡王府

賜履因齊國，分枝自憲宗。能言皆詔予，廣斥盡疏封。地號東秦古，王稱叔父恭。穿池通海氣，起榭出林容。嶽里生秋草，牛山見夕烽。蛇遊宫内道，鳥啄殿前松。失國非奔莒，亡王不住共。雍門今有歎，流涕一相逢。

《史記·齊悼惠王世家》：諸民能齊言者，皆予齊王。

《晉書·五行志》：臨淄有大蛇，長十餘丈，負二小蛇入城北門，逕從市入漢城陽景王祠中。已而齊王冏敗。

督亢

此地猶天府，當年竟入秦。燕丹不可作，千載自悽神。野燒村中夕，枯桑壠上春。一歸屯占後,墟里少遺民。

京師作

煌煌古燕京,❶金元遞開創。初興靖難師,遂駐時巡仗。制掩漢唐閎,德儷商周王。巍峩大明門,❷如翬峙南向。其陽肇圜丘,列聖凝靈貺。其内廓乾清,至尊儼旒纊。繚以皇城垣,靚深擬天上。其旁列兩街,省寺鬱相望。經營本睿裁,斲削命般匠。鼎從郟鄏卜,宅是成周相。穹然對兩京,自古無與抗。酆宫遜顯敞,未央失宏壯。西來太行條,連天矗崖嶂。東盡巫閭支,界海看滉瀁。居中守在支,❸臨秋國爲防。人物並浩穰,風流餘慨忼。百貨集廣馗,九金歸府藏。通州船萬艘,便門車千兩。緜延祀四六,三靈哀板蕩。紫塞吟悲笳,❹黄圖布氈帳。獄囚圻父臣,王治。郊死凶門將。滿桂。悲號煤山縊,泣血思陵葬。先皇帝陵,今號思陵。❺宗子泊群臣,鳶岑與黔漲。丁年抱國恥,未獲居一障。垂老入都門,有願無繇償。足穿貧士履,首戴狂生盎。愁同箕子過,悴比湘纍放。縱横數遺事,太息觀今曏。空懷赤伏書,❻虚想雲臺

❶「煌煌」,幽光閣本作「嗚呼」,孫校同。

❷「峩」,幽光閣本作「巍」。

❸「支」,幽光閣本作「夷」。

❹「吟悲」,幽光閣本作「吹胡」。

❺「先皇帝陵,今號思陵」,幽光閣本作「虜酋上我先皇帝陵號曰思陵」,下有「中華竟崩淪,燔瘞久虚曠」二句,孫校同。

❻「空懷赤伏書」上,幽光閣本有「農甿苦誅求,甲卒疲轉饟。且調入沅兵,更造浮海舫。索盜窮銀當,追亡敝箠杖。太陰掩心中,兩日相摩盪。大運有轉移,胡天亂無象。白水焰未然,緑林煙已煬」十二句。

仗。❶不覩舊官儀，❷惸惸念安傍。復思塞上遊，汗漫誠何當。河西訪竇融，上谷尋耿況。聊爲舊京辭，投毫一吁悵。

《史記・李廣傳》：以臨右北平盛秋。《滑稽傳》：東郭先生久待詔公車，貧困飢寒，衣敝履不完，行雪中，履有上無下，足盡踐地。《後漢書・逢萌傳》：首戴瓦盎，哭於市曰：「新乎新乎！」

薊州

北上漁陽道，陰風倍慘悽。窮魚浮淀白，孽鳥向林低。故壘餘安史，居人半霫奚。停驂聊一問，幾日到遼西？

《戰國策》：雁從東方來，更羸以虛發而下之，曰：「此孽也。」註：孽者，謂隱痛於身，如孽子也。《舊唐書・北狄傳》：奚國在京師東北四千餘里，東接契丹，西至突厥，南拒白狼河，北至霫國。

玉田道中

我行至北方，所見皆一概。豈有田子春，尚守盧龍塞。驅車且東之，英風宛然在。山中無父老，故宅恐荒穢。浭水久還流，《薊州志》：浭水在豐潤縣西門外，凡水東流，而此獨西，故名曰還鄉河。盤山仍面内。地道無虧崩，天行有蒙昧。騁目一遐觀，浩然發深慨。可憐壯遊人，不遇熙明代。

永平

流落天涯意自如，孤蹤終與世情疎。

❶「仗」，幽光閣本作「狀」。

❷「舊官儀」，幽光閣本作「二祖興」，孫校同。

馮驢元不曾彈鋏，關令安能强著書？榆塞晚花重發後，灤河秋雁獨飛初。從兹一覽神州去，萬里徜徉興有餘。

謁夷齊廟

言登孤竹山，懍焉思古聖。荒祠寄山椒，過者生恭敬。百里亦足君，未肯滑吾性。遜國全天倫，遠行辟虐政。甘餓首陽岑，不忍臣二姓。可爲百世師，風操一何勁！悲哉尼父窮，每歷邦君聘。楚狂歌鳳衰，荷蕢譏擊磬。自非爲斯人，棲棲無乃佞。我亦客諸侯，猶須善辭命。終懷耿介心，不踐脂韋徑。庶幾保平生，可以垂神聽。

寄弟紓及友人江南 已下屠維大淵獻

仲尼一旅人，棲棲去齊衛。當其在陳時，亦設先人祭。深哉告孟言，❶緬矣封防制。而我亦何爲，遠遊及三歲。前年北踰汶，頃者東過薊。三世但一身，南瞻每揮涕。未敢廢烝嘗，無由辦羊彘。粟從仁者求，酒向鄰家貰。庶幾儻來歆，精靈眇天際。不知自兹往，吾駕焉所稅。世故多屯邅，曰歸未成計。疢如切中心，沒齒安蔬糲。

《家語》：孔子厄於陳蔡，七日不食，子貢以所齎貨竊犯圍而出，告糴於野人，得米一石焉。顏回、仲由炊之。子召顏回曰：「疇昔予夢見先人，豈或啓佑我哉？子炊

❶ 「孟」，《箋注》本作「夢」。

而進飯，吾將祭焉。」《北史・王慧龍傳》：自慧龍入國，三世一身，至瓊始有四子。《詩》：疢如疾首。

吾家有賜塋，近在尚書浦。前區百畝田，後啓重門堵。子姓儼成行，科名多接武。家風萬石傳，花竹平泉圃。蟬聯二百祀，魂魄猶兹土。一旦閲滄桑，他人代爲主。痛我遊子身，中年遭薄祜。驅車去關河，行行遠豺虎。親朋不可見，何況予同父。碌碌想阿奴，耕田故辛苦。行者歎四方，居者愁門户。豈爲别離哀，努力念爾祖。❶

陸士衡《贈從兄車騎》詩：營魄懷兹土，精爽若飛沈。

自昔遘難初，城邑遭屠割。幾同趙卒坑，獨此一人活。既偷須臾生，詎敢辭播越。十年四五遷，今復客天末。田園已侵并，書卷亦剽奪。尚虞陷微文，雉羅不自脱。却喜對山川，壯懷稍開豁。秉心在忠信，持身類迂闊。朋友多相憐，此志貫窮達。雖鄰河伯居，未肯求呴沫。出國每徒行，花時猶衣褐。以此報知交，無爲久惻怛。

山海關

芒芒碣石東，此關自天作。粵惟中山王，經營始開拓。東支限重門，❷幽州截垠堮。前海彌浩溔，後嶺横岸崿。紫塞爲周垣，蒼山爲鎖鑰。緬思開創初，設險制東索。❸中葉狃康娱，小有干王略。撫順矢初穿，廣寧旗已落。抱頭化貞逃，束手廷弼

❶「努」，幽光閣本作「戮」。
❷「支」，幽光閣本作「夷」。
❸「設險制東索」上二句，幽光閣本作「緬思皇祖時，猶然制戎索」。

却。駸駸河以西，千里屯氈幕。關外修八城，指麾煩内閣。孫承宗。楊公嗣昌。築二翼，東西立羅郭。時稱節鎮雄，頗折氛祲惡。神京既顛隕，國勢靡所託。啓關元帥降，❶歃血名王諾。❷自此來域中，土崩無鬪格。海燕春乳樓，塞鷹曉飛泊。❸七廟竟爲灰，六州難鑄錯。

《通鑑》：羅紹威召朱全忠盡殺魏博牙軍，雖去其逼，而魏兵自是衰弱，紹威悔之，謂人曰：「合六州四十三縣鐵不能爲此錯也。」注：錯，鑢也，又誤也。羅以殺牙軍之誤，取鑄錯爲喻。

望夫石❹

威遠臺前春草萋，望夫岡畔夜烏啼。九枝白日扶桑上，萬疊蒼山大海西。國是秖憑三寸舌，老謀終惜一丸泥。愁心欲共秦貞女，目斷天涯路轉迷。

《山海經》：陽谷上有扶桑，十日所浴，居水中。有大木，九日居下枝，一日居上枝。《新序》：楚莊王問於孫叔敖曰：「寡人未得所以爲國是也。」孫叔敖曰：「國之有是，衆非之所惡也，臣恐王之不能定也。」《晉語》：郤叔虎曰：既無老謀，而又無壯事，何以事君？

昌黎

彈丸餘小邑，固守作東藩。列郡誰能比，雄關賴此存。霜槎春呰出，風葉夜旗翻。欲問嬰城事，聲呑不敢言。

❶「啓關」，幽光閣本作「辮頭」。且有小注：「吴三桂。」
❷「名」，幽光閣本作「夷」。
❸「塞」，孫校作「胡」。
❹「望夫石」下，幽光閣本有小注：「在永平府。」

三屯營

三屯山勢鬱崢嶸，少保當年此建旌。名似北平臨宿將，制如河上築降城。忠祠日落來山鬼，武庫苔封蝕禁兵。三忠祠在城南山上，城西小門内有神器庫。一望幽燕人物盡，頹垣荒草不勝情。

恭謁天壽山十三陵

成祖昔定都，乃省茲山陽。群山自天來，勢若蛟龍翔。東趾據盧龍，西脊馳太行。後尻坐黄花，前面臨神京。中有萬年宅，名曰康家莊。可容百萬人，豁然開明堂。維時將作臣，奉旨趨傍傍。盛德比霸杜，宏規軼灑邙。雷電驅玄冥，白雲升帝鄉。三光墜榆木，窮北回輼輬。駷驪金粟堆，寂寞橋山藏。右獻左次景，裕茂迤西旁。泰陵在茂西，稍折南維康。永陵在東南，規模特恢張。碶石爲玄墀，丹青焕雕梁。昭近九龍池，定依昭左方。其制亦如永，工麗踰孝長。慶居獻西隅，德奠永東岡。環山數十里，松柏參天蒼。列宗每駕朝，百執恒趨蹌。一年祭三舉，侍從來班揚。詩追安世歌，典與郊禘光。自傷下土臣，不睹昭代章。天禍降宗國，滅我聖哲王。渴葬池水南，靈宫迫妃殤。上無寶城制，周帀唯甎墻。下有中消壙，陪葬義所當。殿上立三主，並列田娘娘。問此何代禮，哽咽不可詳。麥飯提一簞，棗榛提一筐。村酒與山蔬，一一自攜將。下階拜稽首，出涕雙浪浪。主祭非曾孫，降假非宗祊。重上諸陵間，裴回復彷徨。茂陵樹千株，獨立不受戕。門闔尚完具，上頭安御牀。自康以接慶，小樹多榆枋。殿樓盡黄瓦，逶迤各相望。康昭二明樓，並遭刼火亡。定陵毀大殿，以及東西廊。餘陵半無門，累甓仍支宋。尚存宰牲亭，暨外諸監房。石人十有二，袍笏兼戎裝。六獸柱則四，制與鍾山亢。跨以七孔橋，峙以白石坊。仁宗所製碑，𡺸崒當中央。行宮已頽壞，御路徒荒涼。每陵二太監，猶自稱司香。人給地數晦，把耒耕山塲。春秋祭碑下，共用一豕羊。皆云牧騎來，❶斫伐尤披猖。并力與之争，僅得保界疆。有盜貴妃冢，斬首竿以槍。❷於時姦宄民，瞿然始懲創。繞陵凡六口，六口各有兵。一陵立一衛，衛設屯與倉。居庸有總兵，昌平有侍郎。一朝盡散迸，無復陵京防。燕山自峩峩，沙河自湯湯。皇天自高高，后土自芒芒。下痛萬赤子，上呼十四皇。哭帝帝不聞，籲天天無常。幽都蹲土伯，九關飛虎倀。日月相蝕虧，列宿爲參商。自古有殂落，劇哉哀姚黄。從臣去鼎湖，二妃沈江湘。倉皇一抔土，十五零秋霜。天運未可億，天心未可量。仲華復西京，崔損修中唐。誰能寄此詩，雅頌同洋洋。

楊雄《甘泉賦》：崇丘陵之駊騀兮。師古注曰：高大之狀。　司馬相如《子虛賦》：碝石碔砆。注：張揖曰：碝石，白者如冰，半有赤色。　《公羊傳》：不及時而日渴葬也。注：喻急也。《釋名》：日月未滿而葬曰渴。《唐❸書·德宗紀》：貞元十四年，以左諫議大夫、平章事崔損爲修奉八陵使。先是，昭陵寢殿爲火所焚，至是獻、昭、乾、定、泰五陵各造屋三百七十八間，橋陵一百四十間，元陵三十間，惟建陵仍舊，但修葺而已。陵

❶「牧」，幽光閣本作「胡」。
❷「斬首」，幽光閣本作「首從」。
❸「書」，原作「詩」，據幽光閣本改。

寢中牀褥帷幄一事以上，帝皆親自閲視，然後授損送於陵所。

王太監墓

先帝賓天日，諸臣孰扈從？中涓能一死，大節獨從容。地切山陵閟，魂扶輦御恭。遠同高力士，陪葬哭玄宗。

《唐書·高力士傳》：力士配流黔中，赦歸，至朗州，聞上皇厭代，北望號慟，嘔血而卒。代宗以其耆宿保護先朝，贈揚州大都督，陪葬泰陵。

劉諫議祠 在昌平舊縣，❶今廢。

皂囊青史漫傳名，白日黄泉氣未平。自古國亡緣宦者，可憐身没尚書生。荒阡草長妖狐出，舊驛風寒劣馬行。一自德陵升馭後，山河祠廟總淪傾。

居庸關

居庸突兀倚青天，一澗泉流鳥道懸。終古戍兵煩下口，本朝陵寢託雄邊。車穿褊峽鳴禽裏，烽點重岡落雁前。燕代經過多感慨，不關遊子思風煙。

《魏書·常景傳》：都督元譚據居庸下口。亦作夏口。《北齊書·文宣紀》：築長城，自幽州北夏口至恒州九百餘里。即今之南口也。《水經注》：居庸關山岫層深，側道褊峽，林鄣據險，路才容軌。曉禽暮獸，寒鳴相和，羈官游子，聆之者莫不傷思矣。

極目危巒望八荒，浮雲夕日徧山黄。全收朔地當年大，❷不斷秦城自古長。北狩

❶「在昌平舊縣」上，幽光閣本有「即唐劉蕡也」五字。

❷「朔」，幽光閣本作「胡」。

千官隨土木，西來群盜失金湯。空山向晚城先閉，寥落居人畏虎狼。

陳江總作《魯廣達墓銘》曰：災流淮海，險失金湯。

重登靈巖 在長清縣東南九十里。

重來絶巘一攀緣，壞閣崔嵬起暮煙。山静鼪猱棲佛地，堂空龍象散諸天。芟林果熟紅椒後，入定僧歸白鶴前。寺有雙鶴泉。莫問江南身世事，殘金兵火一淒然。寺自宋以來最盛，金末侯摯屯兵，張汝楫據守，而寺丘墟矣。

秋雨

生無一錐土，常有四海心。流轉三數年，不得歸園林。蹠地每塗淖，闚天久曀陰。尚冀異州賢，山川恣搜尋。秋雨合淮泗，一望無高深。眼中隔泰山，斧柯未能任。車没斷崖底，路轉崇岡岑。客子何所之，停驂且長吟。夸父念西渴，精衛憐東沈。何以解吾懷，嗣宗有遺音。

《後漢書·梁鴻傳》：冀異州兮尚賢。孔子《龜山操》：予欲望魯兮，龜山蔽之。手無斧柯，奈龜山何！

與江南諸子别

絶塞飄零苦著書，朅來行李問何如。雲生岱北天多雨，水決淮壖地上魚。濁酒不忘千載上，荒雞猶唱二更餘。諸公莫效王尼歎，隨處容身足草廬。

杜子美《簡王明府》詩：行李須相問。《史記》：秦始皇八年，河魚大上。《漢書·五行志》：魚逆流而上也。《北史·劉豐傳》：王思政據長社，民訛言大魚道上行。豐建水攻之策，遏洧水灌城，水長，魚鼈皆遊焉。城遂陷。《管輅别傳》：雞一二更鳴者爲荒雞。《晉書·王尼傳》：尼早喪婦，有一子，無居宅。唯畜露車，有牛一頭，每行輒使御之，暮則共宿車上。嘗歎曰：「滄海横流，處處不安也。」

天　津

文皇都北平，始建天津衛。内以輔神京，外徹溟海際。南北瀉兩河，吐納百川細。輓漕日夜來，貢賦無留滯。重臣鎮其間，鼎足分宣薊。豈惟念輸將，隱然存大計。孽盜踵巢芝，共主非幽厲。曾無一矢遺，歘啓都城閉。馬嵬止玄宗，曹陽宿獻帝。雖云兩日程，乘輿豈能詣。先帝一出宫，洞然知國勢。與其蹈危塗，不若宫中縊。嗚呼事一乖，宇宙遂顛蹶。開府固庸才，奉頭竟南逝。巡撫馮元颺。侈言曲突謀，縱有亦奚濟？何人爲史官，直筆掃蕪翳。

登陴望九門，臨風灑哀涕。

舊滄州❶

落日空城内，停驂問路歧。曾經看百戰，唯有一狻猊。

再謁天壽山陵❷已下上章困敦

諸陵何崔嵬，不改蒼然色。下蟠厚地深，上峻青天極。佳氣鬱葱葱，靈長詎可測。云何月遊路，❸坐見塞塵偪。❹空勞牲

❶「州」，原作「洲」，據《箋注》改。

❷「山」下，幽光閣本有「十三」二字。又其本卷四從此首始。

❸「月遊路」，幽光閣本作「宫闕旁」，孫校同。

❹「塞塵」，幽光閣本作「獯戎」。

醴陳，微寘神豈食？仁言人所欣，甘言人所惑。❶小修此陵園，大屑我社稷。竭來復仲春，再拜翦荆棘。臣子分則同，駿奔誰共職？❷區區犬馬心，媿乏匡扶力。

送王文學麗正歸新安

兩年相遇都門道，只有王生是故人。原廟松楸頻眺望，夾城花萼屢經巡。悲歌絶塞將歸客，學劍空山未老身。生舊在金侍郎聲幕府。貰得一杯燕市酒，傾來和淚溼車輪。

答徐甥乾學

轉蓬枯質自來輕，繞樹孤棲尚未成。守兔江湄遲夜月，飲牛澗底觸秋聲。孤單苦憶難兄弟，薄劣煩呼似舅甥。今日燕臺何邂逅，數年心事一班荆。

鮑照《擬古》詩：南國有儒生，迷方獨淪誤。伐木清江湄，設置守毚兔。

白下❸

白下西風落葉侵，重來此地一登臨。清笳皓月秋依壘，野燒寒星夜出林。萬古河山應有主，頻年戈甲苦相尋。從教一掬新亭淚，江水平添十丈深。

重謁孝陵

舊識中官及老僧，相看多怪往來曾。

❶「甘」，孫校作「盜」。
❷「誰共」，幽光閣本作「乃其」，孫校同。
❸「白下」，幽光閣本《天津》、《舊滄州》二首在此首前。

問君何事三千里，春謁長陵秋孝陵。

贈林處士古度

老者人所敬，於今乃賤之。臨財但苟得，不復知廉維。五官既不全，造請無虛時。趙孟語諄諄，煩亂不可治。期頤悲褚淵，耄齒嗟蘇威。以此住人間，動輒爲世嗤。嶷嶷林先生，自小工文辭。彬彬萬曆中，名碩相因依。高會白下亭，卜築清溪湄。同心游岱宗，誼友從湘纍。江山忽改色，草木皆枯萎。受命松柏獨，不改青青姿。今年八十一，小字書新詩。方正既無詘，聰明矧未衰。吾聞王者興，巡狩名山來。百年且就見，況德爲人師。唯此耇成人，皇天所憖遺。以洗多壽辱，以作邦家基。

《漢書·東方朔傳》：老者，人所敬也。《南史·褚淵傳》：齊受禪，拜司徒。賓客滿坐，其兄炤歎曰：「彥回少立名行，何意披猖至此！門户不幸，復有今日之拜。使彥回作中書郎而死，不當是一名士邪？名德不昌，乃復有期頤之壽。」《隋書·蘇威傳》：大唐秦王平王充，坐於東都閶闔門内，威請謁見，稱老病不能拜起。王遣人數之曰：「公隋朝宰輔，政亂不能匡救，遂令品物塗炭，君弑國亡。見李密、王充，皆拜伏舞蹈。今既老病，無勞相見也。」尋歸長安，至朝堂請見，又不許。卒於家，年八十八。《莊子》：受命於地，唯松柏獨也，冬夏青青。《書·康誥》：汝丕遠惟商耇成人。《莊子》：多壽則多辱。

贈黃職方師正 建陽人。

黃君濟川才，大器晚成就。一出事君王，牧馬踰嶺岫。❶ 元臣舉國降，羽葆蒙塵

❶「牧」，幽光閣本作「虜」。

狩。❶ 崎嶇遂奔亡，空山侶猿狖。蕭然治城側，窮巷一廛僦。數口費經營，索飯兼穉幼。清操獨介然，片言便拂袖。常思驅五丁，一起天柱仆。❷ 微誠抱區區，❸ 時命乃大謬。南望建陽山，荒阡餘石獸。生違鹿柴居，死欠狐丘首。矢口爲詩文，吐言每奇秀。揚州九月中，煨芋試新酎。猛志雷破山，劇談河放溜。否終當自傾，佇待名賢救。落落我等存，一繩維宇宙。

杭州 已下重光赤奮若

宋世都臨安，江山已失據。猶誇天目山，龍翔而鳳翥。重江險足憑，百貨東南聚。於此號行都，六帝鑾輿駐。西輸楚蜀資，北擁淮海戍。湖光映罘罳，山色連宮樹。兩國罷干戈，君臣日遊豫。襄樊一陷沒，千里無完固。梵唄響殿庭，番僧扫陵墓。天運亦何常，以此思其懼。

浙西錢穀地，不以封宗室。南渡始僑藩，懿親藉丞弼。序非涿郡疎，德則琅邪匹。如何負扆謀，蒼黄止三日。那肱召周軍，北庭王衛律。❹ 所以敵國人，盡得我虛實。青絲江上來，朱邸城中出。一代都人士，盡屈旃裘膝。❺ 誰爲斬逆臣，一奮南史筆。

《北齊書·高阿那肱傳》：後主還鄴，侍衛逃散，惟那肱及內官數十騎從行。後主走度太行，令那肱以數千人

---

❶「羽葆」，幽光閣本作「天子」。

❷「一起天柱仆」上二句，幽光閣本作「常思扶日月，摘御旄頭宿」，孫校同。

❸「微誠抱區區」，幽光閣本作「神州既陸沉」，孫校同。

❹「北庭」，幽光閣本作「匈奴」。荀校云：「元本下有注云：『真東賺。』」按指陳洪範。

❺「旃裘」，幽光閣本作「穹廬」。

投濟州關，乃遣覘候。每奏云：「周軍未至，且在青州集兵，未須南行。」及周將尉遲迥至關，肱遂降。時人皆云肱表款周武，必仰生致齊主，故不速報兵至，❶使後主被擒。肱至長安，授大將軍封郡公，爲隆州刺史，誅。

禹陵

大禹巡南守，相傳此地崩。禮同虞帝陟，神契鼎湖升。窆石形模古，墟宮世代仍。探奇疑是穴，考典或言陵。玉帛千年會，山河一氣憑。御香來敕使，主守付髡僧。樹暗巖雲積，苔深壑雨蒸。鵂鶹呼冢柏，蝙蝠下祠燈。餘烈猶於越，分封並杞鄫。國詒明德胙，人有霸圖稱。往者三光墜，江干一障乘。投戈降北固，授孑守西興。冲主常虛己，謀臣動自矜。普天皆爵禄，無地使賢能。合戰山回霧，窮追海踐冰。鼇城迷白草，鏡沼爛紅菱。樵採岡林徧，弓刀塢壁增。遺文留仆碣，反徑長荒藤。望古頻搔首，嗟今更撫膺。會稽山色好，悽惻獨攀登。

《史記·越世家贊》：越世世爲公侯，蓋禹之餘烈也。《周語》：有夏雖衰，杞、鄫猶在。《左傳》：授師孑焉以伐隨。《通鑑》：慕容皝攻慕容仁，時海凍，皝自昌黎東踐冰而進。《越絶書》：防塢者，越所以遏吴軍也。杭塢者，句踐杭也。二百石長員，卒七，士人度之，會夷。

宋六陵

六陵饒荆榛，白日愁春雨。山原互起伏，井邑猶成聚。偃折冬青枝，哀哀叫杜宇。海水再桑田，江頭動金鼓。躡屩一遷

❶「速」，原作「逑」，據《北齊書》改。

逡，淚灑欑宮土。

《楚辭·九章》：遷逡次而勿驅兮，聊假日以須時。洪興祖《補注》：遷逡，猶逡巡，行不進貌。逡，七旬反。

顔神山中見橘

黄苞緑葉似荆南，立雪淩寒性自甘。但得靈均長結伴，顔神山下即江潭。

三月十九日有事於欑宮時聞緬國之報 已下玄黓攝提格

此日空階薦一觴，軒臺雲氣久芒芒。時來夏后還重祀，識定凡君自未亡。宿鳥乍歸陵樹穩，春花初放果園香。年年霑灑頻寒食，咫尺龍髯近帝旁。

《莊子》：楚王與凡君坐，少焉，楚王左右曰：「凡亡者三。」凡君曰：「凡之亡也，不足以喪吾存，夫凡之亡不足以喪吾存，則楚之存不足以存存，由是觀之，則凡未始亡，而楚未始存也。」《三輔黄圖》：安陵有果園。

古北口

漢家亭障接山南，光禄臺空倚夕嵐。戍卒耕田烽火寂，唯餘城下一茅菴。

歲歲飛鴻出口迴，年年採木下川來。川中鹿角都除却，便似函關日夜開。

白髮黄冠老道流，自言家世小興州。一從移向山南住，吹角孤城二百秋。永樂初，棄大、小興州。

霧靈山上雜花生，山下流泉入塞聲。却恨不逢張少保，磧南猶築受降城。霧靈山在曹家寨邊外，嘉靖初巡撫王大用欲賂三衛，取其山城之，不果。

五十初度時在昌平

居然濩落念無成，隙駟流萍度此生。遠路不須愁日暮，老年終自望河清。常隨黃鵠翔山影，慣聽青驄別塞聲。舉目陵京猶舊國，可能鐘鼎一揚名？

北嶽廟

曲陽古名邦，今日稱下縣。嶽祠在其中，巍峩奉神殿。體制匹岱宗，經營自雍汴。鶴駕下層霄，宸香閟深院。睒睗鬼目獰，盤蹙松根轉。白石睇穹文，丹楹仰流絢。肇典在有虞，望秩群神徧。時巡歲即暮，歸格牲斯薦。自此沿百王，彬彬著紀傳。恒山跨北極，自古無封禪。賴以鎮華戎，帝王得南面。河朔多彊梁，燕雲屢征戰。赫赫我陽庚，❶區分入邦甸。告祈無闕事，降福蒙深眷。周封喬嶽柔，禹別高山奠。疆吏少干城，神州恣奔踐。祠同宋社亡，時嶽祀移渾源州。祭卜伊川變。再拜出廟門，嗚呼淚如霰。

左太沖《吴都賦》：忘其所以睒睗，失其所以去就。李善注：《説文》曰：睒，蹔視也。睗，疾視也。《舊唐書·張嘉貞傳》：爲定州刺史。至州，於恒嶽廟中立頌，自爲文，書於石。爲碑用白石爲之，素質黑文，甚爲奇麗。今碑在廟中。《漢書·郊祀志》：周顯王之四十二年，宋太丘社亡。

井陘

水折通燕海，山盤上趙陘。權謀存史

❶「陽庚」，幽光閣本作「皇明」。

冊，險絶著圖經。瞰下如臨井，憑高似建瓴。壑冰當路白，窯火出林青。頗憶三分國，曾觀九地形。秦師踰上黨，齊卒戍熒庭。獨此艱方軌，於今尚固扃。井陘之道，春秋、戰國用兵，未有由之者。自王翦、韓信伐趙，始開此路，而魏道武伐燕，使公孫蘭、于栗磾帥步騎二萬，自太原開井陘關路襲燕慕容寶於中山，於今遂爲通塗。連恒開晉索，指昴逼虞星。❶乞水投孤戍，炊藜舍短亭。却愁時不會，天地一流萍。《左傳·襄二十二年》：❷齊侯伐晉，張武軍於熒庭，戍郫、邵。封少水，以報平陰之役。《定四年》：命以唐誥而封於夏墟，啓以夏政，疆以戎索。

一雁

一雁度汾河，河邊積雪多。水枯清澗曲，風落介山阿。塞上愁書信，人間畏網羅。覆車方有粟，飲啄意如何？

堯廟

舊俗陶唐後，嚴祠古道邊。土階依玉座，松棟冠平田。霜露空林積，丹青彩筆鮮。垂裳追上理，曆象想遺篇。鳥火頻推革，山龍竟棄捐。汾方風動壑，姑射雪封顛。典冊淪幽草，文章散暮煙。滔天非一族，猾馬已三傳。❸歲至澆郇酒，人貧闕社錢。相逢華髮老，猶記漢朝年。《符子》：堯曰：余坐華殿之上，森然而松生於棟；余立檽扉之內，霏然而雲生於牖。《詩》：彼汾一方。

亭林詩集卷之三終

❶「虞」，幽光閣本作「胡」。

❷「左傳襄二十二年」，按據《左傳》，當爲襄三十二年。

❸「馬」，幽光閣本作「夏」。

亭林詩集卷之四

元　旦❶已下昭陽單閼

平明遥指五雲看，十九年來一寸丹。合見文公還晉國，應隨蘇武入長安。驅除欲淬新硎劍，拜舞思彈舊賜冠。更憶堯封千萬里，普天今日望王官。

《莊子》：今臣之刀十九年矣，所解數千牛矣，而刀刃若新發於硎。

霍　山

霍山古帝畿，崔嵬據汾左。東環太行趨，北負恒山坐。幽泉迸雷出，奇峰挾雲墮。百物饒姿容，名花獻千朵。廟食當山阿，重門奠磊砢。像設猶古先，冠裳蒙堀堁。春雪覆松杉，堂基對蓬顆。主守各散亡，空室無一鎖。五鎮稱副嶽，亦能降淫禍。豈忘帝王朝，時陟高山墮。黍稷既非馨，趨將況云惰。❷神人一失職，庶事交叢脞。有寺號興唐，近在祠東埵。昔日義旗來，列宿紛旂旐。更念七雄時，晉卿特么麽。茫然二節竹，刻期兆猶果。寶命何邇封，四荒無不可。再拜霍山神，惟神實知我。

《舊唐書·高祖紀》師次靈石，隋武牙郎將宋老生屯霍邑以拒義師。會霖雨積旬，餽運不給，有白衣老父詣軍門曰：「余爲霍山神使謁唐皇帝，曰：八月雨止，路出霍

❶「元旦」，幽光閣本題作「十九年元旦」。

❷「將」，幽光閣本作「蹌」。

邑東南，吾當濟師。」高祖曰：「此神不欺趙無卹，豈負我哉！」八月辛巳，高祖引師趨霍邑，斬宋老生。《史記・趙世家》：襄子奔晉陽，原過從後，至於王澤，見三人，自帶以上可見，自帶以下不可見。與原過竹二節，莫通。曰：「爲吾以是遺趙毋卹。」原過既至，以告襄子。襄子齋三日，親自剖竹，有朱書曰：「趙毋卹，余霍泰山山陽侯天使也。三月丙戌，余將使女反滅知氏，女亦立我百邑，余將賜女林胡之地。」襄子既并知氏，遂祠三神於百邑，使原過主霍泰山祠祀。《左傳・昭九年》：吾何邇封之有？《爾雅》：觚竹、北户、西王母、日下，謂之四荒。

書女媧廟

吁嗟乎！三代以後，天傾西北不復補。但見悲風淅淅吹終古。日月星辰若綴旒，赤黄青白交旁午。北極偏高南極低，四時錯迕乖寒暑。城淪洪水海成田，六鼇簸蕩中流柱。羲和益稷不任事，畫州造曆迷堯禹。彎弓不射九日落，蒼蒼列象生毛羽。仁人志士久鬱邑，精衛空費西山土。排天門，盪地户，見天皇與天姥。五色之石空媥斕，道旁委棄無人取。長人十二來臨洮，苻姚劉石相雄豪。❶天竺之書入中國，三千弟子多其曹。涼州龜兹奏宫廟，漢魏雅樂隨波濤。花門吐蕃日侵軼，天子數出長安逃。一半人似魚鰕隨水落，世以東南爲大壑。乾坤長草萊，山南代北虚城郭。百年舊跡邈難記，遺宫別寢屯狐貉。至今趙城之東八里有冢尚崔嵬，不見媧皇來制作。里人言是古高禖，萬世昏姻自此開。華渚虹藏河馬去，三皇五帝愁胚胎。奇功異事不可問，汾邊山下餘蘆灰。惟天生民，無主乃

❶「苻」，原作「符」，據幽光閣本改。

亂。必有聖人，以續周漢。如冬復如春，日月如更旦。剥復相乘除，包犧肇爻象。不見風陵之堆高突兀，没入河中尋復出，天迴地轉無多日。

《列子》：龍伯之國有大人，一釣而連六鼇，於是岱輿、員嶠二山流於北極，沈於大海。《路史》：古高禖祀女媧。《唐書·五行志》：天寶十三載，虢州閿鄉縣界黄河中女媧墓，因大雨晦冥，失其所在。乾元元年六月一日夜，河濱人家忽聞風雨聲，曉見其墓湧出，上有雙柳樹，下有巨石，二柳各長丈餘，今謂之風陵堆。

晉王府

卜雒方遷鼎，封唐次翦珪。國分河華北，星主實沈西。攘狄威名重，垂昆敬德躋。寵光延白屋，惠澤普黔黎。別殿俄傳燧，深宮早聽鼙。梯衝臨玉壁，戈艤繞銅鞮。井竭龍池水，梁空燕壘泥。圃花游鹿采，山木化鵑啼。國語春秋志，賢王暇日題。壁上大書《楚語·靈王爲章華之臺》一篇。定知慈儉理，得與禹湯齊。玉葉衣冠盡，金刀姓字迷。那堪梁苑草，春日更萋萋。

張衡《西京賦》：左暨河華。《唐六典》：玄宗所居隆慶坊宅之東有井，忽湧爲小池，周袤十數丈，常有雲氣或黄龍出其中。至景龍中，瀰復出水，其沼浸廣，里中人悉移居，遂鴻洞爲龍池。

贈傅處士山

爲問明王夢，何時到傅巖？臨風吹短笛，劚雪荷長鑱。老去肱頻折，愁深口自緘。相逢江上客，有淚溼青衫。

又訓傅處士次韻

清切頻吹越石笳，窮愁猶駕阮生車。

時當漢臘遺臣祭，義激韓讐舊相家。陵闕生哀回夕照，河山垂淚發春花。相將便是天涯侶，不用虛乘犯斗槎。

　愁聽關塞徧吹笳，不見中原有戰車。三户已亡熊繹國，一成猶啓少康家。蒼龍日暮還行雨，老樹春深更著花。待得漢庭明詔近，五湖同覓釣魚槎。

《楚辭·離騷》：及少康之未家兮。

陸貢士來復武進人。述昔年代許舍人曦草疏攻鄭鄤事

　雒蜀交爭黨禍深，胥人何意附東林？❶然犀久荷先皇燭，射隼能忘俠士心？梅福佯狂名字改，子山流落鬢毛侵。愁來忽遇同方友，相對支牀共越吟。

庾信《哀江南賦》：年始二毛，即逢喪亂。

詠史❷

　永嘉一蒙塵，中原遂翻覆。名弧石勒誅，❸觸眇苻生戮。哀哉周漢人，離此干戈毒。去去王子年，獨向深巖宿。

李克用墓在代州西八里。

　唐綱既不振，國姓賜沙陀。遂據晉陽宮，表裏收山河。朱温一簒弑，發憤橫琱戈。雖報上源讐，大義良不磨。竟得掃京雒，九廟仍登歌。伶官隕莊宗，愛壻亡從

❶「何意附」，孫校作「依附半」。
❷「詠史」，幽光閣本題作「聞湖州史獄」。
❸「弧」，幽光閣本作「胡」，孫校同。

珂。傳祚頗不長，功名誠足多。我來雁門郡，遺冢高嵯峨。寺中設王像，緋袍熊皮韡。旁有黄衣人，年少神磊砢。想見三垂岡，百年淚滂沱。敵人亦太息，如此孺子何？千載賜姓人，流汗難重過。

《五代史・唐本紀》：存勖，克用長子也。初，克用破孟方立於邢州，還軍上黨，置酒三垂岡，伶人奏《百年歌》，至於衰老之際，聲辭甚悲，坐上皆悽愴。時存勖在側，方五歲，克用慨然捋鬚，指而笑曰：「吾行老矣，此奇兒也，後二十年，其能代我戰於此乎！」及克用卒，存勖即王位，梁人圍潞州，王乃出兵趨上黨，行至三垂岡，歎曰：「此先王置酒處也。」會天大霧，晝暝，兵行霧中，攻其夾城，破之，梁軍大敗，凱旋告廟。

五臺山

東臨真定北雲中，盤薄幽并一氣通。欲得寶符山上是，不須參禮化人宮。

詶李處士因篤

三晉陀河山，登覽苦不暢。我欲西之秦，潛身睨霸王。一朝得李生，詞壇出飛將。撝呵斗極迴，含吐黄河漲。上論周漢初，規模迭開創。以及文章家，流傳各宗匠。道術病分門，交游畏流宕。朋黨據國中，雌黄恣騰謗。吾道貴大公，片言折邪妄。論事如造車，欲決南轅向。觀人如列鼎，欲察神姦狀。稍存俞咈詞，不害于喁唱。君無曲學阿，我弗當仁讓。更讀詩百篇，陡覺神采壯。游五臺山諸作。先我入深巖，嶔崟剖重嶂。高披地絡文，下挈竺乾藏。❶大氣橐山川，雄風被邊障。泚筆作長歌，臨

❶「竺乾」，孫校作「胡僧」。

岐爲余貺。自哂同坎竈，難佐北溟浪。惟此區區懷，頗亦師直諒。竊聞關西士，自昔多風尚。豁達貫古今，然諾堅足仗。如君復幾人，可愜平生望？東還再見君，牀頭倒春釀。

雨中送申公子涵光

十載相逢汾一曲，新詩歷落鳴寒玉。懸甕山前百道泉，臺駘祠下千章木。登車衝雨馬頻嘶，似惜連錢錦障泥。并州城外無行客，且共劉琨聽夜雞。

詶史庶常可程

伊尹適有夏，太公之朝歌。吾儕亦此時，將若蒼生何？跨驢入長安，七貴相經過。不敢飾車馬，資用防其多。豈無取諸人，量足如飲河。顧視世間人，夷清而惠和。丈夫各有志，不用相譏訶。君今寓高都，連山阻巍峩。佳詩遠寄將，建安激餘波。想見蕭寺中，抱膝苦吟哦。古人尚詶言，亦期相切磋。願君無受惠，受惠難負荷。願君無倦游，倦游意蹉跎。

《書序》：伊尹去亳適夏，既醜有夏，復歸於亳。《黄氏日鈔》：柳子厚《平淮夷雅》「威命是荷」，音何。注引《左傳·昭七年》「弗克負荷」，平聲。按《後漢書·班超傳贊》、魏嵇康《答二郭詩》、晉潘岳《河陽縣作》、劉琨《答盧諶詩》並作平聲。

汾州祭吴炎潘檉章二節士

露下空林百草殘，臨風有慟奠椒蘭。韭溪二子所居。血化幽泉碧，蒿里魂歸白日寒。一代文章亡左馬，千秋仁義在吴潘。巫招虞殯俱零落，欲訪遺書遠道難。

《楚辭·九辯》：白露既下百草兮，奄離披此梧楸。《宋書·孝義傳》：王韶之《贈潘綜吴逵詩》：仁義伊在，惟吴惟潘。心積純孝，事著艱難。投死如歸，淑問若蘭。《左傳·哀十一年》：公孫夏命其徒歌《虞殯》。

寄潘節士之弟耒

筆削千年在，英靈此日淪。猶存太史弟，莫作嗣書人。門户終還汝，男兒獨重身。裁詩無寄處，掩卷一傷神。

王官谷

士有負盛名，卒以虧大節。咎在見事遲，不能自引決。所以貴知幾，介石稱貞潔。唐至昭宗時，❶干戈滿天闕。賢人雖發憤，無計匡杌隉。邈矣司空君，保身類明哲。墜笏雒陽墀，歸來卧積雪。❷視彼六臣流，恥與冠裳列。遺像在山厓，清風動巖穴。堂茆一畝深，壁樹千尋絶。不復見斯人，有懷徒鬱切。

蒲州西門外鐵牛唐時所造以繫浮橋者今河西徙十餘里矣

唐代浮梁處，遺牛制尚新。一朝移岸谷，千載困風塵。失水黿鼉没，依城鸛雀鄰。舊有鸛雀樓，在城西南黄河中高阜處，時有鸛雀棲

❶「昭宗」，原件作「僖昭」。

❷「歸來卧積雪」上二句，原件作「放逐歸山阿，閉門卧積雪」。

其上，遂名。後爲河流衝没，即城角樓名之，以存其蹟。

應無丞相問，儻與牧童親。世變形容老，年深戰伐頻。無窮懷古意，舍爾適西秦。

《竹書紀年》：周穆王三十七年，伐楚，起師，至於九江，叱鼋鼉以爲梁。江淹《恨賦》：方駕鼋鼉以爲梁。　甯戚《飯牛歌》：吾將舍爾相齊國。

潼關

黄河東來日西没，斬華作城高突兀。關中尚可一丸封，奉詔東征苦倉卒。紫髯豈在青城山，白骨未收殽澠間。至今秦人到關哭，淚隨河水無時還。

陸游《姚平仲傳》：欽宗即位，金人入寇，平仲請出死士斫營，不利。遂乘青騾亡命至青城山上清宫，留一日，復入大面山，乃解縱所乘騾，得石穴以居。朝廷數下詔物色求之，弗得也。乾道、淳熙間始出，至丈人觀道院，自言如此。年八十餘，紫髯鬱然長數尺。

華山

四序乘金氣，三峰壓大河。巨靈雄贔屭，白帝儼巍峩。地劣窺天井，雲深拜斗阿。夕嵐開翠巘，初月上青柯。欲摘星辰墮，還虞虎豹訶。正冠朝殿闥，持杖叱羲和。勢扼雙崤壯，功從駟伐多。未歸桃塞馬，終負魯陽戈。山鬼知秦帝，蠻王屬趙佗。出關收楚魏，浮水下江沱。老尚思三輔，愁仍續九歌。唯應王景略，歲晚一來過。❶

《華嶽志》：青柯坪西有峰插天，名曰北斗坪，蓋毛女拜斗得仙之地也。　《楚辭·招魂》：虎豹九關。　謝朓《和王著作八公山》詩：二別阻漢坻，雙崤望河澳。《水經注》：湖水出桃林塞之夸父山。武王伐紂，天下

❶「一」，幽光閣本作「亦」。

既定，王及嶽濱，放馬華陽，散牛桃林，即此處也。其中多野馬。《史記·淮陰侯傳》：漢二年，出關收魏、河南，韓、殷王皆降。《蘇代傳》：蜀地之甲，乘船浮于汶，乘夏水而下江，五日而至郢。漢中之甲，乘船出於巴，乘夏水而下漢，四日而至五渚。《晉書》：王猛隱於華陰山，懷佐世之志，希龍顏之主，斂翼待時，候風雲而後動。

驪山行

長安東去是驪山，上有高臺下有泉。前有幽王後秦始，覆車在昔良難紀。華清宮殿又何人，至今流恨池中水。君不見天道幽且深，敗亡未必皆荒淫。亦有英君御區宇，終日憂勤思下土。賢妃助内詠鷄鳴，節儉躬行邁往古。一朝大運合崩頽，三宮九市横豺虎。玄宗西幸路仍迷，宜臼東遷事還沮。我來驪山中哽咽，四顧徬徨無可語。傷今弔古懷坎軻，嗚呼其奈驪山何！

《通鑑·唐敬宗紀》：上欲幸驪山温湯，左僕射李絳、諫議大夫張仲方等屢諫不聽，拾遺張權輿伏紫宸殿下叩頭諫曰：「昔周幽王幸驪山，爲犬戎所殺，秦始皇葬驪山國亡，玄宗宫驪山而禄山亂，先帝幸驪山享年不長。」上曰：「驪山若此之凶邪？我宜一往以驗彼言。」

長安

東井應天文，西京自炎漢。都城北斗崇，渭水銀河貫。千門舊宫掖，九市新廛閈。雲生百子池，風起飛廉觀。呼韓拜殿前，頡利俘橋畔。❶武將把雕戈，文人弄柔翰。遺跡俱煙蕪，名流亦星散。愁聞赤眉入，再聽漁陽亂。論都念杜篤，去國悲王

❶「頡利俘橋畔」上二句，孫校作「橋邊拜單于，闕下俘可汗」。

粲。積雨乍開褰，淒其秋已半。惆悵遠行人，單衣裁至骭。

《史記・秦始皇紀》：爲復道，自阿房渡渭，屬之咸陽，以象天極閣道絕漢抵營室也。《後漢書・杜篤傳》：上奏《論都賦》。

乾陵

代運當中絕，房幃召女戎。誅鋤宗子盡，羅織庶僚空。典祏遷新主，司筵掃故宮。貞符疑改卜，大禮竟升中。復子仍明兩，登遐獲令終。彌縫由密勿，迴斡賴元功。祔廟尊親並，因山宅兆同。至今尋史傳，猶想狄梁公。

《周禮》：司几筵，下士二人。陸機《漢高帝功臣頌》：三靈改卜。

將去關中別中尉存杠於慈恩寺塔下❶

廓落悲王子，棲遲愛友朋。荒郊紆策馬，獵徑傍鞲鷹。土室人稀到，衡門客少應。傾壺頻進酒，散帙每挑燈。歎昔當憂患，先人獨戰兢。薄田遺豆麨，童阜剩薪蒸。疾病嗟年老，虔恭尚夙興。芋魁收蜀郡，瓜種送東陵。世業爲奴有，空名任盜憎。幸餘忠厚福，猶見子孫承。渭水徂年赤，岐山一夜崩。低頭從竈養，脱跡溷林僧。毒計哀阬趙，淫刑虐用鄁。忠魂依井植，碧血到泉凝。賊陷西安，令弟存柘投井死。困鬣時防罟，驚禽早避矰。屢捫追駟舌，莫運擊蛇肱。謬忝師資敬，中尉子及甥皆執經于余。

❶ 此首幽光閣本在《乾陵》詩前。

多將氣誼憑。深情占復始，積德望高升。子建工詩早，河間好學稱。堂垣逾舊大，國邑與前增。九鼎知猶重，三光信有徵。沈埋隨劒璽，變化待鯤鵬。樹落龍池雪，風懸雁塔冰。更期他日會，拄杖許同登。

《易·升》大象：地中生木，君子以順德，積小以高大。

謝靈運《和伏武昌登孫權故城》：❶災靈遺劒璽。

后土祠有序。已下闕逢執徐

漢孝武所立后土祠，在今榮河縣北十里，地名郄上，或曰脽上，史所云幸河東祠后土者，蓋屢書焉。其後宣、元、成三帝及唐、宋二宗皆嘗親幸。以及國朝，❷雖不親祀典，而歷代相傳，宮殿之巍峩，像設之莊静，❸香火之駢闐，未嘗廢也。歲閼逢執徐王正五日，予至其下，廟祝云：距此十五年，爲黄河所齧，神宇圮焉，乃徙像於東南二里坡下今所謂行宫者。而古柏千章，盡伐之以充改造之用，廟未成而木盡矣。是日大雪，令祝引導，策馬從之，逶迤而登，則坊門堙廡宛然。東有大寧宫，亦存遺址，惟正殿及秋風、洗粧二樓皆已蕩然爲斷崖絶壑，而王文正旦之碑猶卧雪中，不能洗而讀也。愴然有感，乃作是詩。

《漢書·武帝紀》：元鼎四年十一月甲子，立后土祠於汾陰脽上。師古曰：脽者，以其形高起如人尻脽，故以名云。一説此臨汾水之上，地本名鄈，音與葵同，彼鄉人呼葵音如誰，故轉而爲脽

❶「謝靈運」，按，當作「謝朓」。
❷「國」，孫校作「本」。
❸「静」，孫校作「靚」。

焉耳，故《漢舊儀》云葵上。

靈格移郊上，洪流圮故宮。事同淪泗鼎，時接墮天弓。古木千章盡，層樓百尺空。地維疑遂絶，皇鑒豈終窮。髣髴神光下，昭回治象通。雄才應有作，灑翰續秋風。

龍 門

亘地黄河出，開天此一門。千秋憑大禹，萬里下崑崙。入廟焄蒿接，臨流想像存。無人書壁問，倚馬日將昏。

王逸《楚辭·天問序》：仰見圖畫，因書其壁，呼而問之。

自大同至西口四首

舊府荒城内，頹垣只四門。先朝曾駐蹕，當日是雄藩。綵帛連樓滿，笙歌接巷繁。一逢三月火，惟弔國殤魂。

落日林胡夜，南風盛樂春。地當天北極，山是國西鄰。冠帶中原隔，金繒異域親。武靈遺策在，猶可制秦人。

宋白《續通典》：唐振武軍，漢定襄郡之盛樂也，在陰山之陽、黄河之北，後魏所都盛樂是也，在唐朔州北三百餘里。《史記·趙世家》：主父欲從雲中九原直南襲秦。

駿骨來蕃種，名茶出富陽。年年天馬至，歲歲酪奴忙。蹴地秋雲白，臨壚早酎香。和戎真利國，烽火罷邊防。

《禮記·月令》：孟夏，天子飲酎。注：酎之言醇也，謂重釀之酒也。《楚辭·大招》：四酎并孰。

舊説豐州好，於今號板升。印鹽和菜滑，挏乳入茶凝。塞北思脣齒，河東問股肱。獨餘京雒叟，終日戍樓憑。

《舊唐書·唐休璟傳》：超拜豐州司馬。永淳中，突厥圍豐州，都督崔智辨戰殁。朝議欲罷豐州，徙百姓於靈、夏，休璟以爲不可，上書曰：「豐州控河遏賊，實爲襟帶。自秦漢以來，列爲郡縣，田疇良美，尤宜耕牧。隋季喪亂，不能堅守，乃遷徙百姓就寧、慶二州，致使戎羯交侵，乃以靈、夏爲邊界。貞觀之末，始募人以實之，西北一隅，方得寧謐。今若廢棄，則河旁之地復爲賊有，靈、夏等州人不安業，非國家之利也。」朝廷從其言，豐州復存。《唐書》：豐州九原郡貢印鹽。《漢書·禮樂志》：給大官挏馬酒。李奇曰：以馬乳爲酒，撞挏乃成也。

孟秋朔旦有事於欑宮❶

秋色上陵坰，新松夾殿青。草深留虎迹，茂陵寶城内獲二虎。山合繞龍形。放犢朝登壠，司香月掃庭。不辭行潦薦，髣髴近惟馨。

贈孫徵君奇逢

海内人師少，中原世運屯。微言垂舊學，懿德本先民。早歲多良友，同時盡諍臣。蒼黄悲詔獄，慷慨急交親。天啓中，左光斗、魏大中、周順昌三君被逮至京，君爲周旋營救，不辟禍患。黨錮時方解，儒林氣始申。明廷來尺一，空谷賁蒲輪。未改幽棲志，聊存不辱身。名高懸白日，道大屈黄巾。衛國容尼父，燕山仕子春。門人持笈滿，郡守式廬頻。竹柏心彌勁，陶鎔化益醇。登年幾上壽，樂道即長貧。尚有傳經日，非無拜老辰。伏生終入漢，綺里只辭秦。自媿材能劣，深承意誼真。惟應從卜築，長與講堂鄰。

訃程工部先貞 旃蒙大荒落

緜上耕山日，青門灌圃時。懷人初有

❶「欑宮」上，幽光閣本有「先皇帝」三字。

歎，裂素便成辭。一雁陵秋闊，雙魚入水遲。任城樓突兀，大野澤參差。物象今來異，天心此際疑。風沙春氣亂，彗孛夜芒垂。見魃當郊舞，聞人叫廟譆。頻翻坤軸動，乍鬭日輪虧。水竭愁魚鼈，山空困鹿麋。傷心猶賦斂，舉目盡流離。旅計真無奈，朋歡可更追。秋吟詶鮑照，日飲對袁絲。畚急當軒響，花繁繞砌枝。朱紘彌唱古，白雪每誇奇。劒術人誰學，琴心爾共知。三年嗟契闊，隻羽倦差池。尚媿劬勞憶，來詩云：看君行邁劬勞甚。還添老大悲。幾闕尼父室，獨近董生帷。相傳德州有董子讀書臺。器忝南金許，文承繡段詒。清風來彩筆，踈韻落芳巵。西蜀玄方草，東周夢未衰。會須陪燕笑，重和鄴中詩。

《淮南子》：麒麟鬭而日月食。　宋鮑照有《園中秋散》詩。　《史記·袁盎傳》：盎兄子種謂盎曰：「南方卑溼，君能日飲毋苛。」

寄劉處士大來❶已下柔兆敦牂

劉君東魯才，頗能究經傳。時方渾九流，發憤焚筆硯。久客梁宋間，落落無所見。棄家走關中，自結三秦彥。便居公瑾宅，直上高堂宴。館李子德家。憶昨出門初，朔風灑冰霰。獨身跨一驢，力比蒼鷹健。崎嶇上太行，彳亍甘重趼。一過信陵君，陳君上年。下士色無倦。贈別寶刀裝，賓僚陪祖餞。麾檝渡蒲津，駿馬如奔電。上下五陵間，秦郊與周甸。花殘御宿苑，麥秀含元殿。常過韋杜家，早識嚴徐面。意氣何翩翩，交游良可羨。回首憶故人，久滯臨淄

❶「寄劉處士大來」，幽光閣本卷五自此詩始。

縣。黄塵汙人衣，數舉西風扇。山東不足居，苦爲相知勸。世路況悠悠，窮愁儻能遺。聊裁一幅書，去託雙飛燕。晉韓延之《復劉裕書》：假令天長喪亂，九流渾濁。《世説》：庾公在石頭，王公在冶城，坐大風揚塵，王以扇拂塵曰：「元規塵污人。」

朱處士彝尊過余於太原東郊贈之

詞賦雕鐫老，河山騁望頻。末流彌宇宙，大雅接斯人。世業推王謝，儒言纂孟荀。書能搜五季，字必準先秦。攬轡長城下，回車晉水濱。秋風吹雁鶩，夜月卧麒麟。玉盌人間有，珠襦地上新。吞聲同太息，吮筆一酸辛。盜發晉王墓，得黄金數百斤。與爾皆椎結，於今且釣緡。羈心縈故跡，殊域送良辰。草没青驄晚，霜浮白墮春。自來賢達士，往往在風塵。

屈山人大均南海人。自關中至

弱冠詩名動九州，紉蘭餐菊舊風流。何期絶塞千山外，幸有清樽十日留。獨漉泥深蒼隼没，五羊天遠白雲秋。誰憐函谷東來後，班馬蕭蕭一敝裘。

重過代州贈李處士因篤在陳君上年署中❶

雁門春草碧，且復過滹沱。爲念離群友，三年愁緒多。魯酒千鍾意不快，龜山蔽目齊都隘。却來趙國訪廉頗，還到關中尋郭解。陳君心事望諸儔，吾友高才冠雍州。

❶「處士因篤」，幽光閣本作「子德」。

玉軸香浮鈴閣曉，彩毫光照射堂秋。人來楚客三閭後，賦似梁園枚馬遊。句注山邊餘舊壘，五原關下臨河水。青冢哀笳出漢宮，白登奇計還天子。窮愁那得一篇書，幸有心期託後車。又逐天風歸大海，好憑春水寄雙魚。

出雁門關屈趙二生相送至此有賦

一雁孤飛日，關河萬里秋。雲横秦塞白，水入代都流。烽火傳西極，琴樽聚北州。登高欣有賦，今見屈千牛。

趙國佳公子，翩翩又一時。滿壺桑落酒，臨別重相思。路絶花驄汗，情深越鳥枝。賢兄煩鎖鑰，邊塞寄安危。趙生之兄爲雁門參將。

應州

灅南宫闕盡，一塔挂青天。法象三千界，華戎五百年。❶空簷摇夜月，孤磬落秋煙。頓覺諸緣滅，❷臨風獨灑然。城内木塔，遼清寧二年建。

《魏書》：太祖天賜三年六月，發八部五百里内男丁築灅南宫，門闕高十餘丈。太宗泰常五年四月丙寅，起灅南宫。

尚憶沙陀事，明宗此郡生。艱難當亂世，太息軫遺氓。鳳彩留荒井，龍文照古城。焚香祝天願，果得見昇平。❸《五代史》：唐明宗，應州人。《志》云：州有金鳳城，明

❶「戎」，幽光閣本作「夷」。
❷「滅」，幽光閣本作「滅」。
❸「果得」，幽光閣本作「何日」。

宗生於此，有金鳳井。

重至大同

頻年落落事孤征，每到窮邊一寄情。馬跡未能追穆后，虎頭空自相班生。風吹白草桑乾岸，月照黃沙盛樂城。忽見丹青意惆悵，君看曹霸陀才名。代府中尉俊晰能畫。

得伯常中尉書却寄并示朱烈王太和二門人

岱雲東浮日西晻，下有畸人事鉛槧。忽來青鳥銜尺書，月入軒櫨燈吐燄。別子三年斷音問，敝裘白髮空冉冉。引領常睎函谷關，停驂尚憶終南广。瀕行把酒送余去，重來何日當分陝？腐儒衰老豈所望，感此深情刻琬琰。擔簦百舍不自量，可能再上三峰險？君家賢甥與令嗣，舞雩歸詠同曾點。尚論千秋品並堪，以吾一日年猶忝。期君且復慰離愁，勿向流光悲荏苒。

淮上別王生略已下彊圉協洽

子高徒抗手，君獨淚沾衣。送我山東去，春空一雁飛。沂山朝靄合，淮水夜燈微。去去懷知己，愁來不可揮。

《孔叢子》：子高游趙，平原君客有鄒文、李節者與相友善。及將還魯，諸故人訣既畢，文、節送行，三宿，臨別，文、節流涕，交頤，子高徒抗手而已。

贈蕭文學企昭漢陽人。

生年十五餘，即與人事接。中更世難嬰，書史但涉獵。率爾好爲文，蔚然富枝葉。終媿康成學，久曠周孔業。日西歲將晏，行事苦不立。禮堂寫六經，庶幾猶可及。俗流好鄭衛，淫詞自親狎。用以扶道真，十無一二合。出門游萬里，踽踽恒負笈。晚得逢蕭君，探賾窮魯汲。車中服子慎，一見語便洽。上考三傳訛，獨授尼父法。方深得朋喜，豈料歸歟急。黄鶴對青山，翩然鼓江檝。浮雲翳楚天，引領空於邑。何時復相從，問奇補三篋？惟期夕惕心，不負朋簪盍。

《後漢書·鄭玄傳》：戒其子益思曰：「所好群書，率皆腐敝，不得於禮堂寫定傳之其人，日西方暮，其可圖乎？」《漢書·劉歆傳》：黨同門，妒道真。《世説》：鄭玄欲注《春秋傳》，尚未成，時行與服子慎過宿客舍，先未相識。服在外車上與人説己注《傳》意，玄聽之良久，多與己同，乃就車與語曰：「吾久欲注，尚未了，聽君向言，多與吾同，今當盡以所注與君。」遂爲服氏注。

曲周拜路文貞公祠

凌煙當日記形容，閩海風飈未得從。故里尚留旋馬宅，他鄉遥起若堂封。公葬吴之洞庭山。苔生宋璟祠前碣，雪覆要離墓上松。借問家聲誰可似？只今荀氏有雙龍。

德州過程工部

海上乘槎客，年年八月來。每逢佳節至，長得草堂開。老桂香猶吐，孤鴻影自迴。未論千里事，一見且銜杯。

過蘇禄國王墓有序。

永樂十五年九月，蘇禄國東王來

朝，歸次德州，病卒。遣官賜祭，命有司營墳，葬以王禮。上親爲文，樹碑墓道，留其傔從十人守墓。其後子孫依而居焉。余過之，出祝版一通，乃嘉靖年者，宛然如故，其字體今人亦不能及矣。

豐碑遥見炳奎題，尚憶先朝寵日磾。世有國人供灑埽，每勤詞客駐輪蹄。九河冰壯尨狐出，十二城荒白鶴棲。州北有十二連城。下馬一爲郯子問，中原雲鳥正淒迷。

赴東六首 有序。已下著雍涒灘

萊人姜元衡訐告其主黃培詩獄，株連二三十人，❶又以吴郡陳濟生《忠節録》二帙首官，❷指爲余所輯，❸書中有名者三百餘人，❹余在燕京聞之，❺亟馳投到，訟繫半年，❻竟得開釋，❼因有此作。

人生中古餘，誰能免尤悔？況余庸駑姿，側身涉危殆。窫窳起東嵎，長鯨翻渤澥。斯人且魚爛，士類同禽駭。稟性特剛方，臨難詎可改？偉節不西行，大禍何繇解？《後漢書·賈彪傳》：延熹九年，❽黨事起，太尉陳蕃争

❶「三十」，原件作「十餘」。
❷「首」，幽光閣本作「呈」。
❸「余」，原件作「炎武」。
❹「中」，原件作「内」。「百餘」，原件作「四百」。
❺「余」，原件作「炎武」。「燕京」，原件作「都」。
❻「訟」，原作「頌」，據幽光閣本改；原件作「幽」。「半年」，原件作「四月」，旁改「半載」。又此句下，幽光閣本有「當事審鞫，即上年沈天甫陷人之書」十四字。「當事」，原件作「撫院劉公」。「上」，原件作「去」。
❼「年」下，原件有「奸徒」二字。「竟得」，原件作「得蒙」。
❽「九」，原作「元」，據《後漢書》改。

之不能得，朝廷寒心，莫敢復言。彪謂同志曰：「吾不西行，大禍不解。」乃入雒陽，説城門校尉竇武、尚書霍諝等使訟之，桓帝以此大赦黨人。

行行過瀛莫，前途悲廣川。所遇多親知，摇手不敢言。爾本江海人，去矣足自全。無爲料虎鬚，危機竟不悛。下有清直水，上有蒼浪天。旦起策青騾，夕來至華泉。

《詩》：河水清且直猗。《古樂府·東門行》：上用蒼浪天故，下爲黄口小兒。

苦霧凝平皐，浮雲擁原隰。峰愁不注高，地畏明湖溼。客子從何來？傍徨市邊立。未得訴中情，已就南冠縶。夜半鵂鶹鳴，勢挾風雨急。枯魚問河魴，❶嗟哉亦何及！

《古樂府》：枯魚過河泣，何時悔復及。作書與魴鱮，相教慎出入。

荏苒四五日，乃至攀髯時。夙興正衣冠，稽首向園墀。❷詩人岸獄中，不忘恭敬辭。所秉獨周禮，顛沛猶在斯。北斗臨軒臺，三辰照九疑。可憐訪重華，未得從湘纍。❸

羲仲殷東方，伶倫和律管。陰崖見白日，黍谷回春煖。柔艣下流澌，輕車度危棧。草木皆欣欣，不覺韶光晚。大造雖無私，薰蕕不同産。奈此物性何，鳩化猶鷹眼。

天門詄蕩蕩，日月相經過。下閔黄雀微，一旦決網羅。平生所識人，勞苦云無他。騎虎不知危，聞之元彦和。尚念田畫言，此舉豈足多。永言矢一心，不變同

❶「枯魚問河魴」，原件作「廷尉望山頭」。

❷「園」，原件作「陵」。

❸「未得從湘纍」下，幽光閣本有小注：「三月十九日。」

山河。

《魏書・彭城王勰傳》：孝文之崩，咸陽王禧謂勰曰：「汝非但辛勤，亦危險至極。」勰對曰：「兄識高年長，故知有夷險；彥和握虵騎虎，不覺艱難。」《宋史・田書傳》：鄒浩諫立劉后，得罪，竄新州。書迎諸塗，浩出涕，書正色責曰：「使志完隱默，官京師，遇寒疾不汗，五日死矣，豈獨嶺海之外能死人哉！願君毋以此舉自滿，士所當爲者未止此也。」

子德李子聞余在難特走燕中告急諸友人復馳至濟南省視於其行也作詩贈之

急難良朋節，扶危烈士情。平居高獨行，此去爲同盟。撫劒來燕市，揚鞭走易京。黄埃隨馬漲，黑水繫船橫。救宋裳初裹，囚梁獄未成。盈庭多首鼠，中路復怔營。已涉平原里，遄驅歷下城。雲浮泉氣活，日麗嶽林明。夜樹蟬初引，晨巢鵲亟鳴。喜猶存卞璞，幸不蹈秦坑。勞苦詞難畢，悲歡事忽并。橐饘勤問遺，寢息共論評。發憤皆公正，姱修自幼清。君賢關羽弟，我媿季心兄。將伯呼朝士，同人召友生。詩書仍燼溺，禹稷竟冠纓。頗憶過從數，深嗟歲序更。川巖句注險，池館薊丘平。每並登山屐，常隨泛月觥。詩從歌伎采，辯使坐賓驚。禄位楊雄小，囊錢趙壹輕。與君俱好遯，於世本無争。史論悲鉤黨，儒流薄近名。材能尊選愞，仁義怵孤婷。自得忘年老，聊存處困貞。不才偏累友，有膽尚談兵。坎窞何當出，虞機詎可攖？殷勤申别款，落莫感精誠。禽海填應滿，鼇山抃豈傾？相期非早暮，渭釣與莘耕。

《墨子》：公輸般爲楚設機械以攻宋，墨子聞之，自魯往，裂裳裹足，日夜不休，十日十夜而至于郢。《後漢書・鄧隲傳》：惶窘怔營。《史記・伯夷傳》：非公正不發憤。《楚辭・招魂》：朕幼清以廉潔兮。《史記・季布傳》：布弟季心，氣蓋關中，爲任俠。長事袁絲，弟畜灌夫、籍福之屬。《漢書・楊雄傳》：凡人賤近而貴遠，親見楊子雲禄位容貌不能動人，故輕其書。《後漢書・趙壹傳》：文籍雖滿腹，不如一囊錢。《楚辭・天問》：鼇戴山抃。張衡《思玄賦》：鼇雖抃而不傾。

樓桑廟 已下屠維作噩

大雪閉河山，停驂阻燕界。日出見平岡，廟制頗宏大。昭烈南面尊，其旁兩侯配。陰森宮前木，蕪没畦首菜。遺像纏風塵，荒碑委榛蒯。痛惟初平時，中原已横潰。跳身向荊益，歷險誠不悔。終焉嗣漢業，上帝居禋類。獨此幽并區，頻在衣冠外。不得比南陽，何由望豐沛。尚想舊宅桑，童童狀車蓋。黄屋既飄飖，霓旌亦杳靄。惟有異代臣，過瞻常再拜。不及二將軍，提戈當一隊。

三月十二日有事於欑宮同李處士因篤❶

餘生猶拜謁，吾友復同來。筋力愁初減，天顏佇一迴。巖雲隨馭下，寢仗夾車開。未得長陪從，辭行涕泗哀。

贈李貢士嘉 故城人。時年八十

居然漢代表遺民，猶向甘陵説黨人。久矣泥塗嗟絳縣，不妨漁釣老河濱。花香元亮籬前酒，雨墊林宗野外巾。此日耆英誰得似？飲和先作一方春。

❶「欑宮」上，幽光閣本有「先皇帝」三字。

《淮南子》：不言而能飲人以和。

邯鄲

趙國地生毛，叢臺野火燒。平原與馬服，纍纍葬枯蒿。饑烏啄冬雪，獨雁號寒郊。有策無所用，拂拭千金刀。豈聞蕭王來，北發漁陽豪。晝卧温明殿，蒼生正嗸嗸。太息復何言，此身隨所遭。

《史記·趙世家》：民謡言曰：「趙爲號，秦爲笑。以爲不信，視地之生毛。」《漢書·五行志》：高后元年五月丙申，趙叢臺災。

邢州

太行從西來，勢如常山蛇。邢洺在其間，控壓連九河。唐人守昭義，桀驁不敢過。憑此制山東，腹心實非他。事已遡悲風，芒然吹黄沙。乞食向野人，從之問桑麻。

《舊唐書·李抱真傳》：爲昭義軍節度使時，田悦、朱滔、王武俊相繼反叛。及上幸梁州，抱真獨於擾攘傾潰之中，以山東三州，外抗群賊，内輯軍士，群賊深憚之。

自大名至保定子德已先一月西行賦寄

念爾西歸日，嗟余望路歧。殊方頻邂逅，千里各差池。木落燕臺早，霜封華掌遲。秦郊須置驛，莫後鄭當時。

亡友潘節士之弟耒遠來受學兼有投詩答之

生平不擬託諸侯，吾道仍須歷九州。落落關河蓬轉後，蕭蕭行李雁飛秋。爲秦百姓皆黔首，待漢儒林已白頭。何意故人來負笈，艱難千里媿從游。

十年離别未言還，楚水楓林極望間。野雀暮歸吴季廟，寒濤秋擁伍胥山。人琴已逝增哀涕，笠屩相看失壯顏。獨有士龍年最少，一朝詞筆動江關。

述古 已下上章閹茂

微言既以絶，一變爲從横。下以游俠權，上以刑名衡。六國固蚩蚩，漢興亦擾攘。不有董夫子，大道何由明？孝武尊六經，其功冠百王。節義生人材，流風被東京。世儒昧治本，一概而相量。於乎三代還，此人安可忘？

《楚辭・九章・懷沙》：同糅玉石兮，一概而相量。

六經之所傳，訓詁爲之祖。仲尼貴多聞，漢人猶近古。禮器與聲容，習之疑可睹。大哉鄭康成，探賾靡不舉。六藝既該通，百家亦兼取。至今三禮存，其學非小補。後代尚清談，土苴斥鄒魯。哆口論性道，捫籥同矇瞽。

蘇子瞻《日喻》：生而眇者不識日，或告之曰：日之光如燭。捫燭而得其形，他日揣籥，以爲日也。

五國並時亡，世道當一變。掃地而更新，三王功可見。鼓琴歌有虞，釣者知其善。區區山澤間，道足開南面。天步未回旋，九州待龍戰。空有濟世心，生不逢堯禪。何必會風雲，弟子皆英彥。俗史不知人，寥落儒林傳。

《文中子書》：五國並時而亡，蓋傷先王之道盡墜，故君子大其言、極其敗，於是乎掃地而求更新也。 子游汾亭上鼓琴，有釣者曰：「美哉琴心也！ 傷而和，怨而静，在山澤而有廊廟之志。」子驟而歌《南風》，釣者曰：「嘻，非今日事也。 道能利生民，功足濟天下，其有虞氏之心乎！ 不如舜自鼓也，聲存而操變矣。」

德州講易畢奉柬諸君

在昔尼父聖，韋編尚三絕。況於章句儒，未曉八卦列。相看五十餘，行事無一達。坐見悔吝叢，舉足防蹉跌。日昃乃研思，猶幸非大耋。微言詎可尋，斯理庶不滅。寡過殊未能，豈厭丁寧說。是時秋雨開，涼風起天末。蟋蟀吟堂階，踈林延夕月。草木得堅成，吾人珍晚節。亮哉歲寒心，不變霜與雪。憂患自古然，守之俟來哲。

輓殷公子岳

憶昔過從日，偏承藻鑑殊。堂中延太守，門外揖王符。木葉空郊晚，魚鱗大澤枯。邈如人世隔，無復問黃壚。八俊名空大，千秋事已違。嶺雲緣旐下，溪鳥夾棺飛。薏苡當含貝，桄榔待復衣。寂寥漳水上，猶望楚魂歸。

寄張文學弨時淮上有築堤之役 已下重光大淵獻

冬來寒更劇，淮堰比何如？遥憶張平子，孤燈正勘書。江山雙鬢老，文字六朝餘。得所寄《瘞鶴銘辨》。愁絕無同調，蓬飄久索居。

《南史·康絢傳》：天監十四年，築浮山堰。是冬寒甚，淮泗盡凍，士卒死者十七八。

雙　雁

雙雁東北飛，飛飛向城闕。聲含海上飈，影帶吳山月。有客從南來，遺我一書札。上寫召旻詩，如彼泉池竭。下列周鼎文，食人象饕餮。書成重密緘，一字一泣血。傳之與貴人，相視莫敢發。所計一身肥，豈望天下活。

《吕氏春秋》：周鼎著饕餮，有首無身，食人未咽，害及其身。

夏日

首夏多恒風，塵霾蔽昏旦。舞雩告山川，白紙催州縣。未省答天心，且望除民患。黍苗不作歌，碩鼠徒興歎。仗馬適一鳴，身名已塗炭。貝玉方盈朝，此曹何所憚。博士有正先，實趣秦時亂。

《漢書·京房傳》：昔秦時趙高用事，有正先者非刺高而死，高威自此成，故秦之亂，正先趣之。

末俗無恒心，疾貧而好勇。不能事田園，何況談周孔。出門持尺刀，鑄錢兼掘冢。矧此大東謡，齊民半流冗。不見瓜寧男，死猶被天寵。鳴弓宿烏驚，躍馬浮埃動。顧謂同行人，王侯寧有種？

《漢書·王莽傳》：上谷儲夏自請願説瓜田儀，莽以爲中郎，使出儀。儀文降，未出而死。莽求其尸葬之，爲起冢，祠室，謚曰瓜寧殤男，幾以招來其餘。❶

秋風行

白露早下秋風涼，誰家置酒開華堂。秦國丞相南面坐，三川郡守趨奉觴。燕娥趙女調清瑟，六博彈棊費白日。致富應多文信金，論功詎足穰侯匹。莫欺張耳鬢如絲，及見夷門大會時。車中公子常虛左，上客侯生衣弊衣。人生富貴駒過隙，唯有榮名壽金

❶「其餘」，原無，據《漢書》補。

石。嗟嗟此曲難重陳，柱摧絃斷長愁人。《史記·李斯傳》：長男由爲三川守，告歸咸陽，李斯置酒於家，百官長皆前爲壽，門廷車騎以千數。《張耳傳》：張耳者，大梁人也。其少時，及魏公子無忌爲客。《古詩》：奄忽隨物化，榮名以爲寶。

靜樂

邑枕汾川首，城分并塞支。馬牛遺牧地，材木剩山陲。冱澤魚空後，腥風虎下時。樓煩雖善射，不救漢王危。

太原寄王高士錫闡

游子一去家，十年愁不見。愁如汾水東，不到吳江岸。異地各榮衰，何繇共言宴？忽睹子綱書，欣然一稱善。王君尺牘多作篆書。知交盡四海，豈必無英彥。貴此金石情，出處同一貫。太行冰雪積，沙塞飛蓬轉。何能久不老，坐看人間換。惟有方寸心，不與玄鬢變。《三國志》注：張紘，字子綱，好文學，又善楷篆，與孔融書皆自書。融報紘曰：「前勞手筆，多篆書，每舉篇見字，欣然獨笑，如復覩其人也。」

盂縣北有藏山云是程嬰公孫杵臼藏趙孤處

空山三尺雪，匹馬向荒榛。窈洞看冰柱，危峰遲日輪。水邊寒啄鶴，松下晚樵人。恐有孤兒在，尋幽一問津。

讀李處士顒襄城紀事有贈有序。已下玄黓困敦

處士之父可從，崇禎十五年以壯

士隸督師汪公喬年麾下，以五千人勦賊，至襄城，死之。處士年十六，貧甚，與其母彭氏并日而食，力學有聞。越二十九年，始得走襄城，爲汪公及其父設祭，招魂以歸。余與處士交，爲之作詩。

躑躅荒郊酹一樽，白楊青火近黄昏。終天不返收峭骨，異代仍招復楚魂。湛阪愁雲隨獨雁，潁橋哀水助啼猿。五千國士皆忠鬼，孰似南山孝子門。

《左傳·襄十六年》：楚公子格帥師，及晉師戰於湛阪。

寄楊高士瑀

廿載江南意，愁來更渺茫。友朋嗟日損，雞犬覺年荒。水歷書池浄，山連學舍長。但聞楊伯起，弦誦夜琅琅。

齊祭器行

歲重光大淵獻，臨淄發地，得古祭器數十事，監司攫而有之。

太公封齊廿八世，春禘秋嘗長有事。猶從三代識遺聲，每見九夷朝祭器。器歷商周制度工，相傳丁癸及桓公。花紋不似萊人物，法象仍疑兩敦同。牛山下涕何悲苦，歲久光華方出土。夏后璜偏入向魋，魯宮寶又歸陽虎。歷下秋風動夕螢，古來神物亦飄零。誰知柏寢千年器，異日還陳漢武庭。

《禮記·樂記》：齊者，三代之遺聲也，齊人識之，故謂之齊。《左傳·襄六年》：陳無宇獻萊宗器于襄宮。《禮記·明堂位》：有虞氏之兩敦。《左傳·哀十四年》：向魋出於衛地，公文氏攻之，求夏后氏之璜焉，與之他玉，而奔齊。《史記·封禪書》：少君見上，上有故銅器，問少君，少君曰：「此器齊桓公十年陳於柏寢。」已而案其刻，果齊桓公器。

題李先生矩亭有序。

德州東二十五里矩亭，故鄉舉思伯李君誠明讀書處。天啓中，權奄柄國，聞君通陰陽象緯之學，遣使徵之，辭疾不就，潔志以終。其子源修是亭以表遺躅，余爲之詩。

董生祠畔子雲亭，澗雨巖虹望獨扃。門外曉寒縈帶草，林端秋散照書螢。長留直道扶千載，自見遺文表六經。今日似君還肯構，應知家學本趨庭。

瓠

瓠實向秋侵，呺然繫夕林。不材留苦葉，槁死亦甘心。偶伴嘉蔬植，還依舊圃尋。削瓜輸上俎，剥棗逐清斟。衛女河梁迴，涇師野渡深。未須驚五石，應信直千金。作器疑無用，隨流諒不沈。試充君子佩，聊比國風吟。

《左傳·襄十四年》：諸侯之大夫從晉侯伐秦，及涇不濟，叔向見叔孫穆子，穆子賦《匏有苦葉》，叔向退而具舟，魯人、莒人先濟。

土門旅宿在獲鹿縣西南十里。

歲歲征驂詎有期，棲棲周道欲安之？尼公匪兕窮何病，尚父維鷹老未衰。市酒薄驅冬宿冷，山粦輕壓曉行饑。從知宇宙今來闊，不似園林獨卧時。

《漢書·平帝紀》：追謚孔子曰襃城宣尼公。

燕中贈錢編修秉鐙 已下昭陽赤奮若

一別秦淮將廿載，天涯垂老看猶在。斷煙愁竹泣蒼梧，禿筆悽文來漲海。燕市鷄鳴動客輪，九門馳道足黃塵。相逢不見金臺侶，但說荊軻是酒人。

先妣忌日

風木凋零已過時，一經猶得備人師。聞絲欲下劉瓛泣，執卷方知孟母慈。秋雨秀連中野蔚，夕陽光起北園葵。❶ 無窮明發千年慨，豈獨杯圈忌日思。

《顏氏家訓》：荒亂以來，雖寒畯之子，能讀《孝經》、《論語》者，尚爲人師；雖奕葉冠冕，不曉書記者，莫不耕田養馬。《南齊書·劉瓛傳》：母没十餘年，每聞絲竹之聲，未嘗不欷歔流涕。晉陸機《園葵》詩：種葵北園中，葵生鬱萋萋。

自章丘回至德州則程工部逝已三日矣

高秋立馬鮑山旁，旅雁初飛木葉黃。十載故人泉下別，交情多媿郅君章。時張文學弨自燕中來，視其含斂。

《後漢書·獨行傳》：范式，字巨卿，與汝南張劭爲友。劭字元伯。後元伯寢疾，同郡郅君章、殷子徵晨夜省視，元伯臨盡，歎曰：「恨不見吾死友。」子徵曰：「吾與君章盡心於子，是非死友，復欲誰求？」元伯曰：「若二子者，吾生友耳；山陽范巨卿，所謂死友也。」元伯尋卒。式往奔喪，未及到而喪已發，引柩不肯進，停柩移時，見有素車白馬號泣而來。其母望之曰：「是必范巨卿也。」式執紼引柩，於是乃前。

❶「北」，原件作「後」。

有歎

少小事荀卿，佔畢更寒暑。慨然青雲志，一旦從羈旅。西游到咸陽，上書寤英主。門庭正翕集，車騎來千數。復有金石辭，粲爛垂千古。如何壯士懷，但慕倉中鼠？

家世二千石，結髮常自修。譬如寡婦心，本慕共姜儔。不幸汙盜賊，遂忘淫佚羞。念彼巨先語，撫心悼遷流。如登千仞岡，失足竟不收。勉哉堅自持，無遺朋友憂。

《漢書·游俠傳》：原涉，字巨先。或譏涉曰：「子本結髮自修，以行喪推財禮讓爲名，正復讎取仇，猶不失仁義，何故遂自放縱，爲輕俠之徒乎？」涉應曰：「子獨不見家人寡婦邪？始自約敕之時，意迺慕宋伯姬及陳孝婦，不幸壹爲盜賊所污，遂行淫佚，知其非禮，然不能自還，吾猶此矣。」《後漢書·馬援傳》：居高堅自持。

哭歸高士

弱冠始同遊，文章相砥厲。中年共墨衰，出入三江汭。悲深宗社墟，勇畫澄清計。不獲騁良圖，斯人竟云逝。峻節冠吾儕，危言驚世俗。常爲扣角歌，不作窮途哭。生耽一壺酒，沒無半間屋。惟存孤竹心，庶比黔婁躅。太僕經鏗鏗，君曾祖諱有光，字熙甫，世稱震川先生。三吳推學者。安貧稱待詔，君叔祖諱子慕，字季思。清風播林野。及君復多材，儒流嗣弓冶。已矣文獻亡，蕭條玉山下。鄺生雖酒狂，亦能下齊軍。發憤吐忠義，下筆驅風雲。平生慕魯連，一矢解世

紛。碧雞竟長鳴，悲哉君不聞！❶

《禮記・儒行》：近文章，砥厲廉隅。《後漢書・儒林傳》：説經鏗鏗楊子行。《左傳・文十八年》：卜楚丘，占之曰：「齊侯不及期，非疾也，君亦不聞。」

亭林詩集卷之四終

❶「悲哉君不聞」下，幽光閣本有小注：「君二十五年前嘗作詩，以魯連一矢寫意，君没十旬，而文覃舉庚。」「文覃舉庚」，雲南舉兵也。

亭林詩集卷之五

廣昌道中 已下闕逢攝提格

匹馬去燕南，易京大如礪。五迴春雪深，淶上孤城閉。行行入飛狐，夕駕靡遑稅。融冰見晛流，老樹陵寒霽。啄鵲馴不驚，卧犬安無吠。問客何方來，幽都近如沸。出車日轔轔，戈矛接江裔。此地幸無兵，山田隨樹藝。且偷須臾閒，未敢謀卒歲。

《後漢書·公孫瓚傳》：前此有童謠曰：「燕南垂，趙北際，中央不合大如礪。」《水經注》：代郡廣昌縣東南有大嶺，世謂之廣昌嶺，嶺高四十餘里，二十里中委折五回，方得達其上嶺，故嶺有「五回」之名。《左傳·昭元年》：趙孟曰：「吾兄弟比以安尨也可使無吠。」

久客燕代間，遂與關山老。流連王霸亭，躑躅劉琨道。枯荑春至遲，落木秋來早。獨往兹愴然，同遊昔誰好？三楚正干戈，沅湘彌浩浩。世乏劉荆州，託身焉所保？縱有登樓篇，何能盪懷抱。思因塞北風，一寄南飛鳥。昔年與李子德同宿此縣。

《後漢書·王霸傳》：將弛刑徒六千餘人，與杜茂治飛狐道，堆石布土，築起亭障，自代至平城三百餘里。《晉書·劉琨傳》：率衆赴段匹磾，從飛狐入薊。

寄問傅處士土堂山中

向平嘗讀易，亦復愛名山。早跨青牛出，昏騎白鹿還。太行之西一遺老，楚國兩龔秦四皓。春來洞口見桃花，儻許相隨拾芝草？

《晉書》：陶淡結廬於長沙臨湘山中，養一白鹿以自偶。親故有候之者，輒移渡淵水，莫得近之。

與胡處士庭訪北齊碑

春靄亂青山，卉木苞未吐。繞郭號荒雞，中田散野鼠。策杖向郊坰，幽人在巖户。未達隱者心，聊進蒼生語。一自永嘉來，神州久無主。十姓迭興亡，高光竟何許？悽悽世事迫，草草朋儕聚。相與讀殘碑，含愁弔今古。

詠　史❶

王良既策馬，天弧亦直狼。中夜視北辰，九野何茫茫！秦政滅六國，自謂過帝皇。豈知漁陽卒，狐鳴叢祠旁。誰爲刑名家，至今怨商鞅。

《史記·天官書》：王良策馬，車騎滿野。《宋史·天文志》：弧矢九星在狼星東南，天弓也，矢不直狼爲多盜。《鹽鐵論》：商鞅峭法長利，秦人不聊生，相與哭孝公。

商紂爲黎蒐，遂啓東夷叛。楚靈一會申，俄召乾谿患。甲兵豈不多，人人欲從亂。惟民國所依，疾乃盈其貫。皇矣監四方，得民天所贊。

路光禄書來敘江東同好諸友一時徂謝感歎成篇

削迹行吟久不歸，修門舊館露先晞。中年早已傷哀樂，死日方能定是非。彩筆

❶「詠史」，荀校云：「元本『王良』二字。」

夏枯湘水竹，清風春盡首山薇。❶ 斯文萬古將誰屬？ 共爾衰遲老布衣。

《楚辭·招魂》：魂兮歸來，入修門些。 《晉書·王羲之傳》：謝安嘗謂羲之曰：「中年傷於哀樂，與親友別，輒作數日惡。」 太史公《報任少卿書》：「要之，死日然後是非乃定。」

過矩亭拜李先生墓下

人生無賢愚，大節本所共。 蹉跎一失身，豈不負弦誦。 卓哉李先生，九流稱博綜。 心鄙馬季長，不作西第頌。 屏居向郊坰，食淡常屢空。 清修比范丹，聰記如應奉。 力學不求聞，終焉老家衖。 同時程中丞，一疏亦驚衆。 玉璽安足陳，亟進名臣用。 中丞名紹，德州左衛人。 巡撫河南時，漳河旁得玉璽，上疏言秦璽不足珍，國家以賢爲寶。 薦黨籍諸臣十餘人，不納，遂謝病歸。 黨論正紛拏，中朝並嚚訟。 世推山東豪，三李尤放縱。 祠奄與哭典，後先相伯仲。 名並見《欽定逆案》。 初踰士類閑，竟折邦家棟。 悲哉五十年，風塵尚澒洞。❷ 我來拜遺阡，增此儒林重。 雖無謦咳接，猶有風流送。 自非隨武賢，九原誰與從？❸

《後漢書·馬融傳》：爲梁冀作《大將軍西第頌》，以此頗爲正直所羞。 《應奉傳》：少聰明，自爲童兒及長，凡所經履，莫不暗記，讀書五行並下。 《漢司隸校尉魯峻碑》：休神家衖。

潘生次耕南歸寄示

知君心似玉壺清，未肯緇塵久雒京。

❶ 「山」，幽光閣本作「陽」。
❷ 「風」，幽光閣本作「胡」。
❸ 「原」，《箋注》作「京」。

若到吴閶尋舊跡，五噫東去一粱生。

子房

天道有盈虛，智者乘時作。取果半青黃，不如待自落。始皇方侈時，土宇日開拓。海上標東門，長城繞北郭。欲傳無窮世，更乞長生藥。子房天下才，是時無所託。東見倉海君，用計亦疎略。狙擊竟何爲？煩彼十日索。譬之虎負嵎，矜氣徒手搏。歸來遇赤精，奮戈起榛薄。嶢關一戰破，藍田再麾却。嘖嘖軹道旁，共看秦王縛。既已執韓仇，此志誠不怍。遂赴赤松要，無負圯橋諾。

《通鑑》：慕容農言於慕容垂曰：「夫取果於未熟與自落，不過早晚旬日之間，然其難易美惡相去遠矣。」《南史·陸法和傳》：侯景之圍臺城也，或問之曰：「事將何如？」法和曰：「凡人取果，宜待熟時，不撩自落。」

刈禾長白山下

載耒來東國，年年一往還。禾垂墟照晚，果落野禽閒。食力終全節，依人尚厚顔。黄巾城下路，獨有鄭公山。

《齊乘》：北齊以黄巾城立章丘縣。其東有黌山，鄭康成注書其上。

歲莫

平生慕古人，立志固難滿。自覺分寸長，用之終已短。良友日零落，悽悽獨無伴。流離三十年，苟且圖飽煖。壯歲尚無聞，及今益樗散。治蜀想武侯，匡周歎微管。願一整頹風，俗人謂迂緩。孤燈照遺經，雪深坐空館。

一歲倏遒盡，我行復何如？何爲窮巷中，悄然日閒居。未敢聽輪扁，且讀堂上書。糟粕雖已陳，致治良有餘。典謨化刀筆，衣冠等猿狙。孰令六代後，一變貞觀初？四海皆農桑，弦歌徧井閭。我亦返山中，耦耕伴長沮。

《莊子》：今取猿狙而衣以周公之服，彼必齕齧挽裂，盡去而後慊。

兄子洪善北來言及近年吳中有開淞江之役書此示之 已下旃蒙單閼

淞江東流水波緩，王莽之際尤枯旱。❶平野雲深二陸山，荒陂草沒吴王館。五十年來羹芋魁，頓令澤國生蒿萊。豈無循吏西門豹，停車下視終徘徊。少時來往江東岸，人代更移年紀換。即今海水變桑田，況於爾等皆童丱。乍看畚鍤共歡呼，便向污邪祝一壺。豈知太平之世飴甘荼，川流不盈澤得瀦，風雨時順通祈雩，春祭三江，秋祭五湖，衣冠濟濟郊壇趨，歲輸百萬供神都。江頭擔酒肴，江上吹笙竽。吏無敲扑民無逋。嗟余已老何時見，久客中原望鄉縣。那聞父老復愁兵，秦關楚塞方酣戰。忽憶秋風千里蓴，淞江亭畔坐垂綸。還歸被褐出負薪，相逢絕少平生親。怪此傖夫是何人？

《漢書·翟方進傳》：汝南有鴻郤陂，王莽末常枯旱。

《易》：水流而不盈。《越絕書》：春祭三江，秋祭五湖，因以其時爲之立祠。

❶「際」，《箋注》作「時」。

閏五月十日

重逢閏五日，澶漫客山東。郡國戈鋋裏，園陵灌莽中。草穿新壘緑，花隔舊京紅。更憶王符老，飄淪恨不同。王徵君潢，昔日同詣孝陵行香，今年七十七矣。

杜子美詩：澶漫山東一百州。

春秋書魯月，猶是謂文王。舊國還豐鎬，遺民自夏商。神遊弓劍遠，天與卦爻長。此日追休烈，於戲不可忘。

《公羊傳》：隱公元年春王正月，王者孰謂？謂文王也。

過張貢士爾岐

緇帷白室覩風標，爲歎斯人久寂寥。濟水夏寒清見底，石田春潤晚生苗。長期六籍傳無絶，能使群言意自消。竊喜得逢黄叔度，頻來聽講不辭遥。

《莊子》：孔子遊乎緇帷之林，休坐乎杏壇之上。又曰：瞻彼闋者，虚室生白。

送程工部葬

文獻已淪亡，長者復云徂。一往歸重泉，百年若須臾。寥寥楊子宅，惻惻黄公壚。揮涕送故人，執手存遺孤。末俗雖衰漓，風教猶未渝。願與此邦賢，修古敦厥初。

路舍人客居太湖東山三十年寄此代柬

翡翠年深伴侶稀，清霜憔悴減毛衣。自從一上南枝宿，更不回身向北飛。

孫徵君以孟冬葬於夏峰時僑寓太原不獲執紼適吴中有傳示同社名氏者感觸之意遂見乎辭

老不越疆弔，吾衰況疎慵。遥憑太行雲，迢遞過夏峰。泉源日清泚，上有百尺松。憶叨忘年契，一紀秋徂冬。常思依蜀莊，有懷追楚龔。不得拜靈輀，限此關山重。會葬近千人，來觀馬鬣封。儻有徐孺子，隻鷄遠奔從。一時諸生間，得無少茅容？俗流騖聲華，考實皆凡庸。淄澠竟誰知？管華稱一龍。我無人倫鑒，焉敢希林宗？惟願師伯夷，❶寧隘毋不恭。嗟此衰世意，往往纏心胸。回首視秋山，肅矣霜露濃。

《禮記・檀弓下》：五十無車者，不越疆而吊人。《楊子法言》：蜀莊沈冥。《吕氏春秋》：孔子曰：「淄澠之水合，易牙嘗而知之。」

漢三君詩 已下柔兆執徐

父老苦秦法，願見除殘兇。三章布國門，企踵咸樂從。雖非三王仁，寬大亦與同。傳祚歷四百，令名垂無窮。

右高祖❷

文叔能讀書，折節如儒生。一戰摧大敵，頓使海寓平。改化名節崇，磨鈍人才清。區區黨錮賢，猶足支危傾。

右光武❸

卓矣劉豫州，雄姿類高帝。一身寄曹孫，未得飛騰勢。立志感神人，風雲應時

❶「願」，《箋注》作「有」。
❷「右」，幽光閣本無此字。
❸「右」，幽光閣本無此字。

至。翻然遂翺翔，二豪安得制？

右昭烈❶

楚僧元瑛談湖南三十年來事作四絶句

共對禪燈説楚辭，國殤山鬼不勝悲。心傷衡嶽祠前道，如見唐臣望哭時。《宋史·朱昂傳》：父葆光，當梁氏篡唐，與唐舊臣顔莙、李濤輩挈家南渡，寓潭州。每正旦、冬至，必序立南嶽祠前，北望號慟，殆二十年。

孤墳一徑楚山尖，鐵石心肝老孝廉。流落他方餘惠遠，撫琴無語憶陶潛。先兄同年友長沙陶君汝鼐。

督師公子竟頭陀，詩筆峥嶸浩氣多。兩世心情知不遂，待誰更奮魯陽戈？武陵楊公子山松。

夢到江頭橘柚林，衲衣桑下愜同心。不知今日滄浪叟，鼓枻江潭何處深？

賦得簷下雀

力小不成巢，翾飛無定止。所謀但一枝，徬徨靡可恃。曾窺王謝堂，不作銜泥壘。雖依簷下宿，無異深林裏。豈不慕高明，其奈驚丸餌。唯應罷官時，殷勤數來此。《漢書·揚雄傳》：高明之家，鬼瞰其室。《鄭當時傳》：先是，下邽翟公爲廷尉，賓客填門。及廢，門外可設爵羅。

薊門送子德歸關中

與子窮年長作客，子非朱顔我頭白。

❶「右」，幽光閣本無此字。

燕山一別八年餘，再裹行縢來九陌。君才如海不可量，奇正縱横勢莫當。彈箏叩缶坐太息，豈可日月無弦望！「望」字作平聲用。阮籍詩：「是時鶉火中，日月正相望。」爲我一曲歌伊涼，挈十一州歸大唐。奇材劒客今豈絶，奈此舉目都茫茫。薊門朝士多狐鼠，舊日鬚眉化兒女。生女須教出塞粧，生男要學鮮卑語。常把漢書掛牛角，獨出郊原更誰與？自從烽火照桑乾，不敢宫前問禾黍。子行西還渡蒲津，正喜秋氣高嶙峋。華山有地堪作屋，相與結伴除荆榛。❶

李陵《與蘇武詩》：安知非日月，弦望自有時。《唐書》：大中五年，沙州人張義潮以瓜、沙、伊、肅、鄯、甘、河、西、蘭、岷、廓十一州歸於有司。《顔氏家訓》：齊朝一士夫嘗謂吾曰：「我有一兒，年已十七，頗曉書疏，教其鮮卑語及彈琵琶，稍欲通解，以此伏事公卿，無不寵愛。」吾時俛而不答。

李生符自南中歸檇李三年矣追惟壯遊兼示舊作

一卷別南中，孤帆自歸去。文飛鶴拓雲，墨染且蘭樹。丈夫行萬里，投分各有遇。明發著萊衣，未肯朱門住。相送驛路旁，落英連古戍。儻有舊遊人，北望懷徐庶。

二月十日有事於欑宫❷ 已下疆圉大荒落

青陽回軒丘，白日麗蒼野。封如禹穴平，木類湘山赭。不忍寢園荒，復來奠樽

❶「與」，幽光閣本作「期」。

❷「欑宫」上，幽光閣本有「先皇帝」三字。

弇。彷彿見威神，雲旗導風馬。當年國步蹙，實歎謀臣寡。空勞宵旰心，拜戎常不暇。賊馬與邊烽，相將潰中夏。潁陽不東升，❶節士長喑啞。及今擐甲兵，無復圖宗社。飛章奏天庭，謇謇焉能舍？華陰有王生，弘撰。伏哭神牀下。亮矣忠懇情，咨嗟傳宦者。❷遺臣日以希，有願同誰寫？

《左傳·昭十五年》：王靈不及，拜戎不暇。《楚辭·離騷》：余固知謇謇之爲患兮，忍而不能舍也。

贈獻陵司香貫太監宗

蕭瑟昌平路，行來十九年。清霜封殿瓦，❸野火逼山阡。鎬邑風流盡，邛陵歲月遷。空堂論往事，猶有舊中涓。

陵下人言上年冬祭時有聲自寶城出至祾恩殿食頃止人皆異之❹

昌平木落高山出，仰視神宮何崒嵂。昭陵石馬向天嘶，誰同李令心如日？有聲隆隆來隧中，駿奔執爵皆改容。萇弘自信先君力，獨拜秋原御路東。

李商隱《復京》詩：天教李令心如日，可要昭陵石馬來。《漢書·五行志》：成帝河平二年正月，沛郡鐵官鑄鐵，鐵不下，隆隆如雷聲。《左傳·昭二十三年》：南

❶「潁陽不東升」上三句，幽光閣本作「竟令左衽俗，一旦汚中夏。三綱乍淪胥」。

❷「咨嗟傳宦者」下，幽光閣本有小注：「吕太監言：昔年王生弘撰來祭先帝，伏哭御座前，甚哀。」

❸「清」，幽光閣本作「胡」。

❹「冬祭時」，幽光閣本作「七月九日虜主來獻酒至長陵」。

宮極震，萇弘謂劉文公曰：「君其勉之，先君之力可濟也。」《僖三十二年》：晉文公卒，將殯於曲沃，出絳，柩有聲如牛，卜偃使大夫拜。

過郭林宗墓

路畔纍纍墓石多，中郎遺愧定如何？應憐此日知名士，到死猶穿吉莫鞾。

《北齊書·恩倖傳》：有開府薛榮宗常自云能使鬼，帝信之。經古冢，榮宗問舍人元行恭是誰冢，行恭戲之曰：「林宗冢。」復問林宗是誰，行恭曰：「郭元貞父。」榮宗因前奏曰：「向見郭林宗從冢出，著大帽、吉莫鞾，操馬鞭，問臣：我家阿貞來否？」

介休

淡霓生巖際，奔泉下石間。龍蛇方起陸，雀鼠尚争山。縣西南三十里有雀鼠谷。雨静前村市，秋凋故國顏。介君祠廟在，風義夐難攀。

靈石縣東北三十五里神林晉介之推祠

古人有至心，不在狷與忍。國禄既弗加，吾身可以隱。去矣適其時，耕此荒山畛。更與賢母偕，丘壑情同允。卓哉鸞鳳姿，飄飄高自引。嚮使屬戎行，豈其遜枝軫？出處何必齊，此心期各盡。末世多浮談，有類激小忿。割股固荒唐，焚山事可哂。微哉仲子廉，立操同蚯蚓。遺祠君故鄉，父老事惟謹。牡丹異凡花，春深洗鉛粉。況此黄蘆林，晚送秋風緊。厲彼頑鈍徒，英名代無隕。

賈誼《弔屈原賦》：鳳漂漂其高逝兮，夫固自引而遠去。

霍北道中懷關西諸君

苦雨淹秋節，屯雲擁霍州。蟲依危石響，水出斷崖流。驛路愁難進，山亭悵獨留。遥知關令待，計日盼青牛。

河上作

龍門下雷首，自古稱西河。入自積石來，出塞復逶迤。吕梁懸百仞，孟門高峩峩。遠矣大禹功，山澤得所宜。靈跡表華巖，金行鎮西垂。黄虞日已遠，㬥怒尋干戈。去年方鬭争，掘壕守朝那。車騎如星流，衣裝兼橐駞。狼弧動箭鏃，參伐揚旂麾。嗟此河上軍，來往何時罷？今年暫寢兵，邏卒猶譏訶。手持一尺符，予錢方得過。追惟狄泉陷，地底生蒼鵞。窫窳來攫人，逵路横長虵。寰區恣刀俎，飛走窮網羅。萬類不足飽，螻蟻其奈何？仰希神明眷，下戢陽侯波。行將朝白帝，一訴斯民罹。猿鳥既長吟，窮人亦悲歌。歌止天聽回，勿厭辭煩多。

《水經注》：晉永嘉元年，雒陽東北步廣里地陷，有二鵞出，蒼色者飛翔沖天，白色者止焉。後五年，劉曜、王彌入雒，帝居平陽。

雨中至華下宿王山史家

重尋荒徑一衝泥，谷口墻東路不迷。萬里河山人落落，三秦兵甲雨淒淒。松陰舊翠長浮院，菊蕋初黄欲照畦。自笑漂萍垂老客，獨騎嬴馬上關西。

過李子德

憶昔論交日，星霜一紀更。及門初拜母，讓齒忝爲兄。樹引流泉細，山依出月明。居在月明山下。相看仍慰藉，均不負平生。

積雨秋方漲，相迎到華陰。水驚龍鬬駛，泥怯馬蹄深。尚阻東軒佇，多煩瀨口尋。白雲清渭色，聊足比君心。

晉陶淵明《停雲》詩：靄靄停雲，濛濛時雨。八表同昏，平路伊阻。静寄東軒，春醪獨撫。良朋悠邈，搔首延佇。《文選》任彦升有詩云《贈郭桐廬出谿口見候余既未至郭仍進村》。

拜跪煩兒女，追陪有弟昆。令弟迪篤。雲開王翦廟，風起魏公原。俠氣凌三輔，哀思叫九閽。向來多感激，不覺倒清罇。

擬卜南山宅，先尋北道鄰。關河愁欲徧，縞紵竟誰親。異國逢矜式，郭君傳芳時爲富平令。同人待隱淪。李處士顒。便思來嶽頂，揮手謝風塵。

皂帽

皂帽冬常著，青山老自看。鳥憐池樹静，雲近嶽天寒。淡食隨人給，藜牀任地安。閒來過道院，不爲訪金丹。

采芝

采芝來谷底，汲水到池坳。不礙風塵際，常觀氣化交。晨光明虎跡，夕霧隱鳶巢。昔日幽人住，攀厓此結茅。

寄李生雲霑時寓曲周僧舍課子衍生

歲晚漳河朔雪霏，僕夫持得尺書歸。三冬文史常堆案，一室弦歌自掩扉。古廟薪殘燒粥冷，荒陂水少食魚稀。何如長白山中寺，莫使匡時雅志違。

春雨 已下著雍敦牂

平生好修辭，著集逾十卷。本無鄭衛音，不入時人選。年老更迂疏，制行復剛褊。東京耆舊盡，羸瘵留餘喘。放跡江湖間，猶思理墳典。朝來閲徵書，處士多章顯。何來南郡生，心期在軒冕。幸得比申屠，超然竟獨免。春雨對空山，流泉傍清畎。枕石且看雲，悠然得所遣。未敢慕巢由，徒誇一身善。窮經待後王，到死終黽勉。

《顔氏家訓》：吾家世文章甚爲典正，不從流俗。梁孝元在藩邸時，撰《西府新文》，史記無一篇見録者，亦以不偶於世，無鄭、衛之音故也。《後漢書·申屠蟠傳》：黄瓊卒，歸葬江夏，四方名豪會帳下者六七千人，互相談論，莫有及蟠者。唯南郡一生與相酬對，既别，執蟠手曰：「君非聘則徵，如是，相見於上京矣。」蟠勃然作色曰：「始吾以子爲可與言也，何意乃相狗效樂貴之徒邪？」因振手而去，不復與言。又曰：黨錮之禍，唯蟠超然免於評論。唐錢起詩：初服傍清畎。

寄同時二三處士被薦者

關塞逾千里，交遊更幾人？金蘭情不二，猿鶴意相親。鄴下黄塵晚，商顔緑草春。與君成少别，知復念蘇純。

《後漢書》：蘇純字桓公，性切直，士友咸憚之，至乃相謂曰：「見蘇桓公，患其教責人，久不見又思之。」

井中心史歌

崇禎十一年冬，蘇州府城中承天寺以久旱浚井，得一函，其外曰「大宋鐵函經」，錮之再重，中有書一卷，名曰《心史》，稱「大宋孤臣鄭思肖百拜封」。思肖號所南，宋之遺民，有聞於志乘者。其藏書之日爲德祐九年，宋已亡矣，而猶日夜望陳丞相、張少保統兵外來，以復土宇，❶至於痛哭流涕而禱之天地，盟之大神，謂氣化轉移，必有一日。❷於是郡中之人見者無不稽首驚詫，而巡撫都院張公國維刻之以傳。又爲所南立祠堂，藏其函祠中。未幾而遭國難，一如德祐末年之事。嗚呼悲矣！其書傳至北方者少，而變故之後，又多諱而不出。不見此書者三十餘年，而今復睹之富平朱氏。昔此書初出，太倉守錢君肅樂賦詩二章，崑山歸生莊和之八章，及浙東之陷，張公走歸東陽，赴池中死。錢君遯之海外，卒於瑯琦山。歸生更名祚明，爲人尤慷慨激烈，亦終窮餓以没。獨余不才，浮沈於世，悲年運之日往，值禁罔之逾密，而見賢思齊，獨立不懼，故作此歌，以發揮其事云爾。❸

有宋遺臣鄭思肖，痛哭元人移九廟。❹

---

❶ 「統兵外來，以復土宇」，幽光閣本作「統海外之兵，以復大宋三百年之土宇，而驅胡元於漠北」。

❷ 「必有一日」下，幽光閣本有「變夷而爲夏者」六字。

❸ 「故作此歌，以發揮其事云爾」，幽光閣本作「將發揮其事，以示爲人臣處變之則焉，故作此歌云爾」。

❹ 「元人」，幽光閣本作「胡元」。

獨力難將漢鼎扶，孤忠欲向湘纍弔。著書一卷稱心史，萬古此心心此理。千尋幽井置鐵函，百拜丹心今未死。厄運應知無百年，❶得逢聖祖再開天。黄河已清人不待，沈沈水府留光彩。忽見奇書出世間，又驚牧騎滿江山。❷天知世道將反覆，故出此書示臣鵠。《禮記·射義》：爲人臣者以爲臣鵠。三十餘年再見之，同心同調復同時。陸公已向厓門死，信國捐軀赴燕市。昔日吟詩弔古人，幽篁落木愁山鬼。嗚呼！蒲黄之輩何其多，宋末蒲壽庚、黄萬石。所南見此當如何？

夏日

溷日出林表，炎風下高山。火旻雲去微，谷井泉來慳。晨露薄不濡，夕氛横空殷。百卉變其姿，蕉萃倅榛菅。深居廢寢興，無計離人寰。而況蚩蚩氓，謀食良已艱。眷此負耒勤，羡彼濯流還。❸素月方東生，易忍桑榆間。《淮南子》：聖人之處亂世，若夏暴而待暮，桑榆之間，逾易忍也。乃悟處亂規，無營心自閒。詎如觸熱人，未老毛髮斑。坐須爽節至，一尊散襟顔。

梓潼篇贈李中孚

《後漢書·獨行傳》：李業，字巨游，廣漢梓潼人也。元始中，舉明經，除爲郎。去官，杜門不應州郡之命。王莽以業爲酒士，病不之官，遂隱藏山谷，絶匿名迹，終莽之世。及公孫述僭號，素聞業賢，徵

❶「厄運應知」，幽光閣本作「胡虜從來」。

❷「牧」，幽光閣本作「胡」。

❸「流」，《箋注》作「波」。

之，欲以爲博士，業固疾不起。數年，述羞不致之，乃使其大鴻臚尹融持毒酒奉詔命以刧業，若起則受公侯之位，不起，賜之以藥。融譬旨勸之，業乃歎曰：「危國不入，亂國不居，親於其身爲不善者，義所不從。君子見危授命，何乃誘以高位重餌哉？」融見業辭志不屈，復曰：「宜呼室家計之。」業曰：「丈夫斷之於心久矣，何妻子之爲？」遂飲毒而死。述聞大驚，又恥有殺賢之名，乃遣使弔祠，賻贈百匹。業子翬逃辭不受。蜀平，光武下詔表其閭。《益部紀》載其高節，圖畫形像。

益部尋圖像，先褒李巨游。讀書通大義，立志冠清流。憶自黄皇臘，經今白帝秋。井蛙分駭浪，嵎虎拒巖幽。譬旨鴻臚切，徵官博士優。里人榮使節，山鳥避車騶。篤論尊尼父，清裁企仲由。當追君子躅，不與室家謀。獨行長千古，高眠自一丘。聞孫多好學，師古接姱修。忽下弓旌召，難爲淵壑留。從容懷白刃，決絶郤華軿。介節誠無奪，微言或可投。風回猿岫斂，霧卷鶴書收。隱痛方童丱，嚴親赴國仇。尸饔常并日，廢蓼擬填溝。歲逐糟糠老，雲遺富貴浮。幸看兒息大，敢有宦名求？相對銜雙涕，終身困百憂。一聞稱史傳，白露滿梧楸。❶

和王山史寄來燕中對菊詩

雪滿河橋歸轡遲，十行書札寄相思。楚臣終是餐英客，愁見燕臺落葉時。

關中雜詩

文史生涯拙，關河歲月勞。幽情便水

❶ 「楸」，原作「秋」，據《箋注》改。

竹，逸韻老蓬蒿。獨雁飛常迅，寒雞宿愈高。一闕西華頂，天下小秋毫。

皇漢山樊久，興唐洞壑餘。空嗟衣劍滅，但識水煙疎。寥落三都賦，棲遲萬卷書。西京多健作，儻有似相如。時寓富平朱文學樹滋齋中，藏書甚多。

宋王僧達《和瑯邪王依古》詩：隆周爲藪澤，皇漢成山樊。梁江淹《從建平王游紀南城》詩：年積衣劍滅。

《漢書・楊雄傳》：有薦雄文似相如者。

谷口耕畬少，金門待詔多。時情尊筆札，吾道失弦歌。夜月辭雞樹，秋風下雀羅。尚留園綺跡，終古重山阿。

《漢書・王貢兩龔鮑傳》：谷口鄭子真，不詘其志，耕於巖石之下，名震于京師。《樓護傳》：與谷永俱爲五侯上客，長安號曰：「谷子雲筆札，樓君卿脣舌。」《三國志》注引《世語》：劉放、孫資共典機任，夏侯獻、曹肇心內不平。殿中有雞棲樹，二人相謂曰：「此亦久矣，其能復幾？」

徂謝良朋盡，雕傷節士空。延陵虛寶劍，中散絶絲桐。名譽蓀蘭並，文章日月同。今宵開敝篋，猶是舊華風。與李生雲霑次第亡友遺詩。

《史記・屈原傳》：推此志也，雖與日月争光可也。

緬憶梁鴻隱，孤高閱歲華。門西吳會郭，橋下伯通家。異地情相似，前期道每賒。請從關尹住，不必向流沙。山史新構小齋，❶將延予住。

過朝邑王處士建常

黄鵠山川意，相隨萬里翔。誰能三十載，龜殼但支牀？

《史記・龜策傳》：南方老人用龜支牀足，行二十餘歲，

❶「山史」，幽光閣本作「無異」。

老人死，移牀，龜尚生不死，龜能行氣導引。　唐王維詩：鳩形將刻杖，龜殼用支牀。

寄子嚴 弟紓字。　已下屠維協洽

二紀違眷令，撫心悲如何！惟爾幼孤煢，十畝安江沱。不幸喪厥明，猶能保天和。今年已六十，與吾亦肩差。里人推祭酒，品行無譏訶。昔年遣兒來，省我桑乾河。兒言家頗温，歲得數囷禾。厨中列酒漿，籬下群雞鵝。常時比鄰叟，農談一相過。亦有賦役憂，未妨藝桑麻。頃報得兩孫，青蔥滿庭柯。媿我半生來，飄泊隨干戈。偶至渭水濱，垂釣臨洪波。春雲開三峰，秀出千丈荷。行止雖聽天，懷土情則那。反躬計所獲，孰與吾仲多？顧此暮年心，尚未甘蹉跎。寄爾詩一篇，當使兒子歌。

寄次耕時被薦在燕中

昨接尺素書，言近在吳興。洗耳苕水濱，叩舷歌採菱。何圖志不遂，策蹇還就徵。辛苦路三千，裹糧復贏縢。夜驅燕市月，曉踏盧溝冰。京雒多文人，一貫同淄澠。分題賦淫麗，角句争飛騰。關西有二士，立志粗可稱。雖赴翹車招，猶知畏友朋。儻及雨露濡，相將上諸陵。定有南冠思，悲哉不可勝。轉盼復秋風，當隨張季鷹。歸詠白華詩，膳羞與晨增。嗟我性難馴，窮老彌剛棱。孤跡似鴻冥，心尚防弋矰。或有金馬客，問余可共登。爲言顧彦先，惟辦刀與繩。

郭璞《江賦》：詠採菱以叩舷。　《楊子法言》：辭人之賦麗以淫。《晉書·顧榮傳》：與州里楊彦明書曰：「吾爲齊王主簿，恒慮禍及，見刀與繩，每欲自殺。」

次耕書來言時貴有求觀余所著書者答示

年來行止類浮萍，雖有留書未殺青。世事粗諳身已老，古音方奏客誰聽？兒從死父傳楹語，帝遺生徒受壁經。投筆听然成一笑，春風緑草滿階庭。

《晏子春秋》：晏子病將死，鑿楹納書焉。謂其妻曰：「楹語也，子壯而示之。」梁吴均《邊城將》詩：留書應鑿楹，傳功須勒社。

雲臺觀尋希夷先生遺跡

舊是唐朝士，身更五代餘。每懷淳古意，聊卜華山居。月落巖阿寂，雲來洞口虛。果哉非荷蕢，獨識太平初。

《畫墁録》：希夷先生陳摶，後唐長興中進士也。既而棄科舉，之武當山，又止房陵。年七十餘，至華山，葺雲臺廢觀居之。

硤石驛東二十里有西鵶路繇趙保白楊樹二百五十里至臨汝以譏察之嚴築垣封閉過此有題

行人愁向汝州來，前月西鵶禁不開。弔古莫言秦法峻，雞鳴曾放孟嘗回。

雒陽

澗水成周宅，邙山漢代京。三川通地絡，鶉火叶星精。文軌同王朔，蒐畋會卜征。東門迎九鼎，北闕望璣衡。象魏雲常紫，龍池水自清。尊師延國老，聽講集諸生。金谷荒煙合，銅駞蔓草縈。曲多羌笛韻，縣有陸渾名。鶴望將焉屬？鯨吞未息爭。詎忘修禮樂，何計偃戈兵？赤伏看猶在，蒼鷲起莫驚。停驂觀雒汭，微禹動深情。

《後漢書·隗囂傳》：斷截地絡。《郡國志》：雒陽東城門名鼎門。《帝王世紀》曰：九鼎所從入。《雒陽伽藍記》：次北曰閶闔門，漢曰上西門，上有銅璇璣玉衡，以齊七政。《東京賦》：建象魏之兩觀。《雒陽伽藍記》：九龍殿前有九龍吐水成一海。《左傳·僖二十二年》：秦、晉遷陸渾之戎于伊川。注：允姓之戎，居陸渾，在秦、晉西北，二國誘而徙之伊川，遂從戎號，至今爲陸渾縣也。《三國志·張飛傳》：思漢之士，延頸鶴望。

三月十九日行次嵩山會善寺

獨抱遺弓望玉京，白頭荒野淚霑纓。霜姿尚似嵩山柏，舊日聞呼萬歲聲。

少林寺

峩峩五乳峰，奕奕少林寺。海内昔横流，立功自隋季。宏構類宸居，天衣照金織。清梵切雲霄，禪燈晃蒼翠。頗聞經律餘，多亦諳武藝。疆埸有艱虞，❶遺之扞王事。今者何寂寥，闃矣成蕪穢。壞壁出游蜂，空庭雊荒雉。答言新令嚴，括田任污吏。增科及寺莊，不問前朝賜。山僧闕飱粥，住守無一二。百物有盛衰，回旋儻天意？豈無材傑人，發憤起頹廢。寄語惠瑒流，勉待秦王至。唐武德四年，太宗以陝東道行臺、雍州牧、秦王率諸軍攻王世充，寺僧惠瑒、曇宗等執世充

❶「埸」，原作「場」，據荀校改。

姪仁則來歸，賜地四十頃，水磑一具。

嵩　山

位宅中央正，高疑上界鄰。蓄波含潁汝，吐氣接星辰。二室雲長擁，三呼響自臻。淳風傳至德，孤隱祕靈真。世敝將還古，人愁願質神。石開重出啓，嶽降再生申。老柏摇新翠，幽花茁晚春。豈知巢許窟，多有濟時人。

《白虎通》：中央之嶽獨加高者何？中央居四方之中，可高，故曰嵩高山。　唐李林甫《嵩陽觀頌》：抱汝含潁，風交雨會。　《後漢書·文苑傳》：多士響臻。　《中庸》：質諸鬼神而無疑。

測　景　臺❶

在登封縣東南三十里故告成縣。

象器先王作，靈臺太室東。陰陽求日至，風雨會天中。考極三辰正，封畿萬國同。吾衰今已甚，猶一夢周公。

卓太傅祠❷

在密縣東三十五里大隗鎮。

拱木環遺寢，空山走部民。循良思舊德，❸執節表淳臣。几杖中興禮，丹青御座親。至今傳俎豆，長接大隗春。

《後漢書·卓茂傳》：光武詔曰：前密令卓茂，束身自修，執節淳固，今以茂爲太傅，封褒德侯，食邑二千户，賜几杖、車馬、衣一襲、絮五百斤。　《朱祐傳》：永平中，圖畫二十八將于南宫雲臺，其外又有王常、李通、竇融、卓茂，共三十二人。

---

❶「測景臺」，原件題作「登封縣周公測景臺」。

❷「卓太傅祠」，原件作「密縣東三十五里大隗鎮卓太傅祠」。

❸「良」，原件作「臣」。

梁園

梁園詞賦想遺音，雕績風流遂至今。縱使鄒枚仍接踵，不過貪得孝王金。

海上

海上雪深時，長空無一雁。平生李少卿，持酒來相勸。

五嶽

五嶽何時偏？行游二十春。誰知禽子夏，昔是去官人。

《漢書·王貢兩龔鮑傳》：北海禽慶子夏，儒生，去官，不仕於莽。

贈張力臣

張君二徐流，篆分特精妙。獨坐淮水濆，臨池伴魚釣。京口躡寒蕪，彭城搴荒藿。扁舟浮漢江，一攬關山要。西上定軍山，咨嗟武侯廟。旋車下秦棧，絶谷隨奔峭。昭陵圖駿骨，漢闕悲殘照。石鼓在燕山，望諸可憑弔。還登尼父堂，禮器存遺詔。囊中金石文，一室供長嘯。諸子並多材，筆畫皆克肖。削柎追宜官，俗書嗤逸少。尤工蒼雅學，深鄙庸儒剽。郤思舊游國，轉瞬分疆徼。古堠出夕烽，平林延野燒。惟此數卷書，鳴琴對言笑。持以勗兒曹，四海有同調。莫浪逐王孫，但從諸母漂。

《蜀志·諸葛亮傳》：葬漢中定軍山，景耀六年，詔爲立廟。　《集古録》有後漢《修孔子廟禮器碑》。　晉衛恒

《書勢》：師宜官甚矜其能，或時不持錢詣酒家飲，因書其壁，雇觀者以讎酒討錢，足而滅之，每書輒削而焚其柎。梁鵠乃益爲版而飲之酒，候其醉而竊其柎。　韓退之《石鼓歌》：羲之俗書趁姿媚。

子德自燕中西歸省我于汾州天寧寺

一載燕臺別，頻承注問書。天空烏鳥去，秋到雁行初。共識班衣重，偏憐皂帽疎。輕身騎款段，一徑訪樵漁。

寄次耕

入雒乘軒車，中宵心有慍。儻呼黄耳來，更得遼東問。❶

《易·夬》九三：若濡有慍。

六鼇成簸蕩，夜宿看星河。相對愁珠桂，流民輦下多。

嘗披秋興篇，欲作東臯計。聞有二毛人，年纔三十二。

歲暮西還時李生雲霑方讀鹽鐵論

積雪凍關河，我行復千里。忽聞弦誦聲，遠出衡門裏。在漢方盛時，言利弘羊始。桓生書一編，恢卓有深旨。發憤刺公卿，嗜利無廉恥。片言折斗筲，篤論垂青史。矧乃衰亂仍，征斂横無紀。轉餉七盤山，骨滿秦川底。太息問朝紳，食粟斯已矣。幸哉荀卿門，尚有苞丘子。

《鹽鐵論》引《春秋》曰：其政恢卓，恢卓可以爲卿相；其

❶「得」，《箋注》作「待」。此句下，幽光閣本有小注：「兄子二人，今在兀喇。」

政察察，察察可以爲匹夫。　又曰：李斯與苞丘子俱事荀卿，苞丘子飯麻蓬藜，修道白屋之下。

送康文學乃心歸郃陽 已下上章涒灘

子夏看書室，臨河四望開。山從雷首去，浪拂禹門迴。大道疑將廢，遺經重可哀。非君真好古，誰爲埽莓苔？

《水經注》：徐水東南逕子夏陵北，東入河。又曰：東南北有二石室，臨側河崖，名子夏室。

友人來坐中口占二絶

不材聊得保天年，便可長棲一壑邊。寄語故人多自愛，但辭青紫即神仙。

昨過河東望首陽，空山煙靄尚蒼蒼。傳聞高士燕中返，料理牀頭皂莢囊。

《隋書・五行志》：梁末童謡云：「黄塵污人衣，皂莢相料理。」

送李生南歸寄戴笠王錫闡二高士

華山五粒松，寄向江東去。白雲滿江天，高士今何處？憶昔過湖濱，行吟兩故人。潛龍猶在水，別鶴已來秦。江海多翻覆，林泉異棲宿。驚聞東市琴，涕隕堂前筑。

去去逐征蓬，隨風西復東。風吹蘭蕙色，一夜落關中。五陵生蔓草，愁絶咸陽道。平生四海心，竟作終南老。送子出函關，南山望北山。洞庭多桂樹，折取一枝還。

訓族子湄

二紀心如昨，詩來覺道同。微禽難入

海，寒木久生風。谷口青門外，沙頭白蜆東。不知耆舊里，何處有龐公？

郭璞《游仙詩》：淮海變微禽，吾生獨不化。　《史記正義》：三江在蘇州東南三十里，一江東南上七十里白蜆湖。

朱處士鶴齡寄尚書埤傳

昔我適濟南，曾過伏生祠。青山對虛楹，零露寒高枝。精靈竟何往？再拜空階墀。迫怵秦火焚，豈意逢漢時。此書立博士，天下亦一治。嗟彼九十翁，俟河未爲遲。不厭文字譌，百王賴蓍龜。後人失其傳，巧文患多師。忽見吾友書，一編遠來貽。緬想江上村，弦歌類齊淄。白首窮六經，夢寐親臯伊。百家紛綸説，爬羅殆無遺。論及禹貢篇，九州若列眉。上愁法令煩，下慨淳風衰。君今未大耋，正可持綱維。煙艇隔吴門，臨風苦相思。爲招陽鳥來，寄此懷人辭。

哭李侍御灌谿先生模

故國悲遺老，南邦憶羽儀。巡方先帝日，射策德陵時。落照辭烏府，秋風散赤墀。君以崇禎十四年左遷南京國子監典籍，南渡復官，稱病不出。行年逾八十，當世歷興衰。廉里居龔勝，緜山隱介推。清操侔白璧，直道叶朱絲。函丈天涯遠，❶杓衡歲序移。無繇承問訊，秖益歎差池。水没延州宅，山頹伍相祠。傳家唯疏草，累德有銘碑。灑涕瞻鄉社，論心切舊知。空餘歲寒誼，不敢負

❶「丈」，原作「杖」，據《箋注》改。

交期。

《漢書・龔勝傳》：勝居彭城廉里。《周禮》：大祝作六辭。六曰誄。注：誄謂積累生時德行以賜之命。

華下有懷顧推官

秋風動喬嶽，黄葉辭中林。策杖且行游，息此空亭陰。伊昔吾宗英，賦詩一登臨。爾來閲三紀，斯人成古今。邈矣越石嘯，悲哉嵇生琴。鐘吕久不鳴，乾坤盡聾喑。爲我呼蓐收，虎爪持霜金。起我九原豪，獮彼田中禽。下見采薇子，舊盟猶可尋。神理儻不暌，久要終此心。

《晉語》：虢公夢在廟，有神人面白毛，虎爪執鉞，立於西阿。❶ 召史嚚占之，對曰：「如君之言，則蓐收也，天之刑神也。」《易・師》六五：田有禽，利執言。

華陰古蹟二首

平舒道

何處平舒道，西風卷夕雲。空留一片璧，爲遺滈池君。

回谿

回谿非故隘，九虎失西東。惟有黄金匱，依然又省中。

❶「阿」，原作「河」，據《國語》改。

悼　亡❶

獨坐寒牕望藁砧，宜言偕老記初心。誰知游子天涯別，一任閨蕪日夜深。

江淹《悼亡》詩：牕塵歲時阻，閨蕪日夜深。

北府曾縫戰士衣，酒漿賓從各無違。虛堂一夕琴先斷，華表千年鶴未歸。

廿年作客向邊陲，坐歎蘭枯柳亦衰。傳説故園荆棘長，此生能得首丘時？

貞姑馬鬣在江村，送汝黄泉六歲孫。地下相煩告公姥，遺民猶有一人存。

摩天黄鵠自常饑，但惜流光不可追。他日樂羊來舊里，何人更與斷機絲？

冬至寓汾州之陽城里中尉敏浮家祭畢而飲有作

歲時常祭祀，朝夕自饔飧。尚是先人祚，誰非故國恩？枯畦殘宿雪，凍樹出初暾。奠醊求何所，鄰家借小園。流離踰二紀，愴怳歷三都。墮甑煤還拾，承槽酒旋沽。荒庭依老檜，空谷遺生芻。白髮偕宗叟，相看道不孤。

《吕氏春秋》：顔回對曰：嚮者煤室入甑中，棄食不祥，回攫而飯之。　劉伶《酒德頌》：於是方捧罌承槽。

王孫猶自給，一頃豆萁田。今日還相飯，千秋共爾憐。青門餘地窄，白社舊交

❶「悼亡」下，原有小注「上章涒灘」，今以與前《送康文學乃心歸郃陽》題下小注重複，删。

偏。傳與兒曹記，無忘漢臘年。

寄題貞孝墓後四柿 重光作噩

四柿先人種，旁臨一畝池。霜彫萱草色，日映女貞枝。舊業從飄蕩，非材得憖遺。清陰常不散，勿使衆禽窺。

《爾雅翼》：柿有七絶：一壽，二多陰，三無鳥巢，四無蟲蠹，五霜葉可玩，六嘉實，七落葉肥火。

贈衛處士蒿

抱疾來河東，息此澮水旁。寒禽繞疎枝，百卉沾微霜。幸逢同方友，典墳共相將。逢萌既解冠，范丹亦絶糧。弦歌足自遣，感慨論百王。王赧遂頓首，孝獻封山陽。一身殉社稷，自古無先皇。與君同歲生，中年歷興亡。衰遲數儔輩，落落晨星行。旅懷正鬱邑，矧乃多病妨。著書陳治本，庶以回穹蒼。遥遥千載心，眷眷桑榆光。

詶李子德二十四韻 玄黓閹茂❶

戴雪來青鳥，開雲見素書。故人心不忘，旅叟計何如？上國嘗環轍，浮家未卜居。康成嗟耄矣，尼父念歸與。忽枉佳篇贈，能令積思攄。柴門晴旭下，松徑谷風舒。記昔方傾蓋，相逢便執袪。自言安款段，何意辱干旟。適楚懷陳軫，游燕弔望諸。詎驚新寵大，肯與舊交疎？不磷誠師孔，知非已類蘧。老當爲圃日，業是下帷

❶「玄黓閹茂」，原作「重光作噩」，據《箋注》改。

初。達夜抽經笥，行春奉板輿。誅茅成土室，闢地得新畬。水躍穿冰鯉，山榮向日蔬。已衰耽學問，將隱悔名譽。客舍輕彈鋏，王門薄曳裾。一身長瓠落，四海竟淪胥。契闊頭雙白，蹉跎歲又除。空山清澮曲，喬木絳郊餘。不出風威滅，無營日景徐。但看堯典續，莫畏禹陰虚。地闊分津版，天長接草廬。一從聽七發，欲起命巾車。

贈毛錦銜

來時冬雁飛，去日春風度。浮雲戀故山，翔鳥懷高樹。一别遂西東，各言難久駐。去去慎所之，長安有岐路。

亭林詩集卷之五終

亭林先生佚詩

千官❶闕逢涒灘　《大行》後。　甲申

武帝求仙一上天，茂陵遺事只虛傳。千官白服皆臣子，孰似蘇生北海邊？

一旦傳烽到法宮，罷朝辭廟亦匆匆。御衣即有丹書字，不是當年嵇侍中。

感事❷闕逢涒灘　此詩在「已霑裳」後。　甲申

傳聞阿骨打，今已入燕山。毳幕諸陵下，狼煙六郡閒。邊軍嚴不發，驛使去空還。一上江樓望，黄河是玉關。

聞詔旃蒙作噩　在《表哀》後。　乙酉

聞道今天子，中興自福州。二京皆望幸，四海願同仇。滅虜須名將，尊王仗列侯。殊方傳尺一，❸不覺淚頻流。

上吴侍郎暘❹以下柔兆閹茂　在《延平使至》前。　丙戌

烽火臨瓜步，鑾輿去石頭。蕃文來督

❶「千官」，幽光閣本在《大行哀詩》後，題下有小注：「二首。」荀校云：「《感事》詩前。」

❷「感事」，荀校題作「清蹕第二首」。

❸「殊」，孫校作「支」，當是「夷」字。

❹「暘」，原作「陽」，據幽光閣本改。荀校云：「《十二月十九日》詩後」。

府，降表送蘇州。殺戮神人哭，腥汙郡邑愁。依山成斗寨，保水得環洲。國士推司馬，戎韜冠列侯。師從黄鉞陳，計用白衣舟。曹沫提刀日，田單仗鍤秋。春旗吴苑出，夜火越江浮。作氣須先鼓，争雄必上游。軍聲天外落，地勢掌中收。征虜投壺暇，東山賭墅優。莫輕言一戰，上客有良謀。

元日❶

以下屠維赤奮若　在《射堋山》前。　己丑

一身不自拔，竟爾墮胡塵。旦起肅衣冠，如見天顔親。天顔不可見，臣意無由申。伏念五年來，王塗正崩淪。東夷擾天紀，反以晦爲元。我今一正之，乃見天王春。正朔雖未同，變夷有一人。歲盡積陰閉，玄雲結重垠。是日始開朗，日出如車輪。天造不假夷，夷行亂三辰。人時不授夷，❷夷德違兆民。留此三始朝，歸我中華君。願言御六師，一埽開青旻。南郊答天意，九廟恭明禋。大雅歌文王，舊邦命已新。小臣亦何思，思我皇祖仁。卜年尚未逾，眷言待曾孫。

歲九月虜令伐我墓柏二株❸

屠維赤奮若　補卷一《桃花溪歌》上。　己丑

老柏生崇岡，本是蒼虬種。何年徙靈根，幸託先臣壟。長持後彫節，久荷君王寵。歲月駸駸不相待，漢時秦宮一朝改。

❶「元日」，荀校云：「元稿本第二卷首。」
❷「授」，原作「受」，據幽光閣本改。
❸「歲九月虜令伐我墓柏二株」，荀校云：「《八尺》詩後。」

剞中流栐要名材，乍擬相將赴東海。發丘中郎來，符牒百道聲如雷。斫白書其處，須臾工匠來斤鋸。持鋸截此柏，柏樹東西摧。却顧別丘壟，辛苦行不辭。君不見泰山之廟柏如鐵，赤眉斫之嘗出血。我今此去去爲船，海風四面吹青天。秉性長端正，不敢作怪妖。東流到扶桑，日月相游遨。去爲天上榆，留作丘中櫝。傳與松楸莫歎傷，漢家雨露彌天下。

贈于副將元凱❶上章攝提格　《重至京口》前。　庚寅

嘗笑蘇季子，未足稱英俊。雒陽二頃田，不佩六國印。當世多賢豪，斯言豈足信。于君太學髦，文才冠諸生。悵然感時危，遂被曼胡纓。乍領射聲兵，南都已淪傾。芒鞵走浙東，千山萬水裏。❷饑從猛虎食，暮向蕺巢止。召對越王宮，胡沙四面起。閒道復西來，潛身入吴市。崎嶇赭山渡，迫阨三江壘。七月出雲閒，蒼茫東西灣。孤帆依北斗，幾日到舟山。海水鹹如汁，海濤觸舟急。日夜白浪翻，蛟龍爲君泣。瀕死達閩中，閩中事不同。平虜奉降表，胡兵入行宫。途窮復下海，兩月愁艨艟。七閩盡左袵，一身安所容？攀崖更北走，滿地皆山戎。歸家二載餘，闊絶無音書。故人久相念，命駕問何如。君家本華胄，高門偏朱紫。困倉禾百廛，趨走僮千指。侍妾裁羅紈，中廚膾魴鯉。更有龍山園，池亭風景繁。水聲穿北固，❸花色蔭南

❶「贈于副將元凱」，荀校云：「《金壇縣》詩後。」「凱」，孫校作「剴」。

❷「水」，幽光閣本作「山」。

❸「固」，孫校作「户」。

軒。有琴復有書，足以安丘壑。身有處土名，不失素封樂。何用輕此生，久試風波惡？不辭風波惡，不辟干戈患。敝屣棄田園，孤游凌汗漫。乃知鴻鵠懷，燕雀安能伴。君看張子房，不愛萬金家。身爲王者師，名與天壤俱。所貴烈士心，曠然自超卓。是道何足臧，願君大其學。異日封侯貴，黄金爲帶時。知君心不異，無使魯連疑。

陳生芳績兩尊人先後即世適皆以三月十九日追痛之作詞旨哀惻依韻奉和 柔兆涒灘　丙申

昔年盟誓告三辰，欲爲生人植大倫。祭禰不從王氏臘，朝正猶用漢家春。阡原處處關心苦，几杖年年入夢親。一上蔣山東極目，❶南湖煙水自清淪。

六　言❷ 柔兆涒灘《旅中》詩前。　丙申

出郭初投飯店，入城復到茶菴。秦客王稽至此，待我二亭之南。

相逢問我名姓，資中故王大夫。此時不用便了，❸只須自出提酤。

張隱君元明於園中寘一小石龕曰仙隱祠徵詩紀之❹ 著雍閹茂　戊戌

濩落人寰七十年，❺年來三見海成田。

❶「蔣」，幽光閣本作「鍾」。
❷「六言」，幽光閣本題作「出郭」。
❸「用便」，原作「便用」，據幽光閣本乙。
❹「張隱君」至「紀之」，幽光閣本題作「前詩意有未盡再賦四章」。
❺「寰」，幽光閣本作「間」。

生當虞夏神農後，夢在壺丘列子前。性定自能潛福地，機忘真已入寥天。因思千古同昏旦，几席羹墻尚宛然。

順時諏日卜靈氛，寶炬名香手自焚。斟雉未能蠲帝后，❶薧魚聊可事山君。尋常伏臘人間共，曠代宗祧上界分。遂有精誠通要眇，儼如飛舃下青雲。

九尺身長鬢正蒼，兒孫森立已成行。纔過冰泮烹魚饌，未到秋深摘果嘗。繞院竹光浮茗椀，透簾花氣入書牀。只應潔疾猶難化，莫學當時費長房。

門前有客跨青牛，倒屣相迎入便留。不覺人間非甲子，已知天外是神州。宣尼願在終浮海，屈子文成合遠游。笑指八仙皆上座，使君今日老糟丘。

爲丁貢士亡考衢州君生日作❷ 著雍閹茂　在《自笑》後。　戊戌

《記》曰：「君子有終身之喪，忌日之謂也。」世俗乃又以父母之生日設祭，而謂之生忌，禮乎？攷之自梁以後，始有生日宴樂之事，而父母之存，固已嘗爲之矣。則於其既亡而事之如存，❸禮雖先王未之有，可以義起也。丁君雄飛。乃追溯其考之年及其生日，而曰：「吾父存，今八十矣。」乃陳其酒脯，設其裳衣，如其存之事，而求詩于

❶「帝后」，原作「后帝」，據幽光閣本乙。
❷「爲丁貢士亡考衢州君生日作」，按幽光閣本此詩在《自笑》前。
❸「存」，孫校作「生」。

友人，其亦孝思之所推與？爲賦近體四韻。

傷今已抱終天恨，追往猶爲愛日歡。愾若户前聞歎息，儼如堂上坐衣冠。馴烏止樹生多子，慈竹緣池長百竿。自注：所居石城門内有池有竹。欲向舊京傳孝友，當時誰得似丁蘭？

江　上 屠維大淵獻　在《與江南諸子別》後。己亥

江上傳夕烽，直徹燕南垂。皆言王師來，行人久奔馳。❶ 一鼓下南徐，遂拔都門籬。黄旗既隼張，戈船亦魚麗。幾令白鷺洲，化作昆明池。于湖擔壺漿，九江候旌麾。宋義但高會，不知兵用奇。頓甲守城下，❷覆亡固其宜。何當整六師，勢如常山蛇。❸ 一舉定中原，焉用尺寸爲。天運何時開？干戈良可哀。願言隨飛龍，一上單于臺。

羌　胡　引 上章困敦　在《贈黄職方》後。庚子

今年祖龍死，乃至明年亡。佛貍死卯年，却待辰年戕。曆數惟遷小嬴縮，天行有餘或不足。東夷跳梁歷三世，四十五年稱僞帝。牂牁越嶲入輿圖，兩戒山河歸宰制。佳兵不祥，天道好還。爲賊自賊，爲殘自殘。我國金甌本無缺，亂之初生自夷孽。徵兵以建州，加餉以建州。土司一反西蜀憂，妖民一唱山東愁。以至神州半流賊，誰

❶「久」，孫校作「又」。
❷「守」，孫校作「堅」。
❸「常」，原作「長」，據孫校改。

其嚆矢繇夷酋。四入郊圻躪齊魯，破邑屠城不可數。刳腹絶腸，折頸摺頤。以澤量屍，幸而得囚，去乃爲夷。夷口呀呀，鑿齒鋸牙。建蚩旗，乘莽車。視千城之流血，擁艷女兮如花。嗚呼！夷德之殘如此，而謂天欲與之國家。然蒼蒼者，其果無知也邪？或曰完顔氏之興不亦然與？中國之弱，蓋自五代，宋與契丹，爲兄與弟。上告之明神，下傳之子孫。一旦與其屬夷攻其主人，是以禍成於道君，而天下遂以中分。然而天監無私，餘殃莫贖。汝水雲昏，❶幽蘭景促。彼守緒之遺骸，至臨安而埋獄。子不見夫五星之麗天，或進或退，或留或疾。大運之來，固不終日。盈而罰之，動而蹶之。天將棄蔡以壅楚，如欲取而固與。力盡敝五材，火中退寒暑。湯降文生自不遲，吾將翹足而待之。

元日❷以下重光赤奮若　在《杭州》前。　辛丑

霿雪晦夷辰，麗日開華始。❸窮陰畢除節，復旦臨初紀。自注：夷曆元日先《大統》一日。行宮刊木閒，華路山林裏。雲氣誰得窺，真龍自今起。天王未還京，流離况臣子。奔走六七年，率野歌虎兕。行行適吴會，三徑荒不理。鵬翼候扶摇，鯤鬐望春水。頽齡尚未衰，長策無中止。❹

❶「汝」，孫校作「海」。
❷「元日」，荀校云：「《贈黄職方》詩後。」
❸「日」，荀校作「景」。
❹「中」，荀校作「終」。

樓觀 昭陽單閼　補卷四《長安》後。　癸卯

頗得玄元意，西來欲化胡。青牛秋草没，日暮獨踟躕。

偶題❶ 柔兆敦牂　在《出雁門關》前。　丙午

六代詞人竟若何？風流似比建安多。湯休舊日空門侶，情至能爲白紵歌。

贈同繫閻君明鐸。**先出** 著雍涒灘　在《樓桑廟》前。　戊申

鄒陽方入獄，未上大王書。一遇韓安國，同悲待溺餘。春風吹卉木，大海放禽魚。莫作臨歧歎，行藏總自如。

爲黃氏作 屠維作噩　在《樓桑廟》後。　子高臨本亦在前　己酉

齊虜重錢刀，恩情薄兄弟。蟲來齧桃根，桃樹霜前死。

❶「偶題」，荀校云：「《重過代州贈李處士》詩後。」

亭林集外詩補

和若士兄賦孔昭元奉諸子遊黃歇山大風雨之作

江上秋色高，欣理登山屐。八子攀危崖，將覽前古迹。滃然雲氣興，天地昏墨色。烈風排山巔，奔濤怒湍砉。急雨淩空來，深山四五尺。伏地但旁睨，突兀真龍偪。得非楚葉公，見之喪其魄。黃帝至襄城，七聖皆迷惑。始皇上泰山，或云風雨厄。二者將何居，一笑江雲白。

據《箋注》卷一七補，録自吴映奎《顧亭林先生年譜》

古俠士歌

曾作函關吏，鷄鳴出孟嘗。只今猶未老，來往少年場。

廣柳車中人，異日河東守。空傳魯朱家，名字人知否？

據《箋注》卷一七補，録自王士禛《感舊集》卷五

哭張蒿庵先生❶

歷山東望正淒然，忽報先生赴九泉。寄去一書懸劍後，貽來什襲絶韋前。君有《儀禮鄭注句讀》十卷，録其副畀予。❷ 衡門月冷巢巂

❶「哭張蒿庵先生」，《箋注》卷一七題作《哭張爾岐》，道光《濟南府志》卷七〇題作《聞張稷若訃》。

❷「其」，《濟南府志》無此字。

室，墓道風枯宿草田。從此山東問三禮，康成家法竟誰傳？

據清胡德琳乾隆三十八年編刻本《蒿庵集》補

圍　城選一

莫向山中問酒家，行人一去即天涯。長安道上多男子，又得相逢廣柳車。

據卓爾堪《遺民詩》卷五補

姬人怨二首

傷春愁絶泣春風，亂髮如油脣又紅。不是長干輕薄子，如何歌笑入新豐？

雲鬟玉鬢對春愁，不語當窗嬌半羞。柳絮飛花無限思，教儂何物得消憂？

據陳維崧《今詩篋衍集》卷一一補

失　題

地肺秦封隱，山腰宋苑迷。河流絳巖北，江坼白門西。赤日幽崖雪，青天折坂泥。蒼蒼但松柏，無處著瑶梯。

豁達垂青野，逶迤歷翠峰。池天開地鏡，崖瀑響山鐘。椵落銜溪鳥，雲歸擁石龍。秋風正蕭瑟，杖屨得從容。

削成疑泰華，鼎立儼蓬萊。西北神州拱，東南王氣開。風雲蜷澗壑，日月敞樓臺。望斷蒼茫色，銜杯萬里來。

據趙炳麟《柏巖感舊詩話》卷一補

薑齋文集

〔清〕王夫之 撰
吴振清 校點

目録

校點説明

《薑齋文集》十卷，清王夫之撰。

王夫之（一六一九—一六九二），字而農，小字三三，號薑齋，别號壺子、壺道人、武夷先生牧豎、船山遺老、薑齋老人、賣薑翁等，中歲稱一瓠道人，又號雙髻外史，世稱船山先生，又夕堂先生。湖南衡陽人。幼讀經史詩書，志向遠大。崇禎十五年（一六四二）舉人。張獻忠軍佔據衡州時，爲逃避任用，設計避匿深山。清軍南下後，參加抗清，追隨晚明桂王於廣西，任行人司行人。後見大勢已去，事無可爲，因母病返鄉，遂不復出，歸隱石船山，築室名觀生居。四十年間不免飢寒，晚年體羸多病，然矢志不渝，著述終生。

王夫之是與顧炎武、黄宗羲齊名的清初大家，學問淹通，思想深邃，對天文曆法、地理數學均有論説，尤究心於經史之學及詩詞文章。著述甚富，有《周易外傳》、《尚書引義》、《讀四書大全説》、《讀通鑒論》、《宋論》、《永曆實録》、《黄書》、《噩夢》、《思問録》、《張子正蒙注》等百餘種。爲人尚氣節，不隨流俗，力糾明季以來性理學説之偏頗，主張不離氣而言理，不離器而言道。治學提倡求真求實。其詩文戚悱感人而議論純正，政論、史論皆甚精闢，民族大義沛乎其中。

因多年遁跡荒野，王夫之著作在其生前一直未能刊行。康熙年間，始由湘西草堂刊行其中十餘種，此後櫜江書室、守遺經書屋、衡陽學署等又相繼刊行若干種，然皆未收録文集。同治初年，曾國藩、曾國荃兄弟於金陵書局刊行《船山遺書》，凡三百二十二卷，其中收有《薑齋文集》十卷，是爲金陵節署本。光緒十三年（一八八七），衡陽船山書院重印金陵本，又蒐集王夫之文章數篇補刻有《薑齋文集補遺》二卷，是爲衡陽補刻本。一九三三年，上海太平洋書店鉛字排印《船山遺書》，收録《文集》與《補遺》。《四部叢刊》、《續修四庫全書》等，亦多據金陵節署本影印。一九六二年與一九八八年，中華書局和嶽麓書社分别出版有校點整理本。

王夫之作爲明末遺民，文集中不乏違礙字樣，故刊刻時多經删改。所幸其手跡尚有傳世者：一是一九四二年影印之《王船山先生墨寶四種》，一是一九八二年湖南省博物館編、嶽麓書社影印之《王船山手跡》，均收有《薑齋文集》及《補遺》之相關篇章。

此次校點，底本採用《續修四庫全書》影印同治四年曾氏金陵節署刊本《薑齋文集》及衡陽書院補刻之《薑齋文集補遺》（合并爲一卷），校以王夫之手跡二種，並同治十一年刊《衡陽縣誌》、湘西草堂本《楚辭通釋》等文獻中相關文字，參考中華書局、嶽麓書社整理本的部分校勘成果（簡稱「中華本」、「《船山遺書》」）。底本有目無文諸篇，則據《薑齋文集補遺》、《楚辭通釋》等移補。

校點者　吴振清

薑齋文集卷一

論三首

知性論

言性者皆曰：吾知性也。折之曰：性弗然也。猶將曰：性胡不然也？故必正告之曰：爾所言性者非性也。今吾勿問其性，且問其知。知實而不知名，知名而不知實，皆不知也。言性者於此而必窮。目擊而遇之，有其成象而不能爲之名，如是者於體非芒然也，而不給於用。無以名之，斯無以用之也。習聞而識之，謂有名之必有實，而究不能得其實。如是者執名以起用，而芒然於其體，雖有用，固異體之用，非其用也。夫二者則有辨矣。知實而不知名，弗求名焉，則用將終絀。問以審之，學以證之，思以反求之，則實在而終得乎名，體定而終伸其用。此夫婦之知能，所以可成乎忠孝也。知名而不知實，以爲既知之矣，則終始於名，而惝怳以測其影。斯問而益疑，學而益僻，思而益甚其狂惑，以其名加諸迥異之體，枝辭日興，愈離其本。此異同之辨説，所以成乎淫邪也。

夫言性者，則皆有名之可執，有用之可見，而終不知何者之爲性。蓋不知何如之爲知，而以知名當之，名則奚不可施哉？謂山雞爲鳳，山雞不能辭，鳳不能競也。謂死鼠爲璞，死鼠不知却，玉不能争也。故浮屠、老子、莊周、列禦寇、告不害、荀卿、楊雄、荀悦、韓愈、王守仁各取一物以爲性，而自詫曰知，彼亦有所挾者存也。苟懸其名，惟人之置之矣。名之所加，亦必有實矣。山雞非鳳，而非無山雞。死鼠非璞，而非無死鼠。以作用爲性，夫人之因應，非無作用也。以杳冥之精爲性，人之於杳冥，非無精也。以未始有有無爲性，無有無無之始，非無化機也。以惡爲性，人固非無惡，惡固非無自生也。以善惡混爲性，欻然而動，非無混者也。以三品爲性，要其終而言之，三品者非無所自成也。以無善無惡爲性，人之昭昭靈靈者，非無此不屬善不屬惡者也。

情有之，才有之，氣有之，質有之，心有之，孰得謂其皆誣？然而皆非性也。故其不知性也，非見有性而不知何以名之也。惟與性形影絶，夢想不至，但聞其名，隨取一物而當之也。於是浮屠之遁詞曰有三性。苟隨取一物以當性之名，豈徒三哉！世萬其人，人萬其心，皆可指射以當性之名，不同之極致，算數之所窮而皆性矣。故可直折之曰：其所云性者非性，其所自謂知者非知。猶之乎謂雲爲天，聞筍葅而煮簀以食也。

老莊申韓論

建之爲道術，推之爲治法，内以求心，勿損其心，出以安天下，勿賊天下。古之聖人，仁及萬世，儒者修明之而見諸行事，唯此而已。求合於此而不能，因流於詖者，老、莊也。損其心以任氣，賊天下以立權，明與聖人之道背馳而毒及萬世者，申、韓也。與聖人之道背馳則峻拒之者，儒者之責，勿容辭也。

拒其説，必力絶其所爲；絶其所爲，必厚戒於其心，而後許之爲君子儒。言治道者，吾惑焉。於老、莊則遠之惟恐不夙，於申、韓則暗襲其所爲而陰挾其心，吾是以惑，而甚惑其惑之甚也。夫師老、莊以應天下，吾聞之漢文、景矣。其終遠於聖人之治而不能合者，老、莊亂之也。然而心猶人之心，天下則已異乎食荼卧棘之天下矣。下此則何晏、王戎以弛天下而使亂，然其所爲，求之聖人之道而不得，求之老、莊而亦不得。虚與誕，聖人之所弗尚；躁與貪，亦老、莊之所弗尚。則遠之必夙者，正也。老、莊之所弗尚，則不得舉何晏、王戎之罪罪老、莊也。夫申、韓而豈但此哉！

韓愈氏曰：「仁義之言，藹如也。」聖人之欲正天下也亟，其論治也詳。今讀其書，繹其言，蔑不藹如也。其言藹如也，其政油如也，患天下之相賊，而不以賊懲賊，懲天下之賊，規乎其大凡而止。雖有刀鋸，而不損其不忍人之心。略其毫毛，揜其幽隱，以使容於覆載之閒，而民氣以静。是故匹夫之蹶然以惡怒，非可逆也；匹夫之蹶然以愉快，非不可獲譽也。然而聖人不忍徇之，以致善治之名。有人於此，匹夫蹶然而怒，其可殺邪，從而殺之；匹夫蹶然而喜，喜怒如匹夫之心，則明斷之譽蹶然而興，而氣茀然，而權赫然。静反諸心，而心固怵然；起視天下，而天下紜然。爲君子儒者以此爲愉快，則抑不得爲聖人之徒矣。聞之曰：惡不仁者，不使不仁加於其身。未聞惡不仁者，不使不仁者之留遺種於天下也。悲夫！

自宋以來，爲君子儒者，言則聖人而行則申、韓也，抑以聖人之言文申、韓而爲言也。曹操之雄也，申、韓術行而敺天下以思媚於司馬氏，不勞而奪諸几席。諸葛孔明之貞也，扶劉氏之裔以申大義，申、韓術行而不能再世。申、韓之效，亦昭然矣。宋之儒者，胡憯莫懲而潛用之，以徇匹夫一往之情。吾聞以閨房醉飽之過掠治婦人，以徵士大夫之罪矣。吾聞其聞有赦而急取罪人屠割之矣。非申、韓孰與任此？而爲君子儒者以爲愉快，復何望夫袴褶之夫、刀筆之吏乎！是其爲術也，三代以上，無尚之者也；仲尼之徒，無道之者也；三苗之所以分北也；鄧析之所以服刑也。自申、韓起，而言治者一不審而即趨於其塗。申、韓以矯老、莊，而拒老、莊者揖進之。夫老、莊則固衋然傷心於此矣。老、莊非也，其衋然傷心於此者，未嘗非也。仲尼不以徇魯、衛，而老於下位。文王不以徇商紂，而囚於羑里。我知其衋然傷心者倍甚於老、莊，則已知老、莊之賤名法以蘄安天下，未能合聖人之道，而固不敢背以馳也，愈於申、韓遠矣。

畫之以一定之法，申之以繁重之科，臨之以憤盈之氣，出之以戌削之詞，督之以違心之奔走，迫之以畏死之憂患，如是以使之仁不忘親，義不背長。不率，則毅然以委之霜刃之鋒，曰：吾以使人履仁而戴義也。夫申、韓固亦曰「吾以使人履仁而戴義」也，何患乎無名而要！豈有不忍人之心者所幸有其名，以彈壓羣論乎！

易動而難戢者，氣也。往而不易反者，惡怒之情也。羣起而熒人以逞者，匹夫蹶然之恩怨也。是以君子貴知擇焉。弗擇，而聖人之道且以文邪慝而有餘，以文老、莊而有老、莊之儒，以文浮屠而有浮屠之儒，以文申、韓而有申、韓之儒。下至於申、韓之儒，而賊天下以賊其心者甚矣。後世之天下，死於申、韓者積焉，爲君子儒者潛移其心於彼者，實致之也。

君相可以造命論

聖人贊天地之化，則可以造萬物之命，而不能自造其命。能自造其命，則堯舜能得之於子；堯舜能得之於子，則仲尼能得之於君。然而不能也，故無有能自造其命者也。造萬物之命者，非必如萬物之意欲也。天之造之，聖人爲君相而造之，皆規乎其大凡而止。雨以潤之，而有所湮。日以暄之，而有所槁。謳歌者七，怨咨者三，彀然造之而無所疑。聖人以此可繼天而爲萬物之司命。安之危之，存之亡之，燕越不同地，老稚不同時，剛柔不同性，規乎其大凡，而危者以安，亡者以存。若夫物有因以危亡者，固不恤也。乃若欲自造其命，則必其安而百不一危也，存而百不一亡也，榮而百不一辱也，利而百不一鈍也，各自有其意欲以期乎命之大順，則惡乎其可也。故黃帝則有蚩尤，舜禹則有三苗，夏則有有扈，周則有商奄，仲尼則有匡，有宋，有陳、蔡，弗能造也。然則唐之有郭子儀即有安、史，有李晟即有朱泚、姚令言、源休，有陸贄即有盧杞、裴延齡，弗能造忠賢而使有，弗能造姦慝而使無。弗能造也，受之而已。受之以道，則雖危而安，雖亡而存，而君相之道得矣。李泌曰：「君相可以造命。」一偏之說，足以警庸愚，要非知命之言也。

至大而無區畛，至簡而無委曲，至常而無推移者，命也。而人惡乎與之？天之命草木而爲堇毒，自有必不可無堇毒者存，而吾惡乎知之？天之命蟲魚而爲蛇鰐，自有必不可無蛇鰐者存，而吾惡乎知之？弗能知之，則亦惡乎與之？天之所有，非物之所欲；物之所有，非己之所欲，久矣。唯聖人爲能達無窮之化。天之通之，非以通己也。天之塞之，非以塞己也。通有塞，塞有通，命圓而不滯，以聽人之自盡，皆順受也。明君以盡其仁，無往而不得仁。哲相以盡其忠，無往而不得忠。天無窮，聖人不自窮，則與天而無窮。天不測，聖人無所測，則物莫能測。外不待無彊敵，内不待無盜賊，廷不待無頑讒，野不待無姦宄，歲不待無水旱，國不待無貧寡，身不待無疢疾。不造有而使無，不造無而使有。無者自無，而吾自有。有者自有，而吾自無。於物無所覬，於天無所求。無所覬者無所撓，無所求者無所逆。是以危而安，亡而存，危不造安故不危，亡不造存故不亡，皆順受也，奚造哉！造者，以遂己之意欲也。安而不危，存而不亡，皆意欲之私也，而猜忌紛更之事起矣。臣以意欲造君命者，干君之亂臣。子以意欲造父命者，脅父之逆子。至於天而徒懷干脅之情，猶以羽扣鐘，以指移山，求其濟也，必不可得已。天命之爲君，天命之爲相，俾造民物之命。己之命，己之意欲，奚其得與哉！

做符命❶

繹　思有序。

竊讀班固書，言司馬相如頌述功德，忠

❶ 此篇原有題無文，注「闕」，今從衡陽刻本《補遺》卷二移補。

臣效也。論者云其曼辭導諛，闕箴瑱之義。然伯益陳眷命，中虺贊天錫，迄乎《卷阿》、《天保》，瀏漣往復，纚績豐美，良有斯義，何獨深咎後起哉！顧嘗尋相如《封禪》、班固《典引》、宗元《貞符》之所自作，夷攷其時，履平康，睨天衢，因緣欣豫，攀附榮光，豐靡逾量，不揆古人之尺度，非但揚雄美新，爲貞士所羞稱已也。鄉令諸子生值不造，漢社屋，唐宗熸，則言欲出而若俾偃蹇，抑惡足以挽天綱、警民彝、著其忠效哉？尋五子之歌禹德，《檜》、《曹》之愾周京，固莫必其言之無斁也。洪惟我太祖高皇帝，嗣趙宗隕穫之後，九十餘載，生民之心氣蕭散希微，欽承上天起枯澄垢之心，握天戈，毆匪茹，清之以秋，呴之以春，中區不齊之萬族，滌然若江流之蕩泥滓。衣冠禮樂，施於紘垓者二百七十有七禩。八政修，五典徽，彬彬秩秩，珍其品彙，以别於内趾蠕動之蚩迷。嗣聖雲承，紹修人紀，覿文降德，旌别羣生之靈秀。續萬祀之絶紐，啟百靈之久蟄。自有天地以來，莫與匹亞。固宜含齒戴髮之倫，生死沐浴于覆燾之下，未有能諠者也。夫昊天之恩，無間於存没。故愾乎有聞，僾乎有見，怵惕自中而莫能遏抑，奚必躬承進御而始爲瞻慕？斯則雒汭行吟，《下泉》寤歎，以視益虺敷敭，情文倍摯，奚但馬班之拾掇已乎！忱不忘於寢夢，固殫心竭慮而不宣其百一，抑亦盍各舒情以詔方將，俾知天之不可逸於其疇，明之不可翳以其陰。爰作《繹思》一篇，導幽滯之亶衷，不隨湮没。絜諸往昔，詞同意異。期以肅告於昭，抒其戀慕云爾。

粤若稽德，隆殺攸甄，豈不以其時哉！沿姬宗，溯姚姒，欽若乘御者，皆徂自侯服。

磐漸于逵，相乘道上。雖云玄矩，道絶欲從，抑因仍互王，沿涯循涘，以臻既濟，匪後起之攸藉也。然則居一王之宇，選美掄功，固將近迹炎劉，以爲度量也矣。且夫隴西擢爲天胤，天水陟于龍造，亦克卜世逾量，皈心届遠。抽穎之士，咀芳屬草，迨及衰晚，猶或髣髴光影，追惟遺潤。太元之甲，陳橋之訌，台有口實而爲之函隱，固擇德言者所弗過訊也。是故柬三五之餘迪，惟宜辟允諶。有漢閲世而無殊議，豈非以肇自鄉亭，彝倫罔繫，息滔天之羸水，拯厥沈浮，登之津涘也哉！夷攷六王熄，二周燼，五服頹而三户憤興。然灞上繫組之童昏，固柏翳之令伷賓于虞門者也。尉侯一揆，胡越屏息。閨門肅貞，懷清有秩。天維皇然其未傾，地埒犂然其未圮。藻火燿于裳衣，倉籀衍于圖史。徒以匹夫眕怒，崇旦而俾即于毁，則大澤踵呼，彌年蹀血者，匪馮生之景命所争續絶者也。

穆惟聖祖，錯周綜漢，研端審緒。匪受錫于黄鉞，罔襲義于縞素。天睨我九域，潸然悼其黤黮。爰錫元子，崒嵂槮蕭，若巨海之孤峰，撑雲戌削，祥光兆暎，哲士知歸。不資成旅之輔，手秉天篲，刷江浚淮。專城巉巕，耀其仁威，而殪諒俘誠，派流歸一。於是麾指北街，與天合符，神狐効其先驅，封豨駾于朔藪。不殺之武，隨頤指以奠神都。自涿野覯兵以放，未有斗樞静握，鐫珥銷徂，如斯尤烈者也！元精亭毒，寵殊華民，而消長盪乎氣遷，帝靡克貞以護靈苗，俾離莠竊沙陀，始禍朋以其羣，揖晉三蠻，浸淫相躡，燕雲始潰，中濫于汴雒，終淪于杭海。帝且侘傺無俚，而頽焉枵餒。百千萬禩之沈菑投于一人，匪甚盛德，罔不逡巡。而春容撝蕩，斂氛澹噎，以昭蘇於清晏，北苗誅奄，撻荆驅廉之偉伐爛焉。演於章句者絜以方，斯一曦光之於星漢矣。

於時珠斗旋於始和，銀潢澄其清露。六冕登而褫貙貐，五輅乘而輟馳騖。士雝民恪於大昕元日之令辰，游泳以歸於羲、軒之故寓。晝漠内謐，航澥外慕，偃兵肆雅，雲仍嗣祖，以忘帝力者，厥性咸若而罔測其故。吏循漢律，儒依宋經。曠焉浥焉，氤氳於太虚之和，登進乎百昌之精，忱不謀已斬之綸維，獨絲重繫，爲樂之至於斯也。重離繼炤，亘于裕昆。軼文子，越湯孫，舒夷闡緩，驫焆炫緼。稽天以若，享秩無文。假敬推恩，衷仁襮禮，夭札不興，禜雩輟紀。漸摶桑，迄虞淵，朔南逌暨，繇六尺以抵耆年，懀定逍遥于神皋之寥廓，咸捐識知之岐塗，以順夷行于聖矱。洋洋乎無聲之樂，因八風而吹籟，藉使矜功之辟，逢美之臣，邂逅餘光，必將炫金根，揚雲罕，勤輟耕之夫，走警蹕之士，登頓陂陀於云亭、汾脽之址，捄土部婁，刑石翠微，掞華旉藻，猷其永垂，而臣僚恥晉七十二后之謏聞，以緼美於偏德之心而涵其不顯。於戲！蒙不諗蜚循之代，迄乎豐部者，登降奚若，惟皇天不昧其睠鑒，操獨契以相度，詎能引豐沛之已蹟，爲相殽錯也哉！

夫函文不耀，藏於沕穆，道之盛也。輯伐不張，韜於醇懿，武之競也。敬昊無文，慎其禋享，仁之竺也。銘心絀辭，依于昭質，風之靖也。則文圜之遺書，蘭臺之薦帙，祇益其怍，而以參伍巍蕩之無名，固不待勤於淫泆矣。若迺類卬今昨，昭昧不爽者，在函輿之攸奠，則夫揮散煙塺，疏理蒼赤，封樹坊埒，爰抍華族，昭回于上下，震疊于纖弱，豈緊有心而於焉忍射也。夫簫韶穆耳，逋臣得其音響；河雒安宅，異代感其疏排。矧伊浴仁波，茹聖藻，沃於肌髓者，其克閟心於昭炯之永懷邪？以眡古則不讓，以竣後則不疑，以答蒼旻則功延於穆，以詢叟稚則恩浹荒涯，詎可諼諸而息其遐思於有既也！

連珠二十八首

連　珠

蓋聞銅山雖應，瓦釜不鳴。嶰竹非均，葭灰何感。蟻駒善達，難通窒曲之珠；雛鶴能鳴，猶還在陰之和。是以龔生亢志，莫諧楚老之心；惠子狂言，顧愜濠梁之賞。

蓋聞嘉穟盈車，非擅萬斯之利；名駒千里，猶邀一顧之榮。材有讓乎猶龍，道有超乎維賓。是以功加眉睫，大匡之器猶微；風起丹青，百世之聞不鮮。

蓋聞泠風和而響逸，天鈞逾乎女絲；甘雨降而流長，物潤深乎抱甕。百昌有所自興，八音有所自兆。是以傅説符星，先遜心於河上；董生致雨，夙屏迹于園中。

蓋聞附形者影，形即蔭而已藏；動草者風，草入飆而不遠。知合離之異致，斯文質之同宣。是以專己保殘，莫喻斲輪之巧；道存目擊，方收伐輻之功。

蓋聞勁草不倚于疾風，零霜則變；青葵善迎于白日，宇曖斯迷。故天籟無假于宫商，貞筠不爭于柯葉。是以壽者之恭，火滅而矜其鞶帨；幽人之坦，途歧而範我馳驅。

蓋聞矜容者有經日之芳，工歌者有彌

句之韻。質已逝而風留，絪緼自合；聲已希而氣動，繚繞尤長。是以虞夏之心益焜煌於北海，丹墳之業不隕穫于嬴秦。

蓋聞盤盂之水，能涵萬仞之山；膚寸之雲，遂洒三途之軌。下知上者，維澄而遠；高臨卑者，以妙而均。是以至人懸今以待後，挹取聽之物求；哲士類古于方今，感觸如其面覿。

蓋聞金注移情，猗卓之容不徙；寶劍奪目，晉鄭之鬒已凋。故博有衹以禦窮，而非任難于自保。是以卮言日出，徒銷堅白之鋒；守口如瓶，別有通微之致。

連珠有贈

蓋聞晴徹微霄，密警應龍之雲想；寒凝沍宇，已生青皞之春情。八表待一人之幾，萬古集斯須之念。是以先天無惕，氣有動而必開；首物不驚，時當機而必協。

蓋聞物生於氣，韶風唯昌綏之宜；位定於天，崇嶽示防閑之則。先聲不爽於玉衡，蟲魚且應；大矩不迷于璇表，星日咸安。是以洪流未乂，后夔不以虛器而不咨；風雨方搖，史佚不以浮文而弗御。

蓋聞元霄欲授，❶榑桑之耀景初收；甘雨將來，鳴葉之孔威必振。勢極重者反不得輕，天化無因循之待；情已函者應無俟定，羣心在俄頃之閒。是以陸子昌言，必矯先秦之滅裂；魏公辰告，力爭五葉之遷流。

蓋聞小者大之具體，九州一亞旋之情；輕者重之本根，三代止晨夕之事。導千縷以持，經緯焉皆就；積羣柯以蔭，本枝

❶「元」，《船山全書》校云：「疑當作『玄』，因諱而改。」

乃彌昌。是以薪槱備理，豳吹叶婦子之歡；牡蘜分官，周廟奏肅雝之頌。

蓋聞民生於勤，勤至則大勞自息；禮成於儉，儉行而至美宜章。翕終年於一日，可以千秋；析百物於微端，遂諧萬事。是以閔鴻鴈之悲歌，必覃思於究宅；奠竹松之燕寢，遂永奠於攸芋。

蓋聞隴登黄茂，商飆先剛銑之清；柯熟朱櫻，梅雨益蕭寒之滌。蒿艾盛則損芳荃，相凌以氣；鷃皇至而賓鳩鸒，相長以權。是以炎火在原，不傷慈於田祖；霜鈇普震，實敷惠於嘉師。

蓋聞心量無垠，筵九埏而郭萬國；仁威不試，伏五服而釐羣黎。氣不知其自消，繁雲無期而斂；機忽忘其所用，曾冰有候而喧。是以謙書南誥，海人謝黄屋之狂；巽命東馳，傲帥失紅陳之富。

蓋聞操萬斛之舟者，獨運恒安乎晏坐；伐千章之木者，揮斤不藉乎羣呼。轂轉無留機，憑軾之軸自止；羽飛有迅理，擎跗之指不行。是以成都桑畝，龍以卧而成雲；柱下春臺，鮮不撓而薦鼎。

蓋聞圜丘九變，密移在縱斂之閒；宣榭千尋，函受但合離之際。燕居清迥，雲雷之動恒盈；朽馭飄摇，冰鏡之涵自定。是以鷹揚百戰，陳書但義敬之微言；龍馬多占，觀變一貞明之静理。

蓋聞鬱資百築，黄流非芳草之能；璧藉羣文，虹氣在組紃之上。天欲治而生治人，人尤待治；士隨時而乘時化，化必需時。是以鼓鐘改韻於豐宮，瑟柱之調必夙；圖笈載陳於東觀，芸香之辟尤嚴。

蓋聞無情者不可使有情，待黄鳥而鳴春；無氣者不可使有氣，期蒼蝓而召雨。

勸威作氣，勸威盡而勇無餘；禄賞移情，禄賞窮而仁不繼。是以等威天險，積培塿而泰岱干霄；于喁人和，應宫商而韶音合漠。

蓋聞咸若之理，原安原而隰安隰；不言之化，動應動而虚應虚。縱游鯈于淺渚，神龍自至其淵；養散木於遥岑，社樹必豐其報。是以商宫之夢，不數用其旁求；富渚之綸，遂永扶於風教。

連珠

蓋聞勢之所拒，非無利用之資；情之所攖，自有獲心之樂。達士因撓以成功，庸人喜同而失順。是以魚衝波而上，不損其鱗；鳥遡風而翔，全用其羽。

蓋聞魚目未欺，詎識隨珠之寶；龍淵在握，無傷蛟室之遊。審畏途者，乃遵周道之安；歷朔風者，益就春陽之曝。是以命適周之駕，始知柱下之非龍；下過楚之車，不鄙接輿之歌鳳。

蓋聞名言所絶，理即具於名中；意量所函，變可通於意外。膏非燄而燄待膏明，鏡無形而形生鏡内。是以經綸草昧，太虚不貸於雲雷；麗澤講習，君子必恒其教事。

蓋聞歲差以漸，歷虚斗而在南箕；河徙無恒，合濟漯而奪淮水。害已成而不可挽，挽則横流；道已變而不可拘，拘斯失算。是以阡陌既裂，商鞅暴而法傳；笞杖從輕，漢文仁而澤遠。

蓋聞修竹産於懸岑，時憂冰折；幽蘭藏於密箐，不受霜欺。犀惟沐月，乃辟遊塵；蟈猒喧春，必焚牡蘜。是以歡諧啜菽，恥經勝母之鄉；化被鳴琴，慎簡父兄之事。

蓋聞雲有合離，無礙青旻之迴；辰分

昏旦，難留□□之餘。故□□□□□□□□□□□□□□。是以達人貞觀，唯修撥亂之書；君子固窮，自□□□之世。

蓋聞死生一，則神龍等視於蝘蜓；耳目淫，則山雞幾驚爲威鳳。然而拚蜂有戒，必謹尊生；抑且鳴鶴在林，無嫌好爵。是以慎冰淵之手足，乃可雄入于九軍；懷霜雪之姱修，非以好名于千乘。

蓋聞業有待於傳人，無殊衒玉；道有需於儆古，終哂效顰。前百世而後千春，誰爲知者；抱孤心而臨五夜，自用悁然。是以花無異采，非仍用其落英；水有同歸，不豫期於後浪。

薑齋文集卷一終

薑齋文集卷二

傳二首

石崖先生傳略

吾兄之先我而逝也，意者其留夫之之死以述兄之行歟？不然，何辜于天而使煢孑荼毒之至此極也！兄遺命以狀屬孤姪敺而俾夫之潤色。乃夫之有識而侍兄，先於敺者十餘年，敺所未及知而夫之知之。患難流離，敺有時而不與，則有餘地以聽夫之之述。自顧衰病奄奄，血氣盡而僅有心存，且懼心之日散而不可旦暮待，故哀緒未寧而急於述。乃述吾兄之難也，所可言者，敺所未知者耳。過此則有不能言、不忍言、不欲言者，乃兄之所以爲兄者在是。而既不能不忍而不欲矣，其餘固非兄之所以爲兄者，而奚以言爲？雖然，敺所未及知與所未與者，涕笑皆神之所行，逡巡皆氣之所應，固可於此得吾兄貫石分鍼共貫同條之精爽，❶請言其略焉。

吾先子之得兄也，年三十有七，先妣亦三十矣。惜兄甚，而兄幼端凝淡泊，食淡衣麤，更以爲適。與兩從兄，自鬬草騎竹以至就外傅，皆未嘗一語失敬愛之度。依叔父牧石先生、叔母吴太恭人，無殊於父母。冠昏後，且生子授生徒矣，對叔父母未嘗不以

❶「貫石分鍼」，原缺，今據《船山全書》引《邗江王氏族譜·家型纂述》（以下簡稱《族譜》）補。

乳名答也。仲兄稍長，同席受讀，而仲兄病幾痿，兄調護扶掖，齧指以受鍼艾，仲兄賴以愈，而卒以文章名南楚，❶無一非兄曲意怡聲，亹亹講説以成之者。若夫之狂娭無度，而檠括弛弓，閑勒逸馬，夏楚無虚旬，面命無虚日者，又不待言。昌、啓間，先君子徵入北廱，家僅壁立，兄於世故雅不欲涉，而戢志以支補者，唯下帷晝粥，敦孝友，爲族黨鄉鄰所推重，而家以寧。念先君子之留滯燕邸，苦寒善病，歲時晨夕，無歡笑之容。嘗記庚午除夜，侍先妣拜影堂後，獨行步廊下，悲吟「長安一片月」之詩，宛轉欷歔，流涕被面。夫之幼而愚，不知所謂，及後思之，孺慕之情，同於思婦，當其必發，有不自知者存也。先妣有心痛疾，舉發則彌旬不瘳，夫之既羸且惰，仲兄亦多病，扶掖按摩，寒暑晝夜局曲於牀褥間，十餘夕不寐，兩三日粒米不入口以爲恒。凡事先妣三十餘年，以揜覆夫之不孝莫贖之罪者，皆兄慈雲仁蔭之恩也。

兄爲學篤敏，十六補弟子員，餼於庠者八年。自萬曆末時文日變，始承禪學之餘，繼以莊、列、管、韓之險澀，已乃效蘇、曾而流於浮冗，迨後則齊梁浮艷，益趨淫曼。兄獨守家訓，一以鄧、黄、李、鄒爲典型，而弘整雅則，❷直追夏官明、胡思泉之高躅。一時文章鉅公推賞者不絶，而杜門不一投謁。在崇禎末，人士以聲譽相高，騰竿牘、徵秋課者徧海内，兄一無所酬酢，闇然如巖穴之士。嘗愴然謂夫之曰：「此漢季處士召禍之象也。文章道喪，不十年而見矣。」己卯

❶「而卒」下，《船山全書》引《族譜》有「讀」字，屬上讀。
❷「弘」，原缺，今據《船山全書》引《族譜》補。

以乙榜詔入太學，時以六曹策士，雋者即授美除。同舍皆氣矜競獵，兄以父母老亟請告歸，未允。諸同舍以旦夕釋褐相留，兄尤憎其躁競，曰：「吾焉能一日與奔鶩者伍！」遂拂衣不請而歸。憶鄉前輩歐陽正暘翁自北歸，持兄家報，夫之往領焉。歐陽翁曰：「伯兄無日不垂思親之淚，吾誘之以弈，至三兩局，則淚滴罫中矣。」歸而謝絶人事，授生徒以佐菽水。郡守墨而酷，諸紳士畏其威，其生日醵金爲軸，欲製文祝之，屢以强兄，兄瞋目對衆大言曰：「不能惡惡如《巷伯》，而更賦《緇衣》乎！」衆皆縮項，面無色，兄談笑而去。壬午舉於鄉，録文呈御。計偕至南昌，楚中亂，遂同夫之歸。是時觀察全椒金公念吾兄弟貧甚，欲爲治北裝。邑有劣而梟者，按法當死，公屬意令餉吾兄弟千金活之。其人來懇，兄顧問夫之曰：「何如？」夫之答曰：「此固不可」。兄喜見於色曰：「是吾心也。」或曰：「千金不死於市，豈能必彼之不幸免乎？」兄又顧夫之微笑。夫之曰：「吾安能令其必死，但不自我可耳。」兄曰：「此人逸，他日禍延於鄉黨。雖然，吾謝吾疚而已。子言是也。」遂峻拒之。其人他請得釋後，果一如兄言。凡兄之所以教夫之而相砥礪者如此類，不能毛舉也。

張獻忠陷衡州，索紳士補僞吏。吾兄弟以父母衰，不能越疆，望門無依，賴舅氏玉卿譚翁引匿南嶽蓮花峯下。賊購索益急。甫伏草舍中，兄忽亟向野人問黑沙潭之勝，欲往遊。夫之不解兄意，曰：「此豈遊山時耶？」兄笑曰：「今不遊，更何待？子豈能不從我遊乎？」已而私語夫之曰：「更何處得一泓清淨水，爲我兩人葬地耶？」當是時，夫之回眄，見兄目光出睫外如電，鬚髮皆怒張。會日暮，家奴遽報先君子爲邏者所得。兄聞之，欲出脱先子，而沈湘以死。夫之知兄耿介嚴厲，出且與先子俱碎。夫之所舊與爲文字交者黄岡奚鼎鉉陷賊中，知吾兄弟必不可辱，曲意相脱。夫之乃剺面刺腕，僞傷以出，而匿兄以死告，先君子乃免。夫之亦隨宵遯。當夫之出時，兄藏繩衣内，待夫之信，即自盡。夫之既免先子而自免，乃不果死。然則棲遲荏苒，年逾八袠，而死于林巒之下，非兄志也。豈曰未嘗受禄，而遂可生哉！故其題座右曰：「到老六經猶未了，及歸一點不成灰。」自此以後迄于今，則所謂不能言、不忍言、不欲言也。

　　不欲言者，天地之生人均也，我兄弟亦僅與人而爲人也。賢且智、疏通而剛勁，倍蓰什百於我兄弟多矣。我兄弟所以自問者，非有殊絶不可及之事，而柰何沾沾以自言，且恐人之無或聽也，則欲言而汗浹於背矣。不忍言者，使我兄弟前此而死，即幸而爲士，又幸而食禄，亦與耕鑿屠販之人不相爲異。天之不弔，乃使我兄弟若有可言者，是幸天之異以自異也，而忍乎哉！不能言者，我兄弟之苟延視息，哽塞如遡風，而終老死于荒草寒煙之下。不知者以爲窶且貧，而不釋熱中之憾；即邀惠於知者，亦以爲如是生，如是歸，愚者之事畢矣。夫孰知我兄弟之戴眉含齒，抱餘疢於泉臺也。故置吾兄於神武挂冠、華頂高眠之間，而兄不受；置吾兄於箕山吹瓢、桐江垂釣之間，而兄亦不受。悠悠蒼天，蕩蕩黄壚，抱愚忱以埋幽壤，吾兄弟之志存焉。顧即兄遘愍以前，惻悱天極，孤高嶽立，爲夫之所侍函丈，而習知者以髣髴之。性，一也；情，一也；勃然不中槁之氣，一也；不縱步於康莊，自不冥趨於䠊𧿹，夫豈有二致哉！留夫之於衰病之餘以述兄者，止此而已。投筆欷歔，知遺忘之尚多也。第三弟夫之譔。

孝烈傳

雙髻外史曰：吾避戎上湘，湘之人競相告曰：「洪子揮利刃以斸讐首，女彭抱嬰兒而赴水。」余諗之良然。盈目皆忘恩畏死苟圖榮利者，而能稱道弗絕，人心固不容泯也。亟次所聞而傳之。

洪孝子者，問其名不得。祖懋德，以孝廉仕縣令。父業嘉，字伯修，補文學，喜交游吟咏，與湘人士龍孔蒸、歐陽淑稱湘三詩人。□□丁亥春，❶湖上墮守，降將王進才之兵鞭督師，潰掠而走湘西。湘西之地曰穀水，林箐深險，伯修奉母匿峻谷中，獨與姊婿瀏陽胡某坐谷口茅舍中，詗音息。胡某者，故貴公子，裘馬甚飾，偶客於此。伯修有老獰奴曰家禄，不知何以憤怨其主人，逸出，故與兵遇，告兵曰：「從此越叢薄，有谷口茅舍，胡、洪兩公子在焉，多金有好馬，可襲取也。」兵如其言，執胡某及伯修，索金，無以應；索馬，馬盡。兵怒曰：「適一老漢黑而傴，言若爲胡、洪兩公子，多金多好馬，而不與我邪！」遂殺伯修及胡某。當其時，有小奚奴匿積草中，具聞之。孝子時年十五，閱旬日，兵定，乃行哭求尸斂之。求父所繇遇害不得，晝夜悲號。小奚奴憐其骨立，乃具以告。孝子遽起掩小奴口，故慰

❶「□□」，《船山全書》云：「當爲『永曆』二字。」

勞家祿，攜之至伯修母孺人所，長跽泣血以請曰：「某將手刃此賊，不敢不告。」孺人以某稺弱，狎其言，未應。明日復攜奴至伯修殯次，捽奴跪殯前，呼小奴出證之。奴且諒其無能爲，漫應曰：「兵執我，我不如此云，我死矣。」語未絶口，孝子先淬一利刃藏殯帷中，至是急斫之，奴首已墮地矣。遂封其心置筵上，退就位，號泣以告於殯。血流殷衰，旁人怪叫，孝子母驚出視之，大駭仆地。孝子掖母入，温言慰母，神色不變。孝子素清羸，髮方覆額，長不滿五尺，奴故獰，揮刃俄頃，頭隕胸副。人羨怪之，以爲有神助焉。余嘗交伯修，欲求至孝子所弔慰之，道阻不達。唯習聞湘人之言，百喙如一者若此。

雙髻外史曰：神勇者死而忘乎慮，性勇者慮而決以死。夫慮至，則勇且衰矣。慮而能勇，勇矣哉！唯絶慮者，能以慮勇。要離菀勃，焚其妻息；伍員從容，寄帑後從。其致雖殊，均慮效也。

上湘有鄉曰梓田，王氏世居焉。丁亥春，長沙巡使趙廷璧率所部兵潰而西，縱使大掠。彭烈婦者，田家女也，適王氏子，有一子，方晬。兵猝至，烈婦與其姒及一婢皆被執。烈婦姿容獨粲，兵睨而謔浪之，烈婦頳然而怒。已而正容俯首而思，良久而定。拊其姒曰：「吾知所以處此矣。」姒曰：「何若？」曰：「死耳！」姒曰：「我焉用死？獲而縶者，豈徒我兩人哉！」烈婦笑曰：「此非而所知也。我未即死者，此一歲子無所託，將踐蹂之，或豚子置之。姑與夫不可得見，將誰授邪？誠不忍其踐蹂，且先決絶此，而吾自處易矣。」其子時在婢懷抱中，遽起，奪而趨之池畔，投子水中，戟手呼曰：

「吾無所復念矣！」躍入池水死。其婢後得釋歸，對其家人言如此。死三日，兵去，尸乃浮出，不脹不黖，貌如生。

外史曰：此夫勇而能慮，慮以生勇，善慮而力勇者與！嗚呼，豈不賢哉！

行狀二首

顯考武夷府君行狀❶

家世自太原受族以來，中衰無傳。溯先君子而上，十世祖驍騎公諱仲一，始可系述。❷驍騎公爲直隸揚州府高郵州人，元末起兵，從高皇帝定中原，累功授世秩。驍騎公配馮宜人，生輕車公諱全，以靖難功，擢懷遠將軍輕車都尉，世衡州衛指揮同知，遂籍于衡。配朱淑人，生嗣輕車公諱成。配崔淑人，生嗣輕車公諱能，咸以忠勤世其令緒。配劉淑人，生護軍公諱綱，別號毅菴。忠勳益懋，奉命採木西川，建南嶽神祠，恪脊底成，詳商文毅公輅碑記。從都御史秦公金討郴桂峒賊，爲中路總統，拔賊砦，蕩平之，詳《皇明世法録》。累功晉驃騎將軍上護軍，歷江西都指揮使。公配崔夫人，生上輕車公諱震，別號東齋，掌衛事，戎兵克詰，尤篤志經術理學。時莊定山先生昶謫官湖南，公與講性命之旨，雩壇唱和，見《定山集》中。累遷昭武將軍上輕車都尉，歷柳慶參將。恩綏威鎮，峒蠻戢服。家世以武功顯，束修文教，絃誦不衰，則自公始也。

❶ 此篇原題作《先君子行狀》，有目無文，注「闕」，今從《補遺》卷二移補。

❷ 「驍騎」至「系述」，此十字原無，今據《王船山先生墨寶四種》（以下簡稱《墨寶》）補。

公元配常恭人，生上護軍公諱翰，字直卿，爲定山門人，補郡文學，已乃拜世秩，累官都指揮使。上輕車公次室鄭太君，生一山府君諱寧，配趙太君，生學博静峰公諱雍，惇篤不隨世好，以文名著南楚。繇歲貢薦授武岡州訓導，❶遷江西南城教諭。配毛孺人，生少峰府君諱惟敬，崇志節，尚氣誼，隱處自怡，出入欬笑皆有矩度，肅飭家範，用式閭里。配范太君，生子三，先君子居長。仲父牧石翁諱廷聘，字蔚仲，文名孝譽與先君子頡頏，晚退築幽居，吟咏自適，詩紹黄初、景龍，視公安、竟陵蔑如也。季父子翼翁諱家聘。二叔父皆補郡文學。先君子諱朝聘，字逸生，一字修侯。以武夷爲朱子會心之地，志遊焉，以題書室，學者稱武夷先生。

先君子早穎夙成之質，不孝兄弟生也晚，不得見，先生長者詳爲稱説。唯孝友天植，無間於族黨之揚詡，祇今流傳未艾。少峰公嚴威，一笑不假，小不愜意，則長跽終日，顔不霽不敢起。每燒鐙獨酌，令先君子隅坐吮筆作文字，中夜夔夔無怠色。晨昏問起居，凝立户外，不敢踰梱限，傾耳聽謦欬平善，愉色躡足而退，率以爲恒。少峰公中年遘暴疾，素剛果，厭人呴嫗，雖自知不起，而不欲以環繞悲號處生死，屏人獨坐。既不獲侍左右，則匿壁間私候，泣血不敢發聲。迨及卒，抱持搶地，勺水不入口者三日，毁瘠骨立，成羸疾，迄耆耋不瘳。范太君有寒欬疾，按摩承涕唾，三十年如一日。永訣後，奉唾盂涎血，擁之而泣者數年。少峰公素不屑治家人産，及大故，囊不名一錢，先君子獨力經營。至哀所感，諸具轃

❶「貢」，《墨寶》無此字。

合，蜀材吴綿，隧甃豐碣，盡誠信而弗悔。太守李公壽嘉與爲表墓焉。范太君之没也，先君子方授徒衡山。病革，報者至，薄暮借一馬馳歸。素清羸，不閑控馭，所借馬抑駑鈍，且哭且馳，馬忽驚迅追風，三鼓已抵家。迨及屬纊，盡力以營大事，一如少峰公。稱貸既廣，竭力以償，凡十年未嘗一飽食一煖衣也。至孝爲通國所稱，不以一事一行表異，故亦無從詳識。唯内從母氏，外聞之族長姻亞者，其略如此。不孝兄弟所及見者，歲時張大父母遺像，設几筵，日侍左側，依依如孺子。或有詔語於子孫僮僕，皆下氣怡聲。及薦酒脯，淚盈於睫，每拜埽塋兆，必涕下霑衣，四十年一如新喪。與仲父牧石翁白首歡笑如童年，每相對晏坐，神怡心泰，疾病憂患一無變容。季父才性曠達，頗事嬉遊，畏先君子如嚴父，而終不以辭色相詰誠。規正之意，寓於和懌，故閨庭雝穆，爲闔郡師表。若先世所遺薄産頃餘，取磽确而讓甫田，尤不在先君子意中，不足記述者也。

先君子少從鄉大儒伍學父先生定相受業，先生授徒殆百人，先君子爲領袖。雖從事制義，而究極天性物理，斟酌古今，以發抒心得之實。試郡邑，爲邑侯胡公所首拔。會胡公不善事上官，學使者惎之，故相詘抑。郡屬九長吏合薦不得，胥爲扼腕。明年，邑侯王公宗本廉知才望，三試皆特拔，乃補郡文學。躡屩負笈，東走安成，北渡齊安，以質所學。歸而下帷，經月不就枕席，兩目皆赤。當萬曆中年，新學浸淫天下，割裂聖經，依傍釋氏，附會良知之説。先君子獨根極理要，宗濂雒正傳，以是七試鄉闈不第。逮天啟初，禪學漸革，而先君子年已遲暮矣。辛酉闈牘，爲繆西溪先生昌期所賞拔，副考以觸其私諱置乙榜，用恩例入北雍，乃罷舉。而所授業先舅氏小西譚公允都、節菴歐陽公瑾、貴陽丹鄰馬君之馴，先後登賢書。節菴公冠楚榜，丹鄰以《春秋》冠其鄉，陳大士大行稱其學有淵源，皆先君子崇尚正學之教也。先君子食止一盂飯，飲酒不盡一琖，衣無綺縠，嚴寒不親鑪火，泊然無當世心。遊歷吴、楚、燕、趙，不以衣裾拂貴介之門。同郡清卿陳公宗羿、零陵蔣公向榮，皆以德量推重，而報謁之外，無私造焉。大金吾駱都督思恭請引入纂修，❶無堅辭不就。顧屢試有司，後以北雍上舍授迪功郎散秩，無厭薄心，人皆不測。偶與仲父言：「吾豈爲是濡需者，念家世棨戟，徙受儒術，少峰公所業不就，每自怏悒。冀得一命恩綸報泉壤，生不能爲奉檄之喜，尚補夙心於百一耳。」言已，輒爲泫然。及銓法大壞，非倖不得，謝病投組，恥循捷徑，遽返林泉，則申命不孝兄弟曰：「吾不能辱己以邀一命報父母，汝兄弟若徼半綰，必不可使我受封，重吾不孝。若違命相縻，陷親之罪，汝無逭於兩間也。」嗚呼！天崩海涸，介之以青衫終老，夫之裹創從王而不逮覃恩之期，以此仰酬吾父之言，亦有自然湊泊，與吾父赫赫明明之遺志相脗合者乎！

先君子早問道於鄒泗山先生，承東廓之傳，以真知實踐爲學。當羅、李之徒紛貤樹幟，獨弢光退處，不立崖岸。衣冠時制，言動和易，自提誠意，爲省察密用。閒居斗室，閉目端坐，寂然竟日，不聞音響。憂患沓至，晬容不改。不怒不叱，大喜不啟齒而

❶ 「駱」，原作「雒」，今據《墨寶》改。

笑，則不孝兄弟自有識以來，日炙而莫窺其際者也。所受於學父先生者，天人理數財賦兵戎，罔不貫洽，而未嘗一語及之。曾聞之舅惺畝譚公，言與釋憨山德清辨率性之旨，清爲挫屈。夫之舉以請問，微哂不答。凡洗心退藏不欲暴見者類如此。不言之教，淵澄莫測，非但以不孝兄弟頑不若訓而故遠之。凡接人弗問賢不肖，壹以静默温恭，使自媿省。里中有無行青衿干有司者，不敢以巾衫篋過衡門，必迂道往還。所授徒有行不類者，及謬持邪解者，終身不敢見。鄰有宦家子仕州縣，不戢其僕從，嚚陵市肆，聞先君子履聲至門廡，則匿避恐後，後遂革而與閭里相安。晚歲謝病歸里，以中梱爲穹谷，郡邑長吏聞風請見，皆稱疾謝絶。親知後輩，非以學業見，不得望見顔色。而迄今數十年來，語及先君子，無不追慕含戚。所以感通，固非不孝兄弟所可億度也。歲丙寅大疫，學父先生及舅氏小西公皆染疾不起，其家人子弟争匿避去，先君子獨日夕躬省，不離牀榻，執手以待瞑。嘗遇盜于良鄉，下馬凝立，神色不變，盜爲愕眙而去。張獻忠陷衡州，句索不孝兄弟充僞吏，日投人水中。先君子爲里魁脅執，出手書戒不孝兄弟言：「此自我義命，汝兄弟萬勿以我故，荏苒作偷免計。」至郡則易衣履，將投繯以堅不孝兄弟之志，會夫之所識黄岡奚鼎鉉陷賊中，爲保護得緩。夫之乃殘肢體，出扶先君子逸去。逮丁亥病革，遺命以南嶽蓮花峰之麓，幽迥遠人間，必葬我於此，勿載遺形過城市，與腥臊相涉。蓋於死生之際，毅然無所却顧類如此。素志不肯著書以近名。夫之稍與人士交遊，以雕蟲問世，每蒙訶責，謂：「躬行不逮而亟於尚口，孺子其窮矣。」嗚呼！奉若不恪，既不能自立不朽，而家學載之空言者且將無託。吾父之言，炯若神明，一至此乎！又嘗謂子孫不能通六藝者，當令弱者習醫，愚者習耕，不可令弄筆墨，以售其不肖，吾宗籍衡十世，未嘗有此，不幸而或然，血胤其危矣。此則屈高懷而下謀敗類，不敢不敬述之，以詔後人者也。先君子所著文字，多自焚棄，經亂以後，微言益絶，記憶規製，大概在孫月峰、馮具區之間，清和微至，非經生之業也。詩筆約倣儲、王，亦不恒作。興至微哦，不以示人。夫之僅從卷尾見《過應山絶頂》一絶句，❶又於故笥中見《與歐五德翁及釋藏六支唱和》一箋，及再尋誦，先君子已焚之矣。

凡夫之所受命於介之，略爲記憶者止此。其他鞠孤甥，收族衆，矜容愚横，與夫一蔬寸縷不受非義之污，自遊庠序迄於歸老，不以一牒尺刺入公門，不敢瑣述以擠大德。而潛修密用，又非謭識所能闡發。❷情迫於三十餘年，辭窮於一旦，哀哉！

先君子以隆慶庚午十二月朔日申時生，得年七十有八。永曆丁亥十一月十八日卯時，❸則不孝兄弟天崩地裂求死無從之時也。先配綦孺人，寧遠教諭綦公文佳女，生長兄，未命名，夭。繼配先孺人，譚公諱時章女，生子三：長介之；次參之，弘光恩選貢生，先先君子三月卒；次夫之。介之娶歐陽氏，思恩府同知炳子歲貢生珠女，生子一，敞，乙酉補邑文學；女一，適文學蕭

❶ 上「絶」字，原脱，今據《墨寶》補。

❷ 「識」，原作「議」，今據《墨寶》改。

❸ 「永曆」，原作「歲□□」，據《墨寶》改補。

鳴南子式。參之娶蔣氏，文學大操女，生子二，敉、致，皆夭。夫之先娶陶氏，處士萬梧女，生子二，長勿藥，夭；次攽。繼娶鄭氏，襄陽吏部尚書繼之孫文學儀珂女，生子一，敔。側室女一，適文學李報瓊子嚮明。敞先娶鄒氏，生子一，生祁。繼娶李氏，舉人李孟韶孫文學維翰女，生子一，生郊；女一，未字。攽娶劉氏，文學劉近魯女，生子五，若、茲、蒼、蘧、萬；女二，長適兵部尚書劉堯誨嗣孫克謹子法忠，次適文學熊榮祀子時幹。敔娶湘鄉舉人劉象賢女，生子一，范；女二，長許字邵陽文學羅珪子智大，次未字。生祁娶文學杜焌女，生子二，綿、續；女一，許字蕭僑如。若聘酃縣文學周士佖女，范聘文學唐克恕女。先君子之封，在衡山縣崇嶽鄉蓮花峰下曾家灣，首艮趾坤。謹泣血以狀。歲在癸亥仲冬，不孝季男夫之狀。門下後學邵陽劉永治填諱。

哀哉！不孝兄弟之罪通於天也。伏念鮮民罍恥之年，正故國天崩之日。先君子履道之貞，表章無託，忍死窮山，屬目靡騁，亦俟有日者獲從當世之君子遊，以紀幽光。而待之三十七年矣，昔之孺子，今已衰朽。天不可回，人非我與，❶介之乃泣命夫之曰：「以介之幸而事親較夙也，髫鬌先君子可見可知之應跡，視爾差詳焉。而先君子嘗以記序之學詔孺子，幾可以言而不溢也。爾其如吾言以狀，雖亡可告語，而函之幽谷，延望於身後，或有竢也。不然，吾與爾旦夕下拂螻螘，追悔其將何及！」夫之泣血稽首受命，謹狀如右。而墓中片石，則猶翹首四

❶「天不可回，人非我與」，原闕，今據《墨寶》補。

顧，不忍絶望。閲四年丙寅，介之復侍先君於幽壤。夫之欷孤衰老，痼疾弗赦於鬼神，終無可望於人間。迺戒介之之子敞，以愚樸略誌而登之石。未幾，敞以哭父死。戊辰冬，始藏誌石於嶽阡之隧前。石有定制，工無善巧，管窺既詘，約言益窮。唯兹一狀，稍有倫次，附贅表末。倘澤不永斬，傳於後嗣，尚知先世全生全歸，以道傳家者如此。雖德自不孝兄弟而衰，而戰戰栗栗，日恐陷墜，固先君子明昭型戒，臨愚昧以鞭撻其蹇駑也。

己巳孟秋上弦，夫之手録。時年七十有一。

譚太孺人行狀

不孝夫之既受命於介之，述先君子狀，遂狀先妣譚太孺人。哀哉！先君子几筵方徹，太孺人遽罹終天之慘毒，抑三十有四年矣。不孝兄弟偷活人間，弗能率迪慈訓，以處一死，而厚載之恩，有心未死，而何能自昧也？先君子以宏慈行德威，抑且至性簡靖，尚不言之教。不孝兄弟之奉教也，不以其不可默喻之頑愚，而多所提命。每有顛覆違道之行，但正容不語，倚立旬日，不垂盻睞。乃不孝兄弟頑愚實甚，悵罔莫知所自獲咎，刊心欲改而抑不知所從。太孺人乃探先君子之志，而戒不孝兄弟以意之未先、志之未承也，詳謫其動之即咎，善之終迷，申之以長傲從欲之不可，發不孝兄弟之慝於隱微，而述先君子之素履，以昭滌其瞀曶。既危責之，抑涕泗將之，然後終之以笑語而慰藉之。哀哉！吾父如油雲在天，而吾母且承之以敷甘雨，然而伊蔚伊蒿，終爲枯槁，則不孝兄弟之負吾母，尤甚於負吾父也。如是者不孝兄弟胥有之，而不肖夫之蚤歲之破轅毁犂也爲加甚，勞吾母之憂者爲加篤。至於今老矣，弗能洗心振骨，自立於鬚眉之下，猶然一十姓百家，啄粒栖枝，不亡以待盡也。德人君子固宜遐棄無稱。雖然，太孺人之懿則未忘於宗族姻黨者，其能不冀望於彤管乎！

凡太孺人之篤婦順也，介之成童而游於鄉較，母已逾四旬，夫之成童而游於鄉較，母已望六袠矣，所謂起敬起孝以事堂上者，皆莫能知。但聞太孺人申戒諸子婦承事先君子者，述其事少峯公者三年，酷寒不敢爇火，畏煙之出於牖罅也；炎暑不敢撲蚊，畏箑聲之遥聞於静夜也；滌器不敢漱水，引濡巾而拭之；猫犬擾不敢迫逐，擁袂而遣之。每一語及，夔夔悚立，對子婦如大賓。及述范太孺人疾痛傾逝，則淚盈於睫，不異初喪。以此測太孺人之事舅姑，非可以意量知者，哀我生之晚而不能見也。佐先君子之襄大事也，太孺人自不欲言之，無敢問者，問亦不答。但少峯公英卓，不事家人生産，徒四壁立，先君子勤素業，乃薄田僅給饘粥，而慎終之厚，倍於素封，稱貸繁猥，卒皆酬償。太孺人銷簪珥，斥衣襆，固不待言，抑數米指薪，甘荼如飴，以成先君子之孝。若不孝兄弟所得見者，先君十年燕趙，娶子婦，搆堂室，終不孝讀書之業，且河潤宗姻，無乾餱之失，類出於太孺人之撙節，則襄大事之時，心專力竭，愈可推矣。

叔母吴太恭人長太孺人一歲，周旋四十年，歡如一日。迨既分居，經旬不相見，則皇皇問訊不絶。每圍爐共語，呴呴如兩新婦。從兄玉之年四十，棄諸生，拜世官，冠帶入省，猶手酒漿相勞苦，如撫孺子。季父子翼翁蚤未有子嗣，置側室，或頗輕之。先孺人待之如姒娣，曰：「且令叔氏有子，即貴矣。」至養子婦以慈，畜童僕以惠，而自然整肅，莫敢褻越。及今念之，不孝兄弟在膝下時，如幸生時雍之世，春風一庭，靈雨四潤。哀哉！不可復追矣。

前母外祖父學博綦公，罷教歸里，無子，太孺人承事敦篤，不異所生。綦公垂歿，待太孺人而瞑。先叔祖太素翁罷諸生，落拓且無應嗣，叔祖母朱井臼不給，太孺人迎養敬事，怡然終老。蓋推事父母者以事綦公，推事舅姑者以事太素翁，誠至而禮洽，亦不自知其厚也。不孝夫之閒關兩載，未獲奉臨終之訓。遺命介之，更無餘語，惟歸葬先君子之右，遠腥穢而不歷城市，以求協於先君子清泉白石之心而已。哀哉！此尤不孝所血涌心濤，而滔天之罪百死莫酬者也。

墓誌銘表四首

文學劉君崑映墓誌銘

友人崑映劉君撤瑟二十年矣，子安基、安鎦以幼孤未能成禮，飲泣而欲求銘其墓，以叔父庶僊氏之命來言曰：「誌以志功，銘以名名，弗功弗名，亦足以勒片石乎？」余肅然竦起而對曰：「是其所以可志而可名也。且夫今之所謂功名者，吾知之矣。其始也，槁吟而蹙眉以操觚，知刺繡文不如倚市門也，望風會之所流，隨波以靡，拾殘英，調鳥語，而唯恐其不肖。繇是而詭合矣，則以吮弱民，媚上官，艴然獵榮膴，孰不健羨之。苟其詭而失也，猶且徼時譽以自雄於里序，栩栩然翔步於長吏之門，噞喁漚沫以自潤。士能不屑於此者，其志可誌，其無名也可銘，此余所以樂交崑映氏而悼之不忘也，二子其何讓焉。」

君初名永公，更曰瑋，崑映其字也。先世有以丞相稱者，名不傳。大約以祥興蒙難而家于衡，遺戒子孫，廢讀而耕，故爵里名字皆佚。子孫世農而樸，爲鄉里重。至起潛公登甲，乃讀書補文學。登甲生去華公紹黄，鄉貢士，未仕。君生而刷眉植骨，有偉人器度。起潛公喜而名之曰鐵漢，稱其質也。讀書不甚敏，而所志益堅，苦吟窮旦夕。崇禎間，齊梁風靡，駢麗爲虚華，而君刻意以搜求經傳之旨。每有論辨，毅然不隨時尚，而求其至當，以是補文學者二十餘年，試于鄉而不售。乃就山中誅茅搆斗室，蒔雜花，坐誦行吟，忘年忘境，其視世之倏爲牛鬼蛇神、倏爲嬌花囀鳥者，蔑如也。此名之所以窮也。數十年之士風，每況而愈下，其相趨也，每下而愈況。師媚其生徒，鄰媚其豪右，士媚其守令，乃至媚其胥隸，友媚其奔勢走貨之淫朋。而君之義形於色也，人之媚己，視如鮑魚之在側。見媚人者，則蟲豸遇之，不爲一動其色笑。間有初能戍削者，亦欣然與定交。迨其以貧易操，則截然拒絶于一旦，乃至相遇而不與揖。以是食貧没世，取給于舌耕，而躬親田牧，僅免飢寒，悠然自適。郡邑之門，逆風而避其腥。村塢化之，數十里之間無訟。嗚呼！使有遇於世，可追踪器之，以不負起潛公之期許。而齎志違時，中身而折，此功之所以窮也。叔氏之言，哀君之窮焉耳矣。爲名於世，不如顧名於心；爲功於物，不如加功於己，久矣。舉念而可質之君子，心之名也；衛生而遠於不仁，身之功也。請廣叔氏曰：君之功名，大矣哉！銘曰：

疇昔過君，溼雲蒙岫。雷雨夕喧，裂窗傾溜。縱酒高吟，天爲倏晝。弔古悲今，别人分獸。自君之亡，狂言誰奏。獨遺孤塋，宿草青覆。銘以千秋，式垂爾後。

武夷先生暨譚太孺人合葬墓誌

有明徵士武夷先生暨配譚太孺人，先後合葬于此。閱三十七年，冢子介之已卒，不孝季男夫之年七十矣，邁屯永世，將拂螻蟻，迺克誌焉。前此幾幸當世知道君子，拂拭幽光，而頫仰人間，無可希望，弗獲已而質述大略。所望陵谷變易，❶徼來哲之鑒閔，尚無後艱，恃天在人中，不可泯也。先生姓王氏諱朝聘，字修侯。曾祖考一山公諱寧，上輕車都尉諱震之次子也。祖考静峯公諱雍，歷任江西南城教諭。考少峯公諱惟敬，妣范孺人。譚孺人考念樂公諱時章，妣歐陽孺人。先生以隆慶庚午季冬月朔日誕生，卒以永曆丁亥十一月望後三日。❷先生始終爲明徵士，遺命不以柩行城市。方隱南嶽潛聖峯下，即卜其麓以葬，孺人祔焉。先生盡道事親，白首追思，猶勤泣血。敦仁友弟，早齡同學，垂老不衰。於時三湘風化，胥重天倫，皆不言之教所孚也。少從鄉名儒伍學父先生受業。徒步遊安成亭州，博訪師友。已從泗山鄒先生受聖學，

❶「陵谷變易」，原闕，今據《船山全書》引《族譜》補。

❷「永曆」，原闕，今據本卷《顯考武夷府君行狀》補。

奉誠意爲宗，密藏而力行之。取與言笑，一謹于獨知。發爲文章，體道要以達微言，蓋知者尠也。天啟辛酉，以乙榜奉詔徵入太學。無所屈合，投劾不仕。抱道幽居，長吏歆仰，求見不得。門人以文登楚黔賢書者五人。邑里被服静正之教，薄者敦，恣者斂，悍戾者柔。譚太孺人以孝睦慈順，贊成令模，内外蒸蒸焉。孺人後先生三歲，永曆庚寅仲秋月朔後一日卒，❶去誕生歲萬曆丁丑閏八月二十二日，凡七十四載。今已世改年流，❷而姻婭鄉國傳聞，欽慕先生、孺人之澤，視不孝夫之有加焉。生子三：長介之，明孝廉，歲在丙寅卒，人士謚爲貞獻先生；次參之，選貢生，早卒；次則不孝夫之也。嗣學不明，守死不篤，令聞永謝，僅保孤封，于此嶽阜，尚宜爲天所憖，爲人所式，永固幽藏，與山終古。不敢系銘，泣述梗略如右。

牧石先生暨吴太恭人合祔墓表

蓋聞德契於幽，弗容終閟；慈留於永，詎忍或諼。既不昧於諶懷，矧敢矜其溢美。惟我仲父牧石先生，諱廷聘，字蔚仲，我祖考少峯公之仲子，先考武夷公長弟也。配吴太恭人。以伯兄玉之繼絶，襲右職，遇覃恩，例得受贈。先生孝自天豐，文因道勝，遺塵雲迴，抗志霜清。其順以承親也，于童年小有過失，少峯公責譴門外，永夕下鑰，時當除夕，風雪淒迷，先考私從隙道掖令歸寢，先生引咎自責，必遵庭命。翼日元旦，

❶「永曆」，原闕，今據本書《補遺·顯妣譚太孺人行狀》補。

❷「今已世改年流」，原闕，今據《船山全書》引《族譜》補。

少峯公方啟扉焚香，先生怡顏長跽。少峯公且喜且泣，稱其允爲道器。逮及耆年，省瑩酹酒，涕泗横流，拜伏不起，則夫之所親見也。嗣與先考同受業于伍學父先生之門，匪徒文譽齊騰，抑且德隅均整。易衣共枕，長年歡浹。吴太恭人與先妣譚太孺人，孝睦壹志，等于同生。繇是稱孝友者，以寒門爲華族之箴填。施于今日，流頌不衰，有耳有心，胥于一致，非不肖夫之所敢侈一詞也。十八補郡文學，屢應賓興，文筆孤清，弗售于有司。歲己酉，與先考同赴省試，先考中塗病作，遽謝同輩，掖扶歸里。小艇炎蒸，篝燈搔抑，目不定睫者五晝夜，因慨然曰：「幸全三樂，復何有于浮雲哉！」自是雅意林泉，❶布韈青鞵，逍遥于下潩觀田，孤山種梅之下。築曳塗居，搆小亭，題曰濠上。浚小池，蒔雜花其側，釀秫種蔬，供歲時之薦。先生少攻吟咏，晚而益工。於時公安、竟陵哀思之音歆動海内，先生斟酌開、天，參伍黄、建，拒姝媚之曼聲，振噌吰之亢韻。屢嬰離亂，遺稿無存。而夫之早歲披猖，不若庭訓，先生時召置坐隅，酌酒勸戒，教以遠利蹈義，懲傲撝謙，撫慰叮嚀，至于泣下。迨今髮敝齒凋，忠孝罔據，仰負宏慈，未嘗不刻骨酸心，深其怨艾，而祇畏冰淵，差遠巨慝，則固先生包蒙以養不中之明德所被也。先生以萬曆丙子正月六日生，以□□丁亥十月□□日謝世，❷恭人先一歲乙亥三月十一生，同歲十月□□日没。❸子玉之、釗之。玉之以文學襲衡州衛

❶「林泉」，《船山全書》引《族譜》作「幽棲」。

❷「以□□丁亥十月□□」，《船山全書》引《族譜》作「以丁亥十月初六」。

❸「□□」，《船山全書》引《族譜》作「初六」。

指揮同知。釗之早卒。孫恪、安國、恬、子偉、敏。恪、恬殤殞，子偉亦早世。曾孫生祐，子偉出。生蔭，敏出。夫之事先生，無異先考，追懷慈誘，瀕死不諠。年垂七十，乃克與敏輩勒遺緒于阡，不足述高深之百一，聊傳家世孝友醇静之矩型，勿俾後裔卒迷云爾。

文學膴原氏墓誌銘

膴原氏名敞，貞獻先生之家嗣，于余爲從子。貞獻先生以丙寅正月晦卒，膴原哀毁成疾，以其年十月二十一日終于殯宫。先生違世守真，□□耐園，❶雅不與世親。膴原依依園側，躬耕授徒以侍，靡之遠而愈不忍離。篝火具沐，牏厠汛除之勞，髯髮半白矣，呴呴如孺子，執勞不倦。如是者三十餘年，先生八十矣。其卒也，啼號不絶于口，閲六月而病，病愈哀，又四月而亡。哭抱遺書，授余爲訂定而傳之。遺命以衰麻斂，停棺侍殯側，候啟殯，相隨葬于先生暨妣歐陽孺人之墓側。和淚濡筆，作書貽余，俾如其志。余家自驍騎公于洪武間世官衡州衛，十世而至先徵君武夷公，十一世而至貞獻先生，皆以内行爲士友所推許。膴原克敦先訓，而發自性生，尤爲切摯。其素履秉心堅樸，不欺然諾。于昆弟姻婭友朋，皆抉心殫力以相周旋，無所緣飾。十五補邑文學。爲文清通醇正，詩得陶、謝風旨。讀書刻意以求物理天則之藴，不如手捫而目見之不止。幼從余學，學于余者，篤志精研未有及之者也。有子二，生祁、生郊。女

❶「□□耐園」，《船山全書》引《族譜》作「屏居穹谷」。

一，幼，未字。生祁生二子，綿、纘。一女，許字蕭喬如。生以崇禎庚午八月二十日，距没之年五十有七。余于其亡，哀之不欲生，而重悼其銜恤以隕生，父没而不能一日存于世也。爲之銘曰：

身離于親，其離幾何。如根既拔，奚有枝柯。自春徂冬，憾日月之猶多。奉爾遺形，相隨于此山之阿。

記二首

船山記

船山，山之岑有石如船，頑石也，而以之名。其岡童，其溪渴，其靳有之木不給於榮，其草癯靡紛披而恒若凋，其田縱橫相錯而隴首不立，其沼凝濁以停而屢竭其瀕，其前交蔽以絯送遠之目，其右迤於平蕪而不足以幽，其良禽過而不棲，其內趾之獰者與人肩摩而不忌，其農習視其塍埒之坍謬而不修，其俗曠百世而不知琴書之號。然而予之歷溪山者十百，其足以棲神怡慮者往往不乏，顧於此閲寒暑者十有七，而將畢命焉，因曰：此吾山也。

古之所就，而不能概之於今；人之所欲，而不能信之於獨。居今之日，抱獨之情，奚爲而不可也？古之人，其遊也有選，其居也有選。古之所就，夫亦人之所欲也。是故翔視乎方州，而尤佳者出。而跼天之傾，蹐地之坼，扶寸之土，不能信爲吾有，則雖欲選之而不得。蠲其不歡，迎其不棘，江山之韶令，與愉恬之志相若則相得，而固爲棘人，地不足以括其不歡之隱，則雖欲選之而不能。仰而無憾者，則俯而無愁，是宜得林巒之美蔭以旌之。而一坏之土，不足以榮吾所生，五石之煉，不足以崇吾所事，栫以叢棘，履以繁霜，猶溢吾分也，則雖欲選之而不忍。賞心有侶，詠志有知，望道而有與謀，懷貞而有與輔，相遥感者，必其可以步影沿流，長歌互答者也。而焭焭者如斯矣，營營者如彼矣，春之晨，秋之夕，以户牖爲丸泥而自封也，則雖欲選之而又奚以爲。夫如是，船山者即吾山也，奚爲而不可也！無可名之於四遠，無可名之於末世，偶然謂之，欻然忘之，老且死，而船山者仍還其頑石。嚴之瀨、司空之谷、林之湖山，天與之清美之風日，地與之豐潔之林泉，人與之流連之追慕，非吾可者，吾不得而似也。吾終於此而已矣。辛未深秋記。

小雲山記

湘西之山，自耶薑並湘以東，其複數十，以北至於大雲。大雲之山遂東，其陵乘十數，因而曼衍，以至于蒸、湘之交。大雲之北麓有溪焉，並山而東，以匯于蒸。未爲溪之麓，支之稚者北又東，其複十數，皆漸伏而爲曼衍。登小雲，複者皆複，❶而曼衍盡見，爲方八十里，以至于蒸、湘之交，遂踰乎湘。南盡晉寧之洋山，西南盡祁之岳侯題名，東盡耒之武侯之祠，東北盡炎帝之陵，陵酃也，北迤東盡攸之燕子巢。天宇澄

❶ 下「複」字，同治十一年刊《衡陽縣志·山水》引作「伏」，當是。

清，平煙冪野，飛禽重影，❶虹雨明滅，皆迎目授朗於曼衍之中。其北則南嶽之西峰，其簇如羣蕚初舒，寒則蒼，春則碧，以周乎曼衍而左函之，小雲之觀止矣。春之雲，有半起而爲輪囷，有叢岫如雪而獻其孤黛。夏之雨，有亘白，有漩澓，有孤梟，有隙日旁射，燿其晶瑩。秋之月，有澄淡而不知微遠之所終。冬之雪，有上如暝，下如月萬頃，有夕鐙爍素懸於泱莽。山之觀奚止也。小雲之高，視大雲不十之一也。大雲之高，視嶽不三十之一也。豈啻大雲，嶽之觀所能度越此者，唯祝融焉，他則無小雲若。蓋小雲者，當湘西羣山之東，得大雲之委而臨曼衍之首者也，故若此。是故湘西之山，觀之尤者，逮乎小雲而盡。繫乎大雲而小者，大雲麗然大也。或曰：「道士申泰芝者，修其養生之術於大雲，而以小雲爲別館，故小之。」雖然，盡湘以西，終無及之者。自麓至山之脰，皆高柯叢樾，陰森葱蒨，陟山之巔，則古木百尺者，皆俯以供觀者之極目。養生者去，僧或廬之。廬下蒔雜花，四時縈砌。右有池，不雨不竭。❷予自甲辰始遊，嗣後歲一登之，不倦。友人劉近魯居其下，有高閣藏書六千餘卷，導予遊者。

薑齋文集卷二終

❶「重」，《衡陽縣志・山水》引作「垂」。
❷「雨」，《衡陽縣志・山水》引作「溢」。

蕫齋文集卷三

序 五 首

詩傳合參序

學，效也。聞之説曆者曰：「用郭守敬之曆而不能用其法，非能效守敬者。」善夫其以善言效也。故《易》曰：「擬議以成其變化。」擬議、變化，如目視之與手舉，異用而合體，變化所以擬議也。知擬議其變化，則古人之可效者畢效矣。然而不知擬議者，其於變化，猶幻人之術也，眩也，終古而弗能效也。以《詩》言之，朱子生二千年之後，易子夏氏而爲之傳，奚效乎？效子夏氏爾。子夏氏於素絢之《詩》，同堂而異意，故能效夫子之變化以俟朱子。朱子於三百篇正變貞淫之致，同道而異詮，故能效子夏之變化以俟後人。善效朱子者，可以知所擬議矣。伯兄石崖先生曰：「吾以《序》言《詩》，而於生平諷誦所蓄疑而未安者，自覺爲之豁如。」覺其豁如者，覺也。覺者，天理之舍，古今之府，以效古人而自覺者也。故一曰學，覺也。覺生於擬議，而效成乎變化，斯以悦心研慮而無所疑。乃若愚所謂眩者，則非此之謂也。竊二氏之土苴，建爲門庭，以與朱子訟。戴古本爲冒鏑之盾，究亦未知漢儒之奚以云也。一字之提，不問其句，一句之唱，不問其篇，矯揉聖教而惟其侮，倚其附耳密傳之影響，而不得有一念之豁如，若此者固愚兄弟所過門不入而無憾者，奚忍與黨同而伐朱子之異哉！先生此編，一以子夏《序》爲正，而固不怙也。曰：「即出於衞氏而亦爲近古。」其遜志而不敢誣，亦於此見矣。《緇衣》之序云：「高子曰：靈星之尸也。」靈星之祀，詳見應劭《風俗通》，蓋漢人之淫祀。子夏親授《詩》於夫子，高子其何稱焉。故曰：即出於衞氏而亦爲近古，以俟後哲，無慚已。

種竹亭稿序

江天風起，高閣秋新，把酒酹空，問騎鯨弄黍之客，人有賦心，僊依客影。不知今之以白首對江山，遽爲殘夢，吟蔚子「各懷佳月，人在春風」之句，何以還酬夙昔哉？陽禽回翼，地遠天孤。一線斜陽，疑非疑是。江湖皆矰繳之鄉，沙塞杳帛書之寄。刀兵隊裏，有臆無詞；生死海中，當離言合。蕭蕭笳吹，酒夕驚寒。此蔚子所爲磊落之胸，哀歌河上者也。及夫半塘畫舫，荷柄通觴；曲徑幽花，蕉光炫夢。覽鏡雖霜，爲歡亦夜。長夏尋梅，關心物外。花時看盡看花人，蔚子之心遠矣。乃前度劉郎，已隨逝水。苔生半畝，笛怨山陽。則余與蔚子雙影相憐，不禁神盡，又何足以長言邪？嗚呼！悲愉之情，極乎壯老。俯仰之致，況有滄桑。凡前三者，苟得一焉，足以春懷杳影之橋，秋問瓊寒之闕。矧自把臂以來，莫匪銷魂之地乎！問道錫山，相期何似。萬端迂折，一寄長吟。共此湘湄，各有眇眇愁予之旨。而余少於蔚子，衰乃倍之。貝廷琚語兒新月，楊廉夫紅幕春嬉，皆以屬之蔚子爾。袁伯業老而好學，陸務觀取以名菴。蔚子交遊半天下，而存者幾也。余幸而存，不禁爲蔚子瀏漣，亦何能不爲蔚子勸勉與！

殷浴日時藝序

家則堂南歸，以《春秋》教授，則未知其所授者，以道聖人經世之意邪？其以爲所授者羔鴈之技邪？夫必有辨。謝侍郎賣卜，與子言孝，與弟言弟，則授以道矣。庖丁曰：「臣之所好者技也，而進乎道。」技、道合，則則堂可無河漢於疊山。何也？其登之技者，敬而樂也。敬業以盡人，樂羣以因天，進乎道矣。甲午避兵入宜江山中，有姪子之慟，浴日拂拭而慰之。少閒，無以閱日，浴日始以帖括見示。繼此而宜江士友汎晉而與余言帖括。十年來乍駭人以未能嘗試，余怵然懼。觀既止，要其能敬以樂，無能度驊騮前者，余以知浴日之天至而人全。與之因天，與之盡人，余迺脱然釋其懼於浴日。言必有所牖，意必有所肖。未有言、意以先諧而譎者，導人以往，無敬之心，則納其媚矣。方有言、意以放恣而逞者，迫人於來，無樂之度，則用其争矣。今求浴日於御意擇言之際，索其媚與争者無有，僩然油然。文非道也，而所以御之擇之者，豈非道哉？故余樂親浴日而不懼，而後遂忘其汎也，實自此始基之。浴日少與余同文塲，已與余同漂泊，今又與余同爲訓詁師以自給。而浴日多幸，浴日雖貧，有親可事，有從子之孤可恤，敬以樂，有所施矣。《書》曰：「令德孝恭。」其敬之謂也。《詩》曰：「子子孫孫，勿替引之。」其樂之謂也。以意徵言，將期於道。有知言者，當謂余非與浴日言技矣。

劉孝尼詩序

楚之學騷者王逸，然圓紅清江之句，耀人肌魄。愚謂左徒嫡系，果在劉復愚矣。或者汨羅之流，北滙於湖，岷江雪液，奪其鱗鱗皛皛之致，唯湘有騷，不許他氏之裔泝流而揖之下也。友人劉孝尼，著《山書》者，余知之七年矣。南諸侯未登進之絃歌俎豆之側，江蘺吟晚，破荒無錢，復愚所謂歌則其時者，今古一揆，想當悽斷。故肅其使，烹其鯉，讀其詩，朱晢陸離，既似粲者，雜以羌蘆，節以靈瑟。邊馬心歸，南妃淚盡。葉蕭條於九月，青繚繞於數峰。莫自抑其悲來，問誰著其魂往。洵天地之大，百水涌滕，瀾漪萬變，雖欲競其濯騷之力於沅南瀟北之上而不可得，夫豈公安、竟陵，以白、蘇、郊、島之長技，容與三澨七澤之閒，可投袂而争室皇之駕哉！天清水碧，雲緑蘋香，唯我坐擁而收之，固將絀淮南小山、湔上男子於閏位矣。余雖羸者，請與孝尼狎主齊盟，褰菁茅，搴芳芷，就銅官鑿石之遺壘，以争長於列國。千載悠悠，誰令禁之，不必見來者而屬之似續也。

王江劉氏族譜序

王江諸劉，潛明經是玉氏，湘孝廉若啟氏，奉季昌先生之志，修其家乘，以示夫之而徵言焉。夫之拜手而言曰：夫禮之不可以已也如是。夫禮者，天之秩也。其在《詩》曰「有秩斯祜」。天之所秩，而天祜之。祜者，以祜其秩也。劉之先長沙定王，以漢懿親而食南國。安成者，思侯之所胙也。沱、潛、荆、沔者，長沙之流，滙于江漢，而同潤乎南條者也。

湘上者，固長沙之國邑也。定王之祜紀於南國，而諸劉之盛因之，豈不以天哉！

夫之遂言曰：夫禮，立本以親始，率先以崇孝，統同以益愛，紀分以辨微，尚賢以昭德，旌貴以起功，立訓以著義，廣類以獎仁，順古以作則，俟後以行遠，十義賅焉。故曰天秩之也。允哉，劉氏之譜其族乎！昉于陶唐，肇于炎漢，而子孫繫焉，親始者也。六十年而一續，續而不失其先，崇孝者也。諸劉之族散衍于南國，而合于一，益愛者也。有合族焉，有分族焉，合者順而下之則分，分者溯而上之則合，辨微者也。先世之行誼，章者不溢，微者不忘，逮乎閨門之懿而備，昭德者也。勤于王家，升于司馬，薦于鄉，造于太學，斅于庠序，弈弈列焉，起功者也。發其美，效在是矣，著義者也。所貴者生也，而録之備，獎仁者也。文定、象山、誠齋之三君子者，嘉言賅而存焉，作則者也。勿替引之以相長，而待乎後之裨益，行遠者也。斯十義者，天之所秩。祜者，以祜其所秩。夫禮誠不可以已如斯夫！

夫之終言曰：禮始於親，親有類，類有感，感者感其所同。夫之之舉于鄉也，與若啟氏講以世，石長氏偕以年而協以寀。夫之伯兄既與若啟氏講，而遊辟廱之歲，與季昌先生、壽玉氏、聲玉氏、賜玉氏胥以齒。然則以類而感，感而秩以其言，夫亦竊禮之遺意也與！

書後二首

讀陳書書後

人能爲，天不可爲。當其亂之難訖，

天且縈紆以延衍之，極乎其終，天力盡，天情且息，猶未嘗無千金一瓠之幾，然且拂亂以即於傾仆，斯誠可爲之大哀也矣！江左歷四代而至陳。前此者，晉能合已散之天下而一之；宋武，人傑也；齊高、梁武，整昏亂之紀綱，規恢略定，故乘童昏以攘大寶，而天不厭之，以爲差愈於北方之蒙□□也。陳武帝以遐方小校，器止斗筲，忽起而干天步，立國三年，穴鬭不解，救死不暇，遑問紀綱，流血相仍，無言生聚。侯安都、淳于量、章昭達之流，以村塢之雄，承乏秉鉞，而周迪、留異、陳寶應掉臂狂呼，屢相蹄齕。陳之自崩自坼，以趨入于亡，一夫折箠而收之，固必然之勢也。而吴明徹督星散之旅，徼功淮北，奪七十餘城，幾半齊土，使天不假周，卷齊以相臨，幾於興矣。乃策勳未幾，故版旋亡，一覆于吕梁，而兵熸將俘，如疾風之殫脱葉。蕭摩訶之言，違於俄頃，朱雀之潰，應如鼓鐘。豈非吴明徹之不謀其終，而陳主之未量力而度智也與！夫爲國之道，不以國戲。將者，國與民之司命，不以身戲。武鄉六返，復拔西縣。晉追苻寇，不踰長淮。使能於喪亂之餘，勤修内治，休養數十年，内無篡奪之禍，兩河二京，未嘗無收復之望。而明徹悉殘陳之力，扶尫罄罍，争匹夫之氣，以取必於一死。陳所恃者，一旦向盡。故知南土之灰飛，不待叔寶之昏庸也。東野子之馬力盡矣，不亡胡待焉？故善承天者，當其有餘，慊乎若不足；及其不足，則歆乎若無之。幾虚幾盈，天乃復至。而君臣將吏虚枵浮起，無反是之思，以乘隙而徼幸，此用兵之大戒，抑爲國者之永鑒已。使明徹能從蕭摩訶返吕梁之旆，我氣不盡，敵威不增，保固長淮，宇文氏猶將憚焉。然而賈豎之智，没於小利，内不量己，外不度物。所謂逢運之貧，壞不可支者也。司豫之功，猶屬弋獲，又足見天拊衰運，未嘗不眄睞重疊，佑人於離絶涣散之餘。而弗克承天者，自趨沈没。天之不能延司馬氏之人民以傒武德也，豈得已哉！豈得已哉！

讀李大崖先生墓誌銘書後

夫之讀《白沙先生集》而有疑焉，疑當時之授宗旨於江門者，自張廷實、林緝熙以及乎容貫、陳冕之流，洗髓伐毛於釣臺之下，無幽不抉，以相諮印，而白沙所珀芥以弗諼者，則唯大崖先生。其唱和詩幾百篇，抑未嘗以傳心考道之爲娓娓，視彼諸子者言不勤矣。以此疑而思，思而不得者蓋數月。乃置其往還唱和之迹，而設身以若侍兩先生之側者又數月，而後庶幾若見之。嗚呼！兩先生之暎心合魄，而非張、林、容、陳之得與者，豈其遠哉！白沙之於一峰，猶是也；於定山，猶是也；於醫閭，猶是也；於汝愚，猶是也；其時相與接迹者，前爲三原，後爲楓山，雖未嘗與白沙遊，大崖亦未嘗造膝焉，而亦猶是也。逾此而外，交臂失之者多矣。白沙没，諸君子亦先後謝世。弘、正以降，此意斬焉。又降而言學者輩興，建鼓以求亡子。其所建者，非所以求也，而所亡者，固其子而亡之也。則使以泰州、龍谿之心，測兩先生相與之際，而期其遇之也，不亦難乎？而況於其徒之瑣瑣者乎！《記》曰：「天下有道，行有枝葉。天下無道，言有枝葉。」江門風月，黄公臺披襟而對之，扶疎葱蔚，拄青天而蔭滄海，言惡足以及之哉！ 先生裔孫雨蒼氏占解，年七十有三矣，以王文恪公所撰大崖墓誌銘寄唐生端笏，使與夫之共讀。 謹識其後，以訊雨蒼，當如面談矣。 白沙《送大崖還嘉魚》詩曰：「富貴何忻忻，貧賤何戚戚。 一爲利所驅，至死不得息。 夫君坐超此，俗眼多未識。 乃以聖自居，昭昭謹形迹。」敬爲雨蒼誦之。

跋一首

耐園家訓跋

吾家自驍騎公從邗上來宅於衡，十四世矣。 廢興凡幾而僅延世澤，吾子孫當知其故，醇謹也，勤敏也。 乃所以能然者何也？ 自少峯公而上，家教之嚴，不但吾宗父老能言之，凡內外姻表交游隣里，皆能言之。 至於先子，仁慈天篤，始於吾兄弟冠昏以後，夏楚不施，訶斥不數數焉。 然以夫之之身沐庭訓者言之，或有蕩閑之過，先子不許見，不敢以口辨者至兩三旬，必仲父牧石翁引導，長跪庭前，牧石翁反覆責諭，述少峯公之遺訓，流涕滿面，夫之亦閔默泣服，而後得蒙温語相戒，夫之之受鴻造於先子者如此。 然且忠孝衰於死生之際，學問惘於性命之藏，白首無成，死螢不耀。 則夫爲父兄者，以善柔便佞教其子弟；爲子弟者，以諂臣媚子望其父兄，求世之永也，岌岌乎危矣哉。 吾伯兄律己嚴，而慈仁有加於先子，夫之嘗請益焉。 然夫之自不能言物行恒，迪威如之吉，又安能不自疾媿邪？ 伯兄之立身立教，大率皆藏密反本爲用，愚者弗知爾。晏子曰：「唯禮可以已亂。」旨深哉！伯兄睦修家訓，導子孫以可行，酌古今而立畫一之規，禮意於是存焉。爲吾子孫者，讀而繹之，遵而行之，簪其所必然而喻其莫敢不然，何遽不雷霆加於頂、冰雪浹於背乎？禮之本無他，愛與敬而已矣。親親者，愛至矣，而何以益之？以敬。夫子曰：「子也者，親之後也，敢不敬與。」爲父兄者，不以諂臣媚子自居，而陷子弟於便佞善柔之損，敬之至也。尊以禮涖卑，卑以禮事尊。《易》曰：「家人嗃嗃，未失也。婦子嘻嘻，失家節也。」節也者，禮也。奉伯兄之訓，父兄立德威以敬其子弟，子弟凛祗載以敬其父兄，嗃嗃乎禮行其閒，庶幾哉，可以嗣先，可以啟後。不然，吾所不忍言也。伯兄傾背，從子敞刊其訓以傳於後，非徒尚其拜稽儀文之節也，有精意存焉。夫之蔽之一言曰嚴，非夫之之私言也。《易》曰：「家人有嚴君焉，父母之謂也。」鬼神臨之，吉凶隨之，尚慎之哉！柔兆攝提格之歲，律中蕤賓，中澣穀旦，季弟夫之跋。

董齋文集卷三終

薑齋文集卷四

啟一首

六十初度答徐蔚子啟

生無益於人，子羽之頭空白；老自安其命，趙孟之晷將斜。脛宜孔杖之施，教無失故；肘有原襟之露，友且憐貧。伏惟執事道不遺遐，心惟求舊。刀兵劫改，僅存鵠渚之弟兄；生死夢中，還記虎塘之歡笑。人間甲子，已如鹿在蕉中；世外春秋，不謂鴈來天際。指青松以似我，五大夫閱世空悲；進赤舄以邀僊，幾輛屐今生更著。青袍無煩嚴武，用支肺病之寒；湘箑不拂元規，持却熱中之暑。匪尋常縞紵之交，實早歲笠車之約。拜登不言顏甲，念雉壇之存者幾人；晉祝將俟先庚，記鶴羽之歸來隔歲。聊陳謝悃，肅寄遐思。

尺牘十首❶

丙寅歲寄弟姪

三兄之喪，賢弟姪跋涉遠赴，隆禮致祭，固祖宗福澤所垂，實賢弟姪敦睦厚道，足知吾家自此昌盛無窮矣。愚兄且悲且喜，言不能盡。但恨客縶事冗，不能相陪快談，以展老夫欲言之懷。病軀日衰，後會又

❶ 此十首原闕，今從《補遺》卷一移補。

未知何日也。愚於家族素未能致一情，但養拙自守，不敢一絲刻薄，得罪先人。今年已衰老，惟有此心，願家族受和平之福以貽子孫，敢以直言爲吾宗勸戒，此爾弼、指日二弟居尊長之位，所宜同心以修家教者也。和睦之道，勿以言語之失、禮節之失心生芥蔕。如有不是，何妨面責，慎勿藏之於心，以積怨恨。天下甚大，天下人甚多，富似我者，貧似我者，强似我者，弱似我者，千千萬萬，尚然弱者不可妒忌强者，强者不可欺淩弱者，何况自己骨肉！有貧弱者，當生憐念，扶助安生；有富强者，當生歡喜心，吾家幸有此人撑持門户。譬如一人左眼生翳，右眼光明，右眼豈欺左眼，以灰屑投其中乎！又如一人右手便利，左手風痺，左手豈妬忌右手，願其同癱瘓乎！不能於千人萬人中出頭出色，只尋著自家骨肉中相淩相忌，只便是不成人。戒之，戒之！從前或有些小事動閒氣，如往歲到官出醜，愚甚恨之。願自今以後，長似昨在三兄柩前，和和順順，骨肉相關一般，一刀割斷前日不好之心，聽老夫此語，光明正大，寬柔慈厚，作一家風範。幸祖宗覆庇，無門户之苦，可不念哉！因諸弟姪昨日厚於家庭之義，深爲感慰，故進愚言。爾弼、指日二弟，我文姪，當以此徧告衆位。我文公平仁恕，若有小小不平，當聽其勸戒，或不妨令敓、敔兩人知之。止期一切忘情，一家歡聚而已。縷縷不盡。七十老人夫之白。

與我文姪

吾姪和藹安静，一家所服。倡先遠涉致祭於叔兄，相見之下，悲喜交集。而事冗客衆，不能從容盡談，爲悵悵耳！一札寄衆位弟姪，煩徧致之。城中衆位看畢，乃寄指日叔。愚但空言之。吾姪日與周旋，以善養人，全賴涵育薰陶之力也。前有紙數幅，思攜歸書，爲裁帖者混用，僅覓紙二幅，草次書呈，不足爲重。他日衰草荒丘，如見老叔耳。承許過我一看，可輟冗作十日聚首否？生前願見賢者也。族譜事，愚但能任譔次督責之勞。目前興事，全在幼重，幸與決商之。叔夫之白。

又與我文姪

與吾姪别，遂已三易歲矣。衰病老人，更能得幾三歲，通一字於左右也！前云欲枉步過我，作數日談，甚爲願望。想世局艱難，家累煩冗，不能如願。愚自長樂歸後，未嘗出户。馳情遥念，但作夢想耳。讀書教子，是傳家長久之要道，吾姪以寧静之姿，修此甚爲易易。每戒兩兒，令以吾姪爲法。躐等高遠，不如近守矩範。家衆人各有心。淡然無求，則人自有感化耳。

與幼重姪

哀冗之下，不能與吾姪一言。聞將過我，企望企望。姪年漸老，宜步步在根本上著想。多謀多敗，動氣召辱，切戒，切戒！有公禮謝衆弟姪，煩我文徧致之。族譜事何如？恐只成畫餅耳。

又與幼重姪

無日不在病中，血氣俱盡，但靈明在

耳。三姪孫文字亦有綫路，可望其成。但所患者，下筆太重則近麤俗。已囑敔令教之以清秀。爲人亦和順沈潛，所不足者，知事太早。我家窮，閒住一二年，或可習爲蕭散。莊子曰：「其嗜欲深者其天機淺。」一切皆是嗜欲，非但聲色臭味也。近草一官房世系，覺有次弟。急須者別單所開祖父子孫名，姪速查來。或寫或刻，總俟姪商之。

與爾弼弟

長樂一別，遂久不得一信。往來人言賢弟近況甚好，足爲欣慰。而愚日衰一日，經年不能出户，未知更有相會之日否也。譜議不成，族中人錯亂至此，但堪一歎。賢弟年富力强，秉心剛直，至公至正，教子姪輩亦安静守分，和睦不争，是所望也。

示子姪

立志之始，在脱習氣。習氣薰人，不醪而醉。其始無端，其終無謂。袖中揮拳，針尖競利。狂在須臾，九牛莫制。豈有丈夫，忍以身試！彼可憐憫，我實慚愧。前有千古，後有百世。廣延九州，旁及四裔。何所羈絡？何所拘執？焉有騏駒，隨行逐隊？無盡之財，豈吾之積。目前之人，皆吾之治。特不屑耳，豈爲吾累。瀟灑安康，天君無繫。亭亭鼎鼎，風光月霽。以之讀書，得古人意。以之立身，踞豪傑地。以之事親，所養惟志。以之交友，所合惟義。惟其超越，是以和易。光芒燭天，芳菲匝地。深潭映碧，春山凝翠。壽考維祺，念之不昧。

示姪我文

古人云，讀書須要識字。一字爲萬字之本，識得此字，六經總括在内。一字者何？孝是也。如木有根，萬紫千紅，迎風笑日，駘蕩春光，纍垂秋實，都從此發去。怡情下氣，培植德本，願吾宗英勉之。

又

杜陵有句云：「吾宗秀孫子，質樸古人風。」世何有今古，此心一定，羲皇、懷葛凝目即在。明珠良玉，萬年不改其光輝。民動如烟，我静如鏡，空花奪目，驚波蕩魄，一眼覷破，置身豈在三季下哉！

示姪孫生蕃此篇曾刻入《薑齋詩賸稿》，今仍録之，以足十首之數。

忘却人間事，始識書中字。識得書中字，自會人間事。俗氣如糨糊，封令心竅閉。俗氣如嵐瘧，寒往熱又至。俗氣如炎蒸，而往依坑廁。俗氣如游蜂，癡迷投窗紙。堂堂大丈夫，與古人何異。萬里任翱翔，何肯縛雙翅。鹽米及雞豚，瑣屑計微利。市賈及郵氓，與之争客氣。以我千金軀，輕入茶酒肆。汗流浹衣裾，拏三而道四。既爲儒者流，非胥亦非隸。高談問訟獄，開口即賦税。議論官貪廉，張唇任譏刺。拙者任吾欺，賢者還生忌。摩肩觀戲場，結友禮廟寺。半截織錦韈，幾領厚緜絮。更僕數不窮，總是孽風吹。吾家自維揚，來此十三世。雖有文武殊，所向惟廉恥。不隨濁水流，宗支幸不墜。傳家一卷書，唯在汝立志。鳳飛九千仞，燕雀獨相視。不飲酸臭漿，閒看傍人醉。識字識得真，俗氣自遠避。人字兩撇捺，元與禽字異。瀟灑不黏泥，便與天無二。汝年正英妙，高遠何難志。醫俗無別方，唯有讀書是。

蕫齋文集卷四終

薑齋文集卷五

九　昭❶

有明王夫之，生於屈子之鄉，而遘閔戢志，有過於屈者，爰作《九昭》而敘之曰：僕以爲抱獨心者，豈復存於形埒之知哉！故言以奠聲，聲以出意，相逮而各有體。聲意或留，而不肖者多矣，況斂事徵華於經緯者乎！故以宋玉之親承音旨，劉向之曠世同情，而可紹者言，難述者意。意有疆畛，則聲有判合。相勤以貌悲，而幽蠁之情不宣。無病之譏，所爲空羣於千古也。聊爲《九昭》，以旌三閭之志。

發江山之芊萰兮，回風被乎嘉卉。青春脈其將闌兮，羌何情而愉此。

發，始就道也。萰，力甸切。芊萰，卉木盛貌。脈，微動於不覺也。❷春物可愉悅，而愁人不爲之欣賞。

淩巴丘之澒洞兮，❸余甫閱乎南條之荒大。

巴丘，今岳州，其南爲洞庭。甫，始也。自巴丘而南，山自黔中東來爲南條，崇山複嶺，重溪疊澗，風日卉木，與湖北迥異。屈子生長郢都，被竄而來，始識湖南山川之色，窅宎綿延，不知涯際，舉目之悲，觸

❶ 此篇原有題無文，題下注「附刻《楚辭通釋》後」，今據金陵節署本《楚辭通釋》卷末補。

❷ 「微」，原誤作「徵」，今據本書卷八《章靈賦》小注改。

❸ 「丘」，原避孔子諱作「邱」，今回改。下同，不再一一出校。

物難已矣。

駭哀吟之宵鼯兮，鬱薄霄乎夕霎。虹半隱於叢薄兮，雨中岫而善淫。

此巴丘以南荒大之景也。薄霄，迫天也。夕霎，暮雲。中岫，雨止于山半。善淫，易雨而難霽也。

即靈媛之前思兮，惘南狩之所尋。

靈媛，謂舜二妃。南狩，舜南巡。山川荒遠，二妃不知舜之所在。望君不見，今古同情。

緜修林之茸闒兮，窅洞壑之紛疑。答空響之森寒兮，合嶂沓其如規。耳迴寂其無聞兮，目改觀於異色。

茸闒，草木蒙茸而幽蔽也。紛疑，洞壑屈曲不知涯際也。答空響者，空谷傳聲相答。沓，亦合也。山色四圍，仰窺天如規圓。湘沅之間，西連辰酉，其荒大有如此者。人踪絶而音響寂，但觸目蒼茫而已。

詎侘傺之足捐兮，悄不知迢遞之何極。

去國已遥，山河間之，佇立含愁，安能忘耶！

汨征：述屈子始遷於江南，覽河山之異而興悲，憂菀積中，更無從而明言所怨，深於怨者，言自窮也。

青林白水敞蘭風兮，理前心而益烔。

良時清適，偶然息慮，追惟往事，井井不忘。

既服葯之春氣兮，蘋又申余以秋穎。謂白日之匪鮮兮，豈蒼天之莫正。

姱修既潔，矢心抑靖，可自信不欺者。讒人可毁白日之無光，而蒼天豈可罔哉！

拊雲門之清瑟兮，悼傾耳之獨敻。改繁聲以申悲兮，介師延而相將。匪將者之爲勞兮，邈夷庚於羊腸。

追思進諫之初，舉要而約言之，則忽而不察。欲譎諫因機以進，乃言愈長而愈相猜疑。我坦衷直致，而君終惑于險詖之説，不我從也。

衺九州於尋尺兮，亘千歲於昏旦。恢畫畫以申猷兮，悔曩辭其猶未半。

所諫者，括天下得失之幾，盡古今興亡之理，規恢而條悉之，非不至也。然及今思之，未即追原禍本，以攻發讒佞，不能無悔。蓋均之取怨於人，不如直揭其姦慝，如下文所云。

斥氣珥於禺中兮，堙洪流於冀野。涉漩澓而濡首兮，洵猶賢夫今者。

禺中，巳位，近天之中，喻君側左右。冀州首受大河，喻津要爲藏姦之主。靳尚之邪，鄭袖之煽，悔未直攻之，雖受其摧傷，猶令其姦邪露見而不敢違。

逸征鳥以翾翩兮，泝顥穹而莫執。❶回風飈而隕穫兮，悵行野其何及。

征鳥，題肩，鷂也。不即執姦佞而顯誅之，使其猶翱翔於君側，反乘勢以空善類，自悔無及矣。

進不可與期兮，退不可與息。曠嘉會以韜愁兮，誰予俏而自戢。

逸姦佞而未申明其罪，既必不能改而從我，且必求毁我之成謀以悞國。早念及此，誰止予而姑容之，能無追悔乎？懷王之初，信任屈子甚至，乘其時而與靳尚輩争死生於一日，事尚可爲。如其不克，以身殉之可爾。投鼠忌器，而留禍本以

❶「顥穹」，《船山全書》引湘西草堂本《楚辭通釋》作「空旻」。

使蔓延，想屈子沈湘之日，必懷此遺憾，故爲代白之。

申理：達屈子未言之情而表著之，想其忠愛憤激之心，追沈湘之日，申念往事，必有如是者。清君側之惡，雖非人臣所敢專，而宗臣之義，與國存亡，知無不爲，言無不盡，故管蔡可誅，昌邑可廢，况張儀、靳尚之區區者乎！輒爲追惜，無嫌悁烈也。

凌漳澨兮及晨，邀余目兮天末。

漳，南漳水，入漢，合于江。楚之東遷，自荊北至宜城，浮漢而下，回望郢都，如在天末。

驂驔嶃岏兮，紆荊門之縹渺。滂溏濞淠兮，遂江流以奰發。嶃，牀咸切。岏，吾官切，高鋭貌。滂，普郎切。溏，音唐。濞，音避。淠，音派。

山自夔巫西來，至荊門而展，所謂「羣山萬壑赴荊門」也。江水爲山所束，下夷陵而迅流浩蕩。此言郢都山川形勝有如此者。

相九州而洵美兮，承靈祚而奄處。

立國之固，自熊繹而始，至熊通而盛，奄有江山，踞九州之形勝。

崇臺婥妁以詣天兮，下睨乎廣陌之鱗聚，蘭春被乎平皋兮，都人懷芳而從之。被羅袿之袨服兮，尚不改乎此容也。袿，音規。

婥妁，同綽約，亭立貌。登高臺，視廣陌，人物之盛，雖經喪亂而不損，皆先君生聚之積也。

華鐙烜於永夜兮，羽蓋飄而陰晝。夫何姣好之嬋媛兮，抑雄風之蟉虬。

文物既盛，而武威尤雄長於上國。

呑冥阸以無外兮，卷河鼓而浮天街。旋北斗使挹桂酒兮，固誰昔之所懷。

冥阸，楚塞。河鼓，牽牛星，北方宿。天街，昴、畢之間，西方辰度。言北卷中原而收秦也。旋北斗，挹桂酒，代周受命，楚先君之志事如此，豈一郢之不保哉！

逮鳴鶪之未聞兮，芳草榮其如昨。逞余望以流觀兮，恣含情之廣託。

當未還之時，江山如故，人物如故，顧瞻佳圖，猶可壯王居而規遠大。

物無廢而不興兮，羌聊謝夫送目。顧美人之倦遊兮，曾不臨高以旁矚。

今之廢者，固昔之興者也。何不可再興而遽棄之！目送江山，徒留餘惜。使頃襄能憑高而回望，其能忍兩東門之蕪蕪乎！

違郢

夕弭榜兮中洲，澹淫淫兮安流。蘋風欻兮緣波，明月影兮不留。静不可長愉兮情善疑，怵若危兮落葉之辭枝。蒼天羃羃兮四垂，朕何爲兮數離？

江次飄零，月明人静，孤危忽警，舊怨難忘。忽爾興思，幻成良遇，如下文所云。

若有期兮新歡，折瓊茅兮贈言。維中庭兮妒者，迥相遇兮曠野。申旦旦以及今兮，涕零零而交下。

若思若夢之間，與君邂逅。避妒者于中庭，别訂歡于巷遇。悔前非而申後誓，感極而繼以泣。冥思幻成，忘非其真也。

來無蹤兮去無秉，思心發兮遺光景。猨啼林兮惝怳，魚驚波兮溟涬。江上之寂歷兮夢夢，悄余眷兮精相從。孰寓形之洵然兮，覆魂投之靡通。❶

❶「投」，《船山全書》引湘西草堂本《楚辭通釋》作「授」。

夢，平聲。夢夢，無所見也。非有之境，恍惚形成。猨嘯魚跳，驚失所遇。雖形終孑處，而精魄相從，則不信幻成之非實也。

幸曠古兮良夜，輕千里兮命駕。結蘭佩兮擥羅袪，馳芳皋兮驅騮馬。夫杳靄奚其不可親兮，幾神會之無假。

精魄相遇，隨君反闕，倏爾思成，安得遂如此時之心境，而非徒幻想哉？

引褭：不得已之極思，意中生象。其與君相遇之幻景，固篤志者情中必有之情也。爲屈子曲引之。

悲孤緒之獨縈兮，曠千秋而無與。晉謀古而不獲兮，奚凡今之可訴？

古人於我，或事同而志異，或志同而事異，尚不可謀，況今之悠悠者。屈子之孤忠所爲無耦也。

二士行歌於首山兮，未夙謨夫商邑。百里望哭於殽崟兮，追虞諫其何及。刳比干於一丘兮，待殷殄而始封。抉子胥於吳門兮，盼於越之凌江。❶言雖售而志殘兮，要忘親而邇怨。引憤毒於黄泉兮，操余言以爲券。誠彌縫其終窨兮，軌有償而必繇。隕蕭艾於繁霜兮，匪芳桂之所求。

夷齊避紂而不爲謀，百里奚哭秦師而不諫虞公，皆先事之未盡者。比干之墓，受封于周，非比干之榮也。子胥懸眼以望越兵，愈違其初志矣。然則屈子身死言驗而楚亡，鄭袖膺妲己之誅，靳尚蒙宰嚭之戮，豈其所願乎！乃至采薇行歌，終餓西山，亦非己所欲。此古人所不可與

❶「盼」，《船山全書》引湘西草堂本《楚辭通釋》作「盻」。

謀者也。

鳥將飛而遺音兮，顧青林而息羽。

策士謀臣，知楚之不可有爲，則去而之他國已耳。

魚沈冥以呴沫兮，憺忘情於洲渚。

若莊周、荀卿之流，皆楚人也。全身遠害，退隱已耳。漁父鼓枻之歌，且欲已之置安危于罔恤。

豐草靡於江干兮，懷零露之新滋。

昔日芳草，今爲蕭艾，且附姦佞以求榮矣。

喬木榮於崇丘兮，冀雰霰之後時。

故家舊臣，僥幸苟安，不能遠慮。凡此皆今人之不可訴者也。

高天廣陌之敻敻兮，元冬閉而不洩。諒頫卬之無與酬兮，韜鬱陶以永世。

卬與仰同。上下相蒙，幽閉無復生之氣。己獨有心，誰可與相告語？埋憂地下，隨逝水以東流而已。

扃志：扃，閉也。孤情自怵，不與古人同調，而舉國無同心之侶。緘閉幽貞之志，千古而下，猶有謂其忠而過者，誰與發屈子之扃乎？

耿元夜之穆清兮，今者愔愔而寤余。邈登天其無畔兮，嘉余魂之安驅。

寒夜蕭清，一念忽興。神馳楚塞之外，而所以雪恥振威西吞殽函者，皆若惟我之驅馳而得志者然。

余儲奇服以遐征兮，紛髣髴而襲之。左葳蕤之翠羽兮，右離褷之星施。

張楚破秦之策，夙所位置，若在目前。

發丹陽之故宮兮，首商於而問道。夏旌旖旎而前征兮，余又申之以鷺翿。介三青鳥以先鳴兮，誅鳳皇於西母。詭逢迎而中變兮，余怒叱夫蜚廉之蚴蟉。

此下言興師討秦之次第也。誅鳳皇於西母，詰懷王不返之故，使自服罪。意秦人多詐，必僞請和以誘我，叱風伯使勿遲回。不聽其甘言，而決於致死，乃可以逞志。

升密雲其未半兮，彗熒熒而西弛。覲太乙之婉存兮，責余駕之不駛。

以誓死之氣，與秦爭存亡，兵甫交而秦可破。奪武關，臨渭水，秦且西潰。逮懷王之未死，迎之以歸，當喜極而嗔，怨其不速也。

兩龍抃而南迴兮，顧豐隆之未怠。

懷王雖返，秦罪未足以懲，則怒不容於中止。

懲蓐收之善淫兮，齎九嵕之晻靄。滌三危之宿噎兮，憩崆峒而息轡。

蓐收，西方神。九嵕，山，在武功。三危，在肅州。崆峒，在固原，秦極西境也。秦人積怨於天下，如秋霖之害良稼。誅其君，弔其民，息天下之禍，如滌陰翳而覩青天，訖於西極而後已。

容成嫕以徠下兮，唁余勞之已艾。

容成，崆峒之仙者。設爲相勸之辭，言用兵之已勤。

日浮雲不可爲期兮，白日中其易傾。龍蚪螑其且蟄兮，鳳翩翻而不寧。排霄路之繽紛兮，又安得夫玉山之嘉穎。螑，許救切。蚪螑，龍伸頸低昂貌。

穎，禾穗也。或以勝不可久恃，欲罷兵而退保成功。廓清大定，惟天所授而不可遽望。相爲勸止，蓋亦物論之有然者。而積憤初申，固難自抑，如下文所云。

余塡膺而申荅兮，懷萬年而一逞。鸞族鳳以孿生兮，梟屢攫而永惎。指昊天以奮飛兮，懼日月之我遲。孿，音戀。❶

己與楚爲同姓之親臣，秦人之怨，辱及宗祧，特憾日月之不速，豈患虔劉之已過哉！

輕蹇産之雲逵兮，憤閒關之梁輈。鶩飈風而凌浮餤兮，夫何倒景之足憂！

志苟能遂，何謀遠之恐不逮而功高之足危哉！憤之已深，籌之已夙，故其静念而若將爲之者如此。

蕩憤：楚之勢不兩立者，秦也。百相欺、百相奪者，秦也。懷王客死、不共戴天者，秦也。屈子初合齊以圖秦，爲張儀、靳尚所阻，憤不得申。放竄之餘，念大讎之未復，夙志之不舒，西望秦關，與争一旦之命，豈須臾忘哉！事雖没世不成，而静夜思之，烱然不昧，若蹀血咸陽，飲馬涇渭，無難旦夕必爲者。聊爲達其志，以蕩其憤焉。

獻歲發春兮，荃茸茸其始稚。抽盈盈之微榮兮，孰飄風之可試。

頃襄沖弱嗣立，國家多難。念其孤昧，可爲寒心。

皇天不仁兮，白日滰而西頹。夕月孤清兮，怛浮雲之羣飛。

懷王西客咸陽而不返，國無生氣。小人復羣聚於嗣君之側，必欲擁孤月而蔽之。

邅煢煢其駘蕩兮，脈亭亭其誰訴。美人豈其無儔兮，介良媒而屢誤。

❶「戀」下，《船山全書》引湘西草堂本《楚辭通釋》有「雙子」二字。

國勢孤危，無有憂恤之者。夫豈無人之可任哉？所求非賢，則舍西施而聘嫫母矣。

蕙託荃以同畦兮，荂與稾之相連。戒秋霜之凜冽兮，誓嘉會於百年。

唯己與君，恩屬一本，榮枯與共。故切危亡之憂，而思保國以長存。

鴟鴞駓戾於陰雨兮，吟公旦於東國。五子悲謳於雒汭兮，怊有求而弗獲。或流哀而必動兮，或皇皇而弗庸。余雅不謀夫判合兮，維靈修之夢夢。怊，鴟昭切。悵恨也。夢，平聲。

周公作《鴟鴞》而成王悔悟，五子歌雒汭而太康終迷。然則忠言不用，國必危亡。余豈以用舍爲憂，君不悟而無救正之者，是足傷也。

夙密邇於蘭皋兮，旦搴芳而夕進。回曼睩其猶熒兮，矧千里之迷津。

當懷王之世，日在君側，忠言日告，且熒眩於邪佞。今遠竄千里之外，君孤迷于上，更孰與詔之？

飄女桑之季葉兮，哀弱喪之便娟。下臨澔汗之無地兮，上⿰黑對⿰黑逮而無天。怵不可以終夕兮，吾將奚望以久延？

季，稚也。沖人孤立，盈廷昏昧，念其惝怳無託，阽危無輔之慘，終不足以圖存，而亦奚以生爲也。

悼子：悼君側之無人也。雖被遷竄，而所隱省者惟君。《七諫》以下忿懷才不試而詆君者，固不足以知屈子之心矣。若奪祿位，罹厄窮，而悻悻自沈於淵，則豈非好勇疾貧之亂人哉！

承榮光於有緒兮，卬玄鬢而善容。徹娬媚

其無與仇兮，遑嫭忌而始工。

身爲世冑宗臣，且内美修能之可表見，若持禄容身，豈患不得君而顯，奚必與人競是非以希得志乎？

亮玆情之莫蔽兮，素與黝其不相淩。荃同芳其猶迷兮，又奚況夫背憎。

君子不待排小人而始顯，此皎然易知者。如黑能污白，白不妨黑。乃懷王既知任己，終且見疑，則背憎之姦，疑忌而攻擊之，抑且如之何也。

葯與葹之争熒兮，輅棧車之相觸。玉抵砥其必毁兮，熠燿固揜乎華燭。捐盛年之煌扈兮，殉奄息於既耄。辱干將以剚石兮，夫唯靈修之悼也。剚，音弗。

熠燿，鬼火燐也。煌扈，壯盛貌。奄息，奄奄之息。君子固不屑與小人争，争必爲小人所傷。夫豈不知遠引以避其毒哉？大謀不定，君且身危國削，悼君之陷溺，故辱玉以抵砥，知禍及而不避。

少師鹹而隨延兮，恫皇天之不遄怒。箕子狂而辛殄兮，悽行歌以何補。

能早殄姦人，則楚尚可延，故不惜與競而受禍。如其不然，徉狂以免咎，雖他日哀歌麥秀，亦無救於滅亡，則愛身全道之説，固非心所安也。

企漢東而眕申息兮，鼯狌晝啼於叢薄。高臺夷以成蹊兮，憯不滿朝鞠人之谿壑。羌自瘵而庸違兮，審債踣之必諶。眕，音軫，目所止也。

日蹙百里，故邑丘墟。姦佞之欲，尚不知厭。自亡自毁，知其必然矣。

已矣夫！方將之不可念兮，聊息乎長夜之曾陰。

旋踵之覆敗，不堪回念，唯決從彭咸，赴

江流，俾不見聞已爾。

懲悔：君心邪正之分，社稷存亡之介，雖不屑與匪人争，而觸權姦以死，無所悔也。

洞庭之南兮，湘流滮滮。危岑厓巘兮，青冥無極。悲風颯兮楓林幽，夕雨亘兮秋草積。滮，古伯切。厓巘，音追彝。

沅湘之南，山川景物之慘淡有如此者。幽魂往來於其間，益增悽愴。

敞蒼天之穹窿兮，魂渺渺其誰寄。引萬年於無終兮，羃四表而焉至。

沈湘之後，神無所棲，能無飄散無歸之怨乎！

日長逝而不留兮，固蕩散其匪今。就沅滏於窮北兮，邀歸雲而復南。神與魄之不相守兮，光與容違。僅耿耿之若存兮，疇昔相知。

雖當未死之日，而憂國怨深，忘生志定，神去魄而心目之光不著於形體，久矣。唯此耿耿若存之心，不隨消散，則沈湘以後，神魂飄忽於往來，心知其亦如此而已。

營飄飖其莫羈兮，精淈弱其不固。憒連蜷以輪囷兮，恐傷余之雅度。淈，音戈。

營，魂也。老子曰：載營魄。家國之怨，鬱而不散，將爲白虹，將爲青珥，而素心淡漠，不欲其然，則亦從容闡緩於兩閒耳。

白日夕沈兮，星漢高寒。誰誒余兮，神導余以漫漫。言不可理兮，心不可將。朧朧其若有明兮，指郢路之蒼茫。遼戾滉瀁兮，蕩斥八埏。誰與旋歸兮，娛美人之暮年？

清宵寒夜，耿耿若存者，既離物孤遊，唯

不昧之忠忱，猶依宗國。念己長辭君所，則誰爲閔亂憂傾，輔君於式微者？ 死而不忘者此爾。

剸志今夕兮，逝無與還。 鬱勃歘以憤興兮，遺孤熲之流連。

決志一死，無所復待，遺此孤忠，長依君側。君雖莫我能知，而矢志於泉壤者固然。此屈子之所以爲屈子也與！

遺愍：此絶命之遺音也。自言既死以後，其神爽有如此者。故安死自靖，怨誹而不傷。

薑齋文集卷五終

薑齋文集卷六

九礪[1]

九礪之一

賊購索甚亟，瀕死者屢矣。得脱，匿黑沙潭畔，作《九礪》九章，「九」倣《楚辭》，「礪」倣宋遺士鄭所南《心史》中詩。自屈大夫後，唯所南《心史》忠憤出於至性，與大夫相頡頏。願從二子遊，故倣之。大亂後盡失其藁，僅約略記憶其一，緣從賊者斥國爲賊，恨不與俱碎，激而作此。

父母生汝身，蒼天覆汝上。土梟甘母肉，欲唬心已喪。利劍不在手，高旻從汝謗。一聞心已寒，屢聽魂空漾。訴天求長彗，一掃雲霾障。回問汝何心！面目還相向。不見汝妻孥，昨夜歸賊帳。昏醉白日中，哀汝萍隨浪。陸地而行舟，寒涅誇其盪。雌劍不曵光，摩娑氣益壯。

薑齋文集卷六終

[1] 此篇原有題無文，題下注「闕」，今從金陵節署本《薑齋詩集·憶得·癸未》補「九礪之一」。

薑齋文集卷七

賦五篇

南嶽賦

結天元以紐靈，扢陽冶之鴻施。母黃精之函載，烐相見于重離。帝宅炎以誕命，衺萬年而不辭。是故其爲狀也，唯其爲象也。爾其所自昉也，爰其所自往也。蟬延蘲挂，蜦虯蠖蠼，蜚戉騰拏，龍眒鸞敞于五千里之外者，猲不知其㥜綿之逌柢，而匏繫之屢遷，固有神亥逡巡而戒步，燭陰睥睨而改顏者矣。乃循近趾，蹤遠迒，析柔埴，柬騂剛，杳翠微，曨夕陽，幽鬠泣，掣兕狂，別子汰，委裘王，杓匀櫛節，逆迎順將，拎幽絡阻，逐景飛光，乍曲弣于坤麓，終回籥于兑方，則亦有可得而形相者焉。

原夫岷山之俶立也，會昌建福，絡啟大江，盪滁東井，襟帶坔鍾，是器術之所復穰，而火正之所下降。故其靈吭嗉吸，神瀵尾傾，條分萬岫，形擢孤榮，崒嵥翕葉，嶄阢硠勍。佚彗彗以田田，集栩栩之翁翁。五指南纖而戍削，三眉西嫵以娥孋。匪思存而税駕，脈夭紹以東縈。于是濱若瀘，跨馬湖，謝錦水，揖雲巫，纏以酉溆，驂以鐔溇，披紛夫夷，趠桀都梁，雖霧沓而星綴，實振領而維綱，蓋不知其幾千里，而翔集乎耶薑。

爾乃蒸水南夾，清漣北款，乍紖崇崖，或襄沙潬，帛飛緒舒，凌蹷烟緩，迫然掔掇，妥而渰蹇，如驚非意，相忘以坦。眩眩浮浮，蔓垂棘鉤，又歷條山，撇裔水，而後乃抵乎其丘。則有巨塊巖石，頳膚碧肌，截爲列城，覆爲懸帷，繁星經曜，間以晃熠，修鬣平茸，雜以迷離，桓午樊籞，嶔以洞達，康逵互徑，斂以崔嵬，怒而犇觸，旋以妖娓，已顧弈傑，駭以鍔鬌，風萍漂細，散以詭狀，欻然中起，拔以崇魁，奔精歙魄，停凝矗峙者，則峋嶁爲之經始。坡陀逶迤，方伏以起，亘爾順衍，驚踴旁徙，尋不周而發軔，覛常羊以遥指，僅標秀于七二，紛餘峰之莫紀。簇紅華，立白石，啟小嵩，亞太室，開雙髻于玉女，參石廩于麥積。蜿蜒蟠躍，嬪負蝪驀，複或僇侔，單乃瘠谻。翩駁娑其歸翰，盤容與而整翮。薄經營于欒塢，已緬邈乎皋宅。張其華蓋，鬱爲煙霞，峝岃崟嶔，天門嵯岈，披九閶，邀日華，神之嫕留經過，杳亭亭疑不邪，則安上芙蓉，匌碚巃嵸，輔承巑附，以奠祝融之封也。

其高也，拔乎原隰者九千六百步，軒軒堯堯，以捫銀漢而挂罡風。玉衡乳垂，長沙咡從，朱鳥翼覆，天市作墉，皚光下燭，朱英上通，孤碧混霄，返翠漾空。維時蕤賓律御，羲和轡永，雲斂數絲，霄涵萬頃。粤陟焉而步測，有天末之焜炯。維南極之樞星，祝胡考于仁静。彼徵瑞而乍炫，此屆至而恒炳。舍離合之神山，誰共覯其光景。蓋其穹窿嶕嶢，矯褭蕭騷，詣空宛至，出險將翱，平揖太白，俯勞嵩高。哂岱宗之臨深，況恒祠之溢褒。宜光怪之偉艷，迴寒暑于坰郊。蘋末乍動，焚輪已號，鞺鞳豗隤，贔以馮總，觸突漩澓，餘以呦咬，石級柔摇而閃霍，鐵梁輕舉于鴻毛。其或宿靄，斸明星晳，晨鵾凝寢，夕蟲喧砌，沆瀣莫分，海天無際。睋金縷之綫興，沓錦浪之騰曳。浴火鏡而踟蹰，奮晶宇以滌涗。窕驚心而盪胸，羌不宣其綺麗。何人間之未遥，蹇遲遲其始霽。至若繁雲興穴，油陰冒埜，雷雨半山，晴虚孤寫，豐隆嬰啼，列缺鐙炧，浸升雲之連蜷，始羃歷乎趾下。斯非睽髣髴乎天人，胡同埵而殊冶也哉！

祝融是降，衍爲赤帝之阜，秀如摘以離羣，矯欲流而終取。其左則朝陽、日觀、九仙、潤牛、毘盧之所蚴蟉也。其後則雷祖、九龍、蓮花、潛聖、妙高之所擁負也。其右則南臺、羅漢、明月、涌几之所舒紐也。其前則金紫、流杯、烏石、黄華之所奔奏也。其陰則荆紫、大潙，迤邐辟仆，暈旋乎暮雲之逢迎，而態信乎岳麓之邂逅。其外則湘渌洣瀏，衿回珮紉，而憑隱乎雲陽之墟，以挹注乎敷淺之藪。其南則石鼓、回雁，碧雲、雨母，鶚峙鵷臚，椒聊瓜剖，以犇息乎海嶠之列五，與夫瀟山之疑九。回薄磅礴，團圞結複，控扶來廷，少長維族。豈後至之或凶，匪撻彼而臣僕。傲紫蓋之不寧，終同區而必穆。唯猊奔以鸞舉，奄靈徠以載謖。棲赤熛之感生，儼司天之帝服。懲祀典之不經，選祝誦以宜穀。神眇眇以蝹蝹，紛遲下而流睩。

時則常伯夙請，秩宗宵寅，發策明堂，降飀端門，清酒既茜，制帛維纁。驛駕馳道，有來湘干，蒲鐘畟發，鳳吹清喧。燎飄光以乍晻，香屯煙而徐磨。降炎精之蝨熉，貽君子以芳荃。勤九伐而不匱，匪明德其已諼。迺至南陸迎日，元辛涓吉，后有事于方澤，差名山以作匹。赫炎光之顯祇，壇六成而列秩。雖逌眂乎上公，實王禋之載謐。瓚築鬱之馞馩，鼎剛騂之薌粟。誠高朗以令終，作后祇之烝弼。彼熯乾封而號萬歲，已啟俶豔而替昭質。奚況亭亭云云之部婁，浮七十二后之雄心者，曾何足泚右史之彤筆耶！

德馨維瑞，靈貺斯徵。護軒轅之瓊甕，霏竇露而飴凝。攬寒暉于夕館，帝繾綣以宵興。賚羣后以滌目，宛縈帶于蓬瀛。降湘妃于北渚，賓朱鳳于南陵。迨夏后之齋瘖，冀通精以澹災。畀金簡之雲籀，謁蒼水之靈傀。瀰滔天而無眹，粲絲理于奇眩。苟神笈之終吝，眷羽淵而增哀。斆隨刊于土乂，訖效享夫黃能。虞遂陟而覲后，搢玄玉曰俞哉。黃壚敦膏，紅泉釀溜，英英九丹，煒煒三秀，鷃明乳雛，應龍伏藴，叔夜浩歎于林岡，弘景裴回于句岫。故有《山經》窮其削柹，渭卜罔其占繇者矣。迺其什一千百者，猶可得而究焉。

其草則有黃精少辛，芎藭射干，幽蘭菉芃，芍藥芳荃，苦葴甘菊，葌茅香蕳，虋冬紫茜，沙葠白前，昌歜九節，龍鬚纏綿，竹紀千齡，松壽萬年，青蘋虎掌，蘧蒻旱蓮，禹餘稱糧，威靈名仙，交藤烏首，翁草華顛，蘞蘵薯蕷，冰臺竊衣，五加羨玉，百合胎璣，緑覆春皋，芳泫夕暉，謁風送薰，黺黺緋緋，積雪吐蕈，方暄擢薇，叢點山椒，弱暎水湄。

其木則有梫桂厚朴，榛橡含桃，丹楓英梅，梓榧杉榴，徑松接武，微風振濤，銀杏山礬，黃心碧梢，木蓮六出，暈紫斵瑤，芬薰百尋，豔蕩九皋，扶條逼上，擢挺危牢，猨狖磬折，柔逾餳膏，瘣瘇籧篨，虬文曲麈，螺旋乳結，盤渦瀵尻，雅宜曲几，或便詩瓢。巨竹繁生，細篠側出，大任汲炊，直中彀率，密箐雲遏，修篁風謐，駘蕩蘳靡，檀欒蕭瑟，晚茗蚤荈，屑雲蔭日，紫筍緑槍，鹿茸荷蘂。迺令又新品泉，鴻漸浣箋，吹松風，瀹海眼，祛孝先之便便，罷伯倫之荷鍤，視天池之與顧渚，亦可登洙泗之狂簡也。

其泉則有金砂娑羅，貫道水簾，龍池洗衲，虎跑三潭，春草載榮，石髓飛甘，澄涵霜月，清混鬱藍，拂阪陵磧，懸珠鏗吟，偶拽屑其喁噢，旋庨閜以崩坍。振鼉吼之鼘鼘，幽蛩泣其淫淫。警達旦以冘豫，寄清怨于江潯。

其巖岫則詰軋綢繆，鈹挺弓彊，始乎纖屈，終乎廣袤，蹇産墆翳，疑墜稍收。稜層礷沓，敦㦬𥗋谻，檻泉沸射，雜以謰謱。千章蔽日，則禺中警夜；叢笴留霜，則暄和懷秋。杳扳捫之絕跡，誰丁丁而見求。閟鳥徑以太古，藏内趾之與菁艽。

其獸則有蔚豹文貍，獨猨岐蜼，騊駼山都，豪豕刺蝟。麀鹿封㲋，麞麢兕犨，麝父王孫，蛩蛩狒狒，吟鼪嘯狐，清宵吹沸，跂息騷駭，趠越憤毅，度夕樾之與朝陽，坦不憂夫羅罻。

其鳥則有素鷳白練，山鷄吐綬，睍睆鶯啼，鉤輈雉雊，倒挂鷙雀，海青鷹鷲，鴕鶡鶴鴹，望巒斯就，白展素沙，丹欺絺繡。莫不矜羽弄魂，歡春警晝，盼蘭芽以低啄，掠飛雲而橫逐。

其殊異則雨虎晴見而陰合，雲師霽出而霧騰，絕磵閃夜光之木，懸崖炬聖者之鐙，靈蠚浴春而釀雪，神蜥弄水以飛冰。思匪夷而恍惚，亶不信其已曾。迹其昭爽之瓌絕，擘其滂沛之勃蒸。自非象外棲心，天徒合契，瑩秦鏡于密勿，覓軒珠于遼戾。固有望景而腸迷，臨高而神閉者矣。

琳宮丹館，依隈附巔，豐碑隆碣，冠阜臨泉，樾觀月清，石梁虹懸，飛航切雲，高臺含煙，則有巨公經過而磨崖，逸民忘反以閉關，墨卿韻留于金石，琴客曲寫其猗蘭。其戾止也，拓內美，浣塵慮，披天宇，益修度，心謀籟通，目擊道遇。昌黎恣《七諫》之遊，考亭佇三益之素。扶桑旦濯于雲中，縞練徐消于天步。指蒼天而予正，何美人之遲暮。崇仁抗疏而霧隱，廣漢作牧而星聚。東廓函丈而英延，甘泉尸祝而芳駐。咀德華，漱仁津，衍河雒，藝丘墳，樹旌幟，翦荊榛，匪西河之疑似，樂雩壇之佳辰。近則荆溪制相堵公仲緘、江陵詹尹張公別山拂車轍于層巒，觀初暾之輪囷。拊劍而義魄增，振衣而烈心引。濱九死以崔嵬，拯皇輿之遘閔。若夫杜陵、西崑、香山、淮海之續風而接軫者，取青妃白，激商諧羽于其間，誠無情而不盡。至如王孫憤俗而埋跡，高士問津而行藥。子野罷篴以流觀，少文展圖而棲薄。鄰侯避李而挂冠，致堂却檜而躡屩。忠誠旁求而鵲起，黃門經始而烏革。諒卜吉于允臧，抑降神其維嶽。

矧夫銀地表瑞，朱陵通真，釋子彌天，羽客乘雲，九仙霄舉，隻鶴霞賓，鳥爪翻書，石糧自餅，嬾殘飯芋，岩老長醺。扣玉壺于海客，奏雲璈于華存。含茈薑于金母，養釘鉸之胎魂。雲軿來其宛在，哂探島之徒勤。逮其三車東駕，五葉南開，頭陀既景，思大爰來，海遷蛟館，顗觀天台，讓磨石鏡，遷滑莓苔，慈明狎虎，芭蕉浴雷，綠蘿結菴，露滅名齋，丹霞鹿門，金輪南臺，息勞山之戍客，踵紫柏以鉗椎，其蠖伏而鸞舉也，蓋不給于更數。光參帝網，威震毒鼓，位揀君臣，要兼賓主。儼華藏之莊嚴，又何論夫雙樹。以故金碧璀玼，堵窣穹崇，比岫聯香，接宇聞鐘。花雨成蹊，白雲在封。埒石聽于道生，儗鳥供于嬾融。荀息心于玄悟，豈來者之未工。雖畫一于鄒魯，展道大而必容。要非包沕穆、析鴻濛，遴衆妙之所都，建萬壑以逌宗，則夫澒洞渼瀁，攢合蘢蔥者，胡憑藉焉以孕大觀于無窮也與？

是故其爲奥區也，脈蜀踞楚，拒粤引吴，北吞黽阨，南揜蒼梧，顧陽雲而掉臂，何台蕩之與匡廬。浮洞庭，縮溓浯，帶瀟湘，向背殊，煌煌唐唐，跳踔首出，以參伍乎郛都，距北戒而絡漢廣，紀南條以挂天樞。道靡崇而莫奠，功維奭而不渝。皇哉有虞氏之慶也，肆見羣后，孟夏徂征，爰服三苗，迺敘南衡，玉輅匪勞，荆土載賓，五圭儷帛，一死二生。誠无妄而苟薦，辟奔走以載盈。眄自他其匪稱，格帝享于斗精。渺江介而遥履，作百王之典程。嬴氏亂紀，漢德中涼。割長沙以建芮，隘幅員于朱方。濟三江其已惴，矧雲夢之可航。侈灊霍而僭號，躋小星以專房。羌淲灃于脂轄，詎苾芬之能饗。於戲！陰禮陽樂，徵皇王之貿軌者，豈不偉與！抑斂福之豐儉，帝睞焉而以篤其棐也！是以樂懈者綴促，禮樸者俗鬼。邈虞漢于霄淵，互善敗其凡幾。緬喬岳而揆明禋，繼皇嬀其孰躂？懷江永于比興，髣《南風》于博依。簡明德于炎精，溢余思于有斐。

頌曰：明明后胙來昌鼇，真人南翔翔陽維，北漢沮漳南湘灘，中合穹嶽雲葳蕤，烝哉我皇誕應之。萬壽百禄重離明，秩正川麓靈怡情，報哉不遐朱鳳鳴，綏我曾孫宅荆京，靖興肇允□與庚。❶ 業業不傾補天石，賚予金簡遷禹迹，帝錫玄圭嶽之績，蕩

❶「□」，《船山全書》據李元度輯《南嶽志》補「夷」字。

滁川原帝皇醳，駿發炎光庶昕夕。煇煇沄沄岳精來，陵嵩泰華恒若敦，蒲姚安姒企相陪，迺眷南顧曰念哉，玉衡賁光天門開。

練　鵲　賦以雨、餘、緑、草、斜、陽爲韻。

即林皋之瀟清，滁繁陰於宿雨。聊瀏愁以寓怡，翩良禽之延佇。維時條風微扇，薄寒改煦，雉登隴而初鷕，鳦睨簷而作乳。煙得得以青縈，絲亭亭而晴舞。何彼鳥之嬋媛，點碧光而翔圃。曳搖搖之玫珮，垂申中之玉組。輕塵長捐，屑暉并聚，落星徐流，鱗雲欻俯。睢渙濯其餘縹，岷潘浣其素縷。吟喬如於梁禽，睇子淵於吴馬。笑丹頂之鳴陰，陋銀鬟之蹬土。

爾迺罥弱篠，過平蕪，因風末，乘晴餘，尾垂垂以柔曼，羽襜襜以旁翱。宛飛帛之迴波，寫倒景而未如。鄙秦聲之歈彼，哂魯謠之跦跦。織吴嬪之膠髮，服翾風之琲珠。實光纖其綾鑷，因祇結其修裾。曾煥發以蕭散，猶則遠乎踟躕。亦有弘農贈環，沙鹿授符，魏闕樊燕，葉邑羅鳧，含珍絲頂之鳥，遶煙縞臆之烏，或襲美於玉石，或閒采於紺朱，絜縑翎之婉嫕，泣邢美于尹好。

若夫泛流鷺絲，厭火屬玉，名在縞而克諧，文比潤而已辱，彼何爲兮運睛，此何取乎拳足。矧在幸鳥類蟬，山雞名蜀，蘽鴨傳丹，幺鳳矜緑，防丘鴻鵝，影娥黄鵠，雙鶼銜丹海之泥，三鶩照肺膏之燭。雖復潔整翠衿，芳修朱襮，比月鷩之孤清，陋藻火而必浴。又況垂腴涎於竊脂，覿朶頤於啄粟。哀豳詩之無毁，勞周官之服不。形臯濁以獨醒，贈遥情于芻束。

蓋其月鏡修姿，瓊膏泛腦，湔都崇之紫

泉，閟雲煓之瑞草。曾偕奔於羿妃，抑效御于金媪。降子登于墉宮，介阿環于靈島。眷日暮而遷延，阻人間之長道。然且捨黛的，捐弋皂，睨靈飛，愜幽抱，鍊姹女以養形，餐醍漿而却老。繁華夢之既銷，豔心歇其如澡。以故傅微霄而輕舉，秉西清之太顥。駕蘋末以肅征，問沆津而潛討。疑碧虛于是非，胎金虎之內寶。

爰是薄遊山椒，遥映水涯，足捎青藹，咮掠蘭芽，拂華露而如濡，偃樵風以欲斜。雖有烏號之柘，金僕之姑，挾以韓嫣，關以熊渠，睨逸姿之何篡，終弋言之莫加。遊芳林而遠害，何螳雀之容嗟。宜漢官之章服，象黹繡於絳羅。取在躬之洵美，擬退食之委蛇。叶音佗。若乃佻鳴珂之趙客，媚袨服之吳娃，指海山之雙鴛，期白門之藏鵶，望瑩質而逡巡，疇同調於狹邪。

惟有幽人荔服，逋客蕉觴，行藥雲際，閑步夕陽，飛鴻邈其遠送，斥鷃樂其低翔。寄息心于倦羽，託持贈夫滄浪。奚況時在停雲，客有浮湘，遺印音于冥飛，澣予節于秋霜，激白冠于易水，鑒色斯于山梁。感孤鶱之綽約，倡予和以不忘。詛鳩媒于朔野，悲鸞歌乎女牀。鳳雖衰而旁覽，鶡懷死以方將。睠山情之窈窕，敦白水以修盟。抽紛絲而廣譬，寫冰雪于瑶章。

孤鴻賦 丙寅爲石崖先生作。

耿玄天之幽杳，矗雲級之崚嶒。夕光黴而凝黛，雨紛屑而疑冰。爰有失羣陽鳥，遲回南徙，音墜煙霄，影摇寒水。雍門子援琴而歌曰：遥天亘兮杳無方，九秋謝兮飛清霜。傷裴回兮孤往，彌永夜兮悠長。時則徽蚌泫其居泚，瑶軫絶其寡絲，墜籜零而栖禽惻，瀲波驚而游鯈悲，蕭條四座，志失魂離。客有揚塵而起者曰：何爲其然哉？夫物之所偶，天之所郵，介然相於，泊然相儔，爲歡既乍，其睽匪憂。故河鼓絶軫於天津，弱水迷望於東流。顧翩飛之自若，曾無傷於遠遰。縱厥心之不康，豈達人之攸累。可觀化以逍遥，悲何爲其最之哉？

雍門子嗒然有頃，閔默不釋，停凝俄延，舍琴而作曰：夫眄迹而觀其判合者，未足以達悱然之緼，久矣。物之相翕，有人有天，有同原而異委，有順化而偶聯。水齊歸而各出，木荄合而枝駢。誠俱生以永結，徹肌髓而勿諼。則何怪夫感其煢爾，而代以恨然也。原夫羽族號萬，函情或尟。唯此陽禽，含貞來反。當其草芽初肥，桃波試暖，韶風微漾，素沙鋪輭，轂音方融，毳茸尚淺，偕唼啑以嬉旋，幸芳洲之繾綣，曾不知心魂隔乎異軀，而蹤跡成乎疎遠。已而六翮已長，睥睨青霄。我衿子佩，遵道齊鑣。望雲逵於萬里，詎折翼於崇朝。豈其□□風苦，□□月寒，□□□□□□□□□□回首秦關，商欻急而戒旦，偕息駕以南還。菰蔣槁而調饑姑忍，矰繳施而行路悲難，然且弔影矜雙，尋聲知和，垂翅雖頻，盟心自可。沐玉露之清泠，啄殘香於瓊顆。嚮荻岸而同栖，忘驚濤之屢簸。於斯時也，天海雖迷，悲歡猶半。風煉魄以森寒，雨霑衿而零亂。互梳翎以好修，誓千秋於明旦。何旻天之荒唐，遽頹齡而飄散。

悲矣乎！其聚無留，其離無迹。白日昭而忽馳，青春流而猶昔。芙蓉死而紅貫，白蘋凋而香匿。楓零零以墜丹，波渺渺而流碧。鶩鼯竄而爲羣，栖鳥啼而相即。雖則回翔極浦，留連沙磧，孤魂自僂，閒愁孰戢。豈溘爾之無期，固難疇夫今夕。蓋其爲羣也不妄，則其爲念也不遷。其爲生也不獨，則其爲死也不捐。女牀之歌匪願，蘭苕之宿弗躅。唯指心於白水，凌遥目之蒼煙。矧俱生而聯氣，疇惸孑之能全。是以下窮汗漫，上徹蒼茫，黍米銜恤，彌天悲涼。亭皋淒其下葉，潦水涸於津梁。寒螿吟而淒冽，莎草靡而芸黄。苟憑今以溯往，能驕語於憯忘也哉？ 乃復整衽調絃，别寄清商，吟猱繁亂，曳響無方。重爲之歌曰：天有涯兮人莫之知，生有度兮復誰與疑。誠不忍生存之一旦兮，惘今昔之莫追。謂君蒿之仍相脗合兮，恐達者之吾欺。

維時座客聞歌，潛焉泣下，鴻跡已遠，餘哀未卸。苟同類之必憐，引長懷夫銷謝。嗣遺操而微吟，中牢愁而舒寫。已焉哉！抱涓子於窮年，竢知音於來者。

雪賦 以林、岫、遂、已、浩、然爲韻。

觀其紛紜崟嶔，陟巘紆岑，銜輕不舍，趨潔如淫，已迅征而忽返，頃回即於空林。有似去國之臣，裴徊賜玦；下山之婦，悵惘遺簪。魂摇摇而靡定，窅莫慰其行吟。曾岡兮下壑，楓浦兮樾陰，匪先諏其集止，聽迴風之浮沉。均旻天之降命，何流坎之莫諶。

其始也，颯霅鏦錚，蹇躄詎譳，與風俱怒，竄雲而驟。態無暇於春容，音不成乎節族，側候反。則如伍相逃荆，祖伊奔受，甫踝地而還驚，遥望門而屢叩。逝不我留，怨容曳之流泉；堅不我容，惘停凝之巒岫。踐薄冰而哀吟，依荒草而幽伏，符又反。固已愴思士於穹崖，悼征夫於遠堠矣。

迄乎寒雲既同，層陰已遂，上黮黮而薄天，下迷離而無地，倦飄颻於幕中，杳不知其所詣。於時羈晉南冠，留邊漢使，汾雲空白，眄江漢以無方；塞草不青，睠關山而奚至。莫不俛仰同情，悲生觸類。何陵谷之遽遷，夐浮浮以虛寄。徒窘迫其寒悰，夢春陽而奚至。亘宵兮連晨，彌漫兮未已。疑月疑霜，迷天迷水。乍亭午之熒眸，旋朔風之更起。意中旦之方蘇，問繁陰之凡幾。嚴威已忍，偶屬望夫微暄；沍凍猶凝，渺孰知夫更始。六方一色，流目無垠；疊嶂還增，栗魂奚止。此則逋臣埋迹於建陽，筑客銜悲於宋子，所爲乍馳意於清熹，終牢愁於填委者也。

若其平展素晶，上酬清昊，靡幽微之不曜，躅繁蕪而如埽。哂如玉之何温，厭投瓊之易好。豈青林淥水之足怡，臨卭懷清以爲道。則似海濱二叟，山中四皓，冰心旁徹於四維，壹志停凝其雅抱。素瑩上結而大白若辱，堅剛漸成而益壯於老。任消謝之有期，非余心之攸保。

曁乎微風動壑，疎星在天，隨雲俱斂，與木偕遷，乃有積林表之宛在，映霽色而熒然。斯則孔甲抱丹墳於魯壁，圖南煉金液于華巔。歆始春之載覯，聊容與於暮年。朝暾出谷而素顏益潤，流霜沍旦而昭質彌鮮。含綺霞之新影，承璧月之初娟。夫孰曰東風之不可與期兮，惟鶯花之是妍。

霜賦 戊辰

庚子山身羈關隴，神馳江介，長夜修徂，煢然忘寐，起倚軒楹，孤心流睬。于是曉風息，山明暉，初日未耀，零霜尚飛，悵然閔默，情逐霏微。客有訊之者曰：子其能爲此長言之乎？對曰：何爲其不然也。如僕者，際暄和之令景，攬芳草之芊眠，猶移歡以作怨，將挈物以問天。奚待此哉，而後戞變羽之危絃耶！

夫化有所不可知，情有所不可期。貿遷榮悴，曷其有涯。而當之者適與相遘，感之者潛與相移。然則履霜之刺，未諧貞感，繁霜之怨，獨有餘悲。測清雰於邂逅，端有竢于孤羈。昔者峰雲乍平，商風漸展，柳帶垂黄，荷衣墜茜，玄禽猶飛，蜻蛚已怨，曠遼窅以涵空，滌虚清于遥甸。先以涼飈，申以玉露，方珠顆之停匀，棲勁枝而圓素。已愴意于蒼蒹，緬追懷夫芳樹。胡玉琲之不堅，遽趨新而舍故。騰靈液之方升，早不謀其摶聚。氣母襄之於希微，金輪碾之而容豫。爾乃裴回夭裊，依違蕭散，似止仍留，將合復判。倚孅冶之娥孎，聊夸猶于霄半。蹇遺影而薄遊，匪宵光之可辨。于時明河墜，斜月横，遥天一碧，霞綺收英。雁含悽以暗度，葉低墜而無聲。忘知者之爲誰，獨旖旎而迴縈。宕幽情之蠲潔，羌不炫夫瑶瓊。

爰就苔衣，或依木杪。豈蓄意以將迎，聊栖遲而來紹。眷井幹於桐陰，集征蓬於江表。長汀曼引以彌漫，碧瓦平鋪而危峭。迨于明星已爛，微風不興，迢遥萬頃，極望晶瑩。倒青旻而涵素，漾浮采而莫扃。皚容淡而愈遠，凜氣翕以如蒸。榮衰草以留艷，惜淺水之孤澄。欺濃華之積雪，惘戍削之曾冰。

於是長天益迥，煙水增寒。柏已凋而餘紫，楓欲脱而彌丹。沙廣衍以無際，蘆孤飛而不還。良閴寂以森瑟，極百昌之摧殘。眺玉峰於俄頃，終銷謝以無端。泣幽妻於故帷，怨遷客於鄉關。疇有恩而可醳，疇有夢而能安。當斯時也，僕將何以爲心哉！

墟煙微羃，墜月初沈。光淫淫而眩目，寒惻惻以栖襟。送南飛之鷩鵲，懷涔浦之青林。形長留而罔託，魂猶在而莫任。客有爲之歌曰：秋風徂兮三冬歸，履輕霜兮授寒衣。惘江關之已遠，聊淫裔而莫違。予申歌之曰：零露溥兮飛霜駛，盪纖弱兮散清泚。亘天涯兮凄以迷，怊不識寒威之奚止。于時四座緘愍，相倚長謠。負白日之不暄，念蒼松之且凋。歷千秋而寓愁兮，曾不如晨霜之易消。

薑齋文集卷七終

薑齋文集卷八

賦三篇❶

祓禊賦

謂今日兮令辰，翔芳皋兮蘭津。羌有事兮江干，疇憑茲兮不歡。思芳春兮迢遥，誰與娱兮今朝。意不屬兮情不生，予躊躇兮倚空山而蕭清。闃山中兮無人，蹇誰將兮望春。

章靈賦

章，顯也。靈，神也，善也。顯著神筮之善告也。壬辰元日，筮得《睽》之《歸妹》。明年癸巳，筮復如之。時孫可望挾主滇黔，有相邀赴之者。久陷異土，既以得主而死爲歆。託比匪人，尤以遇巷非時爲戒。仰承神告，善道斯章，因賦以見。

居調軫以理誓兮，連權兆而哲夢。莫紅切。系綏蘀以搖搖兮，憂期愆而恤豐。《爾雅》：「權，始也。」夢，不明也。《易》：「愆期，有待。」又：「豐：亨，王假之；勿憂。」王弼曰：得豐亨，乃可勿憂。恤亦憂也。閒居調其軫念之情，以自理所誓之志，故必稱引初始，述祖考之肇啟者，以開其蒙昧。王之得姓自太原，世系綿衍，丁此亂世，如冠之垂綏，木之有蘀，搖搖其恐墜也。故既憂有待之期或愆，抑以未豐而亨爲恤。進退維

❶ 此題下，原注「闕一」，今據衡陽刻本《補遺》卷二移補《螘鬪賦》，置《章靈賦》之後。

谷，懼忝爾所生也。

皇濠泗飛以試困兮，余祖御乎揚之土。靖協勞于滹池兮，采赤麓以剖户。蟬考葉之文潛兮，玉書宛其舒心。筮鴻柯之非集兮，珍海翮而息南。叶。○食邑曰采。蟬，蟬聯也。南麟吐玉書，《春秋》以作。鴻掌而不爪，枝柯非其所集。南溟之化，六月而息。太祖始起於濠泗，當龍躍在淵之時，始祖驍騎公從揚之高郵舉兵應之。迨成祖靖難，又協贊成勞於滹沱河。故剖萬户之封，食采赤帝之麓。嗣是蟬聯不絶。逮顯考徵君，以文章理學起家，受業安成，傳《春秋》大義。天啟初，用特徵入貢太學，時不能用，將授以散秩，非所宜見，歸而隱焉。

眇熹光之麗形兮，凌太白而揆初。雖冽清其逖垢兮，抑寒銑而善痛。凛不知其逾涼兮，抽巳秋之餘荂。熹，微明也。人生而形具，明斯麗之。其始生則尚熹微。然余生以九月朔旦，金氣方盛，而揆日在初，雖秉氣清剛，而寒銑不昌。乃雖遘凛秋，而猶争夕秀，其於時固已難矣。

鄉升廉以脂轄兮，齊側皆切。明夜以庶格。猰貐午於周原兮，歸魂甾肥通。其猶未莫。謨白切。○脂，脂車也。午，旁午也。甾，遯，遠引也。莫，安也。壬午歲，舉孝廉於鄉，方上公車，冀得出身致主，齊明夙夜，庶有感通。乃李自成犯順於秦晉，□□蹂踐於畿南，狼狽南歸，冀全肥遁。而張獻忠入楚，湖南全陷，奔竄不寧。

勝調周。飢於紫黿兮，永眇視於躍馬。奮殘形以殆庶兮，危季歎於撩虎。勝，龔勝。《王莽贊》：「紫色鼃聲。」永，任永。《三都賦》：「公孫躍馬以稱帝。」《易》：「顏氏之子，其殆庶乎。」季，柳下季。《莊子》：柳下惠以孔子見盜跖而歎之，子曰：「撩虎鬚幾不免虎口。」癸未冬，張獻忠陷衡州，捕人士補僞吏。時絶食傷肌，以脱其污，庶幾龔、任二子之意，然其得免虎口者僅矣！

釋余枏於曾波兮，導告余浸以滔天。行汩災而后嬰兮，馬壯拯其無人。哀輪縈以痟愁兮，襲宵永而辭晨。天叶。○曾，層通。

導，導人戒塗者也。《易》：「用拯馬壯。」言救難當健速也。張獻忠入蜀，湖南稍寧。甲申春，李自成陷京師，思廟自靖。五行汨災，横流滔天，禍嬰君上，普天無興勤王之師者。草野哀痛，悲長夜之不復旦也！

鷸倀皇而狂僨兮，蠢蹊田而奪之。豈弗悶其終沈兮，荼良苦其將捋之。步岑辥以涓友兮，援余戈而徂征。孤拊和其怒節兮，乾時潰其誰榮。《國策》：鷸蚌相持，漁人兩得之。語云：孤掌難鳴。《春秋》不諱乾時之戰，言能與讎戰，雖敗猶榮。□□□□□□未久，旋亦敗滅，如鷸蚌之持，徒爲漁人之利，牽牛蹊田，而牛亦奪也。□□□□□□□□固將死生以之，豈徒遯世無悶，而終隱之爲得哉？故涉歷險阻，涓戒同志，枕戈待旦，以有事焉。而孤掌之拊，自鳴自和，至於敗績，雖云與讎戰者敗亦非辱，而志事不遂，亦何榮耶！

駗儆余以荒術兮，皇雖阻其猶平。叶。胡釋余祖之亨遇兮，吝余策於南條。邅申中其離即兮，余情婉以終留。陳介李其曷共平聲。兮，憗有心而長區。烏侯切。○荒，大也。術，路也。邅，遲回貌。《左傳》：「一介行李。」區，藏也。舉兵不利，遂繇郴桂入粤。皇路可通，雖險阻如平夷也。先世既以從王起家，胡爲釋此不圖，而吝南征之策也。戊子冬，既至行闕，所見尤爲可憂，遲回再四，已復歸楚，而情終繫主。己丑夏，復繇間道赴闕，拜行人，雖陳力之無可致其靖共，而悲憤有懷，不能自匿，故有死諍之事。

荃服駕而未閑兮，或進鼪而善啼。軒聆律於秬粢兮，夔繇庚其若蹊。熯女離而長謠兮，矧既雨而申霣。余姣固殉於所字兮，蒼天正余以無奔。虹奇居宜切。色其衆媚兮，睽星樞以思存。蹇疾頞而嬰疹兮，返牢幺以行路。迹違魏以率野兮，魂慺慺其念故。荃，芳草，喻君。服，乘也。軒，軒轅。秬粢，累秬黍以正律。夔，一足獸。庚，夷庚，大道也。申，再也。霣，霽也。奇，奇衺不正也。牢幺，深閉也。魏，魏闕。時山陰、虞山二相公，孤忠濟難，反蒙主疑。而朱天麟、王化澄、吴貞毓、郭之奇、萬翺流輩猶恣奸佞得進用，結叛臣陳邦傳，下諫者金堡等於獄，幾杖殺之。夫哲愚之量，今古不齊。有黄帝之聰，則秬粢可察。若一足之夔，則坦道如蹊。然則衆人之憒憒，固不能欺余心之炯炯矣。時值傾覆，若谷蓷之熯，仳離之女，既不能已於長謠，況幸值事幾之可爲，若久旱之雨，而姦邪偷一日之利，更欲圮壞，如乍雨重霽，安能不益其痛哭耶！唯余一意事主，不隨衆狂，而孤立無援，如彼何也。羣姦畏死貪賂，復陰戴孫可望，如舍日而媚虹。北辰固爲天樞，非彼所思存，睽而去之，如遺屣矣。既三諫不聽，諫道窮矣。乃以病乞身，遂離行闕。而心念此去終天無見吾君之日，離魂不續，自此始也。

符威淪余離凶兮，欣長摧而數訛。詛余志之不充兮，疇飾非於未化。叶。○威，滅。淪喪之禍，果合符於所諫。庚寅冬，兩粤俱陷，死於亂兵者幾矣。固誓捐生，而勢不便，天不即與孤臣以死，數之訛也。静言自責，蓋亦志之未充，故猶波流以有今日之生。方之古人，於斯媿也。詎云遯跡窮山，不爲降吏，遂得以天日之誠文飾，而致於貞夫之列。

后適河以拂訓兮，輔志鸇而逢怒。配與旬其交佛兮，何所肆余之雅武。屏服昧於蒸原兮，震伐方以流耳。疇桂既余之永仇兮，❶王鈇亦維以悼紀。侗葛茬余糺躓兮，眄余天而未可。叶。夙延清而歆虚兮，紛莫知余之所甫。天王狩于河陽。仲尼曰：「以臣召君，不可以訓。」季文子曰：「見無禮於其君者，猶鷹鸇之逐鳥雀也。」《易》：「配主謂君。」旬，均也。謂所與同志事君也。佛，戾也。武，步也。屏，退也。服，用也。昧，幽也。蒸水出耶薑山，今謂之黄帝嶺。時所避地近其處。《易》：「震用伐鬼方。」震，大臣之象。王鈇，見《鶡冠子》，謂天子之大權。葛，蔓草。茬，柔木。言相糺縈，動即仆躓。天，所宜尊者。甫，美也。時上受孫可望之迎，實爲所挾，既拂君臣之大義，首輔山陰嚴公以正色立廷，不行可望之王封，爲可望賊殺。君見挾，相受害，此豈可託足者哉！是以屏迹居幽，遯於蒸水之原。而可望别部大帥李定國，出粤楚，屢有克捷，兵威震耳。當斯時也，欲留則不得乾淨之土以藏身，欲往則不忍就竊柄之魁以受命，進

❶「疇桂」，原缺，今據《衡陽縣志·王夫之傳》補。

退縈回，誰爲吾所當崇事者哉？既素秉清虚之志，以内決于心，固非悠悠紛紛者能知余之所好也！

思崩登之逝絶兮，介曶歘其無幾。皓汔染于中遷兮，歎頽齡其曷改。叶。皀唼鱻而泛行兮，愈流睞以怡旃。鷗遂胥以召嬉兮，駴不信其已然。爲不善如崩，易斯速也。爲善如登，難斯勞也。其始也一幾之決，其終也相去邈絶矣。其幾微之介，曶汶難知，而轉移歘倏。使以皓素之姿，聊且受染於淄黄，而中變其故，則終至暮年，不可復改。是則素抱清虚之志者，安能妄投於一試耶？夫泛泛之皀，隨波而唼魚，則人益喜其流蕩，怡我心目。若神雀忘其内美，而亦與羣遊，以致人之歎賞，斯物情之所駴，而亦事之所必無者也。故余之所甫，自非紛紛者之可得而知。

《屯》建子于錫侯兮，《蒙》納耦以受寅。叶。豈初柔之讓易兮，麗險窞之何姬。力魚切，❶叶如字。曰維命余不猶兮，奚懟位其不夙。胚父壯以濟童兮，妃内景而中穋。頫思返於貞牝兮，哲懼膏之致焚。窃余不知其畔兮，遵原筮以得垠。《參同契》云：《屯》納子，《蒙》受寅，謂《屯》陽在初，《蒙》陽在二也。《屯》以濟難，《蒙》以養正，其用别矣。納耦者，謂《蒙》二「納婦，吉」，退治内也。夫《屯》、《蒙》各有一陽在内卦，《屯》以蚤見剛健，得建侯之利。《蒙》豈不然，而以柔居初，成坎險而讓平易，所以然者，則時在蒙昧，不宜急見其剛才，素位遲疑，無容怨也。唯是保乾父之剛，内藏其健，納坎水之景，中守其明，則蒙昧可濟，而和靖於心。是故李萼赴顔公之招，臧洪同張邈之死，成敗雖殊，而道在經綸，故得以烈聲自遂。今所遇非人，蒙晦無可别之跡，則出身磐桓，不獲如彼。命之不猶，唯含貞韜明而已。位既不夙，其可爭乎？俯而自思，返於正順，以遠膏火之焚。故事幾幽杳，而生平素尚，甘於戢退，斯有垠岸之可遵者也。

聃當無以尚沖兮，非廢用而頽滑。康違堪以木形兮，激契闊于履發。儷龍玄其貞庸兮，矧秉禮于鄹闕。《老子》云：「當其無，有車器之用。」頽，廢。滑，亂也。嵇康《絶交書》自言七不

❶「力」，據《康熙字典》所注反切，當爲「九」字之誤。

堪。人目康土木形骸，謂不尚飾也。契闊，不合也。履，湯名。發，武王名。子曰：老子其猶龍乎。又人謂嵇康龍章鳳質。儷龍，謂二子皆如龍者。二子以玄爲尚，然且在老，則以無爲用，非並用而廢之，以恣滑亂；在嵇則非湯武之征誅，而不徇司馬。況秉禮教於鄒里闕黨者？其得弗擇地善行，而徒取進趨乎！

維食陰而質滋兮，必吸清以填形。爽脈叛其不來兮，石頑隕而失星。哀冰惻此絲鼎兮，歷棘纆其難康。重湍情于荃側兮，怨霄路之何長。爽，清淑之氣也。脈，微動也。霄路，天路。夫鄒魯之教，以理人性，以正人紀，盡之矣。夫人之生，食陰濁以滋形質，而必受清剛之氣於天，乃以充其體而善夫形色。倘此清剛之氣見利斯昏，叛去形質之内，則如星隕爲石，不復得爲星矣。所以懷冰自戒，憂此一絲之繫九鼎，歷于糺躓之塗，懼不得夫安步也。其自念名義既如此矣，而愛主之心尤不能忘。湍寄此情，欲往就之，姦雄窒路，如天難登，如之何其弗怨也！

狂憤憂而自棄兮，耿三歲而孑還。遠清塵余稺慕兮，抑朋蹇其企連。巴骨出而仍掉兮，虎靈藉而養巽。尸鼎號以墮庸兮，矧自古之多券。稺慕，如稺子之慕親也。《易》「大蹇朋來」，又「往蹇來連」，謂相率以濟蹇也。巴，巴蛇也。巴蛇吞象，三年而出其骨。掉，掉尾也。藉，假也。鼎，大也。鼎號，謂天子之大命。尸，如祭者之尸，代居其位。庸，功也。自違君側以來，於兹三歲，而孤踪屢遷，望屬車之清塵，而深其慕憶。蓋願得朋以出大蹇，倘值其人，樂與來連者矣。乃如可望者，若巴蛇之飽，颺尾而游，而大君之威，虎爲狐假，反退養夫巽順，若此者豈足以有爲。神器大名，不可以久借，功之無成，固其所矣。桓温失志於枋頭，劉裕覆師於關内，今古如一，有心者去之唯恐不速也。

遂託膏去聲。以歸音兮，雖先露其何怨。鄰化哀而狎悻能兮，豈不知秋駕之可學。❶媒與鳩其還摇兮，覆悔幾之先覺。夢宵征之輕馳兮，畏失轡于罔泱。叶。昏左次余騷縈兮，徼神憫而啟彭。哀，公牛哀也，七日而

❶「可學」上，《衡陽縣志·王夫之傳》有「不」字。當是。

化爲虎。《離騷》：「鮌悻直以亡身。」能，黃能，三足獸。秋駕，御法。夢學秋駕，事見《莊子》。罔泱，荒遠貌。彭，行也。使爲可望者，能如郇伯之爲膏雨，俾得遂所託以西歸，則雖溘先晨露，固所願也。以今者所居非乾浄之土，所鄰而狎者皆化獸之人，則豈不欲學御而得以馳驅哉。乃其或爲良媒，或爲毒鴆，遝雜摇摇，胥不可測。既已覺其不可託，是以逗留而不往，則將使我終不得遂西歸之志者，斯幾先之覺也。使茫然未覺，則往而不叶，歸于一死而已，豈不愈于鄰虎而狎能哉？故曰悔也。既已覺之，則非死之恤，而失身之爲憂，是以夢輕馳而終畏罔泱。人之已窮，神或通之，故當左次憂獨之際，希冀神之見憫而啟以所當行焉。

儔勉釋余之棼緒兮，曰窮通天以迓之。❶帝攽箕以貞倫兮，❷範有事於稽疑。袚端策而氛睞兮，❸火出澤以章景。宗廟震于悔端兮，勞再告而益昞。儔，友也。箕，箕子。火出澤上，《睽》卦。卦六爻，初士，二大夫，三卿，四公，五天子，上宗廟。震，動也。內卦爲貞，外卦爲悔。上九，老陽變動，故曰「震于悔端」。再告益昞，謂凡兩筮，皆《睽》上九，神之所告，其義甚明，疑可決矣。

好逑暱其妹娭兮，猾貌之庸猜。❹施膚寸以征合兮，羣淫解而卷霓。誠豨溷其難測兮，魑馮軾而增怪。卬孤清以弗堪兮，歧不晉其所夬。猜叶。○此演《睽》上九之辭，而詳玩其占。好逑姝媛以娭，謂婚媾也。猾，寇也。既爲好逑而毋庸猜，則所謂匪寇婚媾也。泰山之雲，膚寸而合，不崇朝而徧天下，則雨矣。雨則霓爲之卷藏，正氣昌而淫氣不成，如此者以征則疑釋而道合，所謂往遇雨則吉也。豨，豕也。溷，不潔也。謂豕負塗，難測其不潔之心也。魑，鬼也。馮軾，在車中也。謂載鬼一車，其情增人之怪也。豕負難測之穢，鬼增妖怪之情，則以睽孤之道處此，而欲保其清貞，固難堪矣。夫曰婚媾，曰遇雨，似宜往者也。曰鬼，曰豕，又似不宜往者。一爻之占，歧而不合，安能晉

---

❶「迓」，《衡陽縣志·王夫之傳》作「御」。
❷「攽」，《衡陽縣志·王夫之傳》作「訪」。
❸「氛睞」，《衡陽縣志·王夫之傳》此二字互乙。
❹「猾」下，《衡陽縣志·王夫之傳》有「革」字。

而決之哉？夬，決也。

訟徙倚而倘逢兮，彖既章余以崇別。女同閨其各袂兮，孰嫫與施之可頡。衆美少之膏濡兮，忘衷狠於飾柔。中仲。淳耀其曈曨兮，盟登天而果求。雖輿袂其勿恤兮，矧弢矢之有時。保昆烈以延昭兮，緦杲質於素思。頡叶。○訟，内訟也。中心聚疑，如聚訟然。徙倚，不定也。《睽》之《彖》曰：「二女同居，其志不同行。」袂，所以自飾者。嫫，嫫母。施，西施。少，少女，兑也。膏濡，澤之美也。兑内剛外柔，柔以飾狠也。中，中女，離也。淳耀曈曨，日之光也。登天，照四國也。輿袂，亦載鬼之義。弢矢，謂後説之弧也。昆，大也。延昭，謂致光于身也。緦，合也。睽上九之象辭，其疑不易決也如彼。中心聚訟，欲得遇卦意以決之，乃觀于《彖》，而知睽之爲道，不苟同而尚別，二女之志不同，美之與惡，豈可頡頏而同居哉！今卦爻之動，不動于兑，而動于離。且睽者，離宮初世之卦，則道宜用離明，而不宜用兑説。衆人無知，爲少女所惑，慕其膏澤，而忘其衷情之狠躁，則以可望爲歸者固矣。若夫中女之含光以照四國者，則非專壹其心于忠貞者，不能求也。使誠得主而爲之死，雖鬼車其勿恤，況今之張弧者，自有其説弧之時。命在天而志在己，唯觀其象，玩其占，保吾正大光明之氣，以體白日於丹心而已，奚復問津于少女之悦、狠羊之躁哉！於占既然，素志亦爾，神與心協，守其昭質，暗投之侣必謝，幽棲之志益堅矣。

亂曰：天昧冥遷，美無耽兮。方熯爲澤，已日霪兮。鑿秕孔勞，矧懷婪兮。督非我經，雌不堪兮。專伏以需，師翰音兮。幽兆千里，翼余忱兮。倉怳寫貞，疾煩心兮。貿仁無貪，怨何尋兮。侵覃二韻通叶。○天，理也。昧，幽也。耽，久著也。已日，更一日也。鑿，熟舂也。秕，粟皮。《莊子》「緣督以爲經」，督如人身之督脈，居中而行于虛。善不近名，惡不近刑，不凝滯而與物推移，所謂緣督也。倉怳，憂貌。貿，求也。天理幽隱，初無定在，遷移于無迹之中，則昔之所可，今或否矣，其得立一必美無惡之事，以耽著而沈溺之哉？如方久旱，則得雨爲澤，更日不止，又爲苦霪。方其四海淪胥，不餘尺土，則矯制興師者，固以足音慰空谷，而久假不歸，釁深改玉，名爲漢相，實漢賊矣。君子之不幸而當此也，留則河山非有，往則逆順無垠，求以潔身而報主者，如鑿秕求精，亦已難矣！況敢懷富貴之褊心，當去留之大事乎？與物推移而知雄守雌，以苟全其身而得利涉，既非所能爲，則將退伏幽棲，俟曙而鳴。今孤臣在千里之外，吾君介存亡之閒，往逕既絶，來蹤未卜，唯幽冥之中，若有朕兆，可翼余忱以必達。人不可謀，天不可問，寸心孤往，且以永懷。思主則愴怳而煩心，求仁則堅貞而不怨，《章靈》之作，意在斯乎！

螘鬭賦 庚申

曦歊方凝，渰雲欲興。玄蚼觸氣，載戰於庭。壺子據梧徙倚，顰蹙而起曰：夫物固有所不自已者哉！于以蒸蒸涔涔，波颭煙委，盈氣盈心，挾爲成理。窮高天而無一鏄之舒，亘長日而無須臾之止。平水微摇而淵濼，怒風倏徹于崔嵬。震宕無聊，不知攸似。若舍旃而莫容，唯役情於一死。夫迺不卜遄征，匪誓勿却。憤極紛紜，危偏婥妁。委佗棼藉，緜蜒閃霍。引繩孤徑，凌蹴驅薄。神髓不分，内外交䕶。競何求而迅犇，憯不恤夫塡壑。爾乃争堂奪坳，趨衍登墳。此馮乘以撐距，彼昂擊而陟垠。擁攢簇而互進，乍左次而姑屯。旁掠侵地，叢守掫門。山傾嶂疊，浪沓潮翻。棫棫茸茸，迷迷魂魂。前已超越，後仍輪囷。趾繕其怒，鬚傳其云。往勿返顧，來益趨援。於斯時也，參兩相搣，特匹相摽，分朋相於，壹死相糾，居夭反。相誅以喙，相牾以爪，脊不謀心，足不念腦。相懲以全，相獎以殀。目光瞀埃，液血傾蕘。折絶糜散，横陳傎倒。慘昏旦以怔營，劇自忘其飢飽。鱗鱗塵塵，暴骴載道，猶且歷戰場以逍遥，賈餘威之虔矯。

悲哉，大造之爲此也亦勤矣！誕生萬彙，元氣相緼。警靈蝡動，充盪芸屯。將使之含以孳榮，不即於汶悶乎？抑將流騁芒昧，以之於煩冤乎？將使之相呴相濡，樂其類以相存乎？抑將往復相制，而還以相吞乎？生生者不受，而生者又何自以魂魂也？夫有畛者無畛者也，有羣者無乎不羣也。俄而一槖之風，殊乎南北，一染之絲，判乎黑白。始於相矜，終於相賊。溽暑戢而商飈嚴，堅冰解而炎熏赫。旌搖輻轉，汜濫無域。其進也如洪河之出孟門，其返也如楚塞之阻黽阨。蟹負筐而躁，蠭垂螫而螌，隼翔高而攫，盧疾走而獲，駮擇猛而噬，蜮潛幽而射，螳翳葉而侵，鼃張羅而弋，莫不役於一氣之攸興，而忘其元和之本醇。是以羽當筵而讋義，鞅接鑣而搏卬，歡指天而僨兆，登茹血以詛萇，汴狙擊以乘晉，吴梟暝而搏襄，殺尸待封於三歲，郯指宵揃於孤航，馬陵驕而朱殷成澮，上黨諼而白骨如霜。成皋之烽迷曉霧，玉壁之燐奪星光，滙堰之膏飫鰻鮪，楊劉之壘泣寒螿，誠度彼而參此，奚徒一螳之彊梁者哉！

夫歕薄而無擇者氣也，攻取之相尋者機也，窮極而無回者往也，消謝而無憀者歸也。然則天不任殺，物不任威，游魂敻求，奚其憑依。縱之也終乎醉象，歛之也函以靈黽。非夫展目千古，潛意清微，當九六之龍戰，湛方寸之玄幾，薰風在襟，滌雨甘飛，旋熚焞之轂，破璚珥之圍，亦何以訖昆蠻之淫曑，定馮生之息吹也哉？

維時靈雨既降，秋風載清。蕭森踈魄，凉潤綏情。蜻蜓羣遊，歸鳥夕鳴。俯瞭垤户，闃爾忘争。靈珠孤警，思移乾精。諶不忘夫吉凶生殺之樞軸，又何患乎險毒之難平！

薑齋文集卷八終

薑齋文集卷九

贊十八首

陶孺人像贊

孝而殉，國人所聞，奚俟余云？慈以鞠，不究其粥，奚以相暴？静好爾音，函之予心，有言孰諶。偕隱之思，已而已而，焉用文之？天或假爾以後昆者，髣髴不迷，唯斯焉之爲儀。

題熊畏齋先生小像贊

爐煙篆輕，茗盌香清。天歸綺閣，人在瑶京。談霏玉屑，度挹芝英。養丹山之彩鳳，族麗景而飛鳴。

雜物贊

雨坐無緒，念平生風物，或時已滅裂，或人間尚有，而荒山不得邂逅，各爲叙其原委而贊之。諸有當於大制作者不與。感其一葉，則摇落可知已。

髮積

糊紙作鍾馗狀，髯而執簡，空其後，

挂壁間，以納櫛餘之髮。

神力憤盈，食妖充餒。謂髮離巔，其類維□。顧巔已□，□繁有徒。玄冠赭袍，云胡其徂。

氣通

鐫方玉管作綺疏，方暑簪之，以洩蒸溽。亦有冶銀及刻鳥羽本爲之者。

百陽趨首，鬱則或職。璗瓏旁引，紓此亢息。陰升陽脱，不霜而凜。熱中汗背，非爾所審。

天蠶絲

出廣西府江山中。猺獞炙食其肉，有絲如金縷，以綴巾圈。

弗飽女桑，弗眠葦箔。柔堅絁燿，綴彼金玉。乾綱既裂，孰與維之。千金一繭，不及貊貍。

香筒

出納袖中，香霧凝綺疏，則不爇而熏。沈水木、紫檀、象齒、椶竹乃至磨竹，皆任爲之。鏤人物、花卉、峰巒，精者細入毫忽。

香魂化虛，留之以凝。褻衣閑閑，偕爾寢興。□□之夫，蕕葎是逐。無所置爾，祛如□□。

鬼見愁

亦草木之實，生武當山谷。或採

令童子佩之，云辟鬼魅。狀類粵西所產猪腰子，而圓小精潤，茶褐色，有深黑文緣其間。

鬼愁不愁，人亦不知。如彼明王，守在四夷。爾不我佩，鬼愁何有！使爾今存，人胥疾首。

料絲鐙

燒藥石爲之，六方合成，外如絲，內如屏，花卉蟲鳥，五采斯備。然鐙其中，尤爲綺麗。

元夕張鐙，漢明創始。窮工取麗，既光且綺。爭月搖星，石藺火機。以陰以雨，奪我容輝。

太平鼓

以鐵爲棬，鞔羊革作一面鼓。棬下施十餘小鐵環，揭長柄。擊鼓搖環，琅琅鼞鼞，鐙夕之巷樂也。

三百韶年，河清海謐。歡情踔厲，播于始吉。天山笳哀，漁陽撾斷。凡今之人，孰肯念亂。

活的兒

以烏金紙剪爲蛺蝶，朱粉點染，以小銅絲纏綴針上，旁施柏葉。迎春元日，冶遊者插之巾帽。宋柳永詞所謂鬧蛾兒也。或亦謂之鬧嚷嚷。

暄風未動，春物已翩。人載春心，爭物

之先。蘧蘧殘夢，生意不蘇，梟巢人頂，仍啄其膚。

果罩

漆竹絲，或燒假珠子爲之。中固無果，名而已矣。顧非是則不足爲筵。

非以給欲，如彼繡衣。目愉心慽，何必不饑。胡孫充嗉，偃鼠滿腹。安用初筵，貪饕已足。

高柄盌

茗盌下有足，可拱可把，以架承之。古者尊有禁，籩豆有房，應如此爾。

謂爾贅疣，何者非贅？苟便飯歠，放流奚害。擎拳致肅，無患捧盈。措地不可，而後亡傾。

盒袋

用亂髮結繩，作大目網，納盒其中，荷之以行。

匪絲匪枲，取彼亂髮。如山既童，柯將焉伐。饋食往來，露其乾餱。苞苴不諱，亦孔之羞。

高閣

小紫竹爲架，下斂上張，以庋字畫及藁紙，挂壁間。

截彼湘筠，庋我丹策。伸臂以探，攜無曰益。今作字者，匪訟則貨。藏恐不密，畏爾賈禍。

茶托

緝小草結之，如蒲團狀，大纔如盌，藉茶具，不令蒸歊損案漆。

使僧如槌，爾可安禪。不壞色相，淨理乃全。今者羣□，大如修羅。炙手可熱，爾其奈何！

鑪几

大理石爲中，烏木爲邊，似案而小，以承鑪香匙瓶。

明窗棐几，香縷縈空。終遠腥熏，願承下風。太玄爲守，介石爲心。君子去我，夜氣惟金。

看相

冶銀作箴管粉合，鑰橐綫囊，蓋《內則》女子所佩，實去而形存者也。

紛帨象揥，女職所勤。用絀形傳，聊樂我員。怒馬銜妖，裹袖爲姿。珊珊冉冉，奚有來遲。

袖籠

射者衣大褶，則以幅錦裹袖，《詩》之所謂拾也。

射維觀德，容乃德隅。雖云綦袖，不礙卷舒。削幅見肘，恒有殺容。如鷹常攫，雀瞉其空。

銘十一首

筆銘

爲星爲燐，於爾分畛。爲梟爲麟，於爾傳真。吁嗟乎，吾懼鬼神。

硯銘

余兩赴端州，未能得一佳石。故水師將軍南陵管燦，舊爲制使丁魁楚開靈羊峽坑，家有數石，其子貽余一硯。知石理者，謂承之以日，則晶熒反射如浮金乳爲獨絶，不在蟲蛀火黳蕉葉也。庚寅冬，桂林覆敗，爲叛吏挾家人奪去。既返山中，無以和墨，劉平思畀一石子，外璞中膩，參差類小龜，即非至者，亦頗受墨，相隨二十年矣。平思下世來，倏已五載，欽佩故心，聊爲銘之。

平思曰咨，天慭爾以死，不替爾思。爾有□知，錫爾玄龜。蠲爾心，莫爾辭，以斯人逖于迷疑。維□□亂夏，聃曇爲之尸。砥礪爾鋒，無滋遺種于兹土，爾尚不余遺。龜拜稽首，曷敢不式承子之光施。

墨銘

莠讕浮囂，惜爾如珍，微言苟伸。爾不吝，滅爾身。

秘閣銘

柴桑無絃得琴理，何用揮毫而藉此。

硯蓋銘

黄塵玄埃，切近其災。苟藏身之已密，彼於我何有哉！

杖銘

莫如信。

拂子銘

所往爲之，如彼爲也。語助或窮，斯焉取舍。

圍碁銘

子入奩，局摺紙，將欲何爲，勿寧事此。

梳銘

新安黄將軍金臺，披緇稱廣明大師，請余爲小傳，見贈琫瑁梳一合，云藏之無用久矣，非先生無可贈者。感其意而銘之。

我瞻斯人，皆可贈者。達多迷頭，非無頭也。豈其遠而，神農虞夏。

南窗銘

北窗凉風，南窗夕曛。五柳高卧之心，

夢依京雒。悲哉乎！夕堂拂螘之志，丘首滇雲。

觀生居銘

重陰蓊浡，浮陽客遷。孰忍越視，終詘手援。物不自我，我誰與連。亦不廢我，非我無權。盥而不薦，默成以天。念我此生，靡後靡先。亭亭斯日，鼎鼎百年。不言之氣，不戰之争。欲垂以觀，維自觀旃。無小匪大，無幽匪宣。非幾蝡動，督之網鉗。弔靈淵伏，引之鈎筌。兢兢冰谷，臮臮鑪烟。毋曰殊類，不我覿焉。神之攸攝，鬼之攸虔。蝝頑荒怪，恒爾考旋。無功之勣，不罰之愆。夙夜交至，雹灼雷喧。

薑齋文集卷九終

薑齋文集卷十

家世節録

《禮》：大夫有家。《詩》稱「有邰家室」。司馬遷紀列國爲世家，下况之辭也。今制：七品以下通乎士，六品以上通乎大夫。先驍騎公肇家于今十三世，雖子孫之弗克構乃家，固得以有家矣。夫之不肖，以墜令聞，又遘兹鞠凶，國緒如綫，家亦以殄。嗚呼！維我祖暨考之保此彝命者，寧有替也！夫之最晚生，時得敬聆庭訓者，十百之一二。隨節譔録，肅呈之從長兄萬户、伯兄孝廉，僉曰諧汝從。嗚呼！後之人其尚念之哉！時□□十有二年季秋月朔日乙未，徵仕郎行人司行人介子夫之謹述。

太原王氏，出自姬姓之後，至離次子威而分，至鴈門太守昶而著。□元以上，興替不一。元末有居高郵州之打魚村者，斷爲始祖驍騎公，諱仲一。驍騎公兄弟，或云九人，或云七人。羣雄逐元，公兄弟亦起義兵會焉，或歿于兵中。其與公並顯者，公弟仲二公、仲三公，皆從太祖渡江。仲一公以功授山東青州左衞正千户。仲二公、仲三公各以功累襲長沙、衡州二衞指揮。❶驍騎公生明威將軍上都尉公，❷諱成。從成祖南下，

❶「衡州」，《船山全書》引《族譜》作「茶陵」。
❷「都尉」上，《船山全書》引《族譜》有「騎」字，當是。

功最，陸衡州衛指揮僉事，乃宅于衡。都尉公生嗣都尉公，諱全。嗣都尉公生嗣都尉公，諱能。皆襲世職，終于官。嗣都尉公生昭勇將軍上輕車都尉公，諱綱。累官江西都使司都指揮僉事。輕車公風裁剛正，嫺治文墨。掌衛事時，與太守古公偕見直指使。古公自司馬郎出守郡，執舊屬禮，與公争西上。公據祖制折之，曳落其裾，直指使以公爲直。會同里劉黄公昊請於廷，❶修南嶽廟，部推公能，檄入川採木，歸督造廟，巋然帝制，崇麗冠五嶽，所費不過五千金，皆公所區節也。事具商文毅公輅碑記。後官江西，與藩臬會紫薇堂，藩使以公伉直，欲以文墨相難，連綴韻語，公應口和之如夙譔，藩臬使皆爲斂容焉。

輕車公生驃騎將軍上護軍公，諱震。字東齋，累官鎮守柳慶參將。始輕車公所與伉太守古公者，擢大司馬。驃騎公以舍人襲職，過司馬門下。古公閲世系狀，知爲輕車公子，問曰：「汝王某兒耶？」應曰：「諾。」古公曰：「王某文武材也，此正思擢之，以紓邊急，今豈其没耶？」對曰：「某父以某時歷江西都使，卒于官。」古公愴然改容，作而嘆曰：「汝父風采，今日若在人目中。虎父不生豚兒，汝但好爲之，無憂不大用。」護軍公泣伏再拜而退。逮致政里居，每舉以戒子孫。至先君，猶能詳道之如昨日事。嗚呼！先正體國用人，争而不忮如此，天下何得不晏然。顧非輕車公之大節實有以厭君子之心者，亦無以得此。驃騎公累官二品，家無餘貲。柳慶居百蠻之衝，懷柔震疊，不侵不叛，其承堂構而報元老之

❶「黄」下，《船山全書》引《族譜》有「門」字，於義爲長。

知，亦有所自來也。

驃騎公長子諱翰。襲職，累官都使。卒，賜葬祭。第四子處士公諱寧。號一山居士，始以文墨教子弟，起家儒素焉。

一山公長子順泉公，諱亨。郡文學。次掌故公，諱雍。號静峰，應隆慶四年鄉貢，初授武岡州學訓，陞江西南城縣學諭，致仕，卒于家。掌故公純懿寬厚，推重倫輩。凡應貢者，類以捷得相競。公届餼滿，請讓于所受業師，學使者義而許焉，公以遲之閒歲。家世弁組，頗務豪盛，公苦吟清澈，不問家人業。或故詰公曰：「一石穀舂幾許米？」公曰：「一石米。」輕薄者笑焉，公亦不怒。其敦長者行類如此。夫之童年曾于先君篋中見公試論一帙，今忘之矣，記其髣髴，清健樸亮，似楊貞復手筆。至論留侯用四皓争太子，非大臣體，王茂弘不得爲純忠，蓋補《綱目》所未及也。

掌故公生三子，長次峰公，諱惟恭。次少峰公，諱惟敬。次太素公，諱惟炳。補郡文學。少峰公之始生也，掌故公夢有奇徵，故小字曰夢。公姿貌森偉，長六尺，髭鬚疎秀，瞳光透出十步，伉爽尚大節，飲酒至一石不亂。歲時衣大褶，戴平定帽，坐起中句矩。或勸公曰：「君閥閲胄子，郎君又以儒名家，獨不可以儒服乎？」公笑而不應。掌故公之卒，以貲讓弟太素公，隨散隨益之。終身不見一長吏，亦不㩉裾于富貴之門。縱酒自匿，而竟日口不道一里巷語。遇人有不可者，面折無諱，而姻黨敬愛，生平如一日。居家嚴整，晝不處于内，日昃入户，彈指作聲，則室如無人焉者。課先君洎仲叔二父誦習，每秉鐙對酒，寘筆硯座隅，令著文蓺，恒中夜不輟。仲父偶戲簪一花，驀見之，作色曰：「此豈吾子弟耶！」故先君兄弟終身不有華曼之飾。先君年在既立，聲望已著，每小失意，猶長跽踰時，必痛自謝過乃已，或時爲勞勉焉。夫之少不肖，蒙譴于先君，仲父述此以見誡，相向欷歔已，哽塞不能竟語。公年五十三，蚤卒，大中丞李公燾爲表墓焉。❶元配馮太孺人，無所出。繼配范太孺人，生三子：長先君；次仲父牧石先生，諱廷聘。字蔚仲；次季父，諱家聘。字子翼，皆郡文學。仲父和易而方介，恬于榮利，博識，工行楷書，古詩得建安風骨，近體逼何、李而上，深不喜竟陵體詩，每顰顣曰：「何爲作此兒女嚅唲！」晚歲築室垧外，號曳塗居，蒔花植藥，怡然忘物，每謂漆園吏、東皋先生去人不遠。生長兄玉之，起邑文學，以繼絶嗣祖職，官指揮使。季父儒而俠，不屑家人業，裘馬壯遊，敦友睦，事先君如嚴父，生珍之。

先君諱上从卓从月，下从耳从甹。字逸生，一字脩侯，志考亭閩山之遊，以顏其居，學者稱武夷先生。少師事邑大儒伍學父先生定相，研極羣籍。已游鄒泗山先生德溥之門，講性命之學。萬曆間，爲新建學者甚盛，淫于浮屠。先君敦尚踐履，不務頑空。嘗曰：「先正有言，難克處克將去，此入德第一持循處，吾力之而未能也。」一切玩好華靡，不留手目。篤孝敦友，省心減務。窺所淵際，大概以克己爲之基也。雅不與佛老人遊，曾共釋憨山德清談義，已聞其論，怫然而退。終身未嘗向浮屠、老子像前施一揖。甲申歲，以寇退遺骴滿野，募僧拾而瘞之，並使修懺摩法，仍曰：「此自王政掩骴骼之

❶「李」上，《船山全書》引《族譜》有「南海」二字。

一事，顧今不以命之僧，吾懼僕傭之狼籍也。已屬之矣，固不容執吾素尚而廢其事。此亦神道設教之意，汝曹勿謂我佞佛而或效之。」

少峰公早世，夫之兄弟不及見先君色養。聞諸先孺人，終少峰公之世，有所呼召，未嘗不稱名以應。每加戒訓，則長跽中庭，非命之起，至客至不起。已乃煦然，無少見顔色。少峰公卒，柴毁泣血。免喪，親故乃不相識。在殯食一溢米粥，力疾執葬事，畚鍤栽植，躬與傭力雜作。范孺人之疾革也，先君方授生徒于衡山。范孺人不欲先君之亟歸，逮屬纊，仲父方以信走報，猶諱言不測。時已昏黑，就主人借一駿馬，馳百里，丙夜抵家。先君體清羸，素不習馳。縱轡馳陰黑中，把火者不相及，卒無傾躓，聞者以爲神助。及歸已復魂矣，匍匐號血，水漿不入口者三日。范孺人以痰疾終，收所唾盂，藏之苦次，每捧以哭，殆于絶聲。每上少峰公、范孺人墓，酹酒泣下。耆艾之年，猶作孺子泣。歲時薦于寢，整衣鵠立，屏息攝足。荼醴之奠，必躬執焉。夫之兄弟閒請分其勞，皆不聽許。待仲叔二父，終身無一閒言。或遇咈意事，相對二父則笑語如常，脱然忘其所憂戚。一觴一詠，評古跋今，諧適送難，歡如朋友，而危坐正膝，不傷於媟。至於衣無私主，財無私藏，則初以爲適然，未嘗留先君胸中，不足細述也。

萬曆間，諸以理學名者，拱手曳裾，糨褶峩巾以爲容。先君口無過言，身無嫚度，而坦易和粹，衣冠亦如時製，無所矜也。崇禎初，文士類以文社相標榜，夫之兄弟亦稍與聲氣中人往還，先君知之，輒蹙眉而不懽者經日。丙戌歲鄉試楚士于湖南，劉浣松水部明遇以點定墨牘屬夫之，已授之鐫者，先君怒曰：「汝以是爲儒者分内事耶？」卒不許竟其事。大約窺先君之志，以不求異于人爲高，以不屑浮名爲榮。故性不喜飲酒，而留客卒歡，或至中夜。不以斷肉禁殺爲仁，而啟蟄方長，終無侵害。食品非雞鶩豚魚，未嘗下筯。終身不過狹邪之門，而對歌舞亦爲之適然。投牒歸隱，未嘗岩棲谷飲，而盤桓斗室，竟歲不履城市。自非忠孝大節，卒不修赫赫之行，此以恒久而不可亂也。

先君爲制義，風味似馮具區，詣入似朱大復。每以理極一往，翔折取意爲至，而不多取繢藻。論文則以極至爲主，恒苦作者不能臻已所未到。早受知于邑令胡公，忘其名。自童子中，以國士相期。會學使者有所嗛于邑，故抑先君以示意。繼新安立齋王公宗本令衡，復深相知。凡兩最童子科，乃補郡文學。以文字相知許者，義興周公應脩、太湖馬公人龍、四明陳公圭、温陵劉公春。

先君以萬曆乙卯、辛酉兩副秋榜，分考胡公允恭首薦，太史西溪繆公昌期業定録名次，以對策中犯副考朱黄門童蒙名，黄門不懌，置乙第。是年熹宗登極，以恩予副第者貢太學。先君年已五衰，倦于文場，歎曰：「余分在此，且筮一命，或得報政而邀王言，以補禄養之不逮也。」遂應貢入辟廱。歷滿應部銓，時選政大壞，官以賄定，授正八品官。先君素矜風軌，及是，相知聞者謂必罷選不就。先君笑曰：「積薪何常之有？我應此小用者何意，無亦聊與優游，而以悻悻去哉？」初，仲父聞之，亦爲扼腕。先君自都門歸，欣然盡遺諸胸中，仲父歎曰：「吾兄所謂賢者不測也。」已赴謁選，會烏程當國，操切以希上旨。其姻家唐元弼者，乾没副貢籍，求府判所部覈罷之，烏程怒，爲罷銓郎。新銓郎蔡相弈琛會烏程意旨，苛按辛酉副貢，移儀曹，索故紙，束溼甚，暗索賄焉。先君曰：「是尚可吏也乎！吾以求一命爲先人故，俛折至此，若出賕吏胯下，以重辱先人，是必不可。」詣儀曹辭罷。大儀慈谿馮公起龍笑謝先君曰：「觀生氣固不可折者。吾爲選，君必旦暮爲除遣，何有長者而作少年拂衣意氣乎？」先君正色長揖而對曰：「無所辱公嘉惠。某有田可耕，有子可教，終不敢欺天，以暮夜金博一官。」碎假帖而退。夜買驢出春明門，遂歸。蒔藥灌畦，若未踏長安塵者。家居十七載，不一至郡邑，庭亦不通雜賓客，非兩叔父外諸從洎及門問字者，往來都絶。長吏到門，以疾却刺。夫之舉主歐陽方然先生諱霖。相過，請見者三，乃一報見而止，猶不懌者終日焉。

先君少治《詩》，徙治《春秋》。躡屩束經，走安成、亭州問業，所向即傾動人士。已授生徒，精爲研鑿。及門達者，先舅氏孝廉譚公允都、舉首歐陽節庵瑾、開建令經元貴陽馬丹鄰之馴。晚歲端居屏人事。里社後進，閒因夫之兄弟以文字求點定，時際欣適，亦爲論次。如郭季林鳳躚、夏叔直汝弼、何偉孫一琦，皆所鑒别，俱爲名孝廉。會喪亂，不得竟其所至。先君和粹不立城府，熉然無所牴牾于物，顧所不可，纖毫不以折意。方謁選時，邑大常卿陳公宗契、零陵銓司蔣公向榮深相引重，欲爲先君地，皆笑而謝之。大參陳公聖典會先君，因致書長安達者。先君受之，中途發械，有先容語，遂不復致，槖之而歸。初欲返之大參，已而曰：「何用作此嶢嶢折彼意爲？」因不果返之。

營道駱都督思恭掌金吾事，監修國史。史成，例薦纂修者，晉所考秩予速選。以同鄉故，咨先君于部。先君亦笑受其咨，既終不以赴部，亦不以返于駱，留笥中，抵家乃焚之。蓋先君大節求盡于己，而不標君子之名以自炫，大要如此。壬午冬，夫之上計偕，請于先君曰：「夫之此行也，將晉贄于今君子之門，受詔志之教，不知得否？」先君佛然曰：「今所謂君子者，吾固不敢知也。要行己自有本末，以人爲本而己末之，必將以身殉他人之道，何似以身殉己之道哉？慎之！一入而不可止，他日雖欲殉己而無可殉矣。」嗚呼！先君之訓，如日在天，使夫之能率若不忘，庚寅之役，當不致與匪人力争，拂衣以遯，或得披草凌危，以頸血效嵇侍中濺御衣，何至棲遲岐路，至于今日，求一片乾净土以死而不得哉！誨爾諄諄，聽我藐藐，小子之弗克靖也，人也非天只矣。

初，伍學父先生與先君爲師弟子，而相得如友生。先生藏書萬餘卷，居恒謂家君：「此中郎所以貽仲宣者，行歸之子。」後先生猝得熱疾，濾急不能語。先君躬執藥食，先生目語先君，如將有所授者，先君輒俛首不答。歸而歎曰：「吾寧負先生治命，不能受仲宣之託也。」先君嚴于取與，大率如此。夫之所目擊者，未嘗輕過一人飯，亦未嘗輒受一人名刺。凡夫之兄弟所交遊，稍有箑扇之饋，必峻却焉。伯兄己卯上北雍旋，于白下市縳音線。絹製袷衣，著綿以進，彌月不敢呈，漸因先孺人奉之。笑視良久，取而藏之，經冬不御。閒歲，仍返諸伯兄。伯兄復因仲父婉道意，乃以所值授伯兄，始取服焉。兩兄洎夫之有茗菓羹脯之獻，月不敢再。閒月進之，亦多納而不嘗。兩兄省試歸，曾買小説一帙奉先君，爲解頤之助。開卷視數則，輒束焉。嗣以遺族叔，且曰：「此兒子所奉也。」仲父以閒言曰：「兄之子，幸免不成立。所奉亦筆舌所得，何峻拒之如是？」曰：「其人則吾子也，其物則非吾有也。以吾一人者用物于天地，而數人者取天地之精，不已汰乎！且清心省事，徒以行之他人而不行之吾子，其亦以此忤物矣。且吾以此教豚犬子，尚不能不轇轕浮沉于名利之際，奈何復決堤而先之泛濫也！」凡受業于先君者約數十輩，束脯之儀，以貧而却之者半焉。時亦有所賑予，及爲人排急難，要未嘗輕先期諾之。賢者不得而親，不肖者不得而疎也。夏紵冬絮，擁膝危坐，閒終日而不一語。自夫之有識以來，二十年如一日，亦姻黨僚友所共知，無得而閒焉。

先君嚴於自律，恕於待物，即僮僕亦未嘗深加訶責。以少峰公塋墓爲族人不肖者所犯，一訟之有司，此外無一字入郡邑。曾衣新縉褶過城闉，有鬻薪者醉而突出，以所荷杖刺衣幅裂，落其裾；其人惶遽，故狺狺作不遜語。先君笑曰：「待我執汝索償，而始作此狀未晚，今且去，不須爾也。」其人雖醉，不覺膝之屈也。先君亦顧而去之。又嘗晏出，門外有鬻豆糜者，踞坐門檻，命之起，不起；稍正色詰之，顧瞋目直視，捧其糜擲中先君，巾服皆漬。先君徐步入内易衣，家人皆不測所以，先君亦不語以故。徐聞門外喧豗，則鄰左人共搏其人，盡以所鬻糜投之溝中，捽而將縶之矣。先君易衣畢，遽出語搏者：「彼幸未有所犯于我，直蠢愚不慮難爾，何忍令其荷空甑歸，無用以對妻子爲？」如其值而授之錢。鄰人皆驚訝，餘怒不已。詰旦乃笑而謂之曰：「子昨者之怒，今可以忘乎未耶？」故里中之醉而號者，争而鬭者，樗蒲而相逐者，惟恐令先君知。鄰有貴介子弟任縣令罷歸，不能輯其奴客虐侮市買小民。先君遇之，則正色視之，雖未加詆訶，而無不倉皇失措者。後遂漸畏而改焉。凡里中郡邑文學，有數至公門請謁者，皆令攜巾衫人走間道，不敢經過門閈。先君後漸聞之，歎曰：「夫我奈何使人徒畏！」遂以禁步門内。又曾以孟冬攜夫之上一山公塋，歸渡耒水，操舟人索錢不已。從人與之争，其人醉而狂詈，剌剌不休，奮石相擲，及夫之馬首。夫之于馬上勸止之，愈不得止。夫之怒，令人搏之。其人掉舟中流，無可如何。先君見夫之怒不可遏，從容上肩輿去。使人傳命云：「此何難，且歸，徐告于有司捕繫。」夫之乃迴轡而反。抵家，先君色既不怍，又不一語及之。夫之不敢請，遲之數日，乃曰：「前者操舟狂夫，何以不屬之有司乎？」俛而微笑。夫之不覺汗之霑頤。先君乃爲好語慰藉而起。

先君教兩兄及夫之，以方嚴聞于族黨。顧當所啟迪，恒以温顔奬掖，或置棋枰，令對弈焉。唯不許令習博簺擊毬，游俠劣伎。間坐則舉先正語録，辯析開曉，及本朝沿革，史傳所遺略者，與前輩風軌，下及制藝，剔鐙長談，中夜不息。兩兄淳至，無大過失，時或以小節違意旨。夫之少不自簡，多口過。每至發露，先君不急加詰謫，唯正色不與語，問亦不答。故夫之兄弟亦不易自請諐焉。如此旬餘，必待真恥内動，流涕求改，而後譴訶得施。已乃釋然，至于終世，未嘗再舉前過以相戒。庭阨之中，晅日嚴霜，並行不悖。恒謂處人己之間，當令有餘，親如子弟，賤如奴僕，且不可一往求盡，況其他乎！昔在京師，見一名冢宰，大書榜云：「本部既不要錢，如何爲人要錢。」亦何至如此以爲君子耶！故其施於家者，張弛如此。而夫之兄弟亦幸以免于惡焉。

崇禎癸未，張獻忠陷衡州，鈎索諸人士，令下如猛火，購伯兄及夫之甚急。先君爲僞胥所得，勒至郡城。僞吏故爲輭語，誘先君致夫之兄弟。先君張目直視，終不答。僞吏怒，將羈先君。先君歎曰：「安能以七十老人，俛仰求活！」沐浴易衣，就親故告別，將以是夕投繯。夫之聞先君在縶，乃殘毁支體，舁簣到郡，守候徹夜，乃不果。明日遂以計脱遁。黄岡奚鼎鉉始以文字與夫之相知聞，至是陷賊中爲吏，力脱先君于險，先君終不與語。

永曆丁亥，夫之避居湘鄉山中，伯兄匿跡東安之四望山，先君間寄手書至，曰：「汝若自愛，切不須歸，勿以我爲念。」時八月二十三日也。書發之明日，遂以覯疾。伯兄踉蹌先歸，夫之以次還，先君顧不喜。已乃力疾率伯兄及夫之上南嶽峰頂以隱。俄而疾急，乃曰：「吾居平無一言可用教汝兄弟者，況今日乎！我即不起，當葬我此山之麓。無以櫬行城市，違吾雅志，且以塋兆在彼，累汝兄弟數見諸不浄事也。」卧病三月，未嘗有一呻吟之聲。十一月十八日平旦，扶起晏坐而終。先君之於患難生死，有如此者。

先君于文詞詩歌，不數操觚。蓋以簡柙性情，懼藝成之爲累也。早歲與學父先生洎詩僧復支頗有酬和，皆削其稿，盡無傳者。夫之所獲見者，送邑侯梁東銘志仁入計序，及贈處士陶翁萬梧，夫之妻父。文，今皆忘之矣。又曾于刺尾得覩《過應山平靖關》一絶句，今附録焉：「楚塞横開西接秦，平沙風起柳花春。即今江北須回首，渺渺江南愁殺人。」崇禎戊辰春所作也。

先君于書法不求甚工，而終身不作一行草及縱筆大書。易簀之歲，七十有八，先卒三月，所敕夫之兄弟手札，皆蠅跡鴈行如界畫。少所讀書，收束潔齊，五十餘年帙卷如新。生平未嘗敗一陶器。殘楮廢稿，歲聚而焚之。食無兼味，飯止一盂。飲酒不見酒容。諸非時蔬菓，烹飪失宜者，絶不入口。葺屋取蔽風雨。所居一室，浄几堊壁，蕭然無長物。禁夫之兄弟不令置田宅，僅以給一年豐凶之中爲止，曰：「安有儒素而求田問舍者，且貪之媒而禍之始也。」大歡不破顔而笑，大怒不虓聲而呵。北還遇盜于良鄉縣界，掠奪殆盡。會有中丞赴鎮遇焉，遣人存問，並邀往見，欲爲追捕，先君謝而不往。唯一笥中餘二十金，同行者多有所餘，而故閟之，以窮告，先君遂分所餘授之，不取償焉。凡此皆細節，不能具誌，要非先君所留意，聊贅一二語以記素業，用示諸後云爾。

先君元配蓁孺人。外大父掌故公諱□。蓁孺人淑順孝媚，生子一，三歲而殤。孺人以萬曆甲午歲卒。繼配先太孺人姓譚氏。外大父處士念樂公。諱時章。念樂公性和愷，爲敦篤長者，顧崖岸嶄峻，不可干侮。曾遊巴蜀，有姻戚宰充國，往訪之，因稍留廨舍，其館客倨諧，一言拂意，不辭而出。匹馬走江濱，順流泛三峽而歸。主人數道追贐，已弗及矣。其標致高遠如此。念樂公配歐陽太母。生子三，長惺欷公，諱允皐。季玉卿公，諱允琳。皆邑文學。中子小西公，諱允都。中天啟甲子鄉試，乙丑上春官，以文句犯權奄，置乙第。女二，長即先孺人，次適文學伍季咸公一盈，遇亂爲賊所得，不屈，罵不絕口，賊以刀環亂築致殞。先孺人生伯兄介之，中崇禎壬午鄉試。次仲兄參之，弘光選貢，未就廷試，遇亂以疾先先君卒。次不肖夫之，以壬午舉人，授行人司行人，予假養病歸山，今行年四十矣。孫七，敉、敞、勿藥、致、攽、勿幕、敔。敞，伯兄出。敉、致，皆仲兄出。勿藥、攽、勿幕、敔，夫之出。敉以孝殞于難，致早夭。曾孫一生祁，敞出。

先孺人年十九歸先君。以少峰公之嚴，雖先君及兩叔父籍甚士林，未嘗少爲假借，顧于先孺人，則不能不喜道之曰：此孝婦也。先孺人終未自言所以事舅姑者，今故不能述其詳。閒聞之叔母云：少峰公洎范孺人存日，起恒不待曉色，夜則闇坐徹丙夜。茗漿酒餌以進者，不敢使烹飪刀砧之聲聞于外。隆冬不爐，懼煙焰之達也；盛暑不扇，懼其作聲響也。與侍婢語，必附耳嚅唲，雖甚喜，笑不見齒也。少峰公晝出于外，薄暮入，則滌器移案之類，都不復作。如是者終少峰公之世。閒歸寧，外大母頗加慰問，則對曰：「居家固如是，未見翁之獨嚴也。」外大母後述之，輒以爲笑。少峰公卒，范孺人雖慈愷，亦不忍不以事少峰公者事范孺人。執三年之喪，哀泣瘠毀，傾笥篋以襄大事。迨釋服，無以即吉焉。與仲母吴太恭人相得如骨肉，白首無閒言。一庭之中，兄弟誾誾于外，妯娌雝雝于內，歡然忘日月之長。後雖析居，閒十日不往還，則怦怦若失。季母萬晚得奇疾，性稍亂，先孺人一往問之，則流涕竟日。其卒也，一慟幾絶。從大父太素公暮年喪子，與朱太母就養先君，酒茗必清，蔬脯必治，飴粥果餌，逆探其意而供焉，二十年如一日。每逢綦孺人生忌，躬設香茗拜薦。事掌故公如父，綦太母如母，向卒五十年，言及猶爲慘然變容。對先君如承嚴賓，先君夙有痰疾，煮藥調食，必躬親執事，不以屬之子婦及委僮婢。先君疾革時，先孺人新自病起，羸弱不振，顧蚤起晏息，篝火親事，一如其素焉。家承嚴政，内外栗肅者九代，自先孺人易之以和愷。育夫之兄弟恩九而威無一，遇諸新婦則純用柔道，談笑拊摩，終歲不一蹙其眉，即有過失，不加訶譴，徐俟其悔悟而後微戒焉。顧恒歎曰：「吾性不欲以嚴待人，自此以往，流及于後，將有不率而反脣者乎？雖然，佳兒女豈須人訶責，不肖者操之，益横出矣。人日趨下，顧非吾作法之涼也。」先君宦學四方，家徒壁立，先孺人躬親舂飪，支盈補虚，以佐圖史舟車之貲，費踰千金。而兩兄及夫之鐙丸書卷，衣履贈遺，娶婦飴孫，以及歲時嘗薦、伏臘酒漿之屬不計焉，皆先孺人之手澤也。顧每有羸餘，輒盡散以施姻黨之乏，及他迫而來告者，下迨僮僕，人得取給，恒霈然有餘，終不囊宿一錢，曰：「奈何以有用置無用之地也。」居少不約，居多不豐，順聚散以隨時，故晚遇喪亂，麻衣橡食，欣然如素。夫之兄弟藉以保其硜節，實厚載之無疆也。

先孺人年七十四，伯兄洎夫之同舉。外王母歐陽太君年九十有二，生小酉公，舉于鄉。歐陽太君母年八十有四，生元素公炳，舉于鄉，官郡丞。楊太母所生母年九十，生恥所楊公，舉于鄉，官州刺史。凡四世略相等，戚里以爲盛談。先孺人晚年尤康勝，年踰七十，起居如五十許。以仲兄洎夫之婦陶相繼早世，嗣先君見背，哀愴所侵，始見衰微。己丑歲，夫之不孝，從王嶺外，隔絶無歸理，憂思益劇，遂以庚寅八月初二日，横罹崩摧，俾年衰劣于先世。嗚呼！無始安再造之功，永天水當歸之痛，此夫之含恨没齒而不慊者也。哀哉！

薑齋文集卷十終

補遺

序七十自定稿

曹孟德言：「老而好學者，唯孤與袁伯業耳。」陸務觀以名其菴曰老學。伯業之學未可知，孟德、務觀之所好，則予既已知之矣。故老而所懼者學，尤所懼者好。好之不已，窮年無竟。秋未盡，蟬不能不吟，已則爲蜣螂而已，如之何弗懼邪？六十以後，汗漫不復似六十以前，如拾櫧實於敗葉，逢之即掇。居恒謂杜陵夔州後詩大減初年光焰，予且自蹈之。減邪，未減邪，衰邪，思不屬邪，神不凝邪，抑懼而奪其好邪，不能自知，將孰從問之？其間情事不容異於六十以前。世猶爾，吾猶故吾，奚異哉？其或不盡然者，觀其愈入於汗漫可知已。過此以往，知不能更得十年，或夙習未蠲，復有汗漫之云。當隨年以紀，要不敢以此爲學，則使如務觀九十，亦終於汗漫而已。戊辰歲杪戊辰日艸堂自記。

顯妣譚太孺人行狀❶

不孝夫之既受命於介之，述先君子狀，遂狀先慈譚太孺人。哀哉！先君子几筵方徹，太孺人遽罹終天之慘毒，抑三十四年矣。不忠不孝之兄弟，偷活人間，弗能率迪慈訓，

❶ 此篇已見於本書卷二，題作《譚太孺人行狀》，然字句頗多不同，故復録。

以處一死，而厚載之恩，有心未泯，何能自昧邪？先君子以德威行弘慈，而粹養簡靖，尚不言之教。雖不孝兄弟之頑愚，不能默喻，終不徵色發聲，以施撻戒。每有顛覆違道之行，但正容不語，侍立經旬，不垂眄睞。不孝兄弟悵罔，莫知咎所自獲，刊心欲改，而不識所從。太孺人乃探先君子之志，而戒不孝兄弟以意之未先、志之未承也。詳擿其動之即咎，復之終迷，而禍至之亡日也。申之以長敖從欲之不可終日，而不勤則匱之必仆以隕也。發隱慝以鍼砭之，而述先君子之闇修，以昭滌其昏曶。既危責之，抑涕泗將之，然後終之以笑語而慰安之。嗚呼！吾父如油雲在天，而吾母承之以敷甘雨，然而伊蒿伊蔚，終爲枯槁，則不孝兄弟之負吾母，尤甚於負吾父也。如是者不孝兄弟胥有之，而不肖夫之早歲之破轅毀犁也爲彌甚，勞吾母之憂也爲彌篤。至於今老矣，追數生平，鬚眉空負，猶然一十姓百家之蚩氓，啄粒棲枝之生類，不亡以待盡也，何敢復述慈範哉！雖然，懿則昭垂在宗族姻黨者，人不忍忘，固不以爲蒿爲蔚者之弗克負荷而揜令德，姑銜恤以略述焉。

凡太孺人之事舅姑也，不孝兄弟俱不及見，但聞太孺人之以身教子婦承事先君子。言當嚴侍之日，祁寒不焫火，畏煙之出於牖隙也；盛暑不撲蚊，畏箑聲之遥聞也；滌器不漱水，引濡巾而拭之；貓犬擾不敢迫逐，擁袂而遣之。每一語及，夔夔竦立，對子婦如爲子婦時。及述范太君疾痛傾背，則淚盈於睫，不異初喪。以此測太孺人當年愛敬之深，知非涯量可窮，哀我生之晚，不及詳見耳。佐先君子之襄大事也，太孺人自不忍言之，無敢問者。但家徒壁立，時先君子勤素業，慎交游，薄田不給饘粥，而慎終之厚，倍蓰素封，稱貸繁猥，一皆酬償。斥衣襆，銷簪珥，固不待言，抑數米指薪，甘荼如飴，以成先君子之孝，又不俟有縷言之者而後知矣。不孝兄弟所見者，先君子十年燕趙，❶娶子婦，搆堂室，終不孝兄弟讀書之事，且潤及宗姻，無乾餱之失，類出於太孺人之樽節，則襄大事時心專力竭，宵旦不遑，從可知已。叔母吴太恭人長太孺人二歲，互相敬愛，四十年如一日焉。迨既異居，經月不相見，則皇皇訊問不絕。每促席對語，呴呴如兩新婦。從兄玉之年逾四十，謝諸生，拜世官，冠帶入省，猶手酒漿相勞苦，如撫童稚。季父子翼翁早未有子嗣，置側室，或頗輕之。太孺人禮待之如姒娣，曰：「令叔氏有子，母即貴矣。」姑母適范氏，早寡，守志孀居，鞠其子女，恩逾己生，爲畢昏嫁。至教子婦以寬，畜僮婢以慈，訶叱絕於口，荆笞絕於手，而自然整肅，莫敢褻越。及今念之，不孝兄弟在膝下時，如生時雍之世，春風一庭，靈雨四潤，不知三十年來墮此煙霾中，遂成昨夢也。哀哉！不可復追矣。

前母外王父學博綦公，晚年尚未有子，太孺人承事敦篤，不異所生。綦公垂没，待太孺人而瞑。叔祖太素翁罷諸生，落拓無胤嗣，叔祖母朱井臼不給，太孺人迎養敬事，怡然終老。蓋推事父母者以事綦公，推事舅姑者以事太素翁，誠至而禮洽，亦不自知其厚也。不孝兄弟遘皇天之厄，癸未、丁亥，嬰句索之酷。戊子己丑，夫之愚不自

❶「燕趙」，原互乙，今據《墨寶》改。

量，思以頸血濺乾净土，❶屢貽母以不測之憂。介之奉母匿舺間，茹無鹽豉，病無醫藥，層冰破屋之下，極衰年不可忍之苦，而一意獎礪，俾全鼇螘之節，怡然順受。唯以天傾莫補，人溺無援，邑菀終日，以至於不起。夫之間關嶺表，不得奉臨終之訓。遺命介之，更無餘語，唯歸葬先君子嶽阡之右，遠離城市穢土，協先君子清泉白石之志而已。哀哉！在吾母心安志遂，儵然順命，而不孝夫之通天之罪，固百死而莫贖也。

譚宗故籍茶陵，移於衡陽之重江鄉，世爲甲族。外曾祖樂亭公諱世儒，外王父念樂公諱時章，以隱德世修儒業。外王母歐陽氏，贈奉直大夫和之女，年九十三乃卒。舅氏三，長惺畝公諱允阜，以積學老於場屋。次小西公諱允都，從先君子學，中天啟甲子科鄉試，乙丑會試，以闈牘觸閹黨，置乙榜。次玉卿公諱允琳，❷補郡文學，篤孝養母，國亡後棄諸生不就試。從母適文學伍公一盈，遇亂罵賊不屈死，詳郡志。子婦具先君子狀中。太孺人生以萬曆丁丑閏八月二十二日寅時，得壽七十有四。永曆庚寅八月初二巳時，❸介之奉諱于祁陽山中，其明年合祔于先君子之右。歲在癸亥季冬月，不孝男王夫之泣血狀。

己巳孟秋，夫之手録。凡我子孫，非甚不肖，尚謹藏之。

行狀二首，光緒戊寅夏六月，於井頭

❶「戊子己丑」至「乾净土」十八字，原脱，今據《墨寶》補。
❷「允」，原作「久」，今據《墨寶》改。
❸「永曆」，原爲空格，今據《墨寶》補。

江市先生八世裔孫德忠家見手寫本裝成册者,亟録副以藏。前一首曾刻有目無文,後一首已刻,字句詳略間有不同,故仍録入補遺,以備參攷。平湖張憲和謹識。

自題墓石

有明遺臣行人王夫之字而農葬于此,其左則其繼配襄陽鄭氏之所祔也。自爲銘曰:

抱劉越石之孤憤而命無從致,希張横渠之正學而力不能企。幸全歸于兹丘,固銜恤以永世。

戊申紀元後三百　十有　年　月　日。

男　勒石❶

墓石可不作,徇汝兄弟爲之。止此不可增損一字。行狀原爲請誌銘而設,❷既有銘,不可贅作。❸若汝兄弟能老而好學,可不以譽我者毁我,數十年後,略記以示後人可耳,勿庸問世也。背此者自昧其心。

己巳九月朔書授攽。❹

己巳九月書授攽

汝兄弟二人,正如我兩足,雖左右異

❶「戊申紀元後三百　十年　月　日。男　勒石」,原無,據《墨寶》補。又,據《船山全書》所録,一九九二年在王船山墓加固工程中發現墓石,題額作「遺命墓銘」,「繼配」上無「其」字;「孤憤」作「孤忠」;兩「于」字作「於」;原空年月日作「三百二十有五年正月初二日」;書丹及勒石名氏作「門人唐克恕書丹。男攽、敔,孫若、兹、蒼、蘧、范、莛勒石」。

❷「設」,原作「作」,今據《墨寶》改。

❸「作」,原無,今據《墨寶》補。

❹「己巳」至「授攽」八字,原無,今據《墨寶》補。

嚮，正以相成而不相盭戾。況本可無争，但以一往之氣，遂各挾所懷，相爲疑忌。先人孝友之風墜，則家必不長。天下人無限，逆者順者，且付之無可如何，而徒於兄弟一言不平，一色不令，必藏之宿之乎？試俯首思之！

唐欽文六秩壽言❶

永年之道，一言而括矣。一者何也？一也。故爲養生之言者，甚似乎君子也。其侈而之于縹渺之神山，句漏之靈藥，蔓也。其析而之於子夜之天回，卯酉之月仲，曲也。乃其甚似乎君子之言者，曰三五一，一言而括矣。龍與虎一，其體用之謂爾。鉛與汞一，其性情之謂爾。四者與戊土一，其身心之所謂爾。❷君子言固曰：言與行一也，行與心一也，初與後一也。故君子之尤重乎得見有恒者也。《易》曰：「恒久而不已。」「日月得天而能久炤，四時變化而能久成。」於戲！永年之道，至此而奚餘哉！吾嘗求之鄉國而弗覯，抑嘗求之天下而覯者，❸如晨之星，一再覯而已。是殆其生者衆而生生者鮮乎？如采靈艸者，陟名山，歷穹谷，倦歸而得之左右之廬畔，乃三十七年而居然吾老友欽文翁之在我袺襭也。吾奚以知欽文翁而信之哉？曰：一而已矣。頌稱欽文翁之美者，童叟一矣，意者其外之一乎？進而數聞欽文翁之言，條理一矣，意者其發之一乎？乃博而歷稽欽文翁之

❶ 此篇《王船山手跡》（以下簡稱《手跡》）題作《祝欽翁唐世社兄六秩壽言》。

❷ 「心」，原脱，今據《手跡》補。

❸ 「抑嘗」，原脱，今據《手跡》補。

行，以樸以方，以睦以式，蔑不一矣，猶意者其勉行之一乎？于是而浚窺其心，得與失一矣，險與平一矣，恩與怨一矣，榮與凋一矣。然後信之，曰：斯其以恒爲道者也。自今日而溯乎三十七年之前，少而壯，壯而且老，風濤崟岑，閲萬折而不改，欽文翁之所以行年六十而如嬰兒也。則自今日以往，風濤息而崟岑平，安而敦之，以引伸于期頤，猶今日也。果奚以信之哉？蓋其與養生者之言而既合也。其合於養生者之言，非其卮言，而合于君子之言者也。則自生其生，而非倚生于形氣之母矣。日月之得天，得其恒，旦旦暉而夕夕映；四時之變化，不變者其恒，春春暄而秋秋清。于是而日月之光，施及於羣星；四時之成，紹之以獻歲。❶欽文翁以斯道也，被其子孫而式穀之，維尚胥勖之哉！《詩》不云乎：「勿替引之。」奚但勿替焉，加隆焉矣。欽文翁始與其伯子從家石崖游，登堂而拜先徵君，吾因得定交，以至于今。三十七年如一日，此之謂也。浹六秩而爲之言，以侑兩郎君之壽觴。三山鸞鶴之歌，萬石花封之頌，非翁父子所欲，亦非野人之所習也，故以永年之説進。

昭陽赤奮若月中姑洗己丑世弟王夫之而農譔并書❷

蘇太君孝壽説

庚戌新秋，兩唐子爲其母氏六秩壽徵侑詞焉。蒙惟無儀之義，聲稱所難。苟以

❶ 「獻」，原作「成」，今據《手跡》改。

❷ 「昭陽」至「并書」二十一字，原無，今據《手跡》補。

多瑕之辭進，奚以殊夫塗之人壽塗之人之親也？矧唐母之孝，得於姻黨之耆舊者盈乎余耳，因而爲之説，顧悠悠者何知，僕將贅耳。今壽欽文翁，復舉而聯之帙，既於相從之義合，且祈引之於唐氏世世子孫，❶俟采彤史者不遺焉。德不孤，百世而一遇，猶旦暮乎！」

請言以壽其親，禮也。是故唐子古遺與其弟須竹，以其母氏蘇孺人六秩而請言於壺子。壺子曰：「今奚以壽子之母哉？無亦惟子之母有其壽者存，而余言以爲之徵也。聞之唐母之事其舅姑，猶夫人之事其舅姑，而異者存；乃自視其事舅姑，若無異於夫人，而不知其異者存。然而則已異矣。❷聞之唐母之事其姑，甫笄入門，而盡代其中饋之勞，以逸之也。姑嬰奇疾，而滌除拭抑，調粥糜，躬藥餌，宵以及旦，以爲恒者二十年，蓋幾不延而延之也。聞之唐母之事其舅，疫而不恤其躬，子女交病而不分其志。其葬舅也，兵猝至，執紼者潰，而誓夫子捐身以護其柳車。是兩者，臨難而無渝也。❸聞之唐母之事其庶祖姑，瞽而養之者五年，痺而養之者二年，浣牏滌第，奉衣櫛髮，手匕目色而不匱，❹以廣其舅姑之孝也。夫如是，足以壽矣。天其無吝于期頤矣乎，而予奚言！」須竹進曰：「笏不敏，忻于心而未能達也。」壺子曰：「余嘗語子以生之説矣。有自生者，有引其生者，斯二者，均之生無殊也，而又奚以殊？未生而生之，自生者也；已生而益之，引其生者

❶「祈」下，《手跡》有「以」字。
❷「而則」，原缺，今據《手跡》補。
❸「臨」，《手跡》作「淩」。
❹「匕」，原作「手」，今據《手跡》改。

也。自生者天，而乾坤之道在父母，則亦人也。引其生者己，而己之意欲不足以生，亦將益之以己之天，是猶天也。夫孝者己之天也，凝天之生于身，天之生存于身矣。通諸其所自生，則父母凝於吾心矣。父母凝于吾心，是吾心之即爲父母，而生我者在是矣。生我者在是而即以生我，是非徒木之于火也，方鑽而固已炎也。雖然，有疑莊周氏之言，以父子爲無可解，君臣爲無可逃也。婦之于舅姑，則君臣之推矣，以爲無可逃，藉有可逃而故將逃之，非猶夫父子之必無逃之心，而不待言其不可也。於戲！知臣之于君，婦之于舅姑，其亦有不可解而非役于不可逃者，鮮矣。❶故《易》曰：『天尊地卑，乾坤定矣。』是不相逮之説也。又曰：『天地絪緼，萬物化醇。』尊卑定分，義秩若不相逮，而絪緼者化醇焉。莊周知其不相逮而不敢逃之，而未嘗見其絪緼也，故君子不取焉。而于以言尊生者，亦末矣。天亢于上，地俯于下，位定而義著，可見者也。地勃生而不自已，不僅安其義之俯，而上感天以其心，于是而絪緼者翕興縈繫，以敦其生之化，則人未之見也。人未之見，而不可解者固存。臣之于君，婦之于舅姑，又奚僅其無可逃而殊于父子之不可解者哉？故《思齊》之詩云：『大姒嗣徽音，則百斯男。』嗣音者，如嗣其胎孕懷鞠之化，婦與子無殊之謂也。以孝以生以壽，其又何殊焉？吾與子信之而已矣。」兩唐子得其説，歸而誦以告其母。母曰：「吾何知哉！雖然，是其爲説，何其似吾心也。吾亦惟有不可解者，而今茲之固未有忘焉爾。」

❶「鮮」，原作「解」，今據《手跡》改。

壺子夫之再書❶

唐氏自翔雲公以來，恂恂乎孺子，莊莊乎士，五世如一人一日。榮之者或不能知之，知之者亦不能知其深也。余以世誼，得盡悉其內行。故入林以來二十餘年，如黄楊逢閏，筆舌盡縮，而一再爲之引伸，不能自休，非直以須竹之數相與游也。漢東平王有言「爲善最樂」，❷則見人爲善之樂亦可知矣。蒸江南清，嶽巒北媚，春艸盡碧，繁鶯亂啼，籃筍銜煙，柳風到袂，登其堂，見其人，不知心之何以釋然。舉似蘋巖兄，❸言不能及，眉笑而已。人之所以相取者，固自有在，非世情景界所及。苟所取者不在世情之中，則造化之欣厭庶幾不遠，故余兩祝皆以期頤爲言。竊自謂造造而化化者，在于披襟燕語之間。司靈寵者，應責予豐干饒舌耳。明日晨牕壺道人記。❹

文學孝亮翁欽文墓誌銘

執友孝亮翁欽文唐君，卒於正寢。悼談笑之未旬，遽幽明之永隔。嗣子端典、端笏以誌銘請，含悲增病，不能受命。端典方躬役壙事，端笏越苫次踵門而泣曰：「吾翁待此以安於泉壤。」辭不獲命，輟泣而誌，以翁之信我爲知己也。

唐氏自錢塘遷居衡陽，八世而至沙溪公大表，隱君子也。配劉氏，生文學翔雲公

❶ 題「壺子夫之再書」，原無，今據《手跡》補。
❷ 「王」，原無，今據《手跡》補。
❸ 「舉」上，原衍「於」字，今據《手跡》删。
❹ 「明日晨牕壺道人記」，原作「壺子夫之再書」，今據《手跡》改。

鳳儀，以文章理學著。配王氏，生知幾公虞際，醇篤世其家。配龍氏，生二子，長文學克雍，受業於余伯兄石崖，次則翁也。翁諱克峻，欽文其字也。天性敦愷，儀範端凝。早年事知幾公，道盡力竭，自然與古爲人子者合符。知幾公安之，以從容林泉，惡言不入於耳者終其世。翁兄先知幾公卒，時湖上擾亂阻饑，墟陌無煙，翁獨冒鋒鏑，執親喪，慎終如禮。唐氏世居郡西之馬橋，爲望族，甍鱗宇櫛，及是再被焚燬，僮僕逃喪，鄉里惡少稱兵侮奪。翁以敏慎靖安，不吐剛而茹柔，懇萊督耕，薙草葺室，和易與物，物樂與之有成。僮僕匿者歸，僅存者長育，未二十年而龜坼之田成繡壤，燕巢之林有苞竹，較知幾公時倍殷盛矣。翁則囊不名一錢，困不陳一粟，以與當世鉅公長者游。於時龍蛇起陸，風尚豪舉，翁遊其閒，恂恂秩秩，言不及臧否，事不及私，當世莫能閒也。物情嶮巇，旦夕百變，而翁一以禮處之。草澤起家至大位者相項背，或慫恿公出筮仕，決相刎保，翁笑而不答，人莫測焉。翁靜澹素規，不爲外誘，壹率其自然而已。唯延宿學教三子成文章，爲當代文學最，用守翔雲公舊德，制科之得失，匪思存焉。至於庭訓有秩，述先進之風，勸戒之於淳龐虛淡，則翁提撕申警，獨伸己意，閒一令折衷於予之不敏，不欲蒡言之相閒。故翁子有請事絕學之志，皆翁密授然也。翁心無貳操，事無貳軌，言無貳辭，進與薦紳先生，退與田夫牧豎，皆一致也。即心即言，即言即事，後生駔詐者，始以爲可欺，一見翁而恧縮，翁亦泊然如未有詐不信者。故承里役之繁勞，出入於纖介不容之世局，而如海潮之暗退，不知者以爲有術，翁嬰兒已爾。性能容物所不能容。余目擊一二事，翁絕口不以語人，今亦不敢暴以傷翁志。而自念垂老學道，褊衷不悛，思取法於翁以免咎，老未遑而媿之深矣。終日雅談，暇則寓目書史以自怡，口不一言財利，每嘆曰：「讀者知讀，耕者知耕，舍是而喋喋於賦役獄訟，吾見先輩多矣，未有以此矜能者也。」率此類，壹皆以古道望人，而人不能受，亦且漠然無知者。此世教之所以終不可挽也，余與翁交悼之。翁少年周旋先徵君杖履間，今四十餘年矣，見予輒愴然道之，不孝不能仰答。與予仲兄礎齋交，每稱述，相與欷歔。故嘗欲仿佛先徵君之典型，則於翁庶幾見之。

翁之没，四方士友及鄉人士少長五十七人，謚之曰孝亮，余以爲允。孝則善承其先，以式穀於後；亮惟明於德之大者，知人情物理無所容其智力，一因本然以應之。於翁非溢美也。翁三載以來，頗示微病，而精魄炯炯，寄意益遠。病既革，猶矜飭如平生。歲在己未仲冬月二十一日辰刻，翁坐而逝。距生之年萬曆癸丑季春月十九日丑時，得年六十有七。配蘇氏，生子四，長端典，邑庠生；次端揆；次端紳，郡庠生；次端笏，邑庠生。女一，未字夭。側室朱氏，生子二，端遇、端邇。端典娶康氏，生子三，常捷娶丁氏，常省娶王氏，常瀹聘劉氏。端揆娶方氏，俱早世，未有嗣。端紳亦先翁卒，娶周氏，生子四，常髗娶廖氏，夭，未再聘；常渾娶陳氏；常柬娶魏氏；常堅娶劉氏。端笏娶王氏，生子一，常適。端遇聘杜氏。孫女六，一適魏士傑，一許蔣泰階聘，餘尚未字。曾孫三，若性、敘性，常捷出；存性，常堅出。曾孫女四，皆幼。翁以是歲季冬月壬申葬此永福鄉延壽里七里胡衕塘，首酉趾卯。繫之銘曰：

石可泐，泉可塞，韞素令終，與壤無極。其儀兮不忒，君子哉尚德！大布斂形，因山爲域。式墓者自生其恭，兆於龜墨。嗚呼！兹爲孝亮翁之藏，于萬斯億。

躬園説

須竹將爲園於燕、武二水之湄以讀書，而名之曰躬園，請予爲之説。

壺子曰：「存乎天地之間者，豈不以其躬乎？是故非視何色，非聆何聲，非咀何味，非覺何有。淒然謂秋，暄然謂春，能游得空，能踐得實，存乎天地之間者，唯其躬而已矣。是故君子吾親斯孝，吾君斯忠，吾長斯遜，吾友斯信，躬之不得背也。是故君子不爲不可安，不行不可止，不親不可交，不念不可得，不處不可長，行則行之，違則違之，躬之不得而拂也。是故君子天地以爲宫，古今以爲府，經緯以爲財，節宣以爲用，大而函焉，遠而遊焉，立於萬年而不遺，躬之充也。是故君子貧而不以富易，賤而不以貴奪也，死而不以生貿也，知其是不恤其非，履其實不騁其名，躬之塞也。是故君子非道之世，榮而辱之，非聖之言，美而惡之，符考天下，差之毫氂而知其非，進退古今之言而無所讓，斟酌百世之王而知其適然，躬之券也。是故君子不歆其息，不懼其消，死生亦大矣而不見異焉，外物不累而無所節焉，夙興夜寐，旦旦尋繹而不窮，躬之恒也。是故君子恭以永心，誠以永性，强以永命，九儐在目，《九夏》在耳，禮樂盛於中而血氣榮於外，躬之翕也。是故君子游於春臺，嬉於良風，琴之瑟之，泉之石之，陟降函輿，咏吟六寓，靡不康焉，以受萬有而不固，躬之闢也。以言乎德則其藏矣，以言乎道則其樞矣，以言乎天地之間則備矣，是故惟其躬而已矣。」

唐子曰：「先生之言博矣。夫守之而入者之不失，則奚以焉？」

壺子曰：「静不喪有，動不喪無，其庶幾乎！静而無有，其與物徂也。動而無無，其物之貸也。夫躬者，不可徂而無所貸之也。静不喪有，繁盛而不可以要括之。動不喪無，一而已矣。不見有於天下，乃有天下。故周子曰『静無而動有』也。」

唐子無適墓表

湘西學者唐常適，字無適，年十八而没。其父躬園子悼之不欲生。以從予遊，有所授而不能底於成也，予亦悼之而不欲生。緣其天性醇篤，内含明瑩而外不形，故宜悼之甚也。方能言日，即瞻視渟凝，步履安祥，清癯骨立，在儔類中如孤松之出叢樾。既就外傅，讀書之外，無他嗜好。甘粗糲，不喜飲酒，衣無寸帛。篝火對書卷，墨漬襟袖，炷爇裾齊，不以爲念。嘗以涂濘，借一騎過余，見余數目之，面發赤，自是不復乘騎。余省其志堅，欲問津於理道，故無汲汲求名之意，而函之心者自得也。爲文清暢，能達其所欲言。以居母喪，不克就余卒業。依太母侍湯藥，分躬園之勞。極其所可至，必能超流俗而遒上，以有所樹立者。遽以瘮疾，爲庸醫所誤，遂致隕折。余以爲士莫尚於志，莫貴於氣。其氣清以毅，其志邃以閎，不待其有成，固可旌也。此其永藏之土，勒石以表之，知者知之，不知者固非無適之所求知也。無適凡兩納采，皆未成禮。其一先者予少女也，亦謹慧，七歲而夭。躬園爲之立後曰繼性，其再從子。躬園名端笏。母王，先卒。

国家出版基金项目
NATIONAL PUBLICATION FOUNDATION

國家出版基金項目

教育部哲學社會科學研究重大課題攻關項目

「十一五」國家重點圖書出版規劃項目·重大工程出版規劃
國家社會科學基金重大項目
北京大學「九八五工程」重點項目

儒藏

精華編二七〇冊下

集部

儒藏

精華編

北京大學《儒藏》編纂與研究中心

《儒藏》精華編第二七〇册

集部

下册

二曲集

〔清〕李顒 撰
陳俊民 校點

目録

校點説明

李顒，字中孚，陝西盩厔（今周至）人。取「山曲曰盩，水曲曰厔」之語，自署曰「二曲土室病夫」，學者稱「二曲先生」。生於明天啓七年（一六二七），卒於清康熙四十四年（一七〇五），是清初著名學者和思想家，與吴中顧炎武、富平李因篤、華山王弘撰學術交往甚密，同容城孫奇逢、餘姚黄宗羲並「高名當時」，時論以爲「三大名儒」。

李顒青年時代泛覽群籍，「以康濟爲心」，曾著《帝學宏綱》、《經筵僭擬》、《經世蠡測》、《時務急策》等書，既而盡焚其稿（卷十二《匡時要務序》）。後來又著《十三經注疏糾繆》、《二十一史糾繆》、《易説象數蠡測》，「亦謂無當於身心，不以示人」（見附録二《國史儒林本傳》）。所至講學，門人皆録其語，顒則曰：「授受精微，不在乎書，要在自得而已。」故其巾箱所藏，「惟取《反身録》示學者」（見附録二《二曲先生窆石文》）。因此，李顒的著作主要是《四書反身録》與《二曲集》兩種，《四庫全書總目》分别有存目。後合刻刊行，稱《關中李二曲先生全集》，留傳至今。

《四書反身録》七卷，《續補》一卷，計八卷。是書本題曰「二曲先生口授，鄠縣門人王心敬録」，視序文年月，實乃李顒所自定。據許孫荃《四書反身録序》所述，康熙二十四年冬，李顒獨處「堊室」期間，矢志謙退，不欲以著述自居，而四方學者每從問答之餘，輯其所聞，各自成帙，其高弟王心敬朝夕侍側，口授筆録，集爲《反身録》一書。時淝水許孫荃督學陝西，竭誠趨謁，李顒舉此書與之。許孫荃讀之反覆，以爲「其指歸欲學者反身循理，致知力行；其指約，其趨端，其論説質實而不涉於高遠」，遂決定「割俸授梓」，頒布全省學校，並擬進呈。李顒恐「觸嫌招忌」，遭「搜山薰穴」之禍，貽書力阻(卷十七《書二·又答許學憲》)。許孫荃打消進呈之念,但同李因篤精心校訂,終將此書刊行於世。

《四書反身録》刊行之後,受到朝野士庶的普遍重視,各地刻本頗多。據初步考察,康熙二十六年以後,三原李彦瑁重刻於肇慶,牛樹梅利用《二曲集》刻工餘資重刊於蜀中;嘉慶二十二年(一八一七)蕭山湯金釗再刻於江蘇;道光十一年(一八三一)廣信知府韓銘德再校刻於江西;一九二三年上海掃葉山房、一九三六年西安克興印書館相繼以石印本發行於上海、陝西。

《二曲集》亦爲門人王心敬所編,二十六卷。其中二十三至二十六共四卷,爲李顒門人襄城劉宗泗、富平惠靇嗣分别彙輯之李顒家史,而非李顒著述。王心敬以爲此足以見李顒「一門忠貞道德,先後輻萃,世濟厥美,抑又可以風世勵俗」(附録四,王心敬《新刻二曲先生集序》)。故雖嫌疣贅,亦予保留。二十六卷中除《悔過自新説》、《觀感録》、《關中書院會約》三種爲李顒自著外,其餘皆門人弟子所輯,本各自爲書,以單本刊行,故各卷前間録原序,以保留本相。

王心敬在《小引》中敘述他編輯意圖與緣由時説,其時李顒之書「南北雖傳布已久,而小種零碎,讀者每以不獲快覩大觀爲憾」,於是彙集散稿,編定成集。康熙三十年秋,司寇鄭重及其門人陝西學憲高嵩佀「捐俸合刻」,工始於是年仲冬,竣於三十二年季秋。這就是《二曲集》的原刻本。康熙四十四年即李顒去世之年,盩厔縣程正堂重刊此本時,在二十六卷之後增入李顒康熙十七年、二十二年所輯撰的《司牧寶鑑》和《堊室録感》,還在集末增加了由李顒門人惠靇嗣等人編纂的介紹李顒生平事略的《歷年紀略》和《潛確録》。

光緒三年(一八七七),石泉彭懋謙首次將《二曲集》與《四書反身録》合集重刊,扉頁題曰「關中李二曲先生全集」,簡稱《二曲集》。在原本二十六卷之後,將盩厔程正堂本增入的《堊室録感》、《司牧寶鑑》、《歷年紀略》、《潛確録》編爲四卷，《四書反身録》原八卷析爲十六卷，共計四十六卷，是一個比較完善的本子。一九三〇年，静海聞樸庭任陝西農礦廳長時，將此本交北平天華館石印再版，以廣其傳。光緒九年，新鄭劉大來由石泉移宰盩厔，曾將《二曲集》與《四書反身録》李顒手著及口授者列爲「正編」，弟子記述事蹟者爲「外編」，重新編次付梓。但此本錯舛太多，流布亦不廣。

本書曾于一九九六年由中華書局出版，此次按《儒藏》精華編體例重新校點，即以康熙四十四年盩厔縣程正堂重刊《二曲集》原刻本和光緒三年石泉彭懋謙合集本（簡稱石泉彭氏本）中的《四書反身録》爲底本，並以石泉彭氏本爲主要校本，同時參校了北平天華館石印本（簡稱静海聞氏本）、上海掃葉山房石印本、西安克興印書館石印本以及光緒九年新鄭劉大來新編本（簡稱新鄭劉氏本）。凡係底本誤、校本改正的，一般依校本改正並出校；兩可者，一般仍依原本，並出校説明；凡係明顯的版刻錯誤及古體字、後世避諱字等，均逕行改正。該書體例，基本依石泉彭氏本編次。其有關序文、誌傳，以及吴懷清《關中三李年譜》中的《二曲先生年譜》和佚文，記載李顒的生平活動及其撰著，甚爲詳實，特一併輯録於後，以供參考。

校點者　陳俊民

小引

吾師二曲先生崛起關中，以一身任綱常名教之重，繼往開來，爲世儒宗。海内學士大夫仰若泰山北斗、祥麟瑞鳳，渴欲覩其言論風旨，以當親炙。而先生平日講學明道之言，散見於同、蒲、富平、江左、山右，板行者各自爲種，覩彼遺此，未窺全豹。小子暨二三同志，每思彙輯合刻，顧卷帙浩繁，爲費不貲，兹謬不自度，除《自新説》、《觀感録》、《關中書院會約》三種乃先生手筆，《學髓》係先生傳心要典，不敢妄有芟減，其餘學人所録先生答問之語，謹撮其要，同書牘、雜著勒爲斯集，庶觀者無望洋之歎，而先生言論風旨之概具是矣。言言發於天籟，出自性靈，不離日用常行，洩千古不傳秘密，明眼人觀之，當自莫逆於心。然觀先生之言，固足以淑身心，振頽俗。抑先生生平，足以淑世而振俗者，僅言也乎哉？有先乎言者矣。壁立萬仞之操，百世而下，聞其風者，猶將頑廉懦立，矧生同其時乎！懿德之好，人有同然，因好興感，毅然思奮，則先生扶植世教，砥礪名節之功，有不可得而誣者矣！

鄠縣門人王心敬沐手謹識

卷一

悔過自新説序

曩余令二曲，治先訪賢，得李子，弱冠潛修，聖賢自命，即已知其必爲大儒無疑也，以處士禮禮之。癸巳，再游華嶽，得一晤，麈言娓娓，道氣翩翩，自先生大人以及擔夫、樵子，無弗知其躬行實踐，學問淵源，且共推余物色之。先是余知其必爲大儒者，兹固人人而皆知爲大儒無疑也。今夏杪，以《悔過自新》一册觀余。噫嘻！《悔過自新》，則李子所得切實功夫，拈以示人，不作英雄欺人語也。

或不無淺近視之，以爲悔過自新一中材能事，❶未必便稱聖修。余謂「下學上達」，聖教炳如；❷「明德」、「新民」，初非二事。「仁者以天地萬物爲一體」，即當以天地萬物爲「新」，以天地萬物爲「新」，即當以天地萬物爲「過」。天一日不新，便不能覆，便是天過；地一日不新，便不能載，便是地過；物一日不新，便作腐朽，便是萬物之過。天地萬物有一日之不新，便非「位育」，便是君子而不能「致中和」之過。就一人言之，則一身之悔過自新固無窮盡；就天地萬物言之，則爲天地萬物之悔過自新更無了期。孔子「五十學《易》」，可無大過」，顔氏子「克己復禮」，稱「不二過」，然則志道君子

❶ 「一」，石泉彭氏本、静海聞氏本作「爲」。
❷ 「如」，石泉彭氏本、静海聞氏本作「然」。

洗心内治，痛自刻責者，當何如其皇皇也！余知李子者，必不以一己之過爲「過」，一己之新爲「新」。「悔過自新」之時義大矣哉！

先儒有言：「滿街都是聖人。」余謂滿街能悔過自新，安見滿街之不可爲聖人？又云：「箇箇人心有仲尼。」余謂箇箇能悔過自新，安見箇箇之不可爲仲尼？此誠李子窮年所得切實功夫，舍是而尚頓悟，墮野狐禪，驟獵神化，虛譚性命，不過英雄欺人語，李子之所不道，余之所不願聞。余故蚤已知其爲大儒無疑也。橫渠、涇野而後，道不在兹乎！

順治歲在柔兆涒灘瓜月之朔，前任盩厔縣知縣友人樊嶷謹題❶

小引

余小子童年喪怙，三黨無依，加以屢罹變故，飢寒坎壈，動與死鄰，既失蒙養之益，又乏受學之資。由是耳目所逮，罔非俗物，薰炙漸久，心志頗移。有百惑以叢身，無一善而可録，負天地生成之德，孤慈親家門之望。每一念及，惘然自失。兹幸天誘厥衷，靜中有悟，謹識其意於册，仍引證以前言往行，聊代韋弦，私用儆醒。既已失之於始，猶獲慎之於終；雖不克盡人道於垂髫之前，庶或脱禽獸之歸於弱冠之後云爾。同志者，雖無過可悔，亦不妨更勉之。

多慙夫李顒

❶「前任盩厔縣知縣」，石泉彭氏本、静海聞氏本作「前令盩厔十罪翁」。

悔過自新説

盩厔李顒中孚著

天地之性人爲貴。人也者，禀天地之氣以成身，即得天地之理以爲性。此性之量，本與天地同其大；此性之靈，本與日月合其明。本至善無惡，至粹無瑕；人多爲氣質所蔽，情慾所牽，習俗所囿，時勢所移，知誘物化，旋失厥初。漸剥漸蝕，遷流弗覺，以致卑鄙乖謬，甘心墮落於小人之歸，甚至雖具人形，而其所爲有不遠於禽獸者。此豈性之罪也哉？然雖淪於小人禽獸之域，而其本性之與天地合德、日月合明者，固未始不廓然朗然而常在也；顧人自信不及，故輕棄之耳。辟如明鏡蔽於塵垢，而光體未嘗不在；又如寶珠陷於糞坑，而寶氣未嘗不存。誠能加刮磨洗剔之功，則垢盡穢去，光體寶氣自爾如初矣，何嘗有少損哉！

世固有抱美質而不肯進修者，揆厥所由，往往多因一眚自棄。迨其後雖明見有善可遷，有義可徙，必且自諉曰：「吾業已如此矣，雖復修善，人誰我諒耶？」殊不知君子小人、人類禽獸之分，只在一轉念閒耳。苟向來所爲是禽獸，從今一旦改圖，即爲人矣；向來所爲是小人，從今一旦改圖，即爲君子矣。當此之際，不惟親戚愛我，朋友敬我，一切人服我，即天地鬼神亦且憐我而佑我矣。然則自諉自棄者，殆亦未之思也。

古今名儒倡道救世者非一：或以「主敬窮理」標宗，或以「先立乎大」標宗，或以「心之精神爲聖」標宗，或以「自然」標宗，或以「復性」標宗，或以「致良知」標宗，或以「隨處體認」標宗，或以「止修」標宗，或以「知止」標宗，或以「明德」標宗。雖各家宗旨不同，要之，總不出「悔過自新」四字，總是開人以悔過自新的門路，但不曾揭出此四字，所以當時講學，費許多辭説。愚謂不若直提「悔過自新」四字爲説，庶當下便有依據，所謂「心不妄用，功不雜施，丹府一粒，點鐵成金」也。

或曰：「從上諸宗，皆辭旨精深，直趨聖域，且是以聖賢望人；今吾子此宗，辭旨麤淺，去道迂遠，且似以有過待人，何不類之甚也？」愚曰：「不然。皎日所以失其照者，浮雲蔽之也，雲開則日瑩矣。吾人所以不得至於聖者，有過累之也，過滅則德醇矣。以此優入聖域，不更直捷簡易耶？」

疑者曰：「六經、四書，卷帙浩繁，其中精義，難可殫述，『悔過自新』寧足括其微奥也？」殊不知《易》著「風雷」之象，❶《書》垂「不吝」之文，《詩》歌「維新」之什，《春秋》微顯闡幽，以至於《禮》之所以陶，《樂》之所以淑，孔曰「勿憚」，曾曰「其嚴」，《中庸》之「寡過」，孟氏之「集義」，無非欲人復其無過之體，而歸於日新之路耳。正如《素問》、《青囊》，皆前聖已效之方，而傳之以救萬世之病，非欲於病除之外，别有所增益也。曰：「經書垂訓，實具修齊治平之理，豈專爲一身一心悔過自新而已乎？」愚謂：「天子能悔過自新，則君極建而天下以之平；諸侯能悔過自新，則侯度貞而國以之治；大夫能悔過自新，則臣道立而家以之齊；士庶人能悔過自新，則德業日隆而身以之修。

❶「象」，原作「勇」，據静海聞氏本改。

又何弗包舉統攝焉？」

殺人須從咽喉處下刀，學問須從肯綮處着力。悔過自新，乃千聖進修要訣。人無志於做人則已，苟真實有志做人，須從此學則不差。

天地間道理，有前聖偶見不及而後聖始拈出者，有賢人或見不及而庸人偶拈出者，但取其益身心便修證，斯已耳。予固庸人也，懵弗知學，且孤苦顛頓，備歷窮愁，於夙夜寐旦、苦探精研中，忽見得此說，若可以安身立命，若可以自利利他，故敢揭之以公同志。倘以言出庸人而漫置之，是猶惡貧女之布而甘自凍者也。

前輩云：「人生仕宦，大都不過三五十年，惟立身行道，千載不朽。」愚謂舍悔過自新，必不能立身，亦非所以行道，是在各人自察之耳。

今人不達福善禍淫之理，每略躬行而資冥福，動謂祈請醮謝可以獲福無量。殊不知天地所最愛者，修德之人也；鬼神所甚庇者，積善之家也。人苟能悔過於明，則明無人非；悔過於幽，則幽無鬼責。從此刮垢磨光，日新月盛，則必浩然於天壤之内，可以上答天心而祈天永命矣，又何福之不臻哉！

吾之德性，欲圖所以新之，此際機權，一毫不容旁貸。新與不新，自心自見，譬如飲水，冷煖自知。久之德充於內，光輝發於外，自有不可得而掩者矣。厥初用功，全在自己策勵。

性，吾自性也；德，吾自得也。我固有之也，曷言乎新？新者，復其故之謂也。辟如日之在天，夕而沈，朝而升，光體不增不損，今無異昨，故能常新。若於本體之外，欲有所增加以爲新，是喜新好異者之爲，而非聖人之所謂新矣。

同志者苟留心此學，必須於起心動念處潛體密驗。苟有一念未純於理，即是過，即當悔而去之；苟有一息稍涉於懈，即非新，即當振而起之。若在未嘗學問之人，亦必且先檢身過，次檢心過，悔其前非，斷其後續，亦期至於無一念之不純，無一息之稍懈而後已。蓋人之所造，淺深不同，故其爲過，亦巨細各異，探而剔之，存乎其人，於以誕登聖域，斯無難矣。

衆見之過，猶易懲艾；獨處之過，最足障道。何者？過在隱伏，潛而未彰，人於此時最所易忽，且多容養愛護之意，以爲鬼神不我覺也。豈知「莫見乎隱，莫顯乎微」，舜跖、人禽於是乎判，故慎獨要焉。

幾者，事之微，而吉凶之所由以肇端者也。《易》曰：「知幾其神乎！」又曰：「君子見幾而作，不俟終日。」子曰：「顔氏之子，其殆庶幾乎！有不善未嘗不知，知之未嘗復行也。」夫「有不善未嘗不知」，故可與幾也；「知之未嘗復行」，故無祇悔也。吾儕欲悔過自新，當以顔氏爲法。

吾儕既留意此學，復悠悠忽忽，日復一日，與未學者同爲馳逐，終不得力，故須靜坐。靜坐一著，乃古人下工之始基，是故程子見人靜坐，便以爲善學。何者？天地之理，不翕聚則不能發散；吾人之學，不靜極則不能超悟。況過與善界在幾微，非至精不能剖析，豈平日一向紛營者所可辨也？❶

悔過自新，此爲中材言之也，而即爲上根言之也。上根之人，悟一切諸過皆起於

❶「一向」，靜海聞氏本作「旁騖」。

一心，直下便剗却根源，故其爲力也易；中材之人，用功積久，静極明生，亦成了手，但其爲力也難。蓋上根之人，頓悟頓修，名爲「解悟」；中材之人，漸修漸悟，名爲「證悟」。吾人但期於悟，無期於頓可矣。

聖人之學，下學上達，其始不外動静云爲，日用平常之事，而其究則必曰「窮理盡性以至於命」。人苟有纖微之過，尚留方寸，則性必無由以盡；性既不能盡，則命亦無由以至，而其去聖功遠矣。故必悔之又悔，新而又新，以至於盡性至命而後可。

悔而又悔，以至於無過之可悔；新而又新，以極於日新之不已。庶幾仰不媿天，俯不怍人；晝不媿影，夜不媿衾；在乾坤爲肖子，在宇宙爲完人；今日在名教爲賢聖，將來在冥漠爲神明。豈不快哉！

昔人云：「堯舜而知其聖，非聖也。」是則堯舜未嘗自以爲無過也。禹見囚下車而泣，是則禹未嘗自以爲無過也。湯改過不吝，以放桀爲慙德，是則湯未嘗自以爲無過也。文王望道未見，武王儆几銘牖，周公破斧缺斨，孔子五十學《易》，是則文、武、周、孔並未嘗自以爲無過也。等而上之，陽愆陰伏，旱乾水溢，即天地亦必且不見以爲無過也。然而兩儀無心，即置勿論。至於諸聖，固各有其悔過自新之旨焉。但聖人之悔過處及其自新處，與凡人自不同耳。蓋必至於無一念之不純於理，無一息之或閒於私，而後爲聖人之「悔過」；必至於「與天地合其德，與日月合其明，與四時合其序，與鬼神合其吉凶」，而後爲聖人之「自新」。夫卑之雖愚夫婦有可循，高之至於神聖不能外。此悔過自新之學所爲括精粗、兼大小、該本末、徹終始而一以貫之者歟！

橫渠先生少喜談兵，嘗欲結黨取洮西之地。康定中，聞范文正公仲淹爲陝西帥，遂上書條陳兵務。仲淹異其氣貌，又甚少，惜之，質責之曰：「儒者自有名教，何事於兵？」手《中庸》一編授焉，先生乃大感，歸讀之，遂翻然志於道。然未知所從入，溺於釋老者累年，後悟其非，始反求之六經。嘉祐初，至京師見程氏二先生，二先生於先生爲外兄弟之子，卑屬也，而學詣奧淵。先生與語道學之要，厭服之，因涣然信曰：「吾道自足，何事旁求！」於是盡棄異學，淳如也。

上蔡先生少博洽，見程子於扶溝，從受學，語次舉書史無遺失。程子曰：「賢記憶何多也？抑亦可謂玩物喪志矣。」先生慙，汗浹背，面發赤，因請爲學之要。程子告以静坐。於是遂時時静坐，又作簿自記日用言動禮與非禮以自繩。其言曰：「克己，須從性偏難克處克將去。患恐懼，旦旦於危階上習之；得善筆愛之，患長愛欲，書令壞乃已；患喜怒，日消除令盡而内自省。大患乃在矜，痛克之。」與程子别，一年來見，問所學，對曰：「惟去得一『矜』字。」曰：「何謂也？」先生曰：「懷固蔽自欺之心，長虚驕自大之氣，皆此之由。」程子喜而告人曰：「是子爲切問近思之學者也。」

晦菴先生初年學靡常師，出入於經傳，泛濫於釋老。自云：「某年十五六時，留心於釋，蓋嘗師其人、尊其道而篤好之。年二十四，始見延平李先生，言及學禪。李先生只説『不是』，某倒疑李先生理會此未得，再三質問。李先生爲人簡重，却不甚會説，只教看聖賢言語。某遂將那禪來權倚閣起，意中道禪亦自在，且將聖人書來讀。讀來讀去，一日復一日，覺得聖賢言語漸漸有味，却回頭看釋氏之説，漸漸破綻罅漏百出。自此悔悟力改，無復向來病痛矣。」

草廬先生五歲，日誦數千言，夜讀書達旦。母憂其勞過，節膏火調適之。先生伺母寢，輒篝燈誦習，遂博通經傳。行省掾元明善以文學自負，問經傳奥義，服之，太息曰：「與吴先生言，如探淵海，不可測也。」所著《易》、《春秋》，盡破傳注穿鑿，以發其藴，精明簡切。而《禮纂言》於禮學爲尤切。晚歲頗悔悟，遂專以「尊德性」爲主，作《學基》、《學統》二篇，使人知爲學之本。其言曰：「天之所以生人，人之所以爲人，以此德性也。然自聖傳不嗣，士學靡宗，漢唐千餘年閒，董、韓二子依稀數語近之，而原本竟昧昧也。逮夫周、程、張、邵興，❶始能上通孟氏而爲一。程氏四傳而至朱，文義之精密，又孟氏以來所未有者，其學徒往往滯於此而溺其心。夫既以世儒記誦詞章爲俗學矣，而其爲學亦未離乎言語文字之末，此則嘉定以後，朱門末學之敝，而未有能救之者也。夫所貴乎聖人之學，以能全天之所以與我者爾。天之與我，德性是也，是爲仁義禮智之根株，是爲形質血氣之主宰。舍此而他求，雖行如司馬文正，才如諸葛武侯，亦不免於行不著、習不察，況止於訓詁之精，講説之密，如北溪之陳，雙峰之饒，於記誦詞章之學，相去何能以寸哉！聖學大明於宋，而踵其後者乃如此，可歎已！澄也鑽研於文義，毫分縷析，每以陳爲未精，饒爲未密也，墮此科臼中垂四十年，而始覺其非。自今以往，一日之内子而亥，一月之

❶「邵」，靜海聞氏本作「朱」。

内朔而晦，一歲之内春而冬，常見吾德性之昭昭，如天之運轉，如日月之往來，不使有須臾之閒斷，則於尊之之道，殆庶幾乎！」

敬軒先生初欲以詩文鳴世，後從魏、范二公講周、程、張、朱諸書，嘆曰：「此道學正脈也。」遂焚所作詩賦，專心於是，至忘寢食。嘗曰：「吾奮然欲造其極而未能者，其病安在？得非舊習有未盡去乎？舊習最害事，吾欲進彼則止吾之進，吾欲新彼則舊吾之新。甚可惡，當刮絶之。」又曰：「一毫省察不至，即處事失宜，而悔吝隨之，不可不慎。」

近溪先生年十五從新城張洵水學，洵水每謂：「人須力追古人，不當埋没於舉業，自棄厥身。」於是一意以正學自任。一日，誦《敬軒語録》云：「萬起萬滅之私，亂吾心久矣，當一切決去，以全吾澄然湛然之體。」遂焚香叩首，矢心力行，數月而體未復。壬辰，閉關臨田寺，几上置鏡與盂水，對之，令心與水鏡無二。久之成疾，父憂之，授以《傳習録》一編。循其言求之，病漸愈。庚子，入省赴大會，見顔山農，自述遘危病，生死得失，能不動心。山農不許，曰：「是制欲，非體仁也。」先生曰：「非制欲安能體仁？」山農曰：「子不觀孟子之論『四端』乎？知皆擴而充之，如火之始然，泉之始達，如此體仁，何等直截。子患當下日用而不知，勿妄疑天性之息也。」先生是時如大夢得醒，遂於稠人中稽首師事焉。後忽遘重病，倚榻而坐，夢一翁來言曰：「君身病康矣，心病則未也。」先生不應。翁曰：「君自有生以來，遇觸而氣不動，當倦而目不瞑，擾攘而氣不分，夢寐而境不昏，此君心痼也。」先生愕然，曰：「隨物感通，原無定執，君以宿生操持太甚，遂成結習。君今漫喜無病，不悟天體漸失，豈惟心病，而身亦隨之矣。」先生大驚，伏地叩謝，汗下如雨，從是執念漸消。

陽明先生之學凡三變，其爲教也亦三變。少之時，馳騁於詞章，已而出入二氏，繼乃居夷處困，豁然有得於聖賢之旨，是三變而至道也。居貴陽時，首與學者爲「知行合一」之説；自滁陽後，多教學者静坐；江右以來，始單提「致良知」三字，直指本體，令學者言下有悟，是教亦三變也。

南瑞泉大吉守紹興時，從學陽明先生，時時請益焉。嘗曰：「大吉臨政多過，先生何無一言？」陽明曰：「何過？」瑞泉歷數其事，陽明曰：「吾言之矣。」瑞泉曰：「何言？」曰：「吾不言，何以知之？」曰：「良知自知之。」陽明曰：「良知却是我言。」瑞泉笑謝而去。居數日，復自數過加密，來告曰：「與其過後悔改，不若預言無犯爲佳也。」陽明曰：「人言不如自悔之真。」瑞泉笑别而去。居數日，復自數過益密，曰：「身過可免，心過奈何？」陽明曰：「昔鏡未開，可得藏垢；今鏡明矣，一點之落，自難住脚。此正入聖之機也，勉之！」瑞泉拜謝，由是得學問致力肯綮處。

董蘿石澐，年六十有八矣，以能詩聞江湖間。與其鄉之業詩者十數輩爲詩社，旦夕吟詠，至廢寢食，遺生業，以爲是天下之至樂也。已遊會稽，聞王陽明講學山中，以杖肩其瓢笠詩卷訪之。入門長揖，踞上坐。陽明異其氣貌，且年老矣，禮敬之。又詢知其董蘿石也，與之語，連日夜。蘿石退謂何秦曰：「吾聞夫子『良知』之説，而忽若大寐之得醒，然後知吾向之所爲，日夜弊精勞力者，其與世之營營利祿之徒，特清濁之分，而其間不能以寸也。幸哉，吾非至於夫子之門，則幾於虛此生矣，吾將北面夫子而終身焉，得無以既老而有所不可乎？」秦起拜賀曰：「先生之年則老矣，先生之志何壯哉！」入以請於陽明，陽明喟然嘆曰：「有是哉！吾未或見此翁也。雖然齒長於我矣，師友一也。苟吾言之見信，奚必北面而後爲禮乎？」蘿石聞之曰：「夫子殆以予誠之未積歟？」辭歸兩月，棄其瓢笠，持一縑而來，謂秦曰：「此吾老妻之所織也，吾之誠積，若茲縷矣，夫子其許我乎？」秦入以請，陽明子曰：「有是哉！吾未或見此翁也。今之後生晚進，苟知執筆爲文辭，稍記習訓詁，則已侈然自大，不復知有從師學問之事；間有或從師問學者，則鬨然共非笑，指斥若怪物。翁以能詩訓後進，從之遊者遍江湖，蓋居然先輩矣。一旦聞予言，而棄去其數十年之成業如敝屣，遂求北面而屈禮焉，非天下大勇，其孰能與於此？則如蘿石固吾之師也，而吾豈足以師蘿石乎？」蘿石曰：「甚哉！夫子之拒我也。吾不能以俟請矣。」入而强納拜焉。自是日有聞益，充然有得，欣然樂而忘歸也。其鄉黨之子弟親友，與其平日之爲社者，或笑而非之，或爲詩而招之返，且曰：「翁老矣，何自苦若是耶？」蘿石笑曰：「吾方幸逃於苦海，方知憫若之自苦，而乃以吾爲苦耶！去矣，吾將從吾之所好。」

楊庭顯少精悍，視天下事無不可爲者。居常自視無過，視人則有過。一日，自念曰：「豈其人則有過，而吾獨無過，殆未之思也！」思之，遂知所過，旋又知二三，已而紛然，乃大恐，痛懲力改。讀書聽言必自省，每見過内訟不置，即夢寐中怨艾深切，至於感泣。念慮智識之差，毫無自恕。嘉言善行，不曠耳目，書之盈室，著之累帙。嘗曰：「如有樵童牧子謂余曰『吾誨汝』，我亦當敬聽之。」其自刻責者，類非形見，獨發明以示戒，檢身嚴而安所止，取善博而知所擇。人患忿懥，則容物若虚；人患吝嗇，則捐財若無。或歎其不可及，庭顯曰：「昔甚不然，吾改之耳。」

仇覽爲陽遂亭長，好行教化。有陳元不孝，其母詣覽言元。覽呼元責以子道，與一卷《孝經》，使讀之。元深自感悟，到母牀前謝罪，曰：「元少孤，爲母所驕。諺云：『孤犢觸乳，驕子罵母。』乞今自改。」母子相向而泣。於是元遂修行孝道，究成佳士。

徐庶少好任俠擊劍，嘗乘忿殺人，白堊突面，披髮而走，爲吏所得。問其姓字，閉口不言。吏乃於車上立柱維磔之，❶擊鼓以令於市廛，莫敢識者，而其黨伍共篡解之，得脱。於是感激，棄其刀戟，更練布單衣，折節學問，始詣精舍。諸生聞其前作賊，不肯與共止。乃卑躬早起，常獨掃除，動静先意，聽習經業，義理精熟。與諸葛亮相友善，俱爲一時名士。

周處性兇狠，縱情肆慾，州里患之。一日，問父老曰：「今時和歲豐，何苦而不樂耶？」父老歎曰：「三害未除，何樂之有！」處曰：「何謂也？」答曰：「南山白額猛獸、長橋下蛟，并子爲三矣。」處曰：「若此爲患，吾能除之。」乃入山射殺猛獸，因投水搏蛟。蛟或沉或浮，行數十里，而處與之俱，經久之不出。人謂處已死，皆相慶賀。處

❶「立」，原作「位」，據静海聞氏本改。

果殺蛟而反，聞鄉里相慶，始知人惡己之甚，乃入吳尋二陸。時機不在，見雲，具以情告，曰：「欲自修而年已蹉跎，恐將無及。」雲曰：「古人貴朝聞夕改，君前塗尚可，且患志之不立，何憂名之不彰。」處遂勵志好學，志存義烈，言必忠信。期年，州府交辟，卒爲節義名臣。

子張，魯之鄙家也，顔濁聚，❶梁父之大盜也，學於孔子。段干木，晉國之大駔也，學於子夏。高何、縣子石，齊國之暴者也，指於鄉曲，學於子墨子。索盧參，東方之巨狡也，學於禽滑黎。此六人者，刑戮死辱之人也，今非徒免於刑戮死辱也，由此爲天下名士顯人。而吾曹乃多以一眚自棄，惜哉！

❶「聚」，静海聞氏本作「鄒」。

卷二

學髓序

盩厔李先生之振絶學於關中也，不肖珥耳其名，葵如焉；炙其範，玉如焉，醇如焉；紬其論議，穹如淵如焉，奥窔如焉，而復日如月如焉。於爍哉，其殆横渠先生、恭定公後一人耶！ 戊申夏，先生至同，不肖珥追隨於廣成觀，復追隨於含章子之書室，首請「朝聞夕死」之義。 先生開示大指，鞭策篤摯，且曰：「年踰半百，不急了當心性，終日沈酣糟粕中，究於自心何得爾？」時茫然自失，恨見先生之晚，而先生亦不以不肖爲弗可語，遂以《學髓》見示。《學髓》者，先生口授含章子以切要之旨，而含章子手録者也。 讀之戚戚於心，亦手録而歸。

未幾，偶繙《學蔀通辨》，疑團四起，抵捂弗入。 適承先生遠詢近修之況，輒狂妄請質朱陸異同及陽明先生挽朱歸陸之説，先生復札，娓娓近千言，大抵謂：「誠得本體，循下學之規，由階級而進，則龍侍御聖學十二關，亦可借以收攝保任；若學證不徹性地，即闡理道，做工夫，總是門外輥煮空鐺耳，將何成耶？」又曰：「行年如許，未必再如許，不但文章功名至此靠不得，即目下種種見解果終靠得否耶？ 須當自覷自認，自覓主宰。」既而先生再至吾同，細加迪誨，兼示以「全體大用」之學，不肖珥於是涊然汗下，始知先生之學以陽明先生之「致良知」爲明本始，以紫陽先生之「道問學」爲做工夫，脈絡原自井然，私心妄生枝節。今試取聖經一章，詳加翫味，「平」也，「治」也，「齊」也，「修」也，「正」也，「誠」也，而必先「致知」，是知之必先致也，審矣。「致良知」之説，有漏義乎？「物格而后知至」，是物無格之之功，則知之必不至也，又審矣。誠、正、修、齊、治、平於何措手，「道問學」之説，有漏義乎？先生獨探奥祕，勘破朱陸兩氏補偏救弊之苦心，而一以貫之，滴骨之血，一口道盡，有功於斯道，有功於天下萬世，豈尠小哉！

《學髓》之旨，蓋專爲含章子及不肖珥下鍼砭，觀「年踰半百」及「行年如許」之言，可以會矣。含章子不忍祕之枕中，刊公同志，不肖珥因述迷悟之關賴先生惓惓開發者如此，其欲立欲達之心，蓋廓乎無垠哉！嗟夫，人誠致力於斯髓也，皮骨通靈矣。

教下生張珥題

序

余之獲久侍盩厔李先生也，實自今日始；乃余之深知盩厔李先生也，非自今日始。蓋自十年前族姪客盩邑，備傳邑有李夫子者，幼孤無師，自奮自立，其志以萬物爲一身，萬世爲一世，任道擔當，風力甚勁；其學以會衆理、一天人，内外兼盡，無所不被爲實際。上自當道諸公、紳衿哲士，下至農工商賈、兒童走卒，賢愚共仰，遠邇翕推。余聞之心肅神往，亟欲就正；顧年衰多疾，跋涉爲艱，郵筒請教，往返有年，每以不獲同堂覿面爲憾。

丁未春，先生東遊太華。余喜之如狂，

遂偕二三同志拜見，未幾別去，夢寐不忘。友人省菴王君與先生合志同方，素稱莫逆，今夏偕含章白君肅車奉迎。比至，多士擁侍，請益踵接：志淹博者，則以淹博質；志經濟者，則以經濟質。先生爲之衷經史之謬，酌事機之宜，聆者震慴踴躍，自謂有得；然急末緩本，是謂學之膚，非學之骨也。既而志道德者，以進修質。先生諄諄迪以懲忿窒慾，窮理集義，晝有存，宵有養，瞬息有考程，聆者戚戚戚然動於中，自謂得所從入。然治病於標，可謂得學之骨，非學之髓也。最後白君以向上一機請，先生欣然告以安身立命之旨，脱去支離，直探原本，言約而道大，詞顯而理精，白君題曰《學髓》。誠哉，其爲學髓也！隨付梓以廣其傳。學者誠斂華就實，惟髓是急，得其髓則骨自健，膚自豐，無所往而不可；否則膚骨雖或無恙，而元髓不充，盧、扁將望而却走矣，恐未見其能濟也。余故亟序之以爲多士諗。

同堤枕流居士王四服題

序

先伯兄嘗受學於少墟馮子，故余自髫年即聞有所謂正學者，輒私竊嚮往；顧汩於俗學，苦無從入，荏苒積習，祇是舊人，魚魚魯魯，徒增老大之悲。兹幸天假良緣，得拜見二曲李先生，乃始抉祕密藏而剖示之，有圖有言，揭出本來面目，直捷簡易，盡徹支離之障，恍若迷津得渡，夢境乍覺者。先生無隱之教，有造之德，天高地厚，何日忘之！時六月六日也。越翼日，叩以下手工夫，先生又爲之圖，列其程序，次其説，反覆辨論，極其詳明，惟恐惑於他歧。始信先儒所謂「有真師友，乃有真口訣」也。此千聖絕響之傳，余何敢私，故梓之以公同志。

同州白焕彩識

學髓

二曲先生口授　同州教下生白焕彩手録

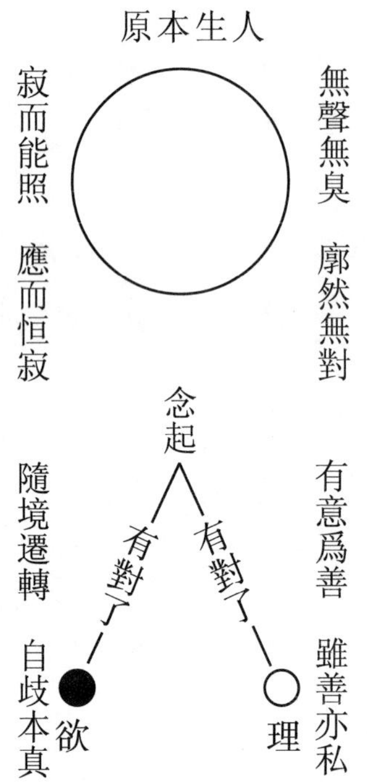

此天之所以與我者也。生時一物不曾帶來，惟是此來；死時一物不能帶去，惟是此去。故學人終日孜孜，惟事此爲人生第一要務。動作食息，造次顛沛，一注乎此。而深造之，以求自得，居安資深，左右逢原。安此，謂之安身；立此，謂之立命。

目賴此而明，耳賴此而聰，足賴此而重，手賴此而恭。四端五常，三百三千，經綸參贊，賴此以爲本。本苟不立，徒以意見擬議，徇迹摹彷，則「襲」之與「集」、「行」之與「由」，毫釐之分，天淵之謬。

形骸有少有壯，有老有死，而此一點靈原，無少無壯，無老無死，塞天地，貫古今，無須臾之或息。會得此，天地我立，萬化我出，千聖皆比肩，古今一旦暮。

問：「此不過一己之靈原，何以塞天地，貫古今？」曰：「通天地萬物、上下古今，皆此靈原之實際也。非此靈原，無以見天地萬物、上下古今；非天地萬物、上下古今，亦無以見此靈原。是以語大語小，莫載莫破。」

人人具有此靈原，良知良能，隨感而應。日用不知，遂失其正，騎驢覓驢，是以謂之百姓。學之如何？亦惟求日用之所不知者而知之耳。曰：「知後何如？」曰：「知後則返於無知未達，曰『不識不知，順帝之則』。」

知體本全，不全不足以爲知。仁者見之以爲仁，知者見之以爲知，見相一立，執着未化，終屬半鏡。

一內外，融微顯。已應非後，未應非先。活潑潑地，本自周圓。有所起伏，自窒大全。

無聲無臭，不睹不聞。虛而靈，寂而神，量無不包，明無不燭，順應無不咸宜。若無故起念，便是無風興波。即所起皆善，發而爲言，見而爲行，可則可法，事業烜卓，百世尸祝，究非行所無事。有爲之爲，君子不與也。

無念之念，乃爲正念，至一無二，不與物對。此之謂「止」，此之謂「至善」。念起，而後有理欲之分，善與惡對，是與非對，正與邪對，人禽之關，於是乎判。所貴乎學者，在慎幾微之發，嚴理欲之辨。存理克欲，克而又克，以至於無欲之可克；存而又存，以至於無理之可存。欲理兩忘，纖念不起，猶鏡之照，不迎不隨。夫是之謂「絶學」，夫是之謂「大德敦化」。

問：「遷轉由境，遠而不見，安有遷轉？」曰：「若要不見，除非世上無境，自己無目。學問之道，正要遇境徵心。心起即境起，境在即心在。心境渾融，方是實際。」

境，不止於聲色貨利。凡人情之逆順，

世路之夷險，窮通得喪，毀譽壽殀，皆境也。一有所動，皆欲也。自歧自離，愈趨愈遠。不遠而復，足稱大勇。

當下便是不學不慮，無思無爲。一用安排，即成乖違，是自牿真趣，自死生機。

哀莫大於心死，而形死次之。順此生機，方是活人。日充月著，完其分量，方是人中之人。立人、達人，轉相覺導，由一人以至於千萬人，由一方以至於千萬方，使生機在在流貫，便是「爲天地立心，爲生民立命」。

問「得力之要」。曰：「其静乎。」曰：「學須該動静。偏静，恐流於禪。」曰：「學固該動静，而動則必本於静。動之無妄，由於静之能純；静而不純，安保動而不妄？昔羅盱江揭『萬物一體』之旨，門人謂『如此恐流於兼愛』。羅曰：『子恐乎？吾亦恐也。心尚殘忍，恐無愛之可流。』今吾輩思慮紛拏，亦恐無静之可流。」

新建論「動静合一」，此蓋就已成言。方學之始，便欲動静合一，猶未馴之鷹，輒欲其去來如意，鮮不颺矣。即新建之盛德大業，亦得力於龍場之三載静坐。静何可忽也！

虛明寂定
齋戒 此神明其德之要務也。
静坐
昧爽香 鷄鳴平旦，與此相近。起而應事，易於散亂。先坐一炷以凝之。
中午香 自朝至午，未免紛於應感。急坐一炷，以續夜氣。
戌亥香 日間語默動静，或清濁相乘。須坐一炷以驗之，果内外瑩徹脱灑不擾否？

「然則程必以香，何也？」曰：「鄙懷俗度，對香便別，限之一炷，以維坐性，亦猶猢猻之樹，狂牛之栓耳。」曰：「每日三坐，不

亦多乎？」曰：「吾人自少至長，全副精神俱用在外，每日動多於靜。今欲追復元始，須且矯偏救弊，静多於動，庶有入機。三度之坐，蓋爲有事不得坐，及無坐性者立。若夜能持久，則不在此限。」

水澂則珠自現，心澂則性自朗。故必以静坐爲基，三炷爲程，齋戒爲功夫，虚明寂定爲本面。静而虚明寂定，是謂「未發之中」；動而虚明寂定，是謂「中節之和」。時時返觀，時時體驗。一時如此，便是一時的聖人；一日如此，便是一日的聖人；一月如此，便是一月的聖人；終其身常常如此，緝熙不斷，則全是聖人，與天爲一矣。「齋」者，齊也，所以齊其不齊也。或静或動，覺有一念之不如此，便是不齊，即齊之使齊。「戒」者，防非止惡，肅然警惕之謂也。終日乾乾，保攝乎此而已矣。此外種種才技，凡可以震世耀俗而垂休聲於無窮者，皆役此戕此之賊也，夫我則不暇。

問：「虚明寂定之景若何？」曰：「即此是景，更有何景。虚若太空，明若秋月，寂若夜半，定若山嶽，則幾矣，然亦就景言景耳。若著於景，則必認識神爲本面，障缘益甚，本覺益昧。」

問：「醒時注意本真，亦覺有此趣，夢裏未免散亂，奈何？」曰：「夢裏散亂，還是醒不凝一；醒果凝一，自然無夢，即夢亦不至散亂。」

寐時漫無主張，死時又將何如？寐爲小死，死爲大死，不能了小死，何以了大死。故必醒如此，寐亦如此，生如此，自然死亦如此矣。「存順没寧」，是善吾生者，正所以善吾死也。

歲月易過，富貴如電。吾身尚非吾有，

身以外何者是吾之有？須及時自策自勵，自作主宰，屏缘滌慮，獨覷本真。毋出入，毋動摇，毋昏昧，毋倚落。湛湛澂澂，内外無物，往復無際，動静一原。含衆妙而有餘，超言思而迥出。此一念，萬年之真面目也。至此，則無聖凡可言，無生死可了。先覺之覺後覺，覺此也；六經之「經後世」，經此也；《大學》之「致知」，致此也；《中庸》之「慎獨」，慎此也；《論語》之「時學習」，學習乎此也；《孟子》之「必有事」，有事乎此也。以至濂溪之「立極」、程門之「識仁」、朱之「主敬窮理」、陸之「先立乎其大」、陽明之「良」、甘泉之「認」，無非恢復乎此也。外此而言學，即博盡羲皇以來所有之籍，是名玩物；著述積案充棟，是名喪志。總之，爲天刑之民。噫！弊也久矣。

問：「心何以有出入？」曰：「心無出入。有出有入者，妄也。須令内缘不出，外缘不入，不爲窮通、得喪、毁譽、生死所動摇，時振時惺，不使懈惰因循生昏昧，不倚見聞覺知，不落方所思想，始可言心。」

跋

余以性命大事就正於二曲李先生，已三詣二曲矣，似有醒發，終未了徹。友人曰：「含章氏學邃識淵，近以年迫遲暮，於斯益切切焉。」遂同浼党生惟學肅迎先生。先生高蹈有年，而淑世覺人之念，未嘗少懈，故不憚跋涉。比至，遠邇名流，咸驩然喜，忘貴忘年，一時争趨其門，博辯者訥，倨傲者恭，朝夕寅侍。先生爲之剖惑析疑，令人惕然深省，如滄溟瀛海，莫窺其際。精快之語，各有紀録，《學髓》一編，尤爲祕要，啓人心之固有，闡昔儒所未發，洵正學之奥樞，群經之血髓也，非超然神悟，其孰能與於此！白君契若宿習，珍惜槧鉛，用廣於世，俾同志者獲睹是編，涣然怡然，憬悟斯旨，嘉惠之功，不亦宏且多乎？余竊嘆服，乃不揆蕪陋，敬跋數語，以誌始末云。

蒲城王化泰跋

卷三

兩庠彙語序

大道之在兩間也，如日月之經天，不可一息之或冥焉；如江河之行地，不可一息之或壅焉。故有斯道而後有人心，有人心而後有風俗。堯、舜、禹、湯闡其傳，伊、關、濂、洛衍其祕，賢聖相承，心源遥印，無非爲天下萬世存此幾希一脈耳。第人心易於汩没，即讀書道古者窮年呫嗶，祇不過爲青紫之階，而於先聖先賢之精意，不啻塵土視之，糟粕棄之。

關中二曲先生力學多年，毅然以斯道爲己任。太府駱公前令盩厔，躬詣其廬，見風雨不蔽，德容道氣，望而知爲隱君子。公餘之暇，輒就正辨論焉。蓋芝蘭同室，自爾芬芳氣洽也。今守毘陵，先生賁然玉及，大道之南，非特一邦之幸。余小子司鐸郡庠，愚陋何知，太府駱公命傳集多士於明倫堂彙講。先生之言，以正心術、勵躬行爲要，而下手處在静則涵養，動則省察。一時薦紳暨弟子員環堵而聽，猶聾者忽聞鐘鼓之聲，盲者忽睹五彩之華也，無不歡忻暢悦，如夢斯覺。

夫道必講而後明固已，第學者必身體力行，則行遠自邇，登高自卑，不患不到聖賢地位。不然聆其言而不返之於身，則今日一堂論辨，過此以往，安知不内戰於嗜欲，外戰於紛華乎？於先生諄諄面命之旨，太府駱公傳集之雅意何當焉？蘭陵陸生，篤信人也，隨録其言，付之剞劂，由此刊布海內，共知正心術，勵躬行爲入門第一義，將見斯道如日月之經天焉，江河之行地焉。先生之言在一時，先生之功在萬世，不甚宏鉅也哉！

時康熙辛亥仲春之吉，金沙王邁題於蘭陵荒署

常州府武進縣兩庠彙語

門人 吴發祥 陸士楷 仝録

先生曰：「明倫堂爲設教之地。教化必自學校始，未有教化不行於學校，而可以言教化者也。然教化不在空談義理，惟在明此心，體此理。人人有此心，即有此理。自聖賢以至愚夫愚婦，此心同，此理同。譬如眼中黑白，古人見是白的，今人亦見是白的，黑白何嘗以古今異。可見心理同然，古今一轍。但古人之學多爲己，今人之學多爲人。夫子教子夏，所以有『君子儒』、『小人儒』之分，而君子、小人之分，只在立心上辨别。爲己之學，事事從自己身心上體認，絶無一毫外炫；爲人之學，不但趨名趨利，爲聖賢所棄，即聰明才辯，無一可恃。故聖門如子貢，夫子不取，而獨取顏子。顏子何等聰明，夫子只取他『不遷怒，不貳過』，蓋顏子一味爲己，只在心地上用功故也。人能從爲己上用功，不論資禀高下，箇箇可造到聖賢地位。故顏子而下，如曾子得之於『魯』，子夏得之於『篤信』是已。爲己之學，不過明此心，體此理，修此身。此心未發之前要涵養，既發之後要省察，總不外日用常行、綱常倫理間，隨時隨處體認而已。夫子

說『三畏』，說『九思』，《中庸》說『戒懼慎獨』，孟子說『求放心』，總是令人收拾身心，不致放逸。此便是聖賢爲己根本。古人學知求本，父兄相戒，子弟相規，只在此處，别無他道。今人教子弟，自六七歲讀書時，惟是富貴利達，子弟自受學之初，便已種下務外的種子。故朝夕所從事者，名利而已，與人會聚，言及名利則欣悦，言及修己治人，不以爲迂，則以爲異。此古今人之所以不相及也。而猶居之不疑，自以爲功名，却不知『功名』二字，今人亦多認錯了。所謂功名者，有功於一方，有功於天下，有功於萬世。如伊、周、孔、孟，得志則經綸參贊，兼善天下；不得志則紹前啓後，兼善萬世。自然天下頌之，後世傳之。不求名而名自隨，如形之必有影，是有功即有名也。而今童子進學，舉人登第，只知肥身家、保妻子，謂之富貴則可，謂之功名則未也。若謂真正學問，即功名已落第二義了。人要明心見性，本源澄澈，此心凝然不動，常變如一。不豫期功名，而時至事起，隨感而應，功自建，名自立。故求功名者，須以道德爲本，社稷生靈爲念。否則，富貴未必得，而此心先亡。此心既亡，多一富貴，則反受一富貴之累。然此非讀書人之咎，亦學術不明，勢使然也。爲今日計，惟在明學術。學術明則人才興，人才興則風俗正，而治化翔洽矣。」

或言及「異端」。先生曰：「『端』字亦須體認。吾人發端起念之初，其端果仁、果義、果禮、果智，此是正念，此便是心術端，此便是端人正士。否則，便是邪念，便是心術不端，便非端人正士。即此便是大異端，不待從事於楊、墨、釋、老而後爲異端也。」

座中偶言及「鷄鳴」章，先生曰：「昔潘侍郎求教於伊川先生，先生並無他説，只令在鷄鳴而起時辨别，爲善爲利，俱在此處。蓋以今之所謂『善』，乃古之所謂『利』也。潘竦然拜謝而去，終身佩服不忘。今農、工、商、賈求利，原以資衣食；士爲四民之首，當正誼明道，表正四民，乃汲汲於利，反更甚若輩。其有閉户讀書，鷄鳴吟誦，人人便欽其篤志，稱其好學，却不知彼終日揣摸者，全在富貴利達，起心結念，滿胸成一利團。如此爲學，即終日懸梁刺股，囊螢映雪，忘食忘寢，亦總是孜孜爲利，與大舜分途者也。即學富二酉，文工一世，占狀頭，躋顯要，適足以爲濟惡之資而已。故發端起念之初，不可以不察也。學者慎諸！」

問：「學問之要，全在涵養省察，當何如？」先生曰：「也須先識頭腦。否則，『涵養』，是涵養箇甚麽？『省察』，是省察箇甚麽？若識頭腦，『涵養』，涵養乎此也；『省察』，省察乎此也。時時操存，時時提撕，忙時自不至於逐物，閒時自不至於着空。」

敢問：「如何是頭腦？」先生曰：「而今問我者是誰？」在座聞之，咸言下頓豁，相與嘆曰：「先生一言之下，令人如還故鄉，此古人所以貴親炙也。」

先生曰：「成始成終，不外一『敬』。『敬』之一字，是聖賢徹上徹下的工夫，自灑掃應對，以至察物明倫，經天緯地，總只在此。是絶大功業，出於絶小一心。」

又曰：「爲學不要騖高遠，但從淺近做起。手足耳目，神明之符也，須是整頓精神，中恒惺惺，足重手恭，視明聽聰，對境不遷，斂之又斂，以至於無時無事之不斂。如是，則吾身之官器治，萬物之官器亦治；吾身之性情和，萬物之性情亦和。所謂修身立命，成己成物，一貫之道也。故最上道理，只在最下修能。」

問：「官器之治，性情之和，在己一身，何以便至萬物之官器、性情亦治亦和？」先生曰：「《禮記》一部，開卷第一義便曰：『毋不敬，儼若思，安定辭，安民哉。』而《論語》之稱『安人，安百姓』，以至《中庸》所謂『篤恭而天下平』，莫不本於修己之敬。蓋己身莊敬不肆，儼然人望而畏之，默有以律其驕肆多矣。己身安定和平，人對之則鄙吝自消，是不言而飲人以和，鮮有不和者矣。此所謂正己而物正，一正百正，一了百了。心和則氣和，氣和則天地之和亦應矣。乃位育參贊之實際也，夫何疑？」

問：「鷄鳴平旦，此衷亦覺清楚，一與物接，未免隨境紛馳，奈何？」先生曰：「當境紛馳時能知紛馳，即不紛馳矣。」

問：「入門下手之要，可得聞乎？」先生曰：「我這裏論學，本無定法，本無一定下手之要，惟要各人自求入門，自圖下手耳。」曰：「學人若知自求入門，自能下手，則何敢過問，以滋煩聒。」先生曰：「我這裏論學，却不欲人閒講泛論，只要各人迴光返照，自覔各人受病之所在，知有某病，即思自醫某病，即此便是入門，便是下手。若立定一箇入門下手之程，便不對症矣。譬猶所患在虛寒，教以服温補之劑，若即以此概投之强壯之人，誤人不淺！」

先生曰：「人之病痛各别，或在聲色，或在貨利，或在名高，一切勝心、妒心、慳心、吝心、人我心、是非心，種種受病，不一而足。須是自克自治，自復其元。苟所病不除，即終日講究，祇成畫餅，談盡藥方，仍舊是箇病人。可慨也已！」

先生曰：「孔、顔、思、孟，及宋之濂、洛、關、閩，明之河、會、姚、涇，俱是醫人的名醫；五經、四書及諸儒語録，俱是醫人的良方。乃吾人自少至長，終日讀其方，祇藉以爲富貴利達之資，實未嘗以之按方服劑，自療其病，豈不辜負明醫立方之初心？」

問：「學問之要，在於自治其病，固矣。但道理無窮，學問亦無窮，病去之外，可遂無進步乎？」先生曰：「噫，何言之易也！夫以文王之聖，猶稱『望道未見』；尼父論學，一則曰『未能』，再則曰『未能』。二聖之心，即堯舜猶病之心也。若文王、尼父自以爲已見、已能，便是自畫，便是大病。惟見而不自以爲見，能而不自以爲能，乾乾惕厲，日進不已，此二聖之病病，所以卒能無病也。」

先生言已，又喟然曰：「吾人諸病，猶易拔除，惟葛藤好名之病，病在膏肓，卒未易除。」衆請其故，先生曰：「不講學者，可無論已。乃有挺身號召，名爲講學者，及察其實，仍舊只是掣章句，論書旨。如此只是講書，非講學也。即真正不泥章句，不滯故紙，能以理道爲務，則又舍目前各人進步之實，茫不究心，往往言『太極』、談『理性』、辨『朱陸異同』、指『陽明近禪』，葛葛藤藤，惟鼓脣吻，此其一病也。淺之爲富貴利達之名，深之爲聖賢君子之名，淺深不同，總之爲大病。此病不除，即謹言慎行，終日冰兢，自始至終，毫無破綻，亦總是瞻前顧後，成就此名根，畢生澆灌培養的是棘蓁，爲病愈深，死而後已。此皆膏肓之證，盧、扁之所望而却走者也。」

府學博請問：「陽明『良知』之説，何

如？」先生曰：「此千載絶學也。」「然則人疑其近禪，何也？」先生曰：「此不知者之言也。天若無日月，則遍地咸昏暗，安能出作入息；人若無良知，則滿身成僵屍，安能視聽言動。自己一生大主宰，抵死不認，支離纏繞，摹擬倣效於外，所謂道在邇而求諸遠，騎驢覓驢，可哀也已！」

問：「『致良知』三字，洩千載不傳之祕，然終不免諸儒紛紛之議，何也？」先生曰：「此其故有二：一則文字知見，義襲於外，原不曾鞭辟着裏，真參實悟；一則自逞意見，立異好高，標榜門戶，求伸己説。二者之謬，其蔽則均。若真正實做工夫的人，則不如是，譬猶嬰兒中路失母，一旦得見，方刻刻依依之不暇，又何暇摇唇鼓舌，妄生異同也。」

一友問「君子欲訥於言」章。先生歎曰：「『君子』二字要看。惟君子方訥於言而敏於行，否則，敏於言而訥於行矣。世之無志於學者，固勿論已；即號爲有志者，亦往往辯論有餘，而實體不足，是道之所寄，不越乎語言文字之閒而已。申公有言：『爲治不在多言，顧力行何如耳。』今爲學亦不在多言，亦顧力行何如耳。誠能於四書中，着着實實力行一二言，即終身無議論，無著述，亦不害其爲君子。否則，論辨雖精，撰著雖富，不過巧言而已。夫巧言亂德，學人所當痛戒也。」

問：「承先生儆切之誨，今後當勵志躬行，杜門杜口，不敢徒講。」先生曰：「人患不着實躬行，誠肯着實躬行，則不可一日不講。講則神情娓娓，日精日進；不講則自作自輟，率意冥行。譬猶杜門安坐之人，終日講盡無窮路程，而自身却依然在家如故，此則可羞可戒。若啓程就途，不詳講路程，而曰『貴行不貴講』，未有不北轅南轍，入海而上太行者也。」

問：「静坐所以收斂此虚靈也，而一念省存，隨一念逐外，奈何？」先生曰：「此切問也。然亦無他捷法，惟有隨逐隨覺，隨覺隨斂而已，久則自寂自定。静坐時如此，紛擾繁冗時亦如此矣。譬猶濁水求澄，初時猶濁，既而清濁各半，久則澄澈如鏡，自無纖塵。」

問：「隨逐隨覺，隨覺隨斂，猶從流遡源也。不知可於未流時得其主宰，自不至逐否？」先生曰：「亦無他法。只是要主静，静極明生。無事時自不起念，有事時自不逐物。如明鏡，如止水，終日鑑而未嘗馳，常寂而常定，安安而不遷，百慮而一致，無聲無臭，渾然太極矣。所謂『有物先天地，無形本寂寥。能爲萬物主，不逐四時彫』是也。」

岳山華先生問：「天命之性，三教同否？」先生曰：「同而異。在天爲於穆不已之命，人稟之爲純粹至善之性，直覰原本，不落思想，不墮方所，以臻無聲無臭之妙，是則同；持之以戒慎，濟之以窮理，聰明睿智，寬裕温柔，發强剛毅，文理密察，立大本，綸大經，參贊位育，溥博淵泉而時出之，則異而異矣。以彼真參實悟，其有見處，非不皎潔，而達之於用，猶無星之戥，無寸之尺，七倒八顛，迴視儒者真實作用，何啻霄壤！」

熊别駕見堂聯有「學以致道，致堯、舜、禹、湯、文、武、周公、孔子之道」一語，因以「致道」爲問。先生曰：「性本人人各具之性，則道爲人人當由之道，非堯、舜、禹、湯、文、武、周公、孔子所得而私也。然人人當由，而人人不能盡由，惟堯、舜、禹、湯、文、武、周公、孔子能率其性所固有，由其日用之所當然。如堯之『允執』，舜之『精一』，禹之『祗承』，湯之『以義制事，以禮制心』，文之『不臨亦式，不諫亦入』，武之『敬勝怠，義勝欲』，周公之『思兼』，孔子之『敏求』，皆是也。後之學者，誠能如群聖已然之效，而率之、由之，尊所聞，行所知，見群聖之心而因以自是其心。始也，就其效先覺之所爲，而若致堯、舜、禹、湯、文、武、周公、孔子之道；終也，自返自照，自戒自證，乃各人自致其各人當由之道也。於堯、舜、禹、湯、文、武、周公、孔子乎何有？若執爲堯、舜、禹、湯、文、武、周公、孔子之道而致之，是義襲於外也，是舍己之田而芸人之田也。其摹擬倣傚，畔援歆羨之私，中心不勝憧憧，乃行仁義者之所爲，而非由仁義之實際也。」

卷　四

靖江語要序

從來政治之得失，世運之盛衰，未有不與學術、人心相推挽者也。稽自漢唐而下，以逮今日，當定鼎之時，多資禦侮之才；而垂拱之後，必重循良之吏。凡以興學校、崇教化爲治之首務而師帥一方者，每以講學興行爲念，一遇倡道崇修之儒，不啻式廬而請益，且執贄而師事之。於頽風流俗之下，令人知尊先聖之宗風，而復三代之盛治，非旁求之主所欲股肱賴之而寤寐不遑者歟！

二曲李先生，關中鉅儒也。不屑章句之學，以闡明學術，救正人心爲己任，一時賢士大夫，無不翕然宗之。當事欲疏薦於朝，辭不就。道足以康濟天下，而其志終不欲以功名之士自期，是先生之素矢也。郡守駱大人令二曲時，簿書之暇，必造廬晤對，以證所學。凡天德、王道、修己、治人之事，罔不日相摩切，務體之於心而達之於政，不徒託諸空言而後已。蓋公之居官，不以材技而以學問，所涖之區，惟孳孳以講學興行是重；而先生方存省一室，位育人寰，與之相得益彰。豈非欲藉先生宣迪之力，上以翔洽治化，下以振興末俗也乎！及公守毘陵，復欲以先生之學惠敷南國，折簡相邀，劍佩遽出，斯道一燈，幾遍大江南北，邦人之幸也。明倫鐘鼓，啓發多方，環擁而觀聽者，得其片詞隻語，莫不頓生覺悟。咸謂人心之陷溺，由於教化之陵夷，今日非公之雅意興學，何以致？先生發矇振聵，木鐸江區，俾後輩如夢初覺，如饑得食也哉。嗟乎！世所謂良二千石，日矻矻治程書，彼方以俎豆爲匏瓜，無問縫掖。今公獨以文學興吏治，匪特此邦之幸，而天下之幸也。升堂開示之餘，閒有隨侍精舍，詢疑辨難諸語，并彙而梓之，附於諸刻之末，以見學術人心，無在不足以關於政治云耳。

時康熙辛亥仲春既望，閩中鄭重題於驥沙公署

靖江語要序

《靖江語要》者，吾師李二曲先生應靖邑鄭令君及袁學博先生之聘以答多士語也。令君政崇風教，雅意學校，聞先生闡道毘陵，遂與袁先生具舟肅迎，爲多士開示津要。先生在郡，預悉令君與袁先生之賢，力疾以赴，至則請益踵接，各質所疑。先生隨叩而鳴，人遂其欲。語多不具録，姑録其要以誌靖邑一時之盛云。

時康熙辛亥仲春既望，晉陵門人陸士楷謹識

靖江語要

晉陵門人　吴發育、尤霞、鄒隆祚
張允復、朱士蛟、羊球　仝録

先生曰：「吾之教人，使其鞭心返觀，重本輕末。久則自覺意思安閒，襟懷瀟灑，一切外物，自不入慮。」問：「據先生所言，不惟富貴利達、區區浮名是末，即文章功業，亦莫非末也。然富貴利達、浮名，末視之可也，乃文章功業，可盡廢乎？」先生

曰：「曷嘗欲其盡廢。顧爲學先要識本，誠識其本而本之，本既得，則末自盛。譬之於水，水惟其有源，自然混混時出，流於巴蜀則爲岷江，流於豫章則爲九江，流於金山則爲鎮江，流於滄溟則爲東海：隨所在而名之，源初不知也。吾人學苟知本，實體於躬，則爲道德而不知所謂道德也；宣之於言，則爲文章，初非有心於文章也；見之於事，則爲功業，初非有心於功業也；不幸值變，則爲氣節，初非有心於氣節也。亦猶水之隨在得名，不期然而然耳。若舍本趨末，專意文章，則神思所注，止知有文章，是本爲文章所汩矣。志在功業者，所急惟在功業，遇之則意氣飛揚，矜功恃業，不遇則精神消沮，垂首喪氣，甚至所志不展，藴之於胸，不勝技癢，作祟不淺。氣節亦然，蓋志在氣節，則必以客氣爲氣節，其害事尤復不淺。凡此者，皆由無本故耳。甚矣，學貴敦本也。」「敢問『本』？」先生曰：「即各人心中知是知非，一念之靈明是也。此之謂天下之大本。立者，立此而已。無他肫肫，此即肫肫；無他淵淵，此即淵淵；無他浩浩，此即浩浩。時出者，由此而時出也；朝聞者，聞此也；夕死而可者，既覿本面，一證永證，一了百了，生順死安，無復餘憾也。」

問：「性善之説，諸家紛紛，敢質諸先生？」先生曰：「子七歲時，早已念過『定説』矣，何又疑？」曰：「某七歲時所念者，不過是《三字經》，何曾見『定説』。」先生曰：「《三字經》開章第一句，便云『人之初，性本善』，此非『定説』乎！」曰：「《三字經》雖有此言，然『性本善』之説，終覺茫然。」先生曰：「其未發也，冲漠無朕，萬善同涵；發而見於外也，惻隱、羞惡、辭讓、是非之端，隨感而現，一一不待學而知，不待慮而能。此非性之本善而何？」「然則，夫子謂『相近』何也？」先生曰：「性本不可以近遠論。相近者，就稟質而言也，性雖無不善，而稟質有純駁。其純者，清明融粹，於本原之善，毫無蔽昧；駁則拘於形氣之私，於是乎發於外者，有善有不善矣。然雖或有不善，其於本然之初，猶爲相近。逮牽於情感，移於時勢，展轉反覆，不啻倍蓰，人以其倍蓰也，遂疑有生之初便有不善，誤矣！」曰：「近有講學者，專主性善，言及於氣質，便以爲非，然乎？」先生曰：「言性而舍氣質，則所謂性者，何附？所謂性善者，何從而見？如眼之視，此氣也，而視必明，乃性之善；耳之聽，此氣也，而聽必聰，乃性之善；手之執，此氣也，而手必恭，乃性之善；足之運，此氣也，而足必重，乃性之善；以至於百凡應感，皆氣也，應感而咸盡其道，非性之本善而能之乎？若無此氣，性雖善，亦何從見其善也。善乎程子之言性也，曰：『論性不論氣則不備，論氣不論性則不全。』此紛紛之折衷也。」曰：「陽明『無善無惡』之旨，諸儒終不謂然，何也？」先生曰：「此諸儒文字之見，學不洞其大也。所見者形而下，其形而上者，原未之深契也。性本沖漠無朕，不可以『善』言。凡言『善』者，皆就其『繼之者』而名也。若論『無聲無臭』之本，『善』猶不可以强名，況『惡』乎！故『無善之善，乃爲至善，有意爲善，雖善亦私』。此陽明立言之本意也。」

問：「《中庸》以何爲要？」先生曰：「慎獨。」因請示慎之之功。先生曰：「子且勿求知『慎』，先要知『獨』；『獨』明，而後『慎』可得而言矣。」曰：「注言『獨者，人所不知，而已所獨知之地也』。」先生曰：「不要引訓詁，須反己實實體認。凡有對便非獨，獨則無對，即各人一念之靈明是也。孟子謂『天之所以與我者』，與之以此也。此爲仁義之根，萬善之源，徹始徹終，徹内徹外，更無他作主，惟此作主。『慎』之云者，朝乾夕惕，時時敬畏，不使一毫牽於情感，滯於名義，以至人事之得失，境遇之順逆，造次顛沛，死生患難，咸湛湛澄澄，内外罔閒，而不爲所轉，夫是之謂『慎』。」

問朱陸異同。先生曰：「陸之教人，一洗支離錮蔽之陋，在儒中最爲儆切，令人於言下爽暢醒豁，有以自得；朱之教人，循循有序，恪守洙泗家法，中正平實，極便初學。要之，二先生均大有功於世教人心，不可以輕低昂者也。若中先入之言，抑彼取此，亦未可謂善學也。然辨朱辨陸，論同論異，皆是替古人擔憂。今且不必論異同於朱陸，須先論異同於自己，試反己自勘，平日起心動念，及所言所行，與所讀書中之言同耶，異耶？同則便是學問路上人，尊朱抑陸亦可，取陸舍朱亦可；異則尊朱抑陸亦不是，取陸舍朱亦不是。只管自己，莫管别人。」

問：「思慮起滅不定，奈何？」先生曰：「無主故也。有主則奴僕咸就約束。」問：「如何是主？」曰：「惺惺一念是也。能常惺惺，無事時澄然湛然，何思何慮？事至，則隨感而應，思其所當思，自不妄思，慮其所當慮，自無雜慮。蓋賊盗竊發，多乘夜半，太陽一出，而屏跡匿影之不暇，又何敢肆。」

先生曰：「學苟真實用力，操存久則自覺身心爽泰。當其未與物接，必有湛然虚明時，即從此收攝保任，勿致汩昧，馴至常虛常明，浩然無涯。所謂『夜深人復静，此境對誰言』，樂莫樂於此。孔曰『樂在其中』，顔曰『不改其樂』，皆是此等景況也。」

問：「如何操存，方克臻此？」先生曰：「只是要敬，敬則内外澄徹，自無物欲之累，高明廣大之域，自不難致。」曰：「如斯而已乎？」先生曰：「學者胸中能有此景況，不發則已，發則自無不善。遇親自能孝，遇兄自能弟，當惻隱時自惻隱，當羞惡時自羞惡，當辭讓時自辭讓，當是非時自知是非，溥博淵泉而時出之。經綸酬酢變通，夫焉有所倚！」

先生曰：「李延平有云：『爲學不在多言，默坐澄心，體認天理。』此二語乃用功之要也，學須從此下手始得力。」

又曰：「莊敬静默，整頓威儀，刻刻照管，步步提撕，須臾少忽，則非鄙滋而悔吝隨矣。慎之，慎之！」

問：「静坐而不嚴理欲之辨，昏昏昧昧，未免無從下手。」先生曰：「静坐而不嚴理欲之辨，固不可；静坐而先横一理欲之辨於胸中，亦不可。心齋有云：『只心有所向便是欲，有所見便是妄。既無所向，又無所見，便是無極而太極。良知一點，分分明明，停停當當，此神聖之所以經綸變化而無窮也。』」

問：「『無思無慮』之旨，與《中庸》『慎思』，《洪範》之『睿思』，以至《管子》『思之，思之，又重思之』之言，未免二致？」先生曰：「此心空洞無物便是道。人能寂然不動，感而遂通，廓然大公，物來順應，非『無思無慮』而何？『慎思』、『睿思』及『思之又思』之言，正思此『無思無慮』之實，勿致疑。且《易》言『何思何慮』，又云『擬之而後言，議之而後動』，即此擬議，豈非思慮，而其究仍歸於『無思無慮』。故曰『思盡還源，性體常住』，但恐思之不精耳。」又曰：「《禮》云『儼若思』者，儼然若思，而實無思，不起意，不逐物，内外澄湛，而實無一物之或遺。盡此，謂之盡性；立此，謂之立命。『大本』、『達道』，同體異名。如是，則形骸肢體雖與人同，而視聽言動，渾是天機，通身是眼，十目十手，猶其末也。人盡而天全，『朝聞之，夕死可矣』。」

先生曰：「天道不翕聚則不能發散，風之積也不厚，則負大翼也無力，夫物亦有然者矣。是故學問得力之要，莫要於静。程子見人静坐，便嘆其善學。詹阜民請教象山，令其閉目静坐，阜民静處者一月，往見象山，象山目逆而笑曰：『此理已顯也。』問：『何以知之？』曰：『瞻之眸子而已。』問：『道果在邇乎？』象山曰：『萬善皆是物也。』葉元吉應貢抵京，聞鼓聲而有契，通身汗出，歎曰：『此非鼓聲也，如還故鄉。』梭山昆季聞風震窗響，亦憬然有悟。由諸子觀之，學須以悟爲得，否則道理從聞見而入，皆古董填塞以障靈原者也。」又曰：「若只要議論明快，娱目賞心，以圖傳遠，則罄南山之竹，亦書不盡。苟真正切己，實做一兩字，猶不勝用，那消許多。」

先生曰：「邇來講學者，頗有其人，道其明矣乎，而不知其憂方大也。往往講之以口，而實未嘗驗之於身，逞臆見，争門户，祇以增勝心，此亦通人之通患也。昔有衆將争談殺賊之略，一將獨否，或詰其故，答曰：『諸君以口殺賊，不才要以手殺賊。』斯言可爲吾曹深鑒。」

卷五

錫山語要

毘陵門人　徐　超
　　　　　張濬生　仝録

無錫吴令君、郝學博素重風教，康熙辛亥仲春朔，具啓迎先生，爲多士發明心要。次晨舟發，是晚抵邑。初三日，大會於明倫堂，紳衿庶民環聽者千餘人。先生告衆曰：「不肖幼孤失學，昏庸罔似，祇緣浮慕先哲，以致浪招逐臭。十餘年來，偶爲一二先達謬垂許可，此所謂純盜虚聲，毫無實詣者也。晉陵爲人才之藪，文獻甲天下，不肖方洗心滌慮，傾懷承教之不暇，又何敢妄有論説，以瀆衆聽。惟是東林書院一事，不可以不商。竊念斯地之有東林，猶新安之有紫陽，南康之有白鹿，南嶽之有嶽麓。四書院並爲宇内不朽名區，所以考德問業，以存吾道之羊者也。今三書院之在彼處者，地方以時修葺，學會相沿不替，獨斯區非復疇昔之舊，講會亦寥落無聞，愚竊傷之。區區輒不自揆，欲望地方諸君子相與圖之，以紹前徽，俾前哲已墜之緒，絶而復續，亦諸君子正大光明之美舉，生平不朽之快事也。東林諸君子之在當時，不恤譏毁，力肩正學，道德風節，表正海内。雖一時不幸，戹於群小，然光彩焕發，流馨無窮，千秋萬禩，傳爲美談，廉頑立懦之功，有不可得而誣者矣。士人立身，無論顯晦，俱要有補於時。在位則砥德礪行，表正人倫於上；在野則砥德礪行，表正人倫於下。所謂在朝在野皆有事是也。」

問格物。先生曰：「『格物』二字，諸説紛紛，猶若聚訟。吾人生於其後，不妨就資之所近取益，不必屋上起屋，再添葛藤。格物，猶言窮理也。物格知至，理已明也。物即身、心、意、知、家、國、天下之物，皆當有以格之，然有序焉。由知、意、心、身，深究密詣，循序漸進，本立然後家、國、天下可得而言矣。否則，後其所先，而先其所後，何繇近道？格物，首要格爲物不貳之物。此物格則大本立，從而漸及於家、國、天下之物，方不外本内末，游衍馳騖。其格之之方，須先掃除廓清，不使塵情客氣、意見才識，一毫牽滯於胸中。夫然後學問思辨，務使精神志慮，全副盡歸之理路。掃除廓清果力，則脱灑極而性光自朗；學問思辨果殷，則研幾透而全體具呈。到此田地，如麻木者甦，醉夢者醒，始悟我之所以爲我。惟此一知，天賦本面，一朝頓豁，此聖胎也。戒慎恐懼，保而勿失，則意自誠，心自正，齊治均平，於是乎出。有天德，自然有王道，夫焉有所倚。『萬物皆備於我』，苟一物不格，則一物不備矣。故君子於學也，隱而幽獨危微之介，顯而人倫日用之常，以至古今致治機猷，君子小人情僞，及禮、樂、兵、刑、賦、役、農、屯，皆當一一究極，而可效諸用，夫是之謂大人之學。蓋大人所期，原自與小人異。小人於稼圃之外，無復關懷，大人則志在天下國家。苟一物不格，則一理未明，一理未明，則臨事應物，又安能中窾中會，動協機宜？此不學無術，寇相之所以見誚於張公也。」「然則一一究極，非資於外乎？」曰：「非然也。致知以格物，格物以致知，蓋莫非良知之用也。格物窮理，貴有補於修齊治平。否則，誇多鬬富，徒雄見聞，若張茂先之該博，陶宏景之以一事不知爲恥，是名『玩物』。如是則喪志愈甚，去道愈遠矣。此等駁雜之弊，學人所當深戒。」

「日月易邁，人壽不常，倏而青顔，倏而白髮，此智者悲寸陰之易去，楊億哭老年之不逢也。念及於此，真可慄骨。宜自覷自認，自覓主宰，稍涉依違，大事去矣。必聯五七同志，朝夕聚首，交發互勵，振萎靡因循之氣，堅果確奮迅之心，時時打點，刻刻幹辦，力到功深，豁然炯悟。如此則形骸耳目雖與人同，而所以視聽言動，渾是一團天理，可以達天，可以補天。『先天而天弗違，後天而奉天時』。在乾坤謂之肖子，在宇宙謂之完人，今日在名教謂之賢聖，將來在冥漠謂之神明，方不枉活人一場也。」

問《易》。先生曰：「不知。」又問，先生曰：「不知。」其人固問不已，先生曰：「子之問《易》也何爲？」曰：「《易》乃經中之要也。」先生曰：「子欲知經中之要也何爲？」曰：「諸名公咸尚《易》也。」先生曰：「然則子之治《易》也，爲諸名公而治《易》，非爲己而治《易》也。不爲己而治《易》，則其平日之所以朝研而夕討者，乃欲解衆人之所不能解，發衆人之所不能發，誇精鬬奥，作一場話説而已。此其爲力甚苦，而其用心亦可謂太勞已。」

「聞先生亦嘗著《易説》及《象數蠡測》，今乃云云何也？」先生曰：「此不肖既往之崇也。往者血氣用事，學無要領，凡讀書談經，每欲勝人，以爲經莫精於《易》，於是疲精役慮，終日窮玄索大，務欲知人所不知，一與人談，輒逞己見以傾衆聽。後染危疾，卧牀不談《易》者半載，一息僅存，所可以倚者，唯此炯炯一念而已，其餘種種理象繁説，俱屬葛藤，無一可倚。自是閉口結舌，對人不復語及。蓋以《易》固學者之所當務，而其當務之急，或更有切於此也。」曰：「據先生所云，則《易》遂可以不治乎？」先生曰：「《易》何可以不治也，特治有急於此者，不可以不之先也。」曰：「然則所謂先者安在？」先生曰：「吾人爲學，自有次序，今於四書之顯且易者，尚未能躬行實踐其萬一，又安敢貪高慕遠，過用其心於晦且難者乎！」其人默然。

先生語已，又不欲重違其意，則謂之曰：「吾爲子試言《易》之大旨可乎？」其人欣然拱聽。先生又謂之曰：「吾子姑且静坐片晌。」良久，先生告曰：「今且不必求易於《易》，而且求易於己。人當未與物接，一念不起，即此便是『無極而太極』；及事至念起惺惺處，即此便是『太極之動而陽』；一念知斂處，即此便是『太極之静而陰』；無時無刻而不以去欲存理爲務，即此便是『天行健，君子以自强不息』；人欲净盡，而天理流行，即此便是『乾之剛健中正，純粹精』；希顔之愚，效曾之魯，斂華就實，一味韜晦，即此便是『歸藏於坤』。親師取友，麗澤求益，見善則遷，如風之疾，有過則改，若雷之勇，時止則止，時行則行，見險而進，知難而退，動静不失其時，繼明以照四方，則兑、巽、震、艮、坎、離，一一在己而不在《易》矣。吾子其果信然乎？」其人大喜，再拜而謝。又問「用九，見群龍無首。吉」。先生笑曰：「此又是葛藤。適區區所言，猶未之鞭辟深體，而復拈章引句，縱發明得極其精妙，亦與吾子切己要務有何交涉？夫『用九』不過是體乾，乾之六爻不言『吉』，而此獨言『吉』，蓋必無首乃吉，天德不可爲首故也。以此知人固貴有善，尤貴不自居其善。有其善，喪厥善，有意爲善，雖善亦私，此學《易》之三昧也。」

先生深懲末俗展轉於語言文字，支離蔽錮，故其論學，因病發藥，隨説隨掃，戒超等毋得竊録。蓋恐一落言詮，咸以知解承而不以實體得也。錫山之行，庠中及東林書院講論，娓娓答問不倦，聞者莫不踴躍。惜哉！俱未之記也。郝元公先生索以付梓，超等茫無以應，不得已，聊録數則以復。掛一漏萬，超、濬等之罪也夫！超、濬等之罪也夫！

康熙辛亥春仲五日，毘陵門人徐超、張濬生沐手謹識

卷六

傳心録序

人之所以爲人，以其有是心也；心之所以爲心，以其虚靈不昧，備四端而兼萬善也。無人不具，無時不然，推之南海、北海，千百世之上，千百世之下，無弗同也。聖之所以聖，賢之所以賢，愚之所以愚，不肖之所以不肖，統於是焉分之，故不可以不學也。學之如何，亦惟全其心之所同，不至於自昧其靈，自趨於愚不肖之歸而已。然而，未易言也。蓋必有傳而後學可得而言，有學而後心可得而言。昔人所謂有真師友，然後有真口訣是也。楷生也鈍，自舞象時，蒙家嚴口授以曾大父聚岡公、大父鳳台公家訓，諄諄以治心爲務。自是雖頗知所嚮，而鞭策無人，作輟乘之，荏苒虚度，祗是舊人。辛亥春，始獲受學於吾師二曲先生之門，晨夕趨侍，解惑啓蔽，叨益良多，而大要歸於治心。楷聞之如飲瓊露，不覺神思融暢。噫！使非彼蒼默佑，得聞心要，則虚此生矣。今師範日遠，就正無從，謹述其概，題曰《傳心録》，以見儀範雖遠而心範則存，尊所聞，行所知，庶爲無負。否則，即日侍函丈，亦何益哉！吾曹勗諸。

時康熙辛亥清和朔，晉陵門人陸士楷
介侯氏拜題於居敬堂

傳心録

晉陵門人陸士楷手録

楷問心。先生曰：「無心。」曰：「心果可以無乎？」曰：「行乎其所無事則無矣。其未發也，虚而静，其感而通也，廓然大公，物來順應。如是，則雖酬酢萬變，而此中寂然瑩然，未嘗與之俱馳，非無心而何？」

又曰：「《洪範》、《皇極》之敷言，吾人宜默存深體。如『無偏無陂，蕩蕩平平』等語，可謂至言。中懷如此，便是心得其平；世運如此，便是世得其平。」

又曰：「道理本是平常，此心惟貴平常。若厭平常而好高奇，即此便是勝心，便是心不得其平。善乎！羅惟德之言曰：『聖人者，常人而安心者也；常人者，聖人而不安心者也。』」

問：「心體本然，既聞命矣，養之之功奈何？」先生曰：「終日乾乾，收攝保任，屏緣息慮，一切放下，令此心湛然若止水，朗然如明鏡，則幾矣。」

「先生每言學須着裏，敢問如何是裏？」先生曰：「裏也者，對外而言也。爲學所以自盡其心，自復其性，非以炫彩矜名也。須是刊落聲華，潛體密詣，纔有一毫聰明、逞修能之意，便是表暴，便是務外。務外則心勞日拙，縱使行誼超卓，亦總是因人起見，本實先撥，天機絶矣，烏足言學？」

「然則，着裏之學，當如何下手？」先生曰：「别無他法，各從自己病痛上着工夫。務令病去，則本體自全。自古聖賢，未嘗於本體外有所增益也。如所病不除，雖終日講究，總是閒圖度，終日祇修，總是不貼切。

故悔過自新，乃爲學入門第一義；於此若忽，則其所不忽者可知矣。」

「請問自新之功，當從何處着力？」先生曰：「最上道理，只在最下修能，不必騖高遠，説『精微』，談『道學』，論『性命』，但就日用常行，綱常倫理，極淺極近處做起。須整頓精神，中常惺惺，一言一動，並須體察。必使言無妄發，行無妄動。暗室屋漏，一如大庭廣衆之中，表裏精粗，無一或苟。明可以對人對天，幽可以質鬼質神。如是，則潔净透脱，始可言功。」

「敢問下學立心之始，當以何者爲主？」先生曰：「用功莫先於主敬。『敬』之一字，徹上徹下的工夫，千聖心傳，總不外此。須當下發憤，拚一箇你死我活，實實下一番苦工，猶如人履危橋，惟恐墮落，不敢稍懈。雖隱微幽獨，無人指視，而在我一念之知好知惡，知是知非，炯然於心目。即十目十手，萬耳萬目之指示，莫過於此。豈可悠忽虛度，姑息自恕？」

問：「爲己之學，固得聞所未聞矣。安身立命法可得聞乎？」先生曰：「李延平有云：『爲學不在多言，默坐澄心，體認天理。』二語實爲用工之要。務期莊敬静默，從容鎮定。静以培動之基，動以驗静之存，刻刻照管，步步提撕，須臾少忽，則非鄙滋而悔吝隨矣。誠能屏緣息慮，常寂常定，口無他言，目無他視，耳無他聞，心無他念，内想不出，外想不入，潔潔净净，灑灑脱脱，此即一念萬年之真面目也。勿先講論，以滋葛藤；勿先著書，以妨實詣；勿執臆見，於門面上争閒氣。去耳目支離之用，以全虛圓不測之神，則身安命立，天賦之本然復矣。」

「先生云『爲學必先立志』，請問吾人立志當何如？」先生曰：「立志，當做天地間第一項事，當做天地間第一等人，當爲前古後今着力擔當這一條大擔子，自奮自力。在一方，思超出一方；在天下，思超出天下。今學術久晦，人失其心，闡而明之，不容少緩。當與一二同心，共肩斯事，闡揚光大，衍斯脈於天壤。『救得人心千古在，動名直與泰山高』，則位育參贊事業，當不藉區區權勢而立矣。」

「家嚴問：如某等日暮途窮，凡聰明才辯，事業文章，覺與我本來真性，皆無干涉。稱此眼光未落時，❶必如何策勵，臨時方不散亂？」先生曰：「年登七旬，便稱古稀，矧幾八旬，尤爲稀少。縱生平著述絶世，聰明過人，聲名溢四海，勳業超古今，至此總與性命毫無干涉，毫無可倚。若不着意究心，晝夜深體，大事臨期，悔恨何及。爲今之計，力將從前種種牽纏，盡情擺脱，如魚鳥之脱網羅，鹿麋之離陷穽，尋一安身立命、歸原結果之處，此即『此中一念之炯炯者』是也。時時返照，刻刻打點，上不知有天，下不知有地，前不知有人，後不知有物，惟知有此而已。一意凝此，萬慮俱寂，力到功深，豁然頓契。又須急急收攝，愈沈愈寂，以至於一念不起，鬼神莫測，中獨惺惺，寸絲不掛。如秋陽，如江漢，天機任運，内外不着，無聲無臭，渾然太極。盡此，謂之『盡性』；立此，謂之『立命』。感長者鍼芥之投，骨肉至愛，率爾狂談，洩盡祕密，可謂真吐心血。惟願勒諸骨髓，千萬努力，無更因循，稍涉依違，大事去矣。急急！」

❶「稱」，静海聞氏本作「趁」。「落」，静海聞氏本作「廢」。

卷七

識言

儒者之學，明體適用之學也。欲爲明體適用之學，須讀明體適用之書；未有不讀明體適用之書，而可以明體適用者也。珥生也鄙，幼梏制舉，長逐風塵，於風雲月露之外，茫不知學問爲何事。戊申夏，獲見盩厔李先生，始知學問之實，始悔從前荏苒積習，虚度半生。自是痛自淬礪，一惟先生之傳，是體是遵。

兹先生東遊太華，因便過珥。竊喜如狂，遂館先生於家塾，晨夕參究，因獲聞所未聞。郡人士亦聞風争造，咸質所疑，先生隨資開發，諄懇不倦。其接人有數等，中年以後，惟教以返觀默識，潛心性命；中年以前，則殷殷以明體適用爲言。大約謂：「明體而不適用，失之腐；適用而不明體，失之霸。腐與霸，非所以言學也。」珥因請明體適用當讀之宜，先生遂慨然告語，珥謹載筆而臚列之，用以自勗，並爲同臭味者勗。

時康熙八年己酉十月十四日午時也，

敦奄張珥謹識

體用全學

二曲先生口授　左輔張珥手録

明體類

《象山集》

先生在宋儒中，横發直指，一洗諸儒之陋；議論剴爽，令人當下心豁目明；簡易直捷，孟氏之後僅見。今其書具存，然學者第讀其《年譜》、《語録》及《書答》可也。

《陽明集》

象山雖云「單傳直指」，然於本體猶引而不發。至先生始拈「致良知」三字，以泄千載不傳之祕。一言之下，令人洞徹本面，愚夫愚婦，咸可循之以入道，此萬世功也。其書如《年譜》、《傳習録》、《尊經閣記》、《博約説》、諸序及答人論學尺牘，句句痛快，字字感發，當視如食飲裘葛、規矩準繩可也。

《龍谿集》

集凡二十卷，皆發明良知之藴。宏暢精透，闡發無餘，可謂前無往古，後無來今；後有作者，不可尚矣。然讀之亦須挈其要，如往來甯國、水西諸《會語》及《書答》，每日當讀一過，以豁心目。若夫記、序等作，未免時有出入，姑闕之。

《近溪集》

近溪先生之學，肫懇篤摯，日精日進，可謂大而化矣，真近代第一了手人也。

其集發明經書要旨處，娓娓千言，捐去世儒蹊徑。初學讀之，驟難契入，姑閲陶石簣所纂《要語》可也。

《慈湖集》

慈湖楊敬仲之學，直挈心宗，大悟一十八遍，小悟無數，在宋儒中，可謂傑出。人多以近禪訾之，先生之學，豈真禪耶？明眼人當自辨之。

《白沙集》

白沙之學，以自然爲宗，去耳目支離之用，全虚圓不測之神，見之詞翰，從容清真，可以覿其養矣。「出辭氣，遠鄙倍」，其先生之謂乎。讀其集，令人心融神怡，如坐春風中，氣質不覺爲之默化。

右數書，明體中之明體也。

《二程全書》

二程中興吾道，其功不在禹下。其書訂於朱子之手，最爲精密，此孔孟正派也。

《朱子語類大全》

訂偏釐弊，折衷百氏，巨細精粗，無一或遺，集諸儒之大成，爲萬世之宗師。讀其書，味其學，誠格物窮理之權衡也。第卷凡百餘，初學驟難徧覽，先讀《録要》，然後漸及可也。

《朱子文集大全》

温醇典雅，議論精密，而奏議數十篇，尤見天德王道之學。

《吴康齋集》

康齋資本中庸，用功刻苦，其所著《日録》，專以戒怒懲忿、消磨氣習爲言，最切於學者日用。

《薛敬軒讀書録》

《讀書録》，效横渠讀書之法，隨得隨録，而成切近精純、篤實輝光之學也。無論知學者不忍釋手，即絶不信學者覽之，未有不肅然收斂，鞭辟近裏者也。

《胡敬齋集》

先生學重躬行，以敬而入。言論篤樸，粹乎無瑕，初學所當服膺也。

《羅整菴困知記》

辨吾儒異端真似是非之分，不遺餘力。衛道之嚴，足見良工苦心。

《吕涇野語録》

當嘉隆間，天下言學者，不歸王，則歸湛。其末流之弊，高者言「無知」，慧者言「歸寂」。守程朱之説，卓然不變者，在南惟整菴，在北惟先生而已。先生生平不爲宏闊高遠之論，其言布帛菽粟，其文藹若穆若，有德者之言，風味自别。共二十七卷，馮恭定修之，畢侍御表之，學者不可不置之案頭。此外如《二程張朱鈔釋》，亦時有精到之語，要在覽者之善擇也。

《馮少墟集》

先生與曹真予、鄒南皐、焦弱侯、高景逸、楊復所同時開堂會講，領袖斯文。然諸老醇厚者乏通慧，穎悟者雜佛氏，惟先生嚴毅中正，一遵程朱家法。集凡二十二卷，如《辨學録》，發明儒佛之分；《疑思録》，剖晰四書之藴；《講學説》、《做人説》、《序記》、《書牘》，咸足以堅學人之志，定末流之趨。凡人賤近而貴遠，言及於先生，未免東家丘視之，可慨也！

右明體中之功夫也。

自象山以至慈湖之書，闡明心性，和盤傾出，熟讀之則可以洞斯道之大源。夫然後日閱程朱諸録，及康齋、敬軒等集，以盡下學之功。收攝保任，由工夫以合本體，由現在以全源頭，下學上達，内外本末，一以貫之，始成實際。

《鄒東郭集》、《王心齋集》、《錢緒山集》、《薛中離集》、《耿天臺集》、《吕氏呻吟語》、《辛復元集》、《魏莊渠集》、《周海門集》

以上諸集，純駁相閒，舍短取長，以備參考。

適用類

《大學衍義》

真文忠公取經史要語，勒成斯編。誠吾人修己治人之蓍蔡，治天下國家之律令格式也，本之則治，違之則亂。然止於「修身齊家」而止，其意以爲人君苟能修身齊家，國與天下之治，由斯而推之耳。

《衍義補》

邱文莊公集古今經制之要，而斷以己意。其申治也詳，其危亂也確，事事足法，言言可行。精研熟玩，因時損益，有志經國，執此以往可也。

《文獻通考》

江西馬貴與著，元儒也。當元時，義不輕出，折衷於古今朝典，以成此書。上至天官輿地，以及禮、樂、兵、農、漕、屯、選舉、曆數、士卒、典籍，無不條晰。

《吕氏實政録》

甯陵吕新吾先生著。此老卓識諳練，經濟實學也。在世儒中，最爲適用。

《實政録》,皆其所經歷者。學人無志於當世則已,苟有志於用世,則此書必不可一日無。

《衡門芹》、《經世石畫》

辛復元修。中有確論,可備採擇。

《經世挈要》

屯田、水利、鹽政,以及國計、選將、練兵、車制、火攻,無不挈其要。

《武備志》

凡八十册。古今戰陳機關,備萃此書。視登壇必究加詳,而《孫子》、《吴子》暨《紀効新書》、《練兵事實》,尤爲兵學之要。

經世之法,莫難於用兵。俄頃之閒,勝敗分焉,非可以漫嘗試也。今學者無志於當世,固無論矣;即有志當世,往往於兵機多不致意,以爲兵非儒者所事。然則武侯之偉略,陽明之武功,非耶?學者於此,苟能深討細究而有得焉,則異日當機應變,作用必有可觀。

《經世八編》

凡二十套。惟馮應京《實用編》、鄧元錫《函史下編》可備參考,其餘勿覽。

《資治通鑑綱目大全》

凡二十套。乃格物之淵藪,興亡治亂之成案也。宜恒玩之,論其世以熟吾之識。

《大明會典》

明已亡矣,典則在也。雖時異世殊,然朝政之所關,故事之所詳,學者安可不知?

《歷代名臣奏議》

學人貴識時務,《奏議》皆識一時之務

者也。當熟玩之，以爲奏記之助。

右自《衍義》以至《奏議》等書，皆適用之書也。噫！道不虛談，學貴實效，學而不足以開物成務，康濟時艱，真擁衾之婦女耳，亦可羞已！

《律令》

《律令》，最爲知今之要。而今之學者，至有終其身未之聞者。讀書萬卷不讀律，致君堯舜終無術，夫豈無謂而云然乎？

《農政全書》、《水利全書》、《泰西水法》、《地理險要》

以上數種，咸經濟所關，宜一一潛心。然讀書易，變通難，趙括能讀父書，究竟何補實際？神而明之，存乎其人，識時務者，在於俊傑。夫豈古板書生所能辨乎？噫！

卷八

識言

夫讀書之法，前賢亦有目次矣。然或博而不要，或要而不醇，何也？書多，而學人、文人其所讀者殊也。

客歲戊申，瓆受學於吾師二曲先生，始略聞大本所在，未遑言及讀書也。己酉十月，師復來遊太華，往返兩經荒郡，瓆肅奉起居，間頗有緒聞，然皆因瓆施教，亦未遑言讀書也。洎是月十五日辰時，瓆率兒襄以侍，蒙師垂慈，慨然呼襄而命之曰：「小子可教也。」顧瓆執筆，口授《讀書次第》若干款。出辭成經，口占如流。令瓆筆，筆不暇泚，手不得輟，頃刻間，長翰數紙立滿。瓆録畢，凝神覆省，由《小學》漸入《大學》，自經傳徐及文史，步步有正鵠，書書有論斷，真入聖之正門，爲學之上路也。踏破鐵鞵，不遇去來人，何處覓此門、詢此路乎！學此等書程，自童蒙以至大人，皆不外此。學人據此，固無偏駁支離之弊，文人據此，亦自無風雲月露之習矣。

過此以往，又有《全體大用》之目授張襄陵，可並傳之，以爲書程合璧。

同州門人李士瓆文伯恭題

讀書次第

二曲先生口授　同州門人李士瓆手録

《小學》

《小學》一書，朱文公彙古今嘉言善行，以爲後生作聖之基也。《易》曰：「童蒙，吉。」又曰：「蒙以養正，聖功也。」蓋王道莫急於教人，而養正莫先於童蒙。使蒙時養之不得其正，及其既長，將責之以向上之事，何可得乎！故子弟須於《小學》熟讀力踐，以爲大成之基本，然中閒多引四書五經之語，未免重複。且多古禮及難字，不便童習，宜撮其要，並《童蒙須知》同讀可也。

《近思録》

《近思録》，朱文公與呂成公類萃濂洛之精而成者也。初學宜時閱之，以爲格物致知之階。

《四書蒙引》

晉江蔡虛齋著。兢兢焉，惟文公之訓是遵，頗便初學。此外，如《淺說存疑》、《微言直解》，明白正大，可備參閲。

《四書疑思録》

凡四卷。長安馮恭定公著。

《四書因問》

高陵呂文簡公著。

右二書，爲德業而作，非復制舉之故套也。爽快明晰，最爲儆策，學者宜致意焉。

《禮記大全》

子云「不學禮，無以立」，則禮爲初學入德之門，不可以不先之者也。中閒雖多漢儒附會，然《曲禮》、《檀弓》、《學記》、《表記》、《坊記》、《儒行》、《樂記》等篇，多粹語至論，宜日讀一過以薰心。元儒吴草廬《纂要》一書，熟讀成誦尤佳。

《禮記疏》

視集注頗詳，治禮者不可無。然多汗漫瑣冗，節讀之可也。

《周禮註疏》

《周禮》一書，乃周公經國之遠猷，萬世制治之良規也。王莽假之而篡漢，荆公膠之而禍宋，後人遂以《周禮》爲諱，豈真知《周禮》者哉！近代柯尚遷、舒國裳，咸諄諄發明，魏莊渠尤三致意焉，其注皆可觀也。

《儀禮註疏》

《儀禮》十七篇，最切於日用，乃禮中之經也。雖時異世殊，難以盡遵，然斟酌損益，隨時變化可也。

《儀禮經傳通解》

士生於三代之後，欲見三代以前禮儀，賴有《儀禮》一書，而《禮記》乃其傳也。後人以《禮記》列於學官，而《儀禮》遂置之不講，古禮之不盡復也有由矣。宋慶元間，朱文公先生嘗欲表《儀禮》爲經，《禮記》爲傳，累疏請於朝開局編纂，會學禁大作不果。門人黄勉齋成其志，而附以秦漢以來史典之有及於禮者於其下，名曰《儀禮經傳通解》，去取精嚴，所宜深究。

《文公家禮儀節》

邱瓊山增損文公原書而成者也。詳明可閲。

《四禮翼》

吕新吾著。最切日用。

《詩經大全》

《詩》雖可興，然古人之治《詩》，如今人之習曲，被之管絃，發之聲音，有高下、抑揚、清濁、疾徐之節，令人聽之心爽神怡，渢渢乎有入，不自覺其變也。今人則執册板誦，即老師宿儒，亦漠焉無動，矧初學乎？今雖不能盡如古法，亦須從容玩味，抑揚頓挫，庶涵育薰陶，養成德性。

《詩經註疏》

醇駁相閒，要在讀者之善擇。

《書經大全》

惜無折衷，亦在讀者之善擇。

《春秋大全》

無折衷。

《春秋左氏傳》

《左氏》一書，《春秋》之全案也。治《春秋》而不先讀《左氏》，猶斷獄訟而不用兩造，未有能得其情者也。先讀《句解》，後讀杜注。

《春秋穀梁傳》

穀梁赤著。

《春秋公羊傳》

公羊高著。

右二傳，皆爲解經而作，經學之入門也。然多穿鑿，《公羊》解尤甚。

《春秋胡氏傳》

宋紹興閒胡文定公著。明暢剴切，議論英發，誠經學之粹者也，過於諸家遠矣。然中閒亦多有爲而發，讀者不可不知也。

《春秋啖氏傳》

四傳而外，惟此乃得肯綮。此外如陸氏、趙氏，亦多可取。

《周易大全》

惜無折衷。

《周易古今文全書》

文雖浩汗，然須閱之，以盡古今之變。

《周易程氏傳》

《程傳》義理淵深，辭旨高古，誠《易》學之楷模也。

《易經本義》

朱文公先生著。謂《易》本爲卜筮而作，故是解遵程而輔以卜筮之義。

謹按：漢晉以還，説《易》者無慮數十百家，獨荀爽、鄭玄、何晏、王弼、王肅等九家爲最著，然皆舉一廢百，各執一察以自好。宋儒則程伊川主理，而時失之鑿；楊誠齋優程，而中多牽合。近代惟鄧徵君元錫《易繹》，宏暢精深，發昔人所未發。此外如孫淮海《易譚》、辛天齋《易象歸元》，亦各有透髓之見。要之，亦未免束於教，而《易》象則幾微矣。若夫剖象外之蘊，晰卦畫之隱，還當以來《註》備參考。來本蜀人。西蜀自楊子雲、薛翁以來，世傳象數之學，來生於其鄉，當隆、萬間，絶意軒冕，入求溪萬山中，研精殫思，幾三十年，而後有悟於錯綜之旨，勒爲一《註》，共十六卷。其序文高自標詡，學者驟覽之，未免河漢其言，然去短集長，是在讀者之自酌。雖然造化混沌而後開闢，晦塞而後文明，是故「歸藏於坤」，乃聖學第一義。噫，斯其爲天根乎！吾人須是洗心藏密，深造默成，其於《易》也，始庶幾乎！

《五經繹》

鄧潛谷著。思深識正，粹然自成一家。

《九經解》

郝京山著。闢古今拘曲之見，妙發心得，過於諸家遠矣。

《資治通鑑胡氏註》

經既治，可以觀史矣。觀史須先觀編

年，而編年莫詳於司馬氏《通鑑》。上下數千年，治亂興亡之述，爛若指掌。又得天台胡三省爲之注，有評有駁，誠編年之折衷也。

《宋元通鑑》

武進薛方山著，於宋元事迹最詳。此外，如李燾《長編》、《紀事本末》等書，不閲可也。

《皇明憲章録》

先是廣東陳建有《皇明通紀》一書，久已行世，然蕪穢不倫，識者病之。薛方山於是撰《憲章録》，大書特書，粹然一歸於正。始自明祖，終於正德十六年。若夫正德以後，則有沈氏《嘉隆聞見記》。此二書於明事頗挈其要，他若《吾學編》、《皇明大政記》、《續藏書》，勿覽。

《函史上編》

凡四十册。鄧元錫著，約二十一史而成之者也。學者讀編年之後，固宜讀史以盡其詳，然歷代正史，簡帙浩繁，難以偏覽，惟此編提綱挈微，誠史學之要册也。宜留意焉。

《函史下編》

上自天官曆法，下自賦役漕屯，援古證今，靡不折衷，經世者之所不能外也。

《八大家文鈔》

史既通，可以肆文矣。文自先秦兩漢之外，莫雄於韓昌黎、柳柳州、歐陽子、三蘇、王荆公、曾南豐。然八家全集，未能偏讀，惟《文鈔》乃歸安茅鹿門選，去取甚精，宜熟讀之，以暢其筆。

《皇明十大家文選》

明人李北地，首以古文辭爲多士倡。

繼其後者，如李滄溟、王元美、汪道昆、董潯陽、王陽明、王慎中、茅坤、王維楨、唐荆川等，咸錦心繡口，旗鼓中原。然惟北地之文，雄渾古勁；陽明之文，明暢爽豁；荆川之文，清明峻潔。便於諷誦，似不可不知也。

右經史文，乃學人之急務。有餘力，則《老》、《莊》、《管》、《韓》、《檀子》、《鴻烈》等集，或閒一披覽，以廣其識可也。地理書，惟《大明一統誌》、《寰宇通記》，於郡邑、形勢、户口、錢糧，臚列周詳，宜購之以備參閲。又有《廣輿記》、《皇輿圖》、《職方考鏡》，然終不若《一統誌》之詳甚，勿觀覽以分精力。

康熙八年十月十五日辰時録

卷九

東行述

門人趙之俊述

丁未春，先生餞邑侯駱公赴京師，始東行，登華嶽。

先生性不喜遊，足未嘗踰邑境，是時因餞駱侯東行，始爲華麓之陟。駱侯者，浙人，涖邑有異政，尊賢敬士，詳見河汾賈發之《養賢記》中，故先生遠送之。先是，蒲城有高士省庵王翁者，耄而篤志，數就先生質所學；至是，復詣盩厔，盤桓者二旬，歸而偕党兩一、王思若、白含章，奉候先生於同、蒲。党爲少墟先生及門，年踰八旬，樂善不倦；王高尚其志，坦夷樸瀹，有陶靖節之風；白博洽群籍，爲月旦所崇重，咸稱先生「心契」。於是過党齋、王園及白氏軒，白貯書數屋，先生覽而樂之，抽所未見，借之以西。

戊申夏四月，含章、省庵肅禮幣，耑党生惟學奉迓。

十九日，惟學至盩厔拜呈書贄。

二十四日，先生徘徊妣墓，泣奠告行。

二十五日，别姊乃發，晚宿興平之定村。明日，迂道詣茂陵，遂次畢郢。

詣茂陵，謁漢武帝也。又東五十里至畢郢，謁周文、武、成、康四陵，及太公、周公二塚。

二十七日，次涇干之瓦村，會逸士王爾德。

逸士介潔有守，數詣盩厔，先生念其年逼桑榆，恐難再覿，故往會之。逸士喜甚，請曰：「敝邑士人，斗仰先生久矣，曩有託先生姓字，寓茲古刹行誑者，敝邑至今以爲談柄，願先生少留，以慰衆望。」先生以旅次疲劇辭焉。逸士追隨遠送，至高陵之北境而別。

二十八日，至下邽，謁寇萊公祠，弔其遺址。

二十九日，至蒲城，謁横渠張子祠。時有邑紳索雲老、王伯仁等諸公，刺見啓延，先生例不報謁，辭之。

五月初二日，抵車都，省庵預治静室以俟，先生館焉。

晉謁者無虚日，室隘不能容，乃假他氏空舍之宏敞者棲之。先生爲之發明固有之「良」，喚醒人心。大約謂：「此『良』昭昭於心目之間，蔽之不能昧，擾之不能亂，減之無所損，增之無所益，與天地合德而日月同明，通乎晝夜之道而知順而行之，便是天則。不必支離葛藤，義襲於外，舍真求假，空自擔閣。」

又曰：「此固有之『良』，本自炯炯，本是廣大，妄念一起，即成昏隘；然光明廣大之實，未嘗不存，要在時覺時惕，致慎幾微。」

一友謂：「連日深荷先生之誨，頗知打點身心，自尋歸結。」先生曰：「肯尋歸結，足徵所志，但恐立本不固，世俗富貴利達之念，乘閒發生，不知不覺，漸爲轉移，日復一日，大負初心。須是勇猛省克，拔去病根，俾心若死灰，不致緣境出入，方有實際。昔姑蘇有盛寅者，人以椒寄其家，十五年矣，一旦夢有客急欲用椒，啓其封，取少許，覺而痛自咎責：豈吾義利有不明耶，何以有此夢？亟整衣冠而坐，數日猶不釋然。噫，人能若此用功，何患無歸結也！」

是時，在侍諸友，有自多其知者，則迪之以忘知；有自雄其抱者，則詔之以放下。一友談鋒甚暢，論辯泉湧，先生憮然歎曰：「默而存之，希顔之愚，爲曾之魯，到謇訥不能出口時，纔是有進。若神馳於舌，恐非所謂『塞兑』之學也。」其友慚謝。

先生在車都，不惟士友因感生奮，多所興起，即農商工賈，亦環視竊聽，精神躍勃。有農民李正，父祖三世從事白蓮教，正遵其教，戒葷酒、虔焚修者，已歷數十載，先是奉旨厲禁異端，里鄰恐禍連保伍，相與力勸力攻，正惟刑戮是甘，終不少變。至是有感，即日對衆焚毁經像，飲酒開葷，幡然歸正，闔里醵酒相慶，傳爲美談，同蒲士大夫多爲詩歌以嘉之。

十七日，先生赴同之户軍里，館於白君書屋。

是日也，車都士民擁車瞻送，李正等追隨至同之白君書屋，再拜垂泣而别。先生在白君書屋，焚香默坐，晤對簡編，閉扃謝客。客弗止也，白君乃延客别館，晨起入揖，相與一會，會時不遽與之談，必坐久氣定心澄，方從容商量所疑，意懇旨暢，詞平氣和，士之承謦欬者，各亹亹有當於心。耆儒馬翁逢年輩，或年踰古稀，或壽屆八旬，咸甘心北面焉。

六月初九日，先生遊州城東關之廣成觀，郡紳張襄陵諱珥、李淮安諱子燮等，執刺來會。

張、李俱世家，蓄書甚富，延先生臨觀，先生例不履顯達之門，辭之。城東有廣成觀，幽邃甲一郡。張邀先生避暑於中，於是士紳聞風争造，雖少長叢雜，而規模静定，天時酷熱，渾若涼爽。

會閒，或謂：「聖人本是生知，衆人止是學知，稟來便不同。」先生言：「衆人俱是生知，聖人方是學知，稟來箇箇同。」咸訝其言。先生曰：「孩而知愛，長而知敬，見赤子之入井而知惕，一切知是、知非、知好、知惡之之真知，日在人心，敢問此知衆人與聖人同耶？否耶？」咸曰：「同。」曰：「敢問此知學之而然耶，抑不學而然耶？」曰：「此原不待學而然。」曰：「然則此非生知而何？非稟來箇箇之皆同乎！聖人肯學，所以兢業保任，能全此知，是以謂之『聖』；衆人不肯學，所以隨起隨滅，自負其知，是以謂之『凡』。是聖凡之分，在學與不學之分，非知之有分、稟來之原不同也。」

或又言：「聖賢之道，不外孝弟。事親從兄，莫非實學，舍此無學可言。」曰：「能孝、能弟，固是實學，然此能孝、能弟之端，從何而發？滿孝、滿弟之量，賴何而充？侍父兄而可以言事、言從，有時離父兄之側，則將何若？有父兄而善事、善從是學，無父無兄，又將何若？」或無以對。先生曰：「聖賢之道，雖不外於孝弟，而知孝、知弟，則必有其源，源濬則千流萬派時出無窮，萬善猶裕，矧孝弟乎！故不待勉於孝，遇父自能孝；不待勉於弟，遇兄自能弟。存則或事或從，自然盡道；亡則立身行道，大孝顯親。隨在是心，隨在是學。『等閒識得東風面，萬紫千紅總是春』。非春，安得萬紫千紅；非識東風面，又安知萬紫千紅之總是春也。」

是夕，乘涼坤成閣，樹鳥時鳴，清風徐來，相與默坐。久之，先生因詢曰：「此際，俱各神閒氣定，冲融和平，不審各人胸中自覺何若？」襄陵云：「此際殊覺輕活暢適，生意勃發，清明洞達，了無一物。」先生莞然首肯曰：「惟願無忘此際心。一時之清明無物，便是一時之仁體呈露。趁此一時之清明，延之時時皆然，積時成日，積日成月，積月成年，縣縣密密，渾然罔閒，徹始徹終，表裏湛瑩。如是，則形骸肢體雖與人同，而所以視聽言動，渾是天機，可以達天，可以補天矣。珍重，珍重！毋自孤負！」

十六日，赴朝邑，謁韓恭簡公祠。明日，觀於河，遂歸廣成觀。

同州距朝邑僅舍，恭簡公祠在焉，故先生特往拜謁。至次日，邑南諸同志及學博劉先生咸來見，且柬請，俱辭。遂臨河觀渡而歸。

十八日，觀蓮於九龍池，晚抵沙苑。

九龍池在東城南十里，蓮花盛開，李淮安固邀先生臨觀。是日，環池人士，先期集候。叩學質疑，先生隨資開發，脱去見聞，聽之者骨悚神豁，喜溢顔面。薄暮將別，咸慫恿李公挽留，而沙苑馬立若、馬仲任等，力請之西臨，是晚遂抵沙苑。

至白君居有三路：一由七里村，一由銅堤，一由沙苑。先是，沙苑人日望先生之至，馬仲任等會人偵候，筮之，其兆爲大過，咸喜曰：「大過，大者過也，大人必過無疑。」至是，馬族生儒二十餘人，接見羅坐榻傍，翦燭請教，夜分就寢。

十九日，謁馬二岑先生祠，閱《遺集》。

二岑先生爲大學士文莊公之從孫，兵憲之冢嗣。明末，建書院，開講倡學，慨然以師道自任。後宦山東，死於國難。大忠大節，人共追慕。先生拜其遺像，從先生長子馬棫士索其《遺集》覽焉。

棫士致審於經書同異之辨，先生爲之逐段析疑。既而問六經大旨，先生默然示之以「寂」，棫士頓醒拜謝。或詰其故，棫士曰：「無聲無臭，六經之所以出，亦六經之所以歸也。」在座諸君，咸請開示。先生爲之直指大本，令各反身潛體，洞識真我。諸拘方守轍、炫文飾義者，莫不如寐獲覺。盤桓數日而西。棫士即席賦詩三章以誌感。其一：「天地無終極，大道日蓁莽。鄒魯不復作，千古懷令想。嗟吾關中士，絶學嗣邁往。橫渠啓趙宋，高陵復振響。長安少墟翁，芳躅爲世仰。誰能嗣徽音，復使斯道晃。夫子特地起，天授非人强。奧徹危微機，探穴千聖朗。從兹盩厔功，直駕姚江爽。」其二：「人爲萬物靈，靈者詎形骸。大立小不奪，此語良不乖。天清夜月明，纖翳何容排。所以陽明子，良知探聖涯。

此理固非誣，何事獨塵埋。上下千載閒，師也豁其霾。願言誨無倦，先覺迪吾儕。」其三：「十年勞夢想，神交仰山斗。投契斯須閒，此遇良非偶。所恨多閒闊，親炙苦未久。白駒不少停，空谷頓成走。何以慰吾情，相對一杯酒。後會諒無遐，踟蹰徒搔首。」

二十七日，歸於白君書屋，立若、仲任、棫士等隨侍。

明日，李習之、王思若、張襄陵、王盛伯等至，爾時從容商議，朝夕不輟。先生望隴興思，歸心頗亟。衆弗能留，肅觴奉餞。李孝廉、李淮安等聞之，傍晚馳二十里，渡雒來送。

七月初六日，先生別歸。

別之時，諸老依依相戀，有泣下者。王省庵、甯惟垣等遠送，其僕王昭泣不自勝，遂偕白僕執御以西。

初八日，至高陵，謁呂涇野先生祠，次於涇干之文塔寺。

塔在涇野先生祠之西二十五里，爲關中第一勝概，故過而陟眺。適高陵于翁憩息大雄殿，遥見先生，即具衣冠趨迎，曰：「此必盩厔李先生也，不才方擬入冬造訪，不意邂逅於此，此中大有機緣，殆天作之合也。」亟潔館安置，披瀝衷悰。

初九日，兩邑名流聞之者，咸來拜謁，盤桓塔下。

禪師琳峨亦環視傾聽，歎「未曾有」。一士酷好內典，細質所疑，先生一一響答，凡《楞嚴》、《圓覺》、《心經》、《壇經》、《涅槃》、《止觀》、《廣録》、《宗鏡録》、《大慧》、《中峰》諸語録要旨，及三藏中真似是非之辨，咸爲拈出。既而喟然嘆曰：「吾儒之道，至簡至易，至平至實，反而求之，自有所得。故不必借津竺乾，索之無何有之鄉，空虚莽蕩，究無當於天下國家也。」遂作别。衆苦留，爲之再宿而行。

十一日下午，抵咸陽北郭。學博湯君諱日躋聞先生過，大喜，亟延以館飧，苦留不可。

十二日，至興平，甯維垣别去。是行也，先生偶患痢，維垣追隨調侍。至是，别焉。

先生既歸，語俊以諸君高誼，俊於是述厥始末如右。蓋先生素未遠行，兹其發軔，故謹誌之。吾輩其尚堅乃志，一乃心，服膺所聞，不以合離生作輟，庶無負先生跋涉之意云。

康熙七年秋仲朔日述

念二曲先生書牖

吾見先生其人矣，式金式玉；吾聞先生之語矣，切性切身。果然朱、李之儔，展矣周、程之侶。豈因博雅，徒步西征，爲述典型。甘心北面，恨三偏之爲害；常憶格言，愧「四勿」之未能。每思德範，而今而後，舍舊從新，雖云年老力衰，何憚朝聞夕死。立名胡必於文藝，崇德惟在於躬修；苟實行之無稱，奚餘能之足羡。端有兩大，曰行與言：出聲則循理而談，舉趾則擇方而蹈。一言之舛，尚憂見惜於先生；一事之違，豈可使聞於夫子。但恐一朝而奮，時久而遷，若非竪誠於當前，何以淑身於去後。以故書兹揭牖，用代嚴師。坐起常觀，庶幾身無妄動；朝昏時誦，庶可口無妄言。嗚呼！千載篤生，學公匪易，若欲遽臻乎賢哲，其將能乎？一言既出，反汗實難，雖欲自處於不才，不可得也。爰公同志，共勵克終。時康熙戊申孟秋之十九日也。

二曲先生，盩厔人，諱顒。其人則矩方規圓，因物而付；其學則天通地徹，隨叩而鳴。窮則可以善身，達則可以淑世，斯文之寄，其在斯乎！不肖年久耳香名，每以修阻不得從遊爲恨，幸白含章社丈於今歲五月閒，安車迎至，道遂以東。豈含章閔近世學之不講，又憐人之不能盡涉長途就有道，欲以先生公之吾儕，使府左之人共沾化雨乎？甚盛舉也，可以鼓舞人心矣！故一時有志之士，多就之者。僕不自揣，亦徒步拜訪，適先生素昔與談性命之學者蒲城王省齋兄又迎之去。意者省齋復閔其鄉之老而癯如年者，並以近涉五六十里爲苦，故欲使其藉便見先生，同登覺路，亦如含章之公先生於府左意乎？於戲，省齋、含章俱可以爲難矣！是時，余以未見先生，惄如調飢。無何，先生自蒲返，年復訪諸党孝子兩一兄之齋，亦先生之故人也，坐談竟日，至是始了夙心。仍復候之王思若會丈園中，以思若前有字來達不肖於園中相會。蓋先生與思若彼此以品德相欽重，爲數百里神交，手書相往復者有年。余之知先生也，實以思若，故雖見諸兩一，於此復趣其命，且不負思若成就不才之雅意也。凡三謁矣，自此之後，幾於自廢，遂幡然思更舊轍。

至六月終，先生又以拜恭簡公墓，兼晤余妹丈李河濱，復有朝邑之行。道經吾州，縉紳諸公暨通國庠友之前未識先生者，咸於兹以瞻藉輝光,❶張襄陵、李文伯尤稱慕道最篤。及旋,前兹之相從者族尊立若、族弟仲任,復藉先生遊蓮池之便,邀至荒鄉。鄉之士詣先生者十之八九,袁宗則少長不遺一人,共擬投轄,爲十日之留。時先生適感風邪,欲歸調藥餌,信宿即返含章之舍矣。余坐以不知先生之夙駕宴起,未及一送爲悵也,去後前言書牖。

門人馬逢年書,時年七十三

❶「藉」,静海聞氏本作「挹」。

卷十

南行述序

盩二曲先生江南之行，舊學徒張仁覆執御以從，歸而備述所至見聞之詳，及門二三子嘗譜之簡策矣。既而駱公外艱，讀《禮》之餘，有事獲鹿旅次，遇士大夫多詢及先生，緣是有感。因憶先生曩寓毘陵日，雖值憂居，弗獲日侍几杖，而動静語默，未嘗不日有所聞。遂詮次其概，爲《道南後紀》，并幕客孫容也先生所撰《毘陵盛事》，郵致秦中。「後紀」云者，蓋以龜山昔嘗自洛而南，闡道毘陵；越數百年而後，復得先生自秦而南，闡道毘陵，先後一揆，所關匪尠。而「盛事」云者，見毘陵諸君子懿德之好，盍簪之殷，在近世實空谷足音，絶無而僅有也。二編及初譜南行之詳，亦云備矣！顧各自爲書，覽者弗便，兹故挈要就簡，合併歸一，統名《南行述》，與《東行述》庶稱合璧云。

鄠縣門人王心敬沐手百拜識

南行述

鄠縣門人王心敬纂

康熙九年冬十月既望，先生赴襄城招魂。

崇禎壬午二月，太翁隨汪總制征闖賊於河南之襄城，師覆殉難。是時，先生尚幼，母子不得凶問，猶日夜望其生還。及闖賊入關，乃始絕望。居恒抱痛，思及襄城流涕，願一往；以母在也，難之，惟奉太翁遺齒，晨夕嚴事。母歿，奉以合葬，曰「齒塚」。服闋欲往，苦無資斧。至是，貸於鄉人，得四金，齋沐籲天，哭告母墓啓行。

十一月初七日，抵襄。

是日，抵襄之北郊，訪太翁原寓主人，求其指引。不得，則訪襄人昔所瘞戰亡之骨，繞城徧覓，滴血無從。乃爲文禱於社，晝夜哭不絕聲，淚盡血繼，觀者惻然。邑宰張公諱允中聞而哀之，詢知爲先生，亟躬迎入城，飾館設宴。先生以齋戒堅辭，宿於社。張公亦爲文禱於社神。越三日，先生爲位於太翁原寓，致祭招魂，以太翁出征時尚未命名，自呼乳名以告，聞者莫不泣下，哀動闔邑。祭畢欲返，適駱公遣使來迎先生倡道於南。先生意不欲往，而襄之官紳方謀爲太翁舉祠起塚，以慰孝思，先生念非旬月可就，遂南行以俟其成。

二十五日，宿六合。

是日，遇雨，宿六合之南郭。邸主劉安石，色目人也，覩先生氣貌，異之，與之語，則大驚。徧告同類之掌教者曰：「客學淵源，洞天人之蘊者也。」相與瞻禮致恭，邀遊所奉之禮拜寺。入門，衆共拜天，先生從容散步而已。因語以「事天之實，在念念存天理，言言循天理，事事合天理，小心翼翼，時顧天命，此方是真能事天。若徒以禮拜勤劬爲敬天，末矣」。「然則拜可廢乎？」曰：「何可廢也，繁則瀆。終日欽凛，勿縱此心，此心純一，便足上對天心。天無心，以生物爲心，誠遇人遇物，慈祥利濟，惟恐失所，如是則生機在在流貫，即此便是『代天行道』，『爲天地立心』。則其爲敬，孰有大於此者乎？」衆憮然拜謝，歎「未曾有」。於是，退而易席以待，作禮問道，徹夜不散。黎明就程，依戀遠送。

二十七日，至揚州南郊，謁范文正公祠。

祠有黄冠，長眉皓髯，與衆談道。見先生入，遜座揖談，因問先生：「亦好此道乎？」先生笑曰：「日用常行之謂『道』，吾性自降衷來，五德具足，萬善咸備。率性而行，自然愛親敬長；保此不失，自然君臣有義，父子有親，夫婦有别，朋友有信。惟其自然，所以爲天下之達道，切於人身日用之閒，無一時一刻而可離，豈非常行之道乎！若夫五金八石，服養以鍊形；抽坎填離，結胎圖冲舉，違天地常經，乖人生倫紀，雖自謂『玄之又玄』，却非『可道』之『道』。」衆謂：「先生所論固正，然修行亦未可盡闢。」先生曰：「修者，修其所行也。檢點治去之謂『修』，必有事焉之謂『行』。吾人身心，本粹白無染，只因墮於氣習，失却本色。若欲還我本體，必須用功於日用常行閒。有不仁、不義、不禮、不智、不信之行，便是吾身之玷，一一治去，使所行皆天理，此修行之見於外也；反之，一念之微，覺有不仁、不義、不禮、不智、不信之私，即是吾心之疵，必一一治去，使念念皆天理，而無一毫人欲之雜，是修行之密於内也。内外交修，行誼無忝，

『存順没寧』，何快如之。」衆躍然而起，黄冠亦斂衽曰：「此《中庸》之道也！」

十二月朔，抵常州。

駱公出城郊迎，館於府治之左。先生喜寂厭囂，移寓郡南龍興院。郡人見其冠服不時，相顧眙愕。既而知爲先生，漸就論學，至者日衆，憧憧往來，其門如市。一時巨紳名碩，遠邇駢集。答問汪洋，不開知見户牖，不墮語言蹊徑，各隨根器，直指要津。於是争相請益，所寓至不能容。郡人詫爲江左百年來未有之盛事。宿儒吴野翁先生光太息曰：「斯道晦塞極矣！今日之盛，殆天意也！」巨紳有治宴延款者，例不赴，亦不報謁。其答衆要語，從遊之士，各有紀録，散言數則附此：

千古聖賢，皆從兢業中成。吾人不真實爲己則已，苟真實爲己，須終日乾乾，如涉春冰。如是則天理常存，而此心不死。故區區嘗謂堯舜十六字心傳，須濟以「戰戰兢兢，如臨深淵，如履薄冰」十二字，工夫方有下落。

此事須盡脱聲華，一味收斂。斂之又斂，如枯木寒灰。一念不生，則正念自現。故學問不大死一番，則必不能大徹。

先生因在座士友語及陽明之言天，乃曰：「人之一身，皆天也。」請問其故，曰：「目之視，耳之聽，手之執持，足之運奔，孰爲之哉？自然而然，莫非天也。入宗廟而生欽，遇邱壠而興哀，知孝、知弟、知仁、知義，以至應事接物，皆非人爲，事至念起，自有照應。不學不慮，本自渾然，參以人爲則僞矣。故『僞』字從人。昔象山門人侍坐於象山，象山起，門人亦起，象山笑曰：『還用安排否？』此正所謂『不學不慮』之實，乃吾心本有之天也。若求天於天，便遠了。」

一夕月下，及門咸集，茶罷請誨。先生默坐良久。衆見其不語，又請，乃莞爾笑曰：「吾已講矣！夫講之以言，何如其無言；講之以口耳，何如講之以身心之爲得耶！今日吾儕切磋，非是學聖賢，講理學，只要各人時時澄心反觀，自認自勘。自認，則主人不昧；自勘，則疵吝不容。」

先覺倡道，皆隨時補救，正如人之患病，受症不同，故投藥亦異。孟氏而後，學術墮於訓詁詞章，故宋儒出而救之以「主敬窮理」；晦菴之後，又墮於支離葛藤，故陽明出而救之以「致良知」，令人當下有得。及其久也，易至於談本體而略工夫，於是東林顧、高諸公，及關中馮少墟出而救之以「敬修止善」。若夫今日吾人通病，在於昧義命，鮮羞惡，而禮義廉恥之大閑，多蕩而不可問。苟有真正大君子深心世道、志切拯救者，所宜力扶義命，力振廉恥，使義命明而廉恥興，則大閑藉以不踰，綱常賴以不毀，乃所以救世而濟時也。當務之急，莫切於此。

「義命廉恥」，此四字乃吾人立身之基，一有缺焉，則基傾矣。在今日，不必談玄説妙，只要於此着脚，便是孔孟門下人。否則，萬語千言，字字足以成經而傳世，吾不欲觀之矣。

於出處、進退、辭受、取與、飲食、男女閒見操持，此處不苟，方可言道，方可言學。

一友謂：「世路崎嶇，日趨日下，奈何？」曰：「世路固日趨日下，而自己跟脚，則不可不堅定。中立不倚，毫無變塞，方爲强哉能矯。否則，人趨亦趨，隨俗浮沈，見粉華靡麗而悦，遇聲色貨利而移，如是，則雖日日講道德，談性命，不過口頭聖賢，紙上道學，其可恥爲何如耶！」

康熙十年正月朔，設祭謝客。

自寓龍興，即以襄城公所製魂牌爲位安奉，晨夕焚香瞻禮。是日，設祭飲泣，終日概不見客。

初三日，弔烈婦海氏。

海氏拒奸而死，故弔之。

初九日，謁唐襄文公荆川祠。

荆川曾孫雲客先生諱宇昭、聞川先生諱宇量咸隱居不仕，數詣龍興會先生請益。是日，集親知於祠，宴次問學。

十一日，駱公偕張別駕諱榜邀先生遊虎邱。

姑蘇人聞之，相與問學者甚衆。三日始別，衆依依不舍。顧雲臣寫先生像，鄭素居諱珏題贊云：「其服甚古其容舒，其情甚深其心虚。博聞多識，不讀非聖之書；存誠主敬，不求當世之譽。遡洙泗之淵源，而繼濂洛之正統者，斯爲二曲先生歟！」

十四日，旋寓。

是時，問學者絡繹不斷。先生晝答夜批，暇無片晷，終日不暇一餐。當事以其太勞，約閒日統會於府庠明倫堂及武進縣庠明倫堂。上自府僚紳衿，下至工賈耆庶，每會無慮數千人，旁及緇流羽士，亦環擁拱聽。教授王君諱邁、教諭王君諱琛公録《兩庠彙語》梓行。

二十七日，無錫宰吴公諱興祚同教諭郝君諱毓嵾肅啓奉迎。

其略云：「人南則道從而南，幸紹前賢之蹟；教善則學從而善，允稱多士之師。無辜倒屣以迎，共切摳衣而侍。」先生允焉。月晦，舟發。二月朔，至錫，謁文廟畢，趨高忠憲公祠。適公姪前學憲彙旃先生諱世泰來謁，遇之途，遂陪先生瞻禮忠憲遺像。徘徊殉難止水，不覺泫然。學憲具宴以待，先生以學憲克承家學，紹東林墜緒，遂相懽如平生。

初二日，吴公偕郝君設座明倫堂，請先生開示。

是日，闔邑紳衿咸集，堂上庭墀，環擁稠疊，門外衆庶，莫不遥望竊聽。講畢，吴公暨郝君梓其語以傳，是爲《錫山語要》。

初四日，高學憲偕邑之名宿，又設講座，延先生大會於東林書院。略具《東林會語》，學憲梓行。

初五日，遊惠山。

山麓有邵文莊公祠，因便晉謁。學憲語及文莊「願爲真士夫，不願爲假道學」之言，先生曰：「斯蓋一時有感而云也。『假道學』固可恥，然使士夫行己，無道、無學，學焉而弗由於道，立身而弗從事於學，亦豈得爲『真士夫』乎？自此言出，而士夫之不學者，得以借口自便；流俗之醜正者，得以借口肆詆。矯枉過直，所關匪細，故言不可不慎也。」

初六日，講學於淮海祠。

燈巖秦子諱松岱潛心陽明之學，構願學齋，肖像嚴事，志篤力勤。聞先生講學明倫堂，趨赴拱聽，又會講於東林，徘徊不忍去。是日，同其兄對巖大史諱松齡邀先生於淮海宗祠，聚宗人及諸同志各質所疑。先生隨機響答，莫不灑然有契。講畢，具宴以待。語次，先生因曰：「常人本是聖人，聖人亦是常人。」衆請其故。曰：「常人不學不慮之『良』，原各完完全全，不少欠缺，豈非是『聖』？特各人隨起隨滅，自汩其『良』，自甘暴棄，是以謂之『常人』。聖人之爲『聖』，非於不學不慮之『良』有所增加，只是隨起隨著，不使乖戾耳！信得及時，自然不枉了自家。」時在座有辨經書解義者，謂之曰：「經書所載，莫非修己治人之道，皆前人苦心爲吾人晰疑指迷，作路引也。講明一程，即行一程，行了一程，不妨再講一程。若閉門安坐，盤桓不行，講了又講，解過又解，片刻可説萬里，其實未移跬步，此學人通患，願相與力矯其弊。」次晨，秦子詣寓所致謝，以縑表忱。先生固辭，秦子曰：「昔董蘿石之北面陽明夫子也，持一縑而前曰：『某之誠積，若茲縷矣。』乃許以師友之誼。岱不敏，獲奉教於先生，慰二十年之夙心，竊不揣鄙陋，願附斯義，故亦以一縑爲敬。而先生辭之，其未許我乎？」退而與陳子介夫諱世祉敘其答語，爲《梁溪應求録》梓行。

初八日，應江陰官紳之聘。

瀕發，吴公偕邑紳餞行於東林。吴公語及史學，上下古今，靡不折衷。吴公歎曰：「昔元明善謂『與吴草廬言，如探淵海』，今先生不啻過之，非世儒所能測也！」再拜惜别，傾邑瞻送。是晚，次澄江，念及門徐斗一超、張子邃濬生、吴英武、邵公甫等追隨嗜學，爲立《學程》數則，陸孝標先生諱卿鵠梓行。次午，抵縣。邑宰周公諱瑞岐偕學博郊迎。十一日，開講於明倫堂，聽者雲擁。其答問語要，原册偶失，僅存數則：

孟子謂「逸居而無教，則近於禽獸」，余亦謂逸居而不學，則近於禽獸。學則天理常存，而人欲弗雜；不學則人欲易迷，而天理難復。人禽之判，判於此而已。

《易》曰：「君子進德修業，欲及時也。」故必朝乾夕惕，存所固有；日淘月汰，去所本無。一有縱逸，便非及時，斯德無由進而業無由修，人道或幾乎息矣！

人苟知學，須時時向自心隱微處，自參自求，自體自認，不拘有事無事，閒中忙中，綿密勿輟。積久自徹，仍須在應感上隨事磨鍊，務使内外無閒，心境如一，方可言學。

一士言及聖人「不思不勉」。曰：「聖人之『不思不勉』，即孩提之『不學不慮』，故曰：『大人者，不失赤子之心者也。』」

一士問「格物」。曰：「身、心、意、知、家、國、天下，皆物也，而知爲主。

炯炯於心目之間，具衆理，應萬事，與天地合德，與日月合明，通乎晝夜而知，即章首所謂『明德』也。『格物』，格此而已。此物明，則知致，知一致，而意之發動有善有不善，便一一自知。實實爲善，去不善，便是『明明德』於『意』；心有正、有不正，亦惟自知，正其不正，便是『明明德』於『心』；以此修身，便是『明明德』於『身』；以此齊家，便是『明明德』於『家』；以此治國，便是『明明德』於『國』；以此平天下，便是『明明德』於『天下』。若如世儒之論『格物』，要物物而知之，是『博物』於天下，非『明明德』於天下。」

問：「伏羲仰觀俯察，遠取諸物，故能知周乎萬物，纔算『格物』？」曰：「言及『知周乎萬物』，甚妙。蓋必智周萬物，始能經綸萬物。物物處之，咸盡其當，而後可以臻治平之效。然『遠取諸物』，必先『近取諸身』，知明善誠身爲本。而本之本既格，方可由本以及末，察於人倫，然後明於庶物，使萬物皆備於我，何樂如之！」

十三日，靖江尹鄭公諱重偕教諭袁君諱元來迎。

是日，宜興紳士慫慂邑令學博，肅啓奉迎先生臨其邑講學。而鄭公先至，毘陵諸紳以江闊水險爲慮，深不欲先生行。鄭公再四固邀。次晨，先生遂渡，日昃抵岸。紳士迎者相屬於途，抵館謁見者踵接。十五日，鄭公設座於明倫堂，延先生登座開示。闔邑紳衿畢至，鎮將戍卒，亦瞻禮傾聽，門外觀者如堵牆。録其答問，爲《靖江語要》，鄭公梓行。

邑宿儒鄒錫篚諱隆祚號樗隱子，聆先生講言，私語同志曰：「區區七十年來，閱歷談道宗匠多矣！痛切醒快，言言血脈，未有如關西夫子者也。真學人指南，不可以失。」俟衆退，復偕同志趨館就教，以所著《三教貌》呈正。先生閱訖笑曰：「《三教貌》，貌也，三教之神，非貌所能貌也。即貌其神而一一畢肖，究於自己安身立命何關？翁年踰古稀，此非所急，盍於當急者是急乎？」鄒竦然再拜請示，遂告以反己自認之實。於是深慶晚始有聞，知所歸宿，附於及門之末。

先生連旬講授，晝夜無暇，勞劇疾作。次日，紳衿公席請講，力辭旋郡，闔邑惜別，送至江岸。江陰官吏師生，維舟南岸以待，固邀入城，弗許。父老擁舟，請留一言，以當晤對。先生大書「安分循理」并「勤儉忍」三字以貽之。衆懽呼而退。

無錫、江陰、靖江之講會畢，邑宰及學博、鎮將并士大夫，感先生闡明絶學，大有造於地方，各具禮幣展謝。先生概却，未嘗納一錢一物。衆引「交以道，接以禮，雖孔子亦受」爲言。先生笑曰：「僕非孔子，況孔子家法，吾人不效者多矣！豈可偏效其取財一事？」衆不能强。

十八日，抵龍興舊寓養疾。

客至，概不之見。其往來榻前盤桓者，唯楊雪臣先生諱瑀、龔浪霞先生諱百藥、陳椒峰先生諱玉基、馬一庵先生諱負圖、潘易庵先生諱静觀、楊陟瞻先生諱球暨弟逢玉先生諱玾、唐雲客崑玉并吴野翁、鄭素居諸名德。既而疾日甚。門人吴瀋長發祥率其弟發育、子英武晝夜侍側，延醫調理，藥必嘗而後進，扶掖備極勞瘁。陸孝標以客猶不止，遂密舁先生至其家塾，聲言「業已歸陝」。於是，來者始息，得以一意静養。其子士楷，偕甥張涵生、瀋生躬侍湯藥。楷姻楊孝廉亭玉諱珂時時過從證學，其弟虞玉諱琯善醫，因爲之診調。居旬日，疾愈，士楷以《聖學宗傳》呈正。先生謂之曰：「《聖學宗傳》一書，海門周子著也。周子學見其大，故其論撰，多於向上一機，三致意焉。是編上自羲皇，下自明儒，凡有得於性命之微，而不依傍前人口吻，妙發心得者，咸纂入之，而評釋於其下。其桎梏於文義者，驟閲之，固足以解縛而啓悟；顧去取弗嚴，引敘失中。中閒如趙文肅之生憶宿命，及無垢、慈湖諸人過高之論，初學見之，未免滋惑。其爲勸者固多，而其爲害者亦復不少。余嘗謬不自揆，欲删正而未遑，後之覽者，尚知鑒哉！」

涵生季父兼山北面問道，持所録《慎獨説》就正。先生笑曰：「慎獨乎，獨慎耶？知慎獨、獨慎之義，而後慎可得而言也。」請問之。曰：「『慎之』云者，藉工夫以維本體也；『獨慎』云者，即本體以爲工夫也。藉工夫以維本體，譬之三軍然。三軍本以聽主帥之役使，然非三軍小心巡警，則主帥亦無從而安；非主帥明敏嚴整，則三軍亦無主，誰爲之馭？」因問「主帥」。

曰：「即各人心中之一念惺惺者是也。此之謂一身之主，再無與偶，故名曰『獨』。慎之者，藉巡警以衛此主也。然主若不明，雖欲慎，誰爲慎？吾故曰『慎獨、獨慎之義明，而後慎可得而言』者，此也。」兼山躍然曰：「由先生之言觀之，覺從前紛紛之説，真若射覆。而今而後，知所從事矣。」遂再拜而退。

初三日朔，旋龍興舊寓。

杭州西湖比丘素懷，春初嘗謁先生於虎丘，聽講有感。自是，徘徊不舍，隨卓錫龍興，寓先生舍旁，時時竊聽答衆之言，擊節嗟歎，自謂：「生平偏參名宿，至此方獲聞《韶》，言言透頂，語語當機，儒由之固足盡性至命，釋由之未始不可明心見性，範圍三教而無遺，金湯五常而愈峻。老僧法嗣雲仍，雖不能如德公之見化於魯齋，謝遣生徒，然從此佩先生大中至正之訓，不敢於日用平常外別涉荒幻矣。」是日，接見喜甚，慰問畢，次晨告别，持卷丐題，以識不忘。先生雅不與二氏作緣，辭焉。退而求得門人所梓先生《傳心録》，珍襲以歸。

鄭素居、吴野翁，咸年倍於先生，時趨侍問道，執禮甚虔。至是，又偕其同社四老晤言。先生諗之曰：「流光迅速，歲月有限，緊做工夫，勿自悠忽。所謂工夫，非是『無生有』，只要『有』歸『無』，惟將平日所蘊，一切放下，閑思雜慮，盡情屏却，務令此中空洞虚豁，了無一物，便是工夫，便是得力。若再有工夫可進，得力可言，非誑即妄。」諸老感謝。

學人有寫先生像者，唐雲客爲之贊曰：「粤我襄文，斯文是仔。迨我奉常，先訓克持。或聞或見，小子竊知。五十餘禩，此道寖微。守先待後，乃在關西。二曲先生，三千里至。異代同方，特咨先世。嗟余後昆，感惶無似。仰止泰巖，望洋海澨。古貌古心，主静爲事。詎敢讚辭，庶託聲氣。疇附姓名，曰毘陵裔。」

先生丘壠興思，擬期西返。駱公自正月中旬丁内艱，不獲時至龍興，唯時令子壻通起居。至是，衰服稽顙，函丈泣留。郡人聞之，如有所失，咸皇皇挽留。潘易庵亦出山固留，繼之以書曰：「竊聞大道之興廢，全賴唱導之一人。此一人者，固造物篤生，以爲天地立心，生民立命，爲一切人起死回生者也。先生崛起關中，倡明正學，從姚江、盱江以遡濂、洛、關、閩，以遡源於洙泗。其制行之高，任道之勇，不啻泰山喬嶽，豈非造物篤生，以爲後學倡導之一人哉！道駕甫到敝邑，春風一披，勾萌畢達，上至達官貴人，下逮兒童走卒，無不傾心歸命，自非一點真機鼓舞，何以致此！此山野觀所竭蹶而未逮，望塵而恐後者也。夫斯人皆吾與，宇宙總一家，亦何必終日戚戚，思戀故鄉，棄從遊於中道耶？」先生告以「久違先壠，痛切於心」，言與淚俱。易庵亦泫然無語。衆知不能留，相與惜陰款聚，晝夜盤桓焉。時餞者環擁繾綣，自寅至未，始獲解維。操舫而送，帆蔽水面。❶先生力辭，次晨始别。陸孝標率其子士楷、甥張濬生隨至丹陽，大慟分袂。吳濬長獨涕泣追隨，逾京口，渡大江，歷瓜洲，抵維揚，始肖像拜别，嗚咽不自勝。

諸名公撰文賦詩以記其事者甚衆，不能備録，聊附數首，以見其概，餘具全集。

盩厔李先生之來毘陵也，毘陵之人從之者如歸市。是何毘陵之人聞道之速，向道之篤乎？抑先生之德有以入人之深，而聞聲響應，不介以孚也？竊聞先生之爲人也，澹澹穆穆，無所求於世。其學以「静」爲基，以「敬」爲要，以「返己體認」爲宗，以「悔過自新」爲日用實際。兹何以來毘陵也？曰：與郡伯有舊也。郡伯昔爲盩厔令時，折節嚴事，養其母，舉其喪，朔望必枉駕於先生之廬，登其堂而就教焉。然先生足跡未嘗一入縣治也。郡伯在盩厔，先生不入縣治，郡伯在毘陵，而先生何以來也？曰：感郡伯之德，應郡伯之聘，思欲行道設教，以助郡伯德化之成，藉以報郡伯也。於是毘陵之賢士大夫争往候於其門，而就教者接踵焉。毘陵之下邑賢有司，争往致於其邑，大會紳士於明倫堂，以請先生之教，就正者環四面，聞風而至者雲集，非羨毘陵之人聞道之速而向道之篤乎？

夫毘陵亦聲名文物之邦也，自龜山楊夫子講學以來，學者知所宗尚；

❶「帆」，原作「汎」，據石泉彭氏本、静海聞氏本改。

嗣後唐、薛諸公正誼明道，代有傳人。然龜山夫子寓居十八載而從遊者始盛，先生來不數月，而人之徘徊眷戀於先生者，何其盛也！ 今先生行矣，有出郭而送先生者，有裹糧買舟而送於數十里或百里之外者，有牽衣泣下不忍舍去者，有願隨至關中受業者，非先生之德果有以入人之深而能至此耶？

先生以康熙九年十二月朔來昆陵，以十年三月六日去，勉留於昆陵者凡兩月。往來於梁溪、荆溪、江陰、靖江之間凡一月，昆陵之人物，大略可覩矣。自此昆陵人士循循好學，慕道不倦，人心風俗一大變焉，則先生與郡伯功豈在孟子下乎？

岳宏譽

古今有治統，有道統，治統不可一日無人，道統亦不可一日無人，而道統與治統嘗相爲盛衰而終始，故治統開，道統始開，而道統盛，治統愈盛。道統之大成集於孔子，至程朱而繼其統。然天下之生久矣，一治一亂，而道統之中又有治亂焉。正學出而反經興行，道統之一治也；僞學出而近理奪朱，道統之一亂也。道統亂而以學術殺人心，孟夫子所以不得已而好辯也。近今以來，學之不講，知有利不知有義，偶一齒及，不以爲迂，則以爲腐。衆少年望望然去之，若將浼焉，即求一假道學亦不可得矣，況乎其真者耶？迺鄙性實迂且腐，不能詭隨，竊意天下之大，四海九州之廣，豈無空谷足音跫然而至者？何幸一旦天之賜我以木鐸也！

二曲先生倡道關中，一掃從來支離破碎、躭空守寂之病，以「致知力行」爲教，而教行俗美，馮翊皆爲鄒魯。我郡侯駱公正誼明道，嘉惠江南後學，敦禮先生來遊於兹，俾人人沐春風化雨中，甚盛典也！ 而先生以省墓遄歸，攀留無策，諸同人謀所以送先生者而問於余。余曰：「孟子之在當時，道統有其寄，先生之在今日，道統又有其續。而天下之山，東有岱宗，西有華嶽，抑吾聞山曲曰『盩』，水曲曰『厔』，二曲之間，先生産焉。『維嶽降神，生甫及申』。太華石樓，蒼巖翠壁，層折而盤旋；灃、涇、河、渭，碧水澄瀾，潆洄而澹蕩。其靈秀淑清之氣，匯聚於斯，則岱宗之生孟子，華嶽之産先生，豈非卓然兩絶千古者哉！ 而予夢想數十年，尚不得登明星、玉女之峰，搔首問青天，悵悵迷途，罔知適從也，而一見先生，如見太華焉。異日策杖而往，執圖書一卷，問津於二曲先生，其攜我上希夷之峽乎？ 先生歸矣，治統開，道統始開；先生歸而與關中諸子力扶正學，以天下爲己任，道統盛，治統愈盛。猗歟，休哉！」光敬書此，偕諸同人拜送先生，而爲天下賀。

吴　光

辛亥履端有告予者曰：「關中李先生至此，郡之人争識之，子獨無意乎？」予曰：「李先生爲誰？」曰：「太守所師也。」予聞而謝之。既又曰：「先生幼孤，克自樹立，北方之學者也。」予聞而異之。既又曰：「衣冠極古，操履甚嚴，斯世之砥柱也，吾道之楷模也。」且曰：「却葉太守之聘幣，辭白撫軍之薦剡者也！」予乃聞之而起敬曰：「異哉！當斯世而有斯人也！吾將識之。」雖然，猶未敢以人言而遽信也。及得先生所著《匡時》一册，則以講學爲首務也，其言多推許陽明子之言也。予作而曰：「異哉！講學之事，末世所諱，乃以爲匡時之要耶？陽明之學，尤今人所諱，乃舉其言而是信是崇耶？李先生者，吾將識之矣！」雖然，猶未知其所自得者何如也。既而又得先生所著《學髓》，則以本原示人，而繼之以持循之法者也，予更作而曰：「異哉！言學者多矣，求其爲知本者幾人哉？知本者閒有之矣，求其知而能行，且亟以之覺人者又幾人哉？然則李先生者，雖在數千里外，猶當閒關以識之，況儼然在望，而可咫尺失之耶？」於是齋宿而造其館舍。望其容，盎如也；即其言，粹如也；觀其動作威儀，彬彬如也；聽其語，則又秩秩而莫可淆也，浩浩而莫可窮也；其所論學，上者語上，下者語下，老者、壯者、少者各隨其宜，因人以立教者也。予不覺恍然自失，退而歎曰：「異哉！當斯世而有斯人也，吾黨之幸也！」於是往而聞之兄，聞之弟，聞之友生，攜吾子若姪日就教於先生。先生亦以瑪所志所學皆同而加之以悃款之辭，且以吾二子之少而可進也，又往往於稠人之中而申之以策勵鼓舞之辭。異哉！吾毘陵之去盩厔不下數千里，胡乃天作之合，使吾父子得見先生，而蒙先生之惠愛如此也！逾五旬而先生行，瀕行，執吾子之手而諄諄語之曰：「吾行矣，不復時時晤言矣！雖然，此心神交，千里如一日也。吾十餘年後聞東南有人傑，必二子矣！」吾父子聞言，感而欲泣，胡先生屬意至誠，惻怛至此也！因顧二子曰：「小子識之，其勿忘先生之言！」嗟嗟，先生行矣，後晤何期？有叩先生所居之區，爲他日造訪之謀者，先生不答，但曰：「吾茲之出，不獲已也。今而後，當處亂山虎豹之中，閉户不出，以全吾身，不復爲世所物色，相見之期，未可量也！」嗟乎哉，先生之藏修也，以不求聞達爲心。先生之此出也，以覓父遺骸爲念，先生之甫出而遽歸也，斯實遯世不悔，不見是而無悶者，其爲人顧何如哉！

於先生之歸，敬述瑀之所以見先生，與先生之所以加意瑀父子者，亦以見一旦傾蓋，心在千秋，非偶然也。

楊瑀

尼山天縱後，道統在布衣。秦焰不能灰，六經炳朝暉。漢儒拾餘燼，聖學存幾希。唐人重詩賦，文盛質乃稀，訓詁日以廣，與聖漸相違。斯道原不墜，有宋學重輝，濂溪見其大，明道得其歸，象山徹其源，考亭集其徽，鵝湖義利辨，千古聖狂機。明興尊制藝，朝夕詩書依。後人競工巧，志道皆依稀。高士擅文名，下者惟輕肥。卓哉王文成，良知闡道微，功名副道德，今古聲巍巍。後起東南士，聞風設講幃，毘陵有襄文，文介接其微，梁溪有忠憲，端文啓其幾，長安與吉水，書院倡帝畿。先子當其世，後先同編韋。臯比一時盛，乃構薄俗譏。宵人佐閹逆，斥爲僞學非。誅逐終黨錮，没世長歔欷。斯文幸未喪，絶學啓關西，逖矣李夫子，南遊震群迷。相見即相勗，勿爲物論齊，躬行實維艱，議論真筌蹄。主静自探本，寡過斯日躋。匡時矢鳴鳥，惜陰效聞鷄。方期共砥礪，乃復生睽離。千里命相思，同志敢永締。願言各努力，聊爲聖道隄。

鄭　珏

大道在千古，相續如薪傳，形異性本同，皓月落萬川。此理苟不失，今古無愚賢。其如習悟殊，❶所賦疇能全。聖哲别性反，知覺分後先，矧兹初學儔，能不恃蹄筌。羲文啓精藴，集成尼父宣。漢唐鮮真儒，晦蝕數百年。濂洛接遥緒，光輝發殘編。時則有關學，周程共聯翩。西銘明理一，仁量稱如天。風氣自此開，血脈今獨延。赫赫忠孝胄，道統獨仔肩。湛然原本際，智識都可捐。學崇禮愈卑，夕惕朝乾乾。上公勤式廬，邑宰問道虔。東吴菰蘆中，引領踰蓀荃。賴我五馬交，千里而惠然。親炙匪聞風，猥蒙道契堅。示我東行述，爰及南行篇，學髓宗伯安，窺見精一源。憶昔我毘郡，講學賢駢闐，是維賢牧倡，淳風故淪漣。今也來

❶「悟」，石泉彭氏本、静海聞氏本作「俗」。

大儒，侯德洵映前。會講集黌宮，奥義星日懸。奈何吾祜薄，仁君泣粥饘。深恐大君子，興思丘壠旋。儀型忽已遠，稀聞璧水絃。謖謖天上風，冷冷山下泉。文德藉之懿，養正需言詮。麗澤倘不繼，頻復其可湔。皎彼空谷駒，遐心尚無遄。願言執鞭隨，佩服尤拳拳。

楊　珠

始信當年立雪甘，發矇開瞶有微談。一揆先後欣親炙，歷世箕裘愧未堪。緇帙斜陽看冉冉，停杯時鳥聽喃喃。不知杖履安西去，果否還稱吾道南？

唐宇昭

忽枉名賢共訂盟，離群此日悵遄征。臯比江左初談道，夫子關西舊有聲。長夜發蒙雙眼豁，千年希聖寸心明。春深無恙歸帆穩，緑樹青山贈遠行。

潘静觀

鹿洞重開大雅存，成蹊桃李發孤根。春江浪静人初渡，華嶽雲深道自尊。魯國多言勗端木，漢庭曲學戒公孫。他年負笈遊關洛，立雪還承時雨恩。

賀麒徵

聞公德業類文成，繼倡良知道復明。慨昔通家文舉謁，願今得御李君行。墮甑愧乏安行孝，避雨猶難不踞情。冀返吟風并弄月，免歌白露水盈盈。

鼎成

仙人初下説經臺，濂洛宗風世共推。釁序虎皮留講易，離亭麈尾佐銜杯。衣冠不讓商山老，詞賦真輕鄴下才。極目函關春色遠，何時紫氣更東來？

離人昨夜哭庭闈，仗劍從戎去不歸。血染殺場愁皓月，魂飛故國弔斜暉。荒原草長銅駝没，上苑花深戰馬肥。今日孤兒真義士，同仇還與賦無衣。

争看車馬出咸陽，又送西行返建章。古寺頻過情轉切，孤舟欲別語偏長。雲開嶽色千峰緑，日落河流萬里黄。我亦關西稱後裔，清風應許漢廷楊。

十年牢落掩柴荊，謬竊江東處士聲。敢向千秋論大業，寧於一日比浮名。才非命世羞年少，念切匡時仗老成。海内同心能有幾，歌殘折柳不勝情。

右別言四章　楊昌言

秦中自古稱神州，黄河九曲東北流。其源高高天路修，龍門直下乾坤浮。砥柱兀峙狂瀾收，碣石倒瀉奔滄洲。先生學海何湯湯，我欲遡之苦無梁。

右河流一

弘農之西褒谷東，層盤高矗秦離宮。棼橑複閣相周通，嘉葩碧樹鬱灌叢。朝霞争絢春融融，御溝流香香咽風。光生門牆桃李多，我欲攀之遠若何？

右秦宫二

太華削削高亘天，蓮峰岌嶪陰崖緣。泉飛夜月寒生煙，層冰積雪凍欲堅。中有仙人高枕眠，漫漫極目迷其巔。先生結廬青雲端，望之峨峨情所歡。

右太華三

楊文言

二十五日，抵襄城。

邑宰張公聞先生至，大喜遠迎。時，祠碑已就，唯供案未竣。是晚，先生齋沐宿於隍廟。祠在南郭，工徒十餘人砌案。夜分將寢，忽鬼聲大作，衆皆震慄。次晨，闔城喧傳，公聞之愕然，遂爲文以記其異。率僚紳陪先生致祭，起塚西郊，鐫太翁字諱、生卒年月誌壙，共樹松柏楸楊，森列成林，仍豎碑林前，題曰「義林」。先生斬衰以奠，恭取塚土升餘，同魂牌捧歸。公同鎮守遊擊將軍王君諱天錫、教諭馬君諱奪錦暨闔城鄉官舉貢生員，祖餞於十里鋪，泫然而别。其遠鄉紳衿有未及見者，追至郟縣謁送。襄城紳衿哀挽甚衆，詳具《招魂記》及《義林誌》。

四月初四日，抵家。詣太母墓告旋，擇吉以所奉塚土附墓致祭，斬衰持服如初喪。

附

請建延陵書院公呈

常州府武進縣兩學廩增附生員屠迴、張涵

生、陸士楷等呈，爲崇正學以端風尚，葺書院以育人才，公呈詳憲舉行，以垂永久事。其略云：

近關中李二曲先生來常，闡昔賢之奥義，續先哲之正傳，披宣不下數百萬言，傳録共計一十八種。議論務在躬行，學問必期心得，聾聵咸開，醉夢皆醒，誠毘陵之厚幸，憲臺之恩施也。但氈壇已撤，吾徒之討論無從；肄業各方，願學之諸生復涣。因思錫山有東林書院，荆溪有明道書院，下邑皆有會講之區。乃東林書院已湮，龜山書院復廢，郡中獨無考業之地。況鄉約次第舉行，凡民各有聽習，豈正學百年未墜，多士反缺觀摩。公叩大宗師老大人詳請各憲，特敕葺修，倣關、閩、濂、洛之成規，儼具瞻於一郡，則春夏禮樂，秋冬詩書，五邑沾時雨之化於無窮矣。

康熙十年四月　日具

請詳看語：

本府看得學術之晦明，係人心之邪正；人心之邪正，關世道之汚隆。念昔求芻二曲，有處士李先生某者，好學本乎立行，性功兼乎經濟。常從簿書之暇，趨領教言，至今星散之餘，不忘道範。爰修尺素，延致毘陵，思以興起教化，弘長流風。乃行旌甫定，多士之執贄如雲；講席方開，先達之問難若渴。諦聞格語，紀録成編，所輯有《匡時要務》及《兩庠彙語》等集共一十八種，五邑傳爲金鏡，一方奉若元龜。在設帳之日，從學蒸蒸聿起；兹返旆之後，諸生戀戀彌殷。請修書院以爲會講之區，復集生徒以廣居稽之益。伏乞俯順輿情，准令修葺，倣鵝湖、白鹿成規，以時會講。庶廉頑立懦，遠紹季子高風；敬業樂群，近接龜山懿緒云云。
隨奉各憲批准。庠生吴發祥毁産倡衆經營，不數月工竣，自是安奉所肖遺像，遵其教規，以時會晤切磋。

卷十一

東林書院會語

晉陵門人　徐超　張濬生　手録

盩厔李先生童時嘗讀天啓朝事，雅慕高忠憲公之風節。自是每遇吴人，即訪其履歷之詳及所著書，而卒無從得。耿耿於衷，蓋有年矣。庚戌季冬，駱郡伯迎先生至郡，首詢忠憲後裔，衆以猶子彙旃先生能世其家學對。先生慨然約郡伯同謁忠憲公祠，因晤彙旃先生，會郡伯丁內艱不果。仲春朔，梁溪吴令君暨學博郝元公先生具舟奉迎，先生欣然不辭，蓋欲乘此了宿願也。初二日，薄暮抵邑。次晨，展謁先聖畢，即趨忠憲祠。瞻禮遺像，徘徊故池，不覺泫然。與彙旃先生針芥相投，歡若平生。次日，會講於東林書院，邑中諸賢達環集，各質所疑，語多難記，姑録與彙旃先生共商之一二，以見兩先生之同心云。

一友講「學而時習」章。高先生曰：「『之』字要體認，凡書上虚字眼，須照定本章章旨看。如『吾斯之未能信』，『斯』字便指『仕之理』而言；如『如切如磋，其斯之謂與』，『斯』字便指『未若之理』而言。此猶爲舉業做文字者言也。若首章『學』字，注中是『效先覺之所爲』，『爲』字着力；又補以

『坐如尸，坐時習也；立如齋，立時習也』。豈不是一箇『敬』字；即如「君子九思」章，豈不是一箇活『敬』字；『非禮勿視聽言動』，豈不是一箇活『敬』字。朱子曰：『習静，不如習敬。』信哉！」

先生曰：「學固不外乎敬，然敬乃學中之一事。謂由敬以復初則可；若直指『之』字爲敬，則是『效先覺之所爲』以復敬，非復初也。心也性也，其猶鏡乎！鏡本明而塵溷之，拂拭所以求明，非便以拂拭爲明也。知此，則知敬矣。敬者，『乾乾惕厲』之謂也。一日十二時，時乾時惕，以至於念念不懈，刻刻常惺，則此心存而不放，然後可望善明而初復。是敬乃工夫，非本體也。做得工夫，方復本體，恐未可以工夫爲本體也。若指『之』字爲敬，則是『學而時習』明其敬，復其敬，所謂大本大原者安在？是以工夫學工夫、習工夫，非由工夫以復本體。不肖庸愚之見，終覺未安！」

又曰：「學非辭章記誦之謂也，所以存心復性，以盡乎人道之當然也。其用功之實，在證諸先覺，考諸古訓，尊所聞，行所知，而進修之序，敬以爲之本，静以爲之基。博學、審問、慎思、明辨而躬踐之，一有缺焉，非學也。其見於内也，戒慎恐懼，涵養於未發之前；迴光返照，致審於方發之際。察念慮之萌動，炳理欲於幾先。懲忿窒慾，遏惡擴善，無所容乎人欲之私，而有以全乎天理之正，皆所以養其中也。其見之於外也，足容重，手容恭，頭容直，目容端，口容止，氣容肅，聲容静，立容德，坐如尸，行如蟻，息有養，瞬有存，晝有爲，宵有得，動静有考程，皆所以制乎外以養其内也。内外交養，打成一片，始也勉强，久則自然。喜怒哀樂中節，視聽言動復禮，綱常倫理不虧，辭受取與不苟，造次顛沛一致，得失毁譽不動，生死患難如常，無入而不自得。如是，則心存性復，不愧乎人道之宜，始可以言學。」

高先生曰：「馮子有言：『效先覺之所爲。』説『爲』便不落空。」先生曰：「學，覺也。覺以覺乎其固有，非覺先覺之固有也。然不效先覺之所爲，則覺亦未易言也。先覺所爲，如堯之『執中』，舜之『精一』，禹之『祗承』，湯之『以義制事，以禮制心』，文之『不臨亦式，不諫亦入』，武之『敬勝怠，義勝欲』，周公之『思兼』，孔子之『敏求』，顔之『愚』，曾之『魯』，元公之『主静』，二程之『主敬』，朱子之『窮理致知』，象山之『先立乎其大』，陽明之『良知』，甘泉之『隨處體認』，皆是也。學者，誠效其所爲，就資之所近而時習焉，則覺矣。始也，效先覺之所爲而求覺；終也，覺吾心之固有，而爲己之所當爲。若自始至終，事事效先覺之所爲，是義襲於外也，是行仁義，非由仁義也。所爲雖善，終屬外入，又安能左右逢原，以稱自得哉！」

一友論舉業之陋。高先生曰：「馮恭定有言矣：『漢唐宋之制科，本無關於身心，殊非聖賢之務，若八股之業，所讀者，聖賢之書，所摹擬者，聖賢之語，只是不曾發得聖賢之心，故不能做聖賢之事，立聖賢之品。』今亦不須易業，只就其先資之言，而勉爲實行，便是聖賢了。無奈以書本爲敲門瓦，科名到手，書本棄去，一一盡是反做。此之謂『言不顧行，行不顧言』，不但是背聖人之言，即自己平生之言，自己全不照管，那得成人？」

先生曰：「『舉業』云者，言其修明體適用之業，舉而用之也，其制曷嘗不善。試以五經四書，欲人之明其體也；試以論，欲人之有蘊藉也；試以策，欲人之識時務也。表以觀其華，判以驗其斷。從是科者，果能一一本之躬行，心得之餘，而可效諸用，則『舉業』即『德業』矣。」

高先生曰：「言滿天下無口過，其惟紫陽朱子乎？『六經皆我注脚』，是陸子之口過也；『滿街都是聖人』，是王文成之口過也。學者一啓口，而不可不慎如此。」

先生曰：「紫陽之言，言言平實，大中至正，粹乎無瑕，宛然洙泗家法。陸、王矯枉救弊，其言猶藥中大黄、巴豆，疏人胸中積滯，實未可概施之虛怯之人也！」

高先生曰：「『行滿天下無怨惡。』怨惡在人，如何免得，要知不是求免怨惡。』此兩句原是發明孝子不登高、不臨深的念頭。」

先生曰：「『行滿天下無怨惡』，即堯舜亦不能必。天地之大也，人猶有所憾，君子亦惟盡其在己，無惡於志而已，他何容心焉！」

附

梁溪應求録

天泉後學秦松岱録

二月初四日，過東林書院，聽中翁李先生會講，既以前五問相質，並蒙印示。越三日，燈巖秦兄偕群李邳仙、皐仙、漢仙、瀛仙，合延李先生會講淮海先生祠中。燈巖因託時晉王君召予，予復過從聽講。講畢，飲友善堂，予因進問李先生：「孝弟爲仁之本，古人從孝弟做起，推而仁民愛物，一貫將去，並無阻塞。如今學者，亦有事親思孝、事長思弟的，門内似乎可觀，及到待人接物，居官涖事，却又貪昧刻薄，截然與孝弟相反，意者有所阻塞而不行乎？」先生曰：「孝弟而不能爲仁，只恐這箇『孝弟』還從名色上打點，未必是真孝真弟。若是真孝真弟的人，愛敬根於中，和順達於外，一舉足不敢忘父母，一出言不敢忘父母。推之待人接物，居官涖事，不敢刻薄一人，不敢傲慢一事，豈不是爲仁之本！故學者之患，只患孝弟不真，若孝弟既真，正不必患爲仁之阻塞也。」諸同人聞之，無不踴躍稱快。

既又問：「良知之『知』與知識之『知』，如何分別？」先生曰：「良知之『知』與知識之『知』，分别迥然。所謂良知之『知』，知善知惡，知是知非，念頭起處，炯炯不昧者是也。知識之『知』有四：或從意見生出，或靠才識得來，或以客氣用事，或因塵情染著。四者，皆非本來所固有，皆足以爲虛明之障。從古英雄豪傑，多坐此四者之誤。即如劉先主何等英雄，只因報仇一念不能忍，遂致『江流石不轉，遺恨失吞吴』，豈非客氣使然乎！學者必先克去知識之『知』，使本地虛明，常爲主宰，此即『致良知』的訣也。」吁！指點心源最超豁，非先生其誰與歸！

康熙辛亥仲春，晉陵晚學陳世祉介夫氏敬録於梁溪之友善堂

賦贈關中李二曲先生并敘

陳世祉

關中李先生諱顒，字中孚，世居

西安府盩厔縣。少孤且貧，奉母至孝，一介不輕取予。早歲絶意仕進，殫心理學，於書無所不讀，而宗尚晦菴、陽明。然深自韜晦，時人但知其爲「李孝子」，而不知其理學之精粹也。會駱郡公曾令其地，聞孝子名，造廬親訪之，已而大服其所學，事以師禮，且爲其親營葬事，併經紀其家。先生辭受一於禮而不苟。每朔望，駱公必虔謁先生，而先生足迹未嘗一至縣庭，蓋八年如一日也。去年庚戌，駱公既涖吾郡，遣使奉迎南來，意欲藉先生倡道東南，甚盛心也！無何，先生至而駱郡公忽丁内艱，是非吾郡之不幸歟？先生既不欲久留，然生平愛慕忠憲高子，欲了夙心，遂過梁溪謁忠憲祠，因會講東林及淮海先生祠中。予小子得親奉周旋，真所謂言如淵海，曠若發矇者歟！越三日，放棹澄江，併遊姑蘇而返。所在郡縣，不入其門，惟與當事者作汲長孺一揖而已，餽遺一無所受。予重嘆其厚德清風，服其爲道學真種子，而又不能永朝永夕得以少致吾情也，用是草得數言，臨風寄贈，蓋亦好德之心，不能自已，不復計其詞之工拙云。

太華峰高高插天，巨靈掌劈蓮華懸。月巖龍嶺倒空碧，誰能獨立揮雲烟？遐哉横渠古張子，西銘透闢乾坤理。後起馮公曰少墟，淵源直接閩江水。年來絶學付狂瀾，砥柱何人耐歲寒？紛紛功利争談道，汩汩詞章侈流言。何意先生從岳降，千仞丹崖開曉絳。讀書好讀朱與王，盡掃支離還浩蕩。二十年前舊草廬，一心奉母樂于于。和靖幾曾規利禄，白沙非是愛閒居。幽人高卧千山曲，明月梅花春草緑。不知軒蓋訪崇阿，三代高風此堪續。古人幾見駱明府，拜道横經在環堵。黄金白璧等浮埃，麥飯葱湯式歌舞。五馬南來憶蓋公，蒲輪迎向渭橋東。直下龍城過蓉水，東林會語開群蒙。清襟雅量曾無比，淮海祠中風日美。傾崑倒峽胡足奇，鸞翔鳳翥群欽只。指點心源最超豁，依稀口耳非真學。止水虔參忠憲公，遺書相印心如昨。歸來石屋稱高子，洛閩宗傳本如此。拂衣去看大江春，春江萬里浩無塵。一介不輕莘野志，三公莫换柳禽心。吁嗟世網何拘束，未得從游悵空谷。何時立雪華山傍，學參子半觀初復。

聖學自姚江夫子倡明之後，繼其盛者，莫如東林。東林雖爲敝邑諸先生講學之區，而師友之盛，實關乎天下。一時豪傑之士勃然興起，其以綱常名教爲己任者，蓋吾鄉端文顧子、忠憲高子，與吉水鄒南皋先生，更倡迭和之力爲多云。夫一人爲之，二人從而翼之，已而翼之者益衆焉，雖有難爲之事，其弗成者鮮矣。然則師友之助，其可少哉？明之衰也，典型凋喪，風俗日頽，維先叔祖弱水先生與彙翁高先生砥柱波流，於人心剥復之交，而斯道之不絶者如綫。然而吾儕小子猶知嚮學者，以早遊先叔祖之門，及聞先正之緒論也。先叔祖既没，吾道益孤，幸同門同志之友數十人，惕焉追念教澤，相與遡其統緒而表章之。既私謚文孝而祠之於休館，又以先叔祖之學原本忠憲，上接程朱，宜嗣道南之統。今二月朔，遂從祀東林書院。越三月，盩厔中翁李先生應駱郡公之聘，倡道東南而至吾邑，與彙翁高先生歡若平生，假館於東林之來復齋。家伯兄對巖先生命松岱偕諸弟輩，因晉陵賢從徐斗一、張子邃兩尊兄請於李先生，延講先淮海祠，會於友善堂。同志之臨斯會者，爲介夫陳君、時晉王君、芾南邵君、存華施君，從叔天乳清聞，從弟一原次蜚，凡十有六人。自陳君而外，皆先叔祖之及門與子姪，而存華則《易》學名家，嚴祺先先友之高弟也。質疑問難，各罄所懷，李先生答決如流，推誠接引，臨別尤以會講切磋，興復東林遺緒三致意焉。諸同人既推明道統，以先叔祖繼東林之後，夫舉尊師之禮，必弘道統之傳；而李先生適遠自西土來會一堂，迎機立決，沛若江河，於是交相慕悦，翕然心許。《易》曰：「同心之言，其臭如蘭。」又曰：「同聲相應，同氣相求。」其弗信矣乎？李先生去錫之六日，家伯兄訂同門四十餘人釋菜於休館，遂定朔望會講之約。又數日，同門子壎談君出所與李先生問答書貽示。蓋李先生之論學也，以「默坐澄心」爲悟入之功，而子壎方由博返約，專事静坐，深相契合。又數日，時晉王君邀讀介夫陳君節録答語，并賦贈詩。昔横渠張子撤虎皮而使其子弟從講於二程，百世而下稱之，蓋非天下之大勇無我者不能也。今陳君與王君推服之勇，何以異此！又數日，子邃張君貽書致李先生別語，命與松岱聯兩地同志之會。岱也謬承印可，獲訂久要，又得從兩地諸君子之後，行見群倡百和，斯文蔚興，正宜力肩重擔，共報師恩，敢不黽勉以從業。復書議以春秋二仲，互主姚江夫子釋菜之禮，爲講習砥礪之地。遂述其會合之奇，取陳君所記答語并詩，題曰《梁溪應求録》而付之梓。

辛亥季春，天泉後學梁溪秦松岱敬跋

卷十二

匡時要務序

《匡時要務》，關中二曲先生語也。先生甫弱冠，即以康濟爲心，嘗著《帝學宏綱》、《經筵僭擬》、《經世蠡測》、《時務急着》諸書，其中天德王道，悲天憫人，凡政體所關，靡不規畫。既而雅意林泉，無復世念，原稿盡付祖龍，絶口不道，惟闡明學術，救正人心是務。賢士大夫咸師尊之。葉郡伯闢關中書院，延以式多士，終不就。撫軍白大中丞，欲疏薦於朝，以隆大任，毅然力辭。生平孤介成性，杜門却掃，人罕覯其面。

予筮仕二曲，幸咫尺先生居，獲時時請益，雖不能進窺堂奥，其不致於身名隕越者，得力於先生教誨之益居多。去秋，予量移毘陵，恐典型日邁，鄙吝復萌，臨岐訂先生爲東南遊，先生首肯。蓋亦欲藉此出桃林，歷嵩洛，越江淮，順流抵浙，溯洄而入豫章，徧覽名山大川之勝，弔先哲遺踪，晤中原偉人，因以共證所學，以力弘大道。嘉平之月，空谷足音，跫然及我。首以移風易俗、明學術見勉，以爲是匡時第一要務。大約謂：「天下治亂，由於人心之邪正；人心邪正，由於學術之明晦；學術明晦，更由於當事之好尚。」歷引王陽明、馮少墟諸先達爲鑒，誠以居高而呼：「牖民孔易，斯實風化之標準，致治之樞機，位育參贊之大關頭也！」予聞之，爽然失、恧然汗，媿學疏資淺，力莫能與。幸各憲臺及邦之名公鉅卿，方以明倫興化、砥礪頽俗爲任，遂手録其語，付之剞劂，以備採鑒。懿德之好，人所同然。是必有聞風競奮，慨慷力倡，不特陽明、少墟諸先達芳規再振於今日，將見東南學術由斯益甲於天下，雲蒸霞蔚，化理翔洽。昔儒所謂「斯道若明如晝日，世風何慮不陶唐」，此固先生之志也，邦國之光也，亦予小子之幸也。是爲序。

時康熙庚戌季冬之吉，中憲大夫晉陵守駱鍾麟謹題

匡時要務

二曲先生口授　晉陵守駱鍾麟手述

大丈夫無心於斯世則已，苟有心斯世，須從大根本、大肯綮處下手，則事半而功倍，不勞而易舉。夫天下之大根本，莫過於人心；天下之大肯綮，莫過於提醒天下之人心。然欲醒人心，惟在明學術，此在今日爲匡時第一要務。謹次其概，以俟有心斯世者鑒焉。

經書垂訓，所以維持人心也；學校之設，所以聯群會講，切劘人心也。自教化陵夷，父兄之所督，師友之所導，當事之所鼓舞，子弟之所習尚，舉不越乎詞章名利，此外茫不知學校爲何設，讀書爲何事。嗚呼！學術之晦，至是而極矣；人心陷溺之深，至今日而不忍言矣。昔墨氏之學，志於仁者也，視天下爲一家，萬物爲一體，慈憫利濟，唯恐一夫失所。楊氏之學，志於義者也，一介不取，一介不與，從其學者，人人一介不取，一介不與。此其爲學，視後世詞章、名利之習，相去何啻天淵！孟子猶以

爲愛無差等，理亂不關，辭而闢之，至目爲「無父無君」，比之「洪水猛獸」，蓋慮其以學術殺天下後世也。夫以履仁蹈義爲事，其源少偏，猶不能無弊。矧所習惟在於詞章，所志惟在於名利，其源已非，流弊又何所底止。此其以學術殺天下後世尤酷，比之「洪水猛獸」，尤爲何如也？

洪水猛獸，其爲害也，止於其身；學術不明，其爲害也，根於其心。身害人猶易避，心害則醉生夢死，不自知覺，發政害事，爲患無窮，是心害酷於身害萬萬也。非大有爲之君子，以擔當世道、主持名教爲己任，則學術何自而明，心害何自而拯？

天下之治亂，由人心之邪正；人心之邪正，由學術之明晦；學術之明晦，由當事之好尚。所好在正學，則正學明，正學明則人心正，人心正則治化淳；所好在詞章，則正學晦，正學晦則人心不正，人心不正則治化不興。蓋上之所好，下即成俗，感應之機，捷於影響。

近世士大夫，欲興起文教，命題課士，名曰「觀風」，此其舉非不稱美。若論有補於風化，則猶未也。善乎吕中丞新吾之言曰：「有司豈無所汲汲皇皇，而學校獨不加意，有加意者，不過會課、改文、供饌、給賞而已。砥德礪行，引而出之迷途，則全不在念。」噫，弊也久矣！

民之於仁，甚於水火。人或可以一日無水火，必不可一日無學；不可一日無學，則不可一日不講。講則人知所嚮，日淘月汰，天理常存，而人心不死；不講則貿貿焉莫知所之，率意冥行，不免任氣滋慾，隨俗馳逐而已。

立人達人，全在講學；移風易俗，全在

講學；撥亂返治，全在講學；旋乾轉坤，全在講學。爲上爲德，爲下爲民，莫不由此。此生人之命脈，宇宙之元氣，不可一日息焉者也。息則元氣索而生機漓矣！

隨人開發，轉相覺導，由一人以至千萬人，由一方以至多方，使生機在在流貫，此便是「爲天地立心，生民立命」。

真正豪傑，方能無待而興，其餘則全賴有位之人，勞來匡直，多方鼓舞。陽明先生自爲驛丞，以至宰廬陵，撫江西，總督四省，所在以講學爲務，挺身號召，遠邇雲從。當秉鉞臨戎，而猶講筵大啓，指揮軍令，與弟子答問齊宣，直指人心一念獨知之微，以爲是王霸、義利、人鬼關也，聞者莫不戚戚然有動於中。是時，士習滅裂於辭章記誦，安以爲學，自先生倡，而天下始知立本於求心，始信人性之皆善，而堯舜之皆可爲也。於是雨化風行，雲蒸豹變，一時學術，如日中天。

少墟先生協理院事，與掌院南皋鄒公立會開講。十三道御史，爲闢首善書院，以定會期：二八，❶則都中縉紳聽講；四六，則舉貢生員及軍、民、工、商一切雜色人等聽講。是時，邊警告急，賊寇縱橫，中外交訌，人情震動，或曰：「此何時也而講學？」先生曰：「此何時也而可不講學！講學者，正講明其父子君臣之義，提醒其忠君愛國之心，正今日要緊第一着也。」或曰：「父子君臣之義，忠君愛國之心，原是人人有的，何必講？」曰：「如是人人没有的，真不該講，如磨磚求明，磨之何益！如原是人人有的，只被功名勢利埋没了，豈可不講？

❶「會期二八」，靜海聞氏本作「講學三八」。

講之者，只講明其所本有，提醒其所本有者也，如磨鏡求明，磨何可無。昔吾友陶石簣赴京，一客勸曰：『在仕途且勿講學。』石簣笑應曰：『仕途更急緊要學使用。』其客大爲解頤，余於今日亦云。」

先生嘗上疏於朝曰：「竊惟世道之所以常治而不亂者，惟恃有此理學之一脈，亦惟恃有此講學之一事。講學創自孔子，而盛於孟子，故孟子以作《春秋》、闢楊墨爲一治。至孟子沒，而異端蜂起，列國紛争，禍亂相尋，千有餘年，良可浩歎。至宋儒出，而始有以接孟氏之傳，然中興於宋而禁於宋。是宋之不競，以禁講之故，非講之故也。」

又疏曰：「臣幼承庭訓，即知有講學一事，比壯歲登朝，即與一時同志如楊起元、孟化鯉、陶望齡諸臣立會講學，三四年閒，寒暑風雨，未嘗少輟，世道人心，頗覺可觀。自臣壬辰告病歸，而京師學會遂廢，不講者三十年。臣昨秋入京，見人心世道，不及曩者：邊臣不知忠義，而争先逃走；妖賊不知正道，而大肆猖獗；中外貪肆成風，縉紳奔競成俗。諸如此類，正坐道學不講之過。臣因與左都御史鄒元標立會講學，凡同講諸臣，彼此皆以忠孝大義相勸勉，使人人皆知正道，皆知君親之大倫，或可以少挽江河狂瀾於萬一，此正臣與元標風紀大臣之責任也。」

嘉隆時，江左徽、寧之閒，經學憲耿天臺之倡率，郡守羅近溪之提撕，講會尤多，興起尤衆。不特縉紳衿士能領略其微詮，而風聲鼓舞，習尚蒸陶，即他途小道，亦皆有渾樸不雕之風，似從學問中來，蓋俱以無意得之而不知所由，異哉！講學之風，入人甚神也。假若諸郡邑在在講貫，在在提撕，大知覺小知，小知覺無知，大覺覺小覺，小覺覺無覺，相與知覺者益衆，則人之承流感化者愈多。是故人欲化爲天理，則身心太平；小人化爲君子，則世運太平。人皆可以爲堯舜，世豈不可以爲唐虞？昔羅近溪以外吏入覲，遇縉紳，即諄諄告以「留意正學」，又數勸首揆徐文貞公曰：「相公當啓主上以正學爲務，奈何僅循内閣故事，以塞其職耶？」徐公大以爲然，出而歎曰：「諸君講學，只三五巷談，不足風世。得君相同心斯事，則寰宇受其福矣。」至哉，言乎！仁哉，心乎！此近溪先生之所以爲近溪先生也。倘仁人君子以近溪之心爲心，近溪之言爲言，與當事會晤，非此學不談，非此學不講，俾當事曉然知講學之風所關甚大，倡率鼓舞，極力主張，裨益豈淺鮮哉！

卷十三

會約序

古之人左右起居，盤盂几杖，有銘有戒，有箴有規，動息皆有所養。故横渠之《西銘》、伊川之《四勿箴》，莫非講明義理，晨夕自警，以修其身。平日識之明，習之熟，則制於外者所以養其内，謹於始者使其要於終，勉之以當然，而待之以積久，是以其教不肅而成。

二曲先生仰承上臺圖化民成俗之意，而以學爲先，於是述古聖賢教人爲學之要，以爲具存於經，乃首儒行、次會約，而終以學程揭其條目，俾學者觸目警心，有當於古人銘戒箴規之義焉。其心虚，其念切矣！考宋制，新進士各賜《儒行》、《中庸》二篇，濂洛關閩，實際其盛。先生學有淵源，詞無枝葉，諸所論述，大要在著實從一念獨知處，本體功夫，一時俱到，豈非近裏著己之實學哉！今士子務爲詞章，漫謂苟可干禄，何事講學！夫王公大人，自幼至長，未嘗去於學之中，故能收其切磋追琢之益，以成其盛德大業之隆。昔衛武公作《大雅·抑》之篇，使人日誦於其側以自警；《大學》釋「有斐」之詩，歸美於道學自修，至今頌睿聖之德於不衰。方今上臺生負睿智之質，出秉節鉞之尊，威行愛立，文武爲憲，其所輔理承化之功，已盡章章如是。而猶虚左下士，誠心訪問，勤勤懇懇，意不少倦焉。況諸士正當鼓篋遜業博習親師之日，又當何如其孜勉歟！

余初擬刻朱子《白鹿洞規》以頒示多士，今讀《關中書院學規》，其爲學之序與修身接物之要，實與《白鹿》之旨深相發明。在秦言秦，歸有餘師。誠能請事斯規，服膺勿失，銘之座右，書諸紳佩，則出入動息之間，所以操存而涵養者久而自熟。是於先生之言如江海之浸，膏澤之潤也。使一人之行修，移之於一家，一家之行修，移之於鄉黨郡邑，則三秦之風俗成、人材出矣。教化之行，道德之歸，上之人實切有望焉，諸士勉乎哉！

康熙癸丑，提督陝西學政新安洪琮謹書

關中書院會約

盩厔李顒中孚識

儒行

士人儒服儒言，咸名曰「儒」，抑知儒之所以爲儒，原自有在也。夫儒服儒言，未必真儒，行儒之行，始爲真儒，則《儒行篇》不可以不之監也。是篇雜在《禮記》，兹謹表出，以式同志。懿德之好，人有同然。誠因觀生感，因感生奮，躬體力踐，有儒之實，斯儒服儒言，無愧儒之名矣！

魯哀公問於孔子曰：「夫子之服，其儒

服與？」孔子對曰：「丘少居魯，衣逢掖之衣；長居宋，冠章甫之冠。丘聞之也，君子之學也博，其服也鄉，丘不知儒服。」

哀公曰：「敢問儒行？」孔子對曰：「遽數之不能終其物，悉數之乃留更僕，未可終也。」哀公命席，孔子侍曰：「儒有席上之珍以待聘，夙夜强學以待問，懷忠信以待舉，力行以待取，其自立有如此者。」

儒有衣冠中，動作慎。其大讓如慢，小讓如僞，大則如威，小則如愧。其難進而易退也，粥粥若無能也。其容貌有如此者。

儒有居處齊難，其坐起恭敬，言必先信，行必中正。道塗不爭險易之利，冬夏不爭陰陽之和，愛其死以有待也，養其身以有爲也。其備豫有如此者。

儒有不寶金玉，而忠信以爲寶；不祈土地，立義以爲土地；不祈多積，多文以爲富。難得而易禄也，易禄而難畜也。非時不見，不亦難得乎？非義不合，不亦難畜乎？先勞而後禄，不亦易禄乎？其近人有如此者。

儒有委之以貨財，淹之以樂好，見利不虧其義；劫之以衆，沮之以兵，見死不更其守。鷙蟲攫搏不程勇者，引重鼎不程其力。往者不悔，來者不豫，過言不再，流言不極，不斷其威，不習其謀。其特立有如此者。

儒有可親而不可劫也，可近而不可迫也，可殺而不可辱也。其居處不淫，其飲食不溽，其過失可微辨而不可面數也。其剛毅有如此者。

儒有忠信以爲甲胄，禮義以爲干櫓。戴仁而行，抱義而處，雖有暴政，不更其所。其自立有如此者。

儒有一畝之宫，環堵之室，篳門圭竇，

篷户甕牖。易衣而出，并日而食。上答之不敢以疑，上不答不敢以諂。其仕有如此者。

儒有今人與居，古人與稽，今世行之，後世以爲楷。適弗逢世，上弗援，下弗推。讒諂之民，有比黨而危之者，身可危也，而志不可奪也。雖危起居，竟信其志，猶將不忘百姓之病也。其憂思有如此者。

儒有博學而不窮，篤行而不倦，幽居而不淫，上通而不困。禮之以和爲貴，忠信之美，優游之法，慕賢而容衆，毁方而瓦合。其寬裕有如此者。

儒有内稱不辟親，外舉不辟怨。程功積事，推賢而進達之，不望其報。君得其志，苟利國家，不求富貴。其舉賢援能有如此者。

儒有聞善以相告也，見善以相示也。爵位相先也，患難相死也。久相待也，遠相致也。其任舉有如此者。

儒有澡身而浴德。陳言而伏，静而正之；上弗知也，麤而翹之，又不急爲也。不臨深而爲高，不加少而爲多。世治不輕，世亂不沮。同弗與，異弗非也。其特立獨行有如此者。

儒有上不臣天子，下不事諸侯，慎静而尚寬，强毅以與人，博學以知服。近文章，砥礪廉隅，雖分國，如錙銖，不臣不仕。其規爲有如此者。

儒有合志同方，營道同術。並立則樂，相下不厭。久不相見，聞流言不信。其行本方，立義，同而進，不同而退。其交友有如此者。

温良者，仁之本也；敬慎者，仁之地也；寬裕者，仁之作也；遜接者，仁之能也；禮節者，仁之貌也；言談者，仁之文也；歌樂者，仁之和也；分散者，仁之施也。儒皆兼此而有之，猶且不敢言仁也。其尊讓有如此者。

儒有不隕穫於貧賤，不充詘於富貴。不慁君王，不累長上，不閔有司，故曰「儒」。今衆人之命「儒」也妄，常以儒相詬病。孔子至舍，哀公館之，聞此言也，言加信，行加義，終沒吾世，不敢以儒爲戲。

右揭此，以爲制行之準。行有不若此，便是制行有虧；制行一虧，所學何事？縱有他長，斯亦不足觀也已。

會約

關中書院，自少墟馮先生而後，學會久已絶響。今上臺加意興復，此當今第一美舉，世道人心之幸也。諸同志川至雲集，相與切劘，雖以顒之不肖，亦獲濫厠會末，振頽起惰，叨益良多。衆謂會不可以無規，促顒揭其概，誼不得固辭，謹條列於左。

一、每年四仲月，一會講。講日，午初擊鼓三聲，各具本等服帽，詣至聖前四拜禮，隨至馮恭定公少墟先生位前，禮亦如之。禮畢，向各憲三恭，然後東西分班，相對一揖就坐。以齒爲序分，不可同班者退一席。講畢，擊磬三聲，仍詣至聖前，肅揖而退。

一、先輩開講，恐學者乍到氣浮，必令先齋戒三日，習禮成而後聽講，先端坐觀心，不遽與言。今吾輩縱不能如此，亦須規模静定，氣象安閒，默坐片晌，方可申論。

一、先輩大堂開講，只統論爲學大綱，而質疑晰惑，未必能盡。蓋以大堂人士衆多，規模宜肅；不肅則不足以鎮浮囂，定心志。私寓則相集略少，情易孚，意易契，氣味浹洽，得以暢所欲言。吾輩既效法先覺，不可不循其漸次。大堂統論之外，如果真正有志進修，不妨次日枉顧顒寓，縱容盤桓，披衷相示。區區竊願謬竭愚悃，以効矇瞽之誦。

一、先輩講學大儒，品是聖賢，學是理學，故不妨對人講理學，勸人學聖賢。顒本昏謬庸人，千破萬綻，擢髮難數，既非卓品，又無實學，冒昧處此，靦顔實甚，終不敢向同人妄談理學，輕言聖賢。惟願十二時中，念念切己自反，以改過爲入門，自新爲實際。諸同人質美未鑿，固無過可改，然盛德大業，貴乎日新，亦不妨愈加淬礪，勉所未至。

一、吾人苟能奮志求新，痛自洗剔創艾，不作蓋藏，方始有益。昔齊宣王自謂好勇、好貨、好色，肯將自己所受之病，一一向孟子面前陳説，略無一毫隱諱，所以孟子惓惓屬意於王，以爲足用爲善。譬之病人不自諱忌，肯將自己病源一一述出，令醫知其標本所在，藥始中病。苟爲不然，即有萬全良劑，與症不對，亦何補哉！今吾人相聚切磋，慎勿漫衍泛談，所貴就症言症，庶獲見症商症，以盡忠告之益。

一、晤對之餘，各宜打併精神，默坐澄心，務令心澄神怡，表裏洞然，使有生以來，一切嗜好，一切外慕，及種種技能習氣，盡情融銷。潔潔净净，無一毫牽纏粘滯，方有入機。

一、用力喫緊之要，須着着實實，從一念獨知處自體自認，自慎幾微，此出禽入人，安身立命之大關頭也。此處得力，如水之有源，千流萬派，時出而無窮矣。若衹在見解上湊泊，格套上摹倣，便是離本逐末，舍真求妄，自蔽原面，自梏生機。

一、《語》稱「疑思問」，《中庸》謂「有弗辨，辨之弗明弗措」。吾人苟真實刻苦進修，則「問」與「辨」又烏容已。譬之行路，雖肯向前直走，若遇三岔歧路，安得不問，路上曲折，又安得不一一辨明。故遇歧便問，問明便行，方不託諸空言。若在家依然安坐，只管問路辨程，則亦道聽塗説而已矣。夫道聽塗説，爲德之棄，吾人不可不戒。

一、邇來有志之士，亦有不泥章句，不墮訓詁，毅然以好學自命者，則又舍目前進步之實，往往辨名物，狥象數，窮幽索大，妄意高深。昔人所謂「自笑從前顛倒見，枝枝葉葉外頭尋」，此類是也。吾輩宜深以爲戒，要在切問近思，一味著裏。

一、昔者吴密山年八十餘矣，猶孜孜問學。見焦澹園，自述：「向訪羅近溪先生，適羅他往。往從姑山房累月，求悟轉迷。張斗陽云：『公胸中聞見太多，蔽却聰明，須盡數傾倒，方可受教。』從其言。後承羅師指點，因得領悟。久之，以語王龍溪先生，王曰：『汝此一悟，亦須忘却。』今復數年矣，不知當作何究竟？」焦曰：「將『悟』與『忘』，一齊放下。」吴躍然。由斯以觀，則知學固不廢聞見，亦不專靠聞見，要在深造默成，令胸中瞥然自得，始有下落。得後又能忘其所得，空空洞洞，一如赤子有生之初，則幾矣。

一、静能空洞無物，情悰渾忘。而徵之

於動，猶有滲漏，終非實際。故必當機觸境，此中瑩然湛然，常寂常定，視聽言動復禮，喜怒哀樂中節，綱常倫理不虧，辭受取與不苟，富貴貧賤一視，得失毀譽不動，造次顛沛一致，生死利害如常。如是，則動静協一，體用兼盡，在一家表正一家，在一鄉表正一鄉，在一國表正一國，在天下表儀天下。爲法於天下，可傳於後世，方不枉今日往來書院，群聚切劘。否則，一行玷缺，便虧生平，不但明爲人非，幽爲鬼責，即反之自己靈明，亦覺氣餒神歉，踧踖弗寧，且貽口實於無窮曰：「此關中書院平日志學之人也。今乃如是，是學之無益於人也。」其爲學脈之蠹，孰大於是！吾儕慎諸。

以上數條，躬所未至，姑誦所聞，竊比工瞽。諸同人倘不以人廢言，願相與共勉之！

學程

余至不肖，荷諸子誤愛，相與問道於盲，余愧無以益諸子，聊書數言以訂。

一、每日須黎明即起，整襟危坐少頃，以定夜氣。屏緣息慮，以心觀心，令昭昭靈靈之體，湛寂清明，了無一物，養未發之中，作應事之本。

一、坐而起也，有事則治事，無事則讀經數章。注取其明白正大，簡易直截；其支離纏繞，穿空鑿巧者，斷勿寓目。

一、飯後，看四書數章，須看白文，勿先觀注。白文不契，然後閱注及《大全》。凡閱一章，即思此一章與自己身心有無交涉，務要體之於心，驗之於行。苟一言一行不規諸此，是謂侮聖言，空自棄。

一、中午，焚香默坐，屏緣息慮，以續夜氣。飯後，讀《大學衍義》及《衍義補》，此窮理致知之要也，深研細玩，務令精熟，則道德、經濟胥此焉出。夫是之謂「大人之學」。

一、申酉之交，遇精神懶散，擇詩文之痛快醒發者，如漢魏古風、《出師表》、《歸去來辭》、《正氣歌》、《却聘書》，從容朗誦，以鼓昏惰。

一、每晚初更，燈下閲《資治通鑑綱目》，或濂、洛、關、閩及河、會、姚、涇語録。閲訖，仍静坐，默檢此日意念之邪正，言行之得失。苟一念稍差，一言一行之稍失，即焚香長跽，痛自責罰。如是，日消月汰，久自成德。即意念無差，言行無失，亦必每晚思我今日曾行幾善。有則便是日新，日新之謂「盛德」；無則便是虚度，虚度之謂「自畫」。昔有一士自課，每日必力行數善；或是日無善可行，晚即自慟曰：「今日又空過了一日！」吾人苟亦如此，不患不及古人也！

每日除萬不容已者，只得勉應，其餘苟非緊急大事，斷勿出門一步。終日不見人，則神自清，品自重。有事往來親友之家，或觀田疇，或赴地方公務，行步須安詳穩重，作揖須舒徐深圓。周中規，旋中距，坐如尸，立如釘。手與心齊，莊而和，從容閒定，正己以格物。不可輕履市肆，不可出入公門，不可狎比匪類，不可衣服華美。

立身以行檢爲主，居家以勤儉爲主，處人以謙下爲主，涉世以忍讓爲主。

一、習學，先習不言無論。見未透、行未至者，不言；即見已透、行已至者，一概静默不言。始也勉强力制，數日不發一語，漸至數月不發一語，極至於三年不輕發一語。如是，則所蓄者厚，所養者深，不言則已，言則成經矣；人不聞則已，聞即信服矣。所謂「三年不言，言乃雍」是也。萬一尊長或平日知契固問，惟就所聞，坦懷以對，必誠慎，務要簡當。

一、聯五七同志，每月朔望兩會，相與考德問業，來輔切劘。公置一簿，以記逐日同人言行之得失。得則會日公獎，特舉酒三盃以示勸；失則規其改圖，三規而不悛，聽其出會。

會日，坐久腹枵，會主止設肉蔬四器，充飢而止，甚勿盃盤狼籍，以傷雅風。會中所講之書，如《康齋日録》、《涇野語録》、《文清讀書録》、《陽明傳習録》，此數種明白正大，最便後學。所論之言，毋越身心性命，綱常倫理。不得語及各人私事，不得語及閨門隱事，不得語及官員賢否及他人得失，不得語及朝廷公事及邊報聲聞。違者罰備次會一會之飯。

以上數條，乃順手偶成，原不足示範，感諸子誠切，聊助鞭影耳！諸子倘不以爲謬，謹守力行，慎終如始，相期於必至之域，豈惟區區之光，即百二河山，亦與有榮施矣！

卷十四

小引

《盩厔答問》者，録二曲先生答人問學之語也。先生平日啓迪後學不倦，士之承謦欬者，俱述録之以自益，隨問輒答，隨答輒録，總計不下數千紙。大都正學術，拯陷溺，殊有補於世道人心。余友王、劉二君，深嚮慕之。立夏，介余走盩厔，謁先生於里塾。退而録其答語數條，私用醒發，繫以盩厔，明不忘所自云。先生嘗謂天下之治亂，由人才之盛衰；人才之盛衰，由學術之明晦。故是録一主於明學術，其用心可謂遠且仁矣！讀者當自知之，無俟余贅。

順治丙申陽月，古豫張密書

盩厔答問

嵩麓門人　王所錫　劉鑛　仝録

問立志。曰：「大凡立志，先貴脱乎流俗。是故行誼脱乎流俗，則爲名人；議論脱乎流俗，則爲名言。果能擺脱流俗，自然不埋於俗、安於俗。而不思脱俗者，斯其人固已惑矣；欲脱俗而又欲見信於俗，則其惑也不亦甚乎！孟子云：『君子之所爲，衆人固不識也。』不識則疑，疑則忌，忌則訾毁排陷，自是常事。若於此瞻前顧後而動心焉，必且終歸於俗矣。可不戒歟！」

問儒。曰：「德合三才之謂儒。天之

德主於發育萬物，地之德主於資生萬物，士頂天履地而爲人，貴有以經綸萬物。果能明體適用而經綸萬物，則與天地生育之德合矣，命之曰『儒』，不亦宜乎！能經綸萬物而參天地謂之『儒』，務經綸之業而欲與天地參謂之『學』。儒而不如此，便是俗儒；學而不如此，便是俗學。俗儒、俗學，君子深恥焉。」

「然則又有『道學』，何也？」曰：「儒者之學，明體適用之學也。秦漢以來，此學不明，醇厚者梏於章句，俊爽者流於浮詞，獨洛、閩諸大老，始慨然以明體適用爲倡，於是遂有道學、俗學之別。其實道學即儒學，非於儒學之外別有所謂道學也。」

「儒學明晦，不止係士風盛衰，實關係生民休戚，世運否泰。儒學明，則士之所習者，明體適用之正業，處也有守，出也有爲，生民蒙其利濟，而世運寧有不泰？儒學晦，則士之所攻者，辭章記誦之末技，處也無守，出也無爲，生民毫無所賴，而世運寧有不否？」

問：「何爲『明體適用』？」曰：「窮理致知，反之於內，則識心悟性，實修實證；達之於外，則開物成務，康濟群生。夫是之謂『明體適用』。明體適用，乃人生性分之所不容已，學焉而昧乎此，即失其所以爲人矣！明體而不適於用，便是腐儒；適用而不本明體，便是霸儒；既不明體，又不適用，徒滅裂於口耳伎倆之末，便是異端。」

「楊、墨，異端也；佛、老，異端之異端也；徇華廢實，吾教中之異端也。教外之異端，其害淺；教內之異端，其害深。」

「先儒謂『攻乎異端，斯害也已』。孔子時，佛教未入中國，雖有老子，其說未行，却指何者爲異端？蓋『異』字與『同』字爲對，雖同師堯舜，而所學異緒，與堯舜不同，此所以爲異端也。今吾輩同讀儒書，同以儒自命，不審與儒者全體大用之實果同乎，否耶？此處須切己體察，慎勿終其身醉夢於異端，而猶居之不疑，曰：『我儒也！我儒也！』」

一友謂：「近日朋友幸蒙開發，亦漸知從事儒學，顧功名之念，終是未忘，奈何？」曰：「朋友中果知矢志功名，此正世道之慶，吾儒之光，可以爲病乎？但恐所志不在功名耳。」因問其故。曰：「『功名』二字，余曾聞其説矣。功被一方，則不待求名一方，一方自然傳其名；功被天下，則不待求名天下，天下自然傳其名；功被萬世，則不待求名萬世，萬世自然傳其名。若夫登科取第，謂之『有功於己』則可，謂之『有功於人』則不可；謂『有富貴之名』則可，謂『有事業之名』則不可。前人惟以事業爲功名，當其志學之始，便以王道爲心，生靈爲念。故朝夕之所從事者，在於明治體，識時務；及其學成業就，自爾功建名立。吾人惟以富貴爲功名，當其志學之始，便以逢時爲心，悦人爲念，故朝夕之所從事者，在於綴浮詞，較工拙；及其學成業就，究竟無功可名。嗚呼！自『功名』二字之義不明，士生其間，不知枉用了許多精神，人材之不振，治道之不古，職此故耳。可勝嘆哉！

「然則登科取第非耶？」曰：「人能登科取第，正好借此立功名，何可非也？但不當逐末舍本，肯留心於事業，則善矣。人於事業，儘學之有素，及一當事任，猶有滅裂莽蕩，不克負荷者；況未嘗學之有素，而欲望其臨時有所建立，不亦悖乎？」

問三教。曰：「夫道一而已矣，教安有三耶？使教有三，則道亦有三矣。然姑就世俗所謂『三教』者言之。吾儒之教，原以『經世』爲宗，自宗傳晦而邪説横，於是一變而爲功利之習，再變而爲訓詁之習。浸假至今，則又以善筆札、工講誦爲儒教當然，愈趨愈下，而儒之所以爲儒，名存而實亡矣。老氏之教，原以『無爲』爲宗，自宗傳晦而怪幻興，於是一變而爲長生之説，再變而爲符籙之説。浸假至今，則又以誦經咒、建齋醮爲道教當然，愈趨愈下，而道之所以爲道，名存而實亡矣。釋氏之教，原以『圓寂』爲宗，自宗傳晦而詐僞起，於是一變而爲枯禪之説，再變而爲因果之説。浸假至今，則又以造經像、勤布施爲釋教當然，愈趨愈下，而釋之所以爲釋，名存而實亡矣。然使二教盡亡，則風俗之蠹可息；儒教若亡，則風俗之蠹愈滋。噫！安得信心之士，與之崇正闢邪，共明儒教哉？」

「從來無百年不死之人，或七十而死，或六十而死，或五十、四十而死，甚有稟齡未壯而死者。壽夭之不可預定如此，何若勉其易死之身，做性分當然之事。『爲天地立心，爲生民立命，爲往聖繼絶學，爲萬世開太平。』」

「天下之患，莫大於學術不明。近世士風所以多謬者，未必皆士之罪，亦學術不明有以陷之也。」

先生深悼乎此，故其與士友講切，直就其迷其惑者爲之發明。士人乍聞其説，始而譁，既而疑。久之，疑者釋，譁者服，咸戚戚然有動於中，自謂如大寐之得醒，而且恨其知學之晚。自關中、河南以及江右兩浙，其閈興起者漸衆，學之大明，端有待於今矣。猗歟盛哉，此非獨士風之幸，實斯世斯民之幸也！　錫等蔽於見聞習染垂四十年，兹蒙先生慈訓，半生迷障，一朝頓豁，遂再拜稽首書諸册，以蚤夜祇承先生之教。

門人　王所錫
　　　劉　鐄　謹識

卷十五

小引

《富平答問》者，吾師二曲先生答人問學之語也。先生原籍盩厔，頃因兵氛，流寓富平，閉關養痾，不與世通，居恒惟三五舊遊，往來起居，緣是得以時近卧榻，親承謦欬，有問必答，聞所未聞。凡進修之要，性命之微，明體適用之大全，内聖外王之實際，靡不當可而發，因人而啓。要皆口授心受，期於躬體實詣，不以語言文字爲事。以故語多未録，兹僅録其切於通病者，聊以自警。昔周子寓濂溪而濂溪著，程子寓龍門而龍門顯，以至康節之於洛，晦菴之於閩，咸地以人重，聲施無窮。今不腆下邑，亦何幸而獲先生之至止耶？隨在施教，語因地傳，是以恭題曰《富平答問》，紀實也，庶觀者知其所自云。

富平門人惠靇嗣沐手謹識

富平答問

富平門人惠靇嗣録

問：「近年屏去閒書，朝夕惟經、四書是讀。❶讀來讀去，亦覺微有所得，但愧筆力非其所長，不能見之論著，有所發明耳。」

先生曰：「讀書特患無得，若果實有所得，則居安資深，施於四體，四體不言而喻，

❶「惟」，石泉彭氏本、静海聞氏本作「六」。

即此便是發明。縱終其身無一字論著，亦不害其爲善讀書。」答訖，又太息曰：「六經、四書，儒者明體適用之學也。讀之者果明體乎？果適用乎？夫讀書而不思明體適用，研究雖深，論著雖富，欲何爲乎？不過誇精鬭奥，炫耀流俗而已矣。以此讀書，雖謂之未見六經面，弗識四書字可也。噫！聖賢立言覺世之苦心，支離於繁説，埋没於訓詁，其來非一日矣。是六經、四書不戹於嬴秦之烈火，實戹於俗學之口耳！抱隱憂者，宜清源端本，潛體密詣，務期以身發明，正不必徒解徒訓，愈增葛藤，以資唇吻已也。」

問：「爲學須是無所不知？」

先生曰：「無所不知固好，然須先知其在己者，否則縱事事咸知，猶無知也。故無所不知者，有大不知，逐末迷本，智者固如是乎？」

問：「何爲在己？」

先生曰：「即天之所以與我者是也。此爲仁義之根，道德之樞，經綸參贊之本。故講習討論，涵養省察，無非有事於此耳。舍此而他求，是猶茫然於自己家珍，而偏詳夫鄰里器用，此之謂『不知務』。」

「然則家珍既知之後，其他可遂不知乎？」

先生曰：「君子爲學，貴博不貴雜，洞修己治人之機，達開物成務之略。如古之伊、傅、周、召，宋之韓、范、富、馬，推其有足以輔世而澤民，而其流風餘韻，猶師範來哲於無窮，此博學也；名物象數，無賾不探，典故源流，纖微必察，如晉之張華、陸澄，明之升菴、弇山，叩之而不竭，測之而益深，見聞雖富，致遠則乖，此雜學也。自博雜之辨不明，士之繙故紙、泛窮索者，便侈然以博學自命，人亦翕然以博學歸之，殊不知役有用之精神，親無用之瑣務，内不足以明道存心，外不足以經世宰物，亦祇見其徒勞而已矣。以余之不敏，初昧所向，於經、史、子、集，旁及二氏兩藏，以至九流百技、稗官小説，靡不泛涉。中歲始悟其非，恨不能取曩昔記憶，洗之以長風，不留半點骨董於藏識之中，令中心空空洞洞，一若赤子有生之初，其於真實作用，方有入機。乃同志反以是爲尚，亦可謂務非其所務矣！」

問：「朱陸之學，久有定論，今學者猶辯駁不已，其將誰適與？」

先生曰：「自孔子以『博文約禮』之訓，上接虞廷『精一』之傳，千載而下，淵源相承，確守弗變，惟朱子爲得其宗。生平自勵勵人，一以『居敬窮理』爲主。『窮理』即孔門之『博文』，『居敬』即孔門之『約禮』。内外本末，一齊俱到，此正學也，故尊朱即所以尊孔。然今人亦知闢象山，尊朱子，及考其所謂『尊』，不過訓詁而已矣，文義而已矣；其於朱子内外本末之兼詣，主敬禔躬之實修，吾不知其何如也，況下學循序之功。象山若疎於朱，而其爲學，先立乎其大，峻義利之防，亦自有不可得而掩者。今之尊朱者能如是乎？不能如是，而徒以區區語言文字之末，闢陸尊朱，多見其不知量也！」

曰：「以某愚魯之資，固守考亭之訓，於先生内外本末一齊俱到之旨，實未信及。」

先生曰：「窮理而不居敬，則聞見雖多，而究無以成性存存，便是俗學；居敬而不窮理，則空疎無用，而究不足以經世宰物，便是腐儒。故必主敬以窮理，使心常惺惺，方能精義入神，隨博隨約，庶當下收斂，不至支離外馳。德業與學業並進，知行合一，其在斯乎！故內外本末，必一齊俱到，庶用功著力，始爲喫緊。」

問：「無事時，瞑目静坐，反覺意慮紛拏，如何得静？即静矣，此心將何所寄耶？又吾人主敬，固是徹上徹下工夫，但所應之事有限，所接之人亦有限，亦可以稱『安人』、『安百姓』否？亦可以稱『位育』、稱『參贊』否？又孔子蔬水曲肱，樂在其中，顏子簞瓢陋巷，不改其樂，不知所樂者何事也？何物也？萬一饑餓而死，此樂亦可言歟？又釋、道兩門，與吾儒真實作用固不同矣，嘗見先儒有坐化者，釋與道亦有坐化者，一靈炯炯，不知皆往何處去也。輪迴之説，然乎，否乎？報應之説，真乎，幻乎？今之行善者，未必蒙福，而爲惡者，反以遠禍，無怪乎顏子之殀折，而盜蹠以壽終也。此皆所不可解者也。」

先生曰：「瞑目静坐，反覺思慮紛拏，此亦初入手之常，惟有隨思隨覺，隨覺隨斂而已。然緒出多端，皆因中無所主，主人中苟惺惺，則閒思雜慮，何自而起？静時心無所寄，總緣未見本地風光，見則心常灑灑。無事時，湛寂凝定，廓然大公；有事時，物來順應，弗逐境馳。倘以始焉未遽如斯，不妨涵泳聖賢格言，使義理津津悦心，天機自爾流暢。以此寄心，勝於空持硬守，久則內外澄徹，打成一片。所存於己者得力，則及於人者自宏。自爾在在處處，轉移人心，縱居恒所應之事、所接之人有限，而中心生生之機，原自無窮。此立人達人，位育參贊之本也。欲知孔顏之樂，須知世俗之憂；胸無世俗之所以憂，便是孔顏之所以樂。心齋云：『人心本自樂，自將私欲縛。私欲一萌時，良知還自覺。一覺便消除，此心依舊樂。』樂則富貴、貧賤、患難、流離無入而不自得，即不幸至於饑餓而死，俯仰無怍，莫非樂也。二氏作用，與吾道懸殊，而一念萬年之實際，亦有不可得而全誣者，區區坐化之迹，當非所計，輪迴之説，出於瞿曇，吾儒口所不道；君子唯盡其在己者，三塗、八苦、四生、六道，有與無任之而已。若因是而動心，則平日之砥修，乃是有所爲而爲，即此便是貪心利心，又豈能出有超無，不墮輪迴中耶？積善有餘慶，積惡有餘殃，報應之説，原真非幻；即中閒善或未必蒙福，惡或未必罹禍，安知人之所謂善，非天之所謂惡？又安知人之君子，非天之小人耶？人固有勵操於昭昭，而敗檢於冥冥，居恒謹言愼行，無非無刺，而反之一念之隱，有不堪自問者。若欲就一節一行顯然易見者，便目以爲善，是猶持微炬而徧照八荒之外也。即表裏如一，粹乎無瑕，而艱難成德，殷憂啓聖，烈火猛焰，莫非鍛鍊之藉，身雖坎壈，心自亨泰。至於惡或未即罹禍，然亦曷嘗終不罹禍。明有人非，幽有鬼責，不顯遭王章，便陰被天譴；甚或家有醜風，子孫傾覆。念及於此，真可骨慄！以形骸言之，固顏殀而蹠壽；若論其實，顏未嘗殀而蹠亦曷嘗壽也。噫！盡道而殀，雖殀猶壽，況又有不與亡俱亡者乎！昧道而壽，雖壽猶殀，況又有不與存俱存者乎！《詩》稱『文王在上，於昭于天，在帝左右』，原非誑語；而孟氏所謂名之曰『幽厲』，雖孝子慈孫，百世不能改。然則生前之享年雖永，識者蓋所羞齒，夫亦何可并衡也？

理本至明，何不可解之有？總之，學貴知要而晰疑，須是循序，方談静功。而輒泛及於位育、參贊等説，未免馳騖，恐非切問近思之初意也！」

問：「良知之説何如？」

先生曰：「良知即良心也。一點良心便是性，不失良心便是聖。若以良知爲非，則是以良心爲非矣！」

問：「吾人嚮往前修，則姚江、考亭宜何所宗？」

先生曰：「姚江當學術支離蔽錮之餘，倡『致良知』，直指人心一念獨知之微，以爲是王霸、義利、人鬼關也。當幾覿體直下，令人洞悟本性，簡易痛快，大有功於世教。而末流多玩，實致者鮮，往往舍下學而希上達，其弊不失之空疎杜撰鮮實用，則失之恍惚虚寂雜於禪，故須救之以考亭。然世之從考亭者，多闢姚江，而竟至諱言上達，惟以聞見淵博、辯訂精密爲學問之極，則又矯枉失直，勞罔一生，而究無關乎性靈，亦非所以善學考亭也。即有稍知向裏者，又祗以克伐怨欲不行爲究竟，大本大原，類多茫然。必也以致良知明本體，以主敬窮理、存養省察爲工夫，由一念之微致慎，從視聽言動加修，庶内外兼盡，姚江、考亭之旨，不至偏廢，下學上達，一以貫之矣。故學問兩相資則兩相成，兩相闢則兩相病。」

問：「羅整菴何如？」

先生曰：「整菴，學考亭者也。生平距釋排聃，不遺餘力。所著《困知記》，於近理亂真之辨，析入毫芒，衛道之嚴，可謂良工苦心。方今學術不明，淳厚者梏於章句，俊爽者淫於浮辭，疲精役慮，茫不知學問爲何事。閒有略覺其陋而反之於内者，又往往馳心虛寂，借津佛氏，託其身於不儒不衲、不圓不方之閒，其爲世道人心之害，曷可勝言！區區深爲此懼，欲表章《困知記》暨胡致堂《崇正辨》以救之，而力有所未逮，不能不望於世之有心人。整菴之後，又有少墟馮子，亦惓惓以息邪放淫爲事，所著《辨學録》，言言痛切正大，程尺謹而隄防固，均吾道之長城也。」

問：「習静要一念不起，先賢謂『未來事勿想，過去事勿思，現在事勿著』。夫『現在事勿著』固也，若『未來事勿想』，則夫子何以曰『人無遠慮，必有近憂』乎？『過去事勿思』，則『温故』亦不是？而伯玉行年五十，何由知四十九年之非乎？」

先生曰：「静坐之要，固貴纖念不起，然非初學所能幾也。過去、現在、未來，一無所著，蓋恐人認妄爲真，前後塵不化，有累乎湛寂虛明之體耳。若果心不逐妄，惟理是思，則思又何妨？孔曰『再思』，《中庸》曰『慎思』，《洪範》曰『思，思作睿，睿作聖』，《管子》云『思之思之，思之不已，鬼神將通之』，而《繫辭》亦云『何思何慮』，又云『擬議以成其變化』，即此『擬議』，非『思』而何？但識得本體是無思無爲的，則雖終日思，終日擬議，其把柄固在己而不失也。故曰：思盡還源，性體常住，似未可以『遠慮』、『温故』、『知非』爲疑也。」

問：「習静要全放下，一晌只學放下，遂將日用當行事，多有忘却失悞者，當如之何？聖賢無論有事無事，總不著意，何以不著意而能不失悞與？」

先生曰：「進修之實，全貴静坐，今之言静坐者，曷嘗實實静坐？全貴一切放下，今之言放下者，曷嘗實實放下？若果屏息萬緣，纖毫不掛，久之，則心虛理融，物來順應，亦猶塵垢既去，而鏡體常明，無所不照，何悞之有？」

問：「静坐之益，以何爲驗？白沙謂『養出箇端倪，纔好商量』，不知『端倪』是何景象？」

先生曰：「學須先難而後獲，期驗便不是。『静中養出端倪』，此白沙接引後學之權法，未可便以爲準的也。近溪子論此甚詳，覽之當自知。」

問：「理欲之辨最細。昔賢謂『不慮而知，發於自然者，謂之良知，便是天理』，然好好色之心，何嘗待慮？何嘗不出於自然？如何却謂之『人欲』？七情如此者甚多，此猶易認也，且有明似天理，而細心體之，實屬人欲者，此則難認矣。當念之初動時，學者何以辨别？」

先生曰：「好好色之心，固發於自然，而好色之跡，惟恐人知。即此畏人知之心，亦曷嘗不自然乎？可見一時之縱恣，終不能汩良知之本體，特明知而明昧之耳。真似、似真之辨，天理、人欲之界，所差只在毫釐閒，非至明不能晰其幾，此君子之所以貴窮理也。」

問：「孩提愛親，謂之『良知』，以其不慮而知也。嘗思之，孩提愛親，似只爲乳，如早委之乳母，則只愛乳母，而反不知有生母矣。若從乳起愛，不過口味之性耳；欲從生身處起愛，似非學慮後不能也。然孟子立言自確，而瑣心實未曉然，果何如與？」

先生曰：「知愛乳母，而不知有生母，乳爲之也，非天性之本然也。及其一知生母，而尚肯愛乳母若生母乎？吾恐雖百乳母，終不肯易天性一日之愛矣。若謂由學、由慮而後然，則夫甫能言而便知呼『孃』，亦孰使之然乎？」

問：「『君子思不出其位』，據注是因上章『不在其位，不謀其政』而類記之。瓆竊思上章，似是夫子有爲而言，指身所居之位而言也，此章乃曾子稱艮象之辭，就君子之思而言也。『位』字從來未曉，果何所指與？」

先生曰：「『位』字與『素位』『位』字參看，庶幾知其所止，而無越俎之思矣。儼然若思而無思，朗然若覺而無覺，學能臻此，方是止其所而不動，本體常現，自無出位之妄。」

問：「瓆從前留意詞翰，未嘗刻苦，但偶然感物觸情，或因事應付，興會所到，發而遂適，常以此爲樂事也。自吾師指點後，乃知玩物喪志，遂一意屏絶浮習，息心本真，奈野鷹初拘，困悶不堪，心花枯萎，時或稍弄文墨，反覺機趣快活，不審吾師以爲何如？」

先生曰：「此習性也。程子有言：『學者爲氣所勝、習所奪，只可責志。』而象山亦云：『今人多是附物以爲樂，若一旦失其所附，恰似猢猻失了樹。』諒哉！」

問：「嚮者瓆訟墳一事，蒙吾師見責，以爲無地理，或權教之，以息一時之訟與，抑果全無地理與？」

先生曰：「程子云：『地美則神靈安。』朱子《上孝宗山陵議》尤娓娓言之，則地理之説，誠亦有之。然有天理，而後可以言地理；未有天理，不足專恃地理而蒙麻者也。堪輿家茫然於天理而專講地理，於理便不通矣，烏覩所謂理哉？《雪心賦》、《青囊經》、《人子須知》、《地理正宗》等書，吾嘗深研其説，尋龍倒杖之法，少時亦嘗留心。但惡夫世之人舍却天理，而專靠地理，以故生平絶口不談，一味主張天理。天理若得，則地理在其中矣。」

問：「《參同》、《悟真書》，人謂朱子晚年亦好觀之，瓆嘗竊察其術，似於養身有補，未審可信否？」

先生曰：「漢末，魏伯陽擬《周易》納甲法，作《參同契》一書，其云『二用無定位，周流遊六虚』等語，於《易》道互相發明。是以文公晚年，與其徒蔡西山閒亦參閲。其後，張平叔又著詩數十首，以爲《悟真篇》，中閒抽坎補離、藥物火候，嬰兒姹女、金公黄婆之言，皆爲金丹刀圭而設，要之别是一術，非知道者所貴也。程子云：『我亦有丹君信否，用時還將濟斯民。』而許魯齋亦謂：『萬般補養皆虚僞，惟有操心是要訣。』」

問：「子曰『仁者壽』，而顔子乃殀，竊謂此特言性與天道之常，而不以身論也。至講『大德必得其壽』，而朱注云：『舜年百有十歲。』是僅以身論矣。瓆久惑之，竊謂舜之壽，當從宗廟享子孫保看出。蓋祖宗甚遠，子孫甚長，而德足以享保無窮，是以德言壽，而不止身之百有十歲也。不然，盜蹠老死，豈仁於顔子哉？老彭八百，豈德之遠過於舜哉？愚意如斯，敢祈剖示。」

先生曰：「君子修己，要在存理遏欲。久之，欲盡理顯，耳目口鼻，雖與人同，而所以視聽言動，渾是天理，可以達天，可以參天。天與之死，不妨速還造化；天與之生，不妨久待天工。『存，吾順事；没，吾寧也。』區區壽殀，初非所計。即以壽殀言之，有形壽，有名壽，有神壽。七十百年，此形壽也；流芳百世，此名壽也；一念萬年，此神壽也。若氣斷神滅，則周公『不若旦多材多藝，能事鬼神』及『文王在上』之言，皆誑言矣，曾謂聖人而誑言乎哉？信得此，則盜蹠期頤之死，乃是真死，而顏子三十二亡，未嘗真亡也。」

問：「福善、禍淫，顯應者固多，而明錯者亦不少。人謂『天道難測』，固也；竊謂人但見其小體，而不見其大體耳。如『君子坦蕩蕩』，是大體已享其福矣，即貧賤患難，無入而不自得，小體不足累；『小人常戚戚』，是大體已受禍矣，即富貴榮華，而魂夢多有不安，小體何足羨。鄙見如斯，乞吾師指示。」

先生曰：「積善有餘慶，積不善有餘殃，此一定之理，無足疑者。天道固未易測，而錯則決不錯也。昔人謂『此翁無急性，却有記性』，此真知天者。大抵吾人涉世，一生禍福榮華，只看各人存心何如耳。存心若正，身雖貧賤患難，而自反無愧，無異三公之貴，陶朱之富；心若不正，身雖富貴亨通，而自反多慚，無異在囹圄糞穢中也。蕩蕩戚戚，大體享福受禍之言，最爲得之。」

先生答訖，徐謂之曰：「所問疑端，足徵別來用心。疑者，悟之基也。先儒謂大道本無階級，以疑爲階級。故大疑則大進，小疑則小進，其晝然而莫進者，由漫然而弗疑者也。然區區不患子不能疑，患疑而非其所當急耳。昔陸子靜先生講學於象山，一士忽問：『如何是窮理盡性以至於命？』先生笑曰：『公是泛然問，老夫却不泛然答。』既而又吟云：『自家主宰常清健，逐外精神徒損傷。寄語同遊二三子，莫將言語壞天常。』今所問中閒，多有疑乎其所不當疑，問乎其所不當問者，則亦近於泛然而壞天常矣，非區區所望於子也！」

附

授受紀要

二曲先生口授　寶雞門人李修録

肘後牌

肘後牌者，佩日用常行之宜於肘後，藉以自警自勵，且識之於不忘也。「上帝臨汝，無貳爾心」，其可忽乎？

恭　默

修九容　擴善端

提起

放下

虚明寂定

經綸參贊

化

無聲無臭

終日欽凜，對越上帝，篤恭淵默以思道；思之而得，則静以存其所得。動須察其所得，精神纔覺放逸，即提起正念，令中恒惺惺；思慮微覺紛雜，即一切放下，令萬緣屏息。修九容，以肅其外；擴善端，以純其内。内外交養，湛然無適，久則虚明寂定，渾然太極，天下之大本立矣。大本立而達道行，以之經世宰物，猶水之有源，千流萬派，自時出而無窮。然須化而又化，令胸中空空洞洞，無聲無臭，夫是之謂盡性至命之實學。未至於斯，便是自棄。千萬努力，念兹在兹！

人之所以爲人，止是一心；心之所以常存，全賴乎學。孔子曰：「學而時習之。」孟子曰：「學問之道無他，求其放心而已矣。」若外心而言學，不是世俗口耳章句、博名謀利之學，便是迂儒徇末忘本、支離皮毛之學，斯二者均無當於爲人之實，非孔孟之所謂學也。

學脈最怕夾雜，學術不可不醇。先覺之學脈正而學術醇者，宋則周、程、張、朱，明則薛、胡、羅、吕、顧、高、馮、辛，咸言言中正，字字平穩，粹然洙泗家法，猶布帛菽粟，規矩準繩，一日不可無，無則不可以爲人。若厭平常而喜新奇，非狂即妄；狂與妄，學者之深戒也。若夫良知之説，雖與程朱少異，然得此提唱，人始知契大原，敦大本。自識性靈，自見本面，夫然後主敬窮理，存養省察，方有著落。調理脈息，保養元氣，其與治病於標者，自不可同日而語。否則，學無來歷，主敬，是誰主敬？窮理，是誰窮理？存甚，養甚？省甚，察甚？故學問必相須而後成，尊一闢一，二者俱病，能去此病，學斯無病。噫！此惟可與知者道，未可與固矣夫高叟言也。

學問貴知頭腦，自身要識主人。誠知頭腦，則其餘皆所統馭；識主人，則僕隸供其役使。今既悟良知爲學問頭腦，自身主人，則學問思辨，多聞多見，莫非良知之用。所謂識得本體，好做工夫，做得工夫，方算本體。尊德性，不容不道問學；道問學，乃所以尊德性。此正喫緊切務，自不得作第二義看矣。來翰伊惠以下，言言中正無偏，與區區所贈鄙説吻合，無俟剖析；若再剖析，反涉葛藤。《易》曰：「默而成之，不言而信，存乎德行。」願相與共勉之。

周、程、張、朱、薛、胡、羅、吕、顧、高、馮、辛，乃孔門曾、卜流派，其爲學也，則古稱先，篤信聖人。陸、吴、陳、王、心齋、龍谿、近溪、海門乃鄒、孟流派，其爲學也，反己自認，不靠見聞，亦不離見聞。吾儒學術之有此兩派，猶異端禪家之有南能北秀，各有所見，各有所得，合併歸一，學斯無偏。若分門别户，牢不可破，其識力學問，蓋可知矣。中無實得，門面上爭閒氣，噫，弊也久矣！

吾人既戴天履地而爲人，須參天兩地以有事。「爲天地立心，爲生民立命，爲往聖繼絶學，爲天下後世開太平。」志不如此，便不成志；學不如此，便不成學；做人不如此，便不成人。

立身要有德業，用世要有功業。德業須如顔、曾、思、孟、周、程、張、朱，功業須如伊、傅、周、召、諸葛、陽明，方有體有用，不墮一偏。

囑別

我這裏重實行，不重見聞；論人品，不論材藝。夫君子多識前言往行，原爲畜德；多材多藝，貴推己及人，有補於世。若多聞多識，不見之實行以畜德，人品不足，而材藝過人，徒擅美炫長，無補於世。以之誇閭里而驕流俗可也，烏足齒於士君子之林乎！此歸務斂華就實，一味闇修，步步脚踏實地，刻苦力詣，希顔之『愚』，爲曾之『魯』，篤實輝光，行誼媲美古人，人品屹若山嶽，可以爲吾道之光，可以垂奕世之芳，則此來爲不徒矣。敬拭目以望！

日用之間，以寡欲正心爲主，以不愧天爲本。欲不止乎聲色貨利，凡名心、勝心、矜心、執心、人我心，皆欲也。寡而又寡，自念慮之萌，以至言動之著，務納乎天理，無一毫夾雜，方始不愧於天。學至不愧於天，則行不愧影，寢不愧衾，内不愧妻子、僕御，外不愧鄉黨、親朋；前不愧往聖，後不愧來哲。如是，則光明正大，瑩然浩然，徹上徹下，躍魚飛鳶，日新又新，道斯大全。

卷十六

書牘引

先生息心人事，絶意應酬。其有不得已而應酬者，口授及門二三子代書，多不屬草；間或屬草，但隨肺腑流出，達其所欲言而止，未嘗有意筆墨蹊徑，旋草旋棄，罕存稿。兹同人謀梓先生全集，心敬舊收得先生戊申年《答張敦庵》暨規友牘，癸丑、甲寅報各憲暨辭徵牘，並心敬自壬戌侍側以來，耳聆手謄，退而竊録者，勒爲二卷。而壬戌以前，數十年之牘，無從搜輯，識者不無滄海遺珠之憾云。先生雖閉户寂處，與世相忘，然事關風教，則耿耿在念，亟削牘言之當事，凡一節一行，靡不闡揚而表章，横渠、臯蘭、高陵、鳳翔暨《關中書院崇祀議》，尤其大者。世不乏有心人，倘閲斯興感，加意風教，則世道人心有賴矣。

時康熙歲次己巳夏至日，鄠縣門人王心敬沐手謹識

書一

鄠縣門人王心敬摭次

答張敦庵

曩謬竭愚衷，吐人不敢吐之隱，泄人不敢泄之祕，無非欲高明直下，敦大原，識本體耳。誠識本體，循下學之規，由階級而進，則收攝保任，好做工夫；做得工夫，纔

算本體。來諭謂「帶來帶去等語，未免涉禪」，慙悚！慙悚！然荆川、龍溪亦曾有是言，可覈也。夫學必徹性地，而後爲真學；證必徹性地，而後爲實證。若不求箇安頓著落處，縱闡盡理道，總是門外輥；做盡工夫，總是煮空鐺，究將何成耶？

《學蔀通辯》，陳清瀾氏有爲爲之也。是時，政府與陽明有郤，目其學爲禪。南宮策士每以尊陸背朱爲口實，至欲人其人，火其書，榜諭中外，通行禁抑。渠遂曲爲此書，逢迎當路，中間牽强傅會，一則曰「禪陸」，再則曰「禪陸」，借陸掊王，不勝詞費。學無心得，門面上爭閒氣，自悮悮人。識者正當憐憫，何可據爲定論。來諭謂：「陽明之學，天資高朗者易得力；晦庵之學，質性鈍駑者易持循。」誠然，誠然。然晦庵教不躐等，固深得洙泗家法，而其末流之弊：高者徇迹執象，比擬摹倣，畔援歆羡之私，已不勝其憧憧；卑者桎梏於文義，糾畫於句讀，疲精役慮，茫昧一生而已。陽明出而横發直指，一洗相沿之陋。士始知鞭辟著裏，日用之閒，炯然渙然，如静中雷霆，冥外朗日，無不爽然自以爲得。向也求之於千萬里之遠，至是反之己而裕如矣。

昔鳳麓姚公遇友以陽明爲詬病，公曰：「何病？」曰：「惡其良知之説也。」公曰：「世以聖人爲天授不可學久矣。自良知之説出，乃知人人固有之，即庸夫小童，皆可反求以入道，此萬世功也。子曷病？」其人豁然有醒。由斯以觀，陽明之學，徹上徹下，上中下根，俱有所入，得力蓋尤易，豈必天資高朗者始稱易耶！然此本辯乎其所不必辯，目前緊要在切己自審。如欲做箇德業名儒，醇正好人，則《程氏遺書》、《朱子録要》、《薛氏讀書録》、《胡氏居業録》，言純師，行純法，於下學繩墨，無毫髮走作，精研力踐，儘足自樹。若欲究極性命大事，一徹盡徹，一了百了，不容不以《龍溪集》爲點雪紅爐，嵐霧指南，輔以象山、陽明、近溪語録及《聖學宗傳》，日日寓目，食寢與俱可也。噫！行年如許，未必再如許，不但文章功業，至此靠不得，即目下種種見趣，種種修能，果終靠得否耶？須自覷自認，自覓主宰，務求靠得著者而深造之，稍涉依違，大事去矣。必聯三五同志，朝夕聚首，交發互勵，振委靡縮餒之氣，堅果確奮迅之心，甚勿玩愒因循，虛度時日。

昔近溪先生學邃德邵，猶參訪不倦，片語足取，雖隸卒人奴，無不稽首而師事之。嘗曰：「予初學時，每清晝長夜，只揮淚自苦。四十年來，此道關心，夜分方合眼，旋復惺惺，耳聽鷄鳴，未嘗得安枕席。」傅長孺官南奉常時，專力集友，瞬息不離。夜歸闔户自參；不得，則長跪達旦。家人穴視，驚愕不知所爲。如是者累月，忽然有省，慷慨承當。吾人肯亦如此用功，而有不成者寡矣。《詩》云：「采葑采菲，無以下體。」高明其取節焉。

與友人

僕至不肖，足下不察，忘貴忘年，誤與之遊。僕自度無補足下萬一，是以每一會晤，未嘗不内懷慚恧，兹特述所聞於友朋者，聊效忠告，惟勿以芻蕘置之，幸甚！

一、吾人立身涉世，務使人飲醇心醉，景我之盛德，毋令人群吠虛聲，揚我之才鋒。且念「盛名之下，其實難副」，當以異地之風聞爲可懼，勿以遠方之傳播爲可喜。蓋兹事之任，甚重且大，當徐俟德成之候，四方之人企我如景星慶雲，祥麟威鳳，漸有向我求我，若饑若渴之懷，然後舉所得而昭示之，譬如順風之舟，一日千里矣。至此，方以道統自任，誰不信之？未至於此，且當埋頭獨詣，深自韜晦，以待吾德之熟可也。自不然者，德未立於此，而徒詡詡對人曰：「我欲繼往聖，我欲開來學！」毋怪乎瞰我者日笑於其旁，而我猶不之覺也。

一、凡毁譽之來，聽其自然，一以空豁曠達之宇處之。何者？蓋賓實之名，雖經千謗而不墜；無根之譽，雖强護持而必湮。賓實之名，譬如佳木植於芳苑，經風雨而彌茂；無根之譽，譬如翦綵綴於宫樹，歷時日而隨敗。且夫謗之來也，有真有僞，我有是而人謗之，方將修省痛改之不暇，烏容置辯；我無是而人謗之，則惟任其自起自滅，付之罔聞而已，又何必置辯。足下頗有辯謗之失，僕已嘗言之矣，而辯之之意，時忽發露，僕聞之深爲不滿。伏願自今以後，撤去一切彌縫支吾之念，而盡吾坦蕩闇修之實，所謂「除却絲毫假，獨存一味真」，顧不恢乎大哉！吾方圖其大，尚恐流於狹，若自處於狹，究將何成也？

一、著述一事，大抵古聖賢不得已而後有作，非以立名也。故一言出而炳若日星，萬世而下，飲食之不盡。其次，雖有編纂，亦不必當時誇詡於人，或祇以自怡，或藏諸名山。至其德成之後，或既死之日，舉世思其餘風，想其爲人，或訪諸其子孫，或求諸其門人，思欲得其生平之一言以爲法訓。斯時也，是惟無出，一出而紙貴洛陽，千門傳誦矣。此正如華佗之青囊，一付丙丁，至今爲恨，惟恐其不傳也。所以然者，以華佗當年行之而有驗也。今有庸醫，方患羸疾，偶有奇方，不能自服以療其身，忽見世之同疾者，遂以此方授之，且曰：「此神方也，傳自異人，君宜敬修合而服之，毋輕忽也。」而彼患者，方且啞然而哂，茫然不敢信。何者？彼方見我尪羸日甚，我雖剖心相示，彼又安肯信我此方之真可以已疾哉！比見足下以其所著諸書，輒出以示人，人之服我者固多，而議我者亦復不少。其服我者，不過服我之聞見精博，能彙集而成書也；其議我者，直謂我躬行未懋，舍本趨末，欲速立名，適滋多事。況諸談詠，偏枯虛寂，大類釋子偈頌，而儼然列之簡册，此尤諸人之所竊議，以爲未足者也。凡諸議足下之言，僕所得聞者，想猶其一二，然已覺切中足下之病；若夫所不得聞者，不知又當幾許耶？僕雖不肖，既蒙足下左愛，則不啻骨肉若矣。人之議足下，是議我也。足下之不能韜光剷彩，是僕夢寐所未恬也，是烏容以無言耶？言之雖過切直，想在所不罪也。

一、凡語言氣象之閒，吾人之學問於是乎見，大宜温醇，切忌粗豪。嘗見足下不能無發動飛揚之氣於儕輩中，此大抵李卓老作之祟耳，否則其目空之所致也。夫目不可空，四壁之外，儘有具眼，況四海之廣乎？且吾輩苟僅以文章氣節自任，則縱横揮霍，無不可者；若欲以兹事自任，則上之宜效尼父之温良，次之宜效周、程之光霽，豈得效卓老之決裂，使覗者有遺議耶？至於語言，不但不可輕發，即凡以筆札與人，亦當審其人，果十分真心求我方可，勿輕以長篇與人往還。

右足下微疵，雖是所養不足，亦由平日無真正好友，大率獎譽者多，箴規者少，以致悠悠至是，年踰强立，德器未就，動履多錯。西河氏之嘆「離群索居」，良有以也。忠告善道，僕敢辭其責耶？伏願自今以往，惟事闇修，削去一切道學名目，黜去一切粧點言詞，收回一切閑纂書籍，深藏韜晦，務期自信，勿求信人。十數年間，道明德立，將見桃李不言，下自成蹊，請益者不遠千里，問道者忘其爵位。彼時君雖欲不言，又烏可得耶？其所論著，欲不災木，又烏可得耶？無根浮謗，又何俟辯耶？權術鋪張，竟奚足爲也？昔人謂「士三日不見，當刮目相待」，別來數月矣，安知其德不與日俱新，而過爲是杞憂者，則固不容已之情也。若夫以數得疏，豈所望於足下哉！豈所望於足下哉！

答張澹庵

學問最怕持志不堅，造詣不勇，欲進則不能果於力爲，欲退則又有所顧惜，往往騎兩頭馬。因循荏苒，光陰一去，百年無再生之我，空自擔閣，雖悔何及！須沉竈焚舟，持三日糧,示士卒以必死,作一背水陣,方始有濟。

接翰示,知遠囂寂居,靜體天良,志道之堅,進修之勇,令人嘆仰無已。但不審所謂天也,果何所指?日用之閒,如何體認?此是學問大主腦,用工大肯綮。悟此,謂之悟性;見此,謂之見道。如果屏緣息慮,一切放下,反己自覰,確有所識,由是靜存動察,勿忘勿助,收攝保任,日充月著。人情有向有背,境遇有順有逆,而此一點天良,不爲情遷,不隨境移。虛明寂定,纔動便覺,一覺即化,不遠而復。即此便是安身立命。身安命立,若水之有源,千流萬派,時出而無窮。遇則經綸參贊,一本至性,體即爲用,道德即爲事功,非猶夫他人之所謂事功;不遇則獨行其道,遯世無悶,區區身外浮名,有與無,原與天良毫無加損,夫何容心焉?假令聲望震四海,姓字馨千古,一朝長寢,究何可倚。其炯炯不昧之良,與天地相爲悠久者,實在此而不在彼。吾人鞭辟著裏,朝夕之所必有事,亦惟有事乎此而已。如鷄抱卵,如龍豢珠,用志不分,乃凝於神,夫是之謂身安命立之實際。

來諭深慮專志向内,恐有體尠用,僕亦不能不慮。所慮向内不專,竊恐無體可云,有了天德,不患無王道。故曰:其要只在愼獨。敬爲高明誦之。此復。

又

承詢天良,夫天良之爲天良,非他,即各人心中一念獨知之微;天之所以與我者,與之以此也。炯炯而常覺,空空而無適，寂然不動，感而遂通。孩而知愛，長而知敬，乍見而惻隱，嘑蹴而羞惡，一語窮而舌遯，一揖失而面赤，自然而然，不由人力，非天良而何？日用之閒，誠勿戕勿梏，則火然泉達，無往非善，此本來真面目，聖學真血脈。象山謂「學苟知本，六經皆我注脚」者，此也；延平之「體認天理」，體認乎此也。而體認下手之實，惟在默坐澄心。蓋心一澄，而虛明洞徹，無復塵情客氣，意見識神，爲之障蔽，固有之良，自時時呈露而不昧矣。來書「當機覿體，分定自優，學問止此學問，工夫止此工夫」之言，最爲得之。惟緝熙不斷，終始如一，苗而秀，秀而實，是所望也。

又

炯炯常覺，則主人翁在室，不至認賊作子，以識神爲本面。空空無適，則自無不善之動，得其所止，而心如太虛。乃未發之中，本性真體，不落思想，不墮方所，無聲無臭，渾然太極，大德之所以敦化也；當惻隱即惻隱，當羞惡即羞惡，知愛知敬，知是知非，隨感而應，小德之所以川流也。「未發不是先，已發不是後」，「體用一源，顯微原自無閒」，先哲口口相授，止傳工夫，未嘗輕及本體，務使人一味刻苦實詣，力到功深，自左右逢源。今既言「體認」，若不明白昭揭，倘體認一錯，毫釐之差，便關千里之謬。以故和盤託出，斯固不容已之苦衷也。幸亮！

又

學須屏耳目，一心志，向「無聲無臭」處立基。胸次悠然，一味養虛，以心觀心，務使一念不生。久之，自虛室生白，天趣流盎，徹首徹尾，涣然瑩然，性如朗月，心若澄水，身體輕鬆，渾是虛靈。秦鏡朗月，不足以喻其明；江漢秋陽，不足以擬其皜。行且微塵六合，瞬息千古，區區語言文字，曾何足云。即有時不得不言，或見之語言文字，則流於既溢，發於自然；不煩苦思，不費安排，言言天機，字字性靈，融透爽快，人己咸愜矣！

又

承索鄙言以爲宗守，夫儒先之言多矣，何俟鄙言？數年來，拙刻拙札之言，不爲不多矣，夫復何言？乃言外索言，何異騎驢覓驢；若言外贈言，真同床上疊床。方慚道聽塗説，豈可吹波助瀾。蓋多言不如少言，有言不如無言，於穆不言之真，絶無聲臭，終日乾乾，宗此守此而已矣。此内無煩於言，此外本無可言。議論多而成功少，從來書生通弊，當以爲戒。《易》曰：「默而成之，存乎其人，不言而信，存乎德行。」請即以此復命。

來翰詢及鄠邑王生，此子智圓行方，躬修允蹈，心若青天白日，品猶野鶴孤雲，氣魄宏毅，將來可望以任重致遠，僕甚屬意。

此復。

答胡士偀

來書謂每遇傾覆流離之際，心意散亂，一思鄙人，不覺自定。夫鄙人亦何足思，而能因思心定？足徵隨境鍊心，念念操持。蓋聖賢千言萬語，無非望人鍊心；學者千講萬講，亦無非自求鍊心。學焉而不知隨境鍊心，則學非真學；鍊心而不能念念操持，則鍊非真鍊。縱聰明特達，穎悟邁群，談玄説妙，講盡道理，敏言過於飛龍，躬行同乎跛鼈，仰愧天，俯愧人，晝愧影，夜愧衾，閉藏消沮，身未死而心先亡矣。終日雖衣冠言動，其實是行尸走肉，哀莫哀於此也。

來書請析《大全》「慎獨」、「戒懼」諸説之疑，本文甚詳，何疑之有？區區方慨學者支離於章句，葛藤於訓詁，蔽錮一生，而自己心光不得透露，以故深以爲懲。居恒與二三同人切磋，惟是心心相印，豈可復蹈學究故習？姑就來書所謂「收攝散亂」者言之。當心意散亂之時，能知散亂者是誰，收攝者是誰，即此能知能攝之心，不惟他人不及睹聞，即自己亦不能睹聞，非「獨」而何？終日欽凜，保守此「獨」，勿令放逸，使中常惺惺，湛然虛明，即此便是「慎獨」；或静或動，覺有一念之昏惰，即勿昏惰，即此便是「提起」；惟恐有一念之非僻，務小心翼翼，即此便是「防於未然」。此乃天命之本體，自然之兢業，非剜肉作瘡，平地興波。先立乎其大，立此也；小者之不能奪，不能奪此也；溥博淵泉，而時出之，由此而時出也。惺惺便是常存，常存自然常覺，猶鏡之照，不迎不隨，而妍媸自不能逃。「思」比「覺」固屬有心，然《洪範》謂：「思作睿，睿作聖。」而羅豫章先生亦謂：「聖道由來自坦夷，休迷佛學惑他歧。枯木死灰渾無用，緣置心官不肯思。」由是觀之，則思之之功，初學亦何可遽廢。必也由思而至於無思，則朗然常覺，而本體常現，緝熙不斷。如是，則常寂而常定，安安而不遷，百慮而一致，無聲無臭，於穆不已。儒之所以顧諟明命，超凡作聖者，實在於此，夫豈釋氏參話頭、麻其心於無用者可得而班耶！

區區閉關養痾，懶事應答，兹因吾契涉世未深，天良未鑿，質美而可造，故不覺縷縷。幸實體力詣而深造之，慎勿作一篇文字，看過便休也。勉之！勉之！

答友求批文選

曩足下刻意爲己之學，言及詩文，若將浼焉，其所服膺，惟《居業》、《傳習》二録。竊以爲志趣如此，將來所就必卓。離索日久，頃有人自珂里來者，傳足下近日工課，惟聲律是哦，詞翰是攻，僕猶疑未之信，而台翰忽至，求批所纂《昭明文選》，前後不類，令人愕然。是書連篇累牘，莫非雕蟲，中間有何可取？而足下嗜之若飴，愈令人難解。程子有言：「學也者，使人求於内也。不求於内而求於外，非聖人之學也。」何謂求於外？以文爲主是也。又云：「詩是無用閒言語，不惟無用，抑且有害於道心。」莊渠先生《遺王純甫書》曰：「傳聞人言，吾兄對客，閒亦談及詩文，駸駸有好意，此固未必然。但恐不知不覺留下種子，他日終會發也。昔過太平門，見有老父與一童子並走争先，因竊嘆：吾人既有志於道，而與詩人、文人輩争長，亦何以異此老父哉！」虞長孺好談詩論文，金虛中謂之曰：「學道須學癡、學呆、學拙，混沌鴻濛，乃與真合。子津津談詩論文，是賣聰明，鈞聲譽也，去道遠甚。」由斯以觀，夫亦可以廢然返矣。僕非薄詩文，亦非厭人學詩文，實以足下質甚美，性甚淳，世味未染，天良未汩。既不弋名，又不謀利，亦何苦疲精役慮，爲此玩物喪志之習？縱習之而工，文如班、馬，詩如李、杜，亦何補於身心，何益於世道耶？朋友之義，在長善輔仁，區區之心，願足下急本緩末，務爲志道據德之圖。俟德成仁熟，而後藝可得而游也。附來朱子《白鹿洞學規》一篇，❶聊代《文選》，幸潛心焉！

答顧寧人先生

來書云：

承教謂「體用」二字出於佛書，似不然。《易》曰：「陰陽合德而剛柔有體。」又曰：「顯諸仁，藏諸用。」此天地之體用也。《記》曰：「禮，時爲大，順次之，體次之。」又曰：「降興上下之神，而凝是精粗之體。」又曰：「無體之禮，上下和同。」有子曰：「禮之用，和爲貴。」此人事之體用也。經傳之文，言「體」言「用」者多矣，未有對舉爲言者爾。若佛書如《四十二章經》、《金光明經》，西域元來之書，亦何嘗有「體

❶「來」，石泉彭氏本、静海聞氏本作「去」。

用」二字？晉、宋以下，演之爲論，始有此字。彼之竊我，非我之藉彼也，豈得援儒而入於墨乎？如以爲考證未確，希再示之。

頃偶話及「體用」二字，正以見異說入人之深。雖以吾儒賢者，亦習見習聞，閒亦藉以立論解書，如「體用一源」、「費隱」訓注，一唱百和，浸假成習，非援儒而入墨也。《繫辭》暨《禮記》「禮者，體也」等語，言「體」言「用」者固多，然皆就事言事，拈體或不及用，語用則遺夫體，初未嘗兼舉並稱。如內外、本末、形影之不相離，有之實自佛書始。西來佛書，豈止《四十二章經》、《金光明經》未嘗有此二字，即《楞嚴》、《楞伽》、《圓覺》、《金剛》、《法華》、《般若》、《孔雀》、《華嚴》、《涅槃》、《遺教》、《維摩詰》諸經，亦何嘗有此二字。然西來佛書，雖無此二字，而中國佛書，盧惠能實始標此二字。惠能，禪林之所謂六祖也，其解《金剛經》，以爲「金者，性之體；剛者，性之用」。又見於所說《法寶壇經》，敷衍闡揚，諄懇詳備。既而臨濟、曹洞、法眼、雲門、潙仰諸宗，咸祖其說；流播既廣，士君子亦往往引作談柄。久之，遂成定本，學者喜談樂道，不復察其淵源所自矣。

然天地閒道理，有前聖之所未言，而後賢始言之者；吾儒之所未言，而異學偶言之者。但取其益身心、便修證斯已耳。正如肅慎之矢，氐、羌之鸞，卜人之丹砂，權扶之玉目，中國之人世寶之，亦何嘗以其出於異域，舉而棄之，諱而辯之也。來教謂如考證未確，不妨再訂，竊以爲確矣。今無論出於佛書、儒書，但論其何體何用，如「明道存心以爲體，經世宰物以爲用」，則「體」爲真體，「用」爲實用。此二字出於儒書固可，即出於佛書亦無不可。苟内不足以明道存心，外不足以經世宰物，則「體」爲虚體，「用」爲無用。此二字出於佛書固不可，出於儒書亦豈可乎？鄙見若斯，然歟，否歟？

又

來書云：

來示一通，讀之深爲佩服。「體用」二字，既經傳之所有，用之何害？其他如「活潑潑地」、「鞭辟近裏」之類，則語不雅馴，後學必不可用。而《中庸章句》「體用」之云，則已見於「喜怒哀樂」一節，非始於「費隱」章也。至若所謂「内典」二字，不知何出？始見於《宋史·李沆傳》，疑唐末五代始有此語，豈可出於學士大夫之口？推其立言之旨，蓋將内釋而外吾儒，猶告子之外義也，猶東漢之人以七緯爲内學，以六經爲外學也。莊子之書，有所謂「外物」、「外生」、「外天下」者，即來教所謂「馳心虚寂」也。而君子合内外之道者，固將以彼爲内乎？

「體用」二字相連並稱，不但六經之所未有，即《十三經註疏》亦未有也。以之解經作傳，始於朱子，一見於「未發」節，再見於「費隱」暨「一貫忠恕」章，其《文集》、《語類》二編，所載尤不一而足。「活潑潑地」乃純公偶舉禪語，形容道體；「鞭辟近裏」，亦藉以導人斂華就實，似無甚害。若以語不雅馴，則「活潑潑地」可諱，而「鞭辟近裏」一言實吾人頂門針、對證藥，此則必不可諱；

不惟不可諱，且宜揭之座右，出入觀省，書之於紳，觸目警心。

「内典」二字，出於蕭梁之世。是時武帝崇佛，一時士大夫從風而靡，以儒書爲「外盡人事」，佛書則「内了心性」，「内典」之目，遂昉於此。歷隋唐宋元以至於明，凡言及佛書，多以是呼之。視漢人以《元命苞》、《援神契》等七緯爲内，尤不啻内之内矣。然亦彼自内其内，非吾儒之所謂内也。彼之所謂内，可内而不可外。吾儒之所謂内，内焉而聖，外焉而王，綱常藉以維持，乾坤恃以不毀，又豈可同年而語！故「内典」之呼，出於士君子之口，誠非所宜，當以爲戒。

《莊子》「外物」、「外生」、「外天地」，良亦忘形脱累之謂，似非「虚寂」之謂也。老子言「致虚極，守静篤」，《莊子·齊物論》「成心」，有見而不虚之謂，未成心，則真性虚圓，天地同量，此後世談「虚」之始。然與佛氏之「虚寂」，又自不同。蓋老、莊之「虚」，是虚其心，而猶未虚其理；佛氏之「虚寂」，則虚其心，而並欲虚其理，舍其昭昭而返其冥冥，雖則寂然不動，而究不足以開物成務，以通天下之故。此佛氏所以敗常亂倫，而有心世道者，不得不爲之辨正也。

又

來書云：

生平不讀佛書，如《金剛經解》之類，未曾見也。然「體用」二字並舉而言，不始於此。魏伯陽《參同契》首章云：「春夏據内體，秋冬當外用。」伯陽，東漢人也，在惠能之前。是則並舉

「體用」始於伯陽，而惠能用之，朱子亦用之耳。朱子少時嘗注《參同契》，而「剛柔爲表裏」，亦見於《參同契》之首章，惟「精粗」字出《樂記》。此雖非要義，然不可以朱子爲用惠能之書也。至於明道存心、經世宰物之論，及表章《崇正辨》、《困知記》二書，吾無閒然。

不讀佛書固善，然吾人祇爲一己之進修，則六經、四子，及濂、洛、關、閩遺編，儘足受用。若欲研學術同異，折衷二氏似是之非，以一道德而砥狂瀾，釋典、玄藏亦不可不一寓目。譬如鞫盜者，苟不得其贓之所在，何以定罪？《參同契》，道家修仙之書也，禪家之所不肯閱，兼惠能生平絶不識字，亦不能閱，其所從入，不繇語言文字，解經演法，直抒胸臆，而謂用之參同，竊所未安。朱子弱冠，未受學延平時，嘗從僧開謙之游，以故蚤聞其説。《參同》之注，乃訓定四書多年之後。六十八歲，黨禁正熾之際，蔡西山起解道州，朱子率及門百餘人，餞於蕭寺。瀕别，猶以《參同》疑義相質。事在慶元二年冬，非少時注也。況伯陽本納甲作《參同》，所云「二用無爻位，周流游六虚」，及「春夏秋冬，内體外用」之言，皆修鍊工夫次第，非若惠能之專明心性，朱子之專爲全體大用而發也。然此本無大關，辯乎其所不必辯，假令辯盡古今疑誤字句，究與自己身心有何干涉？程子有言：「學也者，使人求於本也，不求於本而求於末，非聖人之學也。」何謂求於末？考詳略，採異同是也。而《淮南子》亦謂：「精神越於外，而事復反之。」是失之於本而索之於末，蔽其玄光而求知於耳目也。區區年踰「知命」，所急實不在此，因長者賜教，誼不容默。悚甚，愧甚！

答魏環溪先生

來書云：

僕行年七十矣，自念生平於五倫内，不知欠缺多少；若勉盡一毫，差免一毫惶愧。即如「朋友」一倫，益我者多，乃生平深慕而不獲一晤者，孫鍾元、黄黎洲、我中孚三先生耳。雖未覯面請教，然而往來有問答，著述有傳佈，一字一句，都可取之以爲典型。曩有郭舍親每寄先生大稿，自其作古以後，聞先生之片言，亦難得矣。昨者附奉恩賜旋里詩，欲知僕爲林下人也，老而廢學，無敢言矣。承先生郵寄諸刻，千里如面，欣幸何如！竊窺其反躬克己，脚踏實地，異端曲學，不辨自除。讀至《家戒》，凛如也，僕亦不以不晤先生爲憾矣！《反身録》容另購。先生晚年珍重，吾道幸甚！

久聞老先生爲當代正人，私竊景仰；不謂老先生念切幽巖，屢勤注存，區區自揣無似，徒深愧悚！昔富鄭公致政家居，藍田吕大臨與之書，勸其以道自任，振起壞俗，鄭公納其言，多所倡導。今學術不明，士自詞章記誦外，茫不知學問爲何事。老先生急流勇退，從容於緑野之堂，區區敢以是言進，伏望力振正學，爲吾道作干城，在上則表正人倫於上，在下則表正人倫於下，所謂在朝在野，皆有事也。若優悠自適，留連於章句詩酒，以此耗壯心而消餘年，此碌碌者所爲，賢如老先生，知必不爾也。

答蔡溪巖隱君

來書云：

涇野先生每語人以「甘貧樂道，咬得菜根，百事可做」。夫子云：「士志於道而恥惡衣惡食者，未足與議也。」若於衣食分曉者，其亦入道之梯級乎？乞吾師剖示。

世人止因居食二端，不知張皇了許多精神，枉用了許多馳騖。若能於此處看得破，於此關打得過，則知「貧」之一字，原無損於性靈；惡衣惡食，原無妨於學道，瀟灑快樂，何等自在。周元公有言：「見其大則心泰，心泰則無不足，無不足故富貴貧賤處之如一。」陳白沙亦曰：「人惟覺，便我大而物小，物有盡而我無窮。」夫無盡者，微塵六合，瞬息千古，生不知愛，死不知惡，尚何暇銖軒冕而塵金玉耶？噫！學人果能見及此，則種種俗念，不待擺脱而自擺脱，而區區甘貧甘淡，又不待言矣。

答楊雪臣隱君

客冬，吴君濬長自都門以先生所撰《尋樂堂記》見寄，喜慰無涯。闡尋樂之旨，並及堯、舜、伊尹，方體用兼該，不墮一偏。合之以敬，庶學者當下知所從事，而致樂有由，痛快的確。發昔人所未發，乃天地間大文字、大議論，何幸借敝廬發之。此非弟一人之幸，實學術之幸也。謝謝！

答吴野翁

客夏，承寄文集全部，《易箋》十卷，文酷似韓、歐，《易》不讓來注。卒業之餘，吾無間然，惟今春所寄《明儒參訂》，與楊雪老《明儒偶評》大同小異，中間不無可商。縱一一至當歸一，毫無可商，推之南海、北海、東海、西海，千百世之上、千百世之下而準，亦與切己大事有何干涉！區區蚤歲，過不自揆，嘗欲上自孔、曾、思、孟，下至漢、隋、唐、宋、元、明諸儒，以及事功、節義、經術、文藝，兼收并包，勒爲《儒鑑》一書而細評之，俾儒冠儒服者，有所考鏡，知所從事，念非切己急務，遂輟不復爲。鄒南皐簡一友人云：「吾輩冉冉老矣，無論在外在家，各各收拾舊頭顱，求不愧天之所以與我者。自成自道，一真百真，口頭説得明，筆下寫得去，濟得甚事？」斯言深中吾人膏肓，僕常以之自警。今敢獻諸左右，覽畢不妨轉示雪老。

答吴濬長

門下道德經濟，江左僉推，年長於僕，巋然前輩典型；乃賢不自賢，忘年折節，問道於僕，甘心北面。疾病，爲之延醫；拙語，爲之刊布；瀕別，千里泣送；别後，時候起居，遥資兩豚以膏火之需。凡所以加意於僕者，靡不周至；即羅近溪之於顔山農，亦不是過。頃又爲先嚴徵詩以闡義，爲先慈徵文以記祠，雅誼肫摯，區區感入肺腑。顧暌離有年，晤言無由，每一念及，曷勝悵惘！兹令兄太史寄來尊札，承諭欲自燕入秦，迂道相訪，區區喜出意外，敬拭目以望。

又

鄭太學自江寧傳到華札，亟啓緘捧讀，知賢郎奮翮泮宫，弓冶克承。竊慶門户有人，門下德盛澤深，地方公舉，足徵直道不泯。乃好事多撓，蜮沙詭射，恨地隔吴、秦，不能效申胥之忱，其爲悵結，何可勝言！然涇陽先生於淮撫李三才一事，横罹群小之彈，處之自若，笑謂李曰：「老兄與我，被諸賢千磨百鍊，逼出箇真身子來，譬如赤金在烈焰中，借火之力，方見真色。諸賢誠有功於吾輩哉！」而景逸先生亦云：「君子有一分真精神，便受小人一分真磨難。大丈夫不如是，安能精光照耀千古。」自是而之，一段致命樂天光景，當不草草漫過，想高明於此，亦決不漫過也。

又

近代理學書，《讀書》、《居業》二録外，惟《馮少墟集》爲最醇。馮與顧涇陽、高景逸，同時開壇倡學，大暢宗風。顧、高學固醇正，然其集中猶多閒應酬，識者不無遺憾。馮集徹首徹尾，乾乾浄浄，粹然無瑕，方是醇乎醇，無論知學者讀之，不忍釋手；即平日絶不信學者乍見之，亦未有不曠若發矇。僕家藏一部，兹特遥贈，幸貯之延陵書院，與同人共焉。涇陽以文成「無善無惡」之言爲近佛，力駁之，以自標門户，而其《答諸景陽書》則云：「異時無常到日，不至喫閻羅棒，此時一蹉，永劫難補。」斯言若出文成，不知尤當如何操戈？而景逸之序《救劫感應篇》，試檢《馮集》中有此否？區區平日尊信顧、高如尊程、朱，然其立言不自照管，自相矛盾，吾人亦不可不以之爲鑑也。

答邵幼節

久不得門下字，心甚耿耿。每思兩郎蚤世，侍養乏人，晚景若此，其何以堪！然賢如魏莊渠、楊復所，晚景皆然，不獨門下爲然也。不知數年來，曾擇近屬置後否？噫！人生至此，百念那得不灰；世念愈灰，則道念愈真矣。一靈孤明，浩然獨存，終日欽欽，保此無價之珍而已，他非所恤也。

又

僕土室中人也，枯槁是甘，寂寞爲樂，灰心人事，絶意應酬。四方書問之來，非至不得已，未嘗輕答。兹所寄粤友來書萬餘言，以朱、王異同爲訂，用心可謂勤矣！然未免舍目前切己之實，而葛藤已往公案，替古人躭憂。本非至不得已，僕不欲饒舌，幸爲我善辭可也！

答徐斗一

客冬，接來翰并所著《易説》，知玩易洗心，造詣日精日進，區區喜慰無涯。蒙卦之解，條暢妥確，大有可觀。原册璧回，俟所解通完，當兼總條貫，細加商訂。生與斗一睽隔兩地，多歷年所，晤言無由，夢寐徒勞。承諭欲《易》解完日，親操至陝，然歟，否歟？果如所約，此生再獲一晤，何快如之。但恐究成空言，使區區徒增悵惘耳！

又

聞問不通數年矣，不知吾斗一近況若何？造詣若何？吾心甚耿耿也。前者書來，欲俟《易》稿通完，攜以入秦謁吾。彼時渴欲一晤，以話積懷，故復書望其必來；既而細思三千里長途，跋涉維艱，往返資斧，措辦甚難，西來之約，談何容易！能來則來，如不能來，不妨封《易》稿及他著，付貴郡城内開鹽店之三原盧修之，令其轉發，見稿猶見吾斗一也。然吾所望於斗一者，非區區著述之謂也。人生喫緊要務，全在明己心，見己性，了切己大事。誠了大事，焉用著述？如其未也，何貴著述？口頭聖賢，紙上道學，乃學人通病。篤實如吾斗一，知必不爾也。張立夫自題畫像云：「年已四十四，此理未真知。晝夜不勤勉，遷延到幾時。」今斗一之年，蓋不止四十四矣，其所以日夜皇皇者，吾不知其何如也。吾與斗一睽隔兩地，見面未能，心期有在，千萬努力，勿負吾望！

答陸介侯

曏養痾尊府，令先公以八旬名賢，折節問道，執禮甚虔，吾介侯朝夕趨蹌，恭侍湯藥，此情此誼，感佩不忘。今令先公九原不可作矣。今而後刻苦實詣，砥行礪操，惟吾介侯是望，己德不朽，令先公亦藉以不朽。此程太中、朱韋齋所以流馨百世也。介侯勉旃！介侯寄來所著《尚書彙纂必讀》，簡潔醒暢，諸同人見之，莫不擊節稱快，爭相攜去。生案頭再無副本，今後遇便，希多寄是望。

答張子邃

南北睽孤，雙魚稀闊，言念昆玉，何日忘之！憶昔戌亥之交，相聚盤桓，不可謂無意斯道。別來十六載於兹矣，不知於斯道果何如也？聰明不及於前時，道德有負乎初心，昔人蓋嘗以是興感，而吾曹得無近是耶？噫！老將至矣，究結何局，念及於斯，不覺惕然！願相與共勉之。

答王心敬

昨所論一一皆是，足徵聰明。諺云：「學道須要英靈子。」又云：「智過於師，乃堪傳授。」汝聰明過人，吾安得不喜，竭生平所藴而傳授之，舍汝其誰耶？顧聰明要須善用，用之反己自覷，洞識真我，方是真聰明。若明於識人，而暗於識己，卜度成性，明覺安在？李延平云：「二蘇聰明過人，天地間道理，不過只是如此。有時見到，皆渠聰明之發也，但見到處却有病。」今汝談論，凡有是處，亦皆聰明之發也。語雖無病，然縱語語皆是，千是萬是，終是舍己之田，而耘人之田，終靠不得一毫，無病亦是病。今而後須黜汝之聰，墮汝之明，昏昏冥冥，自覷自覓，務求終身靠得著者而深造之。識得王心敬，纔算王心敬，一識永識，一得永得，超凡入聖，其在兹乎！一念萬年，其在兹乎！

又

學須剥皮見骨，剥骨見髓，洞本徹源，真透性靈，脱脱灑灑，作世間快活大自在人，方一了百了。若不窺性靈，自成自證，徒摹倣成迹，依樣畫葫蘆，飾聖賢皮膚，爲名教優孟，後世有述焉，吾弗爲之矣。

答張伯欽

接來札，知刻苦實地做工夫，每晨向父母恭叩，區區喜慰無涯。夫君親一也，仕於朝者，每日必朝，以其食君禄也。食君之禄，猶不忘所自，矧身爲父母之身，反忘其所自，可乎？汝能如此，得子道矣。此在悖逆之子無禮於父母者聞之，必借口以爲此乃務理學而然；不思父母生我育我，顧我復我，晝夜劬勞，萬苦千辛，未寒而思爲製衣，未饑而思爲儲食，長成而爲之授室，竭盡心力，恩同昊天，此亦父母務理學而然耶？噫！父母存日，不能及時盡敬盡禮；一旦見背，雖欲刻刻周旋膝下，左右怡養，一日三朝，躬舁父母遊山玩景，何可得也！我寫至此，肝腸欲裂，涕下不能自制。嗟乎！李顒生爲抱憾之人，死爲抱憾之鬼，幽明咸無以自容矣。汝幸有親在，當及時盡孝，勉所未至，勿蹈我之覆轍可也。

又

覽所注《静坐説》，用心雖勤，似非所急。以成己言之，則自己既曉，只宜依其説實實静坐，何待自解自看。若欲示人成物，未有己尚未成而遽先成物者也。原稿不妨存之，且宜涵養。昔有人問耿楚倜先生以「天命之性」者，先生方欲訓解，其人曰：「意公自言其性耳。」先生爲之矍然。馮慕岡先生會友於白下，凝然相對，寂無言説。或曰：「馮公何無講？」客曰：「此人渾身是講。」此皆以身發明道理，而不尚詮釋者。兹拈以示吾伯欽。

又

昔袁閎棲土室，范粲卧敝車，雖骨肉至親，亦不相見；而我之鎖扉幽居，二三宿契之來，不免啓鑰晤言，破戒壞例，爲害不淺。年來自怨自憾，不但宿契漸亦體諒不來，即嚮學之士，爲學而來者，亦多不見。二月初，有著書立言之人，自天文、地理、禮樂、制度、兵刑，一一皆精研論撰，攜其所著全部，肅贄願北面受學，叩扉兩日，亦未之納。惟湖廣傅良辰、張君明，年未三旬，不遠三千餘里，徒步來學。其人本市井貿易之微，能學敦大原，我嘉其學知近裹，始啓鑰納拜。侍我浹旬，終日寂坐，迴光返照，保守所得之端倪，真機流盎，不貳以二，不參以三。略閲先儒格言數篇，少頃，隨即掩卷寂坐，蓋恐胸中端倪因閲書而或有散亂也。此方是篤於自修，真實爲己，特示汝知。

昔者陸象山之於楊慈湖，止是「是者知其爲是，非者知其爲非，此即本心」三言，❶慈湖言下大悟。顔山農之於羅近溪，亦只「知皆擴而充之」一語，近溪言下大悟。往者我答尊翁前後諸札，句句血脈，字字骨髓，合盤託出，洩盡祕密，視象山、山農之開發，不啻倍蓰。汝一向視爲泛常，不知鞭辟自認，空過歲月，以故學不見道，性靈未徹。兹老漢婆心不死，復示此帖，汝其勗之！

又

静默返照，要在性靈澄徹；性靈果徹，寐猶不寐，晝夜昭瑩，如大圓鏡。汝年來切實爲己，學雖精進，然只增得幾分知識見解而已，性靈尚未澄徹，内未凝一，故外鮮道氣，收攝不密，聰明盡露。昔人所謂目擊而道存，實未臻此，可不勉乎！須斂而又斂，如啞如癡，精神凝聚，斯氣象凝穆。凝，凝，凝，凝！

又

學道最怕因循，一涉因循，便成擔閣，將來終無所見，終無所得，終無所成。縱有所見，亦不過是從外而入，聞見之見，非豁然頓契，一徹盡徹之見；縱有所得，亦不過是日積月累填塞之得，非原泉混混，自得之得；縱有所成，亦不過是摹擬倣效，踐迹義襲之成，非超凡入聖，渾然天成之成。須勇

❶「三」，石泉彭氏本作「之」。

猛奮勵，立堅定課，每日静多於動，恭默寂坐，無思無慮，一念不生，則全體自現。至此，見方是真見，得方是真得。行住坐卧，終日欽欽，保而勿失，方是真成。勗哉小子，千萬努力！

答馬仲章

歸見仲章面，知仲章質慤；今閱仲章書，知仲章至性。嗟乎！誰無父母，敬謹承歡者誰？誰非人子，歉然自罪者誰？書内謂「幼時，父督之及時讀書，諄諄提訓，反以爲煩苦而不樂聞」，此病豈獨仲章，殆更有甚於仲章者。父在，漠不在意；父没，雖欲日日跽聽父訓，樂受父責，何可得耶？吾少而喪父，居恒每見人之有父者，未嘗不私竊感傷。今閱悔文，於我心有戚戚焉！文尾「謹身」之語，確是實實落落，存没無間的工夫。興言至此，已得要領，惟在黽勉無替，終始如一而已。

答王天如

來書疑「體用之有二致」，恐徒求諸文爲之末，而不本諸誠明之體。蓋以有天德，自然有王道，而唐虞之際，無書可讀，皋、夔、稷、契，不害其爲王佐齊治均平之效，卓乎非後世章句書生所能及也。顧今時非同古時，今人不比古人。以孔子生知之聖，猶韋編三絶，問禮於柱下，訪官名於郯子，垂老不廢研討。朱子謂：「盈天地間，千條萬緒，是多少人事；聖人大成之地，千節萬目，是多少工夫。惟當開拓心胸，大作基址，須萬理明徹於胸中，將此心放在天地間一例看，然後可以語孔孟之樂。」須明古今法度，通之於當今而無不宜，然後爲全儒，而可以語治平事業；須運用酬酢，如探囊中而不匱，然後爲資之深，取之左右逢其原，而真爲己物。若懼蹈誦《詩》三百之失，而謂至誠自能動物，體立自然用行，則空疎杜撰，猶無星之戥，無寸之尺，臨時應物，又安能中竅中會，動協機宜乎？此不學無術，寇忠愍之所以見惜於張忠定也。故「體」，非書無以明；「用」，非書無以適。欲爲明體適用之學，須讀明體適用之書，否則縱誠篤虛明，終不濟事。以茲吕新吾先生《論士説》一篇寄覽，亦足以知空軀殼，餓肚腸，究無補於實用分毫也！前者所論知覺、存養、省察等説，乃一時有爲而言，原非定論。

來諭得之。人争一箇覺，能覺，則虛明融徹，洞識真我；不覺，則昏惑迷昧，痹麻一生。能覺則爲賢爲聖，不能覺則爲愚爲狂。若夫行矣而不著，習矣而不察，終身由之而不知其道者，皆不能覺也。即「仁者見之謂仁，知者見之謂知」，意見一偏，滯而不化，皆不足以語覺之大全。存養於未發之前，省察於已發之後，勿忘勿助，日新又新，則主人惺惺，此即兢業本體，又何虛無矯制之有？

都門行止，幸見諭以慰懸切，或出或處，咸宜善養。静養之餘，日用功課，當以萬物一體爲心，明學術、正人心爲念，隨機開導，使人知畏天檢身，悔過自新。即此便是「爲天地立心，爲生民立命」。世有自私自利之徒，竊養晦之名，闔其身而并闔其言，無補於世道人心，便與天心不屬，是自絶於天矣。願以爲戒，餘不悉。

又

以心觀心，乃學問用功之要，高明廣大之域，必如此，方可以馴至。始也，以心觀心，久則無心可觀。夫觀心而至於無心可觀，斯至矣。若謂墮落方所，舍心從事，不淪於空虛莽蕩，便滯於邊見方所，而千古聖賢用心存心之訓，皆賸語矣，可乎？況以心觀心，直從「無極太極」而入，即本體以爲工夫，此正不墮邊見，不落方所。否則，雖欲不墮邊見，不落方所，何可得也？此復。

卷十七

書二

鄠縣門人王心敬摭次

報鄂制臺

僕本庸謬無似，明公不察，誤採虛聲，聘主關中書院講席。三辭不獲，冒昧從事。過承躬迎，屢辱左顧，僕非木石，寧不知感？所以不敢一詣憲轅謁謝者，實以生平安丘壑之分，未嘗投足公門，今若一旦破例，有負特達之深知，翻辱闡幽之盛舉，則其爲罪大矣！肅此鳴謝，伏惟鑒原。

報阿撫臺報三司道府兩縣同

屢辱枉顧，惶愧殊甚！僕庶人也，庶人無入公門之禮，倘不以禮自處，明公亦何取於僕耶？是以逡巡不敢報謁，賢如執事，必蒙鑒原。

答阿撫臺

承餽金數鎰，惠恤良至。僕璧謝再四，非敢矯情，實以辭受一節，乃人生操履所關，若隨來隨受，則生平掃地矣。且明公加意於僕者，以僕能安貧也；安貧而受金，則僕之安貧何在？以故不避方命之嫌，仍用返璧，萬惟垂察是幸。

上鄂制臺

明公以國家太平之業，必先於正人心，故思得碩儒以振起斯民，而又急無其人，不得不禮從隗始，誠吾道之中興，而生民之大幸也！顧僕實非其人，適以重爲斯文之辱。前者三辭不獲，靦顔應召，兩赴書院。言無可聽，行無可取，中夜自思，既負明公下問之誠，兼愧朋友琢磨之益。方欲束身告退，肆力耕耘，忽聞愚賤之名，上塵睿覽，驚魂欲墜，俯仰難安。自拜辭抵家，即染寒疾，歷久不痊，遂至右足不仁，艱於步履。夫薦賢者，國家之大典，豈容以廢疾之人，濫膺宸命哉？況今接對賓客，皆倚杖而行，猶或顛躓，其必不能舞蹈丹墀也，不待問而可知矣。伏乞明公格外施仁，代爲題覆，使病廢之人，得以終安畎畝，則始之終之，其恩皆出於明公矣。若以前疏既上，後難復請，是甚不然。歷觀前代盛時，凡徵辟不就者，皆傳爲美談，而誦薦舉者之知人；其有出就一職，名實俱喪者，往往取笑於當時，貽譏於後世。此前事之已驗，然則明公今日，寧傳爲美談乎？抑爲人譏笑乎？二者當知所擇矣。

又

前書已揭愚衷，而憲臺未察，又蒙鈞諭下頒。僕撫心自思，實非敢以退讓爲高，而拂憲臺爲國家起賢之至意也。夫事當權其輕重，而慮其始終。僕今日者，廢疾家居，負朝廷旁求之意，其罪猶小；異日者，名喪實忘，使天下咎憲臺無知人之明，且爲國典之辱，其罪甚大。不自知恥，應召而行，始之也甚易；以身事主，無忝所學，終之也甚難。故僕寧擇其輕，而不敢爲其易也。在憲臺之意，以爲僕雖不能有益於國家，亦不至有負於大典，而以僕計之，則甚不然。竊觀古人學真行實，尚受謗於當時，往往困辱其身，況僕草野愚蒙，本無學術，即使之應對殿廷，亦且言無倫次，群起而非之，殆不可以屈指計矣。僕固不足惜，獨是憲臺明無不照，而爲僕一人所累，致有不知人之譏，則雖擢僕之髮，又烏足以贖其罪哉！此僕之所以擇其輕而辭其重，圖其始而即慮其終，非特爲僕一身之計，實所以爲憲臺計、爲國家計者，至悉而無以加也。如猶不獲所請，即當以死繼之，斷不敢惜此餘生，以爲大典之辱也。存没之誠，言盡於此。

辭徵

顒少失學問，無他技能，徒抱臯魚之至痛，敢希和靖之高踪！不虞聲聞過情，上徹宸聽，部檄地方起送，蓋曠典也。顒何人斯，敢辱斯典！若謬不自揆，冒昧奔趨，是借終南作捷徑，可鄙孰甚！有士如此，朝廷亦安用之？況顒近因汗後中溼，宿疾頓發，左足麻木，不能步履，豈堪遠涉長途，趨走拜舞，對揚丹陛也。伏望矜鑒，特爲轉達，曲成石隱，使顒不至狼狽道途，自速其斃，佩德頌仁於無窮矣！

又

竊惟朝廷之所以崇幽隱、嘉恬退者，原

藉以砥囂俗、息奔競也。假令顒康健無恙，猶當仰體朝廷美意，益堅素守，終其身萬萬不敢出户一步，以成朝廷激勵廉恥，保全石隱之盛德；矧顒中年蚤衰，宿病時發，輕則連旬，重則彌月，近又左足不仁，不能動履，若使狼狽長途，性命必且難保，辱盛典而貽口實，非所以昭示天下後世也。歷觀前代隱逸，凡屢徵不起，咸賴當事爲之善言題覆。今大憲慷慨倜儻，樂成人美，殘疾如顒，必在所矜憫，伏望始終玉成，曲垂保全。録顒前後辭牘，據以達部，免致薦頒敦促之命，益重至再違戾之罪，顒刻骨銘心，終身不敢忘施也。

又

顒前曾兩次陳情，意謂業已達部矣，乃猶未蒙矜鑒，督促愈嚴，惶悚踧踖，莫知所措。顒外雖有虚名，内原無實學，千破萬綻，素鮮寸善。是以審己量力，死不敢謬膺盛典，以傷朝廷知人之明。重以迍邅多病，呻吟牀褥，夢幻泡影之身，諒亦非久。緣是百念俱灰，毫無身外之想，又安能以奄奄待盡之息，出逐風塵之苦，自速其斃耶？伏望特垂洪造，曲賜保全。備録顒前後辭牘，據以達部，庶部中知地方督促之殷，區區辭謝之堅，得以據情具題，誤恩不至再降。顒也不材，敢忘保全之仁？

又

顒於客歲九月中，因中溼成足疾，不能動履，已具情上控。乃自今歲正、二月間，緣去冬所服攻伐之劑過多，冬蘊春發，又增痰火，周身疼痛，徹夜難眠，雖視息無恙，而元氣索然。醫經屢易，藥罔奏功，遂成沈痼，傷心自憐，醫鄰俱在，豈容假託！懇乞執事俯憐病軀，據實轉申，則顒有生之年，皆戴德之日也。

又

顒本庸謬無似，蒙朝廷過信誤薦，垂眷至再，心非木石，寧不悚感。即欲匍匐詣京，一覲天顔，顧病勢日甚一日，萬難勉强。始則惟患足疾，近又增以痰火，徧身疼痛，度刻如年。耳聵目眩，時常昏暈，疲癃支離之狀，難以盡述。療治百方，卒未見效。因思顒之先人祖父、伯叔，咸以是疾畢命，顒亦何能得久？自去冬卧牀，纏綿至今，不扶不動，儼如眠尸。若力疾就程，勞頓致殞，委骸骨於旅次，貽天下以口實，曰：「朝廷以隱逸待李顒，而李顒爲隱不終，扶病趨榮，自速其斃。」失朝廷獎恬退、息奔競之初意，顒死有餘辜矣！爲此瀝血哀鳴，伏願具情申憲，轉籲皇仁，憐顒篤廢，容顒養疴，以昭朝廷保全石隱之盛德，未必非大典之一光也！伏枕口占以請，無任激切懇禱之至。

又

顒一介草莽，叨沐温綸，使非廢篤，敢不力趨召命？不幸素染風痺，不時舉發，今歲增劇，竟致兩足不仁。始則跬步難移，繼而伏牀不起，醫藥罔效，一息僅存。昨已陳情本縣，詳達仁天，隨蒙憲駁。顒憂惕愈增，即使身膏道途，不幾有負盛典。懇祈垂恩，廣仁人之施，俯准轉達，俾顒跧伏田里，長爲堯舜之民。倘餘息獲延，世世徼二天之造矣！

康熙癸丑，督撫以「地方隱逸」薦，此其辭牘也。康熙戊午，部中以「海内真儒」薦，先生長卧不起，長君伯敏爲之上下力控，詳具别册。

答四川周總督

承迂途相訪，折節榻前，位高而心下，非慕道誠切，何以至是。昔王文成官刑曹時，迎蔡蓬首於署，以禮請問，蔡曰：「尚未。」頃之，至後亭，再拜請問，蔡曰：「尚未。」問至再三，蔡曰：「汝後亭禮雖隆，終不忘官相。」今公之於僕，可謂忘官相矣！

僕感公摯誼，業已饒舌。兹接來翰，勤勤懇懇，復以「入門下手」爲問。夫入門下手，無他祕密可拈，惟在從自己心上隱微處查考，安身立命處著急，日用立身行己處痛自檢束。目前戎務殷繁，莫非鍊心之藉。象山掌庫三年，學問大進；王文成謂「除了人情事變，别無工夫可做」；湛甘泉論「爲學喫緊之要，只在隨處體認天理」。若必待戎務有暇，而後整肅身心，料理工夫，則是閒時操存，忙時放過，心隨《法華》轉，非是轉《法華》，夫豈「造次必於是」之謂耶？故必不論有事無事，閒時忙時，隨在提撕，終日乾乾，無事恒若有事，有事行所無事。立身行己在此，安身立命在此。鄙言已盡於此，再晤之諭，不敢聞命。

僕杜門謝客，宴息静攝，願公見愛以德，相亮以情。詧其已同袁閎，去矣無忝吾事，則曲成之雅，銘佩不忘。此復。

又

阿太守書來，述公口諭，謂：「自撫山左時，即聞名渴慕；及督兩廣，日與廣中二三賢紳，共佩教言，寤寐思服。昨獲登龍，深慰十年立雪之願。請益方始，乃咫尺不獲再侍函丈，豈誠有所未孚，而根器駑下，不堪鞭策乎！」僕讀之，不覺顔忸怩而心悚懼，幾無以自容。

夫真正闇修之人，洗心藏密，雖鬼神不能覷其微，況人乎！僕之浮名遠播，正是洗心不密，人得而窺，轉相告語，譽過其實。其名彌張，其罪愈大。識者方當憐憫，何可誤信虚聲，以傷知人之明。鄙説流於廣中，不知出自何人。迂腐之談，不足當明眼人一噱，而公嗜之若飴，嚮僕甚篤，自非根器過人，天性樂善，安能如是。僕所以啓户一晤知己，而不敢覥顔再晤者，實以閉户之人，數啓户以接顯貴，閉户之謂何？公愛我者也，愛我則必思所以成我，豈可令僕閉户不終，壞例以開紛紛之端耶！況僕言苟可採，採其言如晤其人，不啻覿面討論；若言無可採，則雖日相晤對，奚益也？直布腹心，千萬原亮。

答建威將軍

屢承誤愛，感荷無涯。兹又蒙垂注，惠貽種種，自揣病廢如僕，何以得此於麾下哉？在將軍行之，固爲盛德；在僕受之，則爲非義。僕生平百不逮人，惟於辭受之節，頗知自慎，若并此一失，將軍亦何取於僕耶？今後乞全愚守，惠無再貽，則僕也拜賜多矣！肅此報謝，臨風如見。

答許學憲

世道隆污，由正人盛衰；而正人盛衰，由學術明晦。故學術明則正人盛，正人盛則世道隆，此明學術所以爲匡時救世第一務也。顧明學術，不在標宗立旨，别樹門户，只在就士所習，表章四書。今夫四書之在天下，家傳户誦，童而習之，白首不廢，解者積案充棟，本自章明，何待表章。噫！正惟家傳户誦，人人共習，而所習之得失，實世道生民治亂安危、善惡生死之關。有心世道者，誠就其所習而挽其失，救其積習，起其痼疾，令其反諸身，見諸行，是乃所謂表章也。

又

《反身》拙録，乃僕師弟子一時商證之談，不謂使君遽以災木，僕方私竊跼蹐，忽接來諭云云，愈令人駭愕。此書止期私下同病相憐，對證投劑，以「反身」二字，與同人相切砥；若一經進呈，適滋多事，不觸嫌招忌，則搜山熏穴，僕將不知其所終矣！不知使君將何以爲我謀耶？幸寢斯念，曲垂保全，俾僕永堅末路，庶不貽羞知己。此復。

又

督學，學術之宗，人才風教所從出也。以正學爲督，則人以正學爲尚。學正則心正，心正則立身行己無往非正。正人多，而後世道生民有所賴。薛、陳、耿、周諸公之提督學校也，先本後末，咸以倡明正學爲第一義。當是時，士謹繩墨，人崇禮教，各往往格物以窮理，居敬以反身，二者並修。日充月著，雖中庸之流，亦奉訓承式不敢悖；風聲所鼓，即閭巷父兄長老，亦知誦説古誼以自淑。故風習最淳，言純師、行純法之儒，後先輩出，或出或處，咸有補於世。嗚呼盛哉！其諸公風厲之實，謹揭其略於左：

薛文清公督學山東，教人一以朱子《白鹿洞規》爲式。所至誘掖獎勸，備極勤劬，爲一時督學使者之冠。

陳恭愍公督學河南，念學者不修實行，而競爲浮詞取科第，力欲變其故習，訓生徒一主於躬行。所巡歷不居公府，宿於學宮，端默危坐以率之。已而徐行諦視，周旋磬折，絃管豆登，洋洋翼翼。比入夜，齋館燈燭如白晝，討論之聲鍧然。公時以二燈前導省勸之，人人競奮。其教人必本於朱文公《小學》，以達於四書、五經、《性理》、《通鑑》，諸生翕然乎化，畏信如神明。既去，思之如父母，相與誦義不休。

耿天臺公督學南直，毅然以斯文爲己任，隨機立教，多方開發。由其内者，公爲之推離還源，相與踊躍，如寐得覺；由其外者，公爲之易辟就裏，相與浣濯，如疾獲痊，摩蕩鼓舞，天機自暢。是時，部内樵者朱光信、陶人韓樂吾及田夫夏雲峰稱「知學」，公皆極力敦禮表章，爲多士風。

周海門公督學廣東，嘗謂「學之不講，聖人爲憂」，此非特爲經生學子言，實經世宰物者之所不能外也。學無地而可離，則講無時而可輟；天下無人不可以學，則亦無人不可以講，況正在所統之諸生乎！於是巡歷所至，諄懇敷宣，移檄郡邑，到處提撕。當支離困敝之餘，直指本心以示之，學者霍然，如梏得脱、客得歸，始信人性之皆善，而箇箇心中原自有仲尼，士習爲之一變。

許敬庵公督學陝西，巡歷所至，首勗生儒以學，集衆講貫，每至夜分。幕賓或規其過勞，且曰：「校文足矣，何以講爲？」公笑曰：「如此則是督文，非督學也。」講勸愈力。見人之善，多方接引。闡幽隱，表節義，美政犂然。校士畢，旋省，則闢正學書院，拔郡邑諸生之俊乂者於中，朝夕提誨。自勞來至於振德，有等有序，仍申儀節，嚴盟約，頒行各庠，俾各立會會講。他若習公元山之督貴陽，魏公莊渠之督嶺南，蕭公鳴鳳之督京畿，宋公儀望之督八閩，亦皆敦本尚實，勤於訓迪。迨昌、啓以還，柄其任者，無復此風，以致士自詞章聲利之外，不復知學問爲何事。日趨日下，而孔孟身心性命之學掃地矣。振鐸音於絶響，曉長夜而覺之，端有望於今日也。伏願使君凡至會所，下學之日，勿拘掣簽講書故事，一以理學爲多士倡。諸生中有器宇不凡、識度明爽、議論精簡、發揮入理者，假以顔色，優以禮貌。仍令教官及地方各舉所知，明注某生理學有名，某生材堪經濟，詳列所長，衆論僉同。俟試士畢，問以學術，策以時務，觀其所答優劣，拔録而面察之。如果表裏允符，卓然不群，則格外優異。奬一勵百，風聲所届，自然士知嚮往。

表章先哲，所以風厲後進。蘭州先哲段容思先生諱堅，以理學開先；秦州先哲周小泉先生諱蕙，奮迹戍卒。鳳翔先哲，在成、弘間，則有張默齋先生諱傑；昌、啓間，則有張鷄山先生諱舜典，並倡學明道，爲世真儒，流風餘韵，於今爲烈。其祠宇不知尚存與否？伏願移檄查訪，存則令地方以時修葺，無則禮以義起，不妨勉其設處創舉。如力有未逮，不能三楹，即一楹亦可以棲神，稍存眉目，以成地方勝跡。興賢崇德，古今令典；旌貞表操，學政首務。其有造詣不凡，道德著聞，或孝弟孚於鄉邦，節操人所共欽者，察訪的確，大則式廬，小則行獎。

鞏昌府秦安縣有已故高士蔡啓胤者，人稱爲溪巖先生。隱居不仕，閉户闇修，孝友之行，淵源之學，西方人士仰爲楷模。十餘年前，以事親成勞，先親而卒。臨卒，扶掖再拜辭親，依依不舍，囑家人斂以麻冠斬衰，以己不獲送終故也。卒之日，遠邇悼歎，如喪私親，其德化入人之深如此。胞弟啓賢，亦言動不苟，品望素隆。胤子生員蕃，忠信朴茂，力田敦倫。可謂滿門孝弟，一家三代。下邑有士如此，可以風矣，宜思所以表之。

以上，皆學政所關。正人心、昭風猷，於是乎在。他學憲不皆如是，而使君獨如是，雖欲不謂之空谷足音，不可也。然歟，否歟？統惟憲裁！

又

接翰示，知慨納鄙言。臯蘭、天水諸儒先咸經表章，此百年以來學政之僅見也，執事於是乎加人一等矣。承詢關中理學書可以進呈者，將以進呈，味衆人之所弗味，闡衆人之所弗闡，使理學一脈不至落寞，大君子之作爲，超於尋常萬萬矣！横渠書無未刻秘本。其板行之書，《西銘》、《正蒙》列於《性理》；他若《理窟》、《易説》、文集之精確者，散見《性理》，已經前代表章，無容再贅。横渠之後，諸儒著述，惟吕涇野、馮少墟足以繼響，雖未洞本徹源，上達性天，而下學繩墨，確有發揮。吕之遺書，如《四書因問》、《史約》、文集，未免散漫，惟語録議論篤樸，切於日用。馮之全集，與薛文清《讀書録》相表裏。馮與東林顧涇陽、高景逸同時鼎足倡道，領袖斯文。顧、高學固醇正，然其遺集中閒散作，猶未脱文字氣習，兼多閒議論、閒應酬，往往越俎而談，旁及世故，識者不無遺憾。馮則詞無枝葉，語不旁涉，精確痛快，豁人心目。如欲進呈，無過是書及涇野語録，抑區區尤有商焉。

吕、馮二集，理學之書也。理學、經濟，原相表裏，進呈理學書而不進呈經濟之書，則有體無用，是有裏而無表，非所以明體適用，内聖而外王也。經濟書，《大學衍義》而外，莫切於吕氏《實政録》，言言痛切，字字喫緊，讀之令人躍然擊節。其書固板行有年，然真知而實好之者，寥寥無聞。亦猶《孟子》，漢唐以來雖已行世，不過私相傳習；至宋，程、朱始極力表章；明興，載入令甲，朝野始翕然崇尚。今誠乘詔求遺書，特疏上聞，請照康熙十二年頒賜《大學衍義》於各省大臣例，以《實政録》通飭天下督、撫、藩、臬、道、府、州、縣各衙門，俾各倣此修職業，勤政務，以圖實效。處處有快心之美政，則處處蒙至治之厚澤，三五熙皞，不難再見於今日矣。然是録止可以飭外吏，而非所以端治本。絳州辛復元所著《衡門芹》一書，卷首治本三綱，實探本至論，致治良畫，宜并進呈。鄙見如斯，統惟酌奪。

又

關學不振久矣。目前人物：介潔自律，則朝邑有人；孝廉全操，則渭南有人；風雅獨步，氣誼過人，則富平有人；工於臨池，詞翰清暢，則華陰有人；其次詩學專門，則鄠塢、郃陽、上郡、北地、天水、皐蘭亦各有人。若夫留意理學，稍知斂華就實，志存經濟，務爲有用之學者，猶龜毛兔角，不但目未之見，耳亦絶不之聞。提倡振興，是在執事。聞試竣旋省，將集俊乂於關中書院，立會論學，如果見之施行，須以明體適用爲導，俾士知務實，學期有用，異日德成材達，不忘淵源所自。

又

承侍御許西山先生以所著見貽，開緘捧讀，見其根極理要，不覺斂衽。既而又得先生《答無錫秦赤仙書》，益悉先生之學，以「顧諟天之明命」爲宗旨，以告天盡倫爲日課，有頭腦，有夾持，與世之學昧本原而功鮮實際者，不可同日而語。三復之餘，私竊景仰。第土室中人，素不通京國之書，賢如先生，亦必貰我土室中人。希使君附便叱致是荷。

又

關中之學，横渠先生開先。郿縣横渠鎮乃其故里也，先生生於斯，長於斯，老於斯，葬於斯，則橫渠之爲橫渠，亦猶曲阜之闕里，英靈精爽，必洋洋於斯。宋明以來，建有橫渠書院，春秋俎豆，以酬功德。萬曆、天啓閒，當事之政崇風教者，嘗加葺修。今年久傾圮，僕竊歎息。按二程、朱子書院之在洛陽、建陽者，地方以時葺修；此院之廢，獨無人過而問焉，好尚不同故也。幸遇執事，加意關學，敢以爲請，伏願量捐冰俸，亟圖修復，明振風猷，默維道脈，所關豈淺尠哉！

又

昨承枉顧，面敘積懷，事關風教者，業已罄竭。別後寄來鷄山先生刻書遺稿，第四日即已卒業。集中多洞源達本之談，發關學所未發，可謂近代真儒，關中先覺。以地僻遂致失傳，今得使君表章，俾蕪没餘名，託以弗墜，百二河山，實與有榮施矣。《致曲言》既欲板行，謹擇其尤切而不泛者請教，倘以爲可，幸勅筆吏另謄成册，附一二尺牘之醒快者於後，同《明德集》，題曰《張鷄山先生語要》。梓成，當勉遵台命，略弁數字於前，發明使君表章至意。

答董郡伯

歲序更新，敬賀新節，抑鄙衷竊有願焉。願公乘青陽布令，景運維新，一新政治，益崇令德。政務有暇，閱《實政録》、《衍義補》、《資治通鑑》，可以敷求典刑，濬發神智，其受益當日異而月不同。每日思此生一過，再有此生否？少壯一過，能再少壯否？思則惕，惕則不容不及時勉圖樹立，以隨俗浮沈、碌碌無所表見爲可恥，以千秋豪傑、天下第一流自期待。從來世上官宦如麻，其間有彪炳天壤，垂芳無窮，有泯沒無聞，與草木同朽者，此非關區區爵位之崇卑，特在乎能樹立不能樹立耳。英毅如公，足以有爲而可望樹立者也。故不避唐突之嫌，不恤迂腐之誚，冒昧附此，聊效工瞽之誦，伏惟鑒裁。

又

公邇來遭際，蓋莫非命也。公信命者也，信命則必安命，一窮通，齊得喪，泯順逆，語言動作，不失常度。況真正大英雄，居恒無異於人，惟遭大變，遇逆境，安閒恬定，一如平常，規模器局，自是不同。公今有此遭際，斯亦藉境徵心，動忍增益之一助，知公於此，決不漫過。

又

公兩臨荒廬，瞻禮先慈遺像，閔先慈生前貞苦，特捐冰俸，委高縣丞督工葺修祠宇。區區踧踖不安，曾與高縣丞言過，止以前銀蓋捲棚，葺門房，治垣牖，砌甬路，惟整飭祠内而止，祠外建坊之舉，不忍復以爲累。不意公當多事艱窘之際，復發坊價於高丞，區區愈難爲懷矣！肅此報謝，臨緘涕零！

又

前代諸名儒，凡建書院講學者，没即以書院爲專祠，崇祀於其中。關中書院，萬曆閒當道諸公爲馮恭定公少墟先生講學建也。講堂六楹，左右各爲屋四楹，皆南向若翼，東西軒各六楹，前爲院門，堂後爲中天閣，以奉先師像。及先生没，撫軍劉公會同巡按并在省各官，將書院更爲先生專祠，設先生木主於講堂，永爲禴祀之所，大書「馮恭定公祠」五字，額其院門。祠記，三水文太青撰，碑竪門側。後經明末之亂，堂屋軒舍摧毁，僅存堂後一閣，權寄木主於閣下，聊奉蒸嘗。康熙甲辰，葉郡伯承賈撫軍意，重建堂屋軒舍，焕然一新。舊院門止二楹，至是搆爲四楹，覆碑門房外，更拓而大之。又闢精一堂六楹，東西廳各六楹，號房二百楹，前爲二門四楹，又前爲大門四楹，門外建坊，榜曰「關中書院」。門内兩旁，又爲東園西圃，各構齋舍廚垣，規模宏敞甲天下。工竣，拔所屬各庠秀士，餼養於中。聘僕切砥，力辭未應。癸丑夏，鄂督臺又再四敦延，不得已而後應。至則覩講堂所列祀位，混同帝王建學崇祀古先聖帝明王之制，私竊駭異。雖曰「敘道統」，然敘道統而敘之於前無祠宇、後無先師之書院則可，敘之於前係專祠、後有先師之書院則不可。區區有慨於中，而未遑言。既而學憲洪公集衆會議屏去，安設張子木主，殊不思張子郿縣原籍自有專祠，其鳳翔本郡，自有横渠書院，武功又有緑野書院，蒲城、三水、臨潼俱有祠宇，專祀張子。先生止有此區，此外再無别祠，乃以先生講學之堂，安設張子，安在其爲馮恭定公專祠耶？

亟擬致書洪公改正，會洪公離任弗果，耿耿於衷，十三年於兹矣。夏初，承執事枉顧，僕首以斯舉瀆告，業蒙面俞，今特備述顛末上聞，以便集議改正，擇吉移先生木主於前，以先生生前講學之堂，止一專祀先生，則其英靈精爽，必洋洋於此，實天理人情之至。左翼，宜題爲「報德祠」，以祀明右丞汪公、廉憲李公、憲副陳公、學憲段公、以上諸公鼎建書院。榆林撫軍涂公。曾捐俸爲書院置學田。葉郡伯雖非循良，而一力重建書院，有足多者，君子不以人廢功，當并祀以報之。右翼，則貯藏祭器，其張子木主，移之堂後閣下，而以《關學編》所載關中繼張子而興之理學諸先哲，在宋元如藍田四吕，武功蘇季明，三水范巽之，高陵楊君美、楊元甫，乾州楊焕然，華陰侯師聖，奉元蕭維斗、同寬甫、韓從善，蒲城侯伯仁，涇陽程悦古；在明如蘭州段容思，鳳翔張立夫，秦州周小泉，咸寧張大器、李介庵，渭南薛思庵、南瑞泉，高陵吕涇野，三原王平川、馬谿田，朝邑韓苑洛，富平楊斛山，涇陽吕愧軒、郭蒙泉，藍田王秦關，岐陽張心虞從祀，方成會城書院典制。

或曰：「若是，則先生仍失其所以爲專祠矣。」曰：先生正位於前堂，儼然自成其爲專祠。而張子則奉之先師閣下，使學人釋菜先師者，并獲景行關中從前諸名賢，亦先生生前著《關學編》表章先哲之初意也。抑區區尤有請焉。關學一脈，張子開先，涇野接武，至先生而集其成，宗風賴以大振。乃張子祠之在郿縣、鳳翔、武功諸處，及涇野祠之在高陵者，俱是塑像，獨先生至今尚未塑像，往來書院者，無所瞻仰，殊爲缺典。按嘉靖時，巡鹽御史洪覺山，捐俸爲泰州布衣王心齋搆東淘精舍，俾聚徒講學，没即祀於其中。既而督撫耿叔臺，又另闢崇儒祠以祀，並係木主。至萬曆中，揚州推官徐躍玉始爲塑像，規制始備。區區之心，亦願執事向先生後裔索其所遺畫像，妙選良工，補塑以成盛舉。像成之後，確訪先生彼時及門高足，拔其造詣淵粹、品望素隆者，置主於側從祀。以僕所知，絳州有辛復元者，嘗受學於先生，著書體道，朝野欽仰，爲三晉真儒，宜置主如四配例配享。他若長安祝副使萬齡，闖賊陷城，肅衣冠入書院，拜先師及先生畢，自縊於側；三原前休寧党知縣還醇，臨難不屈而死；焦中丞源溥罵賊，支解而死：皆不愧師門，均宜列之從祀者也。仍取張子從祀諸先哲及先生從祀諸高足生平行實，略撮其要，每人無過二百字，揭之各人木主背後壁閒，庶往來書院者，一舉目而知其履歷，爲勸不淺。若夫精一堂屏，宜大書先生當年講堂屏上所揭「綱常倫理要盡道，辭受取與要不苟」原語以明宗。東西兩壁，用木榜刊先生《善利圖説》及《做人説》、《講學説》示人。事竣之後，編次書院興廢事蹟，及今日舉措之實，以爲《關中書院誌》，以垂永久，與江西白鹿、湖南嶽麓、新安紫陽、毘陵東林四書院誌并炳天壤，亦一快也。鄙見如斯，統惟酌奪。

又

蒲城縣已故高士王化泰，同州已故高士王四服、白焕彩、孝子党湛，皆郡中人物之傑出者也。其在同州者，三年前，西延督捕同知郝公諱斌適署州事，僕曾寄字託其表章，郝公即一一豎碑墓前，躬親致祭，情文兼隆，遠邇翕然，傳爲美談。獨蒲城王化泰，僕與其縣宰不相知，無由寄字。今遇公政崇風教，敬以之上聞，伏望檄該縣官吏，豎碑墓前，大書「理學高士王省庵先生之墓」以表之，亦激勵頹風之一舉也。

與周星公太史

弟閉關養痾，久已與世暌絶，灰心槁形，兀坐待盡，而耿耿不忘者，實以學術不明，人失其心。深望海内大有心人，提唱救正，力障狂瀾。海内同志，固不乏有心人，而同鄉之中，可望以留意斯事者，實惟台臺一人，故於台駕起服入都之初，曾以爲祝。近閲《縉紳》，知出守南康，區區喜慰無涯。蓋南康乃朱子過化之地，白鹿書院爲宇内第一講學名區，知必似續前徽，倡導風勵，以化育爲功課。土室病夫恨不能目擊其盛，竊願遥聞其盛，凡舉行次第，并書院舊誌，幸詳示以慰遠懷。居恒服慕吴康齋《日録》，深以未覩全集爲憾，崇仁雖非屬邑，然貴郡爲理學之鄉，多有其書，煩轉覓見惠是望。

又

聞督蜀學，弟爲之喜而不寐。非以督學爲台臺喜，實以台臺素以倡明正學爲心，既柄此任，得以爲所欲爲，巡歷所至，必以明學術、正人心爲第一義，使多士於詞章記誦之外，知所從事，則台臺大有造於西蜀，無異薛文清之振鐸山左，快何如也！貴部射洪縣有楊愧庵者，諱甲仁，其學不事標末，直探原本，見地卓越，遠出來瞿塘之上，弟所欽服。瞿塘雖河漢其言，高自標詡，然細讀其《日録》、《全集》，於學實無所得。彼時學使郭青螺尚極力表章，況此君言言透髓，學有心得乎？竊謂好賢如台臺，不知曾會其人否？如其未也，幸物色之；如或已故，亦宜表章以光學政。此聞。

與高陵許明府

僕素仰慕吕涇野先生，昨因赴同州講會，道經貴治，進城瞻禮先生遺像，覩廟貌摧圮，不禁嘆息。承明府聞風枉顧，雅誼殷篤，輒不自揣，敬以捐俸修葺爲懇。往者，當事奉部文裁革冒濫書香，并先生六世孫衣頂，亦在革中，此未悉先生之賢故也。望鼎力具文申復，俾世世相承弗替。夫表揚先儒，振起後人，乃守土者之責，執事之素心，自不待僕言之畢也。

答張提臺

昨台諭謂閩學不振，僕讀之不覺有感。噫，豈獨閩學不振，關學之不振，殆有甚焉！閩中目前牛耳斯文，守先待後，身繫道統之重者，固未之聞；然絶跡紛囂，潛心性命，操履堅卓，動有準繩者，所在猶不乏人。而閩中則難言之矣。安得當事者，心同台臺之心，樸棫作人，砥柱波流，於人心剥復之交，使後火前薪，似續一線，不至當今日而落寞，其大有造於閩中爲何如耶？台臺欲到閩振興理學，表章名儒，此閩中之幸也。此行所過地方，如有理學名儒，雖非提封之内人物，亦不妨隨在造訪，以昭緇衣之好。常州南門内，有處士楊雪臣先生諱瑀者，理學真儒也，絶意世務，羈足衡茅。二子昌言、文言，并學詣淵奧，華實兼茂，亦皆隱居不求仕進。父子著書體道，士林欽崇。台臺舟從南門外過，謂宜維舟片時，進門造訪，以快心型。二子之中，倘感其一，邀以同行，朝夕款聚，其裨益身心機務匪淺。又蘇州有徐法昭諱枋，吴中高蹈，當推獨步，亦不妨就便一晤。此復。

答岐山茹明府

昨公與小兒從容浹談，論及某某及某，有云：「三君雖皆闢陽明，而實不知陽明；雖自謂尊朱，而實不知所以尊朱。」小兒歸而向僕備述，僕聞之不覺驚異。憶昔承顧，竊見丰姿秀山，議論英發，私心以爲器識過人。及宰岐下，遥聞理煩治劇，游刃有餘，私心以爲政事過人，不謂究極學術，洞悉内外本末之分，見地亦復過人，偶爾折衷，便足千古。宋人服歐陽公之才曰：「如歐陽修者，何處得來？」然則如公者，亦何處得來？自是每一言及公，未嘗不爽然自失，自慚從前知公不盡。僕新有《四書反身録》一書，未嘗輕令一人見。頃學憲許公向小兒索藏書，不得已聊以寄覽，一見遽以災木，私念惟公足以知此，則亦惟公可以閲此。輒寄台覽請正，並謝來意。此復。

答秦燈巖

僕生而鈍，不知學，亦不能學，然喜人知學，喜人能學。而近時號稱知學能學者，不是標榜門户，支吾外面，便是支離葛藤，墮於言詮。閒有鞭辟著裏，肯刻苦實地做工夫者，又往往闖其籓而未窺其要，涉其麓而未登其巔，自謂深造，尚滯半途。求其學敦大原，見徹底裏，身體力踐，務了性命如燈巖者，蓋不多見。此區區所以一晤而鍼芥相投，形親神就，喜慰無涯也。分袂以來，身雖在陜，而心則緊燈巖是思。茲值便羽，謹候興居。大道無窮，燈巖竟之；聖學忌雜，燈巖純之。擔當世道，主持名教，非燈巖其誰耶？燈巖勗諸！

又

別來五載矣，夢魂之閒，未嘗不晤，依稀盤桓東林景象也。燈巖見地之超，勵志之卓，僕甚欽服，雖時時逢人説項，而聚首無期，悵惘殊深。僕本物外野夫，久已絶意世故，近因有感，百念愈灰，不下牀，不見客，枯槁寂寞，已同死人矣。而耿耿一念不能自已者，惟燈巖是思耳。茲舊徒張旼京口省親，託以趨候興居。連年學道所獲，幸一一見示，以慰遠懷。

又

丙辰春暮，接手教并厚貺，過承垂注，區區感入肺腑。尊翁太老先生大事，僕僻在三千里外，不獲躬唁，四尺之封，無由執紼。今將軍文子之喪，已在禫除之日，不能恭致生芻，罪何可言！茲託敝及門代焚一陌，❶聊表遠忱。燈巖孝思肫摯，百倍恒情，捧讀來翰，觸緒傷心。今以往所得自致者，唯有進德修業，富有日新，使親爲聖賢君子之親，此太中、韋齋所以流光百世也。啞夫説妙甚，所惠《青暘先生語録》數册，俱係第二卷，首卷何在？且「語録」云者，聆其語而録之也；是書所集，皆往來尺牘，標以

❶「一」，原脱，據石泉彭氏本、靜海聞氏本補。

「語録」，似屬未符，幸再酌。拙序一首請教，僕自癸丑以後，文戒持之甚堅，此乃六年前舊稿，未免佛頭著糞。倘有可採，煩細加删潤是荷。

又

昔人謂「生我名者殺我身」，僕不幸墮入名網，以致備罹陒難。癸丑、甲寅閒，因卧病不能就徵，奉有「疾病稍痊，督撫起送」之旨。自是年年敦促，搜山薰穴，靡有寧期。今春，部官又以「安貧樂道，倡明絶學」推舉，督撫催檄雨至，嚴若秋霜，鎖拏經承，里鄰受累。牀舁至省，當事親臨卧榻苦勸，立迫起程。僕斷飲絶食，勺水不下咽者六日，氣息奄奄待盡。委官暨經承猶晝夜守催，僕情急勢迫，幾至自刎，當事憐其困憊，暫以調理回覆，仍嚴檄府縣官吏，時時驗看疾之痊否，時時申報，以憑起送。僕痛先母貧困而死，誓終身不獨享富貴，若將來强之不已，勢必以死報母。今僵卧牀褥，百念已灰，所恨川原遥阻，不獲與燈巖聚首盤桓，以盡衷曲，用是耿耿耳。伏枕口占，南望黯然。

又

道南從祀諸賢，濟濟盈庭，固爲盛事。顧表章既往，所以儀型將來，須是出處皭然，方慊輿議。苟身事二姓，大節有虧，祇因其生前論著推尊東林，便一概增入，則馮道、周鍾，亦可以俎豆一堂矣！所關匪細，斷勿姑息。舍弟天生，文而俠，肝膽氣誼，有足多者。平日事僕誠敬，曲竭心力。居恒與之談及宇内同志，未嘗不津津燈巖。渠與湯中丞有舊，新臬司亦係同宗，俟其南遊，當令晉謁識荆。中丞公之賢，僕所久悉，今借重江南，真一路福星也。許侍御曾以其所著，託敝省許學憲見寄，僕素不通京國之書，尚未之答。客冬，敝及門王生心敬所録四書鄙説，見者謬謂足以救弊匡世，争鈔不給，許學憲捐俸梓行。茲來人立促回音，匆匆不及刷印，聊以草本寄覽。餘不悉。

與吴耕方太史暨龔楊張陳毛諸公

先嚴蚤歲没於王事，遺顒隻身，别無次丁。先慈守寡鞠顒。是時，無一椽寸土之産，朝不謀夕，度日如年，饑寒坎壈，蓋不啻出百死而得一生。追顒成童，鄉人憫其寠，甚或勸之給事縣庭，或導之傭力於人，謂可以活母命，免溝壑。先慈咸拒謝弗從，朝夕惟督以認字誦書、修己礪行爲務。顒所以不至失身他途，墮落於小人禽獸之歸，皆顒母之賢有以成之也。孀居三十年，未嘗一日温飽，堅忍不渝之操，聞者莫不歎異。生前，當道以「芳追孟母」表閭；没後，豎碑大書「賢母彭氏」表墓。總督鄂公捐俸，特建賢母祠以風世。雖有記載，未愜鄙意，幸徼惠如椽，發幽闡微，俾蕪没餘名，託以弗墜，不孝顒藉此鴻庥，少慰終天之憾。荷茲大德，寧僅有生之年，固將子子孫孫感佩不忘者也。南望遥叩，不盡欲言。

答友人

不肖自童年喪怙以來，無一椽寸土之

產聊生，先母守貞，艱困而死。區區抱臯魚、朱百年之痛，乃天地間罪人也。晝行愧影，夜寢愧衾，不敢自比於人，杜門以待盡而已。人多不察，遂有「高人石隱」之目，廟堂諸公，往往聞聲遥慕，託人致意，抑豈知不肖情事異人，原無他長耶！人無所不至，惟天不容欺，不肖若謬不自揣，妄意高尚，是欺天也。不肖敢欺天乎？此行到京，有相問者，幸以實對，庶使不肖不至終爲久假不歸、有名無實之小人，則不肖受賜多矣！至祝。

又

僕之先世，俱係庶人。僕安庶人之分，因無衣頂庇身，衆侮群欺，生平受盡磨難。小兒鑒僕覆轍，勉冒衣頂，聊藉以庇身家，歲考之外，未嘗應科考以圖進取；然每遇歲考，道途之跋涉，資斧之艱窘，苦不堪言。幸叨選拔，免歲考，脱苦局，今而後但得家無病人，衣食稍給，父子團聚，不至各天，於願足矣！此外他無所願，仕宦之榮，非寒家事也。開誠以復，并候近履。

答布方伯

僕養不逮親，天地間罪人也。緣是開關戶居，不敢自比於人，原非以隱爲高。遠辱瑶函，目以高尚，僕何敢當。鼎公總憲敝省，廉明仁惠，僕方喜地方之有好官，忽量移晉藩，私竊歎惜者久之。來諭謂再經敝省，倘果天從人願，誠敝省之福。萬一弗獲如願，喬遷他方，或外或内，但願到處力行好事，事事爲萬姓造福，使萬姓戴之如天地，仰之如神明，愛之如父母。在敝省，爲敝省第一好官；在晉省，爲晉省第一好官；將來在天下，則爲天下第一好官。德政淩駕當世，芳聲媲美古人，方不枉做官一場。僕平日安幽巖之分，未嘗輕答顯貴之書，兹所以率意縷復者，心實敬公之賢也。質言不文，伏惟鑒原。

與馮君潔

文王雖大聖，得武周而益顯；孔子雖至聖，得子思而愈光：蓋前人幸已開先，全在後人表揚。令祖恭定先生，與顧涇陽、高景逸兩公同時倡道，領袖斯文。顧高没，而顧高之後人，勤勤懇懇，流布遺集，盛行海内；先生没，而遺集不傳，鼎革以後，集板隨亡。癸丑之秋，僕慫恿洪學憲重梓，板固告竣，未嘗流布，海内士大夫，未見先生之書，是以通不知先生之學。況望其表章崇尚，轉相祖述，延學脈於無窮，子子孫孫永錫之光乎！此必不得之數也。方今秦中固不乏時俊，然而耿耿一念，曲竭心力，表章先生者，除僕之外，再有何人？是僕在先生，爲異世之鍾子期；在馮門，爲今日之申包胥也。宜多印遺書見貽，僕將代爲流布。望望！

答康孟謀

蒲柳之姿，虚度爲慚。前承雅注，寵以鴻章，小兒偶爾叨選，不過苟免歲試奔波之苦，乃並荷隆儀，益令人感愧無既矣！

四月十二日，忽承太尊攜樽枉顧，爲徹夜之談，坐久無以爲餐，黎明竟枵腹而去。

曾話及近地人物，僕特爲門下屈一指，太尊欣然，有暴公子傾注雋不疑之風。緣政務殷繁，暇無片晷，未遑識荆，而中心則嚮往之矣！

與程邑侯

貧不爲恥，貧而動其心爲可恥；向人言及，爲尤可恥。僕邇來雖一貧徹骨，諸事窘逼，然内未嘗少動其心，外未嘗略向人言。頃因公話及扁額、祠像，區區之心，惟恐送扁人役到門，慚無以應，不覺偶吐今冬不能懸扁、粧像、致祭之實，原欲公暫寢其舉，非望公粧像代結祠局也。不意公輒引爲己任，慨欲結局，僕送駕出祠，退而愧悔，踽蹐無以自容。次晨，令小兒向高少府力阻，勿唤畫工。昨畫工同工房到祠估顏料，僕託其代禀停止，不知果爲代禀否？夫廉恥一節，所關甚大，粧像之舉，若捐冰俸，則廉恥何在？昔閔仲叔不以口腹累安邑，今豈可以祠工累公乎？數日來，僕思之熟矣，祠工之大者，幸已告竣，其小者不妨姑待來春，倘來春不能，則待來秋。日月常在，何須着忙。豈可拘定目前，貽累於公，自喪廉恥爲耶！與其喪廉恥而結祠局，何若不結祠局而全廉恥之爲得耶？肅此鳴情，幸寢其舉。是祝。

又

邑西南，距邑五里孟家村堡側，有宋名臣趙懿簡公墓諱瞻。墓前豎有穹碑，世遠年久，其碑仆地，牧童視同廢石，往往踐擊；耕夫以爲棄物，不時摧蝕。僕聞而傷之，不禁嗟嘆！

謹按自有盩邑以來，所産人物，無甚特出之傑以爲邑重，僅此公一人，事業、著述頗有可觀，彪炳史册，增光邑乘，差足爲一邑吐氣，而不能保其墓前之碑，此地方之羞也。若不亟爲豎起，勢必化爲烏有，碑記一失，墓必滅跡。幸遇明府政崇風化，表章先哲，僕故不恤冒昧，敬以上聞。伏望命役糾同土人豎起，因而正其墳域，俾蕪没餘名，託以弗墜，亦明府美政之一也。

答梁質人

頃承左顧，寠人倉卒無以爲款，抱歉殊甚。接來翰暨佳刻，能有古人心，乃能爲古人文。秦關之游，憂時感事，壯懷激切，所籌邊陲情形，可謂天下之大有心人。僕閉户養痾，久與世暌，户外事毫無所知，對此益增愧赧。承示張聲百《秦遊草》，皎皎異才，讀之不覺斂衽。但僕有微意，欲少效忠赤，不敢不以告也。

昔胡澹庵以詩人薦朱子，朱子堅辭不應，懼人之以詩文小技目己也。聲百妙齡登科，將來前程萬里，與其爲一時春華之王、楊、盧、駱，何如爲千古卓犖之韓、范、富、歐。其中如《西山》、《首陽》、《楊太尉墓》等作，凜凜有世教綱維之思；《曉行姑射》、《望嶽》、《望終南》諸什，少年富貴，繁華中灑灑乎有超逸出塵之概。雖曰庭訓有素，而聰明得自天賦，則既優且厚矣。以此進道，何詣不可幾？何境不可造？孟子曰：「舜，何人也？予，何人也？有爲者亦若是。」周、程、張、朱，豈異人事，僕夙聞其尊甫先生以遠大期諸郎君。僕山林迂病人，深荷其特達之眷，不能少效涓埃，更何忍不以朱子之自待者待聲百也。僕意謂天之生材實難，而時者難得而易失。聲百既具一日千里之姿，宜乘此英穎未鑿之時，力學友善，使盛德大業，富有日新。他日道德如周、程、張、朱，事功如韓、范、富、歐，天德王道，一以貫之，爲天地間第一流人物，庶幾其尊甫大人望子之盛心，亦庶幾聲百立身行道、顯親揚名之大孝，豈非千古盛事！若一刊詩，僕實懼世俗人僅以詩文小技目聲百也。

序言之命，非所敢承，矧僕學不爲文，生平未嘗應人以文，而顯者尤所嚴戒。若一旦破例，則開罪於前後知契不淺。白沙先生《答林郡守書》云：「僕平生拙學，於出處語默，有不容不致其慎者，守此戒來三十餘年。苟不自量，勇於承命，後有求者，將何詞以拒之？僕聞愛其人，則必欲成其美，僕之辱愛於執事，不可謂不厚，特於此未之察耳，願執事終始此愛，不强其所不能，幸甚！」今僕於來諭亦云：「聲百緇衣之好，不減古人，僕非木石，寧不知感，其所以圖報特達之知者，亦自有在也。」札内論魯仲連處，卓絶之識，發昔人所未發，足爲千古定評，無俟往返。此復。

卷十八

書三

鄠縣門人王心敬摭次

與當事論出處拾遺

伏念顒以韋布之微，有此遭逢，欣感無既，尚何濡遲。惟是捫心慚懼，有不敢冒昧者四，不得不緬縷陳之：❶顒幼孤失學，庸謬罔似，祇緣浮慕曩哲，以致浪招逐臭，誠所謂純盜虛聲，毫無實詣者也。前督臺體朝廷旁求盛懷，誤加物色，遂塵宸聰。蓋以顒或有微長，可充葑菲，而不知顒學不通古今，識不達世務，上之既不足以備顧問，次之又不足以備器使。倘不審己量力，何以仰副當宁，不亦辱朝廷而羞天下之士哉！此其不敢一也。

顒父喪時，遺顒隻身，再無次丁。顒母彭氏守寡鞠顒，艱戹殊常，饑寒坎壈，蓋不啻出萬死而得一生。顒後雖成立，然無一椽寸土之產，資生罔藉，赤貧如故，三旬九食，衣不蔽形。顒母形影相弔，未嘗有一日之溫飽，竟艱難病亡。亡之日，無以爲殮，縣令駱鍾麟聞而傷之，捐俸具棺，始獲襄事，皆顒不能治生之所致也。使彼時稍有意外之遇，顒當如毛義之捧檄而喜，顒母之苦，豈遂如此其悽慘？顒風木之憾，豈遂永抱於終天？今九原不可作矣！昔賢有

❶「緬」，靜海聞氏本作「覼」。

言：「祭之豐，不如養之薄也；殺牛而祭，不若鷄豚之逮親存也。」顒每念及此，未嘗不涕泣自傷，今養不逮親，不孝之罪，終身莫贖。今上方以孝治天下，豈可使不孝之人妄膺特典，以玷今上之化理耶？昔朱百年之母以冬月亡，亡之時身無綿衣，百年每以爲痛，遂終身不復衣綿。孫侔早孤事母，志於禄養未遂，及母病革，自誓終身不仕。後客江淮間，劉敞知揚州，特疏薦聞，召之不赴。既而沈遘、王陶、韓維又連薦之，詔地方起送，終不赴。當時朝廷亦憐其情而曲全之，史策至今傳爲美談。顒雖無二子之孝，而心則二子之心，今日之事，顒母既不及見，顒亦何忍遠離墳墓，獨冒其榮。此其不敢二也。

先儒謂士人之辭受出處，非獨其一身之事而已，其出處之得失，乃關風俗之盛衰，故尤不可以不審也。今既以顒爲隱逸矣，若以隱而叨榮，則是美官要職可以隱而坐致也，開天下以飾僞之端。其不得志於科目者，必將退而外假高尚之名，内濟梯榮之實，人人争以終南作捷徑矣。顒雖不肖，實不忍以身作俑，使風俗由顒而壞。此其不敢三也。

顒雖病廢草野，實蔭息今上化育之中，踐土食毛，莫非今上之恩。居恒念可以稱報於萬一者，惟有提撕人心，勸人改過遷善耳。以故謬不自揆，逢人開導，人見顒寒素是甘，以爲超然於名利之外，多所信嚮。今若一旦變操，人必以顒平日講勸，藉以爲立名之地，謀利之階，轉相嗤鄙，灰其向善之念，將來縱千講萬勸，人亦不復信矣，顒亦何由而藉以默贊今上之化育耶？此其不敢四也。其他曲折，難以徧舉。方今高賢大良，濟濟盈廷，亦何需於顒一人，而使之内違素心，外滋罪戾，恐非所以保全之也。況自古聖帝明王，莫不嘉幽隱，奬恬退，故堯、舜之於巢許，湯、武之於隨光，西漢之於「四皓」，東漢之於嚴光及周黨、徐穉，以至宋之陳摶、邵雍、林逋、魏野，元之許謙、劉因、杜本、蕭㪺，皆安車蒲輪，屢徵不起，從而褒之，以端風化。蓋以其道雖未宏，志不可奪，足以立懦夫之骨，息貪兢之風，所謂以無用爲用，乃激勵廉耻之一大機也。

顒昏愚庸陋，懿修固不敢望古人，而絶跡紛華，亦不敢自外於古人。若隱居復出，杜門復開，是負朝廷之深知，翻辱闡幽之盛舉，則其爲罪大矣！且今上方比隆三五，超越百王，豈可使盛世無一石隱以昭風厲乎？顒是以反覆思維，瀝血剖心，不厭諄懇之瀆，非直爲身謀，實所以爲國謀也。伏望執事矜顒之苦衷，諒顒之非矯，俯賜保全，力爲轉覆，則曲成之仁，賢於推轂，而顒之頂戴洪慈，更萬萬矣！

此癸丑冬，與當事書也。稿被鞏郡友人攜去，近始得之，特補入。

寄子 戊午

我日抱隱痛，詳具《堊室録感》一書。祇緣身本奇窮，不能事吾母於生前，滿期永棲堊室，晨夕瞻禮供奉，聊事母像於没後，不意爲虚名所累，繒弋屢及，倘見逼不已，惟有一死。死後，宜懷藏《録感》，斂以粗衣白棺，權厝像側，三年後方可附葬吾母墓旁。我生爲抱憾之人，死爲抱憾之鬼，斷勿掛紙開弔，輕受親友之奠。惟望封鎖祠宇，勿令閒人出入，以時灑掃，勿斷香火；稍有資力，即圖葺治，垂戒子孫，虔修時祀。汝事母以孝，待弟以恩，刻意耕讀，謹身立德，則汝父爲不亡矣。勉之！勉之！

答友人

自古聖帝明王，莫不待士以禮，即有十徵五聘不出者，並未嘗强之使出。今上寬仁，遠過前代。前番特徵隱逸一事，兩奉温綸，僕以病廢不能應詔，初未嘗令地方逼致；此番博學宏辭之選，僕寡學不文，原非淹雅之彦，又豈忍使之冒昧從事，抱病就徵乎？乃經承發檄，嚴如秋霜，擡牀驗視，實千古所未有，流聞四方，業已褻國體而羞天下之士。胥役繩之如囚，官吏立逼起程。僕受逼不過，深不欲生，滴水粒米不入口者五晝夜。犬子號慟，門人悲泣，僕一一遺囑訣別。幸督臺憐僕無罪，容僕歸家養痾。數日來，雖飲食稍進，略有生氣，然喉中覺有梅核，倘成膈噎之疾，恐難久生於世。歸家閉關謝客，一味静養，臨行留此，聊以報謝。伏枕口占，不盡欲言。

答范彪西徵君

僕荆扉反鎖，久與世暌，唯敝友顧寧人之來，則爲破例啓鑰，聊一盤桓。語及明季諸儒先，僕深以未獲盡睹辛文敬遺書爲憾，渠遂退而以先生所寄《四書説》見貽，於序文中始知先生。隨即轉託知交，求先生所梓《理學備考》、《廣理學備考》、《晉國垂棘》、《三晉語録》、《治學一貫》諸大刻，見所未見，益知先生惠揚絶學，勤勤懇懇，曲竭心力，不覺起敬起仰。

六月十六日，僕抱疾卧牀，小兒忽自門隙傳進台翰暨佳刻，恍若從天而降，如獲拱璧。第獎借過情，非所敢當。歷讀佳刻諸弁言，咸痛快醒發，豁人心目，《備考》暨仁者贈諸名筆，業已煌煌簡端，僕何人斯，敢於佛頂着糞耶？兼區區素堅文戒，若一旦破例，後有求者，將何辭以謝？愛我如先生，知必相諒於常情之外，不我罪也。抑《備考》一書，去取布置及中閒書法，多有可商，既已鍥行，則無及矣。僕本奇窮，生平未嘗自購一書，皆借之他人，隨閱隨璧，未嘗久停，所示借單，愧無以應。然虎谷、虚齋、月湖、可久諸人，雖以理學著聲，其於理學實未深入，議論似無足觀。月川乃一質行君子，生平拳拳理學固可欽，而《夜行燭》等書，膚拙無大發明，雖不閲可也。此復。扶枕口占，不盡欲言。

又

「有意爲善，雖善亦私」，此前人見道語。蓋心須寂然不動，感而後通，惻隱、羞惡、是非、辭讓，隨感而形，自然而然，莫非天則，非勉然而然，起爐作竈。若無所感而有意爲善，猶未見孺子入井，而輒欲怵惕。失何思何慮、寂然不動之本體，便是起爐作竈。即一無所爲而爲，毫弗涉私，亦是出位逐外。行仁義非由仁義，非私而何？

鄢蕰靖江講會，在座諸名宿，咸襲門户道學皮毛之見，力排「無善無惡」之旨。鄙意則謂人果真實從事性功，惡固不可有，善亦豈可執。善與惡須一切放下，胸無一善可執，方爲至善，方是「盡性至命」之絶詣。若盡性而猶有爲善之見横於胸中，物而不化，未免心爲善累，猶眼爲金玉屑障，性何由盡？命何由至？故必忘而又忘，并忘亦忘，令心如太虚，始獲庶幾。去夏，倉卒狂率，妄謂《理學備考》多有可商，書既發而悚悔無及。謂宜開罪於先生，乃不惟不以爲罪，且俾論定，盛德虚懷，愈令人歎服欽仰。既欲續輯《昭代理學備考》，俟草本就緒，或不妨預先見示。竊願默佐下風，勉效一得，抑僕因是而竊有感焉。

士既業儒，則儒不可以無鑑。鏡以照面，則面之浄垢見；鑑以觀儒，則儒之得失見。見浄垢，斯知去垢以求浄；見得失，斯知舍失以求得。古今著述雖多，却少一儒鑑，儒惟無鑑，以故業儒者無所懲勸，學術不明，人才不興，所從來矣！區區蚤歲謬不自量，上自孔、曾、思、孟，下至漢、隋、唐、宋、元、明諸儒，以及事功、節義、經術、文藝，分門别類，淑慝并揭，勒爲《儒鑑》一書，而細評之，俾儒冠儒服者，因觀興感，知所決擇。草創尚未就緒，中遭亂離，原稿盡成烏有。二十年來，貧病相仍，精力弗逮，斯念遂灰，不復拈舉。今先生編纂勤懇，回視僕之疎慵隳廢，不覺瞠乎其後矣。

魏、應二子，皆文人中之有氣骨者。魏久已修文地下，應亦近傳作古，完名全操，蓋棺論定，則未死者，一日未死，一日有下達之憂。《易》曰：「敦良之吉，以厚終也。」田畫語鄒志完曰：「願君勿以此舉自滿，士所當爲者，不止此也。」期相與共勉之！

又

恭讀《理學備考》，辛集雖稱去取精嚴，中間不無汎入。正一開天明道，洞徹大原，有體有用，理學集成之大儒如姚江，反同「彼哉」之例，列於又目，次分注謂「學脈至姚江而一變」。夫姚江之變，乃一變而至於道也。當士習支離蔽錮之餘，得此一變，揭出天然固有之良，令人當下識心悟性，猶撥雲霧而覩天日。否則，道在邇而求諸遠，醉生夢死，不自知覺，可不爲之大哀耶！孫序視辛序，真切警策，雖若稍遜，而集内明目張膽宗主姚江，不瞻前顧後徇流俗，不效鄉原道學畏非刺。非學務著裏，心有獨契，烏能如是卓哉！鍾元可謂獨具隻眼，超出門户拘曲之見萬萬矣。僕學兼採衆長，未嘗專主一家，非區區阿其所好，私一姚江，而真是真非之所在，實難自昧。續補《備考》，往往有本非正一理學，或因其節烈，或摭及文學，或膚學淺士，本宜附見，而大書特書，儼然與先哲並列者，尤指不勝屈。簡册濟濟，多固可喜，龐亦可慮，宜嚴其至正，尊其至真，闡揚其至純，觀者斯無閒然矣。又按萬曆、天啓閒，蒲州有張淥汀先生諱煇字去浮者，與曹真予同登辛卯鄉書，初任教諭，官終鄖陽同知，所至講學，發理明暢。其序馮少墟《太華書院會語》，見地筆力，遠過曹老，其履歷詳具《仰山堂集》中。今《備考》遠採他人，而近遺斯人。凡此，在高明必自有説，庸陋如僕，則不能無疑。敢質。

答許學憲

學術不明，人失其心，周旋馳騖於塵坋中，滔滔而是。熊子以英齡而獨知所嚮，學務求心，味衆人之所不味，根器卓犖，可謂後來之彦。

遠承西顧，深愧庸虚無以相益，聞所聞而來，見所見而去，有負跋涉，悵何可言！然一得之愚，亦頗罄竭，所以相期於必至之域者，夫固有不言而信者矣。此復。

答費允中

晤言無從，悠悠我思，得手教甚慰離索。吾輩冉冉老矣，身外浮名，及種種技能，至此無一可倚，惟有鞭辟返照，痛自淬礪，庶存順没寧，不至漫過一生。來諭謂：「世務日淡，理境日豁。」興言及此，足徵近造，可喜，可喜！弟疇昔書院之入，合六州三十縣之鐵，不足爲此錯。今方追悔無及，豈可復蹈覆轍，曾有嚴誓在先，當事備悉鄙衷，業已寢其舉矣。

答張澹庵

世儒卑者汩利，高者修名，最高之儒，騖名已矣。其名愈高，則心勞日拙，喪本真愈甚。來翰清濁之諭，足知邇來見理愈透，爲己之心愈切。今而後力脱名網，一味務實。實盛而真受用、真快活在我，縱終其身不見知於人，亦不害其爲真品、真人、真豪傑、真君子。願言努力，永堅末路。

又

辭受取與，全要分明，「及其老也，戒之在得」。若犯「在得」之戒，冒昧屢受，則廉恥掃地，所失多矣。所得不補所失，其爲心病，何可勝言。往年糯稻之惠，原因弟病，蓋爲糯米可以養病，病愈常受，殊覺無謂。去秋之受，至今常如頑冰在心，此番若違心復受，愈增心病。弟老矣，豈堪中心多病耶？前札業已致意，誠恐再弗信心，兹故復致丁寧，今後千萬惠勿再貽，全弟晚節，是荷。

答學人

曩承遠臨問道，今春來柬云云，足徵念切性命。然性命之理，不外日用平常。果能真正内養，制乎外所以養其内，大而綱常倫紀，細而飲食男女、辭受取與、語默動静，必一毫不苟，方是真養。否則，高談性命，借口内養，而品不卓，德不立，一行有玷，百長莫贖，遠邇指摘，傳爲笑柄，可恥孰甚！勉之，勉之，千萬自愛！

柬惠含真 庚午

吾兩人心孚意契，情同骨肉，四十年於兹矣。每念西山日短，相與有限，亟欲時常迎駕聚首，流連晚景。而年來貧病相仍，日窘一日，内外迫煎，狼狽萬狀，緣是因循荏苒。頃聞尊體違和，區區驚愕彷徨，夜不成寐。先令舍甥診候病勢，知飲食減少，愈增杞憂，恨閉户有年，不便躬詣榻前面晤，心焉如焚，行住坐卧不釋也。兹遣小兒代候，千萬珍調，以慰懸切。

又

十五日接手示，怦怦慟甚，讀至「去後再無一人談心」句，不覺撫地號天，肝腸欲裂。噫！世之密交有矣，孰有如吾二人之忘形骸，無爾我，心心相照者乎！孰有如弟之於兄知無不言，言無不盡者乎！倘萬一兄臘月三十日到，今而後弟將與誰披肝瀝膽，吐所難吐乎！弟殆無與樂餘生矣。

所示之字，弟隨即粘之座右，朝夕拱視，不禁涕零。一片紙無異峴山之「墮淚碑」也。來諭謂「言盡於斯」，弟方望兄多方珍調，轉危爲安，豈可遂以斯爲絶筆耶？

又

弟生平閲人多矣，心真、言真、行真，坦夷樸淡，事事咸真，實未有如足下者，可謂真人品、真善士、真君子、真邑中第一流。弟是以重之欽之，親之踰骨肉，奉之如胞兄，愈久愈篤，四十年如一日也。每答友人書，言及足下，必稱之爲「粹德高士」，異日百年後，弟即以此題旌。

憶昔致札於邑宰駱公、富平宰郭公暨今宰程公云：「惠君孝友，孚於鄉邦，忠信可貫金石，翦徹厓幅，於物無牴，于于施施，率意任真，與陶靖節異代同揆。」將來弟即以此立傳，梓布遠邇，行且載之邑乘，以光文獻。區區身外浮名，在足下固所不屑，而地方有美弗傳，實後死者之責也。至於令郎、令孫，今後弟當以子孫視之，善相勸，過相責。門户之事，以身任之，以慰足下在天之靈。區區一腔心事，言盡於斯。

又

賢如濂溪、伯淳、象山、陽明，壽皆未滿六旬。今壽踰古稀，與先師同，夫復何憾？

心如太虛，本無生死，尚何幻質之足戀乎？目下緊要在屏緣息慮，常寂常定，口無他言，目無他視，耳無他聽，内想不出，外想不入，潔潔净净，灑灑脱脱，此一念萬年之真面目也。時至便行，虛静光明，超然罔滯，夫是之謂善逝。以此作别，即以此送行。

示惠海 含真子

邑俗告訃門牌，例書「清故」二字，殊覺混帳。夫生前爵位尊顯，係國大臣，或道德文章，卓然名世，凡有大關係於國者，没而葬後，或墓前碣，或神道碑，方可題此二字，使後世見者，知其爲前代清朝之某公也。若生前本無大關係於國，其於始死告訃之門牌，豈可冒昧僭分，加以國號而書「清」；死未多年，豈可驟然無序，誤作已久而書「故」。下書「終」，則上不宜書「故」；上書「故」，則下不宜書「終」。上既書「故」，下又書「終」，上下重疊，自相矛盾，謬以襲謬，相沿而莫知其非，其來久矣。今宜力改此失，慎勿用此二字。

抱病而終，則書以「疾終」。閫修多年，一旦脾弱食減，知大數將盡，斷食凝神，虛静光明，儵然而逝，此是好結果，不宜仍書「以疾」二字，直書「終於正寢」可也。鄙見如斯，試質之親友何如？

與董郡伯 辛未

遯世之人，未嘗縈懷世務，杜門杜口，門外事居恒絶弗言及。兹值時勢孔棘，有不容不言者：頻年亢暘，今歲更甚，彌天是火，徧地皆赤，加以蝗蝻，草木靡遺，十室九空，人多枵腹，所在抛男棄女，流離載道，顛連萬狀，慘不忍言。僕聞之痛心疾首，不禁淚零。昔王心齋遇歲饑，請於巡按御史徐芝南曰：「某有一念惻隱之心，是將充之乎，遏之乎？」芝南曰：「充之。」心齋曰：「某固不忍民饑，願充之以請賑於公，計公亦必不忍民饑，充之以及民何如？」於是芝南慨然發賑。夫心齋一布衣耳，猶念切民艱，況執事爲郡民父母，闔郡百萬生靈，皆其赤子也，忍坐視其流離而不思所以救之乎！願亟圖賑濟以救民命，力所得爲者爲之，當如拯溺救焚；力所不得爲者，宜力請督撫具題，使秦民之命，賴執事而延，其大有造於地方，爲何如耶？此區區所以不避出位之嫌，爲執事褻也。幸賜俞音，以慰懸切。

又

公守郡九年，仁聲仁聞，久已洋溢遠邇。至今歲，陳請救荒一事，美意良法，盡關中百萬生靈，尤莫不誦之口而戴之心，公可謂不負朝廷，不負生民，不負所學矣。茲洮岷之擢，萬姓皇皇，如失怙恃，僕謂此時尤宜深仁厚澤，以深其去後之思。時也在公平日，❶念切民瘼，不啻恫瘝之在身，保赤誠求，想必百無一遺。鄙人之迂見，應不出高明之範圍，區區所慮，事冗而機煩，且西行期迫，則念有紛奪。西安人當此嗷嗷待斃之秋，萬一一害不盡，皆休戚存亡之關，即皆公去後追念而自悔之端也。用是不揣

❶「時也」句，静海聞氏本謂「疑有衍文」。

固陋，謹以目前所急，臚陳如左，以備採擇。

一、公以饑荒力陳撫軍，撫軍業已題請。傳聞部議，有今歲錢糧三分蠲一之説。如其果然，則宜嚴飭各縣，使明白爲百姓豁除其蠲免之數，庶窮民實沾朝廷之惠，勿令朦朧作私，混征巧催，以重其流亡之心。❶

一、軍民皆係朝廷赤子，聞軍糧米豆，皆依部價折色，而民糧獨不蒙折色之恩，豈軍皆貧而民獨富，軍米豆無出，而民獨有出乎？且西安之民，數倍於軍，豈軍之逃亡死喪可憫，而民獨不可憫乎？殊非當事仁均澤普之義，謂宜一視同仁，以恤偏苦。

一、先王救荒有九政，而安富居其一。蓋國之所賴者財，財之所從出者在錢糧，而錢糧之可備緩急者，則富民居其大半。即如今歲如此奇荒，貧民流亡大半，而州縣正項錢糧，皆已完過七八分有餘，是非此一二勤儉有積蓄之民，何以致此乎？是國家之所恃賴者，莫富民若也。且鄉里有富民，則一鄉之人緩急有恃，借貸貨賣尚有所出。若必盡此富民而迫之逃亡，則上下交無所恃矣。近聞州縣頗有疾富之病，如隣里本族不能輸糧者，或逼之貸完，或貧悍無賴之人，强貸産業，聲言找價霸業者，則逼之分外補賠。至於借官事而巧取，託小故而勒索，凡此之弊，在在而有。此之不禁，勢必至西安三十六屬之民，胥作流離餓殍之人。是宜特爲厲禁，杜此

❶「心」，石泉彭氏本、靜海聞氏本作「苦」。

惡風。

一、各屬錢糧已納者，多屬良富之民。若果有蠲免之命，已納者或領有餘分數，或免明歲正賦，倘州縣不與豁除明白，或吏書借端勒索使費，是朝廷有實惠，而百姓不得沾實惠也。是宜另請督撫預飭各屬，以杜其奸。

一、救旱荒之策，莫要於興水利以灌田。見今天道又復酷旱，麥豆未種者，尚有大半，已種者，將及旱死。爲今之計，近山臨水者，須教之開渠築堰，導引水泉；高原之地，亦宜教之穿井灌溉，以爲明歲夏獲之望。

一、今兹關中之荒，近世罕見，施粥既無救於大勢，蠲免僅少安其憂心。隆冬及春，饑寒交迫，生機窮絶，非大行賑濟，其阽危流亡，將有更不忍言者矣。然正賦既已奉旨蠲免，則朝廷將無有餘之財，是宜力請督撫題請，開設捐納一途。夫朝廷以名器假人，雖非盛世美談，然以之救荒賑民，亦屬權宜。但西安既無外省可連之粟，而隣府又不通舟車之路，如必令其輸粟，則應例者，必無多人。無多人，則此事徒損國體，而無濟於實用。是宜力請督撫題請，議行折色，輕減數目。行折色，則納者便；減數目，則爲者衆；納便爲衆，則數十萬可旬月内坐而致也。

右數則，倘有可採，力所能爲者，願獨力斷然爲之；力所不能爲者，必明目張膽，力請於督撫以行。其或不從，一之至於再，至於三；三之不行，則不惜慟哭流涕以力懇。如是，則仁愛愈淪人心髓，區區所謂「益深去後之思」者，此也。然歟，否歟？統惟酌奪。

答惠少靈

登第之始，正養德養望之始，善自匡持，凡百勿異平時。昔一峰、念庵暨吾鄉涇野先生，並大魁天下，其居家處鄉，並謙謹恬静，一如處子。提學高汝白之諸父，隱君子也，雖則教汝白以舉子業，每嘆曰：「可惜！可惜！假令得狀元，亦自枉過一生。」其後，汝白舉進士，以書督責之曰：「汝得一第，吾不爲喜而以爲憂，此後必浸放肆，可録逐日言行寄我。」汝白歎曰：「吾終日在側，豈不我知，而憂我放哉？」試問一老家人，曰：「比舊漸不同矣。」乃驚懼，置一簿，録其所爲，試自檢點，其過不可勝書，乃大激勵爲學，卒爲善士。

汝今後須斂而又斂，動輒檢點。寧謹勿豪，寧僕勿華，勿徇貨利，勿干有司，一味安閒恬退，不可一毫多事。能如高汝白之克自激勵，不至使旁人私竊訝爲「比舊漸不同」，則善矣。

又

汝昔事吾於擬山堂，朝夕依依，猶嬰兒之戀慈母，不忍一日離側，迨吾返里，悲不自勝。次年西顧，不禁涕零，退而私語塾師李孝思，意欲典田敝里，攜妻孥躬耕，事養吾夫婦終身，送終方回。今登第之初，他務未遑，惟以吾爲念，篤於師誼，卓有古風。吾以奇窮遭奇荒，保生實難，曾與雪木商及度荒之策，相約共適漢南。吾家累二十餘口，留半難割，通移維艱，因循荏苒，尚無定期，乃雪木則先我而往矣。乘吾未往，不知得與汝一面否？積懷種種，非面莫罄。

答李汝欽

來翰念我惓惓，足徵篤於師誼，然饑饉雖困我身，而不能困我心，我思之熟矣。年已六十有五，死不爲殀，若怕餓死，將來不病死乎？不老死乎？總之，終有一死，何如今日饑餓而死，竊附西山之義，得以照耀千古之爲愈耶？❶家口嗷嗷，無可奈何，聽之而已，惟是在在枵腹流離之慘，痛若身經。

往者敝及門常州吴濬長在日，每遇地方饑荒，多方拯救。吾今目擊饑民之危殆，而赤手空拳，不能略充其惻隱之心，愧何可言！雖嘗力勸當事救荒、題荒，顧杯水無補於車薪，奈何？奈何？

柬欽差查荒諸公 救荒

僕土室中人也，荆扉反鎖，久與世暌，世務未嘗縈懷，世事絶口弗及，坐以待死，業同就木。昨緣秦地連歲奇荒，秦民死者所在枕藉，生者骨肉各天，危殆之形，俠圖難狀，是誠一大劫數，古今未有之慘。區區恫切於心，故乘使君枉顧，啓扉晤言，深望回朝復命，備陳秦民阽危之實，乃西土安危所係。痛哭流涕，力請拯救，使數百萬生靈，由使君而活，自然天地鑒之，鬼神鑒之。

❶「竊附西山之義得以照耀千古」十二字，原脱，據石泉彭氏本、静海聞氏本補。

陰德積於一時，福慶流於子子孫孫矣！

與布撫臺壬申

三月十九日接憲札，啓緘捧讀，知明公之念僕，亦猶僕之念明公也。然僕之念明公，原爲全秦地方計，原爲數百萬生靈計。僕本草野閒迂庸無用，於世道生民絶無關係之人，杜門待死而已，有何可念，而明公念之不置耶！頃朝廷珍念民艱，於當朝千百人中選擇而任明公，是固以關中百萬生靈付明公也。

關中殘黎，立湯蹈火，行三歲矣。聞明公撫秦，莫不延頸而視，跂足而望，如饑兒之望慈母，大旱之望雲霓，以爲此嗷嗷遺民，將恃我公來而獲蘇也。朝廷明見萬里之外，百萬殘黎注望惠澤之施，一身而上下之責交備，知必孜孜矻矻，曉夜圖維，多方撫綏。凡可以加惠者，將無所不極其至，無容物外野夫饒舌。然野夫雖閉户幽居，而一念己饑己溺之心，未嘗一刻少忘，兼我公心虚而禮恭，芻蕘是詢，工爲悦己者用，士爲知己者忠，僕雖欲守固陋，緘默避嫌，誼所難安。是以忘其迂庸之實，謹妄擬管見數條，以塵聽覽，當矇瞽之誦，至其中閒畫不適於時宜，言多觸犯時忌，則僕山林草野之故態，抑以恃議論於明公之前，所謂士屈於不知己而伸於知己也。惟裁察而原諒之，是荷。

一、安集保全遺民。方今西安之民，以十分論，饑餓、瘟疫死者十二三，逃亡及賣入滿洲者十六七，計今留者，十不得三耳。向使此三分者皆足自保，永不流亡，而户口減耗，田野荒蕪，明公猶難爲政。況於今兹去秋收之時，尚百有餘日，縱秋成可必，而餬口之資，愈窘愈迫，天氣愈炎愈長，一日猶不可空挨，矧百有餘日，而欲其不死喪流亡，不亦難乎！ 再有逃亡死喪，則并其三分，亦不可得。民愈寡，田愈荒，無論明公無與興治，朝廷慇慇懇懇，所以付畀明公者，亦恐不如是也。僕愚以爲宜急籌畫賑濟安集之策，或再請發内帑，或再請協隣省，或作速開設捐納，務使有司悉以覈實，計口均施，使强弱遠近，均霑實惠，不得仍前侵削苟且，罔上行私，以保全此秋成之前百餘日。 夫民衆財難，賑濟雖非救荒全策，然在目前事急勢迫，則不得不剜心頭肉，以醫眼前瘡也。且爲國家者，非無財之患，而無民之患。故古之賢君，不惜竭府庫之藏，以厚惠下民；古之良臣名佐，不惜冒矯制之罪，身家之命，以解民倒懸。誠以民爲國本，有人則自當有土有財也。明公爲國家長慮遠顧，當急爲陳請，以救此燃眉，稍遲以旬月，哀此遺民，又將逃亡無算矣！

一、請招懷流離。方今西安民流諸關東諸省者，不下百萬；竄諸西北府、三邊及川蜀者，亦不下百餘萬；賣入本省、外省富商巨室者，❶亦不下十餘萬。賣者獲生矣，其流離者則去墳墓，棄田廬，離親戚，擔兒肩女，雨行露宿，沿門丐食，或空傭富家，或偷生娼門，甚者父食其子，夫殺其妻，兄弟

❶「巨室」，静海聞氏本作「滿洲」。

奪一糠餅而推刃相戕。如此不已，不特數百萬怨結之氣，上干天和，蒸爲瘟疫、蝗旱之屬，亦恐生計窮絶，或見誘於奸滑，不知不覺，流入盜賊之群。自昔國家之斂，多由饑荒時當事者不留心安插，民不聊生，以致釀成亂階，爲國家患害。前代無論，明之季年，昭昭其可鑒也。今朝廷夙夜憂勞，在朝諸公必有博濟良謨。僕愚以爲諸流入關東、川蜀者，本明公赤子，明公爲國爲民，不得以責外謝之。而流入西府者，又皆在明公治屬之内，可坐視其死亡顛危而莫之恤乎？所宜悉心計籌方略，作速上請，務使逃者或歸或居，皆獲生路，無重陷溺，以仰體君仁，俯副民望，而早彌意外之患。大率此事所關者大，所係者重，所寓者至微而至深。上而盡吾大臣仰體君心之職，使吾言之而用，流民安而國家無意外之患，朝廷固爲吾功，即使累請之而不盡用，萬一或生意外之變，而吾業已蚤及之，朝廷必且重思吾言而不至爲罪；下之而盡「民胞物與」之仁，吾言之而行，固不愧此嗷嗷數百萬流民之慈父母；即不行，亦可告無負於斯民，告無慚於天地神明矣。況其在本省西府者，行之固在明公轉移調度閒也耶！

一、請設督農掌水之官，以大興農田水利。方今西安之所以大饑者，天旱而田不足於水故也。夫關中橫亘終南以爲終始，山之所在，河泉多有，故西安近山一帶，恒繞河泉，渭北雖復高仰，而涇、洛、漆、沮、清河、石川諸水，亦所在而是。故總西安而論，其不可引渠灌溉者，固十七八，而可開渠引水者，亦不下十二三，兼以井泉，亦不下十三四矣。夫水利三四倍於旱田，以十分有三四之水田，勤力而專精其閒，雖復天雨不時，亦足補旱田之闕而償其獲。即不足補，而此一半享水利之民，亦足以自保，而再不至流離失所矣。但凡民愚而不知興，即有興之者而力微不足以興，而爲有司者又不留心於興，是以上下交困而無可如何也。夫天道不可知，今秋未必再旱，然亦不可不爲旱慮，況水利成，固關中數世之利乎！是宜乘今秋穀布種之候，作速請設提督農田水利官一員。或恐設官勞費，即請於本省司道中擇精敏仁惠者，加以總管農田水利之權，使之專司農田水利。各州縣官於丞簿或紳衿中，擇公正好義、爲衆所素信服者，大縣四五人，小縣三四人，加以掌管之權，使之相視督責。其一切興利除害，辟舉任使，皆委以便宜，不從上制，而重其廩禄，優其禮貌。凡近河者，雖一二十里内，但可引水，皆須築隄開渠，以資灌溉；無河泉者，皆須掘井而灌。按萬曆閒呂新吾公巡撫山西，惓惓勸諭農民，各於田内穿井，有云：「一時之費雖多，百年之利永賴。」檄各州縣正印官加意督催，公又不時躬親單騎查驗，精神勤於鼓舞，一時穿井之風，所在勃興，薄田化爲沃壤，至今民享其利。除井深太費力者，乃不令枉費功力。其或牛種資糧不給，官爲設法措置，大抵人情易於樂成，而難於慮始；下吏寡於奉法，而多懷欺誕。此法之行，州縣必多有以難上欺者，即不然，亦或苟且塞責，欺誕而苟且，則此事之設，亦徒勞擾煩費而已矣。是宜申明賞罰條格，預頒州縣。但是法立一半月之閒，各須據數申報。其册須一樣三本，一留縣令，由州縣申提督官，提督官仍留一，而以一申院，以便他日按行賞罰。除專官相視外，明公亦宜廣詢博訪，何處可開河渠，何處宜於井灌，皆著録置左右，以便對照虛實，省察勤惰，以爲賞罰張本。又除專官巡督外，明公不時差的當忠誠人，各處巡視，隨即親臨。稍遠一二州縣，以按行賞罰。稱職則不特掌管者有重賞，即州牧縣令，亦宜厚褒，否則不惟職掌其事者有重罰，即州牧縣令，亦難辭其愆。如此則雖不必躬親徧臨，而各屬固將畏法而恐後矣。大抵此番水利之興否，關西安遺民之休戚存亡，亦即關明公之德業功名，非留心注措不可也。且不獨此也，西北七府三邊，歲雖稍登，然其俗素奢侈，不知積聚，兼以協濟西安，及西安轉販，流民聚食，今已虛耗。天道自東而西，萬一秋夏之閒，或雨澤愆期，或蝗蝻爲害，可且奈何？是宜與西安通興水利，以防未然。

一、急變轉運西米之法，以蘇民困。救民之饑，如救水火，先從其甚急者而先救之。竊聞各屬派輸車夫搬運西米一役，當事者慮兵糧之不足，不以征之西安，而議協於西府；西府送到者，運載不責之民力，而皆有脚價，此當事者仁之盡、義之至也。然衆議皆以爲其意固善，而其法則未盡善也。夫議協濟於西府者，非以爲西安奇荒，人民流離，米無從出乎；再給脚價者，非以爲食用艱貴，不忍空勞吾民，令其重費饑困也耶！夫不以米征西安民，而今者竟至使民勞費，幾於與出米等，以爲食用艱貴，議出脚價，而至使運轉六七石之價，不足供運一石之費。故此一役，民因而饑死病死，展轉委頓而死者無數；折軸没輪，墮坑落塹，不能終事，而使民重出厚累者無數。安坐而談，若無大害；身親而履，真可爲痛哭流涕長太息者也。所以然者，粟匱財竭之時，在家猶父子夫妻相聚，而披剔草根木皮，以延殘喘，今一旦驅諸三四百里之外，不特無可齎之錢粟，并其草根木皮，亦不能得矣。又瘟後牛寡，久旱草枯，兼之天雨不時，愁氣上結，疫癘大作，人病牛疫，且内懸室家，奄奄待斃而莫之恤，家人相望，嗷嗷望救而無如何。故傳者皆謂邠、長轉運之處，鬼哭神號，耗費不貲。論者未達情實，或以爲皆有脚價，原未苦民，殊不念當此食貴如金之時，展轉留難於時月之間，所廩於官者六七石，尚不足給一石之費，其餘之費，究何從出耶？且夫米既無從出，牛又食賣殆盡，將安從出乎？借曰牛尚可尋，往返四五百里之内，遨延八九十日之間，草薪亦將何出乎？自昔運糧之法，皆由所經各州縣相時重輕有無，❶其脚價自相遞送，以故無聚衆虚耗之費，逃亡死傷之患。而議者不察，猥以均勞借口，以爲單責運遞所過州縣，遠者可恤，近者何辜，此又未盡達於調度區畫之説也。夫令各屬輸運，不惟民苦資糧，亦且有廢耕、傷病、折牛、損車之害。本縣倒運，不惟無前數害，而且中含大利。何者？今兹彌望奇荒，斯民正苦營生無所，離家無資，居家計窮，今使藉名運夫，除官價外，再令各屬外幫運價，則寄生有所，食用足給矣。丁男負運，老弱婦女披剔草根木皮，以給饋餉，百里之内，可以朝發夕至。又米到即刻可轉，未至，亦不復坐耗盤費，又無死喪疾病之患，折牛隕車之弊，離家廢農之憂，逃亡重賠之累，真所謂一舉而公私兼便者也。其爲可行，昭昭易見，而前此者皆未及此，豈非天意欲留此一段美意良法以待明公，使爲撫陜發軔第一功德，令殘黎最先謳吟慰藉也耶！明公尚急留意，少緩以待日，則民重困矣。抑非獨此也，凡有招買，實照市公平發價，而印官責之總催，總催攤派花户，轉相侵削，花户得價無幾，補賠不啻倍蓰，當斯民窮財盡之時，救死不暇，何堪重以此累耶！宜痛懲而力禁之是望。此外，毒至衆而害最甚者，民甲中奸猾十排，軍屯中無賴旗甲。錢糧已赦矣，而借口雜差；米豆已蠲矣，而聲言使

❶「由所經」，原作「所經由由」，據静海聞氏本改。

費。致令下里愚民鬻妻賣子之膏血，含恨抱冤而乾没之，勃索之。又將朝廷所發賑濟饑民之銀米，假端虎嚇，奪諸良弱之口，以飽其無厭之腹。此又州邑中未死之魃鬼，無翼之飛蝗，所宜一體切戒者也。

一、厚卹善類，以勵風教。善人，國之福，民之範，風俗之儀表也。故成周大賚四海，而善人是富。三代以來，雖風尚各殊，亦莫不崇奬善類，尊德惇行，以樹風聲而勵貪頑。今茲關中逢此奇荒，百姓死喪逃離，幾於十室九空。昔東海孝婦之冤未理，而致國三年不雨。今闔郡數百萬生靈中，其爲仁人、孝子、志士、悌弟、節婦、義夫及忠信篤實者何限，而皆使之顛連死亡，抱恨於無窮，恐非所以祈天和、調陰陽之道也。且當此風俗敗壞糜爛之時，正宜崇奬德義，砥礪名節，使愚民曉然知上意之所向，亦勵風移俗之一助也。愚意以爲宜申飭州縣，悉心查訪實德篤行，如仁人、孝子、節婦、義夫，及好學自修、守義狷介之人，詳開姓名、里居、子孫、男女、口數申報。除本縣均給皇恩銀米外，明公爲另設銀米，照月給散，務使足給一日兩食之資，勿致死亡流離，則明公德譽陰騭，相永於無極矣，是一舉而百美皆備者也。

一、作養士氣，以培植人才。紳衿者，國家人才之所從出，故治國家者，莫不以作養士類爲要務。今茲奇荒，而有司拘執文法，以爲詔書無賑士之條，致令章縫衣冠之士，多委填溝壑。夫旱荒徧千里，豈民皆饑而士不饑；皇恩溥及草木，又豈獨於士而遂恝然，特詔書未分明言之耳。明公爲國家培植人才，宜申飭州縣，令自後凡有賑濟，縱不能分外加厚，亦宜與齊民一體通行。

一、禁止樂户販賣良人子女。今兹關中荒饑異常，百姓計窮路絶，多以子女賣入樂户，以苟易升斗，偷活旦夕。夫娼優敗風傷化，王政之所大禁，仁人君子之所惻心。明公爲國家振勵風化，宜留心頻飭州縣，令樂户不得再買良人子女，其已買者，令州縣官設法贖回，不得隱匿。犯者，樂户及本地千總地方，一體定罪。此萬世功德也，明公尤宜惓惓。

答朱字緑書

承手翰，匪但悉謙冲之度，兼稔姿秉之諒直，夙昔問學之精勤。閲未終幅，欣慰無既。亟呼門人子弟讀之，亦無不交口歎賞，甚矣！門下之善學也。陳公甫先生曰：「疑者，進道之階。大疑則大進，小疑則小進。」古聖賢望道未見之心，欲從末由之意，亦只是善用其疑，故卒造絶詣耳。門下善疑善問如是，由此推而廣之，勉勉不已，德業之進也可量哉！小兒前者歸，稱述丰標，極爲聲百得友喜，兹述心曲，更爲吾道得人慶矣。健羡之私，胡可喻也？承問云云，門下不鄙不佞，藹然以骨肉道誼相視，不佞忍自外耶！用竭固陋，以應嘉命，惟高明自取，酌而教示之。

門下來書累幅，大意則謂：人性至善，徹乎終始，不佞《學髓》之圖最上渾淪一圈，同陽明「無善惡」之旨，不免流於「性無善無不善」之説，而異乎周子「無極而太極」之義；圈下善惡對峙，同陽明「有善有惡意之動」，不免流於「有性善、有性不善」，「性可以爲善、可以爲不善」之説，而異乎「秉彜恒性」、「率性謂道」、「人性皆善」之旨。其「有意爲善，雖善亦私」之疑，則總之與此疑，異條而同本也。蓋其根起於疑陽明之言類告子之説，故因而疑不佞之圖同陽明之旨。然則門下之疑不佞《學髓》，非苟然也，疑陽明也。不佞又何必一一爲鄙圖分疏乎，亦爲釋陽明之疑而已。陽明之是非明，即不佞之圖説明也。

門下謂「無善而至善存」，是也。而疑陽明剗却「至善」二字，獨不思心之本體，本至善乎，即至善乎？孟子道性善，而「魚我所欲」章，則指爲本心，「心體」即本心也。本心者，「道心」之謂也。「道心」即善性也，但異其名稱耳。周子謂「無極而太極」，陽明謂「無善無惡心之體」，其言異，其旨一也。「無極而太極」之説無可疑，則「無善無惡心之體」亦猶是矣；知乎陽明之旨同乎周子，則知夫「無善無惡」之旨異乎告子矣。且性至善也，而明道則曰：「人生而靜以上不容説，纔説性，便已不是性也。」夫説性便不是性，則人爲之善惡不可爲「心體」明矣。人爲之善惡不可爲「心體」，則「無善無惡」即至善之「心體」，何必更增「至善」字於句内，而後知其爲至善乎？而《學髓》渾淪一圈，又何殊於《太極圖》之渾淪一圈乎？

門下謂「善徹終始」，是也，獨不思感於

物，動於意，而遂有善、不善乎？謂「善與惡非對峙」，是也，獨不思氣拘物蔽而意之動，遂有善有惡乎？有善無不善者，性也；拘於氣，蔽於物，而不能無不善者，情也。情本乎性，性無不善，故善與惡不可對也；情不能不拘於氣而蔽於習，故性雖善，而情不能無善、不善也。意者，情之動也，猶之人性皆善，則宜皆爲君子；而世卒不能無小人者，則氣拘而物蔽之也。故小人與君子，同一善性，原不可對峙，氣拘而物蔽之後，則亦遂從其分途，而對稱之爲君子、小人而已。六經、四書之以小人君子、善惡、邪正、是非對稱者，皆是義也，猶之水清而卒不能不清濁并有也，鏡明而卒不能不明暗并有也，一氣而卒不能不陰陽并有也。「繼善成性」，「秉懿帝則」，及孔孟之言，言乎天命本然之初，有善有惡；言乎意動於氣拘物蔽之後，本不相戾也。大抵門下所疑，皆爲護持一「善」字，惟恐「無善無惡」之説流於莽蕩，即惟恐鄙圖之渾淪一圈，類於「無善無惡」。甚盛心也，而未及思夫「心體」即「至善」也，而未及思夫《學髓》之渾淪一圈，即《太極圖》之渾淪一圈也。《太極圖》渾淪一圈，不患其遺「太極」；《學髓圖》渾淪一圈，亦可知初非遺「至善」矣。抑惟恐「有善有惡」之涉於對峙，即惟恐鄙圖之善惡分路有背乎「繼善成性」之旨。意良美也，而未及思「有善有惡」從乎意動之後而言，而非言乎本然之性真有此對峙也，而未及思夫鄙圖之善惡兩行，亦指乎意動之後也。

「有意爲善，雖善亦私」，正恐僞儒義襲而取，不本諸心體之自然，不率諸性分之固有，如五霸之假。南軒「有所爲而爲」

之意，豈謂善不可以立意爲乎？所謂前輩苦心救弊之言也。芒硝、大黄，峻於參术，而當其證之宜用，則良醫違衆議而用之。孟子之「勿正」，程子之「不須防撿操存」，皆是意也，豈獨象山哉！善學者，以意逆志，執其詞則「周餘黎民」，真周果無遺民矣。且門下既知「無善」之爲「至善」，又胡爲疑於「有意爲善，雖善亦私」之説乎？

衰病中，言多未融，不知高明果以爲然否？朋友辨學，期於相長相益，不以苟讓爲貴。如有未安，不厭反覆。外有《答洪洞范彪西公書》，與此書互可發明，漫録一往，前疑或可釋然矣。臨池神馳不既。

附 啓

答洪學憲

恭惟使君，一代文龍，兩閒威鳳。産紫陽之故里，虁牆先賢；接光録之遺風，淵源家學。承綸綍而儀型多士，奉簡書以模範三秦。豈徒回軋茁之奇，振頽波於八代；實乃砥中流之柱，續微緒於一燈。顧於斯道寂寥希闊之中，輒有古人扶持興起之力，誠近今所罕覯，而末世所希聞者也。

伏念顒草莽下士，山野庸人。環堵蕭條，置身名於度外；一經吟詠，消歲月於閒中。竊以學之不講，雖先聖以爲憂，行其所知，誰在今而加意。不虞使君，當下車之初政，發闡隱之盛心，渥恩誤及於庸材，曠典濫加於匪類，惠以孅詞，賜之厚貺。不肖顯撫己生慚，捫心滋愧，雖見居釜甑生塵之日，方嘆無計以聊生；復念在涓埃未效之時，敢輒無功而叨惠。謹用返璧，幸賜鑒原。

答董郡伯

恭惟明公，瀛陸名家，廣川嫡系。儒宗蔚起，重恢道誼之源；聖學攸歸，聿述天人之對。褰帷臨内史，節序依然漢二京；叱馭入長安，乾坤不改鄉三物。蓋秘閣之旂常未遠，而端門之步武方新；辰猷夙授於趨庭，上績爰登於領郡。羽書甫戢，文史多閒。惓茲行部之疆，垂及閉關之叟。朶雲下賁，照茅屋以生輝；雙鯉遙來，凌草亭而發篋。閭巷驚傳爲盛事，關河頓覺其增顏。治顯困守遺經，慚揚絶緒。生橫渠之後，愁負《西銘》；處恭定之鄉，坐虛南指。質甘菲薄，學山不至於山；材復空疎，觀海徒嘆夫海。豈謂盜聲泉石，幾難安卧煙霞，而麋鹿終棲，菊松好在。既託帲幪之大，還叨存注之慈。何敢抱硜硜小諒，等閒自外於高深；所期竭碌碌餘生，耕鑿相依於畎畝。篆銜侵骨，瞻謁悚心。伏願鑒此愚蒙，寬其禮數，則知我恩如生我，而一天長戴二天矣！治顯臨啓，曷勝感激瞻依之至。

昔司馬温公生平不作四六，而家宰趙儕鶴著論亦深以此爲戒。先生平日，遇當事四六之來，初猶閒或十答一二，後則一洗相沿之陋，絶不復爲矣。偶存二稿，不忍終棄，聊附於此。

卷十九

題跋

鄠縣門人王心敬彙輯

題馮少墟先生全集

余生平徧閲諸儒先理學書，自洛、閩而後，唯馮恭定公《少墟先生集》言言醇正，字字切實，與薛文清《讀書録》相表裏；而《辨學録》、《善利圖》、《講學説》、《做人説》，開關啓鑰，尤發昔儒所未發，尤大有關於世教人心。張南軒嘗言：「居恒讀諸先生之書，惟覺二程先生書完全精粹，愈讀愈無窮。」余於先生之集亦云。

第集板經明末之變，毁於兵燹，讀者苦無從得。余久欲覓有力者，重壽諸梓，而機緣未遇，私竊耿耿。頃學憲洪公訪余論學，因言及斯集，遂慨付殺青，以廣其傳。惟是先生至今尚未從祀，識者以爲缺典。昔東林吴覲華《真儒一脈序》謂：「西北有關中之恭定，山右之文清，東南有梁溪之端文、忠憲，皆頎然爲天柱地維。後有具隻眼議大廷之典者，知儒宗一脈，的有其派，而千古真常，❶蓋決不容澌滅也。」余嘗以爲知言。世不乏主持名教、表章先賢之大君子，敬拭目以望。

---

❶「常」，石泉彭氏本、静海聞氏本作「傳」。

題張鷄山先生語要

鳳翔張鷄山先生，明季理學真儒也。深造自得，洞徹大原，與長安馮少墟先生同時倡道，同爲遠邇學者所宗，橫渠、涇野而後，關學爲之一振。兩先生没而講會絶響，六十年來，提唱無人，士自辭章記誦之外，不復知理學爲何事，兩先生爲何人。間有知馮先生者，不過依稀知其爲馮侍御、馮司空，有遺書。先生位卑而地僻，并其姓字，亦多茫然，人與書泯滅不傳。余有慨於中久矣。頃學憲許公晤余談學，因語及先生，公肅然起仰。退而躬詣先生故里，建坊表章，訪其後裔，得先生所著《致曲言》、《明德集》示余。余竊不自揆，僭爲訂正，摘其確且粹者，勒爲斯編，更題曰《張鷄山先生語要》，滴水可以識全海，公亟捐俸梓行，俾蕪没餘名，託以弗墜，可謂先生後世之子雲矣！

公政崇風教，加意理學。行部所至，寤寐名賢，存者式廬，没者闡揚，表前修，風後進，啓佑關學之意甚盛。讀斯編者，誠勃然思奮於辭章記誦之外，知所從事，庶不負公殺青之意，而關學墜緒可以復振，實百二河山之幸也！區區敬書之以俟。

題青暘先生論學手書

青暘先生，前宮保大司徒澄江張公也。生而清明夷坦，性與道合。啓、禎間，由高第入仕，揚歷中外，爲時名臣。甲申，司計南都，覩時事不可爲，遂潔身引退，遯跡丘壑，潛心性命，德邵道尊，逃名名隨，巋然爲當代之望。學者仰爲模楷，然非參其神契，未嘗輕與之語。

梁溪秦子赤仙，篤志聖修，學敦大原，嘗抱奇疾，心惑兩端。公喜其鞭辟著裏，爲之反覆開導，霍然頓起。赤仙自是依依門下，深究力詣，訂正綿密。及公捐館，持心喪，爲位尸祝，裒其往復論學手書，以備顧諟而志羹牆。頃余會友東林，稠人中識赤仙，相與商證有感，因出其卷示余，言言平粹，字字婉委，虛懷邃養，備見乎辭，而微旨精義，多昔賢所未發，令人乍泳而躍然，湛思而莫罄。赤仙不忍自私，謀壽諸梓，用溥教澤，過不余鄙，請題卷首。余生也晚，僻處西陲，不獲及公之存，摳衣就正，幸覩是編，曠若發矇。故不辭不斐，謬弁數語，以誌嚮往。若夫赤仙尊師重道之誠，在近今誠空谷之音，識者莫不同舌而賢之，無俟余贅。

題社倉

康熙庚戌季冬朔，毘陵駱郡伯迓予至郡，話及地方人物，首以吴子濬長爲言，且曰：「卓絶之識，諳練之才，肝膽氣誼，加人數等。性最慈，腸最熱，急人之急甚於己。苟可以濟人利物，輒挺身以赴，即冒嫌招謗，亦將有所不恤。緣是，信者半，疑者亦半。吴子則超然自得，略無介懷。蓋奇偉磊落，人中之傑也。」既而以其所著《宗祠》、《賑荒》等款示予曰：「此即其人所嘗爲政於家，爲惠於鄉者也。」予閲之，躍然以喜，遂擊節太息，曰：吴中乃有斯人乎！以康濟爲心，以生靈爲念，處庠校而志切當世，先天下之憂而憂，自希文以來，不多見也。

是不可不一見，亟物色之。賢士大夫如高彙旃諸公，亦衆口同辭，交相推美。乃於次月既望，獲見於郡南之龍興寺。一晤便若宿契，語之連日夜。器度豁如，凡百迴俗，言無飾發，行不苟動，骨堅力勁，勇逾育、賁，予不覺爽然自失，因索其《社倉全集》卒業。見其用意肫摯，綜理微密，雖昔人竹頭木屑之智，不是過也。高公每歎以爲經濟才，信哉，其爲經濟才也！惜乎祇就其力之所及，爲惠於一圖，而無由徧及各圖。郡伯謀壽諸梓，請之當事，飭所屬通行，予遂謬弁數語，以引其端。若夫集中綜畫之詳，則自有邵君之原序在，無容再贅。

題四書心解

四書，傳心之書也。人人有是心，心心具是理，而人多昧理以疚心；聖賢爲之立言啓迪，相繼發明，譬適迷途，幸獲南車，宜循所指，斯邁斯征。乃跬步未移，徒資口吻，終日讀所指，講所指，藻繪其辭闡所指，而心與指違，行輒背馳。登彼壟斷，藉以獵榮網譽，多材多藝，祇以增其勝心。欲肆而理泯，而心之爲心，愈不可問，自負其心，而并負聖賢立言啓迪之苦心。噫！弊也久矣。

昔有一士，千里從師，師悉出經史，期在盡授，甫講一語，其士即稽首請退，浹月弗至。師問之，對曰：「未盡行初句，弗敢至也。」必如此，始可謂善讀善聞，無所負。今求其人，王子天如其殆庶幾乎！

天如質淳而行篤，問道於余，學務求心。日讀四書，有會於心即劄記。積久成帙，名曰《心解》，持以就正。余閉關養痾，弗克卒業，伏枕聊涉其概，蓋自成一家言。而宏綱鉅領歸本於心，至晰心之所以爲心，全在於知良，以知則中恒炯炯，理欲弗淆，視明聽聰，足重手恭。施於四體，四體不言而喻，「溥博淵泉，而時出之」，萬善皆是物也。否則昏惑冥昧，日用不知，理欲莫辨，茫乎無以自持，即所行或善，非義襲，即踐迹，是行仁義非由仁義也。夫解四書而諄諄「知」之一字，可謂洞原徹本，學見其大，余不覺擊節。天如因請余題其首簡，余生平未嘗爲文字之習，有所題跋。身隱焉文，概絶應酬，又豈能扶病摛辭，頓有異同乎！無已，即以斯言口授代書，試質諸善讀四書之大君子。

聖學指南小引

余初茫不知學，泛濫於群籍，汲汲以撰述辯訂爲事，自勵勵人，以爲學在是矣。三十以後，始悟其非，深悔從前自誤誤人，罪何可言。自此，鞭辟著裏，與同人以返觀默識相切砥，雖居恒不廢群籍，而内外本末之辨，則晰之甚明，不敢以有用之精神，爲無用之汲汲矣。尚慮同人不諒余衷，或以故吾相與，謹録先儒成語，以爲作聖之指南，竊願與同人共勉之！

三冬紀遊弁言

詩於士雖非急務，要亦在所不廢也。然有學者之詩，有詩人之詩：養深蓄厚，發於自然，吟咏性情而無累乎性情，此學者之詩也；雕句琢字，篇章是工，疲精役慮，而反有以累乎性情，此詩人之詩也。其行於世也，或詩以人重，或人以詩重。詩以人重，學者之詩也；人以詩重，詩人之詩也。觀其所重，而士之本末見矣。

愓庵高子《三冬紀遊》，學者之詩也，覽者愛慕争鈔，此詩以人重也。頃承高子不鄙，顧余於病榻，余服其清苦而有守，高曠而脱俗，因商證所學，言言透宗。大約謂身心世界，是一非兩，治世莫先於治心，而知性立本，尤爲治心之要。識得未發真體，則變動云爲，無適非不睹不聞之所統攝而運用，大本達道，位育齊收，身心世界，至此方爲合一。其卓識精詣如此。然則讀是集者，詩也乎哉，有先乎詩者矣！

書繼述堂詩文

張氏之先，世有聞人，咸風雅擅長，稍一方文獻。其裔公慎裒其遺稿，刊以垂後，偕其弟余婿子丹請余弁其首。余學不爲文，生平未嘗應人以文，況學憲許公已序於前，又烏容贅。無已，姑以「繼述」論。《中庸》稱達孝在繼志述事，張氏固世以詩文著，然所以光前而裕後者，豈僅詩文乎哉！蓋必有先於詩文者矣。砥德礪行，養深蓄厚，故見之詩文，猶有源之水，千流萬派，時出而無窮，渾浩雅健，極作者之致，兼衆體，成一家，其言近，其旨遠，粹然一出於正。觀者流連愛慕，是詩文以人而重也。然則爲之後者，誠不忘其先，相與世珍斯集，思紹世美於無窮，亦惟於其重者而加意焉。

由是，而詩爲有本之詩，文爲有本之文，人重而詩文亦重矣。夫是之謂「繼述」，夫然後知繼述堂之詩文，非猶夫區區詩人文士之所謂詩文也。遂書此以俟。

跋思硯齋記

余土室中人，素堅文戒，未嘗應人以文。宴息之餘，獨喜聞人世忠孝節義事，其有一言一行，出於忠孝節義者，輒流連感慨，默記而私録之以自警。頃得學憲許公所貽《思硯齋記》，而知太公蒼巖先生之孝，非猶夫人之孝也。先生尊甫中丞公，啓、禎間揚歷中外，爲時名臣。守紹興時，嘗夢蘇文忠手授一硯，既而獲諸土中，其款製畢符所夢，心異而珍玩之，不啻天球、河圖。及中丞公没，先生孺慕無已，珍中丞所珍，儼如中丞之存。無何明季之亂，化爲烏有。先生追念弗忘，搆齋寄懷，孝思肫摯，恒情所未有，蓋至性不可解於中，故越世如一日。

余不覺斂衽興歎，三復而亟書之，竊附景仰之私。且以告夫凡爲人子者，庶因觀興感，因感興思，思其親，不忘乎平生之所好，則先生硯齋之思，有裨於風教匪尠。《詩》稱：「永言孝思，孝思維則。」其先生之謂歟！

誌愧 書仁者贈

余宴息土室，一編自適。己巳夏，洪洞范彪西先生不遠千里，專伻惠余以新刻數種，受而卒業，讀至《仁者贈》，不覺爽然自失，恧然汗下。余生而單寒，無一椽寸土之産資生，菽水之供闕如，見先生事母備極敬養之隆而愧；先慈之喪，貧無以殮，邑宰駱侯聞而助之以棺，始克掩形，見先生治母之喪，衣衾棺槨，凡附於身者，巨細畢備而愧；余生未朞而王父逝，甫八齡而王母亡，權厝兩地，至今力不能合葬，日夜徒抱隱痛，見先生爲六代祖修塋築垣，甃碑樓，種松柏而愧。噫！百行莫先於孝，先生孝行如此，回視余不孝之罪，真上通於天矣。他如建木鐸樓，肖聖賢像，瞻禮景行，出入必告；表章鄉先哲遺集，捐資刊布；於宗族則置義田、祭田，於三縣則置學田；設養濟院、義塚於鄉鎮，以恤存没；爲顛連無告者代輸差徭，冬月則施布施炭，以至施藥療疾，荒年賑饑：種種實行，可謂空谷足音，絕無而僅有。回視余貧窶書生，平日徒託諸空言，未嘗見之實行，其爲愧何可勝言！蓋先生自大父竹溪先生、父丹虹先生以來，學宗洛、閩，言必顧行，故先生淵源家學，務敦實際。歐陽子推服韓魏公有云：「累百歐陽修，何敢望韓公。」今余於先生亦云。敬筆之，以誌余愧。

跋父手澤

嗚呼！此吾父手澤也。吾父崇禎十四年臘月二十四日離家，隨邑侯孫公征賊河南，至省數日，慮顒爲讐人所陷，託人寄書於吾伯、吾舅，以致丁寧。次年正月，至潼關，又寄書以顒爲託。既而側聞訛傳，言顒被官收倉，吾父傷心萬狀，即寄書伯舅，呼吾堂兄居暨舅僕彭守己赴關，欲面有所囑，朝夕西盼，望之眼穿。及二人到關，而吾父正月十八日已出關矣。二月十一日薄暮抵襄，被圍，逆闖晝夜攻城，知必不免，與同儕泣語，深以顒幼弱無倚爲痛。十七日城陷，竟及於難。前後所寄三書。彼時顒幼，不知省視。是後吾邑兵寇相仍，吾母子展轉奔徙，厥居靡常，而先世所遺文書，片紙隻字，賴吾母收存惟謹。

康熙十九年六月三日，顒偶清理故紙，遂得此書，亟長跽捧讀，伏地號泣，慟不欲生。嗚呼！不孝顒童年失怙，四十年來，煢煢在疚，思欲一見吾父遺迹而不可得，今見遺墨，如見吾父焉。其書皆爲不孝顒而發，惟恐不孝顒不免於群小之搆陷，抑豈知不孝顒彼時幸免讐人搆陷之小難，而吾父未及一月，反委骨他鄉，不免逆闖屠城之大難耶！痛子者父，痛父者誰耶？父讐不能報，父骨不能覓，有子如無，抱憾終天，死有餘慟矣。敬什襲寶藏此手澤，供奉母祠，歲時展視，以見吾父垂危之惓惓。

雜 著

籲天約

僕資本偏駁，動多疵疚，雖嘗慚悔力改，顧志弗勝氣，隨改隨滋，未能徹底廓清，滌舊習而新之，荏苒虛度，祗是舊人。每一念及，輒慄慄悚懼，自恨自傷，不禁淚流。即自責曰：「李顒！汝前半生業已蹉跎莫追，今年行如許，若復悠悠，更將何待耶！」乃齋心籲天，痛自淬礪，誓不敢玩愒因循，姑息自棄。諸君資皆粹美，素履罔玷，乃亦反己自訟，怨艾深切。既慮理欲迭乘，亦不妨祈監於天。每旦，爇香仰天，叩謝降衷之恩，生我育我，即矢今日心毋妄思，口毋妄言，身毋妄行，一日之内，務刻刻嚴防，處處體認；至晚，仍爇香仰叩，默繹此日心思言動，有無過愆，有則長跽自罰，幡然立改，無即振舊策勵，繼續弗已。勿厭勿懈，以此爲常，終日欽凜，對越上帝，自無一事一念可以縱逸。如是，則人欲化爲天理，身心皎潔，默有以全乎天之所以與我者，方不獲罪於天。今日俯仰無愧，浩然坦蕩於世上；他日屬纊之時，檢點平生，庶不至黯然消沮，自貽伊戚於地下，存順没寧，何快如之！區區有志未能，願相與共勉之。

消積

蒲城惺庵王翁，時以性命大事來印，兹訪余小寓，二三友人，亦相與過從共話。一友患食積，翁教以服「消積保中丸」，余因言：「凡痰積、食積，丸散易療，唯骨董積非藥石可攻。」翁詢其故，余曰：「詩文蓋世，無關身心，聲聞遠播，甚妨静坐。二者之累，廓清未盡，即此便是積。廣見聞，博記誦，淹貫古今，物而不化，即此便是積。塵情客氣，意見才識，胸中一毫消融未盡，即此便是積。功業冠絶一世，而胸中功業之見，一毫消融未盡，即此便是積。道德冠絶一世，而胸中道德之見，一毫消融未盡，即此便是積。以上諸積雖淺深不同，其爲心害則一，總之皆骨董積也。」翁因問消之之道奈何，余曰：「若此者其惟實致其知乎？知致則知吾性本體，原無一物，自爾忘其所長，忘而又忘，并忘亦忘矣。并忘亦忘，始謂之返本還元，始謂之安身立命。」在座聞之，惕然有省，余遂記之，以諗同志。

急務

白沙謂「千休千處得，一念一生持」。必如此，方是實際，方有下落。吾人若不屏緣息慮，下萬死工夫，惟靠語言文字漫度光陰，作口頭聖賢，紙上道學，因循猶豫，以老其身，呼吸一去，千古無我，抱憾何及，可惜孰甚。須趁此形神未離由得我時，務於進德凝道工夫，修之又修，免得形神將離由不得我時，悔了又悔。愛日惜陰，願共勉旃！

謝世言

僕幼孤失學，庸陋罔似，祇緣浮慕先哲，以致浪招逐臭，誠所謂純盜虛聲，毫無實詣者也。年來天厭降災，疾病相仍，半身覺痿，兩耳漸聾，杜門却掃，業同死人矣。然而朋伍中不蒙深諒，猶時有惠然枉顧者，是使僕開罪於先生長者，非愛我之至者也。

今以往，敬與二三良友約，凡有偶憶不肖而欲賜教者，竊以爲上有往哲之明訓，下有狂謬之巵言，期與諸君私相砥礪足矣。奚必入其室而覯其人，以致金玉在前，形我蕪穢乎！伏望迴其左顧之轍，竢僕於既化之，而父師視之者也。嘗聞古人有預作壙穴，以爲他日藏骨之所者，僕竊有志而未逮，又豈能靦顏人世，晤對賓客，絜長論短，上下千載也耶？但使病廢之軀，獲免酬應之勞，宴息一室，孤寂待盡，則僕也受賜多矣。謹白。

家戒

所讀之書，自五經、四書、《性鑑》、《衍義》外，不可泛及天文、讖緯、《水滸》、《西厢》，一切離經叛道邪穢不正之書；所交之人，自德業相勸、過失相規良友外，不可濫及緇流羽士、游客營丁、扶鸞壓鎮、妄談休咎，一切異端左道偏頗不正之人；所講之言，自身心性命、綱常倫理外，不可語及朝廷利害、官員賢否、邊報聲聞并各人家門私事。不可出入公門，不可管人閒事。立身行己，以《小學》爲金鏡。惜寸陰，戒佚游，堅其志，强其骨，務思所以自樹。寧孤立無助，不可苟同流俗；寧饑寒是甘，不可向人求憐。信命安義，以禮自律。如是，則德成品立，不愧鬚眉。

余土室中人也，灰心槁形，坐以待盡，荆扉反鎖，久與世暌，斷不破例啓鑰，接見一人，并舊所從游，亦概多不面。有固求言以自勗者，因書揭壁戒子之言，貽之以代晤對。

自矢

僕幼無父師之教，未嘗讀文習文，以故生平絶不能文。凡在知契，莫不相諒，未嘗徵僕以文，即中閒大有德於僕，真同再造者，亦未嘗强僕以所不能。雖居恒不廢筆硯，然不過聊備批點而已。年來疾病纏綿，并筆硯亦不復近，宴息土室，坐以待盡。身隱焉文，古有成言。凡序、記、志、銘，一切酬應之作，類非幽人所宜，況病廢餘生，萬念俱灰者乎！即大利陳之於前，大害臨之於後，誓於此生，斷不操筆。君子愛人以德，千萬鑒原！

訂親友

自古處士逸人，咸超然物外，弗涉世務，斷未有投字公門，管人閒事也，亦未有隱逸之子，爲人請託壞父風範者也。凡我至親厚友，千萬垂仁體諒，使僕父子安於無事，免滋罪戾，其有德於僕者，僕自感刻弗忘，身未就木，所以圖報者自有在也。謹告。

立品説別荔城張生

昔人謂大丈夫一號爲文人，便無足觀。若以詩文而博名謀利，僕僕於公府，尤不足觀矣。唐蕭至忠素有雅望，嘗自公主第門出，遇宋璟，璟曰：「非所望於蕭君也。」至忠爲之色沮。宋文人陳師道居京師二年，未嘗一至公卿之門，宰相章惇欲見而不可得。使文人皆如師道，人重而文亦重矣。

荔城張氏子兄弟三人，咸質美能文，而有志於道，嚮余甚篤，遥通尺牘，問學有年。茲仲子希載負笈來從余遊，余嘉其肫摯，與其盤桓者三宵晝，瀕行，長跽請言以自勖。余嘗慨習俗文盛質寡，沈溺於章句，葛藤於口耳，茫昧一生，而究無當乎實際，以故深以爲懲，生平未嘗從事語言文字，亦絶不以語言文字待人。無已，則有二字奉矚，其「立品」乎！因請「立品」之實，曰：「無他，惟在不以文人竟其生平。凡文人之所營逐，時藉以爲鑑戒，他人如是，而己獨不如是，品斯立矣。品立而後學可得而言也。」曰：「希載生平頗知自愛，恥事干謁，第家貧親老，仰事鮮資，奈何？」曰：「顏子簞瓢陋巷甚樂，當其時尚有父顏路在。若顏子以親老之故，而少貶徇人，則雖日奉五鼎之養，亦謂之大不孝，又何以爲顏子！」生避席再拜曰：「命之矣！」遂書其語以行。

促李汝欽西歸别言

寶鷄李汝欽，質淳而行篤，未弱冠，即有志於斯道。癸丑秋，嘗謁予於關中書院，北面稟學，予力辭。乙卯夏，又謁予於富平之擬山堂，堅欲及門，予固辭。徒步負笈，往返千里，途次罹災，幾不保身，聞者惻然，而汝欽嚮往愈殷，略弗少變，則亦可謂之天下大有心人矣。戊辰春暮，復捧其尊人翰音來學，予嘉其道念肫摯，不復辭。未幾，歸應歲試。今秋復至，探本窮源，學見其大，潛體密詣，日精日進，予心竊喜。

或曰：「汝欽毅然自拔於俗，出幽遷喬固可喜，而汝欽之東來從學，風聞其尊人似弗悦。」予謂：父子，天性也，天下有父不愛其子者乎？愛其子而有不期以遠且大者乎？子能從事於道，可以爲家門之光，可以垂奕世之芳，其爲遠且大，何可勝言。而顧弗悦，殆不其然。嘗閲郡邑《人物誌》，郿塢、岐陽、秦隴、臯蘭，皆有道德儒先，以光邑乘，而寶鷄獨尠。今得其子奮發崛起，爲一邑破天荒，豈惟家有餘榮，邑亦行且與有榮施矣。曰：「渠之尊人非不知此，但恐其子因學道而致有妨乎舉業耳。」余謂即以舉業論，亦必自少至長，屢延制舉名師，朝研夕習，猶往往限於資禀，或習焉而弗工，庀於時命，或工焉而弗遇；況未嘗廣經師匠，冒期獲禽，可乎？ 昔曾植齋先生朝節與其兄朝符未第時，其父爲延一舉業師，又延一講學師，未幾，兄弟俱得雋，而植齋中探花，官至大宗伯，爲世名儒。 夫世之教子者，不過教子務舉業、延名師、厚館穀、嚴課程而已，未有舉業師之外，又延一講學師如曾封翁者也。 封翁爲衡州書吏，又非素知學問者，而一時能爲其子延二師，其識見豈易及哉！ 華亭唐仲言，五歲而瞽，六七歲喜聽父兄讀書，聞之輒不忘。 父兄愛之，因爲講授文義，即能解悟，父兄因盡取古今書誦之使聽，而仲言胸中，不翅五車二酉矣。 久之，理明心豁，能詩文，所著有《編蓬》、《姑蔑》等集數十卷，蔚然稱一代名流，蓋父兄成就之故也。 今汝欽之尊人，素稱寬厚有器識，豈愛子弗若唐仲言之父兄愛其瞽子哉？ 必不然也。 萬一囿於世俗之見，必欲汝欽一意舉業，子之於父，惟命是從，姑歸而從父命，一意制舉，以悦親心，慎毋拂親心，以重予之罪可也。

汝欽避席憮然對曰：「欽童時，僅從啓蒙師授章句，未朞即去，悠忽閒度，其於舉業，素尠師承。 兼生而癯弱多病，朝夕伊吾，實不堪勞。 昔黄安少工制舉，爲有慈母孀居在堂，念無以報母，乃割肉出血，書寫願文，對神自誓，欲以此生明道報答母慈，以爲温清雖孝，終是小孝，未足以報答吾母也。 即使勉强勤學，成就功名，以致褒崇，亦是榮耀他人耳目，未可以致吾母於遠大也。 惟有勤精進，成第一流人，庶可藉此以報答。 若以吾夫子報父報母之事觀之，則雖武周繼述之大者，不覺眇乎其小矣。 今觀吾夫子之父母，至於今有耿光，則些小功名，真不足以成吾報母之業也。夫黄安之發願如此，欽雖無似，❶私竊慕焉，固未敢舍此而之彼也。」予曰：「子固矣。孝以順親爲大，子姑歸而勉順親心，親心悦斯子心安，心之安處便是道。子欲學道，道在是矣，又何他求？」汝欽曰「諾」，即日束裝告歸，録予語再拜而别。

諗言

宗弟三原李重五，今儒古心，遠器也，余所愛重。乃重五亦不以余爲不類，愛余敬余，情甚篤，誼甚摯，凡所以加意於余者，靡不周至。丁卯秋，重五捷鄉書，賀者填閭巷，獨余以貧病相仍，因循荏苒，未遑遣兒一往。由俗情論，未免懷歉，然重五家世科第相望，非同白屋肇迹，鄉書之捷，是所固有。余平日所期於重五者，實不止此，賀典之缺，殆未足深以自咎。昔許文正公初從塾師授書，塾師勉以登科取第，公曰：「登科取第而已乎？」吕文簡公講學於鷲峰東所，一士問學，公詢其所志，對曰：「志在科目。」公曰：「科目有數等，有千萬年科目，有數千年科目，有數百年科目，有數十年科目。千萬年科目，如顔、閔德行科；數千年科目，如程、朱；數百年科目，如薛文清、羅一峰；數十年科目，做一官便了。」以重五之賢，非區區僅登數十年科目而遽已者。余是以不汲汲隨衆遽賀，將以賀其遠且大也。

今重五發軔鄉科，姑以鄉科言。廣東陳白沙先生，天順丁卯鄉科，嘆曰：「學止

❶「欽」，原作「修」，據石泉彭氏本、静海聞氏本改。

舉業而已乎！」聞江右吴康齋講學，往從之遊，歸築陽春臺，日端默其中，以涵養本源，如是累年，始有所得，嘗云：「吾自此以後，此心如馬之有銜勒，隨動隨静，應事接物，參前倚衡，照檢而無不在矣。」道明德立，名動海内。後應薦至京，授翰林檢討，力辭終養。鄧潛谷先生以《易》魁江右，是歲，謝公車不赴，人問之，則曰：「吾斯之未能信也。」沉潛於道，且三十年，以經證悟，以悟證經，著《五經繹》、《函史》上編下編數百卷，華實並茂，以部使者薦，徵書屢下，與康齋、白沙後先輝映。來瞿塘先生以《禮》魁蜀，篤志正學，書「願學孔子」四字於臂，又書「發念處，即遏聲、色、貨三大欲」於座右，一意自修，誓不見有司。居鄉恂恂，少長咸接以禮。著《瞿塘日録》及《易註》，微辭奥旨，多發前賢所未發。當道交薦，授翰林待詔，疏辭。他若吾鄉李介庵、王秦關，學足以明道，才足以應世，粹德卓品，朝野欽仰。此皆克自奮拔，知所從事，登科而弗囿於科，由數十年科目而進於數百年科目，光重史册，彪炳無窮者也。賢如重五，夙既有志於道，必且知行並進，日異而月不同，德成材達，蔚然名世。使以上諸君子，弗獲專美於前，豈惟吾宗生色，百二河山，亦與有榮施矣。重五勉旃，余將拭目以望。

論世堂記

毘陵琅霞龔子，脱迹紛華，潛心古學，名其堂曰「論世」，蓋取子輿氏「知人論世」意，以爲古人所處時勢，多有不同，或不容不冒有過之跡，後人往往執跡以論之，多不得古人之心，以至是非混淆，瑕瑜失真者衆矣。龔子於是奮然破拘攣，而獨觀昭曠之原，俯而讀，仰而思，若以身處其地，以己之心，求合於古人，務有以得古人之心而後止。凡古之所共傳以爲瑜者，有時而摘其瑕；共傳以爲瑕者，有時而揚其瑜。於以折衷百氏，妙發心知，操衮鉞古今之權，懸照耀乾坤之鏡，何惑焉！

余嘗登其堂，而見左右圖史萬卷，龔子據几危坐其閒，手不停批。嗟乎！是誠天下之至樂，雖拱璧以先駟馬，奚以易於此哉？既而連質以所疑，與之評騭往蹟，商度時務，皆中窾中會，豁然無所滯礙，粹然一出於大公至正。余於是而知龔子之學蓋有本，以此論世，世有賴矣。夫君子之於學也，内而身心性命，外而上下古今，理固無一之不貫也，功實無一之可或遺也。是故志内而忽外則失之陋，綜外而忘内則失之鶩。陋與鶩，豈所以言學耶？今龔子之年正强，而内外兼詣若此，行且日進於無疆，擔荷世道，主持名教，微斯人其誰與歸？余故謬不自揆，不辭不斐，而樂爲之記。

學文堂記

經天緯地之謂文，非雕章繪句之末也。子以「四教」，文爲最先，誠以進德修業，非文無從；開來繼往，非文不傳；黼黻皇猷，非文不著；宏道統，立人極，非文不振。則文之爲文，顧不重哉！由是言之，則世何可以無文，而人亦何可以一日不學文也。

余友椒峰陳子，美秀而文，落筆驚人。在陳子則自視苦無，恒欿然不足，顏其齋曰「學文堂」，志有在也。每焚香默坐，鞭辟潛修，凡成己、成物之方，道德、經濟之實，靡不一一究極，期見諸行，則陳子之於文，從可知矣。爲人器宇倜儻，議論英發，氣魄加人數等，予對之不覺心折。一日，招予飲，席間以學文之義爲問，予幼孤失學，絶不能文，辭之再三，不獲已，第就陳子之所懷，口述其概，以俟名世大筆記之。

母教

賢哉！鄠邑王母李夫人之教子，世之鬚眉丈夫號稱善教者，有所弗若也。世之善教者，不過教以舉業，期以科第，以圖富貴利達已耳。乃夫人之教其子王生心敬也，則異是。蓋自心敬能食能言，即教之以正，一言一動，弗納於邪，務令内謹心術，外謹行履。心敬懔遵母教，從幼不群，年未弱冠，游庠食餼，文名藉甚。邑人嘖嘖歎羡，咸稱夫人爲「有子」，莫不起敬起仰，期以巍科，夫人則謂：「人生要當以聖賢爲期，科第固所藉以進身，德業尤所本以立身；苟德業不足，即幸掇巍科，躋膴仕，非所願也。」於是過聽虚聲，誤以爲予於聖賢之道似粗有所聞，遣心敬遠離膝下，俾從余學。其内外親眷及邑之素愛心敬者，恐於舉業有妨，交諷互阻，譬引百端；夫人持意彌堅，終不爲移，脱簪珥以資繼晷。心敬每歸覲省，隨促之旋館，戒曰：「德業弗成，學弗底於聖賢，吾恥見汝，汝亦何顔面見汝妻孥及邑之故舊耶？念之，念之！毋忝爾所生。」詔導諄至，悉出世俗恒情之外。既而以從事場屋，終分精力，遂命棄諸生，俾一意斯道。

昔范孟博母幸其子與李、杜齊名，不計其他，蘇長公方十歲，即願爲滂，其太夫人即願爲滂母。彼沾沾一節，論者猶稱爲千載艷聞，況夫人以宇宙完人望其子，尤爲空谷足音，絶無而僅有，行且與孟母媲芳，滂母云乎哉！ 余竊以爲異，而鄂之諸正人，因爲余備述夫人平居事親之孝，治家之嚴，淑德貞操，爲一方儀表，余益竦然神肅，歎未曾有。乃心敬功密存省，知行并進，殷殷以不負母教，不孤母望是勉，可謂有是母乃有是子矣。予故喜而記之。

别言

曩余遊毗陵，一時縉紳先生，下至農工走卒，胥不余鄙，胥友余愛余。余愧德非堯夫若，而毗陵士友懿德之好，則不減洛陽人之處堯夫也。歸後越二十有三年矣，每時時形諸夢寐。而一時交遊諸君子，每惠我好音，即其賢嗣續，當日不獲晤言者，亦多追宿好，往往通款愫焉。以故余每接毗陵諸士友書，輒如身親其人，接毗陵士友，輒如親至毗陵，與諸君子聚首一堂也。其或聞毗陵有學行彰聞者，必問曰：「其品詣可比古何人？」聞毗陵有仕宦顯達者，必問曰：「其功業可倣古何人？」有一善則輒期以備美，有一美則輒期以全德，得其令問芳節，則輒爲之喜而不寐。

庚午季冬，友人傳毗陵高公將視我關中學政，余固喜夙昔之所企慕而願見之者，一朝而獲承其下風。諸君子之音問可自此得聞乎？ 余之欲見諸君子而不獲復見者，其將交慰於公乎？ 平時所期豐功偉業，其將胥償於公乎？ 即平時所期學術令名，其將快覩於公振興鼓舞之下乎？ 而公下車之日，則果不自貴倨，而儼然命駕而辱臨焉，其不余鄙，猶然余之不見鄙於當日毘陵諸君子也。二十餘年所期而欲見之心既一慰矣，而公之視學也，振風紀，勵士習，先廉恥而後文藝，敦大體而戒煩苛。謂正學所以淑世正人心也，則謬以余爲嘗有志於斯，梓拙集以問世；謂教法所以培人才也，則旌賢母以示義方之教；謂氣誼所以振友道、勵薄俗也，則表義士以維市道之交。種種措注設施，無非有關於人心風俗之務，而士習翕然丕變。是夙昔所期毘陵諸君子豐功偉業、學行令名之可媲美古人者，既於公親見之，即又於公風化大行之日，交慰并飫之也。

今公行矣，自此而内轉九卿三公，其所歷也；即從斯而外轉藩臬撫督，其有事也。無窮者道，無盡者學，日進而日茂者志。由今日以推他日，由公之已行推公之未究，由公暫試之效以推公所必欲大行之學，其必以施之關中者，將盡布之天下而後安；措諸學政者，盡敷諸六府三事而後安；且將以行之目前者，可使爲法於天下後世而後安。將所謂余之期全而期備者，又在是矣。今之行也，余雖欲自安於固陋，而義篤其言，故令兒慎言書余夙心以爲別。公行矣，他日見毘陵諸君子，亦幸悉以鄙心，爲諸君子諄諄敷達也。

卷二十

鄠縣門人王心敬彙輯

傳

雲霞逸人傳

雲霞逸人，不知何許人。明亡後，遯迹樓觀，晦其名氏，自稱祝遺民，雲霞其號也。冬夏鬈首，一布衲終身不易，氣韻閒曠，望之如圖畫中人。性介潔，孤棲斗室，罕與物接。宴息之餘，玩《易》洗心，群經百氏，靡不流覽。覃精五千言，有獨契。余年未弱冠，即重其幽貞。自是每遊樓觀，必造其室，相與静對，和風拂坐，清氣洗人。語及明末甲申三月十九日之變，不覺泫然，叩以明事則弗應。其隱操雅致，殆與明初雪庵和尚同揆，而「遺民」之稱，又宛一宋末高士鄭思肖也。棲樓觀二十載，人終莫能窺其際。晚而舍去，東遊嵩山少室，至南陽鄧州委化。諺謂「山不在高，有人則名；水不在深，有龍則靈」，今樓觀山水如故，而逸人之迹，則邈不可復覩矣。撫今追昔，令人太息，遂次其概，以誌余感。所注五千言遺稿，其徒尚淳夫什襲以藏，後之景仰高風者，幸求諸斯編。

秦安蔡氏家傳

蔡隱君諱啓胤，字紹元，學者稱爲溪巖先生。生而岐嶷，幼知禮讓，食飲必奉親長，不先舉箸。七歲就外傅，讀書警穎不群，過目即曉大義，人咸異之。弱冠游庠食餼，有聲士林。工制舉，治五經，而以其餘力博綜典墳。讀史至忠孝節烈，拊膺流連，欷歔不自勝。學古行高，遠邇嚮風，從游者日衆。其訓迪，先德業而後文藝，一言一動，繩以古禮。事親承顔聚順，非講授接賓，未嘗離左右。疾則籲天祈代，不時之需，旁求必獲。爲親預營壽木，入山採漆，遇虎虎避。寇起城陷，母被寇獲，哀號請代，寇感其孝，遂并釋。同胞三弟，躬爲教育，課業甚嚴，燕則怡怡如也，出同行，入同息。朝夕饔飧，奉親外不集不食。敦宗睦族，恩誼周浹。歲饑，捐粟倡賑，鄉人賴以全活。癸未，闖逆入關，兵薄秦隴，隱君趨龍亭，再拜大慟，結繯欲殉，爲父所止。甲申之變，隱君聞之，太息流涕，自是絶意仕進。既而以積餼資序起貢，屢徵不出，杜門奉親，罕與世接，每吟屈騷以寄慨。晚嗜濂、洛、關、閩及河、會、姚、涇遺集，潛體默玩，多所自得。

庚子秋仲，弟琴齋司鐸余邑，數造余齋盤桓，隱君由是知余，亟欲北面問道於余。念二親年皆期頤，冢子不敢遠離，於是齋沐遥拜發書，託其族弟千里肅贄。俾琴齋步至余齋，代以納拜，遥質所疑，書問不絶，雖非余所敢當，而志道之切，有不可得而誣者矣。嘗夢登西山，晉謁夷齊，題壁有指示「埋身」之句，覺而悵然自失，深以曩值闖變，見阻於親，弗獲徇難爲歉。居恒鬱鬱不懌，更號痴癡生，久之竟鬱血疾，作《卧牀吟血疾》詩四首見意。疾革，子蓄泣問後事，惟以先親而逝，不及送終爲憾，乃以歷年所蓄翦髮，俾附於身，曰：「此吾受之親者，當全而歸之，不可忽也。」斂以斬衰，戒子姪：「勿持服，俟親終，暴己棺於野次，以明未終喪制之罪。三年喪畢，歸骨西山，以踐前夢。」言訖，泣抱親頸而卒，年六十有一。所著有《四書洞庭集》、《蒙解集》、《鑑觀録》并文集若干卷。蕃恪守先型，修孝弟廉讓之誼，有父風。

琴齋諱啓賢，字景元，琴齋其號也。事親愛敬兼至，每晨夕，必冠帶同隱君至榻前候安。食必侍側，或偶他出，返必問家人以親食幾何；果蔬凡新者，必購之以獻；燕會遇珍味，輒思遺親，恒懷以歸。事隱君甚恭，事無巨細，必咨而後行，凡有教戒，佩服唯謹。以奉親甘旨不足，每致慨於毛義捧檄。及仕余邑，瀕行，辭墓祭祖，奉父至塋，同隱君躬肩板輿往返，見者色動，拜别號泣失聲。至任，每朔望令節，必西向遥拜。嘗至余齋，余待以瓜茄，託腹疾弗食，蓋以隴西地寒，瓜茄視東差晚，故不敢先親而食也。教法嚴而造就有等，學政改觀，士習丕變。未幾，調富平，諸生聞風親炙，咸喜得師。督學怒一生，欲黜，檄取劣款。持正弗應，坐是賦歸。闔庠感德頌義，相與製幛贈行，比之月川。抵家，日侍父兄，自謂克遂人倫之樂，三公莫踰。及隱君卒，痛不欲生。親亡，喪葬以循古典。風木之悲，無間晝夜，積毁失明。年届八旬，猶孺慕如初。子荇，樸茂克孝，色養無違。

二曲李顒曰：懿哉！蔡氏一門也。隱君以碩德偉節，儀表秦隴。年倍於余，爲先輩而折節嚮余，雅誼殷篤。即此一念虚心，過余遠甚，則隱君實余心師，余又何能益隱君耶？琴齋古貌古心，璞玉渾金，令人穆乎有餘思。兩先生風範如此，故其子姪化之，咸淳謹雍睦，鄉國推美，誠一家三代也。余每一念及，不禁斂衽，兹故立傳，以誌余懿德之好。

馬二岑先生傳

先生名嗣煜，字元昭，同州人。父朴，歷官洱海道副使，文章著述，聞於天下。先生蚤承庭訓，博洽刻勵，以古學自任，數奇不售，生徒日多。其講授大旨，以洛、閩爲宗，戒空談，敦實修。言及古今忠孝節烈，爲之低徊流連，聞者莫不嘆息欷歔，如在古人之時焉。以明經謁選，通判濟南。清衙蠹，屏巨猾，每謁臺司，必陳民利病。自奉薄泊，餽遺俱捐。僕人有言及家事者，即斥曰：「在家言家，在官言官，舍公務而計私家，豈夙心也哉！」政暇，即集諸生談學；朔望，則宣讀鄉約。士民蒸蒸，俗用丕變，識者稱爲百年僅見。會郡有兵驚，諸屬皆震，值武定州缺守，當事者以爲非先生不可。先生亦慷慨任之不爲辭，始至則集士民、議守禦、繕城隍，又命各邨儲備樹枝車輛。亡何，偵者知敵騎且至，遂以所備樹枝車輛塞致要衢，敵騎不獲馳突，遂大肆焚掠，州人大恐。先生鎮之以静，奮力捍禦，州賴以全。

既而新守至，先生將歸，士民遮留，以爲：「兵必再來，我公以別駕之威鎮定之，且百姓悉公之略，公如去，將奈城何？」因擁輿號慟。先生惻然勉留，與新守分城而守。敵兵晝夜攻擊，城且破，州人多縋城而逸，從者勸先生微服以避，先生慨然曰：「若等可去，我死此矣。」城破，兵逼先生於城上，重先生名，欲先生降。先生不應，大罵之，衆兵咸怒，刃先生而投諸火。事聞，贈太僕少卿。

二曲野夫曰：關學自馮恭定而後，咸推二岑先生。余自童時，即聞風景慕，深以生不同時爲憾。先生冢嗣棫士，嘗從余遊，因訪其遺集讀之，蓋孜孜爲善之吉人也；至其殉難大節，足以横秋霜而貫白日。噫，講學如先生，吾無閒然矣！

吴野翁傳

昔吴康齋同時，有龍潭老人者，晦迹剷彩，婆娑丘園。余嘗慨慕其人，今乃見之於野翁吴先生焉。翁名光，字與嚴，江南武進人。幼有至性，十齡喪母，哀泣如成人，毁幾隕生。比就傅，警穎不群，日誦數千言。爲文説理而華，有聲庠校。入太學，太學士争交之，傳其文以爲式。久之，翁厭帖括，究心經濟，務爲有用之學，而以其餘力博綜典墳，旁及九流百氏，發爲議論，自成一家言，清明調暢，有韓、歐風。甲申之變，翁聞之太息流涕，心怦怦者數月，取平日所擬時務並雜撰付火。自是絶意人事，結廬於滆東僻壤，日惟玩《易》自適。倦則徐步隴畝，與耕夫田叟較晴量雨，話桑麻，談稻秔，耳不受市喧，目不逐紛華，足不入言偃之室，口不爲名利之言，淡泊逍遥，嗒焉於山水之閒，自託於野翁，爲《野翁傳》以見志。其略云：

野翁無姓氏，問其年，亦不記甲子。性不喜城市，雖居城市，胸中自謂有丘壑也，故自號曰野翁。翁爲人少可而多怪，落落然寡所諧於世，然又平易近情，雖樵夫牧豎，相對歡然，未嘗有忤於物。少讀書，每厭章句，得古人大意，便爾欣然。晚年，一切庋置高閣，編茅插籬，廬於中田桑柘之閒，十畝閒閒，將終身焉，不復問人閒世，亦不復知有人閒世。人或謂：「翁胼胝之業，田家亦以此苦，而翁獨甘之，無乃不近人情乎？」翁笑曰：「吾自樂此，不爲疲也。」作苦之餘，把壺自傾，舉杯邀月，不覺歌呼嗚嗚，而翁從未嘗以詩酒問世，世亦未嘗以詩酒多翁。翁所最適意者，荆扉晝掩，閒居静坐，曰：「吾於今日，猶能置身羲皇以上，標枝野鹿，庶幾未遠。」翁自號爲野翁，人亦因而稱之曰「野翁」、「野翁」云。

又自題其像云：「野翁野翁，汝其是耶，非耶？胡不去而巾，易而袍，戴以笠簑，衣之襏襫，徜徉於桑柘之下，隴畝之閒，而拘拘束服若此也耶！余今爲汝贊，贊曰：野翁之像，天予清癯。落落寡偶，人智我愚。霑體塗足，以耕自娱。數椽容膝，甕牖繩樞。北窗之下，其夢于于。舉觴對月，把酒一壺。不廢吟嘯，烏烏而呼。任天且樂，老我農夫。」見者莫不爽然自失，其趣操與龍潭老人蓋異世而同風也。所著有《弄丸吟》一卷，《大學格致辨》一卷，《論孟合參》一卷，《中庸臆説》一卷，《讀書録鈔》二卷，《五願齋文集》、《耕娱集》、《遂初集》、《野翁日録》共若干卷。而《易粕十箋》，象數義理兼詣其極，尤足指南來學於無窮云。

二曲隱者題曰：余杜門息影，足未嘗他往。歲庚戌，躬祭先子於中州，因便至吴，吴人爲余言翁質樸坦易，逃名遯世之實甚悉。翁亦謬不余鄙，顧余旅次，相與商證性命，充然如有得也。繾綣不舍，遂稱莫逆。翁年倍於余，爲先輩，而殷殷雅誼，不棄葑菲，其盛德虛懷，默有以律夫余之簡亢也多矣。故次其概，以誌不忘。

陸孝標先生傳

先生諱卿鵠，字儁公，別號孝標，武進人，世有名德。父完學，歷官太子太師、兵部尚書，勳業德望，載在國史，爲近代名臣，卒謚端惠。先生其仲子也，少承庭訓，恪守先型，修孝弟廉讓之誼，厭薄聲華浮習。讀書惟求自得，爲文盱衡今古，一本性靈。弱冠游庠，崇禎壬午，中鄉試副榜，恩貢以端惠軍功廕中書舍人，恬退自守，不求仕進。端惠立朝清謹，莫敢干以私，先生日侍左右，多所贊襄。及予告歸里，疾作，先生躬奉湯藥，籲天請代，居喪哀毀骨立，動循古禮。服闋代更，遂絶意世務，婆娑丘園，潛心聖賢遺訓，悠然有以自樂。遇荒挺身昌賑，逢疫癘則捐貲施藥，掩骼埋胔，濟困扶危，爲德於鄉，不求人知。晚年嗜學益篤，嘗取其祖聚岡公所著《講義》，與諸名宿考遡淵源，删繁就簡，重刊廣布，謂季子士楷曰：「此吾家衣鉢也，須實體於躬而力踐之，不可徒事唇吻。」

庚戌冬，余遊武進，先生聞風，冒雪履冰，首顧余於城南龍沙，相與論學有契。自是日必一至，至則諮詢維殷，凡進修之要，安身立命之微，靡不究極。既而迎余養痾於家塾，晨夕從事，訂證綿密。命士楷北面受學，而身執弟子禮愈恭，其孳孳嚮道，念切性命如此。余疾痊西返，率其子若甥操航遠送，丹陽泣別。別後書問不絶，深以不獲再晤爲憾。常寂處一室，屏緣息慮，晝夜默體，有得則寄音遥質。丙辰丁巳之交，卧牀病革，猶念余不置，口占長篇貽余。卒年八十有二。

二曲野夫曰：先生年倍於余，爲先輩，而折節問學，雅意殷篤。即此一念虚心，過余遠甚，余又何能相益耶？生平守身以清白，事親以愛敬，年彌高而德彌卲，心無玷而行無愆。捐館之日，巷多隕泗，蓋棺論定，輿有公評。余撫今追昔，因爲傳以識不忘云。

常州太守駱侯傳

常州太守駱侯，前余邑賢令君也，諱鍾麟，字挺生，别號蓮浦，浙江臨安人。才雄識卓，德器絶倫。弱冠舉於鄉。初任安吉州學正，力振學政，集諸生講授，先行後文，義裁禮導，曲成周至，諸生翕然孚化，咸慶得師。尋移令余邑，下車徧詢民瘼，凡利可因、弊可革者，次第舉行。不數月，百廢俱興，臨事裁決如流，四應不滯，察微洞隱，若家至户覿，人畏之如神。增減《藍田吕氏士約》，刊布通庠。每季，大會明倫堂以軌士，訓釋《六言》，刊布里社。朔望，躬親講勸以齊民。立社學，擇民閒子弟，授以《孝經》、《小學》，以端蒙養。飭保伍以清姦宄，修社倉以備凶荒，省耕省斂，勞之以時。民高年有德及孝弟著聞者，時給粟肉。講約之日，召至約所，躬與均禮，令其坐聽，以示優異。里婦有拒姦自裁者，爲具棺斂葬，率僚屬爲文以祭。恤煢獨，撫流離。遇水旱，輒齋沐步禱，每禱輒應。凡所施爲，莫非民之所欲，而良法美政，往往出人意表，賢聲藉甚。

三輔興平缺令，俗刁多黨，署篆者視爲

畏途，咸規避莫敢往。當事檄侯兼攝，侯感之以誠，惠威丕著，豪右不得逞，吏懾民懷，耳目爲之一洗，而興平非復前日之興平矣！鄠亦缺令，鄠民相與控臺丐侯往攝。侯視鄠若家，撫字多端，代歸之日，老幼泣送。侯宰疲邑，連攝兩篆，政治所在，膾炙人口，邑長老歎爲「百年以來僅見」。九載奏最，擢京城北門指揮，至則詰奸緝盜，所部肅清。轉余郡司馬，秦人士喜侯復至，迎者踵接。臺司道府，夙習侯賢，事多咨詢，侯因調劑其閒，造福於秦民者無算，秦民懽若更生。

未幾，遷守常州。常爲三吴孔道，賦重役繁，吏蠹百出，侯隨宜釐正，吏胥奉法唯謹。禁營弁肆擾，革漕兑積弊，約束屬僚，悉心民隱。捐俸倡建延陵書院，以理學淑人。甫朞月，深仁厚澤，遍及窮鄉。庶民歌頌，戴若慈母，逢掖之士，彬彬嚮風，奉爲師帥。會丁内艱，解任，郡人皇皇號慟，爲之罷市。歸家，事太公色養備至，居鄉出入以度，克己樂善，濟危扶困，惟力是視。既而太公棄養，侯哀慕毁甚，營葬勞瘁。卒年五十三。卒之日，巷多隕涕，平生宦遊之地，士民咸爲位尸祝，亦足以見侯德澤入人者深矣。

李生曰：近世守若令，中閒固不乏循良，然求其英毅有爲，政崇風教，自作縣以至守郡，始終以化育爲功課，則所聞所見，實未有如侯者。而侯自視欿然，向學問道之誠，如恐弗及。余至不肖，侯不不肖余，辱承殊遇，不啻曹參之於蓋公。政暇，必枉顧荒廬，盤桓竟日。余自知甚亢，侯嚴重彌篤，情誼禮文，日隆一日，無少懈，今九原不可作矣。追惟既往，不覺泫然，故次其履歷之概，以識余感。

吴義士傳

毘陵有吴義士者，名發祥，字濬長。生而端謹，甫讀書，過目不忘。稍長嗜學，善屬文，補邑諸生，才敏識卓，見知於郡丞閔公。公雅有人倫之鑑，嘗曰：「吴生材器不群，洞曉世務，非區區呫嗶流也，其爲時而生乎！」自是身不出里閈，而名已動遠邇矣，每詣郡城，郡人争求識面，履滿户外。

明末之亂，潛跡荒僻。清初，出居陽羡，與同志講學采山。歸，復構講堂，集四方宿儒，説《易》研理，究心洛、閩之傳。行必顧言，不爲空談。事親先意承顔，備極誠敬。待弟位生，友愛曲至，食息與偕。視兄弟姊妹之子如己子。撫孤子三人，繼絶者一，扶孱者二，續命者四，脱諸虎狼之口，全其室家者五六，周其貧乏不自存，而飲食居室教誨之者十餘人。於宗族，則復祖廟，建宗祠，置義田；於鄉邑，則賑饑荒，立義倉，設義學。同邑唐雲客先生聞而嘆曰：「嗟乎！吴君一諸生，上無累葉素封之貽，下無宗族同志之助，而銖積寸累，勇於爲義如此，可謂今之古人。」

康熙庚戌，余應郡守駱公之聘至毘陵，毘陵賢士大夫爲余述其義甚悉。余聞而儀之，方欲物色造訪，適義士惠然顧余，相與浹談徹晝夜。語及義士之「義」，乃義士絶不自以爲義，惟以身心性命爲急，以不獲洞原透本爲憾。退而肅贄執弟子禮，北面事余。義士年長於余，其懿行義舉，皆余所弗逮，辭謝再四不敢當，而義士執志愈堅，禮余愈殷；不獲已，乃許以師友之間互相資。

既而率其弟位生、子英武、姪丕武、甥邵公甫，同及余門，追隨弗倦。余卧疾旅次，劇甚，義士晝夜掖侍，延醫診調，藥必親嘗。迨余西返，涕泣遠送，逾京口，抵維揚，肖像拜别，嗚咽不自勝。歸而鬻其産業，建延陵書院，集同志切砥於中，力宏斯事。丙辰水災，芙蓉、黄山等圩，堤岸衝决，壞者萬家，乃設爲「八議」、「六勸」，以獻當事，一時臺司守令，靡弗稱善。丁巳，奉委往賑，出入戴星，不辭胼胝之勞。計口分給，籽粒均沾，時或不敷，則捐私蓄以補。戊午、己未，大旱繼以大水，饑疫相仍，殭斃道塗者相屬。義士惻然傷之，日夜籌畫，廢食忘寢。始捐米，繼捐銀，又屢挺身條議。當事夙悉其賢，益委任焉，竭蹶四鄉，日無寧晷。又倡爲「社倉法」以備歲歉，「保甲法」以彌盗息争，百計周旋，委曲綢繆，謀必求其久，惠必求其實，即招嫌賈怨弗恤。居恒遇人憂患疾苦，輒痛若身經，苟可用力，盡意爲之。凡排難解紛，賙幣麥舟之惠，施及里閈者，未易更僕；濟人之急，即己所必需者，亦先以急人。行人所不能行，不但今人所難，雖方册所載，亦不多見。由是義聲蜚甚，通邑士民謂義士所爲，與山林有道相符，當在徵辟之列，同聲合詞，請於督撫。督撫以義士樂善不倦，加惠桑梓，將疏薦於朝，義士聞而驚愕，具呈再三固辭，乃止。

自余西返，義士寤寐思余，歲時寄書問訊，遥質所疑弗絶。壬戌，束裝治行，將入關訪余，至中途患疽而歸。丙寅，議修先賢季子祠，首捐資爲同宗倡。丁卯冬末，感微疾。戊辰元旦，拜謁家廟畢，自是静默不言，凝神以俟。十二日，訣别位生，勉以道義，語不及私，妻問以後事，麾去曰：「何言！」與位生笑語如平時。次晨，取水自浴，正衣冠，翛然而逝，年七十。生平内行修謹，細節必飭。無事則斂目端坐，肅穆恬定；應事接物，則敬慎周詳，坦易和平。逝之日，遠邇盡傷，巷多隕涕，亦足以見德義之入人者深矣。其義行詳具《義田記》、《社倉集》、《救荒録》、《延陵書院誌》。

李子曰：吴義士，天下義士也。天性仁慈，視人猶己，其行義懇惻肫摯，恫瘝在念，語稱「仁者，以天地萬物爲一體」，「士當先天下之憂而憂」，今於義士見之矣。雖嘗問道於盲，忘年師余，而其爲人，實余心師。迄今每一念及，未嘗不私竊嘆服，爽然自失。噫！論篤易與，實行難得；義士實行若斯，而倏已作古。難得者，得而復失，痛何可言！故次其概，以誌余痛。

李逸史傳

李逸史名士璸，字文伯，同州人。幼嗜學，善屬文。弱冠入庠，即知名於時，試輒居首。以積廩貢，婆娑丘園，不求仕進，博綜典籍，殫心著述，號玉山逸史。天性孝友，父疽發於背，不能卧起，逸史晝夜掖侍，衣不解帶者月餘，口吮疽毒而愈。母疾亦然。迨父母以天年終，喪葬一遵《文公家禮》。教育二弟士琦、士球，咸列籍膠庠。爲人與物無競，横逆之來，遜避不校。庚辰奇荒，以應聘入幕之金糴粟，活其戚眷數家。前後州守，聞名優禮。乘閒默施陰騭，雪冤救患，推賢揚善，初未嘗令其人知。一宦家友，因兵馬紛騷，遺銀伍拾兩，逸史拾而訪還。見知於張太僕忠烈公暨司冠李公，張獎勵甚至，李造廬躬訪。居恒力行善事，檢身綦密。朔望焚香矢神，自記功過，凡不敢記者，即不敢爲。嘗題廳聯云：「戴履七旬，寒影總由天地照；省修三紀，樸心常告鬼神知。」以爲道在是矣。

及晤余談學，不覺爽然自失，深悟從前逐日筆記爲義襲。退而肅贄執弟子禮，問道於余，覩余所著《學髓》直指本體，喜躍如狂，自謂「曠若發覆」。自是，凝神内照，敦本澄源，杜門簡出，日閱先儒語録，年垂九旬，手不釋卷。燈下楷書細字，録其會心者成册，藉以自警，神旺氣充，無異少壯。州守朱公表其閭曰「關中文獻」，藺公四舉鄉飲大賓。所著有《文學正譜》二卷、《群書舉要》二卷、《孝經要義》二卷、《四書要諦》四卷、《小學約言》一卷、《理學宗言》二卷、《王陳宗言》二卷、《詩餘小譜》一卷、《問疑録》一卷、《玉山前後集》十卷。

土室病夫曰：余宴息一室，未嘗他往。康熙戊申，蒲城王省庵、同州白泊如、王思若、党兩一、馬立若、張敦庵、馬仲足諸翁，偕逸史迎余論學。諸翁年皆倍余，逸史亦躋古稀，首先忘年折節，北面於余，長跽請教，事余甚謹，即此一念虚心，過余遠甚，則逸史實余心師，而余豈足以師逸史乎！既而諸翁相繼凋謝，余拊時懷舊，每竊悼嘆，幸逸史以名德享上壽，巋然如魯靈光，訂道印心，郵筒往還弗絶。顧各天一方，晤言無從，故爲傳以寄余思云。

張伯欽傳

張伯欽名志坦，余友武功茂才張澹庵之伯子也。生而端淳，幼不爲兒嬉，飲食知奉親長。稍長嗜書，習制舉，補邑諸生，温謹之性，庠校推重。澹庵中歲丁内艱。讀禮之餘，覩朱、程遺集有感，遂脱跡紛華，潛心理路。不以余爲不類，問道於盲，契余甚篤，時過余切砥。伯欽緣是知余慕余，嚮往殊殷。壬戌春暮，偕同邑馬生仲章受學於余，尊聞行知，不爲空談。每旦，拜先祠暨父師畢，肅穆静坐，儼然如對神明。恭讀五經、四書、《小學》及宋明以來諸儒先論學書，❶悦心研慮，體諸身，驗諸日用。事父，晨昏定省，寒暑罔間，出告反面，言動必請。痛母蚤世，事繼母先意承顔，無異所生。念叔母孀節，敬養兼隆，誠意懇惻深至。友愛諸弟，食息與共。御僮僕，無疾言遽色。家庭之閒，怡怡如也。敦宗睦族，恩誼周浹，待人接物，藹若春風。居恒飭躬礪操，跬步必繩諸義。室設先聖，四配周、程、張、朱位，焚香對越，寤寐羹牆，揭其微言要語於座右，藉以警策。服膺余訓，造次弗忘。余嘉其志篤而力勤，方期以遠大，丙寅秋仲，忽以疾卒，年僅三十。向令天假之年，不知所進何似。賢而夭，聞者莫不悼惜，余安能已於慟耶？故撫膺拭涕，特爲傳以寄思。

惠含真傳

邑有粹德高士惠君，諱思誠，字含真者，余平生心交也。爲人外木訥而内文明，孝友孚於鄉邦，忠信可貫金石。蚤歲游庠，同庠之人，欽其行誼，斂衽推先。余弱冠識荆，見其沉潛簡重，不覺爽然自失，興懷嚮往。君亦不以余爲不肖，誤謂「可與共學」。

❶「五」，原脱，據石泉彭氏本、静海聞氏本補。

自是，心孚意契，懽然忘形。余多言而躁，一生多口過；君靜默寡言，居恒尠尤悔。余性卞急，君性舒徐，自初交以至垂白，未嘗見君有疾言遽色。時相聚首，藉以自律，迨余杜門謝客，與世睽絶，惟君之臨，啓鑰晤言，無間晨昏。

方期時相過從，慰余岑寂，忽脾弱食減，思還造化，勅斷家事，勿復相關，却食飲，屏家人，寂坐弗語，凝神待盡。余聞之，遣醫診視，却藥弗進，曰：「區區行年七十有三矣，雖無甚疾苦，而不良於食，蓋數止於此也，當安數聽命，何用求生。」乃操筆柬余曰：「屢蒙遺人遠視，繼以醫藥，雅誼肫摯，感切於心，奈賤軀大數已盡，勢已難挽。諸事皆已了脱，所難夷然者，弟去後吾兄再無一人談心，爲可傷耳！生死交情，言盡於斯。」余得之，驚愕憂虞，亟命余兒慎言趨候。至則見其神閒氣定，無異平時。次晨，衣冠危坐，戒家人勿哭，從容告别，怡然而逝。噫！四十年心交，一旦訣别，誼猶骨肉，生死竟不相接，地下人間，從此永隔。自今以往，余有面安嚮，有舌安施？悵悵前途，何以終老？殆無與樂餘生矣！余即鐵石作肝，亦安能免鍾期之痛也。敬次其相與始末爲傳，以誌余思。

峪泉子傳

峪泉子姓馮氏，諱雲程，字海鷗，世居鄜之湯峪，因號峪泉。生七歲而孤，外侮内難並臻，感憤思有以自立。從師肄業，刻苦倍功，冬不爐，夏不箑，篝燈午夜，食寢俱忘。久之，經藝大進，下筆絶塵，見者驚異。十八，補博士弟子，試輒前茅，每爲督學使者賞鑑。以數奇，連不得志於秋闈。逆闖僭號長安，考選職官，峪泉子義炳幾先，遯跡不就。順治丁亥，拔萃成貢，選判賓州，廉以持己，仁以及物。於地方利病興革，職所得爲者，爲之不遺餘力；不得爲者，力請於守，減供應，捐常例，竿牘苞苴，概弗之納。弊絶風清，惠義丕著，諸上官聞之，莫不傾信，事有疑難，悉心咨訪。人方慶峪泉子居下獲上，而峪泉子淡於宦情，林泉興思，任甫半載，即浩然賦歸。諸上官咸惜其去，相與諭留，峪泉子辭益力。

歸而棲懷物表，笑傲烟霞，流連圖史，寄興篇什。與同邑李雪木鍼投芥合，相倡和，逍遥於太白、温泉之閒，自適其適。自謂：「脱仕籍，出樊籠，覺耳目心神，始爲我有。」爲人率意任真，遇人無貴賤賢愚，一接以誠，有懷必吐，言無矯飾。性介直，面斥人過惡，至無所容，狡僞之徒，動是矯拂，然素悉其爲人，咸爽然自失。古稱「劉四罵人人不怒」，今於峪泉子見之矣。生平視人猶己，熱腸摯誼，人情所難。耆儒王麗澤者，勝國蒲宗也，鼎革後，流寓二曲，訪友於郿，遇盜被劫。峪泉子憤若身經，倡紳衿呈究，盜懼，還其所劫，密以重賄乞哀，斥去弗顧。從姪夤夜見殺於讐，峪泉子挺身鳴冤，其人謝以重賄，亦力却。居恒視不義之財如讐，甘貧賤如飴，嘗曰：「予一身無長物，止有四肢勁骨耳，苟見財易操，則勁骨折矣，此身將奚賴也？」又曰：「酒色財氣，慾海也，人所易溺。予性不喜飲，與酒無緣；若乃聞姦夫則刃淬，聞淫婦則劍鳴。花街柳巷，過而不問；秋胡輕薄，恥而不爲。二疏云：『賢而多財，則損其志；愚而多財，則益其過。敗名蕩檢，皆此物也。』予雖無似，於斯三者，差覺近岸，而於『氣』則不免，由無養故也。將就木，而猶然如故，毋乃蓋棺方定乎！語云：『欲做好人，須尋好友。』氣動而遇友則消，故李温陵以友爲性命，自謂一日不可離，良有以也。我平生有友五人焉，本邑則雪木李子，文章道誼，不忮不求；二曲則名世趙君，剛方正氣，嫉惡如讎，不幸先我而逝，每一念及，不勝人琴之感；鄠邑則爾緝王子，言動弗苟，内外如一，塵軒冕而芥金玉，有覺世之思；晚得一人，則二曲司訓劉茂林，肝膽氣誼，流俗罕儷，與我莫逆，殆有宿緣；繼得瀟灑之友方白趙君，山水墨竹，妙染逼真。我與此數友，時相盤桓，以樂餘年，置死生得失於度外，不知老之將至云爾。」此則峪泉子生平爲人之大略也。

峪泉子無子，人咸嘆：「天道無知，致伯道乏嗣！」峪泉子則悠然自得，視無若有，毫弗介懷。有一女，二曲中孚子爲長子慎言擇配，嘉峪泉子名行之美，遂聯朱陳之好，峪泉子緣是流寓二曲，垂三十載。中孚子熟察其履歷之詳，不禁心折。峪泉子近因年逼桑榆，西返故土，以正首丘，中孚子不勝暌離之感，故爲之傳，以當晤對。

張澹庵傳有序

亡友張澹庵没之日，余既爲題其柩前之旌，又爲文以哭之矣。越二年，其仲子世坦謀歸葬先營之兆，余聞之泫然涕下而嘆曰：「嗟乎傷哉！如斯人者，今豈易得哉，今豈易得哉！而可無傳以傳吾友歟？」於是抆淚而追爲之傳。傳曰：

澹庵子姓張氏，世爲武功之著姓，名承烈，字爾晉，澹庵其晚年自號也。父諱桀，以孝廉任永平府四府司李。生澹庵子兄弟五人，没之日，澹庵子年始十一歲耳。性激烈，即喜爲任俠行。迨十七八時，入補邑庠，遂以豪俠名郡邑，邑之喜俠者，胥倚賴之。丁未歲，澹庵子適有山左之行。弟承勳病没於家，澹庵子素友愛，歸而撫柩大慟曰：「向使吾無此行，吾弟或可不死，即死亦得以面訣。今若此，是吾過也。」乃悔其前之所爲，謝絶舊所與遊，而一切循蹈繩墨。日用惟奉母李孺人，怡怡色養，撫弟遺孤，恩斯勤斯。耕田課讀，一變其舊日之習。未幾，李孺人没。澹庵子棺斂祭葬，悉遵古制，而執喪三年，尤稱盡禮，於今時爲至難，然尚未知從事正學也。

自後綿歷益久，閱世故益知無味，撫弟孤而孤復喪，乃始奮志於心性之學。嘗曰：「少年喪父，學無師承，既汩於制舉，復亂於意氣。爲俠客，誤我二十年；爲諸生，誤我二十年，今此可復爲鄉愿誤耶！」乃折節讀周、程諸先正書，交遠邇留心正學之士，端居閉户，終年潛心究極，期以必至乎古人而後已。

當始之任俠也，於余若冰炭焉，見若弗見，聞若弗聞，遇他人調譏之，則且爲益之薪焉。及一變而循規蹈矩也，則於余以鄉曲之常儀禮之，無譽亦無毁焉。迨其大悔而志道也，則於余隆禮致敬，不啻自其口出，蓋幾忘其與余儕輩，而若爲北面之恭者。每月餘，非君渡渭就余，則命蒼頭持證會所得求質。當是時，長子志坦年二十五六，惇篤有志，澹庵子珍若重寶，相與切磨正學，不使汩於諸生掌故之業。壬戌，遂攜之而南，受業余門。竊其志，真有與心齋父子並駕齊驅之心，而余之視武功一路，遂若晦庵之視建陽一路，亦不啻口誦而心維矣。無何志坦没，澹庵子摧憯幾於喪明，每言輒哭，每念輒哭。每對余言：「生死常事，烈非私此一子，其如失烈諍臣，奪烈良友何？」言訖，輒淚湧湧如雨注，對者無不涓涕。然猶以志坦子錫春醇慧，少娱目前；無何錫春亦殤，而澹庵子遂摧折不自勝矣，竟於癸酉年十二月長逝。得壽六十有二。然卒之時，雖氣息奄奄，而能自勉握持，神志不大紛亂，則蓋其十餘年學問從事根本之力云。

大抵澹庵之學凡三變，而愈變愈正。昔朱文公贊横渠先生曰：「勇徹臯比，一變至道。」若澹庵子者，真有徹臯比之勇，向使天不遽摧，而志坦生存以夾輔，其詣可量哉！至若宗弟雪木，遠在鄜邑，而繒縞締交；余門人鄠邑王爾緝，年半於君，而忘年訂契；同邑魏儉德數人，皆一時端士，而相視莫逆，是皆君三變後所交之人。倡族合祭，尊祖睦族，纘續族譜，聯屬宗人，經始義倉，賑濟族之貧窶，是皆君三變後所行之事。所著《家訓》、《日記》、《洗心齋集吟》，是皆君三變後所著之書。嗚呼！觀其所與，而其人可知；觀其所行，而其心可知；觀其所言，而其志可知。君三變歸道之勇，已自足傳示奕世，爲人倫龜鑑。乃所與之當、所行之美、所言之正如是，而謂易得此於今之世哉！世俗忌善而念舊，君或不免於非分之謗。要之，君之晚節，自正大光明也。人心不死，必有以余傳爲知言者。

卷二十一

鄠縣門人王心敬彙輯

墓誌　行略　墓碣

宿儒泊如白君暨元配王孺人合葬墓誌銘

君諱焕彩，字含章，泊如其號也。按狀，白氏之先，華州羅文橋人。遠祖諱君禮者，元季徙同州之户軍，以孝弟力田世其家，子孫恪遵先型弗墜。祖諱應先，好善樂施。父諱守綱，崇德嚮學，娶石氏，生四子，長希彩，次受彩，又次耀彩，季即君。生而端凝聰穎，不爲兒戲，飲食知奉親長。稍長，嗜書，工制舉業有聲，試優食餼。伯兄嘗受學長安馮恭定公之門，歸而時以其所聞語君，君傾耳諦聽，私竊嚮往。自是厭帖括，息進取，一反之於經，玩《易》洗心，《詩》、《禮》、《春秋》多所自得。蓄書之富，陝以西罕儷，讐校精詳，淹貫靡遺，而沖遜自將若一無所知。明末，鄉先達張太乙、武陸海集同志論學，君每會必往，又與别駕馬元昭論學於寄園，律身愈嚴。康熙戊申，偕王省菴肅車迎余至其家塾，執禮甚恭，凡進修之要，安身立命之微，靡不究極。君年倍於余，爲先輩而折節問道，雅誼殷篤，即此一念虚沖，過余遠甚，余對之未嘗不斂袵推先。是時，紳衿聞風争造，遠邇駢集，君適館授餐，略無倦色。既而以室隘不足以容衆，慨欲捐貲鼎建書院於所居之左，大立講會，值時方多事弗果。余既西返，君率同志結社切砥，恪守余説不替。不入城市，不謁官府，終日晏坐一室，手不釋卷。府丞郝公諱斌攝州事，慕君式廬，聆君議論，退而歎曰：「白先生，關中文獻，州之宿儒也。吾得親承謦欬，何幸如之！」以「尊德樂道」顔其居，亦可謂知君矣。君神旺氣充，素鮮疾病，客秋八月，猶手書訊余。九月初三，忽感微恙。次日申時，整衣冠危坐中庭而卒。

平生天性孝友，事親恭兄，怡怡祇奉。居親之喪，一遵《文公家禮》，仲兄之喪，捐五十金以佐其費。與三兄出入相偕，疾病相依，食飲弗離；其亡也，以己貲治喪營葬，痛悼無已，徵詩以闡隱德。居恒恂恂恭謹，舉措以禮，擇而後言。聞人過，未嘗出諸口，遇物如恐傷之。能忍人之所不能忍，未嘗與人校曲直。睦鄉敦舊，賑喪卹貧不厭。所與游本州党兩一、王思若、張敦庵、馬立若，蒲城王省庵，於道誼相徵逐。居家儉樸，淡然無營。

元配王孺人，温柔嫺禮，御下有恩，先君而逝。君日夜痛悼，每食必供如生，與同牢喪葬，情文兼至，聞者歎息。君生於明萬曆三十五年五月二十日寅時，卒於清康熙二十三年九月初四日申時，壽七十有八。孺人生於萬曆三十七年正月初十日丑時，終於康熙八年八月二十五日未時，壽六十有一。子孔嗃，早夭；次子繼賢，庠生，娶庠生馬君諱樞女，病亡，繼娶庠生李君諱長泰女。孫乃武，孫女某，俱馬氏出；次孫乃文，李氏出。繼賢卜以二十四年十二月初四日巳時，葬君於洛西新阡，與孺人同壙，斬衰持狀謁余，丐以誌銘。余身隱焉文，概不爲文，兹感君曩誼，特破例次其大者，而繫之銘：

聖遠言湮，大道蕪兮。惟我與君，懷古處兮。君胡先逝，邈難覩兮。形歸窀穸，神孰沮兮。尚安幽宅，永奠於兹土兮。

党兩一翁行略

翁名湛，字子澄，同州人。嘗言「人生須做天地閒第一等事，爲天地閒第一等人」，故號兩一以自勗云。父從賢，廪生。兄淳，增生。翁獨不事帖括，勵志學修，根究理道。宋明以來諸儒論學語，潛鈔密玩，日不去手，揭其會心者於壁，藉以警策。

性至孝，父患癲，家人莫敢近，翁調養掖侍，晝夜不離側。及没，廬墓三年如一日。澹於營生，僅有田數畝，躬耕自給，即或蔬薪不繼，寧饑寒是甘，終弗告艱於人。同郡張忠烈公高其行，欲贈扁褒美，翁力辭。居恒默坐土室，澄心反觀，久之恍然有契，自是動静云爲，卓有柄持，神氣凝定，表裏坦夷。其在家，則雍雍于于，造次不失規度，遇人無長少賢愚，一接以誠。與子言孝，與弟言敬，務導之以安分循理。嘗慨士習日乖，汩没於口耳伎倆，原本竟昧昧也；於是時向友朋開陳學問之實，反覆諄悉，娓娓不倦。年望八旬，而神采映徹，無異中年。辛丑冬，聞余倡道盩厔，冒雪履冰，不憚數百里訪質所學，相與盤桓數日，每至夜分，未嘗見有惰容，其志篤養邃如此。

卒年八十四，署州事郝郡丞諱斌躬親致祭，爲之豎碑，大書「理學孝子党兩一先生之墓」以表之。翁子充林，孫承祖，咸從余游。承祖弱冠慕道，刻意躬修，日記言動於册，自考得失，不幸殀亡，聞者惜之。

朱景含行略

余邑有兩善士，一爲鄉約朱翁諱彩，字旭陽；一爲先生諱吐光，字景含：并操履不苟，翛然前輩典型。余年未弱冠，即雅慕兩翁，時時形親神就，兩翁亦不以余爲不肖，并忘年契余，善相勸，過相規，以古道相成，往還弗替。旭陽順治中病没，余躬視含斂，周旋喪側，比葬，執紼下窆，清明拜掃其墓者三年。每一念及，輒潸然不禁，然猶幸有先生在，居恒互相切砥，猶不寂寞。乃先生頃亦奄然作古，老成凋謝，於斯頓盡，撫今追昔，曷勝哀感。謹次先生之概，以爲行略，俾後之知慕先生者，有所考鏡云。

先生上世隸軍籍，居邑之蘇村，世業農，有隱德。先生生而端慤，幼不爲兒戲，飲食知奉親長。稍長嗜書，工制舉業，籍弟子員，有聲庠校。質直行方，一私不可干，人目爲「秀才中包家」。篤於行誼，事親先意承歡，自辭受取與進退，以至拱揖遜讓、居室食飲，務畫地而趨，媕阿之態，側媚之行，絶不緇於心而染於躬。明末，流寇縱橫，所至屠城陷邑，殺掠甚慘，先生率鄉人築堡，自此一方倚爲保障。朔望集堡衆講《鄉約》，以淑其鄉。凡有争訟，躬判曲直，有王彦方之風。晚年，勑斷家事，究心理道。暇則施湯以濟行旅，施藥以療貧病，懿行粹德，不勝更僕，當事嘗以「孝弟忠信」表閭，「樂善不倦」旌廬，聞者咸謂名實允符，而先生則自視欿然，日孜孜以道義提躬，惟恐弗及。

余賦性偏駁，動履多錯，數十年來，每藉先生剛方之氣，律余未逮。余未閉關以前，時詣先生之廬，迨杜門以後，間迎先生於家，款聚盤桓。自癸亥後，先生年邁力倦，步履維難，余雖不敢敦迎，而一念嚮往之私，則不間晨夕。

先生卒年八十有八，得正而斃。天地之正氣，終以還之天地而不可留也，而其耿耿不磨者，足以昭日月而并乾坤。此余所以流連追慕，而不能已於懷也。後之欲知先生者，尚其鑒於斯。

題唐潔庵墓碣

往余應毘陵駱郡伯之聘，寓郡南小悉園，一時郡中諸名賢多過我者，而潔庵先生唐翁過我尤勤。論古談心，晨夕晤對。瀕別繾綣，別後見懷，十餘年來，書問頻寄不絕，緇衣篤好，有不可得而形容之者。余不知何以得此於翁，身非木石，何敢一日而忘翁耶？

客春，邵子幼節寄音於余，俾爲文以壽翁。今夏楊子雪臣報訃於余，俾爲文以傳翁。邵子稱翁「貧而介，隱德隱操，居恒不求人知」；楊子稱翁「坦率諒易，任真而行，不愧三代遺直」。余未見翁誌銘、行實，不識翁之生平，而二子皆天下士也，其所推許當不誣，則翁之爲人從可知矣。蓋翁爲荆川公從孫，凝庵公從子，家學淵源有自，其立身有本末，不墜家聲，有以也夫？余感翁惓惓雅誼，故因二子之請，遥題翁墓而識其由於碣之陰。

題楊砥齋墓碣

曩余遊毘陵，毘陵有隱君子楊雪臣氏者，與余善，數爲余言其從兄砥齋先生風節。余聞而儀之，先生亦不以余爲不肖，數顧余寓論學，器宇軒昂，音吐洪亮，余對之不覺斂衽。别離以來，時縈余思。頃先生冢嗣不遠三千里寄書告訃，余始知先生作古。讀先生行實及澄江黄君所爲先生傳，益悉先生生平。蓋百行無忝，一善難名，而其大者，翛然塵外，蟬蜕世榮，確乎不拔之操，足以愧奔競而振頹風。余故遥題其墓，竊附仰止之私。若夫先生學問言行之詳，自有行實及本傳在，余無容贅。

題王省庵墓碣

王省庵先生諱化泰，賢而隱於醫，篤志理學，潛心性命。初與本邑單元洲結社講究，後與同州党兩一切砥密詣，既而忘年折節，不遠數百里訪余商證。閒歲一至，至必晨夕晤對，盤桓浹月。居恒屏緣寂坐，超然獨契於擬議之表，助忘交融。嘗連吟三絶云：「此道關心三十年，昏明定亂幾千千。些兒會得天根處，寤寐何曾離枕邊。」「箇裏包羅坤與乾，人心微動便危焉。須知放下自脗合，萬古如今無閒然。」「大道周流本自然，時行物育復何言？天人詎有兩般理，各正由來賦予全。」自是真機洋溢，操縱自如，胸次净徹，天宇如洗，而自視欿然。每以年衰日暮，惟恐空談虚悟，究無當於實際，學無歸宿，虛度此生，念及輒欷歔涕零不自禁，曉夜皇皇，如餒思食，渴思飲，寒露思衣，收攝保任，瞬息弗懈。庚申三月，感微疾，凝神以俟沐浴更衣，倏然而逝，年七十五。

平生事親孝，交友信，處己恬淡無營。獨居未嘗有惰容，雖盛暑未嘗不冠帶。性方嚴峭直，面斥人過，辭色不少貸；人有一長，即欣喜推遜，自所爲不及。拯困扶危，樂導人爲善。刊布《迪吉録》、《僞學禁》諸書，俾人有所觀感。行誼之卓，流俗罕儷。郡伯董公崇德尚賢，特表其墓，以示風勵。余故遥書行略於碑陰，庶覩墓表而興思者有所考鏡云。

書張雲巖墓碣

雲巖先生諱鼎文，字伊仲，常之武進人。孝友之行，介潔之操，坦率樸澹，卓有古風。究心書史，韜光獨詣。居恒不求人知，而人亦卒莫之知。生平所學，未及一試而卒，識者惜之。余至常，或爲余述其概，遂式廬再拜，題其墓以誌追慕之私。

題康約齋墓碣

郃陽約齋康君，砥德礪操，鄉評推重，蓋闇然獨行君子也。篤緇衣之好，與余神交有年。其子乃心每遇過庭之日，聆君義方之訓，語及余，輒不啻自其口出。乃心賢而文，以風雅著聲，關中人咸爲君慶，君視之欲然，深不欲其僅以文見時，令負笈跋涉川原，就余問學，戒空談，敦實行，動必循禮。

昔朝邑韓恭簡公斂華就實，一變至道，本其父蓮峰老人督之，父子同心，近代傳爲美談。以今觀君，可謂異世而同風矣。君生平絶跡紛囂，棲懷物外，未嘗高談性命，而綱常倫紀，待人接物，靡不曲盡理道。余居恒欽其爲人，故於其卒也，特破例大書於碣，以表其墓。

墓記書後

嗚呼！此毘陵邵生哲明墓記也。余一見標簽愕甚，亟閲其記，慟甚。余方期生大成，望生遠到，乃遽已作古耶！

余曩遊毘陵，生從余學，質性謹愿，言動舒徐。余喜其根器近道，語以克復之實，莫逆於心。遂日依余側，有聞必録，潛體密詣，不尚言説，衆或論辯，生獨寂然。余應錫山、澄江、靖沙講學之聘，生實追隨，静重老成，同儕咸推。暌離以來，余恒縈神，以生質既美，庭訓又臧，其所成就，當不可量。詎意一疾不起，奄然長逝，地下人閒，幽明永隔，余將何以爲懷耶！撫今追昔，不禁感愴抆淚，書此以識余痛。

題達州牧九芝郭公墓碑

公諱傳芳，九芝其字也。有康濟才。以明經丞咸寧，賢聲蜚三輔，諸上官莫不嚴重，事多咨決，倚若蓍蔡。歷署咸寧、郃陽、澄城、長安劇邑，神明豈第，卓絶一時，所居民戴，所去見思，尸而祝之，如奉私親。及宰富平，治邑如治其家，善政善教偕行，仁言仁聲並入，實績奏最，欽賜袍服。膺内召，會東川郡邑新復，需人字撫，遂改牧達州。未幾病卒，弗獲究厥施於天下，而僅以循良著，識者惜之。然密邑、中牟、穀陽、桐鄉皆以邑顯，生有榮稱，没而奉嘗，登諸簡册，流馨百世。彼其時身不出都門，位卿相而名湮滅無聞者，方此何啻霄壤。

公自咸寧時奉督撫檄，主關中書院，修省誌，即與余以爲己之學相切砥。其在富平，爲余築室幽阿，迎余款聚，究極性命。自是反己入微，務敦大原，葺慎廬於署，揭「四説」以自矢，其操嚴祇勅如此。余不肖，承公特達之知，雅意相成，受益實宏，今知己云亡，曷勝人琴之感！謹抆淚遥題公墓前之碣，而次其概於碣陰，以誌余痛。若夫履歷事蹟，居恒膾炙人口者，詳具銘、狀、傳、表，無俟余贅。

書太史周澹園墓碑後

余友周澹園，穎悟夙成，讀中祕書，風雅擅長，有聲宇内。而自視欿然，惟以理學爲歸宿。居恒究心濂、洛、關、閩之旨，潛體密玩不釋手。嘗不遠數百里，訪余於頻山土室。余時閉關養疴，概不見客，辭謝再三，執禮彌恭，乃啓鑰延入。藹如之言，粹盎之容，一見不覺形親神就，懽若平生。其所商證，言言根極理要。自是鍼投芥合，聞問時通。立身行己，大體卓然，推以及人，惟恐人昧所向。使交阯，守南康，督蜀學，所至以理學爲倡，惓惓提撕奬勸，引人入勝，聞者翕然乎化，咸稱空谷足音，曠世僅見。其貽余書有云：「弟萬里交、南，兩年星渚，凡一言一動，莫不奉先生之榘範以爲周旋。今量叨蜀衡，崇教化，正風俗，尤其耑責。雖事務紛紜，而一念兢兢自省，少一分戕賊，即存一分生氣，謹試五府一州，而人情士氣大有觀感，差堪自慰。」由是觀之，則澹園之注措，於是乎加人一等矣。昔李文達公謂宦途惟薛敬軒以理學爲務，今余於澹園亦云。

關中學脈，自吕、馮而後，久已絶響。得澹園注意，余方藉爲歲寒盟，而一旦溘然，吾道益孤之歎，曷維其已。厥嗣舉葬，請余文其壙中之石，余素以此爲戒，而道誼同心之雅，又不容已，乃遥題其墓碑，而揭其可挹之大者於碑陰，庶觀者知所嚮往。

贊

陸孝標先生贊

先生吴之名德也，與予鍼芥相投，情逾骨肉，惓惓雅誼，予未嘗一日有忘。謹贊其概，以志予感。

粤惟在昔，衛有武公，行年九十，其進耑征，既底於化，世鐫厥功。今也先生，大耄既登，好學弗衰，差堪與并。孝友傳家，忠謹律躬，如玉在璞，如金在鎔。脱彼世氛，潛心内瑩。辛亥之歲，予遊毘陵，二豎爲虐，鼻息屏營，先生念我，醫藥過從。館予於墅，氣體漸充，身心相訂，緇好彌隆。比予言旋，千里躡蹤，攜子若孫，靡憚修程，臨歧握手，涕泗盈盈。我返隴右，君老江東，別來七稔，彼此神縈。跂予望之，蘄勿替乎，秉燭之明。

吴野翁先生贊

先生吴之隱君子也，貌古、心古、學古、文古，諸所撰摛，足以凌駕當世，而媲美韓、歐。予曩遊毘陵，承先生不鄙，忘年折節，日就予盤桓，高風遠韻，令人穆然有璞玉渾金之思。謹贊其概，以志傾企。

世有稱人之學若海也，予不謂然，而於先生信之；世有稱人之養若璞也，予所未覯，而於先生印之。著述之富，人弗及也。苟奮其才，尚或進之。大《易》之藴，蓋昔賢未能晰也，而先生之闡發，亶其盡之。孔子云「先進於禮樂」，彼何人斯？維先生庶乎近之！千載而下，相傳有耄而好學、繼踵衛武者，匪先生孰堪任之？

楊商玉先生贊

余曩遊毘陵，承先生不鄙，日就余盤桓。又爲余梓書問世，繼以長篇。瀕別眷戀，不覺泫然，惓惓雅誼，余未嘗一日有忘。欲述先生生平行履以立傳，而地隔吴、秦，無由悉其詳，姑就先生言貌，以贊其概。

於惟先生，學醇養静，於俗弗流，與物靡競。湛定優游，淵澄月映。措躬孔潔，吐辭維令。癯然其貌，介然其性。狂瞽之言，是採是聽。其年兹耄，其德兹盛。毋弛厥功，聿追前聖。

劉四沖先生贊

顒生也晚，未獲摳衣四沖先生之門。幸得拜遺像於諸公子處，不容無一言以抒追慕之思，謹爲俚語，用贊萬一，深媿不文，聊志渴仰云爾。

有樹厥績，於彼遐方。有持厥危，於彼異壤。孰克樹績，桑梓之鄉。孰克持危，父母之邦。首山蒼蒼，汝水洋洋。先生之德，百世其胡央！

王處一先生贊

先生嘗從少墟馮子游，學邃識周，完璞全節。余小子頃聞其概，方欲親炙耿光，而先生則已捐館矣。聊綴數語，以誌嚮往。

脱迹聲華，潛心正大。躬服允迪，人欽道價。矧惟令嗣，庭訓式化。伯也掞藻，凌出燕許之上；仲氏蚤慧，步武河涇而下。試擬先生於誰歟？太中韋齋之流亞。

卷二十二

觀感録敘

《觀感録》者，二曲先生之所著也。先生慨世人視聖賢太高，甘愚不肖如飴，因彙萃古今至卑賤之人，而卒自勉勵爲大豪傑、大賢人之品者，勒爲此書。不肖珥讀之，則喟然嘆曰：「仁哉！苦心哉！先生之爲天下萬世計，至肫切而深遠也。」

夫心即天也，天即心也，無二理也。人能盡心之理，即盡天之理矣。「天理」二字，人人能言之，人人弗克省察之，此道所以不明不行之由也。所以然者，以人視聖賢太高；視聖賢太高，因視道太難，視道太難，因安非道而弗覺，甚且日趨日下，而陷禽獸之歸者有之。悲夫！孔子曰「道不遠人」，顔淵曰「舜何人也，予何人也」，孟子曰「人皆可以爲堯舜」，又曰「堯舜與人同耳」，誠以人同此心，心同此理，特在立志不立志耳！志立，則鹽丁、戍卒、網匠等人俱可入孔孟之宫牆，俎豆千秋；志不立，則丁卒、工匠等人終不脱鹽戍陶網等事，生則人役人賤，死則草腐烟銷，不亦大可悲、大可畏哉！

先生憂且懼之，喫緊爲人立厥榜樣，使頑懦鄙薄之夫觀感而興，如震霆之破酣夢，奮然立志。曰：「爲聖爲賢，果非難事，不過於入孝出弟，日用飲食事物之閒，時時存心，事事體貼，則違禽獸之界也遠，入聖賢之路也近，庶不負上天生人之意爾！」然則斯刻也，先生婆心熱腸，合盤托出，質諸鬼神，俟之後聖，其誰曰不宜？嗟乎，先生之意，抑豈僅爲愚不肖發矇振聵也哉！

時康熙八年孟冬之望，左輔後學張珥題

觀感録序

先儒謂「箇箇人心有仲尼」，蓋以箇箇人心有良知也。良知之在人，不以聖而增，不以凡而減，不以類而殊，無聖凡，無貴賤，一也。試徵之，孩而知愛，長而知敬，見孺子之入井而知惕。一切知是知非知好知惡之良，凡與聖，賤與貴，有一之弗同乎？同則何聖何凡，何貴何賤？而聖凡貴賤之所以卒分者，立志與不立志異也。立則不昧本良，順而致之，便是天則，火然泉達，凡即爲聖；否則乍起乍滅，情移境奪，反覆牿亡，聖即爲凡。而真貴真賤之實，在此不在彼，區區貴賤之迹，非所論也。

昔人有迹本凡鄙卑賤，而能自奮自立，超然於高明廣大之域，上之爲聖爲賢，次亦獲稱善士。如心齋先生，本一鹽丁也，販鹽山東，登孔廟而毅然思齊，紹前啓後，師範百世；小泉先生，本一戍卒也，守墩蘭州，聞論學而慷慨篤信，任道擔當，風韻四訖。他若朱光信以樵豎而證性命，韓樂吾以陶工而覺斯人，農夫夏雲峰之表正鄉閭，網匠朱子節之介潔不苟。之數子者，初曷嘗以類自拘哉！彼其時身都卿相，勢位赫烜而生無所聞、死無可述者，以視數子，其貴賤爲何如耶？謹次其履歷之概，爲以類自拘者鏡，竊意觀則必感，感則必奮，奮則又何前修之不可企及？有爲者亦若是，特在乎勉之而已矣！

二曲李顒識

觀感録

後學二曲李顒編次

心齋王先生 鹽丁

先生名艮，字汝止，號心齋，泰州安豐場人。場俗業鹽，不事詩書，以故先生目不知書，惟以販鹽爲務。年近三十，同鄉人販鹽山東，經孔林，謁孔子廟，低徊久之，慨然奮曰：「此亦人耳！胡萬世師之稱聖耶？」於是，歸取《孝經》、《大學》，置其書於袖中，逢人問字質義。讀《論語》至「顏淵問仁」章，詢之塾師，知顏子爲孔門高弟，嘆曰：「此孔門作聖功夫，非徒令人口耳也。」爲笏書「四勿」語，朝夕手持而躬踐之。里俗好奉佛，先生準古秉禮，思以易之，令瘞佛像，崇儒教。既而正德南巡，太監矯旨，索鷹犬於里，横甚，里人惶惑，追咎爲慢佛之報。先生曰：「毋怖，吾自當之。」躬往見太監，太監爲先生言論丰儀所感，嚴戢其下，更與先生交驩，擬薦先生於上尊顯之，先生婉辭謝避焉。一夕，夢天墜壓身，萬人奔號求救，先生手托天起，見日月列宿失次，遂整布如故，萬人歡舞拜謝。醒則汗溢如雨，頓覺心量洞明，天地萬物一體。自此行住語默，皆在覺中，因題其座曰：「正德六年間，居仁三月半。」此先生悟入之始也。

是時，陽明王公巡撫江西，倡明「致良知」之學，四方學者雲集。先是，塾師黄文剛，江西人也，聽先生議論，詫曰：「我節鎮陽明公所論類若是。」先生訝曰：「有是哉？方今大夫士汩没於舉業，沉酣於聲利皆然也，信有斯人論學如我乎？不可不往見之。吾將就其可否，無以學術誤天下。」即買舟辭親往江西，持「海濱生」刺謁陽明。至則由中甬踞上坐，反覆辯論，遂縱言及天下事。陽明曰：「君子思不出其位。」先生曰：「某雖草莽匹夫，而堯舜君民之心，未嘗一日忘。」陽明曰：「舜居深山，與鹿豕木石游居，終身忻然，樂而忘天下。」先生曰：「當時有堯在上。」陽明然其言，先生亦心服陽明。坐漸側，講及「致良知」，先生嘆曰：「簡易直截，予所不及。」乃下拜而師事之。辭出就館舍，繹思所聞，閒有不合，悔曰：「吾輕易矣。」明日，復入見曰：「某昨輕易拜矣，請與再論。」先生復上坐，陽明喜曰：「善。有疑便疑，可信便信，不爲苟從，予所樂也。」乃又反覆論難，曲盡端委，先生始大悦服，竟下拜，執弟子禮。陽明謂門人曰：「吾擒宸濠一無所動，今却爲斯人動心矣。」居七日，辭歸省親。既而復詣江西，過金陵，至太學前，聚諸友講論。時六館之士具在，先生曰：「吾爲諸君發明六經大旨。夫六經者，吾心之注脚也。心即道，道明則經不必用，經明則傳復何益？經傳，印證吾心而已矣。」六館之士皆爽然自失。大司成汪咸齋延入，問先生治何經，先生曰：「吾治總經也。」聞者悚然。至江西，日侍陽明。會陽明以外艱家居，四方學者日聚其門，先生爲構書院，調度館穀以居，而鼓舞開導，多委曲其閒。因念與人爲善，仁人之心，一夫不向於善，過在我也，思以其道易之。於是製輕車，將周流天下。先詣京師，沿途講説，人士聚聽，多感動。朝士以先生車服言論，悉與時異，相顧愕眙。陽明聞之，以書促歸還會稽。自是，斂圭角，就夷坦。嘉靖初，陽明起制兩廣，卒於師，遺孤方二歲，内變外釁，禍機叵測，先生往返數千里，經紀其家，爲之議姻託孤，多方保全而還。開門授徒，遠邇皆至，上自當道，下至農賈，莫不群侍聽講，人厭其欲。有遜坐者，先生曰：「坐坐，勿過遜廢時。」因百姓日用以發明「良知」之旨，謂：「百姓日用條理處，便是聖人條理處；聖人知便不失，百姓不知便易失。」學者初見，先生便指之曰：「即爾此時就是。」未達，曰：「爾此時何等戒懼，私欲從何而生？常常如此，便是允執厥中。」

先生骨剛氣和，性靈澄徹，音欬顧盻，使人意消。巡撫劉節、巡按吴悌，皆特疏薦聞。御史洪垣搆東淘精舍以居其徒。御史陳讓按維揚，訪先生至泰州，病目不得行，乃作詩呈先生，稱：「海濱有高儒，人品伊傅匹。」先生覽之，笑謂門人曰：「伊傅之事我不能，伊傅之學我不由。」門人曰：「何謂也？」先生曰：「伊傅得君，可謂奇遇，如其不遇，終身獨善而已，孔子則不然也。」又曰：「吾人須講明此學，實有諸己。大本達道，洞然無疑，有此欛柄在手，隨時隨處，無入而非行道矣。有王者作，必來取法，是爲王者師也；使天下明此學，則天下治矣。是故出不爲帝者師，是漫然苟出，反累其身，則失其本矣；處不爲天下萬世師，是獨善其身，而不講明此學，則遺其末矣，皆小成也。」郡守託先生門人欲隆禮敦迎，先生謂門人曰：「禮聞來學，不聞往教。致師而學，則學不誠矣，往教則教不立矣。使其誠能爲善，則當求於我，又何以召言哉！」

時大儒太宰湛公甘泉、祭酒吕公涇野、宗伯鄒公東廓、歐公南野，咸嚴重先生，而羅殿元洪先尤數造其榻請益。一日，述近時悔恨處求正，先生不答。但論立大本處，以爲能立此身，便能位天地，育萬物，病痛將自消融。且曰：「此學是愚夫愚婦能知能行者。聖人之道，不過欲人皆知皆行，即是位天地，育萬物欛柄。」明日，復入見，因論正己物正，先生曰：「此是吾人歸宿處。凡見人惡，只是己未盡善；若盡善，自當轉易。以此見己一身不是小，一正百正，一了百了，此之謂通天下之故。聖人以此修己以安百姓，而天下平。」因爲《大成歌》以贈之，略云：「始終感應如一日，與人爲善誰同之。我將大成學印證，隨言隨悟隨時躋。只此心中便是聖，説此與人便是師。至易至簡至快樂，至尊至貴至清奇。」洪先大喜而別。

亡何，先生寢病，猶力疾與門人論學不懈。諸子泣請後事，先生顧仲子襞曰：「汝知學，吾何憂？」又回顧諸子曰：「汝兄知學，吾又何憂？」無一語及他事，遂卒，年五十有八。門人爲治喪，四方會葬者數百人。大學士趙貞吉誌其墓，户部尚書耿定向傳其事，提學御史胡植祀先生於鄉賢，馮天馭置精舍祠祭田、定祀典，兵備副使程學博奉督撫檄建專祠於州西，巡撫王宗沐、吴桂芳各捐俸置崇儒祠、祭田，大學士李春芳、巡撫凌儒撰祠記，總督李燧修塋域，尚書孫應魁，祭酒敖銑、給事中黄直林、大欽戚賢，都御史耿定力、周寀、張元沖，總督毛愷、廉使胡堯時、太常卿郭汝霖，巡鹽御史彭端吾、陳遇文、謝正蒙、張九功，提學御史楊廷筠、宋儀望，巡按御史黄吉士、修撰焦竑、知府朱懷幹、推官徐鑾等，相繼置田肖像，表章私淑。萬曆十三年，右諭德韓世能、工部郎中蕭景訓題請從祀孔廟。二十七年，大學士沈一貫、郎中田大年、給事中王士性復請旨從祀。三十七年，給事中曹子忭、胡忻請旨待謚，後欽謚「文貞」。四方縉紳，凡宦於其地者，莫不晉謁瞻禮。祠宇以時葺治，春秋二祭有永無替。

門人王棟曰：自古士農工商，業雖不同，然人人皆可共學。孔門弟子三千，而身通六藝者纔七十二，其餘則皆樸茂無文之流耳。至秦滅學，漢興，惟記誦古人遺經者，起爲經師，更相授受。於是指此學獨爲經生文士之業，而千古聖人原與人人共明共成之學，遂泯没而不傳矣。天生我先師，崛起海濱，慨然獨悟，直起孔孟，直指人心。然後愚夫俗子不識一字之人，皆知自性自靈，自完自足，不假聞見，不煩口耳，而二千年不傳之消息，一朝復明，先師之功可謂天高而地厚矣。

天臺耿氏曰：先生爲學，其發志初根，本於誠孝，以悟性爲宗，以格物知本爲要，以遷善改過、反躬責己爲實際。廓彼聖途，至易至簡，歸然孔氏正脈，其師表公卿，下逮樵豎、陶工有以也。

或問南皋鄒子曰：「泰州崛起田間，不事詩書一布衣，何得聞斯道卓爾？」鄒子曰：「惟不事詩書一布衣，此所以得聞斯道也。蓋事詩書者，理義見聞，纏縛胸中，有大人告之以心性之學，彼曰：『予既已知之矣。』以泰州之天靈皎皎，既無聞見之桎梏，又以新建明師證之，宜其爲天下師也。」

東溟管氏曰：道之至者，曰惟仲

尼，以匹夫明明德於天下，無所倚焉故耳。心齋之學，蓋得諸此。嗟嗟！以泰州一布衣，直窺正脈，師當代而風後賢，彼獨何人也哉！彼倚勢傍吻者，可以惕然省矣！

海門周氏曰：先生其東海之聖人矣乎！先生自信與伏羲、神農、黄帝、堯、舜、禹、湯、文、武、周公、孔子同此心，同此理，斷斷乎其不惑也，豈不既聖矣乎！吾觀先生初過闕里，便奮然太息：「正德六年間，居仁三月半。」此何等悟入乎？力行孝弟，體驗經書，行住語默，俱在覺中，此何等修爲乎？陽明子曰：「此真爲聖人者也。」真爲則真聖矣，又何疑哉？

顒按：心齋先生不由語言文字，默契心宗，一洗俗學支離之陋，毅然以堯、舜、孔、孟以來道脈自任。當是時，雨化風行，萬衆環集，先生抵掌其間，啓以機鑰，道以固有，靡不心開目明，霍然如梏得脱，如得旅歸。門人本府同知周良相、本州知州朱箠、刑部郎中董燧、給事中聶静、文選郎中林春等，無慮數十百人，咸承傳其學，轉相詔導，而布政徐子直、布衣顔山農尤最著。子直之後，爲内閣趙文肅；山農之後，爲參政羅近溪、何心隱；近溪之後，爲少宰楊復所；心隱之後，爲錢懷蘇，爲程後臺。後先相繼，至今流播海内，火傳無盡，先生之道彌久彌尊。嗚呼盛矣！先生嘗謂：「大人者，正己而物正者也，立其身以爲天下國之本，則位育有不襲時位者。」其《樂學歌》

有云：「人心本自樂，自將私欲縛。私欲一萌時，良知還自覺。一覺便消除，人心依舊樂。」示俞純夫云：「只心有所向便是欲，有所見便是妄，既無所向，又無所見，便是無極而太極。良知一點，分分明明，停停當當，不用安排思索，聖神之所以經綸變化，皆本諸此。」言言透髓，字字切實，吾人所當服膺也。

朱光信 樵夫

朱光信名恕，草堰人。受廛安豐，日樵采易麥糈，擇精者供母，而裹其糲粃爲糗以樵。一日過心齋先生閭而行吟曰：「離山十里，薪在家裏。離山一里，薪在山裏。」先生聞而奇之，謂門弟子曰：「小子聽之，邇言可省也。道病不求，求則得之，不求則近非己有也。」恕味其語於心，每往必詣門熟聽。饑，取水和糗以食。食已樵如初，疲則弛所負擔，趺坐以息，仰天浩歌，悠然自得。先生門徒或覸其然，轉相驚異。

有宗姓者心憐之，一日出數十金招而款語曰：「諗子雅志，願奉此爲生理計，免樵作苦，且令吾得日夕相從商切，幸甚！」恕手其金，俛而思，徐大恚曰：「子非愛我，吾茲目此，此衷經營念憧憧起矣，是子將此斷送我一生也。」力却之。宗爲之給衣食，供朝夕如常。學使胡植數招見之，匿不見。學使故假往役詎下檄督之急，乃勉用齊民禮，服短衣徒跣以往，學使令人扶之入而加服焉，乃得一見云。其卒也，耿尚書爲之傳，後配享崇儒祠。

一樵夫耳，乃能若是，可見良知

自具，道非外鑠，彼逡巡畏縮而漫不自振者，夫亦可以憬然矣。

李珠 吏胥

李珠字明祥，世居泰州，以農民報充州吏，事州守王瑶湖。聞學有感，遂棄吏從心齋游，勇決嗜學，躬體實踐，久之，名聞遠邇，士大夫異其爲人，争相褒美。珠遜謝不居，惟以導人爲善爲功課，一時州縣吏書皂快，感化遷善者甚衆。有欲棄役就學者，珠曰：「苟實心爲善，在公門尤易施功，何必棄役？」聞者嘆服。珠事親極孝，母没不能葬，及期數日前啓壙，得「天全錢」百緡，珠號天全，適與錢合，人皆以爲孝感所致。後配享崇儒祠。

道無往而不在，學無人而不可。苟辨肯心，何論儔類？若明祥者，可以鑒矣。安得各衙門吏書盡如明祥之慷慨篤信，則有益於官民，有造於地方匪尠，孰謂公門非行道之地耶！

韓樂吾 窑匠

韓樂吾名貞，字以中，興化縣人。居蓬屋三間，陶甓爲生，常假貸於人爲甓，甓坏爲雨壞，負不能償，并其蓬屋失之，居破窑中。聞樵者朱氏風，從之學。朱卒，復受業於心齋仲子，漸習識字，粗涉文史。嘗自咏曰：「三間茅屋歸新主，一片烟霞是故人。」篳瓢屢空，衣若懸鶉，晏如也。年逾三紀尚鰥，仲子倡義屬門徒醵錢助之婚。婦初歸，與之約曰：「吾志希梁鴻。吾不鴻若，非汝夫；汝不孟光若，亦非吾妻也。」買蒲令織鹽囊，易糈以給朝夕。

久之，學有得，毅然以倡道化俗爲任。無問工賈傭隸，咸從之游，隨機因質誘誨之，願化而善良者以千數。每秋穫畢，與群弟子班荆趺坐，從容論學，數日興盡，則挈舟偕之，賡歌互咏，往別村聚講如前。踰數日，又移舟隨所欲往，蓋徧所知交而還，見者欣賞，若群仙嬉遊於瀛閬閒也。

有縣令某聞而嘉賞之，遺米二石，白金一鍰。受米而還其金，致書謝，略曰：「儂窶人也，承明府授餐，拜領一石，瓶貯以給數月饔飧。餘一石分給親友，以廣明府惠。金惠過渥，非窶人所堪承也。」令問政，對曰：「儂窶人，無能輔左右。第凡與儂居者，幸無訟牒煩公府，此儂所以報明府也。」令檢案牘稽之，果然。益敬禮焉。太師李公春芳時休沐在里，數招見之，不往，且奏記盡規。李公益重其人。是時，耿尚書定向爲御史，典學南畿，李公寓書屬之嘉獎，以廣厲士風，耿因致禮加幣，且執禮喻之，令其必受。貞乃受之，買牲祭心齋先生祠，分胙於其同門。

後耿巡校泰州，謁祠，因與貞會，耿偶觸境示諸生性無加損處，因述故相某取高第，位極人臣，一旦以細淺不得意，且熱中失常云。貞不覺拊膺嘆曰：「安能如儂，識此些子意耶？」嘗與諸名公卿相會論學，閒有談及別務者，輒大譟曰：「光陰有幾，乃爲此閒泛語！」或稱引經書相辨論，則又大恚曰：「舍却當下不理會，乃搬弄此陳言，此豈學究講肆耶？」諸名公咸爲悚息。識者謂其氣沖牛斗，胸次怡怡，號曰「樂吾」不虛云。縣尹累舉鄉飲大賓，錫深衣幅巾，扁額門閭。卒年七十有七，建專祠肖像，春秋特祀，仍從祀鄉賢，有《樂吾集》行世。

以陶工而挺身號召，隨在提撕，翕然乎化者至千餘人，非其與人爲善之誠，烏能如是？使士之知學者類皆如韓，則斯道何患不若晝日，世風何患不若陶唐耶？噫！

林訥 商賈

林訥字公敏，福建莆田人。初卜賈淮南，占者曰：「此去平平，乃有奇遇。」林異之，遂往賈。久之，不甚售。將歸，途逢韓樂吾，聆其語有契，於是再拜受學，執侍左右，隨之肄陶。嘉靖甲寅，倭寇閩，舉家就燼，無所歸。卒業於仲子，獨得其傳。倡學海甸，老而忘倦。年八十有四，卒於東臺場。門人劉源宅、王嘉第、王元鼎等爲之持服治喪，謀葬安豐里，配享崇儒祠。

斯人頗有韓氏風。

夏雲峰 農夫

夏雲峰名廷美，繁昌人。素事耕稼，聞心齋之風而慕之。或教之讀書，乃日取《學》、《庸》、《論》、《孟》，反身尋繹，覺有會處。讀《中庸》，曰：「思知人，不可以不知天。仁者人也，人原是天，不知天，便不是人，如何能事親稱孝子？《論語》所謂『異端』云者，謂其端異也。吾人須是研究自己爲學初念，其發端果是爲何，乃爲正學。今人讀孔孟書，若止爲榮肥計，便是大異端，如何又闢異端？」又曰：「吾人須是自心作得主宰，凡事只依本心而行，便是學道；苟不能自信本心，勦襲紙上陳言，挨傍別人口吻，此皆孟子所謂妾婦之道也。」又曰：「天理人欲，不知誰氏作此分別，吾反身細求，理欲似難分別，分別止在迷悟間。悟則人欲即天理，迷則天理亦人欲也。」

一日白下同志會有友詢「良知」指意，一友曰：「『良知』非究竟宗旨，更有向上一著，無聲無臭是也。」廷美愯然起立，抗聲曰：「『良知』曾有聲臭耶？」聞者霍然有省。是時，士大夫咸知重學，遞迎廷美涖會，至則因人開發，多所興起。耿尚書天臺一日問之曰：「子得此學如何作用？」對曰：「某一農夫，有何作用？ 然至於表正鄉閭，則不敢讓。」耿爲之愯然。 及卒，四方會葬者甚衆，後崇祀鄉賢。

夏雲峰奮迹隴畝，見地超然，行誼皭然，擔荷此學甚力。 焦太史弱侯稱爲「挺特丈夫」，誠哉其爲「挺特丈夫」也。「表正鄉閭」之言，尤見自命之卓。 噫！ 一農夫乃爾，士爲四民之首，尤當何如耶？

剩夫陳先生 賣油傭

先生名真晟，剩夫其字也，泉州人。父爲打銀匠，攜先生執業，主人密爲防，先生時年十一，語父曰：「何業而蒙盜賊之防乎？」勸父舍之。問賣油者所得，曰：「日餘二壺。」喜曰：「此足備養矣。」貨油至書舍，聞講「有子孝弟」章大悦，明日又聞「弟子入則孝」益喜，入請其師曰：「小人願受學，日以餘油爲贄。」師曰：「諾。」復告曰：「我本以賣油代父之業，備日養耳，專一於學則累我父，須每旦一受講，日仍賣油。」師從之。逾年，學大進，從進士唐泰治舉子業。業成，薦於有司，至福州，聞有司防察過嚴，無待士禮，乃辭歸。自是不復以科舉爲事，務爲聖賢踐履之學。

初讀《中庸》，做存養省察工夫，覺無統緒。繼讀《大學》，始知爲學次第。讀《或問》，見朱子博採主敬諸説，以補小學工夫，始知敬者乃《大學》之基本也。及求其所以爲敬，見程子以「主一」釋「敬」，以「無適」釋「主一」，始於「敬」字見得親切，實下工夫，推尋此心之動静，而務主於一。静而主一，則静有所養，而客念不復作矣；動而主於一，則動有所持，而外誘不能奪矣。嘗語人曰：「《大學》『誠意』爲鐵門關難過，『主一』二字，乃其玉鑰匙也。」又嘗語人曰：「人於此學若真知之，則行在其中矣。」

大順二年，用伊川故事，詣闕，上《程朱正學纂要》，得旨「禮部看了來説」。時侍郎鄒幹掌部事，不知其説云何，其事竟寢。聞臨川吴聘君名，欲質之，乃貨其家之直，得五金，攜其兄之子一人以行，戒之曰：「我死即瘞於道，題曰『泉南布衣陳某墓』足矣。」行至江西，太史張元禎止布衣宿，叩其所學，大加稱許曰：「禎敢僭謂，斯道自程朱以來，惟先生得其真。如吴聘君者，不可見亦不必見也。」遂歸鎮海，教人專以静坐爲事。卒後十年，提學僉事周孟中祭以文，郡守彭桓立石道傍以表題曰：「大明闕下兩上書請補正學泉南布衣陳先生墓。」提學副使姚鏌祀於鄉賢。

賣油傭自奮自立，知行並進，爲後儒知行合一之倡，卓哉！又有王元章者，以牧羊癡子見擯於父，執策映佛燈讀之，躬修允蹈，亦成名儒。

由斯以觀，迹曷嘗限人，人自爲迹所限耳！苟志於道，誕登奚難？

小泉周先生戍卒

先生名蕙，字廷芳，號小泉，山丹衛人，後徙居秦州，因家焉。年二十，聽人講《大學》首章，奮然感動。戍蘭州守墩，聞容思段公集諸儒講理學，時往聽之，有聞即服行，久之，諸儒令坐聽，既而與坐講，既而以爲畏友，有疑與訂論焉。段公勗以「聖賢可學而至」，示以進修之方。段公曰：「非聖弗學。」先生曰：「惟聖斯學。」遂殫力就學，篤信力行，慨然以程朱自任。當時見者，亦翕然以爲程朱復出也，咸敬信樂從，遂爲一時遠邇學者之宗。有總兵恭順侯吴瑾者聞其賢，欲延教其子，先生固辭。或問故，先生曰：「總兵以軍士役某，召之役則往役，召之教子，則不敢往。」聞者嘆服。吴侯亦不能强，遂親送二子於其家以受教，先生始納贄焉。時肅藩有二樂人鄭安、鄭寧者，進啓本願除樂籍，從周先生學，其感發人如此。後隱居秦州之小泉，因以爲號。著深衣幅巾爲容，成紀之人，薰化其德，稱爲小泉先生。嘗遊西安，與介菴李公錦論學，介庵由是大悟，遂爲關西名儒。應州知州渭南薛思庵執弟子禮師事焉。秦州守數造其廬，舉鄉飲賓，謝不往。巡按杜公禮徵求見，聆其議論，不覺前席。嘗正冠婚喪祭之禮，以示學者，秦人至今遵之。

成化戊子，段公至小泉訪之，不遇，留以詩，有「歷盡巉巖君不見，一天風雪野梅開」之句。後又贈以詩云：「白雲封鎖萬山林，卜築幽居深更深。養道不干軒冕貴，讀書探取聖賢心。何爲有大如天地，須信無窮自古今。欲鼓遺音紘絶後，關閩濂洛待君尋。」又云：「小泉泉水隔烟蘿，一濯冠纓一浩歌。細細静涵洙泗脈，源源鼓動洛川波。風埃些子無由入，寒玉一泓清更多。老我未除塵俗病，欲煩洗雪起沈痾。」何大復謂：「先生於段公，其始若張横渠之於范仲淹，其後若蔡元定之於朱紫陽也。」迨老，以父遊江南，歷險訪蹤，没於揚子江，人皆稱其孝而又重悲其死云。後崇祀鄉賢。先生門人甚衆，最著名者渭南薛思庵、秦州王爵。

按小泉先生崛起行伍之中，闡洛、閩絶詣以振頽俗，遠邇嚮風，賢愚欽仰。思庵薛子不遠數千里從之學，每晨候門，躬掃坐榻，跽而請教，事之唯謹，卒得其傳，爲一時醇儒。其後吕文簡公又問道於薛，以集關中大成，淵源所自，皆先生發之，有功於關學甚偉，然其初特一軍卒耳。甚矣，人貴自立也！

朱貧士 網巾匠

朱蘊奇字子節，西安右護衛人。家貧甚，僦屋而居，與妻子織網巾爲生，嘗併日而食，晏如也。從學少墟馮先生，聽講寶慶寺，寒暑不輟。一日，其子因差徭下獄，會天雨，四日不食，氣息奄奄待盡矣。時嶽廟有大户收糧米者，黄冠憐之，因取其米少許爲粥以食。蘊奇知其故，心計以爲此官米，何可竊也，曰：「死即死耳，豈可以臨死改節！」竟不食而亦不明言其故。衆素誚蘊奇迂矯，至此始深服其節操，以爲不可及，因出其食食之。蘊奇曰：「此可食也。」由是始得不死。孝廉劉必達聞而異之，因白於衛官，始出其子於獄。當路諸公及士大夫有高其節周之者，必擇而後受，一毫不肯妄取。先是嘗之市，途有遺網巾二頂，其子拾之，蘊奇曰：「彼之失，猶我之失也，使我失此二網，則舉家懸罄矣。」即命其子追而還之。其人感甚，欲分其一爲謝，蘊奇竟不之受。

父早喪，養母曲盡其孝，母没，毁幾滅性。秦俗人死多用青鳥之説，當於某日某時避殃；殃謂死者之魂來辭家，而家人或庶幾見之者也，而罹之者凶，以故當避此。其説幻妄不足道，而秦人多惑之，蘊奇曰：「使果有此殃也，吾猶可藉此一見吾母；使果無此殃也，吾又何爲避之？」伏棺痛哭，竟不避，而卒亦無恙。

年五十一，以布衣終。生平苦節篤行，一步不苟，人共稱之。没之日，貧無以爲斂葬，聞義而賻者，幾數百人，始克襄事。有子五人，貧不聊生，長安令修齡楊公爲構屋三楹居之，仍扁其門曰「高士」。藍田令思軒梁公祭之以文。學臺青巖段公、廉憲祥宇李公各捐金優恤。其後段公扁曰「處士」，李公扁曰「懿行範俗」。聞者莫不咨嗟太息，以爲爲善之報，而諸公之高誼，尤近世所罕覯，風世勵俗，功蓋不小云。

馮子曰：學問之於人甚矣哉！朱生操行如是，固天性使然，亦講學之效，不可誣也。生每赴余寶慶之會，見衣敝履穿，人或誚之，以爲「貧至此，不聽講可耳！」余聞之，應曰：「如此，是聽講者皆當鮮衣華服以飾觀美矣。」誚者語塞。嗚呼！死生亦大矣，朱生死且不貳，天下又何物能貳之哉？傳云「見利思義，見危授命」，若朱生者，亦庶幾近之矣。

按天啓閒，華州有張本德者，初習釘戥秤，後以鬻帽爲業，聞馮先生談學有感，遂購先儒語録，潛體密玩，每有所會，輒舉以告人，惟恐不同歸於善。嘗從都憲曹真予先生學，曹亟許可。晚遊憲副張忠烈公之門，禮待有加。張之諸子以德非士流，頗怪之，張大聲斥曰：「汝輩名爲士流，實不知學；渠雖非士流，却知學。汝輩不以爲愧，乃反以爲怪耶？」德聞之，愈感勵，樂善慕義，終身不倦。余自童年聞其人，後質之同蒲諸友，信然。聊附於此以示勸。

卷二十三

襄城記異

襄城後學劉宗泗彙輯

康熙辛亥三月廿六日，二曲李隱君先生招其太翁信吾忠魂以歸，鄉紳父老鐻楮帛，爲詩歌以祖其行。先一夕，予命椎工鍥《信吾傳》於石，自鎮將、廳尉以迄殉難未有名氏之五千人，胥勒贔屭。日暝，諸工役約一二十輩方謀貼席，聞門外有鬼聲，高亮悲淒，達人心骨，諸役毛悚舌縮，至僵立不能歷階。時有工書張文升者，强出壯語，語鬼曰：「吾奉邑侯命，爲若輩砌龕鑴碑，經營備至，若輩復何嗚耶？」俄而聲止。

夫幽顯懸如隔世，冥冥寂寂，視不見而聽無聞，顧乃騰爲聲息，逼人耳根，不亦大可異也與？怪神，聖人所不語；鬼神，知者所敬遠，吾不敢謂事之果有。一誠可格，體物不遺，吾亦不敢謂理之絶無。故往往於恍惚影響不可端倪之中，識昭假之道焉。隱君先生孝思殷摯，甫望襄原，便作白雲悲號，廢寢廢食，泣訴社靁，欲招長夜之魂。一段凝誠，天地可感，神鬼可泣也，又何疑赤忠英靈，不來臨來享也乎？仗義伸節，骨馨情怡，信吾翁應無怨恫。或因隱君求索幻渺，呼搶孔急，乃微示無形之形，無音之音，慰孝子罔極之思乎？

或曰非此之謂也。信吾翁甘心白刃，視死如飴，神遊天上，固無日不依孝子餐息，而必待歸轊而始象教焉，不幾淺語夫信吾翁也與哉！蓋緣隱君孝子仁人，曾與鄉紳劉宗洙約，牒挾五千遊魂，歸宿華嶽，是以驀然來告予曰，謂此聲爲信吾翁之聲，隱君感通之大孝也；謂此聲爲五千人之聲，隱君錫類之至仁也。如在其上，如在左右，總之由隱君而發也。

信吾翁歸矣，五千人攜歸矣，神返室堂，游優爾休，今而後應無復有青燐夜泣者。濡露秋霜，❶宰土者且將牲脯以罍祀於藏玉處也。計藏玉處凡六厝，一在西門内涸井，一在西南坑，一在西門外，一在北門外壇側，一在城北韓莊，一在南新河溝，其餘零星，悉隨在而瘞之古井焉。皆鄉賢劉公四沖暨邑之紳士百姓捐重貲以襄厥事者，英靈悉知，予不復贅。

賜進士第文林郎襄城縣知縣張允中記

敘事

崇禎壬午春二月，關中李隱君先生之尊人信吾翁，從總督汪公征闖逆於河南之襄城，師覆，翁隨汪公殉難。是時先生尚穉，後年漸壯，以母在不獲覓骨，每思及襄城，輒流涕終日。及母没服闋，庚戌冬十月，乃告墓出關。

甫抵襄境，即號慟廢餐。邑宰東峰張公居恒仰慕先生若渴，一聞其至，亟出城肅迎，見先生衰服草屣，驚詢其故，知爲招魂來也。次日昧爽，公撰文詣廟，同先生禱於隍神覓魂。禱畢，先生爲位於翁之原寓，號泣以祭，淚盡血繼，觀者哀之。張公念翁没

❶「濡」，石泉彭氏本、靜海聞氏本作「春」。

於王事，謀豎碑祠祀以慰孝思。瀕別，公出郭祖餞，仍遣吏供中火於邑之東界。次年三月二十五日，先生旋旆，公復出城遠迎，適祠碑告竣。是晚，先生齋沐宿於城隍廟内。祠在城外南郭，夜分群工未寢，忽鬼聲大作，衆皆震慄。次晨滿城喧傳，人人駭異，平日絶不信鬼神者，至此莫不悚然争相虔祭，用慰旅魂。第三日，先生辭祠西行，公同鎮守游擊將軍王君、學博馬君，及闔城鄉官、舉貢生員，祖餞於十里鋪，復遣吏供中火於邑之西界。

先生既躬捧魂牌歸陝，襄人念翁之義烈不置，遂誌翁生時年月及死事顛末於石，起塚西郊。共樹松、柏、楸、楊，森列成林，周圍繞以牆垣，仍豎碑林前，題曰「義林」，清明時祭，則邑紳劉君宗洙率子姓奉祀。祠碑之在南郭者，春秋丁次，邑宰致祭。其祠内題咏、祭文、哀輓甚衆，詳見義林誌。

康熙十年秋孟朔，襄城馬永爵記

書襄城記異後

予讀《襄城記異》而不能無説也。《中庸》之第十六章有曰：「鬼神之爲德，其盛矣乎！」而章終又結之曰：「夫微之顯，誠之不可揜如此夫。」夫鬼神無形與聲，視之不見，聽之不聞，然無形而有形形者，無聲而有聲聲者，此其所以體物不遺也。洋洋乎如在則何在，非鬼神不可度，矧可射，以言乎盛，盛莫盛於此；以言乎異，異莫異於此矣，而非異也，誠也。襄城何異乎，而記之，記異也，記鬼神也。

崇禎壬午年間，盩厔李隱君之尊人信吾翁，從軍討賊以身殉難，與五千人同死襄城。迨至康熙辛亥，君孝思殷摯，哀慕不已，泪盡繼之以血。抵襄招魂，撰文禱於隍神之廟，約牒五千遊魂隨信吾翁歸宿華嶽。襄令東峰張公於其歸也，爲之勒碑搆祠，俎豆千秋，以慰孝思，以彰義烈。

將歸前一夕，邑之襄事於祠者凡數十人，忽聞鬼聲號泣，淒愴悲涼，沁人肌骨，共駭異焉，而縮舌不敢吐。諸工役中有一人强出數語，妥其靈，乃止。嗚呼，異哉！群襄之人相傳，亦無不以爲異也，而非異也，誠也。《大禹謨》曰：「至誠感神。」隱君誠孝格天，而不匱永錫，宜乎無聲無形之鬼神，有聲響以應之耳。

或謂予曰：「昔人有無鬼之論，然乎，否乎？」予曰：「無鬼是無物也，不誠無物。子不觀子產之立公孫洩乎？鄭人相驚以伯有，曰『伯有至矣』，則皆走，不知所往，子產立公孫洩及良止以撫之乃止，子產曰：『鬼有所歸，乃不爲厲，吾爲之歸也。』子產適晉，趙景子問曰：『伯有猶能爲鬼乎？』子產曰：『能。人生始化爲魄，既生魄，陽曰魂，用物精多，則魂魄强，是以有精爽，至於神明。』然則伯有之爲厲，豈非鬼乎？伯有之爲厲，用物宏而取精多也，況乎信吾翁死王事，其精爽與日月争光，而五千人生氣英英，復不滅田横島上之五百人也，安得不顯其異於襄城乎！《易·繫傳》曰：『原始反終，故知死生之説。精氣爲物，遊魂爲變，故知鬼神之情狀。』知鬼神之狀，且知鬼神之情，而鬼神之聲，何不可知？於何知之？知之以誠而已，故至誠如神。」

康熙丙辰仲春之花朝，延陵後學吴光盥手拜手敬題，時年七十有八

襄城記異編書後

高世泰曰：余讀是編竟而歎曰：斯所謂義也，胡云異耶？以爲異者，謂鬼不當號也。寧可謂世無鬼，不可禁鬼使不號。謂鬼不當號，魂亦不當招乎？骸骨不當聚而葬乎？名次不當祠而饗乎？然則三十年前毒徧中原之賊，不當驅而逐乎？五千義憤之兵，塗肝腦、斬腰領所甘心，不當與其事乎？弔祭不施，旌勸不及，廬而聚者，忘其禍害，經其里者，莫念其慘傷。獨有一父没不識死所之孝子，哀吟數千里，曲折紆道，以求至其地，匍匐郊原，擗踊烟靄，大慟以修薦享，亦將以爲異乎？

余聞二曲先生之孝也，關中人人頌之，駱使君執弟子禮敬事之。辛亥延至吴中，春丁至止吾錫，不拜一客，不接一賓，講道於明倫堂，獨與余若有夙契，留荒齋者七日，每於空庭露坐，談及他人之事親，輒仰天大呼，淚落不已。清夜晨興，時聞哭泣，余亦不敢問先生爲何事，猶强以朱夫子「山川出雲，開身空谷」之句爲寬慰，掩涕言別，別去經年，而始知先生之志在襄城也，本於至性之精誠，發而爲無可奈何之極思。先生至襄，而襄之茂宰東峰張公、邑紳孝翁劉公，群起而治大塚，成義林以修祭享，緝志乘以垂永久。若奔命之不遑，豈爲李先生哉？感於義也。

昔者元時有《三卯録》，載成都殺戮之慘，朱禩孫死而復生，出而道其事，賀靖權成都，聚城中骸骨一百四十萬，城外者不計。時有史氏兒光者，年方十三，從母程伏林莽，遇兵害，光亟從草埜窆其尸而識之曰

「史光母」，具書生卒歲月。史以此兒延其嗣，爲名族。

二曲先生所遭，既非史光比，乃其矢志專一，君嵩積精，歷三十年而不渝，亦豈光之可及？古今不忍見聞之事，恒由一人之志行以傳，大抵如斯。先生以體道之躬，發明此敻絶匪懈之義，流俗觀之，似非常而貫常耳！義爲幽明準，夫亦何異之有？

襄城記異跋

歲庚戌，隱君先生客龍沙禪院，除夕號泣，聲飄蕭出林薄，隨悲風遠。予聞之嘆息曰：「此必孝子也。」雨雪載塗，攜杖出訪，知先生哭先人之殉闖難也。追感歲時，孝之至也。聆殉難顛末，有不墮淚者，其人必不忠；覩隱君之誠敬悲切，有不墮淚者，其人必不孝。

別隱君二年後，得《襄城記異録》。覽竟而人以爲異，非異也，先生淚盡血繼，至誠之道通乎鬼神，孟子所謂「至誠而不動者，未之有也」。聖人未嘗不敬鬼神，但遠而不諂。今之講學家以鬼神爲烏有，以言鬼神之事爲邪僻，此未得程朱之真傳，徒襲程朱之唾語，何足以教天下後世？況民之無良，既不知聖人之教，惟鬼神可以震恐其心志，使稍有所畏憚。若渺以爲烏有，併己之祖父，亦渺以爲烏有矣，歲時之祭，亦可不設；即祭，亦以爲故事也，玩忽焉而已。襄城之鬼聲大作，若喚醒天下之言無鬼神者，是即先生木鐸天下之功化也，事足千古矣。

毘陵唐獻珣，時年七十有七

襄城記異跋

造化之氣機，至靈至妙，感於此即應於彼，莫知其所以然。握其靈妙之樞而運用不窮者，鬼神也。吾夫子繫《易》，確然以精氣遊魂，指出鬼神情狀，此豈矯誣之説哉！至若《詩》、《書》所載，玄鳥生商，帝武啓周，赫赫洋洋，徧滿天壤。《中庸》特發體物不遺之義，而歸諸一誠，抑可謂深切著明矣。

余讀《襄城記異》，竊有感於信吾翁殉難沙場，以死勤事，忠也；厥嗣二曲先生招魂設祭，以禮寧親，❶孝也。維孝與忠，總歸一誠，此以誠感，彼以誠應，有如山崩鐘應，氣到灰飛。襄城之事，即大《易》、《中庸》之至理也，又何疑焉？不特此也，今二曲先生講學關中，力肩聖道，方且大闡濂洛姚江宗傳，以淑人覺世，聞其風者，無不翕然向往，良知一點，洞徹幽明，信吾翁定當含笑九京，克享禋祀；彼五千餘人者，姓氏雖湮，忠魂長在，亦當藉信吾翁以不朽矣。

晉陵潘静觀謹跋

襄城記異跋

古今之名義稱君父，而怪異稱鬼神。然離君父而言鬼神，則鬼神不靈；離鬼神而言君父，則君父亦不靈。惟即君臣父子之故，有以發鬼神變現之奇，此其事每令人傳頌之不衰。昔二曲先生應郡侯駱公之迎，涖止吾常，闡學明倫，人心咸豁，予每以不一見爲恨。返旆之日，招魂於襄原，四壁

❶「寧」，石泉彭氏本、静海聞氏本作「享」。

鬼號，闔邑駭聽。

丙辰春仲，從遊徐子以襄之茂宰東峰張公《記異編》覩予。讀竟，喟然嘆興曰：有是哉，常道若斯之靈也。信吾公奮義旗誅逆闖，忠也；隱君勒石建祠置祭，孝也。即曰信吾翁捐軀殉難，當作義鬼，隱君必欲求信吾公之靈而妥之室。然茫茫大化，孰是可留？縹緲白雲，招來奚據？而顧乃吐聲空中，悚動襄邑，不特信吾公一氣呼吸，併汪公與將佐以迄五千人，亦各若呼者之必應，亦獨何歟？爲之低徊，爲之緬想。驀爾荒原，於焉奚似，意者隱君一人之血淚徧灑，而起長夜之慘號。生雖力屈，死必崢嶸，意者賊鬼之就擒呵責，而動忠魂之震盪。且也天地不滅，精英亦不滅，則此慘慘淒淒者，意或長聞於宇宙。有着即礙，有戀即欲，則此數千靈爽之獨往獨來者，意或自茲以後，盡返遊乎太虛。嗟嗟！以是爲常亦真常，以是爲異亦真異。絶神異，絶尋常；絶尋常，絶神異。淺人泥其迹，深人解其理，而事與理感通召致之由，問之襄人，襄人不知；問之當世讀書者，讀書者不會，請還以質之隱君。

晉陵曹有章可聞氏謹跋

詩

讀襄城記異有感

東吳顧炎武

躑躅荒郊酹一樽，白楊青火近黄昏。終天不返收嶠骨，異代仍招復楚魂。少室愁雲隨獨雁，潁橋哀水助啼猿。五千貂錦皆忠義，孰似南山孝子門。

田横島上客猶存，坏土襄城鎮大坤。忠義林成百萬樹，風霆色動五千魂。骨留青塚山河壯，氣吐長虹天地掀。落雁峰頭回首望，遥遥千里紫霞軒。其一

忠烈干城名教長，義林今日共傳芳。鬱葱佳氣旌旗閃，森列貞珉日月光。化碧九原燐灑血，留丹千古骨生香。青青塚樹鵑啼夜，華嶽雲飛歸故鄉。其二

吴光

太華峰頭望白雲，麻衣千里哭襄原。風塵遠見旌旗色，草蔓深迷壁壘門。花落野棠寒碧血，塚留明月伴黄昏。何來空際聲聲厲，有子能招萬古魂。

晉陵莊鶱

麻衣慟哭到襄原，楚些聲中酒一尊。荒井凍泉藏俠骨，古城陰雨泣忠魂。松杉慘澹環祠宇，贔屭崔巍表墓門。鐵馬金戈當日事，五千英爽尚如存。

延陵吴發祥

襄城埋骨濁河旁，孝感忠魂起北邙。肝腦乍逢新雨露，旌旗陰護舊金湯。飛沙夜氣迷祠宇，落日秋濤冷戰場。最是子心收淚處，義林松柏既成行。

丹陽賀麒徵

生死由來幻夢因，不須寒夜泣青燐。舊時擊賊常山笏，今日升壇廟食臣。松柏初凝千古色，人情欲展百年禋。清平天子褒忠節，還有皇封慰爾神。

徐天閑

萬里歆聞正骨香，義林風烈古睢陽。同人舊痛餘丘木，閲世新愁隔澥桑。電馬雲旂明曉色，金凫玉匣吐宵光。眼看群盜須臾盡，華嶽峰頭返故鄉。其一

悠悠濁世節何清，不使中原草木腥。一旦元霜飛白晝，千秋月黑鎖冬青。男兒死義真南八，草莽稱臣薄管寧。多少太平長樂老，也攜香瓣上新亭。其二

肅穆靈筵薦一巵，夜臺方識有鬚眉。銅駝永歎埋叢棘，石馬重來汗舞衣。信友謝翺成許劍，思親束晳補亡詩。高官亦寫褒忠録，讀到襄城是義師。其三

龍沙古寺揖名賢，坐久深談忽黯然。三十年餘心作鐵，五千人賸骨撐天。山頹木壞知猶在，艾苑蕭敷亦可憐。不見武侯祠下柏，至今斑駁似龍眠。其四

丙辰二月，宜興匙民邵贇

庚戌冬月，二曲李先生來毘陵，余從家大人謁先生於龍沙禪院，遂得時聆教言，兼聞太翁殉難之略，復荷先生拜先襄文祠，臨行送別，忽已六載矣。因讀《襄城記異》，感而書此。

聞説襄城事，於今又六年。忠魂應在爾，義氣實昭然。祠建千秋仰，碑存百世傳。何時一瞻拜，憑弔戰場前。

毘陵唐宇肩

中原戎馬昔紛紜，豪傑關西氣不群。擬執朱旗揮逆賊，翻將白刃報明君。三更鬼哭襄城月，萬里魂歸華嶽雲。聞道義林寒食後，路旁遺老拜孤墳。

毘陵楊昌言

馬革誰收戰骨香，青蠅多少弔斜陽。

一腔血化三年碧，十畝魂歸二曲桑。白刃春風方解脱，沙場燐火也輝光。懸知厲鬼酬初志，風馬雲旂壯帝鄉。其一

濂洛遥通洙泗清，百川一洗九州腥。蓼莪不忍吟臯比，心史何時得殺青。豈爲備員編隱逸，肯因探策謏清寧。江雲渭樹人千里，極目思登木末亭。其二

投醪痛飲水邊卮，楊柳樓頭只鎖眉。薇蕨幾莖馨俎豆，斕斑五色壯戎衣。招魂誰向沙場草，絶命難尋衣帶詩。溝壑五千尊社稷，史官何諱敗王師。其三

蒼葭白露阻高賢，函谷泥封然未然。我命不猶生滅劫，群魔何敢勝諸天。軍中捫虱無人識，市上吹簫每自憐。遥想二陵風雨夜，聞雞起舞不成眠。其四

靈巖比丘生庵濟永

賊勢平吞洛，終南振義聲。腦肝酬故國，靈爽撼襄城。片石千秋古，荒丘白日爭。孝思無限處，封表待清平。

徐　超

泯没何勝道，忠魂凝太空。一身誠血貫，萬鬼性靈通。天地悲愁裏，官民錯愕中。兹褎有是異，應與峴山同。

吴子遠

環繞孤城慟一聲，依然生氣薄乾坤。拼將七尺攖霜刃，留取丹心伴日星。廟貌千年新不毁，蘋蘩兩薦潔而誠。男兒孰是無長夜，得似褎陵萬古馨。

張允復

浩浩乾坤立此身，那甘没没老風塵。

顔頭嵇血尋常事，委壑填溝不愧人。義在豈辭寒夜雪，賊存何意故園春。睢陽死後男兒弱，力振王家仗節臣。

徐英粲

成敗休將勘異人，渭南諸葛淚沾巾。誓平逆闖歌還鎬，愁滿孤城哭向秦。鬬疾奮呼驚霹靂，戰酣飛劍動星辰。當年天意存恢復，此日凌烟慶老臣。

徐幼輿

歌

信吾公死於王事，忠也；二曲先生招魂以歸，孝也。忠孝所感，不可誣也。系之以詩。❶

天神地祇人鬼列，三才如鼎參屹立。上古至聖與天通，中古地天乃隔絶。信翁忠血灑襄城，義軍半萬殉闖逆。聚斂魂魄慘未歸，立廟欻然顯厥烈。實本仁人孝子心，金燧方諸向日月。水火徵召不予欺，父子一氣豈闕遏。君不見鬼哭常聞古戰場，青燐猶照寒泉碧。嗟爾忠臣義士魂，鞭風雲，叱霹靂，愼毋爲厲以虐人。妥爾靈，瘞爾骨，出入幽明閒，浩然天地塞。

晉陵韓陶

崇禎之季妖孛起，群盜延蔓如螻螘。名都大邑縱鯨鯢，長墩短塹走蛇豨。五城十城無饑鴉，昏昏一色萬餘里。氛冷直逼皐門橋，睢陽金谷生荊杞。潁昌斥候燧火連，潢池攪亂蛟龍水。大帥擁旗擐犀渠，見

❶「詩」，石泉彭氏本、靜海聞氏本作「歌」。

賊不敢瞪目視。鼓鼙音啞譙聲暗，空使至尊思拊髀。牙璋鐵騎自逍遥，三川處處無完壘。維時關西李將軍，劍纓絓髮誓斷指，七尺超踔躍馬出，雙眥直上無轉徙。願將一戰掃欃槍，不惜賭命報天子。汝州轉戰賊勢湧，援師不至孤軍抵。中丞汪公亦赴難，五千義兵同日死。陰風慘澹猿狖叫，寒雲摧天白日紫。西向再拜睢陽同，海島徒屬田横比。將軍有子稱隱君，孤蹤卓品出塵滓。浩氣沛然灑八溟，恍稀鸞停與鵠峙。絶學上接濂洛傳，窮理真探孔顔髓。白社董威百結衣，歌頌原生還拖履。徵求使者日相催，除書屢下黄詔紙。膏肓不換游巖服，蒙面竟覆姜肱被。每念亡父戰場時，中懷哽咽嘗出涕。重趼出關抵襄原，淚血抗魂虔禱祀。帝告巫陽使反身，魂今歸來憑筵几。吏人慕義勒貞珉，鬼聲號切依霜卉。青燐閃忽四野飛，髑髏磷磷皆壯士。豈是游魂能靈怪，要之仁孝格神鬼。義林鬱鬱列松楸，百年俎豆留芳軌。吁嗟乎，闖賊甲申潰京師，將帥蒙恩誰寢兕。殉烈獨有寧武軍，忠誠奕奕照青史。國家養士欲何爲，忍看蔓棘銅駝裏。

閩中陳軾

襄城記異歌

運會際變革，民庶罹坎坷。義節委草莽，淹没其奈何？維彼純孝子，至性動天和。鬼神昭格顯，賢達襄贊多。遂使俠骨香，千載無消磨。昔聞流氛起荆豫，蹂躪中原無寧處。王章板蕩兵力微，五塵三都供佔踞。殺人如麻骼胔寒，平原血滿生波瀾。總制汪公死社稷，關河豪傑無歸鞍。是時旗靡鼓聲絶，襄城四望人煙滅。永夜誰看燐火青，白楊徒向悲風咽。關西壯士信吾君，慷慨仗策何忠勤。以身許國明大義，玉碎同作崑崗焚。李君有子賢聖士，忠孝相沿翼世美。朱程孔孟得真傳，屢謝蒲輪高不仕。是時先生尚藐孤，即思負殖大愴呼。徒以有母悲煢孑，廿年涕泣銀海枯。歲在庚戌母服闋，痛念遺骸心彌切。墨衰扉履事長征，哀感傍人爲飲血。孝子東行出古關，蕭蕭草木盡愁顔。神明邑宰欽高躅，負弩傳餐俟往還。襄城白骨久山積，恨血年來已化碧。終古誰知姓與名，惘惘煩冤匪朝夕。同仇賴有李君賢，義士旋因孝子傳。精誠能使金石泐，天人應兆豈茫然。銘碣欲成清嘯起，記異傳呼徧閭里。豈必襄城戰士魂，正氣摶乎自爾耳！吁嗟乎，不朽功名孝與忠，行藏成敗將無同。子臣家學淵源嗣，襄城萬載傳高風。白楊歷歷埋芳地，鬣列鱗聯烟草被。行人坐卧讀遺碑，片石郊原彰孝義。白骨平沙多戰場，西風落月任淒涼。何能盡遇尊賢宰，錫類同教姓字揚。

仁和潘杓燦月山

襄城記異律詩三首有序

鍾麟向尹二曲，師事隱君李先生八年有奇，省愆補過，幸得告無罪於地方，實惟先生之教。先生善規誨，每造廬即命静坐，坐次惟時惕以政事之不合人心者。視有合處，止以「鮮終」爲戒，從不出一諛詞。侍几杖久，常言太翁信吾公暴骨未歸，以母在不獲尋覓狀，泣淚即潸潸下，八年中不啻十數如之。鍾麟嗣遷京秩，欲請先生同行，廣勵北方學者，先生亦以母在爲辭。未幾，太君耆逝，先生廬墓不出。鍾麟適爲郡司馬，止一承問哀毁狀，不獲如向者數數見也。惟時制臺莫撫軍白謬因鍾麟表薦，即謀辟舉先生，先生聞知，被衰絰苦謀遁跡，因中止。鍾麟旋移延陵守，遣僕迎先生廣勵東南學者。先生既允且辭曰：「汝但先復爾主，我今且辭墓向襄城求尋父骨，得則來，不得則行止未定也。」泣淚遂潸潸下。是年冬抵襄，襄尹東峰張子固素慕先生，極盡東道之敬，稅駕郊迎。同邑紳劉君宗洙躬爲區畫，招魂瘞骨，立碑建祠，一一曲全先生純孝之志。逮先生講學東南歸，不五閱月，歷歷告成，舉動出人意表。噫，斯良足勵名教，垂異行於萬禩矣！寧僅青燐夜響，如泣如訴，如慰如謝，悚人聞聽，足記已耶！詩爲并及之。

聞道襄城古戰場，五千義士困殘疆。援師不踐君臣約，孤旅争求日月光。國史恨難稽姓氏，神墟幸已聚馨香。誰知白骨皆無主，萬古能憑孝子揚。

孝子徵書先未垂，哀思父骨步求之。忠魂不泯通幽感，義壘旋成訝異規。錫類頓收荒骨盡，遺芳應續史臣知。慚予夙昔師資舊，悲感徒遺哀輓詩。

義骨幽香幾已矣，神君張尹迴奇哉。經筵未聘悲煢疚，血淚誰憐泣夜臺。隱君三聘不起，今上癸卯年事。襄城覓魂藏玉，乃庚戌年事。一自公能酬至性，不令子職有遺哀。襄原從此傳聞異，祠祀行看璽詔來。

駱鍾麟

襄城記異十三韻

鬼神不可測，誠至自相通。在昔襄城役，曾令壯士空。白雲千載恨，赤淚萬家同。姓氏平沙掩，功名衰草封。烈烈殉國者，中有信吾翁。令嗣諸士仰，高蹤帝眷隆。矢懷求父殖，徒步出關東。憤怨宜回日，哀思欲貫虹。維能全大孝，端可格孤忠。賢尹崇遺表，豐碑紀故雄。魂兮昭盛德，夜乃嘯清風。咄咄天人接，洋洋宇宙充。從兹一片石，揚誦永無終。

臨安章士鯨雪蟾

賦襄城記異二律

賢豪自昔挽臣綱，效義名傳古戰場。白骨始歸今石窆，丹心不愧舊旂常。忠魂半夜鳴昭格，俠氣千秋副表揚。自是顯親憑孝子，會教錫類盡垂芳。

襄城皓月新遺塚，賢宰高風慰義靈。堅貞淪血結沙成古碧，幽魂嘯夜報垂青。爲國顯親贔屓千秋石，慘澹文章萬古銘。雙濟美，於今忠孝有儀型。

鄭瀛恕

正學久蓁莽，華嶽起儒宗。群書萬卷破，奇功一源通。至行輝千古，孝思塞穹窿。念怙泣壯烈，慷慨赴疆場。忠魂三十秋，迢遞不得接。誰謂阻且長，精誠徹幽宅。同仇五千子，錫類通所思。崇賢有令君，建碑復立祠。孝子南行乃西返，靈爽稱奇顯厥誠。從來金石孚可格，矧復忠孝一氣迎。江左絃歌兹絶響，先生一顧振嚶聲。咳唾丹書霏玉屑，心傳寶籙作金鍼。延陵講院重開席，鄙子曾觀亦與升。會見郵筒丁寧語，高山景行時切承。何時復接南遊駕，陪侍儀刑論聖經。

陽羨困學子吴晉剡

蘭陵旅次誦瑶篇，大節凜然媲昔賢。報國有懷身已致，招魂無術淚常懸。城頭日月皆昏暗，塞外屍骸久棄捐。没後何心歌頌集，維忠與孝自堪傳。

閩莆陽林垂規協工氏

賢勞當世變，王事一身輕。瘞玉留芳草，歸魂樂故城。精靈原不泯，孝感自生情。莫謂聲來異，無聲却有聲。

毘陵楊瑀

歆聞義勇挽乾綱，半萬忠魂殉戰場。馬革裹尸全大節，旐頭出火續微陽。鼓聲不起猶衝陣，劍氣横空更吐芒。過客停車探往蹟，黄沙白草尚含香。

翦紙招魂何所之，建祠設祭不勝悲。千秋方策雖傳信，一日君親可對誰。夜静兜鍪馱鬼馬，天陰雲霧擁靈旗。于今多少興亡恨，知向高旻空淚垂。

武進古迂張侗

奇人天誕著奇名，俠骨丹心貫日精。奮力欃槍千騎馬，致身鋒鏑萬夫兵。思親不憚招魂遠，至孝猶能動鬼鳴。隱隱荒原隆起處，義林高塚擁襄城。

蒲坂盧夢植

聞說襄城事，令名今古揚。官卑能取義，孝大足傳芳。俎豆千秋業，綱常百代光。一門忠孝並，青史自馨香。

同州馬椂

三萬旌旗出漢京，五千壯士殞襄城。忠魂獨奮風霜色，勁節還爭日月明。千載義林傳盛事，終天孝念格思成。當年多少同袍客，得與先生垂令名。

左輔馬睿士

彝常遭變故，忠孝古今難。血墮千行淚，魂招百念酸。醇誠天地動，冥泣鬼神寒。感慨義林跡，芳椒播紫壇。

馮翊馬嗣⿰火鼎

附

與襄城令東峰張公書

顒父某於崇禎十四年十二月二十四日，隨監紀同知孫公兆祿從征。十五年二月十七日，賊陷襄城，遂没於亂兵。顒母子未聞的信，朝夕望歸，既而闖逆入關，顒始絶望，擗踊痛哭，誓期覓骨招魂，少慰終天。彼時徒以孀母在堂，不敢違離，兼之艱窘萬狀，不能遠出，致父羈魂異鄉，無所棲依，霜晨雨夕，走燐飛螢，顒茹痛疚心，三十年於茲矣。往歲顒母病故，三年服闋，特匍匐茲土，期招父魂。雖於土主祠前，已具有哀請之詞，然而人微言輕，恐難驟格於神聽。竊聞在昔永順士兵没於南寧，南寧太守爲之焚牒城隍，以歸其魂。用是敢乞仁侯宏錫類之仁，廣孝治之澤，哀憫愚誠，不惜數字轉申土主，庶數十載滯魄沈魂，蒙津濟而得返鄉曲，永依塋室，不惟顒也銜恩没齒，即先人亦且戴德重泉矣。顒無任伏地籲天悲號，祈望之至。

公得札，即於是夜齋沐，次晨詣廟具文，躬禱索魂：

維康熙九年歲次庚戌朔八日，襄城縣知縣張允中敢昭告於城隍之神曰：嗚呼！先朝崇禎十五年，闖逆李自成播虐中州，關中李子中孚之父諱可從，從監紀孫公，同汪督師殉難襄城，至今三十年，幽忠未表，游魂靡定，誠千載恨事。李子自秦之豫，間關匍匐，欲舉其骨而呼其親，仁人孝子之心，殊可憫也。猶惓惓以爲未洽神聽，恐不可得，借知縣一言，以致其誠，知縣不敢以固陋辭。

伏念昔時王少元於野中白骨，得父觜以葬；史五常入廣求父櫬，號泣籲天，竟獲骸骨。此固兩人至性足以格天，實神明之昭赫顯靈，不忍孝子湮没無聞，抱終天之恨於無已也。李子至性不減昔人，而闡明絶學，尤爲主持名教之身，神其鑒此一念而諄諄來告耶。或者歷年已久，陵谷變遷，沙走塵飛之餘，滴血無從，然烈烈忠魂，必不與草木同腐。其升而爲天上之列星歟？其散而主境内之山川歟？其尚飄摇悽鬱，望秦隴而墮英雄之淚歟？維神之靈，使得相依而歸，安魂塋室，庶不負李子閒關匍匐之意。而神之所以待忠臣孝子者，果如是其昭赫顯靈也。夫忠臣孝子，古今之所不常有也，如是之昭赫顯靈之所僅見也。以不常有之人，而得此僅見之事，今而後益知天人相感之故矣。神其聽焉，尚饗。

禱襄城縣城隍文

陝西西安府盩厔縣布衣李顒，謹以香楮之儀，致祭於襄城縣城隍之神而告之曰：嗚呼，惟爾明神，允作茲土之主。凡在幽冥，咸厥攸司。茲有顒父某於崇禎十五年二月十七日，從征襄邑，殞命王事，旅魂飄泊，久羈於此。叩祈明神開牖父靈，隨兒還鄉，無俾迷戀長留異地。惟爾有神，尚克相之。

祭父文

維康熙九年歲次庚戌十一月初八日，不孝男顒，謹以剛鬣柔毛之儀，致祭於我父之魂曰：嗚呼，我父棄兒母子，從征茲土，殞命王事，實甘厥苦。所恨兒以母在之故，不能收骨歸葬，速返故土，以致尊靈泣風濡露，漂泊異域者三十年於茲。哀哀此情，兒罪何贖？今敬陳薄奠，伏望我父之魂，赦兒往愆，憐其積誠，依兒還鄉，用慰終天。是禱是祝。

忌日祭文

維康熙二十七年二月十七日，不孝男顒，率孫慎言、慎行，曾孫洵，謹以香楮庶羞，奉祭我父而告之曰：嗚呼，此日何日也，乃我父昔年襄城殞命之日，爲兒年年傷心抱痛、肝腸摧裂之日也。人誰不死，無論富貴貧賤，終有一死，然皆疾病嬰身，安牀正命而死，死葬故土，子孫祭奠，有所憑依。獨我父棄妻拋子，離家千里之外，横死於賊刃之下，委骨於不親之地，慘結愁雲，恨窮坏土，子孫百世而下，遇此日猶堪墮淚，況兒乎！思我父當襄縣被圍，晝夜攻城，喊聲與砲聲交振，臨難殞命之際，思欲一見妻子面不得，兒即鐵石作肝，亦不能不傷痛而九轉。兒童年失怙，今六十二歲，老矣，而哀慕之心，常如一日者，實以我父之死，情事異人，故抱憾終身，而無所解於其心也。兹不腆之陳，以我母配，英爽不昧，伏惟尚饗。

每遇忌日，祭必有文，偶存其一，並附此。

卷二十四

義林

襄城後學劉宗泗彙輯

義林記襄城縣志

治西郭蓋有「義林」云，千夫長李忠武公之所葬也。公佐制府汪忠烈公喬年，駐襄勦賊。賊圍城，城陷，汪公死，公與之俱死。汪之靈輀南轅矣；公血戰疆埸，馨骨丹血，藏之長坑古井閒。前令君余補庵築祠崇祀哲廡，尚未大備也。愚增飾龕位，樹立豐碑，視昔有加。康熙庚戌，李忠武之元子顒來，長號五衢，招父魂而葬之。鄉先生劉宗洙割腴田數畝，立塋兆焉，藏有文石於窀曰「烈士」，私謚忠武。李公諱可從，字信吾，陝西盩厔人。生於萬曆己亥年十一月十九日子時，殉難於崇禎壬午年二月十七日。後鐫知縣某立石，吏部候選同知眷姪劉宗洙奉祀，藏石方闊二尺有六，厚七寸，上築土爲墓。墓表石長三尺，闊四尺有三，上鐫「李忠武公墓」五字，兩翼小識附焉。凡官是地與地之大夫士，各植松楸一二章，蔚然成林，爲郊青選勝勝地。道左樹石碑，高七尺，闊二尺有奇，大書「義林」，表異舉也。兩翼載好義姓氏云。

當公奮不顧身，以身殉國，蓋甘心如飴，無少怨痛者。視濁墨形魄，決棄不復攖懷，齒髮骼胔，化爲疆埸之飛塵，以從飄風，其混於沙礫，委蔓草而啖烏鳶，皆非所恨。

惜摧其精英昭爽，飛揚雲霄，睠督府之牙纛，環長壘而依附之。首麓汝涯，定是快心之區，比老死丘園固不屑，俯首全歸亦如浼也。年運而往，木拱且抱，蔦蘿附石，松柏參天，騷人憑弔，遊士流連，必且瞻馬鬣而式之，豪歌悲壯，灑經雅之醇醪，抒忠貞之氣志也。疇謂是舉爲無裨於忠武哉！

邑令張允中記

義林述

壯士盩厔李君，從督師汪公喬年討賊河南，抵襄城縣，賊圍襄城，城陷，賊磔汪公，壯士死之。後其子隱君二曲先生顒，親至死所，招魂而葬焉。於是城守游擊將軍王君天錫、知縣事張君允中暨邑之士大夫，豎碑塚旁，立祠祀之，而名之曰「義林」。友人有遊襄者，歸語其事，俾爲文以述之。

李因篤曰：予嘗聞盩厔有齒塚，蓋壯士君既應募東征，將行，抉一齒與隱君之母彭，及隱君成母窀穸，奉齒合葬而曰「齒塚」者。婦人之義，從夫者也，然則隱君宜賦大招，置旆車，前歸而告諸齒塚可矣。而纍纍襄之新丘，則襄之將軍若令若士大夫之意也。夫當壯士之行，留一齒訣其家人，毅然誓不返矣。已而死襄，使其體魄冠劍猶存，猶當就而封樹之，況其在天之靈昭然可知者乎！是故生不顧返，死而遷焉，懦也；出門從帥，殺身以之，歸其神而舍之，貳也；身不能爲國家保有襄，則死之日，當爲襄人禦災而悍患，而使鬼確戀故鄉，悖也。懦與貳與悖，非孝子所以事其親也，隱君思之矣。雖然，非隱君之所得爲也，襄之將軍若令若士大夫之意也。夫壯士非能保有襄也，能保有襄，則襄人之祀，功也；今襄人之祀，義也。以旌壯士君之烈，而成隱君之孝，則義在襄；以表督師之能得士，而教懦夫使有立志，斯真天下之義林矣，蓋襄於是多君子也。《詩》曰「糾糾武夫，公侯好仇」，壯士有焉。《傳》曰「死，葬之以禮」，隱君有焉。孟子曰「君子莫大乎與人爲善」，襄之將若令若士大夫有焉。

康熙十年孟冬既望，關中李因篤撰

義林誌序

義林曷誌乎？誌義也。曷言乎其義也？夫子之贊《易》也，《説卦傳》曰「立人之道，曰仁與義」，其於《論語》又曰「志士仁人，無求生以害仁，有殺身以成仁」，而孟子曰「舍生取義」。仁之與義，一而二，二而一者也。義之爲用，廣矣大矣，然而人之所欲，莫甚於生，所惡莫甚於死。慷慨赴義，奮不顧身，至死不變，强哉矯矣，此襄城之所以有「義林」也。

崇禎壬午年閒，闖賊蹂躪豫洛，盩厔李徵君父信吾公倡義勤王，偕五千人隨督師汪喬年、監紀孫兆禄救襄城。襄陷，汪孫二公死於賊，信吾翁死，五千人亦死，義聲赫赫。襄人念翁不忘，爲之起冢西郊，共樹松柏楸楊，鬱然成林矣。康熙辛亥，徵君孝思殷摯，抵襄招魂，哀感行路。襄令東峰張公構祠俎豆，勒之貞珉，名曰「義林」，而諸同人永言孝思，唱歎義烈，此義林之所以有誌也。嗚呼！北邙一望，古阜纍纍，蓬蒿滿眼，滅没於荒煙衰草閒，賢愚莫辨矣，安得如今日義林，永言唱歎，而聞風興起，立懦廉頑，其有裨於名教豈淺鮮哉！蓋仁之與義，爲天地立心，爲生民立命。若信吾翁與徵君，非所謂「立心」「立命」者乎？徵君之孝，仁也；信吾翁之忠，義也。仁之與義，一而二，二而一者也。襄之君子，秉彝好德，人有同心，既誌之矣，余是以樂得而爲之序。

康熙十一年仲秋朔，晉陵吴光撰，時年七十九

義林圖説

義林圖，圖義林也。義林有令君張東峰爲之記，有關中李天生爲之述，詳矣。記列其義也，述美其義也，海内士大夫讀其記，復讀其述，莫不知襄城之有義林云。使無以圖其形勢，則道里遼遠，心竊嚮往者，或以限阻而愾嘆於勝壯之莫覩，是居是邦者之過也。

義林在吾襄西郭外，南北通衢之左，面邑城，背汝水。其蜿蜒於西北者，則龍池東岡也；其嵯峨於西南者，則令武首山也；其遠近環列如拱如揖，如趨如赴者，則村落、廬舍、祠宇、陵墓也。而先君子葬地乃居其左。洛中王屏翰常過而弔之，有「城頭慷慨誰同調，墓地蕭條有北鄰」之句。蓋壬午之役，共罹鋒刃，今丘壠又相近也。泗非能畫者，睹兹義林，感慨係之，聊即形勢，壯其梗概。庶幾覽者，按兹圖如登其林，慨然想見其英風，而忠義之心油然以起，斯真天下之「義林」矣。

康熙十年歲次辛亥，襄城後學劉宗泗頓首謹題

烈士李公贊

嗚呼！公以倜儻不常之勇略，遭方張不制之寇，提劍從軍，奮不顧身，思勤王室，其忠烈所激，豈不壯哉！至以賊之虐焰方熾，抵死以敵，厥功不就，要以天之不佑，非志之不振也。嚮使天不厭明，左兵來會，二師合力，殲滅逆賊，恢復王室，舉天下還之本朝，豈遽出古烈士下哉？世以成敗論人，以大功不就，徒死孤城，無尺寸之益，此刻論也。竊計世之人，有讀書數萬言，而臨難畏怯，甘自屈辱，改節事人，豈復少哉！而公獨以忠烈之氣，挺然不屈，殉難如飴，卒完名全節，著義無窮，求諸史傳，雖南八何以加茲。其子顒刻勵力行，倡絕學於當世，其亦公之遺教使然耶？

古南汜後學劉晟

序

義林題詠

自汪督師遇難襄城，一時從征將士，無不以身殉國，而李烈士之節烈爲尤著。義林者，表李烈士之墓也。烈士爲二曲先生之父，以材官從督師討賊，不克，死。康熙辛亥，二曲先生招魂至襄，哭於社甚哀，爲言烈士因汪督師討闖賊，應監紀孫兆禄之募，隨督師出關，兼程趨襄，與賊戰不利，城守。城陷，被執不屈罵賊，遂遇害。襄人憫烈士之忠，而憐二曲先生之孝也，於是起塚西郭門外，鐫姓字庚甲於石葬焉。邑令張允中表於道曰「義林」，因爲之記，富平李因篤作有《義林述》，延陵吴光爲《義林序》，其誌四方學者多所題咏，另有記。兹所彙而爲册者，悉皆出於襄之輓歌。以襄之故老猶能稱述其逸事，即今之仕宦於斯，生長於斯者，又皆日爲登臨，徘徊憑弔，不能去者也。方今朝廷廣開史館，纂修《明史》，採録督師並及烈士，登之國史，豈不與張巡、南八並垂千古耶！泗先君子以從事佐督師，與烈士同城守，復同罹鋒刃，序兹義林，感慨係之，操筆和淚，不知所云。

時康熙辛酉春二月，襄城通家晚學劉宗泗題並書

詩

風雨蕭森處，寒生寶劍光。秦川多俠烈，豫土待平康。天道誰能測，君恩未敢忘。千秋真介胄，日月共煇煌。

右題義林。

襄令三韓蒲敏政

題義林

風塵勞去馬，羽箭出潼關。壯色洛陽裏，天威嵩嶽閒。便言欃槍掃，豈謂鬼神還。英氣餘長嘯，俠聲塞碧山。

襄司諭商嗣琦

漠漠長堤水，憑高弔暮烟。乾坤新歲月，稗史舊編年。沙流不轉石，峽鎖尚聞鵑。定有英雄氣，瀠洄護大川。

康熙庚申秋八月題烈士塚。

司訓古穰高潔

朝廷思猛士，意在愛生成。骨以壯心重，身繇報主輕。丈夫別有願，男子不求名。莫灑千秋淚，天地本忘情。

弔李烈士墓。　後學馮天培

三秦饒壯士，用以固封疆。劍景春雲冷，殺聲夜月黃。人緣無大志，天不佑巖廊。遊騎經行地，深憐古戰場。

守黑齋頭讀《義林吟》，因書。　黃甲雲

輓弔李忠武先生殉節

鬚髮猶難保，衣冠不再逢。難將千古血，不問一朝鐘。忿氣青山裂，壯心春日冬。且休談節概，痛惜馬如龍。

時康熙辛酉秋八月，汜南後學魏名鄉頓首敬題

烈士義林

纍纍北邙塚，千秋獨義林。殺身溝壑志，作厲報君心。柏葉知方向，陰風起怒吟。天憐昌厥後，重付朱程任。　何慊

世亦誰無死，乾坤重此身。行人識孝子，道路說忠臣。贔屭豐碑古，雲烟野塚春。相憐生意氣，碧血不腥塵。

二曲先生曾託省視老先生祠，病久，見諸君子作義林詩，聊成八句附後。　後學張鋈

過義林弔忠武李公之墓

莫煩絮在酒，何用炙爲鷄。傑士孤忠健，英人萬騎嘶。鴻毛原有恨，泰嶽可相齊。馬革真堪笑，丈夫眼不迷。

庚申冬日，後學耿日霽頓首題

寒月滿霜花，行人望處嗟。誰知萬里客，却被五雲遮。芳草英魂健，西風豪氣賒。頭顱原自愛，總爲帝王家。

後學萬邦孚

天澹雲長黯，荒山暮雨多。祇緣明素節，何畏死群魔。雨雪腸堪見，秋飆乞未和。從來哭牖下，相對且如何。

後學井見田

千里馳天馬，膽令逆賊寒。山河憑畫戟，君父託雕鞍。自有血誠在，何憂肢體殘。英雄留本色，盡與上蒼看。

後學張雯

偉矣先生節，憑陵泗水隈。膚功難介冑，大義動風雷。忠孝思天性，詩書篤降才。於茲崇俎豆，苐禄慶方來。

庚申秋月輓弔李烈士。

後學耿勳

拜李烈士墓

風雨十年一劍寒，丈夫心事不摧殘。春來西隴松楸色，夜夜紅光牛斗端。

俠情自許作神明，義氣凌雲非借名。

翻笑向來馬革願，何如千古自長生。

汜南晚學姚郡

浩氣澄江海，先生氣愈賒。爲天立柱石，不自念身家。事業原無盡，聲名寧有加。吁嗟汝水上，何處弔烟霞。

辛酉清明恭詣義林祭忠武李太公墓有感。

通家晚學生劉青駿

故壘當年蹟，晴嵐野樹齊。此山石未爛，何代草長萋？浪湧秦關月，巖耕漢塞泥。誰諳登矚意，返照暮鴉啼。

戊午仲秋，登義林有作。

後學李錫

出關饒壯氣，雪刃報皇朝。雲冷千夫帳，肝明萬馬驕。天原愛盜寇，士豈畏殘消。燐火何堪憫，莫思出渭橋。

後學井應益

士馬下秦州，天王南顧憂。寒雲簇劍戟，密霧壓兜鍪。報國非無志，全軀豈肯休。至今殺氣在，流落望嵩樓。

晚學盛敞題

輓李烈士殉難里句

乾坤傾頹如崩瓦，丈夫力死巖城下。正氣凜凜天地閒，陰雲慘淡迷荒野。汝水東流去不迴，首山横亘望崔巍。惟有忠魂自來往，秋風涼月照霜苔。杲卿舌，睢陽齒，取義成仁博一死。萬年百六何事無，如君報效真堪紀。嗟乎，古來直道在人心，野老吞聲淚滿襟。不信試看斜陽外，斷草荒煙愁至今。

古南汜後學賈詮

拜李烈士墓

虎賁龍驤士，拚命只知君。平賊抱奇略，洗兵不告勳。英風留萬木，壯氣冷殘雲。不作煩冤態，啾啾響墓墳。

辛酉秋月，侯瑞

立馬郊原動慨吟，秋飆翠柏自蕭森。出關已是無生想，仗劍何曾念義林。烽火孤城空戰騎，英風千載照丹心。寥寥遺塚託高埠，野水寒烟衰草侵。

庚申秋月謁義林，俚言輓弔忠武先生。

通家晚學生劉青白頓首敬題

辛酉寒食設祭義林再弔李忠武先生

徘徊泗上鳥，弔古意何深。世代蒼茫色，摧殘經濟心。衝風草葉勁，噀血雪花沉。瞻拜高墳下，淒其淚不禁。

晚學劉青白再書於抱膝盧之左个

彝門烽火照東京，鐵騎聯鑣列五兵。一自山樓吹畫角，遂令壘壁失長城。沙場白骨人間血，晚樹豐碑天上名。日落青郊風雨惡，夜聞猶是刀戈聲。

李紘皐

中原千里血，殺氣動秦州。鐵馬日星黯，罡風天地秋。荒城餘鬼火，白晝冷孤丘。無限招魂賦，山陽風雨流。

弔李烈士殉節。

晚學劉青藜

荒城野樹照斜陽，遺塚高碑大道旁。出師千里飛旌勞鐵馬，隻身倚劍謝穹蒼。五丈心徒切，抗節睢陽志可傷。獨使西郊風雨夜，青燐冷落泣沙場。

拜李忠武先生墓有作。

通家晚學生劉青蓮

濺沫跳波雨淚啼，傑人斷不肯頭低。舍生祇願全初志，授命端爲破大迷。碧海孤身甘血刃，黃河萬古重流澌。地天無憾奇男子，未敢高聲向世提。

辛酉秋月，西郊弔李烈士。

汝上後學禿心子李熠

身喪戰場志不搖，特行獨立見孤標。舍生取義心難變，之死靡他恨未銷。烈膽止憑青史著，游魂難倩楚辭招。忠臣浩氣千秋壯，英爽猶將翼聖朝。

後學何默

渭水鍾靈正氣敷，英雄應與世人殊。生前義志倫常重，没後忠名古道扶。歌輓詩章傳庢里，旌揚碑碣竪襄途。不將姓字留青史，誰識關中烈丈夫。

寓襄城都人馬永爵

流　寓 襄城縣志

李顒字中孚，學者稱爲二曲先生，陝西盩厔縣人，忠武公之子也。忠武甘心殉節，可謂以死勤事，襄之官紳爲之樹龕位祠祀，附衣冠起塚，妥侑英魂，崇奉備至。康熙庚戌，先生赴襄招魂，適上谷王暇公建牙於此，晉陽張東峰鳴琴於此，嵋山馬晉錫振鐸於此，爲之館於二郎廟，與邑名搆訂疑折衷，多所開示。襄人服其訓誨，願以高第弟子事之。先生曰：「先忠武墓斯廟斯，顒固枌榆一後進小子也。」因附籍龍池保焉。延祖殉難而湯陰多嵆姓，清臣完節而長山多顏裔，子孫襲祖父芳名，僦而居之，奉其祀事，遂稱土著。且天祐忠魂，必蕃爾胤，襄城數千百年後，又增盩厔一望，與龍門分東西李云。

先生真儒領袖，理學宗工，在關西爲督撫大僚所矜式，寓江南爲宿德名卿所景從，直入孔顏堂奥，不僅化朱陸異同也。著作種種，皆身心性命切衷之功；坐言起行，識者謂文清、新建燈傳在玆。凡古今典籍，靡不洞究，有《十三經註疏糾謬》、《廿一史糾謬》。男二人，曰慎言，曰慎行，能讀書克世其家。先生蓋丁卯年癸卯月癸巳日己未時嶽降也。

邑人劉宗洙記

卷二十五

家乘

富平門下晚學惠霳嗣彙輯

盩厔李氏家傳

盩厔李隱君之父名可從，爲人慷慨有志略，喜論兵，而以勇力著，里中呼爲「李壯士」。壯士常自負其才，世不我知也，欲爲知己者死。明季闖賊犯河南，朝議以汪公喬年督師討賊，中軍監紀同知孫公兆禄招壯士與俱，壯士遂從軍。將行，而抉一齒留於其家曰：「我此行誓不殲賊不生還家，無憶我，有齒在也。」汪公既受命，則督諸帥兵三萬餘騎出關。出關聞襄城已陷，而闖賊拒左帥於偃城，距襄僅四舍，乃進兵雒陽，留步兵於雒，而自率精兵萬餘騎倍道趨襄城，意欲出賊背，與左帥夾擊之。壯士甲胄帶橐鞬，持戈躍馬從孫公行。抵襄之明日，諸帥兵皆會。汪公集諸帥於幕下，分賀人龍、鄭某、牛某三帥爲三路，距城東四十里，與左帥聲援。汪公暫入城，撫百姓。有頃，忽報賊來，將薄城，三帥不戰而西馳矣。乃急乘城，命副將四人各守城之四門，汪公自當敵衝處，以孫公參幕留中軍。壯士從孫公後，汪公數目奇之，問曰：「若何官？」曰：「材官耳。」汪公曰：「若立功題授若軍職。」壯士拜曰：「敢不效死命。」賊來攻城，急遣亡命鑿城爲隙，置火藥其中，火發城崩，其法甚烈，名曰「放甕」。汪公命城内穿阱，隨賊所鑿處，以利刃刺之，賊死者千人。賊又負門車向城，汪公命飛大石擊之，應手而倒，賊死者又數千人。其他槍砲弓箭所斃賊無數。每汪公下令禦賊攻具，壯士無不以身爭士卒先者。會天大雨雪，賊攻城之西隅崩，汪公亟命壯士取荆囤，實以土，築而完之，守如故。又數日，賊攻愈急，城他處崩，崩非一處，力不支，遂陷。汪公自刎殊未死，賊執之，大罵賊不屈，賊怒，磔汪公死。監紀同知孫公兆禄、典史趙公鳳豸、裨將張、党、馬三人與壯士皆死焉。始壯士之從軍討賊，既以城守，不得與賊戰，及城破，聞孫公被執，乃急趨制府侍衛，賊刃孫公，壯士以身翼蔽孫公，遂同遇害。有賈副將某者，單騎衝突，由南門出格賊，賊以梟騎數十追之，卒無一人敢逼之百步内者，竟去。壯士義不肯去，而死於襄城。

壯士既死，而隱君之母彭居家聞之，泣曰：「悲乎！將行齒其訣諸！」然猶日夜望，庶幾壯士之得生還也。隱君尚幼，思父號泣不食，母慰之。及闖賊既入關，而母子始絶望矣。家貧甚凍餒，里媪有勸母再嫁者，母慟哭以死拒之。乃奉壯士之齒自誓，而勉隱君以學焉。

李隱君名顒，字中孚，幼孤事母至孝。年十六就塾，塾師嫌其貧，不納，母乃聽其無師而學，母教之識字，隱君心自開悟；未幾，通制義，學博延安左君覽之大驚曰：「天下有不從帖括，而竟爲邁俗之文若此者乎！」勸之就童子試，不應。自是厭棄俗學，求聖賢所以爲學之道。隱君家貧無書，從人得借觀書，悉讀經史二氏百家。讀書異於他人，不晝畛域，不滯訓詁文義。久之，忽悟曰：「嗟乎，學之道，吾心而已矣，豈他求哉！」乃恍然於人生之本原，可以塞天地，貫古今。其立教教人學，以「悔過自新」爲宗，静坐爲始。其大指曰：無聲無臭，不覩不聞，量無不包，明無不燭，順應無不咸宜，人生之本原也。人人各有一己之靈原，非此一己之靈原，何以見天地萬物、古今上下？非天地萬物、古今上下，亦何以見己之靈原？凡人所難返者，知也；所難忘者，念也。念有善惡，本原固無善惡，念起即知起，而善惡始分矣。無故而起念，雖善，君子弗與也。且夫少壯老死者，形骸之所有也，於本原何有焉。功業、文章、道德，世之所謂大美也，何所不可爲哉！爲之亦唯行其所無事，而豈以自矜耀，懼其猶有善之見者存也。故曰：無念之念，是爲正念；無知之知，是爲真知。本原復矣，夫是之謂聖人。苟非聖人，豈曰能然。然人之生，即淪於下愚禽獸之中，而其本原者，固未嘗不在也。下愚之與聖人，有以異乎？但氣質蔽之，物欲誘之，積漸使然耳。此其道在悔過自新。凡人之所以異於聖人者無他，過累之也。知悔必改，改必盡；過盡則本原復，復則聖矣。曷言乎「自新」？自新者，求復其本原云爾。雖聖人，豈能於無過之外別有所增加於其本原哉？故曰：悔過之學，可以語中才，即可以語上士。上士之於過也，知其過之皆由於吾心，直取其根源，剗除之已耳，故其爲力也易。若中才則必功積之久，静極而明生，而後可以懲忿窒慾，故其爲力也難，然至於悟，則一也。善悔過者，不惟其身於其心；於心，必於其念之動者求之。夫衆見之過易知，而獨處之過難知也。慎幾之學，容緩乎哉？幾者，事之微，而吉凶所由以肇端也。

《易》曰：「知幾其神乎。」又曰：「君子見幾而作，不俟終日。」子曰：「顔氏之子，其殆庶幾乎？有不善未嘗不知之，知之未嘗復行也。」夫有不善，未嘗不知，故可與幾也；知之未嘗復行，故無祗悔也。故不貳過，莫如顔子。顔子之「心齋坐忘」何謂也？齋之言齊也，所以齊其不齊也，動静莫不以之。而顔子之坐忘，必先於静何謂也？蓋天地之理，不翕聚則不能發散，吾人之學，非静極豈能超悟，況過與善之在幾微，非天下之至精至明，未足與於此，又豈悠悠忽忽者，克當此而無惑歟？故曰：學必先静。静坐之道，齋戒其德，虚明寂定，可知而不可言，可忘而不可昧。或曰：「新建之説，動静合一若何？」隱君曰：「學固該動静者也。然動則必本於静，動之無妄，由於静之能純。静而不純，安保其動而無妄耶？新建蓋謂已成者言。若以望之初學，譬如未馴之鷹，欲其去來如意，鮮不颺矣。」

隱君論學所著書數萬言，然其意不在書也，欲人觀之自得而已。關中之學者莫不尊師之，稱爲二曲先生。盩厔令駱侯聞其賢，躬造隱君之廬而學，餽之粟帛酒脯以養其母。數年母死，乃與昔父齒偕葬，盩厔之人相傳爲李壯士齒塚云。自壯士之死於圍城者三十年，隱君嘗痛父，思襄城流涕，願一往，以母在也難之。及母死，而隱君始南遊至襄城，求父骨不得，乃爲文以招父魂也。於是將踰江淮，順流而下浙，溯洄而至乎豫章，徧覽名山大川之勝，弔先哲遺蹤，訪東南之賢人君子，以共證所學。而聞駱侯在毘陵治郡，能行其道，施教化，民樂之。庚戌冬十二月，隱君過毘陵。

龔百藥曰：李隱君之過毘陵而與予

遇，論學有所辨難，一切根極理要，遂相善。壯士，隱君之父也，以從軍討賊不得志死。子曰「志士仁人，有殺身以成仁」，故匹夫急國家之難，報知我之德，而能忘其軀。雖曰未學，必謂之學矣。隱君之學，大要明體適用，黜浮華，尚篤實，將所稱躬行君子。嗚呼，盩厔李氏，忠節啓之，真儒挺生，人倫之盛，自古所難。天生斯人，而又貧賤之，何哉？其有覺世之思乎，豈偶然哉！

盩厔李隱君家傳

毘陵龔百藥撰

忠孝節義，天命之性。率之至平常，至切實，中庸之道也，非有他奇如隱怪者之所爲。然以千古之遥，九州四海之廣，其中有一二人焉，或爲忠臣，爲義士；或爲孝子，爲節婦，聞其風見其事者，則相與流連贊歎，咨嗟慨慕，不能已已，咸詫爲奇。此豈非人之性歟，天之命歟！抑其説有難明者歟？以余觀李隱君一家之事，而迺曉然於其故也。

隱君顒，字中孚，陝之盩厔人也。倡道關中，以「明體適用」之學聞於天下。而君幼失怙，母氏苦節，艱難萬狀，攜持隱君。稍長，欲就學，不具脯，塾師不受，隱君曰：「句讀無師，不可自讀乎？」於是潛心力學，一旦豁然通曉文義，遂知四子之書，皆教人爲聖爲賢者也，非空言也；而即有志聖賢之學，上溯濂洛關閩，直接孔孟心傳。學既有以成己，又能及物。其教大行於三輔，秦紳貴顯者，多忘年執弟子禮，北面師事焉。而宦遊其地，如臨安駱公，皆造廬折節，敦緇衣之好。隱君性至孝，痛父以王事死賊，終身不衣采，即遠遊，亦載主與俱，不離父側也。侍母疾至接糞溺。孝、節、義，天之命，人之性，中庸之道也。中庸不可能也，故夫子曰：「中庸其至矣乎，民鮮能久矣。」中庸不可能也；而可能，明則誠，誠則明，有不待學而能焉，有待學而能焉。隱君以生知之質，盡學知之事。吾於其行也，既序以送之，而又爲之傳，以告天下之學者。

野翁光曰：三代以上，人倫明而一道德，同風俗，治罕及焉。至戰國時，孟子道性善，言必稱堯舜，滕世子猶不能無疑。以余觀盩厔李隱君一家之事，豈非天性使然歟！嗟乎，性學不明，教化衰，民行所以不興也。隱君直指原原本本，倡道關中，四方莫不聞風興起，真儒出世，道其有救乎！

晉陵吴光撰

李母彭氏傳

彭氏盩厔人，生而慧，及笄歸同邑李壯士可從。可從少具大志，好談兵，而以勇聞於時，關中無遠近皆呼「壯士壯士」云。彭既歸壯士，習聞談論，知世故，以忠義相激摩。每顧謂壯士曰：「以君之材，非長貧賤者，今困若是，無由爲人出死力，豎奇功，立名當代。然則當奈何？」居恒夫婦相語，輒哽咽涕下交頤。明崇禎十五年正月，闖賊李自成犯河南，督師汪公喬年奉命征討，而以西安郡丞孫公兆禄監紀軍前。孫素善壯士，欲挾之行，壯士語彭，彭曰：「吾向慮君無由爲人出死力，建奇功，立名當代，不意其有今日，急行毋以妻子戀。」壯士躍然起曰：「我此行，誓不殲賊不歸。」立抉一齒，授彭作拜曰：「儻相憶，顧此如見汝夫。」遂縱馬去。汪督師督諸帥兵三萬餘騎次襄城，而闖賊正拒左帥於偃城，距襄只三舍。督師分賀人龍、鄭某、牛某三帥三路進兵，三帥不戰而遯。督師急與孫監紀策守襄，從監紀後得見壯士，奇之，向曰：「勉旃，行白之朝授若職。」未幾，天大雨雪，城崩，賊執汪，汪大罵不屈死。尋執監紀，壯士急從賊伍中躍馬奮戈趨救，而賊已刃監紀，壯士猶以爲未死也，投戈急以身翌蔽，遂遇害。

壯士死，彭聞之泣曰：「天乎，吾夫死乎？然齒固在也，猶生乎！」既而曰：「吾夫死王事，目瞑矣，吾何悲？」呼幼子曰：「來，汝猶識爾父乎？今誰振汝？」相抱哭失聲。又顧幼子泣曰：「汝父能爲國死忠，吾獨不能爲夫死節乎？」闔户欲身殉，子號慟，家人守視，乃免。然彭雖不死，而家貧，實無以自活。鄰媪有勸再醮者，彭叱之。日夜艱苦紡織，佐以縫紉，易升斗粟以爲常。如是者數年，而子稍長大，年十六就塾師，塾師以貧嫌不納。母曰：「無師遂不可學耶？古人皆汝師也。」

由是發憤讀書，慨然有慕乎古聖賢之學，凡濂洛關閩之書無不窺。嘗編次《觀感録》，取王心齋艮、周小泉蕙、朱光信恕、李明祥珠、韓樂吾貞、夏雲峰廷美、林公敏訥、朱子節藴奇諸子之言，各載其本末，蓋以數子者，或起商賈，或起戍卒、鹽丁、胥吏之屬，卒成理學巨儒，爲跡本凡鄙卑賤者勉。又時時爲母陳説，母大喜曰：「吾向語汝師古人者非耶？」自是，學業大成，關中之學者莫不尊師之，交稱爲「二曲先生」。母患痢，徧延醫診視，每夜籲天求代。嘗跪接糞溺，以辨重輕，輕則喜躍進餐飯，重則號泣，關中又稱爲「李孝子」，亦稱「隱君」，而莫不歸功於母之能教也。凡四方重趼求見二曲先生者，咸登堂羅拜彭母，嘆嗟而後去。越幾歲，母死，孝子匍匐營喪葬，卜兆於某鄉，人莫不指爲「彭節母塚」。會孝子奉昔父齒合葬，又稱「齒塚」云。

陳玉璂曰：嘗考共姜伯姬遺事，信無媿矣。又考爲寡者之子，則曰：「孤子當室冠，衣不純采。」先王之教，欲其哀痛怵惕，終身焉如是也。以《詩》、《春秋》之所述，無媿於死者，寥寥僅見。若是，由禮言之，其責成於寡者之子又如此。嗚呼，今觀彭母與隱君，俱何憾哉！

毘陵陳玉璂撰

李母彭孺人墓表

二曲李隱君抱濂洛之學，遊毘陵，夔州李長祥與同人講《易》，得見之琅霞子之論世堂，告以將返矣，清明之期，恐遲之誤掃先人墓也，因流涕不已曰：「吾母以中年當先君子殉王事於百夫長，既早嫠，又貧，卒至於飢寒死也。」吾於當今學道諸君子，素知有關西李隱君，今聞其言，又仰止母云，隱君遂出諸名公爲其母之紀載。

母姓彭氏，歸李公可從。李公，壯士。逆闖亂中原，制師汪公喬年奉天子命征勦，本郡丞孫公兆禄監紀，以公往。汪公以爲百夫長。天子才汪公，制師之；汪公才孫公，監紀之；孫公才李公，往之；汪公且才李公，百夫長之，其相與爲用如此。時崇禎十五年春也，師抵襄城北，汪公死制師，孫公死監紀，李公亦遂死百夫長。母聞之大叫號痛哭，即欲殉公，家人挽之不得，惟守視之而已，莫可如何。隱君至是痛父且痛母，家人曰：「母殉公，以兒如此必殉母。母自處得矣，兒且殉，李氏絶也。」母乃已。而家門單赤，即四壁非李氏有。有言隱君姑給事縣庭爲菽水計者，隱君泣涕，以爲：「人子之事親必以道，不以其道，雖萬鍾罪也。況給事縣庭，何事不辱母乎？吾辱以辱母，吾不爲也，吾母亦不令我爲也。」母果不令爲之。隱君得行其志，而貧窶不堪，不能支，鄉人相嘆息，謂：「莫如母之再適人，則溝壑免爾。不然，與兒之命懼不可保也。」母垂泣謝之，忍飢寒强支。隱君年十六，欲就塾，貧不能爲贄，不能往，塾師亦不納，隱君則自學。久之有悟，乃屏除科舉文字，學濂洛之學，遂成名儒。關中上官傾動，皆相尊禮，其北面事之者衆也。亡何母病，隱君侍疾，至接糞溺以辨重輕，輕則喜，稍餐；或重，即哭却食。母卒不起，其諸葬事，則邑令臨安駱公某並諸上官爲之。

母生於萬曆己亥年五月二十九日未時，卒於康熙乙巳年十一月十七日辰時。葬於邑西古城。

長祥爲之表曰：先王之教婦人，雖廳屏閒事莫與焉。其言動，以鄰里之不得見聞者爲貴也，以是爲婦人之德，他莫稱焉。然相夫教子之際，昔之人亦常稱道不絶，夫亦不没其善者，是人情矣。李公從王，碎首著義，義士服之，海内之學士大夫書之，母之痛在此，壯士之榮正在此，此壯士之自能不朽於天地之閒者。若隱君之成，則母之教矣。當鄉里人勸隱君之給事縣庭，隱君固不爲，然使母或遣爲之，以隱君必奉母命不敢違。孟子曰：「事孰爲大？事親爲大。守孰爲大？守身爲大。」隱君奉母命則辱身，不奉母命則不孝，將何以處此？母則卒不令隱君爲之，隱君乃得以卒不爲也，母之見大哉！夫孝始於立身，今隱君之能立身，成道德之士，爲大儒，孰使之？婦人之德，以無可稱者爲貴，若李母，余又不能無稱之與。嗚呼，賢哉！

夔州李長祥撰

賢母彭氏傳 順治己亥

賢母彭氏，世居盩厔。氏生而静懿，女德具足，委禽結褵，宜於儉素，中饋克修，閫政不墜。其夫出征陣亡，踊擗慟絶，絶勺漿者凡五宵晝。家故赤貧，兒顒幼稺，堅我志節，撫此煢孤。又直奇荒之年，生者十三，殍者十七，爲氏計者，匪死則醮。氏抱苦節，反以爲安。常語顒曰：「吾與兒僦屋而居，無田可力。春冬之交，突無煙矣，兒其何以黽勉耶？」顒純孝感之欲涕，因憤勵志於學。初治文辭，漸趨理性，久之德成道尊，遠邇欽崇，稱爲二曲先生。人皆歸善於彭，比之仉母，彭蓋以子而名益彰云。

河濱野史曰：曹月川先生作《夜行燭》，欲其親之躋於善也。顒之母以節聞，善矣。顒之砥身礪行，振揚純詣，有子輿氏之風。善則稱親，中孚之善，皆彭母之胎教家訓哉！

朝邑李楷撰

賢母彭太君小傳

賢母彭太君者，徵君二曲先生之母也。蚤歲夫亡，以《柏舟》自矢。是時，瓶鮮儲粟，衣實懸鶉，煢煢弱息，既罕期功强近之親，又乏應門五尺。里人憫其貧無以倚也，或勸令改圖，太君拒之甚堅，勵志彌篤。訓其子以聖賢之道，丙夜篝燈，殘灰畫荻，母也而實父與師兼焉。雖一日不再食，或數日不舉火，處之泰然，卒勉其子以成大儒，上繼關閩濂洛之統，近守白沙、陽明之傳，海内凡爲身心性命之學者，莫不奉爲指南而賢其賢，因以賢太君之賢。於是太君之賢，嘖嘖盈海内。凡人之食貧茹苦，勉其子以有成，不過冀膺一命，以爲終身榮寵，雖丈夫無不盡然；而太君矢志，乃獨在彼不在此，此其爲節有大異乎世之所爲節者矣。夫守節，人之所能也，苦如是而節，人之所不能也；苦節，猶人之所能也，苦節而不求榮顯，非人之所能也。是山川之閒氣鍾而生徵君，生徵君而預生太君以啓之，其事實關乎氣運之周，而非可以尋常之節烈同類而共目之也。没後，諸上官捐俸建專祠以奉之，肖像以祀之，歲時伏臘，必祭必虔。與其生而鼎養，没而淹滅無聞，固不若生而啜水茹蔬，没而廟食百世，俾人稱某賢母之爲不朽也。彼世之高談節義，而實縈心於禄利者，聞太君之風，其亦可以廢然返矣。

晉陵吴來紱撰

書關中賢母傳後

嘗考自古哲人，莫不有天授焉。以大

縱之於後，尤莫不有所生焉，以曲成之於始。然成於所生之父易，而成於所生之母難；成於有所習聞、有所依傍之母猶易，而成於無所習聞、無所依傍之母尤難。昔戰國孟某氏崇仁義，明王道，辨性善。當邪説功利徧滿天下之時，而能守先待後，使聖聖相傳之一脈，有以迴狂瀾於既倒，則孟某氏之賢烈，誠不在禹、周公、孔子之下。然吾粵稽古傳，孟子蓋早歲喪父，獨與母居。見嬉戲則學爲嬉戲矣，見屠肆則學爲屠肆矣。藉令爲兒童時濡染若此，習與性成，後即能自振拔，其用力率不易；而孟某氏終未嘗至於隨俗習非，見異而遷，油油然不勞而登聖人之堂，成一代之儒，得自次於堯、舜、禹、湯、文、武、周、孔之後者，雖曰私淑有人，不可謂非其母三遷之力也。以故世稱孟某氏，隨稱孟母之賢不衰云。

吾師二曲先生良知透闢，學貫天人。《悔過自新》一書，開千百世修途之要。《學髓》一宗，抉千百聖祕密之藏。南北之忘貴忘年而樂就北面者，不啻一轍。茫茫墜緒之中，使古聖賢之薪傳絶而復續，斯誠孟某後之一人。顧其母彭氏，於門户蕭條伶仃孤苦之日，不規利於目前，不用志於雜役，甘貧薄，忍凍餒，一惟課之以書史，勵之以懿行。若以爲夫既没於王事，子非立身行道，不足以光大前人之烈者，則彭母之賢，又奚遜於孟母耶？然孟母生鄒魯之鄉，近聖人之居，且去孔氏之興僅百餘歲，其流風遺澤，猶有存者，擇里而居，淑慎後昆，蓋有得於世風之延習，故老之傳聞，初無足怪。至若彭母，届此末流，去先古聖哲之作，若此其寥廓也；處雍岐僻遠之地，非若鄒魯聲名諸生以時習禮之鄉也；其家計之寒微，又若此其寠甚也。於一無可憑之中，卒不爲流俗所囿，必欲置吾師於第一流，則彭母之賢，視孟母爲更烈矣。《傳》曰「故大德必得其名」，《經》曰「孝子立身，以顯親揚名」，《大雅》之歌曰「民之秉彝，好是懿德」。生前當道以「芳追孟母」表閭，没後豎碑大書「賢母彭氏」表墓。總督鄂公捐俸建賢母祠以風世，嗣後稱吾師之德學者，必追念太師母彭之賢淑。而鄂公與諸當道好德不倦之懷，亦得並垂於天壤以不朽，猗歟，不綦盛哉！

毘陵門下晚學生徐超百拜撰

書賢母彭太君傳後

關中處士李先生，味道含真，隱居不仕，高風偉節，儀表海内，而生平顛連艱窘之實，慘不忍言。夫天之生賢不數，其初也必重困抑之，被之以人情之所甚苦，置之於天下所甚不堪，銜恤茹痛，如不欲生而後生，如不得立而後立。故長松之姿，自别於寒歲；仁人之烈，必樹於窮年。若先生之少孤居約，母夫人之峻節終遂。人也亦天也，天人相感之際，君子畏焉。人皆知善之可爲而爲之矣，或非久而更，或遲之又久而卒更，今積之數十年不變，以至於没身。人皆欲其子之貴且富，爲里巷光寵，今既凍餒其身，幽愁其心，以畢其世，復教其子以善養，一切屏世資，樂其所樂，可謂空谷足音，絶無而僅有，其有關於風教匪淺。予故不禁流連樂道而敬書之，非爲先生母子書也，爲天下後世凡爲人母爲人子者書也。

晉陵毛重倬撰

書彭太君教育順治庚子

古今之稱爲孝子者，莫過於孟子；稱親之賢者，莫過於孟母。乃孟子當日則終身布衣，初未嘗有鼎簋之養以奉朝夕，亦未嘗有殊絶之號以侈聞譽，徒以繫籍聖賢，稱詩書而説仁義，乃使萬世之下，讀其書者尊之爲聖賢，而尤尊夫聖賢之所自出者。由此觀之，則君子之所當致於親者，蓋可思已。關中之有二曲先生爲真儒領袖，歸然以道德名世者也。予嘗慨夫濂洛關閩之傳，自陽明、近溪之後，而剥蝕殆盡。先生生於百六七十年之後，起而續之，篤信謹守，富貴淫之不爲溺，異説亂之不爲摇，群毁攻之不爲恤，卒使絶學既湮而復振，大道已晦而復昭。藉非有先生之賢，而何以至此；藉非有太君持身如玉，愛子若珠之賢，而先生何以至此？今先生年未四旬，而學已追乎古人，名已走於海内，任道擔當，力振絶緒，識者以爲有孟子之風，與陽明、近溪諸君子共爲當世之學者所師。且使天下後世之人，讀其書而皆稱之，皆歎之曰：「二曲先生之賢也，由其有賢母而乃以有成也。」則其所以報太君之苦節，盡顯揚之子職者，不亦大且遠乎？以視夫世俗之人，奉温飽於一朝，誇聲稱於晷刻，其爲輕重，當必有辨之者矣。

涇原梁聯馨撰

卷二十六

祠記

富平門下晚學惠霱嗣彙輯

賢母祠記

嗚呼，此二曲徵君李先生賢母彭太君之祠也。蓋今上御極之十一載，用勳舊作周召，特召我燕臺鄂公錫節鉞，俾專制陝以西事。天子曰：「都，朕唯鎬豐爲中原上游地，被山帶河，其人慷慨質直，多孝子忠臣、烈夫貞婦。自昔理學鴻獻，若横渠、藍田、高陵，典型在望。肆予命汝保釐兹土，其尚敷文教，重彝倫，顯幽發隱，尊儒崇道，以成至治。汝往欽哉！」公拜稽首曰：「君令臣共，古之制也，敢不竭其股肱。」於是陛辭就道，車轍所至，即問民疾苦，禮賢下士爲急。

既入關，進藩臬郡守群牧諸令而諮之曰：「關中古名天府，聖賢代興，比者士鮮實修，正學榛莽，聖天子鋭意旁求，望野卜巖，不遑夙夜，百二河山，寧無真儒崛起以當表率者？」僉曰：「於，唯終南、太乙之間有二曲先生焉。其人乎！其人乎！」公曰：「可得聞與？」僉曰：「先生少凶孤，唯與母居，蔬食蓬户，歷歲經年，迫寒窮暮，雨雪盈門，不火且或累月。母訓先生：『唯若父慷慨國仇，捐軀赴難；唯若母寒鐙冷月，飲血茹冰；唯若篤志好學，不以困苦饑寒易厥志，唯若秉道持躬，不以紛華膏腴亂其中。余終食貧以死，余或有子，余目實瞑。』」公曰：「於，隱哉！先生且胡爲者？」僉曰：「先生傷母之苦。聖賢自命，映雪囊螢，下帷稽古，邃遡六經，以及諸子史記百家緯文毖典，靡不甄極浩渺，奥博宏通。而出入新建，根極紫陽，良知誠意，遠接尼山。方岳之衆，始疑既信。今且望室廬而負笈，固不啻鹿洞、鵝湖也。」公曰：「俞，允若時，陋余不穀，其敢以軒車臨君子，聲應氣求或有藉乎？」於是僉以學憲鍾公暨咸寧郭侯請捧書束帛往聘，三往而後至，奉諸關中書院。自公以下，至氓庶皂隸，悉授學焉。

未幾，且疏先生於朝曰：「以人事君，人臣之義，臣愚伏見盩厔隱士李顒，少遭孤苦，奉母讀書，不求仕進且四十年。學爲帝師，道足王佐。若蒙侍從之閒，必有沃心之助。」天子曰：「都，其爲朕左右之。」命下徵書及門，先生以疾辭。疏凡數上，天子曰：「毋，其令所在有司，具蒲輪車，俾力疾就塗，以副朕任用求賢之意。」先生載聞命，泣下數行曰：「嗚呼，顒實迂疎寡學問，安敢以虛聲勞世主側席。顧顒有母，泣血數十年，歷人世未有奇苦，教顒讀書識字，欲望成人而抱病以没。傷哉貧也！生無以爲養，死無以爲禮也，煢煢天地，顒實罪人。且顒年垂五十，憂患之餘，疾病日篤，忘親不孝；忘艱苦之親，而以衰暮殘疲，貪榮競進，寧唯匪孝，翳且不忠。不孝不忠，即帝且安用之？」遂伏首流涕，終以疾謝不起。公愴然曰：「孝哉先生，賢哉母也。非先生罔克報厥母，非母無以有先生。昔者鄒孟氏學既成，游事齊梁，以仁義道德之説著書立教，闢楊朱、墨翟以正人心。韓愈推之，至謂功不在禹下，迄今與孔子并稱。抑知其初皆慈母三遷之力乎！今先生待後守先，淵源濂洛，卓然爲一代大儒，是不可忘其所自也。」遂出俸金百，爲先生之母祠。而因郭侯與先生言，命記於左輔郃陽康乃心。

乃心於郭侯時從之游，爲門下士。其在先生，辱一日知，且謬相愛也，義弗可辭。然往者語水鍾公來校秦士，亦以郭侯言，知先生有母，爲立石墓側，大書曰「賢母彭氏之墓」。今又祠之，崇德之事篤矣。遂載拜稽首爲之誌，而繫以詩。鄂公諱善，字某。鍾公諱朗，字玉行。郭侯諱傳芳，字九芝。臨文備書不諱，義取有徵也。詩曰：

雍秦奥區，列聖所都，歷年五百，必有名儒。萬疊終南，其高維嶽；太白之精，金氣潔確。篤生異人，風雨一廬。懷抱九州，墳典洛書。賢母食貧，三遷訓子。歲時哀傷，所繼唯死。兒歌出石，母竈無烟。簷荒日短，何彼蒼天。巍巍我公，忠孝文武。帝命保釐，以安西土。夫廉婦義，河華之風。空同問道，載訪雲中。疏拜於朝，顯兹岩穴。帝念長沙，前席欲折。先生恫然，遯世居貞。兒榮母瘁，嗚咽吞聲。偉矣我公，祠崇聖善。類錫孝思，以風寓縣。悠悠下里，古曰莘疆。徽音三代，渭涘洽陽。哲后之墟，或殊教化。紀越百千，猶存殷夏。陋余小子，獲沐河汾。縱横海嶽，未喪遺文。載筆泐詩，鄒原似續。永式人倫，出水之曲。

康熙十有二年歲次癸丑八月朔，郃陽

後學康乃心撰

賢母祠記

賢母者，盩厔李二曲先生之母也。維母有祠，秦之當道既爲表其墓，而復祠以祀之，追芳於孟母，事甚烈。珂鳴不敏，家於吴，仕於燕，不能抵函關，禮母於祠下，顧安能從聞風景慕之餘，載筆而誌母之遺徽，以徵信於後世，竊附史官之名以垂不朽？顧予於先生講道，則有素矣。往者武林駱公鍾麟來守毘陵郡，駱公固舊爲盩厔令，其得先生者不僅如武城之賢澹臺也，爲予稱述甚殷，心竊嚮往焉。未逾年而先生道南，駱公敦禮而延至於郡，吾鄉薦紳先生景行甚衆，後學之從遊者踵相接。予因與先生論道，其於學無所不窺，而制行甚嚴，獨以孝爲制行之原。叙其生平，先生誠孝子也，篤於事母。先生得母教以成大儒，母得先生而賢益彰。

母姓彭氏，少嫻内則，淑範著於里。歸太翁信吾先生，能勗且以成夫子令名。卒以寇變，倡義援襄城，没於行陣。母矢節將從地下，而先生方少，藐焉遺孤，非母誰爲撫者？於是誓《柏舟》，茹荼集蓼二十餘年。而先生能承母訓，學純而道尊，不止名震關西，而海以内並傳爲儒宗。里之士民僉曰：「微彭母教，烏能臻此？」請於邑令駱公，詳於郡，達於監司，式閭而表之。迨母以節壽終，督學鍾公朗旌於墓門，總督鄂公爲捐俸以建祠，肖像於中，遠近瞻禮，義風凜然。其祠之規制，鳩工之月日，别有述載，將垂之邑乘，行可登之國史。母之賢與先生之孝並傳矣，而先生之望所最重者。

聖天子詔舉山林隱逸，督撫交章上於

朝，先生以疾辭。天子重先生，再詔力疾以副旁求，先生終不應召。迨舉博學宏詞充史館，天下謂必得先生，可光盛典。徵書下郡，屢辟亦不就，當宁甚高其義。蓋先生之志，惟守母祠以終，而講學明道，四方赴函丈者日益聚，其榮於膴仕遠矣。嗚呼，當世之士，其能輕富貴而重道義，守孺慕終身不變者，詎易言哉！孔孟之心印，講學風微，聖道如綫，而能慨然自任，爲真儒以思紹述，又詎易言哉！予弟發祥向於毘陵從先生問字，先生許列於弟子。特走京師，將馳秦中，趨侍先生教，以大闡宗風，格於閒關，未遂厥志。以予不文之言，爲《賢母記》，記母之賢，非記祠之制也。異日以備採風，則忝史職矣。

特賜進士出身翰林院侍讀毘陵吴珂鳴

拜手敬識

賢母祠記

天下母之能慈，子之能孝，人情之同也。然慈孝同，而爲其時之所易與爲其時之所難，則大有辨。今之母甘苦節而撫遺孤者多有，苟竭其志力，不墮厥宗，斯幸矣。又其上者，教其子顯身揚名，奕奕然旌異其宅里，稱述於學士大夫之文章，抑又幸矣。顧獨惜其視慈孝之道如是而遂止，而於聖賢之所謂「大且難者」無聞焉。此則賢母祠之作所由獨爲教於天下也。

崇禎壬午，盩厔信吾李公赴義襄城，没於王事。遺孤二曲先生方穉，四壁非有，奇窮無依，賢母彭太君誓賦《柏舟》，嚙雪緯蕭，以十指緶絖，資先生晝夜讀。或勉以制義，太君不應，曰：「吾兒但令讀書明理，師法古人足矣。決科規利，非吾志也。況吾夫糜軀絶脰，久已化碧沙塲，吾獨何心忍復以庸庸富貴易吾兒哉！」先生以是一意潛修，艱危百折，卒底於成，躬任綱常名教之重，爲世儒宗。今天子寤寐先生之賢，温綸屢召，先生守母志益堅，謝病不出，高風偉節，足以廉頑立懦，海内學士大夫莫不仰慕，咸曰：「先生之賢，由其有賢母以成之也。」總督鄂公以其有關風教，遂捐俸特建賢母祠以祀。不曰「節母」，而曰「賢母」，從其大也。嗟乎！以予所聞，陵母知興，嬰母知廢，司馬氏書之，以爲古賢智莫加焉。若以李母視之，則知興知廢，亦不過曉暢於功名之時數而已，其於聖賢之大誼蔑如也。吾於是重嘆李母之賢，非陵、嬰之母比也。其爲百世祀也，宜哉！記既成，復系歌詞一章，貽祝史歌以侑母。辭曰：

維石樓之鬱確兮，桐則有枝。伊丹穴之曲盤兮，鳳則有儀。母維是子兮，子維母遺。緬大道之蕩直兮，是訓是毘。矢名山而偕隱兮，處窮阸而不疑。景巍祠之崇閟兮，儼神靈之與棲。載雲旂之晼晼兮，抗霞佩之軒如。春流濯而湘藻兮，秋水洸以陳薇。籍禮官而秩典兮，庶顯位之來思。嗚呼！非是母不成是子兮，是足以教天下之止孝與止慈。

毘陵後學陳世祉頓首拜撰

賢母祠記

賢母姓彭氏，陝西西安府盩厔縣死義士信吾李公之婦，徵君二曲先生之母也。當崇禎時，流寇犯襄城，信吾公偕義勇五千戰殁。時先生方幼，家貧甚，無一椽寸土之遺。母屈十指以供晨夕，刻自磨勵，教先生以須厥成。稍長，或勸之給事縣庭，或曰盍傭作，可得直以供母，母皆不之聽，惟課以讀書明理，不令習制舉業。故先生肆力爲大儒，凡天人性命之微，靡弗洞徹。當聖學榛蕪之日，而身肩濂洛關閩之傳，非賢母教之有素，曷克臻此！吾由是而嘆母之賢爲不可及也。夫世之矢節者有矣，矢節而教其子者亦有矣，或者衣食饒足，身處太平，柏舟之操，事無中變；然且鷄聲鐙影，苦雨淒風，不無心動，況窶貧如此耶？若夫教子讀書，蔚爲公輔之器，一旦身名顯赫，旌麾導前，騶騎擁後，美輪奐，羅鍾鼓，珥貂佩玉，拜起奉觴上壽於前，以大暢其夙昔孤鬱窮愁之氣，此亦凡爲母者之所願，而子能如是，實亦母道之成也。今顧異於是者何哉？昔尹母有言：「吾願子以善養，不願子以禄養。」程子稱之曰：「賢哉！母也。」蓋歷宋元明七百餘年，於今爲烈矣。近日徵書屢下，督撫州縣飛檄造廬，迫促就道，而先生堅卧不起，有金華四子之風焉，非賢母之遺教使然與！夫德足以風厲後人，與勤於王事，宜載祀典。襄城令張君某既祀信吾公於義林，總督鄂公某捐俸建祠於其鄉，以祀賢母。祠爲堂三楹，肖像於中，二門大門次第畢舉，祠成，礱石以俟，徵君數千里書來徵記，特爲記之，而侑之以詩，俾歌以祀焉。其辭曰：

乾坤翻覆兮，日月晝瞑。義士死忠兮，賢母繼之以堅貞。凜冰蘖之清操兮，歲序疊更。審銜勒於周行兮，其意孤行。越時俗之恒軌兮，提至道之權衡。教子成大儒兮，丕振厥聲。續古賢之墜緒兮，垂不朽之榮名。婦道母道兼以有赫兮，遽驂鸞而上征。仰徽音於夙昔兮，來下士之褒旌。蘭橑桂棟兮，建靈祠而薦芳蘅。鳴鯱簫舞兮，鼓瑟吹笙。儼羹牆之式臨兮，悦剡剡其將迎。千秋萬世兮，祀事孔明。

武進古迂氏張倜拜撰

增修賢母祠紀略

盩邑西郊有賢母祠，總督鄂公爲二曲先生母彭太君建也。公以太君之賢，有關風化，捐俸購基，建正庭三楹，門房三楹，繪像於中，祀以風世。

久之垣墉傾圮，董郡伯諱紹孔晉謁，見廟貌弗肅，遂捐俸壹百貳拾金，檄高邑丞鳩工葺修，易以塑像，庭前構捲棚三楹，門外豎坊，規模煥然改觀。余聞而嘉之。夫表貞賢以勵風化，乃司風教者之責，而近世有風教之責者，錢穀簿書之外，多忽風化。今郡伯於風化所關，舉措如斯，得敷治之本矣。然非太君之賢，深有以服其心，亦未必悉心悉力，一至於斯也。蓋太君矢志守貞，歷人世未有之艱，九死靡悔，正誼迪子，出尋常功利之外，曠代僅見。學士大夫以及田夫牧豎，無不聞風興感，歎未曾有。論者謂盩邑之有李母，猶鄒邑之有孟母，後先一揆，卓然兩絶千古，並有補於世教，則飾祠崇奉，誠有光於祀典。以故毅然爲之惟恐後。敦懿好，闡閨範，礪頹俗，一舉而數善備焉，鄂督不獨專美於前矣。

二曲先生道德風節，爲世儀表，海内仰若泰山北斗，祥麟瑞鳳。余傾慕有年，深以弗獲親炙爲平生一大憾。茲太君祠宇之成，以老且病，又弗獲閒關瞻禮，愈滋余愧，故不揣不斐，書其概，聊識嚮往。若夫太君懿行之詳，自有諸名公之原記在，無俟余贅。

康熙二十六年歲次丁卯仲春朔，古蔚魏象樞頓首拜撰

賢母贊

瘁然其容，淵然其蘊。爰育高賢，聖學自奮。經諸艱藪，厥操彌峻。以爲善養，處之無悶。史傳孟母，昭垂懿訓。李母之德，方茲曷遜。

盛京鄂善總督

坤元正氣，秉德直方。艱貞百折，不變吾常。良人赴義，憫孤未亡。冬夜夏日，飽歷冰霜。與其同穴，寧若同堂。教子以義，實大聲張。遠邇歸仁，奔走冠裳。屢辭徵聘，百代之光。敬弔祠下，孝子涕滂。載瞻遺容，肅肅洋洋。夫義婦貞，節義成雙。生榮死哀，孟母同芳。

河汾後學賈黽

嶽瀆鍾靈，篤生賢母。德卲遇艱，百六陽九，早奪所天，爰喪厥偶。懷中呱呱，爲此貞守。守子貞一，乃至成立。愛而能勞，古學是汲。敏求勿替，薪水罔給。樂饑忍寒，三旬九食。是母是子，有大過人。不在溫飽，德潤其身。母雖長往，祠祀千春。永配孟仉，俎豆常新。

延陵後學張孺

賢母賦 并序

賢母者，關中李二曲先生之母彭太夫人也。先生抱道隱居，累徵不出；太夫人盛年矢志，完節而終。業經當事表章，建祠崇祀。昌言末學小生，伏處江左，不勝仰止之私，敬執筆而爲之賦。

世稱關西之夫子兮，曰二曲之先生。仰高名之如斗山兮，爲正學之干城。誰謂芝醴之無根源兮，有賢母而氏彭。母雖生於寒素兮，乃淑德之性成。逮結褵而于歸兮，甘井臼之辛勤。慕廡下之舉案兮，效隴頭之饁耕。夫何伯爲邦桀兮，爰執殳而長征。丁有明之末造兮，值中原之如沸羹。謂當馘黄巾而誅白馬兮，覓封侯之顯榮。豈逆賊之鴟張兮，據汴洛而縱横。五千人之同日死兮，屍狼籍而拄撐。悲壯士之不復返兮，泣黄河之水聲。閨中聞而慟絶兮，擬相從乎九京。顧藐孤於膝下兮，留一綫之宗祊。疇親黨之可依兮，嗟門户之伶仃。鮮立錐之憑藉兮，何升斗之餘贏。冬無絮以禦寒兮，晨裂膚而不驚；夏無席以安寢兮，宵漬汗而猶寧。土銼過午而無煙兮，蓽門終日而常扃。風瑟瑟以入幃兮，雨蕭蕭而灑楹。手詎釋夫刀尺兮，影獨弔此寒檠。勉含飴而淚雜兮，看噏乳而血并。鄰媪憐而競諷兮，君自苦而誰明。儻隱忍而改度兮，奚凍餒而營營。母聞言而掩涕兮，誓九死以不更。相孤鸞之罷舞兮，聽獨雁之哀鳴。彼禽鳥猶念其匹兮，矧人之伉儷而無情。憫呱呱之未成立兮，今余舍此其安行。縱舉世之莫吾知兮，余固無求乎此名。撫厥孤之漸長兮，羡頭角之崢嶸。聿以母而兼父兮，維義方之是程。既鳴機而伴夜讀兮，亦晝荻而趣晨興。美斯子之爲賢士兮，志道德而薄公卿。元纁爛其充篚兮，白璧燦而盈庭。肯將吾身之蘿薜兮，易夫當世之簪纓。喜有母之偕隱兮，同樂道而安貧。誠菽水之盡其歡兮，又何羡乎鼎烹。偉勁節之久而彌彰兮，將以達夫九閽。胡溘焉而長逝兮，惜盛典之未膺。搆祠宇之崔巍兮，表綽楔之嶙峋。上以報母之節兮，下亦以慰子之誠。世無物而不敝兮，惟節義爲常存。視鳳翹與象服兮，誠何重而何輕。今詎無尹姞與姬姜兮，孰芳名之敢争。比南山而節峻兮，方渭水而風清。過斯祠而下車兮，咸肅謁而心欽。匪是子之孝且賢兮，亦烏知是母之艱貞！

毘陵後學楊昌言

賢母祠詩

國步晚茫茫，疾風摇百草。李氏有寡妻，不隨天地老。丈夫志四方，百戰塗肝腦。脱身伴侶回，有信無書藁。慟哭高山嵐，魂繞何城堡。滅性義所甘，回頭念襁褓。失此乳下兒，九原餒厥考。鄰里憫饑寒，相勸二三媪：自適李氏盧，萬苦鮮一好。糟糠視有無，冬煖缺綦縞。夙昔美紅顔，幾時色枯槁。僦賃痛留遺，守此殊難保。歷歷富家姬，節義棄如掃。繐帳冷風飄，偕行被錦襖。而子委巷人，幽貞孰與道。血泣謝隆情，之死無懊惱。撫此黄口孤，詩書事探討。東舍擇肉肥，那復羞臺皂；西室業箭工，貿者競猶寶。煮字不堪餐，相觀等海棗。天人久乃定，與善未顛倒。高名動海隅，徵辟思偉抱。曠代起鴻儒，生成兩誰造？巋然賢母祠，西日照杲杲。

延陵董大雄

卷二十七

序

《堊室録感》，我夫子二曲李徵君自録所感也。夫子抱朱百年之憾，誓終身不享世榮。奉母遺像，嚴事如生，爲堊室於側，孤棲其中，持心喪，室扉反鎖，久與世暌。嘗曰：「烏鳥懷巢，狐死正首丘。斯亦吾之巢與首丘也。」日與靈影相依，棲於斯，老於斯，終其身無復離斯。於是撫今追昔，遂録所感以自傷，其情苦，其辭慟乎有餘悲，可以動天地而泣鬼神，觀者莫不欷歔墮淚，扼腕太息。在夫子不過自感自傷，而人之因觀興感者，不覺憬然悟，爽然失，是因感而觸其良心也。良心一觸，則愛敬之實，夫固有勃然而不容自已者也。由是學人知立身乃所以顯親，一切人亦隨分可以自盡，蓋懿德之好，人有同然。斯録一布，而天下後世咸賴以興感，其有補於風化人心匪尠。《詩》云：「孝子不匱，永錫爾類。」夫子之謂也。吉相方謀壽梓以廣其傳，岐陽茹令君政重風教，業已梓行礪俗，故喜而敬題數語，以附末簡。

康熙二十二年重陽後三日，翰林院庶吉士古豳門人王吉相頓首拜題

嗚呼！顒父蚤喪，幼不逮事。顒母守貞，處困而没，力莫能事，此終身至恫而無所解於其心者也。煢煢負疚，自比於人可乎？雖偷存視息，實尸居餘氣，孤棲堊室，

以抱終天之憾。敬録所感，聊寄蓼莪之痛。

時癸亥季夏既望，堊室罪人李顒自識

堊室録感

堊室罪人李顒録

辛復元先生事父小亭公、母陶孺人，克誠克敬，動無違禮。嘗曰：「父母爲吾一身之天，吾一家之君，故孝爲百行之首。從來天地鬼神都擁護孝子，遠近賢愚都親近孝子，即賊盗禽獸，昆蟲草木，亦感乎孝子。人非空桑所生，請試捫心自想，赤子當日在父母前是何心腸？今日在父母前是何心腸？要使吾父母身安心安，當用何法？要使人人都愛親敬長，當用何法？便有一段生機，在在流貫，人可堯舜，世可唐虞，不然何所容於天地之閒！」

又著《孝經翼》，其略云：「人子試思何如可以貽父母令名，不貽父母羞辱，則自家一念自不敢苟，一言自不敢苟，一事自不敢苟。然一念不敢苟，一言不敢苟，一事不敢苟，止可不貽父母羞辱。若欲貽父母令名，則不容不孳孳爲善，惟日不足矣。自家是禽獸，父母是禽獸的父母；自家是小人，父母是小人的父母；自家是庸人，父母是庸人的父母；自家是賢人，父母是賢人的父母；自家是聖人，父母是聖人的父母。猛然一省，雖欲不學聖人，而爲人必不忍矣。」

此亦人子也，既能自盡子道，又立言垂訓，勉人以共盡子道。回視汝顒之親存不知及時盡道，親没不能感奮立身，賢不肖之相去爲何如耶？定是空桑所生，非由離裹屬毛，否則有何顔面視息人閒，真所謂天地雖大，難容此身也。

曹真予先生事親，色養曲至，依依子舍，非大事未嘗輕離親側。嘗爲《孝親説》勉人曰：「人子之身生於父母，猶草木之生於根本。愛其枝葉而傷其根本，則枝葉枯矣，尚得爲愛乎？ 故人苟愛其身，則必愛其親矣。夫自頂至踵，皆父母精血所遺也，故子身即親身，而愛其親者，則必愛其身矣。昔之言孝者曰：『身體髮膚，受之父母，不敢毁傷。曾子有疾，啓手啓足，以免於毁傷爲幸。然所謂毁傷非止於殘害之謂，一舉手而悖於理，傷其所受之手矣；一舉足而悖於理，傷其所受之足矣。』由斯以推，目視非禮之色，傷所受之目矣；耳聽非禮之聲，傷所受之耳矣；口出非禮之言，傷所受之口矣；心懷非禮之心，傷所受之心矣。故曰『戰戰兢兢，如臨深淵，如履薄冰』，言守身若斯之難也。故曰：『不失其身，而能事其親者有矣，未有失其身，而能事其親者也。』故曰：『舜其大孝也與！德爲聖人。』然則無聖人之德者，其爲孝也小矣。或曰：『論孝及於聖人，孝之至也。』區區常人，豈易能乎？ 是不然，聖人之孝，特赤子之孝耳。赤子孕於母腹，母呼亦呼，母吸亦吸，愛之始也。出胎未有不啼者，其愛違也；得母未有不安者，其愛得也。吾人潛心默思，誰不嘗爲赤子？ 誰不原有愛父母之真心？ 昔何以愛？ 今何以不愛？ 昔何以愛之真？ 今何以愛之不真？ 無乃知識開，血氣動，應接繁，視聽亂，妻情子念膠其中，流俗淫朋薰其外，遂至失其故態耳。由是憬然悟，躍然興，銷其邪心，還其真心。守其身以愛其親，如赤子之初而止，斯爲至孝矣，斯善學聖人者矣。」

孝以顯親爲大，致其身爲聖賢，此啓聖公程太中、朱韋齋所以流光百世也。而致之之實，止在臨深履薄，以守其身，葆其固有之良，不失赤子之初而已。汝顒幼孤失教，長雖見及於此，而踐履弗篤，躬實未逮，口頭聖賢，紙上道學，張浮駕虛，自欺欺人，墮於小人禽獸之歸，致親爲小人禽獸之親，虧體辱親，不孝莫大乎是。神怒而不知，鬼笑而不悟，而猶揚眉瞬目，居之不疑。讀辛、曹兩先生語，不覺顏忸怩而心悚懼，幾欲穴地以入矣。

大學士賀文忠公事其父陽亨先生，先意承志，動必咨稟。父患耳聾，每書字以咨。父篤志理學，雅慕復元辛子，自楚之晉，書牘往還，深以不獲同堂覿面爲憾。公每遇膝下過庭之日，言及辛子，輒不啻自其口出。崇禎八年，辛子至京，公接其刺，即大慟，亟捧置所供父影前，長跽號呼以告：「是吾父在生欣慕不得見，而不孝子今日乃得拜通家之好者。」次日蚤起，肅衣冠往拜謁，頓首辛子函丈閒，伏地大哭不能起。重傷先人神交有年，緣慳一晤。退而又捧置辛子《孝經翼》於案，僾然若將見其父有喜色者然，乃沐手恭題其簡端曰：「有如父母本是聖人，其子僅稱賢，則父母之聖恐竟以其子之賢而泯；有如父母本是賢人，其子乃爲庸人，則父母之賢竟以其子之庸而泯；有如父母已是庸人，其子更爲小人，父母已不幸爲小人，其子更爲禽獸，則父母之不幸爲庸人，爲小人，彌以其子之爲小人，爲禽獸，而前愆永不可蓋，遺臭乃萬年不可休。嗚呼！人子宜何如自待，以貽父母令名，庶幾不忘父母，不忍於父母乎哉！」

語云「父母所愛，子亦愛之；父母所敬，子亦敬之」，賀公之謂也。所題之言，痛惻警惕，字字足爲人子箴銘。汝顒業已自置其身於小人禽獸之歸，若不幡然力改，永墮末路，則遺臭萬年，竟爲親累矣，汝顒亦何安耶？

何北山先生事父，執禮不懈。父見客，則拱立以侍，客不寧者久之，屢以爲請。父始笑曰：「泰山微塵耳。」聞者悚然，始知家庭之禮。

人類之所以異於禽獸者，以其知禮也；人而不知禮，則與禽獸何別？士君子之所以異於庸庶者，以其家庭有禮；家庭無禮，則與庸庶何別？

吕涇野先生爲諸生時，大參熊公、李公延教其子，先生辭不獲，乃館於開元寺。既而聞父疾，即徒步歸，二公以夫馬追送不及。先生曰：「親在牀褥，安忍僕乘爲也。」後及第爲翰林，居京師，父母書問至，必再拜受之，退而跪讀畢然後起。每發家書，拜而後遣。父病，先生侍湯藥，晝夜衣不解帶，履恒無聲。如是一年，鬚髮爲白。比卒，哀毀踰禮，既葬廬墓側，旦夕焚香號泣。

君親一也。君有詔，臣必跪接跪讀；親有書，子乃不然，是不恭其親也。涇野先生獨循禮如是，此涇野之所以爲涇野，而凡爲子者所當法也。

相國費文憲公事父甚謹，中狀元後，猶奔走服勞於父旁，不命之坐，不敢坐。在翰林時，與關中某公同事，又且同年，兩人對奕争勝，戲擊某頰，某公不悦，然絶不見於言，第自踈闊耳。公悔，日至其門，長跽請罪。某公終不出，不知誰氏以其事聞於其父，父大怒，封號一竹板，自家發至京師。令公自扑，公於是持父所責之書并竹板，登某公之堂，自扑者三次。某公始出，抱首而哭。公曰：「罪誠在我，何爲哭？」曰：「公尚有父督責公，我求督責我者不可得也。是以哭耳。」自是相驩如平生。

嘗讀史，見身居顯位，年已過中，而懔受母杖，杖畢，具衣冠再拜恭謝者有矣。未有越數千里，遥接父書，懔遵父命，受杖唯謹如費公者，即此一節，可以見公矣。某公謂「公尚有父督責公，我求其督責我者而不可得」，痛哉言乎！顒每閲至此，未嘗不嗚咽終日。嗟乎！安得起吾父於九京，而使不孝顒得蒙繩束，享有督責之樂耶？

王心齋先生本泰州鹽户，其父以户役蚤起，赴官方急，取冷水盥面。先生見之痛傷曰：「我爲人子，而使父如此，何用子爲？」遂請以身代役。自是於温清定省之禮，行之益謹。嘗著《孝弟箴》云：「事親從兄，本有其則。愛之敬之，務至其極。愛之深者，和顔悦色。敬之篤者，怡怡侍側。」

心齋先生有父，故得以服勞定省，此先生之幸也。

陳雲逵事親甚篤，一日因親瑣繁，不覺有忿色。既而自悔曰：「愉色之謂何，而我乃爾乎？」亟向親叩謝服罪。退而又自懲自責，若無所容，自是一意婉愉，終其身無復亢厲。

諺云：「孤犢觸乳，驕子罵母。」顒少孤失教，爲母所驕，每多觸忤。省事之後，雖嘗慚悔力改，而愉婉之實，終覺有愧，此恨之深者。

孝廉李霖雨會試都門，以離親日久，思之不置，乃齋心發願，誓告於神，血誠悔罪，籲天鑒照：務矢歸家順親，凡母意念所加，或默相拂，母教訓所及，或明相違者，神殛之。

子之於親，必無拂無違，而後親心豫。汝顒穉時，其相拂相違者何限？神雖未即明殛，未嘗不陰罹天譴。蓋天眼極明，天耳極聰，天算甚周，天網甚密，冥冥之中，默有以乘除者多矣。

任元受事母，朝夕未嘗離左右。自言其母得疾之由，或以飲食，或以燥溼，或以寒暑，或以起止，或以言語稍多，或以憂喜稍過。朝暮候之，調護之無毫髮不盡。五臟六腑中事，洞見曲折，不待切脈而後知，由是道也。

人子之事其親能如元受，可使其親不至於有病；即有病，亦易痊愈。顒母在日，居恒未能左之右之，多有遺憾。厥後卧病半載，雖調護百方，哀禱備至，而知識短淺，暗於辨證察微，疎略之悔，何日忘之。若元受者，真顒師也，顒愧元受多矣。

新吾吕公母病，目失明，母故躁急，張目四望，一無所見，乃以頭觸壁，大號哭不食者三日。長垣唐氏，眼科名家也，迎之至，曰：「目忌火動，而躁若斯，何效之能臻？」公莫知所計。乃召瞽婦絃歌以娛之。積五日，稍稍下食，歌者辭窮，則更其人。或令説書，如前漢、前後齊、七雄、三國、殘唐、北宋之類。凡有瞽婦，無遠近必致之。如是者歲餘，而母漸平。其日候於側，則王、趙、朱、大張、小張五婦，而他方瞽婦之輪流往來者，尤不一其人。母以善養壽終，公孺慕不已，每生辰佳節，獻以家食，思其所樂，則令瞽婦絃歌侑食，四十年如一日。公痛母存日失明，見失目者乞食，則惻然憫之，給食倍於諸丐。童男則爲粥食，養一瞽師，教之説書卦卜，公又爲輯《子平要語》及勸世歌曲使教焉；女童則以屬瞽婦，教之絃歌，給其絲具器用，待其能自衣食，則就其相宜者配爲夫婦，聽其所之，不至號乞。公後筮仕山西，捧母像以往，朝夕嚴事。其《忌日祭文》略云：「嗚呼哀哉！兒在山西矣。兒今做官，母果不來矣。山高路險，兒實小心，母不掛念矣。事多身勞，每日一餐，母不憂慮矣。兒往年見罕稀事，異樣物，歸來張大以悦母心；兒近日多所見聞，歸無所告矣。夢中聞不是真語，紙上見不是真容，眼底心頭，恍惚相依，事母在此，兒無奈以爲真在此矣。攢筋奪杯，往年樂事，兒惟死後再得如此矣。昔也甘旨防侵，不能養老；今也甘旨常餘，不及養老，兒死有餘悔矣。」

觀呂公之絃歌娛母，錫類矜瞽，於我心有戚戚焉。其《忌日祭文》，皆家常語、肝膈言，比之李令伯《陳情表》，尤曲盡至情，字字痛惻，字字是顒心上事，顒之所欲言，呂公若代爲言之。每一展讀，未嘗不一字一淚，故備録之，時時藉以抒痛。

夏暘家世石工，爲人目不知書，而志行純篤。侍父同寢，必夾父溺器於懷温之，欲溲即以進。父卒，哀毀逾禮。既葬，奉其主如生，朝夕出入，事無大小，必啓而後行。母患厲疾久，暘侍湯藥，常在左右，未嘗一入妻室，衣不解帶者三年。母嘗思食荔子，暘家城外，夜又大雪，乃倉皇越城叩市肆，肆主憚寒不時起，暘泣於外，肆主感悟，亟起取付之。暘之子以小忿爲其弟毆至斃，暘恐傷母心，但含淚不言，人以爲難。

温父溺器，無異於古之温席扇枕。父亡事之如生，大小事必告而行，語稱「事亡如事存」，夏暘有焉。不謂一石工而乃能如是，知書者當拜下風，顒則願爲執鞭。

顧忻以母病，葷辛不入口者十載。鷄初鳴，即具冠帶，率妻子詣母室，候安問其所欲，如此五十年，未嘗離母左右。母老，目不能覩物，忻日夜飲泣祈天，刺血寫表，既而母目忽明，鐙下能縫衽，九十餘無疾而終。

定省而問其所欲，方是實際。

李瓊以販繒爲業，事母慇懃，夜常十餘起省母，惟恐母有不適。母喜食新，瓊百方求市，得必十倍酬其值。

李瓊以市井人而事母篤至，定省慇懃。汝顒試捫心自憶，亦嘗如此乎？母喜食新，必百方以市，汝亦嘗思母所嗜，時時畢備乎？今九原不可作矣，汝雖欲一夜百起，時供所嗜，何可得也？新物固未嘗不獻，其實母曷嘗親嘗。嗚呼！祭之豐，不如養之薄也，是故殺牛而祭，不若鷄豚之逮親存也。此子路有負粟之憾，而汝顒之所以不堪自問者也，噫！

曹良良，曹真予先生族僕，曹寧之子也，垂髫時以掃市搖箕爲生，每得毫釐，則爲父母具美味。稍長傭工，其父母不乏酒肉。先生聞而嗟嘆，作歌以表之，歌曰：「曹寧夫婦病且老，有子良良行孝道。苦筋竭力得毫釐，奉養雙親常温飽。我雖峨冠爲朝臣，睹此美行感懷抱。世上豈乏峨冠人，上天下地能論討。妻羅子綺愁不足，不爲父母添布襖。嗟爾良良是我師，願爾多壽多財寶。」

顒幼孤罕倚，既無一椽寸土之産，又不能竭力他營，致母朝不謀夕，度日如年，突恒無煙，腹恒枵餒，且無論酒肉非所敢望，即穀食亦不常得備，極人世不堪之艱危，未嘗有一日之温飽。斯人以童奴而能令父母酒肉不乏，是曹寧有子，而吾母無子。不孝顒實童奴之不若矣。三復斯歌，曷勝哀感！

吴邑之相城有一乞兒姓沈，年在中歲，每向人家乞食，凡所得多不食，而分貯之筒篚中。人見之初不爲意，久而問焉，則曰「將以遺老娘耳」，人始異之。潛偵其所爲，見乞兒至一岸旁，坐地出簞中所貯，整理之，擎至舡邊。舡雖陋而甚潔，老媪坐其中，乞兒登舟陳食母前，傾酒跪而奉之。伺母接杯，乃起跳舞唱山歌，作嬉笑以樂母，母意殊安之也。必母食盡，乃更他求自食，若無所得則受餒，終不先自食也。日日如之，如此數年。母死，乞兒始不見。

沈乞兒食母必歌舞以娱其心，汝顒亦嘗如此乎？不惟自愧曹良良，并愧此沈乞兒矣。

崇禎十三年大饑，人相食。襄城縣南門外有賣人市，有錢者買活人以食。一男子扶其父至市，頭插草標自賣，語人曰：「父生我一場，不能養，自亦必不得活，不如賣錢數十文，充父一飯。」時買者錢已交其父，立欲引去，孝子笑曰：「我既自賣，是不怕死，何忙？」遂別父以去。是時有一二義士見其狀憫之，急歸取錢擬贖，至則業已開剥無及矣。闔縣聞之，莫不爲之涕下。

崇禎十三年固是奇荒，而顒家則年年奇荒；十三年固爲大饑，而顒母子則日日大饑。里人憐其危甚，勸顒給事縣庭充門役；迨長，又導之習陰陽卜畫業他技，顒皆謝而弗爲，蓋恥於失身也。束手受困，致吾母居恒菜色槁形，屢瀕於危，雖幸出百死而得一生，實受千辛而歷萬苦。今觀斯人不難自賣殺身，尚且弗恤，區區失身，尤無足言。然則顒之疇昔膠柱，亦岌岌殆哉！今危過憶危，痛定思痛，愕然黯然，顒將何以爲心？嗚呼，大孝顯親，顒弗能矣；其次弗辱，顒弗能矣；其下善養，乃吾母曷嘗享顒一日甘旨之奉耶？悔憾無及，痛何可言！

右顒所感不止此，此特録什一於千百。一字一淚，不覺成帙，置之室榻，時時自閲自傷，搏胸自責。及門二三子謂録中諸事親之跡，足以儆人子而資勸懲，轉相鈔閲。顒曰鈔則一任鈔閲，要在鑒顒覆車，法其所宜法，戒其所宜戒，及時恪盡子職。子職無缺，斯子心無歉，不至如顚生爲抱憾之人，死爲抱憾之鬼，方不枉父母生身一場也。

不孝再識

盩厔三義傳識言

「盩厔三義」者，吾師二曲先生録其邑之義行三人，以表章而傳世者也。曷爲其義之也？爲人妻而節，爲人兄而友，爲人婦而孝，天之經，地之義也。三人者無愧焉，是所謂義妻、義兄、義婦也。曷爲其表章而傳世也？爲人妻，節其義而節，伊誰乎？爲人兄，友其義而友，伊誰乎？爲人婦，孝其義而孝，伊誰乎？而三人者無愧焉。是三人者，其死也爲有義而死，生也爲有義而生，而其名行，獨因其家世寒微而不彰，表之所以明其義，而示世之爲人妻、爲人兄、爲人婦者也。嗚呼！人盡妻也，人盡兄也，人盡婦也，而三人獨以義妻、義兄、義婦傳，生順而歿榮。嗚呼！三人者，只自知妻以節爲義，兄以友爲義，婦以孝爲義，方惴惴焉，惟恐其義之不盡，而愧爲人妻，愧爲人兄，愧爲人婦，豈嘗毫釐計及於大君子之表章，而竟爲大君子所表章，使其名行與日月争光。且人盡妻也，孰不可節；而且欲節，孰不能節？人盡兄也，孰不可友；而且欲友，孰不能友？人盡婦也，孰不可孝；而且欲孝，孰不能孝？而偏使三人者獨以義妻、義兄、義婦見重於大君子，而行名動鄉里，以傳後世！嗚呼，讀斯傳也，聞斯風也者，孝弟節義之心，可以油然而生，奮然而興矣！匪然者，必其無羞惡是非之心者則可耳。其録無閒生死者，死者蓋棺已定，生者其親已終，而事已既也。

古豐門人王心敬識

盩厔三義傳

二曲李顒中孚氏著

富平門人孫長階録
長安門人馮績先梓

餓死全節婦侯氏傳

侯氏者，小家女，辛寨傭人妻也，美姿容。夫騃甚，號「二十稜」。家貧，傭工而食。其父常以爲憾，每每大恚曰：「柰何使吾女嫁此不祥人！」氏垂泣解慰曰：「貧醜，命也，命其可逃乎？」居恒以縫紉佐傭，舅姑騃夫賴焉。

壬申，奇荒，殣骸相望。騃夫既無從傭食，而氏縫紉亦不行，突恒累日無烟。時里中鬻子賣妻者，纍纍相屬，舅姑憐氏妙齡忍餓，逼令改嫁圖生。鄰里惜其艷姿，亦且交相勸勉。氏心神無貳，輒峻拒曰：「餓死，命也，命其可逃乎？且今之疫染方熾，假令不餓而死，其或疫而死，將誰逃？」終不從，竟飢餓而死。聞者莫不歎息。

嗟乎，一傭人婦耳，本非禮義薰陶有素，又無門户體面之關，乃飢餒是甘，之死靡他，真閨中鐵漢，絶無而僅有。昔賢謂「餓死事小，失節爲大」，氏守節安命，寧餓死而不肯失身，大節凜然，足以愧天下之辱身喪節、畏死而偷生者矣！故不禁流連三復，而樂爲之傳。

王心敬曰：王蠋有云：「烈女不更二夫，忠臣不事二君。」而程正公先生又云：「餓死事小，失節事大。」生死，生人大事也；餓死也，而何以事小哉？明乎爲人婦之道，無異於爲人臣之道。爲人臣而失身，以事二君，則失其所以爲臣，失所以爲臣，則其生爲罔生；爲人妻而偷生，以事二夫，則失其所以爲婦，失所以爲婦，則其生爲罔生。夫罔而生，則雖生而猶死也。鄭義宗妻有云：「人類之所以異於禽獸者，以其有禮義也。」嗚呼，無義而生，夫且人而禽獸其心矣！此先民死或重於泰山之論，豈獨謂爲人臣係人國家大事，當死而不可不死者，示之以名義之重哉？雖子之於父，妻之於夫，亦猶是也。侯節婦生不必有詩書禮樂之教，而能見義分明，忍餓守節，確乎不移其操。推此心也，使節婦而爲人臣，必不懷二心以事其君。君存與存，君亡與亡，可生則生，可死則死，雖以赴鼎鑊湯火可矣。豈至有忘君苟活，舍義偷生，如史傳所載某某諸人者，始負文章之望，舉朝有國士之目，卒之背主事讐，靦涊偷生，甘心犬彘，而不羞爲萬世所唾罵者哉？嗚呼！夫子之録斯傳也，豈獨爲爲婦者立一處變故之準繩，直爲千古爲人臣子者，示一當人國家而遭時難爲之正則矣！則雖謂寥寥一傳，同《春秋》示世立教之大書特書可也。

難兄傳

余生而孤孑，別無兄弟。居恒見人家兄弟衆多，一室翕睦，未嘗不咏《常棣》之什，而泫然自傷。及見夫同氣恩薄，弟既不知天顯之義，弗克恭兄，而兄亦不念父母鞠子哀，大不友弟。至或一室操戈，而同體吴越者，則又未嘗不咏「鬩牆」之章，而慨然悼歎。蓋兄弟同出父母遺體，兄弟而恩薄，是自絶同氣，而傷父母之心也，尚得自列於人群乎？則如吾友終南趙君者，誼重天倫，少壯怡怡，而白頭彌篤，可不謂之難歟！

君名始復，子初其字，故中承尋齋公四世孫也。以明經家居不仕，與其弟大復自少至老，相倚爲命。出同行，入同息，朝夕饔飧，不集不食。裳衣冠履，陳在廳事，與弟共之，無常主。居恒稱謂，唯呼二哥，不名不字。家務世事，一力任之，備歷艱劇，終不以一毫嬰弟。故其弟得以逍遥自如，未嘗以一毫家務世事嬰懷。君應務之暇，聚首談笑，塤吹篪和，享人間至樂。弟或稍有弗適，君多方順適其意。弟或小恙，即痛若身經，晝夜診調，必平復而後安寢。生平子女無專愛，財貨無私蓄，家門雍睦，一室太和。邑人嘖嘖歎美，恒舉以律其子弟。昔薛包友愛，彪炳史册，膾炙千古。以君方之，殆有過無不及，可謂天倫之美事，叔世之難兄，余故表而傳之。既以自傷，且以告吾黨之爲人兄者。

孝婦傳

孝婦武氏，年十七歸孝廉張彤。相夫理家，才慧過人。未幾，孝廉亡，貧無恒産貲生。氏痛姑失依，代盡子職，居恒製履，市甘旨貲養，而粗糲自捱，凡所以先意承顔者，靡不備至。久之姑老，卧病泄瀉，日委頓無次，又其輾轉反側，非人不能動移。氏悉心調養，一飲一食，必潔手供饋。夜裏寢處一榻，不避臭穢，偎寒解熱，備極勞瘁，略無厭怠之色。迨姑歿，典衣購棺殮葬。終三年，蔬食自茹，哀毁不替。每遇佳節令晨，輒設位號啼終日，鄰里咸爲墮淚。論者以爲有漢陳孝婦風。今年三十有奇，守節已十餘年。子瞽女幼，煢煢相依，而冰操柏節，堅不可移，蓋其至性過人云。

舊歲，余聞武氏之孝，喜動顏色。正月既望，爲之呵凍録其孝行。草成，尚慮安勉或殊，名實未副，慎重其事，不敢遽布，藏之笥中久矣。近於親故傳聞中，得其純孝之詳，又其矢志守節，風操卓然，其他懿行，不勝更僕，有出於舊日所聞之外者，不覺愈爲擊節大叫曰：「邑中乃有斯婦乎！節孝雙全，人倫罕覯，可謂閨中絶無而僅有事！」遂重書之以表於世。

卷二十八

新刻司牧寶鑑敘

先是，靇嗣彙二曲夫子生平講學明道之書及他論著爲全集，司寇鄭山公先生倡，學憲高嵩侶先生相與協梓傳布。工竣後，獲覩是編，丁寧靇嗣曰：「此真救時良劑，輔世長民者之指南也。吾子叨第，將有民社之責，不可不奉以從事。」靇嗣藏之中心，方圖蒞任時壽諸棗梨，乃武功倪明府業已剞劂矣。蓋明府舊識夫子於東林書院，至是代理盩篆，他務未遑，竭誠造謁，退而亟詢未梓之書；得之，遂捐俸鋟布，以廣其傳。嗟乎！今之茂宰，簿書、期會之是理，已稱能吏，而明府獨惓惓留意於前哲循良之蹟，不惜捐貲問世。賈子曰：「移風易俗，使天下回心而鄉道，類非俗吏之所能爲也。」明府雅尚注厝如是，則其所以治武功者可知。宜乎邇來士林評吏治者，膾炙明府良法美意，不啻自其口出也。靇嗣既愧不能如明府好善之勇，而復喜覯政崇風教之大，君子於玆日奚翅空谷聞足音，而景星鄉雲之獲覩爲快也。遂忘其固陋，恭題數語於簡端，旌明府以誌吾過焉。

時康熙丁丑夏仲之吉，富平門人惠靇嗣沐手謹題

司牧寶鑑序

學以明體而適用也，學苟不適乎用，則

空談性命，卒無補於國計民生，天下後世亦安賴有若人哉。然體之不立而輕言用，不流於龐雜，即入於偏陂，縱才克肆應一時，而其究也不能無弊。惟體用相爲表裏，故「明德」即所以「新民」，「中和」自徵諸「位育」。尼山氏以布衣直接帝王之統，《問政》一章，彰彰明備，非明體適用之標準歟？

關中李中孚先生以聖學自任，雖隱居不仕，而當代名公鉅卿以及文人學士，多執弟子禮而受益焉。先生向就常郡駱公之請，於敝鄉東林書院倡明大道，學者蔚然奮興。時雝梧方在成童，未知執經問難。及長而勉就一氈，又以山川修阻，弗獲負笈從游。高山仰止，惟深嚮往之。兹量移武功，密邇先生之廬，亦以職守所羈，未遑請益。丁丑春，攝篆盩厔，始得摳衣晉謁。即其容，穆如也；聆其言，藹如也；讀其書，醇如也。既而出所著《司牧寶鑑》相示，則言言經濟，字字本源，於盤根錯節之中，具批郤導窾之妙。司牧者得是一編，以爲暗室中一炬，則利可興，弊可除，經可行，權可達，可以因時而補救，可以因地而制宜。

雝梧忝膺民社於饑饉流亡之後，方惴惴焉以弗克負荷是懼，雖學與仕兩者俱愧未優，而以仕爲學，則道無不貫，敢弗奉爲鑑而寶之哉？噫，先君子嘗著《法戒録》一編以訓我子孫，亦於居官一途以類相及，而是書尤爲專且詳焉。惟先生根極性命，體天德王道之全，故出其端緒，攸往咸宜，非空虛無用與泛言術數者比。於以明體，而體不爲無用之體；於以適用，而用不爲無體之用。其裨益於世道人心，而因以裨益於國計民生者，豈淺鮮哉！雝梧願勉爲良吏，尤願以仁人之言公之同好，爰急付之梓，而弁數言於篇首云。

康熙三十六年丁丑夏四月既望，錫山後學倪雝梧謹識

司牧寶鑑序

《司牧寶鑑》者，二曲先生十五年前所輯以貽知交也。先生雖鍵關養痾，而世道生民之念，夢寐相關。故其居恒非有關於人心風俗之言，不出諸口；非有關於人心風俗之事，不見諸行；非有關於人心風俗之實德實務，不以存諸心而告諸人。《匡時要務》一書，惓惓以講學救正人心爲吾儒第一義。其與當事諸君子往還贈遺書答及商榷治理之言，則懇懇望以實心實政，務底乎唐虞三代之舊。蓋先生之心，萬物一體之心；先生之學，萬物一體之學。嘗自言曰：「離人無所爲我，此心一毫不與斯世斯民相關，便非天地之心，便非大人之學，便是自私自利之小人儒，便是異端枯寂無用之學。吾輩須爲天地立心，爲生民立命。窮則闡往聖之絶詣，以正人心；達則開萬世之太平，以澤斯世。豈可自私自利，自隘其襟期。」噫，由斯言也，《西銘》一體之仁，《禮記》大道之公，《大學》明新至善之道，舉該於是矣。當塗之士，實充此意而見之猷爲，以不忍人之心，行不忍人之政，盛古郅隆熙皞之休，真不難再見，寧僅區區邦國郡邑之小康小效已哉！

是編止於郡邑，特《金匱》、《千金》之一方耳，曾何足爲先生傳，然藥期已疾，而言各有當。貪吏獵聲利，而先生獨取廉操；酷吏尚嚴刻，而先生獨取仁恕；俗吏重催科，而先生獨取撫字；刻吏取必三尺，而先

生獨重德化；文吏修飾外貌，而先生獨重躬行實踐。一藥真可去一疾，一方真可療一症，則是編雖約略數篇，而千古父母斯民者之寶鑑，莫尚於此矣。

初名《牧民須知》，友人改題曰《司牧寶鑑》。癸酉秋，心敬彙先生未刻舊稿，手録二册，什襲以藏，留爲吾黨出身加民者金鏡。惟是壽木無力，徒存篋笥，越人、仲景之方，不克布諸人閒，起痾回生，而徒祕之山厓石室，私心竊用，自愧自歉矣。

康熙三十二年癸酉七月朔日，鄠縣門人王心敬爾緝百拜識

小引

余閉户養痾，久與世暌，雖居恒絶口弗及世事，而世道人心，未嘗一日忘懷。覩風俗頽敝，私竊扼腕太息；遇生民阽危，不禁潸然悽愴。蓋根心之恫，有不知其所以然者。藥餌之餘，聊輯是編，以備牧民者寓目。庶因觀興感，因感生奮，自愛愛民，以實心行實政。德澤浹於民心，休聲垂於百世，方不枉大丈夫出身一場也。昔密邑、中牟、穀陽、桐鄉，皆以邑顯，所居民戴，所去見思，生有榮稱，没而奉嘗，登諸簡册，流馨無窮。彼其時位卿相，而名湮滅者，方此何啻霄壤？語曰「不習爲吏，視已成事」，今成事具在，有真正念切民隱，欲盡司牧之實者，儻取而鏡之，法其可法，而戒其當戒，則生民受賜多矣。一人如是，斯一方治；人人如是，斯四海治，世不雍熙，吾不信也。

土室病夫李顒識

司牧寶鑑

盩厔李顒輯　鄠縣門人王心敬録

真公諭屬

西山先生真公帥長沙，宴所屬官僚於湘江亭，作詩以勉之曰：「從來官吏與斯民，本是同胞一體親。既以脂膏供爾禄，須教痛癢切吾身。此邦素號唐朝古，我輩當如漢吏循。今日湘江一盃酒，便煩借作十分春。」又爲文以諭，聞者莫不感動，吏治爲之一變。兹節録其要於左。

某猬以庸虚，謬當閫寄，朝夕思所以仰答朝廷之恩，俯慰士民之望，而心長才短，必官僚協心同力，庶克有濟。區區輒有所懷，敢以布於左右。蓋聞爲政之本，風化是先。潭之爲俗，素以淳古稱。比者經其田里，見其民朴且愿，猶有近古氣象，則知昔人所稱，良不爲過。今欲困其本俗，迪之於善，已爲文諭告，俾興孝弟之行，而厚宗族鄰里之恩。不幸有過，許之自新，而毋狃於故習。若夫推此意而達士民，則令佐之責也。繼自今邑民以事至官者，願不憚其煩而諄曉之，感之以至誠，持之以悠久，必有油然而興起者。若民閒有孝行純至，友愛著聞，與夫協和親族，賙濟鄉閭，爲衆所推者，請采訪確實，以上於州，當與優加褒勸。至於聽訟之際，尤當以正名分、厚風俗爲主。昔密學陳公襄爲仙居宰，教民以父義母慈，兄友弟恭，而人化服焉。古今之民，同一天性，豈有可行於昔，而不可行於今？惟毋以薄待其民，民亦將不忍以薄自待矣。

此某之所望於同僚者也。

教化有司急務，而俗吏每多忽之，簿書之外，漫不關懷，其政可知。先生諭屬，首惓惓焉，急先務也。有師帥之責者，尚其鑒於斯。

然而正己之道未至，愛人之意不孚，則雖有教告而民未必從。故某願與同僚各以四事自勉，而爲民去其十害。何謂四事？

曰：律己以廉；

凡名士大夫者，萬分廉潔，止是小善，一點貪污，便爲大惡不廉之吏。如蒙不潔，雖有他美，莫能自贖，故以此爲四事之首。

撫民以仁；

爲政者，當體天地生萬物之心，與父母保赤子之心。有一毫之慘刻，非仁也；有一毫之忿疾，亦非仁也。

存心以公；

傳曰「公生明」，私意一萌，則是非易位，欲事之當理，不可得也。

涖事以勤。

當官者一日不勤，下必有受其弊者。古之聖賢尚日昃不食，坐以待旦，況其餘乎？不可不戒。

何謂十害？曰：斷獄不公；

獄者民之大命，豈可少有私曲。

聽訟不審；

訟有實有虛，聽之不審，則實者反虛，虛者反實矣，其可苟哉？

淹延囚繫；

一夫在囚，舉室廢業，囹圄之苦，度日如歲，其可淹久乎？

慘酷用刑；

刑者不獲已而用，人之體膚，即己

之體膚也，何忍以慘酷加之乎？今爲吏者，好以喜怒用刑，甚者或以關節用刑，殊不思刑者國之典，所以代天糾罪，豈官吏逞忿行私者乎！不可不戒。

汎濫追呼；

一夫被追，舉室惶擾，有持票之需，有出官之費，貧者不免舉債，甚者至於破家，其可汎濫乎？

招引告訐；

告訐即敗俗亂化之原，有犯者自當痛治，何可招引？今官司有受人實封狀，與出榜召人告首陰私罪犯，皆係非法，不可爲也。

重疊催税；

税出於田，一歲一收，可使一歲至再税乎？有税而不輸，此民户之罪也；輸已而復責以輸，是誰之罪乎？

科罰取財；

民間自二税合輸之外，一毫不當妄取。今州縣有科罰之政，與夫非法科斂者，皆民之深害也，不可不革。

縱吏下鄉；

鄉村小民，畏吏如虎，縱吏下鄉，猶縱虎出柙也。弓手士兵猶當禁戢，自非捕盜，皆不可差出。

低價買物。

物同則價同，豈有公私之異？今州縣有所謂行户者，每官司敷買，視市直率減十之二三，或不即還，甚至白取，民户何以堪此？

某之區區，其於四事，敢不加勉。同僚之賢，固有不俟丁寧而素知自勉者矣，然亦豈無當勉而未能者乎？傳曰：「過而不改，是謂過矣。」又曰：「誰謂德難厲，其庶幾賢不肖之分，在乎勉與不勉而已。」異時舉刺之行，當以是爲準。若至十害有無，所未詳知；萬一有之，當如拯溺救焚，不俟終日。毋狃於因循之習，毋牽於利害之私。或事關州郡，當見告而商榷焉。必期於去民之瘼而後已，此又某之所望於同僚者也。抑又有欲言者，夫州之與縣，本同一體，若長吏偃然自尊，不以情通於下，僚屬退然自默，不以情達於上，則上下痞塞，是非莫聞，政疵民隱，何從而理乎？昔諸葛武侯開府作牧，首以集衆思廣忠益爲先。某之視侯，無能爲役，然虚心無我，樂於聞善，蓋平日之素志。自今一道之利病，某之所當知者，願以告焉；某之所爲有不合於理，不便於俗者，亦願以告焉。告而適當，敢不敬從；如其未然，不厭反復，則湖湘九郡之民，庶乎其蒙賜，而某也庶乎其寡過矣。敢以誠告，尚其亮之。

　　當事者果虚心無我，樂於聞善，孰不樂告以善。集衆人之才識以爲才識，則其才識何可限量。若自恃才識，而好察不行，上下之情不通，自病病民，將有不可勝言者矣。智愚賢不肖之分，正在於此。

某昨者叨帥長沙，嘗以四事勸勉同僚，曰律己以廉，撫民以仁，存心以公，涖事以勤。而某區區實身率之，以是二年之閒，爲潭人興利除害者，粗有可紀。今者蒙恩起廢，再撫是邦，竊伏惟念所以達上恩而慰民望，亦無出前之四事而已，故願與同僚勉之。蓋泉之爲州，蠻貊聚焉，犀珠寶貨，見者興羡；而豪民巨室，有所訟愬，志在求勝，不吝揮金。苟非好信自愛之士，未有不爲所污染者。不思廉者士之美節，污者士之醜行。士之不廉，猶女之不潔；不潔之女，雖工容絶人，不足自贖；不廉之士，縱有他美，何足道哉！昔人有懷四知之畏，而却暮夜之金者，蓋隱微之際，最爲顯著，聖賢之教，謹獨是先。故願與同僚力修冰蘗之規，各厲玉雪之操，使士民起敬爲廉吏。可珍可貴，孰有踰此，此其所當勉者一也。

先儒有云：「一命之士，苟存心於愛物，於人必有所濟。」且以簿尉言之，簿勤於勾稽，使人無重疊追催之害；尉勤於警捕，使人無穿窬攻劫之擾，則其所濟，亦豈小哉！等而上之，其位愈高，繫民之休戚者愈大。發一殘忍心，斯民立遭荼毒之害；發一掊克心，斯民立被誅剥之殃。盍亦反而思之，針芒刺手，茨棘傷足，舉體凜然謂之痛楚，刑威之慘，百倍於此，其可以喜怒施之乎？虎豹在前，坑穽在後，號呼求救，惟恐不免。獄犴之苦，何異於此，其可使無辜者坐之乎？己欲安居，則不當擾民之居；己欲豐財，則不當朘民之財。故曰：「己所不欲，勿施於人。」其在聖門，名之曰「恕」，强勉而行，可以致仁。矧當斯民憔悴之時，撫摩愛育尤不可緩。故願同僚各以哀矜惻怛爲心，而以殘忍掊克爲戒，則此邦之人其有瘳乎？此所當勉者二也。

公事在官，是非有理，輕重有法，不可以己私而拂公理，亦不可骫公法以徇人情。諸葛公有言：「吾心如秤，不能爲人作輕重。」此有位之士所當視以爲法也。然人之情每以私勝公者，蓋徇貨賄則不能公，任喜怒則不能公，黨親戚、畏豪强、顧禍福、計利害，則皆不能公。殊不思是非之不可易者，天理也；輕重之不可踰者，國法也。以是爲非，以非爲是，則逆乎天理矣；以輕爲重，以重爲輕，則違乎國法矣。居官臨民而逆天理、違國法，於心安乎？雷霆鬼神之誅，金科玉條之禁，其可忽乎？故願與同僚以公心持公道，而不汩於私情，不撓於私請，庶幾枉直適宜，而無冤抑不平之歎。此所當勉者三也。

「民生在勤，勤則不匱」，則爲民者不可以不勤；「業精於勤，荒於嬉」，則爲士者不可以不勤。況爲命吏，所受者朝廷之爵位，所享者下民之脂膏，一或不勤，則職業隳弛，豈不上孤朝廷而下負民望乎？今之居官者，或以酣詠遨遊爲高，以勤强敏恪爲俗，此前世衰弊之風也，盛明之時，豈宜有此！陶威公有言：「大禹聖人，尚惜寸陰，至於衆人，當惜分陰。」故賓佐有以蒲博廢事者，則取而投之江。今願同僚體此意，職思其憂，非休澣毋聚飲，非節序毋出遊，朝夕孜孜，惟民事是力，庶幾政平訟理，田里得安其生。此所當勉者四也。

某雖不敏，請以身先，毫髮少渝，望加規警。前此官僚之閒，或於四者未能無愧，願自今始，洗心自新。在昔聖賢，許人改過，故曰「改而止」，儻猶玩視而不改焉，誠恐物議沸騰，在某亦不容苟止也。敢以誠告，幸察焉。

右西山先生諭屬文，言言懇惻肫摯，實萬世爲政之大經也。有官君子，宜各揭之座右，朝夕觀省，知其當然而責其身以必然，斯自愛愛人，無愧民牧矣。

吕公諭屬

新吾吕公巡撫山西，愛民真如保赤。特著《實政録》一書，頒之所屬，責成有司，以求實政。凡政務所關，及小民生計，區處靡不詳盡，痛快精確，秦漢以來僅見，誠經世碩畫，救時指南也。依而行之，天下唐虞三代矣。兹摘其諭屬明職之切於府州縣者於左。

公召太原所屬州縣掌印正官而諭之曰：宇宙之内，一民一物，痛癢皆與吾身相關，故其相養相安料理，皆是吾人之本分。《書》云：「山川鬼神，亦莫不寧，及鳥獸魚鼈之咸若。」魚鼈非吾同類，而且使之咸若，然猶曰彼有血氣心知，欲生惡死所同。鬼神奚賴吾人，山川有何知識，而亦使之亦莫不寧者何？蓋聖人以天地爲心，爲民生立命，心思既竭，仁愛無窮，必使乾坤清泰，海宇安寧，無一事不極其妥貼，無一物不得其分願，而後其心始遂。

伊尹，有莘之耕夫也，當隱居時，便樂堯舜之道。其言曰：「予弗俾厥后爲堯舜，其心愧恥，若撻於市。一夫不獲，曰『時予之辜也』。」夫君不堯舜，自有當其恥者；一夫不獲，自有任其辜者。而伊尹引爲己責，深自愧罪，只是真真切切，見那君民痛癢觸著，便自相干，而致君澤民。我又有此學術，是以孔席不暖，墨突不黔，汲汲皇皇，殷殷懇懇，只是這箇不忍的念頭放歇不下。吾輩七尺之軀，不短於古人；耳目口鼻、四肢百骸，不少於古人；六經四書，子史百家，至今大備，吾輩誦習，又多於古人。只似看得天下民物與我分毫無干，豈是這腔子中，天不曾賦與不忍人的一點良心？如何百姓痛癢全不關心，死活通不介意？

大段今之爲吏，品格不同。第一等人，有這一點惻隱真心，由不得自家，如親孃之於兒女，憂饑念寒，怕災愁病，日思夜慮，釣膽提心，温存體愛，百計千方。凡可以使兒女心遂身安者，無所不至，雖强制之不能，雖淡薄之不減。所以説先王有不忍人之心，斯有不忍人之政，心切而政生，慮周而政詳，雖欲歇手不得，此謂率其自然。第二等人，看得天地萬物一體，是我性分；使天下萬物各得所，是我職分。不存此心，便有愧於形骸；不盡此心，便不滿其分量。惓惓維世道，亟亟愛民生，以謂爲之自我，當如是耳，此謂盡其當然。但纔有勉强向道之心，便有精神不貫之處。第三等人，看得潔己愛民，修政立事，則名譽自章，不則毀言日至。士君子立身行己，名節爲先，奈何不自愛，是爲名而爲善者也。第四等人，守能潔己，而短於才心，知愛民而懦於政，可謂善矣，然毫無益於郡邑，安能爲有無哉？第五等人，志欲有爲而動不宜民，心知向上而識不諳事，品格無意，治理難成。第六等人，知富貴之可愛，懼擯斥之或加，有欲心而守不敢肆，有怠心而事不敢廢。無愛民之實，亦不肯虐；無向上之志，亦不爲邪，碌碌庸人而已。第七等人，實政不修，粉飾以詐善；持身不慎，彌縫以掩惡；要結能爲毀譽之人，鑽刺能降祥殃之竈。地方軍民之事，毫髮不爲；身家妻子之圖，慇懃在念：此巧宦也。近者大家成風，牢不可破矣。第八等人，嗜利耽耽，如集羶附腥；競進攘攘，如馳騎逐鹿；多得錢而好官我爲，笑罵由他笑罵耳：此明王之所不赦，明神之所必殛者也。

嗚呼！正學衰，世道絶，利達之錮習既成，惻隱之真心遂死，失所民物，付託何人？吾黨泄泄沓沓以苟富貴，世道傾頽，萬物愁歎，將遂任其所終乎？儻一深思，可爲慟哭，天生此身，豈爲酒肉之囊，錦繡之架哉？天生此民，豈爲士大夫之魚肉，官府之庫藏哉？儻一深思，可爲大愧。本院無能振拔，罪之魁也，諸君千萬努力！

仕宦有此八等，吾人自審果居何等？若遜一等而弗居，區區介於二三之閒，已爲無志，儻更瞠乎其後，將何以自立耶？噫，往者悔無及，來者猶可追，讀斯諭而興感，憬然悟，爽然失，勃然奮，洗腸滌胃，抖擻整頓，從新别做一番人，夫誰得而禦之？

知府之職

知府一身，州縣之領袖，而知州知縣之總督也。今之爲知府者，廉愛嚴明，公誠謹慎，便自謂好官，而課知府者，見其能是，亦以好官稱之矣。不知此八字者，知州知縣之職，而非知府之職也。知府無此八字，固爲不肖，僅有此八字，是增一好知州知縣耳。設府治、建府官之意，豈謂是哉？

爲知府者，或奉院司之科條，董督僚屬；或酌郡邑之利病，細與興除。所屬州縣掌印正官，及佐領合屬一切大小官員，有用刑不當者，持己不廉者，政不宜民者，怠不修政者，昏不察奸者，塗飾耳目者，虚文搪塞者，前件廢格者，阿徇權勢者，差糧不均者，催科無法者，收解累民者，竊劫公行者，奸暴爲害者，風俗無良者，教化不行者，倉庫不慎者，獄囚失所者，老幼殘疾失養者，聽訟淹濫者，橋梁道路不修者，荒蕪不治、流移不招者，衙役縱横不禁者，屬官如是，知府皆得以師帥之。師帥不從，知府得以讓責之；讓責不改，知府得以提問其首領吏書；提問不警，知府得以指事申呈於兩院該道。辟之一人，一肢病不得謂之完身；辟之一裘，一幅斜不得謂之完衣。所屬州縣有一不肖之吏，有一失所之民，有一不妥之事，不能安輯而處置之，尚得謂之完府乎？

務俾所屬之吏，廉愛嚴明，公誠謹慎，如我一身；所屬之政，廢興墜舉，弊革奸除，如我一堂；所屬之民，無一不得其所；所屬之物，無一不得其理。循良者署以上考，無論卑微；不肖者署以下考，無附炎熱。使屬吏知有府之可畏，不敢不守官；知有府之可服，不患不共命。如是而千里之封疆，凜凜風生；萬井之黎民，瀼瀼雨潤。知府之職，不當如是乎？夫帥之不能，知之當審，乃一切從厚徇情，而賚屬署考，十九稱賢。又極其粧點，無乃行私罔上，紀法不蕩然盡廢乎？賢太守其熟念之。

府職之責任如此，拊心自問，曠瘝與否，快歉自知。

知州知縣之職

士君子無濟人利物之心，則希清華、慕通顯，總之無益於蒼生，不若聽其求富貴。苟平生疾惡抱不平之氣，悲民懷欲救之心，朝興一利，而朝即澤被閭閻；夕除一害，而夕即仁流市井。隨事推恩，聽我自便，因心出治，惟我施行，則莫妙於知州知縣矣。

朝廷設官，自公卿以至驛遞，中外職銜，不啻百矣，而惟守令人稱之曰「父母」。

父母云者，生我養我者也。稱我以父母，望其生我養我者也。故土地不均，我爲均之；差糧不明，我爲明之；樹木不植，我爲植之；荒蕪不墾，我爲墾之；逃亡不復，我爲復之；山林川澤果否有利，我爲興之；訟獄不平，我爲平之；兇豪肆逞，良善含冤，我爲除之；狡詐百端，愚朴受害，我爲翦之；嫖風賭博，扛幫癡幼，我爲刑之；寡婦孤兒，族屬侮奪，我爲鎮之；盜賊劫竊，民不安生，我爲弭之；老幼殘疾，鰥寡孤獨，我爲收之；教化不行，風俗不美，我爲正之；遠里無師，貧兒失學，我爲教之；倉廩不實，民命所關，我爲積之；獄中囚犯，果否得所，❶我爲恤之；斛斗秤尺，市鎮爲奸，我爲一之；貧民交易，税課濫征，我爲省之；衙門積蠹，狼虎吾民，我爲逐之；吏書需索，刁勒吾民，我爲禁之；徵收無法，起解困民，我爲處之；遊手閒民，蕩産廢業，我爲懲之；異端邪教，亂俗惑民，我爲驅之；庸醫亂行，民命枉死，我爲訓之；士風學政，頹敗廢極，我爲興之；市豪積霸，專利虐民，我爲治之；揑空造虛，起禍誣人，我爲杜之；聚衆黨惡，主謀唆訟，我爲殄之；火甲負累，鄉夫騷擾，我爲安之；某事久廢當舉，我爲舉之；某事及時當修，我爲修之；民情所好，如己之欲，我爲舉之；民情所惡，如己之讐，我爲去之。使四境之內，無一事不得其宜，無一民不得其所；深山窮谷之中，無隱弗達；婦人孺子之情，無微不照：是謂知此州、知此縣。俾一郡邑愛戴吾身，如坐慈母之懷，如含慈母之乳，一時不可離，一日不可少，是謂真父母。

❶「所」，石泉彭氏本、静海聞氏本作「失」。

各官試自檢點，果能如是否乎？

耽詩賦者以豪放自高，好宴安者以嬾散自適，嗜驕泰者以奢侈自縱，工媚悦者剥民膏以事人，計身家者括民財以肥己。民生疾苦，昏昏絶不聞知；風俗美惡，夢夢那復理會。一般坐轎打人，前呼後擁，招摇大市，稠人之中，面目亦安否乎？意念無愧否乎？大街小巷，千百人環視，愛我乎？敬我乎？恨我乎？笑我乎？厭惡而鄙夷我乎？此不必揆之人情，一反己而可知矣。如此做官，果稱職否乎？

夫醫者之治人也，診其脈息，望其形氣，投以湯丸，曰：「一服去甚，再服却疾，三服減半，四服全愈。」病家驗之，日異而月不同，計期而卒有效，曰：「此良醫也。」若攜藥裹而來，守治數月，病無損於分毫，仍攜藥裹而去，何辭以復主人？守令到任之時，便察此郡邑受病標本，施治後先，何困可蘇，何害當除，何俗當正，何民當懲，何廢可舉，洞其病痛，酌其治法，日積月累，責效觀成。自初任以至去任，光景改觀幾何？民愁蘇醒幾何？政事修舉幾何？或享利於目前，或垂恩於永久，庶幾士民數其事而稱之曰：「吾父母到任以來，某事某事有功吾民。」吾臨去而自檢點之曰：「吾於地方興得某利，除得某害。」疲瘵之苦頓蘇，膏澤之施亦足；如此治民，即是良醫治病，何快如之。儻到任時地方是這般景象，離任時地方依舊是這景象，如此等官，虛享數月俸薪，無益百姓毫釐。試一省察，稱職廢職，兩院之獎薦，有愧無愧，戒劾有屈無屈；自有一點不死之真心在，又何暇計較考語優劣，歸咎他人誣陷哉！

言言警切，字字骨髓。必如此，方

是以實心行實政，方是民之父母，方爲無忝厥職。一有不盡，便是曠瘝，曾謂賢者而瘝曠乎哉？必不然矣。

有父母之責者，如果實心實政，此篇自宜揭之座右。時時閲則時時薰心，朝朝暮暮閲則朝朝暮暮感發。振委靡之氣，換塵俗之見，畢智慮，殫精力，何效弗臻？治績冠絶一時，聲稱超出尋常萬萬矣。

先賢要言

爲政大經大法，詳具真、吕兩先生諭中，範我後人，如規矩準繩，不可尚矣。然先賢警偏救弊，隨時致戒之散説足以爲鑒者，亦不可以莫之知也。謹列數則於左：

魏莊渠先生答俞獻可知縣曰：大丈夫欲致君澤民，不爲相則莫如爲令與守。近君者莫如相，近民者莫如守令，而令彌親矣，癢疴疾痛，無一而不相關也。賢者所至，塗炭者可使之枕席，小民戴之如君，親之如父母，上之人固將敬之，如九鼎大吕，山川若增而勝焉。能重此官者，在己不在人。

令之於民，果癢疴疾痛，一一相關，出塗炭而置之枕席，方不愧爲民父母，方是知重此官。

答黄汝玉曰：聞汝出宰江陰，且喜相去伊邇，政聲可日聞也。吾嘗謂今世仕宦，堪以廟食百世者，惟守令則然，令尤親民矣。然曠世僅僅一二見者，何哉？卑者汩利，高者騖名，而實惠及民者寡耳。汝爲民父母，其毋謂民頑，毋歎才短。民之頑歟，勿庸忿之，姑惟勸之。才之短也，勤以補拙，問以求助，屈己以求之，虛心以察之，皆有益於我也。守己潔廉，愛民懇惻。推此道也，蠻貊可行，矧文獻之邦耶？

「卑者汩利，高者騖名」，此兩言説盡古今通病。雖未必人人如是，其實如是者恒多，非夫特立實行之傑，吾誰與歸？

答利賓曰：爲守爲令，實惠務要及民。若能真愛民如子，民亦真愛我如父母矣，切忌不可用術。民至愚而神，爭以詐術應我，一不誠而萬有餘喪矣。才高之人，往往坐此而敗，況才短者乎？行有不得者，皆反求諸己。但憂誠之未至，不憂民之未孚也。

忠信可孚豚魚，況民乎？

答呂德曰：汝書惓惓問政，嗟乎，今之作縣，即孔門之爲邦也。但古有君道，漢猶有長道，今直僕道耳。此固法弊，亦由人弊。下焉者惟知漁利，人面而鬼心，此盜賊之行也。汝必不肯自污，亦不待吾勸戒。稍上焉者，但務名以干上司之知，其弊徒虛文，無惻怛之實，此市井之心也，吾不願汝爲之也。守身如玉之潔，如冰之清，而愛民也如父母之切，有不獲上下之心者乎！

徒虛文而無惻怛之實，此病亦多。一精白之心，純惻怛之實，是在賢者自勉耳。

東萊呂氏《官箴》曰：當官之法，唯有三事：曰清，曰慎，曰勤。知此三者，則知所以持身矣。❶然世之仕者，臨財當事，不能自克，常自以爲必不敗。持必不敗之意，則無不爲矣，然常至於敗而不能自已。故

❶「持」，石泉彭氏本、靜海聞氏本作「治」。

設心處事，戒之在初，不可不察。借使役用權智，百端補治，幸而得免，所損已多，不若初不爲之爲愈也。司馬子微《坐忘論》云：「與其巧持於末，孰若拙戒於初。」此天下之要言，當官處事之大法，用力寡而見功多，無如此言者。人能思之，豈復有悔吝乎？

歷觀古來以墨敗守者，其初皆自以爲必不敗者也；縱幸而得免，不明敗於王章，亦未嘗不陰敗於天譴。昔侯鑑爲江夏令，與勝緣長老居約有舊，每暇必訪，則必已爲具。一日延待殊闕，鑑怪問之，約曰：「公每到，土地必先報，此番不報，是以失待。」使問不報之由。是夕，約復得夢曰：「侯鑑合作宰相，與吾有統攝，故報。今受胡氏白金六十兩，枉斷一事，天曹已削相名，與吾無統攝，故不報。」由斯以觀，則凡律身不謹，冥冥之中，默有以乘除者何限，特人不覺耳。吁，可畏也哉！

張希孟曰：古之爲政者，身任其勞，而貽百姓以安；今之爲政者，身享其逸，而貽百姓以勞。己勞則民逸，己逸則民勞，此必然之理也。憚一己之勞，而使闔境之民不靖，仁人君子其忍爾乎！昔子路問政，而聖人告以先之勞之無倦。嗚呼，此真萬世爲政之格言也歟！吏佐官治事，其人不可缺，而其勢最親。惟其親，故久而必至無所畏；惟其不可缺，故久而必至爲奸，此當今之通病也。欲其有所畏，則莫若自嚴；欲其不爲奸，則莫若詳視其案也。所謂自嚴者，非厲聲色也，絕其饋遺而已矣；所謂詳視其案者，非吹毛求疵也，理其綱領而已矣。蓋天下之事，無有巨細，皆資案牘以行焉，少不經心，則奸僞隨出，大抵使不忍欺爲上，不能欺次之，不敢欺又次之。夫以善感人者，非聖人不能。故前輩謂不忍欺在德，不能欺在明，不敢欺在威。於斯三者，度己所能而處之，庶不爲彼所侮矣。

諸吏曹勿使縱游民間，納交富室，以泄官事，以來訟端，以啓倖門也。暇則召集講經讀律，多方羈縻之，則自然不横矣。

段伯英嘗宰鉅野，民有犯法受刑者，每爲泣下。或以爲過，希孟聞之嘆曰：「人必有是心，然後可以語王政。且獨不聞古者亦有禁人於獄而不家寢者乎？要皆良心之所發，非過也。」

以上當官者不可不知。

牧政往蹟

前數篇已盡牧民之實，此則牧民之蹟也。歷代膺牧民之任而無愧其職，彪炳史册者，不勝更僕。聊揭數人見其概，以作牧民榜樣。

段堅知福山縣。福山故僻邑，堅以德化民，刊布小學諸書，令邑人講誦，復以詩歌興之，必欲變其風俗。或謂其迂闊不能行，堅獨謂：「天下無不可化之人，世間無不可變之俗。」嘗有詩曰：「天下有材皆可用，世間無草不從風。」始終不少懈，由是陋俗丕變，海邦島嶼，渢渢乎有絃誦風。以薦超陞知萊州府，治萊如治福山。時召州縣官與燕，俾言志歌詠以申政教。未期月，萊人大化。

段公加意風化如此，可謂知所先務。有師帥之責者，安得人人盡如此公，則風動時雍，處處可爲熙皞矣。

張需知霸州。霸當順天、河間之中，近

畿輔，民游食者多，生業凋殘。需至，集里老究悉其故，於是每里置簿，列户各報男女大小口數，派其合種粟麥桑麻，及女紅紡績之具，畜牧雞豚之數，偏行勸諭。暇則親至村落，取其户簿驗之，缺者有罰。且多方鼓舞，民皆樂從，勤立生業，里鮮游惰。不再期民俱有恒産，生理日滋，民用殷富。

　　守令之職，不出教養二端；而教養之實，久已不見不聞其有舉行者。教則不過申飭鄉約，了一故事；養則并故事亦不了，惟知刻意繭絲，誰肯留心樹桑？張公獨能以是爲務，得致治之本矣。職司民牧者，不可不是則是效。

海瑞知淳安縣，愛民如子，視錢如讐，攜二蒼頭，自耕官地以食。性鯁直，不畏强禦，豺狼破膽，丰節耿介，爲近代第一人，比之包閻羅。

　　海公風力絶俗，固非吾人所敢望，然亦不可不勉。

徐九思知句容縣，御吏甚嚴，人人惴恐，於法不敢有所舞。約束僚佐，毋得擅攬訟及需賦民錢，而捕按其用事左右。每受訟牒，必命其人與親識偕，往往和處；其不即和處者，面諭使之心服。間一抶之，數不過十，毋置獄。然至於武斷力兼之輩，不盡法不止也。諸所催科受役，預爲之約；過期而不至者，俾里三老逮而笞責之，終不遣一隸卒下鄉，隸卒列庭下如木偶。積九載，遷工部主事。將行，民號泣强留，彌月不得發。度不可留，咸曰：「幸惠訓我，使我奉之如奉公。」九思揮淚曰：「我無以訓而曹，惟勤與儉及忍耳。儉則不費，勤則不隳，忍則不争，保身與家之道也。」生平不嗜肉食，唯噉菜佐脱粟。又畫一青菜於堂曰：「古不云乎，民不可有此色，士不可無此味。」至是，父老刻所畫菜，而書「勤儉忍」於上，曰：「此徐公三字經也。」家肖像而尸祝之。

自古未有不便於民而曰善政，不得民心而稱循良者。徐公之令句容也，其心惻然爲民，其政藹然便民。故其得民之深，真猶家人父子。三復其蹟，不覺斂衽。

顧光遠知泰和縣，俗好訟，每坐堂，訟者雨集。光遠乃爲文勸諭，親書木榜，長數丈，譬曉諄切，民争來觀，觀已輒去，不訟者什二。又俾訟者居譙門上，思三日然後得訴，思不三日，去不訟者過半矣。擇吏淳謹者一人，置簿受獄詞，而勾稽其始末，民誠負冤，方爲剖理，非誠負冤，願悔自止者聽不問。未幾，民不復訟。

此法頗妙，依此法而行之，訟者若猶不去，大則據理斷遣，小則委鄉約公評。如是則大事化細，細事化無，訟不期息而自息矣。

王印長知澤州，實心實政，治行爲天下第一，民戴之如私親，去後相與尸祝不替。公嘗作《愛錢歌》，揭示通衢曰：「非我不愛錢，我愛誰不愛。敲骨吸人髓，天理良心壞。逼人賣田宅，把來我置蓋。逼人鬻妻孥，把來我養賴。逼人揭銀錢，把來我放債。人哭我喜歡，有些不爽快。我見愛錢人，當身遭禍敗。又見愛錢人，子孫爲乞丐。空落愛錢名，唾駡千年在。我有愛錢方，人己兩無害。少喫一隻雞，可買五日菜。少穿一疋綢，舉家有鋪戴。儉用勝貪圖，吾鼎猶當愛。」讀此數言，可想見其操履矣。

任楓知靈石縣，其治行與王公相似，所題署中諸對聯，亦與《愛錢歌》同類，附録於此，以存典型：

天理人情不遠，爲公爲私，畢竟爾民共見；催科撫字並行，其難其慎，只是此心勿欺。

精神耗簿計，罪過多端，真有愧於匹夫匹婦；面目付風塵，奔走不暇，又何怪乎呼馬呼牛。

君子重廉恥，無廉則無恥，事事檢點，休留下千年唾駡；好官貴仁明，不仁由不明，時時省察，要知道百姓艱難。

常是庭前多錯爲，入來自覺羞琴鶴；若教門内有私竇，出去如何對士民。

民間苦千孔千瘡，退食常懷憂慮；漏屋嚴十指十視，獨坐更覺恐惶。

此公揭此自警，時切冰兢，惟恐一念或錯，一事失宜，貽悔中心，貽羞地方。此方是以實心行實政。

王永命知某縣，矢公矢慎，其示尤膾炙人口，附録於後：

一切火耗，盡行禁革。百姓赴櫃納糧，俱照部頒法馬平戥，自封投櫃，不許一毫耗折。儻有守櫃官役摇惑，仍前耗折等弊，爾民即時鳴鑼喊禀，以憑重懲。

本縣一奉簡書，即將鋪墊等項，預行捐除。今除火耗已經示革外，其各項攤派名色，一并盡行革除。季長衙役，不得分毫影射。

本縣刑贖不加，易生訟心，豈非本縣原以愛爾等者，反以擾爾等乎？不思官長縱甚愛我，贖鍰縱不累我，鞭朴縱不及我，而一字公門，九牛難拔，以致票差勾索之繁擾，審訊守候之苦愁，將幾貫汗血金錢，費如泥沙，並多少正經生涯，盡成耽閣。想到此間，睚眦小忿，何怨可結，何仇不解，乃甘自沈苦海也。

諸色工匠，不過末務餬口。若令供應官役，平日既無工食之設，臨時又無工價之費，彼竭蹶在官者，固不敢辭，復不敢言，而嗷哺待室，究亦何堪？如修城之舉，公務也，亦必記日計工，隨人償價。至本縣衙舍一切雜役，俱照民間平僱，隨工見發，斷無片紙隻字拘迫爾等。爾等儻稱官役索騙幫貼，或被告發，或被訪知，定行重治。

預免鋪墊文

新官到來，必有一番鋪墊；百姓承接，便添幾許窮愁，此從來陋規，實難拔弊種。衙舍之動用有數，地方之乘借無窮，色色取之行户，衙役視爲固然；絲絲派之民間，里季習若常事。是朝廷設一吏，課此一邑治，尚未知所治而先受其侵；小民望一官，興此一方利，將未見所利而已得其害。上干功令，下擾窮民，司牧之謂何，寧其出此乎？況生性守貞介之操，讀書識節愛之義，繩牀木榻，必屬親攜，饌具茶爐，無非自辦。拜命之始，遷土之瘠，遷民之苦，已歷歷在心目中矣，何得從損下之費，重煩我父老爲也？至於涖任之後，一縷一絲，皆照時估；一黍一粒，皆發現錢。以及隨行執事，公出供應，徹底自備，無擾我民。凡皆體朝廷愛養百姓至意，敢曰矯避廉譽而不行吾志也？儻有里役人等故爲朦混，巧生科斂，爾等各有身家，各有性命，弊端所在，大法隨之，斷不惜爾等一家之哭，遺我百姓一路之哭也。吞刀飲灰，滌盡腸胃，慎之勿忽。

欲做好官，須是恤民；果實實恤民，民方見德。恤民之實，固不止於此，而此則其大端也。臨民者誠若是，斯近悦遠服而頌聲作，人人愛之如父母，敬之如神明矣。

救急單方

絳州辛復元先生著。先生自序曰：「吾晉頻年加師旅，因饑饉死者肝腦塗地，生者骨肉各天，仳離情狀，悽愴不忍言。予手援不得，坐視不安。噫，致是源本，誰復肯遡，可奈何？或曰拔本塞源，不敢望矣。聞之醫書，謂急則治其標，子盍留意？予曰然，謹擇一二單方，敬爲治標者一助。」

首方

季康子患盜，問於孔子。孔子曰：「苟子之不欲，雖賞之不竊。」

夫子此言，今人未必不笑爲迂談。試觀今日寇賊爲何而起，全爲好貨財、貪聲色、遊手任俠之夫。又使之衣食不足，所以潰決不可收拾。究其所以致是者，蓋不可不知其故矣。果肯猛然一醒，將身心徹底澄清，所以培民衣食之源者在此，所以興民羞惡之良者在此，所以奠國家磐石之安者在此。若不從此清理，是揚湯止沸，而不去薪，日張皇，日危迫矣。

夫子告康子「不欲」二字，未亂行之，可保不亂；既亂行之，可保復治。

又方

王陽明先生開府豫章，置二匣於行臺前，榜曰：「求通民情，願聞己過。」

先生無我如此，此大知也，大仁也，大勇也。今日上下蒙蔽，情不疏通，肯法陽明先生，除去自家尊倨體態，廣張告示，凡民閒疾苦，軍情急務，諸人願條陳者，俱許條陳，公門不得攔阻。擇其善者行之，勿露何人條陳，言不可從，姑置之。合衆人之聰明識見，以爲己之聰明識見，則不患知謀不過人而生民塗炭不可救也。

此方在今日可通服，但恐求治不切，牙關緊閉，不肯下咽耳！若求治誠切，實實肯服，則聞所未聞，爲益匪尠。

民有欲惡，惟民知之，如人有痛癢，自家獨曉，若不告人，誰便理會，即與摩搔，亦何得便到痛癢之處？凡境内有何利當興，何害當除，令各據實自陳，從長計議，斟酌施行。如是而地方不大治，政事不卓越，吾不信也。

附按院公移

巡按山西監察御史馮爲公務事，照得絳州儒學廪生辛全著有《救急單方》，本院從輿中閲之。其言援據明確，俱救時篤論。書生中乃有此人，不覺爲之心折矣。爲此仰府官吏，即動本院贖銀，制大木扁，上書「隱居求志」四字，左列本院銜名，右書本生姓名，用鼓吹導送本生，以見本院採聽善言之意。仍將《單方》梓印一百册送院。其紙及印刷工食，亦在院贖内支用。完日具繇繳查，須至票者。另有頒行各州縣公移。

馮按臺一見此方，即頒布通省，樂於聞善如此，則其居官可知。否則犯其所忌，鮮不以爲迂而擲之，閱猶不肯終篇，況肯以之勵人耶？賢哉！此公士林傳爲美談，宜矣。

卷二十九

重刊四書反身録識言

蜀中《反身録》之刻頗多，而《大學》有缺焉，《下論》有缺焉，《孟子》之缺尤多，《續録》則全未有也。《二曲集》刻工既竣，釀資尚餘，因借善本梓之，亦譜荃趙君意也。丁卯二月，上浣牛樹梅并識。

序

理學與世運相表裏，自堯舜開道統之傳，至我夫子而集大成，删述六經，垂教萬世，若日月之經天，江河之行地，而斯道賴以常存。迨戰國異端並興，孟子辭而闢之，論者至謂其功不在禹下。秦漢以來，千有四百餘年，乘之以佛氏，亂之以莊老，汩没於風雲月露之詞，廢墜於干戈搶攘之際，而斯道或幾乎息。有宋賢君繼作，世際雍熙，大儒乘運而起，濂溪倡之於前，二程張朱推挽於後，發明絶學，内外同歸，斯亦三代以還，文明再覩之一時矣。自是承流嗣響，代不乏人，而關中接横渠之緒，名賢接踵而起，五百年間，凡三十餘人，嗚呼盛已！迄明末造，風會中蝕，而關學獨以醇正稱於天下。

恭遇我國家治化翔洽，講道崇儒，中孚李先生崛起盩厔，其言以「躬行實踐」爲基，「反本窮源」爲要，嘉惠後學，開導迷津，闡往聖之心源於浸昌浸熾之會，斯真可與弇山鳴鳥，同昭盛世之光華。顧以家世食貧，養親不逮，痛自刻責，絶意功名，築堊室獨處，時人罕接其面。尤矢志謙退，不欲以著述自居。四方學者每從問答之餘，輯其所聞，各自成帙。其高弟王心敬朝夕侍側，敬從口授，集爲《反身録》一書。先生舉以授余，余反覆卒讀，大要以士人童而習之，襲其糟粕而不悟，其指歸欲學者反身循理，致知力行。其指約，其趨端，其論説質實而不涉於高遠。横渠有言曰：「爲天地立心，爲生民立命，爲往聖繼絶學，爲萬世開太平。」其先生是書之謂也。

余學臣也，亦與有斯文之責。竊意學校爲教化之源，撰士爲儲材之本，煌煌功令，務先德行而後文藝；乃士子徒工佔畢，以冀主司一日之知，海棗春華，都無實際，聖賢之精意，久已湮没。誠使是書布之學宫，士子從身心研究之餘，有得於明體達用之學，于以宣猷宏化，黼黻休和，登斯世於唐虞，豈曰小補？是則余割俸授梓之意也夫！

康熙二十有五年歲次丙寅清和月，三秦視學使者淝水許孫荃題於上郡考院

四書反身録引

四書之在天下，猶日月之經天，而陸沉於讀者之口耳，其來久矣。二曲先生起而拯之，力掃道聽塗説之陋，以「實反諸身」爲天下後世倡。其《反身録》一書，凡進修之要，性命之微、明體適用之大全、内聖外王之實際，靡不一一開關啓鑰，合盤托出，蓋欲讀者深體力踐，爲一己樹真品，爲國家樹真才，爲千秋扶綱常，翊世運。識者謂有天

地則不可無四書，以葆天下之人心；有四書則不可無朱注，以釋四書之疑義；有朱注則不可無斯録，以挽天下之人心。斯録未出，四書雖家傳户誦，無異「告朔之羊」，名存而實亡；斯録一出，則四書誦不徒誦，人知所奮，可謂取日虞淵，揭之中天，中興四書之功埒於始初表章，夫固有不可得而誣者矣。足發凝神三復，不忍釋手；歷閲從前諸大儒闡道覺世之書，實未有明快透髓，豁人心目一至於斯者。昔季札請觀六代之樂，至《韶》則喟然嘆曰：「至矣！盡矣！無以復加矣！雖有他樂，不願觀也。」今足發於斯録亦云。故讀先生斯録，如見先生之心；見先生之心，如見孔、曾、思、孟之心。心心相印，若合符節。地非所論，時非所論，學者當日用常行之際，語默動静，誠是體是遵，舊染污習，濯以江漢，暴以秋陽，方不負吾先生「反身」之教，方是善讀四書。

河汾李足發沐手謹書

弁言

自二曲夫子倡明絶學，士始知詞章記誦之外原自有學，相與嚮往二曲，猶百川之趨海。夫子獨啓迪不倦，然未嘗標宗旨、立門户，惟就各人所讀之四書，令其切己自反，實體力詣；一言一動，稍有不合，則惕然自責。不汩訓詁，不尚辭説，務期以身發明。迨癸丑閉關以來，宴息土室，即骨肉至戚，罕覿其面。近年獨爾緝王子朝夕起居得侍左右，蓋以其英齡志道，棄功名如敝屣，穎悟絶倫，操履純篤，故特容入侍，有問必答，王子隨聆隨記，名曰《四書反身録》。

語語晰迷破惑，如拯溺救焚，其憂之也深，故其言之也切，使孔、曾、思、孟淑世覺人之初意，賴以復振，有補於世教匪尠。稶士焚香静對，慚悚汗下，追思夙昔四書之讀，不堪自問。因觀興感，人同此心，斯録一出，觀者既廣，則感者自衆，必有憬然悟、爽然失、勃然奮者，迴狂瀾於既倒，障百川而東之，端在斯矣。

同州門人馬稶士沐手謹識

識言

《四書反身録》者，録二曲先生教人讀四書、反身實踐之語也。先生嘗謂：「孔、曾、思、孟立言垂訓以成四書，程朱相繼發明表章四書，非徒令人口耳也，蓋欲讀者體諸身，見諸行，充之爲天德，達之爲王道，有體有用，有補於世也。國家頒四書於學宫，以之取士，非徒取其文也，原因文以徵行，期得實體力踐，德充道明，有體有用之彦有補於世也；而讀之者果體諸身、見諸行，充之爲天德，達之爲王道，有體有用，有補於世乎？否則誦讀雖勤，闡發雖精，而入耳出口，假途以干進，無體無用，於世無補，夫豈聖賢立言之初心，國家期望之本意耶？」於是感慨救弊，力障狂瀾，居恒教人一以反身實踐爲事。小子恭侍函丈，特蒙提誨尤諄，日獲聞所未聞，退即隨手劄記，自夏至冬，不覺成帙。然遺忘不及記者甚多，特存什一於千百，鍼砭韋弦，奉以自勗，并爲同讀四書者勗。

鄠縣受業門人王心敬頓首百拜識

四書反身録序

關中徵君李二曲先生昌明正學，爲國朝巨儒。康熙癸丑，制府鄂公上言，于是天子特旨徵先生。先生稱疾不就，杜門著述，日于四書考究聖賢精意，切己自反，以身發明。久之門人王子心敬輯其前後問答之語，遂成一書，名曰《四書反身録》，今歲丁卯，特爲郵寄，蓋霞與先生有通家好，故以見示也。

明崇禎末，督師汪公喬年討賊至襄，先王父以軍門贊畫，與先生先子忠武將軍同佐汪公城守，同與難，而先大人暨諸父又與先生爲昆弟交。庚戌冬，先生過襄招父魂以葬，時主于予家，拜予王母于堂上如家人禮，大人爲經紀其葬事，割地營宅兆、起丘壟，復樹豐碑表於道，題曰「義林」。霞時尚少，大人命之出拜，嘗侍立左右云。先生既去，歲以所著書種種見寄，大人亦以所學相酬答，雖千里睽隔而音書不絶，歷數年以爲常。洎大人捐館，霞亦稍長，知向學，而季父與先生共昌道學，因得復讀先生所著書。今者以《四書反身録》示下，蓋所以訓誨者深矣。

霞受而卒讀反復，不忍釋手，因竊歎四子之書乃孔、曾、思、孟内聖外王之具，明體達用之學，而古今常存、人心不死者恃有此也。以故國家設科取士特重經書，蓋欲世之學者實踐力行，而體用備具之儒，得以羅而貢之大庭。是則聖賢之所以垂教萬世，與國家之所以儲養真儒，惟篤行是尚，而不在乎詞章句讀語言文字閒也。然而四書之在今日，固已家傳户誦，未之有異矣；而求其紹聖賢之學，以慰國家之望者，抑何寡乏耶？ 豈非以窮年誦讀者，僅視爲口耳之具、進身之階哉？ 噫！ 此先生《反身録》之所由作也。人而不知「反身」，雖讀四書，終屬皮毛。迨斯録一出，世之學者，庶不徒事佔畢，則聖賢立言之旨昭然于世，而爲理學、爲名臣，窮不失己、達則兼善之儒，吾知其將接踵而起矣。其有功于聖賢，有裨于國家，夫豈微哉？ 泖水四山許公視學三秦，讀而好之，爲授梓傳布焉。予雖固陋，從事理學頗久，承先生之教，誼不容以無言，故爲序之，以告世之讀四書者，其各「反身」焉可也！

中州後學劉青霞肅林甫頓首敬撰

四書反身録序

《反身録》何？ 録二曲徵君李夫子之所恒言者也。其以四子書何？ 非疏四子也，於其言之有合於四子，或時感於四子之言，而偶有所發，其諸門人小子筆而存焉，以爲可以示家塾、告遠近也云爾。夫世之號爲讀書知古者，齷齪駔儈之流無論已；吾徒章甫逢掖，閒或賢豪自命至雄辯也，而明師慈父之所誨，聖君良相之所求，童而習之，迄於白首，試一自問：果皆孝子乎？ 友於兄弟乎？ 忠於君、信於朋友乎？ 不妄語，不冥行，不私妻子，不懷詐僞，財無苟得，難無苟免，絶奔競，恥干謁，不辱親負國，爲武夫臧獲所羞稱乎？ 今夫子之爲此書也，約略易簡，如良醫知疾，直達腠理，鍼之熨之，骨髓皆痛。人人有身，即人人宜反，勿矜訓詁，勿尚詞説，亦如虢太子之遇越人，蹶蘇而起，斯可耳；不然則利禄而已矣，名譽而已矣，儒服賈行穿窬而已矣，侮聖人之言而已矣！

戊辰上元，莘後學河山康乃心敬撰

反身録跋

二曲先生讀書立德，直達性天，故能剖破朱陸藩籬，而上接鄒魯之統。其説書也，切近精實，純正縝密，有雍容自得之味，無駭遽張皇之氣。學者尊其言而一返之於身焉，其亦可以不差矣。

中州後學潛谷張開宗書

二曲先生讀四書説

四書，傳心之書也。人人有是心，心心具是理，而人多昧理以疚心。聖賢爲之立言啓迪，相繼發明，譬適迷途，幸獲南車，宜循所指，斯邁斯征。乃跬步未移，徒資口吻，終日讀所指、講所指，藻繪其辭闡所指，而心與指違，行輒背馳，欲肆而理泯，而心之爲心，愈不可問，自負其心，而並負聖賢立言啓迪之苦心。噫，弊也久矣！

吾人於四書，童而習之，白首不廢，讀則讀矣，只是上口不上身。誠反而上身，使身爲仁義道德之身，聖賢君子之身，何快如之！吕新吾云："聖賢千言萬語，説的是我心頭佳話，立的是我身上妙方，不必另竭心思，舉而措之，無往不效。而今把一部經書當作聖賢遺留下富貴的本子，矻矻終日，講讀惓惓，只爲身家，譬如僧道替人念消災禳禍的經懺一般，念的絶不與我相干，只是賺些經錢食米來養活此身，把聖賢垂世立教之意辜負盡了。有道之士仔細思量，笑死！愧死！」斯言切中吾人通病，吾人所宜猛省。

一士問四書疑義，先生謂之曰：「吾子是行至此致疑乎？抑徒誇精闘奥，以資講説已耶？夫《大學》之要在格、致、誠、正、修，吾曹試切己自勘，物果格乎？知果致乎？果意誠、心正、修身以立本乎？《中庸》之要在戒慎恐懼，涵養於未發之前，子臣弟友，盡道於日用之際；吾曹試切己自勘，果或静或動，兢兢焉惟獨之是慎乎？果於子臣弟友盡道而無歉乎？《論語》之要在於時學習；吾曹試切己自勘，果明善乎？果復初乎？果存理克欲，視聽言動之復禮乎？言果一一忠信，行果一一篤敬，「三畏」、「九思」之咸事乎？《孟子》之要，在知言、養氣、求放心，吾曹試反己自勘，言果知乎？氣果養乎？放心果收乎？不擇純駁，惟資見聞，恐非知言之謂也；不懲忿窒慾，集義自反，恐非養氣之謂也。纔辨方甲，即以獵榮網譽爲務；多材多藝，衹以增其勝心。日鑿日喪，放猶不足言也，四書之設，果欲吾曹之若是乎？五霸者，三王之罪人也，然則吾曹日讀四書，而不能惟其言之是踐，雖欲不謂之孔、曾、思、孟之罪人不可也。昔有一士千里從師，師悉出經書，期在盡授，甫講一語，其士即稽首請退，浹月弗至。問之，對曰：「未盡行初句，弗敢至也。」必如此，始可謂善讀，始可謂實踐。

一人肯反身實踐，則人欲化爲天理，身心平康；人人肯反身實踐，則人人皆爲君子，世可唐虞，此致治之本也。區區於讀四書者，不能不拭目以望。

二曲先生口授　鄠縣門人王心敬録

大學

《大學》，孔門授受之教典，全體大用之成規也。兩程表章，朱子闡繹，真文忠公衍之於前，邱文莊公補之於後，其於全體大用之實，發明無餘藴矣。吾人無志於學則已，苟志於學，則當依其次第，循序而進，亦猶農服其先疇，匠遵其規矩，自然德成材達，有體有用，頂天立地，爲世完人。

吾人自讀《大學》以來，亦知《大學》一書爲明體適用之書，《大學》之學乃明體適用之學。當其讀時，非不終日講體講用，然口講而衷離，初何嘗實期明體，實期適用，不過藉以進取而已矣。是以體終不明，用終不適，無惑乎茫昧一生，學鮮實際。

明體適用，乃吾人性分之所不容已，學而不如此，則失其所以爲學，便失其所以爲人矣。

朱注謂「大學者，大人之學」，則知學而不如此，便是小人之學。清夜一思，於心甘乎？甘則爲之，否則不容不及時振奮，以全其性分之當然。

明體而不適於用，便是腐儒；適用而不本於明體，便是霸儒；既不明體，又不適用，徒汨没於辭章記誦之末，便是俗儒：皆非所以語於《大學》也。

吾人既往溺於習俗，雖讀《大學》，徒資口耳，今須勇猛振奮，自拔習俗，務爲體用之學。澄心返觀，深造默成以立體；通達治理，酌古準今以致用，體用兼該，斯不愧鬚眉。

問體用。曰：「明德」是體，「明明德」是明體；「親民」是用，「明明德於天下」、「作新民」是適用。格、致、誠、正、修，乃明之之實；齊、治、均、平，乃新之之實。純乎天理而弗雜，方是「止於至善」。

「明德」即心，心本至靈，不昧其靈，便是「明明德」。心本與萬物爲一體，不自分彼此，便是「親民」。心本「至善」，不自有其善，便是「止至善」。

「明德」之在人，本與天地合德而日月合明，顧自有生以來，爲形氣所使，物欲所蔽，習染所污，遂昧却原來本體，率意冥行，隨俗馳逐。貪嗜慾、求富貴、慕聲名、務别學，如醉如夢，如狂如癡，即自以爲聰明睿智，才識超世，而律之以固有之良，悉屬昏昧。故須明之，以復其初。親師取友，咨決心要，顯證默悟，一意本原。將平日種種嗜好貪著，種種凡心習氣，一切屏息，令胸次纖翳弗存，自然净極復明，徹骨徹髓，表裏昭瑩，日用尋常，悉在覺中。

昔顯仲問象山云：「某何故多昏？」象山曰：「人氣禀清濁不同。只自完養不逐物，即隨清明；纔一逐物，便昏眩了。人心有病，須是剥落；剥落一番，即一番清明。後隨起來，又剥落，又清明，須是剥落得净盡方好。今吾人平日多是逐物，未嘗加意剥落，口談『明明』，心原不曾『明明』，雖欲不昏，得乎？當時時提醒，勿令昏昧，日充月著，久自清明。」

清明在躬，氣志如神。惻隱羞惡，辭讓是非，隨感輒應，不疾而速，不行而至，萬善自裕，無俟擬議。

問：「明德」、「良知」有分別否？曰：無分別。徒知而不行，是明而不德，不得謂之良。徒行而不知，是德而不明，不得謂之知。就其知是知非，一念炯炯，不學不慮而言，是謂「良知」；就其著是去非，不昧所知，以返不學不慮而言，是謂「明德」。曰「明德」，曰「良知」，一而二，二而一也。

心之爲體，本虛本明，本定本靜；祇緣不知所止，遂不能止其所止。隨境轉遷，意見横生，以致不虛不明，不定不靜，未嘗安所當安，是以不能慮所當慮。須是真參實悟，知其所止而止；止則情忘識泯，虛明不動，如鏡中象，視聽言動，渾是天機。

知止不難，實止爲難。吾人終日講學，講來講去，其於所止非全不知，然志向未嘗專精，世緣未嘗屏息。初未嘗實止其所止，

心何由常寂而常定、至靜而無欲、安安而不遷、百慮而致之一乎？此心既未定貼寧靜，安固不摇？「憧憧往來，朋從爾思」，思慮紛擾，天君弗泰，學無下落、無結果，學問之謂何？

學問之要，全在定心；學問得力，全在心定。心一定，靜而安，寂然不動，感而遂通，廓然大公，物來順應，猶鏡之照，不迎不隨，此之謂「能慮」，此之謂「得其所止」。

靜中靜易，動中靜難。動時能靜，則靜時能靜可知矣。是故金革百萬之中，甲科烜赫之榮，文繡峻雕之美，財貨充積之盛，艱難拂亂之時，白刃顛沛之際，一無所動於中，方是真靜。

吕原明晚年習靜，雖驚恐危險，未嘗少動。自歷陽過山陽，渡橋橋壞，轎人俱墜浮於水面，有溺死者，而原明安坐轎上，神色

如常。後自省察較量，嘗言十餘年前在楚州，橋壞墮水中時，微覺心動；數年前大病，已稍勝前；今次疾病，全不動矣。故學問得力與不得力，臨時便見。此公臨生死而不動，世閒何物可以動之乎？吾人居恒談定談静，試切己自反，此心果定果静，臨境不動如此公否？

宇宙内事，皆己分内事，「古之欲明明德於天下者」，是盡己分内事。

古人以天下爲一家，億兆爲一身，故「欲明明德於天下」。今則一身一家之外，便分彼此，明明德於一鄉一邑，猶不敢望，況明明德於一國、明明德於天下乎？

古人爲學之初，便有大志願、大期許，故學成德就，事業光明俊偉，是以謂之「大人」。今之有大志願、大期許者，不過尊榮極人世之盛；其有彼善於此者，亦不過硜硜自律，以期令聞廣譽於天下而已。世道生民，究無所賴，焉能爲有？焉能爲亡？

范文正公自做秀才時，便以天下爲己任，雖與「古之欲明明德於天下者」德性作用與氣魄作用不同，然志在世道生民，與吾人志在一身一家者，自不可同日而語。

「古之欲明明德於天下者」，是己欲立而立人，己欲達而達人；即欲即仁，此欲何可一日無？吾人非無所欲，然不過欲己富，欲己貴，欲己壽考，欲己不朽；即欲即私，此欲何可一日有？

吾人立志發願，須是砥德礪行，爲斯世扶綱常、立人極，使此身爲天下大關係之身，庶生不虛生，死不徒死。

「格物」乃聖賢入門第一義，入門一差，則無所不差，毫釐千里，不可以不慎。「物」即身、心、意、知、家、國、天下；「格」者，格其誠、正、修、齊、治、平之則。《大學》本文分明説「物有本末，事有終始」，其用功先後之序，層次原自井然，「古之欲明明德於天下」與「物有本末」是一滚説。後儒不察，遂昧却「物有本末」之「物」，將「格物」「物」字另認另解，紛若射覆，争若聚訟，竟成古今未了公案。今只遵聖經，依本文，認定爲身、心、意、知、家、國、天下之「物」，從而格之，循序漸進，方獲近道。「格物」二字，即《中庸》之「擇善」，《論語》之「博文」，虞廷之「惟精」。「博文」原以「約禮」，「惟精」原以「執中」，「格物」原以「明善」。大人之學，原在「止至善」，故先格物以明善。善非他，乃天之所以與我者，即身、心、意、知之則，而家、國、天下之所以待理者也。本純粹中正，本廣大高明。涵而爲「四德」，發而爲「四端」，達而爲「五常」。見之於日用，則忠信篤敬，九思九容，以至三千三百，莫非則也。如此是善，不如此是惡，明乎此，便是「知致」。知致則本心之明，皎如白日，善惡所在，自不能掩，爲善去惡，自然不肯姑息，此便是「意誠」。以此正心則心正，以此修身則身修，以此治國則國治，以此平天下則天下平，即此便是「止至善」，便是「明明德於天下」。若舍却「至善」之善不格，身、心、意、知、家、國、天下之理不窮，而冒昧從事，欲物物而究之，入門之初，紛紛轇轕，墮於支離，此是博物，非是「格物」。即以身、心、意、知、家、國、天下言之，亦自有序，不能究其身、心、意、知，而驟及於家、國、天下之理，猶是緩本急末，昧其先後，尚不能近道，況外此乎？今須反其所習，舍去舊見，除四書五經之外，再勿泛涉，惟取《近思録》、《讀書録》、高景逸《節要》、《王門宗旨》、《近溪語要》，沉潛涵泳，久自有得，方悟天之所以與我者，止此一「知」，知之所以爲則者，止此「至善」。虚靈不昧，日用云爲之際，逐事精察，研是非之幾，析義利之介，在在處處，體認天理，則誠正之本立矣。夫然後由内而外，遞及於修齊之法，治平之略。如《衍義》、《衍義補》、《文獻通考》、《經濟類書》、《吕氏實政録》及會典律令，凡經世大猷、時務要着，一一深究細考，酌古準今，務盡機宜，可措諸行，庶有體有用、天德王道一以貫之矣，夫是之謂「大學」，夫是之謂「格物」。否則，誤以博物爲「格物」，縱博盡羲皇以來所有之書，格盡宇宙以内所有之物，總之是鶩外逐末。昔人謂「自笑從前顛倒見，枝枝葉葉外頭尋」，此類是也。喪志愈甚，去道愈遠，亦祇見其可哀也已。

問：「身、心、意、家、國、天下可以言『物』，而『知』亦言物乎？」曰：古詩謂：「有物先天地，無形本寂寥。能爲萬物主，不逐四時凋。」由斯以觀，則「知」非「物」而何？有此「物」而後能物物，亦猶乾坤雖與六子並列，而其所以爲尊者，固自在也。

「格物」，下學也；格物而格得此「物」，下學而上達矣。

此物未格，則主人正寐，借「格物」以醒主；此物既格，則主人已醒，由主人以「格物」。

識得「格物」者是誰，便是洞本徹原，學見其大。

果返觀默識，洞徹本原，始信我之所以爲我。惟是此知，天賦本面，一朝頓豁，此聖胎也。戒慎恐懼，保而勿失，則意自誠、心自正，齊治均平於是乎出。有天德自然有王道，夫焉有所倚？

知與不知，乃是一生迷悟所關。知則中恒炯炯，理欲弗淆，視明聽聰，足重手恭。施於四體，四體不言而喻，「溥博淵泉，而時出之」，萬善皆是物也。否則昏惑冥昧，日用不知，理欲莫辨，茫乎無以自持，即所行或善，非義襲，即踐迹，是行仁義，非由仁義，此誠、正、修所以必先「致知」也。致知而致得此知，方是復還舊物，克全固有之良知。聞見知識之知，終屬螟蛉。

知爲一身之本，身爲天下國家之本，能修身便是「立天下之大本」。在上則政化起於身，不動而敬，不令而從；在下則教化起於身，遠邇歸仁，風應響隨。

修身立本，斯一實百實，空言虛悟，濟得甚事？世固有穎悟，度越前哲，而究竟不免爲常人者，知而不行，未嘗見諸修爲故也。

聖如成湯，猶銘盤致警，檢身若不及，日新又新，無瞬息悠悠。吾人多是悠悠度日，故息自棄。聖之所以聖，愚之所以愚，病正坐此。

面有垢，衣有污，則必思所以洗之；乃身心有垢有污，不思所以洗之，何哉？

修身當自「悔過自新」始，察之念慮之微，驗之事爲之著，改其前非，斷其後續，使人欲化爲天理，斯身心皎潔。

念慮微起，「良知」即知，善與不善，一毫不能自掩。知善即實行其善，知惡即實去其惡，不昧所知，心方自慊。若知善而不肯實行其善，知惡而不肯實去其惡，自知而自昧之，非自欺而何？

學問之要，只在不自欺，無爲其所不爲，無欲其所不欲。初則勉然而然，久則自然而然。

自欺與不自欺，君子小人之所由分，即人鬼之所由分也。不自欺便是君子，便是出鬼關、入人關；自欺便是小人，便是出人關、入鬼關。吾人試默自檢點，居恒心事果俯仰無怍，出鬼關、入人關乎？抑俯仰有怍，出人關、入鬼關，終日在鬼窟裏作活計耶？人鬼之分不在死後，生前日用可知。

大庭廣衆則祇躬礪行，閒居獨處即偷惰恣縱，迹然而心不然，瞞昧本心，支吾外面，斯乃小人之尤，身未死而心先死矣！雖然衣冠言動，其實是行尸走肉。

縱心於幽獨，自謂無人見聞，不思人即不見不聞，而天之必見必聞，未嘗不洞若觀火。故一念之萌，上帝汝臨；一動之非，難逃天鑒。人惟忽天、昧天、不知天，是以欺己欺人無忌憚。誠知上天之降鑒不爽，則懍然日慎，返觀内省之弗暇，又何至申節昭昭，墮行冥冥？

爲善不密，多由名譽起見，故爲名譽而爲善，是有爲而爲也。有爲而爲，縱善蓋天下，可法可傳，聞望隆重，聲稱洋溢，舉世之所羨，正神明之所瞋也。此所謂人之君子，天之小人。

人之小人，明有人非；天之小人，陰有天譴。總之，皆心勞日拙，「自貽伊戚」。

念及「自貽伊戚」，獨知不可不慎，若慮情移境奪，理欲迭乘，不妨祈監於天。每旦爇香叩天，即矢今日之内，心毋妄思，口毋妄言，身毋妄動。一日之内，務要刻刻嚴防，處處體認。至晚仍爇香，默繹此日心思言動有無僞妄：有則長跽自罰，幡然立改；無則振奮策礪，繼續弗已。勿厭勿懈，以此爲常，終日欽懍，對越上帝，自無一念一事可以縱逸。今日俯仰無怍，浩然坦蕩於世上；他日屬纊之時，檢點平生，庶不至黯然消沮，自貽伊戚於地下，存順没寧，何慊如之？

尹和靖初看《大學》有所得，舉以告伊川，伊川曰：「如何？」和靖但誦「心廣體胖」而已。今吾人讀《大學》不爲不久，不審亦有所得否？亦灑然有以自樂，心廣而體舒否？

「不識不知，順帝之則。」一有意必固我之私，則心爲所累，不免忿懥、好樂、恐懼、憂患之偏，便不得其正。

如鑑照物，如谷應聲，行乎無事，不隨不迎。若未至而先迎，既至而不化，前後塵相積，鑑暗谷室，其爲心害不淺。

心體本虚，物物而不物於物，廓然大公，物來順應。如是則雖酬酢萬變，而此中寂然瑩然，未嘗與之俱馳。即此便是心正，便是先立其大。否則物交物，隨物而馳，馳於彼則不在於此，有所在斯有所不在。

薛文清公每晚將就枕時，必自呼曰：「主人翁在室否？」此可謂善存心者。

敬是心法，能敬則心常惺惺，自無不在。

持身須是嚴整而渾厚，簡易而精明。視聽端凝，言動不苟，久自「睟面盎背」，四體泰然。

「九容」以修其外，「九思」以修其內，內外交修，身斯修矣。

修其身爲道德仁義之身，聖賢君子之身，擔當世道之身，主持名教之身，方不孤負其身，方是善修其身。

身爲型家之準，身若不修，則家無所準，雖欲齊，烏乎齊？昔曹月川先生居家，言動不苟，諸子侍立左右，恪肅不怠，則是子孫化也；夫人高年，參謁必跪，則是室家化也；兄愛弟恭，和順親睦，則是兄弟化也；諸婦皆知禮義，饋獻整潔，無故不窺中庭，出入必蔽其面，則是婦女化也；鈴下蒼頭皆知廉恥，趨事赴工，不大聲色，則是僕隸化也。此豈聲音笑貌爲之哉？由是觀之，吾人亦可以知所勵矣。

居家果言有物而行有恒，無親愛賤惡等辟，家人自心悦誠服，一一聽命惟謹。

居家事父母，須感格妻子，同心盡孝。冬温夏清，晨昏定省，怡怡祗奉，務承其歡。待兄弟宜以父母之心爲心，友愛篤至。中閒有賢有愚，賢者是敬是依，愚者多方化誨，即或冥頑難化，亦須處之有方，斷勿忿疾以致決裂。

《易》云：「閑有家，悔亡。」故必事事律之以義，維之以情，使閨門之内肅若朝廷，藹若一身，方是好家道。

父母不順，兄弟不睦，子孫不肖，婢僕不共，費用不節，莫不起於妻。家之興敗，全係乎妻，能齊其妻，方是能齊其家，斯家無不齊。

居家教子，第一在擇端方道誼之師，教以嘉言善行，俾習聞習見，庶立身行己，一軌於正。

陸賀治家有法，晨昏伏臘，男女各以其班供職，儉而安，莊而舒，薄而均。子九齡繹先志，著儀節品式，名曰《家制》行焉，使雋者不敢踔厲，樸者有所依據，順弟之風，被於鄉閭，而聞於天下。子九韶又以訓誡之辭爲《韻語》，晨興，家長率衆子弟謁先祠畢，擊鼓朗誦，使列聽之，其家教如此。吾人誠倣其意，取司馬温公《家訓》及曹月川《家規》撮其要，每朔望集家衆宣讀，以教其家，務齊其家爲勤儉禮義之家，清白仁厚之家，自然福壽綿遠，此之謂是善齊家。

治國平天下，必須純一無僞。赤心未失之大人，率其固有之良，躬行孝弟仁慈，端治本於上；民孰無良，自感格蒸蒸，興孝興弟，不倍風動於下。上下協和，俗用丕變，孟子所謂「人人親其親、長其長而天下平」者此也。此至德要道，於治國乎何有？

問：「後世在上者亦有孝弟仁慈之人，而俗不丕變、國不大治者，何也？」曰：後世在上者，雖閒有孝弟慈之人，未免從名色上打點；若果天性真孝、真弟、真慈，則愛敬根於中，和順達於外，一舉足不敢忘父母，一出言不敢忘父母。推之待人接物，涖事臨民，不敢刻薄一人，不敢傲慢一事，而國有不治者乎？至誠而不動者，未之有也；不誠，未有能動者也。

「樂只君子，民之父母。」「父母」云者，視民如子，生之養之，所好如己之欲，務思所以聚之，所惡如己之讐，務思所以去之。惟恐一事失宜，一民失所，因心出治，至誠惻怛，宰一邑，則一邑之民戴之如父母；牧一郡，則一郡之民戴之如父母；撫一省，則一省之民戴之如父母；君天下則天下之民戴之如父母。山川草木亦藉以生色矣。

「平天下」，平其好惡而已。不作好，不作惡，好惡一出於公則政平，政平而天下平矣。

好惡不公，由君心不清；君心之所以不清，聲色、宴飲、珍奇、禽獸、宮室、嬖倖、遊逸爲之也。君若以二帝、三王自期，以度越後世庸主自奮，以建極作則，治登上理爲事，自無此等嗜好而心清；心清斯好惡公，好惡一公，則理財、用人事事皆公，與天下同其好惡而合乎天下人之心。「無偏無黨，王道蕩蕩。無黨無偏，王道平平」；「會其有極，歸其有極」，此之謂「天下平」。

問：「『財聚則民散』，固矣；然國家正供，所入有限，安能以有限之財散之百姓？」曰：只不使掊克之人在位橫斂，正供之外，不求羨餘，不別巧取；鰥寡孤獨、顛連無告之人，時加存卹；水旱饑疫，流離失所之民，亟圖賑救，不事虛文，務求實效。即此便得民心，民豈有不聚乎？

平天下莫大乎用人，而相則佐君用人以平天下者也。相得其人，則相所引用之人俱得其人，故必極天下之選，擇天下第一人而相之，以端揆於上，休休有容，好賢若渴，拔茅連茹，衆正盈朝，爲斯民造無窮之福，子孫尚賴其餘澤。相苟不得其人，妨賢妬能，蠹政害民，釀宗社無窮之禍，子孫尚受其餘殃，唐之李林甫、盧杞便是覆車。然則置相可不慎乎？

「無他技」，非全無技也；若全無技，何以識人之技也？惟其有技而自忘其技，若無若虛，以天下之技爲技，悉心採訪人物，凡一材一藝之長，必貯之夾袋，公論僉同，則矢公矢慎，極力推轂，務在得人爲國，不樹私門桃李，即此便是宰相大技。

周公爲相，下白屋，一沐三握髮，一飯三吐哺尚已。其在後世，若諸葛武侯之相蜀，開誠布公，體國如家，日孜孜以人才爲事，微長必録，雖讐不廢。下此如崔祐甫爲相，推引薦拔無虛日，作相二百日，除官八百人。李吉甫入相，咨於裴垍，曰：「報國惟在進賢。」吉甫流落江湖，一旦入相，人才多所未諳，垍乃取筆疏二十餘人，數月之閒，所用略盡。王旦薦人，人未嘗知。此雖與古一德大臣不可同日而語，然能獎進人才，較之貪權固位、止知有己而不知有人者，猶爲彼善於此。

見賢而不能舉，蓋未見而浮慕其名高，既見而心厭其不阿，往往目爲迂闊，不復省録。如漢孝武之於董子、申公，宋寧、理之於晦菴、西山，始則温旨招致，隨即棄置散地；其所眷注不衰者，公孫弘、桑弘羊，韓侂胄、史彌遠一班逢迎容悦之臣而已。好尚如此，致治奚由？

問：「必如何而後謂之賢？」曰：道明德立，學具天人，是謂道德之賢；識時達務，才堪匡世，是謂經濟之賢。道德之賢，上則舉之置諸左右，俾專講明古聖帝明王修己治人大經大法，朝夕啓沃，隨機匡正；次則舉之俾掌國學，督學政，師範多士，造就人才。經濟之賢，上則舉之委以機務，俾秉國成，獻可替否，默平章奏；次則舉之隨其器能，任之以事，分理庶務。其有職業不修者退之，以儆素餐；蠹政病民者罪之，以肅百僚；元惡大憝，則依「四凶」之例，以雪蒼生之憤。舉措當，好惡公，方不拂人之性。

平天下者，「以義爲利」，則惟義是好，上倡下效，大義浹於人心；人心既附，則元氣自固，三代之所以享國長久者此也。「以利爲利」，則惟利是好，剥民自奉，人心不附，元氣不固，則國祚不永，前五代、後五季是也。

問：「『平天下』若全不言利，則經費不足，亦何以平天下？」曰：三代亦此天下，三代以後之天下，亦此天下，三代之天下，經費何以足？三代以後之天下，經費何以每患其不足？亦可以思其故矣。蓋三代之天下經費儉，儉則恒足；三代以後之天下經費奢，奢則不足。今且勿論三代，姑以漢之天下言之，漢初尚鮮鹽茶征榷之入，文景又屢下寬卹之詔，蠲民租税而經費不患不足者，靈臺惜百金之費，不輕營造，後宫無錦繡之飾，凡百有節，是以財貨充積，貫朽粟紅。故有天下者，能以文景爲法，經費亦何患不足耶？

問：「紀綱、制度、禮樂、兵刑，皆治平所關，乃『平天下』傳略不之及，何也？」曰：有了本，不愁末。「平天下」傳言「先慎乎德」，言理財用人，「以義爲利」，以端出治之本，本立則綱紀、禮樂、制度、兵刑因事自見；若本之不立，縱紀綱、制度、禮樂、兵刑一一詳備，徒粉飾太平耳。宇文泰之於周、唐太宗之於唐，治具非不粲然可觀，而治化果何如哉？貞觀之政，雖幾致刑措，然本源不正，既無天德，又安有王道？此正所謂五霸假之，乃有識者之所羞道也。

卷三十

中庸

《中庸》，聖學之統宗，吾人盡性至命之指南也。學不盡性，學非其學；不顧諟天命，學無本原。盡性至命，與不學不慮之良，有一毫過不及，便非「中」；與愚夫愚婦之知能，有一毫異同，便非「庸」。不離日用平常，惟依本分而行；本分之内，不少愧歉，本分之外，不加毫末，此之謂「中庸」。

自堯舜以「執中」授受，人遂認爲聖賢絶詣，非常人所可幾；却不知常人一念妥貼處與堯舜同，即此便是「中」，能常常保此一念而不失，即此便是「允執厥中」。人心上過不去，即堯舜心上過不去者，然則「中」豈外於日用平常乎？惟其不外日用平常，方是「天下達道」。

天生吾人，厥有恒性，五德具足，萬善咸備，目視而明，耳聽而聰，口言而從，心思而睿，惻隱、羞惡、辭讓、是非，隨感輒應，不思不勉，自然而然。本無不率，其或方然而忽不然，有率有不率，情移境奪，習使然也。能慎其所習，而「先立乎其大」，不移不奪，動静云爲，惟依良知良能，自無不善，即此便是「率性」。火然泉達，日充月著，即此便是「盡性」。斯全乎天之所以與我者，不負天之所命，而克副天心。

吾人一生，凡事皆小，性命爲大；學問喫緊，全在念切性命。平日非不談性説命，然多是隨文解義，伴口度日，其實自有性命，而自己不知性，不重命，自私用智，自違天則，性遂不成性，而命靡常厥命。興言及此，可爲骨慄。誠知人生惟此大事，一意凝此，萬慮俱寂，炯炯而常覺，空空而無適，知見泯而民彝物則，秩然矩度之中，毫不參一有我之私。成善斯成性，成性斯凝命矣，此之謂「安身立命」。

問：「識性方能率性，若不先有以識之，雖欲率，何從率？」曰：識得識是誰識，便知率是誰率。識得良知便是「性」，依良知而行，不昧良知，便是「率性」，便是「道」。知良知之在人，未嘗須臾離，則知道原未嘗須臾離，形雖有不睹不聞之時，而良知未嘗因不睹不聞而少離。所以「戒慎恐懼」者，不使良知因不睹不聞而少昧也。迹雖有隱有微，而良知昭昭於心目之間，見莫見於此，顯莫顯於此，自省自惕，自葆其知，斯不愧夫知。

天與我此性，虛靈不昧，無須臾之少離；天昭鑒我此性，凜凜在上，無須臾之或離，雖欲不懼，其可得乎？「昊天曰明，及爾出王。昊天曰旦，及爾游衍」，真無一時一刻而可忽。

「戒慎恐懼」，正是「顧諟天之明命」，惟恐心思念慮少有縱逸，不合天心。

「上帝臨女，毋貳爾心。」小心翼翼，時顧天命，何敢悠悠，自忽幾微。

君命、親命、師命尚不可忽，況天命爲吾性之所自出，天鑒不爽，天威莫測，敢不畏乎？敢不兢兢祗敕、是毖是律乎？隨時隨處，無在敢忽，閒思妄念，何自而萌？

問：「《中庸》以何爲要？」曰：「慎獨」爲要。因請示「慎」之之功，曰：子且勿求知「慎」，先要知「獨」，「獨」明而後「慎」可得而言矣。曰：「注言『獨者，人所不知而已所獨知之地也』。」曰：不要引訓詁，須反己實實體認，凡有對，便非「獨」，「獨」則無對，即各人一念之靈明是也。天之所以與我者，與之以此也。此爲仁義之根，萬善之源，徹始徹終，徹内徹外，更無他作主，惟此作主。「慎」之云者，朝乾夕惕，時時畏敬，不使一毫牽於情感，滯於名義，以至人事之得失，境遇之順逆，造次顛沛，生死患難，咸湛湛澄澄，内外罔間，而不爲所轉，夫是之謂「慎」。

「中和」只是好性情。

學者全要涵養性情，若無涵養，必輕喜輕怒，哀樂失節。

喜怒哀樂未發時，性本湛然虚明，猶風恬浪静，水面無波，何等平易。已發氣象，一如未發氣象，便是太和元氣。常令心地虚豁，便是未發氣象，便是「中」，便是「立天下之大本」。

平日工夫，若實實在未發前培養，培養得果純，自不爲喜怒哀樂所移。

未發時，此心無倚無著，虚明寂定，此即人生本面，不落有無，不墮方所，無聲無臭，渾然太極。延平之「默坐體認」，體認乎此也；象山之「先立其大」，先立乎此也；白沙謂「静中養出端倪」，此即端倪也。未識此須静以察此，既識此須静以養此，静極而動，動以體此；應事接物，臨境驗此。此苟不失，學方得力，猶水有源、木有根，有源則千流萬派，時出而無窮；有根則枝葉暢茂，條達而不已：此之謂立「天下之大本」。然静不失此易，動不失此難。昔倪潤從薛中離講學，夜深，中離令潤去睡，五更試静坐，後再講。次日，中離問坐時何如，曰：「初坐頗覺清明，既而舟子來報風順，請登舟，遂移向聽話上去，從此便亂。」今吾人此心一向爲事物紛拏，静時少，動時多，而欲常不失此，得乎？須屏緣息慮，一意静養，静而能純，方保動而不失，方得動静如一。

每日鷄鳴平旦，須整衣危坐，無思無慮，澄心反觀，令此心湛然瑩然，了無一物，唯一念炯炯，清明廣大；得此頭緒，收攝繼續，日閒應事，庶不散亂。古人云「一日之計在於寅」，此乃吾人用功最緊要處。但此緒凝之甚難，散之甚易，自朝至午，未免紛於應感，宜仍坐一番以凝之。迨晚，默坐返觀：日閒果内外瑩徹、脱灑不擾否？務日日體驗，時時收攝，久而自熟，打成一片，寂而能照，應而恒寂，蔽之不能昧，擾之不能亂，已發恒若未發矣。

静而如此，便是「未發之中」；動而如此，便是「中節之和」。一時如此，便是一時「中和」；一日如此，便是一日「中和」；終其身常常如此，則全是「中和」，性學至是成矣。

性情中和，便是好性情。性情好的人，到處可行，故爲「天下之達道」。性情不好的人，雖處一家一鄉，動輒乖戾，况一國、况天下乎？

「位育」，乃性情實效，慎勿空作想象。性情中和的人，見之施爲，無不中和：以之齊家，則一家默化，一家太和；以之處鄉，則鄉黨孚化，一鄉太和；以之治國平天下，則經綸參贊，一本德性，化理翔洽，風動時雍，兩閒之戾氣消，風雨順，人鮮夭札，物無疵厲，鳥獸魚鼈咸若，山川鬼神亦莫不寧，乾坤清泰，世運太和。或處而在下，無經世之責，即以經世者覺世，德性所感，人皆悦服，率循其教，翕然丕變，人欲化爲天理，小人化爲君子。爲天地立心，爲斯民立命，默贊天地氣化，默佐朝廷治化，是亦天地「位育」也。

問：「如何方爲『時中』？」曰：喜怒哀樂中節，視聽言動合禮，綱常倫理盡道，辭受取與咸宜，仕止久速當可，不參意見，不涉擬議，無妄念，無執著，方爲「時中」。若以此爲庸常無奇而弁髦之，高語圓通，薄視矩度，不兢業敬慎，從「庸」上做起，非「無忌憚」之小人而何？

良能人人咸具，民何以「鮮能」？不知故也。知則日用平常，不慮而能，夫豈「鮮能」？特外徇物，内忘己，自能而自不依其能，是以「鮮能」。

民苟自依自己良能而行，是自率其性，任天而動，便是「天民」；此外縱一無所能，亦不害其爲至能。否則自棄其天，自囿於凡，便是「凡民」，縱事事咸能，適以喪其良能，總是「鮮能」。

舜之所以爲舜，全在好問好察。吾人不能好問好察，其病有二：一則安於凡陋，未嘗以遠大自期；一則自高自大，恥於屈己下人。二病若除，自然好問好察。

修身明道，不容不問不察；不問不察，則修身明道之宜，無由聞所未聞，知所未知。經世宰物，不容不問不察；不問不察，則經世宰物之宜，無由聞所未聞，知所未知。

能好問好察，斯無遺善。能隱惡揚善，人孰不樂告以善？聚衆人之智，以爲己智，則其智也大矣。

知好問好察、用中於民是大智，則知不問不察、師心自用是大愚。

聲色貨利、毁譽得失之念不除，皆自納於罟獲陷阱之中而莫之辟也。溺於文義知見，繳繞蔽惑，令自己心光不得透露，其爲罟獲陷阱尤甚，吾黨戒諸！

平常心是道「中庸」不可能，只是炫奇好異，不平常也。若平平常常，信心而行，爲其所當爲，何不可能之有？

才猷足以匡時定世，節義足以藐富貴、輕死生，此人所難也，然難者猶有其人；「中庸」率自日用，此人所易也，而易者世反罕覩：良由人多事事而不事心，好奇而不好平故也。若事功節義，一一出之至性，率自平常，而胸中絶無事功節義之見，方是真事功、真節義、真「中庸」，誰謂「中庸」必離事功節義而後見耶？有此事功節義，方足以維名教，振頹風。若誤以迂腐爲「中庸」，則「中」爲執一無權之「中」，「庸」爲碌碌無能之「庸」，人人皆可能，人人皆「中庸」矣，何云不可能也？能者雖多，何補於世？

離事功節義求「中庸」固不可，以事功節義求「中庸」亦不可，或出或處，只要平常。心果平常，無所不可。

「自勝之謂强」，能自勝其私而矯之以正，方是真强。君子之所以爲君子，只是「自强不息」。

易流易倚易變者，俗人也；矯其易流易倚易變之私，不流不倚不變，方是君子。

吾人身處末俗，須是鐵骨金筋，痛自矯强，纔得不流不倚不變，立身方有本末。前輩謂「甯爲矯强君子，勿爲自然小人」，有味乎其言之也！敬揭以自儆，並以示夫及門。

遇易流易倚易變之際固當矯，平日獨無所矯乎？須默自檢點，已偏，隨偏隨矯：躁則矯之以静，浮則矯之以定，妄則矯之以誠，貪則矯之以廉，傲則矯之以謙，暴則矯之以忍，慢則矯之以敬，怠則矯之以勤，奢則矯之以儉，競則矯之以讓，滿則矯之以虚。始則矯强，久則自然。

夫婦之愚，可以與知焉，良知也；夫婦之不肖，可以能行焉，良能也。聖人之所以爲聖，不過先得愚夫愚婦之所同然，全其知能之良而勿喪耳，非於此良之外有所增加也。

夫婦雖可以與知而不常知者，乍起乍滅，自具良知而自昧良知也；夫婦雖可以能行而不常行者，情移境奪，自具良能而不率良能也。聖人、愚不肖之分，分於此而已。然則學人苟欲希聖，亦惟自率其知能之良，務合乎愚夫愚婦之所同然，火然泉達，日充月著，自然優入聖域，免於愚不肖之歸。若外良知而别求知，縱知聖人之所不能知，亦是無知；外良能而别求能，縱能聖人之所不能，亦是無能：以其忘本逐末，舍血脈而求皮毛，無關於作聖之功也。識此，則當下便是「鳶飛魚躍」於前；昧此，則動念即乖，桎梏梏亡於後。

夫婦知能，便是道之發端，即從夫婦居室上做起，便是造端。若此處忽略，則自壞其端，便是不能「慎獨」。

閨門床笫之際，莫非上天昭鑒之所，處閨門如處大庭，心思言動，毫不自苟。不愧其妻，斯不愧天地，「刑於寡妻」，便是「御於家邦」。

夫妻相敬如賓，則夫妻盡道；處夫妻而能盡道，則處父子、兄弟、君臣、上下斯能盡道。

日用常行之謂道，子臣弟友之克盡其

分是也。吾人終日談道，試自反平生，果一一克盡而無歉乎？苟此分未盡，便是性分未盡，而猶高談性命，不知何者謂之性命？倫常有虧，他美莫贖。居恒念及此，便有多少愧心，多少憾心。

平日讀《中庸》，亦知心要平常；然平常不平常，不在言説，臨境便見。能素位而行，便是平常；一或願外，心便失常；心一失常，平常安在？

處富貴如無與，處貧賤如無缺，處患難如無事，隨遇而安，悠然自得，方見學力。否則胸次擾擾，心爲境轉，其造詣可知。

學問不能隨境煉心，不能無入而不自得，算不得學問。

夫子贊鬼神之德之盛，分明説體物而不遺；乃後儒動言無鬼神，啓人無忌憚之心，而爲不善於幽獨者，必此之言夫。知鬼神體物不遺，則知無處無鬼神，無時無鬼神。人心甫動，鬼神即覺，存心之功，真無一時一刻而可忽，故必質諸鬼神而無疑，方可言學。

孝爲百行之首，修身立德爲盡孝之首。舜之大孝在「德爲聖人」，故人子思孝其親，不可不砥礪其德。德爲聖人，則親爲聖人之親；德爲賢人，則親爲賢人之親；若碌碌虚度，德業無聞，身爲庸人，則親爲庸人之親；甚至寡廉鮮恥，爲小人匹夫之身，則親爲小人匹夫之親。虧體辱親，莫大乎是，縱日奉五鼎之養，亦總是大不孝。

問：「『大德』之人必得禄、位、名、壽，孔無德乎，何爲老於窮途？顔無德乎，夫何三十二而亡？」曰：孔雖老於窮途，然窮於一時，實不窮於萬世，受天之祜，與天無極。顔雖三十二而亡，而有不亡者存，一念萬年是也，區區形骸修短，當非所論。《召誥》曰：「天既遐終大邦殷之命，兹殷多先哲王在天。」《詩》云：「文王在上，於昭于天。文王陟降，在帝左右。」又曰：「世有哲王，三后在天。」又云：「秉文王之德，對越在天。」知此則知顔子矣。知顔子，斯知天之所以酬德矣，或酬於生前，或酬於身後。龍潭老人所謂「此翁無急性，却有記性」，斯真知天者。若謂形亡神滅，則《詩》、《誥》及周公「不若旦多材多藝，能事鬼神」之語，皆誑語矣，曾謂聖人而誑語乎哉？必不然也。

「擇善固執」，是爲學實下手處。「善」非書語成迹之善，擇而執之，義襲於外，乃吾人天然固有之良也。「博學」而不學此，便是雜學；「審問」而不問此，便是泛問；「慎思」而不思此，便是游思；「明辨」而不辨此，便是徒辨；「篤行」而不行此，便是冥行。

此非一路可入，或考諸古訓，或證諸先覺，或静坐澄源，或主敬集義，或隨處體認，内外交詣，不靠一路，故曰「博」。既學而此「良」與「理」，或未能凑拍吻合，或動與静殊，未能一致，自不容不問。如張子患定性未能不動，就程子質問，程子告以定性之旨，「廓然大公，物來順應」是也。思者聖功之本，思則得之，不思則不得，晝夜默參，力到功深，豁然頓契。辨之於友，以證所契，務期至當歸一，庶不毫釐千里，夫然後沛然見之於行，步步脚踏實地，斯步步莫非天良，與空言虚悟、對塔談相輪者，自不可同日而語。

己有性而不能自率、自由、自盡其性，己有覺而不能以其所覺覺人，以盡人之性；悠悠度日，不能寅亮天工，默贊化育，頂天立地，貫徹三才，做場人虛生浪死，與草木何異！

問「致曲」。曰：「曲」是委曲。吾人良知良能之發，豈無一念、一言、一事之善，只是隨發隨已，不能委曲推致，與不學何異？所貴乎學者，正要在此處察識，此處著力。如一念而善，即推而致之，以擴其念；一言之善，即推而致之，以踐其言；一事之善，即推而致之，令事事皆然。纖悉委曲，無一不致，猶水之必東，雖遇灣曲轉折，不能爲之障礙，纔得達海。

日用起居，飲食男女，辭受取予，應事接物，務依良知而行。委曲善處，不失其良，便是「致」。

「曲禮三千」，皆所以「致曲」也。纖微不忽，善斯成性，不矜細行，終累大德。大德固不可踰閑，小德亦不可出入，此方是「致曲」。如此「致曲」，則所以收斂身心者愈細愈密，久之道德積於中，器宇自別。人孰無良，覿德心醉，善心自興，有莫知其然而然者矣。

問「尊德性」。曰：「尊」對「卑」而言，天之所以與我，而我得之以爲一身之主者，惟是此性，耳目口主鼻，四肢百骸，皆其所屬以供役使者也。本是尊的，本廣大精微、高明中庸而有德，故謂之「德性」。只因主不做主，不能鈐束所屬，以致隨其所好，反以役主，靈臺俶擾，天君弗泰，「尊」遂失其所尊，不容不學問，以尊此「尊」。問是問此「德性」，學是學此「德性」。若問學而不以「德性」爲事，縱向博雅人問盡古今疑義，學盡古今典籍，制作可侔姬公，刪述不讓孔子，總是爲耳目所役，不惟於「德性」毫無干涉，適以累其「德性」。須是一掃支離蔽錮之習，逐日、逐時、逐念、逐事在「德性」上參究體驗，克去有我之私，而析義於毫芒，以復其「廣大精微」，愈精微，愈廣大；不溺於聲色貨利之污，而一循乎「中庸」，以復其「高明中庸」，愈中庸，愈高明。「德性」本吾故物，一意涵養「德性」而濬其靈源，悟門既闢，見地自新，謹節文，矜細行，不躭空守寂，斯造詣平實。夫如是，德豈有不至，道豈有不凝乎？

「邦無道」，默固足以有容，若不韜光晦迹，終爲人所物色，須是無名可名，方免矰繳。

問：「《中庸》謂『明哲保身』，古今正人非不『明哲』，然往往身不免禍，何也？」曰：士君子立身，自有本末，若必以苟全爲「保身」，則胡廣之「中庸」、蘇味道之「模稜」、揚雄之身仕二姓、馮道之歷仕五季，皆是能「保其身」、「既明且哲」矣！夫等死耳，然死有輕於鴻毛，有重於泰山，此處要見之真，守之定。倘輕於鴻毛，不妨斂身避難，保其身以有待；苟事關綱常民彝，一死重於泰山，若比干之剖心、文天祥之國亡與亡，此正保其千古不磨之身，乃「明哲」之大者。揚雄、馮道，止緣錯認苟全爲「保身」，偷生一時，貽譏千古，《綱目》書「莽大夫揚雄死」，《通鑑》於馮道口誅筆伐，爲戒無窮。由斯觀之，果孰得而孰失耶？

言及「王天下三重本諸身」章，遂太息曰：豈惟「三重」之道必「本諸身」，凡講學著書、經世宰物，皆當如此。講學著書若不「本諸身」、徵諸人，考諸往聖而不謬，「建諸天地而不悖，質諸鬼神而無疑，百世以俟聖人而不惑」，則學不成學，書不成書。經世宰物若不「本諸身」、徵諸人，考諸往聖而不謬，「建諸天地而不悖，質諸鬼神而無疑，百世以俟聖人而不惑」，則經濟不成經濟，事業不成事業。

「經綸天下之大經」，由於「立天下之大本」，本者何？ 即心中一念靈明固有天良是也，「立」者立此而已。無他「肫肫」，此即「肫肫」；無他「淵淵」，此即「淵淵」；無他「浩浩」，此即「浩浩」。「時出」者，由此而時出也，當惻隱即惻隱，當羞惡即羞惡，當辭讓即辭讓，當是非即是非，自「聰明睿知」，自「寬裕温柔」，自「發强剛毅」，自「齊莊中正」，自「文理密察」，自然而然，夫焉有所倚？

潛龍以不見成德，吾人苟真實念切性命，自宜埋頭密詣，一味闇修，章與不章，一切莫管。纔有期章之心，便是小人的然，並其所爲闇然亦假。

凡人學道無成，皆由名根未斷，淺之爲富貴利達之名，深之爲聖賢君子之名，淺深不同，總之是病。此病不除，即杜門闇修，終日冰兢，自始至終，毫無破綻，亦總是瞻前顧後，成就此名，畢生澆灌培養的是棘榛，爲病愈深，死而後已。此皆膏肓之症，盧扁之所望而却走者也。故真正學道，須先除此病根，方有入機。

一切世味淡得下，方於道味親切；苟世味不淡，理欲夾雜，則道味亦是世味，淡而不厭，非知道者，其孰能之？

「內省不疚」，方是真「慎獨」；「無惡於志」，則「慎獨」方得力。

若止無惡於人，即非鄉愿之諂俗，亦不過是迹上打點，動鮮愆尤。必「無惡於志」，斯心事光明，不愧衾影。

「不愧屋漏」，便是天德；有了天德，不患無王道。

自「衣錦尚絅」以下，皆所以慎獨率性，以復天命之本然也。本然處原淡、原簡、原温、原近、原微，即此便是本體；能淡、能簡、能温，能謹近、謹自、謹微，即此便是工夫。由工夫以復本體，即本體以爲工夫，斯盡性至命，天人一貫矣。若稍有一毫夾雜，稍有一毫滲漏，稍有一毫安排，稍有一毫未化，便涉聲臭，終非不睹不聞天命原初之本體。

「於穆不已」之真，絶無聲臭。故必化而又化，聲息俱無，即之若無，而體之則有，所謂「口欲言而辭喪，心欲緣而慮亡」，則幾矣。

卷三十一

論語上

學而篇

《論語》一書，夫子之語録也。開卷第一義首標「學」字，以爲天下萬世倡。由是愚以之明，塞以之通，不肖以之賢，猶魚之於水，無一時一刻而可以離焉者也。離則人欲肆而天理滅，不可以爲人矣。

夫學始於人心，關乎世運，治亂否泰，咸由於兹。故爲明善復初而學，則所存所發，莫非天理，處也有守，出也有爲，生民蒙其利濟，而世運寧有不泰？爲辭章名利而學，則所存所發，莫非人欲，處也無守，出也無爲，生民毫無所賴，而世運寧有不否？是一心理欲消長之所由分，即生民休戚、世道安危之所由分也。

果孜孜明善復初，力到功深，天機舒暢，不期悦而自悦。方以類聚，聲應氣求，研理則共相闡發，行義則交爲切砥。進修既賴以不孤，壎吹箎和，爲斯世扶綱常；轉相導引，爲萬古存幾希。學脉又賴以光大，悠悠天壤，何樂如之！人之知不知，於此樂原無加損，夫何愠？愠則便是名根未斷，人欲猶雜，爲己、爲人之分，正在於此。故近名終喪己，無欲自通神。

因一士講「學而時習」一章，太息曰：學非辭章記誦之謂也，所以存心復性，以盡乎人道之當然也。其用工之實，在證諸先覺，考諸古訓。尊所聞，行所知，而進修之序，敬以爲之本，静以爲之基。戒慎恐懼，涵養於未發之前；澄神定志，致審於方發之際。察非幾之萌動，炳理欲之相乘，懲忿窒慾，遏惡擴善，無所容乎人欲之私，而有以全夫天理之正。其見之外也：足容重，手容恭，頭容直，目容端，口容止，氣容肅，聲容静，立容德；坐如尸，行如蟻；息有養，瞬有存，晝有爲，宵有得，動静有考程：皆所以制乎外以養其内也。内外交養，打成一片，始也勉强，久則自然。喜怒哀樂中節，視聽言動復禮，綱常倫理不虧，辭受取與不苟，造次顛沛一致，得失毁譽不動，生死患難如常，無入而不自得，如是則心存性復，不愧乎人道之宜，始可言學。

高彙旃云：馮子謂「效先覺之所爲」，説「爲」便不落空。曰：學，覺也，學以覺乎其固有，非覺先覺之固有也；然不效先覺之所爲，則覺亦未易言也。先覺所爲，如堯之「執中」、舜之「精一」、禹之「祗承」、湯之「以義制事，以禮制心」、文之「不聞亦式，不諫亦入」、武之「敬勝怠，義勝欲」、周公之「思兼」、孔子之「敏求」、顔之「愚」、曾之「魯」、元公之「主静」、二程之「主敬」、朱子之「窮理致知」、象山之「先立乎其大」、陽明之「致良知」、甘泉之「隨處體認」，皆是也。學者誠效其所爲，就資之所近而「時習」焉，則覺矣。始也，效先覺之所爲而求覺；終也，覺吾心之固有而爲己之所當爲。若自始至終，事事效先覺之所爲，是義襲於外也。是行仁義非由仁義也，所爲雖善，終屬外入，又安能左右逢源，以稱自得哉？

孔門論學，惟務求仁，而仁莫先於「孝弟」，此處不敦，便是不能盡人道，即非所以爲人。有子此言，崇本尚賢，提出人無限良心，消却人無限妄念，求仁莫近焉。《禮記》稱有若平日之言似夫子，觀此可見。

《孝經》謂「先王有至德要道，以順天下，民用和睦，上下無怨」，體何閎深，用何廣大，而原本始於孝弟。又謂「愛親者不敢惡於人，敬親者不敢慢於人」，事親孝，故忠可以移於君；事兄悌，故順可以移於長，即所謂「本立而道生」也。此孝弟所以爲仁之本與！

「巧言令色」，不務本也，故「鮮仁」。

容貌辭氣，德之符也，苟非根心，便是作僞，作僞則心喪。

色莊見於應接，「巧言」則不止應接。凡著書立言，苟不本於躬行心得之餘，縱闡盡道妙，可法可傳，俱是「巧言」，俱是鸚鵡。

曾子之「三省」，亦惟就日用應感易忽者，日一檢點耳。若謂整日念念省此，則是念念止繫於此，此外無復用心矣，恐其不然。

賢如曾子，猶「日三省」，若在吾人，資本中下，尤非曾子可比，千破萬綻，其所當省者，豈止於此。故必每日不論有事無事，自省此中能空浄不染乎？安閒恬定乎？脱灑無滯乎？視聽言動能復禮乎？喜怒哀樂能中節乎？綱常倫理能不虧乎？辭受取與能當可乎？飲食男女能不苟乎？富貴貧賤能一視乎？得失毁譽能不動乎？造次顛沛能一致乎？生死利害能不懼乎？習氣俗念能消除乎？自察自審，務要無入而不自得，纔是學問實際，否則便是自欺。

入孝出弟，謹信愛衆，親敬好人，此人道之要、立身行己之本、弟子日用職分而教弟子者之先務也。今之教者，不過督以口耳章句、屬對作文，朝夕之所啓迪而鼓舞者，惟是博名媒利之技。蒙養弗端，童習而長安之，以致固有之良日封日閉，名利之念漸萌漸熾。誦讀之勤、文藝之工，適足以長傲遂非、率意恣情。今須力反其弊，教子弟務遵此章從事，輔以《孝經》、《小學》、《童蒙須知》、《四禮翼》，令其出入言動，是則是效，盡其節目之詳。大本既立，夫然後肄習詩書藝業，則教不凌躐，庶成人有德，小子有造矣。

學，所以敦倫也。倫苟弗敦，縱背誦五車，文工一世，徒增口耳之虛談，紙上之贅疣，在流俗雖曰吾學，吾必謂之未學；倫紀誠敦，實行過人，在流俗雖曰未學，吾必謂之學矣。

問：「學在敦倫固矣，然敦倫可遂不學乎？」曰：學以學夫敦倫，而敦倫乃所以爲學也。舍倫而言學，則其學爲口耳章句之學、富貴利達之學，失其所以學；敦倫而不學，雖或至性過人，未必情文兼至，盡善盡美。是故好賢而不學，則無知人之明，所好未必賢，而真賢未必好；即所好果賢而無學以濟之，色病未易識破，心地未易廓清，未必篤「緇衣」之好，奮「思齊」之勇。事親而不學，無由知力之當竭；即知竭力而無學以濟之，唯竭力以養其口體，未必先意承志，根心生色。假令怡怡祇奉，愛敬無歉，而不竭其力於聖賢德業，行道顯親，亦未得爲能竭。事君而不學，無由知身之當致；即知致身而無學以濟之，則不學無術，不足以匡君定國，康濟時艱，雖鞠躬盡瘁，孜孜奉公，臨難殉節，不有其身，然而無補於治亂安危，亦未得爲能致。交友而不學，則昧於慎擇，易蹈「比匪」之傷；即所交得人而無學以濟之，亦未必言其所當言，而信其所當信。甚矣，學之不可已也！學之何如？亦惟兢兢於數者之閒，以求至乎其極，表裏克盡，巨細罔歉而已。曰：「如是則吴氏之言，亦不爲無見。」曰：吴氏固爲有見，而以之致疑子夏，實未達。子夏口氣，蓋抑揚其語，正所以折衷學問之實，令人知學之所以爲學，在此而不在彼，所重在此，所學即在此。自此説出，而天下後世人人曉然知所從事，不致誤以口耳辭章之末了生平，其有補於綱常名教非尠，真學者之清夜鐘也，何流弊之可言？亦何至於廢學？

自後世豪傑不興，正學不明，學者終身皇皇。亦知「敏事」，亦知「慎言」，亦知「隆師親友」，志非不篤，功非不密，用心非不專且虚，而卒不可與入聖賢之道者，其所從事者非君子之學也，以其爲安與飽計也。故吾人今日之學，先要清楚此念，辨箇必爲君子之志。此志誠立，而後所敏爲君子之敏，原是敏吾性命不容已之事，而初非有要於功利；慎爲君子之慎，原是慎吾樞機，躬恐不逮之言，而要非有心於三緘；「就有道而正」，原是正吾學術不容不辨之實，而初非有意於聲氣。夫然而所學始爲道誼之學，所好始爲正大之好，其人始爲君子之人。

惟志不在安飽，其品格始定；志不在安飽，於道誼始專；處不爲安飽之圖，則出必不爲肥家之計。如此方爲君子，否則便是小人。

宋王曾鄉、會試並殿試皆居首，賀者謂曰：「士子連登三元，一生喫著不盡。」曾正色答曰：「曾平生志不在温飽。」其後立朝不苟，事業卓然。今人生平志在温飽，是以居官多苟，事業無聞，甚至播惡遺臭，子孫蒙羞諱言，不敢認以爲祖。故人品定於所志，事業本乎生平。

吾人學非爲人。人之知不知，原於己無損，故不以此爲患，惟是人不易知，知人實難。我若不能窮理知人，則鑑衡昏昧，賢否莫辨，是非混淆，交人則不能親賢而遠佞，用人則不能進賢而屏奸。在一己關乎學術，在朝廷關乎治亂，雖欲不患，得乎？

正直君子易知，邪曲小人難知。蓋正直君子光明洞達，心事如青天白日，人所易見；邪曲小人則文詐藏奸，迹似情非，令人難覺，若張、趙諸公之於秦檜是已。張、趙初以張邦昌之僭位，檜不附會，及與同朝共事，又見其事事克辦，交稱其賢，以爲才似文若，以致階以進用；卒之禍天下而賊生靈，貽害無窮，諸公實不得辭其責。由此觀之，人固未易知，而知人實不易也，故不容「不患」，患則講究有素，患則慎之於初。

爲政篇

「爲政以德」者，是以實心行實政，如以《關雎》、《麟趾》之意，行《周官》之法是也。夫豈高拱深宮，民自化哉！注內「無爲而治」，要善看。

清心寡欲以正身，正身以正朝廷，正朝廷以正百官，正百官以正萬民，此「無爲而天下歸之」也。

「思無邪」之旨，非孔子拈出以示人，不幾使三百篇之《詩》，將與後世徐、庾、沈、宋之詩，同類而並觀也哉！

知一部《詩經》只一「思無邪」，則知六經皆所以存天理也。

六經皆古聖賢救世之言，凡一字一句，無非爲後人身心性命而設。今人只當文字讀去，不體認古人立言命意之旨，所以白首窮經，而究無益於自己身心性命也。即如《詩》之爲教，原是教人法其所宜法，而戒其所宜戒，爲善去惡，思不至於有邪耳，故曰「詩以道性情」。若徒誦其篇章之多，善無所勸，而惡無所懲，則是養性情者，反有以累性情矣。

學問全在心上用功，矩上操存。學焉而不在心上用工，便失之浮泛；用工而不在矩上操存，便無所持循。「心不踰矩」，雖在力到功深之後，而其志期於「不踰矩」，實在命意發端之初。譬之射然，學射之初，固不能中的，若志不在的，亦將何憑發矢？惟其志期中的，則習射之久，庶幾一一中的。夫子「十五志學」，即志此「不踰矩」之學；「三十而立」，是大立小不奪，是非無以搖也；「四十而不惑」，是吾心固有之理，見之透而無復有疑也；「五十而知天命」，乃心與理融，洞然於心所自出之原也；「六十耳順」，則聲入心通，人之言語、物之鳴音接於耳者，無不觸其機而豁然契於心也；「七十從心不踰矩」，任心而動，自不越乎範圍。「不識不知，順帝之則」，絶無意必固我之私，心即矩，而矩即心，義精仁熟，學成而志遂矣。

人人有是心，心心有是矩，夫子不過先得人心之同然耳。然人雖同有是心，而人多不肯「志學」，即號爲「有志於學」者，又多舍心言學，稍知求心者，又往往舍矩言心，惑也久矣！

此章真夫子一生年譜也。自敘進學次第，絶口不及官閥履歷、事業刪述，可見聖人一生所重，惟在於學，所學惟在於心，他非所與焉。蓋内重則外自輕，所性不存故也。由此以觀，吾人亦可以知所從事矣。事業係乎所遇，量而後入，著述生於明備之後，無煩再贅，夫何容心焉！

子有身而「父母惟其疾之憂」，子心已不堪自問，若不能自謹而或有以致疾，則不孝之罪，愈無以自解矣。故恒居須體父母之心，節飲食，寡嗜欲，慎起居，凡百自愛，必不使不謹不調，上貽親憂。

父母所憂，不僅在饑寒勞役之失調，凡德不加進，業不加修，遠正狎邪，交非其人，疎於檢身，言行有疵，莫非是疾。知得是疾，謹得此身，始慰得父母，始不愧孝子。否則，縱身不夭札，而辱身失行，播惡遺臭，不幾貽父母之大憂哉？

人子不能謹身修行，以貽父母憂，是必病狂喪心之人。不然獨非人子，寧獨無心，何忍縱欲敗度，喪身辱宗，重戾父母之心耶？

爲人父母者，惟子疾是憂，吾不知今之爲人子者，亦曾憂父母之疾如父母之憂已者乎？

「不敬」，非必形之聲色言辭，只一念不誠，便是「不敬」。嗟乎！親恩罔極，爲子者竭終身之心力而報之，尚恐其多遺憾，亦何忍以一時之不謹，致自陷於養父母如養犬馬，蹈此大不孝之罪也耶？吾人須謹之又謹。

子於父母，無所解於其心者也。誰無「明發」之懷，孰無「劬勞」之報，然或敬養兼隆，而乏怡怡婉順之實，致父母心弗安而意弗愉，承歡之謂何？古今咸稱老萊之孝，以其愛親肫摯，情見乎色，常得父母之歡心故也。今吾人雖不可襲其迹，不可不心其心，有其心斯有其色，吾父母自心安意愉。夫是之謂承歡膝下，夫是之謂根心真孝。

服勞奉養，古人尚不以爲孝，若並服勞奉養而有遺憾，罪通於天矣！

「問孝」四章，乃事親金鏡，吾人欲盡子職，宜大書侍右，觸目警心，仍不時向執饋之婦宣説，使知所戒。

大凡聰明自用者，必不足以入道，顔子唯其「如愚」，所以能於仁不違。

大聰明似愚，愚而不愚；小聰明不愚，不愚而愚。大聰明黜聰墮明，知解盡忘，本心既空，受教有其地；小聰明矜聰恃明，知解糾纏，心體未空，入道無其幾。回之「如愚」，正回之聰明絶人，受教有地，入道有機處；夫子不容不喜，不容不言，言之不容不久，乃可以言而言也。言苟當可，雖千言不爲多；言未當可，即一言亦爲多。此夫子所以於回「終日言」，於賜「欲無言」也。蓋回之聽言而悟，超語言文字之外；賜之聽言而識，囿語言文字之中。悟超言外，因言可以悟道；識囿言中，則因言反有以障道。

言在無言處，方知道在心。賜若悟此，則亦「默識心融」，施於四體，四體不言而喻，便是「亦足以發」，又何患小子無述？

「顔如愚」，所以具體夫子之道；「曾惟魯」，所以卒傳夫子之道。吾人如果有志於道，須「希顔之愚，爲曾之魯」，庶有入機。

明道先生坐如泥塑，庶幾顔子。

吾人生二千載之下，不獲親炙顔子，玩「不違如愚」一語，恍若睹其遺像，不覺口耳盡喪，心形俱肅，然後知平日之所以喋喋論辨、孜孜發明者，特淺乎小慧，道聽途説，視顔之潛體默會、不言而喻，賢不肖之相去何啻天淵！此「不愚」正所以爲愚也。

「先行其言而後從之」，在當日爲子貢頂門鍼，在今日爲吾人對症藥也，猛然一省，請事斯語。

知得「先行後言」是君子，則知能言而行不逮者爲小人矣。

一友語及「君子周而不比」章，因告之曰：君子視萬物猶一體，故愛無不溥，無所爲而爲也。即時而有好有惡，而好惡一出於公，好善固是愛，惡惡亦是愛，蓋俟明撻記，無非欲其並生於天地閒，而不至長爲棄人也。小人非無所愛，而所愛惟徇一己之私，有所爲而爲也：同己則狎暱親密，綢繆汲引；異己則秦越相視，陰肆排詆，必使之無所容而後已。是故有君子之愛，則福及群生，人人得所，而朝野有賴；有小人之愛，則朋比作祟，黨同伐異，而禍延人國。漢唐宋明君子小人之周比，其已然之效，蓋可見矣。君子小人，達而在上如此，其在下也亦然：君子居鄉，則愛溥一鄉，而一鄉蒙其庥；小人居鄉，則阿其所好，而一鄉被其蠹。有爲無爲，公私異同，始於一心之微，關乎世道之大，吾人不可不研幾而致審也。否則昧天理之公，而流於人欲之私，處人接物將有愧於君子，同於小人而不自覺者矣！

古者道德一而風俗同，師無異指，學無異術，無希闊遼絶、玄妙可喜之論滑汩其閒，咸有以全乎知能之良，而循乎綱常彝紀之分，民協其中，世登上理。三代之衰，道術不一，學始多岐，賊德敗義，漸以成俗。孔子惕然有感，故曰「攻乎異端，斯害也已」，其所以爲人心世道之防者至矣！雖未明指其開端之人，然而惡鄉愿之亂德，三致意焉。是孔子同時異端，蓋即鄉愿也；戰國異端，則告子、許行、莊周、鄒衍、鄧析、公孫龍子之屬，紛紛藉藉，所在争鳴，而楊朱、墨翟「爲我」、「兼愛」之説，尤爲世所宗尚。孟子目擊其弊，以爲生心害政，烈於洪水，辭而闢之，其説始熄。漢唐以來，異端託老氏以行世，若魏伯陽之仙術、張道陵之符籙，皆足以蠱人心志。而釋氏五宗雲布，禪風盛興，卑者惑於罪福，高者醉於機鋒，率天下之人棄實崇虚，披靡失中，其爲害何可勝言？程朱從而闢之，人始曉然於是非邪正之歸。今其説雖未盡熄，要之不至生心害政；其生心害政，惟吾儒中之異端爲然。蓋吾儒之學，其端肇自孔子，思孟闡繹，程朱表章，載之四書者備矣，無非欲人全其固有之良，成己成物，濟世而安民也。吾人讀之，果是體是遵，全其固有之良乎？果人己兼成、康濟民生乎？否則止以榮肥爲計，其發端起念，迥異乎此，與四書所載，判然不同，非吾儒中之異端而何？生於其心，害於其事，發於其事，害於其政，吾不知其於洪水猛獸何如也。程子以佛老之害甚於楊墨，其言有云：「昔之害近而易知，今之害深而難辨。」余亦云：儒外異端之害淺而易闢，儒中異端之害深而難距。噫，吾末如之何也已！

問：「馳心於詞章名利，明悖四書，固自異於吾儒之實，閒有覺其非而志恥同乎流俗，反經興行，究心理學者，所在亦不乏人。」曰：理者，人心固有之天理，即愚夫愚婦一念之良也，聖之所以聖，賢之所以賢，亦不過率其與愚夫愚婦同然之良而已，此中庸平常之道也。乃世之究心理學者，多舍日用平常而窮玄極賾，索之無何有之鄉。

謂之「反經」，而實異於經；謂之「興行」，而實不同於日用平常之行。其發端起念，固卓出流俗詞章之上；而流蕩失中，究異於四書平實之旨：是亦理學中之異端也。故學焉而與愚夫愚婦同者，是謂「同德」；與愚夫愚婦異者，是謂「異端」。

子路勇於爲善，所欠者知耳。平日非無所謂知，然不過聞見擇識、外來填塞之知，原非自性本有之良。夫子誨之以「是知」也，是就一念獨覺之良，指出本面，令其自識家珍；此知既明，則知其所知，固是此知，而知其所不知，亦是此知。蓋資於聞見者，有知有不知，而此知則無不知，乃吾人一生夢覺關也，既覺則無復夢矣。

千聖相傳，只是此知，吾人之所以博學審問、慎思明辨者，惟求此知。此知未明，終是冥行；此知既明，纔得到家。此知未明，學問無主；此知既明，學有主人。此知未明，藉聞見以求入門；此知既明，則開門即是閉門人。此知未明，終日幫補湊合於外，七八月之閒雨集，溝澮非不皆盈，然而無本，終是易涸；此知既明，猶水之有本，源泉混混，「逝者如斯夫，不舍晝夜」！

耳目手足之所以作主者，此知也，虛靈不昧，肆應無窮，未應不是先，已應不是後，通乎晝夜之道而知，清水朗鑑不足以喻其明。人人本來如是，而人人不自知其如是，此之謂「百姓日用而不知」，故君子之道鮮矣。

「子張學干祿」，非必如後人之營營於富貴利達，習干時之策，奏治平之略，僕僕自售也。蓋亦「多聞多見」以精業，「謹言慎行」以立德，冀鄉擧里推以見用於時，試其所學耳。夫子以其有所爲而爲，恐其外馳，教其「闕疑闕殆」、「寡尤寡悔」，無所爲而爲，一味務實；實至禄隨，天爵修而人爵自從，不待於干。後世則自童子時，所志即在利禄，所務惟在辭章，於謹言慎行、修身立德之道，咸以爲迂，絶口不一語及。凡《性鑑》、《衍義》切要有關之書，未嘗略一寓目，惟恐有妨於舉業；即本經亦在所忽，惟取近今中選之文，諷誦摹倣，以希科第，投牒自薦，奔競成習。古人修之家者，猶往往壞之天子之廷；況未嘗修之家，而欲其出而不壞，難矣！

人之立身，言與行而已。言慎則不招尤，行慎則不招悔，無尤無悔，品始不差，一有玷闕，他長莫贖。《易》曰：「言行，君子之樞機，樞機之發，榮辱之主也。言行，君子之所以動天地也，可不慎乎？」

修身須先謹言。心者，身之主宰；口者，心之藩籬。藩籬不守，主宰空存，故守口乃所以守心。

凡言不但無補於身心者當慎，即有補於身心而躬所未逮，亦當羞澀其口而致慎。即躬行心得之餘，借言以明道淑人，而所遇非可言之人，亦當慎而又慎，或不得已而言，言貴有節。

人苟好惡公，用舍當，爲君則兆民服，爲大臣則同列服，處一鄉則一鄉人服，處一家則一家人服。

舉錯當與不當，關國家治亂、世運否泰。當則君子進而小人退，衆正盈朝，撥亂返治，世運自泰；否則小人進而君子退，群小用事，釀治爲亂，世運日否。諸葛武侯有云：「親賢臣，遠小人，此先漢所以興隆也；親小人，遠賢臣，此後漢所以傾頽也。」言言痛切，可作此章翼注，人君當揭座右。

人之於信，猶水火金木之於土，水火金木無土則無由生，人而無信則無以立。

千虛不博一實，言一有不實，後雖有誠實之言，亦無人信矣。

卷三十二

八佾篇

世人多事，多起於争：文人争名，細人争利，勇夫争功，藝人争能，强者争勝，無往不争，則無往非病。君子學不近名，居不謀利，謙以自牧，恬退不伐，夫何所争？惟是見義争爲，見不善争改，君子之爲君子，如斯而已。故世有君子，而天下享和平之福矣。若徒以血氣相尚，直小人耳。即不然而猶有未化之客氣，時或動於一念之微，亦豈得爲有道之君子？

問：「夏殷之亡久矣，夫子何故致意其禮？」曰：國可亡，史不可亡，況一代有一代之典章制度，雖時異勢殊，非所以施於昭代，而其大經大法，豈可令其泯滅而失傳？夏殷之禮，夫子蓋於殘篇斷簡之中，因流窮源，由微知著，能言其概，嘗欲參考互證，筆之於書，以存二代經世之典，使後世議禮制度者，有所考鏡折衷。惜乎既無成籍可據，又鮮老於典故者相質，無徵不信，故不禁流連而三歎也。大抵上古與後世不同。後世書皆印本，凡朝廷典章制度，刊布既廣，一旦改革，其書散藏人士之家，雖久不至盡亡。上古則蝌蚪漆寫，藏之廟堂，人士艱於鈔傳，一經改革，兵燹之餘，存者幾希，年代既久，老成凋謝。子孫又多微弱不振，流播之餘，於先典不惟不遑收藏，亦且不知收藏，此文獻所以不足也。其流行於人士之家，類非典禮儀制所關，而書史文翰之不至泯絶者，在夏則僅僅《禹貢》、《夏小正》、《五子之歌》、《胤征》數篇，在殷則《湯誥》、《太甲》、《説命》、《盤庚》、《戡黎》數篇而已，惜哉！

方策尚存，故文武之道未墜於地，文獻不足，致禹湯之道湮而失傳，不但聖心缺然，實爲千古遺憾。

洛陽年少，通達國體，嘗曰：「不習爲吏，視已成事。」吏事猶然，況帝王經世之大乎？ 雖曰自有昭代章程，然考古正所以裨今。

沛公入關，諸將争取財物金帛，蕭何獨收圖籍，沛公由是具悉天下阨塞户口强弱。即斯一節觀之，則知文獻所關之重矣，故在天下則關係天下，在一省則關係一省，在一邑則關係一邑，在一家則關係一家，述往昭來，爲鑑匪尠。 若子孫於先世遺籍及誌狀譜牒，以其非關日用之急，視爲故紙而忽之，任其散逸，漫不珍藏，則賢不肖可知也，繼述之謂何？

君當敬也，而一有媚心，便難以對天，況媚權臣乎？ 王孫賈以媚君得權，又欲孔子媚己以取位，小人肆無忌憚，遂不知頭上有天矣。 夫子以天折之，不特自存其所守之正，亦可以惕醒權奸之心。

古來權奸憑藉寵靈，勢位已極，又患無名，每以美職厚禄，牢籠正人君子，以爲名高；而不知正人君子，惟恐不義富貴，浼其生平，超然遠引，若鳳翔千仞，豈彼所得而牢籠之哉？ 孔子之於彌子瑕、王孫賈，固不待言，下此如謝上蔡、邵伯温、陳師道之於時相，亦皆避遠權勢，素履罔玷。 上蔡初仕時，人勸其謁執政則館職可得，上蔡笑曰：「他安能陶鑄我，自有命在。」章惇嘗受學於伯温父康節先生，及惇爲相，伯温入京，惟恐爲惇所薦，先謁選而後會惇，惇竟不獲用其力。師道以布衣寓京師，惇慕其名，再三託人，欲求一見而不可得，此皆誦法孔子而無忝者也。故學者於此處，須慎之又慎，所謂「風急天寒夜，纔看當門定脚人」，若此處一錯，一失脚，便成千古憾矣。

人生真實有命，窮達得喪，咸本天定，須是安分循理，一聽於天。若附熱躁進，於定命無秋毫之益，於名節有泰山之損。

孔子以上聖之資，道全德備，言動純乎天理，猶恐「獲罪於天」，余資本下愚，生平千破萬綻，違天理而「獲罪於天」者何限？冥冥之中，逐日鑒記其罪，而陰有以加譴者何限？念及骨慄，夫何所逃，惟有痛自淬礪，永堅末路，息天怒於萬一，是所願也。顧行年如許，未必再如許，義理無窮而歲月有限，竊恐所得不補所失，凜乎日以憂懼，蓋莫知所以自免，余滋戚矣。曰：「先生猶如此，小子將何如？」曰：後生雖可畏，勉之在青陽，慎勿玩愒因循，虚抛歲月，當以余之覆轍爲鑒戒可也。

天生夫子，以啓人心、覺世夢，爲天下萬古存幾希也。而一時從游之士，以其所至不遇，遂患道之不行，乃一封疆小吏，獨具隻眼，邂逅一言，足成定評，見地卓越，千載下猶令人起敬起仰。

從古聖人「明明德於天下」，皆倚勢位而後得以有爲，獨夫子「明明德於天下」，一無所倚，此夫子之所以爲夫子，而非他聖之所能及也。

講學洙泗，木鐸一方也；周流迪人，木鐸列邦也；立言垂訓，木鐸萬世也。「爲天地立心，爲生民立命」，贊化育於無窮，與元會而相終始者，端在於斯。宋人謂「天不生仲尼，萬古如長夜」，其亦有見於斯與？

里仁篇

里有仁風，則人皆知重禮義而尚廉恥，縱有一二頑梗，亦皆束於規矩，不至肆無忌憚；而姿質之美者，益薰陶漸染，以成其德。居於此者，不惟可以養德保家，亦且可以善後，子孫而賢且智，固足以有成；即昏且愚，亦不至被小人引入匪彝，辱宗敗家。故人或未有定居擇里而不居於是者，其爲無識不待言，即或已有定居，而其鄉實無仁風，却貪戀苟安，不能舍互鄉而入康莊，亦爲駑馬戀棧豆，智不能舍也。故古今推孟母之三遷，其智爲千古之獨與！

擇里而不處仁則不智，擇交而不親仁則不智，擇術而不求仁則不智。

未處之先，須擇仁里；既處之後，尤須和里；待人接物，恂恂謙謹。中間有良善人，固當傾心相與，即有一二橫暴人，尤當婉轉化誨。婚喪相助，有無相通，禮義相交，情誼相關，務藹若穆若，熙熙如一家，即此便是太和景象。

「處約」最易動心，不必爲非犯義而後爲濫，只心一有不堪其憂之意，便是心離正位；纔離正位，便是泛濫無閑，將來諂諛卑屈苟且放僻之事，未必不根於此。故吾人處困而學安仁，未可蹴幾，須先學「知者利仁」，時時見得内重外輕，不使貧窶動其心，他日必不至敗身辱行，自蹈於乞墦穿窬也。吴康齋遇困窘無聊，便誦《明道先生行狀》以自寬，其庶幾「智者利仁」歟！吾儕所宜師法。

伊尹一介弗取，千駟弗顧；夫子疏水曲肱而樂，不義之富貴如浮雲；顔子之樂，不以簞瓢改；柳下惠之介，不以三公易。古之聖賢，未有不審富貴、安貧賤，以清其源而能正其流者，而況於中材下士乎？

「不處」、「不去」，纔見操持，於此而一苟，則人品可知；「造次」、「顛沛」，方驗學力，於此而少懈，則存養可知。

金遇滲金石而程色自現，貧賤、富貴、造次、顛沛，亦吾人之滲金石也。

富貴、貧賤一視，造次、顛沛如常，「鳶飛魚躍」，其機在我，夫是之謂君子。

顔子簞瓢陋巷，不改其樂，舜禹有天下而不與，所好在仁，故無以尚之。白沙云：「人争一箇覺，纔覺便我大而物小，物有盡而我無窮。夫惟無窮，故微塵六合，瞬息千古，生不知愛，死不知惡，又何暇銖軒冕而塵金玉耶？」

世間惟鄉愿無過，良由用心於外，專在形迹上打點，是以無非無刺。君子則任真而行，直盡己心，世人往往以迹觀人，故君子不得不冒有過之迹，抑豈知因迹正可以見君子之心乎？語云：「與仁同功，其仁未可知也；與仁同過，其仁乃可知也。」此「勸過」所以「知仁」也。

子路緼袍不恥，夫子嘉其「用臧」；顔子簞瓢不改，夫子歎其「庶乎」。他若管幼安之帽、張子韶之箑，皆久敝補用，歷廿載而不厭。一則望重一代，曾屢徵不出；一則登科殿元，嘗仕至八座：皆不以惡衣惡食爲恥，蓋用心於内，自不以此爲意。近代焦弱侯受學於耿天臺先生之門，天臺以其根器邁衆，時與浹談，年餘未嘗及道。久之，弱侯請問，天臺訝曰：「吾輩渾是俗骨，而言道乎？」夫以弱侯之深心大力，猶不驟以語及，況其下焉者乎？故學道者，須先掃清俗念，而後可以言此。若天理人欲並行，未有能濟者也。

「君子喻於義」，故其心常「蕩蕩」；「小人喻於利」，故其心常「戚戚」。

君子以忠信仁義爲利。

義利之辨，乃吾人學問大關頭，然其機甚微，須是辨得一一分明，然後趨向不差。若析義不精，鮮不認利作義。象山先生《白鹿講義》，發明義利之辨，警策明快，宜揭之於壁，時一寓目。

《易》曰「幹父之蠱」，又曰「有子考，無咎，厲」，諫之謂也。然必待其事已形而後諫，則事迹昭彰，考有咎厲，非所以善幹也。《易》謂：「幾者，動之微。」《通書》所謂「介於有無之間者，幾也」。誠察其微而預挽之，潛消默化於將萌，如是則既不彰親之咎，又無進諫之名，善之善者也。

曹月川因父好佛，作《夜行燭》，旁徵曲喻，務納親於善而引之於正道，吾有取焉。顧「夜行燭」三字，施之於親，似非所宜，安得起先生於九泉而與之更定哉！

往而不返者，親之年也，儘朝夕承歡，左右就養，尚恐桑榆晚景，來日無多；若復悠忽泄視，漫無關懷，則其子職可知矣。

古者言不過行，有恥故也。

古人尚行，故羞澀其言而不敢輕出；今人尚言，故鼓掉其舌而一味徒言。若果學務躬修，自然沈潛靜默，慎而又慎，到訥訥然不能出口時，纔是大進；否則縱議論高妙超世，總是頑不知恥，總是没學問，没涵養。

卷三十三

公冶篇

士君子立身行己，固不可取媚於世，爲浮沈苟免之計，然亦不可戾世取禍，須權衡於身世之閒，既不失身，又不戾世，始爲無弊。南宫适謹於言行，能處治亂而咸宜，此正儒者持身善世之蓍蔡。

放言放行，在下則觸嫌招忌，在位則賈恐益讎，此謝靈運、李卓吾所以爲世大戮而卒不免也。

成德固不可專靠師友，然能自己立志，又益之良朋明師，將愈嚴憚切磋，以成其德，故昔人謂「孤居而無與共證，獨處而無與共商」，士之悲也。

「他山之石，可以攻玉。」人苟立志進德，尚且借鑒於不賢，況日與賢人君子處乎？此古人所以尋師訪友，不論貴賤遠近也。

不必淫詞詭辨而後爲「佞」，只心口一不相應，正人君子早已窺其中之不誠而惡之矣。徒取快於一時，而遂見惡於君子，亦何爲也哉？

聖門高弟如顔之愚、參之魯、雍之簡，俱是渾厚醇樸氣象；蓋其平日皆斂華就實，故其徵之容貌辭氣之閒者，無非有道之符。吾人有志斯道，第一先要恭默。

學不信心，終非實學；仕不信心，經綸無本。成己而後能成物，自治而後可治人，開於斯自謂「未能信」，此正是審己量力不自欺處。後世仕者，未嘗成己而便言成物，未嘗自治而輒思治人，既無天德，烏睹所謂王道？

問：「成己自治有素，可謂『信』乎？」曰：即真能成己自治有餘，而治體果盡諳乎？時務果盡識乎？經濟大業果一一蘊之有素、中窾中會、動協機宜乎？於此稍信不及，打不過，又豈可冒昧以從事乎？故必量而後入，庶寡過；若入而後量，則取辱多矣。曰：「『斯』字先儒或解作『逝者如斯夫』之『斯』，蓋指妙道精義而言，今乃直指修己治人言，何也？」曰：妙道精義，不外修己治人；離了修己治人，何處更見妙道精義？況夫子方使開仕，開若舍却可仕不可仕不言，而忽旁及其他，此後世儱侗啞謎野狐禪所爲，曾謂敦謹如開而乃爾乎？夫惟於修己治人之道，自謂未信，自覺心上打不過，所以超於天下後世昧於自知而惟以苟位爲榮者，正在於此。使天下後世，人人如開之自審自量，則處不徒處，出不徒出，而世道生民，咸有賴矣。

斯道非穎悟過人，則不足以承受。在昔聖門，固不乏學務躬修行誼淳篤之士，然聰明特達可以大受者，顏回而外，實莫如賜。故夫子屬望特殷，恐其恃聰明而不能自反，倚聞見而昧於自得。「多學而識之」之詰，「予欲無言」之訓，所以覺之者屢矣。又舉如愚之回以相質，蓋欲其鞭辟著裏，黜聰墮明，而務有以自得也。賜乃區區較量於所知之多寡，徒在聞見上比方，抑末矣。顧人多苦不自知，賜既曉然有以自知，欿然遜其弗如，即此一念虛心，便是入道之機，夫子是以迎其機而進之曰：「弗如也！吾與女弗如也。」殆與非也一貫之語，同一啓迪，此正夫子循循善誘處。

賜之折服回，徒折服其知解，豈知回之所以爲回，非徒知解也。潛心性命，學敦大原，一徹盡徹，故明無不照。賜則惟事見聞，學昧大原，其「聞一知二」，乃聰明用事，推測之知，與悟後之知，自不可同日而語。不但「聞一知二」弗如回，即聞一知百知千，總是門外之見，終不切己，亦豈得如回也耶？是故學惟敦本之爲要，敦本則知解盡忘，心如太虛，無知而無不知，一以貫之矣。

正大光明，堅强不屈之謂「剛」，乃天德也；全此德者，「常伸於萬物之上」，凡富貴、貧賤、威武、患難，一切毁譽利害，舉無足以動其心。慾則種種世情繫戀，不能割絶，生來剛大之氣，盡爲所撓。心術既不光明，遇事鮮所執持，無論氣質懦弱者，多屈於物，即素負血氣之强者，亦不能不動於利害之私也。故從來「剛者」必無慾，慾則必不剛，一毫假借不得。

人惟有慾則不剛，不剛則不能直内而方外，故聖賢之學，以無慾爲主，以寡慾爲功。龍惟有慾，則爲人制；人惟有慾，則爲物屈。古人不以三公易其介，是爲真剛。

聖雖學作兮，所貴者資剛，則英毅振迅，入道有其資。否則志氣易於散漫，工夫作輟無常。

德非剛則不能進，己非剛則不能克，品非剛則不能樹，名節非剛則不能全。擔當世道，非剛則不能任；頂天立地事業，非剛則不能做，做亦難成。苟非其人，道不虚行，故必純乎天理之極，而無一毫人欲之私，始爲庶幾。

文章、性道，本一非二；文章所以闡性道，性道所以焕文章。若文章無關於性道，是後世雕蟲末技，泛語浮説，夫豈「夫子之文章」。性道不見之文章，則性道無由闡明，不可謂「夫子之言性與天道」。故夫子之文章，即夫子闡明性道之言，言言皆文，則言言皆道，日用平常，莫非性天。特學人資有迷悟，自生分別，迷則文章是文章，性道是性道；悟則文章即性道，性道即文章，一而二，二而一也。「然則子貢之説非耶？」曰：子貢蓋至是而有悟矣，此悟後反言以歎美，亦猶「高堅前後」之喟也。

「未行而恐有聞」，子路急行之心，真是惟日不足，所以得到「升堂」地位。吾人平日非無所聞，往往徒聞而未嘗見諸行，即行而未必如是之急，玩愒因循，孤負時日，讀至此不覺忸怩。

子路喜聞過，固學人百世之師；而其勇於行，尤學人百世之師也。惜乎躬行有餘，而終欠真知，是以言動出處，多有遺憾。故知行不可偏廢，若理有未窮，知有未至，往往以冥行當躬行，則賊德害義多矣，此又不可不知也。

雍也篇

「居敬」，則終日戰兢自持，小心嚴翼，湛然純一，惺惺不昧，清明在躬，氣志如神。見之於行，自精明整暇，凝重不苟，事事有定裁，却事事不瑣繁、不操切，敦大成裕，端拱致治。「居簡」，則率意任質，漫無檢束，内外脱略，身心俱荒。一身不能自治，況治民乎？

學，所以約情而復性也。後世則以記誦聞見爲「學」，以誦習勤、聞見博爲「好學」。若然，則孔子承哀公之問，便當以博學篤志之子夏、多聞多識之子貢對，夫何舍二子而推静默如愚之顔氏爲耶？ 即推顔氏，何不推其誦習如何勤劬，聞見如何淵博，而乃以「不遷」、「不貳」爲好學之實？可見學苟不在性情上用功，則學非其學。性情上苟不得力，縱夙夜孜孜，博極群籍，多材多藝，兼有衆長，終不可謂之「好學」。

顔孟而後，學能涵養本原、性情得力，莫如明道先生，蓋資稟既異，而充養有道，純粹如精金，温潤如良玉，寬而有制，和而不流。其言曰：「七情之發，惟怒爲甚。能於怒時遽忘其怒，其於道思過半矣。」薛敬軒亦云：「氣真是難養，余克治用力久矣，而忽有暴發者，可不勉哉！ 二十年治一『怒』字，尚未消磨得盡，以是知『克己』最難。」吴康齋所著《日録》，則專以戒怒懲忿爲言，有曰：「去歲童子失鴨，不覺怒甚。今歲復失鴨，雖當下不能無怒，然較之去歲則微，旋即忘懷，此必又透一關矣。」謝上蔡患喜怒，日消磨令盡，而内自省察，大患乃在「矜」，痛克之。與程子别一年來見，問所學，對曰：「惟去得一『矜』字。」曰：「何謂也？」上蔡曰：「懷固蔽自欺之心，長虚驕自大之氣，皆此之由。」以上四先生，皆實實在性情上用功，此方是「學」，此方是「好學」，雖中間用功有難易，得力有淺深，而好其所當好、學其所當學則一也。

顔子「克復」之後，俯仰無怍，故胸次悠然有以自樂，不因貧困少改其常，此天趣也。周子每令二程尋孔顔之樂，尋此趣也。善乎，王心齋之歌有曰：「人心本自樂，自將私欲縛。私欲一萌時，良知還自覺。一覺便消除，此心依舊樂。樂是樂此學，學是學此樂。」

問：「學者固貴有以自樂，然家貧親老，甘旨無供，亦豈能樂？」曰：貧莫貧於「簞瓢陋巷」，夫不有顏路在耶？而顏子無營無欲，恬然安之，所謂以善養，不以禄養也。

「道」乃人生日用當由之道，夫子不過爲之指迷析歧，示人以知所嚮往耳，非舉已所獨有，而强人以所本無也。蓋人人有是心，心心具是理。心不昧理，是謂「明道」；動不違理，是謂「行道」。則道之爲道，反已自是，欲之即至，非從外獲，又何「力」之可言？求也不察，誤認爲夫子之道，故諉以「力之不足」；若知原是自具，原是日用之所不容已，則力豈有「不足」？又豈逡巡委靡以「自畫」？陽氣發處，金石亦透，精神一到，何事不成，况求諸己耶？

「君子儒」大而通，「小人儒」拘而滯。子夏硜硜自律，規模殊欠宏遠，故夫子因其病而藥之。

「君子儒」爲天地立心，爲生民立命，爲往聖繼絶學，爲萬世開太平；「小人儒」則反是。

古之學者「爲己」，「君子儒」也；今之學者「爲人」，「小人儒」也。

「君子儒」喻於義，「小人儒」喻於利。

「君子儒」實心實行，「小人儒」色取行違。

「儒」字從「人」從「需」，言爲人所需也。道德爲人所需，則式其儀範，振聾覺聵，朗人心之長夜；經濟爲人所需，則賴其匡定，拯溺亨屯，翊世運於熙隆：二者爲宇宙之元氣，生人之命脈，乃所必需，而一日不可無焉者也。然道德而不見之經濟，則有體無用，迂闊而遠於事情；經濟而不本於道德，則有用無體，苟且而雜乎功利：各居一偏，終非全儒。譬之身然，或頭目具而乏四肢，或四肢具而缺頭目，尚得爲完人乎？故必頭目四肢備而後爲完人，道德經濟備而後爲全儒。如是則窮可以儀表人群，達則兼善天下，或窮或達，均有補於世道，爲斯人所必需，夫是之謂「儒」，夫是之謂「君子」。

僧有禪宗、有應付，道有全真、有應付，儒有理學、有應付，咸一門而兩分之，内外之分也。噫，讀儒書，冠儒冠，置身於儒林，既以儒自命，乃甘以應付儒結局生平乎？「然則必何如而後可？」曰：孔子對哀公儒服之問，《儒行篇》載之詳矣。誠自振自奮，自拔於流俗而允蹈之，便是真儒、大儒、「君子儒」，否則終是俗儒、應付儒、「小人儒」，而猶居之不疑，自以爲儒，「儒」豈如是耶？亦足羞矣！

滅明「行不由徑」，步趨不苟，則居恒持身端方，事事不苟可知；「非公事」不見邑宰，尤見其守身之嚴，宜其起邑宰之敬，而見推於聖門也。故士人平日須絶迹公庭，即遇公事，苟非萬不容已，亦不可輕往。寧使訝其不來，勿使厭其不去，品斯立矣，品立而後可以言學也。

滅明之賢，惟子游識得。得此一人，尊禮推重，獎一勵百，以端一方之風化，此致治之機也。昔陸象山至臨川訪湯思謙，思謙因言風俗不美，象山曰：「司、監、守、令，乃風俗之宗主，只如判院在此，無只爲位高爵重、旗旄導前、騎卒擁後者是崇是敬。陋巷茅茨之閒，有忠信篤敬好學之士，不以其微賤而知崇敬之，則風俗庶幾可回矣。」姚善守蘇州，聞郡人王賓狷介有守，敦延不至，乃屏騶從，微服造見；賓次日詣府，望大門致謝而去，終不進大門。善又聞韓弈名，欲因賓致弈，弈終不往。一日，善詢知弈在楞伽山，亟往訪之，弈遽泛小舟入太湖去。善歎曰：「韓先生名可得而聞，身終不可得而見也。」

馮異戰勝有功，他將皆爭自言功，異獨屏身樹下，寂無所言。曹彬平江南，得一國境土，闢地數千里，使在他將，必露布以聞，盛敘戰績，彬惟進奏通報於朝曰：「奉敕勾當江南公事回。」此皆不自矜伐，與之反可謂異世而同風矣。彼武夫且然，矧學者乎？故道德、經濟、文章、氣節，或四者有一，或兼有其長，而胸中道德、文章、經濟、氣節之見，苟一毫消鎔未盡，便是「伐」；伐則有累湛然虛明之體，其爲心害不淺。上蔡先生省克數年，去得一「矜」字，程子稱其「切問近思之學者」，此也。

人「由道」則盡人道，「不由」則失其所以爲人之實，醉生夢死，與物奚異？

當下便是，無煩擬議，自然而然，非由勉强，所謂「直」也。乍聞而怵惕，覩骸而生泚，良知良能，隨感而應，非「直」而何？聖之所以聖，賢之所以賢，如斯而已矣。本分之外，不加毫末，一有安排，便失其「直」；展轉曲撓，厚自誣罔，是自喪本面，自梏生機，雖生猶死，可哀孰甚！

「上」是甚麽？能知其所謂上，斯上矣。

向上一著，自非穎悟絶倫，力到功深，則未易承當。驟而語之，沈厚者反以滋惑，俊爽者適以滋狂，故曰神而明之，存乎其人，苟非其人，道不虛行。

夫子答樊遲之問，切中天下後世人心

之通病，「務義」、「後獲」之語，乃知者、仁者之實功。

孝弟忠信，禮義廉恥，一有玷缺，便非士，「觚哉，觚哉」！

卷三十四

述而篇

問：「夫子以生民來未有之至聖，何不立法創制、自我作古，而乃信古述舊，何也？」曰：惟其不師心自用而信古，不立法創制而述舊，此夫子所以爲至聖也。後世紛紛多事，正坐在上者自恃聰明，不率由舊章，而輕改祖宗法度；在下者自逞己見，不則古稱先，而弁髦聖賢遺訓，立異好奇，雄視百代，高擡其心，不在本位：此天下所以不治，而真儒所以不多見也。

《書》稱：「學於古訓乃有獲，事不師古，以克永世，匪說攸聞。」今學者敝精神於無用之虛文，其於當代章程，尚多茫然，況往古之典則乎？譬猶正牆面而立，一無所見，匪見胡獲？匪獲胡成？學無實用，世乏良材，蓋有由矣。

以夫子天亶聰明，猶不輕「作」，乃後世書生，動輒著作，日新月盛，未有紀極，豈皆發夫子所未發，補夫子所未備，如日用菽粟之不可一日無耶？可以觀世變矣。

六經四書而外，如濂、洛、關、閩、河會、姚涇、東林、少墟諸先儒講學明道之書，皆本於躬行心得之餘，非汲汲以著述爲事者也，其言純粹精切，足以羽翼六經四書，開來學於無窮。吾人幸生其後，當享其現成，實體而力踐之，無煩著述。昔有人問章楓山先生以無著作，先生曰：「前人之言多矣，刪其繁可也。」而陳白沙先生亦曰：「千聖遺編皆剩語，小生何敢復云云。」其言深可味也。

聖賢著述，原爲明道；常人著述，不過博名。

聖賢著述，是扶綱常、立人極、紹往古、開群蒙，常人則借以表見於天下後世，以圖不朽而已。天理人欲之分，莫大於此。故著述愈多，則喪心愈甚，去道愈遠矣。

「默識」，是入道第一義，「默」則不尚言説，「識」則體認本面。認得本面原無聲無臭，原「於穆不已」，自然無容擬議，自然終日乾乾，操存罔懈，何「厭」之有？以此自勵，即以此勵人，視人猶己，何「倦」之有？此方是鞭辟着裏、盡性至命之聖學。若誤以「識」爲誌記，終日誌記所聞，則反己自認之實安在？縱如癡如瘖，忘食忘寢，不厭不倦，亦只是口耳末習，記誦俗學。以此自勵，是内不識己，便是誤己；以此勵人，是外不識人，便是誤人。誤己、誤人，夫子豈然？

夫子之所謂「默識」，即《大學》之所謂「顧諟明命」也。如猫覷鼠，心無雜用，意不他適，一念凝此，萬慮俱寂。如是則本體清明，不至昏昧，日用尋常，無不在此覺中。

「默而識之」，謂沉潛自認，識得天命本體、自己真面，即天然一念，不由人力安排，湛然澄寂，能爲形體主宰者是也。識得此，便是「先立其大」，便是識「仁」。孔門之學，以仁爲宗，及門諸子，終日孜孜，惟務求仁。程伯子謂：「學者先須識仁，識得此理，以誠敬存之，即學而不厭也。」羅豫章令李延平静中看喜怒哀樂未發氣象，而延平教學者默坐澄心，體認天理，陳白沙亦言「静中養出端倪」，皆本於此，乃聖學真脈也。

問：「學所以求識本體，既識本體，則當下便是，如何還説『學』？ 還説『不厭』？」曰：識得本體，若不繼之以操存，則本體自本體；夫惟繼之以學，斯緝熙無已。所謂識得本體，好做工夫；做得工夫，方纔不失本體，夫是之謂「仁」。

朱濟道力贊文王，象山謂之曰：「文王不可輕贊，須識得文王，方可稱贊。」濟道云：「文王聖人，誠非某所能識。」曰：「識得朱濟道，便是文王。」至哉言乎！ 可謂八字打開，當機覿體，分明直指矣。 今人所以支離葛藤於語言文字之末，而求諸外，原自己不識自己也。 誠識己之所以爲己，本自高明，本自廣大，與天地合德，與日月合明，聖非有餘，己非不足，自然自成自道，豈肯自暴自棄。

問：「『識』謂識本體，非徒誌記所聞固已，然『中人以下，不可以語上』，『誨人不倦』，豈盡望人以識本體耶？」曰：本體人人固未易盡識，而求識本體之工夫，未嘗不人人盡誨，博約之誘、克己篤敬之説，所以示人以後入者，未嘗不諄懇，夫何倦耶？

學之所以爲學，只是修德；德若不修，則學非其學。「講學」，正講明修德之方也，不講則入德無由；「徙義」，所以崇德也，不徙則崇德無藉；「改不善」，所以進德也，不改則無步可進，安得不憂。 故爲己而憂，是自視欿然；爲人而憂，是視人猶己。

自己不知學，不可不尋人講，講則自心賴以維持；自己知學，不可不與人共講，講則人心賴以維持。 所講在學，學術愈明，則世道賴以維持。

治亂生於人心，人心不正，則天下不治；學術不明，則人心不正。 故今日急務，莫先於講明學術，以提醒天下之人心。嚴義利，振綱常，戒空談，敦實行。一人如是，則身心康平；人人如是，則世可唐虞。此撥亂反治、匡時定世之大根本、大肯綮也，全在有立人達人之志者，刻意倡率，隨處覺導。

學之不講固可憂，講而不行尤可憂。蓋講學本爲躬行，如欲往長安，不容不講明路程，若口講路程而身不起程，自欺欺人，其病更甚於不講，豈不尤爲可憂！

「志道」、「據德」、「依仁」而後「游藝」，先本而後末，由内而及外，方體用兼該，華實並茂。今人所志惟在於藝，據而依之，以畢生平，逐末迷本，騖外遺内，不但體無其體，抑且用不成用，華而不實，可恥孰甚？

古人以道爲先，是以知道者多；今人以藝爲先，是以知道者少。道成而上，藝成而下，審乎内外輕重之分，可與言「志」矣。

志道則爲道德之士，志藝則爲技藝之人，故志不可不慎也。是以學莫先於辨「志」，必也道成而方及藝，則朝夕游衍，莫非攝心之助，巨細精粗，一以貫之矣。

古之所謂「藝」，如禮、樂、射、御、書、數，皆日用而不可缺者，然古人不以是爲「志」，必體立而後用行。今之所謂「藝」者，詩文字畫而已，究何關於日用耶？或問楓山何不爲詩文？楓山笑曰：「末技耳，予弗暇也。」莊渠先生答唐應德書曰：「聞開門授徒，無乃省事中又添却一事，誰始爲舉業作俑，不知耗了人多少精神，心中添了多少葛藤蔓説，縱斬絶之，猶恐牽纏，況可引惹乎！朱子謂舉業是一厄，詩文是一厄，簿書是一厄，只此三厄，埋没了天下多少人材。願應德卓乎萬物之表，莫以此等攖心。

若謂此是次業，是指尋花問柳與力穡同也。」按先生此書，言言警切，辨志者不可不知。

「用之則行」，可以仕則仕；「舍之則藏」，可以止則止。行藏惟道是徇，進退不失其正。道苟見用，則進而行道以濟時，進非希榮；道若不用，即退而抱道以守身，萬鍾有所不顧焉。顔子才堪經邦，學能知幾，「簞瓢」泰然，心無繫累，故夫子以是許之。

能知幾則臨時自小心兢業，敬慎無忽，計慮周詳。不萬全決不輕發，識微識彰，能柔能剛，涉世用兵，無不咸宜。德性作用與血氣作用，自是不同，深潛縝密與孟浪勇敢，得失何啻天淵！

「臨事懼」，「好謀成」，豈惟爲將之道當然，爲君爲相，及凡百有位，以至士之立身行己，莫不各有當臨之事、當成之謀，事無大小，莫不當然。故君而能然則萬幾理，相而能然則百官治，百執事能然則職業舉，士能然則品詣端。

富若可求，人人皆富矣；人不皆富，非命而何？即求之而得，齊景千駟之馬，何如夷齊西山之薇，一則死之日民無得而稱，一則民到於今稱之。誠不以富，亦衹以異，君子終不舍此以慕彼，況求無益於得，又豈可隨俗馳逐，徇人而喪己耶？故學者第一要安命守義，不可妄求。

問夫子「所好」。曰：夫子之好，秉彝之好也。好民彝物，則好性分懿德也，是以「好學」、「好古，敏以求之」、「發憤忘食，樂以忘憂，不知老之將至云爾」。今人或好聲色貨利，或好詩酒博弈，非不各有所好，然好而不得其正，流蕩忘返，適足以自誤生平。

「樂亦在中」，困而不失其所亨也。富貴本如浮雲，況不義之富貴乎？其爲心體之累、終身之玷，亦猶浮雲之障太虛，掃而去之，則萬里清澈，光風霽月，其快無涯。

古今人士，本來皎潔之品，其爲不義富貴所障者何限？苟得一時，遺臭千古，清夜捫心，樂乎，不樂乎？當必有辨之者。

子雅言《詩》、《書》、《禮》者，原欲學者雅聞其説，心繹神會，以之理性情、謹節文、練政事而達之用也。吾人生乎千百世之後，雖不獲親炙子側而聆其「所雅言」，而其「所雅言」者，未嘗不口誦而心維，果以之理性情、謹節文、練政事而達諸用乎？若徒假其言以爲富貴利達之資，無惑乎莊生謂「儒以詩禮發墳」，李卓吾目爲「衣冠大盜」也。每一念及，曷勝慚赧！

問：「『發憤忘食，樂以忘憂』，此正聖人之所以爲聖人，而異於常人處；若常人亦能如是，尚何聖人之不可企及？」曰：常人非全無發憤時，當其發憤，亦或忘食；非全無所樂，當其樂時，亦能忘憂。但聖人之憤憂，全爲明道修德，道有未明，德有未修，安得不憂？安得不發憤？道明德修，不容不樂，樂則何憂之有？置身世情緣於度外，并死生亦忘，學至於忘憂忘死生，則身與道爲一矣。常人之發憤，不過爲富貴功名而已，未得則發憤以圖，既得則意遂而樂。憤樂無異，而所以憤樂則異，能於所以處自奮自拔，其庶乎！

夫子以行示範，而門人惟言是求，故自明其「無隱」之實以警之，與「天何言哉」之意同。所以迪及門以返躬尚行者至矣。

師之於及門，有言教，有身教，言教固所以教其行，然不若身教之得於觀感者尤深。夫子而後，若曾子之於公明宣亦其次也。公明宣及曾子之門，見曾子居庭，親在，叱咤之聲未嘗至於犬馬，説之而學；見曾子之應賓客，恭儉而不懈惰，説之而學；見曾子之居朝廷，嚴臨下而不毀傷，説之而學。故不言之教，不從耳入，而從心受，根於心，斯見於行矣。

問：「世有夫子之道德，而後諸及門得以『景行行止』，相觀而化；有曾子之篤行，而後公明宣得以奉爲楷模，是則是效，其如經師易遇，人師難逢何？」曰：「三人行，必有我師」，其所從游，豈無彼善於此者乎？有一善即師其一善可也，即一無所逢，而孔、顔、思、孟、周、程、張、朱及薛、陳、王、吕並先輩高賢真儒之行實，具在一室，静對目擊而道存，莫非我師，莫非「無隱」之教，在加之意而已。

問「不知而作」「作」字。曰：「作」，動作也。動於心爲思，動於口爲言，動於身爲行，而知爲主。知則清明在躬，理欲弗淆，心無妄思，口無妄言，身無妄行，是謂動無不善；不知則昏惑冥昧，理欲莫辨，心多妄思，口多妄言，身多妄行，此之謂無知妄作。

「多聞」善言，「多見」善行，藉聞見以爲知，亦可以助我之鑑衡，而動作不至於妄，然去真知則有問矣，故曰「知之次也」。知聞見擇識爲「知之次」，則知真知矣。

真知非從外入，人所自具，寂而能照，感而遂通，「廓然大公，物來順應」。心思言動，莫非天則，未嘗自私用智，雖作非作。

夫所謂真知非他，即吾心一念靈明是也。天之所以與我，與之以此也。耳非此無以聞，目非此無以見，所聞所見非此無以擇、無以識，此實聞見擇識之主，而司乎聞見擇識者也。即「多聞多見」、「擇之識之」，亦惟藉以致此，非便以多聞多見、擇之識之爲主也。知此則知真，知真則動不妄，即妄亦易覺。所貴乎知者，在知其不善之動而已，此作聖之真脈也。

天之生人，未嘗不與之以善；人之受生，未嘗不共有是善。互鄉之人，乃獨不善，此非其生來如是，亦習俗使然也。顧天下無不可變之俗，無不可化之人，特患無機可乘耳。以互鄉之童子而知慕夫子，不顧流俗之非笑，毅然請見，可見秉彝好德之良，原非習俗所得而泯。即此便是可乘之機，迎其機而進之，安知其不可與爲善也。童子一善，將來可以善一家，善一鄉，變化之漸，安知其不基於此乎？夫子之見，程子以爲「待物之宏」，余竊以爲成物之殷也。故君子之於惡俗，當思轉移，勿輕鄙棄。

問「君子坦蕩蕩」。曰：能俯仰無愧，便是「坦蕩蕩」；能持敬謹獨，方能俯仰無愧。問：「持敬以謹其獨，固致坦之要，而獨之當謹者，其詳亦可聞乎？」曰：獨之當謹者非一，而名利之念，尤爲喫緊，千病萬病，皆從此起。只不爲名牽，不爲利役，便俯仰無愧，便坦蕩自得。小人不爲名牽，便爲利役，未得患得，既得患失，便是「長戚戚」。

泰伯篇

泰伯遯身遐荒，毁傷髮膚，以絶大王王季之望，讓國不居，泯然無迹，並讓之之名不居，此所以爲「至德」也。今人有一善，惟恐人不知，淺亦甚矣。諺云「滿瓶不響」，亶其然乎！

爲善不近名，方是真善；否則縱善蓋天下，可法可傳，有爲之爲，君子弗貴，以其非真也。

或曰：人只要力行好事，一時雖不求人知，天下後世終有知之者。曰：力行好事，亦惟行其心之所安，當然而然耳，後世知與不知，非所望也。若謂天下後世終必知之而力行，終是有爲而爲，非當然而然也，而身後之名，果足以潤枯骨乎？

泰伯惟行其心之所安，是以不存形迹。其後季札化之，避位辭封，安於延陵，高風偉節，儀表千古，淵源遠矣！

曾子臨終，啓手足而「知免」，由於平日之修其身而無歉。吾人平日多歉，臨終將何以自免？今日尚未免消沮閉藏於世上，異日必不免抱悔含羞於地下，念及於斯，曷勝跼蹐！

孝以保身爲本。身體髮膚受於父母，不敢毁傷，故曾子啓手足以免於毁傷爲幸。然修身乃所以保身，手不舉非義，足不蹈非禮，循禮盡道，方是不毁傷之實。平日戰兢恪守，固是不毁傷，即不幸而遇大難、臨大節，如伯奇、孝己、伯邑考、申生死於孝，關龍逢、文天祥之身首異處，比干剖心，孫揆鋸身，方孝孺、鐵鉉、景清、黄子澄、練子甯諸公，寸寸磔裂死於忠，亦是保身不毁傷。若舍修身而言不毁傷，則孔光、胡廣、蘇味道之模稜取容，褚淵、馮道及明末諸臣之臨難苟免，亦可謂保身矣？虧體辱親，其爲毁傷，孰大於是！

保身全在修身，而修身須是存心。終日凜凜，戰競自持，察之念慮之微，驗之事爲之著，慎而又慎，無所容乎人欲之私，而務全其天理之正，如是則俯仰無怍，生順而死安矣。

曾子揭「戰戰兢兢，如臨深淵，如履薄冰」之詩，以告及門，此千古作聖之基也。念念如此，則念念皆天理；事事如此，則事事皆天理。一日如此，則一日皆天理；終其身常常如此，則終其身常常純乎天理矣。故存心不如此，則非所以慎獨；臨事不如此，則非所以敬事；涉世不如此，則非所以涉世；經世不如此，則非所以經世。故絶大經綸，出於絶小一心。

心小則心存，心存則不亂。臨大事而不亂，方足以任大事；臨生死而不亂，方足以了生死。

生之必有死，猶晝之必有夜，聖愚同然，古今一揆。只要平日心事無歉，便是臨終了死善著。

一生戰戰兢兢，此心常存不放，到頭檢點平生，超然無累而逝，方是好結果、好散場。蓋善始乃能善終，善生乃能善死。

吾人自今以前，既往之縱逸，疚心蕩檢，業已悔憾無及；自今以後，儘戰兢自持，猶歲有月限，來日無多。若復悠忽縱逸，臨終檢點生平，雖欲少延時日，痛自繩束砥礪，何可得耶？

顏子「以能問不能」，若無若虛，與物無競，非其心同太虛，安能如是？在顏子實不自知，而曾子以是稱之，則曾子所養可知矣。今學者居恒動言人當學顏子之所學，試切己自反，果「若無若虛」、物我無間、惟善是咨、怡然「不校」乎？否則其所養可知。

有大學問、大識力、大氣骨，方足以當大任、應大變，託孤而克副所託，寄命而不負所寄，遇禍亂而忠貞益著，處末路而大義愈明，若伊尹之於太甲、周公之於成王、孔明之於後主是已。荀息節固無虧，然才弗勝任，卒負所託；霍光雖不負託，而寡學鮮識，大節爲妻所奪；范質、王溥同受周世祖顧命，陳橋之變，臨難懼死，以宰相而反北面點檢；高拱、張居正同受明穆宗顧命，拱才疎識寡，居正以計擠去，恃才擅權，則又荀、霍之罪人也。

不遇盤根錯節，無以別利器；不遇重大關節，無以別操守。居恒談節義，論成敗，人孰不能？一遇小小利害，神移色沮，隕其生平者多矣。惟遺大投艱，百折不回，既濟厥事，又全所守，非才品兼優之君子，其孰能之？

善心之興，立身之卓，德器之成，由於《詩》、《禮》、《樂》。今《樂》雖士不肄習，而《詩》與《禮》，未嘗不家傳而户誦，興者、立者，果有其人乎？吾不得而知也。夫古之肄《詩》，原鑑其善惡以淑心；今則惟諷誦其章句，講明先儒之所發明，以爲舉業之資而已。古之肄《禮》，原準其儀節以律身；今則惟裁取可爲科試題目，以爲應試之備而已。是肄習之始，便以弋名媒利爲事，而欲善心之興、律身之卓，何可得耶？「然則屏舉業不事，專心致志，肄《詩》肄《禮》，惟藉以淑心律身可乎？」曰：亦顧其人何如耳。苟志在興善，即以之興善；志在律身，即以之律身。終身肄《詩》肄《禮》與人同，而所以肄《詩》肄《禮》與人異，即其所肄而一一反之於心，見之於行，由是出而應制，以其躬行心得之餘，發之舉業，方爲有本之舉業，而善心之興、律身之卓，益以舉業而達諸用，舉業即德業矣。曰：「其肄之之方，可得聞乎？」曰：別無方，肯實反之身心便是方。仍於肆《詩》之餘，擇先儒所吟有關於身心性命、綱常名教痛快警切者，每日午候精神倦散之時，朗誦數首，以鼓昏惰；擇《曲禮少儀》之有切於日用之急，及吕新吾《四禮翼》，佩服勿斁，坐立言動，整肅威儀。朔望，則設先師及顔、曾、思、孟、周、程、張、朱並薛、陳、王、胡位行禮，時操琴音，養其性情，其庶幾乎！

大才忘才，小才恃才；恃則驕，驕則吝。

「驕吝」，由於不知學，蓋知學，則知道理無窮。恒若己無一長，知德業難盡，恒若己無一善，自然威儀收斂，雖遇庸劣，亦謙和可掬，汪汪有千頃之度；不知學，則道理不明，德器無成，薄有技能，輒沾沾自喜，旁若無人。

謝上蔡别程子數年，去得一「矜」字，知學故也。

「學不志彀」，方是實學，方爲有志。實學道德，自不志於功名，實爲身心性命，自不念及於富貴利達。

今人初學之日，便是「志彀」之日。揣摩帖括，刻意雕繪，疲精竭神，窮年累月，無非爲彀而然，此外無志，故此外無學。夫惟此外無志，是以修己務實之儒，世不多見，以致修己務實之業，無人講求，士趨日卑，士風日壞，病正坐此，可勝歎哉！

問：「列國之時，邦域各别，遇『危邦』固可以不入，『亂邦』可以不居，夫在一統之世，際危亂奈何？」曰：小而郡縣，大而省直，亦邦也，中閒豈無彼善於此者乎？故處蜀而罹鐇，李巨游之往禍足鑒；避遼而獲免，管幼安之見幾可欽。

「有道則見」，必才足以有爲，見庶不徒

見；「無道則隱」，須剷彩韜光，隱方是真隱。

「學如不及，猶恐失之。」日月逝矣，歲不我與。尺璧非寶，寸陰是惜。作聖君子，及時努力。

爲身心性命而學，則「學如不及，猶恐失之」，君子「自强不息」之心也；爲富貴利達而學，則「學如不及，猶恐失之」，鄙夫患得患失之心也。同行異情，人品霄壤。

「舜禹之有天下，而不與焉」，所性不存故也。

人若見得透時，則知有天下，原不足與；天下尚然，况區區尋常所有乎？一或縈懷，便爲心累。夫惟淡忘，斯胸次灑然，道思過半矣。

問：「『舜有臣五人而天下治』，後世師濟盈廷，而天下治日常少，亂日常多，何也？」曰：五人德爲天德，才爲王佐，視天下猶一家，萬物猶一體，王事猶家事，各效其長，同心共濟於上。其所引用布於中外者，莫非賢能，舜又以聖明臨之，故世登上理，俗臻雍熙。後世既無五人之德之才，又多自私自利之心，其所汲引，賢者不用，用者不賢，舉錯失宜，人無勸懲，故雖濟濟盈廷，究竟無補於治。間有彼善於此，不過僅臻小休而已。

學者居處食用，儉約方好。「禹之無間然」處，只是「菲飲食」、「惡衣服」、「卑宮室」，功在萬世；君臨天下者且然，况常人乎？故養德當自儉始。

近代章楓山先生，官至八座，致仕在家，僅小屋三間，前面待客，後面自居，粗衣疏食，人所不堪。先生處之裕如，門人化之，莫敢華侈。

卷三十五

子罕篇

「罕言利」，所以定學者之操也，蓋天下事，出乎義便入乎利。盡言義，人猶趨利；若言利，流弊何所底止！學者誠體夫子「罕言」之意，於此處先要清楚。惟正誼明道，不謀利計功，則立身方有本末。人事盡而後可以言命，義之所在，君子不言命。仁固學人切務，然求仁之工夫可言，而仁之本體，則不可以輕言。二者日用之閒，惟盡其所當然，而其所以然之實，果力到功深，夫固有不言而喻者矣。

帝堯之大，蕩蕩乎民無能名；孔子之大，「博學而無所成名」：蓋「至德」難名，固無名可名。黨人惜其無所成名，此正鄉人之識、世俗之見，烏足以知孔子乎？余因是而竊有感焉。夫學之所以爲學，原盡其性分之當然、職分之所不容已耳。亦猶饑之於食，當食而食，非欲成食之名而後食也；寒之於衣，當衣而衣，非欲成衣之名而後衣也。自成名之説出，而天下後世之人，類多惟名是圖。爲性分職分而學者，百無一二；爲博學成名而學者，蓋千人而千、萬人而萬也。於是學尋章摘句，以科第成名；學詩學文，以風雅成名；學多材多藝，成名於天下；學著書立言，成名於後世。地無南北，人無窮達，莫不各勉所學，各圖成名而止，而性分職分、當務之急，終其身反多茫然。噫，弊也久矣！

問「子絶四」。曰：無思無爲，寂而不動，感而遂通，物來順應。猶鏡之照，不迎不隨，何「意」、何「必」、何「固」、何「我」？

聖人自然而然「絶」此，賢人勉然而然「毋」此，衆人則冥然惘然「滯」此。一有所滯，便爲心累，昔人謂「莫教心病最難醫」，此正心病之最難醫者也。

四者之累，咸本於「意」，所謂「意慮微起，天地懸隔」是也。意若不起，三累自絶，「不識不知，順帝之則」。

聖人之所以爲聖，蓋以其心純乎天理，而無一毫人欲之私，非以其多材多藝而無所不能也。若以無所不能爲聖，則古來無所不能者不少，豈皆聖乎？

夫子之聖，固是「天縱」，然天之生人，人人有是心，心心具是理，則亦未嘗不人人而縱之也。顧人人縱之，而人人不能循理以全心，是以聖益聖、愚益愚，遂以聖爲絶德，爲「天縱」，斯謂自誣誣天。

「君子多乎哉？不多也」，分明謂君子之爲君子，原不在「多能」。心能循理，即一無所能，亦不害其爲君子；否則縱事事皆能，究無當於君子。

元人謂宋徽宗詩文字畫諸事皆能，但不能爲君耳。今聰明人詩文字畫諸事皆能，但不能爲人耳。能爲人，則惟理是循，無爲其所不爲，無欲其所不欲，俯仰無愧，不負乎爲人之實，詩文字畫，愈以人重；苟爲不然，詩文字畫縱極其精妙，亦不過爲詩人、文人，工於臨池而已。

夫子自謂「無知」，此正知識盡捐、心同太虛處。有叩斯竭，如谷應聲，未叩不先起念；既竭，依舊忘知，雖曰「誨人不倦」，總是物來順應。

問：「『空空如也』，先儒有作夫子説者，有作鄙夫説者，果孰是而孰非？」曰：夫子「空空」，亦何待言，此則專就鄙夫説。蓋鄙夫惟其「空空」，素無意見横於胸中，斯傾懷惟夫子之言是聽，若先有所見，必不向夫子問；即問亦必自以與夫子所見不合，必不能虚懷以受。曰：「若謂夫子亦『空空』，議者以爲近禪，何也？」曰：言夫子「空空」，而便疑其近禪，則是鄙夫胸無意見，而夫子反有意見，多聞多識，物而不化，與後世書生之學富二酉、胸記五車何異？夫子惟其「空空」，是以大而能化，心同太虚；顔子惟其「屢空」，是以未達一閒，若無若虚。後儒見不及此，因釋氏談空，遂諱言空，並《論語》之明明言及於空者，亦必曲爲訓解，以避其嫌。是釋能空其五藴，而儒不能空其所知；釋能上達，而儒僅下達也。本以闢釋而反尊釋，崇儒而反卑儒，弗思甚矣！夫「空」之出於釋者固可避，而出於夫子之口者則不可避；「空苦」、「空幻」、「真空」、「無相空」、「無所空」之説可闢，而「空空」、「屢空」之説不可闢。彼釋氏空其心而並空其理，吾儒則空其心而未嘗空其理；釋氏綱紀倫常一切皆空，吾儒則綱紀倫常一切皆實：得失判若霄壤，豈可因噎廢食。

吾人學無歸宿，正坐不能空其所知，比之鄙夫，反多了一番知識，反增了一番心障，以致下不能如鄙夫，是以上不能希往聖。

問：「穎悟如顔子，學夫子之道，猶『仰鑽瞻忽』，歎其『高堅前後』之難入，今學者既無顔子之穎悟，而欲學夫子其尤難，將何如耶？」曰：謂顔子從夫子學道則可，謂爲學夫子之道，非惟不知道，並不知顔子矣。

夫「道」爲人人當由之道，存心盡性之謂也。顔子存己心、盡己性，而由己所當由之道，由之而初未得其方，不是「過」便是「不及」，出入無時，莫知其鄉，潛天而天，潛地而地，是以有「高堅前後」之疑。若謂學夫子之道，是舍己而學人，乃後世循迹摹倣者之所爲，即一學而成，不高不堅，不前不後，亦與自己心性有何干涉？而「循循之誘」，則是夫子誘其「博文約禮」以學夫子，他日顔子問「仁」，夫子答以「爲仁由己」，而顔子之請事，不待請事「四勿」，惟直請事夫子便爲仁矣。顔子幸親炙夫子，得以學夫子，而夫子之前未有夫子，夫子之後再無夫子，學者抑將學誰耶？曰：「顔子非學夫子，胡爲而依依夫子耶？」曰：依依夫子，正所以親承指點入道之方，「博文約禮」是也。

問：「『博我以文』，説者以爲使我知古今、達事變，然歟？」曰：以「博文」爲知古今、達事變，則稍知讀書者皆可能，顔子乃反見不及此，必待夫子之誘，而始知從事於此，何以爲顔子？夫「博文」而止於知古今、通事變，亦何關於身心性命之急，乃「欲罷不能」，博之約之，而至於「如有所立卓爾」耶？「然則所謂『文』者，果何所指？必何如而後爲『博文』、爲『約禮』耶？」曰：身心性命之道，燦然見於語默動作、人倫日用之常，及先覺之所發明，皆「文」也；莫不有當然之則焉，皆「禮」也。從而潛心默會，一一析其當然之謂「博」；隨所博而反躬實踐之謂「約」。「博」即虞廷之「惟精」、《大學》之「格物」，「約」即虞廷之「惟一」、《大學》之誠、正、修，知行並進，無非爲身心性命上做工夫，豈區區知古今、達事變者所可同日而語耶？

以「博文約禮」爲善誘，此正顔子悟後之語，亦猶餌所以誘魚，非便以餌爲魚也，知此則知「性」矣。

顔子惟其知性，是以藉博約工夫，盡性分之當然，進不能自已。用力之久，至於聰明才智俱無可用，不覺恍然有會，躍如在前，實非畔援欣羨之私所可擬議。雖欲從之，果何所從？有從則有二矣，有二便非道。

陳白沙先生亦謂静坐久之，見此心之體隱然呈露，常若有物，日用閒種種應酬隨吾所欲，如馬之御銜勒，水之有原委，於是涣然自信曰：「作聖之功，其在兹乎！」今吾人爲學，自書册之外，多玩愒因循，實未嘗鞭辟著裏，竭才以進，而欲其有所見，難矣。即或自謂有見，亦無異漢武帝之見李夫人，非惑即妄。

士患立身有瑕，不是美玉；果是美玉，售與不售，於玉何損？「求」固成玷，「藏」亦有心，「待價」二字，夫子特爲求者下鍼砭耳。其實「待」亦無心，有心以「待」，固遠勝於衒玉求售，然一有「待」心，便非囂囂用舍，安於所遇。行「藏」亦出無心，斯善矣。伊尹、太公耕莘釣渭，咸囂囂自得，初何嘗有心待賈，而成湯、西伯並重賈以售。其次若孔明之高卧隆中，不求聞達；康齋之身世兩忘，惟道是資，一則三顧躬邀，一則行人敦迎。王仲淹生乎漢晉聖道陵夷之後，毅然以周孔自任，豈非一時之傑、閒世之玉乎？乃詣闕自衒，遂成大瑕。其他隨時奔競之徒，本不自玉，本自無價，故人亦不以玉待之，多不言賈。昔人謂周之士貴，士自貴也，秦之士賤，士自賤也。士亦奈何不自玉而甘自賤也哉！

問「逝者如斯夫」。曰：達人觀化，知無停機；君子體道，自强不息。涵養省察有須臾之息，便是心之不存；心一不存，則造化生機之在我者，自我而息，便與造化不相屬矣。故必言有教，動有法，晝有爲，宵有得，息有養，瞬有存，乾乾惕勵，造次必於是，顛沛必於是，方是不息，方是與造化爲徒。

「逝者」固無息，心體亦無息。蓋心之爲心，本虚靈不昧，昭著於視聽言動之間，無晝無夜，未嘗一時一刻而或息；即深夜熟寐，一呼便覺，是寐者其身，而本體之不昧不息者，自若也。知此則知心矣，知心體之不息，務「戒懼謹獨」，存其所不息。夫是之謂道體不息，「逝者如斯」。

謝上蔡以子見齊衰者、冕者與瞽者，過趨坐作無兩心，其「純亦不已」，便是「逝者如斯」，可謂知言。學者須無貴無賤、無顯無微，咸如此存心，無或少忽，始也「自强不息」，久則「純亦不已」。

「末如之何」，悼之也，惜之也，非絶之也。夫「法語」、「巽語」，所以陳善納誨、委曲化導之者至矣。若悦而知繹，從而知改，斯身修而德立，何患不及古人，其如不繹不改何？自棄自暴，雖聖人亦且奈何哉？聖人此言，固有感而然。其實一部《論語》，正言處皆是「法語」，婉導處皆是「巽語」，即六經、《學》、《庸》、《孟子》，先儒語録，千言萬説，莫非「法語」、「巽語」。讀之者非全無所悦，然果繹之於心而見之於行乎？果力改舊習、維新是圖乎？否則長爲棄人，負聖賢立言之苦心，其可悼爲何如耶？

匹夫有志，匹夫而豪傑也；臨境不奪，豪傑而聖賢矣。

人惟無志，故隨俗浮沉，若真實有志，自中立不倚。主意既定，九死靡移，如水必東，百折不回。此之謂乾坤正氣，人中鐵漢，凜烈一時，彪炳千載。

立志須做天下第一等事，爲天下第一等人。志不如此，便是無志；志遜於此，便不成志。

問：「何如是『天下第一等事』？」曰：「爲天地立心，爲生民立命，爲往聖繼絶學，爲萬世開太平。」「如何是『天下第一等人』？」曰：能如此，便是天下第一等人。「富貴不能淫，貧賤不能移，威武不能屈」，是謂「不奪」。

志於道德者，潛心性命，惟期道明德立，功名不足以奪其志；志於功名者，究心經濟，惟期功成名就，富貴不足以奪其志。若志在貪圖富貴，刻心「雕蟲」，鋭意進取，輒自以爲有志，人亦以有志目之，及所圖既遂，便以爲有志者事竟成，其實止成得一個患得患失之鄙夫耳，烏睹所謂志哉！苟患失之，無所不至，境臨即奪，安往不可？故學莫先於辨志，亦惟辨之於三者之閒而已。

問：「『歲寒，然後知松柏』固矣，當其未寒時，亦可以先知其爲松柏乎？」曰：居鄉不苟同流俗，立朝則清正不阿，亭亭物表者是也。知而重之培之，可賴其用，若必待歲寒然後知之，亦惟知其不凋之節而已，不究於用，雖知何益？

士窮然後見節義，國亂然後顯忠臣。在士與臣則得矣，其如世道何？

漢唐宋明之末，非無松柏正人，在野則遺逸而不知收用，致其老於窮途；在朝則建白不採，多所擯斥。及值變故，徒成就了忠臣義士之節，至此雖知某也義、某也忠，亦已晚矣，嗟何及矣！故士而以節義見，臣而以忠烈顯，非有國者之幸也。興言及此，於焉三歎。

問「權」。曰：且先學「立」，能立，然後可以言「權」也。問「立」。曰：道明而後能立。然必平日學無他歧，惟道是適，務使心之所存，念之所發，一言一動，必合乎道，造次顛沛，不變所守。始也勉强，久也自然，富貴貧賤一視，生死患難如常，便是「立」。學至於能立，斯意定理明，而可與權矣。蓋天下有一定不易之理，而無一定不易之事，惟意定理明之人，始能就事審幾，惟理是從。孟子謂「權然後知輕重」，夫輕重靡定，從而權之，則必有極重者，吾從其極重者之謂權，是權之所在，即道之所在也。《易傳序》謂「隨時變易以從道」，《中庸》謂「君子而時中」，皆能權之謂也，則權非義精仁熟者不能。彼藉口識時達變而行權者，皆小人而無忌憚者也，喪心失身，莫此爲甚。可惜也夫！可戒也夫！

「未之思也，夫何遠之有？」思則得之，不思則不得也。天之所以與我，而我之所以爲我者，此心是也。心果遠乎？心本不遠，而自以爲遠者，舍心而言道，道在邇而求諸遠故也。試反而思之，即此一思，便是心在；心一在而身有主，視明聽聰，足重手恭，施於四體，四體不言而喻，自備萬善，自絕百非。

問：「思固聖功之基，顧太思又易憧憧，未免朋從爾思。」曰：思其所當思，思是惺惺；思其所不當思，思是憧憧。惺惺與憧憧，慎與不慎之間而已，故學須慎思。然身既有主，則百體從令，亦何憧憧之有？

鄉黨篇

居鄉須温恭淳謹，勿立崖岸。「孔子於鄉黨，恂恂似不能言」，此便是居鄉的樣子。孔子居鄉，猶舜之居深山，其所以異於深山之野人者幾希。居鄉如此，纔是善居鄉；若言動稍異於人，便不近人情，人思遠之矣。

不善居鄉，是不善立身；不善立身，便是不能修身。

居鄉而或以賢知先人，或以門閥先人，或以富貴先人，或以族大先人，或以事業聞望先人，或以學問文章先人，有一於斯，其人可知。

聖如孔子，居鄉恭謹，固無論矣。下此如漢之張湛，官至太守，歸鄉必望里門而步，主簿進曰：「明府位尊德重，不宜自輕。」湛曰：「禮，下公門，式路馬，『孔子於鄉黨，恂恂如也』，父母之國，當盡禮，豈爲自輕哉？」明太宰漁石唐公致政家居時，出入惟徒步，或曰：「公官居八座，年邁七旬，固天下大老也。孔子謂『從大夫之後，不可徒行』，公學孔子者，而顧欲過之耶？」公曰：「固然，第吾楓山先師致仕歸，衹是徒行，未嘗乘轎。姪樸庵章侍郎及竹簡潘侍郎俱守此禮，吾安敢違耶？」松江張莊簡公與莊懿公，皆以尚書同居東南城河外，中間隔數十武。兩君歲時入城祝釐，則皆出而往朱待詔家拜節。待詔者，櫛工之稱也。兩公與朱爲老鄰，即賤必肅章服拜之，櫛工則戴老人頭巾，接兩尚書具茶，送之而出。此皆居鄉而不以名位先人者也。

居鄉豈惟事事不可先人，平日猶當曲

盡處鄉之道。蓋既廬舍相比，須情誼相關，聯絡則休戚與同，渙散則緩急無恃。孔子曰：「觀於鄉，而知王道之易易。」天下皆鄉里之積也，全要養得此太和元氣在閭巷阡陌之間，纔是人情；必「德業相勸，過失相規，禮俗相交，患難相恤」，纔是處鄉有道。若僅恭默自持，無補於鄉，不是鄉愿，便是獨善，此又不可不知也。

「吉月，必朝服而朝。」蓋在家望君之所在而朝，非趨朝而朝也。夫君親一也，遇朔望則宜肅衣冠以拜親。

瓜勿作必，是以瓜致祭，亦所以獻新也。子孫之於祖父，凡遇時節新物，皆當然，此特其一耳。

「席不正，不坐。」今人亦有遇不正之席而移之正者，使正心若正席，斯善矣。

「『傷人乎』？不問馬」，蓋倉猝之間，以人爲急，偶未遑問馬耳，非真賤畜置馬於度外，以爲不足恤而不問也。畜固賤物，然亦有性命，聖人仁民愛物，無所不至，見一物之摧傷，猶惻然傷感，況馬乎？必不然也。學者慎勿泥「貴人賤畜」之句，遂輕視物命而不慈夫物，必物物咸慈，而後心無不仁，庶不輕傷物命。

「時哉，時哉」，即經所謂「鳥獸咸若也」。子路一共，即「三嗅而作」，鳥固知幾，緣人機動，人無機心，鳥則自若，可見人心一動，斯邪正誠僞，終難自掩。鳥微物且然，況人更靈於物乎？物猶不可欺，人豈可欺乎？是故君子慎動，動而無妄，可以孚人物、感幽明，一以貫之矣。

《論語》二十篇，其十九篇記聖人之言，此篇則記其行也。行狀之妙，莫妙於此，先儒謂分明畫出一箇聖人，只是精神命脈未曾畫得出。夫精神命脈在内，不可得而見，豈可得而畫耶？然精神命脈，固不可得而見，見其周旋進退、動静語默，亦可因而知其精神命脈矣。蓋有諸内，自形諸外；觀其外，便可以知其内。觀水有術，必觀其瀾；水惟有本，故溥博時出；聖惟有本，故肆應曲當。

問「本」。曰：「江漢以濯之，秋陽以暴之，皜皜乎不可尚」，此其本也，此即所謂精神命脈也。善學聖人者，就精神命脈大本之所在而深體之，果粹白洞豁，胸無纖塵，自誠中形外，經曲咸宜。若徒景行盛德之著於外者而襲其迹，即一一畢肖，亦優孟之學孫叔敖耳。

卷三十六

論語下

先進篇

禮樂爲範身之具，教化之原，上非此無以淑風俗，下非此無以淑身心，無日可離，無時不用，顧所用何如耳。崇真尚簡，則風淳俗厚；喜浮好繁，則風靡俗澆。士君子不幸生當末季，欲力振頹風，返淳還厚，寧質而野，毋華而文。

問：「在今日必如何方是『從先進』？」曰：只不隨時套，便是「從先進」。

夫子陳、蔡之阨，諸賢相與追隨弗懈，事師之誠，嗜學之篤，並足千古，否則鮮不退心。

四科之記，皆一時從難之人，在諸賢固足不朽，實因此而益彰，所謂「不經一番寒徹骨，安得梅花噴鼻香」。

孔門以「德行」爲本，「文學」爲末，後世則專以文學爲事，可以觀世變矣。

自後世專重「文學」，上以此律下，下以此應上；父師以此爲教，子弟以此爲學；朋友以此切磋，當事以此觀風；身非此無以發，家非此無以肥；咸知藉此爲榮，誰知道德爲重？或偶語及，便目爲迂，根本由此壞矣。根本既壞，縱下筆立就千篇，字字清新警拔，徒增口耳之虛談、紙上之贅疣，究何益於身心，何補於世道耶？「然則文不可學乎？」曰：亦看是何等之文。夫開來繼往，非文不傳；黼黻皇猷，非文不著；弘道統，立人極，非文不振。若斯之文，何可以不學？顧學之自有先後，必本立而後可從事也，否則即文古如班、馬，詩高如李、杜，亦不過爲文人、詩人而已。昔人謂大丈夫一號爲文人，斯無足觀，有味乎其言之也。

閔子處人倫之變，卒以孝著，與舜之「克諧以孝」何異？至誠而不動者未之有也，不誠未有能動者也，閔子惟至誠惻怛，是以其母感化，回心易慮。人不幸而遭際後母，能以閔子爲法，母非鐵石，安在其不可感動乎？萬一性與人殊，終不可化，亦當安命盡道，孝敬如初。家貧固顯孝子，家變尤顯孝子。

「南容三復白圭」，觸目警心，藉以謹言，言猶慮玷，況行乎？《家語》稱其「獨居思仁」，惟其「思仁」，所以謹言。然則人之肆於言者，由其心之無所存故也；使心有所存，則言不期謹而自謹，言一謹而行自顧其言矣，何玷之有？

昔人謂有道德者不多言，有信義者不多言，惟見夫輕人妄人多言耳。未有多言而不敗者也，故「默」之一藥，能療言之萬病。

幽明一理，能盡人道，則明無人非，幽無鬼責，以之事鬼事神，自然來格來歆。

問：「先儒謂生死乃氣之聚散，氣聚而生，一死便都散了，無復有形象尚留於冥漠之内，然歟？」曰：氣一散而便都與之俱散者，草木是也。蓋草木本無知覺，故氣散而與之俱散。人爲萬物之靈，若一死而亦與之俱散，是人與草木無殊。靈隨氣滅，無鬼無神，則季路事鬼神之問，夫子宜答以無鬼，何以曰：「焉能事鬼？」而古今郊社之禮、六宗之禋、五祀之修、王者之禘祫、士庶之蒸嘗，一切崇德報功之典、追遠之舉，皆虚費妄作，爲不善於幽者，當無所忌矣。

生死一理，知生則知死矣。氣變而有形，形變而有生。生者，造物之所始；死者，造物之所終。故生之必有死，猶晝之必有夜，自古及今，無一獲免。而所以生所以死之實，則不因生死爲存亡，不隨氣機爲聚散也。

氣有聚散，理無聚散，形有生死，性無加損，知此則知生知死。學至於知生知死，學其至矣夫！

誠知性無加損，則知所以盡性，終日乾乾，攝情歸性，湛定純一，不隨境遷，晝如此，夜如此，生如此，自然死亦如此矣。一念萬年，死猶不死，此堯舜孔孟及歷代盡性至命者，知生知死之實際也。苟爲不然，徒知何益？

問：「斯説蓋就性功純一者言，若在未嘗從事性功之人，其知生知死奈何？」曰：此在各人心術何如耳。誠知人之生也本直，生而不罔，斯死而無歉，生能俯仰無愧，死則浩然天壤，生時正大光明於天下，死自正大光明於後世，若關壯繆、司馬光、文天祥、海剛峰諸人是也。

問：「此就心術正大、行履無咎者言，下此則奈何？」曰：下此則蚩蚩而生，昧昧而死，生而茫然，死而惘然。生既不能俯仰無愧，浩然坦然於世上，屬纊之時，檢點生平，黯然消沮，自貽伊戚於地下，存不順而没不寧，何痛如之？蚤知如此，何至於此！此季路之所以問死，而學者之所以不可不知也。蓋知終方肯善始，知死方肯善生；知死期不可豫定，則必兢兢思所以自治，惟恐今日心思言動違理，而無以善始善生，便非他日所以善終而善死。生時慎了又慎，免得死時悔了又悔。昔人謂「少壯不努力，老大徒傷悲」，余則謂生時不努力，死時徒傷悲。

問：「『屢空』果室之空匱耶？抑心之空虛也？」曰：「簞瓢陋巷」，室之空匱何待言，「屢空」還是説心之空虛。心惟空虛，是以近道；惟其近道，故不以空匱動其心。亦惟「屢空」而未至於常空，如夫子之「空空」，是以未達一間。若以「屢空」爲空匱，不但同門如曾子之七日不火食、歌聲若金石，原憲之踵決，子夏之肘露，可以稱「屢空」、稱「庶乎」，後世狷介之士，亦有居無卓錐、食無隔宿而恬坦自若者，亦可以稱「屢空」、稱「庶乎」矣！先儒所以解「空」爲空匱，深駁「空虛無物」之説者，蓋恐學人墮於禪寂，不得不爲之防。誠能明物察倫，深造自得，空豁其心，内外兩忘，而惺惺不昧，有體有用，不至操失其柄，體用俱空，庶不負先儒防微苦心。

夫子「空空」絶四，顔子「屢空」，其庶乎！

古人務實，平居不望人知；如或知之，即有以副其知。今人務名，平居多望人知，及其知之，不過知其章句文藝耳，若求實用，則何以哉？束手而已。雖未必人人如是，而習俗移人，蓋亦多矣，吾人可不勉哉！

孔門諸賢，兵、農、禮樂，大以成大，小以成小，平居各有以自信；今吾人平居，其所自信者何在？兵耶？農耶？禮樂耶？三者咸兼耶？僅有其一耶？抑超然於世務之外，瀟灑自得，志在石隱耶？如志非石隱，便應將經世事宜，實實體究，務求有用；一旦見知於世，庶有以自效，使斯世見儒者作用，斯民被儒者膏澤，方不枉讀書一場。若只尋章摘句，以文字求知，章句之外，凡生民之休戚、兵賦之機宜、禮樂之修廢、風化之淳漓，漠不關心，一登仕途，所學非所用，所用非所學，無惑乎國家不得收養士之效，生民不得蒙至治之澤也。

三子學有實際，故其實效，無不可以預信。後世自章句之外，茫無實際，故見之於用，多鮮實效。平居視三子若不足心服，及一當事任，則胷壤不侔，然後知空疎之習，無當於實用也多矣。

經世之業，平居儘學之有素，及一當事任，猶多不能中窾中會，盡協機宜，苟未嘗學之有素，而欲望其臨時有所建樹，不亦謬乎？殷浩以蒼生自負，房琯以將略知名，一出猶成敗局，況平居諳練不及二人乎？故當盤錯、應倉猝，全在平居所學有素，非區區恃聰明旋安排者之所能幾也。然明體方能適用，未有體未立而可以驟及於用；若體未立而驟及用世之業，猶未立而先學走，鮮有不仆。故必先自治而後治人，蓋能治心，方能治天下國家。

曾點素位而行，不作未來之想，悠然自得，心上何等乾浄，氣象何等從容。有曾點之胸次，而兼三子之長，德與才始全，斯出與處，無往不可，而後天下之事，無不可爲。

卷三十七

顏淵篇

問「克復」之旨。曰：解者已無剩義，只要實克實復，不必再涉言詮。人千病萬病，只爲有己，是以天理之公，卒不能勝夫人欲之私。須是將心上種種嗜好、種種繫戀及名心、勝心、人我心、自利心，一一省察克治，如猛將克敵，誓不兩立，必滅此而後朝食，不勝不休。謝上蔡謂「克己須從性偏難克者克將去」，而薛文清亦云：「萬起萬滅之私，亂吾心久矣，當一切決去，以全吾湛然澄然之體。」此皆前輩折肱之言，可謂「克己」之鑑。

動静云爲任意，而無以自檢，便是「己」；不任意而任理，一動一静，務有以自檢，便是「克己」。「惟聖罔念作狂，惟狂克念作聖」，其在斯乎？

人心易放，天理難純，不有以隄防之，則人欲肆而天理滅矣。「禮儀三百，威儀三千」，莫非隄防之實。若憚其煩苦而樂於自便，是自決其隄防也；隄防一決，何所不至？

天之生物，有物有則，「禮」即吾人生來自有之則也，以其自有而自循之，故曰「復」。心無意、必、固、我，動静悉協天則，即心即矩，即心即仁。

未視未聽未言未動之先，主敬以立其本；將視將聽將言將動之際，戒慎以審其機；於視於聽於言於動之時，守禮以勿其非。非禮之視勿視，非禮之聽勿聽，非禮之言勿言，非禮之動勿動，如是則無動無静，無内無外，莫非天理，夫是之謂「仁」。「仁者，人也」，人而仁，始成其爲人。

王心齋初讀《論語》，至「四勿」節歎曰：「此孔門作聖之功，非徒令人口耳也！」遂製一手板笏，書「非禮勿視，非禮勿聽，非禮勿言，非禮勿動」於其上，朝夕執持，出入不替，常目在之，須臾無忽，亦可謂實用功者。

「内省不疚」，則俯仰無愧，無入而不自得。所存乎己者既重，區區外慮，自不足以累其胸次，何憂何懼之有？若内省有歉，則俯仰不能無愧，雖欲「不憂不懼」，得乎？余生平多疚，初冥然莫知自省，終日意氣自若，自謂無憂無慮。後稍知所向，每一内省，輒慚汗無以自容，時憂時懼，食息不寧，魂夢之間，未嘗不悚然如有所失。甚矣，無憂無懼之難也！省之不蚤，以至於此，噬臍何及！願我同人，鑒我覆車，及早内省，淬勵身心，不至有疚，夫何憂何懼？

問：「爲政莫先於『足食』，其足之之道奈何？」曰：先儒謂「制其田里」，「薄其賦斂」，使民有常産，則倉廩實而食足矣。此在先王晝井分疆之時，可以因丁授田；後世則田非井授，地各有主，富者田連阡陌，貧者苦無立錐，雖欲制田，無田可制，無産赤丁，亦何從而得有常産乎？惟有清覈豪霸隱占之田，俵給就近貧民，募墾荒田，量給牛種，許爲永業。其有田之家，勤惰不一，宜倣前代勸農之制，分道勸農。每春耕秋耘之際，掌印官屏騶從，按視田畝，省耕省斂：其糞多力勤、禾茂地闢者，量加旌別，以示鼓舞；遊手好閒，不務生理之人，不時稽查，勒令業農。疏溝洫，修陂堰，以通水利。田内穿井，井畔種桑，道旁廣栽雜樹及有用果木。婦女則督之織紡，以爲足食之源。官爲輕其徭役，免其火耗。又於婚姻喪制及宅舍服器，制爲定則，不得踰分妄費，奢侈耗財。禁止末作及建廟賽神、演戲雜劇，皆所以節食之流，其庶幾乎？

問：「『足兵』之道奈何？」曰：先儒謂比什伍，時簡教，使民有勇而知方。古者因井制賦，因賦制軍，不出比閭族黨、鄰里酇鄙、州縣鄉遂之民，而伍兩卒旅軍師寓焉。故得以比其什伍，時其簡教，居足以相守而無虞，出足以相戰而無敵。用則毒天下而民從，民即爲兵；不用則斂而藏之，兵即爲民。後世兵民相分，民不習戰，雖欲比其什伍而無什伍可比，雖欲時其簡教而無從以施簡教。惟就見在所養官兵，選其精壯，汰其老弱，勤操練，嚴節制，貴精不貴多。其無兵之區，則簡閱丁壯，團練鄉勇，招徠教師，教以諸般技藝，每冬一月，三次比試，立爲賞罰，以示勸懲。其比試之法，先箭後刀，次鎗次銃，及一應火器。就簡其技勇出衆者，以爲隊長；衆隊之中，擇尤過人者，加以千把總名色，俾統之。有事則人自爲戰，保障鄉曲；無事則肆力耕桑，不廢農業。無養兵之費，而有捍禦之用，練無爲有，轉弱爲强，斯亦足兵之一着也。

兵食固爲政先圖，而固結人心，尤經濟要務。蓋民心乃國脈所繫，國所恃以立者也。必平日深得民心，上下相信，斯有事民咸急公，不忍離貳。未亂可保不亂，既亂可保復治。否則人心一失，餘何足恃？雖有粟不得而食諸，兵雖多，適足以階亂。隋洛口倉、唐瓊林庫，財貨充盈，米積如山，戰將林立，甲騎雲屯，不免國亡家破者，人心不屬故也。善爲政者，尚念之哉！

「自古皆有死」，乃貪生怕死之徒，往往臨難苟免，雖偷生得幾日，生則抱慚氣短，究竟終歸於死；死則遺臭無窮，何如死孝、死忠、死節、死義，死而無愧，照耀千古之爲得耶？等死耳，而「死有重於泰山，有輕於鴻毛」者，此也。

「苟子之不欲，雖賞之不竊」，此撥亂返治之大機，救時定世之急着也。蓋上不欲則源清，本源一清，斯流無不清；在在皆清，則在在不復妄取。敲骨吸髓之風既息，疲敝凋瘵之民獲蘇，各安其居，誰復思亂？《左傳》曰：「國家之敗，由官邪也；官之失德，寵賂章也。」而近代辛復元亦云：「仕途賄賂公行，所以民間盜賊蜂起，從古如斯。」三復二説，曷勝太息！岳武穆有言：「文官不愛錢，武官不怕死，天下自然太平矣！」確哉言乎！圖治者尚其鑒於斯。

子張以「聞」爲「達」，志在聲聞動人，遠邇俱孚，無往不利，此務外徇名者之所爲。夫子因其病而藥之，一補一消。此病豈惟子張爲然，吾人殆有甚焉。吾人自幼至長，所讀者雖鞭辟近裏之書，所習者皆務外徇名之業，蓋自志學之初，便已種下務名種子，畢精竭力，惟名是務。居恒讀至「子張問達」章，其於「聞」與「達」之分，辨之不爲不晰，未嘗不以子張爲務外，講及「色取行違」，未嘗不斥其僞而痛詆力排；而自己心思言動，偏色取務外，偏行違不疑，偏欲聲聞動人，遠邇俱孚，果惕然知返，斂華就實否？忠誠樸慤而直否？樂學不厭，惟義是好否？處人「察言觀色」，因人以返諸己否？涉世卑以自牧，內不忽而外不亢否？

行皆由衷，不事矯飾，時疑時省，不自以爲是否？苟爲不然，縱砥節礪行，時切冰兢，而因名起見，有爲而爲，藉以立名，名譽雖播，而本心已失。回視子張之務外徇名，其相去何能以寸？

忠信可孚豚魚，況人乎？實行苟茂，人自傾服，惟德動天，無遠弗届，至誠而不動者，未之有也。

樊遲「崇德」之問、「仁知」之問，皆切問也。夫子所答之語，内焉而聖，外焉而王，道德、經濟之實，統於是矣。

《書》稱「在知人，在安民」，蓋惟知人，方能安民，故惟知人，方能愛人。若明不足以知人，而所用之人一有不當，本欲澤民而反以殘民，則其愛也適以成害。即不殘不害，而材不勝任，曠官廢事，不能承流宣化，民不被澤，亦何以溥其愛乎？舜惟明足以知人，故於衆人之中，識拔臯陶；湯惟明足以知人，故於衆人之中，識拔伊尹。臯、伊既賢，其轉相汲引之人，列於庶位者，莫不皆賢。衆正盈朝，殘民害衆之徒，不惟無以逞其殘，而且革心易慮，「咸與維新」，猶倨肆之人，一入神廟而肅然起敬，無復雜念。是用一仁人而衆無不仁，仁豈有不覆天下乎？漢唐宋明諸君，中閒雖有英賢稱「知人善任」，然其所知所任，不過隨時以就功名之人，其大賢大良，如臯陶、伊尹，時固未有其人；即有，亦非所能知，故一時所與共事者，忠佞相參，治雜王霸，而欲仁覆黔黎、世躋雍熙，難矣！

問：「『愛人』固在『知人』，而知人亦有道乎？」曰：鑑明則妍媸莫爽，理明則賢否自悉。故知人先務，不外於格物窮理，理明而心公，廣詢博訪，斷以己見，其庶乎？

問：「『君子以文會友』，可見古人會友，亦必以文，舍文則無以會友。」曰：「文」乃「斯文」之「文」、「在茲」之「文」、布帛菽粟之「文」，非古文之「文」、時文之「文」、雕蟲藻麗之「文」。以斯文會友，所講者莫非身心性命之理，日用常行之宜。所講在此，所存即在此，方是「以友輔仁」；以文藝會友，所講者莫非尋章摘句之技，博名梯榮之圖，所講在此，所存即在此，乃是以友輔欲。會友之名雖同，而會友之實則異，一在天理上打點，一在人欲中揣摸；一是求放心，一是使心放。

爲仁固由己，而「輔仁」則不可無良友，若燕朋昵友，與之晤言，則塵情俗氣不知不覺入吾肺腑，害仁不淺。

獨居則游思易乘，易作易輟；群居則交發互礪，以引以翼。縱不能晨夕相聚，亦須時一會晤，彼此切磋，斯聞所未聞，訂證綿密，斯懈惰不生。

「會友」以收攝身心，此學人第一切務。前代理學諸儒，莫不立會聯友，以資麗澤之益。近代先輩，則所在有會，每年春秋仲月，月凡三舉爲大會；大會之外，退而又各就近集三五同志，每月三六九，相與摩切爲小會，總圖打點身心，非是求通聲氣。六十年來，斯事寥寥，可勝歎哉！

學人不爲身心性命則已，如爲身心性命，則不可不會友，會則不可無會約。先儒會約雖多，唯顧涇陽先生《東林會約》醇正儆切，吾有取焉，每一晤對，不覺心形俱肅。會友者酌奪古今之宜，倣而行之可也。

卷三十八

子路篇

問：「『先之，勞之』者何？」曰：教化，爲政之首務也，言教不若身教之得於觀感者爲易；生養，政事之急圖也，口督不若身督之得於率作者尤深。一一親倡於上，民自風動於下，視民如子，惟恐失教失養，自然終始一心，何倦之有？世非無才猷敏練勤於政治之人，而簿書之外，其於教養，多不加意；即有加意者，或爲名而爲，爲利而爲，初未嘗有視民如子之心，以故動多具文，始勤終怠。昔清河太守房景伯，力行教化，務以身先。有婦人告其子不孝，景伯召婦人侍其母食，使其子侍立堂下，觀己供食。每上食，親捧虔拜，母食畢，然後退食。未旬日，其子悔過求還，景伯以爲此雖面慚，其心未也，不聽。凡二旬，其子叩頭流血，婦人亦涕泣求還，然後許之，卒以孝聞。吕新吾知襄垣縣，躬親講勸，專務德化，政暇即單騎巡行阡陌，督耕課農，樹藝桑麻，疏渠鑿井，纖悉靡忽。視縣事若家事，視民産若己産，率作興事，不憚勞瘁。自作縣守府，以至分巡濟南，布政陝右，巡撫山西，所在皆然。使爲政者「先之，勞之」，盡若二公，教化何患不行？生養何患不遂哉？

問：「『仲弓爲季氏宰』，季氏僚屬衆多，各有所司，宰總統群僚，故得以『先有司』：僚屬之中，偶有誤失，宰得而寬宥；僚屬之中，有賢而有德、才而有能者，宰得而推舉。今宰邑者既無僚屬，是無『有司』可先，何從『赦過』？縱有賢才，亦無薦舉之權。」曰：邑丞司糧、邑尉司捕、邑博司教，亦宰之「有司」也，俾各辦所司，而責其成。陸象山知荆門軍，遇事則延僚佐公議，虚己以聽，擇其所長而用之，以養其徇公之意。能如是，是亦「先有司」也。臨下寬簡不苛察，是亦「赦小過」也。至於境内賢才，果月旦推重，衆論僉同，知之既審，宜先造廬式閭；果賢果才，小則尊禮，以示優異，大則申聞當道，以備薦剡，使賢才不至埋没，宰之職也。宰邑者如是則邑治，守郡者如是則郡治，治天下如是則天下治。

鮑叔以庶僚而推舉所知之管仲，吴公守河南而推舉所知之賈誼，以至徐元直之於諸葛，狄仁傑之於張柬之，咸舉得其人，薦剡有光。

人人各有所知，人人各舉所知，則野無遺賢，世躋雍熙。

各舉所知不難，各舉所知無所爲而爲爲難，否則適足以開徇私之門，而長奔競之風。此須嚴立賞罰之格，得人則特加旌異，非人則罰治有差。其或阿舉所私，或受賄妄舉，及知賢蔽賢，事發一體連坐。如是，則人知所畏，不敢妄，亦不敢蔽。

士君子志業，當以振綱常、扶名教爲己任。達而在上，則表正人倫於上；窮而在下，則表正人倫於下：所謂「在朝在野皆有事」是也。若區區徒稼徒圃，而無補於世道人心，焉能爲有，焉能爲無？

志在世道人心，又能躬親稼圃，囂囂自得，不願乎外，上也；志在世道人心，而稼圃不以關懷，次也。若志不在世道人心，又不從事稼圃，此其人爲何如人？與其奔走他營，何若取給稼圃之爲得耶？

伊尹耕於莘野，孔明躬耕南陽，此未仕而稼圃者也。海剛峰令淳安縣，愛民如子，視錢如讎，擕蒼頭二人，耕田藝蔬，一毫無取於民，此已仕而稼圃者也。御史陳茂烈告歸養親，身自治畦，泰然自足，此致仕而稼圃者也。並風高千古，稼圃何害？在遲固不可徒稼徒圃，在吾人則不可不稼不圃；肯稼肯圃，斯安分全節，無求於人，慎無借口夫子斥遲之言，以自誤其生平。

誦經讀書，見聞淵博，而闇於政事，短於辭令，此章句腐儒之常，猶無足怪；惟是藉經書以行私，假聖言以文奸，政事明敏，辭令泉湧，適足以助惡而遂非，其爲害有甚於腐儒，乃經學之賊、世道之蠹也，若此者可勝道哉！

公子荆以世家豪胄，居室不求華美，其居心平淡可知，真翩翩濁世之佳公子也。世有甫入仕而宅舍一新，宦遊歸而土木未已，以視子荆，其賢不肖爲何如耶？

人於居室，足以蔽身足矣。乃輪奐其居，甲第連雲，以鳴得意，噫！以此爲得意，其人可知。

人無百年不壞之身，世無數百年不壞之屋，轉盼成空，究竟何有？昔之畫閣樓臺，今爲荒丘礫墟者何限，當其金碧輝煌，未嘗不左顧右盼，暢然自快，而今竟安在哉？千古如斯，良足慨矣！

古今來，往往作者不居，居者不作。近世一顯宦，致仕家居，大興土木，躬自督工，椎基砌壁，務極其堅。一椎工未力，即震呵不已，其工且椎且對曰：「邑中某宦所修某宅，皆小人充役，當時只嫌不堅，今雖堅完如故，而宅已三易其主，雖堅，亦徒然耳！」

某宧聞之，心灰意沮，遂寢其工。

人若見得透，形骸尚可以自外，況區區形骸以外之物乎？若謂貽厥孫謀，與其貽之以豐業，何如貽之以積善之爲得耶？即以貽業論，蕭何爲屋不治垣，置田不求膏腴，曰：「後世賢，師吾儉，不賢，毋爲勢家所奪。」故貽業而見及此，始可謂善貽。

爲政欲速非善政，爲學欲速非善學。

王道無近功，聖學無捷效。

宰一邑與宰天下，特患無求治之心耳，如果有心求治，不妨從容料理。斵輪老人謂「不疾不徐之閒，有妨存焉」，豈惟讀書宜然，爲政亦然。若求治太急，興利除害，爲之不以其漸，不是忙中多錯，便是操切僨事。自古成大事者，眼界自闊，規模自別，寧惇大成裕，不取便目前，亦猶學者寧學聖人而未至，不欲以一善成名。

「居處恭，執事敬，與人忠」，此操存之要也。獨居一有不恭，便是心之不存；遇事一有不敬，便是心之不存；與人一有不忠，便是心之不存。不論有事無事，恒端謹無欺，斯心無放逸。

終日欽懍，對越上帝，「上帝臨汝，無貳爾心」，敢不恭乎？敢不敬乎？敢不忠乎？否則此心一懈，即無以對天心，便非所以尊德性。

容貌要頭容直，目容端，口容止，氣容肅，坐如尸，立如齊。遇事要如執玉，如捧盈，無大無小，無敢或忽，視聽言動，勿其非禮。日用之閒，如此做工夫，斯表裏咸盡，動靜合一，而心有不存焉者鮮矣。

「行己有恥」，則行己不苟，立身方有本末。

士人有廉恥，斯天下有風俗。風俗之

所以日趨日下，其原起於士人之寡廉鮮恥。有恥則砥德礪行，顧惜名節，一切非禮非義之事，自羞而不爲，惟恐有浼乎生平。若恥心一失，放僻邪侈，何所不至？居鄉而鄉行有玷，居官而官常有虧，名節不足，人所羞齒，雖有他長，亦何足贖？

論士於今日，勿先言才，且先言守，蓋有恥方有守也。

論學於今日，不專在窮深極微、高談性命，只要全其羞惡之良，不失此一點恥心耳。不失此恥心，斯心爲真心，人爲真人，學爲真學，道德、經濟咸本於心，一真自無所不真，猶水有源，木有根；恥心若失，則心非真心，心一不真，則人爲假人，學爲假學，道德、經濟不本於心，一假自無所不假，猶水無源，木無根。

此點恥心，人人本有，與生俱生，只因情移境奪，遂致失其固有。誠肯自反自認，日用之間，凡一言一動，俱從此一點恥心發出，則議論、文章、事業方爲有本，可以建諸天地而不悖，質諸鬼神而無疑。

生來「剛毅、木訥」固「近仁」，即生來不剛、不毅、不木、不訥，而一旦知非自奮，矯其所偏，能剛、能毅、能木、能訥，亦未嘗不「近仁」。故曰：學問大益，全在變化氣質。

懦靡變爲剛强，巧令變爲樸鈍，日振日奮，愈新愈勵，惺惺不昧，仁在其中矣。

卷三十九

憲問篇

士君子出身，貴有補於世，世治則乘時建明，世亂則救時旋轉，斯出不徒出，學爲有用。世治而不能有所建明，世亂而不能撥亂返治，則是才不足以有爲。經濟非其所長，已爲可恥；若不引身以退，却乃尸位素餐，無爲無守，可恥孰甚！

經濟、介節，缺一不可，一有不具，士之恥也。

既無經濟，又乏介節，徒竊升斗以自潤，以之誇閭里而驕妻妾可也，烏足齒於士君子之林乎？

「克、伐、怨、欲」之不行，猶禦寇然，寇之竊發，多由主人昏寐，主人若醒，寇自不發，何待於禦？

「克、伐、怨、欲」，皆人欲之私，主人誠醒，則静存動察，念念純是天理，那得更有人欲？蓋不待强制而自不萌，非萌而遏之不行也。

學問要識本體，然後好做工夫。原憲不識仁體，而好言工夫，用力雖勞，終屬安排。治病於標，本體何在？

問本體。曰：爲「克、伐、怨、欲」者誰乎？識此，斯識本體矣。

昔羅近溪先生見顏山農，自述遘危病、生死、得失能不動心，顏不許曰：「是制欲，非體仁也。」先生曰：「非制欲安能體仁？」顏曰：「子不觀孟子之論『四端』乎？知皆擴而充之，如火之始然，泉之始達，如此體仁，何等直截。子患當下日用而不知，勿妄疑天性之息也。」先生時如大寐得醒，此方是識仁。

原憲直以「克、伐、怨、欲不行」爲「仁」，固不是，然憲雖不識仁體，猶能力做工夫，能制克、伐、怨、欲於不行，吾人當其或克、或伐、或怨、或欲時，亦能痛懲力窒，制其不行乎？程子云：「七情之發，惟怒爲甚，能於怒時遽忘其怒，其於道思過半矣。」吾人心體之累，惟克、伐、怨、欲爲甚，若能於克、伐、怨、欲時，一覺即化，使心體無累，其於仁思過半矣。未可借口「不行」爲非仁，而缺却制之工夫也。

大凡人之好勝，由心不虛，誠虛以處己，自與物無競。矜「伐」多由器小，器大則萬善皆忘，何「伐」之有！「怨」生於不知命，知命則安命聽天。「欲」生於不知足，知足則淡然無欲。

所貴乎士者，以其瀟灑擺脱，胸無俗念也。「士而懷居」，胸次可知，俗念未融，何足爲士？

士若在身心上打點、世道上留心，自不屑區區躭懷於居處；一有繫戀，則心爲所累，害道匪淺。

居天下之廣居，則隨遇而安，必不縈念於居處，以至飲食衣服之類，凡常人意所便安處，舉無以動其中，斯胸無一點塵，不愧爲士。

言及羿、奡「俱不得其死」，則徒恃權力者，不覺骨悚心灰。豈惟羿、奡「不得其死」，歷觀前代權奸，如漢之竇憲、董卓，唐之李輔國、元載，宋之賈似道、韓侂胄，明之石亨、嚴嵩，當其權力方張，作威作福，勢焰非不薰灼，一時趨附者，從風而靡，稱功頌德，舉國如狂；其有安分自守者，鮮不目爲迂。迨禍機一發，終歸夷滅，奸黨之誅，株連不已，即或倖脱，人所羞齒。回視平日安分自守者，果孰得孰失、孰榮而孰辱哉？故人之立身涉世，勿苟圖目前，要慮及日後，結局之善不善，全在平日好尚之善不善耳。尚德？尚力？試自擇於斯二者。

「古之學者爲己」，闇然而日章；「今之學者爲人」，的然而日亡。

爲己則潛體密詣，兢兢焉惟恐己心未澄、己性未明、己身未修、己德未成，己以外自不馳騖。迨身修德成，己立己達，宇宙內事，皆己分內事，立人、達人，莫非爲己。其心在爲人則反是，不但攻記誦、組詞翰是爲人，即談道德、行仁義，亦無非爲人。故理學、俗學，君子儒、小人儒，上達、下達之所由分，分於一念之微而已。

學不著裏，易生怨尤，著裏則一味正己，循理樂天。凡吉凶禍福、順逆得喪之在外者，舉無一動其中，何怨何尤之有？

學不上達，學非其至；舍學求達，學非其學。蓋上達即在下學之中，舍下學而求上達，此後世希高慕遠，妄意神化，尚頓悟，墮野狐禪所爲，自誤誤人，所關匪淺。

問下學之實。曰：涵養省察，改過遷善，五常百行，無一或忽，即事即理，即粗即精，不離日用常行內，直造先天未畫前。

公伯寮讒譖子路，使之不獲安於其位，自謂得計，却不知妨賢妬能，自墮於小人之歸。萬世而下，子路不失爲賢人，伯寮不失爲小人，此所謂小人枉做了小人也。

自古小人讒毀君子，豈惟伯寮爲然，若孔文仲、范致虛之於伊川，韓侂胄、沈繼祖之於晦翁，咸包藏忮惡，組織詆誣，無所不用其極。究於兩先生何損？徒自遺臭無窮耳！

景伯欲「肆諸市朝」，可謂秉正疾邪，獨抱公憤。此憤在被讒者不可有，在旁觀者不可無；無則乾坤無正氣，宇宙無正人，讒夫高張，愈無忌憚矣。

士君子能以道之行廢歸諸命，則中心泰然，自無怨尤，故知命之謂知道。

范忠宣公罹章惇之讒，坐黨南竄，子弟多怨惇者。及渡江舟覆，踉蹌中正色謂子弟曰：「此豈章惇爲之哉！」君子以爲知命。

人於一衣、一房、一器之壞，尚縈神圖修，乃自己身心，反多因循荏苒，任其壞而不修，重其所輕而輕其所重，是自誤自己。「修己以敬」，此堯舜以來所傳心法，千聖不易之宗旨也，六經、四子精義，總不外此。舍此而言修，修非真修；舍此而言學，學非真學。

惺惺不昧以修心，「九容」、「九思」以修身，身心內外，無一或忽，斯身心內外，純是天理，自聰明睿知，自寬裕温柔，自發强剛毅，自齊莊中正，自文理密察。以之安人、安百姓，誠無往而不格，事無往而不治。天德、王道，一以貫之，篤恭而天下平，非虛也。

衛靈公

以孔子之聖，猶厄窮絕糧，況吾人乎？饑寒困苦是其本色，夫何怨？

貧者士之常，士不安貧，是反常也；士窮然後見節義，士不固窮，是無節義也。反常殞節，何以自立？袁安大雪僵卧，不肯干人。吴康齋躬親耕作，艱難是甘，其自敘有云：「七月十二夜，枕上思家計窘甚，不堪其處。反覆思之，不得其方。日晏未起，久方得之：蓋亦別無巧法，只隨分節用安貧而已，誓雖饑寒死，不敢易初心也。」此皆是安貧固窮樣子，吾人所當取法。

子貢聰明博識而學昧本原，故夫子借已開發，使之反博歸約，務敦本原。本原誠虛靈純粹，終始無間，自然「四端」萬善，「溥博淵泉而時出」，肆應不窮，無往不貫。「等閒識得東風面，萬紫千紅總是春。」

天下之動，貞夫一者也，貞夫一斯貫矣。問一，曰：即人心固有之理，良知之不昧者是也。常知則常一，常一則事有萬變，理本一致。故曰：「殊途而同歸，百慮而一致。」

聰明博識，足以窮理，而不足以融理；足以明道，而非所以體道。若欲心與理融，打成片段，事與道凝，左右逢原，須黜聰墮明，將平日種種聞見，種種記憶盡情舍却，盡情撇脱，令中心空空洞洞，了無一翳。斯乾乾净净，方有入機，否則憧憧往來，障道不淺。

博識以養心，猶飲食以養身，多飲多食，物而不化，養身者反有以害身；多聞多識，物而不化，養心者反有以害心。飲食能化，愈多愈好；博識能化，愈博愈妙。蓋并包無遺，方有以貫，苟所識弗博，雖欲貫，無由貫。劉文清謂邱文莊博而寡要，嘗言：「邱仲深雖有散錢，惜無錢繩貫錢。」文莊聞而笑曰：「劉子賢雖有錢繩，却無散錢可貫。」斯言固戲，切中學人徒博而不約，及空疎而不博之通弊。

人生豈塊然獨處，不能不有所行，其或行去行不去，不待徵諸人，要在反諸己。自己果言行誠敬，到處人自傾乎，此非可以襲取僞爲，必存於心，而念念誠敬，坐作寢行，一啓口，一舉步，「參前」、「倚衡」，無時無處而不然，如是則誠無不格，無往不可。

許敬庵篤志理學，一先輩謂之曰：「聞子留心斯道，老夫甚喜。第聖賢之道，不在玄虛，只《論語》『言忠信，行篤敬』二句，終身行之不盡。」敬庵初易其説，以爲道僅如斯而已乎？迨經歷既久，然後始歎道果不外於斯。然則吾人今日立身行己，請事斯語足矣。

每日之間，念念誠敬，言言誠敬，事事誠敬，表裏肫摯，行履無歉，神猶欽仰，况人乎？自然居鄉鄉孚，居邦邦孚。

「事賢」、「友仁」，原藉以陶淑身心，夾輔德業，苟非賢而事，呈卷送課，以圖知遇；非仁而友，詩酒作緣，以廣聲氣，則其人品可知。

「義以爲質」，則利欲之私不設於身，渾身是義。其行義也，中窾中會，動協節文，謙謹婉順，退讓不居其名，至誠惻怛，一本於中心之所不容已。無所爲而爲，不愆不忘，負荷綱常。此君子之所以爲君子，而吾人所宜取法也。

惟君子方「義以爲質」，若小人則利以爲質矣。利以爲質，則本質盡喪，私欲篡其心位而爲主於内，耳目手足悉供其役，動静云爲，惟其所令；即有時而所執或義，節文咸協，辭氣雍遜，信實不欺，亦總是有爲而爲，賓義主利，名此實彼。事成功就，聲望赫烜，近悦遠乎，翕然推爲君子。君子乎哉？吾不知之矣！

「不以言舉人」，則徒言者不得倖進；「不以人廢言」，庶言路不至壅塞：此致治之機也。

以言舉人，則人皆尚言；以行舉人，則人皆尚行。上之所好，下即成俗，感應之機，捷於影響，風俗之淳漓，世道之升沉係之矣。

三代舉人，一本於德；兩漢舉人，意猶近古。自隋季好文，始專以言辭舉人，相沿不改，遂成定制。雖其閒不無道德經濟之彥隨時表見，若以爲制之盡善則未也，是在圖治者隨時調停焉。

聖如夫子，猶「終日不食，終夜不寢」，沉思義理，而力學以從事，在吾人尤當何如耶？若玩愒因循，便成擔閣。

問：「象山謂《論語》中多有無頭柄的話，如『知及之，仁不能守之』之類，不知所及所守者何事？非學有本領，未易讀也，然則所及所守之實，可得聞乎？」曰：「知及」者，識己心，悟己性，良知本體炯炯不昧是也。知及此，便是本領，便是得，守者守此而已。若理欲淆雜，「仁不能守」，則得者復失，雖仁守而不莊不禮，則守之之功未至，終屬滲漏。知至至之，知終終之，本諸身，徵諸庶民，內外交盡，斯知不徒知。

讓，美德也，不讓則非所以崇德。然有可讓，有不可讓：萬事皆宜先人而後己，不可不讓；唯自己身心性命之詣，及綱常名教所關，自宜直任勇承，一力擔當，雖師亦不可讓，況其他乎！「師」若是尋常章句文藝之師，不讓何足貴？此師乃修身明道、爲聖爲賢、擔荷世道、主持名教，夙所師法之人，有爲者亦若是，何讓之有？「讓」則是不敢以第一流自任，甘以不肖自處矣，此之謂無志。

「辭」所以達意，或闡揚道德，或敷陳經濟，貴明不貴晦，貴簡不貴繁。若務爲藻繪以騁才華，故爲澀晦以誇淵奧，滚滚不竭以顯辯博，以此達意，意可知矣！

知道者言自簡，辭無枝葉。《易》云：「君子修辭以立其誠。」辭苟枝葉，便非立誠，便是心放。心既放矣，縱其辭典麗敏妙，高出千古，不過辭人之辭耳，豈君子之所貴乎？

有片言而達者，有千萬言而不達者，知道與不知道異也。闡道之辭簡明，莫如周子《通書》；敷陳之辭條暢，莫如《伊訓》、《説命》及前後《出師表》。此皆發自肺腑，不事雕飾，可爲千萬世修辭之準。近代《弇州四部稿》，辭非不典贍高古，趙儕老一見，謂其中無一字性靈語，即散與村嫗作册子。由斯以觀，修辭者亦可以知所從矣！

季氏篇

人生不可無友，交友不可不擇。友「直、諒、多聞」，則時時得聞己過，聞所未聞，長善救失，開拓心胸，德業、學問，日進於高明。若與「便辟、柔、佞」之人處，則依阿逢迎，善莫予責，自足自滿，長傲遂非，德業、學問，日墮於匪鄙。爲益爲損，所關匪細，交友可不慎乎！

「直」、「諒」、「多聞」，三者俱不可無，而夾輔匡正，得力尤在於「直」。昔申顔自謂：「一日不可無侯無可。」或問其故，曰：「無可能攻人之過，若一日不見，則不得聞其過矣。」

禮以謹節文，樂以養性情，此日用而不

可離者。所樂在此，斯循繩履矩，身心咸淑，聞人之善，喜談樂道，愛慕流連，即此便是己善。或道德邁衆，或經濟擅長，以至「直」、「諒」、「多聞」，忠孝廉節，有一於斯，便是賢友。交一賢友，則得一友之益，所交愈多，則取益愈廣。驕奢佚惰，惟晏樂是躭者，烏足以語此！昔人謂「晏安鴆毒，劇於病卧」，又云「安於逸樂，如陷水火」，故君子所其無逸。

君子有「三戒」，能戒則爲君子，不戒便是小人；戒與不戒，只在一念之頃而已。堅忍一時，快慊終身；一念之差，終身莫贖。人可不慎此一念乎？

遇色能不亂，懲忿無求勝，臨財無苟得，於此一一清楚，方是好操持、好立脚。否則跟脚一差，有玷生平，後雖愧悔，夫何所及！

吾人有生之初，天以義理賦畀；有生之後，天以吉凶、禍福、順逆、窮通降鑒提撕。「天威不違咫尺」，敢不畏乎？小心翼翼，時顧天命，出入起居，罔有不欽，檢身循理，務期對越天心。其有道德隆重，齒爵俱尊之「大人」，是崇是式，罔敢或忽。「聖人之言」，無非修身明道，存心養性，事天指南，是體是尊，罔敢少悖。否則便是自暴自棄，自絶於天，非無知之小人而何？

讀聖人之書，而不能實體諸躬，見諸行，徒講説論撰，假途干榮，皆侮聖言也。

問：「『生而知之』、『學而知之』，此『之』字果何所指？」曰：「『知之』只是『知良知』，『良知』之外再無知；若於此外更求知，何異乘驢更覓驢？

「生知」、「學知」、「困知」及「民斯爲下」，等雖有四，知止一知。知之在人，猶月之在天，豈有兩乎？月本常明，其有明有不明者，雲翳有聚散也，雲散則月無不明。有知有不知者，氣質有清濁也，氣澄則知無不知。學也者，所以變化氣質，以求此知也，「上」、「次」、「又次」及「民下」，人自爲之耳。

思雖有九，所以思則一；一者何？心也。心存則一念惺惺，動輒檢點，視自「思明」，聽自「思聰」，色自「思温」，貌自「思恭」，言自「思忠」，事自「思敬」，疑自「思問」，忿自「思難」，得自「思義」，此修身、率性，踐形之實，定、静、安、慮之驗也。故曰「清明在躬，志氣如神」，又曰「心之官則思，思則得之」，「思作睿」、「睿作聖」。

「隱居求志」，斯隱不徒隱；「行義達道」，斯出不徒出。若隱居志不在道，則出必無道可達，縱有建樹，不過詭遇，君子不貴也。

脱迹紛囂，潛心道德經濟，萬物一體，念切世道生民，此方是「隱居求志」。苟志不出此，徒工文翰以自負，優游林壑以遣口，無體無用，於世道無所關係，以此爲隱，隱可知矣！

莘野、傅巖、磻溪、隆中，當其隱居之日，志未嘗不在天下國家，經世事宜，咸體究有素，故一出而撥亂返治，如運諸掌。後世非無隱居修潔之士，顧志既與古人異，是以成就與古人殊。

景公，夷、齊，一則泯没無聞，一則垂芳無窮，公道自在人心，三代所以直道而行也。噫！一時之浮榮易過，千載之影樣難移，是故君子貴知所以自立。

陽貨篇

孔子之於陽貨，不詘不忤，此千古待權奸之法；其受饋往拜，彼時體局，自應如此。後人所處體局，既與孔子異，則辭受往拜，自不得與之同。薛文清微時，參議欲請見而不往；及爲御史，内閣求識面而不得。時太監王振權侔至尊，各官皆行跪禮，先生獨不爲之屈。振欲藉先生爲重，遣使致饋，先生却之，其僕曰：「君何騃？方面以千金求階於吾公，不可得，反却饋耶？禍且至，吾危君！」不聽。饋至再，終固辭不受，可謂善學孔子。他若陳師道之於章惇，陳敬宗之於王振，亦皆不惡而嚴，不悖孔子家法，學人所宜取鏡。

性因習遠，誠反其所習而習善，相遠者可使之復近；習之不已，相近者可使之復初：是習能移性，亦能復性。《書》曰：「習與性成，惟聖罔念作狂，惟狂克念作聖。」亶其然乎！

習字則字成，習文則文成，以至百工技藝，莫不由習而成，況善爲吾性所本有，豈有習之而不成者乎？成善斯成性，成性斯成人矣。

問「習之」之實，曰：親善人，讀善書，講善端，薰陶漸染，惟善是資；存善念，言善言，行善行，動静食息，惟善是依。始也勉强，久則自然。

「上知」明善誠身，之死靡他；「下愚」名利是躭，死而後已，非「不移」而何？然「上知」之人，不肯移而之下，固無論已；「下愚」之人，苟一旦自反，改絃易轍，豈不可移而之上？無奈自暴自棄，流蕩忘返，卒爲「下愚」之歸，若是者又豈少哉？悲夫！

遲鈍人能存好心，行好事，做好人，雖遲鈍亦是「上知」；明敏人若心術不正，行事不端，不肯做好人，即明敏亦是「下愚」。

聖人道德高厚，過化存神，無所往而不可，何「磷」何「緇」？若德非聖人，不擇而往，未有不「磷」不「緇」者。楊龜山出應蔡京之薦，朱子謂其「做人苟且」。吳康齋持守謹嚴，世味一毫不染，石亨慕而薦之朝，遣行人聘入京師，知石氏非端人，惡入其黨，辭官歸里。士大夫有候之者，問先生何爲不致君而還，則摇手曰：「我欲保全性命而已。」未幾，亨等被誅，凡交與者悉被重譴，獨先生皭然不滓。故君子出處不可以不慎。

仁、知、信、直、勇、剛六者，莫非懿德，惟不好學，諸病隨生，好處反成不好，甚矣人不可以不學也！學之如何？亦惟窮理以致其知而已。理明知致，而後施無不當。夫何蔽？若誤以詞章記誦爲學，不惟不能祛蔽，反有以滋蔽。

好仁、知、信、直、勇、剛，而不濟之以學，固易蔽，然天良未鑿，猶有此好，今則求其能好而易蔽者，亦不可得。盡能有此好，即臨境易蔽，而本原不差，亦是易蔽之好人。好學可以救藥，若無此好，藥將何施？

聖門之教，《詩》居其首，「興、觀、群、怨」，「事父」、「事君」之道，於是乎資。今之學者，童而受讀，垂老不廢，學則學矣，吾不知其於興、觀、群、怨、人倫、物則果何如也？買櫝還珠，吾黨戒諸！

「道聽塗説」，乃書生通病，若余則殆有甚焉。讀聖賢遺書，嘉言善行，非不飫聞，然不過講習討論，徒口度日而已，初何嘗實體諸心、潛修密詣以見之行耶？ 每讀《論語》至此，慚悚跼蹐，不覺汗下。 同人當鑑余覆車，務以深造默成爲喫緊，以騰諸口説爲至戒，慎勿入耳出口如流言溝，則幸矣。

修德斷當自默始，凡行有未至，不可徒説；即所行已至，又何待説？ 故善行爲善言之證，不在説上。

苟圖富貴，便是「鄙夫」，此非生來如此，學術使然也。 當爲學之始，所學者正誼明道之術，及登仕版，自靖共爾位，以道事君。 若爲學之始，所學者梯榮取貴之術，及登仕版，止知躭榮固寵，患得患失，不依阿即逢迎，情所必至，無足怪者。 故術不可不慎也。

夫子懼學者徒以言語文字求道，故「欲無言」，使人知真正學道，以心而不以辯，以行而不以言。 而子貢不悟，反求之於言，區區惟言語文字是躭，是以又示之以「天道不言」之妙，所以警之者至矣。 時行物生，真機透露，魚躍鳶飛，現在目前。 學者誠神明默成，「不識不知，順帝之則」，四端萬善，隨感而應，道即在是，夫何所言？ 一落言詮，便涉聲臭，去道遠矣。 陸象山有云：「寄語同遊二三子，莫將言語壞天常。」而鄒南臯亦云：「寄語芸窗年少者，莫將章句送青春。」合二詩觀之，吾曹得無惕然乎？

高宗恭默思道，顔子如愚，亦足以發，必如此方是體道忘言之實；否則終屬「道聽塗説」，德之棄也。

吴康齋讀《論語》至「年四十而見惡焉，其終也已」，不覺潸然太息曰：「與弼今年四十二矣，其見惡於人者何限？ 而今而後，敢不勉力，少見惡於人，斯可矣！」夫康齋年未弱冠，即砥德礪行，至是蓋行成德尊，猶自刻責如此，況余因循虛度，行履多錯，其見惡於人者，何可勝言？ 人即不盡見惡，時時反之於心，未嘗不自慚自憾，自惡於志，其所以痛自刻責者，尤當何如耶？

微子篇

箕子囚奴，比干剖心，忠節凜烈，天地爲昭。微子之去，迹同後世全身遠禍者所爲，而夫子并許其仁者，原其心也。以其心乎國，非私乎身，宗祀爲重，迹爲輕也。蓋微子本帝乙之元子、紂之親兄，與箕子、比干不同，有可去之義，故箕子詔王子出迪，不使紂有殺兄之名，而元子在外，宗祀可延，所謂自靖。人自獻於先王，而即其心之所安，是以同謂之仁。後世若德非微子，分爲臣僕，主昏不能極諫，國亡不能殉節，跳身遠去，俯首異姓，斯乃名教之罪人，不仁之大者。公論自在人心，口誅筆伐，播諸青史，一時輕去，千載難逃，夫何原！

微，國名；子，爵也。啓雖封有爵土，而身常在朝，同箕子、比干諸人輔政，至是見紂惡日甚，不可以輔，乃去紂而還其所封之國，轉遯於野，潛跡滅蹤，非去紂而入周也。微子之志固如此，若去紂而入周，又何以爲微子？ 昭烈之圍成都也，許靖謀踰城出降，昭烈由是鄙其爲人。使微子而亦然，豈不見鄙於武王乎？ 至《左傳》引「微子銜璧迎降」之言，斯蓋後世臣人者借口；賢如微子，必不其然。武王尚式商容之閭，微子之賢，在所素悉，夫何致其恇震以至於此？ 亦必不然。「然則微子之在彼時，果何以自處？ 而武王之於微子，亦果何以爲處也？」曰：天命既改，微子不容不順天俟命。武王奉天伐暴，誅止一夫，其餘子姓之有爵土者，俱仍其封，不失舊物，況微子乎？既而崇德象賢，改封於宋，進爵爲公，俾修其禮物，作賓王家，斯微子之所以自處，而武王之所以處微子也，夫豈同後世牽羊銜璧、解縛焚櫬者之所爲也！

問：「後世德非微子，固不可以俛首異姓，若果德如微子，便可借口宗祀，俛首異姓乎？」曰：亦顧其所遇何如耳。苟遇非武王，只當如北地王劉諶之死社稷爲正。蓋時有不同，古今異勢故也，否則不惟不能存宗祀，反有以辱宗祀矣。

沮、溺之耕，丈人之耘，棲遲農畝，肆志煙霞，較之萬物一體，念切救世者固偏，較之覃懷名利、奔走世途者則高。一則鳳翔千仞，一則蛾逐夜燈，孰是孰非，孰得孰失，當必有辨之者。

聖人無不可爲之時，不論有道無道，直以綱常名教爲己任，撥亂返治爲己責。若自己德非聖人，才不足以撥亂返治，只宜遵聖人家法，有道則見以行義，無道則隱以守身，甯跡同沮、溺、丈人之偏，慎無蹈昧於知止之轍。

卷四十

子張篇

「執德」是持守堅定，「弘」則擴所未擴；「信道」是心孚意契，「篤」則始終如一。既「弘」且「篤」，方足以任重致遠，做天地間大補益之事，爲天地間有關繫之人。若不宏不毅，則至道不凝，碌碌一生，無補於世。世有此人，如九牛增一毛，不見其益；世無此人，如九牛去一毛，不見其損，何足爲輕重乎？

每讀《論語》至「焉能爲有，焉能爲亡」，中心不勝慚悚，不勝悵恨：慚生平見道未明，德業未就；恨生平凡庸罔似，於世無補，虛度待死，與草木何異？猛然一醒，痛自振奮，少自別於草木，庶不負此一生。

「小道」，《集註》謂「農圃醫卜之屬」，似未盡然。夫農圃所以資生，醫以寄生死，卜以決嫌疑、定猶豫，未可目爲「小道」，亦且不可言「觀」，在當時不知果何所指，在今日詩文字畫皆是也。爲之而工，觀者心悅神怡，躍然擊節，其實內無補於身心，外無補於世道，「致遠恐泥」，是以知道君子「不爲」也。「然則詩文可全不爲乎？」曰：豈可全不爲，顧爲須先爲大道，大道誠深造，根深末自茂，即不茂亦不害其爲大也。伊、傅、周、召何嘗藉詩文「致遠」耶？問大道，曰：內足以明心盡性，外足以經論參贊，有體有用，方是大道，方是「致遠」；其餘種種技藝，縱精工「可觀」，皆不足以「致遠」，皆

「小道」也，皆不足爲。爲小則妨大，所關匪細，故爲不可不慎也。

道理無窮，德業亦無窮。日日返觀内省，知某道未盡、某理未明、某德未立、某業未成，誠一一「知其所亡」，斯不安於亡，務求所以盡之、立之、明之、成之；即已盡、已立、已成，亦必日新又新，緝熙弗懈，勉强不已，久則自然，如此方是「好學」。若不在道理上潛心、德業上操存，舍本逐末，區區致察於名物訓詁以爲學，縱博覽强記，日知所未知，月能所未能，謂之「好古」則可，謂之「好學」則未也。

友人有以「日知」爲學者，每日凡有見聞，必隨手劄記，考據頗稱精詳。余嘗謂之「日知」者，無不知也，當務之爲急。堯舜之知而不偏物，急先務也。若舍却自己身心切務，不先求知，而惟致察於名物訓詁之末，豈所謂急先務乎？假令考盡古今名物，辨盡古今疑誤，究於自己身心有何干涉？誠欲「日知」，須日知乎内外本末之分，先内而後外，由本以及末，則得矣。

問：「『博學篤志，切問近思』，何以『仁在其中』？」曰：亦看各人所學所志若何耳。若爲明道存心而學，篤志不變，自然所問所思，莫非明道存心之實，如是則道明而心存，「仁在其中」矣。若止爲博物宏通而學，志在問無不知，自然所問所思，惟以博物宏通爲事；問既浮泛不切，思又閒雜憧憧，如是則道晦而心放，雖欲仁，焉得仁？昔謝上蔡别程子一年，程子問：「近日作何工夫？」對曰：「惟去得一『矜』字。」程子謂人曰：「此子爲『切問近思』之學者也。」今吾曹非不學，非無志，亦常問，亦常思，但恐所學、所志、所問、所思，非爲明道，非爲存心耳。果實實落落、省察克治如上蔡之消磨氣習，實去其疵乎？此處須切己自勘，慎勿徒作一番講説已也。

過誤，人所不免，一文反成心疚。

「君子之過，如日月之食；過也，人皆見之。」小人之過也必文，此其所以爲小人歟！吾人果立心欲爲君子，斷當自知非改過始；若甘心願爲小人，則文過飾非可也。

庸鄙小人不文過，文者多是聰明有才之小人；肆無忌憚之小人不文過，文者多是慕名竊義、僞作君子之小人。

讀曾子「上失其道」數語，不覺太息，蓋上平日失養民之道，以致民多饑寒切身；上平日失教民之道，以致民無禮義維心，則犯法罹罪，勢所必至。讞獄而誠得其情，正當閉閤思咎，惻然興悲；若自幸明察善斷，物無遁情，乃後世法家俗吏所爲，豈是仁人君子用心？

仲尼學無常師，此仲尼所以爲聖也。人人能惟善是師，隨在取益，則人人仲尼矣。

叔孫武叔毁仲尼，究竟何損於仲尼？徒得罪名教，受惡名於萬世，適足以自損耳。余因是而竊有感焉：聖如仲尼，不免叔孫武叔之毁；賢如程、朱、陽明，不免孔文仲、范致虚、胡紘、沈繼祖、桂萼諸人之毁。一時洶洶，争相排擊，必使之無所容而後已，何聖賢之不見容於群小如此耶！古不云乎：「不容何病，不容然後見君子。」故不見容於群小，方足以見聖賢。學者或不幸罹此，第當堅其志、强其骨，卓然有以自信，外侮之來，莫非動忍增益之助，則烈火猛炎，有補金色不淺矣。

堯曰篇

記者彙次夫子所記之語，而以「堯曰」終篇，蓋因夫子居恒祖述二帝，執中授受三王經世大法，而附録之，見夫子心二帝三王之心，承二帝三王之傳，以開天下萬世之道統，以成天下萬世之治統也。學者讀其書，誠法其傳，有體有用，天德王道，一以貫之。達而在上，使二帝三王之治被于世；窮而在下，使二帝三王之術明于世。不墮一偏，方是真儒作用，方是讀《論語》有得，方不愧孔氏門牆。

問堯舜「允執其中」與《中庸》「未發之中」同異。曰：「中」只是廓然大公，「無偏無黨」，不論已發未發、應事接物、政治施爲，只要常常如此，便是「允執」。「允」者，真實無妄之謂。心體如此，則心得其中；治體如此，則治得其中。「無偏無黨，王道蕩蕩；無黨無偏，王道平平。」人人得所，俗臻雍熙，四海何至「困窮」？彼四海之所以「困窮」者，只緣政治不中；政治之所以不中者，總緣存心不中。此治法之所以必本於心法，王道之所以必本於天德也。

天之立君，以爲民也；苟民生不遂，四海苦窮，則立君之爲何？負天甚矣！天命豈有不去，天禄豈有不終乎？自三代以至秦漢以降，蓋莫不然，然則有天下者可不敬天勤民乎？

「萬方有罪」，引咎責己，此三代之所以上理也；「萬方有罪」，歸罪萬方，此後世之所以下衰也。

「周有大賚，善人是富」，方見子愛元元，撫綏地方之實。後世若漢文之蠲租，賜粟帛於高年，宋祖之遣使賑貸諸州被兵百姓，存問鰥寡孤獨，亦庶幾此意，故其興也勃然。

爲政者果「寬、信、敏、公」，民豈有不治乎？此君天下者萬古不易之道也。豈惟君天下者宜然，凡治一省、一府、一州、一縣，莫不宜然。有民社之責者，尚其念諸！

「因民之所利而利之」，真正有父母斯民之心，始能如是。否則即明知其可以利民，亦若罔聞，若是者豈勝道哉？

君子之所以爲君子，以其「知命」也。知命，斯窮通得喪，一一聽之於天而安命；仁義禮智，一一修之於己而立命；窮理盡性，自强不息而凝命；必不行險僥倖，付之倘來而逆命。否則何以爲君子？

君子之所以别於小人、人類之所以别於禽獸、吾儒之所以别於異端者，禮也。知禮，斯律身有藉，動不違則，不然便茫無所措，何以自立？

昔張子以禮爲教，使人日用之閒知所持循，最爲喫緊，故學者須從此入德，方有據依。若高談性命，卑視矩矱，樂舒放而憚檢束，非狂即妄。

禮爲立身之準，日用切務，經禮三百，曲禮三千，無一可忽。《内則》、《弟子職》及吕氏《四禮翼》，當揭之楣閒，出入則傚，庶率履不迷，久自成德。

問：「人有是非邪正，言則隨乎其人，因言固可以知人；然世有人非言是、人邪言正，又何以辨？」曰：致飾之言與根心之言，猶剪綵之花與樹生之花，真僞自是不同，吾人只要理明，理明則言無遁情，鑑明則貌無遁照。

「命」、「禮」、「言」雖三，而「知」則一：知致，則中恒炯炯，覺體不昧，此凝命、立身、察人之本也。本苟不昧，三者洞然。

卷四十一

孟子上

梁惠王

孟子，聖賢而豪傑也。學孔於百家並興之日，倡道於干戈殺伐之世，氣魄作用，挺特宏毅，遏人欲於橫流，援天下於既溺，論者謂功不在禹下，吾無間然。

莊暴

夫人幼而學之，壯而行之，所行本於所學。幼而學的是仁義，則壯而所行無非仁義；幼而學的是功利，則壯而所行無非功利：猶種稻生稻，種稗生稗，未有所種是稗，而出土發苗得以成稻者。即或仁義性成，不耽功利，而學昧通方，誤竭心思，或學詩辭，或學文翰，或學字畫，或學清虛，止一修己治人之道，經世宰物之務，反茫不之究；一當事任，心長才短，空疎鮮實，所學非所用，所用非所學，樹立無聞，可恥孰甚。須是力矯斯弊，務爲有用之學。凡治體所關，一一練習有素，所學必求可行，所行必合所學，致君澤民，有補於世。此方是幼學壯行，不虛此生。

禮賢下士，人君之美。臧倉不能成君之美，詆孟子以「沮君」，究竟何損孟子？徒貽萬世唾駡耳，所謂小人枉做了小人。

諺謂「一飲一啄，莫非前定」，況遇合

乎？故遇與不遇，此中大有機緣，不可强也。君子亦唯安命聽天而已，夫何容心於其間哉？

公　孫　丑

論事功則子路不及管仲，論品地則管仲不及子路。然事功係乎所遇，品地存乎生平，苟生平品地不足，縱功蓋天下，終是無本之經濟，君子弗貴也。

一匡九合，經濟非不可觀，功烈非不卓然，而曾西卑之者，以其不從心地做出，經濟無本故也。王霸之分，分於此。

「曾西艴然」於管仲之比，宛然仲尼之徒羞稱五霸氣象，士君子須有此識趣，方不隨俗馳逐，汩没紅塵。

學以「不動心」爲主，學未至於不動心，是學未得力，算不得學。「集義」、「養氣」，乃不動心工夫，從此而入，方可馴致。

言語動作一有失宜，便非義，便非所以「養氣」，便足以動其心。

心本虚明，一言一動，是非可否，一毫不能自蔽，行有不慊於心，安得不餒？須是依心而行，無爲其所不爲，無欲其所不欲，如是則俯仰無愧，氣自浩，心自慊，何動之有？

孟子願學孔子，此孟子之所以爲孟子。吾人日讀孔子之書而不能以孔子爲法，買櫝還珠，真是自棄。近世來瞿塘先生讀書之初，即書「願學孔子」四字於臂。吾人讀書一生，言及學孔，輒逡巡畏縮而不敢當，上愧孟子，下慚瞿塘，悠悠歲月，此何人哉！先儒謂：「寧學聖人而未至，不欲以一善成名。」又云：「箇箇人心有仲尼。」斯言非欺，願共勉旃。

孟子謂人無「四端」「非人也」，吾儕試反己自察，每日應事接物，於此四者有耶，無耶？有則是人，無則非人；人而非人，名人實禽。念及於此，凜然寒心。

「四端」吾所本有，本有而不能全其所有，情移境奪，乍起乍滅故也；不爲情移，不爲境奪，纔算是人。

乍起乍滅，皆緣本體昏昧，日用不知，知則中恒炯炯，「惻隱」、「羞惡」、「辭讓」、「是非」，隨感而應，隨應隨覺，隨覺隨擴，日新又新，自不能已。

「端」雖有四，全在一知。知苟不昧，四自不失。

聖如大禹，一「聞善言則拜」，吾人尤當何如？

禹「拜善言」尚矣，姑以近代先儒言之，近溪先生位尊德邵，猶參訪不倦，片言足取，雖隸卒下賤，無不稽首以謝。即此一念，虛沖造詣，安得不深，所以爲世大儒。彼沾沾之士，少有所得，輒自以爲足，不復求益，視先生爲何如耶？

伯夷之清固近「隘」，吾人苟能學其清，而不同流合污，雖「隘」亦不害其爲賢。若因孟子說「隘」，立身之初，便先從不隘處做去，鮮不流於鄉愿。

「天時不如地利，地利不如人和」，只此二語，說盡保障之要、致勝之機，此兵法之本也，古今許多兵書，得此可以總括。

彼富吾仁，彼爵吾義，士君子不可無此志操；撥亂返治以輔世，惠鮮懷保以長民，士君子不可無此德業。苟處而不能忘情富貴，出而無補世道生民，無志無德，碌碌庸人而已，何足爲世有無也！

「不可召之臣」，伊吕而後唯諸葛武侯庶幾此風，故士必自重，而後爲人所重。

「受餽」一節，生平大閑所關，孟子於列國之餽，或受或不受，惟義所在。若義不當受而受，一時苟得，生平掃地，可不慎乎？

讀聖賢書而不能以之自律，惟藉以市名罔利，與「登壟斷」何異？陷其身爲賤丈夫而不知，悲夫！

滕文公

人性本善，孟子「道性善」，道其所本然而已。聖如堯舜，亦不過率性而行，不失其本然而已矣，非於本然之外有所增加也。人能率性而行，不失本然，人皆可以爲堯舜。

「乍見孺子入井，皆有怵惕惻隱之心」，此良心發現處。良心即善也，非由學而然，非擬議而然，非性善而何？故「性善」之旨明，而千聖之統明矣，所以開萬世之蒙，而定萬世論性之準者，端在於斯。周、程、張、朱相繼闡繹，顧涇陽《小心齋劄記》、馮少墟《辨學録》拳拳申明，至當歸一，確不可易。學人誠潛心從事，然後知告子「無善無不善」及荀、楊、韓一偏之見，俱屬夢説。

「夫道一而已矣」，豈有二乎？聖賢同性，今古一揆。若以堯舜爲不可企及，是以己性爲不可企及，可乎？然道雖一，而古今之言道者則不一，不高之而虚寂，則卑之而支離，非不各自以爲道，而道其所道，非大中至正、人人共由之道也。協而同之，務歸中正，不離日用，即性即道，使道脈一而率由同，是在有心世道、主持名教之大君子。

「成覞」節宜大書座右，出入觀省，以鼓昏惰。

滕文公當喪禮久廢之餘，獨盡大事，定爲三年之喪，其父兄百官假先志以沮之而弗聽，可謂賢矣。可見親喪在所自盡，徇不得流俗。豈止親喪，凡百皆然。

致治由於人才，人才出於學校，學校本於師儒，是師儒爲人才盛衰、生民安危、世道治亂之關。故師道立則善人多，善人多則天下治，此探本至論。

昔胡安定之教授湖庠也，當詞藝成風之際，獨以「明體適用」爲倡，諸生被其教者，莫不成德達材，可爲世用。曹月川爲霍庠學正，以躬行爲教，提誨終日，寒暑弗輟，言動步趨，皆有準繩。海剛峰教諭南平，著論云：「抱關擊柝，皆有常職，而教官一職，尤人才所由造，世運所由理。自教職之義不明，人多以爲貧而仕當之，以故居此官者，率多齷齪，不舉其職，士習蠱而吏治婾，所從來矣。」於是以師道自任，嚴課程，勤訓迪，士習丕變。張綠汀署諭華陰，教法嚴而造就有等，約束諸生，不得衣服華美，不得出入酒肆，不得輕履公門，不得宴飲用妓，收攝防戒，纖細必備，士風爲之改觀。使居是任者，咸若四先生，庠序方不徒設，明倫堂方不寂寞，善人何患不多，人才何患不盛，天下何患不治！

天生民而立之司牧，原以爲民也，故民事不可不急；而民事之急，莫急於制民之産。顧今時非同古時，田各有主，難以井授，雖欲區畫，其道無由。板腐書生慕古而不知變通，好執迂闊之見，動言井田可復，亦只可私下弄筆，復之紙上，隔壁閒聽而已；若實見之施行，地方從此多事，其禍更甚於王荆公之行新法。要在順時定制，相勢酌行，除漢人限田法稍可通融及導民開荒外，惟有就民所有之田，逐一清均，以正其經界，爲可盡心。蓋窮人産去税存，豪猾隱糧滅籍，或詭寄親鄰佃僕，混賴推挪，細人寄糧於有力之家以避差徭，猾書受賂飛灑，貽民賠累，致貧者益貧。剔釐之法，莫詳於吕新吾《民務》，倣而行之，宿弊可革。然此事全在得人，誠得公明廉幹之人以任其事，奸猾方無以容其詭，豪右不敢撓其法，否則無益實際，徒滋煩擾。

孟子云：「逸居而無教，則近於禽獸。」余亦云：逸居而不學，則近於禽獸。

有風化之責者，誠講理學以淑士，講鄉約以淑民，勞來匡直，輔翼振德，如是而士不礪操，民不興行，吾不信也。

陳代「枉尺直尋」之喻，亦猶流俗暫且從權之見，却不知出處一苟，大節便虧，廉恥掃地，「直尋」何補？

士人顧名節，國家方有好風俗。

士人有真操守，自然有真事業；若操守不真，則其事業可知。伊、傅、吕、葛一出，而事業卓越不群，良由未出之先，操守卓然不苟。

「廣居」、「正位」、「大道」，乃吾人性分之所自有，能居、能立而見之於行，則見大心泰，區區「富貴」、「貧賤」、「威武」，自不足以動其中。

須是真不爲富貴所淫，貧賤所移，威武所屈，方是大丈夫、好男子，否則男子而妾婦，有愧鬚眉。程子詩「富貴不淫貧賤樂，男兒到此是豪雄」，當時吟之以自勵。

守先王之道而講明之，使知之者衆，行之者廣，既有裨於當時，正人一脈，繩繩不斷，又有裨於後世，「爲天地立心，爲生民立命，爲往聖繼絶學，爲萬世開太平」，事功之大，孰大於此？若以此爲迂，則其所不迂者可知矣。

聖賢辨學，全爲正人心。

人心不正，由於學術不正，生心害政，烈於洪水猛獸，所謂「以學術殺天下後世」也。「息邪説，距詖行，放淫辭」，正所以正學術以正人心。

戰國時，人心之害在楊墨，故孟子從而闢之。漢唐以來，人心之害在佛老，故程朱從而辨之。至象山先生則云：「孟子闢楊墨，吾闢時文。」而辛復元先生亦云：「正人心須從人心之壞處救，方是竈底抽薪。而今救亂，不必辨楊墨、斥佛老，惟是記誦詞章、富貴利達爲之祟；從此清理，可得治平上策。」按陸、辛此説，亦所以因時救弊，不得已也，有心斯世者，不可不知。

卷四十二

孟子下

離婁

「行有不得」，果肯一味「反求諸己」，德業何患不進，人品何患不及古人？

「事親」不及曾子，是不孝其親；「守身」不若曾子，亦非所以孝其親。

「養志」、「養口體」，缺一非孝。若余則生而單寒，不惟缺於養志，並口體亦缺焉無以爲養，無論酒肉非所敢望，即穀食亦不能常得，致吾親備極人世之艱危，未嘗一日温飽，不孝之罪，上通於天矣。嗚呼！祭之豐不如養之薄也，殺牛而祭，不如雞豚之逮親存也，此子路有負粟之痛，而不孝如余，不敢以之自問者也！凡我同人，幸有親存者，當鑒予覆車，及時盡養，不至如余生爲抱憾之人，死爲抱憾之鬼，幸之幸也！

聞譽而欣，聞毁而戚，欣戚由於毁譽，乃好名者所爲也；不欣不戚，方是真實爲己。

毁譽乃吾人生平大關，過得此關，纔見學力。

「赤子之心」，未雜情識，純是天真。大人之所以與天地合德，只是全此天真，不爲情識所雜，不失赤子之初而已。吾人自能食能言以來，情識日雜，天真日鑿，記誦之勤，見聞之廣，不惟未嘗以之祛情識，而愈以滋情識；不惟未嘗以之全天真，而愈以鑿天真。騁私智，長巧僞，躭功利，騖聲名，借津仁義，「色取行違」，而赤子固有之良、本然之心，失而又失，愈不可問。耳、目、口、鼻雖與大人同，念、慮、言、動迥與大人異，非小人而何？

聖賢千言萬語，無非欲人不失其赤子之心；吾人千講萬講，亦無非求不失赤子之心。故必屏緣息慮，一切放下，内不牽於情感，外不紛於物誘。泯知見，忘人我，令胸中空空洞洞，了無一塵；良知良能，一如赤子有生之初，返本還原，纔算造詣。

學須「自得」，自得則如掘井及泉，時出而無窮。若專靠聞見擇識以爲得，縱日日得所未得，得盡古今義理，總是從外而入；得之他人，非由内而出，得之自己，雨集溝盈，涸可立待。

自得由於深造，而深造須是以道。道非方法之謂，乃率性之謂也。深造而不從心性上用功，不從心性入微處着力，做盡功夫，終是門外輥，竭盡精力，終是煮空鐺，究何有得耶？

斯道非悠忽淺嘗者所可幾，須是動作食息，念兹在兹，如鷄抱卵，如龍養珠，用志不紛，乃凝於神。静存動察，助忘交屏，不爲情遷，不隨境移，力到功深，豁然頓契。性靈虚明洞徹，言動悉協天則，此方是「左右逢原」，此方是「深造自得」。

識自方能自得，務敦大原，方能左右逢原。若舍自而義襲於外，昧原而惟流是趨，硜硜成規，循迹摹倣，土木衣冠，血脈安在？

學問能約不能約，只看爲學之初所博若何耳。是故爲身心性命而博，則詳説可以歸約；爲增廣知識而博，縱詳説何關於約？

肯爲身心性命而博，則凡有補於身心性命之人，無不咨叩，有補於身心性命之書，無不綜核，惟恐墮於一偏，不能洞徹身心性命之全。故四通八達，不執一隅之見，偏訂互證，諄懇詳説，務期至當歸一，斯用功方有著落，身心性命方有歸宿。若止欲廣見聞以儲詩文材料，知人之所不知，以資談柄，此是雜學非「博學」，其説雖詳，徒掉脣舌，北轅南轍，入於陷阱而無歸宿，可哀也已！

問「約」。曰：説在無説處，方知道在心，非約而何？

無聲無臭，此本體之約也；「敬」之一字，聖學所以成始而成終，此工夫之約也。知其約而約之，以求詣乎其實，斯博不徒博，説不徒説。

人人有「幾希」，庶民何以「去之」？不學故也。君子知學，故「存之」以爲庶民表率，在一鄉則淑一鄉，在一國則淑一國，在天下則淑天下。以己之存，以存庶民之去，自淑淑人，而後世道人心有所賴。

問：「『君子存之』不過自存，安能存人之去？」曰：在上則勞來匡直，多方鼓舞，以存其去；在下則倡道講學，多方誘掖，以存其去。若僅自存獨善而不能善世，世亦何貴有君子？

倡道講學，使人人回心易慮，以存一世之「幾希」；後先相承，學業不斷，以存萬古之「幾希」。

名節至大，守身當如白玉，一有玷污，舉生平而盡棄之，何異「西子之蒙不潔」？愼之，愼之！

人貴自新。惡人肯自新，惡人可爲善

人；小人肯自新，小人可爲君子。蚤迷而晚悟，昨非而今是，孰能禦之？

人性本來無事，知人性本來無事，方是知性；能行乎其「所無事」，方是率性。静而無事，不起爐作竈，「廓然大公」；動而無事，不擬議安排，「物來順應」。如是則事不累心，心不累事，恒若太虚，毫無沾滯，即此是性，即此是聖。

學道原爲了心。一事繫心，心便不了；心苟無事，一了百了。

趙德淵篤志性學，一日與同門徐良甫早飯，忽恍然驚曰：「異哉！」良甫問狀，知其有覺。既而楊敬仲見德淵，德淵曰：「某今於日用應酬，都無一事。」吾人亦能如德淵之「都無一事」，則幾矣。

人有涵養没涵養，居恒無所見，唯意外遭逢橫逆之來，果能動心忍性，一味自反，坦不與校，方算有涵養。

人生遭際不同，意外之侮，莫非鍛鍊身心之助，於此錯過，便是「困而不學」。

君子惟其有終身之憂，是以砥德礪行，德成品立，終身有結果。吾人非無所憂，然所憂不過目前家計，及一時遭際，初何嘗念及終身，以故不砥德、不礪行，悠悠度日，終身無結果。若肯念及終身，雖欲不憂得乎？憂之如何，上之縱不能如舜，次亦不失爲正人君子，必不肯悠悠虚度、碌碌無成以終其身。

萬章

伊尹躬耕，惟道是樂。「禄之以天下，弗顧；繫馬千駟，弗視」，何等胸次！「一介不取」，何等操持！此方是真樂道。吾人居恒非不談道，非不自謂「樂道」，不知胸中果超然無欲，皭然無滓，於凡非道之物，略無少動乎？取嚴一介，不肯少苟乎？若此處不慎，而曰「樂道」，道可知矣。旨哉！少墟先生之詩有云：「人生取與要分明，少不分明百事傾。一介莫言些小事，古今因此重阿衡。」

問：「先覺所覺者何道？」曰：覺其所固有，乃降衷之實、秉彝之良也。覺則天下一家，萬物一體，號呼世夢，共登覺路，共覺其固有，全其固有，不失降衷之實，不愧爲人之名，而後先覺之責始塞。

「天之生斯民也，使先覺覺後覺」，故先覺之覺後覺，實代天宣化，寅亮天工。若自覺而置斯世斯民於度外，不以之覺人，便是曠天工。

問「天工固不可曠，然必有伊尹之遇，而後得以斯道覺斯民，否則不尊不信，不信民弗從」。曰：只患不覺，果能自覺覺人，遇不遇非所論也。王心齋，一鹽丁耳，偶有悟於聖賢之學，即以先覺自任，挺身號召，隨機開導，萬衆咸集，人人意滿，雖皂隸臧獲，莫不歡若大夢之得醒，初曷嘗藉名位？羅近溪生平刻意覺人，孜孜若不及，晚年猶攜及門走安成，下劍江，趨兩浙，游金陵，所在提撕，竭唇吻而不倦，老將至而不知，亦曷嘗有伊尹之遇耶？

古者一夫百畝，外有公田以急公，不按畝輸税，故上農夫可食九人。後世一夫縱有百畝，供税雜徭，及門户冗耗之餘，能食幾何？

農，一也，而有上中下之分，勤惰之分也。然勤惰雖在民，而所以鼓勤警惰，則在牧民之人。牧民者誠舉牧民職業，加意小民生計，勞來勸相，則下者未始不可中，而中者未始不可上，何常之有？ 蓋古者鄉設鄰長，趨人赴功，教之稼穡，歲時誡令，重本務也。自農官不設，農政不講，地利人工，始不能盡。須是倣會典老人勸督之意，每鄉擇老成勤力、精於農事者，立於農長，俾專督農。牧民者仍按時躬親省耕，以驗勤惰，以申鼓舞。種植之道，雖各有所宜，大約不出「糞多苗稀，熟耕勤耨，壅本有法，去冗無差」四語，此人所盡知，若夫因時制宜，曲盡其法，則未必人人盡知也。其詳莫備於《農政全書》，撮其簡易易行，同《水利書》及《泰西水法》，酌取刊布鄉社，揭之通衢，令人人共見共聞，庶知所從事，地無遺利。

誦其詩，讀其書，不知其人可乎？ 然誦其詩，讀其書，徒知其人可乎？ 知古人所處之不同，即思以身設處其地，能如古人隨意以盡其道乎？ 否則徒知人論世，論之而一一允當，亦不過史家評斷之常，究與自己日用何補？

一介不苟之操，萬物皆備之量，此伊尹之所以爲聖也。周子所謂「志伊尹之志」者，此志而已。

孔子進以禮，退以義，此窮理、盡性、至命之極則，區區循迹倣象者，不足以幾此。

古人友德，今人友富貴利達而已，可歎！可歎！

告子

「心之所同然者，理也，義也。」東海、西海、南海、北海，千百世之上，千百世之下，無不同者，理義同也。若舍理義而言心，則心爲無矩之心，不是狂率恣肆，便是昏冥虛無。故聖狂之分，吾儒異端之分，全在於此。必也循理蹈義，而不爲欲所蔽，斯俯仰無怍，而中心之悦無涯。

聖人先得我心之所同然而爲聖，我不循聖心之所同然而爲愚，同然而乃不然，此之謂「自棄」。

吾人居恒窮理義、講理義，當其窮之而透、講之而明，亦豈無悦心之時？ 然不過隨悦隨已，曷嘗實體於心而以之養心，猶芻豢實入於口而以之養口耶？ 義理自義理，吾心自吾心，你東我西，仍舊只是箇常人。

「理義」，吾心所自有，非從語言文字而得，日用平常，心上安處便是。「格物」格此也，「博文」博此也，「惟精」惟此也，「惟一」一此也，一而不失，便是「允執厥中」。

「理義」固所自有，要在中心自盡，戒欺求慊，内省無惡，方得快活，方是真悦。 若只要體面上好看，共見共聞處不差，此是有爲而然，非當然而然，的然而然，非闇然而然；終不是自心安然，算不得千古同然。須是自信自樂，可對上帝。

「牛山之木」因近郊而被伐，以故「若彼濯濯」。學人苟欲修身養心，宜先離俗遠囂；若果養得十分凝定，然後説得纖塵不染。

居恒讀《孟子》，至「牛山之木」章，不覺太息，慨吾人從幼知誘物化，其爲斧斤何限？ 弱冠以後，知識日增，則思慮日紛，不計利便籌名，「旦旦而伐之」，重以「旦晝所爲」，固有之良，愈不可問。哀莫大於心死，而形死次之，「梏之反覆」，心已死矣，縱所營皆遂，亦不過是鬼窟裏作活計，自絶於天，何足道也！ 倘能清夜捫心，忽爾猛省，所謂「再回頭是百年人」，豈不快哉！

問：「『操則存』，然則操之之法何如？」曰：其敬乎？敬則中恒惺惺，即此便是心存。

學者苟真實用力「操存」，久則自覺身心爽泰。當其未與物接，必有湛然虛明時，即從此收攝保任，勿致汩昧，馴至常虛常明，浩然無涯。所謂「夜深人復静，此境共誰言」，樂莫樂於此。孔子曰「樂在其中」，顏曰「不改其樂」，皆是此等景況也。

知所欲有甚於生者，而不苟生，千古如生；知所惡有甚於死者，而不怕死，死猶不死。

「乞人不屑」，此是乞人一時浩氣，一時之不失本心處；吾人辭受取予，能如乞人此際心，則何下氣喪心之有？

「學問」二字，人多誤認，往往以聞見記誦爲學問，以聞見博、記誦廣爲有學問，故有聞見甚博、記誦甚廣，而仁義弗由、德業未成者，求諸耳目，而不求諸心故也。

「學問之道無他，求其放心而已矣」，此千古學問斷案，千古學問指南也。故學問而不如此，學問之謂何？

「放心」不一。放於名、放於利、放於聲色、放於詩酒、放於博弈、放於閒談、放於驕矜，固是放；即數者無一焉，而内多游思，外多惰氣，虛明寂定之體，一有昏昧滲漏，亦是放：雖清濁不同，其爲放則一。

問「求之」之要，曰：要在識得真心，能識真心，自然不放，即放亦易覺。曰：「如何方是真心？」曰：惺惺不昧，天然一念是也。一切放下，方是不放；雜念不起，則正念自存；存則居仁由義，動無不臧。放之則彌六合，卷之則退藏於密，操縱如意，「允執厥中」。

「從其大體爲大人，從其小體爲小人。」吾儕試捫心自想，居恒果何所從？從大體耶？從小體耶？若中心不能自主，動輒惟小體是從，耳之所聞、目之所見、口之所言、鼻之所嗅，心即隨之，而不思自檢，從欲惟危，自墮於小人之歸而不自知。「然則必何如而後可免於小人之歸？」曰：在乎審所從而已。誠時省時慎，惟大體是從，耳不妄聽，目不妄視、口不妄言、鼻不妄嗅，自奮自振，自作主宰，以神君形，以大統小，役耳目口鼻，而不爲耳目口鼻所役，何引何奪之有？

「先立乎其大者，則其小者不能奪」，此孟子喫緊爲人示以敦大原、立大本處。象山先生平日自勵勵人，得力全在於此，此學問真血脈也。當時有譏先生者曰：「除了『先立乎其大』，再無本領。」先生笑應曰：「誠然。」

時時喚醒此心，務要虛明寂定，湛然瑩然，内不著一物，外不隨物轉，方是敦大原、立大本。「先立乎其大者」，能先立乎其大學問，方有血脈，方是大本領。若舍本趨末，靠耳目外索，支離葛藤，惟訓詁是耽，學無所本，便是無本領。即自謂學尚實踐，非托空言，然實踐而不「先立乎其大者」，則其踐爲踐迹，爲義襲，譬諸土木被文繡，血脈安在？

孟子以「修天爵，要人爵」爲「惑之甚」，今則并修天爵以要人爵者，亦不可多得，愈趨愈下，言之愈令人太息。

「修天爵，以要人爵」，有爲而爲，固君子之所深恥；然中人以下，果肯有爲而爲仁義忠信，樂善不倦，則立身猶略有本末。既得人爵，必瞻前慮後，略顧名義，不至十分決裂，猶勝於起初便不修天爵多矣。昔人所謂好名而勉於爲善，豈不勝於不好名而肆於爲惡乎？「然則孟子謂『亦終必亡』者何？」曰：謂夫既得人爵而棄其天爵，利令智昏，變其故態，人怒鬼嗔，不亡何待？即僥倖克終，不亡於其身，亦必傾覆於其子孫。

君子之所爲，衆人固不識也；衆人若識，則亦衆人而已，又何以爲君子乎？故吾人平日立身行己，惟求信心，循理蹈義，爲其所當爲斯已耳，衆人識與不識，非所計也。

勞、苦、饑、寒、空乏、拂亂，一切困心衡慮、徵色發聲之遇，莫非砥礪增益之助，歷觀古來學道修德之士，未有不如此而能有成者也。今夫美珠採於海底，良玉鑿自深山，凡至貴之物，俱從艱險而得，況道德爲貴中之尤貴者乎？故艱難成德，殷憂啓聖，所從來矣，有志者決不於此錯過。

盡心

「不著」、「不察」，祇欠一覺。覺則即行即著，即習即察，日用尋常，率性而行，莫非天良，莫非道妙；不覺則行爲冥行，習爲冒習，終身雖由，無異魚游江湖，不知腹中水即是江湖水，此之謂百姓日用而不知，故君子之道鮮矣。善乎，吴幼清之言曰：「夫所謂聖人之學，以能全天之所以與我者耳。」天之所以與我者，德性是也，是爲仁義禮知之根株，是爲形質氣血之主宰。舍此而他求，雖行如司馬文正，才如諸葛武侯，亦不免行不著、習不察，況止於訓詁之精、講説之密，如北溪之陳，雙峰之饒，於記誦詞章之學，相去何能以寸哉！聖學大明於宋，而踵其後者乃如此，可歎已！

吾人果以道義爲重，自然惟道義是樂，囂囂自得，人知與不知，窮達自不介意。窮則善身，自不失義；達則善世，自不離道。然説時易，允蹈難，反而自思，平生果道義是重，囂囂自得否？果窮不失己，達不失望否？

窮不失己、介潔有守者，猶能；達不失望，非才足有爲者，不能。殷浩未達時，人擬之管、葛，咸曰：「深源不出，其如蒼生何！」厥後深源既出，其如蒼生何？甚矣，民不失望之難也！故學貴實際。

有待而興，已是凡民；待而不興，「民斯爲下」。

豪傑豈是天生，不過一念自奮，能奮則凡民即爲豪傑。

世有文王，則當奮然思齊；世無文王，不妨自我作古。

聖賢雖往，而聖賢遺書未嘗不流布天壤，乃束書不觀，觀亦不奮，是凡民不若矣。想是性與人殊，天原未嘗賦以知覺，以故漠同木石。

識得「所性」，「大行不加」，「窮居不損」，自素位而行，不願乎其外。

「所性」豈惟「大行不加」、「窮居不損」，即生死亦然。

「不學不慮」之「良」，乃人生本面，學焉而悟此，猶水有源、樹有根、人有脈；學焉而昧此，猶水無源、樹無根、人無脈。孟子論學，言言痛切，而「良知」二字，尤爲單傳直指，作聖真脈。先「知」「能」並言，後「知愛」、「知敬」。單言「知」而不言「能」者，蓋「知」爲本體，「能」乃本體作用，猶知府、知州、知縣，苟真「知」之，則「能」在其中矣。後陽明先生以此明宗，當士習支離蔽錮之餘，得此提唱，聖學真脈復大明於世，人始知鞭辟著裏，反之一念之隱，自識性靈，自見本面，日用之間，炯然煥然，無不快然自以爲得。向也求之千萬里之隔，至是反諸己而裕如矣。鳳麓姚公遇友以陽明爲詬病，公曰：「何病？」曰：「惡其『良知』之説也。」公曰：「世以聖人爲天授，不可學久矣。自『良知』之説出，乃知人人固有之，即庸夫小童，皆可反求以入道，此萬世功也，子何病？」其友豁然有省。

「良知」人所固有，而人多不知其固有，孟子爲之點破，陽明先生不過從而申明之耳。若以「良知」爲偏爲非，是以孟子爲偏爲非、自己性靈爲偏爲非矣。自己不認自己，惑也甚矣！

問：「學須主敬窮理，存養省察，方中正無弊，單致『良知』，恐有滲漏？」曰：識得「良知」，則主敬窮理、存養省察方有著落，調理脈息，保養元氣，其與治病於標者，自不可同日而語。否則主敬是誰主敬？窮理是誰窮理？存甚，養甚？誰省，誰察？

自性本體原無爲，原無欲，「無爲其所不爲，無欲其所不欲」，復其原來本體，纔算工夫。

居恒只「無爲其所不爲，無欲其所不欲」，便是真聖學，道德在此，人品在此，何用他求？

「人之有德慧術知者，恒存乎疢疾」，誠哉是言也！疢疾固不止於病疾，而病疾之攖，亦莫非進德之機、入道之緣。蔣道林先生諱信嘗抱羸疾，及病甚，嘔血危矣，乃謝却醫藥，默坐澄心，常達晝夜，不就枕席。一日，忽香津滿頰，一片虛白，炯炯見前，泠然有省之間，而沉疴已溘然去體矣。嘗曰：「信初讀《魯論》及關、洛諸書，頗見得『萬物一體』是聖學立根處，未敢自信；直到三十二三歲，因病去寺中静坐，將怕死與戀老母的念頭一齊斷却，如此者半年餘，一旦忽覺此心洞然，宇宙渾屬一身，呼吸痛癢，全無閒隔，乃信得明道所謂『廓然大公無内外』是如此，『自身與萬物平等看』是如此，參之六經，無處不合。向來静坐，雖亦有湛然時節，只是箇光景，這聖學立根處，豈能容易信得及，須是自得。」又嘗自謂：「生平學問，多自貧病中得之。」

率性而行，便是「踐形」；行不率性，便被形踐。「踐形」，則目視耳聽、手持足行莫非天性用事，動不違則；形踐，則目視耳聽、手持足行莫非形色用事，動輒違則。

問：「必何如而後可以『踐形』？」曰：在識性。識性方能率性，「大立則小不能奪」。根心生色，睟面盎背，「施於四體，四體不言而喻」，動容周旋，即性即天。

學以「養心」爲本，「養心」以「寡欲」爲要，以無欲爲至，欲不止於聲色臭味安佚，凡人情逆順、世路險夷，以及窮通得喪、毁譽壽殀，一有所動，皆欲也，皆足以累心。累寡則心存，累盡則心清，心清則虛明公溥，耳目口鼻雖與人同，而視聽言動渾是天理。安身立命、超凡入聖之實，其在斯乎？

戰國時邪説勝而正道微，孟子救之之策，不過曰「君子反經而已矣」。在今日虛文勝而實事衰，其救之之策，亦只在「反經而已矣」。先反之一念之隱以澄其源，次反之「四端」以濬其流，視聽言動務反而復禮，綱常倫理務反而盡道，出處進退務反而當可，辭受取予務反而合宜，使萬古不易之常經不虧，則大經立矣。出而在上，以之經綸天下，一以實行率人，鼓舞獎勸，多方振德，人自感化興起，咸知實行爲榮，不實行爲辱，如是則道德可一，而風俗可同；處而在下，一以實行倡人，轉相開導，染擩薰陶，人漸知所嚮往，漸思敦本尚實，恥事虛文，如是則學術可正，而風氣可淳：此今日救弊之第一著也。

四書乃萬古不易之常經，日用常行，而不可違焉者也。吾人口誦而身違，書自書，我自我，是謂叛經；講了又講，解了又解，徒誇精闢奧，藉以標名，是謂侮經。士爲庶民之首，經先不正，庶民何由而興乎？先自作慝，何望他人之無邪慝耶？然「往者不可諫，來者猶可追」，從今淬礪，維新是圖，反之於身，日用常行，以爲庶民榜樣，民實有心，難道不是欽是慕，觀感興起，「庶民興，斯無邪慝矣」。

人之所以爲人，止是一心，七篇之書反覆開導，無非欲人求心。孟氏而後，學知求心，若象山之「先立乎其大」、陽明之「致良知」，簡易直截，令人當下直得心要，可爲千古一快。而末流承傳不能無弊，往往略工夫而談本體，舍下學而務上達，不失之空疎杜撰鮮實用，則失之恍忽虛寂雜於禪。程子言「涵養須用敬，進學在致知」，朱子約之爲「主敬窮理」，以軌一學者，使人知行並進，深得孔門「博約」家法。而其末流之弊，高者做工夫而昧本體，事現在而忘源頭；卑者没溺於文義，葛藤於論説，辨門户同異而已。吾人生乎其後，當鑒偏救弊，舍短取長，以孔子爲宗，以孟氏爲導，以程朱陸王爲輔,「先立其大」、「致良知」以明本體,「居敬窮理」、「涵養省察」以做工夫,既不失之支離,又不墮於空寂,内外兼詣,下學上達,一以貫之矣。

學術之有程朱,有陸王,猶車之有左輪,有右輪,缺一不可,尊一闢一皆偏也。

卷四十三

反身續録序增補二孟小引

《反身録》刊布問世矣，兹録《二孟》之所待增者爲一册。蓋在昔丙寅之歲，敬録此書，草稿初具，而學憲淝水許公索先生未布之書，時即以此請教，蓋意圖就正云耳。不意許公見而悦，謂自孟子揭「求放心」之旨，而千古學問之大要明，今先生以「反身」之旨，揭讀書綱領，其功上繼孟子，可以無媿。遂不謀而授梓行世，意良美矣。顧原本原屬敬參訂未詳之書，中間未符先生原意者實多，又《二孟録》尚未竟，抑尤有待增補而未及增補，爲可惜耳。寒士貧生，重翻無力，徒付慨歎。暇日乃録《二孟》合入之條，另爲一帙，藏之篋笥，自今當節口縮腹，冀量聚微貲，他日佐工而續梓焉。乃若全録待正之刻，則自分終身徒抱鬱抑而已。外又有年來書答一册，亦手録成册，以待他日補入全集云。

門生王心敬百拜識

反身續録序

《反身録》舊梓於學憲淝水許公。當時以許公急欲以「反身」之旨風示士林，使知讀書不徒在口耳之末，故不待其録之完而遽以授梓，甚盛心也。然《二孟》缺然，尚非完書，海内同志惜之，兹芳、藻等僭不自量，校讐《二孟續録》之條，附梓其後，共成八卷，以公同好。於戲！自聖學不明，學者誦讀六經、孔、孟之言，不過爲資聞見、博富貴之階梯，論者以爲經不燬於秦火，而燬於後儒之誦言忘味。得先生「反身」之説，而孔孟窮經致用之旨始明，則是有六經、孔、孟之言，必不可無先生之是説。若曰「反身」二字，不過理學先生家之常談，芳、藻等竊不敢許爲知言。

康熙壬午歲二月朔日，韓城門人賈締芳、程伊藻頓首拜誌

反身續録

二曲先生口授　鄠縣門人王心敬録

孟子上

梁惠王

七篇之書，言言痛快，豁人心目。君相由之，足以撥亂返治，旋乾轉坤；韋布由之，足以壁立萬仞，守先待後。當時目爲迂闊，當時所以不治；後世誦而弗由，何異買櫝還珠。

當時功利成風，人皆隨風而靡，此風不革，則致治無由。孟子目擊斯弊，故一承梁王之問，即極口力闢，急先務也。

此風要自上革，上不好利則源清，源頭一清，流無不清，上下俱清，自然民安國泰，世躋雍熙。若利源不清，此風不革，而欲民安國泰，世躋雍熙，是猶却步而求前也。善乎，汲黯之對漢武曰：「陛下内多欲而外施仁義，奈何欲效唐虞之治乎？」

汲黯之言，豈惟深中漢武之病，實中天下後世學人之通病。當其志學之初，非不浮慕往哲，欲做君子，然大半越做越假，多做不成，只緣利心未清而内多欲也；雖嘗顧名思義，黽勉爲義，而賓義主利，終是有爲而爲。爲術愈工，則爲病愈深，饒是遮蓋周密，到要緊時候，不覺本態發露，大喪生平隱微之所，自以爲利者，究竟反成大不利。

「利」之一字，毒埒於鴆，鴆一入口便喪命，利一薰心便喪品。

論學於今日，不必談玄説妙，只革去「利」心，便是真學；絶去「利」源，方是真品。否則徒飾皮毛，病根終在。

《集註》謂孟子「拔本塞源以救弊」，誠哉是言也！繼孟子而爲「拔本塞源」之論者，莫暢於姚江王子，其言最爲痛切，讀之真堪墮淚，吾人宜揭之座右，觸目警心。

「仁義」曷嘗不「利」，只患人不「仁義」耳。天子仁義，則天下欽仰，天下欽仰，斯天下隆昌；卿大夫仁義，則朝野欽仰，朝野欽仰，斯爵位隆昌；士庶人仁義，則鄉縣欽仰，鄉縣欽仰，斯身家隆昌。回視惟利是躭、品污望輕、人所羞齒者，果孰利而孰不利耶？

梁王以「制勝雪恥」爲問，孟子答以「修其孝弟忠信」，「可使執挺以撻秦楚堅甲利兵」，不惟當時乍聆之以爲迂，在後世驟讀之，亦未有不以爲迂者。然而非迂也。人心爲制勝之本，人倫修明，忠義自奮，情所必然，無足疑者。天啓初，邊事告急，遠邇震恐，馮少墟先生時爲副院，慨然曰：「此學術不明之禍也！」於是限日率同志士紳立會講學，千言萬語，總之不出父子有親、君臣有義、夫婦有別、長幼有序、朋友有信，及聖諭「孝順父母、尊敬長上、和睦鄉里、教訓子孫、各安生理、毋作非爲」六言。當人心崩潰之餘，賴此提撕，激發天下，當十萬師。使天下曉然知有君臣父子之倫，三綱之道明，而樽俎之容，威於折衝，亦孟子「修孝弟忠信」，「以撻秦楚堅甲利兵」之意也。或曰：「此何時也，而猶講學？」先生曰：「此何時也，而可不講學！講學者，正講明其父子君臣之義，提醒其忠君愛國之心，正今日要緊第一著也。」或又謂：「方今兵餉不足，不講兵餉而講學何也？」先生笑曰：「試看今日疆土之亡，果兵餉不足乎？抑人心不固乎？大家争先逃走，以百萬兵餉，徒藉寇兵、齎盜糧，只是少此一點忠義之心耳。若要提醒此忠義之心，不知當操何術？可見講學誠今日禦敵要著。」由先生斯説觀之，益知孟子之言非迂，而人倫之修，在所不容緩矣。

自孟子此章剖析「仁義與利」利害後，復以義、利分別舜、蹠，利非所尚，而仁義非迂，學者類能言之。顧義利公私之閒，爲端既微，而人心濡染之久，出義入利，勢又甚便，自非有「格物致知」之功，實造乎意誠心正之地，將有利心乘於不自覺，而仁義牽於不能自勝者。故清源拔本之要，在平日實下「居敬窮理」之功。然非有真師友、真識見，則或有毫釐之差，而流害或至千里之謬，故欲「居敬窮理」，又必以講學取友爲急也。此理之相因，斷不可易者，乃今之學者，或以爲學不必講，甚者以講學爲訴病。噫！其亦不思而已。

觀移民移粟之術，不足以致民多，則知吾輩幫補湊泊之學，不足以「明明德」，學不務本，而以德之不明歸咎氣質，是猶王道之不行，「民不加多」而罪歲也。孟子曰：「王無罪歲，則天下之民至。」余亦曰：學無咎氣質，則德明矣。

惠王盡心於移民移粟，在當時亦費許多轉搬安插之術，孟子尚不許其盡心；後世爲民父母行政，平日既無先事預防之圖，而臨荒又坐視其死而莫之救，甚者或益之以暴征横斂，從而迫之死亡盜賊之塗，吾不知清夜之閒，果何以自安也耶？此又梁惠王之罪人矣！

荒政無奇策，皆不過權宜補救於什一耳；即行之盡善，僅足以救民之死，而不足以贍民之生。故聖賢言治，皆以平日力行王道爲要。但在今日，時異勢殊，與古昔作用必不能盡同。如孟子言王道之始，在重農事、明禁戒；王道之成，在制里田、教樹畜、興學校。今欲力行王道，唯重農、興學二事今昔不異，其餘則不免於今昔異宜。古法既不能盡行，而王道又不可以苟且粗略而成。吾人讀書論世，正須從此反身，實究出一段不乖於時、不悖於古的大經大法，使他日得位行道，不必盡襲成跡，而亦足使民養生喪死如古時；不必盡摹古法，而亦足使「老者衣帛食肉，黎民不饑不寒」如古時，然後爲通時變、善讀書也。不然，不達其意而徒古法之泥，縱於前人之言解得明、説得當，究成何濟？

問：「古法既不可盡復，王道又不可粗略苟且而成，今欲行之，何施而可？」曰：擇吏、重農、輕斂、禁暴，其始乎；明禮、正學、興賢，其成乎。得其人則法行，非其人則法廢，責實效、慎保舉，此擇吏之要也。農者，國之本、民之命，勸相有術，而後地無遺利，審其土宜，通其有無，如水利其最要矣；次如種樹、種蔬、種藥之法，必詳必備，則生衆而民富國足矣：此重農之要也。税斂無藝，則吏緣爲奸，究之上之所入無幾，而民之受害無窮，非時不征，額外有禁，則民力寬然有餘矣，「百姓足，君孰與不足？」此輕斂之要也。污吏漁民，豪强兼并，奸胥網利，有一於此，皆爲民蠹，此禁暴之要也。去如是，則吾民養生喪死無憾矣，養生喪死無憾，此王道之始也。禮不明則體統陵，體統陵則民志惑。民志惑者，僭奢之端、禍亂之原也。自君后以至庶人，自祭享以至日用飲食，自宫室以至車服器用，貴賤有章，隆殺有等，崇樸尚雅，黜浮去靡，如是則上下志定，而用度節約，民有餘財，國無乏用，而天災人害可無虞矣，此明禮之要也。學術者，人心風尚所關，人才所由出也，無所統一，斯小辯起而害道矣。明孔孟之大義，距異端之邪説，無妄分門户，以壞吾道之大全，無徒徇皮膚，以戕聖學之血脈，可大可久，「無黨無偏」，此正學之要也。有治人，無治法，治以賢始，即以賢終，然無所待而興者，其惟聖人乎？其餘則皆俟乎上之振作鼓舞矣，而興學校其首也。其法則《禮記》之説詳，而前朝王文成之説，更爲精明可用。慎師儒其次也，其法則宋明道先生上神宗之説爲至要而可行。精選舉、嚴考成，又其次也，其説則《周禮》與《戴記》之言備矣。以至宗族勳戚之學必嚴，武弁侍衛之教必詳，則《大學衍義補》之所條陳，可斟酌而採取矣。教化明則學術端而人心正，人心正則人才蒸蒸然出而不窮，人才衆而天下有不久安長治者乎？此興賢之要也。如是則頒白不負戴，而黎民不饑寒，此王道之成也。人君誠以是道實心行之，公卿大夫誠以是道實心奉行之，吾見三代之治，可復見今日也。若夫井田封建之宜興宜廢，則存乎時與人，區區執一偏之説，以爲必宜復，必不可復者，皆非至當之論也。

觀仁民在先去其害民，可見養心在先去其害心。

獸相食且人惡之，爲其同類相殘也。吾輩同師堯舜，同學孔孟，或以意氣不合而排擠心生，或以學術不契而譏貶妄加。又或不論學脈之真僞偏全，迎合時好，假衛道之公名，爲趨時邀名之藉，詆斥正學，訕譏先賢，此真以人食人也，心忍於率獸食人矣。吾黨戒之。

「施仁」章不爲孫吴出奇制勝之術，而實爲强國雪恥之大本，大本乃謂之經。後世言兵者不此之論，而徒以孫吴權謀變詐之術爲經，失其旨矣。故今之《七書》，謂爲兵家權謀術數可也，不可以爲經。

或問：「孟子受梁惠王卑禮厚幣之聘，久處於梁，何以一見新君而遽然即去？」先生曰：敬者德之聚，言者心之表。襄王初政，任大投艱，見賓師而容貌辭氣慢易粗率如此，則其他可知；德器如此，其不足以有爲可知矣。不足有爲而久留，是干澤也，焉有君子而干澤者乎？此與不受齊萬鍾百鎰同義，未可議也。言畢，因顧心敬曰：容貌辭氣，豈細故哉？詩云：「抑抑威儀，維德之隅。」又曰：「無易由言，無曰苟矣。」

王道本於不忍，聖學本於無欲。外不忍而言治，是雜霸之道，而非王道也；外無欲而言學，是支離之學，而非聖學也。

民有恒產，然後可望其有恒心。故明君將欲興學校以教民，必先有以制民之產；所以然者，衣食足然後可望其知禮義也。後世言治者，動曰「興學校」，却全不講爲民制恒產，不知恒產不制，而責民以恒心，是猶役餒夫負重，驅羸馬致遠，縱勉强一時，究之半途而廢耳。此即以古先聖王教民之法教之，尚不可望其一道德而同風俗，況以後世苟且具文嘗試，而可望其治禮義哉？王道既湮，不特後世無行先王之道者，即求一知治本者與之言先王之道，亦不可得，可歎也夫！

莊　暴

「以小事大」爲「畏天」，「以大事小」爲「樂天」。今之學者，一無所知能，而傲然自大於先生長者之前，其悖天甚矣！

「樂天」者保天下，學者亦須有此襟度，然後可云萬物一體之學。

或問：「如何養此大勇？」曰：明於「天地之性人爲貴」之義，而學聚問辨、寬居仁行，則「集義」而生矣。

或問：「古者什一而取，國用而外，如何得有留餘，以常施補助之仁？」曰：古人凡事皆爲民起見，公田之入，以三十年之通制國用，量入爲出。故三年必有一年之餘，九年必有三年之餘。《詩》曰「我取其陳，食我農人」，言節以制用，大田之入，常留陳以食農民也。曰：「今之社倉，得古之意否？」曰：古以貢之官者賜之民，社倉以責之民者俵之民。古者食民，則併其本而給之，社倉則不惟收其本，而並斂其利，其意已與春秋補助、取陳食農之義，天地懸隔矣。且其散之無法，則困竭廪虚，而遇凶無以用；主之非人，則姦猾邀利，而貧民無實惠，又豈得與古者取陳補不足、助不給之美意良法同乎？曰：「常平何如？」曰：其意善矣，然非得賢者主之，適成聚斂病民耳。爲今之計，古法既不能遽復，必也社倉而兼濟以常平。以常平備儲畜，而使豐凶有備，以社倉歲賑貸，而使農耕有藉。更爲之慎擇有司，嚴立條格，以杜胥吏舞文侵漁、富豪乘時射利、姦猾冒名妄食之弊。如是，則民有實惠，而國家亦可賴以無水旱之憂，雖不能無愧於古，亦庶乎善於今之法矣。

講至「從流下而忘反」四句，先生愴然而嘆曰：今之學者，不講於敦本務實之學，而役役於辭賦詩文之場，甚者馳逐乎富貴聲華之域，窮年卒歲，敝精疲神而不知反，吾不知謂之何？小子戒之！

好貨好色，齊王以爲病，孟子不惟不以爲病，而且進之於王；蓋王道初不外乎人情，七情之發，即聖人不能無，但在得其正、得其公耳。「同民」則得其正而公矣，其於好也何病？後世儒者不達此義，却遷就其説，謂孟子欲行其道，姑借此引進時君，爲信用之機，審如是，是枉道而徇人矣，尚何道之行哉？大抵後世游談無根之説多類此。

五官、百體、倫物、日用，此吾輩之四境也，一有不治，即爲負天地生我之意，與受託而負友、受任而負君同罪。吾輩戒諸。

用賢固在用察，然用察亦非易事。鏡必先明，而後妍媸無能逃其鑑；不然，將有以賢爲不賢，以不賢爲賢者矣。故人君以「居敬窮理」、稽古親賢爲本務。

爲室必求大木，琢玉必使玉人。爲治而不務求賢，爲學而不務得師，愚亦甚矣。

爲政不在地之大小，爲學豈限於資之敏鈍；行仁則百里可王，力行則愚柔强明。安燕所以安天下之兵，息機所以静吾心之妄，異事一理，學者能於此反身而體驗之，其於學也，思過半矣。

公　孫　丑

聖學明於宋而光於明，其在今日，可謂「王道蕩蕩」，「王道平平」矣。有志者誠能遵而由之，當不待窮搜苦索，而會極歸極，信所謂事半功倍也。吾輩當自奮，無自棄。

告子有志心學，只爲不達心體，故差入硬把捉一途去。今之學者茫不知心爲何物，見先達言「主静」亦主静，至有輕視一切倫理爲繁文瑣節，而冥目跏坐於暗室屋漏之中，以爲道即在是者，不知此與告子何異？

「至大至剛」，孟子分明將「浩然之氣」形容矣；而先曰「難言」，蓋「難言」非謙辭也，即其言者，特於不可形容中姑强形容之耳。然則吾輩讀古人書，須默會於意言之表，然後見古人立言之心。

「養氣」以「集義」爲功，須要明得何者爲「義」，如何爲「集」，然後可望其生「浩然之氣」。今之言「集義」者，吾見其義襲而取耳，所以資談柄則有餘，當大任則不足。

工夫不離本體，識得本體，然後可言工

夫。今人不識本體，開口言「勿忘」、「勿助」，不知早已入「助」、「忘」也。以病爲藥，宜其服藥而病轉增也。

「助」、「忘」異病而同根，此等病從標末上偏救之，終於撲東生西，須用拔本塞源之劑。

問：「如何謂之『善言德行』？」曰：青、齊之士善言海，秦、蜀之人善言山，凡夫閱歷身處之久者，其言之也倍親，故仁義之人，其言藹如。顏、閔有德之人，其言德行也，不啻數家珍、辨一二，自一一於血脈上說得親切的當，所謂「有德者必有言也」。

問：「孟子『願學孔子』，先生何所願？」曰：願竊比於我孟子而已。

見禮知政，聞樂知德，學者必有此識見，然後可以論世知人。

見禮知政，聞樂知德，此非精義入神者不能。今人無精義入神之功，而好以成跡雌黄古人，多見其不知量也。

「仁」、「榮」，不必大國之畏，然後見其榮，即其問心而俯仰無愧，榮也何如？不仁之辱，不必受侮而後見其辱，即其自反而「怍心汗背」，其辱也何如？

見孺子入井，而怵惕惻隱心生，孺子豈必親於我哉？吾心生機之發，於此自不能已耳。夫「仁者，人也」，親親爲大，今人於骨肉之間，往往視如路人，或至視如讎敵，其爲滅絶天性，自梏生機甚矣！

「有四端而自謂不能，謂之自賊；謂其君不能，謂之賊君。」今人惻隱、羞惡、辭讓、是非之心，皆與堯舜同，與孔孟同，與周程張朱同，而往往謂堯舜不可至，孔孟不可學，周程張朱不可企，吾不知人將謂我何？其亦不思而已。

「恥」之一字，人品、心術、善惡、生死之關。孟子曰：「不恥不若人，何若人有。」爲人君而有恥，則必恥不爲堯舜，恥不爲堯舜，則必爲堯舜矣；爲人臣而有恥，則必恥不爲禹、稷、皋、夔，恥不爲禹、稷、皋、夔，則必學禹、稷、皋、夔矣；爲學而有恥，則必恥不爲孔、孟、周、程，恥不爲孔、孟、周、程，則必爲孔、孟、周、程矣。故有恥則爲賢爲聖而無不足，一無恥則爲愚、爲罔、爲小人而有餘，恥之所關大矣哉！

天　時

古之學者，君就則見，君召則不往見，非是自高其身分，道固如是耳。今之仕進者，囚首跣足，求進乎有司之門，以僥倖於不可必之知遇。嗚呼，其視古之學者，抑何不相侔也！

士必有恥，而後可望其服道德、建功業。故古之時，在上者遇士以禮，以作興其羞惡之心，士亦以道自重，以無虧其羞惡之實，是以居上有功業，在下有禮義。後世場屋待士之法，上之所以求之者，既非所以重之，下之所以自獻者，亦不知所以自重，習以成風，皆莫知反。嗚乎！若生子罔不在厥初生，士之始進如此，則其平日之服習乎道德可知矣。既不知道德，尚何望其建功立勳，以無負於朝廷之任使哉？噫！弊也甚矣。

不受百鎰、不受萬鍾，非其義一毫不以假借，如孟子者，始可謂財上分明。名節者，衛道之藩籬；辭受者，立身之大節。學者談仁義、服道德，必須有此操守，然後學爲真學，品爲真品。

孟子論周公之過，不諱其過，而却於其中指出無過之實，如孟子者，纔可謂之論世知人，纔可謂之「觀過知仁」。今人論人，不原其心而惟迹之泥，往往於無過中吹毛求疵，其亦異於孟子矣！

古人論人，往往於有過中求無過，今人論人，往往於無過中求有過；古人好成人之美，今人好成人之惡：今古人品、心術之懸絶如此，可歎！可歎！

改過是美事，人却不喜爲；文過是不美事，人却喜爲之：真是不知好歹。

滕文公

人性皆善，吾之性即堯舜之性，故曰「道一」，曰「有爲亦若是」，曰「堯舜可爲」。此實理實事，今人却以爲孟子故意引進人爲善，非真「人皆可爲堯舜」也。此等議論見識，不惟不信聖賢，自小其身分，亦且甚壞人心術學問。某見此等，必深辨而痛闢之。

「三年之喪，自天子達於庶人，三代共之。」自漢文不學，臨終遺令短喪，以日易月，後世相沿，遂成故事。晉武雖復，而未純復。唯魏孝文毅然不顧盈廷之議，一如古制，與滕君可謂異世同揆，余每讀其批答廷臣之言，未嘗不爲之墮淚。

「子生三年，然後免於父母之懷。」後世喪制，往往以日易月，獨不思父母當時鞠育顧復、懷抱提攜之恩，亦嘗以日易月否？

《禮》「三年之喪」：三年之内，「齊疏之服，飦粥之食」，不御内，不露齒，不群立，不旅行，不飲酒茹葷，恒處苫茨。後世士庶名爲居三年之喪，然多不過衣白三年而已矣。

夫居喪而止於衣白，即三十年不難，矧三年乎？

「設爲庠序學校以教之」，今庠序未嘗不設，學校各處皆有，而教安在哉？不但立身行己之道、濟世安民之務，夢想所不及，即章句文藝之末習、登堂畫卯之故事，亦寥寥無聞。士不皆才，豈士之罪？興言及此，可爲太息。

井田之行，古今紛如聚訟，有一輩人謂必可復，有一輩人謂必不可復。夫大冬之可爲大夏，萌芽之可爲合抱，安在井田之必不可復於後世？然大冬之不能遽爲大夏，萌芽之不能遽爲合抱，又安在井田之能遽行於今日？兩家各執一偏，而不能相通，宜其牴牾而不合也。即如三代而後，授田之制，唐爲近古，然實是緣周隋遺制而緣飾之，以成其制。今謂井田之必不可復，何以於王制久湮之後而唐獨能行之？今謂井田之可以遽復，何以於留心均田之周世宗而終未能行？大率古法無必可復，亦無必不可復，亦視乎其時與人耳。學者論古不時之思，而區區執可不可以爲説者，是皆游談無根之説，非定論也。

人者天地之心，萬物之靈，必能爲天地立心，生民立命，繼絶學而開太平，乃爲「大人之事」，否則終不免於小人之歸。

卷四十四

孟子下

離婁

「不以仁政，不能平治天下」，可見人主有志「平治天下」，須是力行仁政。如果力行仁政，要在取法先王，凡二帝、三王治天下大經大法，古今咸宜，確可通行者，奉以爲準；有宜於古而不宜於今者，不妨斟酌損益，期適時務。規模既定，蚤作夜思，心二帝、三王之心，行二帝、三王之政，勵精圖治，終始不變，如是而民不被澤，世不雍熙，吾不信也。

後世人主言及法二帝、三王，輒逡巡畏縮不敢企，殊不思二帝、三王亦不過一人耳。顔淵曰：「舜何人也？予何人也？有爲者亦若是。」夫顔氏子以閭巷微布衣，尚不肯讓舜，況人主居二帝、三王之位，御二帝、三王所御之天下，反不能法二帝、三王所行之仁政，登寶山而空回，一微布衣不若，於心甘乎？

法二帝、三王，端治本以立大綱；漢唐宋明經國之制，亦不妨節取其長，隨時補偏救弊，以詳致治之目。綱目具舉，萃歷代之美，以爲己美，其於平治天下也何有？

法非膠柱鼓瑟，如新莽之王田效古、荊公之新法動依《周禮》也。「神而明之」，「與時消息」，中竅中會，務協機宜，方爲善法。

堯舜必藉仁政以平治天下，而究其所

爲政者，皆自一念不忍之心，推而達之，則是仁政者治天下之規矩六律；而仁心者，又仁政之規矩六律也。心得其養，仁政自沛然而出，《康誥》所謂「保赤誠求而不中不遠」者也。故王者必以正心爲第一義，而人臣事君，必以陳善閉邪爲恭敬。

講至「城郭不完」節，先生曰：湯武行仁，以七十里、百里而王，其季也皆以富有天下而亡，以至漢唐隋宋莫不皆然，可見聖賢之言，信而有徵。讀孟子此言者，切毋以爲迂而忽之。

城郭甲兵之不完不多，田野貨財之不闢不治，此皮膚之病；無禮無學而賊民興，則病在膏肓矣。聖賢論事，如秦越人治病，直洞徹人五臟，故其論治，不憂其標末，而特探其本原。區區摹擬古方者，何足以知之？

責難陳善，不特事君宜爾，即事師交友亦然。

不以堯舜自期者，是謂薄於自待；不以堯舜望君者，是謂薄於待君；然究之薄待君者，正其薄於自待。故孟子處處以堯舜三代望時君，正其以唐虞三代人物自處也。

孟子曰：「欲爲君盡君道，欲爲臣盡臣道，二者皆法堯舜而已。」余亦曰：欲爲人盡人道，亦法孔孟而已。孟子曰：「不以堯之所以治民者治民，賊民者也；不以舜之所以事堯者事君，賊君者也。」余亦曰：不以孔孟之所以修身者自修，自賊者也。循此則聖賢，悖此則狂愚，出此入彼，一念罔克之閒而已，吾輩須自奮自立。

道無中立之處，非仁則不仁，似若易辨，然學術不明之日久矣，非真有「體認天理」之功，以造乎識仁定性之域，恐亦未易辨於毫釐疑似之閒，故程門以「體認天理」爲要訣也。

祖父之惡，非子孫之孝慈所能改，則知子孫之善，亦非祖父之不善所能掩。鯀圯族而禹不失爲聖，仲弓父賤行惡，而不失爲賢人，固在自立何如耳。

孔孟千萬世宗，爲達禮樂之原者，孔子論禮樂在玉帛鐘鼓之表，孟子論禮樂在事親從兄之閒，則禮樂之意可知矣。後世論禮樂者，區區於節文度數之末，葭灰黍粒之餘，真是癡人説夢。

一日講至「先聖後聖揆一」，先生曰：豈特聖人同一揆，吾輩此心此理，亦與先聖同也。又豈特吾輩，即凡民知能之良，亦與先聖同。特吾輩不自信，不能自成自道，自失其權度耳。

因民之所利而利，則上不費而及人廣，故君子但平其政，使民皆自爲利，而不必其出於己，是所謂「不費之惠」也。方今旱災爲虐，救時之急務，莫如勸農民急興水利，此伊尹救旱之政也。竊聞當事者皇皇議所以賑備之策，而未知使之興自然之水利，以自爲利，嗚呼！惠則惠矣，及人能幾何哉？

學問有本原，則源泉混混，放乎四海；苟爲無本，涸可立待：可見爲學當「先立乎其大」者。

「庶民去之」，庶民自去之也；「君子存之」，君子自存之也。若其所以去者存者，則初不因庶民君子而爲去存，知此則知時有今古，人有智愚，而此道未嘗不流行天地之閒。

「由仁義」，是從性上起用；「行仁義」，

則情識用事矣。此誠僞之分，非安勉之別。後世學術，大率皆是情識用事，其與凡民恣情縱欲者，雖有清濁之分，其爲害道而戕性，一也。

知之真，自然行之當，舜有明物察倫之真識，故能爲「由仁義行」之實行。今時學者無「致知」之功，其有志者，不過摹倣其近似者，以緣飾於事爲之末。初非有真識見，安得有真踐履，故終其身在仁義之中，而終其身在仁義之外。此《大學》之序，先於「致知」，而《中庸》之要，在於「明善」也。雖然學絶道喪之餘，非有真師友相與講切，縱日鑽研探賾，亦終歸於妄見而已，故少墟先生以「講學」爲學者第一務也。

文王惠鮮懷保，尚「視民如傷」，其在後世，更當何如？誕登道岸，尚「望道未見」，其在我輩，更當何如？「視民如傷」如文王，然後可謂真愛民；「望道未見」如文王，然後可謂真望道。無文王之心之志，而曰「我愛民我望道」，吾不信也。

端人取友必端，此自是實理；然以唐堯之時而鯀兜列朝，伊川之賢而邢恕爲友，人之所遇，亦有幸不幸耳。必執此以論，亦恐有無邊受屈人矣。

孟子論「自反」，以舜法天下，傳後世，而我不能爲可憂，此蓋是較量於舜、我之閒；舜如彼，爲聖人，而我乃如此，爲鄉人，有不容不愧且憂耳，非是爲不能法天下、傳後世而憂也。此是爲己爲人之辨，不可不知。

鄉愿人皆稱爲原人，而孟子獨惡之；匡章人稱其不孝，而孟子不失其禮貌。聖賢取人，真如伯樂相馬，獨鑒於牝牡驪黄之外。後世學者，貴耳賤目，如史斷史評之類，往往隨人口吻，雌黄古今人物，不知屈了多少人心。我輩論人，要當以聖賢爲法。

告子

自「義外」之説倡，不特霸術假借之弊由於此，即佛老虛寂之弊，亦由於此。其在今日，不特佛老矣，即吾儒循跡摹象之學，亦由於此。憂在彼者，孟子力辨之；憂在此者，責不在吾輩而誰責？

仁義「非由外鑠」，孟子分明爲人指破。近世乃有號爲大儒，而其學不免枝枝葉葉尋諸外，其顛倒甚矣！

抱壁而索諸途，則人必以爲愚；仁義禮智，自有而自外之，可憐也夫！

心之理義，凡民與聖人同；而凡民甘心遜美於聖人者，只是不知吾心真理義之所在耳。然則象山先生指示本心，陽明倡明「良知」，是直將箇箇人心仲尼還各人，真於人有起死回生之功，而陋儒徒以影響近似之疑，指摘不已，真自賊其心者也。

象山先生每教人常誦《旅獒》及「牛山之木」以下數章，此言深有味。

專則精。即種樹、學弈，可悟學道。

心者，身之主。有心則有身，無心則無身。人莫不知愛其身，而不知愛其心，真所謂不知類也。故善愛身者，護心如護眼，使纖毫塵渣不得入其中，而爲清明之障，則天君泰然，百體從令矣。

當此學術不明之日，世人如何便解得辨體之大小貴賤？須是得有志者，共講明心性之學，以指迷導惑乃可。

良貴有無味之味，只是逐馳聲利人，精

神馳騖，不知嘗耳。

三子不同道而趨歸於仁，可見聖賢立身行己，自有一段真血脈流貫其閒，區區形跡皮毛之閒，不足以盡之。必以形跡論人，則不足以知人；必以形跡自爲，則必歸於義襲，而不足以成己。

爲學而矜才能、較勝負、計效驗、論多寡，是亦今之良臣、古之民賊之類，吾輩須切己自反。

艱難拂鬱，天之所以成我，古之聖賢豪傑，莫不從此成德達材。吾輩遇逆難境界，非怨天尤人，則頹偷苟且，豈不負上天「玉我」之意？

處困而怨天尤人固不可，偷安苟且亦不可，須是從這裏尋條正路，八字著脚，平坦坦行，將來直巍巍打出去，纔是大丈夫、真豪傑。

盡心

「盡心」由於「知性」，「知性」乃能「知天」。今人誰解「知性」？既不「知性」，如何能「盡心」、「知天」？故必須是有學問思辨行之功，而又得真師友乃可。

「殀壽不二」，是真將生死夭壽浮雲同視，非「窮理盡性，以至於命」者不能。陽明先生以爲此困勉之事，下學之功，失之矣。

「誠身」之樂，孔孟而後，宋明三五人耳，他人紛紛之説，總如射覆。

「反身而誠」，則行著習察矣。

或問：「如何謂之『以佚道使民』、『以生道殺民』？」曰：「以佚道使民」，謂以所以佚之者使之；「以生道殺民」，謂以所以生之者殺之。即如而今吾省大旱，當事者能教之開渠穿井，興水利以灌麥豆，是即「以佚道使民」也。其或不率，則嚴刑以懲，是即「以生道殺民」也。

「廓然大公，物來順應」，則過化存神，而上下與天地同流矣。

居深山，與木石、鹿豕游處，而無憎無惡；聞善言，見善行，若決江河而莫能禦。由前爲無物，由後爲無我。《易》曰：「艮其背，不獲其身；行其庭，不見其人。」艮卦彖意，非舜莫能當之。

學者能辨三樂「王天下不存」之義，則孔顔之樂，可類推矣。

「唯聖人，然後可以踐形」，不曰「盡性」，而曰「踐形」，見得人即道德到聖人田地，亦只成無虧此七尺之軀耳。可見未至於聖人者，不免負天地生身之義。

「堯舜之知而不徧物」，此説惟知《大學》「先後」、「本末」之義者知之，世之以名物象數爲學者，不足以語此。孟子後，象山先生深達其旨，故其論學常發此義。

秦漢而後，「民爲貴」之義，時君世主罕知其理，故往往虐用其民，而不足以祈天永命也。

講至「見知聞知」，先生顧心敬而命之曰：道統之在天地，猶脈理之在人身，脈調而身泰，脈滯而身病。主持世道、救正人心者，責不在聖君賢相，即在吾儒。顧前乎此者，經訓蕪於異説，學術淆於意見，自非「上智」之姿，竭終身探討之力，未易與「精一」、「一貫」之傳。方今六籍大明，學術歸一，前有孔孟爲之宗盟，後有宋明諸儒爲之羽翼，其視古昔時，易而逕直，不啻萬萬其勢。吾輩苟奮然自立，雖去聖云遠，見知無從，而由其著述，可以會其精神，緣其行履，可以得其心性，真所謂適康莊而由坦途，一指顧而會極歸極矣。顔淵曰：「舜何人也？予何人也？有爲者亦若是。」張子曰：「爲天地立心，爲生民立命，爲往聖繼絶學，爲萬世開太平。」吾輩賴天之靈，得爲男子，且知向學爲儒者，須頂天立地做一場，乃不愧上天誕畀之意。悠悠天壤，誰當負荷，小子勉之！

卷四十五

歷年紀略序

吾師二曲先生閉關謝客，嚮往者無從識荆，咸欲悉其生平，以當親炙。謂小子靇嗣及門有年，知之最詳；且以先生疇昔左輔、毘陵之游，往返僅數月，猶東行有述，南行有述，而居恒履歷顧缺焉無述，斯亦從游者之責也。靇嗣爽然自失，涊然汗下，逡巡久之。於是謬不自揣，謹摭平日耳聞目覩，并篋藏散文零録，一一有據之實，逐年按月，詮次成帙，一言一字，咸本成語恭録，曰《歷年紀略》，聊以備覽，庶先生之生平可考而知也。抑區區竊有感焉，《小學》謂：「人生内無賢父兄，外無嚴師友，而能有成者鮮矣。」先生早歲喪怙，既無父兄，又無師友，孤苦自奮，備極阽患，從萬死一生中屹然成立，故論者嘗譬諸蓮：他人成立猶蓮之生於水，順而易；獨先生成立猶蓮之生於火，逆而難。先生爲其難，以邁其易。今年踰耳順，身愈困而道愈亨。然則覽斯編而誠有以振興，則亦無難之不易矣。是爲親見先生面，親承先生之切砥，否則即日相晤對，夫奚益？

富平門人惠靇嗣沐手百叩謹識

附

李先生柬

昔吴康齋先生自著《日録》，楊椒山公

自撰《年譜》，近世辛復元夫子自記《歷年》，吾讀之有感於中，嘗欲自叙生平因循虚度、造詣無成之實，庶及門諸子鑒吾覆車，及時淬礪。顧疎慵成性，懶於操筆而止。今承汝摭次成編，足徵有心；然中閒微有未安，鈔本附便返璧，姑存之笥可也。

余同門友惠孝廉纂先生《歷年紀略》初成，呈似先生，先生貽柬止其勿傳。既而邠州王太史一見如獲拱璧，謂：「惟天下大豪傑，方受天下大磨折，蓋天欲留榜樣於天下後世也。先生一生偃蹇坎坷，歷人世未有之艱，受盡磨折，而堅忍不拔之操，終始惟一，論者詫爲火中紅蓮，人中鐵漢，絶無而僅有，正宜傳之以爲吾儕榜樣，何可終閟！」於是細加釐訂，擬授之梓，會疾作弗果。頃盩厔程令君得之，亟捐俸梓行。觀者悉其生平之苦，因以堅其志、强其骨，而務有以自樹，則斯刻爲不徒矣。

同州門人馬棫士沐手謹識

門人富平惠靇嗣
寶鷄李修
同州馬棫士同録
雒南楊堯階

歷年紀略

先生家世甚微，貧不能蚤學。九歲，始入小學，從師發蒙。讀《三字經》，私問學長云：「性既本善，如何又説相近？」學長無以答。在小學僅二句，嬰疾輟讀。後隨母舅讀《學》、《庸》，舊疾時發，作輟不常。既而太翁從軍征賊陣亡，母子煢煢在疚，形影相弔。是時無一椽寸土之産，所僦邑内小屋，房租不繼，被逐。東移西徙，流離失所。癸未之秋，始得茅廈於邑西新莊堡，遂定居焉。是冬，駐防兵變，殺掠甚慘。先生偶出堡拾薪，被獲，刃將及頸，同伍異其氣貌，亟格刃獲免。居恒餬口罕資，三黨無一可倚，朝不謀夕，度日如年。鄉人憫其危甚，勸之給事縣庭，充門役，謂可以活母命，免溝壑，謝而拒之。次年甲申，艱窘困憊，突常無煙。時父執之子與先生同等者，多入籍衙役，或作胥吏，或爲皂快，咸招先生共事，堅不之從。里中惡少以其不應役養母，目以不孝，亦不恤。家僅一桌，鬻以易食，一卜者哀而欲授以子平，俾藉以聊生。將從其術，途經社學，聞誦書聲有感，遂却步返家，矢志讀書。母欣然引送舅塾，拒不納。鄰邨有教授者，知不能具束修，亦弗收，退而自傷者久之。於是取舊所讀《學》、《庸》，依稀認識，至《論》、《孟》，則逢人問字正句。自是，母爲人紡棉，得米則雜以糠秕野蔬，併日而食。先生拾薪採蔬之暇，手不釋卷，書理不解，則憤悱終日。親友有貽以《海篇》者，遂隨讀隨查，由是識字漸廣，書理漸通，熟讀精思，意義日融，然後遞及於經。鄉人聞而詫異，以爲貧至此，救死弗暇，乃近書册乎？

順治二年乙酉

是春，壁經既治，乃借《易》以讀。入夏，偶得周鍾制義全部，見其發理透暢，言及忠孝節義則慷慨悲壯，遂流連玩摹，每一篇成，見者驚嘆。既而聞鍾失節不終，亟裂毁付火，以爲文人之不足信、文名之不足重如此，自是絶口不道文藝。人有勉以應試者，笑而不答。始借讀《春秋》、《公》、《穀》、《左氏》、《性理大全》、《伊洛淵源録》，見周、程、張、朱言行，掩卷嘆曰：「此吾儒正宗，學而不如此，非夫也！」至是，步趨遂定，嚮往日篤，枵腹忍凍，愈有以自堅。人見其居恒饑色如菜，咸呼爲「李菜」。

是冬，賀賊大營環屯堡側，左右邨堡俱陷，屠男掠婦，焚蕩一空。先生所居之堡，人不滿百，賊已蟻貫而登，垂陷復墜，卒獲保全，識者以爲天幸。

當賊攻堡時，堡人震怖悲號，先生不異平時。適邑廣文左諱之宜避難在堡，見而異之，與之語，斂衽起敬。賊退，從容盤桓連日夜，乃大驚曰：「吾生平足跡半天下，未嘗見此子，丰標既偉，才識又卓，真世閒之傑也。」瀕别，贈之以金，不受。逢人語及必云：「汝邑有生知之人，不經師匠，自奮自成，汝知之乎？」聞者愕然。

順治三年丙戌

借讀《小學》、《近思録》、《程氏遺書》、《朱子大全集》。邑宰樊諱嶷，河汾復元辛子之高足也，宰邑一年矣，是夏聞先生好學，遣吏敦延，先生以「庶人無入公門」之理力辭，公遂屏騶，會晤於公所。時亢旱酷熱，先生身無别衣，止一襤褸絮襖，氈襪破履，而器宇軒昂，襟懷瀟灑。公一見竦異，相與論學，不覺心折。退即送扁，表其門曰「大志希賢」，題詩以自慶云：「漫道高賢不易逢，而今此地有潛龍。英年獨步顏曾武，定識遥承孔孟宗。濁世狂瀾堪砥柱，俗儒圭角已陶鎔。千秋聲氣應還在，濂洛關閩豈絶蹤。」次日，製布單衣，先令蔽形。方欲規畫資生之策，越五日，以守正不獲於上，被論謝事。瀕別，手書致意云：「昨晤吾子，知吾子必爲大儒無疑也，幸陳人有緣，得一見之，悵陳人無緣，將不得常常而見之。雖然，聲氣自在，一日亦千古也。喜甚，快甚！擔當世道，主持名教，非吾子其誰耶？區區行且拭目以望矣！」

順治四年丁亥

母連年多疾，傭紡不常，穀食不能常得，春夏所恃，唯藜藿樹葉，秋冬則木實蕪菁，母緣是傷脾致瀉。力不能延醫，朝夕惟禱神籲天而已。久之雖獲平復，而肢體日弱，自是不復爲人代紡矣。

是年，借讀《九經郝氏解》、《十三經註疏》，駁瑕糾謬，未嘗盡拘成説。

順治五年戊子

春月，邑宰審編里書，僱先生寫册，得貲聊給晨夕，而以其半買布，俾妻製履以鬻。又得小僕李喜，代先生薪水之勞，得以一意探討。是年，借讀司馬公《資治通鑑》、文公《綱目》暨《紀事本末》等集，謂：「《綱目》繼『獲麟』而作，誠史中之經，第成於文公晚年，未及更定，中間不無抵牾。尹氏發明，固有補世教，而持論時偏，亦多不得文公之心。如鄧艾兵至成都，後主出降，大書『帝降漢亡』者，言漢至是而始亡也，此正文公帝漢賊魏，申明正統，力扶人紀之初心。尹氏不得其解，乃云：『後主信任中官黄皓，以喪其國，是漢之自亡也。』若然，則孫皓之暴，亦足以自喪其國，於其亡也，何不亦書『吴亡』？」如此之類甚多，欲一一釐正，念著述非切己急務而止。

順治六年己丑

是年，借讀《大學衍義》、《文獻通考》、杜氏《通典》、鄭樵《通志》、《二十一史》。謂：「《函史》下編與《治平略》、《文獻通考》相表裏，有補治道；《函史》上編、《史纂左編》，不過分門別類，重疊可厭，然猶不失爲史學要册。若夫卓吾《藏書》，反經横議，害教不淺，其《焚書》固可焚，而斯書尤可焚也。」

盩邑士俗，自四書八股之外，餘書不知寓目，言及「性鑑」，便以爲涉雜，聞先生嗜古博稽，目之若怪物，共相非笑，咸謂：「李氏子素無師友指引正路，誤用聰明，不知誦文應考，耽誤一生，可惜！」於是父兄子弟相戒不與先生相接，一則嫌其寒窶不屑，一則恐其效尤妨正也。

是秋，里什催納丁銀，貧無以應，拘繫陵轢。入室搜所製之履，見炕無席，瓶無粟，妻餒面腫，母僵卧不能起，惻然周之以錢，先生不受。

順治七年庚寅

邑藏書之家，漸知先生貧而力學，恣其繙閱，於是隨閱隨璧。數載之間，上自天文河圖、九流百技，下至稗官野史、壬奇遁甲，靡不究極，人因目爲李夫子，雖兒童走卒，咸以「夫子」呼之矣。

順治九年壬辰

某親素惡先生，是春，又中鄰惡之讒，適女家被盜事發，某遂嗾盜扳連先生之僕，欲因而陷先生。盜以「良心難昧」而止。

是年，閱《道藏》。嘗言：「學者格物窮理，祇爲一己之進修，肄業須醇，勿讀非聖之書。若欲折衷道術，析邪正是非之歸，則不容不知所以然之實。」故玄科三洞、四輔、三十六類，每類逐品一一寓目，覈其真贋，駁其荒唐。

冬月，製履無本，絶糧幾殆。友人貽之以豆，食之始有起色。

順治十年癸巳

是年，閱《釋藏》，辯經、論、律三藏中之謬悠。他若西洋教典、外域異書，亦皆究其幻妄，隨説糾正，以嚴吾道之防。

順治十一年甲午

時邑宰張某者，本營伍出身，粗戾不學，信任衙蠹。先生季父爲其寵吏陵辱殞命，季父之子具狀鳴冤，反中吏讒，謂爲先生指使，發役嚴捕，欲斃於獄，賴通邑紳衿營解而免。

順治十二年乙未

是年，究心經濟，謂：「天地民物，本吾一體，痛癢不容不關。故學須開物成務，康濟時艱。史遷謂『儒者博而寡要』，元人《進宋史表》稱『議論多而成功少』，斯言切中書生通弊。」於是參酌經世之宜，時務急著，期中窾中會，動協機宜。

順治十三年丙申

先生目擊流寇劫掠之慘，是年究心兵法。嘗謂：「自太公、武侯而後，儒者之中，惟王文成通變不迂，文武兼資，肅皇稱爲『有用道學』，誠哉，其爲有用道學也！故道學而無用，乃木石而衣冠耳，烏覩所謂『道』、所謂『學』耶！」

順治十四年丁酉

夏秋之交，患病静攝，深有感於「默坐澄心」之説，於是一味切己自反，以心觀心。久之，覺靈機天趣，流盎滿前，徹首徹尾，本自光明。太息曰：「學，所以明性而已，性明則見道，道見則心化，心化則物理俱融。躍魚飛鳶，莫非天機；易簡廣大，本無欠缺；守約施博，無俟外索。若專靠聞見爲活計，憑耳目作把柄，猶種樹而弗培厥根，枝枝葉葉外頭尋，惑也久矣。」自是屏去一切，時時返觀默識，涵養本源，閒閲濂、洛、關、閩及河、會、姚、涇論學要語，聊以印心。其《自題》有云：「余初茫不知學，泛濫於群籍，汲汲以撰述辯訂爲事，以爲學在是矣。三十以後，始悟其非，深悔從前之誤。自此鞭辟著裏，與同人以返觀默識相切砥，雖居恒不廢群籍，而内外本末之辨，則析之甚明，不敢以有用之精神，爲無用之汲汲矣。」

順治十五年戊戌

是年，佃種里人之田，欲藉以聊生，值旱枯無成。自壬午失怙以來，母子未嘗一日温飽，坎壈阨僿，備極人閒未有之苦，危殆垂死者數矣，而卒獲不死者幸耳。堅忍之操，不殊鐵石。平涼進士梁諱聯馨著論謂：「濂、洛、關、閩之傳，自陽明、近溪之後，剥蝕殆盡，先生生於百五十年之後，起而續之，篤信謹守，奇貧阨之不爲變，群毁攻之不爲恤，卒使絶學既湮而復振，大道已晦而復明。非先生之賢，而何以至是？非太君愛子若珠之賢，俯全所守，而何以致是？以視世俗之人，奉温飽於一朝，誇聲稱於晷刻，其爲輕重，當必有辨之者。」朝邑李叔則有全文，論之尤詳。

順治十六年己亥

是春，臨安駱諱鍾麟宰邑。下車之始，他務未遑，一聞先生名，即竭誠造謁，再往乃見，長跽請誨，嚴奉師事。自是，政暇必趨其廬，從容盤桓，竟日乃去，去亦無所報謝，人或以爲倨。公曰：「李先生二十年來不履城市，豈可因鍾麟一人頓違生平？但得不閉門踰垣，爲幸大矣！」見所居斗室唯茅覆數椽，頹垣敗壁，不堪其憂，爲之捐俸搆屋，俾蔽風雨。時繼粟肉，以資侍養，仍具文徧報各衙門，其略云：「爲真儒閒出，聖學代興，懇憲破格弘奬，以彰道統，以光盛治事。竊惟道術係治運之晦明，理學關人心之絶續，粤自『精一』之傳，肇啓虞廷，『執中』之傳，遞及三代，至東魯一儒，以布衣纘帝王之統，以筆舌司政教之權。於是，或以親炙揚休，或以私淑炳采，莫不闡微抉奥，崇正闢邪，此古今理學之大源流也。漢唐以降，董、韓絶唱，寥寥寡和。逮夫趙宋應運，而濂、洛、關、閩真儒輩出，得不傳之祕於遺經，會百家之言而歸一，其有功於世道、有補於人心實鉅。明興，理學之家累累不一，薛、湛諸公，標舉於上；吴、陳諸子，巖藏於下；至於德功并立之人，揭『知行合一』之旨，則獨推陽明先生。顧往往困於讒閒，阨於異己，非諸正人力爲維持，其不爲元祐黨錮之禍者幾希！蓋道學之難明，而道學之人難顯易晦，若斯之甚也。我皇清定鼎以來，求賢訪道，屢奉明綸。然考所薦引，大約皆明季廢紳。其閒固多雲興霞舉、黼黻盛世之英，而所云北山、少室，猿愁鶴怨之侶，亦復不少。則是旁求之意誠勤，而明揚之典未廓，是以招隱雖殷，真儒未出也。夫所謂真儒者，必其巖居穴處，蕭然一室，蔬水自安，簞瓢獨樂，富貴不淫，貧賤不移，威武不屈。蓋學有定旨，胸有獨得，窮則善身，達則善世，而後可以紹繼絶傳，光輔皇猷。求之當今，未易數數見也。盩邑有隱士李顒者，其人生而穎異絶倫，潛心聖學。年未弱冠，即見器於前令樊嶷，知其超悟之資，必爲名世大儒。卑職蒞任之初，首重得人，因造其廬，訪其人，挹其德容，聆其談論，不覺形親神就。初猶執賓主之禮，既不覺甘拜下風而恐後矣。其學以『慎獨』爲宗，以『養静』爲要，以『明體適用』爲經世實義，以『悔過自新』爲作聖入門。流覽甚富，著述良多，而其引進同志，開導學人，惟『悔過自新』之説。是故淺人見之以爲淺，深人見之以爲深，上下根人，俱堪下手耳！年未强立，絶意進取。卑職躬行講約，屢經造請，未嘗一至偃室，其求榮干進之心，久已屏却。但景仰高風，不敢隱蔽。」云云。於是，一時臺、司、道、府始知先生，莫不優崇。

五月，按察司翟諱鳳翥檄云：「李處士潛心正學，孝事其母，《悔過自新》一書，深得孔門善誘之方。下邑有士如此，可以風矣。仰縣即持本司書帖，敦請赴省一會，本司不日南行，急欲一見，非云枉召也。」駱公至廬慫慂，先生力辭。既而布政司陳諱爌心欽《悔過自新説》，爲之衍繹發明，欲因事至縣造廬就教，病卒未果。

九月，督學馬諱之駿呈詳撫臺，稱先生「品高月旦，行邁古今。蔬水承歡，絶意希榮干進；恬淡處己，覃懷往哲先型。允矣篤實真儒，展也隱居君子，可謂盛世之羽儀，士林之木鐸也」。

十月，巡撫張諱自德檄督學表其廬曰「熙代學宗」，俾紳衿咸專嚮慕，後學知所依歸。

順治十七年庚子

是秋，母舅病故，子幼僕叛，外侮紛至。先生爲言於駱，糾回叛僕，力維門户，以德報怨，識者咸嘆爲人所難。是後，每遇清明，必出户躬祭舅墓，至老不廢。

十二月，同州黨孝子諱湛，馮少墟之及門也，年八十餘，冒雪履冰，徒步就正所學。

順治十八年辛丑

提學王諱功成檄縣，稱先生「超世獨立，學尚實詣」，表其門曰「躬行君子」。是後，當道表閭者甚衆，或曰「理學淵源」，或曰「一代龍門」，或曰「躬超萃類」。先生深恥標榜，有妨闇修，多撤去不存。

康熙元年壬寅

三月，闔邑士庶以母貞苦迴常，相與推舉駱公爲之彙集呈狀，申詳府道。略云：看得李母彭氏，青年而矢志完節，義同翦髮；白首而克稱賢母，功過斷機。家無擔石，不啻出百死而得一生；户鮮餘丁，更且受千辛而歷萬苦。今隱士之賢，業蒙各憲闡揚以重正學之傳，則賢者所生，自宜請憲旌異，以崇鄉國之式，云云。申請由府到道批准，轉院題旌，承行吏書索常例，貧不能應，事竟寢。既而當道檄縣以「芳追孟母」表閭。

七月，天水蔡溪巖啓允年倍於先生，遥肅贄受學。溪巖學古行高，絶意仕進，弟啓賢司鐸盩邑，亦賢而慕道，數至先生之廬，溪巖因獲聞先生風範，亟欲北面及門。以二親年皆百歲，不敢離側，乃齋沐遥拜發書，託族弟千里步捧，遥投教下請學，得其條答，必爇香拜受。

康熙二年癸卯

四月，蒲城王省庵化秦來學。王隱於醫，念切「性命」，堅欲北面，先生以其年倍而誼高力拒，相與交發互礪，勉所未至。一友患食積，王教以服「消積保中丸」，先生因言：「凡痰積、食積，丸散易療，唯骨董積，非藥石可攻。」王詢其故，先生曰：「詩文蓋世，無關身心，聲聞遠播，甚妨静坐。二者之累，廓清未盡，即此便是積；廣見聞，博記誦，淹貫古今，物而不化，即此便是積；塵情客氣，意見識神，一毫消鎔未盡，即此便是積；功業冠絶一世，而胸中功業之見，一毫消鎔未盡，即此便是積；道德冠絕一世，而胸中道德之見，一毫消鎔未盡，即此便是積。以上諸積，雖淺深不同，其爲心害則一，總之皆骨董積也。誠知吾性本體，原無一物，自爾忘其所長，忘而又忘，并忘亦忘，始謂之『返本還源』，始謂之『安身立命』。」在座聞之，惕然有省。

十月朔，東吴顧寧人諱炎武來訪。顧博物宏通，學如鄭樵，先生與之從容盤桓，上下古今，靡不辨訂。既而歎曰：「堯舜之知，而不徧物，急先務也。吾人當務之急，原自有在，若舍而不務，惟鶩精神於上下古今之閒，正昔人所謂『抛却自家無盡藏，沿門持鉢效貧兒』也。」顧爲之憮然。

康熙三年甲辰

是年，謝人事。先生本奮自寒微，學無師授，一旦崛起僻壤，孤倡於久晦之餘，遠邇乍聞其説，始而譁，既而疑。久之，疑者釋，譁者服，桴捷響隨，臚傳風應，不惟士紳忘貴忘年，千里就正，即農工雜技，亦皆仰若祥麟瑞鳳，争以識面爲快。每一他往，行人相與指目聚觀，先生慚赧垂首，進退維谷。歸而終日不怡，嘆以爲犯造物之忌，將不知其所終矣。於是斂跡罕出，謝絶應酬。

康熙四年乙巳

五月，母忽抱恙，初患膈痛，既而暴下。先生徬徨憂虞，延醫療治，具疏牽羊，密禱於隍廟，請以身代，仍晨夕爇香籲天。夏末小愈，喜躍慶賀。中秋復作，於是徧延名醫，長跽懇療，晝夜掖侍，衣不解帶，目不交睫，朝夕率妻泣禱，凡禮拜百餘日，額爲之腫。仲冬十七日，母竟不起，伏抱擗踴悲號，痛不欲生。貧不能斂，駱公爲捐俸購棺。既斂，猶晝夜撫魄嗚咽。久之，始釘，勺飲不入口者五日，哀毀幾絶。遇七，各一晝夜斷食，如未斂時，僵卧柩側不能起。次月朔，始强起受唁，駱公弔奠。是月，本邑及鄰封弔者，日無暇晷。

康熙五年丙午

春夏，四方來弔者甚衆，當道重風教者，亦遣吏致誄。茶臺梁諱熙以「苦節維風」扁門，太守葉諱承桃以「純貞啓後」表閭。

八月，山右賈發之諱黽自絳來奠。辛復元門人。

十月，太守葉重建關中書院，欲延先生開講，託李叔則介紹，先生不答。

十二月，舉葬。自入斂至是，晝夜未嘗離柩側，每食必呼娘以奉，門外人事盡廢，銜者成讐不恤。是月，招工砌壙，躬親經營，歠粥毀瘠之餘，嘔心勉事，墨摧無復人形。念柩將離家，晝夜悲號，涓滴不納。事竣，頓成骨立。

冬杪，駱公俸滿將陞，念去後無以贍給，爲置地十畝，聊資耕作。

康熙六年丁未

是春，駱陞北城司馬。先生自承殊眷，前後八載，終未嘗一詣縣署。至是駱公來別，始送之出境。先生居鄉，與流俗不同調，一齊衆楚，動多咻誚；而一二憸壬，以其落落難合，尤銜之切骨，醜詆横衊，無所不至。始以訛傳訛，久之訛遂若真，近又目擊遠邇尊崇，妬之愈甚。因騖在任，不獲肆毒，至是無復顧忌，日逞兇謀，不嗾人釀釁嫁禍，則挑人囂陵詬辱。會新宰馬某莅縣，恐復優崇，相與騰讒預沮。宰雖猶豫未入，顧爲人矜而愎，以甲科自負，屢令人諷先生，欲屈以詣己，先生遜謝。既而明向先生親友云：「本縣聞李某聰明可造，但欠指引耳，宜來見我，當授以八股之法，令其從事正路，以圖取進。」久之，因先生不至，遂嘖有詬言。群小乘機中傷，謂先生常笑其文，宰聞之愈怒，眈眈虎視，常欲甘心焉。

康熙七年戊申

夏四月既望，同州耆儒白含章諱煥彩偕蒲城王省庵肅車令黨生克才至盩厔迎先生。黨趨卧室，覩四壁蕭然，牀無衾枕，泫然流涕曰：「東人雖知先生之貧，不意困頓一至於此，即黔婁衣不蓋形，然止於赤貧而已。獨先生之貧，酷不忍言，而怏然自得，固自以爲足，其如室家何？」遂以所贄備辦薪米安家，御之而東。至蒲城，謁横渠張子祠，邑紳刺見啓延，先生例不報謁，辭之。省庵預治静室以俟，晉謁者無虛晷。先生爲之發明固有之「良」，有自多其知者，則迪之以忘知；有自雄其抱者，則詔之以放下。一士談鋒甚暢，論辯泉湧，先生憮然嘆曰：「默而存之，希顔之愚，爲曾之魯，到謇吶不能出口時，纔是有進。若神馳於舌，則行必浮，非所謂『塞兑固靈根』也。」在蒲浹旬，士紳因感生奮，多所興起，農商工賈，亦環竊聽，精神躍勃。灝别，士庶擁送，羅拜泣別。

五月，抵同，館於白塾。郡紳李淮安諱燮子等請益踵接。張敦庵諱珥長跽受教，李文伯士瓊、馬慄若秣、馬仲足逢年等年倍於先生，咸北面從事，執侍唯謹。鄰邑人士，亦聞風争造。答問之語，詳具《東行述》，而安身立命之微，則見於含章所録之《學髓》，東人寶焉。

七月初九日，西返，闔郡祖送。馬仲足退而誌其略云：「吾見先生其人矣，式金式玉；吾聞先生之語矣，切性切身。果然朱、吕之儔，展矣周、程之侣。動則規圓矩方，因物而付；學則天通地徹，隨叩而鳴。窮則可以善身，達則可以淑世。斯文之寄，其在斯乎！年等豈因博雅，徒步追隨，爲親典型，甘心北面。恨三偏之爲害，常憶格言；愧四勿之未能，每思德範。而今而後，舍舊從新，雖云年老力衰，何憚朝聞夕改。若非豎誠於當前，何以淑身於去後。以故書兹揭牖，用代提撕。嗚呼，千載篤生學公匪易，若欲遽臻於賢哲，其將能乎？一言既出，反汗實難，雖欲自處於不才，不可得也。爰公同人，共期克終。」

十一日，過高陵，謁涇野祠，邑令許諱琬聞而迎謁。先生覩祠宇頹殘，託許重葺，恤其後裔。邑紳于爾錫諱昌允留宿文塔，涇邑、池陽士紳咸集問學。過咸陽，教諭湯諱日躋固留，爲多士開講。十五日，抵家，謁母墓告返。

十一月十七日，三年喪畢，始飲酒茹葷。

是冬，群小暗投匿名，明肆羅織，廣設機穽，協力傾陷。宰遂乘隙票拘先生，欲文以重罪。適吴堡令孫諱希奭奉孫侍郎北海之命來候先生，因爲之營解。邑庠暨武功、郿士又相與盈庭會講，宰迫於公論，始收票免拘，使人約先生來謁。次日，潔館以俟，卒不往。既而兇黨洶洶，又媒蘖不已，先生處之自若，寂無一言申辨。或怪其太腐，則曰：「蒙訕招毁，儒者之常。伊川受誣遭貶，幾不獲保其身；晦庵連被攻擊，開單至數十款。未嘗聞二公少動於中，正如飄風墜瓦，聽之而已。若毫有介懷，則是五嶽起方寸，非所以自靖也。」或曰：「子固坦不介懷，然含沙之蜮，工於射影，一波未已，一波又興。諺謂『市虎成於三人』，而三至之譏，賢母尚且投杼，況其他乎？故險計詭毒，似亦未可全忽。」曰：「横逆不已，自有子輿氏之家法在。與鄉人校順逆，則亦鄉人而已矣。況名者造物之所忌，不肖實未至而名先彰，神怒鬼嗔有年矣，彼之紛紛多事，安知非鬼神假手以示懲耶？在不肖惟有返躬引咎，痛自淬礪，外侮之來，莫非動忍增益之助，夫何尤？」言者爽然失，肅然服，作禮而退。

康熙八年己酉

是春，以忌者兇焰正熾，深居寂處，多不見客。然四方學者，肩摩袂屬，沓來座下，拒之而不去，疎之而益親。不得已，視其人果有意爲己，則迪以躬修允蹈之實。否則，徒討論典故，以資見聞，辨晰經書，以爲詩文材料。

及用工失序、持議躐等，咸默然不答。

四月，湖廣進士羅誥，通五經，尤嗜《易》，策蹇來訪。適先生絕糧，不食二日矣，坐久無以授餐，乃移寓隍廟。辛聞之延款，語次知爲訪先生，勃然不悦，極口噂詬，聲色甚厲，且云：「斯人終不得脱我手！」羅再三維挽曰：「年翁宜因其剛方之性，始終玉成，使人知吾楚道大，賢侯能容。」瀕別，又貽書丁寧，辛怒不報，羅遂鬻所乘之蹇，儲薪米於華嶽之雲臺觀，邀先生避地讀《易》，隨聞姊疾而返。先生傷鮮兄弟，止寡姊一人，貧窶無以爲活，居恒減口以養，疾則躬親醫藥，相倚爲命，故倉卒抵家。會駱公自北城轉本郡司馬，賴以寧息。

六月，詔訪隱逸，巡撫白某聞先生名，欲特疏薦揚，先生致書於駱，託其從中力挽，事遂寢。

八月，咸寧丞郭諱傳芳會先生。郭，大同威遠衛人，賢而好學，風雅著名，與先生一見如故，自是崇奉其道，契分日深。

九月，駱公量移常州，先生祖別於長樂坡，遂遊驪山，浴温泉，因與同遊發明「洗心藏密」之旨甚悉。乘便東遊太華，張敦庵聞而迎至同州，朝夕親炙，録其答語爲《體用全學》，李文伯録其答語爲《讀書次第》。冬仲，西旋，高士王思若諱四服偕白含章、王省庵、黨兩一、馬懔若、馬棫士諸耆儒，送至境外泣別。

康熙九年庚戌

是春，因友人言及時務有感，嘆

曰：「治亂生於人心，人心不正，則致治無由；學術不明，則人心不正。故今日急務，莫先於明學術，以提醒天下之人心。」自此絕口不談經濟，惟與士友發明學問爲己爲人內外本末之實，以爲是一己理欲消長之關。君子小人之所由分，即世道生民治亂安危之所由分也。

冬十月，赴襄城。崇禎壬午二月，太翁隨汪總制征闖賊於河南之襄城，師覆殉難。是時，先生尚幼，母子不得凶問，猶日夜望其生還。及闖賊入關，乃始絕望。居恒抱痛，思及襄城流涕，願一往，以母在也難之，唯奉太翁遺齒，晨夕嚴事。母没，奉以合葬，名曰「齒塚」。服闋欲往，苦無資斧，至是貸於鄉人，得四金，乃齋沐籲天，哭告母墓啓行。次月初七抵襄，訪太翁原寓主人，求其指引不得，則訪襄人昔所瘞戰亡之骨，繞城徧覓，滴血無從，乃爲文禱於社，晝夜哭不絕聲，淚盡血繼，觀者惻然。邑令張諱允中聞而哀之，詢知爲先生，亟郊迎入城，飾館設宴。先生以齋戒堅辭，宿於社，張亦爲文禱於社神。文具《招魂記》。

十二日，先生爲位於太翁原寓，致祭招魂。以太翁出征時尚未命名，自呼乳名以告，聞者莫不泣下，哀動闔邑。祭畢欲返，適駱公遣使來迎先生倡道於南，先生意不欲往，而襄之官紳士庶方謀爲太翁舉祠起塚，以慰孝思，先生念非旬月可就，遂南行以俟其成。

十二月朔，至常，駱公郊迎，館於府治之左。先生喜寂厭囂，移寓郡南龍興寺。紳士見其冠服不時，相顧眙愕，既而知爲先生，漸就問學，至者日衆，憧憧往來，其門如市。一時巨紳名儒，遠邇駢集。答問汪洋，不開知見户牖，不墮語言蹊徑，各隨根器，直指要津。自是争相請益，所寓至不能容，郡人詫爲江左百年來未有之盛事。耆儒吴野翁諱光太息曰：「斯道晦塞極矣，今日之盛，殆天意也！」巨紳有治宴延款者，例不赴，亦不報謁。

康熙十年辛亥

正月十一日，駱偕同僚邀先生遊虎丘，姑蘇人聞之，相與設座，請講毘陵。宿儒鄭諱珏聞而賦其事，有云：「斯文幸未喪，絕學起關西。逖矣李夫子，南遊震群迷。」是日，虎丘顧雲臣寫先生像，鄭題贊云：「其服甚古其容舒，其情甚深其心虚。博聞多識，不讀非聖之書；存誠主静，不求當世之譽。遡洙泗之淵源，而繼濂洛之正統者，其斯爲二曲先生歟！」十四日旋寓。次晨，駱内艱之報至，先生詣署躬弔。擬二十日西返，闔郡紳衿公懇開講於府庠明倫堂，又講於武進邑庠明倫堂，會者千人。從遊者録其言爲《兩庠彙語》。於是，無錫、江陰、宜興、靖江各争迎開講。講畢，當事及鎮將學博感先生闡明絕學，大有造於地方，各具禮幣展謝。先生概却，未嘗納一錢一物。衆引交以道、接以禮，雖孔子亦受爲言，先生笑曰：「我非孔子，況孔子家法，吾人不效者多矣，豈可偏效其取財一事？」衆卒不能强，遂相與録其所講之語以傳。聞先生將返，皇皇挽留，逸士潘易庵諱靜觀亟出山固留，繼之以書曰：「竊聞大道之興廢，全賴倡導之一人。此一人者，固造物篤生之，以爲天地立心，爲生民立命，爲一切人起死回生者也。先生崛起關中，倡明正學，從姚江、旴江以遡濂、洛、關、閩，以遡源於洙泗。其制行之高，任道之勇，不啻泰山喬嶽，豈非造物篤生，以爲後學倡導之一人哉！道駕甫到敝郡，春風一披，勾萌畢達，上至達官貴人，下逮兒童走卒，無不傾心歸命，自非一點真機鼓舞，何以致此？此山野觀所竭蹶而未逮，望塵而恐後者也。夫斯人皆吾與，宇宙總一家，亦何必終日戚戚，思戀故鄉，棄從遊於中道耶？」先生答以「久違先壠，痛切於心」。

三月初六日遂行，岳進士宏譽爲文以序其事云：「盩厔李先生之來毘陵也，毘陵之人從之者如歸市。是何毘陵之人聞道之速，而向道之篤乎？抑先生之德有以入人之深，而聞聲響應不介以孚也？竊聞先生之爲人也，澹澹穆穆，無所求於世，其學以靜爲基，以敬爲要，以返己體認爲宗，以悔過自新爲日用實際。玆何以來毘陵也？曰：與郡伯有舊也。郡伯昔爲盩厔令時，折節嚴事，養其母，舉其喪，朔望必枉駕於先生之廬，登其堂而就教焉；然先生足跡，未嘗一入縣治也。郡伯在盩厔，先生不入縣治，郡伯在毘陵，而先生何以來也？曰：感郡伯之德，應郡伯之聘，思欲行道設教，以助郡伯德化之成，藉以報郡伯也。於是，毘陵之賢士大夫，爭往候於其門，而就教者接踵焉。毘陵之下邑賢有司，爭往致於其邑，大會紳士於明倫堂，以請先生之教。就正者環四面，聞風而至者雲集，豈非毘陵之人聞道之速而向道之篤乎？夫毘陵亦聲名文物之邦也，自龜山楊夫子講學以來，學者知所宗向。嗣後，唐、薛諸公正誼明道，代有傳人。然龜山夫子寓居毘陵十八載而從遊者始盛，先生來不數月，而人之徘徊眷戀於先生者，何其深也！今先生行矣，有出郭而送先生者，有裹糧買舟而送於數十里或百里之外者，有牽衣泣下不忍别去者，有願隨至關中受業者，非先生之德果有以入人之深而能至此耶？先生以康熙九年十二月朔來毘陵，以十年三月六日去，勉留於毘陵者凡兩月，往來於梁溪、荆溪、江陰、靖江之閒凡一月。毘陵之人物，大略可覩矣。自此，毘陵人士循循好學，慕道不倦，人心風俗，一大變焉。則先生與郡伯功，豈在孟子下乎？」時送行詩文甚衆，詳具《南行述》。

初七日，士紳送者猶依依，先生力辭，乃雨泣而散。陸中書諱卿鵠年八十餘，率其子士楷、甥孫張濬生操舫遠送，至丹陽大慟分袂。吴發祥獨涕泣追隨，逾京口，渡大江，歷瓜洲，抵維揚，始肖像拜别，嗚咽不自勝。退而鬻産，倡同志鼎建延陵書院，奉其教規。其請詳略云：「近關中李先生來常，好學本於力行，性功兼乎經濟。行旌甫定，多士之執贄如雲；講席方開，先達之問難若渴。披宣不下數百萬言，傳録共計一十八種，五邑珍爲金鏡，一方奉若元龜。在設帳之時，從學蒸蒸聿起；兹返旆之後，諸生戀戀彌殷。請修書院，奉其遺像，以爲會講之區。伏乞俯順輿情，准令修葺。廉頑立懦，遠紹季子高風；敬業樂群，近接龜山懿緒。」云云。

二十五日，抵襄。張令聞其至，迎以入城。祠碑已成，惟供桌未竣，擬次日致祭。是夕，工徒十餘人砌磚，夜分將寢，忽鬼聲大作，衆戰慄屏息，工書張文昇强出壯語以告，乃寂。黎明，闔邑翕然驚異，爭相虔祭。邑紳劉諱宗洙捐地，偕衆起塚西郊，鐫太翁姓字、生時年月於石以葬。先生斬衰哭奠，恭取塚土升餘，同魂牌捧賫以歸。張令暨鎮將、學博、闔邑紳衿，祖餞於十里鋪，泫然而別。

張令隨撰《襄城記異》，其略云：

康熙辛亥，二曲李隱君先生招其太翁信吾忠魂以歸，鄉紳父老鐻楮陌，爲詩歌以祖其行。先一夕，予命椎工鍥《信吾傳》於石。日暝，諸工役方謀貼席，聞門外有鬼聲，悲凄高亮，達人心骨，諸役毛悚舌縮，至僵立不能歷階。時有工書張文昇者强出壯語，語鬼曰：「吾奉邑侯命，砌龕鐫碑，經營備至，復何鳴耶？」俄而聲止。夫幽顯懸如隔世，冥冥寂寂，視不見而聽無聞，顧乃騰爲聲息，逼人耳根，不亦大可異也歟？怪神，聖人所不語；鬼神，知者所敬遠，吾不敢謂事之果有。一誠可格，體物不遺，吾亦不敢謂理之絶無。故往往於恍惚影響不可端倪之中，識昭格之道焉。隱君先生孝思殷摯，才望襄原，便作白雲悲號，廢寢廢食，泣訴社霤，欲招長夜之魂，一段凝誠，天地可感，鬼神可泣也，又何疑赤忠英靈不來臨來享也乎？ 仗義伸節，骨馨情怡，信吾翁應無怨痛，或因隱君求索幻渺，呼搶孔急，乃微示無形之形，無音之音，慰孝子罔極之思乎？ 或曰：非此之謂也。 信吾翁甘心白刃，視死如飴，神遊天上，固無日不依孝子餐息，而必待歸轍而始象教焉，不幾淺語夫信翁也歟哉？ 蓋緣隱君孝子仁人，曾與邑紳劉宗洙約牒，挾信吾翁同患難之五千遊魂歸宿華嶽，是以驀然來告。 予曰：謂此聲爲信吾翁之聲，隱君感通之大孝也；謂此聲爲五千人之聲，隱君錫類之至仁也。 如在其上，如在其左右，總之由隱君而發也。 信吾翁歸矣，五千人攜歸矣，神返室堂，游優爾休。 今而後，應無復有青燐夜泣者，濡露秋霜，宰土者且將牲脯以釁祀於藏玉處也。

毘陵陸中書聞襄城鬼聲之異，怵惕而詠，有云：先生悲痛與人殊，不徒哭泣空號呼。 矢志竭誠邀魂返，誠極必格合若符。 慈母在堂少兼侍，自苦稚弱如孤雛。 閉門學聖砥躬行，四方負笈争先趨。 當道傾肝嘗立雪，大儒一代推中孚。 母喪既免拜辭墓，淚眸望斷襄城路。 襄城賢宰遠郊迎，指點忠骸非一圃。 祀坊求神不獲覩，哀哀慟哭猶孺慕。 果然幽顯原無閒，啾然鬼嘯庭前楹。 攀附諸魂且有靈，信吾魂返豈無徵。 匹婦悼夫善哭稱，血淚揮處城爲崩。 孱孱女子痛父溺，洪濤身殉抱屍騰。何況聖賢閒世出，天地鬼神相依憑。至孝格天理必然，旅魂有託歸故陵。烝嘗一室同雞黍，孝思慰託榛栗椇。一門正氣孝與忠，撑拄乾坤兩大柱。海内詩文甚衆，詳具《記異録》。

四月初五日，至華陰嶽廟，設所攜五千遊魂牌，告神致祭，俾各歸原籍。

初九日，抵家，詣母墓告旋。附襄城塚土於墓，次午率闔眷恭祭，安置魂牌於家龕。既而襄城官紳士庶咸樹松、柏、楸、楊於塚塋成林，豎碑道傍，題曰「義林」，清明則劉宗洙、宗泗率子姓虔祭。祠碑之在襄城南郭者，春秋次丁，邑宰致祭。詳具《義林誌》。

五月，群小復謀構陷。愛先生者謂僉壬險巇叵測，邑君銜之又深，勸之徙居於郿。先生不忍遠違墳墓，謝曰：「禍患之來，命也！」卒不徙。

六月，滿洲黄旗大人會諱納偕弟奮魁詣廬問道。是秋，各旗孤山牛鹿多來瞻禮，將軍馮諱尼勒往來尤殷。馮樂善好賢，先生告以嚴紀律、恤地方，馮躍然佩服。是時魚皮韃靼來謁者，多不通漢音，託譯乞誨，諸名流聞而喟然曰：「古人謂道高龍虎服，今於李先生見之矣！」

十月，咸寧郭丞同闔司張諱夢椒迎先生遊董子祠。祠在城隅，地頗幽僻，仲舒之墓在焉，俗謂之下馬陵。先生念一代大儒，秦火而後，正學所由開先，遂慨然趨謁。至則郭、張偕會大人晝夜虔侍，先生因語及「正誼明道」，謂：「方今人欲横流，功利之習，深入膏肓，斯言在今日，尤爲對證之劑，吾儕所宜服膺者也。」郭、張憮然。張以父明大司馬諱鳳翼蔭錦衣簽書，改司閫，淹雅宏博，詩文敏贍，爲人倜儻有氣誼，名流推重，至是皤然志道，契先生尤篤，抱其子謁見。會大人率子弟北面受學。

康熙十一年壬子

是春絶糧，幾不能生。王省庵聞之，自蒲來候，爲之辦三月薪米而還。先生每值阨困，則誦「伯夷、叔齊餓死」并「志士在溝壑」以自振。

五月，學憲鍾諱朗檄縣豎碑母塋，大書「賢母彭氏」以表墓。隨致書先生，以申嚮往。既而深咎羈於職守，不獲造廬，耑吏託張閫、郭丞介紹肅迎，先生辭謝。

八月，至省南，謁馮少墟墓，訂其遺集，寓雁塔。鍾聞之，亟出城拜訪，館於塔下，質疑咨學，聞所未聞，深恨會晤之晚。每日就寓傾論，擊節再拜。時值大比，三邊八郡士萃省，聞風争造，肩摩踵接，先生隨人響答，終日不倦。於是秦人始知章句之外，原自有學，興起者甚衆。詳具《雁塔答問》。浹旬，先生告旋。鍾聞之，亟手書致意曰：「斯道不講，非一日矣。振絶學於來兹，迴狂瀾於既倒，肩斯任者，非先生而誰乎？朗也無能爲役，雖然執干掫，從鞭鐙，所欣慕焉。曏者頗聞二曲有李先生，然耳其名矣，未見其人也。及驂停雁塔，見其人矣，猶未聞其緒論也。今見其人矣，聞其緒論矣，雖未能窺其堂奥，乃見獵心喜，入聞夫子之道而悦，人皆有之，朗，東海之鄙人，何獨不然？朗嘗自問，少年場跌蕩於浮名，一行作吏，塵面東西，簿書鞅掌，蒙西子之面，欲自見本來，豈可得乎？今遇先生，如爐之點雪，水之沃焦，駸駸有不知其然者，方將啜飲之不可斯須去，而先生又以避喧遄歸，私心怦怦，曷勝悵惘。」乃出城躬送，臨別依依。

是冬，張閫司以先生身居奸藪，欲營室於鄠，迎先生避地遠氛，會轉安遠參戎不果。致札云：「憸壬所以抵捂者，以先生名高德重，求親而不得，則忌謗生焉。然山鬼之伎倆有限，老僧之不聞不見無窮，再加以少霽巖岸，此輩樂有附驥之望，而可化其成心矣。如邪正分明太甚，小人愈肆其惡，願先生勿以人廢言，是禱。」瀕行，念先生清苦，捐俸三十金，託人爲先生購地十畝，聊資薪水。

康熙十二年癸丑

總督鄂諱善政崇風教，自巡撫時，雅慕先生，知先生不履城市，難以屈致。是年，修復關中書院，拔各郡俊士於中，迺因提學鍾朗致饑渴，又因咸寧郭丞通禮意，四月，肅幣聘先生講學。先生力辭至再，鄂公敦延愈殷，三往然後應。鍾以先生衣服寬博不時，預製小袖時袍馳送，先生笑而藏之，仍寬博以往。至城南雁塔，鍾出城奉迎，見之愕然。先生曰：「僕非官僚紳士，又非武弁營丁，窄衣小袖，素所弗便。寬衣博袖，乃庶人常服；僕本庶人，不敢自異。且庶人無入公門之理，區區生平安庶人之分，未嘗投足公門，今進書院，諸公見顧，斷不敢破戒報謁。」鍾爲之備達。鄂曰：「余等聘先生，原爲沐教，豈可令其頓違生平。」五月十四日，命府三學博士御車進城。公偕撫軍阿諱席熙暨三司迎候於書院之翼室，設宴，隨改其室爲明道軒。次日，請先生登座，公與撫軍藩臬以下，抱關擊柝以上，及德紳、名賢、進士、舉貢、文學、子衿之衆，環階席而侍聽者幾千人。先生立有《學規》、《會約》，約束禮儀，整肅身心。三月之内，一再舉行，鼓蕩摩厲，士習丕變。故老有逮事馮少墟者，目覩其盛，謂：「自少墟後，講會久已絶響，得先生起而振之，力破天荒，默維綱常，一髮千鈞。視少墟倡學於理學大明之日，其難不啻百倍。」一時院司道府，莫不致餽，咸却而不受。撫軍阿贈金數鎰，往返再四，亦固辭。

六月，鄰惡見先生爲當道所崇，妬甚，極意萋菲，多方撓敗，卒不能有所蠛污而止。

七月，新提學洪諱琮甫蒞任，即具啓通幣，以申嚮往，先生不納。八月，自鳳郡馳謁先生於書院，設宴朝夕躬陪。序先生所立《院規》，刊布多士。先生彙輯《少墟全集》，託其梓行。

鄂公欲薦先生，知先生鳳翔千仞之操，不可榮以祿，念係地方高賢，又不敢蔽，乃密戒學憲及郭丞勿洩。遂會同撫軍阿疏於朝。其略云：一代真儒，三秦佳士。學術經濟，實曠世之遺才；道德文章，洵盛朝之偉器。負姿英特，操履醇良，環堵蕭然，一編閒適，經百折而不回，歷千迍而愈勵。刊行緒論，咸洞源達本之談；教授生徒，悉明體適用之務。遠宗孔孟，近紹程朱。初奉詔求賢，臣等雖略聞其人，恐係浮名，未敢深信。恭奉御賜臣等《大學衍義》，臣等仰承聖訓，以廣文教，修復書院，聚集多士，將某迎至，見其人品端莊，學多識博，講論亹亹，誠難測其淵微。今皇上日御經筵，時親典謨，正需窮經博古之臣，以備顧問之班。臣等既知其人，不敢不舉。

十三日疏上。九月朔，先生始聞其事，錯愕自咎，即貽書於鄂曰：「執事以國家太平之業，莫先於正人心，故思得碩儒以振起斯文，而又急無其人，不得不從隗始，誠吾道之中興，而生民之大幸也。顧僕實非其人，適以重爲斯文之辱。前者懇辭不獲，靦顔應命，兩赴書院，言無可聽，行無可取。中夜自思，既負執事下問之誠，兼愧朋友琢磨之益。方欲束身告退，肆力耕耘，忽聞愚賤之名上塵睿覽，驚魂欲墜，俯仰難安。自拜辭抵家，即染寒疾，歷久不痊，遂至右足不仁，艱於步履。夫薦賢者，國家之大典，豈容以廢疾之人濫膺宸命哉？況今接對賓客，皆倚杖而行，猶或顛躓，其必不能舞蹈丹陛也，不待問而可知矣。伏乞格外施仁，代爲題覆，使病廢之人得以終安畎畝，則始之終之，其恩皆出於執事矣。」十一月，督撫奉旨促先生起程，先生以疾辭。

康熙十三年甲寅

正月，滇南變起，所在震動。鄰惡自以前計不遂，徒成嫌隙，至是，謀因亂將暗不利於先生以滅口。同黨有洩之者。二月十三日，乃離新莊堡，避地於邑南之郭家寨以居。

四月，有旨復徵。吏部移咨督撫起送，藩司檄府行縣，催促起程。先生控辭。既而府役至縣守催，縣據醫、鄰甘結以覆。五月，府提醫、鄰嚴訊，脅以重刑，衆無異辭。府轉詳到司，司促愈急。七月，霖雨河漲，先生長男慎言涉波冒險，赴司哀控。不聽，立逼擡驗。八月朔，縣役舁榻至書院，遠邇駭愕，咸謂：「擡驗創千古之所未有，辱朝廷而褻大典，真天壤閒異事也。」府官至榻，先生長卧不食。府以股痺回司，司怒，欲以錐刺股，以驗疼否。適張參戎夢椒自安遠回省，爲之營解，免錐，立逼起程。先生閉目不語，僵卧而已。前内黄令上蔡張起庵諱沐自中州來訪，榻前備述聞風嚮慕，神交有年，因出所著《學道六書》就正，先生伏枕以答。語及乾之初爻，謂：「學須深潛縝密，埋頭獨詣，方是安身立命，若退藏不密，不惟學不得力，且非保身之道。昔人謂『生我名者殺我身』，區區今日，便是榜樣。」張歎息而去。

初五日，府又差官守催，吏胥洶洶環擁，逼索起程。慎言不得已，聊具起程云：「俟暫歸治裝，然後就程。」司始允還。抵家數日，隨具呈以疾篤控。院司聞之，檄府鎖拿經承，縣令高諱宗礪懼累，率役至廬立促，舁榻以行。先生堅不進省，寓於城之南興善寺。府吏日逼就程，督促萬方，先生以死自矢，督院知不可强，乃會同撫軍以實病具題。部覆：「奉旨，疾痊起送。」十二月十七日，還家養疾。丹陽賀諱麒徵聞而嘆曰：「關西夫子，堅卧養痾，正是醫萬世人心之病。移風易俗，力振人紀，有造於世道不淺。」

是冬，新安汪諱宏度緘書託洪學憲問學。江寧高諱人龍詣廬就正。

康熙十四年乙卯

先生癸丑秋自書院講畢旋家，即閉關不復見客。是春，又爲《謝世言》，以逆拒來者。其略云：「僕幼孤失學，庸謬罔似，祇緣浮慕先哲，以致浪招逐臭，誠所謂純盜虛聲，毫無實詣者也。年來天厭降災，疾病相仍，半身覺痿，兩耳漸聾，杜門却掃，業同死人矣。然而朋伍中不蒙深諒，猶時有惠然枉顧者，是使僕開罪於先生長者，非愛我之至者也。今以往，敬與二三良友約，凡有偶憶不肖而欲賜教者，竊以爲上有往哲之明訓，下有狂謬之卮言，期與諸君私相砥礪足矣，奚必入其室而窺其人，以致金玉在前，形我蕪穢乎？伏望迴其左顧之轍，埒僕於既化之殘魄，玉僕爲物外之野夫，此僕所中心佩之，而父師祝之者也。嘗聞古人有預作壙穴，以爲他日藏骨之所者，僕竊有志而未逮，又豈能靦顏人世，晤對賓客，絜長論短，上下千載也耶？但使病廢之軀，獲免酬應之勞，則僕也拜賜多矣！」

四月，鄂公自荆州移駐關中。甫入關，欲望見顔色，各部院亦欲因之以見，慫慂公遣使賫手札來迎。先生以《謝世言》示之，乃已。

八月初六日，先生挈家避兵富平。是時，雲貴搆亂，蜀漢盡陷。盩邑密邇南山，敵人盤踞於中，士人往來私販者，傳敵營咸頌先生風烈。先生聞之大驚，亟擬渡渭遠遯。會張參戎陞總鎮，肅輿迎送富平。時郭丞陞宰富平，亦遣使來迎，遂盡室以行。至富平，郭公擁篲下風，修郊勞。文學孟諱輿脈齋沐受學，固請棲所居之軍寨別墅。郭公於是鳩工整飾，煥然一新。又特搆一亭，題曰「擬山堂」，「擬山」云者，以先生喜静厭囂，謝人事，絕應酬，無異深山窮谷也。張與郭各捐俸置器用，儲薪米，敬養備至。邑人及鄰封士紳晉謁，先生多不之見。

是冬，顧寧人書來。顧自癸卯盩厔別後，雖足跡徧天下，而音問時寄，至是聞先生流寓富平，寄書略云：「先生龍德而隱，確乎不拔，真吾道所倚爲長城，同人所望爲山斗者也。今講學之士，其篤信而深造者，惟先生。異日『九疇』之訪，『丹書』之受，必有可以贊後王而垂來學者。側聞卜築頻陽，管幼安復見於兹。弟將策蹇渭上，一敘闊悰也。」

康熙十五年丙辰

四月，張總鎮有疾回雁門原籍，瀕行，迂道富平別先生，捐俸備薪米，約以秋涼疾愈復至，抵家未幾不起。先生聞而悼慟，爲位遥祭，仍託人唁其遺孤。自是日用所需，郭一力任之。李太史諱因篤撰《擬山堂記》，其略云：「徵君先生起自孤寒，獨立不倚，倡明聖賢之學。顧其家甚貧，三旬九食，簞瓢屢空，晏如也。而篤實之徵，光輝莫掩，上而臺司，以越郡邑之長，或單車造訪，或奉書幣通起居，先生一切謝之無所受。雖鄰里交讁，閭巷敦諭，迄不少易。當是時，先生名震關中。崇重其道往來尤密者，莫若常州太守、前盩厔令駱公，吾富平邑君雲中郭公。無何，駱遷京秩以去，凡先生所與盱衡往命，外樹宫牆之防，而内庀其賓從之需者，繄吾邑君是賴。夫先生之爲人，不事王侯，饑不可得而食，寒不可得而衣者也。而吾邑君何以使之厚自託焉，豈非忠誠所感，處先生以古道，而義有超於養之外者哉？蓋邑君勤勤懇懇，所以爲先生計隱居者，甚周且至，不啻先生之自營，然先生不知也。先生不知，故受之而可安，指而美之而無辭也。

舊歲江漢播氛，南山烽羽之嚴，密邇二曲，故開府雁門張公曰：『徵君可以行矣，舍郭富平，不足以辱先生之從者。』而吾邑君乃肅輿奉迎，而先生亦既覯止，爰擇文學孟仲子别墅，搆室以棲，時時具公服儀仗，晨往上謁。而廩人繼粟，庖人繼肉，相望於路，先生弗聞也。終日匡坐不出，而遠近就業者有人，問道者有人，瞻軌範者有人，繩繩乂乂，走趨於堂，使千百年干戈之址，一變而爲俎豆之鄉，先生與吾邑君之功，詎不偉歟？」堂内及門題咏甚多。

康熙十六年丁巳

三月既望，遥祭駱公。先生自辛亥返秦，駱亦丁艱離任，書問不絶。丙辰夏，猶自獲鹿轉致諸名公，寄先生文翰，且訂是春至秦相訪，既而以疾不起。先生聞訃號慟，爲位以祭，服緦三月。語及，涕不自禁。八月，鄂督改撫甘肅，瀕行，手札言別。先生答以政教偕行，舉錯務合人心。

是冬，顧寧人自山右來訪，因寓軍寨之北，密邇先生，時至卧室盤桓，語必達旦。

康熙十七年戊午

自癸丑冬，督撫奉有「疾痊起送」之旨，自是每年檄司行縣查催。是春，復促起程，既而兵部主政房諱廷禎又以「海内真儒」推薦。其略云：「竊惟孔門四科，文學與德行并重。有行而無文，其蔽也魯；有文而無行，其蔽也夸。若二者之兼優，則一生可概觀。職秦人也，所知有西安府盩厔縣布衣李某者，束躬希聖希賢，無書不讀；居德惟誠惟正，有己克修。甘原憲之貧，襟捉肘露；擁張華之乘，腹便硯穿。立志冰堅，四十載如一日；秉心淵塞，三輔中僅此人。雖經督撫交章，名已上徹朝陛，乃復金石不渝，跡仍下伏田廬。格物致知，誠有功於正學；揚風扢雅，亶無忝乎真儒。」云云。吏部具題，旨令督撫起送，司府檄富平縣力促，先生以疾篤辭，長男慎言赴院哀控，督撫乃以「病卧不能就程」題覆。又奉旨敦促，於是催檄紛至，急若星火。府尹手札責郭令徇庇，且提職名揭參，郭公回詳曰：「李處士養疾久卧，遠邇共知。卑職雖至癡極愚，靈明一竅，未盡昏翳，何敢不畏法紀，不惜官箴，於非親非勢區區流寓之一寒士，過自徇庇，干憲典於不測耶？蒙屢示行催，卑職懔遵憲檄，即欲遣夫舁榻就道，及親臨卧室，見其委頓不食。以氣息奄奄之人，强迫就程，萬一途有不測，卑職將何以自解於天下後世耶？」慎言又日伏轅門泣控，不聽。府役坐縣，立提職名，鎖拿經承。經承守門，伏跪哀號，舁榻以行。八月朔，過臨潼，浴温泉。是晚，宿周太史諱粲宅。先是，建威將軍吴諱當慕先生甚殷，介潼關兵備副使胡諱戴仁、周太史暨臨潼令錢諱天予迎先生遊驪山，先生不應。至是，聞宿周宅，遂詣宅瞻禮。次晨，又至。瀕行，贈程儀二十四金，力却。往返數四，終不納；錢令程儀及供應亦璧。初二日，至雁塔，督撫令府尹就榻勸駕，先生伏榻，固以疾篤不能就程辭。

初四日，周制臺諱有德就榻請教。周讀書工詩，自巡撫山東日，即傾懷嚮往，及總督兩廣，偶得士人所攜先生教言，玩不釋手。至是，改督四川，駐節青門，聞先生寓雁塔，遂竭誠造榻，執禮甚恭。先生感其肫摯，伏枕以答，凡所咨叩，悉意酬酢。周退而且驚且喜，謂幕賓曰：「十年夢想，今日方遂立雪之願。初以先生爲有德有言之道學，今乃始知先生當代猶龍，人中天人也。」

初六日，督撫又令府尹促行。尹率咸、長二縣令至榻力勸，既而又委幕僚率吏胥晝夜守催，備極囂窘。先生堅卧自如，恬不爲動。是時，先生以隱逸爲當宁所注望，李太史因篤亦以博學宏詞被薦就徵，來別先生，見官吏洶洶，嚴若秋霜，恐先生堅執攖禍，勸先生赴都。一時縉紳愛先生者，咸以「明哲保身」爲言，先生閉目不答，遂絶食。周制臺暨文武諸大僚目擊其憊，爲之向總督緩頰。總督謂「自癸丑被徵以來，年年代爲回覆，兹番朝廷注意，不便再覆」，促之愈急，且欲以違旨題參。李太史爲先生危甚，涕泣以勸。先生笑曰：「人生終有一死，惟患死不得所耳。今日乃吾死所也！」遂以後事爲託。愼言號痛，門人悲泣，先生皆一一遺囑，并滴水不入口者五晝夜。總督知終不可强，不得已，又以篤疾具覆，仍一面差官至榻慰撫，先生乃食。是時正值大比，多士日來謁候，先生概不見，朝夕惟門人孟子緝、惠龗嗣、楊堯階、馬棫士侍側。

十三日，離雁塔，旋富平。

十月十一日，督撫檄司行縣云：「李處士屢經薦舉，疊準部咨，雖以患病咨明，但前奉旨嚴切，勢難久卧田園，該司務令地方官不時驗視，俟疾有稍痊，即便呈報。」自是，富平縣月具驗視甘結，其看語云：「卑職遵奉憲檄，不時至李處士榻前驗視，勸其痊日就程。答言：『平昔痛母貧困而死，誓終身不享富貴，若强之使出，勢必一死報母。豈可以薦賢之故，而冒殺賢之名？』卑職聽此言語，甚爲悚怯，鐵石存心，勢難轉移。但事關奉旨，不敢泄視。除一面時加驗視勸慰外，理合申報。」

十一月，部覆：「奉旨，痊日督撫起送。」始寢其事，一時翕然訝爲「鐵漢」。顧寧人詩以誌感，有云：「益部尋圖像，先褒李巨游。讀書通大義，立節冠清流。憶自黄皇臘，經今白帝秋。井蛙分駭浪，嵎虎拒巖幽。譬旨鴻臚切，徵官博士優。里人榮使節，山鳥避車輈。篤論尊尼父，清裁企仲由。當追君子躅，不與室家謀。獨行長千古，高眠自一丘。已上並見《後漢書》本傳。聞孫多好學，師古接姱修。忽下弓旌召，難爲澗壑留。從容懷白刃，決絶却華輈。介操誠無奪，微言或可投。風回猿岫敞，霧卷鶴書收。隱痛方童丱，嚴親赴國仇。尸饔常並日，廢蓼擬填溝。歲逐糟糠老，雲遺富貴浮。幸看兒息大，敢有宦名求。相對銜雙涕，終身困百憂。一聞稱史傳，白露滿梧楸。」又貽詞林諸公書云：「李先生爲上官逼迫，昇至近郊，至卧操白刃，誓欲自裁。關中諸君有以李業故事言之督撫，得爲謝病歸。然後國家無殺士之名，草澤有容身之地，真所謂『威武不能屈』。而名之爲累，一至於斯，可慨也已！」

省闈主考吏部郎中鄭諱重前令靖江時，曾延先生講學於其邑，梓行《語要》，至是試畢，欲詣富平訪先生，至涇陽疾作弗果，乃遣吏奉書幣致候云：「老先生以山高水長之風，爲當代師表。今聖天子求賢甚殷，望老先生出而倡明正學，光贊右文，俾天下皆知悔過自新，於以正人心而扶世運，誠非淺也。」又呈詩云：「關學從來擅古今，後賢誰復有知音。風高二曲聲施遠，望重三秦朝野欽。辭辟非同巢許志，安貧獨契孔顔心。當年親炙毘陵道，悔過猶思教澤深。」

是冬，潼關兵備副使胡諱戴二候先生於卧室，既而肅幣求修學宫碑記，先生例不爲應酬文，辭之。

康熙十八年己未

先生丘壠興思，浩然欲歸。二月初五日，行李先已發。次日，郭公聞之，亟就寓留行，闔寨居民百餘人擁入跪留，號泣不起。先生爲之泫然暫止，以答其意。

三月，鄂公於鞏郡修葺學舍，遣員迎先生以敷文教，先生以杜門誼無復開辭。

七月，鄂公解任赴都，迂道至富平，見先生於卧室，盤桓二日而行。知先生將歸，捐金以備薪米。

八月初八日，西返。前數日，寨人聞先生束裝，知不可復留，咸悵然如有所失，争先祖餞。是日，長少泣送，聲震原野。郭公肅輿發役衛送，道左分袂，悲不自勝。鎮將亦祖道遠送，遣兵以護。紳士繾綣依戀，費諱尚彬賦長篇惜别，有云：「四載頻陽客，千秋啓鐸人。忽然懷舊土，果爾發行塵。厚誼通神聽，清操徹上旻。天卿入户别，星宰餞巵陳。過化留涇野，遺徽繞渭濱。永峙關中嶽，常切海内榛。煙嵐深邃處，即擬謁鈎綸。」是晚，宿涇陽南郊。邑令錢諱珏聞先生過，亟出城請見，力邀進城。先生以素不入城市辭。遂治宴旅邸以待，擬次晨躬送，而先生昧爽已遄行矣，乃遣吏追送。初十日抵家，十二日謁墓告返、致祭，迎姊就養。

康熙十九年庚申

二月，營建母祠。先是，鄂公聞先生之母彭太君守貞貧困而死，捐俸百金，俾建賢母祠以風世，值地方多故，流寓富平，不果。至是，先生念西郊爲母原居之墟，遂以前金購材，建正庭三楹，以奉母像，像前置襄城所招太翁魂牌，門房三楹，門内爲斗窩棲身。自識云：「人子居親之喪，塗壁令白，名曰『堊室』，此亦余之堊室也。喪制雖已久闋，而心喪實無時或息，棲此以抱終天之憾！」自是下楗，不復出户，竅壁以通飲食，即家人亦多不見。既而郭公以先生眷屬僦屋而居，貧無定廬，捐俸構屋於祠之西偏，邑宰章諱泰捐俸協修。

是秋，郭轉四川達州知州，先生遣慎言送至寶雞，慟哭而別。抵任未幾病卒。

九月，平凉守道參政郎諱廷樞肅書幣通候，扁母祠曰「曾孟慈暉」，先生返幣。

康熙二十年辛酉

二月，聞郭公凶問，爲位率家人哭祭，服緦三月，爲之表墓。

四月，爲報德龕，奉駱公、郭公暨鹿洲張公之主於中，令節則率家人虔祭。

七月，甘肅撫軍巴諱錫遣員修候，扁母祠曰「貞賢範世」。

是冬，邠州詞林王吉相受學。王潛心性命，學務向裏，晉謁請教，言下有契，遂北面從事。歸依誠切，有賀醫閭、鄒東郭之風。先生以其淳篤，既退而歎曰：「此真爲己者也！」

康熙二十一年壬戌

先生曏在富平，與顧寧人語及《宋鑑》，謂朱子嘗列銜主管華山雲臺觀，則雲臺觀宜爲祠以祀。至是，寧人移寓華下，倡修祠堂肖像，以書詢先生朱子冠服之製。其略云：「華令遲君納弟言，謀爲朱子祠堂之舉，卜於雲臺觀之右，捐俸百金。弟以鹺臺所贈四十金佐之。百堵皆作，堂廡門垣備制而已。祠中兼用主像，遵先生前論，主題曰『太師徽國文公朱子神位』。像合用林下冠服。敢乞先生考訂指示。」先生爲之圖，詳列其説以貽。

七月，岐山宰茹諱儀鳳刻先生《堊室録感》。茹倜儻不群，究心理道，契先生有素。至是宰岐，致崇風化，刻《録感》以礪俗。宦岐九載，加意於先生者，靡不周至。

十月，鄠縣王心敬弱冠游庠，食餼，文名藉甚。聞先生論學有感，遂棄諸生，從先生，朝夕執侍，一意闇修。

康熙二十二年癸亥

秋七月，邑宰張諱涵擬爲先生建書院，先生力却。公夙仰慕先生，謁銓得令盩厔，大喜。甫抵任，即齋沐肅贄造謁。自是不時屏騶從趨侍，執弟子禮甚恭。因先生素無書室，亟欲捐俸購基，命役鳩材，鼎建講堂齋舍，以棲先生，并處四方問學之士。先生以方杜門謝絶生徒，講堂齋舍非其所需，力辭。

康熙二十三年甲子

是年，旱荒。先生家計窮甚，併日而食，玩《易》弗輟。

康熙二十四年乙丑

三月，漢陽傅良辰、江陵張子達來學。傅、張舊從西蜀楊愧庵游諱甲仁，愧庵《與友人書》云：「傅、張二君，英毅樸實，篤厚有道器，具聖胎，而充之不可限量，其有得於足下並萬倉起發者多矣。良朋善友，實難同時同地，今後須時勤切摩，庶不負香山、白鹿之意。近則引之參江夏爾樸楊翁，遠則勉之參關中李中孚先生。非李先生不足以成就斯人也。吾人既要做古今第一件事，當尋古今第一流人。李先生今幾六十，恐歲月無多，不與我矣。」二人於是徒步至秦稟學。

是冬，督學許諱孫荃捐俸梓布先生《四書反身録》。公自家食時，慕先生若渴，及典秦學，深慶得遂御李識韓之願。甫涖任，即竭誠趨謁，得《反身録》，寶若拱璧，以爲匡時救世，舍是編無以起沉疴、振積習，亟表章剞劂，頒布通省庠校。仍擬進呈，先生貽書力阻。其略云：「此録止期私下同病相憐，對證投劑，以『反身』二字，與同人相切砥。若一經進呈，適滋多事，不觸嫌招忌，則搜山薰穴，僕將不知其所終矣！不審使君將何以爲我謀耶？幸寢斯念，曲垂保全，使僕永堅末路，庶不貽羞知己。」公乃止。公念先生赤貧，無以聊生，遂割俸百貳拾千，檄學博易負郭田，如顔子之數。延先生長子慎言、次子慎行授之耕。恐先生峻却，託李太史再四致意，而納其券邑中，俾不獲辭。

康熙二十五年丙寅

正月，許公出巡校士，瀕行，以書請教。先生答以「所至表先哲，崇實行」，遂備列關中前修段容思、周小泉、張立夫、韓苑洛、呂涇野、馮少墟、張雞山諸儒先，俾次第表章。

五月，侍御許諱三禮貽書許公云：「二曲李徵君，懷古獨行君子也，此時之祥麟瑞鳳，可欽可式。」因以所著託其轉致。先生例不答京都之書，來函受而不報。

八月，遣僕訪迎從弟李勳歸。勳，先生季父之子也。季父與先生父明萬曆四十二年析居，遠徙西鄉，康熙初，夫妻先後病亡，所遺四男二女相繼而死，僅存勳一身，伶仃孤孑，無一椽一瓦，流落於外十八年，族人嘖嘖以爲非餒死、凍死，即展轉溝壑病死，季父之一門絶矣。每至清明，先生念季父塋内獨無血允拜掃，未嘗不潸然盡傷。至是，友人有事渭城，邂逅遇勳，歸告。先生喜出意外，亟遣僕迎歸，節口分食以養，爲之娶妻生子。勳垂髫時，曾從先生授書，遂令温習舊業，易名頵，應試入庠。俾季父無後而有後，以延季父一線之脈。

康熙二十六年丁卯

二月既望，致書許公，勸葺郿縣横渠鎮張横渠先生祠。公即捐俸百金倡修，規模焕然改觀。

四月，府尊董諱紹孔增修賢母祠建坊。公篤緇衣之好，丙寅式廬，晉謁甚虔，至是又謁先生。因瞻禮賢母祠，覩規制未備，遂捐俸檄邑丞高諱弘啓鳩材督修，堂前增構捲棚三楹，祠前建坊，額曰「賢母坊」。

魏司寇諱象樞聞而撰記，其略云：「太君矢志守貞，歷人世未有之艱，九死靡悔，正誼迪子，出尋常功利之外，曠代僅見。學士大夫以及田夫牧豎，無不聞風興感，歎未曾有。論者謂盩邑之有李母，猶鄒邑之有孟母，後先一揆，卓然兩絶千古，並有補於世教。則飭祠崇奉，誠有光於祀典。二曲先生道德風節，爲世儀表，海内仰若泰山北斗，祥麟瑞鳳，余傾慕有年，深以弗獲親炙爲平生一大憾。兹太君祠宇之成，以老且病，又弗獲閒關瞻禮，愈滋余愧，故不揣不斐，書其概，聊識嚮往。若夫太君懿行之詳，自有諸名公之原記在，無俟余贅。」

九月，邑尊程諱奇略改題里名。祠在菜園堡中街，公謂：「世閒廢興成毁，如浮雲百變，惟道德節義之風烈，積久不磨。斯祠爲一邑添勝跡於後代，而地名弗雅，非所以樹風聲於無窮。」遂改其名曰「貞賢里」，庶地以人重，千載彪炳。題額、撰記，公親督工勒石，仍豁免里役，以示優異。

康熙二十七年戊辰

正月，許公任滿告歸。瀕行，徘徊繾綣，賦詩惜别。有云：「煌煌溯關學，有宋首横渠。異時瞻王吕，人遠運未疎。謂三原端毅、康僖兩尚書，高陵吕文簡宗伯。亦有雞山子，岐陽張心虞員外。愾焉世代殊。夫子欻挺出，蔚爲時真儒。大旨在力行，春華非所需。胸能破萬卷，見不涉方隅。俯仰濂洛後，淵源信其徒。痛父死行閒，招魂徧榛蕪。母也蚤違養，追思同厥居。先生招父魂於河南，依母祠以獨處。繄余昨登堂，禁足立户樞。坐我母氏祠，言言皆訏謨。識荆快平生，信宿歡有餘。余訪先生於母祠，信宿留連，備承矩誨。興言瓜期及，旦暮歸田廬。各天從此遠，岐路悵何如？負姿洵蹇劣，奚以策頑愚。數公不可作，公實今楷模。願公示周行，庶免悔吝虞。」

康熙二十八年己巳

春月大疫，老僕李喜病亡。先生念其自幼同受艱難，哭之甚慟。葬日出户，率二子泣奠，躬送下窆。先是，同州賢紳王思若嘗爲《義僕傳》，其略云：僕之事主也，非以主人之富，則以主人之貴耳，且視富貴之盛衰爲去留，朝俯首而暮掉臂者，又豈少哉？今此僕之事主，豈不知先生安貧爲固有，樂道以終身，豈復有富貴之望，故爲是依依歟？昔蕭穎士有一僕事之數十年，每加捶楚輒百餘，其苦不堪。人激之去，僕曰：「非不能去，所以遲留者，特愛其博奧耳！」夫以主人之徒博，且能令僕愛之慕之，寧甘捶楚而不忍去，況先生道德文章罔不兼備，寧僅一博雅之主而已耶？此僕之所以依依於先生而饑寒弗恤也。

先生艱難一生，垂老尤甚。數年以來，內外交困，至是而極陀僓，無以自存，家人嗷嗷。先生自謂：「陽九百六之戹，偏萃於己，莫非命也？吾如命何哉？亦惟順受其正而已。康節云：『上天生我，上天死我，一聽於天，有何不可。』」大書《困》卦「致命遂志」於壁以自堅。

卷四十六

潛確録

富平門人惠靇嗣敬録

康熙四十二年癸未十月，聖駕西巡至山西，陝西督撫接見，即問先生起居，言至陝必欲召見。十一月初十，總督華致書啓、具禮幣，聘先生赴省。其來書曰：「恭惟先生，清渭涵英，華峰毓秀，接程朱之道脈，獨繼心傳；爲禮樂之指南，振興後學。不特三秦士類共藉鈞陶，亦且四海儒纓，群歸翼勵。方今聖明在御，實稽古以崇文；當兹翠節巡方，咸瞻雲而就日。敬敷寸牘，恭迓高軒。惟望文旆遥臨，慰渴忱於三載；蒲輪夙駕，傳盛事於千秋。臨啓曷勝瞻依翹足之至。」又遺邑令桐城張侯芳手札云：「中孚李老先生，道學儒宗，素心景企。今聖駕西巡，實千古盛事，凡在臣子，俱切瞻仰。矧老先生累承聖問，已且有旨召對，故兹特修小啓，請先生至省，知召對自有闡揚特旨。該縣竭誠躬自敦請，應備禮儀，即代具繕束。車騎隨從資費，該縣支應開報。務必懇其惠然前來，仍將啓請起程日期速覆。」時布政司鄂一同移文該縣，其來文云：「移爲公務事，仰縣官吏，即將發來督憲與該縣諭札，及請中孚先生名帖啓書，該縣即備豐厚聘禮，踵廬敦請，希即赴青門，以備皇上顧問，毋得遲緩。」又外諭邑令張侯帖曰：「此係制臺親劄，該縣須親自敦請，務求先生來行在接駕。第先生隱處多年，淡薄自甘，恐衣服轎馬盤費艱難，該縣當一一細心料理，可令的當家人服侍。至衣服轎馬費直，該縣俱開明數目，赴司支領。仍將起程日期具文呈報，以憑報院毋誤。」

時張令在臨潼分供執事，奉布政司票及制臺手札，星夜馳縣，親詣先生榻前敦請，言：「今上至山西即問及先生，故制臺此書自平陽發來，然知先生病不能赴，理合懇辭。」乃與伯敏商議，具稟上辭。伯敏稟帖曰：「盩厔縣拔貢生李慎言謹稟。初十日，敝邑張令捧大宗師琅函，兼以隆幣安車，親詣草舍，敦致憲臺下士盛心，此誠千古僅見，不世之遭逢也。但言父年已七十有七，自客秋卧病，至今不能動履，一息奄奄，後事已爲早備，此張令素所深知而目擊者。言父子均叨太和化雨之中，兼被仁人君子之澤，儻稍可扶侍前來，何敢推託，自蹈欺誑之罪？頃到錦緘，言即恭展捧讀，而言父昏憒中亦能省喻。言感激涕零，敢代作稟申謝，并盛儀完璧，東向百拜，敬銘霄誼。言理宜奔赴轅門叩謝，實緣言父病至危篤，刻不能離，大宗師錫類之仁，或邀宥原於格外。然私衷竊念，言父一介微末，謬荷殊恩，乃以所遇不辰，自外曠典，舉家感泣，莫可名言，惟有仰天焚祝於生生世世而已。謹此叩稟，并候憲安。臨稟不勝惶悚之至。」張令據此，即於是上省回覆。

十二日，驛憲金復遣人來，仍命張令即日敦請前來，而張令已上省矣，乃同兩學捕廳來詣榻前，親視先生疾，且面述今上於初十日入關，首以先生致詢。內大人即傳盩厔邑令，驛憲知張公奉督憲命前來，故特命家人以速之。十四日，張令自臨潼又奉院命，遣家人至夜分抵縣，同兩學兩衙來請先生，急於星火，俾即刻起程，謂：今上十五日進省，先生亦須明日到，萬不可緩。蓋皇上再三存問，當道咸訝先生之倨。不得已，慎言即夜隨來人馳驛赴省，見制臺及將軍，祈以疾對。制臺及將軍各留官署二日。至十九日，聞今上知先生抱恙，遂有「高年有疾，不必相强」温旨，隨賜書「操志高潔」扁額，及御製詩章，并索先生著述。

二十一日，巡撫鄂引慎言謝恩於行宮，張令捧《二曲集》、《反身録》二書跪於左方。慎言因奏曰：「臣父山川迂士，累蒙皇上徵聘，臣父每恨身膺錮疾，不能一睹天顔，少陳愚悃。幸今聖駕臨陝，咫尺乘輿，矧又累旨存問，不能匍匐行宫，愧恨何極，特使臣代叩天恩。至臣父生平所著，本無多書，然一貧不能盡刊，今知友門生等所梓成者，僅有《反身録》、《二曲集》二書，謹此上塵聖覽。」上因問曰：「爾父何病？今年幾何？」慎言對曰：「臣父蚤失父教，臣祖母彭氏苦節鞠養。臣父少即喜讀書，奈以生理艱辛，養親爲學，百倍艱辛，以此積勞成疾，年未五十，即以羸疾時卧牀褥。今年七十有七，年老氣衰，積病愈深，遂爾動履爲難。」上問曰：「爾父生平所讀，皆屬何書？」慎言對曰：「臣父少無師承，百家之言，漫浪涉獵。及後稍知聖學路途，則一歸於聖經賢傳，不復泛覽博觀。晚年非六經、四子、《性理》、《通鑑》及諸儒先語録，不輕入目。其教門生子弟，亦惟以此數書相勸勉。」上曰：「爾父讀書守志，可謂完節，朕有親題扁額并手書詩幅，命該督撫送給爾家，以旌爾父之志。爾回去可好生侍養爾父，朕回京當更有旨也。」於是，慎言謝恩而出。所進之書，皇上手一再檢閲，隨即發南書房，令諸學士看畢回奏。大臣閲畢，奏書曰：「臣等某某謹奏。伏蒙發下李顒所著《四書反身録》暨《二曲集》二書，臣等遵旨閲看，其《反身録》一書，皆發明四書之理，真堪羽翼朱注，有功於聖賢之學。蓋其書大旨，欲人明體適用，反身實踐，人人能反身實踐，則人人皆可爲君子，世世可躋於唐虞。此書流行，有裨於聖治不淺。至《二曲》一書，乃其平日講學語録，及所著文字，亦皆醇正昌明，不愧儒者。臣等學問疎漏，向知有是書，從未細讀，今謬陳管見，伏候睿裁。」二十三日，慎言送駕至臨潼，復荷聖顔光霽，温綸靄靄，諄諄以善事先生爲諭。至潼關，特傳盩厔邑令張侯，又悉詢先生體貌奚似，及家計子孫。

及駕旋都，巡撫鄂乃臨御書於扁，裝畫如式，差官護送先生之家，懸於中廳。慎言乃復代先生爲謝恩呈詞，上督撫曰：「西安府盩厔縣拔貢生李慎言呈爲恭謝天恩，懇請代題事。竊惟言父李顒襁褓失怙，言祖母彭氏守寡鞠育，家貧不能從師，言祖母紡績供給，就塾學業，母子煢煢，饑寒坎壈，蓋不啻出萬死而得一生。言祖母終其身未嘗有一日温飽，言父痛母艱難貧困而死，依依堊室，日夜號泣。緣是憂勞成疾，百念俱灰。幸逢盛世籲俊闢門，采及葑菲，屢奉徵書。言父夙抱沉痾，未遑匍赴，荷蒙温旨，得保餘年。兹者聖駕西巡，皇仁宏沛，關中士庶踴躍歡忻，尤復眷注草茅，優渥隆篤，恩賜「操志高潔」扁額，褒嘉言父，又賜御書《金山詩》一幅。慎言謹於十一月二十一日謝恩於行宮。言父所著《四書反身録》暨《二曲集》，皆獲進呈，此真曠古未有之盛典。言父衰暮之年，何幸際此特恩。惜言父老病不能動履，咫尺天顔，未由一覲。言於本月二十三日，在臨潼縣東十里鋪跪送聖駕後，隨大宗師委官齎捧皇上所賜御書扁額至家，安奉廳中，蓬蓽生輝，閭里增慶。言父病中聞之，喜極涕零，歎不能起言祖母於九原，一覩聖主榮恩也，亟命言兄弟扶掖向闕，叩首謝恩訖。伏念言父一介寒儒，三秦下士，疊受殊恩，雖捐縻頂踵，不能仰報萬一，維有銜結於生生世世而已。懇祈大宗師俯鑒下情，特准代題，言父子焚祝無既。爲此上呈。」

附録一

佚文

重修雲臺觀朱子祠記見《華山志》

李顒

今夫舉一事而朝野之風教明，崇一人而古今之學術正，則朝廷有議禮之典，廟廡有配祀之位，其次祀之於其鄉。若夫寄迹之地，遥領之官，亦肖像而祠之，則出於學士景仰之私，然君子不以其私而廢之也。何者？文章之士，登臨勝概，一觴一詠，猶足爲山川增重，況碩儒高士之流風餘韻，所關尤鉅者哉！

昔者華陰吾友王徵君弘撰與東吴顧徵君炎武，嘗建朱子祠於雲臺觀之右，而後又建白雲祠於其中，以祀希夷先生，皆所以爲斯道計，而厥功未竟，志弗慊也。越二十有餘年，而開府鄂公海至，拓而新之，財賦於禄，功周於歲，與仙觀焕然並居勝地。於時高山在仰，景行彌新。董其事者，儒學博士李君夔龍，求予言以記其事。

余惟孟子没，孔子之道微，至宋儒出，而始有以接不傳之緒，而朱子晦翁乃集諸儒之成。自是「致知格物」之學，復明於天下，而孔子「下學上達」之旨，人皆知所以實用其力，而無躐等空疎之弊，可謂正且大矣。兹方雖非其過化之地，然淳熙間嘗受主管雲臺觀之命，故自號雲臺真逸，則其精神志意之所存，實亦有以樂乎此也。圖南先生傳《易圖》之秘文，堅卧雲壑，與世偕藏，世所詫者，踵息蜕飛之説，而不知其迹在周行閒也。觀其答宋琪之問，亦吾儒之高蹈者，尸而祝之，不亦宜乎？開府公以大臣撫軍政治之暇，獨能留意斯文，爲二子丹楹刻桷，崇飾俎豆，其於明道傳經之功，亦既尊奉而表章之，又以補祀典之所不及，非有得於孔子之道而然與？夫其意豈不曰：天下之治亂，視乎政教之盛衰；政教之盛衰，視乎學術之邪正；學術不正，則政教無所施，其權而不至，率天下而充塞乎仁義者幾希矣。吾與以法制禁令之不從，無寧使之拜跪俛仰，觀感而興，起之以漸也，則斯舉所以維風教、正學術，而大臣之識，與其學俱見矣，故不辭而爲之記。

慤叟李公傳見《原故文録》

李　顒

公諱宏㰘，字元文，别號慤叟。自高祖以來，世以詩禮忠厚傳家，皆不克顯。公生而穎敏慈良，自爲諸生時，讀程純公「一命之士，留心愛人利物」語，慨然有仁民濟世意。顧數奇，屢試不偶。戊子歲試，冠軍拔萃，貢春官廷對，授永州别駕。時湖南甫定，羽書旁午，佐守調度，軍國不匱，民亦不大困。當事以爲賢，連委攝零陵、新田、寧遠三邑，所至有聲經略。洪公尤器其才，特疏請優擢，尋移守桂陽。永人士卧轅下，不忍捨去。

桂陽地凋瘵，居民零落，於是痛裁弊規，革冗費，墾荒田，緩催科，嚴胥役侵漁，懇懇懸懸，以勞來安輯爲第一義。然桂陽民當新復之後，實不勝軍國輸，而當事者顧欲各濟，乃事不暇恤，旬日間催檄雨下。公百計寬解之不能得，乃喟然嘆曰：「吾忍以民命易一官乎？」復懇款圖民不堪狀，冀一惻憐，竟不見察，遂以催科政拙左遷。桂人多方籲留之不得也，去後置主名宦祠，樹「去思碑」，録諸善政載州志焉。

公歸，讀書課子，蕭然自得。嘗訓其二子彦瑁、彦玏，唯以立身行道，不愧清白吏子孫爲諄諄，富貴聲利，恥出諸口也。居鄉不喜外事，獨厚於宗族鄉黨，撙己裕人，諸所媚睦任恤者備至。卒之日，一如去桂陽、永州日，民德而慕之不衰也。

公在日，長子彦瑁已成進士，由中書守肇慶，績著循良。次子彦玏，薦丁卯賢書，毅然有紹明正學之思，人以爲循吏之報，方未艾云。

附録二

誌傳

國史儒林本傳

李顒，字中孚，陝西盩厔人。父可從，爲明材官。崇禎十五年，張獻忠寇鄖西，巡撫汪喬年總督三邊軍務，可從隨征討賊。臨行，抉一齒與顒母彭曰：「如不捷，吾當委骨，子善教兒矣。」兵敗，死之。顒母葬其齒。時顒年十六，母日言忠孝節義以督之。顒事母孝，飢寒清苦，無所憑藉，而自拔流俗，以昌明關學爲己任。自經史子集，以至二氏書，靡不博觀，而不滯於訓詁文義，曠然見其會通。其學以尊德性爲本體，以道學問爲工夫，以悔過自新爲始基，以静坐觀心爲入手。關學自馮從吾後漸替，顒日與其徒講論不輟。當事慕其名，踵門求見，力辭不得，則一見之，不報謁，曰：「庶人不可入公門也。」有餽遺者，雖十反不受。或曰：「交道接禮，孟子不却。」顒曰：「我輩百不能學孟子，即此一事不守孟子家法，正自無害。」陝撫欲薦之，哀籲得免。然關中利害在民者，亦未嘗不爲當事言之也。

先是，顒欲求父遺骸，以母老而止。既而母没，廬墓三年，乃徒步之襄城，偏覓不得，服斬衰晝夜哭。知縣張允中感其孝，爲其父立祠，且造冢戰場，名之曰「義林」。常州知府駱鍾麟官陝時，嘗師事顒，謂祠未能旦夕竣，請南下詣道南書院，發顧、高遺書，且講學以慰東林學者之望。顒赴之，凡講學於江陰，於無錫，於靖江、宜興，所至學者雲集。既而幡然悔曰：「不孝！汝此行何事，而喋喋於此？」即戒行赴襄城。常州人士思慕之，爲建延陵書院，肖像其中。顒既至襄城，適祠成，乃哭祭招魂，取冢土西歸附諸墓，持服如初喪。

康熙十二年，陝督鄂善以隱逸薦，有詔起之，固辭以疾。十七年，詔舉博學鴻儒，禮部以「海内真儒」薦，大吏親至其家，促之起，舁牀至省，顒絶粒六日，自拔刀自刺，大吏駭去，乃得予假治病。顒戒其子曰：「我日抱痛，自期永棲堊室，平生心跡，頗在《堊室録感》一書。萬一見逼而死，斂以粗布白棺，勿受弔也。」自是閉關不與人接，惟崑山顧炎武及同邑惠思誠至則款之。思誠，顒四十年所心交也。四十二年，聖祖西巡，召顒見，時顒已衰老，遣子慎言詣行在陳情，以所著《四書反身録》、《二曲集》奏進。上謂慎言曰：「爾父讀書守志，可謂完節。」特賜御書「志操高潔」及詩幅以獎之。

顒學亦出姚江，謂學者當先觀陸九淵、楊簡、王守仁、陳獻章之書，闡明心性，然後取二程、朱子以及吴與弼、薛瑄、吕柟、羅欽順之書，以盡踐履之功。初有志濟世，著《帝學宏綱》、《經筵僭擬》、《經世蠡測》、《時務急策》等書，既而盡焚其稿。又著《十三經注疏糾繆》、《二十一史糾繆》、《易説象數蠡測》，亦謂無當身心，不以示人。居恒教人一以反身實踐爲事，謂：「孔、曾、思、孟立言垂訓，蓋欲學者體諸身，見諸行，充之爲天德，達之爲王道，有體有用，有補於世。否則，假途干進，豈聖賢立言之初心，國家期望之本意耶？」時容城孫奇逢之學盛於北，餘姚黃宗羲之學盛於南，與顒鼎足，世稱「三大儒」。惟顒起自孤根，上接關學之傳，尤爲難及云。晚年寓富平，有《富平問答》。四十四年卒，年七十六。按卒年誤，詳見《年譜》。門人王心敬傳其學。其《四書反身録》七卷、《二曲集》二十二卷，亦心敬所摭次。

盩厔李徵君二曲先生墓表

劉宗泗

今上皇帝御極，四十三年按西狩乃四十二年，作四十三年誤。西狩，陝西總制華公迎駕平陽。上首以先生起居爲問，且云「召至關中相見」。華公承旨，即遣人造先生廬，具道上意，欲邀先生先期至關，先生以疾辭。使者數往返，先生辭益堅。華公知不可屈，乃具以上聞。上曰：「高年有疾，不必相强。」因索先生所著書，於是先生之子慎言齎《四書反身録》、《二曲集》二書詣行在。召入，上問：「爾父何病？歷年幾何？」慎言對曰：「臣父早孤，臣祖母彭矢節鞠誨。臣父仰承母志，發憤爲學，無屋可居，無田可耕，養親讀書，復管家計，以此積勞成疾，未及五十，髮白齒落。今年七十有五，按《潛確録》作七十有七。衰病益甚，時卧牀褥，不能動履。久荷徵召，又蒙天語存注，咫尺乘輿，不能一睹聖顔，此臣父子終天之憾也。」上曰：「爾父平日讀何書？」慎言對曰：「臣父少無師承，百家之書，靡不觀覽。及壯，則一歸於聖經賢傳，不復泛濫涉獵。晚年，非六經、四子、《性理》、《通鑑》及儒先語録，不輕入目。其教門弟子，亦以此相勖勉。」上曰：「爾父讀書守志，可謂完節。朕有親題『志操高潔』扁額，並手書詩幅，以旌爾父之志。爾宜歸去侍養。」及上回鑾，慎言送至臨潼，上尤諄諄以善事先生爲諭。抵關後，傳盩厔令張公芳詢先生體貌奚似、家計子弟之詳。先是，康熙癸丑，總制鄂公以「關中隱逸」疏於朝也，上即徵召於家，先生辭以疾。後屢被召，先生終不就，宸衷懸切已數十年矣。及西巡，欲式廬一晤而不可得，温綸靄靄，褒嘉備至。我皇上崇儒重道，求賢若渴，又能曲遂高蹈之節，不欲强奪其志；而先生抱道自重，浮雲富貴，甘爲盛世逸民，不肯少易其操，豈不主臣交得也乎？猗歟，休哉！

先生姓李氏，諱顒，字中孚，陝西盩厔人。父可從，慷慨有志略。明季李自成犯河南，汪公喬年奉命督師討賊，中軍監紀同知孫公兆禄招壯士，可從遂與俱東。將行，抉一齒留其家，不滅賊誓不生還。及至襄，汪公死城守，兆禄、可從俱從死。妣彭氏痛夫殉國，誓志完節立孤，紡績縫紉，易粟以食。稍長，使先生就塾，不能具脯，師不納。母恚曰：「無師遂可以不學耶？古人皆汝師。」先生感泣，遂發憤讀書。然家貧不能得，從人借觀，自六經、諸史、百家列子、佛經、道藏、天文、地理，無不博覽。久之，恍然大悟，獨慕聖賢之學，於是潛心濂、洛、關、閩、陸、王之學，以上溯孔孟之心傳。

其學以尊德性爲本體，以道學問爲工夫，以悔過自新爲始基。其言曰：「李延平云『爲學不在多言，默在存心，體認天理』，實爲用功之要務。莊敬静默，從容鎮定，静以培動之基，動以驗静之存，刻刻照管，步步提撕，須臾少忽，則非鄙滋而悔吝隨矣。」又曰：「天人理欲之界，所差只在毫釐，非至明不能晰其幾，此君子所以貴窮理也。」

又曰：「用功莫先於主敬。『敬』之一字，徹上徹下功夫，千聖心傳，總不外此，須實下苦功。如人履危橋，惟恐墮落。」又曰：「每日默檢意念之邪正、言行之得失，苟一念稍差，一言一行稍失，即痛自責罰，日消月汰，久自成德。」又曰：「無一念不純於理，無一息或閒於私，而後爲聖人之『悔過』。與天地合德，與日月合明、四時合序、鬼神合吉凶，而後爲聖人之『自新』。夫卑之至，愚夫愚婦有可循；高之至，聖賢有所不能外，此『悔過自新』所以爲人喫緊處。」又嘗謂：「陸之教人，一洗支離蔽錮之陋，在吾儒中最爲緊切，令人言下爽暢醒豁。朱之教人，循循有序，恪守尼山家法，中正平實，均有功於世教，不可置低昂於其閒。」於是並參互考，折衷盡善，由象山以迄陽明，識心性之源；由紫陽以迄敬軒，得積漸之功。下學上達，一以貫之，此先生平生得力之由，亦其學術之大較也。

先生少時慕程伊川上書闕下，邵堯夫慷慨功名，遂有康濟斯世之志。嘗著《帝學宏綱》、《經筵僭擬》、《經世蠡測》、《時務急策》等書，憂時論世，悲天憫人，蓋不啻三致意焉。既而盡焚其稿，謝絶世故，閉户深居，獨以明學術、正人心、繼往開來爲己任。里黨咸非笑，甚且造作蜚語以傾陷之，而先生日與其徒講論不輟。久之，鄉人化服，遠近從遊者至舍不能容，而學官、郡將、方伯、連帥以及海内賢士大夫，聞聲敦請者日造其門。如靖江、無錫、常州、武進、富平、華陰，關中書院、東林書院，皆其平生歷聘講學之地，而門人友朋多彙集其語以成書。蓋先生之教，因人而施，資之高下，學之淺深，誘之固各不同，而要無不以一念之不昧者擴充而實踐之，以爲希聖希賢之基。凡有答問，窮晝夜不倦，必使其人豁然於心目之閒而後已。以故遊歷所至，衲子黄冠，皆爲感化，即宿學名儒，亦退就弟子之列而北面師事焉。

先生資稟英敏，氣節高邁，其於出處去就、辭受取與之閒尤嚴。當其被徵也，催檄雨至，嚴若秋霜，絶飲食者六晝夜，幾欲自刎，而卒不肯起。與當事書曰：

「顒幼失學，庸謬罔似，浮慕曩哲，浪招逐臭，誠所謂純盜虚聲、毫無實詣者也。前當事體朝廷旁求盛懷，誤加物色，遂塵宸聰。蓋以顒或有微長可充葑菲，而不知顒學不通古今，識不達世務，上之既不足以備顧問，次之又不足以任器使，儻不審己量力，冒膺榮命，不亦辱朝廷而羞天下士哉？此其不敢一也。顒父喪時，遺顒隻身，再無次丁，顒母彭氏守寡鞠顒，艱難孤苦，蓋不啻出九死而得一生。顒後雖成立，然無一椽寸土之産，三旬九食，衣不蔽形。顒母形影相弔，未嘗獲一日之温飽，竟以是亡。亡之日，無以爲斂，縣令駱公鍾麟聞而傷之，捐俸具棺，始克襄事。使爾時稍有意外之遇，顒當如毛義捧檄，顒母之苦，豈遂如此其悽愴？顒風木之感，豈遂永抱於終天？今九原不可作矣！昔賢云：『祭之豐，不如養之薄；殺牛而祭，不如雞豚之逮親存。』顒每念及此，未嘗不涕泣自傷，不孝之罪，終身莫贖。今上方以孝治天下，豈可使不孝之人，忝竊禄位耶？昔朱百年之母以冬月亡，亡時身無棉衣，遂終身不復衣棉。孫倖早孤事母，志於禄養未遂，及母病革，自誓終身不仕。後客江淮閒，劉敞知揚州，特疏薦聞，不赴。既而沈遘、王陶、韓維連薦之，終不赴。當時亦憐其情而曲全之，史策至今傳爲美談。顒雖無二子之孝，而心則二子之心。今日之事，顒母既不及見，顒亦何忍遠離墳墓，獨冒其榮，此其不敢二也。先儒謂士人辭受出處，非獨一身之事，乃關風俗盛衰，故尤不可以不慎也。今既以顒爲隱逸矣，若以隱而叨榮，則美官要職，可以隱而坐致也，開天下以飾僞之端，必將外假高尚之名，内濟梯榮之實，人人争以終南作捷徑矣。顒雖不肖，實不忍以身作俑，使風俗由顒而壞，此其不敢三也。顒雖病廢草野，實蔭息今上化育之中，踐土食毛，莫非今上之恩。居恒深念可以報稱於萬一者，惟有提撕人心，勸人遷善改過耳。以故謬不自揆，逢人開導，人見顒寒素是甘，以爲超然於名利之外，多所信嚮。今若一旦變操，人必以平日講學爲立名之地、媒利之階，轉相嗤鄙，灰其向善之念，顒亦何由而藉以默贊今上之化育耶？此其不敢四也。方今高賢大儒，濟濟盈廷，亦何須顒一人，而使之内違素心，外滋罪戾，恐非所以保全之也。況自古聖帝明王，莫不嘉幽隱，獎恬退，故堯舜之於巢、許，湯武之於隨、光，西漢之於四皓，東漢之於嚴光及周黨、徐穉，以至宋之陳摶、邵雍、林逋、魏野，元之許謙、劉因、杜本、蕭𣂏，皆安車蒲輪，屢徵不起，而褒之以敦風化。蓋以其道雖未宏，志不可奪，足以立懦夫之骨，息貪競之風，所謂以無用爲有用，乃激勵廉恥之大機也。顒昏愚庸陋，懿修固不敢望古人，而絶迹紛華，亦不敢自外於古人，若隱居復出，是負朝廷之深知，翻辱闡幽之盛典，其爲罪豈不大哉？」噫，觀此可以識先生志趨操守之大概矣。

性至孝，母夫人病，籲天求代，跪接矢溺，以辨輕重。以父死王事於襄城，終身不衣采，每忌日，必爲文以祭，哀慕之私，時時不能去於懷。徒步二千里至襄城，禱於社，號呼於道，自呼其乳名，從曩所戰死地招魂以歸而葬焉。嘗泣語人曰：「吾母之生也寢無席，吾父之亡於外也，求其首而不得，吾實天地之罪人矣！」因自號曰「慚夫」。長身方面，大鼻修髯，儀觀甚偉，飯可兼三人食，飲盡數斗，終不及亂。每日黎明即起，獨居一室，整衣冠危坐，竟日無怠容。晚歲閉關，不與世人相接者幾二十年，然海内學者莫不知有二曲先生云。所著《四書反身録》若干卷、《二曲集》若干卷。以康熙四十四年四月十五日卒，得年七十有六。按《二曲歷年紀略》不載先生年歲，牛雪樵續之，則注明康熙四十二年七十七歲，而劉長源《二曲先生傳》作丁卯年生，他傳多作崇禎壬午先生年十六，依此推之，卒年爲七十九。葬於先塋之次。子二：慎言，拔貢生；慎行。

嗚呼，聖學遠矣！其所以垂訓後世者，平易切實，固兼精粗、該本末、統人己、合内外而一之者也。顧近世學者争持門户，入主出奴，穿鑿附會，僻固狹隘，而道學之旨愈晦。善哉，子朱子之言曰：「道不明於天下，而士不知所以爲學，言天者遺人而無用，語人者不及天而無本，專下學者不知上達而滯於形氣，必上達者不務下學而溺於空虛，優於治己者或不足以及人，而隨世以就功名者又未必自其本而推之也。」若先生者，澄心主静，而不失之恍惚虛寂；居敬窮理，而不流於訓詁章句。學非獨善，以世道人心爲己任；義非襲取，本躬行實踐以立言。其於精粗、本末、内外之閒，豈不同條而共貫也哉！當其少時，不由師資，毅然以聖人爲師，疑謗交集，而其志彌確。迨其後，大臣屢薦，徵召頻加，而堅卧不出，其視富貴利達，又不啻敝屣矣。傳所謂「中立不倚」、「遯世無悶」者，殆庶幾焉。

初，先生之過襄也，求父殉難地不得，訪於故老，知先君子昔以贊畫從汪公城守，遂主泗家，涕泣以叩其詳。是時，泗與伯氏孝翁、仲氏友翁方同爨養母，聞先生言，亦感激泣下，因備述汪公及諸從軍死事顛末，又出先君子作《汪公殉難紀略》一篇共讀，復相向哭失聲。乃割西郭田，具兆祿公、可從公姓氏而葬，以「義林」表於道，用慰先生之哀思焉。先生遂與愚兄弟修通家好而訂昆弟交，拜吾母於堂，謁先君子畫像，聚處講論者累朝夕。自後數十年，書疏往來，無不以敦倫講學相期勉。故聞先生没，爲位而哭，汎瀾涕洟，悼吾道之孤立，歎典型之凋謝，豈徒遊好之私情也哉！然則宜銘先生者，非泗而誰？況重以其子慎言之請，與其門人王子心敬之屬也，因爲之銘曰：

聖遠言湮，誰明斯道？濂洛授受，闡微抉奥；朱陸繼生，各倡世教。下迨王薛，亦從所好，尊聞行知，派别川導。嗟我二曲，崛起西方，融會貫通，參考衡量。苟禪人心，何言不臧；苟利世道，何方不良。一默木昧，作聖津梁，炯炯惺惺，勿使心盲。曰維百行，曰維五常，式履式踐，尼父皇王。江西新安，關中姚江，紛紛聚訟，徒事猖狂。操存益固，涵養益精，積厚流光，名徹帝廷，聖眷有德，徵召頻仍。堅不可屈，高不可淩，清介絶俗，聖世逸民。憶昔在襄，相從日久，憫世憂俗，痛心疾首，盛德大業，共期不朽。緬懷泰岱，益慙培塿，山水之曲，巍巍斯碣，知德君子，群仰前哲。

二曲先生窆石文

全祖望

慈谿鄭義門西遊，拜於二曲先生之墓，曰：「吾不及登其門也夫！」因顧爲之碑其墓，而屬予以文。予曰：「夫不有豐川諸高弟之作乎？」義門曰：「吾以爲未盡也。異日國史將取徵焉，子其更爲之。」惟予豈足以知先生之學，而義門之睠睠，則固古人之意，不敢辭。

按先生姓李氏，諱顒，字中孚，其別署曰「二曲土室病夫」，學者稱之爲二曲先生，西安之盩厔縣人也。其先世無達者，父可從，字信吾，烈士也。以壯武從軍爲材官。崇禎壬午，督師汪公喬年討賊，信吾從監紀孫兆禄以行，時賊勢已大張，官軍累敗。信吾臨發，抉一齒，與其婦彭孺人曰：「戰，危事，如不捷，吾當委骨沙場，子其善教兒矣！」中途三寄書，以先生爲念。當是時，先生甫十有六齡，家貧甚。督師竟敗，死之，監紀亦死之；信吾衛監紀不克，亦死之。五千餘人盡没。彭孺人聞報，欲以身殉，先生哭曰：「母殉父固宜，然兒亦必殉母，如是則父且絶矣。」彭孺人制淚撫之，然而無以爲生。其親族謂孺人曰：「可令兒爲傭，得直以養。」或曰令其給事縣廷，孺人不可，令先生從師受學，而修脯不具，師皆謝之。彭孺人曰：「經書固在，亦何必師！」時先生已粗解文字，而孺人能言忠孝節義以督之，母子相依，或一日不再食，或連日不舉火，恬如也。但聞其教先生甚遠大，里閭閧聞而哂之。乃先生果能自拔於流俗，以昌明關學爲己任。家無書，俱從人借之。自經史子集以至二氏之書無不觀，然非以資博覽，其所自得，不滯於訓詁文義，曠然見其會通。

其論學曰：「天下之大根本，人心而已矣；天下之大肯綮，提醒天下之人心而已矣。是故天下之治亂，由人心之邪正；人心之邪正，由學術之晦明。」嘗曰：「古今名儒倡道者，或以主敬窮理爲宗旨，或以先立乎大爲宗旨，或以心之精神，或以自然，或以復性，或以致良知，或以隨處體認，或以正修。愚則以悔過自新爲宗旨，蓋下愚之與聖人，本無以異，但氣質蔽之，物欲誘之，積而爲過，此其道在悔，知悔必改，改之必盡。夫盡，則吾之本原已復，復則聖矣。曷言乎自新？復其本原之謂也。悔過者不於其身，於其心；於其心，則必於其念之動者求之。故《易》曰『知幾其神』，而夫子以爲『顏子其庶幾』，以其有不善必知，知必改也。顏子所以能之者，由於心齋靜極而明，則知過矣。上士之於過，知其皆由於吾心，則直向其根源剗除之，故其爲力易。中材稍難矣，然要之以靜坐觀心爲入手，靜坐乃能知過，知過乃能悔過，悔過乃能改過以自新。」其論朱陸二家之學曰：「學者當先觀象山、慈湖、陽明、白沙之書，闡明心性，直指本初。熟讀之，則可以洞斯道之大原；然後取二程、朱子以及康齋、敬軒、涇野、整菴之書，玩索以盡踐履之功，收攝保任，由工夫以合本體，下學上達，内外本末，一以貫之。至於諸儒之説，醇駁相間，去短集長，當善讀之。不然，醇厚者乏通慧，穎悟者雜竺乾，不問是朱是陸，皆未能於道有得也。」於是關中士子争向先生問學。關學自横渠而後，三原、涇野、少墟，累作累替，至先生而復盛。

當事慕先生名，踵門求見，力辭不得，則一見之，終不報謁，曰：「庶人不可入公府也。」再至，並不復見。有餽遺者，雖十反亦不受。或曰：「交道接禮，孟子不卻，先生得無已甚！」答曰：「我輩百不能學孟子，即此一事，稍不守孟子家法，正自無害。」當事請主關中講院，先生方謀爲馮恭定公設俎豆，勉就之，既而悔曰：「合六州鐵，不足鑄此錯也。」亟去之，陝撫白君欲薦之，哀籲得免。陝學使許君欲進其所著書，亦不可。然關中利害在民者，則未嘗不爲當事力言。少墟高弟隱淪，不爲世所知者，言之當事，皆表其墓以傳之。

初，彭孺人葬信吾之齒曰「齒冢」，以待身後合葬，先生累欲之襄城招魂，而以孺人老，不敢遠出，且懼傷其心。乙巳，彭孺人卒，居憂三年。庚戌，始徒步之襄城。繞城徧覓遺蜕不得，乃爲文禱於社。服斬衰，晝夜哭不絶聲，淚盡繼之以血。知襄城縣張允中聞之，出迎適館不可，乃亦爲先生禱於社，卒不得。先生設招魂之祭狂號，允中議爲信吾立祠，且造冢於故戰場，以慰孝子之心。知常州府駱鍾麟前令盩厔，師事先生，至是聞已至襄城，謂此事未能旦夕竣，請先生南下謁道南書院，以發顧、高諸公遺書，且講學以慰東林學者之望。先生赴之，來聽講者雲集。凡開講於無錫、於江陰、於靖江、於宜興，晝夜不得休息。忽靜中涕下如雨，搥胸且悔且詈曰：「嗚呼不孝，汝此行爲何事，而竟喋喋於此閒，尚爲有人心者乎？雖得見顧、高諸公書，亦何益！」申旦不寐，即戒行，毘陵學者固留不能得。時祠事且畢，亟還襄城宿祠下，夜分鬼聲大作，蓋先生祝於父祠，願以五千國殤之魂，同返關中故也。聞者異之。允中乃爲先生設祭，上則督師汪公、監紀孫公，配以信吾；下設長筵，遍及同時死者。先生伏地大哭，觀者皆哭，於是立碑曰「義林」，奉招魂之主，取其冢土西歸，告於母墓，附之齒冢中，更持服如初喪。

癸丑，陝督鄂君竟以隱逸薦，先生遺之書曰：「僕少失學問，又無他技能，徒抱皐魚之至痛，敢希和靖之芳蹤哉？古人學真行實，輕於一出，尚受謗於當時，困辱其身，況如僕者而使之應對殿廷？明公此舉，必當爲我曲成，如必不獲所請，即當以死繼之，斷不惜此餘生，以爲大典之辱。」辭牘八上。時先生以病爲解，得旨：「俟病愈，敦促入京。」自是大吏歲歲來問起居，欲具車馬送使覲天子。先生遂自稱廢疾，長卧不起。戊午，部臣以海内真儒薦，復得旨召對。時詞科薦章徧海内，而先生獨以昌明絶學之目，中朝必欲致之，且將大用之。大吏勸行益急，檄屬吏守之。先生固稱疾篤，舁其牀至行省，大吏親至榻前從臾，先生遂絶粒，漿水不入口者六日，而大吏猶欲强之。先生拔刀自刺，陝中官屬大駭，乃得予假治疾。先生歎曰：「將來强我不已，不死不止，所謂生我名者殺我身，不幸而有此名，是皆平生學道不純，洗心不密，不能自晦之所致也。」戒其子曰：「我日抱隱痛，自期永棲堊室，平生心跡，頗在《堊室録感》一書。今萬一見逼而死，斂以粗衣白棺，即懷《堊室録感》以當含飯，權厝堊室，三年方可附葬母墓，萬勿受弔，使我泉下更抱憾也。」當道亦知其必不肯出，不復迫之。自是以後，荆扉反鎖，遂不復與人接，雖舊生徒亦罕覯，惟吴中顧甯人至則款之。已而天子西巡，欲見之，命陝督傳旨，先生又驚泣曰：「吾其死矣！」辭以廢疾不至，特賜「關中大儒」四字以寵之。大吏令表謝，先生曰：「素不諳廟堂文字，奈何强之！」乃上一表，文詞蕪拙，大吏哂曰：「是恐不可以塵御覽也。」置之。時有宰相自負知學，遂以文采不足誚先生，君子哂之。

先生四十以前，嘗著《十三經糾繆》、《二十一史糾繆》諸書，以及象數之學，無不有述，其學極博。既而以爲近於口耳之學，無當於身心，不復示人。所至講學，門人皆録其語。而先生曰：「授受精微，不在乎書，要在自得而已。」故其巾箱所藏，惟取《反身録》示學者。晚年遷居富平，四方之士，不遠而至。然或才名遠播，著書滿家，而先生竟扃户不納，積數日悵然去者；或自市廛下户，而有志自修，先生察其心之不雜，引而進之。當是時，北方則孫先生夏峰，南方則黄先生梨洲，西方則先生，時論以爲三大儒。然夏峰自明時已與楊、左諸公稱石交，其後高陽相國折節致敬，易代而後，聲名益大；梨洲爲忠端之子，證人書院之高弟，其後從亡海上，故嘗自言生平無責沈之恨，過泗之慙。蓋其資格皆素高。先生起自孤根，上接關學六百年之統，寒餓清苦之中，守道愈嚴，而耿光四出，無所憑藉，拔地倚天，尤爲莫及。

子二：慎言、慎行。慎言雖以門户故出補諸生，終未嘗與科舉之役；其後陝學選拔，貢之太學，亦不赴。兄弟皆能守其父之志。嗚呼，先生所以終身不出，蓋抱其二親之痛，然而襄城有其父祠，盩厔有其母祠，立身揚名，其道愈尊，斯可謂之大孝也矣。乃更爲之銘以復義門。其詞曰：

匡時要務，在乎講學，當今世而聞斯言，或啓人之人噱，又惡知夫世道陵夷，四維安託！架漏過日，馴將崩剥，一旦不支，發蒙振落，斯則甚於洪水猛獸之災，其能無驚心而失魄！先生崛起，哀此後覺，苦身篤行，振彼木鐸，格言灌灌，廉頑敦薄。嗟江河之日下，渺一壺之難泊。誰將西歸，先民可作，試看墓門，寒芒嶽嶽。

關學續編本傳

王心敬

先生名顒，字中孚，學者稱二曲先生，西安府盩厔人。前明天啓丁卯正月二十五日，母彭氏感震雷之夢而生，生而氣貌偉特。甫周歲，識者謂其必非常人。年九歲，入小學，從師發蒙讀《三字經》，私問學長曰：「性既本善，如何又説『相近』？」已穎慧異人。在小學，僅誦《學》、《庸》，以嬰疾輟讀。既而父可從從汪督師征逆闖於河南，殉義襄城，母子煢煢，至日不再食。然每過學舍，輒欣然動心，而以束脩無出，母子輒相對啼泣。於是取舊所讀《學》、《庸》，依稀認識，至《論》、《孟》則逢人問字正句。不一年，識字漸廣，文理漸通，讀書遂一覽輒能記其大略。故年十五六時，已博通典籍，有「奇童」之稱，然泛覽博涉，殊無統紀也。

年十七，得《馮少墟先生集》讀之，恍然悟聖學淵源，乃一意究心經史，求其要領。甫冠，邑令山西樊侯辛，文敬高弟也，聞其名，就家顧之，坐語移時，驚曰：「此關、洛輩人也！」即以「大志希賢」扁其門。而是時邑之舊家如二趙、南李及鄗邑杜氏者，皆博藏書籍，先生一一借而觀之，遂無所不窺，亦遂無所不知，而守則益嚴，雖簞瓢屢空，一介不以苟取。遠邇咸以「夫子」推之，本省大寮表閭者後先相望。三十三歲，臨安駱侯涖邑，親覿其言行丰采，大咤爲「振古人豪，不當求諸今人」？遂事以師禮，時時詣廬請益。而同時東西數百里閒，耆儒名士，年長一倍者，亦往往納贄門牆，彬彬河、汾之風焉。三十九歲，母彭孺人病，先生百方延醫，衣不解帶者數月。及卒，慟母終身食貧，哀毁幾於滅性。四十四歲，訪父骨於襄城，蓋先生久懷此志，以母老無依，故至此決計往也。至襄城，一時士大夫高其義，爲之舉祀置塚，歲時祀焉，今之義林、忠烈祠是也。而是歲駱侯晉守常州，乃遣人迓先生爲常人開導聖學。來使遇於襄城，遂敦迎至常。所屬五邑皆設臯比明倫堂，次第會講。注籍及門者至四千人，一時故老咸咤爲百年未有之盛事。去後，五邑追憶風徽，梓語録一十八種，鼎建延陵書院祀焉。四十七歲，制軍鄂公修復關中書院，造士延禮，啓迪諸生，先生三辭不得，而後應命。鄂公既見，親其儀範，聽其議論，則信尚益深，隨以「大儒」疏薦，兵部主政房公廷正又以「大儒宜備顧問」薦，撫軍又以「博學鴻辭」薦，交章上請，先後皆奉旨特徵。自守令至門，敦逼上道，先生卧病終不赴。自是閉户母祠，終歲不出。遠方問學至者，啓户與會。先生因人指授，無不各厭其望而去。由是海内三大名儒，雖兒童走卒熟悉之。三大儒者，河南孫鍾元先生奇逢、浙江黄梨洲先生宗羲並先生也。

七十六歲，聖祖仁皇帝西巡，詔見行宫，並索著述。先生時以老病卧牀懇辭召命，惟以所著之書進奉。温旨「處士既高年有疾，不必相强」，特賜御書「操志高潔」扁額，並御製《金山詩》幅賜焉。所呈《二曲集》、《反身録》二書，則並荷「醇正昌明，羽翼經傳」之褒，蓋康熙癸未冬也。歲乙酉，年七十八歲，四月十五日以疾卒。

先生之學，幼無師承，故早歲不無馳騁於三教九流。自十七知學後，則天德王道，源源本本，由宋、唐直溯於孔、孟。其生平論學，無朱、陸，無王、薛，惟是之從。嘗曰：「朱子自謂某之學主於道問學，子静之學主於尊德性。自今當去兩短，集兩長。某生也愚，然如區區素心，則竊願去短集長，遵朱子明訓，敢執私意、昧公道，自蹈於執德不宏耶？」故所學不畸重一偏，落近儒門户之習。而如其事母之孝，則根於天性，至老彌篤。識者謂先生生平造詣，充實光輝，要自行道，顯揚一點血誠，擴而充之，暢茂條達，故道德風節，不至不休。嗚呼，吾夫子行在《孝經》之志，先生允蹈之矣！葬之日，海寧大宗伯陳公題其碑，襄城劉恭叔先生表其墓，督學逢公檄祀鄉賢。蓋關中道學之傳，自前明馮少墟先生後寥寥絶響，先生起自孤寒，特振宗風。然論者以爲少墟尚處其易，而先生則倍處其難。至如學不由師，未冠即能卓然志道據德，中年以還，指示來學，諄諄揭「改過自新」爲心課，「盡性無欲」爲究竟，以「反身」爲讀書要領，「名節」爲衛道籓籬，則於聖學宗傳，益覺切近精實。雖顔、孟、周、程復起，無以易也。中州潛谷張公嘗謂先生「殆曾子所謂任重道遠之弘毅，孟子所謂先覺任重之天民」，士林以爲篤論云。

王化泰號省庵，性剛，尚氣誼。與同邑單元洲先生厚善，時時講明忠孝性命之學。及國變，單以死殉國，公乃身隱於醫，遂與同州白、張、黨、馬諸君子以學術相切砥，而於黨兩一尤稱莫逆。然諸老皆敦尚行履，而省庵則中有獨契。嘗據静中所得連吟三絶，識者歎爲見道之言。年幾古稀，不遠數百里造訪二曲先生於盩厔，求質所學。一見心折，直欲納贄門牆，先生以其年高幾倍，固辭。後又與同州泊如白公肅車迎先生於白齋。晚而每自憾日汨歲暮，虚度此生，輒欷歔涕零。生平性至直，見人過，輒面斥不貸，遇人一長一善，則又欣羡推許，不啻若其口出。刊布《迪吉録》、《僞學禁》二書，寓淑人成物意，蓋於爲善惟日不足者也。卒年七十五。二曲先生爲之傳，太守董公爲樹墓道之碑。

王建常字仲復，號復齋，朝邑人。性篤樸，有堅守。前明邑庠弟子員。及代革，不復應試事，日惟讀宋、明諸儒先書，或有心得，即記録於册。家素貧，淡泊自甘，數十年如一日。晚病重聽，尤深居簡出。蓋生平確守《孝經》始於立身之義，雖盛暑衣冠不去，其守爲人之極難。至其生平述作，於吾儒、二氏之分，辨之尤不遺餘力。

其諸尚志守節之逸民，與同時又有關獨鶴者，亦朝邑人，逸其名，與其弟某者俱爲前代邑庠生。兄弟咸與仲復同操，亦不復應試，而好理學家言，朝邑人推爲「一門兩高士」。二曲先生過朝邑，嘗一見之，後每稱其篤實樸茂，淵乎見太古醇龐遺風於仲復、獨鶴伯仲之閒。所著有《大學直解》一卷、《兩論輯説》十卷、《詩經會編》五卷、《尚書要義》六卷、《春秋要義》四卷、《太極圖集解》一卷、《律吕圖説》二卷、《四禮慎行》一卷、《思誠録》一卷、《小學句讀》六卷、《復齋録》六卷、《復齋别録》一卷、《復齋日記》二卷。

党湛字子澄，同州人。嘗以「人生須做天地閒第一等人，爲大地閒第一等事」，故號「兩一」以自勗。父兄皆籍邑庠，兩一獨不事帖括，勵志正學。常日手宋、明諸儒先書，恒不去手，會心者輒書之壁，壁爲之滿。性至孝，父患癲，家人莫敢近，兩一獨晝夜侍調養。及父歿，兩一獨廬墓三年，遠邇稱「黨孝子」焉。生平不營産業，薄田自給，簞瓢陋巷，恬不爲意。晚年獨處一窑，静久有得，覺動静云爲卓有持循。每遇同志，講切輒娓娓不倦。年躋八旬，猶冒履冰雪，於五百里外訪李二曲先生於盩厔，商證所學，留住積日，嘗至夜分，未嘗見有惰容，亦不以己年倍長恥於請益。卒年八十四。張忠烈公深重其品，二曲先生爲之傳。既葬，郡丞郝公署州守，豎碑墓前，大書「理學孝子兩一黨先生之墓」以表之。

同時，本州有白焕采者，白希彩之弟。以積廩貢成均，每聆兄敘述師説，輒私竊向往。後乃博集群書，與鄉先達太乙張公、陸海武公集同志講明正學，既又與元昭馬公講學於寄庵，晚而與蒲城省庵王公肅車迎二曲先生於盩厔，集同志日會家塾。前後凡兩度爲之，賓客滿堂，略無倦色，一時同志依爲主盟者積年。至於祀先、孝親、恭兄、敦宗，與夫信友周急，美行縷縷，蓋惟恐善之有一或缺於己焉。年七十八卒。二曲先生爲之傳，署州守郝公表其墓。

張珥號敦庵，同州人。爲人好正學，尚德行。以進士林居，言行動止，非禮不爲。至與鄉人處，則退讓謙恭，絶不以等威自異。同時党兩一向道而至貧，白泊如年等而守正，敦庵皆折節下之，州人無少長士庶，無不敬愛其爲人者。歲戊申，二曲先生爲其鄉肅迓至白齋，公之年幾長先生一倍，有所請益，必跪而受教，先生每力辭之，不從。二曲先生每歎謂：「生而後時，不及見成、弘、嘉、隆間先正風範。如敦庵之篤雅謙恭，即前輩名世諸老，其質行何加焉？」

蓋明之一代，崇尚《性理》一書，宗法有宋濂、洛、關、閩五子。同州則風氣之醇本甲三輔，兼浸被馬二岑先生風澤；暨萬曆、天啓間，西南二百里，則馮少墟先生提唱正學者數十年，鄰邑則蒲城單元洲先生以性命氣節之學鼓舞同志。故一時同、蒲諸邑，流風廣被，人士往往向往理學，惟恐或後，有宋道學之盛，不能過也。惜乎時移代易，記載缺然，可勝歎哉！

以上同時諸子。

李士瓆字文伯，同州人。未冠即知向學。甫四十，以積廩貢成均，不就廷試，惟文史自娱。性至孝，父疽發於背，衣不解帶者月餘，口咀瘡毒而愈。庚申奇荒，以應聘入幕之金，糴粟活其親眷數家。又嘗拾五十金，仍訪還其人。前後州守，聞名優禮。

歲戊申，二曲先生爲其鄉諸公敦邀，因聞性命之旨，欣然當心，乃首先納贄，其實齒倍先生也，一時謂其「忘年向道，有古人風」。垂年九十，手不釋卷。所著有《理學宗言》九種，藏於家。其殁也，二曲先生爲之傳。

蔡啓允字紹元，天水人。弱冠入庠食餼，而性喜宋儒書，每至忠孝節烈，則往往拊膺向往，欲即其人。父病，籲天祈代，不時之需，旁求必獲。嘗爲親預營壽器，入山採漆，虎遇之輒避。寇起陷城，母被獲，則哀號請代，寇感其孝，遂并釋以歸。待三同胞弟，教訓課業則甚嚴，而家庭居處，恒怡怡如也。癸未，逆闖入關，兵薄秦、隴，迺衣冠趨學校龍亭，九叩慟哭，欲以身殉，其父固諭而止，然心終於此耿耿也。及以積廩將貢，遂堅謝不應，日惟耽玩濂、洛、關、閩諸書。後聞二曲先生風，乃執贄門牆。每得書，必拜而後讀，每發書請益，必拜以送使。逮後病危，兩親皆年及期頤，尚在，子蕃問後事，則大慟曰：「先親而逝，吾罪人也，尚何言！」戒之斂以斬衰，暴棺野次，以明未能送終之罪。前後督學使者，多旌其門。所著有《四書洞庭集》、《蒙解集》、《鑑觀録》、《溪岩集》，藏於家。弟啓賢孝友性成，亦知向正學。司鐸盩厔，自處清潔，學政整嚴，盩厔士至今悉之。

張承烈字爾晉，晚年自號淡庵，武功人。生而性任俠，年幾五十一，且悔其前非，奮志心性之學，嘗對人曰：「少無師承，爲俠客誤我二十年，爲諸生誤我二十年，今尚可爲鄉愿誤耶？」乃節讀程、朱書，交遠邇正人。時長子志坦幾冠，亦篤向正學，乃率之受業二曲先生門。自是父子刻意砥礪，期於必若心齋父子而後已。不幸志坦年三十亡，淡庵遂摧殘不勝而卒，同人惜焉。

馬稢士，同州人，馬二岑先生子。生而習聞家學，兼氣質醇愨，讀書寫字外，更不復識世有可榮可慕事，亦不知世機械變詐事。中年納贄二曲先生門，益向學守禮。先生嘗言：「使世皆稢士，朝廷刑罰可使盡措。即理學家規矩準繩，亦可無事諄諄矣！」年踰七十卒。

楊堯階、舜階胞兄弟，商州洛南人。早歲皆入庠食餼，同納贄二曲先生門。洛南居商州東南萬山中，風俗素稱樸醇，堯階兄弟本自潔修，自是益循禮矩，事事遵奉師訓惟謹。制舉外，讀諸先儒書，講反身悔過之旨，商州人有「洛南二士」之目。

王吉相字天如，邠州人。生而恬退端諒，非禮不行。中壬子鄉試第一。丙辰，成進士，選庶常。每自嘆：「學不見道，何容以未信之身，立朝事主？」請告歸，受業二曲先生門。先生授以知行合一之旨，天如躬行力踐，期於必至。未三年，一病不起。君子以爲如天如之行己有恥，使其造詣有成，當必不愧先賢，而一旦摧折，蓋吾道之不幸云。

李彦琡字重五，三原人。生而清謹孝友。母歿，恪遵禮制，不飲酒食肉，居宿内室者三年。以孝廉考中書，待補家居。兄彦瑁坦衷好施，歷官凡數十年在外。彦琡代兄應門，恪恭愷悌。歲荒，尤悉心賑濟宗戚。于二曲先生，以宗屬事如胞兄，凡砥德進道之訓，一一循奉惟謹。晚年應酬之餘，輒閉門静坐，體認未發氣象。二曲先生嘗稱之曰：「重五孝友性成，晚年尤篤信好學，吾黨矜貴之品也！」及補授中書，爲同官獨受公共之過。一旦聞兄卒黄州，大慟得病而亡，士林惜焉。

羅魁字仲修，咸甯人。爲人敦篤好學，尤孝於事親。自爲諸生時，士林即重其爲人，省中大寮每敦延以訓子弟。後受業二曲先生門，尊聞行知，以選拔教諭麟遊，修學宫，振學規，梓布聖諭，旌表節孝，諸生中極貧者往往節口賑恤之。及謝病歸里，麟庠士追憶教澤，爲立「去思碑」。聞其卒，則舉祀名宦，蓋入本朝來關以西教諭之僅見云。同時如富平孫長階，清醇孝友，志期正學，僅三十餘，以副榜坐監成均卒；武功諸生張志坦，生於宦家，父子同心，勵志希賢，年僅三十卒；韓城賈締芳，生爲貴公子，未冠即修潔好禮，崇向正學，亦僅三十餘卒，識者咸爲吾道惜焉。外如寶雞李修，秉心慈良，天真未鑿，蓋亦不失爲有恒；而如富平惠靋嗣，則篤於事師，及出宰通海，雅意循良，則亦師門之先覺云。

文佩字鳴廷，平凉府涇州人。弱冠入庠食餼，而性嗜正學。年二十五，徒步五百里外，納贄二曲先生門。歸而倡率同志郭、張、李等四十餘人爲「正學會」，商證師門宗旨。後又以會聚無地，又竭力倡衆建師祠於居旁，定以朔望會講之規，凡數十年不替。年六十一，訓導漢中府甯羌州，甫踰一年，而遽以疾卒。嗚廷自少至老，孝友温恭，行誼修潔，而如其篤信好學，樂誨後進，尤爲出於天性。凡交與者，無不愛敬其人，以爲即古篤行之士，當無以過。及是以所施未究其志而卒，士林蓋無不爲之感慨悼惜云。

王承烈字遜功，號復庵，涇陽橋頭人，端節王先生四世孫也。少以精舉子業，兼博通聲、詩、古文、詞，士林雅重其品。久困場屋，四十三歲以五經發解，名噪藝林，而遜功不以爲榮也。及鄠邑令蕪湖張侯開館造士，以重幣敦延師多士館余家，講明心性及修己治人之學，乃舍其學而惟余言之是從。逮捷南宫，館庶常，辨諸儒真僞，務求力行，甘貧守志，勤學不替。世宗皇帝纘承大統，聞其品操學行，不次擢臺垣，剛方守正，不避權要。奉有督糧湖北之命，講「明明德」之旨於養心殿，上爲稱賞，謂其學有本源。隨藩江右，操嚴而行惠，向學益篤，冀於斯道大明，展其所學，以報國恩。復由副憲歷少司寇，未及期而卒。嗚呼，年六十有四，學未究其施，朝野同志蓋不能不爲吾道惜也。養廉偶有贏餘，即用以惠民濟貧及修廢興學，不問私殖，亦不爲子孫計。殁之日，幾無以殮。蓋其清操，實爲絶德。著有《日省録》、《毛詩解》、《書經解》，行於世。

以上及門諸子。

附録三

年譜

二曲先生年譜

山陽吴懷清

明天啓七年正月二十五日未時，先生生。

劉宗洙《二曲先生傳》：「先生蓋丁卯年癸卯月癸巳日己未時嶽降也。」懷清按：「丁卯」爲明天啓七年，「癸卯」爲二月。考《明熹宗紀》，是年二月未紀朔。《東華録》天聰元年，即天啓七年；二月己亥朔，有癸卯、癸丑、癸亥，而無癸巳，惟正月有癸巳，在下旬。又考《豐川集·涇州新創二曲先生祠記》云：「文子鳴廷嘗以某年春從遊先生之門，自此每於正月念五，先生壽前，必策一蹇，衝冒風雪而至。」始悉先生之生在正月二十五日癸巳。由此後推，若大建則距二月己亥朔六日，適合《劉傳》言「癸卯」而不言壬寅者。蓋正月交二月節，星家排八字，即作二月推算也。

先生名顒，以避仁廟諱，他書多追改作容。字中孚，嘗自號慚夫，劉宗泗《二曲先生墓表》：嘗泣語人曰：「吾母之生寢無席，吾父之亡於外也，求其骨而不得，吾實天地之罪人矣！」因自號曰慚夫。別署「二曲土室病夫」，學者因稱之爲二曲先生。世居盩厔。先世無達者，故名字無考。父可從，字信吾，私謚忠武。母邑彭氏。以上懷清據各書增輯。

崇禎七年乙亥，九歲。

先生家世甚微，貧不能早學。九歲始入小學，從師發蒙。讀《三字經》，私問學長云：「性既本善，如何又説相近？」學長無以答。在小學僅一旬，嬰疾輟讀，後隨母舅讀《學》、《庸》，舊疾時發，作輟不常。《二曲歷年紀略》。後均省稱《紀略》。

懷清按：是年以後，多依《二曲歷年紀略》，特爲注出，其有依他書增輯者，亦分别注出。

崇禎十四年辛巳，十五歲。

是年，李自成擾河南；及冬，連陷葉縣、南陽、淯川、許州、長葛、鄢陵，攻開封。總督陝西都御史汪公喬年奉命出關討賊，先生父信吾公以材官隨監紀、西安同知、前盩厔令孫公兆禄出征。十二月二十四日離家。至省垣數日，慮先生爲讐人所陷，寄書先生伯父及舅氏以致丁寧。據《明史》及《二曲集·跋父手澤》增輯。《明史》列傳：汪喬年，字歲星，遂安人。天啓二年進士，授刑部主事，歷郎中，累遷青州、平陽知府，陝西提學、按察使。十四年，擢巡撫。時李自成破河南，擢喬年總督三邊軍務，數趣出關。十五年正月，率總兵賀人龍、鄭嘉棟、牛成虎出潼關。自成攻左良玉郾城，喬年兼程，進次郟縣，襄城人迎喬年。二月二日入襄城，賊果解郾城而攻襄城。賊至，三帥奔，軍大潰。二十七日，城陷，自刭不殊，賊割其舌，磔殺之。時監紀西安同知孫兆禄、材官李可從皆死之。兆禄，盩厔人。可從，盩厔人。《跋父手澤》：吾父崇禎十四年臘月二十四日離家，隨邑侯孫公征賊河南。至省數日，慮顒爲仇人所陷，託人寄書吾伯、吾舅以致丁寧。

崇禎十五年壬午，十六歲。

正月，信吾公至潼關，復寄書先生伯父及舅氏，以先生爲託。既而訛傳先生被官收倉，急函召先生從兄居暨、舅僕彭守己赴關，欲面有所囑。比二人至，信吾公已於十八日出關，二月十一抵襄城，被賊圍攻。十七日，城陷，汪公被執遇害，信吾公偕監紀孫公俱死之。《二曲集·跋父手澤》。《跋》云：次年正月至潼關，又寄書以顒爲託。既而側聞訛傳，言顒被官收倉，即寄書伯舅，呼吾堂兄居暨、舅僕彭守己赴關，欲面有所囑。及二人到關，而吾父正月十八日已出關矣。二月十一日薄暮抵襄，被圍。逆闖晝夜攻城。知必不免，與同儕泣語，深以顒幼弱無倚爲痛。十七日，城陷，竟及於難。按：跋紀汪師抵襄及城破之日與《明史》異，可訂史家之訛。又跋不及先生父離家抉齒事，蓋因有葬落齒事，文人遂附會爲臨行抉之者，兹亦不闌入譜中。《襄城志·忠烈》：李可從字信吾，沈毅有大略，汪督援剿，壯志請纓，汪奇之，署爲材官，命副孫郡丞掌賞功。賊圍城將陷，其猶子爲畫遁計，乃曰：「出吾門抉齒，誓不與賊共戴！敗即遁，毋寧貽汪公羞乎！」血戰巷口，體無完膚，猶撼聲號衆曰：「殺賊！殺賊！」烈哉！襄人私謚忠武。按：忠武生明萬曆十八年己亥十一月十九日子時，没年四十有四。

崇禎十六年癸未，十七歲。

太翁既征賊陣亡，母子煢煢在疚，形影相弔。是時，無一椽寸土之産，所僦邑内小屋，房租不繼被逐，東移西徙，流離失所。癸未之秋，始得茅廈於邑西新莊堡，遂定居焉。是冬，駐防兵變，殺掠甚慘。先生偶出堡拾薪，被獲，刃將及頸，同伍異其氣概，亟格刃獲免。居恒餬口罕資，三黨無一可倚，朝不謀夕，度日如年。鄉人憫其危甚，勸之給事縣庭，充門役，謂可以活母命，免溝壑，謝而拒之。《紀略》。按《垩室録感跋》云：某母子日日大飢，里人憐其危甚，勸其給事縣庭充門役。迨長，又導之習陰陽卜晝，業他技，某皆謝而弗爲，蓋恥於失身也。束手受困，吾母居恒菜色，屢瀕於危。

崇禎十七年甲申三月，李自成陷燕京。大清兵入關。冬十月爲順治元年，十八歲。

是年，艱窘困憊，突常無煙。時父執之子與先生同等者，多入籍衙役，或作胥吏，或爲皁快，咸招先生共事，堅不之從。里中惡少以其不應役養母，目以不孝亦不恤。家僅一桌，鬻以易食。一卜者哀而授以子平，俾藉以聊生。將從其術，途經社學，聞誦書聲有感，遂却步返，矢志讀書。母欣然引送舅塾，拒不納。鄰邨有教授者，知不能具束脩，亦弗收，退而自傷者久之。於是取舊所讀《學》、《庸》，依稀認識，至《論》、《孟》則逢人問字正句。自是，母爲人紡棉，得米則雜以糠粃野蔬，併日而食。先生拾薪採蔬之暇，手不釋卷，書理不解，則憤悱終日。親友有貽以《篇海》者，遂隨讀隨查，由是識字漸廣，書理漸通，熟讀精思，意義日融，然後遞及於經。鄉人聞而詫異，以爲貧至此，救死弗暇，乃近書册乎？《紀略》。

順治二年乙酉，十九歲。

是春，壁經既治，乃借《易》以讀。入夏，偶得周鍾制義全部，見其發理透暢，言及忠孝節義則慷慨悲壯，遂流連玩摹，每一篇成，見者驚歎。既而聞鍾失節不終，亟裂毁付火，以爲文人之不足信，文名之不足重如此，自是絶口不道文藝。人有勉以應試者，笑而不答。始借讀春秋《公》《穀》《左氏》、《性理大全》、《伊洛淵源録》。見周、程、張、朱言行，掩卷歎曰：「此吾儒正宗，學而不如此，非夫也！」至是步趨遂定，嚮往日篤，枵腹忍凍，有以自堅。人見其居恒菜色，咸呼爲「李菜」。《紀略》。《金壇志》：周鍾，字介生，崇禎十六年進士，官庶吉士。兄銓，字簡臣，崇禎十年進士，授上虞令。少負異才，與弟鍾齊名。　《説鈴談往》：崇禎十七年，流賊破帝都，周鍾時主王百户家，王擬同巷戰而死，事迅不及，主人自縊，周亦投繯，徐爲一友解焉，固守泣勸。周擲身倒牀，顧友人曰：「吾豈前世殺爾父母，奈何不成人美！」其痛言如此，初念有足取者。介生與梓里多齟齬，先聞鍾從賊，宗親鄰社方振臂奮拳，至鍾歸，遂聲罪擒解金陵詔獄。西蜀高倬會擢大司寇，披牘見情，恨介生平日談忠説孝，假仁義以罵天下者二十年，乃提出痛責二十，以快人心。即日題請肆市正法。《明季國初進士履歷跋後》：崇禎十六年癸未科云：「南京逆案庶吉士周鍾二等，應斬。闖《登極詔》出鍾手。乙酉春，遂正辟。有旨：『新榜進士盡污僞命，不當復玷清班。』則是科之有愧於科名者多矣。」又云：「余嘗得流賊所授《降官簿》一册，與諸野史所紀不同，金壇周鍾以勸進撰表得檢討，最幸。」

是冬，賀賊大營環屯堡側，左右邨堡俱陷，屠男掠婦，焚蕩一空。先生所居之堡，人不滿百，賊已蟻附而登，垂陷復墜，卒獲保全，識者以爲天幸。《紀略》。　《盩厔志·兵事》：順治二年十二月二十三日，賀貞自西來，邑令崔逭去，城守楊居士死之，而邑中房屋盡燬。《國史·張勇傳》：順治二年，自成餘黨賀珍、賀宏器等分踞興安、固原，窺犯西安。按：賀貞即賀珍。

當賊攻堡時，堡人震怖悲號，先生不異平時。適邑廣文左君之宜避難在堡，見而異之，與之語，斂衽起敬。賊退，從容盤桓連日夜，乃大驚曰：「吾生平足跡半天下，未嘗見此子！丰標既偉，才識又卓，真世間之傑也。」瀕別，贈之以金，不受。逢人語必云：「汝邑有生知之人，不經師匠，自奮自成，汝知之乎？」聞者愕然。《紀略》。《盩厔志》：左之宜，鄜州人，由貢生順治元年任教諭。品端操潔，後以失城去。

順治三年丙戌，二十歲。

借讀《小學》、《近思録》、《程子遺書》、《朱子大全集》。邑宰樊公嶷，河汾復元辛子之高足也，宰邑一年矣。是夏，聞先生好學，遣吏敦延，先生以「庶人無入公門之理」力辭。公遂屏騶，會晤於公所。時亢旱酷熱，先生身無別衣，止一襤褸絮襖，氈襪破履，而品宇軒昂，襟懷瀟灑，公一見竦異。相與論學，不覺心折，退即送匾表其門，曰「大志希賢」，題詩以自慶。詩云：漫道高賢不易逢，而今此地有潛龍。英年獨步顔曾武，定識遥承孔孟宗。濁世狂瀾堪砥柱，俗儒圭角已陶鎔。千秋聲氣還應在，濂洛關閩豈絶蹤。次日，製布單衣，先令蔽形。方欲規畫資生之策，越五日，以守正不獲於上，被論謝事。瀕別，手書致意云：「昨晤吾子，知吾子必爲大儒無疑也。幸陳人有緣，得一見之；悵陳人無緣，將不得常常而見之。雖然，聲氣自在，一日亦千古也，喜甚，快甚。擔當世道，主持名教，非吾子其誰耶？區區行且拭目以望矣！」《紀略》。《盩厔志》：樊嶷字疑山，山西平陽人，由貢生順治五年任。慈良厚重，禮賢愛民，有循吏風。卒以謗去，時論寃之。按：《志》作「五年任」，與《紀略》異。《志》載順治二年賀貞自西來，邑令崔逌去。又載崔鹿鳴字文臺，遼東人，由貢生順治三年任。既三年始任，安得有二年逌去之事？足證《志》紀年月之不足據，自應以《紀略》爲信。《絳州志》：辛全字復元，號天齋，少稱神童。方總角，講河圖洛書輒能驚其長老。弱冠即有志聖賢之學，每讀程朱書，焚香端坐，録其言行以爲法則，一時有「辛夫子」之稱。畢守道自嚴聞名造訪，南提學居益駐節州中，召試明體達用策，列諸生，俾餼於庠。尋奉安邑曹真予爲師，學益進。或言「《中庸》『無聲無臭』兩『無』字最爲玄妙」，全曰：「不如《孟子》『父子有親』五『有』字更爲切實。」聞者咸頫首。老儒李承暘年七十餘，願北面稱弟子。關中馮少墟、楚中賀陽亨各以所學來質。吴相國甡、倪祭酒元璐、路御史振飛等推挽恐後。崇禎閒膺貢入京師，賀相國逢聖特疏聞於朝，詔以知府用，全亦欲舉素所論著如《衡門芹》、《經世碩畫》見諸行事，未幾以内艱歸，遽嬰疾卒。門人私謚文敬，祀鄉賢。著有《理學言行録》、《養心録》、《四書記》、《五經管窺》、《神京偶記》、《衡門芹》、《聖諭解》。

順治四年丁亥，二十一歲。

母連年多病，傭紡不常，穀食不能常得，春夏所恃，惟藜藿樹葉，秋冬則木實蕪菁。母緣是傷脾致瀉。力不能延醫，朝夕惟禱神籲天而已。雖獲平復，而肢體日弱，自是不復爲人代紡矣。《紀略》。

是年，借讀《九經郝氏解》、《十三經註疏》，駁瑕糾謬，未嘗盡拘成説。《紀略》。按：先生著有《十三經註疏糾謬》，應在是時。後以非切己之學，盡焚其稿。

順治五年戊子，二十二歲。

春月，邑宰審編里書，僱先生寫册，得資聊給晨夕，而以其半買布，俾妻製履以鬻。又得小僕李喜，代先生薪水之勞，得以探討。是年，借讀司馬公《資治通鑑》、文公《綱目》暨《紀事本末》等集。謂：「《綱目》繼『獲麟』而作，誠史中之經，第成於文公晚年，未及更定，中間不無牴牾。尹氏發明，固有補世教，而持論時偏，亦多不得文公之心。如鄧艾兵至成都，後主出降，大書『帝降漢亡』者，言漢至是而始亡也。此正文公帝漢賊魏，申明正統，力扶人紀之初心。尹氏不得其解，乃云：『後主信任中官黄皓，以喪其國，是漢之自亡也。』若然，則孫皓之暴亦足自喪其國，於其亡也，何不亦書『吳亡』？」如此之類甚多。欲一一釐正，念著述非切己急務而止。《紀略》。按：先生著有《廿一史糾謬》，後亦焚之。

是年，與郿李雪木柏始相見於沙河東村。據《檞葉集》增輯。《集·與家徵君中孚先生書》：「憶昔與兄相見於沙河東村，兄年廿一，弟年十九。」

順治六年己丑，二十三歲。

是年，借讀《大學衍義》、《文獻通考》、杜氏《通典》、鄭樵《通志》、《二十一史》。謂：「《函史》下編與《治平略》、《文獻通考》相表裏，有補治道。《函史》上編、《史纂左編》不過分門別類，重疊可厭，然猶不失爲史學要册。若夫卓吾《藏書》，反經横議，害教不淺。其《焚書》可焚，而斯書尤可焚也。」《紀略》。《山志》：近從《實録》中得萬曆三十年都給事中張問達《劾李贄疏》云：「李贄壯歲爲官，晚年削髮。近又刻《藏書》、《焚書》、《卓吾大德》等書，流行海内，惑亂人心。以吕不韋、李園爲智謀，以李斯爲才力，以馮道爲吏隱，以卓文君爲善擇佳偶，以司馬光論桑弘羊欺武帝爲可笑，以秦始皇爲千古一帝，以孔子之是非爲不足據。狂誕悖戾，未易枚舉，刺謬不經，不可不燬。尤可恨者，寄居麻城，肆行不簡，與無良輩遊菴院，挾妓女，白晝同浴，勾引士人妻女入菴講法，至有攜衾枕而宿菴觀者，一境如狂。又作《觀音問》一書，所謂『觀音』者，皆士人妻女也。

後生小子喜其猖狂放肆，相率煽惑。至於明劫人財，强摟人婦，同於禽獸而不之恤。邇來縉紳士大夫亦有奉呪念佛、奉僧膜拜者，手持數珠以爲戒律，室懸妙像以爲皈依，不知遵孔子家法而溺於禪教沙門者，往往而然。近聞贄且移至通州。通州離都下僅四十里，倘一入都門，招致蠱惑，又爲麻城之續。望勑禮部檄行通州地方官，將李贄解發原籍治罪。乃檄行兩畿各省，將贄刊行諸書，並搜簡其家未刻者，盡行焚燬，毋令貽亂後日，世道幸甚。」奉旨：「李贄敢倡逆亂，惑世誣民，便令廠衛五城嚴拿治罪。其書籍已刻者，令所在官司盡搜焚燬，不許存留。如有徒黨曲庇私藏，該科及各有司訪參奏來，並治罪。」已而贄懼罪自盡。馬經綸爲營葬通州。聞今有大書二碑，一曰「李卓吾先生墓」，焦竑題；一曰「卓吾老子碑」，汪可受題。表彰邪士，陰違聖人之教，顯倍天子之法，亦可謂無恥矣。恨當時無有聞之於朝者，仆其碑，並治其罪耳。又温陵李贄頗以著述自任，予考其行事，察其持論，蓋一無忌憚之小人也。不知當時諸君子，如焦弱侯輩，何以服之特甚？予疑其出言新奇，辨給動聽，久之遂爲其所移而不覺也。及閲弱侯所爲《藏書序》云「被其容接，未有不爽然自失者」，益信贄所著書，惟《易因》、《説書》尚可採，《焚書》固不足觀，《藏書》則率本他人成稿，而增删無法，敘述失詳，間附己意，故作畸論，語不雅馴，多失體。至爲《總目論》云：「人之是非，初無定質，但無以孔子之定本行賞罰。」又以孟子論王伯爲舛謬不通，此艾千子所謂「敢於非聖」，陳百史所謂「其學悠謬」者也。予既取其書，細爲評駁，而復書此以告後世之學者，慎勿墮彼雲霧中。

盩邑士俗，自四書、八股之外，餘書不知寓目，言及「性鑑」，便以爲涉雜。聞先生嗜古博稽，目之若怪物，共相非笑，咸謂：「李氏子素無師友指引正路，誤用聰明，不知誦文應考，耽誤一生，可惜！」於是父兄子弟相戒不與先生相接，一則嫌其寒窶不屑，一則恐其效尤妨正也。《紀略》。

懷清按：科舉時代，四書、八股外餘

書不知寓目，舉世皆然，匪獨盩邑士俗也，言之可慨。自科舉廢而學堂代興，終日疲精科學，並四書亦不寓目矣，流弊所極，安有窮哉！

是秋，里什催納丁銀，貧無以應，拘繫陵轢。入室搜所製之履，見炕無席，瓶無粟，妻餒面腫，母僵卧不能起，惻然周之以錢，先生不受。《紀略》。

順治七年庚寅，二十四歲。

邑藏書之家，漸知先生貧而力學，恣其翻閲，於是隨閲隨璧。數載之間，上自天文河圖、九流百技，下至稗官野史、壬奇遁甲，靡不研極，人因目爲「李夫子」，雖兒童走卒，咸以「夫子」呼之矣。《紀略》。

順治九年壬辰，二十六歲。

某親素惡先生，是春又中鄰惡之讒，適女家被盗事發，某遂嗾盗誣扳先生之僕，欲因而陷先生。盗以「良心難昧」而止。《紀略》。

是年，閲《道藏》。嘗言：「學者格物窮理，祇爲一己之進修，肄業須純，勿讀非聖之書。若欲折衷道術，析邪正是非之歸，則不容不知所以然之實。」故玄科三洞、四輔、三十六類，每類逐品一一寓目，覈其真贋，駁其荒唐。《紀略》。

冬月，製履無本，絶糧幾殆。友人貽之以豆，食之，始有起色。《紀略》。

順治十年癸巳，二十七歲。

是年，閲《釋藏》，辯經、論、律三藏中之謬悠。他若西洋教典、外域異書，亦皆究其幻妄，隨説糾正，以嚴吾道之防。《紀略》。

順治十一年甲午，二十八歲。

時邑宰張某者，本營伍出身，粗戾不學，信任衙蠹。先生季父爲其寵吏凌辱殞命，季父之子具狀呼寃，反中吏讒，謂爲先生指使，發役嚴捕，欲斃於獄。賴通邑紳衿營解而免。《紀略》。

按《盩厔志》，順治年知縣有二張：一張超芳，江南進士，九年任；一張成功，字魁吾，山西文水籍，漢軍正紅旗人，貢生，十一年任。❶謂爲「營伍出身」，必正紅旗之張成功也。

順治十二年乙未，二十九歲。

是年，究心經濟，謂「天地民物，本吾一體，痛癢不容不關。以學須開物成務，康濟時艱。史遷謂『儒者博而寡要』，元人《進宋史表》稱『議論多而成功少』，斯言切中書生通弊」。於是參酌經世之宜，時務急著，中窾中會，動協機宜。《紀略》。

懷清按：駱挺生《匡時要務序》云：「先生嘗著《帝學宏綱》、《經筵僭擬》、《經世蠡測》、《時務急著》，其中天德王道，悲天憫人，凡政體所關，靡不規畫。既而雅意林泉，無復世念，原稿悉焚去。」應此數年事。年次不定，姑識於此。

順治十三年丙申，三十歲。

先生目擊流寇劫掠之慘，是年究心兵法。嘗謂：「自太公、武侯而後，儒者之中，惟王文成通變不迂，文武兼資，肅皇稱爲有用道學，誠哉，其爲有用道學也！故道學而無用，乃木石而衣冠耳，烏睹所謂道、所謂學耶！」《紀

❶「十一年任」，《盩厔縣志》作「十年任」。

略》。按《盩厔志·兵事》：順治九年至十七年，賊首王才、周禹、劉四、王友、權必强、王根害、祁克贊、楊剛、白守愛、李沙鶴、李廣等，先後盤踞南山一帶，劫掠村堡，焚燒廬舍。防將張世美、程福亮剿撫兼施，根株俱盡，民始獲安。「流寇劫掠之慘」，應即指此。

是年夏，河南嵩縣王所錫、劉鑛嚮慕先生之論學，有補世道人心，介張密走謁先生於里塾，退而録其答語，名曰《盩厔問答》。據《二曲集》補輯。

順治十四年丁酉，三十一歲。

夏秋之交，患病静攝，深有感於「默坐澄心」之説，於是一味切己自反，以心觀心。久之，覺靈機天趣，流盎滿前，徹首徹尾，本自光明。太息曰：「學所以明性而已，性明則見道，道見則心化，心化則物理俱融。躍魚飛鳶，莫非天機；易簡廣大，本無欠缺；守約施博，無俟外索。若專靠聞見爲活計，憑耳目作把柄，猶種樹而不培根，枝枝葉葉外頭尋，惑也久矣。」自是屏去一切，時時返觀默識，涵養本源。間閲濂、洛、關、閩及河、會、姚、涇論學要語，聊以印心。其《自題》有云：「余初茫不知學，泛濫於群籍，汲汲以撰述辯訂爲事，以爲學在是矣。三十以後，始悟其非，深悔從前之誤。自此鞭辟著裏，與同人以返觀默識相切砥，雖居恒不廢群籍，而内外本末之辨，則析之甚明，不敢以有用之精神，爲無用之汲汲矣。」《紀略》。

順治十五年戊戌，三十二歲。

是年，佃種里人之田，欲藉以聊

生，值旱枯無成。自壬午年失怙以來，❶母子未嘗一日温飽，坎壈阨憊，備極人間未有之苦，危殆垂死者數矣，而卒獲不死者，幸耳。堅忍之操，不殊鐵石。平涼進士梁聯馨著論謂：「濂、洛、關、閩之傳，自陽明、近溪之後，剥蝕殆盡，先生生於百五十年之後而起續之，篤信謹守，奇貧阨之不爲變，群毁攻之不爲恤，卒使絶學既湮而復振，大道已晦而復明。非先生之賢，而何以至是？非太君愛子若珠之賢，俯全所守，而何以至是？以視世俗之人，奉温飽於一朝，誇聲稱於晷刻，其爲輕重，當必有辨之者。」朝邑李叔則有全文論之尤詳。《紀略》。《陝甘進士録》：梁聯馨字峒樵，平涼人。庚子解元，康熙甲辰進士。歷官工部都水司員外郎。《朝邑志》：李楷字叔則，晚號岸翁，學者稱河濱先生。弱冠舉天啓甲子鄉試。搆卷五齋，以五經分授從學者。屢上春官不第。築通帝樓，高十丈許，命書估日送圖籍，手自評隲。已而避寇白門。與馬元御、王雪樵、韓聖秋等稱「關中四子」。入國朝，知寶應縣，以傲睨中讒謝去。流寓廣陵，幾二十載。搆堂名「霧」。與李太虛著《二李鈺書》，文名用傾海内。久之歸里，延修《陝西通志》，六十八而卒。所著文集若干種，合爲《河濱全書》一百卷。

順治十六年己亥，三十三歲。

是春，臨安駱公鍾麟宰邑。下車之始，他務未遑，一聞先生名，即竭誠造謁，再往乃見，長跽請誨，嚴奉師事。自是，政暇必趨其廬，從容盤桓，竟日乃去。去亦無所報謝，人或以爲倨，公曰：「李先生二十年來不履城市，豈可

❶「午」，原脱，據上下文補。

因鍾麟一人頓違生平？但得不閉門踰垣，爲幸大矣！」見所居斗室，唯茅覆數椽，頽垣敗壁，不堪其憂，爲之捐俸搆屋，俾蔽風雨。時繼粟肉，以資侍養，仍具文徧報各衙門。其略云：爲真儒間出，聖學代興，懇憲破格宏奬，以彰道統，以光盛治事。竊惟道術係治運之晦明，理學關人心之絶續。粤自「精一」之傳，肇啓虞廷，「執中」之傳，遞及三代，至東魯一儒，以布衣纘帝王之統，以筆舌司政教之權。於是或以親炙揚休，或以私淑炳采，莫不闡微抉奥，崇正闢邪，此古今理學之大源流也。漢唐以降，董韓絶唱，寥寥寡和。逮夫趙宋應運，而濂、洛、關、閩真儒輩出，得不傳之祕於遺經，會百家之言而歸一。其有功於世道，有補於人心實鉅。明興，理學之家累累不一，薛、湛諸公標舉於上，吴、陳諸子巖藏於下，至於德功並立之人，揚「知行合一」之旨，則獨推陽明先生。顧往往困於讒閒，❶阨於異己，非諸正人力爲維持，其不爲元祐黨錮之禍者幾希！蓋道學之難明，而道學之人難顯易晦，若斯之甚也。我皇清定鼎以來，求賢訪道，屢奉明綸。然考所薦引，大約皆明季廢紳，其閒固多雲興霞舉、黻黼盛世之英，而所云北山、少室猿愁鶴怨之侶，亦復不少。則是旁求之意誠勤，而明揚之典未廓，是以招隱雖殷，而真儒未出也。夫所謂真儒者，必其巖居穴處，蕭然一室，疏水自安，簞瓢獨樂，富貴不淫，貧賤不移，威武不屈。蓋學有定旨，胸有獨得，窮則善身，達則善世，而後可紹繼絶傳，光輔皇猷。求之當今，未易數數見也。盩邑有隱士李顒者，其人生而穎異絶倫，潛心聖學。年未弱冠，即見器於前令樊嶷，知其超悟之資，必爲名世大儒。卑職蒞任之初，首重得人，因造其廬，訪其人，挹其德容，聆其談論，不覺形親神就。初猶執賓主之禮，即不覺甘拜下風而恐後矣。其學以「慎獨」爲宗，以「養静」爲要，以「明體適用」爲經世實義，以「悔過自新」爲作聖入門。流覽著述良多，而其引進同志，開導學人，惟「悔過自新」之説。是故淺人見之以爲淺，深人見之以爲深，上下根人俱堪下手耳。年未强立，

❶「閒」，原作「門」，依《二曲集・歷年紀略》改。

絶意進取。卑職躬行講約，屢經造請，未嘗一至偃室，其求榮干進之心，久以屏却。但景仰高風，不敢隱蔽。於是一時臺、司、道、府始知先生，莫不優崇。《紀略》。　《盩厔志》：駱鍾麟，順治十六年任。性和厚，多得士民心。修學宫，繕城垣，濬河渠，修邑志，於邑多所創立。去之日，士民爲之立祠。《臨安志》：鍾麟字挺生，順治丙戌舉人，丁亥會副，任盩厔令，尋知常州府，祀鄉賢。《二曲集・駱侯傳》：侯別號蓮浦，初任吉安州學正，尋移令余邑。增減《藍田吕氏士約》，刊布通庠。每季大會明倫堂以軌士。訓釋《六言》，刊布里社，朔望躬親講勸以齊民。立社學，擇民閒子弟，授以《孝經》、《小學》，以端蒙養。飭保伍以清姦宄，修社倉以備凶荒。興平令缺，檄侯兼攝。鄠亦缺令，民控臺丐侯兼攝。政治所在，膾炙人口。九載奏最，擢京城北門指揮，轉余郡司馬，遷守常州，捐俸創建延陵書院。卒年五十有三。

五月，按察司翟公鳳翥檄云：「李處士潛心正學，孝事其母。《悔過自新》一書，深得孔門善誘之方。下邑有士如此，可以風矣。仰縣即持本司書帖，敦請赴省一會。本司不日南行，急欲一見，非云枉召也。」駱公至盧慫恿，先生力辭。既而布政司陳公爌心欽「悔過自新」説，爲之衍釋發明，欲因事至縣造廬就教，病卒未果。《紀略》。　《陝西志》：翟鳳翥，山西聞喜人。陳爌，河南孟津人。均順治十六年任。《聞喜志》：鳳翥字象陸，順治三年進士，官刑部主事，遷饒州知府。以卓異擢屯田道，再擢陝西按察使，遷湖廣右布政使，福建左布政使，左遷福建鹽驛道，卒於官。所至號清惠，尤以培護士類爲先務。在饒州，建芝山書院；在陝西，修少墟馮公書院；在湖廣，修漢陽書院；在桑梓，建涑水書院；於絳，建啓光書院；皆日集諸生課其中。常負幹略，克肩大任。雅喜譔文章，尤好褒陽潛德，雖賣菜灑削無遺。《孟津志》：陳爌字去炫，號公朗。順治丙戌會魁，授編修，典試浙江。歷宏文院侍讀學士，詹事府正詹，外陞陝西左布政使。著有《購遺書》一疏，祀鄉賢。

九月，督學馬公之駛呈詳撫臺，稱先生「品高月旦，行邁古今。蔬水承歡，絶意希榮干進；恬淡處己，覃懷往哲先型。允矣篤實真儒，展也隱居君子，可謂盛世之羽儀，士林之木鐸也」。《紀略》。《陝西志》：馬之駛，直隸東光人，順治十六年任。《東光志》：馬之駛字元敏，順治己丑進士，授行人，擢督捕郎。值秦、閩、三楚督學缺，命取學行兼優者，親試殿前，勅督學陝右，科試諸生，甄拔悉知名士。歲試未竣，積勞成疾，告歸出關，卒於靈寶，年五十五。祀鄉賢。按：《紀略》作「之馭」，《陝志》作「之駛」，《甘肅志》作「之駚」。字書無「駚」字，兹依《陝志》。

十月，巡撫張公自德檄督學表其廬曰「熙代學宗」，俾紳衿咸專嚮慕，後學知所依歸。《紀略》。《陝西志》：張自德，滿洲籍豐潤人，順治十六年任。

順治十七年庚子，三十四歲。

是秋，母舅病故，子幼僕叛，外侮紛至。先生爲言於駱，糾回叛僕，力維門户，以德報怨，識者咸歎爲人所難。是後每遇清明，必出户躬祭舅墓，至老不廢。《紀略》。

是秋，秦安蔡琴齋啓賢司訓盩厔，不時造廬訪謁。據《二曲集·蔡氏家傳》增輯。《盩厔志》：蔡啓賢，秦州人，雅誼高情，大家風範。詳見後。

十二月，同州黨孝子湛，馮少墟之門人也，年八十餘，冒雪履冰，徒步就正所學。《紀略》。《大荔志》：黨湛字子澄，好學安貧，性至孝。父患癲疾，家人莫敢近，湛獨晨夕侍側。父没，廬墓三年，人稱其孝。晚年屏居古窑中，静反有得。每同學講集，輒娓娓不倦。年八十，矍鑠如少年。嘗步訪李顒於盩厔，留止浹旬，商證所學，至丙夜無倦。既没，郝郡丞爲書「理學孝子之墓」以表之。《二曲集·黨兩一翁行略》：翁嘗言「人生須作天地間第一等事，爲天地間第一等人」，故號「兩一」自勖云。居恒默坐土室，澄心反觀，久之怳然有契，自是動静云爲，卓有柄持，神氣凝定，表裏坦夷。辛丑冬，聞余倡道盩厔，冒雪履冰，不憚數百里，訪質所學。相與盤桓數日，每至夜分，未嘗見有惰容，其志篤養邃如此。卒年八十四。按：《行略》作辛丑冬，《紀略》列在庚子冬，均係追敘，未定孰是。

順治十八年辛丑，三十五歲。

提學王公成功檄學，❶稱先生「超世獨立，學尚實詣」，表其門曰「躬行君子」。是後，當道表閭者甚衆，或曰「理學淵源」，或曰「一代龍門」，或曰「躬超萃類」。先生深恥標榜，有妨闇修，多撤去不存。《紀略》。《陝西志》：王成功，山東博平人，康熙元年任。《博平志》：成功字允大，號省齋，順治六年己丑進士，授山西長治知縣，擢兵部主事，歷郎中。十八年，以副使督學陝西，所拔擢皆苦志寒士，文風大振。陞江南驛傳道，署按察使。以母老終養歸。按《博平志》任年與《紀略》合，《陝志》似小誤。

康熙元年壬寅，三十六歲。

三月，闔邑士庶以母貞苦迴常，相與推舉，駱公爲之彙集，呈狀申詳府道。略云：看得李母彭氏，❷青年而矢志完節，義同翦髮；白首而克稱賢母，功過斷機。家無儋石，不啻出百死而得一生；户鮮餘丁，更且受千辛而歷萬苦。今隱士之賢，業蒙闡揚以重正學之傳，則賢者所生，自宜請憲旌異，以崇鄉國之式。申詳由府到道，批准轉院題旌，承行書吏索常例，貧不能應，事遂寢。既而當道檄

❶「王公成功檄學」，《二曲集·歷年紀略》作「王諱功成檄縣」。

❷「李母彭氏」，原作「李氏彭母」，據《歷年紀略》改。

縣，以「芳追孟母」表閭。《紀略》。

七月，天水蔡溪巖啓胤年倍於先生，遥肅贄受學。溪巖學古行高，❶絶意仕進，弟啓賢司鐸盩邑，亦賢而慕道，數至先生之廬。溪巖因獲聞先生風範，亟欲北面及門。以二親年皆百歲，不敢離側，乃齋沐遥拜發書，託族弟千里步捧，遥投教下請學。得其條答，必爇香拜受。《紀略》。

《二曲集·秦安蔡氏家傳》：蔡隱君，諱啓胤，字紹元，學者稱溪巖先生。弱冠遊庠食餼，工制舉，治五經，而以其餘力博綜典墳。讀史至忠孝節義，拊膺流連，欷歔不自勝。事親承顔聚順，非講授接賓，未嘗離左右，疾則籲天祈代。寇起城陷，母被獲，哀號請代，寇感其孝，遂并釋。癸未，闖逆入關，兵薄秦隴，隱君趨龍亭再拜，大慟，結繯欲殉，爲父所止。甲申之變，自是絶意仕進，起貢不出，杜門奉親。晚嗜濂、洛、關、閩及河、會、姚、涇遺集，潛體默玩，多所自得。庚子秋，仲弟琴齋司鐸余邑，數造余齋盤桓。隱君由是知余，亟欲北面問道，念二親皆期頤，不敢遠離，於是齋沐遥拜發書，託其族弟千里肅贄，俾琴齋步至余齋，代以納拜。遥質所疑，書問不絶。嘗夢登西山，晉謁夷齊，題壁有「指示埋身」之句，覺而悵然自失，深以曩值闖變，見阻於親，弗獲殉難爲歉。居恒鬱鬱，更號癡癡生。久之疾作，子蕃泣問後事，惟以先親而逝爲憾。斂以斬衰。戒子姪：「勿持服，俟親終，暴己棺於野次，以明未終喪制之罪。三年喪畢，歸骨西山，以踐前夢。」言訖，泣抱親頸而卒，年六十有一。著有《四書洞庭集》、《蒙解集》、《鑑觀録》、文集。琴齋，諱啓賢，字景元。事親愛敬兼至。或偶他出，果蔬凡新者，必購之以獻。燕會遇珍味，恒懷以歸。及仕余邑，瀕行辭墓，奉父至塋，同隱君躬肩板輿往返，見者色動。嘗至余齋，待以瓜茄，詫腹疾弗食。蓋以隴西地寒，瓜茄視東差晚，不敢先親而食也。未幾，調富平督學，怒一生，欲黜，檄取劣款，持正弗應，坐是賦歸。及隱君卒，痛不欲生。

❶「古」，原脱，據《歷年紀略》補。

親亡，積毁失明。年屆八旬，猶孺慕如初。

康熙二年癸卯，三十七歲。

四月，蒲城王省庵來學。王隱於醫，念及「性命」，堅欲北面。先生以其年倍而誼高力却，相與交發互礪，勉所未至。一友患食積，王教以服消積保中丸，先生因言：「凡痰積、食積，丸散易療，唯骨董積，非藥石可攻。」王詢其故，先生曰：「詩文蓋世，無關身心，聲聞遠播，甚妨静坐。二者之累，廓清未盡，即此便是積；廣見聞，博記誦，淹貫古今，物而不化，即此便是積；塵情客氣，意見識神，一毫消鎔未盡，即此便是積；功業冠絶一世，而胸中功業之見，一毫消鎔未盡，即此便是積；道德冠絶一世，而胸中道德之見，一毫消鎔未盡，即此便是積。以上諸積，雖淺深不同，其爲心害則一，總之皆骨董積也。誠知吾性本體，原無一物，自爾忘其所長，忘而又忘，并忘亦忘，始謂之返本還源，始謂之安身立命。」在座聞之，惕然有省。《紀略》。　按：先生論骨董積一段，見《二曲集·雜著·消積》，惟字句少異。《蒲城志》：王化泰，字省庵，少好性命之學。既長，與同志諸人以學術相摩勵，嘗賦静中吟三章，直抒心得，讀者歎爲見道之言。年七十，訪李顒於盩厔，質所學。又與同州白焕采共肅車迎顒，尊以師禮，日夕往復無倦色。每自謂「日暮途遠，虚擲此生」，輒唏嘘不已，見者悚然。《二曲集·題王省庵墓碣》：王省庵先生化泰，賢而隱於醫，篤志理學，潛心性命，與同州黨兩一切砥密詣。既而忘年折節，不遠數百里訪余商證。閒歲一至，至必晨夕晤對，盤桓浹月。居恒屏緣寂坐，超然獨契於議擬之表。嘗連吟三絶云：「此道關心三十年，昏明定亂幾千千。些兒會得天根處，寤寐何曾離枕邊。」「箇裏包羅坤與乾，人心微動便危焉。須知放下自脗合，萬古於今無間然。」「大道周流本自然，时行物育復何言。天人詎有兩般理，合正由來賦予全。」自然真機洋溢，操縱自如，胸次清徹，天宇如洗。庚申三月逝，年七十五。按：省庵生萬曆三十四年丙午，至康熙二年癸卯，年五十八，《志》作七十，誤。庚申爲康熙十九年，長先生二十一歲。

十月朔，東吴顧寧人來訪。顧博物宏通，學如鄭樵。先生與之從容盤桓，上下古今，靡不辯訂。既而歎曰：「堯舜之知，而不徧物，急先務也。吾人當務之急，原自有在，若舍而不務，惟騖精神於上下古今之間，正昔人所謂『抛却自家無盡藏，沿門持鉢效貧兒』也。」顧爲之憮然。《紀略》。《崑山志》：顧炎武初名絳，字忠清，後改今名，字寧人，號亭林。年十四爲諸生，入復社，有名。見時多故，遂棄去舉業，講求經世之學。福王立，以貢薦授兵部司務，閩中遥授職方主事，皆不及赴。尋避訟累，盡鬻其産，寄居章丘，別治田産。久而爲七人攘奪，又還山西。所在攜書數簏自隨。嘗五謁孝陵，兩謁天壽山、十三陵，四謁莊烈攢宫。惓惓故國之思，終身如一日。至華陰，與友人王山史、李子德輩於雲臺觀側建朱子祠，其嚮往先哲如此。康熙戊午，詔舉博學鴻詞，廷臣將薦之，炎武以「嗣母王國亡絶粒，遺命無事異代」馳書堅辭。卒於曲沃，年七十。著有《音學五書》、文集、詩集、《左傳杜解補正》、《九經誤字》、《石經考》、《金石文字記》、《吴才老韻補正》、《昌平山水記》、《天下郡國利病書》、《肇域記》、《二十一史年表》、《歷代宅京記》。

康熙三年甲辰，三十八歲。

是年，謝人事。先生本奮自寒微，學無師授。一旦崛起僻壤，孤倡於久晦之餘，遠邇乍聞其説，始而譁，既而疑，久之疑者釋，譁者服，桴捷響隨，臚傳風應。不惟士紳忘貴忘年，千里就正，即農工雜技，亦皆仰若祥麟瑞鳳，争以識面爲快。每一他往，行人相與指目聚觀，先生慚赧垂首，進退維谷。歸而終日不怡，以爲犯造物之忌，將不知其所終矣。於是斂迹罕出，謝絶應酬。《紀略》。

康熙四年乙巳，三十九歲。

五月，母忽抱恙，初患膈痛，既而暴下。先生徬徨憂虞，延醫療治，具疏宰羊，密禱於城隍廟，請以身代，仍晨夕爇香籲天。夏末小愈，喜躍慶賀。中秋復作，於是徧延名醫，長跽懇療，晝夜掖侍，衣不解帶，目不交睫，朝夕率妻泣禱，凡禮拜百餘日，額爲之腫。仲冬十七日，母竟不起，伏抱擗踴悲號，痛不欲生。貧不能斂，駱公爲捐俸購棺。既斂，猶晝夜撫魄嗚咽，久之始釘，勺飲不入口者五日，哀毁幾絶。遇七，各一晝夜斷食如未斂時，僵卧柩側不能起。次月朔，始强起受唁，駱公弔奠。是月，本邑及鄰封弔者日無暇晷。《紀略》。 按：李長祥《彭孺人墓表》，孺人生萬曆己亥年五月二十九日未時，卒康熙乙巳十一月十七日辰時，年六十七。

康熙五年丙午，四十歲。

春夏，四方來弔者甚衆，當道重風教者亦遣吏致誄，茶臺梁公熙以「苦節維風」扁門，太守葉公承祧以「純貞啓後」表閭。《紀略》。 《甘肅志》：巡茶御史梁熙，河南鄢陵人，康熙四年任。《鄢陵志》：熙字曰緝，順治乙未進士。初任咸寧令，冰潔自矢。不數月，行取補臺垣，巡視茶馬於秦，不名一錢，以疾乞歸。康熙四十三年，祀鄉賢。任京職時，往還皆名士，葉子吉、汪鈍翁、劉公勴、王西樵、阮亭兄弟尤重之。及歸，高念東侍郎以詩送行，有「蕭然襆被燕山遠，一個嵩丘行脚僧」，人以爲知言。著有《晳次齋集》行世。《陝西志》：西安知府葉承祧，山東歷城人，康熙二年任。

八月，山右賈發之黽自絳來弔。辛復元門人。《紀略》。

十月，葉太守重建關中書院，欲延先生開講，託李叔則介紹，先生不答。《紀略》。

十二月，舉葬。自入斂至是，晝夜未嘗離柩側，每食必呼娘以奉，門外人事盡廢，銜者成讐不恤。是月，招工砌壙，躬親經營，歠粥毁瘠之餘，嘔心勉事，墨摧無復人形。念柩將離家，晝夜悲號，涓滴不納。事竣，頓成骨立。《紀略》。按：彭孺人葬邑西古城，見李長祥《墓表》。

冬杪，駱公俸滿將陞任，念去任無以爲贍給，置地十畝，聊資耕作。《紀略》。

康熙六年丁未，四十一歲。

是春，駱陞北城兵馬。先生自承殊眷，前後八載，終未嘗一詣縣署。至是駱公來別，始送之出境。先生居鄉，與流俗不同調，一齊衆楚，動多咻誚。而一二憸壬，以其落落難合，尤銜之切骨，醜詆横蟣，無所不至。始以訛傳訛，久之訛遂若真，近又目擊遠邇尊崇，妒之愈甚。因駱在任，不獲肆毒。至是，無復顧忌，日逞凶謀，不嗾人釀釁嫁禍，則挑人囂淩詬辱。會新宰馬某涖縣，恐復優崇，相與騰讒預沮。宰雖猶豫未入，顧爲人矜而愎，以甲科自負，屢令人諷先生，欲屈以詣己，先生遜謝。既而明向先生親友云：「本縣聞李某聰明可造，但欠指引耳。宜來見我，當授以八股之法，令其從事正路，以圖進取。」久之，因先生不至，遂嘖有詬言。群小乘機中傷，謂先生常笑其文，宰聞之愈怒，眈眈虎視，常欲甘心焉。《紀略》。按《盩厔志》：知縣駱後有馬芝，字友蘭，湖廣公安人，❶由進士任。每燕居，以梵唄自娱。後因水衝田地，惑於吏言，不敢報結，遂致荒地五百餘頃，不獲除糧，至今爲邑害，因告歸云云，應即其人。

先生性不喜遊，足未嘗踰邑境。是時因餞駱侯東行，遂登華嶽。先是，王省庵復詣質所學，盤桓者二旬，歸而偕黨兩一、王思若、白含章奉候先生於同、蒲，於是過黨齋、王園及白氏軒。白貯書數屋，先生覽而樂之，抽所未見，借之以西。據《二曲集》增輯。《大荔志》：王四服字思若，號枕流居士。積學善文，慷慨多大節。崇禎五年拔貢，不仕，治園種花，聚友講論。著《卧園集》，藏於家。年八十餘卒。州刺史表其宅，没，樹墓碑。《二曲集·泊如白君墓誌銘》：君諱焕采，字含章，泊如其號，同州人。工制舉業，試優食餼。伯兄希采嘗受学長安馮恭定公之門，歸而時以所聞語君，君自是厭帖括，息進取，一反之於經。既而洗心《詩》、《書》、《春秋》，多所自得。蓄書之富，陝以西罕儷，讐校精詳，淹貫靡遺。先達張太乙、武陸海集同志講學，君每會必往。又與別駕馬元昭論學於寄園，律身愈嚴。康熙戊申，偕王省庵肅車迎余至家塾，執禮甚恭。凡進修之要，安身立命之微，靡不究極。君年倍於余，爲先輩，而折節問道，雅誼殷勤，時紳衿聞風争造，遠邇駢集。君適館授餐，略無倦色。既率同志結社切砥，恪守余説不替。不入城市，不謁官府，終日宴坐，手不釋卷。郝公斌攝州事，式廬聆議論，退而歎曰：「先生，關中文獻，州之宿儒也。」以「尊德樂道」顔其居。所與交，本州黨兩一、王思若、張敦庵、馬立若，蒲城王省庵，以道誼相徵逐。卒康熙三十三年，壽七十八。按：含章生萬曆三十五年丁未，長先生二十歲。

康熙七年戊申，四十二歲。

❶「湖」，原作「潮」，據《盩厔縣志》改。

夏四月既望，同州耆儒白含章偕王省庵肅車令黨生克材《東行述》作惟學。至盩厔迎先生。党趨卧室，覩四壁蕭然，牀無衾枕，泫然流涕曰：「東人雖知先生之貧，不意困頓一至如此。即黔婁衣不蓋形，然止於赤貧而已，獨先生之貧，酷不忍言；而快然自得，固自以爲足，其如室家何？」遂以所贄備辦薪米安家，御之而東。《紀略》。

二十四日，先生徘徊妣墓，泣奠告行，次日别姊乃發。至興平，迂道謁茂陵。至畢郢，謁周文、武、成、康四陵，及太公、周公二冢。次涇干，會逸士王爾德。逸士介潔有守，數詣盩厔。先生念其年逼桑榆，恐難再覿，故往會之。逸士喜甚，請曰：「敝邑人士仰先生久矣。曩有託先生姓字，寓茲古剎行誑者，敝邑至今以爲談柄，願少留以慰衆望。」先生以旅次疲極辭焉。逸士追隨，遠送至高陵之北境而别。至下邽，謁寇萊公祠，弔其遺址。《渭南志》：下邽故城在縣東南三十五里。又寇萊公祠在下邽縣廢城中，祀宋相寇準，今稱曰廟，士人春秋享祀。康熙四十二年，巡撫鄂海奉勅重修。雍正十一年，知縣岳冠華重修。至蒲城，謁横渠張子祠，邑紳索雲老、王伯仁等刺見啓延，先生例不報謁，辭之。《蒲城志》：横渠祠舊在縣治東南崇禮書院，以弟戩及張建配，後復改祀觀音。萬曆壬子令李燁然重建祠於龍祥觀側。載《祀典》。以上據《東行述》增輯。後只注《東行述》。

五月初二，抵車都，按：《蒲城志》作車渡鎮，在邑東南四十里。省庵預治静室以俟，晉謁者無虚晷。先生爲之發明固有之良，有自多其知者，則迪之以忘知；有自雄其抱者，則詔之以放下。一士談鋒正暢，論辨泉湧，先生憮然歎曰：「默而存，希顔之愚，爲曾之魯，到蹇訥不能出口時，纔是有進。若馳神於舌，則行必浮，非所謂『塞兑固靈根』也。」在蒲浹旬，士紳因感生奮，多所興起，農商工賈亦環視竊聽，精神躍勃。瀕别，士庶擁送羅拜，李正等追隨至同之白塾，再拜垂泣而别。《東行述》。

十七日，抵户軍里，按《大荔志》：西鄉有南户軍、北户軍，均距城二十五里，此户軍未知爲南爲北？館於白塾。郡紳李淮安子燮等請益踵接。張敦庵珥長跽受教。李文伯士瓊、馬慄若秣、馬仲足逢年等，年倍於先生，按：仲足時年七十三，長先生三十一歲。見仲足《東行述跋》。咸北面從事，執侍唯謹。鄰邑人士亦聞風争進。《紀略》，參《東行述》。《陜甘進士録》：李子燮字以理，同州人。順治己丑進士，淮安府推官。《大荔志》：張珥，篤學敦品，順治丁亥進士，知襄陵縣。李士瓊，歲貢，篤好正學。李顒至同州，士瓊與同里張珥首執弟子禮，皆齒倍於顒，時謂其忘年向道，有古人風。卒年九十。著述甚富，有《大學正譜》、《理學宗言》、《玉山集》。《二曲集・李逸史傳》：逸史名士瓊，號玉山逸史。居恒力行善事，檢躬綦密。及晤余談學，肅贄執弟子禮。睹余所著《學髓》，直指本體，自是凝神内照，敦本澄源。年垂九旬，手不釋卷。燈下楷書細字，録其會心者成册，藉以自警。州守朱表其閭曰「關中文獻」。所著有《群書舉要》、《孝經要義》、《四書要諦》、《小學約言》、《王陳宗言》、《詩餘小譜》、《問疑録》。又曰：康熙戊申，諸翁偕逸史迎余論學，諸翁年皆倍余，逸史亦躋古稀。按：傳言逸史時年七十，長先生二十八歲。

六月初九日，遊州東關之廣成觀，張襄陵、李淮安來會。張、李俱世家，蓄書甚富，延先生臨觀。先生例不履顯達之門，辭之。城東有廣成觀，幽邃甲一郡，張邀先生避暑於中。於是士紳聞風争造，雖少長叢雜，而規模静定，天時時熱，渾若涼爽。十六日，赴朝邑，謁韓恭簡公祠，並拜墓，晤李河濱楷。明日，觀於河，遂歸廣成觀。十九日，謁馬二岑先生祠，閲遺集。二十七日，返白塾。含章録刊先生安身立命之微言，名曰《學髓》。《東行述》，參《紀略》。含章《學髓序》：余自髫年即聞有所謂「正學」者，輒私竊嚮往，徒汩於俗學，苦無從入，荏苒積習，徒增老大之悲。兹幸天假良緣，得拜見二曲李先生，乃始抉祕密藏而剖示之，有圖有言，揭出本來面目，恍若迷津得渡，夢境乍覺。先生無隱之教，有造之德，天高地厚，何日忘之！時六月六日也。按：恭簡名邦奇，字汝節，明南京兵部尚書。二岑名嗣煜，字元昭，以明經仕濟南通判，攝武定州。代者至，將歸濟南，百姓留共城守，城陷死之。棫士，其長子也。

七月初六日，《紀略》作初九。西返，闔郡相送，有泣下者。《東行述》，參《紀略》。初八日，《紀略》作十一日。謁涇野祠。邑令許琬聞而迎謁。先生睹祠宇頽殘，託許重葺，恤其後裔。《西安志》：許琬，順天高陽人，康熙元年任。《高陵志》：許琬康熙七年修城隍廟，九年修文廟，十年修諸祠。邑紳于爾錫昌胤留宿文塔，涇邑、池陽士紳咸集問學。塔在涇野先生祠西二十五里，爲關中第一勝概，故過而涉眺。適高陵于翁憩息大雄殿，遥見先生，即具衣冠趨迎曰：「此必盩厔李先生也。不才方擬入冬造訪，不意邂逅於此，此中大有機緣，殆天作之合也。」亟潔館安置，披瀝衷愫。又兩邑名流聞之者，咸來拜謁。有一士酷好内典，細質所疑，先生一一響答，凡《楞嚴》、《圓覺》、《心經》、《壇經》、《涅槃》、《止觀廣録》、《宗鏡録》、《大慧中峰》諸語録要旨，及三藏中真似是非之辨，咸爲拈出。既而喟然歎曰：「吾儒之道至易、至平、至實，反而求之，自有所得，故不必借津竺乾，索之無何有之鄉，空虚莽蕩，究無當於天下國家也。」遂作別。衆苦留，爲之再宿而行。

十一日，抵咸陽北郭，學博湯君日

躋聞先生過，大喜，急延以館餼，苦留不可。至興平，寧維垣別去。是行也，先生偶患痢，維垣追隨調侍，至是別焉。《咸陽志》：教諭湯日躋，古延人。

抵家，謁母墓告返。

先生既歸，以語門人趙之俊，於是誌厥始末曰《東行述》。以上俱《東行述》。馬仲足《東行述跋》：吾見先生其人矣，式金式玉；吾聞先生之語矣，切性切身。果然朱、吕之儔，展矣周、程之侶。人則規圓矩方，因物而付；學則天通地徹，隨叩而鳴。窮則可以善身，達則可以淑世。斯文之寄，其在斯乎！按：「規圓」句「人」字，《紀略》作「動」，兹仍依原文。

十一月十七日，三年喪畢，始飲酒茹葷。《紀略》。

是冬，群小暗投匿名，明肆羅織，❶廣設機穽，協力傾陷。宰遂乘隙票拘先生，欲文以重罪。適吴堡孫令希奭奉孫北海之命來候先生，因爲之營解。邑庠暨武功、郿士，又相與盈庭會講，宰迫於公論，始收票免拘，使人約先生來謁。次日潔館以俟，卒不往。既而凶黨洶洶，又媒櫱不已，先生處之自若，寂無一言申辨。或怪其太腐，則曰：「蒙訕招毁，儒者之常。伊川受誣遭貶，幾不獲保其身；晦庵連被攻擊，開單至數十款。未嘗聞二公少動於中。正如飄風墜瓦，聽之而已。若毫有介懷，則是五嶽起方寸，非所以自靖也。」或曰：「子固坦不介懷，然含沙之蜮，工於射影，一波未已，一波又興。諺語『市虎成於三人』，而三至之譏，賢母尚且投杼，況其他乎？故險計詭

❶「明」，原脱，據《歷年紀略》補。

毒，似亦未可全忽。」曰：「横逆不已，自有子輿氏之家法在。與鄉人較順逆，則亦鄉人而已矣。況名者造物之所忌，不肖實未至而名先彰，神怒鬼嗔有年矣，彼之紛紛多事，安知非鬼神假手以示懲耶？在不肖惟有返躬引咎，痛自淬礪，外侮之來，莫非動忍增益之助，夫何尤？」言者爽然失，肅然服，作禮而退。《紀略》。《吴堡志》：孫希奭，山東樂安人，拔貢，康熙五年任。《樂安志》：希奭字無逸，一字果齋，以鄉貢任吴堡知縣。勤恤民隱，剔清吏弊。後罣誤歸。年八十三以壽終。《順天志》：孫承澤字耳伯，號伯海，大興人。崇禎四年進士，官至刑科都給事中。順治元年，起吏科都給事中。歷吏部左侍郎、左都御史。十年，休致。康熙十五年卒，年八十一。按：宰應即前新宰之馬芝，欲甘心先生者。與高陵許明府書。按書有「昨赴同州，經貴治，承明府枉顧」語，應是年作。

康熙八年己酉，四十三歲。

是春，以忌者凶焰正熾，深居寂處，多不見客。然四方學者肩摩袂屬，沓來座下，拒之而不去，疎之而益親。不得已，視其人果有意爲己，則迪以躬修允蹈之實，否則徒討論典故以資見聞，辨晰經書以爲詩文材料。及用工失序、持議躐等，默然不答。《紀略》。

四月朔，湖廣羅進士諳通五經，尤嗜《易》，策蹇來訪。適先生絶糧，不食二日矣，坐久無以授餐，乃移寓城隍廟。宰聞之延款，語次知爲訪先生，勃然不悦，極口噂詬，聲色甚厲，且云：「斯人終不得脱我手！」羅再三維挽曰：「年翁宜因其方剛之性，始終玉成，使人知吾楚道大，賢侯能容。」瀕别，又貽書丁寧，宰怒不報。羅遂鬻所乘之蹇，儲薪水於華嶽之雲臺觀，邀先生避地讀《易》，隨聞姊疾而返。先生傷鮮兄弟，止寡姊一人，貧窶無以爲活，恒減口以養，疾則躬親醫藥，相倚爲命，故倉卒抵家。會駱公自北城轉本郡司馬，賴以寧息。《紀略》。《孝感志》：羅誥字八書，號東山。中順治己亥進士，以母老艱於菽水，不待對策，徒步歸。居恒極孝，力學弗輟，雖家無宿舂，泊如也。立志以聖賢爲歸，聞遠近有同志者，芒鞋襆被，不憚訪求。年及艾病卒，人争惜之。

六月，詔訪隱逸，巡撫白某聞先生名，欲特疏薦揚，先生致書於駱，託其從中力挽，事遂寢。《紀略》。按《陝西志》：白清額，正白旗滿人，康熙七年任。「巡撫白某」應即其人。

八月，咸寧郭丞傳芳會先生。郭賢而好學，風雅著名，與先生一見如故，自是崇奉其道，契分日深。九月，駱公量移常州，先生祖别於長樂坡，遂遊驪山，浴温泉，❶因與同遊發明「洗心藏密」之旨甚悉。乘便東遊太華。張敦庵聞而迎至同州，朝夕親炙，録其答語爲《體用全學》，李文伯録其答語爲《讀書次第》。冬仲，西旋，王思若偕白含章、王省庵、党兩一、馬慄若、馬棫士諸耆儒送至境外而别。《紀略》。《大同志》：郭傳芳字九芝，順治戊子拔貢，選陝西咸寧丞。歷權郃陽、長安令，康熙十三年，除富平。以卓薦升四川達州，抵任月餘卒。《二曲集·郭公墓碑》：公有康濟才，賢聲蜚三輔，諸上官莫不嚴重，事多咨決。公自咸寧時奉督撫檄主關中書院，修省志，即與余以爲己之學相切砥。其在富平，爲余築室幽阿，迎余款聚，究極性命。自是反己入微，務敦

❶「浴」，原脱，據《歷年紀略》補。

大原，葺慎廬於署，揭「四以」説自矢。其操履祇飭如此。余不肖，承公特達之知，雅意相承，受益實宏。張敦庵《體用全學序》：先生東遊太華，因便過珥，竊喜如狂，遂館先生於家塾，晨夕參究，因獲聞所未聞。郡人士亦聞風争造，咸質所疑。先生隨資開發，諄懇不倦。其接人有數等：中年以後，惟教以返觀默識，潛心性命；中年以前，則殷殷以明體適用爲言。大約謂「明體而不適用，失之腐；適用而不明體，失之霸。腐與霸，非所以言學也」。珥因請「明體適用」當讀之宜，先生遂慨然告語，珥因載筆而臚列之，用以自勖，並爲同臭味者勖。時康熙八年己酉十月十四日。又李文伯《讀書次第序》：己酉十月，師復遊太華，往返兩經荒郡。瓆肅奉起居間，頗有緒聞。然皆因瓆施教，亦未遑言讀書也。洎是月十五日，瓆率兒襄以侍，蒙師垂慈，慨然呼襄而命之曰：「小子可教也。」頤瓆侍筆，口授讀書次第若干款，出辭若經，口占如流，令瓆筆不暇泚，手不得輟，頃刻間長翰數紙立滿。由《小學》漸入《大學》，自經理徐及文史，步步有正鵠，書書有斷論，真入聖之正門，爲學之上路也。過此以往，又有《全體大用》之目授張襄陵，可並傳之以爲書程合璧。《同州志》：馬棫士字相九，號奚疑子，大荔人。父嗣煜，以濟南通判殉崇禎十六年三月之難。棫士年十三，徒跣迎柩，擗踴氣絶，見者下泣。葬後，廬墓茹素，三年不見齒，鄉里稱之曰「父忠子孝」。棫士孤苦無依，與幼弟稚士奮志讀書，刻意躬行，與黨湛、王四服、張珥、王宏撰、李因篤等相切劘者四十餘年。康熙中，盩厔李中孚倡「反身攻過」之説，與棫士宗旨合，與李瓆、白焕采敦請中孚至同，會講於廣成觀。中孚年甫四十，以棫士齒長，不敢當弟子禮。棫士白髮婆娑，卒就北面，時人以爲難。中孚所著《反身録》、《學髓》，棫士皆序而刻之。中孚寄書曰：「大道無窮，吾子能竟。聖學忌雜，吾子能純。維持世風，主張名教，非吾子其誰與歸？」棫士以二十三年貢成均，四十八年卒，年八十。祀鄉賢。著有《卷石齋語録》、《白樓存草》。按：棫士以四十八年「年八十」推之，在康熙七年時方三十九，先生是年已四十二，不得言棫士齒長髮白，否則《志》年有誤。

康熙九年庚戌，四十四歲。

是春，因友人言及時務有感，歎曰：「治亂生於人心，人心不正則致治無由，學術不明則人心不正。故今日急務，莫先於明學術，以提醒天下之人心。」自此絕口不談經濟，惟與士友發明學問爲己、爲人、内外、本末之實，以爲是一己理欲消長之關。君子小人之所由分，即世道生民治亂安危之所由分也。《紀略》。

冬十月既望，赴襄城招魂。崇禎壬午二月，太翁隨汪總制征闖賊於河南之襄城，師覆殉難。是時先生尚幼，母子不得凶問，猶日夜望其生還。及闖賊入關，乃始絕望。居恒抱痛，思及襄城，流涕願一往，以母在也難之，惟奉太翁遺齒，晨夕嚴事。母没，奉以合葬，名曰「齒冢」。服闋欲往，苦無資斧；至是，貸於鄉人得四金，乃齋沐籲天，哭告母墓啓行。次月初七抵襄，訪太翁原寓主人，求其指引不得，則訪襄人昔所瘞戰亡之骨，繞城徧覓，滴血無從，乃爲文禱於社，晝夜哭不絕聲，淚盡血繼，觀者惻然。邑令張公允中聞而哀之，詢知爲先生，亟郊迎入城，飾館設宴。先生以齋戒堅辭，宿於社，張亦爲文禱於社神。越三日，先生爲位於太翁原寓，致祭招魂。以太翁出征時尚未命名，自呼乳名以告，聞者莫不泣下，哀動闔邑。祭畢欲返，適駱公遣使來迎先生倡道於南，先生意不欲往，而襄之官紳士庶方謀爲太翁舉祠起冢，以慰孝思，先生念非旬月可就，遂南行以俟其成。《紀略》。《襄城志》：張允中字東峰，太原人。

二十五日，宿六合之南郭。邸主劉安石，色目人也，睹先生氣貌異之，與之語則大驚，徧告同類之掌教者曰：「客學淵源，洞天人之藴者也！」相與瞻禮，邀遊禮拜寺。入門，衆共拜天，先生因語以「事天之實，在念念存天理，言言循天理，事事合天理。小心翼翼，時顧天命，此方是真能事天；若徒以禮拜勤渠爲敬天，末矣」！衆憮然拜謝，退而易席以待，作禮問道，徹夜不散。二十七日，至揚州，謁范文正公祠。祠有黄冠，長眉皓髯，與衆談道，見先生入，遜坐揖談，問先生：「亦好此道乎？」先生笑曰：「日用常行之謂道。吾性自降衷以來，五德俱足，萬善咸備；率性而行，自然愛親敬長。保此不失，自然君臣有義，父子有親，夫婦有别，朋友有信。惟其自然，所以爲天下之達道，切於人身日用之閒，無一時一刻而可離，豈非常行之道乎？若夫服養以鍊形，結胎圖沖舉，違天地常經，乖人生倫紀，雖自謂玄之又玄，却非可道之道。」黄冠亦斂容曰：「此《中庸》之道也。」衆躍然起，據《南行述》增輯。十二月朔，抵常州。駱公郊迎，館於府治之左，先生喜寂厭囂，移寓郡南龍興禪院。郡人見其冠服不時，相顧眙愕；既而知爲先生，漸就問學，至者日衆，憧憧往來，其門如市。一時巨紳名儒，遠邇駢集。答問汪洋，不開知見户牖，不墮語言蹊徑，各隨根器，直指要津。自是争相請益，所寓至不能容，郡人詫爲江左百年來未有之盛事。耆儒吴野翁光太息曰：「斯道晦塞極矣，今日之盛，殆天意也！」巨紳有治宴延款者，例不赴，亦不報謁。《紀略》。　《武進志》：龍興禪院在城南隅。萬曆間，平湖冢宰陸光祖題曰「龍興禪院」，邑人唐鶴徵記。《二曲集·吴野翁傳》：翁名光，字興嚴，武進人。幼有至性，比就傅，日誦數千言，爲文説理而華，有聲庠序。入太學，太學士争交之。久之，厭帖括，究心經濟，務爲有用之學，而以餘力博綜典墳，旁及九流百氏，發爲議論，自成一家。言甲申之變，太息流涕，所擬時務並雜撰付火。自是絶意人事，結廬於滆東僻壤，日惟玩《易》自適。自託於「野翁」，爲《野翁傳》以見志。著有《弄丸吟》、《大學格致辨》、《論孟合參》、《中庸臆説》、《讀書録抄》、《五願齋文集》、《耕娱集》、《遂初集》、《野翁日録》，而《易粕十箋》，象數義理並詣其極，尤足指南來學於無窮云。

懷清按：先生至常晤駱公，首以移風易俗、明學術見勉，駱録刊其語，名曰《匡時要務》。駱挺生《匡時要務序》：去秋予量移毘陵，恐典型日邁，鄙吝復萌，臨歧訂先生爲東南遊，先生首肯。嘉平月，空谷足音，跫然及我，首以移風易俗、明學術見勉，以爲是匡時第一要務。大約謂：天下治亂，由於人心之邪正；人心邪正，由於學術之明晦；學術明晦，更由當事之好尚。更歷引王陽明、馮少墟諸先達爲鑒，誠以居高而呼，牖民孔易，斯實風化之標準，致治之樞機，位育參贊之大關頭也。予聞之爽然，遂録其語付剞劂。

與襄城令東峰張公書，撰《禱襄城隍神文》、《祭父文》。

康熙十年辛亥，四十五歲。

正月初九日，謁唐襄文公荊川祠。荊川曾孫雲客先生宇昭、聞川先生宇量咸隱居不仕，數詣先生請益。是日，集親知於祠，宴次問學。《南行述》。　《武進志》：唐順之字應德，嘉靖己丑試禮部第一，選庶吉士，調兵部主事。久之，復改編修。累官右僉都御史，巡撫江北。順之於學，無所不窺，爲古文洸洋紆折，有大家風。生平苦節自勵，輟扉爲牀，不飾裀褥。閉户兀坐，多所自得。尊信濂、洛、關、閩之學及白沙、陽明兩先生，然以陽明津路宏闊，故多本白沙以援接後進。學者稱荆川先生，追謚襄文。祠在運河南天禧橋西。嘉靖三十九年，總督胡宗憲檄有司立祠關帝廟西。四十五年，移建於此，有司春秋致祭。

十一日，駱公偕張別駕榜邀遊虎丘，姑蘇人聞之，相與問學者甚衆。三日始別。顧雲臣寫先生像，鄭素居鈺題贊。贊云：「其服甚古其容舒，其情甚深其心虚。博聞多識，不讀非聖之書；存誠立敬，不求當世之譽。遡洙泗之淵源，而繼濂洛之正統者，斯爲二曲先生與！」《南行述》。十四日，旋寓。次晨，駱内艱之報至，先生詣署躬弔。擬二十日西返，闔郡紳衿公懇開講於府庠明倫堂及武進邑庠明倫堂，會者千人。從遊者録其言爲《兩庠彙語》。《紀略》。教授金沙王邁《兩庠彙語序》：二曲先生力學多年，毅然以斯道爲己任。太府駱公今守毘陵，先生賁然玉及，余小子司鐸郡庠，太府命傳集多士於明倫堂彙講。先生之言，以正心術、勵躬行爲要，而下手處在静則涵養、動則省察。一時薦紳及弟子環堵而聽，無不歡忻暢悦，如夢斯覺。蘭陵陸生，篤信人也，隨録其言，付之剞劂，由此刊布海内，共知正心術、勵躬行爲入門第一義，將見斯道如日月經天，江河行地。先生之言在一時，先生之功在萬世，不甚宏鉅也哉！時康熙辛亥仲春之吉。《武進志》：王邁，金壇舉人，康熙四十年任常州府教授。

二十七日，無錫宰吴公興祚同教諭郝君毓峰肅啓奉迎。月晦舟發，二月朔至錫，謁文廟畢，趨高忠憲公祠，適公姪、前學憲彙旃先生世泰來謁，遇之途，遂陪瞻禮忠憲遺像。《南行述》。《無錫志》：吴興祚字伯成，正紅旗人，原籍山陰。貢生，由沂州知州降調無錫知縣，超擢福建按察使，尋授巡撫，陞兩廣總督。祀名宦。郝毓峰，穎川舉人。高攀龍，字存之，萬曆十七年進士，授行人。疏救趙南星，謫揭陽典史。歸，會顧憲成亦言事罷，因相與修復東林書院，讀書講學垂三十年。天啓初，起光禄寺丞，進少卿，轉太常寺，遷太僕寺卿、都御史。鄒元標、馮從吾建首善書院於京師，攀龍時與講會。進刑部侍郎，尋擢左都御史。御史陳九錫奏部院徇私，南星、攀龍俱罷，削職，既又逮攀龍等七人。收者至，先一日拜遺表，自沈園池死。崇禎初，贈太子太保、兵部尚書，謚忠憲。祠在惠山河塘南岸。從子世泰附焉，有司春秋祀之。世泰字彙旃，崇禎十年進士。除禮部主事，典己卯廣東鄉試。歷郎中，擢湖廣提學僉事。至則修濂溪書院，遴諸名士講業其中。事竣歸。方是時，東林書院之毁幾二十年，世泰爲重修燕居廟，出舊藏先聖木主而祀之，又次第起道南祠，築再得草堂。於是講會開舉，庶幾舊觀。性嚴肅，見子弟如賓客。於儒先舊蹟，多所表章。善楷書，得《黄庭》法。

初二日，吴公偕郝君請先生開講明倫堂，闔邑紳衿咸集。毘陵門人徐超、張濬生録其語爲《錫山語要》。《南行述》。

徐超、張濬生《錫山語要跋》：先生深懲末俗展轉於語言文字，支離蔽錮，故其論學，因病發藥，隨説隨掃。戒超等毋得竊録，蓋恐一落言詮，咸以知解承而不以實體得也。錫山之行，庠中及東林書院講論娓娓，答問不倦，聞者莫不踴躍。惜哉，俱未之記也！郝元公先生索以付梓，超等無以應，不得已，聊録數則以復。挂一漏萬，超、濬等之罪也夫，超、濬等之罪也夫！康熙辛亥春仲五日。

初四日，彙旃及邑名宿延先生會講於東林書院，超與濬生録之爲《東林會語》。

初五，遊惠山。山麓有邵文莊祠，因便進謁。《南行述》。

《無錫志》：邵寶字國賢，別字泉齋，亦號二泉。成化二十年進士，授許州知州。歷遷右副都御史，總督漕運。劾，致仕。起撫貴州，累進户部尚書。以母老，拜南京禮部尚書。卒，贈太子太保，謚文莊。著有《學史》、《簡端》二録。祠在惠山左，即二泉書院舊址。初祠在冉涇里第，順治中督學張能鱗重葺二泉書院，乃移其像祠於超然堂。又惠山即九龍第一峰，與錫山麓相屬，一名歷山，一名九龍。或云有西域僧慧照居之，故曰慧山。自唐以後，但稱惠山。第二泉在其南。

初六日，秦燈巖松岱同其兄對巖太史邀先生會講於淮海宗祠，敘其答語爲《梁溪應求録》。《南行述》。

秦燈巖《應求録跋》：李先生應駱郡公之聘，倡道東南，而至吾邑，假館於東林之來復齋。家伯兄對巖先生命松岱偕諸弟輩因晉陵賢從徐斗一、張子遂兩尊兄請於李先生，延講先淮海祠，會於友善堂。同志之臨斯會者，爲介夫陳君、時晉王君、芾南邵君、存華施君、從叔天乳、清聞，從弟一原、次蜚，凡十六人。各罄所懷，李先生決答如流，推誠接引，尤以會講切磋、興復東林遺緒三致意焉。《無錫志》：秦淮海祠在第六箭河上。秦松岱字燈巖，松齡弟。幼讀王文成公《傳習録》、高忠憲公《静坐説》，因有志於學。後師族祖鏞，鏞，故忠憲入室弟子，自是識解益進。時盩厔李中孚顒、武進惲遜庵日初、慈溪黄梨洲宗羲，皆前朝遺老，以講學相應和，松岱馳書質證，往復累千言。家故豐而菲衣糲食，居常獨處一室。御下極嚴，惡奴搆難，遂卒。祀道南祠。松齡字留仙，幼讀四子書，輒有契悟。弱冠中順治乙未進士，改庶常，授檢討。以奏銷詿誤削籍。己未，舉博學鴻儒，復原官，四轉至諭德，再典鄉試。以磨勘落職。凡通籍六十年，立朝僅九載，餘率在家居讀書，故所得益邃，然未嘗著書辨論同異。平生於書無所不窺，詩、古文俱到至處。晚益耽研經訓，於《詩經》尤深，自毛、鄭以下，旁及歐、蘇、吕、嚴諸家，而參以己見，補朱《傳》所未備，題曰《日箋》，凡四卷，行世。

初八日，應江陰官紳之聘，晚次澄江。念及門徐斗一超、張子遂濬生、吴英武、邵公甫等追隨嗜學，爲立《學程》數則，陸孝標先生卿鵠梓行。《南行述》。

《二曲集·陸孝標先生傳》：先生諱卿鵠，字儁公，别號孝標，武進人。父完學，兵部尚書，謚端惠。先生其仲子，崇禎壬午副貢，蔭中書舍人。恬退自守，不求仕進。服闋代更，遂絶意世務，潛心聖賢遺訓，悠然有以自得。晚嗜學益篤，嘗取其祖聚岡公所著《講義》與《名宿考遡淵源》，刪繁就簡，重刊廣布。語季子士楷曰：「此吾家衣鉢，須實體而力踐之。」余遊武進，先生聞風，冒雪履冰，首顧余於城南龍沙，相與論學有契。自是日必至，至則諮詢維殷，凡進修之要，立命之微，靡不究極。既而迎余養痾於家，晨夕從事，訂證緜密。命士楷北面受學，而身執弟子禮愈恭。其孳孳向道，念切性命如此。丙辰、丁巳之交，卧牀病革，猶念余不置。卒年八十有一。按：孝標生萬曆二十五年丁酉，長先生三十歲。初九日午，抵江陰，邑宰周公瑞岐偕學博郊迎。十一日，開講於明倫堂。《南行述》。

十三日，靖江尹鄭公重偕教諭袁君元來迎。是日，宜興官紳擬肅啓奉迎先生臨其邑講學，而鄭公先至，次日渡江。越二日，會講明倫堂。門人録其答語爲《靖江語要》。《南行述》。陸士楷《靖江語要序》：《靖江語要》者，吾師李二曲先生應靖邑鄭令君及袁學博先生之聘，以答多士語也。令君政崇風教，雅意學校，聞先生闡道毘陵，遂與袁先生具舟肅迎，爲多士開示津要。先生在郡，預悉令君與袁先生之賢，力疾以赴。至則請益踵接，各質所疑。先生隨叩而鳴，人遂其欲，語多不具録，姑録其要，以誌靖邑一時之盛云。時康熙辛亥春仲既望。《靖江志》：鄭重，福建建安人，由進士康熙二年任。十二年，陞吏部主政，歷官刑部侍郎。袁元，天長人，壬辰舉人。《清祕述聞》：鄭重，字山公。

邑宿儒鄒錫簠隆祚，號樗隱子，聆先生講言，私語同志曰：「痛切醒快，言言血脈，真學人指南，不可以失。」俟衆退後，趨館就教，以所著《三教貌》呈正。先生閲訖，笑曰：「《三教貌》，貌也，三教之神，非貌所能貌也。即貌其神而一一畢肖，於自己安身立命何關？翁年踰古稀，此非所急，盍於當急是急乎？」鄒竦然再拜請示，遂告以反己自認之實。於是深慶晚始有聞，知所歸宿，附於及門之末。《南行述》。

無錫、江陰、靖沙之講會畢，當事及鎮將、學博，感先生闡明絶學，大有造於地方，各具禮幣展謝。先生概却，未嘗納一錢一物。衆引「交以道，接以禮，雖孔子亦受」爲言，先生笑曰：「僕非孔子，況孔子家法，吾人不效者多矣，豈可偏效其取財一事？」衆卒不能强。《紀略》。

十八日，返龍興舊寓養疾，客至，概不之見。其往來榻前盤桓者，惟楊雪臣瑀、龔浪霞百藥、陳椒峰玉璂、馬一庵負圖、潘易庵静觀、楊陟瞻球暨弟逢玉玾、唐雲客崑玉，並吴野翁、鄭素居諸名德。既而疾日甚，門人吴濬長發祥率其弟發育、子英武晝夜侍側。陸孝標以客不止，密舁先生至其家塾，聲言已歸陜，於是來者始息，得一意静養。其子士楷偕甥張涵生、濬生躬侍湯藥，楷姻楊亭玉孝廉琦時時過從。其弟虞玉琯善醫，因爲之診調，居旬日，疾愈。《南行述》。

《武進志》：楊瑀字組玉，邑諸生。鼎革後棄舉子業，與惲日初講學延陵書院，又以梁溪高世泰邀請，講學東林書院，四方問業者日至。發揮奥旨，灑然傾聽，安溪李光地亟稱之，謂與明道稱康節、晦翁狀延平「始皆豪邁慷慨，而卒清明粹和」者無異。著有《旭樓詩集》、《經史詩文語類》。龔百藥，順治三年舉人。陳玉璂字賡明，康熙丁未進士，除中書科中書。負盛名，賓客輻輳，酬應旁午，詩文操筆立就，旬日閒動可盈尺。著有《椒峰集》二百餘卷。馬負圖字伯河，號一庵，邑諸生。事孀母至孝，甲申棄舉子業，奉母避居滆湖西，業醫供甘旨。潛心理學，務期實用。婁東陸世儀、關中李顒主毘陵講，負圖與語，悉印合。嘗與邵贊、楊瑀講學書院，發圖、書畫卦之藴，學者多興起。每語人以爲學之要在治心，一以朱子爲法。生平不喜著書，自記讀書所得，有《皇極經世說》、《開方密率法》及《圖》、《律呂解》、《候氣說》、《知非録》、《戊申劄記》。年六十有八。私謚潛德先生。潘静觀，字爲谷，性峭直。家貧，授徒得修脯，舉父母兄嫂凡五喪。自奉冬一袍、夏一葛，非敝盡不更也。及門有所資給，即以施困阨者，囊中不留一錢。素好白沙、近溪之學，晚專於《易》。疾革前一日，邀同志聚談極歡，已而沐浴更衣，揮手爲別而逝。楊珅，八歲通《毛詩》，九歲屬文，弱冠名大起，揚子常、顧麟士輩俱稱之。乙亥、丙子，將興鉤黨獄，行及珅，珅挺然詣之曰：「某罪人也，今辦死來矣！」其人愧謝，得免。後乃謝交遊，築土室，負牆疊石，藝花卉，取宋、元、明諸儒《易》解盡讀之，著《周易觀玩偶鈔》。楊珂，康熙三年北榜舉人，國子監學正。《二曲集·吳義士傳》：義士名發祥，生而端謹，善屬文，邑諸生。明末之亂，潛迹荒僻。清初，出居陽羨，與同志講學釆山。歸，復搆講堂，集四方宿儒說《易》研理，究以洛、閩之傳。行必顧言，不爲空談。事親先意承顏，待弟位生友愛曲至。余至毘陵，聞而儀之，方欲造訪，適義士惠然顧余，相與談徹晝夜，退而肅贄執弟子禮。義士年長於余，謝不敢當，不獲已，乃許以師友之間互相資。既率其弟位生及子英武、姪丕武、甥邵公甫同及余門，追隨弗倦。余卧疾，義士晝夜掖侍，迨西返，泣涕遠送，逾京口，抵維揚，肖像而別。歸而鬻産建延陵書院，集同志切砥於中。壬戌，將入關訪余，中途患疽而歸。丁卯冬，感微疾，戊辰正月逝，年七十。按：濬長生萬曆四十七年己未，長先生八歲。

初三日，旋龍興舊寓。杭州比丘素懷，春初嘗謁先生於虎丘，聽講有感，自是徘徊不捨，隨卓錫龍興，寓先生舍旁，時時竊聽，自謂：「生平徧參名宿，至此方獲聞《韶》，言言透頂，語語當機。儒由之固足盡性至命，釋由之未始不可明心見性。老僧從此佩先生大中至正之訓，不敢於日用平常外別涉荒幻矣。」是日接見喜甚。次晨告別，持卷丐題，以識不忘，先生雅不欲與二氏作緣，辭焉，退而求得《傳心録》以歸。《南行述》。陸介夫《傳心録序》：楷生也鈍，辛亥春始獲受學於吾師二曲先生之門，晨夕趨侍，解惑啓蔽，叨益良多，而大要歸於治心。楷聞之如飲瓊露，不覺神思融暢。今師範日遠，就正無從，謹述其概，題曰《傳心録》，以見儀範雖遠而心範則存，尊所聞，行所知，庶爲無負。否則即日侍函丈，亦何益哉！吾曹其勗諸！時康熙辛亥清和朔。

先生擬期西返，駱公衰服稽顙泣留。郡人聞之，皇皇挽留，潘易庵亦出山固留，繼之以書。書云：竊聞大道之興廢，全賴倡導之一人。此一人者，固造物篤生，以爲天地立心，生民立命，爲一切起死回生者也。先生崛起關中，倡明正學，從姚江、盱江以遡濂、洛、關、閩，以遡源於洙、泗，其制行之高，任道之勇，不啻泰山喬嶽。豈非造物篤生，以爲後學倡導之一人哉！道駕甫到敝郡，春風一披，勾萌畢達，上至達官貴人，下逮兒童走卒，無不傾心歸命。自非一點真機鼓舞，何以致此？此山野觀所竭蹶而未逮，望承而恐後者也。夫斯人皆吾與，宇宙總一家，亦何必終日戚戚，思戀故鄉，棄從游於中道耶？ 先生答以「久違先隴，痛切於心」。三月初六日遂行，岳進士宏譽爲文以序其事。序云：「盩厔李先生之來毘陵也，毘陵之人從之者如歸市。是何毘陵之人聞道之速而向道之篤乎？抑先生之德，有以入人之深而聞聲響應不介以孚也？竊聞先生之爲人也，澹澹穆穆，無所求於世，其學以静爲基，以敬爲要，以返己體認爲宗，以悔過自新爲日用實際。茲何以來毘陵也？曰：與郡伯有舊也。郡伯昔爲盩厔令時，折節嚴師，養其母，舉其喪，朔望必枉駕於先生之廬，登其堂而就教焉，然先生足跡未嘗一入縣治也。郡伯在盩厔，先生不入縣治，郡伯在毘陵，而先生何以來也？曰：感郡伯之德，應郡伯之召，思欲行道設教，以助郡伯德化之成，藉以報郡伯也。於是，毘陵之賢士大夫争往候於其門，而就教者踵接焉。毘陵之下邑賢有司，争往致於其邑，大會紳士於明倫堂，以請先生之教。

就正者環四面，聞風而至者雲集，豈非毘陵之人聞道之速，而向道之篤乎？ 夫毘陵亦聲名文物之邦也，自龜山之楊夫子講學以來，學者知所宗向。嗣後，薛、唐諸公正誼明道，代有傳人。然龜山夫子居毘陵十八載，而從遊者始盛，先生來不數月，而人之徘徊眷戀於先生者，何其深也！ 今先生行矣，有出郭而送先生者，有裹糧買舟而送於數十里外或百里之外者，有牽衣泣下，不忍別去者，有願隨至關中受業者，非先生之德果有以入人之深，而能至此耶？先生以康熙九年十二月朔來毘陵，以十年三月六日去，勉留於毘陵者凡兩月，往來於梁溪、荆溪、江陰、靖沙之間者凡一月。毘陵之人物，大略可睹矣。自此毘陵人士循循好學，慕道不倦，人心風俗一大變焉，則先生與郡伯功豈在孟子下乎？」《清祕述聞》：岳宏譽，字邁亭，武進人。順治十八年進士，湖廣提學道。

初七日，士紳送者猶依依，先生力辭，乃雨泣而散。陸孝標年八十，率其子士楷、甥孫張濬生操舫遠送，至丹陽大慟分袂。吴濬長獨涕泣追隨，逾京口，渡大江，歷瓜洲，抵維陽，始肖像拜別，嗚咽不自勝。退而鬻産，倡同志鼎建延陵書院，安奉肖像，遵其教規。《紀略》，參《南行述》。 《請建延陵書院公呈》：近關中李二曲先生來常，闡昔賢之奧義，續先哲之正傳，披宣不下數百萬言，傳録共計一十八種，議論務在躬行，學問必期心得。聾聵咸開，醉夢皆醒，誠議陵之厚幸，憲臺之恩施也。但氈壇已撤，吾徒之討論無從肄業，各方願學之諸生復涣，因思錫山有東林書院，荆溪有明道書院，下邑皆有會講之區，乃東林書院已湮，龜山書院復廢，郡中獨無考業之地。公叩詳請特勅葺修，倣關、閩、濂、洛之成規，儼具瞻於一郡，則春夏禮樂，秋冬詩書，五邑沾時雨之化於無窮矣。康熙十年四月。

二十五日，抵襄城。邑宰張聞先生至，迎以入城。時祠碑已就，唯供案未竣，先生齋宿於城隍廟。是夕，工徒十餘人砌案，夜分將寢，忽鬼聲大作，衆戰慄屏息，工書張文昇强出壯語以告，乃寂。次晨，闔邑驚異，争相虔祭。邑紳劉長源宗洙捐地，偕衆起冢西郊，鐫太翁姓字、生卒年月於石以葬。先生斬衰哭奠，取冢土升餘，同魂牌捧齎以歸。張令暨鎮將、學博、闔邑紳衿，祖餞於十里鋪，泫然而別。《紀略》，參《南行述》。

四月初，至華陰，按原作「初五日」，與下「初四日抵家」不合，故不紀日。設所攜五千遊魂牌告神致祭，俾各歸原籍。《紀略》。

初四日，按：《紀略》作「初九日」，兹依《南行述》。抵家，詣母墓告旋，擇吉以所奉冢土附墓，率家人致祭，安奉魂牌於家，持服如初喪。既而襄城官紳士庶咸樹松、柏、楸、楊於冢，森列成林，豎碑墓道，題曰「義林」，清明則劉宗洙、宗泗率子姪虔祭。祠碑之在襄城南郭者，春秋次丁，邑宰致祭。《紀略》，參《南行述》。《襄城志》毛會侯《劉孝子傳》：宗洙字長源，四冲公之子。明季流寇搆亂，圍督師汪公喬年於襄，四冲公以諸生佐城守。城陷，並執，四冲公數被創。宗洙聞父難往赴，賊復截其耳鼻。以明經授州司馬，里中私謚曰孝友。宗泗字恭叔，康熙庚午舉人，内閣中書。又襄城令劉子章《義林記》：治西蓋有雙忠墓云，一西安郡丞孫忠文公兆禄，一千夫長李忠武公可從也。二公共佐制府汪忠烈公喬年駐襄城剿賊。賊圍城，城陷，汪公死，二公俱死。汪之靈輀南轅矣，孫、李馨骨丹血概藏之長坑古井間。前令君余補築祠，崇祀哲廡，尚未大備也。愚增飭龕位，樹立豐碑，視昔有加。康熙庚戌，李忠武之元子顒來，長號五衢，招父魂而葬之。鄉先生劉宗洙割腴田數畝，立塋兆焉，藏有文石於窀，其左曰「西安府同知私謚忠文孫公兆禄，直隸鹽山舉人」，右曰「烈士私謚忠武李公信吾可從，陝西盩厔人」，後鐫知縣某立石，吏部候選同知眷姪劉宗洙奉祀。劉紳諸父，二公以而翁文惠太先生，曾受汪督台監紀郡丞之署，與孫公寅僚，與李公伯仲也，築土爲墓，墓表石上鐫「雙忠墓」三字。凡官是地與地之大夫士，各植松、楸一二章，蔚然成林，爲郊青選勝地。道左樹石碑，大書「義林」，表義舉也。兩翼載好義姓氏云。當日二公奮不顧身，以身殉國，蓋甘心如飴，無少怨痛者。推其精英昭爽，飛揚雲霄，騰督府之牙旗，環戰壘而依附之，首麓汝涯，定是快心之區也。而林木拱抱，蔦蘿附石，松柏參天，騷人憑弔，游士流連，必且瞻馬鬣而式之。豪歌悲壯，灑經雅之醇醪，抒忠貞之氣也，疇謂是舉爲無裨於忠武哉！又劉青霞《義林雙忠墓表》：邑西郭有壇墠樹木者，曰「義林」，監紀孫公、材官李公招魂葬處也。明崇禎壬午，流賊李自成犯河南，督師汪公喬年奉命討賊，死難於襄，其監紀孫公兆禄、材官李公可從同遇害。兩公遺骸，莫知其處，康熙初始招魂而葬，題曰「雙忠」，表其墓道曰「義林」云。方汪公討賊之命下也，欲大振軍威，滅此朝食，乃募將略可用者請以隨征。時孫公兆禄任西安府同知，有文武才，汪公與語兵事，大悦之，於是授軍門監紀，且命舉所知。孫公乃以盩厔李公可從薦，署材官。李公有志略，素以勇力著，乃應募。將行，抉一齒留其家曰：「我此行不殲賊不生還，此所以識也！」及抵襄，分汛而守。孫公參幕軍中，設法防禦，汪公倚如左右手。李公每戰先登，奮不顧身。閱五晝夜，矢盡援絶，城陷，汪公罵賊不屈死，兩公與之俱死。當是時，予王父漢臣以軍門贊畫佐汪公城守，與難更甦，强起裹創，收汪公屍殮而權厝之，爲文紀其事。至兩公死狀，則未詳也。國朝順治初修邑乘，第曰孫同知、李材官與軍門汪公同殉難，亦不載其名字。康熙初，李徵君中孚先生尋父屍來襄，始知兩公名字籍貫云。予嘗訪之長老，邑貢士孫嶸，曰：「當城破時，見孫公立城上，狀貌魁梧，面白皙秀爽，或指曰：『此孫同知也。』賊脱其冠，繫而牽之驅之去。公徐行，其色不撓。」又老校吴姓云：「公之被執見逆闖也，以刀脅之不肯屈。有李材官者，聞而急趨，以身翼蔽，遂同死焉。」然後兩公殉節始末，乃可得而稽矣。是時全軍覆没，横屍徧野，予王父捐貲盡瘞之長坑胥井閒，蓋不可辨識矣。及中孚先生之來也，長號五衢不得，先大人孝友公宗洙以兩公與先王公同城守，同與難，又憐中孚之孝，因捐西郭地一區，爲之塋兆，鐫兩公姓字庚甲於石，殮衣冠而葬之，歲時率子姪奉其祀焉。邑令張公東峰表於道曰「義林」。嗣後，叔父中翰公宗泗又爲種樹成林，以時拜掃。顧以歷時既久，或多傾圮，今歲丙戌，予言於邑侯陳公，公即偕予出郊瞻拜，捐俸重修，封墓立碑，環植樹木，且禁居民勿得樵採焉。妥侑忠魂，風勵末世，誠盛舉也。或曰：「兩公之生，西北各異，其魂魄猶戀故鄉，未必憑依於是。」予曰：「不然，兩公慷慨從軍，視死如飴，齒髮骼胔啖烏鳶豺狼而不自惜，其精英昭爽，依疆埸之故地，附衣冠之潔莊，不第視俯首全歸爲可恥，即裹革還葬者，亦不免爲兩公之所笑也。孰謂義林坯土，非兩公魂魄之所棲止也哉？」義林之修，冢墓巍然，林木蓊蔚，過之者廉頑而立懦，爲政敷教即在是矣，不可没也，故並著之。陳公，諱治安，字晴峰，山陰人。又襄城令陳治安《重修雙忠墓碑記》：有明末造，督師汪公奉命討賊，死難於襄，具見邑乘。而監紀孫公、材官李公，亦與汪公同時殉難，節烈並著。康熙初年，邑令余君二聞爲汪公建祠崇祀，而兩公與享，甚盛事也。余於丁丑承乏茲土，謁汪公祠，而未詳所謂「雙忠墓」者。劉子青霞以遺事述余，余得立石以表兩公之節烈焉。昔闖賊蹂躪中土，督師汪公奉命討賊，而兩公効命其間。按：孫公名兆禄，直隸阜城人，由舉人爲秦盩厔令，升西安府同知，素知兵，沈毅多大略。汪公聞其賢，題署軍門監紀。孫公稔盩厔李公名，招與俱。李公名可從，少學書，已學劍，膂力過人，負其材勇，願提桴鼓立軍門，爲知己者死。從孫公入謁，汪公壯之，拜爲標下材官。數與語，大喜曰：「若立功，題授若軍職。」李公拜曰：「敢不效死命！」既抵襄，諸帥兵皆會，分汛而守，孫公參幕中軍，李公驍勇敢戰，無不以身先士卒。越五晝夜，矢盡糧絶，城陷，汪公罵賊不屈死，兩公與之俱死。康熙辛亥，李公元子徵君中孚來襄，求遺骨不得，痛號衢巷。時劉子青霞之考、郡丞公宗洙爲捐地立塋，鐫兩公姓字、庚甲於石，招魂殮衣冠而合葬之，此「雙忠」所由名也。邑令張君允中表於道曰「義林」。嗟乎，兩公慷慨就義，殺身成仁，「雙忠」之名，應不朽也！方今天子命史臣纂輯《明史》，褒揚忠義，督師暨兩公聲播海宇，而冢墓淒涼，得非守土之責與？爰種木立石，而誌其大概如此。按余二聞任襄城在順治十七年，以康熙五年去。其自撰《汪忠烈祠記》只及孫同知而不能舉其名，陳記所稱「兩公與享」，乃張令允中增入，非余時事也。劉青霞表稱丙戌爲康熙四十五年。右三文，均《二曲集・義林記》所未收，故並録之。又劉長源及弟恭叔，與先生爲盟兄弟，見王豐川《嘯林劉子別傳》，云「子李子生平不與人盟，而獨盟恭叔兄弟」。

五月，群小復謀搆陷。愛先生者謂險壬嶮巇叵測，邑君銜之又深，勸之徙居於郿。先生不忍遠違墳墓，謝曰：「禍患之來，命也！」卒不徙。《紀略》。

六月，滿洲黄旗大人會公納偕弟奮魁詣廬問道。是秋，各旗固山牛录多來瞻禮，將軍馮公尼勒往來尤殷。馮樂善好賢，先生告以嚴紀律、恤地方，馮躍然佩服。《紀略》。《陝西志》：佛尼勒，鑲紅旗滿洲，康熙十四年任將軍。按「馮」「佛」音轉，「十四年」小異。

十月，咸寧郭丞同閫司張公夢椒迎先生遊董子祠。祠在城隅，地頗幽僻，仲舒之墓在焉，俗謂之下馬陵。先生念一代大儒，秦火而後，正學所由開先，遂慨然趨謁。至則郭、張偕會公納晝夜虔侍，先生因語及「正誼明道」，謂：「方今人欲横流，功利之習，深入膏肓，斯言在今日尤爲對症之劑，吾儕所宜服膺者也。」郭、張憮然。張以父明大司馬諱鳳翼蔭錦衣僉書，改司閫，淹雅宏博，詩文敏贍，爲人倜儻有氣誼，名流推重，至是幡然志道，契先生尤篤，抱其子謁見。會大人率子弟北面受學。《紀略》。《代州志》參《陝西志》：張夢椒字鹿洲，山西代州人，明兵部尚書張鳳翼子。以父功襲錦衣衛指揮同知，康熙三年任陝西掌印都司，歷安遠營參將。《陝西志》：董子祠在咸寧縣學宮後。嘉靖二十年，侍郎趙廷錫改建。今在城東。祀漢儒董仲舒。祠後有墓。撰《論世堂記》、《學文堂記》，題《社會全集》、《青暘先生論學全書》。按：《論世堂記》爲龔琅霞作，《學文堂記》爲陳椒峰作，《社會全集》爲吴濬長題，《青暘論學全書》爲秦赤仙題，均在是年。書張雲巖墓碣。

康熙十一年壬子，四十六歲。

是春絶糧，幾不能生。王省庵聞之，自蒲來候，爲之辦三月薪米而還。先生每值困阨，則誦「伯夷、叔齊餓死」並「志士在溝壑」以自振。

五月，鍾學憲朗檄縣豎碑母塋，大書「賢母彭氏」以表墓。隨致書先生，以申嚮往。既而深咎羈於職守，不獲造廬，耑吏託張閫、郭丞介紹肅迎，先生辭謝。

八月，至省，南謁馮少墟墓，《陝西資政録》：馮恭定墓在長安縣西南三里馮家村。訂其遺集。寓雁塔，鍾聞之，亟出城拜訪，館於塔下，質疑咨學，聞所未聞，深恨會晤之晚。每日就寓傾論，擊節再拜。時值大比，三邊八郡士萃省，聞風争造，肩摩踵接；先生隨人響答，終日不倦。於是秦人始知章句之外原自有學，興起者甚衆。詳具《雁塔答問》。浹旬，先生告旋。鍾聞之，亟手書致意。書曰：「斯道不講，非一日矣。振絶學於來兹，迴狂瀾於既倒，肩斯任者，非先生而誰乎？朗也無能爲役，雖然執干掫，從鞭鐙，所欣慕焉。嚮者頗聞二曲有李先生，然耳其名矣，未見其人也。及驂停雁塔，見其人矣，猶未聞其緒論也。今見其人矣，聞其緒論矣，雖未能窺其堂奧，乃見獵心喜。入聞夫子之道而悦，人皆有之，朗，東海之鄙人，何獨不然。朗嘗自問，少年跌蕩於浮名，一行作吏，塵面東西，簿書鞅掌，蒙西子之面，欲自見本來，豈可得乎？今遇先生，如爐之點雪，水之沃焦，髣髴有不知其然者，方將啜飲之不可斯須去。而先生又以避喧遄歸，私心怦怦，曷勝悵惘！」乃出城躬送，臨別依依。《紀略》。《陝西志》：鍾朗，浙江石門人，康熙九年任。《石門志》：朗字玉行，順治己亥進士。由翰林改工部主事，升員外郎，出視江南、江西、湖廣等處蘆政，歷刑部郎中。視陝甘學政，嚴絶苞苴，振拔寒畯。升布政司參議，致仕歸。年七十三卒。祀鄉賢。《陝西志》：慈恩寺在咸寧城南一十里，曲江池北，唐高宗爲文德皇后建，内有浮圖塔六級，即今雁塔。

是冬，張閫司以先生身居姦藪，欲營室於鄠，迎先生避地遠氛，會轉安遠參戎不果，致札。札云：僉壬所以牴牾者，以先生名高德重，求親而不得，則忌謗生焉。然山鬼之伎倆有限，老僧之不聞不見無窮，再加以少霽厓岸，此輩樂有附驥之望，而可以化其成心矣。如邪正分明太甚，小人愈肆其惡，願先生勿以人廢言，是禱。瀕行，念先生清苦，捐俸三十金，託人爲先生購地十畝，聊資薪水。《紀略》。

康熙十二年癸丑，四十七歲。

鄂總督善政崇風教，自巡撫時雅慕先生，知先生不履城市，難以屈致。是年，復修關中書院，拔各郡俊士於中，乃因鍾提學致饑渴，又因咸寧郭丞通禮意，四月，肅幣聘先生講學。先生力辭至再，鄂公敦延愈殷，三往然後應。鍾以先生衣服寬博不時，預製小袖時袍馳送，先生笑而藏之，仍寬博以往。至城南雁塔，鍾出城奉迎，見之愕然。先生曰：「僕非官僚紳士，又非武弁營丁，窄衣小袖，素所弗便；寬衣博袖，乃庶人常服。僕本庶人，不敢自異。且庶人無入公門之理，區區生平安庶人之分，未嘗投足公門，今進書院，諸公見顧，斷不願破戒報謁。」鍾爲之備達。鄂曰：「余等聘先生，原爲沐教，豈可令其頓違生平。」五月十四日，命府三學博士御車進城，公偕阿撫軍席熙暨三司迎候於書院之翼室，設宴，隨改其室爲明道軒。次日，請先生登座，公與撫軍藩臬以下，抱關擊柝以上，及德紳、名賢、進士、舉貢、文學、子衿之衆，環階席而侍聽者幾千人。先生立有《學規》、《會約》，約束禮儀，整束身心。三月之内，一再舉行，鼓蕩摩厲，士習丕變。故老有逮事馮少墟者，目睹其盛，謂：「自少墟後講會久已絶響，得先生起而振之，力破天荒，默維綱常，一髮千鈞。視少墟倡學於理學大明之日，其難不啻百倍。」一時院司道府莫不致餼，咸却而不受。撫軍贈金數鎰，往返再四，亦固辭。《紀略》。

《國史傳》：鄂善姓納喇氏，鑲黄旗滿洲人。由侍衛歷秘書院學士、都御史。康熙九年，授陝西巡撫。十一年，遷山陝總督，尋改督陝西，調雲南，以事戴罪立功。十六年，授甘肅巡撫。十八年解任。又阿席熙，鑲紅旗滿洲人。康熙十年，以布政使升任陝西巡撫。按：是時三司布政使爲吴努春，鑲白旗滿洲人。按察使巴錫，鑲紅旗滿洲人。提學即鍾朗，道無考。西安知府邵嘉引，浙江餘姚人。《二曲集·關中書院會約引》：關中書院自少墟馮先生而後，學會久已絶響。今上臺加意興復，此當今第一美舉，世道人心之幸也。諸同志川至雲集，相與切劘，雖以顒之不肖，亦獲濫厠會末，振頹起懦，叨益良多。衆謂會不可以無規，促顒揭其概，誼不得固辭，謹條列於後。

七月，新提學洪公琮甫涖任，即具啓通幣，以申嚮往，先生不納。八月，自鳳郡馳謁先生於書院，設宴朝夕躬陪，序先生所立《院規》，刊布多士。先生彙輯《少墟全集》，託其梓行。《紀略》。

《陝西志》：洪琮，安徽休寧人，康熙十二年任。《安徽志》：琮字瑞玉，歙縣人，順治壬辰進士。授韶州府推官，晉刑部主事，歷官陝西提學。《清秘述聞》：琮字谷一。

是秋，寶雞李汝欽茂才修始謁先生於書院，北面稟學，先生力辭。據《二曲集》增輯。

《寶雞志》：李修字汝欽，少籍諸生，從盩厔李顒學，欣然有得，遂謝舉業，有志正學，博考儒書，剖析精奧。著《心心精一·二録補》、《薛存齋四書説蘊》，大有發明。邑令燕山李瑩受業於門，年七十三。《鳳翔府志》：修精研理學，剖析微奥，嘗自祇礪其志，不作杏壇中人不止。

鄂公欲薦先生，知先生鳳翔千仞之操，不可榮以禄，念係地方高賢，又不敢蔽，乃密戒學憲及郭丞勿洩，遂會同撫軍阿疏於朝。其略云：一代真儒，三秦佳士。學術經濟，實曠世之遺才；道德文章，洵盛朝之偉器。負姿英特，操履醇良，環堵蕭然，一編閒適，經百折而不回，歷千迍而愈勵。刊行緒論，咸洞源達本之談；❶教授生徒，悉明體達用之務。遠宗孔孟，近紹程朱。初奉詔求賢，臣等雖略聞其人，恐係浮名，未敢深信。恭奉皇上賜臣等《大學衍義》，臣等仰承聖訓，以廣文教，修復書院，聚集多士，將顒迎至。見其人品端莊，學識多博，講論亹亹，誠難測其淵微。今皇上日御經筵，時親典謨，正需窮經博古之臣，以備顧問之班。臣等既知其人，不敢不舉。疏上，九月朔，先生始聞其事，錯愕自咎，即貽書於鄂，一再辭謝。第一書略云：明公以國家太平之業，莫先於正人心，故思碩儒以振起斯文，而又急無其人，不得不從隗始，誠吾

❶「洞」，原作「同」，據《歷年紀略》改。

道之中興，而生民之大幸也。顧僕實非其人，適以重爲斯文之辱。前者懇辭不獲，靦顔應命，兩赴書院，言無可聽，行無可取，中夜自思，既負明公下問之誠，兼愧朋友琢磨之益。方欲束身告退，肆力耕耘，忽聞愚賤之名上塵睿覽，驚魂欲墜，俯仰難安。自拜辭抵家，即染寒疾，歷久不痊，遂至右足不仁，艱於步履。夫薦賢者，國家之大典，豈容以廢疾之人濫膺宸命哉？況今接對賓客，皆倚杖而行，猶或顛躓，其必不能舞蹈丹陛也，不待問而可知矣。伏乞格外施仁，代爲題覆，使病廢之人得以終安畎畝，則始之終之，其恩皆出自明公矣。

十一月，督撫奉旨促先生起程，先生再三以疾辭。《紀略》，參《二曲集》。辭徵第一書云：顒少失學問，無他技能，徒抱臯魚之至痛，敢希和靖之高蹤，不虞聲聞過情，上徹宸聽，部檄地方起送，蓋曠典也。顒何人斯，敢辱斯典？若謬不自揆，冒昧奔趨，是借終南作捷徑，可鄙孰甚。有士如此，朝廷亦安用之？況顒近因汗後中溼，宿疾頓發，左足麻木，不能步履，豈堪遠涉長途，趨走拜舞，對揚丹陛也？伏望矜鑒，特爲轉達，曲成石隱，使顒不至狼狽道途，自速其斃。頌德頌仁於無窮矣。

是月，至華陰，訪王山史徵君弘撰，與論爲學出處之義，並屬爲劉公四冲作傳。留五日去。據《襄城志》增輯。《襄城志》山史《劉四冲公傳》：康熙十有二年秋，有詔徵盩厔李中孚先生，中孚稱疾不就。冬仲，策杖過予草堂，留五日，論爲學出處之義甚悉，及指數近代人才，因得聞四冲公遺事。中孚謂予，劉公雖已有傳，予不得無言。《同州志》：王弘撰，字修文，華陰人。父之良，明進士，南京兵部右侍郎。弘撰幼嗣於季父之祚，實司馬第五子，補邑學弟子員，食餼。順治七年，土寇竊發遺貲，標掠殆盡。乃縱遊之淮陰，抵建康，至吳門，與江左高士流連詩酒，越歲而歸。中丞賈漢復聘纂《陝西通志》，并命子堉受業。中丞入都，邀之偕行，數載始旋里。單心洛、閩之學，而尤邃於《易》，以其餘爲詩歌古文，清健高超。三輔隱賢與之切劘者，王建常、李楷、李顒、李因篤、東蔭商、南廷鉉。顧炎武入關來訪，分宅館之。康熙十七年，詔徵博學鴻辭之士，弘撰列薦剡，累辭不允。至都，會病，不入試，足不履顯者之門。而大學士馮公溥雅重其品藝，介人求文，王士禛、汪琬、施閏章等莫不就舍訂交。二十四年，再遊江南，十年乃歸。四十一年卒，年八十一。門人私謚貞文。按：山史生明天啓五年壬戌，長先生五歲。

有《報鄂制臺書》、《報阿撫軍書》、《答阿撫軍辭餽金書》、《與當事論出處書》、《答洪學憲書》、《上鄂制臺辭薦舉書》、第二書、《辭徵書》、第二、第三書、《題馮少墟先生全集》。

康熙十三年甲寅，四十八歲。

正月，滇南變起，所在震動。鄰惡自以前計不遂，徒成嫌隙，至是，謀因亂將暗不利於先生以滅口。同黨有洩之者，二月十三日，乃離新莊堡，避地於邑南之郭家寨以居。《紀略》。

四月，有旨復徵。吏部咨督撫起送，藩司檄府行縣，催促起程。先生控辭。既而府役至縣守催，縣據醫、鄰甘結以覆。五月，府提醫、鄰嚴訊，脅以重刑，衆無異辭。府轉到司，司促愈急。七月，霖雨河漲，先生長男慎言涉波冒險，赴司哀控，不聽，立逼擡驗。八月朔，縣役舁榻至書院，遠邇駭愕，咸謂擡驗創千古之所未有，辱朝廷而褻大典，真天壤間異事也。府官至榻，先生長卧不食。府以股痹回司，司怒，欲以錐刺股以驗疼否。適張參戎夢椒自安遠回省，爲之營解，免錐，立逼起程。先生閉目不語，僵卧而已。前内黄令上蔡張起庵沐自中州來訪，備述聞風嚮慕，神交有年，因出所著《學道六書》就正，先生伏枕以答。語及乾之初爻，謂「學須深潛縝密，埋頭獨詣，❶方是安身立命。若退藏不密，不惟學不得力，且非保身之道。昔人謂『生我名者殺我身』，區區今日，便是榜樣」。張歎息而去。

初五日，府又差官守催，吏胥洶洶環擁，逼索起程。慎言不得已，聊具起程呈云：「俟暫歸治裝，然後就程。」司始允還。抵家數日，隨具呈以疾篤控。院司聞之，檄府鎖拏經承，縣令高君宗礪懼累，率役至廬立促，舁榻以行。先生堅不進省，寓於城南之興善寺。府役日逼起程，督促萬方，先生以死自矢，督院知不可强，乃會同撫軍以實病具題。部覆：「奉旨，疾痊起送。」十二月，還家養疾。丹陽賀君麟徵聞而歎曰：「關西夫子，堅卧養疴，正是醫萬世人心之病。移風易俗，力振人紀，有造於世道不淺。」《紀略》。　按《陝西志》：是年總督哈占，巡撫抗愛，布政使吴努春，西安知府阿爾親，皆滿洲人。《内黄志》參《上蔡志》：張沐字冲西，號起庵，河南上蔡人，順治戊戌進士。康熙元年任直隸内黄知縣，潔己愛民，崇尚德化。蒞邑五載，廉蹟善狀，不可枚舉。開講堂講學，每會期，邑士及鄰封之請教者，常數百人。時容城孫奇逢講學蘇門，幣迎至黄，學者知所宗焉。因事降職。以大臣薦授四川資陽令。方沐赴部过黄，士民慰問遮道，有送出境者。著有《道一録》、《學道六書》、《六論敷言》、《女經》。《盩厔志》：高宗礪字介公，四川梁山人。由進士康熙十三年任。值滇、蜀鄰平涼繼叛，軍興旁午，風鶴頻驚，催科饋運，日不暇給。至十七年，被論。後赴京開復，途遇暴疾，没於蒲東，歸葬白下。　賀麟徵無考。　是年，新安汪君宏度緘書託洪學憲問學。江寧高太

❶「詣」，原作「誼」，據《歷年紀略》改。

史人龍詣廬就正。《紀略》。《上元志》：高人龍字霖公，蜀梁山人。父射斗，前丁丑進士，任江安督糧道，没後寄家金陵。人龍由康熙戊戌進士授庶吉士，除檢討，歷官吏部選郎。生平博雅於關、閩、濂、洛之學，莫不窺其奥窔。尤以廉自守，官比部，有廢銅，例入督鑄者之橐，公悉給工匠，不以自私。子二：元亨，丁卯舉人；元吉，庚辰進士。汪宏度無考。

有辭徵第四、第五、第六書。按：是年陝督爲哈占。集中只標曰「辭徵」，大約致督府者。

康熙十四年乙卯，四十九歲。

先生癸丑秋自書院講畢旋家，即閉關不復見客。是春，又爲《謝世言》，以逆拒來者。其略云：僕幼孤失學，傭謬罔似，祇緣浮慕先哲，以致浪招逐臭，誠所謂純盗虚聲，毫無實詣者也。年來天厭降災，疾病相仍，半身覺痿，兩耳漸聾，杜門却掃，業同死人矣。然而朋伍中不蒙深諒，猶時有惠然枉顧者，是使僕開罪於先生長者，非憂我之至者也。今以往，敬與二三良友約，凡有偶憶不肖，而欲賜教者，竊以爲上有往哲之明訓，下有狂謬之巵言，❶期與諸君私相砥礪足矣，奚必入其室而窺其人，以致金玉在前，形我蕪穢乎？伏望迴其左顧之轍，埒僕於既化之殘魄，視僕爲物外之野夫，此僕所中心佩之，而父師祝之者也。嘗聞古人有預作壙穴，以爲化日藏骨之所，僕竊有志而未逮，又豈能靦顔人世，晤對賓客，絜長論短，上下千載也耶？但使病廢之軀，獲免酬應之勞，則僕也拜賜多矣。《紀略》。

四月，鄂公自荆州移駐關中。甫入關，欲望見顔色，各部院亦欲因之以見，慫恿公遣使齎手札來迎。先生以《謝世言》示之，乃已。《紀略》。按：鄂在雲南，以事戴罪立功。十四年，王輔臣叛，命赴榆林、延安剿禦。「移駐」即謂此也。

八月初六日，先生挈家避兵富平。

❶「巵」，原作「危」，據《歷年紀略》改。

是時，雲貴搆亂，蜀漢盡陷。盩厔密邇南山，敵人盤踞於中，土人往來私販者，傳敵營咸頌先生風烈。先生聞之大驚，亟擬渡渭遠避。會張參戎陞總鎮，肅輿迎送富平。時郭丞陞宰富平，亦遣使來迎，遂盡室以行。至富平，郭公擁篲下風，修郊勞。文學孟輿脈齋沐受學，固請棲所居之軍寨別墅。郭公於是鳩工整飾，焕然一新，又特搆一齋，題曰擬山堂。「擬山」云者，以先生喜静厭囂，謝人事，絶應酬，無異深山窮谷也。張與郭各捐俸置器用，儲薪米，❶敬養備至。邑人及鄰封士紳晉謁，先生多不之見。《紀略》。《盩厔志·兵事》：康熙十三年，遊擊程福亮聞蜀變，自西鄉退兵三河口，盩、鄠兩縣運糧給之，民大困。明年八月，漢中失守，福亮退駐黑水峪。十一月，遊擊梁甭屯兵黑水峪，勒折糧草，索取夫役，官民苦之。繼此又有彭宣、王守鳳、陳奇謨、鄭起成、吴時泰、傅舉、吴炤、夏印、李重華等，此來彼往，首尾六年，强横騷擾。丁壯饋運於外，老弱供給於内，民不能堪，投旗入伍者不可勝計。按：亭林與先生書有「别有札與憲尼」語，憲尼應輿脈字。稷山宰孟孔脈字祖尼，或其兄弟行也。

是冬，顧寧人書來。顧自癸卯盩厔別後，雖足迹徧天下，而音問時寄。至是聞先生流寓富平，寄書略云：「先生龍德而隱，確乎不拔，真吾道所倚爲長城，同人所望爲山斗者也。今講學之士，其篤信而深造者，惟先生。異日九疇之訪，丹書之受，必有可以贊後王而垂來學者。側聞卜築頻陽，管幼安復見於兹，弟將策蹇渭上，一敘闊悰

❶「米」，原作「水」，據《歷年紀略》改。

也。」《紀略》。按：《亭林年譜》，乙卯八月，自山東歷城抵山右之祁縣，主戴楓仲家。楓仲爲築室祁之南山，先生因之置書堂焉。此書應自祁之南山書堂發。

是年，李汝欽再謁先生於擬山堂，堅欲及門，先生仍固辭。據《二曲集》增輯。

《二曲集·促李汝欽西歸別言》略云：寶鷄李汝欽質淳而行篤，未弱冠即有志於斯道。癸丑秋，嘗謁予於關中書院，北面稟學，予力辭。乙卯夏，又謁予於富平之擬山堂，堅欲及門，予固辭。徒步負笈，往返千里，途次罹災，幾不保身，聞者惻然，而汝欽嚮往愈殷，略弗少變，則亦可謂天下之有心人矣！按：先生以是秋至富平，《別言》作乙卯夏，或一時誤記。特誌其事於此年，而時從略。

懷清按：先生居富平，李子德及弟因材等常趨侍。《受祺堂文集·田太孺人行實》：前郭明府迎兄二曲徵君寓邑東偏，母數就視，謂不孝曰：「汝兄大賢，當敬事之。」《二曲集·田太孺人墓誌》：前此顛以終南播氛，避亂頻山。太孺人率闔眷出見，令因篤偕弟若子朝夕嚴侍，恩勤有加。迨亂定返里，猶時問遺不絕。

《答秦燈巖》第二書。按：書有「別來五載」語，由辛亥至此五年。其第一書年次待考。

康熙十五年丙辰，五十歲。

四月，張總鎮有疾，回雁門原籍。瀕行，迂道富平別先生，捐俸備薪水，約以秋涼疾愈復至。抵家未幾不起。先生聞之悼慟，爲位遥祭，仍託人唁其遺孤。自是日用所需，郭一力任之。

李太史因篤撰《擬山堂記》。其略云：徵君先生，起自孤寒，獨立不倚，倡明聖賢之學。顧其家甚貧，三旬九食，簞瓢屢空，宴如也。而篤實之徵，光輝莫掩，上而臺司，以越郡邑之長，或單車造訪，或奉書幣通起居，先生一切謝之無所受。雖鄰里交謫，閭巷敦諭，迄不少易。當是時，先生名震關中。崇重其道，往來尤密者，莫若常州太守、前盩厔令駱公，吾富平邑君雲中郭公。無何駱遷京秩以去，凡先生所與旴衡性命，外樹宮牆之防，内庀其賓從之需者，緊吾邑君是賴。❶夫先生之爲人，不事王侯，饑不可得而食，寒不可得而衣者也。而吾邑君何以使之厚自託焉，豈非忠誠所感，處先生以古道，而義有超於養之外者哉？蓋邑君勤勤懇懇，所以爲先生計隱居者，甚周且至，不啻先生之自營，然先生不知也。先生不知，故受之而可安，指而美之無辭也。舊歲江漢播氛，南山烽羽之嚴，密邇二曲，故開府雁門張公曰：「徵君可以行矣，舍郭富平不足以辱先生之從者。」而吾邑君乃備輿奉迎，而先生亦既覯止，爰擇文學孟仲子別墅，構室以棲，時時具公服儀仗，晨往上謁。而廩人繼粟，庖人繼肉，相望於路，先生弗聞也。終日匡坐不出，而遠近就業者有人，問道者有人，瞻軌範者有人。繩繩乂乂，走趨於堂，使千百年干戈之址，一變而爲俎豆之鄉，先生與吾邑君之功，詎不偉歟？《紀略》。

康熙十六年丁巳，五十一歲。

五月既望，❷遥祭駱公。先生自辛亥返秦，駱亦丁艱離任，書問不絶。丙辰夏，猶自獲鹿轉致諸名公寄先生文翰，且訂是春至秦相訪，既而以疾不起。先生聞訃號慟，爲位以祭，服緦三月，語及涕不自禁。八月，鄂督改撫甘肅，瀕行，手札言別。先生答以政教偕行，舉措務合人心。❸《紀略》。

九月，王山史至富平。先生遣子伯著往謁，山史隨詣軍寨，晤談竟日。旋以所著《正學隅見述》見質，復假閲先生所輯《紫陽通志》。據《砥齋集·頻陽札記》增輯。按：伯著應慎言字，而《潛確録》作伯敏。

是冬，顧寧人自山左來訪，因寓軍寨之北，密邇先生，時至卧室盤桓，語

❶「庀」，原作「庇」；「緊」，原作「緊」，據《歷年紀略》改。
❷「五月」，《歷年紀略》作「三月」。
❸「措」，原作「惜」，據《歷年紀略》改。

必達旦。《紀略》。　按《亭林年譜》：戊午春，由太原入關中，富平令郭九芝傳芳迎先生於二十里外。閏二月，遣子德家人至曲周接衍生，及既，足期會於富平軍砦李中孚家。四月朔，九芝邀先生至署，寓南庵，旋移寓朱公子樹滋齋中。此作丁巳冬來訪及「寓軍砦北」，微異。無從訂定，姑闕疑敬。《亭林集·與潘次耕書》：頻陽令郭公既迎中孚而僑居其邑，今復遣人千里來迎，可稱重道之風而天生，遂欲爲我買田、結婚之計，雖未可必，然中心願之矣。又《顧譜》十六年丁巳九月入陝，訪李中孚於富平東南軍砦之北，注《李徵君年譜》云云。按：《徵君年譜》系此則於丙辰冬。考《衍生元譜》丙辰年未嘗入秦，其至富平實系丁巳，《李譜》或偶訛耳。按《李譜》應即指《二曲歷年紀略》，《紀略》原列是則於丁巳冬，其云系此則於丙辰冬者，豈別有一譜耶？《受祺堂詩集·陳情賦雲中曲呈郭明府》：「前年是日杯相屬，左有東吴右二曲。」注謂寧人先生、中孚家兄。按：此指十七年事。

康熙十七年戊午，五十二歲。

自癸丑冬督撫有「疾痊起送」之旨，自是每年檄司行縣查催。是春，復促起程。既而兵部主政房君廷禎又以「海內真儒」推薦。其略云：竊惟孔門四科，文學與德行並重。有行而無文，其蔽也魯；有文而無行，其蔽也夸。若二者之兼優，則一生可概觀。職秦人也，所知有西安府盩厔縣布衣李顒者，束躬希聖希賢，無書不讀；居德惟誠惟正，有己克修。甘原憲之貧，襟捉肘露；擁張華之乘，腹便硯穿。立志冰堅，四十載如一日；秉心淵塞，三輔中僅此人。雖經督府交章，名已上徹朝陛；乃復金石不渝，趾仍下伏田廬。格物致知，誠有功於正學；揚風扢雅，亶無忝於真儒。吏部具題，奉旨令督撫起送，司府檄富平縣力促。先生以疾篤辭，長男慎言赴院哀控，乃以「病卧不能就程」題覆。又奉旨敦促，於是催檄紛至，急若星火。府尹手札責郭令徇庇，且題職名揭參，郭公回詳。略云：

李處士養疾久卧，遠邇共知。卑職雖至癡極愚，靈明一竅，未盡昏翳，何敢不畏法紀，不惜官箴，於非親非勢、區區流寓之一寒士過自徇庇，干憲典於不測耶？屢蒙示行催，卑職凜遵憲檄，即欲遣夫舁榻就道，及親臨卧室，見其委頓不食。以氣息奄奄之人，强迫就程，萬一途有不測，卑職將何以自解於天下後世耶？慎言又日伏轅門泣控，不聽。經承府役坐縣，立提職名，鎖拏經承。經承守門，伏跪哀號，舁榻以行。《紀略》。

八月朔，過臨潼，浴温泉。是晚，宿周太史燦宅。《臨潼志》：周燦字星公，順治乙亥進士。由翰林改刑曹，奉使安南。及還，出守南康，修白鹿洞書院，聚徒講學，多所成就。督學巴蜀，甄拔皆知名士。著有《願學集》。祀鄉賢。先是，建威將軍吴公當，《亭林年譜》：康熙十六年，賊黨吴之茂寇秦州。十二月，朝命建威將軍吴丹略地華、商。按：「丹」、「當」音近，應即此人。慕先生甚殷，介潼關胡副使戴仁、按戴仁，容城人，由拔貢官廣東香山知縣。康熙十四年，遷潼商道，後官湖北布政使。周太史暨臨潼錢太令天予《臨潼志》：錢天予，上元舉人，康熙十四年任。《上元志》：天予，順治十四年舉人。迎先生遊驪山，先生不應。至是，聞宿周宅，遂詣宅瞻禮。次晨，又至。瀕行，贈程儀二十四金，力却，往返數四終不納。錢令程儀及供應，亦璧。初二日，至雁塔，督撫令府尹就榻勸駕，先生伏榻，因以疾篤不能就程辭。《紀略》。按：是時督撫仍哈占、杭愛。

初四日，周制臺有德《國史傳》：周有德字彝初，漢軍鑲紅旗人。由貢生授編修，累遷學士。康熙二年，授山東巡撫。六年，遷兩廣總督。十三年，調川督。十八年，移雲貴。十九年卒。就榻請教。周讀書工詩，自巡撫山東日，即傾懷嚮往，及總督兩廣，偶得士人所攜先生教言，玩不釋手。至是，改督四川，駐節青門，聞先生寓雁塔，遂竭誠造榻，執禮甚恭。先生感其肫摯，伏枕以答，凡所咨叩，悉意酬酢。周退而且驚且喜，謂幕賓曰：「十年夢想，今日方遂立雪之願。初以先生有德有言之道學，今乃始知先生當代猶龍，人中天人也。」《紀略》。

初六日，督撫又令府尹促行。尹率咸、長二縣令至榻力勸，既而又委幕僚率吏胥晝夜守催，備極囂窘。先生堅卧自如，恬不爲動。是時，先生以隱逸爲當世所注望，李太史因篤亦以博學宏詞被薦就徵，來別先生，見官吏洶洶，嚴若秋霜，恐先生堅執攖禍，勸先生赴都。一時縉紳愛先生者，咸以明哲保身爲言，先生閉目不答，遂絶食。周制臺暨各文武諸大僚目擊其憊，爲之向總督緩頰。總督謂：「自癸丑被徵以來，年年代爲回覆，茲番朝既注意，不便再覆。」促之愈急，且欲以違旨題參。李太史爲先生危甚，涕泣以勸。先生笑曰：「人生終有一死，患不得所耳。今日乃吾死所也！」遂以後事爲託。慎言號痛，門人悲泣，先生皆一一遺囑，並滴水不入口者五晝夜。總督知其不可强，不得已，又以疾篤具覆，仍一面差官慰撫，先生乃食。是時，正值大比，多士日謁候，先生概不見。朝夕惟門人孟子緝、惠龗嗣、楊堯階、馬棫士侍側。子緝無考。《富平志》：惠龗嗣天性至孝，文學優長，康熙辛未進士。授通海知縣，善政多端，上憲咸引重。莅任八月卒。著有《自新》、《應用》二録。楊公名時，李公二曲、李太史子德咸爲立傳。《陝甘進士録》：龎嗣字玉虹，祀通海名宦。《雒南志》：楊堯階字元升，景村人。邑諸生，食餼。慨然有志心性之學，從李二曲於盩厔。時二曲方倡明正學，爲金谿、姚江後勁，師事者無慮數十百輩，而鄠縣王心敬、蒲城甯維垣、寶雞李修、同州白焕采輩皆一時升堂弟子。堯階謁二曲，二曲以讀書法與訂期肄經史諸書，稍與講明反身之旨，能領略其意。二曲卒，嘗數至同州，主白焕采家，手二曲《學髓》一篇與之。講求體認，每數月忘歸。蓋聞之同州陳生云。堯階自見二曲後，迪德敦善不怠，推爲長者。按焕采卒於康熙二十三年，二曲卒於康熙四十四年，《志》稱二曲卒，嘗數主白焕采家，失實。應將「二曲卒」三字汰去始合。　十三日，離雁塔，旋富平。《紀略》。

十一月十一日，督撫檄司行縣云：「李處士屢經薦舉，疊准部咨，雖以患病咨明，但前奉旨嚴切，勢難久卧田園，該司務令地方官不時驗視，俟疾有稍痊，即便呈報。」自是富平縣月具驗視甘結。其看語云：卑職遵奉憲檄，不時至李處士榻前驗視，勸其痊日就程。答言：「平昔痛母貧困而死，誓終身不享富貴，若强之使出，勢必一死報母。豈可以薦賢之故，而冒殺賢之名？」卑職聽此言語，甚爲悚怯，鐵石存心，勢難轉移。但事關奉旨，不敢泄視。除一面時加驗視外，理合申報。

十一月，部覆：「奉旨，痊日督撫起送。」始寢其事，一時翕然訝爲「鐵漢」。顧寧人詩以誌感，詩云：益部尋圖像，先褒李巨游。讀書通大義，立節冠清流。憶自黄皇臘，經今白帝秋。井蛙分駭浪，嵎虎拒巖幽。譬旨鴻臚切，徵官博士優。里人榮使節，山鳥避車騶。篤論尊尼父，清裁企仲由。常追君子躅，不與室家謀。獨行長千古，高眠自一丘。聞孫多好學，師古接姱修。忽下弓旌召，難爲潤壑留。從容懷白刃，決絶却華輈。介操誠無奪，微言或可投。風回猿岫敞，霧捲鶴書收。隱痛方童丱，嚴親赴國仇。尸饔常並日，廢蓼擬填溝。歲遂糟糠老，雲遺富貴浮。

幸看兒息大，敢有宦名求。相對銜雙涕，終身困百憂。一聞稱史傳，白露滿梧楸。又貽詞林諸公書云：「李先生爲上官逼迫，舁至近郊，至卧操白刃，誓欲自裁。關中諸君有以李業故事言之督撫，得爲謝病歸；然後國家無殺士之名，草澤有容身之地，真所謂『威武不能屈』。而名之爲累，一至於斯，可慨也已！」《紀略》。

省闈主考、吏部郎中、前靖江令鄭山公重試畢，欲詣富平訪先生，至涇陽疾作弗果。乃遣吏奉書幣致候，書云：老先生以山高水長之風，爲當代師表。今聖天子求賢甚殷，望老先生出而倡明正學，光贊右文，俾天下皆知悔過自新，於以正人心而扶世運，誠非淺也。又呈詩。詩云：關學從來擅古今，後賢誰復有知音。風高二曲聲施遠，望重三秦朝野欽。辭辟非同巢許志，安貧獨契孔顏心。當年親炙毘陵道，悔過猶思教澤深。《紀略》。

是冬，胡公戴仁候先生於卧室，既而肅幣求《修學宫碑記》，先生例不爲應酬文，辭之。《紀略》。

《答顧寧人先生書》、第二書、第三書。按：《顧譜》寧人以十六年九月入陝，訪先生於軍砦之北，李子德迎至其家。十一月去，回山西。十七年春入關，至富平。冬，過同州，之華陰，達華州，止吏目署，在富平者半載餘。此三書往返辨難，應在是年。有《寄子書》，《答秦燈巖》第三書、按書有「丙辰春暮，接手教，尊翁太老先生大事僕不獲躬唁，今已在禫除之日」，應在是年。第四書，按：書有「今春，部官又以安貧樂道倡明絶學推舉」語，應即是年。《答建威將軍書》，《答四川周總督書》、第二書，《答友人書》。按書有「此番博學鴻詞之選，官吏立偪起程」及「容回家養痾」語，應是年作。

康熙十八年己未，五十三歲。

先生丘隴興思，浩然欲歸。二月初五日，行李先已發，次日郭公聞之，亟就寓留行，闔寨居民百餘人擁入跪留，號泣不起。先生爲之泫然暫止，以答其意。《紀略》。

三月，鄂公於鞏郡修葺學舍，遣員迎先生以敷文教。先生以杜門誼無復開辭。《紀略》。

七月，鄂公解任赴都，迂道至富平，見先生於卧室，盤桓二日而行。知先生將歸，捐金以備薪米。❶《紀略》。

八月初八日，西返。前數日，寨人聞先生束裝，知不可復留，咸悵然如有所失，争先祖餞。是日長少泣送，聲震原野。郭公肅輿發役衛送，道左分袂，悲不自勝。鎮將亦祖道遠送，遣兵以護。紳士繾綣依戀，費君尚彬無考。賦長篇惜别。是晚，宿涇陽南郊。邑令錢公鈺《長興志》：錢鈺，字斐玉，號朗齋，順治十七年舉人。知涇陽縣，徵拜廣西道御史，順天府尹，山東巡撫。解任歸，復召督修永定河。聞先生過，亟出城請見，力邀進城。先生以素不入城市辭。遂治宴旅邸以待，擬次晨躬送，而先生昧爽已遄行矣，乃遣吏追送。初十日抵家，十二日謁墓告返、致祭，迎姊就養。《紀略》。

懷清按：先生流寓富平四載，其答人問學之語，門人録之，名曰《富平答問》。惠玉虹《富平答問小引》：《富平答問》者，吾師二曲先生答人問學之語也。先生原籍盩厔，頃因兵氛流寓富平，閉關養疴，不與世通。居恒惟三五舊遊往來起居，緣是得以時近卧榻，親承謦欬，有問必答。凡進修之要，性命之微，

❶「米」，原作「水」，據《歷年紀略》改。

明體適用之大全，内聖外王之實際，靡不當可而發，因人而啓。要皆口授心受，期於躬體實詣，不以語言文字爲事。以故語多未録，兹僅録其切於通病者，聊以自警。昔周子寓濂溪而濂溪著，程子寓龍門而龍門顯，以至康節之於洛，晦庵之於閩，咸地以人重，聲施無窮。今不腆下邑亦何幸而獲先生之至止耶？隨在施教，語因地傳，是以恭題曰「富平答問」，紀實也，庶觀者知其所自云。按：《答問》不能分年，特附於此。

康熙十九年庚申，五十四歲。

二月，營建母祠。先是，鄂公聞先生之母彭太君守貞貧困而死，捐俸百金，俾建賢母祠以風世。值地方多故，流寓富平不果。至是先生念西郊爲母原居之墟，遂以前金購材，建正庭三楹，以奉母像，像前置襄城所招太翁魂牌。門房三楹，門内爲斗窩棲身。自識云：「人子居親之喪，塗壁令白，名曰『堊室』，此亦余之堊室也。喪制雖已久闋，而心喪實無時或息，棲此以抱終天之憾！」自是下楗，不復出户，竅壁以通飲食，即家人亦多不見。既而郭公以先生眷屬僦室而居，貧無定廬，捐俸搆屋於祠之西偏。邑宰章亦捐俸協修。《紀略》。

是秋，郭公遷四川達州知州，先生遣慎言送至寶雞，慟哭而别。抵任未幾病卒。《紀略》。

九月，平涼守道參政郎公廷樞肅書幣通候，扁母祠曰「曾母慈暉」，先生返幣。《紀略》。《甘肅志》：郎廷樞，康熙十九年任。

《跋父手澤》、《與吴耕方太史暨襲楊張毛諸公書》。按：書有「鄂公捐俸建賢母祠以風世」語，應是年。

康熙二十年辛酉，五十五歲。

二月，聞郭公凶問，爲位率家人哭祭，服緦三月，爲之表墓。四月，爲報德龕，奉駱公、郭公暨鹿洲張公之主於中，令節則率家人虔祭。《紀略》。

七月，甘肅撫軍巴錫遣員修候，扁母祠曰「貞賢範世」。《紀略》。《甘肅志》：巴錫，滿洲鑲藍旗人，康熙二十二年任。按《志》任年與此不合，應有誤。若陝撫巴錫係鑲紅旗人，三十六年任，應另一人。

先生曩在富平，與顧寧人語及《宋鑑》，謂：「朱子嘗列銜主管華山雲臺觀，則雲臺觀宜爲祠以祀。」至是，寧人移寓華下，倡修祠堂肖貌，以書詢先生朱子冠服之製。書略云：華令遲君納弟言，謀爲朱子祠堂之舉，卜於雲臺觀之右，捐俸百金，弟以鹺臺所贈四十金佐之。百堵皆作，堂廡門垣備制而已。祠中兼用主、像，遵先生前論，主題曰「太師徽國文公朱子神位」，像合用林下冠服。敢乞先生考訂指正。先生爲之圖，詳列其説以貽。《紀略》。按：此條原編在二十一年，考《甯人年譜》，康熙十九年庚申，華陰令遲屏萬造訪，因與謀建朱子祠事，遲欣然捐俸爲倡。十月，寧人往汾州。二十年二月，去汾州至運城。鹽運使黄菉園裴延先生入署。四月五日，菉園丁内艱，寧人入弔畢，旋出署，入關至華陰，遂出菉園之餽，落成朱子祠堂。八月二日，自華陰至山西曲沃。二十一年正月九日卒。則此書當是二十年寄答，若二十一年，寧人已卒，焉得有書問？特移次是年。

是冬，邠州詞林王吉相受業。王潛心性命，學務向裏，晉謁請教，遂北面從事。歸依誠切，有賀醫閭、鄒東郭之風。先生以其淳篤，既退而歎曰：「此真爲己者也！」《紀略》。《陝甘進士録》：王吉相字天如，邠州人。康熙壬子解元，丙辰進士，翰林院檢討。

題達州牧九芝郭公墓碑，撰《家戒》、《自矢》、《訂親友》。按：《家戒》有「荆扉反鎖，久與世睽」語，《自矢》有「近宴息土室」語，與《訂親友》文，應皆是年作。

康熙二十一年壬戌，五十六歲。

春三月，武功諸生張志坦偕同邑馬仲章來受學。據《二曲集》增輯。《二曲集·張伯欽傳》云：伯欽名志坦，余友武功茂才張澹菴之伯子也，補邑諸生。壬戌春暮，偕同邑馬生仲章受學於余。每旦拜先祠暨父師畢，肅穆静坐，儼然如對神明。余嘉其志篤而力勤，方期以遠大。丙寅秋仲，忽以疾卒，年僅三十。向令天假之年，不知所進何似！賢而夭，聞者莫不悼惜，余安能已於慟耶？故撫膺拭淚，特爲傳以寄思。

七月，岐山宰茹公儀鳳刻先生《堊室録感》。茹倜儻不群，究心理道，契先生有素。至是宰岐，政崇風化，刻《録感》以礪俗。官岐九載，加意於先生者，靡不周至。《紀略》。《岐山志》：知縣茹儀鳳字紫庭，順天宛平人。河内籍監生，康熙十八年任。工詩文，有惠政，民爲建生祠。二十六年去任，官至甘肅按察使，祀名宦。王天如《堊室録感序》：《堊室録感》，我夫子二曲李徵君自録所感也。夫子奉母遺像，嚴事如生，爲堊室於側，孤棲其中，遂録所感以自傷。

十月，鄠縣王爾緝心敬來學。心敬弱冠游庠食餼，文名藉甚。聞先生論學有感，遂棄諸生從先生，朝夕執侍，一意闇修。《紀略》。王豐川《雞肋集自序》：少孤失學，及年二十有五，奉母命從二曲子李子學。《鄠志》：王心敬字爾緝，學者稱豐川先生。年二十五，謝諸生舉業，從二曲李徵君講正心誠意之學幾十年。歸仍閉户探討，事親教子，不輕一步出門。年四十後，名聞海内，一時黔、閩、吴、楚撫軍咸禮聘主講席。凡晤公卿大夫，必期以致君澤民，行義達道；遇問學之士，必期以成己成物，隱居求志，絶不隨世依阿。著有《易説》、《江漢書院講義》、

《荒政考》、《尚書質疑》、《詩經説》、《禮記纂》、《春秋原經》、《詩草》、《關學彙編》、《文獻攬要》、《歷年洗寃録》、《南行述》、《家禮甯儉編》。康熙五十三年、雍正元年兩次特徵，俱以疾固辭。年八十五。祀鄉賢。按：依《自序》及《志》推之，心敬生順治十五年戊戌，少先生三十一歲。

爲王爾緝作《母教》，《答吴澹長書》。按：書有「尊札承諭，欲自燕入秦」語，《二曲集・吴義士傳》亦云「壬戌將入關訪余」，書應是年答者。其第二、第三書不能定其年次，從闕。

康熙二十二年癸亥，五十七歲。

秋七月，邑宰張公涵擬爲先生建書院，先生力却。公夙仰慕先生，謁銓得令盩厔，大喜。甫抵任，即齋沐肅贄造謁。自是不時屏騶從趨侍，執弟子禮甚恭。因先生素無書室，亟欲捐俸購基，命役鳩材，鼎建講堂、齋舍，以棲先生，并處四方問學之士。先生以方杜門謝絶生徒，講堂齋舍非其所需力辭。《紀略》。《盩厔志》：張涵，山西進士，康熙二十一年任，訐告去。

康熙二十三年甲子，五十八歲。

是年旱荒，先生家計窮甚，併日而食，玩《易》弗輟。《紀略》。

《答董郡伯書》，按文係四六體，似初蒞任時答書。考董蒞任在康熙二十二年，用次於此。《答秦燈巖》第五書。按書有「湯中丞公之賢，僕所久悉，今借重江南」語，湯文正任蘇撫在二十三年，書應是年答。爲李天生撰《田太孺人墓誌銘》，題康約齋墓碣。

康熙二十四年乙丑，五十九歲。

三月，漢陽傅良辰、江陵張子達來學。傅、張舊從西蜀楊愧菴甲仁游，愧菴《與友人書》云：「傅、張二君，英毅樸實，篤厚有道器，具聖胎而充之，不可限量，其有得於足下並萬倉起發者多矣。良朋善友，實難同時同地，今後須時勤切摩，庶不負香山、白鹿之意。近則引之參江夏爾樸楊翁，遠則勉之參關中李中孚先生。非李先生，不足以成就斯人也。吾人既要做古今第一件事，當尋古今第一流人。李先生今幾六十，恐歲月無多，不我與矣。」二人於是徒步至秦稟學。《紀略》。

楊愧菴《自驗録·與傅生良辰書》：潛齋來書，字句儘條暢，意思更懇切。但示每日工夫，只見理少欲多，既自見得如此，何故不使理勝於欲？按：潛齋，良辰字。爾樸無考。《二曲集·與張伯欽第三書》：有著書立言之人，自天文、地理、禮樂、制度、兵刑，一一皆精研論撰，攜其所著全部肅贄，願北面受學，叩扉兩日，亦未之納。惟湖廣傅良辰、張君明年未三旬，不遠三千里，徒步來學。其人本市井貿易之微，能學敦大原，我嘉其學知近裏，始啓鑰納拜。侍我浹旬，終日寂坐，迴光返照，保守所得之端倪，真機流盎，不貳以二，不參而三，略閲先儒格言數篇，少頃，隨即掩卷寂坐，蓋恐胸中端倪因閲書而或有散亂也。此方是篤於自修，真實爲己，特示汝知。按：君明應子達字。

射洪趙燮元《楊愧菴先生傳》：先生名甲仁，字乃所，別號愧菴。祖禾以經魁授閬中教授。父嗣龍，南京刑部主事。先生幼穎悟絶倫，每授經輒曉大義。成童後，大通六經之旨，旁及諸子百家，暨釋、道之書，無不究覽。順治初，流寇方熾，流離播遷，未嘗一日廢學。年十八，聞楚南有劉麗虛、楊恥庵者，當代碩儒也，徒步數千里往見之。至楚，訪恥庵不遇，晤麗虛於荆南，登樓望見顥門若裂，恍然神遊太虛。相從十餘日，頓悟道體不離人心。歸而講學金華山中，從遊甚衆。康熙乙亥，以明經入京，考取中書，與天下英傑之士同集吏部。先生於大衆中，獨發明性命之旨，同志聞者，莫不歎服。與行人羅西溪、翰林樊晦庵、部郎高惕庵交，皆有志聖賢之學者。是秋歸，到長安，因見李子中孚於盩厔。李子大喜，寓書門人王爾緝輩俱來會，每證至夜分，歎曰：「白鹿之會，朱文公云『自有天地以來，有此溪山，無此佳客』。吾有此土室以來，亦無此佳客。」居留十餘日。每與李子參證，李輒拍案曰：「非愧菴不能説到此，非中孚不能信到此！」又歎曰：「愧菴所言，字字入髓，鍼鍼見血，滴滴歸原也。」歸蜀後，其學益進，用功益密，更獨嗜《易》學，不復作出山想。劉碧峰、周澹園兩學使雅重之。噶大中丞禮聘至署，就而請教。先生平生師事劉麗虚，以爲當代之神化者，惟劉夫子一人。其次則恥庵楊子、中孚李子。遠交則李禮山、周三爲，近則劉柱石、廖柴坡諸人。其及門弟子傅良辰、方辰、馬方昇、張子達、錢秋水、曾萬沱，暨同邑羅庶、羅度。諸生中惟傅良辰得聞道，羅度得而不能守，先生嘗惜之。側室周氏性警敏，通文義，每聞先生言，輒有深悟，先卒。著有《了心宗傳》。僕長壽亦聞義能解，每遠行，壽輒荷擔以從，途中講學不輟。子秉乾，字樞然，康熙壬午舉於鄉，授貴州永從令，行取刑部員外郎。先生家居十餘年以終。著有《易學驗來録》、《下學録》及《北遊》、《芙蓉》等録行世。《射洪志》：楊甲仁，康熙三十三年貢生。又廖柴坡名有恒，官濟寧知州。

是冬，許督學孫荃捐俸梓布先生《四書反身録》。公自家食時，慕先生若渴，及典秦學，深慶得遂御李識韓之願。甫蒞任，即竭誠造謁，得《反身録》，寶若拱璧，以爲匡時救世，舍是編無以起沈痾、振積習，亟表章剞劂，頒布通省庠校。仍擬進呈，先生貽書力阻，其略云：此録止期私下同病相憐，對症投劑，以「反身」二字與同人相切砥；若一進呈，適滋多事，不觸嫌招忌，則搜山薰穴，僕將不知其所終矣！不審使君將何以爲我謀耶？幸寢斯念，曲垂保全，使僕永堅末路，庶不貽羞知己。公乃止。公念先生赤貧，無以聊生，遂割俸百二十千，檄學博易負郭田，如顏子之數，延先生長子慎言、次子慎行授之耕。恐先生峻却，託李太史再三致意，而納其券邑中，俾不獲辭。《紀略》。　《合肥志》：許孫荃字友蓀，一字生洲。康熙庚戌進士，用庶吉士，改刑部主事，遷户部郎，督學陝西，以親老歸。《受祺堂文集·陝西督學許使君墓誌銘》：時家二曲屢辭召聘，閉户著書，清介孤高，不問生産。公爲謀賣花稻地，約費數百緡。知先生義弗受，乃檄盩厔學博代購之，不以告主人也。並刻《二曲反身録》，拔其子太學。又《許使君捐俸置盩厔養賢田記》：伯兄二曲先生屢却徵聘，忍饑而不出户。於是督學淝水許使君割俸百二十千，檄學博易負郭田，如顔子之數，延吾從子里選慎言暨弟慎行授之耕，申使君之命曰：「勿以告先生。」其二子不敢不告也，先生愀然寓書因篤曰：「任之爽予心，拒之則拂使君之義。」因篤對曰：「拒之非人情也。又使君下學博爲之，而納其券邑中，匪私也，公也，亦安得辭？」舊歲先生門人寧子維垣過予，竊謂宜有文以傳後。非敢自謂也，故久而闕如。既而思使君非以求名，先生謙於自誦，予目擊其事，復引嫌而莫之言，斯舉將湮没而弗宣也。不揣愚賤，聊紀大略。其事在康熙二十三年某月也。按：《記》謂置田在二十三年，與此小異，作《記》應在是年。

《答許學憲書》，按：書有「遠承西顧」語，應指是年蒞任趨謁事。又答第二書。按：二書均及《四書反身録》事。《答張伯欽》第三書。按書有「傅良辰、張君明來學」語，應是年書。其第一、第二、第四、第五等書年次無考，均從闕略。

撰《宿儒泊如白君暨元配王孺人合葬墓誌銘》。

康熙二十五年丙寅，六十歲。

正月，許公出巡校士，瀕行，以書請教。先生荅以「所至表先哲，崇實行」，遂備列關中前修段容思、周小泉、張立夫、韓苑洛、吕涇野、馮少墟、張雞山諸儒先，俾次第表章。《紀略》。　《皐蘭志》：段堅字可久，早歲即有志聖賢，舉於鄉，入國子監。景泰元年，上書請徵還四方監軍，罷天下佛老。疏奏不行。五年，成進士，授福山知縣。刊布

《小學》，俾士民講誦，村落皆有弦誦聲。成化初，超擢萊州知府，期年化大行，以憂去。服除，改知南陽府，召州縣教官，具告以古人爲學之旨，使轉相勸誘。創志學書院，聚秀民講五經要義及濂、洛諸賢遺書，數年大治。引疾去，士民號泣送者，踰境不絶。及聞其卒，立祠春秋祀之。祀鄉賢。《關學編》：堅初號柏軒，後更號容思，取「九容」、「九思」也。年十四爲諸生，見緱山陳先生書銘於明倫堂，有「群居防口，獨坐防心」語，酷愛而敬誦之，遂慨然以爲聖賢可學而至。年十七，王父没，白其父不用浮屠法。凡當世宿儒宦游於蘭者，無不師之。於經史藴奥，性命精微，不究其極不止也。動作不苟，人以伊川擬之，鄉之士大夫多遣其子弟就學。景泰甲戌，登進士，以文名差纂《山西志》。明年，《志》成，移疾歸，讀書於五泉小圃，依岩作洞，以爲會友講習之所。天順乙卯，選山東福山知縣。先生以德及民，變其風俗。以薦超擢知萊州府，如治福山時，未期月大化。以憂去。既禫，乃訪周廷芳於秦州，張立夫於鳳翔。久之，補南陽。爲政持大體，重風教，以直道不諧時，致政歸。結廬蘭山之麓，授徒講學，相羊吟詠以自樂。然於時政闕失，民情困苦，未嘗不憂形於色。成化甲辰卒，年六十六。私謚文毅。《二曲集·觀感録》：周蕙字廷芳，號小泉，山丹人，後徙居秦州，因家焉。年二十，聽人講《大學》首章，奮然感動。戍蘭州守墩，聞容思段公集諸儒講理學，時往聽之，有聞即服行。久之，諸儒令坐聽，既而與坐講，以爲畏友。遂殫力就學，慨然以程、朱自任，當時見者，亦翕然以爲程、朱復出也，遂爲一時學者之宗。後隱居秦州之小泉。成紀之人薫化其德，稱爲小泉先生。秦州守數造其廬，舉鄉飲賓，謝不往。巡按杜公求見，聆其議論，不覺前席。迨老以父遊江南，歷險蹤訪，没於揚子江。祀鄉賢。《鳳翔志》：張傑字立夫，登正統辛酉鄉薦，任山西趙城訓導，以講學教人爲事。父没，徒跣奔歸。後以養母，遂不復仕，益肆力於學。恒瞑目端坐，至於移時，則取諸經子史，朗然諷誦，或至丙夜後已。最愛「涵養須用敬，進學在致知」二語。弟子從遊者日衆，乃拓家塾，以五經教士，名重一時。或勸之著書，曰：「吾年未艾，猶可進也，俟有所得，爲之未晚。」後竟未及著書而卒，年五十二。《朝邑志》：韓邦奇字汝節，學者稱苑洛先生。治《尚書》時，即著《蔡傳發明》、《禹貢詳略》。弘治甲子，以《書》舉第二人，會試不第，歸著《律呂直解》見志。正德戊辰，成進士，授吏部考功司主事，陞員外郎，尋調文選司。京師地震，上疏極論時政闕失，謫平陽府通判。陞浙江按察司僉事，謂鎮守爲國之蠹，不少假借，鎮守怨之，奏邦奇擅革進貢，誹謗朝廷，逮詔獄，奪爲民。既歸，謝客講學，四方從遊者日衆，乃著《周易集説》。辛巳，起山東布政司參議，尋乞休。甲申，復起山西左參政。乙酉歸。戊子，起四川提學副使，尋改右庶子兼修撰。主順天鄉試，命題斥當時，謫南太僕丞。己丑歸。尋陞山東按察司副使、大理寺左少卿，以左僉都御史巡撫宣大，陞南京右都御史，進南兵部尚書。五十乞身，卒遂初服，益修舊業，倡道來學。八年即世。贈太保，謚恭簡。《關學編》：吕柟字仲木，高陵人。少受《尚書》於邑人孫昂，有志聖賢之學，搆雲槐精舍，聚徒講學。弘治辛酉，舉於鄉。正德戊辰，廷對第一。時閹瑾竊政，以枌榆故致賀，柟却之。會西夏搆亂，疏請上御經筵親政，事不報，乃引去。瑾敗，薦起舊職。上疏勸學，上嘉納。乾清宫災，應詔言六事，不報，復引疾去。父卒，廬墓。釋服後，講學東林書院。世廟即位，起原官，經筵進講。甲申，復以十三事上，言過切直，謫判解州。會牧缺，柟攝事，建解梁書院，選俊秀者歌《詩》、習《小學》。朔望會耆德者講會典，行《鄉約》，廉、孝、弟、義、節者表其廬。求子夏後，教之學。政舉化行，俗用丕變。轉南吏部郎，遷國子祭酒。以師道自任，取《儀禮》諸篇，令按圖習之，登降俯仰，鐘鼓管籥，有古辟雍之風。晉南禮部右侍郎。會廟災，自陳致仕歸。卒之日，高陵人爲罷市。四方門人聞者，皆爲位而哭。謚文簡。《二曲集》：馮從吾字仲好，長安人。舉進士，由庶常改御史。忤要人，削籍，不出門九年。竟日危坐，問學者至，更端問難，亹亹忘倦。天啓即位，赴召，適京師戒嚴，朝官争遣其孥，從吾獨盡室以行，無何，廣寧陷，經撫攜手入關。從吾謂「士大夫不知節義，非講學不可」，因與鄒元標倡立首善書院，同志相切劘，群小側目。從吾乞休，予告回籍。既而起總留臺，不赴；即家拜工部尚書，疏辭。閹禍益烈，尋遭削奪。會秦撫亦閹黨，借從吾以媚閹，毀書院，擲夫子像於城隅。從吾痛切趺坐，二百日不就寢，飲恨而卒。崇禎改元，贈宮保，謚恭定。《鳳翔志》：張舜典字心虞，號雞山，萬曆甲午舉人。自爲諸生，潛心理學，受知督學許孚遠。後遊江南，復從許講學，因偏交鄒南皋、顧涇陽、馮少墟諸先輩。謁選署開州學正，與諸生講論，皆朱、程語録，不以舉業爲先。陞鄢陵令，創弘仁書院，與諸生講學。五年，陞彰德府同知，致仕歸，諸生從遊者常數百人。天啓改元，陞兵部武選員外。上疏勸聖學、遠宦寺。時魏閹已用事，舜典特指斥之，遂罷歸。卒年七十有二。著有《雞山語要》及詩文。

五月，許侍御三禮貽書許督學云：「二曲李徵君，懷古獨行君子也，此時之祥麟瑞鳳，可欽可式。」因以所著託其轉致。先生例不答京都之書，來函受而不報。《紀略》。《國朝御史題名録》：許三禮，河南安陽人，順治辛丑進士。由海寧知縣行取福建道御史，歷陞督捕侍郎。《安陽志》：三禮字典三，號西山。任海寧八年，時有白燕來巢，朱露降於庭柏，並滄海回瀾之慶，稱「海昌三異」。行取福建道御史。疏稱漢儒董仲舒表章六經，宜從祀國學，議不果行。歷陞大理少卿。命講河圖、洛書稱旨，晉順天府尹，尋陞左副都御史，兵部督捕侍郎。卒年六十八。著有《聖學直指》、《讀禮管見》、《易貫》。祀鄉賢。

八月，遣僕訪迎從弟李勳歸。勳，先生季父之子也。季父與先生父明萬曆四十二年析居，遠徙西鄉。康熙初，夫妻先後並亡，所遺四男二女，相繼而死，僅存勳一身，伶仃孤子，無一椽一瓦，流落於外者十八年，族人嘖嘖以爲非餒死凍死，即展轉溝壑病死，季父之一門絶矣。每至清明，先生念季父塋内獨無血胤拜掃，未嘗不潸然盡傷。至是，友人有事渭城，邂逅遇勳，歸告。先生喜出意外，亟遣迎歸，節口分食以養，爲之娶妻生子。勳垂髫時曾從先生授書，遂令温習舊業。易曰頵，應試入庠。俾季父無後而有後，以延季父一綫之脈。《紀略》。

撰《張伯欽傳》，按：傳稱「丙寅秋仲卒」，應是年作。《答魏環溪先生書》，按：書有「行年七十」語，考《魏年譜》，康熙二十五年七十歲，書應是年答。《答許學憲》第三、第四、第五、第六書，按：第六書及許酉山見貽所著事，應是年作。《答岐山茹明府書》、《答布方伯書》，按：書有「忽量移晉藩」語，考布哈以二十五年去按察使任，應是年書。《答張提臺書》。按：書有「台臺欲到閩振興理學，表章名儒。此行所過地方，如有理學名儒，不妨隨在造訪」語，考《福建志》：張雲翼任提督在二十五年。《跋思研齋記》，書《繼述堂詩文》。按文有「許學憲已序」語，或是年作。

康熙二十六年丁卯，六十一歲。

二月既望，致書許公，勸葺郿縣橫渠鎮張橫渠先生祠，公即捐俸百金倡修，規模煥然改觀。《紀略》。

四月，府尊董公紹孔增修賢母祠建坊。公篤緇衣之好，丙寅式廬，晉謁甚虔，至是又謁先生，因瞻禮賢母祠。覩規制未備，遂捐俸檄高邑丞弘啓鳩材督修，堂前增搆捲棚三楹，祠前建坊，額曰「賢母祠」。❶《西安志》。參《甘肅志》：董紹孔，鑲白旗漢軍。康熙二十年任西安知府，三十年遷洮岷道。《盩厔志》：賢母祠在蔡原里，爲徵士李顒母建。里在縣西五里。又高弘啓字漢樞，浙江山陰人，由吏員康熙十六年任。魏司寇象樞聞而撰記。其略云：太君矢志守貞，

❶「祠」，《歷年紀略》作「坊」。

歷人世未有之艱，九死靡悔，正誼迪子，出尋常功利之外，曠代僅見。學士大夫以及田夫牧豎，無不聞風興感，歎未曾有。論者謂：盩厔之有李母，猶鄒邑之有孟母，後先一揆，卓然兩絶千古，並有補於世教，則飭祠崇奉，誠有光於祀典。二曲先生道德風節爲世儀表，海内仰若泰山北斗，祥麟瑞鳳。余傾慕有年，深以弗獲親炙，爲生平一大憾。兹太君祠宇之成，以老且病，又弗獲閒關瞻禮，愈滋余愧。故不揣不斐，書其概，聊誠嚮往。若夫太君懿行之詳，自有諸名公之原記在，無俟余贅。《紀略》。按：祠記尚有郃陽康乃心、毘陵吴珂鳴、陳世祉、武進張侗諸作，均載《二曲集·李氏家乘》中。

九月，邑尊程公奇略改題里名。祠在菜園堡中街，公謂「世閒興廢成毁，如浮雲百變，惟道德節義之風烈，積久不磨。斯祠爲一邑添勝跡於後代，而地名弗雅，非所以樹風聲於無窮」，遂改其名曰「貞賢里」，庶地以人重，千載彪炳。題額撰記，公親督工勒石，仍豁免里役，以示優異。《紀略》。《盩厔志》：程奇略，山西祁縣人，康熙癸丑進士，二十四年任。

爲李彦玏作《諗言》，按：有「丁卯捷鄉書」語，應是年作。《答張子遼書》，按書有「戌亥之交相聚，别來十六載」語，由辛亥至此逾十六年，應是年答。《答許學憲》第七、第八書，按：第七書及横渠書院事，第八書及《雞山先生語要》，均是年書。《答董郡伯》第三、第四書，按：第三書有「捐俸修祠」語，第四書有「夏初承枉顧」語，皆是年書。其第一、第二、第五書年次待考。《與周星公》第二書，按：書有「聞督蜀學」語，考《四川志》，督蜀學即是年。其第一書有「聞出守南康」語，出守年分待考。《答康孟謀書》，按：書有「四月太尊枉顧」語，應是年書。《答友人》第二書，按：書有「小兒叨選拔」語，應是年書。《與程邑侯書》，按書有「祠工，大者告竣」語，應是年書。《題張雞山先生語要》。

康熙二十七年戊辰，六十二歲。

正月，許公任滿告歸。瀕行，徘徊繾綣，賦詩惜別。詩云：煌煌溯關學，有宋首横渠。異時瞻王吕，(自注：謂三原端毅、康僖兩尚書，高陵吕文簡宗伯。)人遠運未疏。亦有雞山子，(自注：岐陽張心虞員外。)慨焉世代殊。夫子欻挺出，蔚爲時真儒。大旨在力行，春華非所需。胸能破萬卷，見不設方隅。俯仰濂洛後，淵源信其徒。痛父死行閒，招魂徧蓁蕪。母也早違養，追思同厥居。繄余昨登堂，禁足立户樞。坐我母氏祠，言言皆訏謨。識荆快平生，信宿歡有餘。(自注：余訪先生於母祠，信宿流連，備承矩誨。)與言瓜期及，旦暮歸田廬。各天從此遠，歧路悵何如？負姿洵蹇劣，奚以策頑愚。數公不可作，公實今楷模。願公示周行，庶免悔吝虞。《紀略》。三月，李汝欽來學。先生授以肘後牌，「肘後牌」者，佩日用常行之宜於肘後，藉以自警自勵，且識之於不忘也。上帝臨汝，毋二爾心，其可忽乎？汝修録之，名曰《授受紀要》。旋歸歲試，秋復至。先生微聞其父欲一意舉業，似不悦，促之西歸。據《二曲集·促汝欽西歸别言》增輯。按：《授受紀要》原附刊《富平答問》後。而汝欽至擬山堂時，堅欲及門，先生固辭，似不有所授受明矣。《别言》云：「戊辰春暮，復捧其尊人翰音來學，予嘉其道念肫摯，不復辭。」則授受應於是年。

爲李汝欽西歸贈以《别言》，撰《忌日祭文》、《吴義士傳》。按：義士卒於康熙戊辰，《傳》應是年作。

康熙二十八年己巳，六十三歲。

春月大疫，老僕李喜病亡。先生念其自幼同受艱難，哭之甚慟。葬日出户，率二子泣奠，躬送下窆。先是，同州賢紳王思若嘗爲《義僕傳》，其略云：僕之事主也，非以主人之富，則以主人之貴耳，且視富貴之盛衰爲去留。朝俯首而暮掉臂者，又豈少哉？今此僕之事主，豈不知先生安貧而固有，樂道以終身，豈復有富貴之望，故爲有依依歟？昔蕭穎士有一僕，事之數十年，每加捶楚輒百餘，其苦不堪。人激之去，僕曰：「非不能去，所以遲留者，特愛其博奧耳。」夫以主人之徒博，且能令僕愛之慕之，甯甘捶楚而不忍去，況先生道德文章罔不兼備，甯僅一博雅之主而已耶？此僕之所以依依於先生而饑寒弗恤也。《紀略》。

先生艱難一生，垂老尤甚。數年以來，内外交困，至是而極，阨僡無以自存，家人嗷嗷。先生自謂：「陽九、百六之厄，偏萃於己，莫非命也？吾如命何哉？亦惟順受其正而已。康節云：『上天生我，上天死我，一聽於天，有何不可？』」大書《困》卦「致命遂志」於壁以自堅。《紀略》。

懷清按：惠玉虹大令摭次《一曲歷年紀略》止是年。越二年辛未，玉虹成進士，除通海令，莅任數月卒於官，故不克竣其事。當《紀略》初成，呈似先生，先生有書止其弗傳。並馬相九明經之跋附後，以存本來面目。

先生柬玉虹云：「昔吴康齋先生自著《日録》，楊椒山公自撰《年譜》，近世辛復元夫子自記《歷年》，吾讀之有感於中，嘗欲自敘生平因循虛度、造詣無成之實，庶及門諸子鑒吾覆車，及時淬礪，顧疏慵性成，懶於操筆而止。今承汝摭次成編，足徵有心。然中間微有未安，抄本附便返璧，姑存之可也。」《紀略》。

馬相九跋云：余同門友惠孝廉纂先生《歷年紀略》，初成，呈似先生，先生貽柬止其勿傳。既而邠州王太史一見如獲拱璧，謂：「惟天下大豪傑，方受天下大磨折，蓋天欲留榜樣於天下後世也。先生一生偃蹇坎坷，歷人世未有之艱，受盡磨折，而堅忍不拔之操，終始惟一，論者詫爲火中紅蓮，❶人中鐵漢，絶無而僅有。正宜傳之以爲吾儕榜樣，何可終閟。」於是細加釐訂，擬授之梓，會疾作弗果。頃盩厔程令君得之，亟捐俸梓行。觀者悉其生平之苦，因以堅其志，强其骨，而務有以自樹，則斯刻爲不徒矣。同州門人馬棫士沐手謹識。

夏六月，洪洞范彪西徵君專伻貽新刊數種。據《二曲集》增輯。《二曲集·誌愧篇》云：己巳夏，洪洞范彪西先生不遠千里，專伻惠余以新刻數種，受而卒業，讀至《仁者贈》，不覺爽然自失，泚然汗下。《洪洞志》：范鄗鼎字漢銘，號彪西，順治辛丑貢士，康熙丁未進士。鼎生明季，家窘甚，日不再食，講河洛性理不輟。早孤，事母郇至孝。甲寅，行取告終養。戊午，以「博學鴻詞」薦，屢告免。生事極承歡之道，居喪遵文公之禮。刊有《仁者贈》、《喪事就正草》。學求切近，師法聖賢，杜門著書，老而彌篤。癸丑，聖祖西巡，温問再四，進刻書二種，賜「山林雲鶴」四字。不入城市，不謁官府，四方士群稱爲「婁山夫子」，壽八十。門人私謚文介。著有《五經草辨》、《真稿》、《五經論略》、《半千齋雜吟》、《做人境草》、《袁顔合刻》。作《誌愧》，《答范彪西徵君書》，又第二書。按：書有「恭讀《理學備考》，中閒不無汎入，不能無疑，敢質」語，應謝贈佳刻。後書原次第三，似誤。

康熙二十九年庚午，六十四歲。

先生生平至友，無踰惠君含真，相交四十年，心孚意契，情同骨肉。自荆扉反鎖，舊遊多弗納，惟含真至則款之。至是，含真病劇，先生例不出户，遣子代候，旋卒。據《二曲集》增輯。《二曲集·惠含真傳》云：邑有粹德高士惠君思誠，字含真。早歲遊庠，余弱冠識荆，見其沈潛簡重，興懷嚮

❶「火中紅蓮」，原脱，據《歷年紀略序》補。

往。自是心孚意契，懽然忘形。迨余杜門謝客，與世睽絶，惟君之臨，啓鑰晤言，無間晨昏。方期時相過從，慰余岑寂，忽脾弱食減，寂坐弗語，凝神待盡。余聞之，遣醫診視。却藥弗進曰：「區區行年七十三矣，當安數定命，何用求生。」乃操筆柬余曰：「屢蒙遣人遠視，繼以醫藥，雅誼肫摯，感切於心。奈賤軀大數已盡，勢已難挽，諸事皆已了脱，所難夷然者，弟去後吾兄再無一人談心，爲可傷耳！生死交情，言盡於斯。」余得之驚愕，亟命兒慎言趨候。至則見其神閒氣定。次晨，衣冠危坐，戒家人勿哭，從容告别，怡然而逝。敬次其相與始末爲傳，以誌余思。按：依是年七十三推之，含真生明萬曆四十六年戊午，長先生九歲。

《答范彪西》第三書，按：書有「去夏倉卒，謂《理學備考》多有可商」語，應爲第三書，而集次第二，兹爲移次。《柬惠含真書》，又書二、書三、書四，按：皆一時問疾之書。《示惠海書》，作《惠含真傳》。

康熙三十年辛未，六十五歲。

高嵩侶學使爾公造謁，並偕鄭司寇重捐俸，爲刊《二曲集》。夏六月，范彪西徵君寄撰序言。據《二曲集》增輯。《武進志》：高爾公，康熙五年舉人，九年進士，官陝西督學僉事。

《與董郡伯書》，又《與論救荒書》。

《答惠少靈書》，按：書有「登第之始」語，考少靈康熙辛未進士。少靈，龗嗣别字。書應是年答。又第二書。《答李汝欽書》，按：書稱「年已六十五」，應是年答。《柬欽差查荒諸公書》。

康熙三十一年壬申，六十六歲。

《與布撫臺書》。《陝西志》：布哈，康熙三十一年，由甘肅巡撫調任陝西。按：書有「聞明公撫秦，莫不延頸而祝」，應是年作。

康熙三十二年癸酉，六十七歲。

是年，《二曲集》刊竣，鄭司寇、高

學使各爲之序。十二月，武功張澹菴承烈卒，先生爲題，哭之以文。據《二曲集》增輯。《二曲集·張澹菴傳》云：承烈，字爾晉，武功諸生。嘗曰：「少年無師承，爲俠客誤我二十年，爲諸生誤我二十年。」乃折節讀周、程諸先正書，端居閉户，終年潛心究極，期以必至於古人而後已。於余隆禮致敬，不啻自其口出，蓋幾忘其與余儕輩，而若爲北面之恭者。每月餘非君渡渭就余，則命蒼頭持證會所得求質。子志坦卒，遂摧折不自勝，竟於癸酉年十二月長逝，得壽六十有二。按：澹菴生崇禎壬申，少先生五歲。贈高學使《別言》。

康熙三十三年甲戌，六十八歲。

九月二十五日，四川楊愧菴先生自京來，行士相見禮。先生曰：「不肖某慕先生十一年矣，按：自二十四年傳良辰、張子達從其師愧菴之言來從學，至是十一年。今辱臨，實出望外。」坐論夜分。先生每拍案曰：「非四川楊愧菴説不到這裏，非關中李中孚信不到這裏。」又曰：「白鹿之會，朱子謂『自有天地以來，有此溪山，無此佳客』。吾自有此土室以來，亦從無此佳客。」至十月初二日乃別。先生寄寶雞門人李汝欽書曰：「今西蜀楊愧菴先生遠來賜顧，喜出望外，切砥累日，受益實宏。世儒之學，由口耳聞見而入，支離葛藤，求諸外；先生之學，由性靈神化而入，直截簡易，得諸中者也。茲由貴邑進棧機，不可失，吾汝欽當竭誠請益。程伊川先生曰：『逢君一夜話，勝讀十年書。』快何如之！」原注見《愧菴集》。後周星公太史督學蜀中，先生與書有云：「貴部射洪縣有楊愧菴，名甲仁，其學不事標末，直探原本，見地超卓，遠出來瞿塘之上。」屬其物色而表彰之，足見相契之深也。原注見本集卷十七書二。《紀略》。按：是年事爲牛雪樵按察續入《紀略》者。考《四川志》，周星公督學在康熙二十六年，先生致周書應在是時，則先此七八年矣，而云「後周星公太史督學蜀中」，似失考。

撰《張濬菴傳》。按：傳稱：「濬菴於癸酉年長逝。越二年，其仲子歸葬，追爲之傳。」癸酉爲三十二年，越二年，應是年作。

康熙三十五年丙子，七十歲。

康熙三十六年丁丑，七十一歲。

春，無錫倪大令雝梧攝邑篆來謁，先生出示十九年前所輯《司牧寶鑑》，倪即序而梓行。據《司牧寶鑑序》增輯。《倪序》云：丁丑春攝邑篆，始得摳衣晉謁，既而出所著《司牧寶鑑》相示，爰急付之梓。又王爾緝《序》云：《司牧寶鑑》者，先生十五年前所輯，以貽知交也。按：王《序》在三十二年，至此又四年，故云十九年前所輯。

康熙三十七年戊寅，七十二歲。

康熙三十八年己卯，七十三歲。

康熙三十九年庚辰，七十四歲。

康熙四十年辛巳，七十五歲。

康熙四十一年壬午，七十六歲。

康熙四十二年癸未，七十七歲。

十月，聖駕西巡。至山西，陝西督撫接見，即問先生起居。至陝西，欲召見。十一月初十，總督華致書啓具禮，聘先生赴省。書云：恭维先生清渭涵英，華峰毓秀。接程朱之道脈，獨繼心傳；爲禮樂之指南，振興後學。不特三秦士類共藉鈞陶，亦且四海儒纓群歸翼勵。方今聖明在御，實稽古以崇文。當兹翠節巡方，咸瞻雲而就日。敬敷寸牘，恭迓高軒，惟望文旆遥臨，望渴忱於三載；蒲輪夙駕，傳盛事於千秋。臨啓曷勝瞻依翹足之至。又遺邑令桐城張侯芳手札。略云：中孚李老先生，道學儒宗，素心景企。今聖駕西巡，實千古盛事，凡在臣子，俱切瞻依。矧老先生累承聖問，且已有旨召對，故茲特修小啓，請先生至省，知召對時，自有闡揚。特旨該縣竭誠，躬自敦請，應備禮儀，即代具繕束，車騎隨從資費，該縣支應開報。務在惠然，惟爲懇致，仍將啓請起程日期速覆。時布政司鄂一同移文該縣，文云：移爲公務事，仰縣官吏，即將發來督憲與該縣諭札，及請中孚先生名帖啓書。該縣即備豐厚聘禮，踵廬敦請，希即赴青門，以備皇上顧問，毋得遲緩。又外諭邑令張侯帖。帖曰：此係制臺親劄，該縣須親自敦請，務求先生來行在接駕。第先生隱處多年，淡薄自甘，恐衣服轎馬，盤費艱難，該縣當一一細心料理，可令的當家人服事。至衣服轎馬費直，該縣開明數目，赴司支領。仍將起程日期具文呈報，以憑報院。毋誤。時張令在臨潼分供執事，奉布政司及制臺手札，星夜馳縣，親詣先生榻前敦請。言「今上至山西即問及先生，故制臺此書自平陽發來。然知先生病不能赴，理合懇辭」。乃與伯敏按：伯敏，慎言字。商議，具稟上辭。伯敏稟帖云：「盩厔縣拔貢生李慎言謹稟，初十日敝邑張令奉大宗師琅函，兼以隆幣安車，親詣草舍，敦致憲臺下士盛心，此誠千古僅見，不世之遭逢也。但言父年已七十有七，自客秋卧病，至今不能動履，一息奄奄，後事已爲早備，此張令素所深知而目擊者。言父子均叨太和化雨之中，兼被仁人君子之澤，倘可扶持前來，何敢推託，自蹈欺誑之罪？頌到錦緘，言即恭展捧讀，而言父昏瞶中亦能省諭。言感激涕零，敢代作稟謝，並盛儀完璧，東向百拜，敬銘霄誼。言理宜奔赴轅門叩謝，實緣言父病至危篤，刻不能離。大宗師錫類之仁，或邀原宥於格外。然私衷竊念言父一介微末，謬荷殊恩，乃以所遇不辰，自外曠典，舉家感泣，莫可名言，惟有仰天焚祝於生生世世而已。謹此叩禀。」張令據此即於是日上省回覆。❶

十二日，驛憲金復遣人來，仍命張令即日敦請前來，而張已上省矣。乃同兩學捕廳來詣榻前，親視先生疾，且面述今上於初十日入關，首以先生致詢，内大人即傳盩厔邑令，驛憲知張公奉督憲命前來，故特命家人以速之。

十四日，張令自臨潼又奉院命，遣家人至夜分抵縣，同兩學兩衙來請先生，急於星火，俾即刻起程，謂：「今上十五日進省，先生亦須明日到，萬不可緩。蓋皇上再三存問，當訝先生之倨。」不得已，慎言即夜隨來人馳驛赴省，見制臺及將軍，祈以疾對。制臺及將軍各留官署二日，至十九日，聞今上知先生抱恙，遂有「高年有疾，不必相强」温旨，隨賜書「操志高潔」扁額，及御製詩章，並索先生著述。

二十一日，巡撫鄂引慎言謝恩於行宫。張令捧《二曲集》、《反身録》二書跪於左方，慎言因奏言曰：「臣父山川迂士，累蒙皇上徵聘，臣父每恨身膺錮疾，不能一覩天顔，少陳愚悃。幸今聖駕臨陝，咫尺乘輿，矧又累旨存問，不能匍匐行宫，愧恨何極！特使臣代叩天恩。至臣父生平所著，本無多書，然以貧不能盡刊，今知友門生等所梓成者，僅有《反身録》、《二曲集》二書，

❶「日」，原脱，據《二曲集·潛確録》補。

謹此上呈聖覽。」上因問曰：「爾父何病？今年幾何？」慎言對曰：「臣父蚤失父教，臣祖母彭氏苦節鞠養。臣父少即喜讀書，奈以生理艱辛，養親爲學，百倍艱辛。以此積勞成疾，年未五十，即以羸疾時卧牀褥。今年七十有七，年老氣衰，積病愈深，遂爾動履爲難。」上問曰：「爾父生平所讀，皆屬何書？」慎言對曰：「臣父少無師承，百家之言，漫浪涉獵。及後稍知聖學路途，則一歸於聖經賢傳，不復泛濫博觀。晚年非六經、四子、《性理》、《通鑑》及諸儒先語録，不輕入目。其教門生子弟，亦惟以此書相勸勉。」上曰：「爾父讀書守志，可謂完節。朕有親題扁額并手書詩幅，命該督撫送給爾家，以旌爾父之志。爾回去可好生侍養爾父，朕回京當更有旨也。」於是慎言謝恩而出。所進之書，皇上手一再檢閲，隨即發南書房，令諸學士看畢回奏。大臣閲畢奏書曰：「臣等某某，伏蒙發下李某所著《四書反身録》、《二曲集》二書，臣等遵旨閲看。其《反身録》一書，皆發明四書之理，真堪羽翼朱注，有功於聖賢之學。蓋其書大旨，欲人明體適用，反身實踐；人人能反身實踐，則人人皆可爲君子，世世可躋於唐虞。此書流行，有裨於聖治不淺。至《二曲集》一書，乃其平日講學語録及所著文字，亦皆醇正昌明，不愧儒者。臣等學問疏陋，向知有是書，從未細讀，今謬呈管見，伏候睿裁。」

二十三日，慎言送駕至臨潼，復荷聖顔光霽，温綸靄靄，諄諄以善事先生爲諭。至潼關，特傳盩厔令張侯，又悉詢先生體貌奚似，及家計子孫。及駕旋都，巡撫乃臨按：「臨」應作「摹」。御書於扁，裝畫如式，差官護送先生之家，懸於中廳。慎言乃復代先生爲謝恩呈詞，上督撫曰：「西安府盩厔縣拔貢生李慎言呈爲恭謝天恩，懇請代題事。竊慎言父李某，襁褓失怙，按：忠武公没，先生已年十六，不得云「襁褓」。言祖母彭氏守寡勤育。家貧不能從師，言祖母紡績供給，就塾學業，母子煢煢，饑寒坎壈，蓋不啻出萬死而得一生。言祖母終其身未嘗有一日温飽，言父痛母艱難貧困而死，依依塋室，日夜號泣，緣是憂勞成疾，百念俱灰。幸逢盛世，籲俊闢門，采及葑菲，屢奉徵書。言父夙抱沈疴，未遑匍赴，荷蒙温旨，得保餘年。兹者聖駕西巡，皇仁宏被，關中士庶踴躍歡忻。尤復眷注草茅，優渥隆篤，恩賜『操志高潔』扁額，褒嘉言父，又賜御書一幅，慎言十一月二十一日於行宫謝恩。言父所著《四書反身録》暨《二曲集》皆獲進呈，此真曠古未有之盛典。言父垂暮之年，何幸際此特恩！惜言父老病不能動履，咫尺天顔，未由一覲。言於本月二十三日在臨潼縣東十里鋪跪送聖駕後，隨大宗師委官齎捧皇上所賜御書扁額至家，安奉廳中，蓬蓽生輝，閭里增慶。言父病中聞之，喜極涕零，歎不能起言祖母於九泉，一睹聖主恩榮也，亟命言兄弟扶掖向闕叩首謝恩訖。伏念言父一介寒儒，三秦下士，疊受殊恩，雖捐糜頂踵，不能仰報萬一，維有銜結於生生世世而已。

懇祈大宗師俯鑒下情，特准代題，言父子焚祝無既。爲此上呈。」《潛確録》。 牛雪樵按云：《歷年紀略》至康熙己巳先生六十三歲止，因射洪胡炳奎部郎欲以愧菴《與二曲會語》約略續入，爰敘至癸未年聖駕西巡，接《潛確録》止。 牛樹梅又誌。 《陝西志》：華顯，正紅旗滿洲人，康熙四十年任總督。 《國史傳》：覺羅華顯由七品旗員授宗人府主事，累遷翰林院侍講學士、内閣學士。康熙三十五年，授甘肅巡撫，未莅任，調陝西。四十年，擢川陝總督。四十二年，上幸西安，賜御書「定猷遠邇」及「凝清堂」額。十二月卒，謚文襄，祀陝西名宦。又鄂洛，鑲黄旗滿洲人，康熙四十一年任布政使。 《盩厔志》：張芳，桐城人，貢生，康熙三十八年任。後升西鹽捕盗，同知浙江衢山知府。 《西安府志》：芳字次蘭，咸陽丞，署同官令。歷官至太常寺少卿。 《陝西志》：金世楊，正黄旗漢軍人。康熙四十年任驛鹽道。又鄂海，鑲白旗滿洲人，康熙四十年，以布政使升任巡撫。《國史傳》：鄂海温都氏由筆帖式授内閣中書，洊升宗人府郎中，兼佐領。康熙三十六年，特任陝西按察使，遷布政使。四十年，擢巡撫。四十二年，上幸西安，賜御書扁額。四十九年，擢湖廣總督，調川陝。雍正元年休致，三年卒。 《甘肅志》：牛樹梅字雪樵，通渭人，道光辛丑進士。分發四川知縣，補彰明，歷任隆昌、雅安、資州、寧遠、茂州，請終養。服闋，湖北巡撫胡林翼及豫撫嚴澍森先後以「循良第一人」奏請調，皆以疾辭。同治初，給事中高延祐、總督駱秉璋保奏，以知府發往四川，旋簡四川按察使。爲忌者所中，以病去。歷主錦江蘭山書院講席，年八十四卒。入《國史·循吏傳》。

懷清按：自庚午至癸未，此十四年中，牛雪樵按察惟增輯楊愧菴及《潛確録》二事，餘只紀年而已。撰《雲臺觀重修朱子祠記》。按《華山志》：朱子祠，康熙四十二年巡撫檄教諭李夔龍修，《記》應作於是年。

康熙四十三年甲申，七十八歲。

康熙四十四年乙酉，七十九歲。

夏四月十五日，先生卒。葬於貞賢里南先塋之次。據劉宗泗先生墓表增輯。《盩厔志》：二曲先生墓在城西南蔡原堡南。按蔡原堡已改名貞賢里。

道光九年十一月，祀鄉賢。先是，御史牛鑑請以先生從祀文廟，奉諭「李某生平學行，足爲閭里矜式，列祀鄉賢，已足彰褒旌之義。從祀兩廡之處，著無庸議」。《東華録》及《國史傳》，參《陝甘進士録》：牛鑑，字鏡堂，號雪樵，甘肅武威人，嘉慶十九年進士。改庶吉士，授編修，轉御史。歷官兩江總督。道光二十二年，英兵犯江寧，獲譴。

宣統元年十一月，護理陝甘總督毛慶蕃據盩厔知縣左一芬禀，請以先生從祀，疏入不報。《政府官報》，下同。毛慶蕃字實君，江西豐城舉人。户部主事，歷官甘肅布政使。

宣統三年八月，陝甘總督長庚復以爲言，詔下學部議，旋武昌變作，遂閣置不行。國變後八年己未，陝當事仍申前請，下令所司，亦未及議行。長庚字少白，滿洲正黄旗人，廕生。

附録四

序　跋

序

鄭　重

儒者之學，所以順陰陽，明教化。凡天地終始之端，仁義道德之理，死生性命之分，成敗理亂之經，莫不修之於身而措之於事。及其被於物而薰陶長育以成就之也，❶如江海之浸，膏澤之潤，❷涣然怡然，相率於不自知。蓋以學術而正人心，其重且大如此。

盩厔李先生以理學倡關中，以躬行實踐爲先務，自人倫日用、語默動静，無一不軌於聖賢中正之説，而尤以「悔過自新」一語，爲學者入德之門，建瓴挈綱，發矇起聵。學者或親受業於先生，或聞先生之緒餘而私淑向往者，幾遍天下也。

予嘗考有宋諸儒，及元、明以來相承之次第，爲學之本末，立説之同異，❸蓋三致意焉，而先生亦論之詳矣。❹謹之於視聽言動，由之於學問思辨，博文約禮，下學上達，循序以致精者，考亭之學也。先之以立大本，繼之以求放心，曰「易簡」，曰「覺悟」，其後「良知」之繼興，使人静時常覺，動時常定，澄瑩本體，以去其逐物之流者，則自金

❶「薰陶」，石泉彭氏本作「栽培」。
❷「澤」，石泉彭氏本作「脂」。
❸「立説」，石泉彭氏本作「文章」。
❹「論」，石泉彭氏本作「言」。

谿以至姚江之學也。顧其詆訶齟齬，則以着意精微爲陸沉，以留心傳注爲榛塞，訓詁支離，考辨玩物，重爲朱門遺議；而攻象山、陽明之短者，以其守虚無之説，昧天理之真，詆訾聖賢，捐棄經典，甚至大乘上根、聖胎聖果，直筆於書，是口談東魯，而手援西竺，此流分派别之所以異也。然朱子之學，先之以窮理，要之以居敬，歸之以主一。淳熙中，還自浙東，見士習馳騖於外，每語學者以《孟子》「道性善」及「求放心」兩章，務收斂凝定。又與何叔京書，以爲静中須體認大本，未發時氣象分明，此龜山門下相傳指訣。深悔當時方好章句訓詁之習，無一的實見處，則亦未嘗不合於象山之説，而觀《象山文集》所載，又未嘗不教其徒讀書。其亟所稱述以誨人者，曰「居處恭，執事敬，與人忠」，曰「克己復禮」，曰「萬物皆備於我，反身而誠，樂莫大焉」。陽明之在螺川，與諸生談論，謂：「吾儕以困勉之資，而悠悠蕩蕩，坐享生知安行之成功，豈不誤己！」又曰：「良知之妙，真是周流六虚，變動不居，若假以文過飾非，爲害至大。」此時亦似隱隱已知流弊，而漸還轅於新安矣。此岐途合轍之所以同也。

今先生會萃群儒之説而折衷之，竟獨見其大要，❶以尊德性爲本體，以道問學爲工夫，兼盡姚江、考亭之旨。先生之言曰：「末流多玩，實致者鮮，往往舍下學而希上達，失之恍惚虚寂，故須救之以考亭。而世之闢姚江，至諱言上達，惟以見聞淵博，辨訂精密，爲學問之極；有稍知向裏者，又祇以克伐怨欲不行爲究竟，大本大原，類多茫

❶「竟」，原作「以」，據石泉彭氏、静海聞氏本改。

然，亦非所以善學考亭也。」觀此，則可以知先生修己立教之大凡矣。

曩者毘陵守駱公敦請先生講學江左時，予令驥沙得晨夕奉教，深與定交。别後，先生德愈邵，道益尊，爲當宁所重，屢徵不起，惟孜孜以闡明學術、救正人心爲至急。歲辛未，高子嵩侶視學秦關，究心理學，因式廬而請見焉。適先生及門高第弟子王爾緝心敬彙先生散藁成集，遂捐俸付剞劂，癸酉冬刊成，屬予序其簡端。❶程子曰：「聖人之學不傳，則無真儒；無真儒，則天下貿貿焉莫知所之矣。」世有先生，學者考道問業，因以上追關、閩、濂、洛之遺緒，其有功於人心學術者，顧不大歟？因書此以質之先生。

康熙甲戌之孟春，閩中鄭重拜題

司寇鄭公書

驥沙講學之年，早親絳帳；秦國持衡之日，希晤芝眉。私計生平所服膺者，惟我徵君先生之理學德業，迄今猶令人仰企山斗也。向以承乏鄉貳，夙夜在公，遥望二曲之間，愧莫能馳候左右，常耿耿爾。敝門人高子居恒仰慕道範，每以無由親炙爲憾；近幸視學關隴，禮謁講壇，擬捐清俸，求著述鴻篇，登諸梨棗，果肯出其緒餘以傳世否？兹值敝門人惠生以登第錦旋，特附小函，奉訊道履。知惠生夙奉棨訓，久列門牆，計其將來有需次民社之責，還祈高明所見，豫示以修己治人、化民成俗之方，俾行

❶「屬」，原脱，據石泉彭氏、静海聞氏本補。

其所學，有以仰報君父者，即因以不負師傳，是所厚望也。新任富平令君蔣諱陳錫雅慕道範，幸進而教之，諸不盡佈。

又

恭讀《二曲集》，知老先生力學彌篤，著述彌勤，洵當代之真儒也。每思濂、洛、關、閩之後，相距數百年，求其留心道脉，繼往開來，不啻晨星落落；今西望而有李二曲，南望而有王姚江，竊爲斯文之幸。敬擬一序，文未雅馴，而獲附於大集以並傳，實與有榮焉。特託高子耑函馳候，不盡依切。

學憲高公書

恭惟老先生海内真儒，關中正脉，道惟實踐。折衷朱陸樞機，學有淵源；炳烺呂馮薪火，彌縫絶業。不習太平十二策之文，汜獲高風；止結金華四先生之隱，鳳翔千仞。卓爾不群，詔避三峰，灑然無累，誠士林之矜式，而學圃所儀型者矣。

憶自道杖南來，曾聆提倡於臯比座下，未得摳衣請益，私心竊以爲憾。嗣值還山高卧，道德彌尊，趨嚮徒勤，未由親炙，猥以黯識，謬任衡文；雖密邇通德名賢，擬附式閭之義，俾得聞所未聞，藥其固陋，祇緣鹿鹿星軺，尚稽造謁，有違大君子之教。望風企仰，時切怦怦，而瓣香攸屬，不能自外也。頃出春明時往別，敝老師鄭少司寇拳拳以名山著述爲念，命措百金，仰佐剞劂。茲先具四十金，耑役馳到，餘容續致外，又鄭夫子寄贈四十金，一併齎奉。素稔老先生，一介辭受，於義必嚴；但從嘉惠後學起見，存此纖屑，得襄盛舉，雖不敢謂仁者之粟，實出薄俸所分，非世俗應酬可比，萬希勿却，頒發工人，得副鄭夫子千里敦勤之意，則爾公竊叨有榮施矣。伏惟台茹，臨啓曷勝翹瞻。

二曲集序

高嵩侣

自古道學之傳，先河後海，源流井然；其間絶而復續，起墜振衰，固由天心啓佑，實人事有以纘承之，紹往緒而迪來兹，匪偶然也。曩者臨安駱公以命世才來守吾郡，惓惓於人心世道之防，一日學宫講藝，謂諸生曰：「當代有二曲李先生者，諸生聞其人乎？余向令盩厔，知爲理學儒宗，執弟子禮，師事之。今當遣介折簡，延致毘陵，與諸君子修明正學，濂、洛、關、閩之盛，可復見也！」已而先生至臯比書院，執經問業者雲集，毘陵人士無不知爲李先生者。余是時方釋褐歸里，聽其微言緒論，欣然嚮往。居未幾，駱公憂去，先生西歸，余亦以赴選入都，未遑卒業。

歲辛未，余奉有視學西秦之命，竊幸典型在望，仰止匪遥。下車後造廬而請見焉，即其氣宇冲和，狀貌淵古，較之在毘陵時，道氣更深。爰受其書讀之，貫徹本原，折衷同異，一洗支離蔽錮之習，邃然歸於至正，益信先生之書，蓋以身言，而不徒以言言者也。方先生生長西陲，崛起於荒崖寂寞之閒，不由師資，毅然以正學術、紹微言爲己任。其爲學也，身體力行，由下學以漸幾乎上達，篤志潛修，不求聞譽。當路大臣訪知其學行，疏薦於朝，屢檄嚴催，堅卧不起。

其高風峻節，塵視軒冕，屹然有鳳翔千仞之概。跡其道高身隱，雅不欲以著述自鳴。門人裒輯其所見聞，計若干卷，彙而成集，其發揚道妙，類皆感觸於學者；質疑請益之際，而於吾郡爲尤詳。

閒考吾郡之先，龜山楊文靖北學程門，歸而講道東南，留毘陵十有八載，一時名士，咸左右之。歷元及明，絶續不一，維東林號稱最盛。然黨禍一起，諸君子相繼羅織，七十餘年，斯道失傳，學者不復知有身心性命之理。先生起而闡揚先緒，炳然日月中天，疑者析，迷者悟，若昏夢之方醒，若沉痾之驟起。豈非其心源印合，上接文靖，而下與高、顧諸君子後先一轍乎？

余服膺先生之教已久，而又忝司文衡，具有表章斯道之責；使先生之書不傳，則先生之教不顯，非所以崇實學、示後世也。適司寇鄭夫子由京邸致書，亦諄諄以名山著作爲念，余因仰承師志，割俸付梓，用襄盛舉。工竣之日，將以刊布澤宫，風勵後進。庶幾關中之士知所景從，且使海内之有志斯道者，尊所聞，行所知；由此而進德修業，富有日新，上接諸儒之傳，遠窺千聖之奥，是則先生立言之志也夫！

康熙甲戌季夏，三秦學使高爾公敬題於長安官舍

二曲集序

范鄗鼎

二曲李先生所著諸書，予最嗜愛如《四書反身録》，亦既僭爲之序矣。近關中諸同人謀刻先生平日著述，總顔之曰《二曲集》，予得而卒業。竊窺先生之學，全在躬行；

其躬行之實，在安貧改過。或曰《吕文簡語録》二十七卷，《馮恭定全書》二十四卷，諄諄於安貧改過之閒，關中士大夫，夫人而能言之矣！予謂先生之安貧改過，蓋非托之空言，實有見諸行事之深切著明者。明崇禎壬午，太翁勤王事，以討賊殁於中州之襄城。先生尚幼，日夜泣血，太夫人在堂，不可遠訪遺骸。太夫人殁，服闋，康熙庚戌，步詣襄城，虔禱城隍，招魂抱主歸。至誠感神，群鬼夜哭，闔邑共聞，詳邑宰張公記中。太夫人之生也，督學杜公旌節；殁也，督學鍾公表墓，閫司張公修塋，總臺鄂公建祠，將臺馮公、撫臺巴公、道臺郎公等致祭，郡守董公等增廡建坊：先生顯親揚名，亦可告無罪於二人矣！乃先生終不自安，每謂魂歸齒葬，不如瘗玉之爲愈也；節旌名傳，不如資養之無闕也。從此食不甘，衣不華，獨居堊室，自號「罪人」，覺終身在過中，終身在欲改未改之中，視僅僅較一言一行之偶誤而圖維日新者，其深淺何如也？或曰布衣韋帶之士，夙限於時而不得不貧；垂紳戴縱之儒，偶失其勢而不能不貧。先生布衣，其貧也宜。予謂先生可以貧，可以不貧；可以貧而貧，人能之；可以不貧而貧，人不能也。

自癸丑督撫以地方隱逸薦，奉旨促之起，屢辭以疾。戊午，當路又以「海内真儒」薦，徵書如雷，終以疾辭。辭不允，絶飲食者五晝夜，遂圖自盡。觀顧寧人諱炎武《日知録》載贈先生詩有曰：「從容懷白刃，決絶却華輈。」然則先生之貧，先生之學之力之胆爲之也，使先生之學之力之胆不至此，則其貧未必至此。或曰此番舉動，固非石隱者流，當與吴康齋並傳。予又聞王心齋之答陳御史曰：「伊、傅之事我不能，伊、傅之學我不由。」跡先生生平之學，未必以康齋爲由也。泰和羅氏稱康齋辭官一節，足以廉頑立懦；江浦吴氏稱康齋疏凡四上，清風峻節，凜乎千古。按康齋辭官時，年已七十矣，廉頑立懦，清風峻節，固加人一等。戊午之役，先生方壯年，止以二人生無資養，殁未祔葬，極之蹈白刃却丹詔，毅然爲之而不悔。所謂躬行，大率類此。方今年益高，養益邃，閉户謝客，過此以往，無論康齋非駐足之地，即文簡、恭定，恐亦不足歇脚也。知先生之躬行，而後讀先生之諸書，庶可以得先生之萬一也乎！

時康熙庚午夏六月，洪洞同學弟范鄗鼎敬識於木鐸樓下

新刻二曲先生集序

王心敬

聖學至明季而大明，實至明季而大晦。蓋自門户之弊興，重悟者眇實修，重修者罕實悟；眇實修者或至以力行爲徇迹，罕實悟者或至以真知爲騖空。東林雖嘗折衷調停，而持論過刻，至以深文鍛成姚江莫須有之罪，而没其探本窮源不可掩之功，亦終無以服天下萬世公是公非之心，而消其不平之鳴。迄於今，朱、陸、薛、王之辨，紛紛盈庭，而千聖同歸一致之理，遂不復可問。諸儒先補偏救弊之旨，亦遂如齊、楚、秦、晉之分疆别域，而不可相藉；又甚者，如吴、越之大怨深寃，而終不可相能。一門之内，自尋矛盾，洪水猛獸之禍，不烈於是矣。其弊

始於倡教者矯枉之過直，而其後遂中於人心世道而不可卒解。

二曲先生崛起道敝學湮之後，不由師傳，獨契聖真，居恒所以自治與所以教人，一洗從前執方拘曲之陋，而獨以《大學》「明新止善」之旨爲標準。其言曰：「真知乃有實行，實行乃爲真知；有真本體乃有真工夫，有真工夫乃爲真本體。體用一原，天人無二。」信斯言也！博文約禮，天德王道，一以貫之。不惟世儒門户之獄片言可折，即朱、陸、薛、王之學殊途同歸，百慮一致，不惟不悖，而反相爲用；并異同之形，亦可以不存，蓋自是而聖學始會極歸極於孔孟矣。自昔論者謂朱子集諸儒之大成，王文成接孔孟之真傳，然皆不免於偏重之勢，以啓天下後世紛紛之争。自先生出而不爲含糊兩可之説，而數百年不決之訟，獨能悉泯於無形，以融諸一途，相攜而論，將所謂集諸儒之大成、接孔孟之真傳者，識者知其端有攸歸矣。

先生之書，南北雖傳布已久，而小種零碎，讀者每以不獲快覩大觀爲憾。辛未秋，今司寇富沙鄭公、學憲毘陵高公，慨然以興起絶學爲己任，捐俸合刻，而諸同人亦相與量佐，共襄盛舉。工始於辛未仲冬，竣於癸酉季秋。昔真文忠表章朱文公之學於帥長沙之日，王文成刊布陸文安之書於撫江西之年，一時學者，翕然丕變。朱、陸之學，傳天下而大行後世者，君子以爲二公羽翼之力居多。今以先生大中至正之學，得二公以名德重望表章而刊布之，行見家傳户誦，雖五尺童子，莫不曉然知聖學自有正宗嫡派，而數百年紛争是非之端自此悉泯，孔孟久湮之學自此日昌而日著，則二公闡興正學之功，文忠、文成不得專美於前矣。其集末附《義林記事》及《李氏家乘》者，見先生一門忠貞道德，先後輻萃，世濟厥美，抑又可以風世勵俗，是又二公振頽興偷之盛心云。

鄠縣受業門人王心敬百拜沐手題

二曲集序

李彦瑚

二曲先生之書《反身録》，梓於學憲淝水許公，家長兄輯五重梓於肇慶府署。其平日論學之書，四方既各梓有專種，而少司寇富沙鄭公、學憲武進高公仍復彙爲《二曲全集》行世。蓋先生之書，南北傳布久矣，而或者謂先生之論學也，立本主盡性，守身主循禮致用，欲其成己成物；至其論讀書，又專主反身實踐，似先生之學樸且迂，於世俗嗜好習尚或相違焉。嗟乎，聖賢之學何爲者？所以學爲人也。爲人之道，内之存心，外之守身而已。推之人，欲其同歸於善；考之古，欲其實獲於己而已。今試思：立本而非盡性，本可得立乎？守身而非循禮，身可得守乎？致用而非己物兼成，亦何貴此用者？且讀書而不能反身實踐，則讀書又奚爲？豈學專主於記誦詞章，供吾輩掇科第、希富貴、取悦當世而已乎？

癸未冬天子西巡，詢先生動定，諭令兩臺徵詣行在，欲有諮詢。先生堅以疾辭，大中丞鄂公遂以《反身録》、《二曲集》進。上命詞臣細心看閲，一時翰苑諸公進奏云：「李某《反身録》，發明四書之理，大指欲人明體適用，反身實踐；人人能反身實踐，則人人可爲君子，世世可躋唐虞，真堪羽翼朱注。此書流行，有裨聖治不淺。其《二曲集》亦皆醇正昌明，與《反身録》相爲表裏。」至哉斯言！先生之書，大旨於此可見；先生之學，其要歸亦於此可知，而謂可與世俗記誦詞章之學比類而觀乎？彼以先生之學爲樸爲迂者，得毋以世俗口耳之見參之歟？

珦夙佩先生之教，讀其書者，數十年於兹矣。竊有見於先生之學，爲孔孟有體有用、經世善俗之學，今讀諸公進奏之語，深服其見之精卓，而得我心之同然也。於是附記諸序之末，以告吾黨讀先生之書者。

康熙四十四年歲次乙酉冬十月朔日，
三原李彥珦重五氏譔

重刊二曲集序

彭懋謙

吾鄉李中孚先生，昌明絶學，爲世大儒。所著《二曲集》，表裏渾融，體用宏達，非空談性命無與實踐者比。謙自少時即喜讀先生書，篤修之士類亦各有藏本；迨闗中遭回逆蹂躪，坊版無存，每思重刻，以廣其傳，有志未逮。去冬始勉將篋存全帙，謀付手民，顧原本字多漶漫，雖逐加釐剔，而亥豕魯魚，恐仍不免。惟先生諱與仁宗睿皇帝廟諱上一字左「禺」右「頁」同，遇諱字敬缺末二筆，附識於此，以便閲者瞭然。若夫先生生平出處本末，具詳原序，故不贅。

光緒三年歲次丁丑孟冬，石泉彭懋謙
小臯氏重刊

重刻二曲集序

劉大來

余幼讀《四書反身録》，先君子命之曰：「此關中李二曲先生遺書，與諸儒訓詁不同，當以身體驗，毋第資誦説而已。」小子識之不敢忘。中年筮仕來秦，聞有《二曲集》，亟思捧讀而未獲。壬午冬，由石泉移宰盩厔，竊幸至先生故里，可以私淑餘澤。逮視事，詢知先生遺書原板悉燬於兵，舊尹吕君校刊《反身録》甫竣，而《二曲集》尚未及焉。夫表揚前賢，所以模範後進，居是邦也，任令先民著述散軼弗傳，顧欲士端趨嚮，民興禮讓，不綦難乎？簿書餘暇，爰取《二曲集》讀之，見先生造道之篤，教人之誠，體用兼賅，粹然一出於正；惟門人編輯，前後次序閒有參錯。乃殫心尋繹，以先生手著及口授者列爲正編，弟子記述事蹟者爲外編，分若干卷，付諸梓人。嗟夫！先生之學震耀寰區矣，先生之書進呈秘府矣。來也不敏，何敢謂重刻是集，遂足以表揚先生；第念先生奮自孤寒，闡明正學，終其身安貧樂道，屢徵不起。是集及《反身録》，他邦尚有鐫本，而枌榆故里，獨無尺寸之簡以惠後學，先生之憾，抑以有司之羞也。《反身録》，即孔孟論説教人以躬行實踐，與諸儒訓詁不同，學者固當奉爲圭臬。是編所集，乃先生因人傳授，隨事提撕，尤足以振聾發聵，爲道岸之階梯。竊願吾邑人士讀先生之書，體先生之教，勉自樹立，明學術以正人心，正人心以維風俗；則先生餘澤，山高水長，幽光潛德，積久而發，俎豆馨香，以俟明公論定焉。

光緒九年歲次癸未重陽前三日，盩厔縣知縣新鄭劉大來心蘭氏謹識

序

聞樸庭

己巳春，于役西安，得讀盩厔李中孚先生遺著《二曲集》，其修己治人、化民成俗之方備矣。而《悔過自新説》、《學髓》、《傳心録》、《四書反身録》、《堊室録感》諸作，尤令人不忍釋卷。是書也，不第今日社會人心之良醫，亦研究國學者之利器。以知者尚鮮，亟待闡揚，爰以舊板，捐資重印，以餉同好，所冀展轉翻刻，廣爲流傳，亦尊崇道德之一助云爾。

庚午孟冬，静海後學聞承烈謹序

四庫全書總目四書反身録提要

《四書反身録》六卷、《續補》一卷，國朝李顒撰。顒字中孚，盩厔人。康熙己未薦舉博學鴻詞，以年老不能赴京而罷。康熙四十二年，聖祖仁皇帝西巡，召顒入見。時顒已衰老，遣子慎言詣行在陳情，以所著《二曲集》、《反身録》奏進。上特賜御書「操志高潔」以奬之。

是書本題曰「二曲先生口授，鄠縣門人王心敬録」。「二曲」者，顒之别號。水曲曰盩，山曲曰厔，盩厔當山水之曲，故因其地以稱之。是此書成於心敬之手，顒特口授。然核其序文年月，則是書之成，顒猶及見，非身後追録之比，實仍顒所自定也。

顒之學，本於姚江。書中所載，如《大

學》「格物」之物，爲「身心意知家國天下」之物，即「物有本末」之物。又謂「明德」與「良知」無分別，念慮微起，良知即知善與不善，知善即實行其善，知惡即實去其惡，不昧所知，心方自慊云云。其説皆仍本王守仁。又書中所引吕原明渡橋，輿人墜水有溺死者，原明安坐橋上，神色如常，原明自謂未嘗動心。顒稱其臨生死而不動，世間何物可以動之？夫死生不變，固足徵學者之得力。然必如顒説，則孔子之微服過宋，孟子之不立巖牆，皆爲動心矣。且廄焚必問傷人，乍見孺子入井，必有怵惕惻隱之心。輿夫溺死，而原明安坐不動，此正原明平時强制其心，而流爲谿刻之過。顒顧稱之爲不動，則與告子之「不動心」何異乎？是亦主持太過，而流於偏駁者矣。

四庫全書總目二曲集提要

《二曲集》二十二卷，國朝李顒撰。顒有《四書反身録》，已著録。集爲門人王心敬所編。每卷分標篇目，曰《悔過自新説》，曰《學髓》，曰《兩庠彙語》，曰《靖江語要》，曰《錫山語要》，曰《傳心録》，曰《體用全學》，曰《讀書次第》，曰《東行述》，曰《南行述》，曰《東林書院會語》，曰《匡時要務》，曰《關中書院會約》，曰《盩厔答問》，曰《富平答問》，曰《觀感録》，皆其講學教授之語。或出自著，或門弟子所輯，凡十六種。本各自爲書，故卷前間録原序。其第十六至二十二卷則顒所著雜文也。二十三卷以下曰《襄城紀異》，乃顒父可從明末從汪喬年擊流寇戰殁，顒建祠襄城，有聞鬼語之事，各記詩文記之，而劉宗泗裒輯成帙者。曰《義林記》，則記顒招魂葬父事，亦宗泗所輯。曰《李氏家乘》，曰《賢母祠記》，則皆爲可從及顒母彭氏所作傳記詩文，而富平惠龗嗣彙次之。刊集時并以編入，蓋用宋人附録之例。然卷帙繁重而無關顒之著作，殊爲疣贅。

鳴謝

《儒藏》精華編惠蒙善助，共襄斯文；謹列如左，用伸謝忱。

本煥法師　壹佰萬元

智海企業集團董事長　馮建新先生　壹佰萬元

NE·TIGER時裝有限公司董事長　張志峰先生　壹佰萬元

張貞書女士　壹佰萬元

北京大學《儒藏》編纂與研究中心

本册審稿人　陳恒舒　秦　峰　張忱石

本册責任編委　谷　建

圖書在版編目(CIP)數據

儒藏.精華編.二七〇：全2册/北京大學《儒藏》編纂與研究中心編.—北京：北京大學出版社，2016.8

ISBN 978-7-301-11988-4

Ⅰ.①儒… Ⅱ.①北… Ⅲ.①儒家 Ⅳ.①B222

中國版本圖書館CIP數據核字（2016）第203322號

書　　名	儒藏（精華編二七〇）（上下册） RUZANG
著作責任者	北京大學《儒藏》編纂與研究中心　編
責任編輯	吴冰妮　吴遠琴　武　芳
標準書號	ISBN 978-7-301-11988-4
出版發行	北京大學出版社
地　　址	北京市海淀區成府路205號　100871
網　　址	http://www.pup.cn　　新浪微博：@北京大學出版社
電子信箱	dianjiwenhua@126.com
電　　話	郵購部62752015　發行部62750672　編輯部62756694
印 刷 者	北京中科印刷有限公司
經 銷 者	新華書店
	787毫米×1092毫米　16開本　84.75印張　858千字 2016年8月第1版　2016年8月第1次印刷
定　　價	1200.00元（上下册）

ISBN 978-7-301-11988-4
9 787301 119884 >
定價:1200.00元
(上下册)